本书第二版荣获清华大学优秀教材特等奖

合同法

（第五版）

Contract Law

崔建远 著

北京大学出版社
PEKING UNIVERSITY PRESS

图书在版编目(CIP)数据

合同法/崔建远著. -- 5 版. -- 北京:北京大学出版社,2024.8. -- (21 世纪法学规划教材).
ISBN 978-7-301-35328-8

Ⅰ. D923.6

中国国家版本馆 CIP 数据核字第 2024RQ2010 号

书　　　名	合同法(第五版)
	HETONGFA(DI-WU BAN)
著作责任者	崔建远　著
责 任 编 辑	周　菲
标 准 书 号	ISBN 978-7-301-35328-8
出 版 发 行	北京大学出版社
地　　　址	北京市海淀区成府路 205 号　100871
网　　　址	http://www.pup.cn
新 浪 微 博	@北京大学出版社　@北大出版社法律图书
电 子 邮 箱	编辑部 law@pup.cn　总编室 zpup@pup.cn
电　　　话	邮购部 010-62752015　发行部 010-62750672　编辑部 010-62752027
印 刷 者	天津中印联印务有限公司
经 销 者	新华书店
	787 毫米×1092 毫米　16 开本　44.75 印张　1175 千字
	2012 年 7 月第 1 版　2013 年 7 月第 2 版
	2016 年 9 月第 3 版　2021 年 10 月第 4 版
	2024 年 8 月第 5 版　2025 年 8 月第 2 次印刷
定　　　价	98.00 元

未经许可,不得以任何方式复制或抄袭本书之部分或全部内容。
版权所有,侵权必究
举报电话:010-62752024　电子邮箱:fd@pup.cn
图书如有印装质量问题,请与出版部联系,电话:010-62756370

丛书出版前言

秉承"学术的尊严,精神的魅力"的理念,北京大学出版社多年来在文史、社科、法律、经管等领域出版了不同层次、不同品种的大学教材,获得了广大读者好评。

但一些院校和读者面对多种教材时出现选择上的困惑,因此北京大学出版社对全社教材进行了整合优化。集全社之力,推出一套统一的精品教材。

"21世纪法学规划教材"即是本套精品教材的法律部分。本系列教材在全社法律教材中选取了精品之作,均由我国法学领域颇具影响力和潜力的专家学者编写而成,力求结合教学实践,推动我国法律教育的发展。

"21世纪法学规划教材"面向各高等院校法学专业学生,内容不仅包括了16门核心课教材,还包括多门传统专业课教材,以及新兴课程教材;在注重系统性和全面性的同时,强调与司法实践、研究生教育接轨,培养学生的法律思维和法学素质,帮助学生打下扎实的专业基础和掌握最新的学科前沿知识。

本系列教材在保持相对一致的风格和体例的基础上,以精品课程建设的标准严格要求各教材的编写;汲取同类教材特别是国外优秀教材的经验和精华,同时具有中国当下的问题意识;增加支持先进教学手段和多元化教学方法的内容,努力配备丰富、多元的教辅材料,如电子课件、配套案例等。

为了使本系列教材具有持续的生命力,我们将积极与作者沟通,结合立法和司法实践,对教材不断进行修订。

无论您是教师还是学生,在使用本系列教材的过程中,如果发现任何问题或有任何意见、建议,欢迎及时与我们联系(发送邮件至bjdxcbs1979@163.com)。我们会将您的意见或建议及时反馈给作者,供作者在修订再版时进行参考,从而进一步完善教材内容。

最后,感谢所有参与编写和为我们出谋划策提供帮助的专家学者,以及广大使用本系列教材的师生,希望本系列教材能够为我国高等院校法学专业教育和我国的法治建设贡献绵薄之力。

北京大学出版社
2012年3月

作者简介

崔建远 河北省滦南县人。一级教授,教育部"长江学者"特聘教授,清华大学文科资深教授,清华大学谭兆讲席教授,清华大学法学院"凯原学者",兼任中国法学会民法学研究会学术委员会主任,北京市物权法学研究会会长。被评为第二届全国十大杰出中青年法学家(1999年),荣获教育部"高校青年教师奖"(2001年)、霍英东教育基金会青年教师奖(1990年)、宝钢教育基金会优秀教师奖(2003年)、清华大学教书育人奖(2003年)、清华大学青年教师教学优秀奖(1999年)、清华大学良师益友(六次)等荣誉。先后参与了全国人大常委会法制工作委员会主持的《中华人民共和国合同法(草案)》《中华人民共和国物权法(草案)》《中华人民共和国侵权责任法(草案)》《中华人民共和国民法总则(草案)》和《中华人民共和国民法典(草案)》的研讨工作,参与了最高人民法院组织的多件司法解释草案以及疑难案件的研讨工作,以及原国务院法制办组织的多部行政法规修订的研讨工作。

其代表性著作有:《合同责任研究》(1992年)、《准物权研究》(2003年)、《土地上的权利群研究》(2004年)、《论争中的渔业权》(2006年)、《物权:规范与学说——以中国物权法的解释论为中心》(上、下册)(2011年)、《物权法》(第4版)(2017年)、《合同法》(第3版)(2016年)、《债法总论》(2013年)、《合同解释论——规范、学说与案例的交互思考》(2020年)、《中国民事典型案例评释》(2020年)、《中国民法典释评·物权编》(上、下卷)(2020年)、《合同法总论》(上、中、下卷)(2024年),以及《"四荒"拍卖与土地使用权——兼论我国农用权的目标模式》《无权处分辨——合同法第51条规定的解释与适用》《履行抗辩权探微》《解除权问题的疑问与释答》(上、下篇)、《侵权责任法应与物权法相衔接》《论归责原则与侵权责任方式的关系》等论文。其中,《物权:规范与学说——以中国物权法的解释论为中心》(上、下册)(2011年)入选"三个一百"原创图书出版工程,荣获第三届中国出版政府奖;《中国民法典释评·物权编》(上、下卷)荣获第五届中国出版政府奖;《准物权研究》荣获司法部第二届全国法学教材与科研成果奖一等奖,首届"中国法学优秀成果奖"二等奖;《论争中的渔业权》荣获司法部第三届全国法学教材与科研成果奖一等奖,第六届吴玉章人文社会科学奖优秀奖;《土地上的权利群论纲——我国物权立法应重视土地上权利群的配置与协调》和《论归责原则与侵权责任方式的关系》先后荣获教育部人文社会科学研究优秀成果奖三等奖;《侵权责任法应与物权法相衔接》荣获北京市第十一届哲学社会科学优秀成果奖二等奖;《水权与民法理论及物权法典的制定》和《无权处分辨——合同法第51条规定的解释与适用》先后荣获第四届和第五届钱端升法学研究成果奖二等奖、三等奖。主编的《合同法》(2000年)荣获司法部第一届全国法学教材与科研成果奖一等奖,教育部全国普通高等学校优秀教材奖二等奖;与王利明教授合著的《合同法新论·总则》荣获教育部全国普通高等学校优秀教材奖二等奖;参与撰稿的《中国物权法草案建议稿》(梁慧星主编)荣获中国社会科学院优秀科研成果奖二等奖;参与撰写的《法治:理念与制度》(高鸿钧教授主编)荣获北京市第八届哲学社会科学优秀成果奖一等奖、国家图书奖。

第 五 版 序

本教科书[《合同法》(第五版)]撰写的背景之一是,《最高人民法院关于适用〈中华人民共和国民法典〉合同编通则若干问题的解释》(法释〔2023〕13号)的出台,导致教科书《合同法》(第四版)在诸多领域的内容过时,作为解释论而非立法论的教科书必须及时除旧布新。背景之二是,经过几年的教学检验,本书作者和读者陆续发现教科书《合同法》(第四版)存在一些错别字、误将《民法典》及其条文数写成《合同法》及其条文数等低级错误,必须把这些不可容忍的瑕疵消除。背景之三是,本教科书继续贯彻较为精简的风格,以尽力减轻学生的负担。为此,删除了若干有价值的分析、阐述。不过,与此有些不太匹配的是,学生入门之后尚需较为深透的理论和处理个案的方法。为化解这些矛盾,本书作者在本教科书的相应内容之处附加注释,包括本书作者发表的论文和出版的专著,作为指引,方便学生去阅读更为全面、深入的阐释。

时间仓促,加上释评《最高人民法院关于适用〈中华人民共和国民法典〉合同编通则若干问题的解释》的著作尚未大量出版、发表,本书作者来不及学习、借鉴他人在这方面的智慧,本教科书的不足在所难免,敬请读者批评、指正!

是为序。

崔建远
于2024年1月22日
定稿于清华大学明理楼

第 四 版 序

《中华人民共和国民法典》的颁行,有关法律、法规及司法解释的修正,以及《中华人民共和国民法通则》《中华人民共和国民法总则》《中华人民共和国合同法》《中华人民共和国担保法》均于2021年1月1日被废止,迫使主要解释法律的《合同法》(第三版)教科书适时修订。

本教科书即《合同法》(第四版)解释了《中华人民共和国民法典》合同编及相关编章,特别关注了其中新增设的合同制度及规则和修正《中华人民共和国合同法》的规则。此其一。基于尽量精简字数的考量,有些知识、学说及个人浅见不出现于《合同法》(第四版),而是请有兴趣的读者阅读指向的著作;再就是干脆彻底删除了若干内容。此其二。消除了若干错误,订正了某些表达。此其三。

在《中华人民共和国合同法》实施期间,本教科书取名《合同法》毫无问题;《中华人民共和国民法典》把合同规范汇聚于"第三编 合同",不改变合同规范的总称取名为"合同法"这个本质,故本教科书仍然沿用《合同法》这个书名。

尽管《中华人民共和国合同法》等若干法律已于2021年1月1日被废止,最高人民法院关于合同法的司法解释亦然,但基于展现法律发展史、相互比较以及脉络清晰的需要,《合同法》(第四版)难免会涉及,但无承认它们依然具有法律效力之意。

时间仓促,加之解释《中华人民共和国民法典》的著作问世的不多,也就是这方面的参考文献有限,《合同法》(第四版)的不足在所难免,敬请读者指正。

是为序。

崔建远
2021年2月18日
定稿于清华大学明理楼

第 三 版 序

前几天填写清华大学优秀教材奖的申请表，拜托陈进博士检索我编写的《合同法》（第二版）（北京大学出版社2013年版）的反响情况，得知"亚马逊网"上共有30个购买用户对本书进行了评价，其中28个好评，其余两个也是对于书印刷质量不满意的评价。28个好评中，最高5颗星的有24个。"当当网"上对本书的评价有441条，好评率为98.6%。有的读者直接表达了对本书再版的期望，并对再版的排版等表达了自己更高的要求。"京东网"上对本书的评价有100个，其中好评为93%，其余极少部分差评也是针对物流、包装和发票等问题的，购买本书的读者对书的内容予以很高的评价。

这些确实是对我莫大的褒奖和鼓励，同时也是对我的鞭策，还是促使我修订《合同法》（第二版）的原动力之一。

当然，没有准备，欠缺新的研究成果，仅凭修订《合同法》（第二版）的冲动，还是不会有《合同法》（第三版）的。

《合同法》（第二版）出版以来，读者们陆续地告知我书中存有某些错别字或序号排列的错位，对某些观点或阐释存有疑问甚至提出商榷意见。这都引起我注意，在此次修订时予以解决。所以，如果说《合同法》（第三版）的质量有所提升的话，那么，这些读者功不可没，在此谨表由衷的谢意！

由于教科书宜简洁、明快、准确，较为详细的阐释和对疑难问题的探讨以及论争留给我撰写的《合同法总论》（上、中、下卷），《合同法》（第三版）相对于《合同法》（第二版）来说仍属于"修修补补"，而非"伤筋动骨"。由于修订之处有点"遍地开花"的味道，不易在此一一指明，由此给读者带来的不便，尚祈谅解。

责任编辑周菲女士一直积极且负责地编辑本书，必须表示感谢！

崔建远
于2016年4月6日
定稿于清华大学明理楼

第 二 版 序

北京大学出版社约稿《合同法》教材多年，我迟至2012年年初才交稿，不免愧疚。承蒙读者宽容和厚爱，陆续向我反馈《合同法》（第一版）中的问题，诸如错别字、段落数字有误、注释信息不确，等等。耿林博士帮助翻译了履行期的德文文献，王洪亮博士和耿林博士分别翻译了瑕疵担保的德文文献，为本书作者厘清履行期、瑕疵担保的问题提供了重要的帮助。耿林博士校订了《合同法》（第一版）中的德文、英文注释，修正了若干错误。郑州大学法学院的陈建同学来函指出，本书作者所著《先履行抗辩权制度的适用顺序》一文，在"先履行顺序的债务""债权人"和"债务人"诸概念的使用方面存在着不清晰的缺点，以及是否存在先履行抗辩权和《合同法》第45条第1款规定的情形的竞合，在叙述方面有误。本书作者采纳了他的合理意见。河南师范大学法学院的邬元跃同学逐字校对了《合同法》（第一版），并将其校对结果电邮与我，使得《合同法》（第二版）大大减少了错别字，摆正了一些段落间的位阶。王传良君也来函指出了《合同法》（第一版）中的某些问题。所有这些，都是《合同法》（第二版）质量提高的因素，特此致谢！

有错必纠！正好偶遇责任编辑周菲女士，得知教材第一版基本售罄，这是修订教材、修正错误、适时完善的良机，便当即商定第二版《合同法》教材的编写和出版事宜。

当然，完成第二版《合同法》教材还有如下非常重要的原因：一是若干新的司法解释陆续出台，有些司法解释草案正在研讨过程中，需要据此修正第一版《合同法》教材中的某些观点乃至阐释；二是对某些问题又有新的更为妥适的想法及论证，将它们反映出来更有益于读者；三是在实务中遇到一些案件，启迪了思想，或者应予回应，既为实务提供参考意见，又能完善民法理论。

《合同法》教材的第二版较第一版固然进步不小，但作者的学识和水平有限，社会生活又在快速演变，法学水平也在不断提升，本教材需要改进之处肯定不在少数，作者期望读者一如既往地予以批判、指正，以便作者及时修订，不断完善它。

崔建远
于2013年3月25日
定稿于清华大学明理楼

缩略语一览表

1. 《宪法》——《中华人民共和国宪法》；
2. 《民法典》——《中华人民共和国民法典》；
3. 《民法通则》——《中华人民共和国民法通则》(已被废止)；
4. 《合同法》——《中华人民共和国合同法》(已被废止)；
5. 《经济合同法》——《中华人民共和国经济合同法》(已被废止)；
6. 《涉外经济合同法》——《中华人民共和国涉外经济合同法》(已被废止)；
7. 《技术合同法》——《中华人民共和国技术合同法》(已被废止)；
8. 《产品质量法》——《中华人民共和国产品质量法》；
9. 《消费者权益保护法》——《中华人民共和国消费者权益保护法》；
10. 《反不正当竞争法》——《中华人民共和国反不正当竞争法》；
11. 《保险法》——《中华人民共和国保险法》；
12. 《海商法》——《中华人民共和国海商法》；
13. 《物权法》——《中华人民共和国物权法》(已被废止)；
14. 《城市房地产管理法》——《中华人民共和国城市房地产管理法》；
15. 《担保法》——《中华人民共和国担保法》(已被废止)；
16. 《律师法》——《中华人民共和国律师法》；
17. 《水污染防治法》——《中华人民共和国水污染防治法》；
18. 《农村土地承包法》——《中华人民共和国农村土地承包法》；
19. 《建筑法》——《中华人民共和国建筑法》；
20. 《电子签名法》——《中华人民共和国电子签名法》；
21. 《票据法》——《中华人民共和国票据法》；
22. 《公司法》——《中华人民共和国公司法》；
23. 《企业破产法》——《中华人民共和国企业破产法》；
24. 《民事诉讼法》——《中华人民共和国民事诉讼法》；
25. 《标准化法》——《中华人民共和国标准化法》；
26. 《侵权责任法》——《中华人民共和国侵权责任法》(已被废止)；
27. 《城镇国有土地使用权出让和转让暂行条例》——《中华人民共和国城镇国有土地使用权出让和转让暂行条例》；
28. 《外汇管理条例》——《中华人民共和国外汇管理条例》；
29. 《外商投资法实施条例》——《中华人民共和国外商投资法实施条例》；
30. 《电信条例》——《中华人民共和国电信条例》；
31. 《关于民法通则的意见》——《最高人民法院关于贯彻执行〈中华人民共和国民法通则〉若干问题的意见(试行)》(已被废止)；

32.《合同法解释(一)》——《最高人民法院关于适用〈中华人民共和国合同法〉若干问题的解释(一)》(已被废止);

33.《担保法解释》——《最高人民法院关于适用〈中华人民共和国担保法〉若干问题的解释》(已被废止);

34.《票据纠纷规定》——《最高人民法院关于审理票据纠纷案件若干问题的规定》(2020年12月23日修正);

35.《商品房买卖合同解释》——《最高人民法院关于审理商品房买卖合同纠纷案件适用法律若干问题的解释》(2020年12月23日修正);

36.《人身损害赔偿解释》——《最高人民法院关于审理人身损害赔偿案件适用法律若干问题的解释》(2020年12月23日修正);

37.《技术合同解释》——《最高人民法院关于审理技术合同纠纷案件适用法律若干问题的解释》(2020年12月23日修正);

38.《国有土地使用权合同解释》——《最高人民法院关于审理涉及国有土地使用权合同纠纷案件适用法律问题的解释》(2020年12月23日修正);

39.《农村土地承包解释》——《最高人民法院关于审理涉及农村土地承包纠纷案件适用法律问题的解释》(2020年12月23日修正);

40.《诉讼时效制度规定》——《最高人民法院关于审理民事案件适用诉讼时效制度若干问题的规定》(2020年12月23日修正);

41.《合同法解释(二)》——《最高人民法院关于适用〈中华人民共和国合同法〉若干问题的解释(二)》(已被废止);

42.《城镇房屋租赁合同解释》——《最高人民法院关于审理城镇房屋租赁合同纠纷案件具体应用法律若干问题的解释》(2020年12月23日修正);

43.《金融不良债权转让案件纪要》——《最高人民法院关于审理涉及金融不良债权转让案件工作座谈会纪要》;

44.《审理民商事合同案件指导意见》——《最高人民法院关于当前形势下审理民商事合同纠纷案件若干问题的指导意见》;

45.《外商投资企业规定(一)》——《最高人民法院关于审理外商投资企业纠纷案件若干问题的规定(一)》(2020年12月23日修正);

46.《买卖合同解释》——《最高人民法院关于审理买卖合同纠纷案件适用法律问题的解释》(2020年12月23日修正);

47.《物权法解释(一)》——《最高人民法院关于适用〈中华人民共和国物权法〉若干问题的解释(一)》(已被废止);

48.《独立保函规定》——《最高人民法院关于审理独立保函纠纷案件若干问题的规定》(2020年12月23日修正);

49.《民间借贷规定》——《最高人民法院关于审理民间借贷案件适用法律若干问题的规定》(2020年12月23日修正);

50.《新冠肺炎案件指导意见(一)》——《最高人民法院关于依法妥善审理涉新冠肺炎疫情民事案件若干问题的指导意见(一)》;

51.《建设工程施工合同解释(一)》——《最高人民法院关于审理建设工程施工合同纠纷案件适用法律问题的解释(一)》;

52.《担保制度解释》——《最高人民法院关于适用〈中华人民共和国民法典〉有关担保制度的解释》;

53.《总则编解释》——《最高人民法院关于适用〈中华人民共和国民法典〉总则编若干问题的解释》;

54.《合同编通则解释》——《最高人民法院关于适用〈中华人民共和国民法典〉合同编通则若干问题的解释》;

55.《商品房消费者权利保护批复》——《最高人民法院关于商品房消费者权利保护问题的批复》。

目 录

1 第一章 绪论

- 1 第一节 合同法的概念
- 3 第二节 合同法的历史发展
- 11 第三节 合同法的作用
- 13 第四节 合同法的原则
- 19 第五节 合同法的体系

21 第二章 合同的分类

- 21 第一节 合同的分类概述
- 22 第二节 典型合同与非典型合同
- 24 第三节 双务合同与单务合同
- 25 第四节 有偿合同与无偿合同
- 26 第五节 诺成合同与实践合同
- 27 第六节 要式合同与不要式合同
- 28 第七节 一时性合同与继续性合同
- 30 第八节 主合同与从合同
- 30 第九节 束己合同与涉他合同
- 32 第十节 个别合同与框架合同
- 33 第十一节 实定合同与射幸合同
- 34 第十二节 本约与预约

37 第三章 合同的订立

- 37 第一节 合同的订立概述
- 38 第二节 要约
- 44 第三节 承诺
- 47 第四节 竞争缔约
- 48 第五节 强制缔约

51	第六节　附合缔约
57	第七节　要约和承诺程序的变异
61	第八节　合意与不合意

64　第四章　合同的内容与形式

64	第一节　合同的条款
68	第二节　合同权利与合同义务
76	第三节　合同之债的种类
86	第四节　合同的形式

89　第五章　合同的效力

89	第一节　合同的效力概述
93	第二节　合同的有效要件
96	第三节　合同的无效
109	第四节　合同的撤销
114	第五节　合同效力的补正
118	第六节　合同不成立、无效、被撤销或不被追认的法律后果
123	第七节　合同无效与诉讼时效

127　第六章　合同的履行

127	第一节　合同的履行概述
128	第二节　合同履行的原则
140	第三节　合同履行的规则
151	第四节　涉及履行的抗辩及抗辩权

174　第七章　合同的保全

174	第一节　合同的保全概述
175	第二节　债权人代位权
191	第三节　债权人撤销权

211　第八章　合同的担保

211	第一节　合同的担保概述
217	第二节　保证
243	第三节　定金

252 第九章 合同的变更

- *252* 第一节 合同的变更概述
- *253* 第二节 狭义的合同变更
- *256* 第三节 合同的更改

259 第十章 合同的转让

- *259* 第一节 合同的转让概述
- *260* 第二节 债权让与
- *281* 第三节 债务承担
- *291* 第四节 合同权利义务的概括移转

293 第十一章 合同的解除

- *293* 第一节 合同的解除概述
- *302* 第二节 合同解除的条件
- *308* 第三节 合同解除的程序
- *318* 第四节 合同解除的效力

323 第十二章 合同权利义务的终止

- *323* 第一节 合同权利义务的终止概述
- *324* 第二节 清偿
- *328* 第三节 抵销
- *334* 第四节 提存
- *340* 第五节 免除
- *342* 第六节 混同

344 第十三章 违约责任

- *344* 第一节 违约责任的概念
- *355* 第二节 违约责任的分类
- *357* 第三节 违约责任的归责原则
- *360* 第四节 违约责任的构成要件
- *370* 第五节 免责条件与免责条款
- *376* 第六节 违约责任与侵权责任的竞合
- *384* 第七节 强制履行
- *392* 第八节 赔偿损失

413 | 第九节　违约金责任

433　第十四章　合同的解释
　　　433 | 第一节　合同解释概述
　　　435 | 第二节　合同解释的原则
　　　443 | 第三节　合同解释的规则
　　　446 | 第四节　合同漏洞的补充
　　　449 | 第五节　格式条款的解释

452　第十五章　买卖合同
　　　452 | 第一节　买卖合同概述
　　　455 | 第二节　买卖合同的效力
　　　470 | 第三节　特种买卖合同

475　第十六章　供用电、水、气、热力合同
　　　475 | 第一节　供用电、水、气、热力合同概述
　　　476 | 第二节　供用电合同

479　第十七章　赠与合同
　　　479 | 第一节　赠与合同概述
　　　483 | 第二节　赠与合同的效力
　　　484 | 第三节　赠与合同的终止

488　第十八章　借款合同
　　　488 | 第一节　借款合同概述
　　　490 | 第二节　借款合同的效力
　　　492 | 第三节　借款合同的终止

493　第十九章　租赁合同
　　　493 | 第一节　租赁合同概述
　　　500 | 第二节　租赁合同的效力
　　　523 | 第三节　租赁合同中的风险负担
　　　524 | 第四节　租赁合同的变更
　　　529 | 第五节　租赁合同的终止

532　第二十章　融资租赁合同

- *532*　第一节　融资租赁合同概述
- *536*　第二节　融资租赁合同的效力

541　第二十一章　保理合同

- *541*　第一节　保理合同概述
- *546*　第二节　保理合同的效力

551　第二十二章　承揽合同

- *551*　第一节　承揽合同概述
- *559*　第二节　承揽合同的效力
- *569*　第三节　承揽合同中的风险负担
- *570*　第四节　承揽合同的终止

572　第二十三章　建设工程合同

- *572*　第一节　建设工程合同概述
- *576*　第二节　建设工程合同的订立
- *578*　第三节　建设工程合同的无效及其后果
- *580*　第四节　建设工程合同的效力

588　第二十四章　运输合同

- *588*　第一节　运输合同概述
- *589*　第二节　客运合同
- *593*　第三节　货运合同
- *597*　第四节　联运合同

600　第二十五章　技术合同

- *600*　第一节　技术合同概述
- *605*　第二节　技术开发合同
- *614*　第三节　技术转让合同和技术许可合同
- *619*　第四节　技术咨询合同
- *622*　第五节　技术服务合同

628　第二十六章　保管合同

- *628*　第一节　保管合同概述

631 | 第二节　保管合同的效力
638 | 第三节　保管合同的终止

640　第二十七章　仓储合同

640 | 第一节　仓储合同概述
642 | 第二节　仓储合同的效力
650 | 第三节　仓储合同的终止

651　第二十八章　委托合同

651 | 第一节　委托合同概述
655 | 第二节　委托合同的效力
663 | 第三节　隐名代理制度
667 | 第四节　委托合同的终止

670　第二十九章　物业服务合同

670 | 第一节　物业服务合同概述
671 | 第二节　物业服务合同的效力
674 | 第三节　物业服务合同的终止

675　第三十章　行纪合同

675 | 第一节　行纪合同概述
680 | 第二节　行纪合同的效力

685　第三十一章　中介合同

685 | 第一节　中介合同概述
687 | 第二节　中介合同的效力

691　第三十二章　合伙合同

691 | 第一节　合伙合同概述
692 | 第二节　合伙合同的效力
694 | 第三节　合伙合同的终止

第一章

绪　论

第一节　合同法的概念

一、合同

合同的类别较多,有劳动法上的合同、行政法上的合同、民法上的合同等,每类合同的含义明显不同。民法上的合同亦非千篇一律,存在着物权合同、债权合同、身份合同等种类,每种合同的界定各有区别。《民法典》所规范的合同,是民事主体之间设立、变更、终止民事法律关系的协议(第464条第1款)。仅就文义而言,尚难准确地判断出此处所谓协议的类型和含义,但因《民法典》第464条第2款规定,婚姻、收养、监护等有关身份关系的协议,适用有关该身份关系的法律规定,可知它不包含身份合同。还有,中国改革开放几十年来,实践和《合同法》等法律没有区分过物权合同和债权合同[1],可以断言,此处所说的协议也不包含物权合同。合同法立法方案及学说认为,《合同法》规范的是债权合同。[2] 这句短语同样适合于《民法典》设计的合同。

由于债权合同的概念系相对于物权合同的概念而具有存在价值,且中国现行法未采纳物权行为独立性和无因性制度及其理论[3],将中国合同法上的合同称为债权合同反倒画蛇添足。有鉴于此,除非上下文表述的需要,本书一般不采用债权合同的概念,而径称合同。

在民法及其学说史上,曾有合同和契约的区别。前者为当事人的目的相同、意思表示的方向也一致的共同行为。后者系当事人双方的目的对立、意思表示的方向相反的民事法律行为。中国现行法已不再作这样的区分,把二者都叫作合同。

中国原来的法律及其理论区分经济合同与非经济合同、商事合同与民事合同、国内合同与涉外经济合同,调整规范也有差异。《合同法》不再作如此分类,统称为合同,对它们统一规制。《民法典》亦然。

合同具有如下法律性质:其一,合同是一种民事法律行为(以下径称为法律行为)。合同以意思表示为要素,并且按意思表示的内容赋予法律效果,故为法律行为,而非事实行为。

---

[1] 见王胜明:《物权法制定过程中的几个重要问题》,载《法学杂志》2006年第1期;王胜明:《关于物权法若干问题的思考》(2005年10月25日,于中国人民大学逸夫会议中心二层报告厅),载中国法学会民法学研究会、中国人民大学法学院、广东省律师协会编:《中国物权法疑难问题研讨会论文集》,2005年12月7日,第21页。

[2] 见梁慧星:《民法学说判例与立法研究(二)》,国家行政学院出版社1999年版,第122页。

[3] 见梁慧星:《如何理解合同法第51条》,载《人民法院报》2000年1月8日;谢怀栻等:《合同法原理》,法律出版社2000年版,第102页以下;崔建远:《无权处分辨》,载《法学研究》2003年第1期。

其二，合同是两方以上当事人的意思表示一致的法律行为。合同的成立必须有两方以上的当事人，他们相互为意思表示，并且意思表示相一致。这是合同区别于单方法律行为的重要标志。其三，合同是以设立、变更、终止民事权利义务关系为目的的法律行为。任何法律行为均有目的性，合同的目的性在于设立、变更、终止民事权利义务关系。所谓设立，是指当事人通过意思表示，使他们之间产生民事权利义务关系的行为。所谓变更，是指当事人对于已经设立的民事权利义务关系，通过意思表示使其发生变化，形成新的民事权利义务关系的行为。所谓终止，是指当事人通过意思表示，使他们之间既有的民事权利义务关系归于消灭的行为。其四，合同是当事人各方在平等、自愿的基础上产生的法律行为。在民法上，当事人各方在订立合同时的法律地位是平等的，所以意思表示是自主自愿的。当然，在现代法上，为实践合同正义，自愿或曰自由时常受到限制，如强制缔约、格式合同、劳动合同的社会化等，为其著例。

二、合同法

合同法，即有关合同的法律规范的总称，是调整平等主体之间的交易关系的法律。它包括界定合同的法律规范，订立合同的法律规范，合同成立条件的法律规范，合同内容的法律规范，合同效力的法律规范，合同无效、被撤销、效力未定的法律规范，合同履行的法律规范，合同保全的法律规范，合同担保的法律规范，合同变更和转让的法律规范，合同解除的法律规范，合同救济的法律规范，合同消灭的法律规范，合同解释和适用的法律规范，各类合同的法律规范等。

合同法在英美法系是与财产法、侵权行为法、信托法等并列的独立法律部门，但在大陆法系，合同法的上位概念是债法，债法的上位概念是民法，故合同法为民法的组成部分，其主干被放置于民法典的债编之中。在中国，合同法也归属于民法，不是一个独立的法律部门，目前集中于《民法典》"第三编 合同"之内。

其实，《民法典》"第三编 合同"只是中国合同法的大本营，诸如《城市房地产管理法》《著作权法》等许多单行法中关于合同的规范都是中国合同法的组成部分，最高人民法院有关合同的司法解释同样如此，《民法典》"第一编 总则"有关法律行为、债权的规定，更是中国合同法律规范所不可或缺的成分，甚至于《民法典》"第二编 物权"中也有若干合同规范。

在近现代社会，合同法主要调整平等主体之间基于平等、自愿等原则而发生的转让物品或权利、完成工作和提供劳务等的交易关系，故它为交易法。这些交易关系通常可用货币衡量评价，具有财产价值，故合同法为财产法。交易关系由当事人自主自愿设立、变更或终止，合同法规范多为当事人交易的模式，允许当事人依其意思加以改变，故合同法基本上为任意法。合同法直接界定市场要素，全面规制市场交易活动，它是市场经济的核心交易规则，故为市场经济的基本法律。

关于合同法的本质，可有多视角的透视。运用阶级分析的方法，可知合同法是特定社会统治阶级意志的体现。在剥削阶级社会，合同法是剥削劳动者的法律武器。在中国，合同法是发展社会主义市场经济、满足市场主体需要、获得最佳经济效益的重要工具。从经济与法的角度看，合同关系是可期待的信用，合同法保护这种信用。它首先确认让渡商品与实现价值存在时间差的合理性，确认经济利益暂时不平衡的合理性，同时又保证这种差距可以消除。① 从合同关系自身讲,合同及其法律所保护的是当事人之间的信赖与期待,实现意思自治的理念。② 从当事人的目的及利益观察,合同及其法律是债权人实现其特定利益的手段。③ 合同关系的成立,旨在达到一定的法律目的,即将债权变为物权或与物权有同等价值或相似价值的权利。④ 债权人订立合同就在于取得这些权利,实现特定利益。尤其需要注意的是,自资本主义开始,债权不复是旨在取得物权或利用物的手段,它本身就是法律生活的目的。⑤

第二节　合同法的历史发展

一、古代合同法

合同作为财产流转的法律形式,其产生必须基于财产流转的事实。没有财产流转就没有合同及其立法。然而,有了财产流转也未必就有合同及其立法,当财产流转问题系"通过血族关系或运用宗教权力以执行个人所承担的义务"⑥的方式解决,或者凭借财产法和侵权行为法乃至刑法处理时,也不会有合同法。⑦

在氏族社会晚期,随着私有财产的出现,个人与个人之间的产品交换行为日益广泛,并逐渐形成了一定的规则。这些规则起初由誓言、习惯等保障实行。当誓言等不足以保障交换规则的实行时,便需要由社会共同体认可或制定的法律规范取而代之,交换规则取得了法律的规定形式。人类社会最早的合同法是由习惯发展而来的,称为习惯法。它与氏族习惯中关于交换的规则的根本区别,首先在于诉权、诉讼形式的发生上。

从总体上说,习惯法具有不稳定、不统一和不公开的特点。各种习惯前后矛盾,因时因地而有不同,于是在适用时须就某一习惯存在与否进行争论。而社会又不断发展,习惯随之变化,彼时彼地的习惯与此时此地的习惯往往相互抵触,这些都无疑地增加了习惯法适用上的困难。这决定了成文法逐渐取代习惯法的命运。⑧《汉谟拉比法典》是世界上迄今为止所发现的最古老而又保存最完整的成文法典,通篇共有 282 个条文,其中直接规定合同的规范就有 80 余条。其特点是:奉行严格的形式主义;合同种类较多,适用范围较广;对违约行为进行严厉的惩罚。古罗马的《十二表法》中关于合同的规定,条文少于上述法典。尽管有学说评论"罗马法从未发展出契约的一般理论,而只是发明了契约的个别形式"⑨,但在立法技术方面仍有进步:更接近于近代大陆法系在理性主义支配下的概念化立法方法,用抽象的、具有一般特征的概念表述合同;将合同视为当事人之间的法律,用合同作为确定当事人相互间的债权债务关系的"法锁",以保障交易的安全;规定了物的所有权转移的条件,从而使合同可能脱离物的实际交付而单独存在,这意味着"诺成合同"开始同"实践合同"相分离,成

---

① 参见杨振山:《社会主义初级阶段理论与我国的民法学》,载《中国法学》1988 年第 5 期。
② 参见王泽鉴:《债法原理》,北京大学出版社 2009 年版,第 2 页。
③ 参见王家福主编:《中国民法学·民法债权》,法律出版社 1991 年版,第 2 页。
④ 参见林诚二:《论债之本质与责任》,载林诚二:《民法理论与问题研究》,中国政法大学出版社 2000 年版,第 206—236 页。
⑤ 〔德〕拉德布鲁赫:《法学导论》,米健、朱林译,中国大百科全书出版社 1997 年版,第 64 页。
⑥ 上海社会科学院法学研究所编译:《国外法学知识译丛·民法》,知识出版社 1981 年版,第 153 页。
⑦ Michael Furmston, *Cheshire, Fifoot & Furmston's Law of Contract*, Butterworths, Eleventh Edition,1(1986).
⑧ 王家福等:《合同法》,中国社会科学出版社 1986 年版,第 20—21 页。
⑨ 〔美〕艾伦·沃森:《民法法系的演变及形成》,李静冰、姚新华译,中国政法大学出版社 1992 年版,第 21 页。

为一种新的合同形式。我们应当认识到,"许多使现代民法区别于罗马法的成分,恰恰是因现代民法吸收了罗马时代已具雏形的观念而造成的。在民法独领历史风骚的那些年代里,一种法律制度的发展会很迅速地成为依靠吸收外来影响而进行的过程……根深蒂固的影响就来自于优士丁尼法律"①。日耳曼法虽然晚于罗马法,其中合同规范也远不及罗马法那样巧妙精深,逻辑严密,但它也有如下优点:它体现"团体本位"的思想,这对现代社会的立法有极大的影响②;在立法技术上注重采用业已存在的日耳曼人的习惯,尽量使法律条文通俗实用,避免用概念替代习惯做法;它在具体制度上有创新,保证、违约金制度为其著例。

古代法中的合同关系,是清一色的财产关系还是也有人格关系、身份关系?

首先,需要明确,财产权概念现在并不正面取决于财产的价值,而是从与非财产权相对(人格权、身份权)的角度,理解为一种不属于非财产权的权利,即一切可以与权利主体的人格或身份相分离、具有独立存在理由的、与非财产权相对的权利,即为财产权。③ 如果这种观点及判断标准是正确的,那么,古代合同法时代,的确存在着非财产关系的合同关系。例如,在农业时代的庄园制度中,领主(Grundherr)支配广阔的土地,以此从事维持家计的必要的生产,但又将其支配下的土地分割,基于一种租赁关系(Leiheverhältnisse)租给农民。④ 这种合同一方面产生了对当事人支配和庇护的权利义务,另一方面产生了要求当事人服务及保护的权利义务。它是一种身份关系上的贯穿于全部生活范围的合同。具体来说,一是农业主体成为以领主为首的封建制度的支配团体,其关系均依身份关系来结合;二是对生产手段和劳动力的支配,虽在某种程度上分属于不同阶段的支配,但两个支配权常常合一而成为一个服从关系的内容;三是对生产手段和劳动力的支配,以社会构成的身份关系的一方面为限,服从社会的统制。⑤

其次,从债的早期形态考察,债并无必须为财产关系的本质要求,甚至并非财产关系。罗马的债(obligatio)所保留的特点使人联想到涉及人身依从关系的原始观念。扣押人质是表现原始债特点的形式。人身为债的履行承受着实际的责任约束。债保留着为履行给付责任而设置抽象的潜在约束的观念,其逻辑结果就是对债务人躯体的执行(在《十二表法》中可以见到这种执行的残酷性),这是对多少有所反抗的债务人躯体的执行。⑥

最后,在古典时代的罗马法中,人们并不重视债的财产性,而是关注债抽象的潜在约束的观念。⑦ 正所谓在原始社会中财产是不当什么的,被重视的只有债务。⑧ 债是应负担履行义务的"法锁",是法律用以把人或集体的人结合在一起的"束缚"或"锁链",作为某种自愿行为的后果。⑨

总的说来,奴隶社会和封建社会形成的合同法即古代合同法是简陋的,欠缺许多具体且

---

① 〔美〕艾伦·沃森:《民法法系的演变及形成》,李静冰、姚新华译,中国政法大学出版社1992年版,第172页。
② 李宜琛:《日耳曼法概说》,中国政法大学出版社2003年版,第11页。
③ 〔日〕於保不二雄:《日本民法债权总论》,庄胜荣校订,五南图书出版有限公司1998年版,第20页。
④ 〔日〕我妻荣:《债权在近代法中的优越地位》,王书江、张雷译,谢怀栻校,中国大百科全书出版社1999年版,第161页。
⑤ Gierke, Die Wurzeln des Dienstvertrags Festschrift für H. Brunner zun 50. Doktorjubiläum am 8. April 1914, S. 37 ff. 转引自〔日〕我妻荣:《债权在近代法中的优越地位》,王书江、张雷译,谢怀栻校,中国大百科全书出版社1999年版,第163—164页。
⑥ 〔意〕朱赛佩·格罗索:《罗马法史》,黄风译,中国政法大学出版社1994年版,第115页。
⑦ 同上。
⑧ 〔英〕梅因:《古代法》,沈景一译,商务印书馆1959年版,第181页。
⑨ 同上书,第182—183页。

重要的制度;合同主体仅限于少数人,不要说奴隶不得订立合同,妻子、儿女在罗马法上也无人格;重形式而轻内容,只要形式符合法律要求,即使内容违反道德,合同是在欺诈或胁迫的情况下签订的,也仍然有效。所有这些,均不适应市场经济的要求,古代合同法终被近代合同法所取代。

二、近代合同法

近代合同法,是指资本主义自由竞争时期的合同法,以《法国民法典》中的合同制度为典型代表,以合同自由、抽象平等的人格、个人责任诸原则为明显标志。

资本主义取代封建主义,使手工工场和工厂兴起,大大提高了社会生产力,工业逐渐取得了优势地位,进入交易市场的商品大大增加;封建制度的崩溃给广大的农奴带来人身自由,从身份到合同,劳动力成为可自由买卖的商品;民族国家和统一市场逐渐形成,交易自由通畅,政府不得妄加干预。这样的经济培育了经济自由主义。在法国,经济自由主义原则在18世纪得以确立并在大革命时期的立法中得以实现。自由经济的基本观念,是允许人们依照自己的意愿交换相互的财产或服务。换成法律上的用语,即允许人们依其意愿订立合同。为反映这种要求,《法国民法典》奉行合同自由原则。在这样的经济体制中,市民是可以自由活动的基本单位,并且表现为趋利避害、精于计算、追求利益最大化的经济人(economic man)。把这个经济人概念法律制度化,就形成了抽象的平等的人格概念,也是权利能力概念。经济自由主义必然要求经济人最大限度地发挥主观能动性,法律对它的尊重和保障就是确立个人责任原则,经济人仅对其故意或过失负责,没有故意或过失即不负责任。

《法国民法典》的上述思想影响广泛,比利时等国在编纂民法典时就受这种思想的支配。从1804年起,《法国民法典》在瑞士的日内瓦州和伯乐尼·汝拉两地适用。当瑞士各州在19世纪着手制定各自的民法典时,无不以《法国民法典》作为典范。在意大利,《法国民法典》随着拿破仑军队而来。后来制定的《意大利民法典》广泛地以《法国民法典》为基础。《西班牙民法典》在债法领域特别地倚重于《法国民法典》,甚至大多满足于法国法条文的翻译。《葡萄牙民法典》在内容方面主要采用了法国法律制度。法国民法的思想至今仍然不同程度地对近东、非洲、印度支那和大洋洲产生着影响。[①]《德国民法典》虽然实施于1900年,风格不同于《法国民法典》,但它却"与其说是20世纪的序曲,毋宁说是19世纪的尾声"[②],仍归于近代法中,依然具有自由平等的人格、合同自由、个人责任的特征。[③]

三、现代合同法

近代合同法经过修正,演变为现代合同法。特别是在第二次世界大战后,近代合同法的古典理念和制度基础受到现实社会变迁的冲击,不得不随之作适当调整。调整只是调整,未发生质变,所以现代合同法和近代合同法是同质而非异质的法律,即都是资本主义社会的合同法,只不过现代合同法是资本主义垄断阶段的产物。同时,也正因为调整,现代合同法较近代合同法有如下几方面的变化:

---

① 〔德〕K.茨威格特、H.克茨:《比较法总论》,潘汉典、米健、高鸿钧、贺卫方译,贵州人民出版社1992年版,第152—181页。
② 〔德〕古斯塔夫·拉德布鲁赫语,转引自同上书,第218页。
③ 〔日〕北川善太郎:《日本民法体系》,李毅多、仇京春译,科学出版社1995年版,第110—111页。

1. 具体人格的登场。在近代合同法中,抽象的法律人格概念被作为权利主体确立下来。关于自然人与法人、大企业与中小企业、企业与消费者、经济强者与经济弱者、男性与女性、年轻人与老人均未加任何区别。作为权利能力者,各个人格者的具体特性和能力等都被舍掉了。仅仅在行为能力概念和无责任能力概念中,对社会的弱者、经济的弱者给予考虑。与此相反,现代合同法则要求抽象的法律人格概念作出极大的让步。如在雇佣合同中,由于抽象的人格概念与预定调和论相呼应,产生了作为经济弱者的劳动者对作为经济强者的雇主的法律从属关系,造成了经济上和社会上的严重问题,从而形成了以劳动者人格为焦点的劳动法和社会法,确立了团体协约和工会制度,导入保障有关争议权和劳动条件的强行标准,考虑到了雇员的特殊性,人格具体化了。再如,在消费者合同中,充分考虑到了消费者人格,给予消费者许多优惠保护。[①]

2. 新的交易形式逐渐普及,新的合同理念陆续诞生。固定的客户关系不断地签订同一类型的合同,已非新鲜之事;商人们先行提供合同的基本架构,未来从事具体交易签订个别合同时以它为准确定内容,权利义务关系更加明晰、确定和稳妥。于是框架合同(frame contract)应运而生。

加速应收款债权的回收,利用现有资产融资,一直都是企业所关注的问题;提供金融服务以获取丰厚的利润,向来是银行追逐的重要目标。保理合同就是因应资本市场的上述需求而出现的一种崭新的合同类型,它兼具融资、信用担保、应收账款回收、信息提供等多种功能,在世界范围内都深受欢迎,并快速发展。

互联网商业化和社会化的发展,从根本上改变了传统的产业结构和市场的运作方式,电子商务出现了前所未有的增长势头,电子合同越来越普及,逐渐深入到人们生活的许多领域。

事实上,以个别性合同为建构范式的古典合同法已经不能合理解释和妥当处理日益复杂的交易现象,僵化地遵循合同自由原则也产生了不公平的结果。于是,现代合同法在许多方面已经超越了古典合同法的范畴,适度放宽了对要约和承诺一致性的要求,有条件地承认合同条款的不确定性,及时固定新发展的附随义务,增加了当事人于情事变更场合的再交涉义务,适当限制当事人的任意解除权(终止权),妥善处理特许经营,等等。将这些现象概括、总结和升华,甚至进一步认为,当事人的意思并非构成合同的唯一要素,命令、身份、社会作用、亲属关系、习惯等都可能成为合同的组成部分。所有的合同都植根于社会中,应当从更广泛的角度看待合同。这就是所谓关系性合同理论,为我们认识合同提供了一个新视角。

3. 合同自由受到限制。在资本主义垄断阶段,商业、交通运输业、金融业都高度发达,社会生活中运用合同进行交易的次数大大增加,个别磋商的传统缔约方式已不适应,格式条款省去了讨价还价之烦,促进了企业合理经营,符合交易简捷的要求,并且已经普遍化。但格式条款为优势企业一方所拟,消费者等另一方要么同意,要么走开,显然限制了合同自由。

邮政、电信、电业、自来水、铁路、公路等公用事业居于独占地位,欠缺真正的缔约自由的基础。为保障消费者的需要得到满足和合法权益不受侵害,法律规定非有正当理由,不得拒绝消费者和用户的缔约请求。这就是所谓"强制缔约"[②],对合同自由是一种修正。

自20世纪40年代起,消费者运动兴起,保护消费者利益的立法也相继出台。这些新的

---

① 〔日〕北川善太郎:《日本民法体系》,李毅多、仇京春译,科学出版社1995年版,第112页。
② 王泽鉴:《债法原理》,北京大学出版社2009年版,第60—62页。

法律在其适用的范围内,以其强制性规范不容置疑地改变了合同的传统概念,在不同程度上否定了意思自治的基本观念,限制了合同自由的适用范围。①

诚信原则等也常用来限制合同自由。

4. 社会责任抬头。在售出的产品缺陷致消费者以损害、医疗事故致病人以损害等情况下,越来越多的国家采取无过错责任,并通过保险机制将损害分散到整个社会,由个人责任发展到社会责任。

5. 一般条款的作用增强。诚实信用等一般条款,在现代合同法上的地位更高,发挥的作用更大。"这是因为:资本主义发展到垄断阶段之后,社会发展得很快,旧的法律不可能随时修订,新的法律也不可能随时制定,要靠现成的法律规定解决瞬息万变的事实,是不可能的。但是这样的一些原则具有很大的灵活性,可以按照各种具体情况加以利用。"②

6. 统一化趋势。国际贸易在当代越来越发达,各种合同不限于只在一个国家内部适用。在实务中,经常碰到这样一些问题:要约或承诺何时生效;货物的占有、所有权或风险何时转移;卖方如提供了与合同不符的货物,买方有何权利;等等。对于这些问题,各国法律的解决办法很不一致。国际贸易如有统一的法律,不再依据不同国家的不同法律来处理有关问题,显然效益巨大。商法先行,它首先不断开辟使国内法与国际法趋向统一的道路。这反映了交易的本质要求,因为交易不存在任何国界,正如个人主义只承认世界公民和世界市场一样。③ 国际统一的合同法逐渐增多,如 1980 年《联合国国际货物销售合同公约》《联合国国际贸易应收款转让公约》《国际保理公约》及《欧洲合同法原则》等,均属此类。④

7. 劳动法、产品责任法、消费者权益保护法等日增特殊性,形成自己相对独立与完善的体系,最终从民法中分离出去。

四、中国合同法

中国合同法经历了一个曲折的发展过程,其间有过四次大的发展。

第一次发展时期为从 1950 年到 1956 年。在这个历史阶段中,党的方针政策是发展商品生产和商品交换。为了适应多种经济成分并存的经济结构和对个体农业、个体手工业和资本主义工商业进行社会主义改造的要求,国家在经济领域中广泛推行合同制度,广泛运用合同形式以固定各种经济关系,组织生产和流通。国家机关、国营企业和合作社之间的重要业务,如货物买卖、加工订货、租赁借贷、委托代理、修缮建筑、货物运输、合资经营等均采用合同形式。1950 年 9 月 27 日,原政务院财政经济委员会颁布了中国第一个合同规章——《机关、国营企业、合作社签订合同契约暂行办法》。随后,中央各部委相继制定了一大批合同规章,对买卖合同、供应合同、基本建设包工合同、加工承揽合同、运输合同、财产租赁合同、保险合同、保管合同、委托合同、信贷合同等加以规定。这对巩固社会主义国营经济,迅速恢复在旧中国遭受严重破坏的国民经济,实现对生产资料私有制的社会主义改造,胜利完成第一个五年计划,发挥了巨大的作用。

从 1957 年到 1966 年,中国合同法经历了曲折的发展过程。1958 年至 1960 年,中国经

---

① 尹田:《法国现代合同法:契约自由与社会公正的冲突与平衡》(第 2 版),法律出版社 2009 年版,第 36—37 页。
② 王家福等:《合同法》,中国社会科学出版社 1986 年版,第 72 页。
③ 〔德〕拉德布鲁赫:《法学导论》,米健、朱林译,中国大百科全书出版社 1997 年版,第 73 页。
④ 〔英〕施米托夫:《出口贸易》,对外经济贸易大学对外贸易系译,对外贸易教育出版社 1985 年版,第 175 页;王家福等:《合同法》,中国社会科学出版社 1986 年版,第 79—80 页。

济领域大刮"共产风",搞"一平二调",办"公共食堂",不讲经济核算,不计生产成本,否定商品生产和商品交换,取消了合同制度。1958年11月28日至12月10日,党的八届六中全会通过了《关于人民公社若干问题的决议》,批评了取消商品生产和商品交换的错误思想,决定继续发展商品生产和继续保持按劳分配。据此精神,在1958年12月20日,中共中央和国务院发布了《关于适应人民公社化的形势改进农村财政贸易管理体制的决定》,规定国家商业机构同人民公社之间,必须根据国家计划订立购销合同。由于当时的客观情况,该决定并未得到认真的贯彻执行,而合同制度的重新推行和合同立法的第二个发展时期是从1961年党的八届九中全会正式批准调整经济的八字方针以后才开始的。1963年8月30日,原国家经委颁布的《关于工矿产品订货合同基本条款的暂行规定》,1965年8月5日,原国家经委转发的《关于物资调剂管理试行办法》,1964年5月6日和1965年12月6日,国务院先后批准的《木材统一送货办法》《煤炭送货办法》等都是重要的合同法规。它们并未停止在仅对合同制度作简单的原则规定上,而是进一步对合同的签订、履行、违约责任作了具体规定,并加强了对合同的行政管理措施。

1966年5月至1976年10月的"文化大革命",在经济领域借口限制"资产阶级权利",批判商品生产和商品交换,搞所谓"向共产主义过渡",各种行之有效的经济管理制度被当作修正主义的"管、卡、压",合同法再次被废弃了。

1976年10月,粉碎"四人帮"反革命集团以后,结束了"文化大革命"十年动乱,中国进入了一个新的历史时期。尤其是党的十一届三中全会以来,中央纠正了经济工作指导思想上的"左"倾错误,坚决摒弃了自给自足的自然经济观点,大力发展社会主义商品生产和商品交换,执行对外开放和对内搞活经济的政策,在坚持计划经济为主的前提下,发挥市场调节的辅助作用,并在对国民经济实行调整的同时,对原有的经济管理体制逐步进行改革,扩大企业自主权,改变单纯依靠行政手段管理经济的做法,把经济手段与行政手段结合起来,注意运用经济杠杆、经济法规来管理经济,这就为中国合同法的发展开辟了十分广阔的前景。1981年12月13日,由第五届全国人民代表大会第四次会议通过的《经济合同法》,是中国合同立法的重大成果,标志着中国合同法进入了一个新阶段。

考虑到涉外经济合同的特殊情况,为适应对外贸易的需要,1985年3月21日,第六届全国人民代表大会常务委员会第十次会议通过了《涉外经济合同法》。1986年4月12日,第六届全国人民代表大会第四次会议通过的《民法通则》,在中国立法史上具有划时代的意义。其中的合同规范虽然简洁,但意义十分重大,尤其是明确规定了债权制度,从而对合同法的体系完善起到了重要作用。为推动科学技术的发展,全面规范日益增多的技术开发、技术转让、技术咨询和技术服务活动,1987年6月23日,第六届全国人民代表大会常务委员会第二十一次会议通过了《技术合同法》。至此,中国合同法体系呈现出以《民法通则》为基本法,《经济合同法》《涉外经济合同法》和《技术合同法》三足鼎立,辅之以《著作权法》等单行法中的合同规范,加上许多规范合同关系的条例、实施细则、办法、规定以及司法解释的格局。

《经济合同法》是中国合同立法中的一部重要法律。该法律自1981年颁布以来,对保护合同当事人的合法权益,维护社会经济秩序,促进改革开放和市场经济的发展,起到了重要作用。然而,它制定和颁布时,中国的改革刚刚起步,新的经济体制尚未建立起来,所以在很多方面都反映了旧体制的要求。随着经济体制改革的发展,对这些反映旧体制要求的规定进行修改势在必行。自1990年7月开始,国家立法机关酝酿修改《经济合同法》。[①] 1993年9月,第八届全国人民代表大会常务委员会第二次会议和第三次会议,经过两次审议,作出了《关于修改〈中华人民共和国经济合同法〉的决定》。《经济合同法》修改的主要内容包括:

1. 关于经济合同和计划的关系。原《经济合同法》十分强调计划对合同的指导作用,如第4条规定,订立经济合同,必须遵守国家的法律,必须符合国家政策和计划的要求;第7条规定,违反法律和国家政策、计划的合同无效。由于改革开放以后,指令性计划指标的范围已经大大缩小,经济合同必须遵守计划的要求已不再具有很大的实际意义,而且也与市场经济所要求的合同自由原则相违背,所以修改后的《经济合同法》不再有关于订立合同必须遵守计划的规定。在涉及计划的十个条文中,仅有两条保留了关于计划的规定,其余八条规定都删除了有关计划的内容。

2. 关于政府对合同关系的行政干预。原《经济合同法》十分强调政府的行政干预。如该法第17条规定,产品数量,按国家和上级主管部门批准的计划签订。第34条规定,发生了不可抗力事件,还必须取得主管机关的证明才能减轻或免除责任。第30条规定,变更或解除经济合同的建议和答复,应当在"有关业务主管部门规定的期限内提出"。这些规定显然加强了政府对合同关系干预的权限,不利于贯彻合同自由原则。所以,修改后的《经济合同法》修订了这些规定,减少了政府的干预权限。

3. 原《经济合同法》赋予了行政机关确认合同效力的权限。如该法第7条第3款规定:"无效经济合同的确认权,归合同管理机关和人民法院。"合同管理机关实际上是工商行政管理机关。行政机关享有确认合同效力、处理合同纠纷的权限,尤其是裁断给付的返还及损害赔偿,与行政机关的职能完全不相符合,所以,新法修订了这些规定,经济合同的无效,统一由人民法院或者仲裁机构确认。

4. 修改了与《民法通则》不一致的一些规定。原《经济合同法》的许多规定与《民法通则》不一致,如关于保证人的责任,原《经济合同法》第15条规定,被保证的当事人不履行合同的时候,由保证单位连带承担赔偿损失的责任。而《民法通则》第89条规定,债务人不履行债务的,按照约定由保证人履行或承担连带责任。因为《民法通则》制定的时间要晚一些,其内容更多地反映了改革的成果和司法实践经验,许多规定比原《经济合同法》的规定更为合理,所以,修改后的《经济合同法》都按照《民法通则》的精神及具体规定对原《经济合同法》不合时宜的规定作出了修改。

但是,《经济合同法》的修改,没有也不可能解决中国当时合同法的如下问题:其一,"三足鼎立"的合同立法彼此间存在着内容重复、不协调甚至矛盾的现象;在合同的订立、合同的效力、违约责任等方面的规定较为概括,缺乏可操作性,尤其是缺乏规范合同关系的一些最基本的规则和制度。其二,在实践中利用合同形式搞诈骗,损害国家、集体和他人的利益的情况较为突出,需要有针对性地规定防范措施。其三,实践中出现了融资租赁、旅游合同、"交钥匙合同"等许多新类型的合同,需要加以规范。欲有效地解决这些问题,需要制定一部统一的、较为完备的合同法典或民法典。中国立法机关选择了制定《合同法》的方案,首先统一中国的合同立法。

根据第八届全国人民代表大会常务委员会的立法规划,全国人民代表大会常务委员会法制工作委员会从1993年10月起,着手进行《合同法》的起草工作。经过努力,第九届全国

[①] 参见房维廉主编:《新编经济合同法实用指南》,中国民主法制出版社1994年版,第1页。

人民代表大会第二次会议于1999年3月15日通过并公布《中华人民共和国合同法》,该法自1999年10月1日起施行。

《合同法》具有如下特色:其一,全面而准确地了反映社会主义市场经济的本质要求,面向21世纪,正确处理了合同自由与合同正义之间的关系,兼顾了公平和效率、交易安全与交易便捷几项价值。其二,体系较为完备,制度基本全面,填补了既有法律的漏洞,新增了合同订立程序、附随义务、后合同义务、同时履行抗辩权、先履行抗辩权、不安抗辩权、合同保全、约定解除、合同的权利义务的终止等制度,以及格式条款、合同解释的规则,还有融资租赁、能源供用、委托、行纪、居间等合同类型。其三,鉴于当时尚无《民法典》及债法总则,《合同法》中的许多规定,例如保全制度、终止制度等,使合同法总则不仅是合同制度的总则,也是他种债的总则。其四,立法技术进步明显,不但各项合同制度基本健全,而且相互间的衔接、配合大多严密。例如,对合同无效、合同撤销、效力未定的分工界定得清楚,衔接得较为妥当。借鉴的某些英美法规则使中国合同法制度更具有灵活性。例如,不安抗辩权制度适当吸纳了英美法上先期违约(anticipatory breach of contract)中明确的可以解除合同的救济方式等,值得肯定。

当然,《合同法》也存在若干不尽如人意之处:其一,有意不规定诸如情事变更原则等制度,遗漏旅游合同、储蓄合同、培训合同等类型,本书认为并不适当;其二,合同保全规定得过于简单,《合同法解释(一)》关于次债务人直接向代位权人清偿的司法解释,疑问迭生,关于债权人撤销权诉讼中被告的设置缺乏根据,且不合理;其三,《合同法》第68条、第69条和第108条及第94条第2项的规定衔接得不合理;其四,《合同法》第119条和第120条如何衔接,存在疑问;其五,《合同法》第286条的确切含义如何,可否扩大解释,实务中出现了一些问题;其六,《合同法》第410条的规定,按其文义,适用范围过宽,导致了若干不适当的结果,任意解除可归责于解除人时,赔偿范围如何确定尚无定论;等等。

2020年5月28日第十三届全国人民代表大会第三次会议通过的《民法典》,就合同规范而言在承继《合同法》的基础上又有所前进。例如,(1)明文规定合同的相对性;(2)新设非因合同产生的债的关系的法律适用规则;(3)增设了通过互联网等信息网络订立合同的规则;(4)增设了强制缔约规则;(5)完善了格式条款规则;(6)增设了悬赏广告规则;(7)提高了表见代理构成的门槛;(8)与有关编章相呼应,再次强调绿色原则;(9)增设了选择之债、按份之债、连带之债的规则;(10)改造了为第三人利益的合同的规则;(11)创设了代为履行规则;(12)增设了情事变更原则;(13)丰富了债权人代位权、债权人撤销权的规则;(14)新设了债权转让场合的抵销规则;(15)增加了债务加入制度;(16)明晰了抵销等制度与合同解除制度在消灭法律关系方面的实质差异;(17)将继续性合同解除规则一般化;(18)增设了解除权的除斥期间和起诉、申请仲裁可发生催告效果的规则;(19)明确了违约解除不影响违约责任的存续;(20)创设了替代履行的间接强制规则;(21)新设了物的瑕疵担保与一般违约责任的竞合规则;(22)修正了《合同法》关于定金与违约金不得并罚的规定;(23)区分了双方违约和与有过失;(24)把保证合同、保理合同、物业服务合同、合伙合同纳入《民法典》"第三编 合同"之中;(25)细化了无因管理、不当得利的规则,并采取准合同的视角看待之;(26)体现自由、平等、公正、诚信等社会主义核心价值观,贯彻习近平总书记关于人民至上、绿色原则等重要思想。

最高人民法院于2023年2月14日通过的《商品房消费者权利保护批复》贯彻落实了习近平总书记关于"保交楼"的重要指示;于2023年12月5日施行的《合同编通则解释》对《民法典》所设合同通则规范进行了较为细致并有所发展的解释,尽可能地使其更加具体化,可操作性更强了。

总结中国合同法的历史发展,可得出如下几点结论:其一,凡是在中国承认并发展商品经济的时期,合同立法就发达;反之,合同立法就停滞,甚至被取消。社会主义市场经济体制的确立迎来了合同法的春天。这充分证明了合同法是商品经济、市场经济的法律形式,并且是基本法律。其二,中国合同立法从"头痛医头、脚痛医脚",区分主体和内容而分别立法,走向不分主体和内容地就合同关系统一立法,正确反映了社会主义市场经济的本质要求,合同立法日益科学化。其三,《合同法》《民法典》妥当处理了合同自由与合同正义之间的辩证关系,兼顾公平与效率、交易安全与交易便捷几项价值,面向 21 世纪,全面规制业已普遍化的合同关系,目标非常崇高,认识较为全面,理论相对成熟。其四,立法技术进步明显。

第三节 合同法的作用

一、合同法与市场运行

市场经济是动态的过程,始终处于运行状态。市场运行以市场主体的交易活动为基本内容,无数的交易活动构成完整的市场。交易活动中的"买"和"卖"一般都在时间上和空间上分离,这样,如何使市场主体讲诚实、守信用,使双方实现交易利益,达到交易目的,便成为突出的问题。在市场经济条件下,仅靠市场主体的友情约束、道德规制难以时时事事奏效,必须有法律的锁链加以拘束,依靠法律的强制力保障交易活动正常进行。一句话,必须有合同债和合同法才能保障交易活动的顺利开展。[1]

交易活动离不开交易主体(市场主体)、交易对象、交易合意。这些正是合同的要素,难怪许多国家的法律及学说直接地把合同界定成交易。何人及具备什么条件方能成为交易主体,何物可为交易对象以及成为何种交易的对象,交易合意依据何种程序进行以及如何才算达成,已经达成的合意发生何种法律效力,在何种情况下合同可被变更或解除,交易主体违背合意时采用什么法律手段加以救济等,都需要合同法加以规范。这些内容恰好是交易的重要内容。由此决定,合同法成为市场经济的核心交易规则、基本法律,自然也是社会主义市场经济的基本法律。[2]

二、合同法与自主自愿

交易活动原则上由市场主体即合同当事人自主自愿地进行,合同法对此充分尊重并真心保障,形成意思自治原则。意思自治表明,在纷繁复杂的交易活动中,没有任何人,也没有任何机关能够认识一切、决定一切、支配一切,只能分而治之,让合同当事人根据自己的知识、认识和判断,以及直接所处的相关环境去自主选择自己所需要的合同,去追求自己最大的利益。因此,实行意思自治,一方面是由合同当事人在一定历史条件下理性不足和认识有限这一客观事实所决定的;另一方面,又是克服理性不足和认识有限的根本方法。因为各合同当事人在法定范围内就自己的交易自治,涉及的范围小,关系简单,所需信息少,反应快,合同当事人意思自治比集体统一决策往往更准确。[3]

---

[1] 崔建远:《合同法:市场经济的基本法律》,载《中国经济时报》1997 年 7 月 24 日第 4 版。
[2] 同上。
[3] 邱本、崔建远:《论私法制度与社会发展》,载《天津社会科学》1995 年第 3 期。

合同法把意思自治视为交易的内在构成要素,其实也就在交易中注入了合同当事人的主动性、积极性和创造性,否则,交易只能是被动的、消极的和没有效益的。可见,意思自治是动力之源、效益之泉。①

合同法以意思自治为原则,意味着承认合同权利为自治权,意思自治是合同权利的本质属性。意思自治是权利与权力、与特权、与强权的区分标准之一。②

三、合同法与公平正义

公平正义是合同法所追求的价值目标,是合同法的基本原则,是合同法要实现的重要任务。

对于公平正义,合同法首先通过确认合同主体平等地缔约,在同一起跑线上竞争加以落实,并通过对当事人各方真实合意(自由合意)的全力保护来进一步实现。在这个层面上,合同法略去了各个合同主体的差别,只要他(它)具有法律人格,就一视同仁,应算是公平的。合同法作为交易法、任意法,主要是体现、贯彻和保护这种形式的公平,除非不得已,不直接寻求实质的公平。

事实上确实存在着不得已的情况,合同法尤其是现代合同法便承担起追求和保护实质公平的重任。其一,在合同系因欺诈、胁迫、乘人之危而成立,一方当事人违背真意并遭受损失的场合,合同法对此类合同予以否定性评价,有的允许当事人撤销或变更合同,有的直接规定合同无效,以衡平当事人之间的利益关系。其二,在合同主体不合格场合,合同法将此类合同划归为效力未定,授权有关人(如法定代理人)确定合同有效或无效,协调利益关系,达到实质公平。其三,规制格式条款,承认强制缔约,确立产品责任制度,强化保护经济上的弱者,周到保护消费者,维护社会公平。其四,基于诚信原则,形成附随义务及其理论,践行合同正义。至于以合同正义为基本原则,强调双务合同中两个给付等值、合理分配风险及其他负担,更是合同法的基本任务。

四、合同法与经济效益

效率优先,是经济学的题中应有之义。但合同法的目标多样,价值多元,不宜一律效率优先。例如,法律人格平等,不分经济实力、生产能力的强弱,都给他们平等地参与缔约的机会,强调的是公平。再如,《民法典》第563条第1款第4项是以根本违约作为解除条件的,显然与效率违约理论未尽契合。有鉴于此,不宜强调合同法与效率优先,应讨论合同法与经济效益的关系。

合同是有效地利用资源,实现资源优化配置的手段,所以,合同及其法律具有追求、促进经济效益的作用。

合同法追求、促进经济效益的作用,源于合同为交易的本质,交易自然导致财产向最有效地使用它的人处转移③;同时也源于合同自由,"自由是附随于增加财富的目的的……在订立契约以及确立契约条款方面的自由选择权是很重要的,因为它可以确保当事人期待从

---

① 邱本、崔建远:《论私法制度与社会发展》,载《天津社会科学》1995年第3期。
② 同上。
③ Richard A. Posner, *Economic Analysis of Law*, Little, Brown and Company, 11(1972).

契约中获得利益,并因而使价值提高"。①

合同法设置清晰、确切的订立程序、履行规则,使交易便捷,从而取得理想的经济效益;合同法创设的合同保全、合同担保、违约责任三项制度,促使债务人履行债务,确保债权人的债权实现,从而取得理想的经济效益。合同的变更和解除制度是随情况的变化而调整合同关系,将损失降到最低限度的制度,也是效益原则的体现。效率违约(efficient breach of contract)理论主张,在违约比履行合同更有效益时,宜以损害赔偿取代实际履行,是效益原则的极端体现。

五、合同法与道德伦理

本来,市场经济具有一种内在的非伦理性。一般而言,合同法是在冷静地计算利害的基础上规律交易的,而伦理具有不可计算的特性,不排除它就不能实现合同法计算和预测的技术性功能。但是,如果利己主义的泛滥使这种非伦理性变质成反伦理性,那么合同法就会违背人民的感情,而受到抵制和攻击。我们应该认识到,市场经济社会恰好在非伦理性之外存在着特有的伦理。市场竞争确实靠主体的利己心来驱动,但同时交易活动以等价为原则,正是等价交易构成了伦理的基础,并通过对无偿利用和剥夺的一般性禁止,强调遵循交易规则、诚信等道义规范,形成市场秩序。这样的伦理先于合同法而存在,如果合同法不保障这种伦理秩序,那么市场经济就很难实现稳定的发展。合同法重视道德伦理,把效益与伦理适当地结合起来,才是正确的。

六、合同法与社会发展

合同是对身份的超越,变人们的权利、义务、地位由先天命定为自主创设;合同法弘扬人的主体性,使当事人自己决定交易事项;合同法以意思自治为原则,最大限度地激发当事人的主动性、积极性和创造性;合同法以诚信为原则,它提升当事人的道德水准和精神境界;合同法是一套交易规则,为市场经济提供了基本依据,促进市场经济的发展;合同法以平等自由为价值,为民主政治树立了范式。正因如此,合同法是促进社会发展之法。②

第四节 合同法的原则

一、合同法的原则概述

合同法的原则,是适用于合同法的特定领域乃至全部领域的准则。适用于合同法特定领域的准则,是合同法的具体原则,如适用于合同履行的实际履行原则、适当履行原则,适用于损害赔偿范围的完全赔偿原则等,均属此类。适用于合同法全部领域的准则,是合同法的基本原则,如合同自由原则等即属基本原则。二者有如下差异:(1)基本原则是合同法的根本准则,贯穿于整个合同法,统率合同法的各项制度及规范;具体原则是某个或某些合同制度的一般准则,适用于特定的范围。(2)基本原则体现合同法的基本价值,是合同立法、执法、守法及研究合同法的总指导思想;具体原则虽然也体现基本价值,但直接反映的是特定

---

① 〔美〕迈克尔·D.贝勒斯:《法律的原则——一个规范的分析》,张文显、宋金娜、朱卫国、黄文艺译,中国大百科全书出版社 1996 年版,第 174—175 页。
② 参见邱本、崔建远:《论私法制度与社会发展》,载《天津社会科学》1995 年第 3 期。

的普通价值,仅是特定领域或环节的指导思想。(3) 基本原则是统治阶级对合同关系的基本政策的集中体现,反映着社会经济生活条件的本质要求;具体原则体现和反映得往往间接些。

合同法是民法的组成部分,因而,民法的基本原则当然是合同法的基本原则,不论合同立法是否重复规定了民法的基本原则,都改变不了这一结论。所以,《民法典》规定的当事人的法律地位平等原则、自愿原则、公平原则、诚信原则、民事权益受法律保护原则、合法原则、公序良俗原则、禁止权利滥用的原则等,同时也是合同法的基本原则。不过,它们既适用于合同法领域,又适用于物权法等领域,本书不作专门介绍。这里仅重点介绍合同法专有的基本原则:合同自由原则、合同正义原则和鼓励交易原则。

合同法的基本原则是合同立法的准则,具体制度及规范应当以合同法的基本原则为依据。例如,以合同自由为基本原则,合同规范应多为任意性规范,少一些禁止性规范;反之,以计划原则为基本原则,合同法就会通过大量的强制性规范严格限制当事人的行为自由。由此可见,采纳不同的基本原则,将对合同立法的内容产生截然不同的影响。[①]

合同法的基本原则是解释和补充合同法的准则。合同法规范抽象,适用于具体案件时须加解释。解释时须受基本原则的支配,始能维持公平正义。此外,合同法存在漏洞时,也要以基本原则为最高准则加以补充,才不会发生偏差。

合同法的基本原则是解释、评价和补充合同的依据。合同条款及语句的含义如何,合同有效、无效、可撤销抑或效力未定,合同的漏洞如何补充,寻求其法律依据固然得先找具体的合同法规范,但无具体的规范或适用具体的规范违反立法目的时,基本原则即可发挥作用。

合同法的基本原则本身具有规范作用,指导人们正确行使权利、适当履行义务,兼顾个人利益与社会利益,不损害他人的合法权益。并且合同法的基本原则在总体上属于强制性规范,当事人应当遵守,在许多情况下不允许当事人以约定排除其适用。当事人若有此类约定,在多数情况下无效。当然,这个问题较为复杂,下文专题讨论。

合同法的基本原则有若干项,在是否允许当事人以约定排除其适用的问题上,并不整齐划一,需要类型化地分析。

公序良俗原则为强制性规范,总体说来,不允许当事人以约定排除其适用,违反它的约定大多无效。当然,也有学说认为,公序良俗原则不应被简单地列为强制规范,而是需要价值补充的一般条款(Generalklausel),或叫概括条款。[②] 瑞士法规定,在合同违反公序良俗原则是否无效有疑义时,有的部分无效,以使无效以及"该缺陷所带来的必然后果"被限制在必要的最小限度内。[③] 奥地利法的规定较为笼统,理论上和实务中解释出许许多多的"无效的变种"[④]来:既有绝对无效,又有相对无效;既有全部无效,又有部分无效;既有自始无效,又有向将来的无效。这些都取决于禁止规范的目的范围和违反善良风俗的理由。[⑤]

诚信原则属于一般条款,是一个在法律适用时要涉及援用一般价值的条款,比如援用公

[①] 王利明、崔建远:《合同法新论·总则》,中国政法大学出版社1996年版,第98—99页。
[②] Brox, Hans, Allgemeiner Teil des BGB, Carl Heymanns Verlag, 28. Aufl. 2004, Rn 336, S. 163. 转引自耿林:《强制规范与合同效力——以合同法第52条第5项为中心》,中国民主法制出版社2009年版,第106页。
[③] BGE 43 II, S. 660, 661f.; Gauch/Schluep, Obligationenrecht, Rr. 693. 转引自同上书,第113页。
[④] Krejci im Rummel, AGBG, 1. Bd., 2. Auflage, Wien 1990, Rn. 247ff. m. w. N. zu §879. 转引自同上。
[⑤] 耿林:《强制规范与合同效力——以合同法第52条第5项为中心》,中国民主法制出版社2009年版,第113—114页。

平(Billigkeit),不是一个可以直接适用的具体规范。① 诚信原则虽然具有强行法的性质,在这一点上和强制规范的违反禁止规则是一样的,但是,在一定条件下,还是可以允许当事人对其加以有效变更的。②

对于合同正义原则,不宜笼统地将其定性为强制性规范抑或任意性规范,应当进行类型化的工作。其中的给付与对待给付之间的等值性规范,只有在违反它造成显失公平的后果,或系由欺诈、胁迫、乘人之危造成的情况下,才表现出强制性。其中的风险负担规则,可以由当事人通过约定排除,呈现出任意性。其中的损害赔偿归责原则,有人认为可以由当事人约定改变。如果这是正确的话,它也具有任意性。其中的附随义务规则,当事人原则上应予遵守,强制性明显。免责条款无效和可撤销的规则是强制性规范。

在合同法的基本原则当中,鼓励交易原则的强制性最弱。当事人约定合同变更的条件、合同解除的条件、附停止条件、附解除条件等,原则上都应当有效。鼓励交易原则的功能主要不在于据此判定当事人的约定有效与否,而在于合同立法时应当贯彻其精神,立法者设计合同无效、合同撤销、效力待定、合同的履行等制度时,应当尽量承认合同的效力,鼓励合同适当履行。

二、合同自由原则

合同自由,是指当事人在法律允许的范围内,就与合同有关的事项享有选择和决定的自由。③ 合同自由反映了商品经济的本质要求,因而有商品经济就会有合同自由的观念,但作为一项法律原则却是迟至近代民法才得以确立。以亚当·斯密为代表的自由主义经济思想是其经济理论的根据,18世纪至19世纪的个人主义理性哲学是其哲学基础,资本主义市场经济是其经济基础。学说认为,1804年《法国民法典》第1134条的规定表达了合同自由原则。这是古典的合同自由原则。④

古典的合同自由原则主要包括两个内容,即当事人选择合同形式的自由和确定合同内容的自由。⑤ 德国学者则对订立合同的自由和决定合同内容的自由加以区分。⑥ 在英国,阿蒂亚认为合同自由的思想包含着两种密切相关但不尽相同的概念:其一,合同是以相互之间的协议为基础的;其二,合同的订立是在不受外部力量干预和控制的情况下由当事人自由选择的结果。此外,作为合同自由的当然推论,合同应是神圣的,如果有人违反,即应由法院强制执行。⑦ 而在美国,学者认为合同自由的概念包含两个要素:订立合同的特权(privilege)和使合同得以执行的权利。前者看起来与消极自由的概念是一致的,后者似乎与积极自由

---

① 耿林:《强制规范与合同效力——以合同法第52条第5项为中心》,中国民主法制出版社2009年版,第118页。
② 同上。有必要指出,对于某些恶意缔约、双方当事人之间的利益关系不平衡等情形,并非总是按照诚实信用原则进行调整。例如,在一物二卖的场合,即便第二买受人明知买卖物已是出卖人与第一买受人之间所订买卖合同的标的物,却依然与出卖人签订买卖合同,法律也很少以出卖人与第二买受人如此行事违反诚实信用原则为由而质疑第二份买卖合同的效力,最多在确定买卖物的归属时考虑第二买受人的恶意。
③ 崔建远、戴孟勇:《合同自由与法治(上)》,载高鸿钧等:《法治:理念与制度》,中国政法大学出版社2002年版,第278页。
④ 详细论述,参见同上书,第285—294页。
⑤ 尹田:《法国现代合同法:契约自由与社会公正的冲突与平衡》(第2版),法律出版社2009年版,第20—21页。
⑥ 〔德〕罗伯特·霍恩、海因·科茨、汉斯·G.莱塞:《德国民商法导论》,楚建译,中国大百科全书出版社1996年版,第90页。
⑦ 〔英〕P.S.阿蒂亚:《合同法概论》,程正康、周忠海、刘振民译,李志敏校,法律出版社1982年版,第5、11页。

的概念更为相符。① 上述诸观点虽然具体表述各有不同,但其实质是相同的,即都强调有关合同的重要事项应由当事人自己来决定。②

在中国,学者一般认为合同自由原则具体包括以下内容③:第一,缔约自由,即根据本人的需要和意愿而决定是否与他人缔结合同的自由。这是合同自由原则最基本的要求,是享有其他方面的决定自由的前提。"缔约自由的结果首先是:敞开机会,通过在市场上精明地利用货物财产,通过法律限制,畅行无阻地利用财富作为达到支配他人的权力手段。"④因此缔约自由对于当事人具有重要意义。由于合同系经过要约和承诺这两个阶段而成立,故而缔约自由又可区分为要约自由和承诺自由⑤,前者指是否向他人发出要约的自由,后者则指是否接受他人的要约以成立合同的自由。第二,选择相对人的自由,即当事人有权决定选择何人作为交易伙伴,决定与何人缔结合同,任何人均不负有必须与特定人缔约的义务。一般情况下,缔约自由同时也就包括了选择相对人的自由,没有缔约自由也就意味着没有选择相对人的自由;但在一些例外的情形,当事人也可能虽然失去缔约自由但仍享有选择相对人的自由。第三,决定合同内容的自由,即就具体的交易内容、权利义务的分配、合同风险的负担、违约责任的确定、发生纠纷时解决争议的方法等与交易密切相关的事项,只要不违反法律的强制性规范,当事人都有选择和决定的自由。当事人不仅得自由决定合同的内容,而且可以在法律所规定的有名合同之外,订定无名合同或混合合同。⑥ 第四,变更或解除合同的自由,即在合同依法成立后、履行完毕之前的任何时间内,当事人都有权协商变更合同内容或者解除合同。此一自由表明,虽然依法成立的合同即对当事人具有法律约束力,但是当事人仍然有权控制合同成立后的整个生命发展历程。第五,选择合同形式的自由,即当事人有权自由决定所订立的合同采取何种形式。与近代的合同法不同,古代法律对合同有十分严格的形式或程序要求,这种要求往往凌驾于当事人的合意之上,从而限制了合同自由。而古典的合同自由理论则废除了过于严苛的形式要求,承认当事人得自由决定合同的形式,因为任何"神圣"的形式都有可能阻碍当事人完全自由地表达其真实意志,而社会通过某种"神圣"形式,实际上已经把某种超越于当事人意志并先于此而存在的意志,强加给了当事人。⑦ 但是,这并不意味着当事人可以在合同自由的名义下为所欲为,古典的合同自由仍然是在法律范围内的自由,仍然要受到法律的强制性规定的制约。只不过由于历史的原因,当时的法

---

① See Mark Pettit, Jr., Freedom, Freedom of Contract, and the "Rise and Fall", 79 *B. U. L. Rev.*, 263, 353(1999).
② 崔建远、戴孟勇:《合同自由与法治(上)》,载高鸿钧等:《法治:理念与制度》,中国政法大学出版社2002年版,第299页。
③ 参见郑玉波:《民法债编总论》(修订2版),陈荣隆修订,中国政法大学出版社2004年版,第32页;王泽鉴:《债法原理》,北京大学出版社2009年版,第57—58页;王利明、崔建远:《合同法新论·总则》,中国政法大学出版社1996年版,第110—111页;崔建远:《合同法》,法律出版社1998年版,第20页。应予指出的是,虽然上述学者在论述合同自由的内容时并未明确提出和采用"古典的合同自由"与"现代的合同自由"这两个分析框架,但是就其论述的内容和顺序来看,往往是按照合同自由的内容—合同自由的限制这一线索来进行的,而且常常将后者与现代社会相联系。据此可以推断,学者通常所研究的"合同自由的内容"其实就是针对古典的合同自由而言的,而其所谓"合同自由的限制"则无疑对应着现代的合同自由。
④ 〔德〕马克斯·韦伯:《经济与社会》(下卷),林荣远译,商务印书馆1997年版,第90页。
⑤ 郑玉波:《民法债编总论》(修订2版),陈荣隆修订,中国政法大学出版社2004年版,第32页。
⑥ 苏明诗:《契约自由与契约社会化》,载郑玉波主编:《民法债编论文选辑》(上),五南图书出版有限公司1984年版,第170页。
⑦ 尹田:《法国现代合同法:契约自由与社会公正的冲突与平衡》(第2版),法律出版社2009年版,第19页。

律对于合同自由所作的限制,较之于现代社会的法律,显得极为有限而已。①

中国曾长期实行计划经济,奉行计划原则而否定合同自由。但如今已经实行社会主义市场经济,具有确立合同自由原则的经济基础,虽然《民法典》使用的术语是自愿原则,但实际上仍然属于合同自由原则,当然,两者存在着些许差别:自愿原则重在实施法律行为由当事人自主决定,而自由原则昭示着国家允许当事人为法律行为的范围和自由度。②

同时,强调社会公平,注重社会公德,维护社会公共利益,需要对合同自由予以必要的限制。在中国的邮政、电信、供用电、自来水、交通运输、医疗等领域也存在着强制缔约,构成对合同自由原则的限制。在保险、运输等许多领域盛行格式条款,同样限制了合同自由原则。中国颁布的《产品质量法》《消费者权益保护法》《反垄断法》《反不正当竞争法》等法律,限制垄断,维护竞争秩序,保护消费者权益,都是对合同自由原则的限制,达到了合同正义的结果。

三、合同正义原则

合同正义系属平均正义,指对任何人都同样看待,双方的所得与所失应是对等的,而不考虑其身份与地位如何。它主要作用于人们之间的交换关系,又称为交换正义,其法律上的适用领域主要是私法,尤其是合同法。③ 在双务合同场合,它强调一方给付与对方给付之间的等值性,合同上的负担和风险的合理分配。④

合同正义原则的表现之一是,给付与对待给付之间具有等值性。关于给付与对待给付之间的等值性,在判断上向有客观说和主观说之分。客观说以客观的市场标准或理性之人的标准来判断当事人之间的给付与对待给付是否等值;主观说则以当事人的主观意愿来判断,纵使以市场标准或自理性之人的角度衡量并非等值,但只要当事人具有真实的合意,在主观上愿意以自己的给付换取对方的给付,那么对双方而言就是公正的。⑤ 由于两种给付之间在客观上是否相当,例如对特定服务究竟应支付多少报酬,对特定商品究竟应支付多少价款,方为公平合理,涉及因素甚多,欠缺明确的判断标准,故合同法应采取主观等值原则,即当事人主观上愿以此给付换取对待给付,即为公平合理,至于客观上是否等值,在所不问。⑥ 采取主观说的深层原因在于合同自由,如果合同是自由订立的,则对当事人来说就是公正的;反之,如果合同是基于欺诈、胁迫、乘人之危等原因而订立的,因合同自由遭受不当限制,故对意思表示有瑕疵的一方而言,即不存在合同公正,于此情形,各国或地区的法律多赋予受害方以变更或撤销合同的权利以为救济。⑦

由此可见,通常所说的合同正义主要是指形式的或程序的,即建立在当事人自愿真实的

---

① 崔建远、戴孟勇:《合同自由与法治(上)》,载高鸿钧等:《法治:理念与制度》,中国政法大学出版社 2002 年版,第 301 页。
② 这种细微的差别系中国政法大学终身教授江平先生最先论及的,特此致谢!
③ 参见〔美〕波斯纳:《法理学问题》,苏力译,中国政法大学出版社 1994 年版,第 393 页。
④ 王泽鉴:《债法原理》,北京大学出版社 2009 年版,第 59 页。
⑤ 崔建远、戴孟勇:《合同自由与法治(上)》,载高鸿钧等:《法治:理念与制度》,中国政法大学出版社 2002 年版,第 312 页。
⑥ 〔德〕卡尔·拉伦茨:《德国民法通论》(上册),王晓晔、邵建东、程建英、徐国建、谢怀栻译,谢怀栻校,法律出版社 2003 年版,第 63—64 页;〔德〕迪特尔·梅迪库斯:《德国民法总论》,邵建东译,法律出版社 2000 年版,第 657 页;王泽鉴:《债法原理》,北京大学出版社 2009 年版,第 58 页。
⑦ 崔建远、戴孟勇:《合同自由与法治(上)》,载高鸿钧等:《法治:理念与制度》,中国政法大学出版社 2002 年版,第 313 页。

意思表示之上的公正,一般不涉及内容客观上合理或正确性的要求,即不涉及实质上的公正;只有在当事人的自由意志受到他人侵害,致使意思表示不真实之际,合同公正与否才可依照客观的标准来判断,即追求实质的公正。① 如果缔约人面对垄断性商品或服务的提供者在事实上无法自由选择,从而不得不接受明显不利于自己的合同条款,在胁迫、欺诈、乘人之危的情况下违背真意订立合同,则在这些情况下作出的订立合同的合意难说是当事人内心真实的意思,就需要依客观说处理。适用情事变更原则调整客观上的显失公平,亦属必然。

合同正义的另一重要内容为风险的合理分配。② 在买卖合同场合,对于买卖物毁损灭失的风险,中国以往的实务与理论多采所有人主义,《合同法》改采交付主义,更加合理。在承揽、仓储、保管、货物运输、行纪等许多合同类型中,以往的立法对风险负担比较漠视,即使在个别合同中规定了风险负担规则,也不尽合理。《合同法》则给予了关注,并设计了相对合理的风险负担规则。③《民法典》对此予以承继。

合同正义的第三个内容是,合理分配其他类型的合同负担。所谓合理分配其他类型的合同负担,有多方面的表现,例如,附随义务的合理配置,债务履行所付费用的分担,减轻损失义务的确定,有关权利义务的移转,损害赔偿的合理归责,免责条款的法律规制,等等。

合同自由和合同正义是合同法的基本原则,必须相互补充,彼此协力,才能充分实践合同法的机能。合同立法和合同法的解释适用,都必须协调这两项原则,以达到最佳境界。我们不应忽视罗尔斯关于"一切债均自公平原则产生"④的观念,同时承认法官"不是游侠骑士,难以在追求其美与善的理念上任意漫游"。⑤ 存在于合同严守与交易公平之间的张力(tension)可使我们回想起卡窦佐大法官的雄辩之语:"无疑地,某事可以说成是因为一致性和确定性而偏爱较严格的标准。法院已经平衡了同平等与公平的标准相抵触的这些原因,裁判平等与公平更重要些。"⑥

四、鼓励交易原则

合同法主要是调整交易关系的,其一般规则就是规范交易过程并维护交易秩序的基本规则,各类合同制度也是保护正常交换的具体准则。所以,鼓励交易自然成为合同法的基本原则。展开来说,具体内容包括:(1)鼓励交易为促进市场发展所必需。在市场经济条件下,一切交易活动都是通过缔结和履行合同来进行的。而交易活动乃市场活动的基本内容,无数的交易构成了完整的市场,而反映交易内容的合同关系是市场经济社会最基本的法律关系。所以,为了促进市场经济高度发展,就必须使合同法具备鼓励交易的职能和目标。因为鼓励当事人从事更多的合法的交易活动,也就是鼓励当事人从事更多的市场活动,而市场主体越活跃,市场活动越频繁,市场经济才能真正得到发展。(2)鼓励交易是提高效率、增进社会财富积累的手段。这不仅是因为通过交易才能满足不同交易主体对不同的使用价值

---

① 崔建远、戴孟勇:《合同自由与法治(上)》,载高鸿钧等:《法治:理念与制度》,中国政法大学出版社 2002 年版,第 313 页。
② 〔德〕卡尔·拉伦茨:《德国民法通论》(上册),王晓晔、邵建东、程建英、徐国建、谢怀栻译,谢怀栻校,法律出版社 2003 年版,第 60—64 页;王泽鉴:《债法原理》,北京大学出版社 2009 年版,第 59 页。
③ 详细的论述见崔建远:《关于制定合同法的若干建议》,载《法学前沿》(第 2 辑),法律出版社 1998 年版,第 43—48 页。
④ John Rawls, *A Theory of Justice*, Cambridge, Massachusetts: The Balknap Press of Havard University Press, 342(1971).
⑤ Benjamin N. Cardozo, *The Nature of the Judicial Process*, New Haven: Yale University Press, 141 (1921).
⑥ Jacob & Youngs, Inc. v. Kent, 129 N.E. 889, 891 (N.Y. 1921); Andrew L. Kaufman, Cardozo, 199-222 (1998).

的追求,而且是因为只有通过交易的方式,才能实现资源的优化配置、实现资源的最有效利用。(3) 鼓励交易有利于维护合同自由,实现当事人的意志和缔约目的。[①]

当然,鼓励交易,首先是指应当鼓励合法、正当的交易;其次,是鼓励自主自愿的交易,亦即在当事人真实意思一致的基础上产生的交易;最后,是鼓励能够实际履行的交易。对已经不能履行的合同,以鼓励交易为名使其有效,目的在于令债务人负赔偿履行利益的责任,在绝大多数情况下,这不是鼓励交易原则的真义,其正当性值得怀疑。

具体说来,《民法典》在如下几个方面贯彻鼓励交易的原则:(1) 严格限制无效合同的范围。无效合同的范围,应主要限定在违反法律的强行性规定、公序良俗方面。至于因欺诈、胁迫等而成立的合同,尽管也有一定程度的违法性,但主要是意思表示不真实的问题,主要涉及当事人之间的利益分配,从尊重受害人的选择和维护交易安全出发,应将此类合同作为可撤销的标的,但损害国家利益的除外。至于因主体不合格而订立的合同,应属于效力未定的合同,不宜归属无效合同范畴。限制无效合同的范围和种类,有助于促成交易。(2) 通过规定合同订立制度体现出鼓励交易的精神。《民法典》规定了比较详尽合理的要约、承诺制度和合同成立条件,使缔约人清楚缔约规则,了解在各个阶段的权利义务,会大大提高缔约成功率,降低合同不成立的比例,起到鼓励交易的作用。具体到承诺制度上,不采取承诺须完全同意要约内容的规则,而采用非实质性修改的观念,即在承诺改变了要约的非实质性内容,要约人未及时表示反对的情况下,认为合同成立,达到鼓励交易的目的。(3) 在物的瑕疵担保制度中,设置修理、重作、更换、变价权,不提倡动辄解除合同,达到鼓励交易的目的。(4)《民法典》严格限制违约解除的条件。合同解除从实质上来说是消灭一项交易。在违约方能被强制履行、守约方愿意受领的场合,就应限制解除合同,鼓励交易。

第五节　合同法的体系

一、合同法的体系概述

所谓合同法的体系,是指以合同法的原则、制度及规范为基本要素,以它们的有机结合为主要形式,使所有的合同法的原则、制度及规范都能充分发挥作用而构成的合同法整体。其中,合同法的原则是核心,集中体现着合同法的精神,使合同制度及具体规范凝集起来,尤其是基本原则统领起全部的合同制度和具体规范,使它们有序排列组合,充分发挥作用。每个合同制度将合同法的原则具体落实,适用于各种类型的合同及相应的环节,在特殊的合同类型或特殊的环节可能变通适用。各种具体规范组成特定的合同制度,规制合同的各个侧面。

一个完善的合同法体系应包含全面的合同制度和严密的合同规范。所谓全面的合同制度,是指在合同的各个方面和各个环节都存在着相应的合同制度。所谓严密的合同规范,是指每项合同制度中的各个方面都有具体的合同规范,同时为补充法律漏洞和解决适用具体规范反倒违背立法目的问题,还设有一般性条款。

由于合同法"不仅必须适应于总的经济状况,不仅必须是它的表现,而且还必须是不因内在矛盾而自己推翻自己的内部和谐一致的表现……然后是经济进一步发展的影响和强制

---

① 王利明:《应当贯彻鼓励交易的原则》,载《中国经济时报》1997 年 7 月 24 日第 4 版。

力又经常摧毁这个体系,并使它陷入新的矛盾……"[1],因而,合同法体系必然是一个运动的过程、开放的体系。

二、中国合同法的体系

中国合同法的体系由《民法典》"第一编 总则"中的法律行为制度和"第三编 合同"中的通则、典型合同构成,合同规范共计 515 个条文。其中,通则包含以下制度及其规范:一般规定、合同的订立、合同的效力、合同的履行、合同的保全、合同的变更和转让、合同的权利义务终止和违约责任,以及买卖等 19 种典型合同。此外,《城市房地产管理法》《著作权法》等单行法中也有合同规范,它们也是中国合同法的组成部分。

---

[1] 《马克思恩格斯全集》(第 37 卷),人民出版社 1971 年版,第 488 页。

第二章

合同的分类

第一节　合同的分类概述

合同的分类,是指基于一定的标准,将合同划分成不同的类型。合同为交易,交易的方式纷繁复杂,合同的类型便多种多样。按照一定的标准将它们分类,便于人们认清各类合同的特征、对成立要件及生效要件的不同要求、应具有何种法律效力等,从而有助于合同立法的科学化、合同法的妥当适用、合同当事人订立和履行合同以及合同理论的完善。

合同的分类有助于合同立法的科学化,主要表现在三方面:一是通过分类找出具有典型性和成熟性的合同,明确合同立法应规定哪些典型合同,暂时不规定实际生活中存在的某些不成熟的合同;二是通过分类明了每类合同在成立、效力等方面的特殊性,为有针对性地设置特殊的合同规则提供理论依据;三是通过分类清楚各类合同之间的排列规律,使合同法分则的体系合理化。

合同的分类有助于合同法的妥当适用,既是指在典型合同的纠纷中,法官等可将争议的合同纠纷归入相应的类型中,找到其所在的典型合同规范,并联系合同法总则乃至民法总则的规定,确定出合同权利的法律基础;又是指在非典型合同的纠纷中,法官等视情况不同而决定类推适用或结合适用或吸收适用典型合同规范,妥当解决合同纠纷。

合同的分类有助于当事人订立和履行合同,是指当事人找到能达到自己目的的合同类型,订立符合自己意愿的合同条款,做好履行合同的准备,明确自己享有的合同权利,保障自己的合法权益。

合同的分类有助于合同法理论的完善,既是指通过分类准确揭示合同的本质属性,描述合同之间的联系和区别,评论合同法的得失,更是指及时发现实际生活中新出现的合同类型,加以整理,适时地提出解释适用的规则乃至立法建议,丰富和发展合同法理论。

合同分类研究可使我们发现合同法的某些发展变化规律。例如,非典型合同应实际需要而生,在成熟和典型化后被法律确认为典型合同,如此周而复始;由此导致合同的类型逐渐丰富多彩,合同的分类趋于完善;相当数量的实践合同转化为诺成合同;合同从以要式为原则到以要式为例外。

第二节　典型合同与非典型合同

以法律是否设有规范并赋予一个特定名称为标准,合同分为典型合同与非典型合同。

典型合同,又称有名合同,是指法律设有规范,并赋予一定名称的合同。《民法典》规定的买卖、赠与、借款等合同均为典型合同。

典型合同的法律适用,固然优先考虑合同法分则关于各种典型合同的具体规范,但合同法乃至民法的基本原则、总则仍居于十分重要的地位。尤其是在适用具体规范解决系争(at issue)案件会出现极不适当的结果时,应该放弃适用该具体规范,而依据基本原则处理纠纷。还有,买卖合同规范相对于众多的双务合同而言都具有准用性,承揽合同规范相对于许多服务性合同也具有参照的价值。实务中发生的相当数量的具有委托协议因素的合同关系,如果属于居间、行纪、承揽、建设工程、技术开发等典型合同关系,那么,应当优先适用居间、行纪、技术开发等合同的法律规范,只有无相应规定之时,才适用委托合同规范。

非典型合同,又称无名合同,是指法律尚未特别规定,亦未赋予一定名称的合同。

合同法奉行合同自由原则,在不违反社会公德和社会公共利益以及强行性规范的前提下,允许当事人订立任何内容的合同。这就是合同类型自由原则。据此,当事人订立法未规定的非典型合同系自然之事。何况社会在不断发展变化,交易活动日益复杂,当事人不能不在法定合同类型之外,另创新形态的合同,以满足不同需要。一个时代所允许的合同的种类恰巧与这个时代的必需具有表里相依的关系。[①] 但这并不意味着典型合同无存在的必要。道理在于,其一,当事人往往不是法律家,所拟合同不周全、未达利益平衡系常有之事,而典型合同规范是立法者就实际存在的具有成熟性和典型性的交易形式,斟酌当事人的利益状态和各种冲突的可能性,以主给付义务为出发点所作的规定,一般都体现公平正义,符合当事人的利益。以典型合同规范补充当事人约定的疏漏,使合同内容臻于完备,十分必要。其二,典型合同规范中可设有强行性规范,在当事人的约定损害社会公共利益、国家利益,或使当事人之间的利益状态严重失衡时,可以该强制性规范矫正,从而保护社会公共利益、国家利益、当事人的合法权益。[②] 正因如此,在合同类型自由的原则下规定典型合同,仍然必要。非典型合同产生以后,经过一定的发展阶段,具有成熟性和典型性时,合同立法应适时地设置规范,使之成为典型合同。从这种意义上说,合同法的历史是非典型合同不断地变成典型合同的过程。

非典型合同的主要难题,在于当事人的意思不完备时如何适用法律。首先须强调的是,《民法典》关于法律行为的规定及"第三编 合同"通则对非典型合同均有适用余地;其次应说明的是,不同类型的非典型合同,适用法律的规则不同。其中有的参照《民法典》"第三编 合同"分则或其他法律最相类似合同的规定(《民法典》第467条),即类推适用,有的则采用结合说或吸收说,等等。

其一,纯粹非典型合同的法律适用。所谓纯粹非典型合同,是指以法律全无规定的事项为内容,即其内容不符合任何典型合同要件的合同。广告使用他人肖像或姓名的合同,属于

---

① Rudolf von Jhering, Der Zweck im Recht,5. Aufl. 1916,S. 209–226. 转引自〔日〕我妻荣:《债权在近代法中的优越地位》,王书江、张雷译,谢怀栻校,中国大百科全书出版社1999年版,第374、384页。
② 参见王泽鉴:《债法原理》,北京大学出版社2009年版,第85页。

此类。其法律关系应依合同约定、诚信原则,并斟酌交易惯例加以确定。①《民法典》关于法律行为及"第三编 合同"通则的规定,当然有适用余地。

其二,合同联立的法律适用。所谓合同联立,是指数个合同具有互相结合的关系。一种情况是单纯外观的结合,即数个独立的合同仅因缔约行为而结合,相互之间不具有依存关系。于此场合,应分别适用各自的合同规范。例如,甲种禽公司与乙养鸡户签订合同,约定甲公司向乙养鸡户提供种鸡,乙养鸡户向甲公司供应饲料,种鸡和饲料单独结算,互不牵连。其中的种鸡买卖合同和饲料买卖合同之间不具有依存关系。另一种情况是依当事人的意思,一份合同的效力或存在,依存于另一份合同的效力或存在。于此场合,各个合同是否有效成立需要分别判断,但在效力上,被依存的合同不成立、无效、被撤销或解除时,依存的合同应同其命运。例如,甲公司和乙公司签订合同,约定甲公司将4000万元人民币出借与乙公司,同时约定,在该笔款项到账后,乙公司在丙公司所持有的2000股股权必须转让与甲公司。其中,股权转让合同具有依存合同的性质,借款合同为被依存的合同,借款合同无效,股权转让合同也随之无效。

其三,混合合同的法律适用。所谓混合合同,是指由数个合同的部分而构成的合同。它在性质上属于一个合同,有四种类型。

第一种类型是典型合同附其他种类的从给付。所谓典型合同附其他种类的从给付,是指双方当事人所提出的给付符合典型合同的规格要求,但一方当事人尚附带负有其他种类的从给付义务。例如,甲商店向乙酒厂购买散装酒,约定使用后返还酒桶,属于买卖合同附带借用合同的构成部分类型。其中,买卖合同为主要部分,借用合同的构成部分为非主要部分。对此,原则上仅适用主要部分的合同规范,非主要部分被主要部分吸收。②

第二种类型是类型结合合同。所谓类型结合合同,是指一方当事人所负的数个给付义务属于不同的合同类型,彼此间居于同值的地位,而对方当事人仅负单一的对待给付或不负任何对待给付的合同。例如,甲律师事务所和乙饭店订立"包租"10个房间的合同,乙负有提供办公房间、提供午餐、清扫房间和提供办公用品的义务,甲负有支付一定对价的义务。其中乙的给付义务分别属于租赁、买卖、雇佣诸典型合同的构成部分。对此,应分解各构成部分,分别适用各部分的典型合同规范,并依当事人可推知的意思调和其歧义。③

第三种类型是二重典型合同。所谓二重典型合同,是指双方当事人互负的给付分属于不同的合同类型的合同。例如,甲担任乙所有的大厦的临时管理员,乙为其免费提供住房。其中,甲的给付义务为雇佣合同的组成部分,乙的给付义务属于借用合同的领域。对此,应分别适用各个典型合同的规定。④

第四种类型是类型融合合同。所谓类型融合合同,是指一个合同中所含构成部分同时属于不同的合同类型的合同。例如,甲以半赠与的意思,将其价值50万元的图书以25万元的价款出售给乙图书馆。甲的给付同时属于买卖和赠与。对此,原则上适用两种典型合同规范:关于物的瑕疵,依买卖合同的规定;关于乙图书馆的不当行为则按赠与的规定处理。⑤

---

① 参见王泽鉴:《债法原理》,北京大学出版社2009年版,第87页。
② 同上书,第88页。
③ 同上书,第89页。
④ 同上。
⑤ 同上。

实际上混合合同与合同联立不易分辨。有观点认为，混合合同系以两个以上有名合同应有的内容合并为其内容的单一合同，两者有不可分割之关系。而合同联立系为数个合同便宜上的相互结合，数个合同并无不可分割之关系。① 由此决定了混合合同是单一的合同，而合同联立则是复数的合同，两者之间存在着显著的不同。德国通说认为，是否为一个合同或仅仅是数个独立合同同时成立，必须透过当事人意思表示的解释才能加以确定。② 也就是说，如果当事人缔约的经济目的并不重视合同的个别性，就可以将其视为一个整体而以混合合同来对待。比如同时缔结买卖材料和承揽工作物的合同时，如果解释当事人的意思表示和经济目的，买卖材料的价金和承揽工作物的报酬明显可以分开，当事人在缔约时如果承揽不能达成而买卖材料的合意仍然存在时，可以认定为合同联立；如果价金和报酬已不可分割，合而为一，当事人并不细分或分别计算价金与报酬，则为混合合同中的制作物供给合同。③

第三节　双务合同与单务合同

以给付义务是否由双方当事人互负为标准，合同分为双务合同和单务合同。

双务合同，是双方当事人互负对待给付义务的合同，即一方当事人之所以负给付义务，在于取得对方当事人的对待给付。买卖、租赁、承揽等合同均属此类。

单务合同，是仅有一方当事人负给付义务的合同。赠与、借用等合同为其代表。正因为单务合同的"务"指的是给付义务，而非泛指任何民事义务，所以，一方当事人负有给付义务，对方当事人不负有给付义务以及其他种类的民事义务，固然为单务合同；一方当事人负担给付义务，对方当事人虽不负对待给付义务，但承担次要义务，亦为单务合同。例如，在附负担赠与中，赠与人负有将赠与物交付受赠人的义务，受赠人依约定承担某种负担的义务，因这两项义务不是相互对应的，所以附负担赠与仍为单务合同。

在此，应当注意不完全双务合同说。所谓不完全双务合同（Unvollkommen zweiseitige verpflichtender Vertrag），是指双方虽然各负有债务，但其债务并不居于给付和对待给付的关系的合同。例如在甲乙约定执行一项指示，并且甲为抵偿于此所发生的费用而约定预付一笔款项时，则不存在这种双务性。这是因为在此种委托中，预付费用的行为不构成处理受托事务的对待给付。在这里，受托人乙的给付本无报酬，若还令其承担受托事务范围之外所支出的费用，则有失权衡；由甲负担此种费用才算公平合理，甲预付费用就是让其负担此种费用的措施和表现。因此，学说把此类合同称作不完全双务合同。与此不同，有偿委托合同，因委托人支付报酬的义务和受托人处理委托事务的义务，立于对待关系，故为双务合同。属于此类的还有保管合同，有偿保管合同为双务合同，无偿保管合同是不完全双务合同。④

无偿委托合同中，委托人虽负有费用偿还的义务，但这是合同成立之后，一方当事人因特别事由而负担的，与双务合同成立之初，即互负对价债务有所不同，所以，无偿委托合同不

---

① 高润恒：《保理合同中的应收账款债权转让研究》，清华大学法学博士学位论文（2006年），第27—28页。
② Helmut Heinrichs, a. a. o., 305, Rdnr. 40. 转引自高润恒：《保理合同中的应收账款债权转让研究》，清华大学法学博士学位论文（2006年），第28页。
③ 高润恒：《保理合同中的应收账款债权转让研究》，清华大学法学博士学位论文（2006年），第28页。
④ 〔德〕迪特尔·梅迪库斯：《德国债法总论》，杜景林、卢谌译，法律出版社2004年版，第349—350页。

是双务合同,仍是单务合同。①

区分双务合同与单务合同的法律意义在于:其一,双务合同适用同时履行抗辩权、先履行抗辩权或不安抗辩权的规则,而单务合同则否。其二,双务合同因不可归责于双方当事人的原因而不能履行时,发生风险负担问题,因合同类型不同而有交付主义、合理分担主义、债务人主义等。在单务合同中,因不可归责于双方当事人的原因而不能履行时,风险一律由债务人负担,不发生双务合同中的复杂问题。其三,在双务合同中,当事人一方违约时,守约方若已履行合同,则可以请求违约方强制实际履行或承担其他违约责任,条件具备时还可以解除合同;解除合同并溯及既往时,守约方有权请求违约方返还受领的给付。而单务合同则有所不同,在某些立法例上,单务合同不适用解除制度,在中国现行法上它虽然适用解除制度,但主要是适用《民法典》第 563 条第 1 款第 1 项规定的情形,适用违约解除制度的情形较少,即使因违约而解除,也不发生违约方返还受领给付的后果,只能是守约方负担返还义务。

特别提出不完全双务合同的概念,并将之与双务合同、单务合同相区别,虽然在同时履行抗辩权、先履行抗辩权和不安抗辩权等方面的意义不大,但在民事责任的构成与否、抗辩权的享有等方面具有价值。例如,在无偿委托合同场合,委托人拒绝履行预付必要费用的义务,受托人因此而难以适当履行受托事务时,可不负迟延责任乃至其他责任。

第四节 有偿合同与无偿合同

以当事人取得权益是否须付相应代价为标准,合同分为有偿合同和无偿合同。

有偿合同,是指当事人一方享有合同规定的权益,须向对方当事人偿付相应代价的合同。买卖、租赁、保险等合同是其典型。

无偿合同,是指当事人一方享有合同规定的权益,不必向对方当事人偿付相应代价的合同。赠与、借用等合同为其代表。

有偿合同与无偿合同只能在财产关系中作出区分,在身份关系中一般不涉及有偿、无偿问题。

有偿合同与无偿合同的划分,同双务合同与单务合同的划分,并非完全等同。一般来说,双务合同都是有偿合同,但单务合同却并非皆为无偿合同。有些单务合同是无偿的,如赠与合同;而有些单务合同则为有偿合同,如自然人之间的有息借款合同,因为依习惯,出借人向借款人交付借款不是合同义务,而是借款合同的成立要件,于是,此类合同只有借款人负担还本付息的义务,出借人不承担义务。

关于借款合同与有偿无偿、单务双务之间的关系,分析如下:金融机构作为贷款人的借款合同,按照《民法典》第 667 条以下的规定,为诺成合同,于是,贷款人负有交付借款的义务,借款人负有还本付息的义务,构成双务合同;同时,因借款人须向贷款人偿付利息,此类合同又是有偿合同。但是,如果此类合同中,当事人约定贷款人交付借款为合同的成立要件,那么,该借款合同虽然仍为有偿合同,却是单务合同。

区分有偿合同与无偿合同的法律意义在于:其一,有偿合同原则上可以准用有关买卖合同的规定,这是它与无偿合同的不同之处。② 其二,责任的轻重不同。在无偿合同中,债务人

---

① 〔德〕迪特尔·梅迪库斯:《德国债法总论》,杜景林、卢谌译,法律出版社 2004 年版,第 349—350 页。
② 〔日〕星野英一:《日本民法概论Ⅳ·契约》,姚荣涛译,刘玉中校订,五南图书出版有限公司 1998 年版,第 17 页。

所负的注意义务程度较低;在有偿合同中,则较高。例如,保管人因其一般过失致保管物毁损灭失时,若为有偿保管,就应全部赔偿;若为无偿保管,则宜酌情减轻责任,保管人证明自己没有故意或者重大过失的,不承担损害赔偿责任(《民法典》第897条)。不过,《买卖合同解释》突破了这种原则,于其第3条第2款规定:"买受人主张出卖人承担代为保管期间非因买受人故意或者重大过失造成的损失的,人民法院应予支持。"这有其道理:(1) 单纯地按照买卖合同,出卖人多交货物,没有合同依据,买受人本可以不管,只是出于关照出卖人的考虑,法律才规定买受人要代为保管该货物,给买受人增加了"额外"的义务;(2) 毕竟是"额外"义务,故从平衡的角度出发,减轻些买受人的责任,限于故意、重大过失时成立赔偿责任;(3) 从另外的角度观察,《民法典》对于违约责任采取无过错责任原则(第577条),保管合同亦应如此。如此,买受人因其一般过失甚至无过失致使保管的买卖物受损的,也应自负其果,不得请求出卖人负责。单就此而论,《买卖合同解释》第3条第2款的规定,不合《民法典》第577条的精神。但是,考虑到出卖人多交货物,没有依据;买受人代其保管该多交的货物,是"做好事",应该受到优惠保护,故此《买卖合同解释》第3条第2款规定,买受人因其一般过失甚至无过失致使保管的买卖物受损的,由出卖人承受后果。其三,主体要求不同。订立有偿合同的当事人原则上应为完全行为能力人,限制行为能力人非经其法定代理人同意不得订立重大的有偿合同。对纯获利益的无偿合同,如接受赠与等,限制行为能力人和无行为能力人即使未取得法定代理人的同意,也可以订立;但在负返还原物义务的无偿合同中,仍然须取得法定代理人的同意。其四,可否行使撤销权不同。如果债务人将其财产无偿转让给第三人,严重减少债务人的责任财产,害及债权人的债权的,债权人可以直接请求撤销该无偿行为。但对于有偿的明显低价的处分行为,或者以明显不合理的高价受让他人财产或为他人的债务提供担保,影响债权人的债权实现的,只有当债务人及其第三人在实施交易行为时有加害于债权人的恶意时,债权人方可行使撤销权(《民法典》第538条以下)。其五,有无返还义务不同。如果无权处分人通过有偿合同将不动产或动产以合理的价格转让给善意第三人,构成善意取得(《民法典》第311条第1款),使该第三人终局地取得该不动产或动产的所有权,以维护交易安全。如此,在该第三人已经付清了价款时,便不负返还原物的义务;在该第三人支付了部分价款时,运用差额说计算不当得利,亦不返还原物;至于该第三人尚未支付价款时,是否必须返还原物,则存在着争论。若通过无偿合同将财物转让给第三人,按照《民法典》第311条第1款的规定,不构成善意取得,在原物存在时,第三人负返还原物的义务。

第五节　诺成合同与实践合同

以合同的成立是否须交付标的物或完成其他给付为标准,合同分为诺成合同和实践合同。

诺成合同,是指当事人各方的意思表示一致即成立的合同。《民法典》规定的买卖等合同为诺成合同。

实践合同,又称要物合同,是指除双方当事人的意思表示一致以外,尚需交付标的物或完成其他给付才能成立的合同。所谓完成其他给付,在代物清偿的场合,若他种给付的标的物为不动产时,需要办理完毕不动产物权的转移登记。

使用借贷、消费借贷、寄存(寄托)等要物合同均起源于罗马法,有非要式和无偿的特征,强调以物件的授受为合同的成立要件。若无物件的授受,其合意仅为无诉权的简约,不受法律的保护。要物合同在标的物交付前,当事人可以任意撤销其约定,除非合同用书面订立。[1] 这使得贷与人在物的交付之前有机会权衡利弊,慎重决定是否完成此类无偿交易,于是,要物具有警告的功能。[2]

在传统民法中,借用、借贷、保管、运送、赠与等合同属于实践合同。随着现代经济生活的发展,尤其是银行业、运输业的发展,若仍坚持在双方当事人达成合意之外还须以物之交付为合同成立要件,不利于保障营业者一方的利益,因而,信贷合同中的银行借款合同和运输合同中的铁路、航空等客运、货运合同,在中国合同法上均已脱离实践合同的范围,而成为诺成合同。本着这种思路,《民法典》区分仓储合同和保管合同,把商业经营味更浓的仓储合同设计为诺成合同(第904条),而将保管合同等设计为实践合同(第888条)。

有时,一种合同究竟是实践合同还是诺成合同,也影响到该种合同是双务合同抑或单务合同的定位。对此,以借款合同为例加以说明。金融机构作为贷款人的借款合同,按照《民法典》第667条以下的规定,为诺成合同,于是,贷款人负有交付借款的合同义务,借款人负有还本付息的合同义务,构成双务合同。但是,自然人之间的借款合同,按照《民法典》第679条及《民间借贷规定》第9条的规定为实践合同,出借人向借款人交付借款为合同的成立要件,于是,该借款合同因只有借款人承担还本付息的义务,出借人无合同义务,故为单务合同。退一步说,即使自然人之间的借款合同因当事人特约变为诺成合同,只要是无利息的,按照出借人交付借款与借款人返还本金之间不构成对价关系[3]的观点,此类借款合同仍非双务合同。

当然,这种意义不宜被盲目扩大。例如,借用合同,于其为实践合同时属于单务合同,至为明显;即使是当事人约定它为诺成合同,出借人向借用人交付借用物属于合同义务,但因其与借用人负有的返还借用物的合同义务不构成对价关系,也不属于双务合同。

区分诺成合同和实践合同的法律意义在于:二者成立的要件与当事人义务的确定不同。所谓合同成立的要件不同,是指诺成合同仅以合意为成立要件,而实践合同以合意和交付标的物或完成其他给付为成立要件。所谓当事人义务的确定不同,是指在诺成合同中,交付标的物或完成其他给付系当事人的给付义务,违反该义务便产生违约责任;而在实践合同中,交付标的物或完成其他给付,不是当事人的给付义务,只是先合同义务,违反它不产生违约责任,可构成缔约过失责任。但需要注意,如果实践合同是无偿合同,宜减轻缔约人的责任,在标的物交付前,可以借鉴罗马法允许当事人任意撤销的模式,不予追究撤销人的责任。

第六节 要式合同与不要式合同

以合同的成立是否须采用法律或当事人要求的形式为标准,合同分为要式合同和不要式合同。

要式合同,是指法律或当事人要求必须具备一定形式的合同。反之,法律或当事人不要求必须具备一定形式的合同,即为不要式合同。应指出,不要式合同并非拒绝合同采取书面

---

[1] 周枏:《罗马法原论》(下册),商务印书馆1994年版,第710—711页。
[2] Zimmermann, Law of Obligations, Roman Foundations of the Civilian Tradition, 163(1996). 转引自吕云成:《预约法律制度研究》,清华大学法学硕士学位论文(2005),第14页。
[3] 郑玉波:《民法债编总论》(修订2版),陈荣隆修订,中国政法大学出版社2004年版,第28页。

等形式,更无力排斥公证、登记、审批等合同的生效要件,只是法律不强求特定的形式,允许当事人自由选择合同形式,当事人完全可以约定合同须采取书面形式,商定合同经过公证才发生法律效力,遵从法律、法规关于登记、审批为合同生效要件的规定。

在古代,合同法注重交换的表征与安全,重视合同订立的手续和仪式甚至超过合意的内容,采取方式强制,即认为方式为合同内容的表现,乃合同具有法律效力的依据。换句话说,方式创造合同的效力。① 商品经济社会则不同,一旦有商人参与,琐碎的法律形式要求就显得多余,无异于耗费商人等同于金钱的时间。② 因而,近现代合同法适应市场经济关于交易便捷和安全的双重要求,合同以不要式为原则,只是对某些特殊合同仍然采取方式强制,以达到警告目的、证据或者内容明确的目的、确保合同关系的公开性和促进一定债权的流通性等法律政策的保护目的。警告目的,能使当事人了解合同的意义和利害关系,避免仓促、轻率地签订合同。证据或内容明确的目的,有助于确定合同是否成立与其内容。③ 在中国现行法中,法律要求的要式合同多为普通的书面形式的合同。

法律所规定的形式,在效力上不尽一致。某些要式合同,不具备法定形式则合同不成立;有的要式合同,不具备法定形式只是不生效或者仅仅不能向法院诉请强制执行(《民法典》第502条等)。

第七节 一时性合同与继续性合同

以时间因素在合同履行中所处的地位和所起的作用为标准,合同分为一时性合同和继续性合同。

一时性合同,是指一次给付便使合同内容实现的合同。买卖、赠与、承揽等合同均属此类。此处所谓一次给付,既指纯粹的一次履行完毕,如在买卖房屋合同中,出卖人交付房屋并办理所有权移转登记手续;也指分期给付,如分期付款买卖中的将价款划分为若干部分,分月或分年定期支付。之所以把分期给付合同界定为一时性合同,是因为它是单一的合同:总给付自始确定,时间因素对给付的内容和范围并无影响。④ 分期给付的履行方式并未改变上述性质。

继续性合同,是指合同内容非一次给付可完结,而是继续地实现的合同。其基本特色在于,时间因素在合同履行上居于重要地位,总给付的内容取决于应为给付时间的长短,换言之,随着履行时间的推移,在当事人之间不断地产生新的权利义务。⑤ 雇佣合同、劳动合同、合伙合同、租赁合同、借用合同、保管合同、仓储合同等均属继续性合同。

随着经济的发展和科技的进步,电力、石油、天然气、煤气、自来水等继续性供用合同愈加普遍化。此类合同关系又称回归性之债,其特点是,在供给企业和用户之间的基本关系的框架内,随着用户每一次的消费,或者至少在每一个结算期之内,都成立一个新的债的关系。它们与上述连续供给合同关系相比具有如下不同:除供给电力、石油、天然气、煤气、自来水

---

① 王泽鉴:《民法总则》,北京大学出版社2009年版,第289—290页。
② 〔德〕拉德布鲁赫:《法学导论》,米健、朱林译,中国大百科全书出版社1997年版,第73页。
③ 王泽鉴:《民法总则》,北京大学出版社2009年版,第290页。
④ 王泽鉴:《债法原理》,北京大学出版社2009年版,第108页。
⑤ Christodoulou, Vom Zeitelement im Schuldrecht, Vorstudien aus der Sicht des Dauerschuldverhältnisses, Diss. Hamburg, 1968. 转引自王泽鉴:《债法原理》,北京大学出版社2009年版,第103页。

等的数量取决于用户获取的数量以外,供给企业还处于随时准备"供给"的状态之中,就是说,即使现在用户没有消费,该企业也在"给付"。在价格表中,这种双重给付,一方面反映在单纯因处于给付状态而收取的基本费用之中,另一方面还反映在所收取的数量单位的价款之中。①

行文至此,应当清楚继续性供用合同和分期给付合同的差别:后者自始有一个确定的总给付,只不过分期履行,每期的给付仅为部分给付;前者自始欠缺分期履行在数量上业已确定的给付概念,在一定时间提出的给付,不是总给付的部分,而是具有某种程度的经济上和法律上的独立性,是在履行当时所负的债务。因此,分期给付合同属于一时性合同,继续性供用合同则归入继续性合同。

当然,有些合同仅仅凭借某一项判断标准,尚不容易准确地定性。例如,租赁合同、雇用合同等在签订时就明确了存续期限,似乎总给付一开始就已经确定了,符合一时性合同的要求。但是,实质上总给付并未在签订合同时即已确定,因为这些合同可以提前解除(终止),并且何时终止原则上由一方当事人行使解除权(终止权)而确定。此其一。其二,只有各个"个别给付"随着时间的推移而不断地进行,权利义务逐渐地增加,如此累积到期限届满才形成总给付。此前的"个别给付"之和并不构成总给付,这一点在合同提前终止时表现得更加清楚。加上其给付不是一次即可完成,需要持续不断地进行的特性,还是不得认为定有明确期限的租赁合同、雇用合同是一时性合同。

区分一时性合同和继续性合同的法律意义在于:其一,对合同确定性要求的强弱不同。一时性合同的成立要求具有确定性,以便履行或强制履行;而继续性合同虽然也要求具有确定性,但司法上的趋势是,应当考虑实务中的可行性,适当放松对确定性的要求,以适应更加复杂、精密的交易。② 其二,让与性的强弱不同。基于一时性合同产生的债权债务,其转让相对容易;基于继续性合同产生的债权债务原则上由当事人承受,转让的障碍较多。③ 对此,相较于《合同法》,《民法典》前进了一步,第563条第2款规定:"以持续履行的债务为内容的不定期合同,当事人可以随时解除合同,但是应当在合理期限之前通知对方。"其三,解除权产生的原因不尽相同。合同严守原则要求,合同依法成立即具有法律效力,当事人不得擅自解除,只有在符合解除的条件时方允许当事人解除合同。一时性合同严格贯彻这一精神,解除权产生的原因较少。与此不同,继续性合同特别重视信赖基础,要求当事人各尽其力,实现合同目的,除给付义务以外,尚发生各种附随义务,以维护当事人的合法权益。信赖基础一旦丧失,或因其他特殊事由难以期望当事人继续维持这种结合关系时,法律允许一方当事人解除合同,比较适宜。如此,对继续性合同法律应承认较多的解除权产生的原因。但是,也应注意,假如一方当事人假借信赖基础丧失,以解除合同为名行损人利己之实,则不被允许。其四,合同消灭是否溯及既往不同。一时性合同消灭具有恢复原状的可能性,故法律规定一时性合同无效、被撤销时一律自始归于消灭,合同因违约而解除时以溯及既往为原则。但继续性合同消灭时,或无恢复原状的可能性,或不宜恢复原状,故学说多认为继续性合同无效、被撤销、解除应向将来发生效力,过去的合同关系不受影响。其四,违反继续性合同,原则上应区别"个别给付"和"整个合同"予以处理。对个别给付可径直适用合同法的有关

---

① 〔德〕迪特尔·梅迪库斯:《德国债法总论》,杜景林、卢谌译,法律出版社2004年版,第13页。
② Arok Constr. Co. v. Indian Constr. Servs., 848 P. 2d 870(Ariz. App. 1993).转引自〔美〕E.艾伦·范斯沃思:《美国合同法》(原书第3版),葛云松、丁春艳译,中国政法大学出版社2004年版,第215页。
③ 参见林诚二:《民法债编总论——体系化解说》,中国人民大学出版社2003年版,第49页。

规定;对整个合同而言,解除时宜无溯及力。违反一时性合同未必如此处理。

第八节 主合同与从合同

以合同相互间的主从关系为标准,合同分为主合同和从合同。

凡不以他种合同的存在为前提,即不受其制约而能独立存在的合同,称为主合同。

必须以他种合同的存在为前提,自身不能独立存在的合同,叫作从合同。从合同要依赖于主合同的存在而存在,因而也叫"附属合同"。抵押合同、质押合同、保证合同、定金合同与被担保的合同之间的关系,就是主从合同关系。其中,抵押合同等是从合同,被担保的合同为主合同。

区分主合同和从合同的法律意义在于:明确它们之间的制约关系,从合同以主合同的存在为前提,主合同变更或消灭,从合同原则上也随之变更或消灭。

第九节 束己合同与涉他合同

以是否贯彻合同相对性原则为标准,合同分为束己合同和涉他合同。

束己合同,是指严格遵循合同的相对性原则,合同当事人为自己约定并承受权利义务,第三人不能向合同当事人主张权利和追究责任,合同当事人也不得向第三人主张合同权利和追究责任的合同。它是合同的常态。

涉他合同,是指合同当事人在合同中为第三人设定了权利或约定了义务的合同。它包括为第三人利益的合同与由第三人履行的合同(《民法典》第522条、第523条)。

为第三人利益的合同,简称为利他合同,是指当事人为第三人设定了合同权利,由第三人取得利益的合同。在《民法典》上,它具有如下特征:(1)第三人不是缔约人,不需要在合同上签字或盖章,也不需要通过其代理人参与缔约;(2)合同只能给第三人设定权利,而不得为其约定义务;(3)债务人不履行时,第三人有权径直请求债务人向自己清偿;(4)合同成立后,第三人可以接受该合同权利,也可以拒绝接受该权利。在第三人拒绝接受该权利时,该权利归缔约人享有(《民法典》第522条)。

第三人取得请求债务人为给付的权利,基本上为债权,至于可否取得物权、矿业权、知识产权,原则上应作否定的回答,但不宜绝对化。在权利变动以登记或交付或行政主管机关批准为生效要件的领域,第三人不得因为第三人利益的合同的约定而径直取得物权、矿业权或知识产权,此类绝对性的权利的取得必须待生效要件具备时方能如愿。在权利变更采取意思主义的领域,可以考虑承认第三人基于为第三人利益的合同的约定而径直取得此种权利。

一般地说,债权人不得撤回或终结第三人的权利。不过,从合同及其目的或其他情事中可知债权人保留了在某些情况下撤回或终结第三人权利的权利,债权人即可不经第三人同意就变更或撤回第三人的权利。[①]

第三人取得债权却拒绝受领债务人的适当给付,如何处理?一方面,债权人可以请求债务人向自己履行债务,除非债务人已经采取提存等方式消灭了债务;另一方面,第三人拒绝

[①] 〔德〕迪尔克·罗歇尔德斯:《德国债法总论》(第7版),沈小军、张金海译,沈小军校,中国人民大学出版社2014年版,第382页。

受领或受领迟延,债务人有权请求债权人赔偿因此造成的损失(《合同编通则解释》第29条第3款)。

债务人对第三人负有给付义务的同时也享有一些抗辩,并且对此处所谓抗辩应在最广泛的意义上把握[1],所有能够使债务人的给付义务消灭或推迟履行的事由均被包括在内,除非当事人通过约定排除了这些抗辩的一部或全部[2];在正常的情况下,债务人有权向第三人主张其可对债权人主张的抗辩[3]。

第三人基于为其利益的合同而享有债权,但《合同编通则解释》不承认第三人享有撤销权、解除权等民事权利,当然,如果法律另有规定,则另当别论(第29条第1款)。此处所谓"等民事权利",例如,受复杂的交易安排制约,第三人不得将其债权转让给他人,不得向债务人或债权人行使抵销权、抗辩权。

在债务人不履行其义务时,第三人无权变更或解除合同,那债权人呢?在解除权的成立要件和行使要件均已具备的前提下,债权人不解除为第三人利益的合同会使自己处于极为不利的境地,遭受严重损失的,可有两条路径解救债权人:一是债权人代债务人向第三人为清偿,然后行使解除权,终止为第三人利益的合同,当然,这须符合《民法典》第524条的要求;二是径直行使解除权,至于第三人因此遭受的损失,债权人可先向第三人赔偿,而后向债务人追偿。

在合同依法被债权人撤销或解除时的后果方面,《合同编通则解释》第29条第2款关于"合同依法被撤销或者被解除,债务人请求债权人返还财产的,人民法院应予支持"的规定使人困惑:给付被第三人受领,本应由第三人返还,却迂回曲折地令债权人返还,不但徒增成本,而且在有些情况下债权人无法返还,如第三人享有对债权人的抵销权而使债权人没有依据请求第三方返还其受领的财产,或者在复杂的交易安排下,第三人依债权人或债务人的指令将其债权出质给债务人的关联企业。

由第三人履行的合同,是指合同当事人为第三人约定了合同义务,由第三人向合同债权人履行该义务的合同。《民法典》第523条规定了此类合同。

适用《民法典》第523条的规定,务请注意以下几点:(1)《民法典》第523条规定的履行债务的主体是第三人,而非合同的当事人。与此不同,实务中出现的"第三人"直接作为当事人一方与债务人、债权人签订三方协议的情形,该"第三人"是地地道道的合同当事人,而非第三人。实务中的此类情形不适用《民法典》第523条的规定。(2)按照《民法典》第523条的规定,第三人作为履行债务的主体,源自当事人双方在合同中的约定,不是该第三人自己约定的,也不是该第三人和合同当事人双方共同约定的。与此有别,实务中出现的"第三人"参与缔约,作出意思表示,或事后同意债务人和债权人之间签订的协议,均属协议中含有"第三人"的意思表示,或者说该"第三人"与债务人、债权人共同为自己约定了义务。实务中的此类情形不适用《民法典》第523条的规定。(3)按照《民法典》第523条的规定,第三人只承担合同约定的向债权人履行合同债务的义务,不享有合同项下的权利。而实务中某些协

---

[1] Palandt/Grüneberg. § 334 Rn. 3. 转引自〔德〕迪尔克·罗歇尔德斯:《德国债法总论》(第7版),沈小军、张金海译,沈小军校,中国人民大学出版社2014年版,第381页。

[2] 〔德〕迪尔克·罗歇尔德斯:《德国债法总论》(第7版),沈小军、张金海译,沈小军校,中国人民大学出版社2014年版,第381页。

[3] 〔美〕杰弗里·费里尔、迈克尔·纳文:《美国合同法精解》(第4版),陈彦明译,北京大学出版社2009年版,第657页。

议约定,"第三人"不仅对基于债务人与债权人之间所订合同所生债务承担履行的义务,而且享有该合同项下的权利。实务中的此类现象不应属于《民法典》第523条管辖的范围。(4)按照《民法典》第523条的规定,第三人不履行其义务时,不承担违约责任,而是由债务人承担责任。与此不同,在实务中,有些协议约定,在"第三人"不履行义务时,债务人不承担任何责任。考察协议的全部条款,依据法律的规定和精神,于此场合,应由"第三人"承担违约责任。如此,实务中的此类情形不得适用《民法典》第523条的规定。

在程序法上,对于此处的第三人,人民法院同样可以根据具体案情将之列为无独立请求权的第三人,但不得依职权将其列为该合同诉讼案件的被告或有独立请求权的第三人。

区分束己合同和涉他合同的法律意义:一是明确缔约目的不同,二是明了合同的效力范围不同,有助于界定第三人是否承受合同权利义务,以及承受的界限。

第十节 个别合同与框架合同

以合同内容是否必须由将来签订的合同具体补充为标准,合同可分为框架合同和个别合同。

框架合同(frame contract),又叫架构合同,在实务中常被应用。例如,甲协会和乙出版社签订架构合同,明定由乙出版社出版丛书,而由乙出版社和个别作者签订出版合同的条件。再如,实施专利的甲公司和乙唱片制作人组织,就使用作品/著作权签订整体合同。[①]

框架合同不是暂时性的合同,而是长期存在的合同,是为了给双方当事人之间将来签订的同一类型合同,即个别合同,提供合同的基本框架(架构)[②]、基本条件。所谓框架合同为未来签订的个别合同提供基本框架、基本条件,情形较为多样、复杂,需要类型化。(1)有的是当事人之间为确定较为长期、牢固的交易关系,且就基本问题、主要事项已经达成了合意,只是某些细节问题来不及或不愿意而未作约定,以免僵化,妨碍各方更有效率、更为顺畅、更加符合客观实际地开展具体的工作。在这样的背景下,框架合同的当事人之间,或在框架合同的一方当事人和第三人之间,未来成立个别合同时,均按框架合同的约定确定每个个别合同的内容。[③] 此类个别合同约定的条款仅仅是框架合同中条款的细化、具体化,更具可操作性,此类个别合同并未变更、否定框架合同设定的基本框架(架构)、基本条件。(2)有的是当事人之间已就确定较为长期、牢固的交易关系达成了共识,只是就大概的事项达成了合意,不少细节尚不清楚,甚至于对某个或某些重要问题尚有分歧。在这种背景下,各方当事人签订框架合同,将相当的事项、问题留待其后,由个别合同解决。这样的个别合同很可能变更框架合同的某个或某些条款,当然,补充框架合同的内容更为常见。(3)有的是当事人各方几乎就交易的主要事项都考虑到位了,也未想由将来签订的个别合同变更框架合同,只是客观实际的变化才使某个或某些个别合同变更了框架合同。

框架合同在以下两方面对于个别合同的形式与范围,有拘束的效力:(1)框架合同的形式问题:框架合同通常不需遵守一定的形式,不过为了举证方便,以及使双方当事人明确知悉其彼此的权利义务起见,常使用书面的形式。(2)框架合同为个别合同的签订确定其基

[①] 黄立:《民法债编总论》,中国政法大学出版社2002年版,第57页。
[②] 同上书,第56页。
[③] 同上。

本条件。若框架合同当事人彼此缔结个别合同,则于框架合同中所合意的条件,对个别合同有拘束力,单方背离该框架(架构)条件,必须符合民法的一般规则才有可能。①

框架合同与个别合同关于当事人权利义务的规定,其分工并非千篇一律,时常不太明确,需要根据个案加以判断、确定。

在程序条款方面,如果框架合同约定双方发生纠纷由 A 仲裁委员会仲裁解决,个别合同没有约定仲裁条款,也没有约定由法院解决纠纷,或者相反,个别合同约定了仲裁条款,框架合同对纠纷解决方法没有约定,那么,在这些情况下,问题容易解决,按照仲裁条款由仲裁机构解决纠纷即可。

但是,如果框架合同约定了仲裁条款,而个别合同约定若发生纠纷由法院解决,或者相反,框架合同约定若发生纠纷由法院解决,而个别合同约定了仲裁条款,如何确定案件的管辖?本书作者认为,如果是全部的个别合同都约定了仲裁条款,或都约定了由法院解决纠纷,由于个别合同签订在后,视为对签订在先的框架合同关于纠纷解决方法的变更,应以个别合同的约定为准。如果仅仅是某个或某些个别合同约定的纠纷解决方法与框架合同约定的不同,则应分别处理,即,个别合同约定了不同于框架合同约定的纠纷解决方法的,援用《民法典》第 543 条关于合同变更的规定,按照该个别合同约定的纠纷解决方法确定案件的管辖;个别合同没有约定不同于框架合同约定的纠纷解决方法的,遵循框架合同为个别合同的纲领性文件、统领个别合同的思路,依据框架合同约定的纠纷解决方法确定案件的管辖。

在实体权利义务方面,同样应当区分情况而定:(1) 如果个别合同只是细化了、具体化了框架合同关于权利义务的约定,甚至添加了除此而外的权利义务的条款,并未约定与框架合同关于权利义务的约定相抵触的权利义务条款,表明个别合同只是框架合同的补充,而非对框架合同条款的变更,则应当按照框架合同和个别合同的约定确定权利义务,不得否定任何一份合同的约定。对此,有学者从另外的角度阐释:框架合同的意义,通常在于将格式条款适用于框架合同当事人之间所有的未来同类的合同,其结果为通用合同条款于个别合同中无需一再重复引用,仍可发生效力。② 这在框架合同构成格式合同的场合,十分正确;但在框架合同不符合格式合同的规格时,需要按照本书作者的上述思路确定。(2) 如果个别合同约定了与框架合同中权利义务条款相抵触的条款,因个别合同成立在后,应当视为对框架合同中权利义务条款的变更,应以该变更的为准。至于未被个别合同变更的框架合同中的权利义务条款,自然仍以框架合同约定的为准。个别合同约定的权利义务超出了框架合同约定的权利义务的,作为补充的内容处理,承认其法律效力。在框架合同符合格式合同的规格的情况下,运用个别商议条款优先于格式条款的规则和原理处理,结果是一样的。

第十一节　实定合同与射幸合同

以合同的效果在缔约时是否确定为标准,合同分为实定合同和射幸合同。

实定合同,是指合同的法律效果在缔约时已经确定的合同。绝大多数合同都是实定合同。

射幸合同,是指合同的法律效果在缔约时不能确定的合同,保险合同、押赌合同、有奖抽

---

① 黄立:《民法债编总论》,中国政法大学出版社 2002 年版,第 57 页。
② 同上书,第 58 页。

奖或有奖销售合同均属此类。在中国,保险合同为合法合同,予以鼓励;有奖抽奖或有奖销售有数额限制,数额过高者以不法论处。按《反不正当竞争法》第10条的规定,抽奖式的有奖销售,最高奖的金额超过5万元者即被禁止。

保险合同是典型的射幸合同,故以它为例分析射幸合同的特征。在保险合同中,投保人支付保险费的义务在合同成立时虽已确定,但保险人承保的危险或保险合同约定的给付保险金的条件发生与否,却均不确定。在保险期限内,若发生保险事故,被保险人或受益人可以取得成千上万倍于保险费的保险金,保险人则丧失成千上万倍于已收取的保险费的利益;若不发生保险事故,保险人不负担给付保险金的义务,却取得投保人支付的保险费所带来的利益,投保人失去已支付的保险费的利益。可见,因保险事故或给付保险金的条件之发生的不确定性,投保人和保险人的利益丧失或取得,表现为一种机会。所以,射幸合同又叫机会性合同。

彩票合同也是射幸合同,因为彩票购买人在购买彩票时,无法断定自己能否中奖,中奖与否取决于非由合同当事人控制的不确定因素,比如摇奖或抽奖,相应地彩票购买者除了一纸彩票要么一无所获,要么获得巨额回报,具有"以小博大"的属性。

区分实定合同与射幸合同的法律意义在于:实定合同一般要求等价有偿,若不等价,则可能被撤销乃至无效。对射幸合同,一般不能从等价与否的角度来衡量合同是否公平。

第十二节　本约与预约

以合同的目的和义务是否系为了将来签订一定合同为标准,合同分为预约和本约。

预约,是指当事人约定在将来一定期限内订立合同的认购书、订购书、预订书等内容的合意(《民法典》第495条第1款)。当事人为担保在将来一定期限内订立合同交付了定金,能够确定将来所要订立合同的主体、标的等内容的约定,构成预约。不过,当事人通过签订意向书或者备忘录等方式,仅表达交易的意向,未约定在将来一定期限内订立合同,或者虽然有约定但是难以确定将来所要订立合同的主体、标的等内容的,不构成预约(《合同编通则解释》第6条第1款、第2款)。此外,再说明如下几点:(1)当事人各方在预约中明确约定该预约尽管具备本约的主要条件,但只可作为预约,即便未来没有签订本约,该预约也不得作为本约的,应当依其约定,不得援用或比照《商品房买卖合同解释》第5条的规定,主张该预约为本约。(2)预约虽然具备标的物、价款(酬金)的主要条件,但欠缺付款方式、担保的方式与设立、关联合同的签订等事项。预约签订后,当事人各方一直就包括付款方式、担保的方式与设立、关联合同的签订等事项在内的本约条款进行协商,但因互不让步,致使本约未能签署。由于付款方式、担保的方式与设立、关联合同等事项对当事人各方的利益影响较大,由于当事人各方一直协商未果,不宜将此类预约作为本约,以免造成不公正的后果。(3)预约虽然具备标的物、价款(酬金)的主要条件,但缔约后发生情事变更,当事人各方多次协商本约条款,但因一方当事人不同意考虑情事变更的因素,坚持将预约中的价款(酬金)照抄到本约之中,致使本约未能签署。在这种情况下,如果符合情事变更原则适用的条件,就不应将该预约作为本约。(4)当事人各方订立预约后,缔约一方严重背信,甚至实施严重的不法行为,致使交易基础丧失,使对方当事人有理由相信即使将具备合同主要条件的预约当作本约,背信的一方也不会适当履行合同。于此场合,对方当事人不但有权不与背信的一方订立本约,也有权拒绝把该预约当作本约。

预约产生当事人将来订立本约的债务,双方当事人负此债务的,称为双务预约;仅一方当事人负此债务的,叫作单务预约。基于合同自由原则,对于任何类型的合同都可以订立预约,本约为实践合同场合,可以订立预约;本约是诺成合同,如买卖,同样可以订立预约;本约是否为要式,亦不影响订立预约。[1] 预约的成立,须遵循合同法关于合同订立的一般规则。关于预约是否采取与本约相同的形式,在本约采取法定形式的情况下,如果法律对本约的形式为强制性要求,不得以预约迂回规避法律,预约必须采取与本约相同的形式[2];如果本约采取法定形式的目的在于保全证据,那么预约不必与本约采取同样的形式;如果本约采取法定形式的目的在于促使当事人慎重行事,那么预约应当与本约采取同样的形式;在本约的形式由当事人约定的场合,预约的形式依据当事人的约定。[3]

预约成立之后,当事人负有履行预约所规定的订立本约的义务,只要本约未订立,就是预约没有履行。这表明预约不同于附停止条件的合同(《民法典》第158条中段称为附生效条件的合同),因为附停止条件的合同在合同订立时已经成立,只是其履行效力待停止条件成就而已。[4] 预约权利人只能请求对方履行订立本约的义务,不得直接依预定的本约内容请求履行。

预约的目的在于成立本约,当事人之所以不直接订立本约,其主要理由当系因法律上或事实上的事由,致使订立本约的条件未臻成熟,于是先成立预约,使对方受其约束,以确保本约的订立。例如,甲拟向乙借钱,乙表示须等一个月后才有资金,甲乃与乙订立借款合同的预约,约定一个月后再订立借款合同这个本约。再如,甲拟向乙承租A屋,乙与丙之间的房屋租赁合同须在半年后才终止,于是,乙乃先与甲订立房屋租赁合同的预约。还如,甲、乙、丙等人拟合伙经营餐饮业,因需要再邀请他人加入,故暂时不宜订立合伙合同,为确保将来合伙能够成立,乃先订立合伙的预约。[5]

在实务中,一个合同究竟属于本约抑或预约,应探求当事人的真意予以认定。当事人的意思不明或有争执时,应通观合同全部内容加以确定,若合同要素已经明确合致,其他事项亦规定綦详,已无另行订立合同的必要,应认定为本约。[6] 预约在交易上属于例外,因而,一个合同是否属于预约存在疑义时,宜认定为本约。[7]

应予重视并有必要辨析的是《合同编通则解释》第6条第3款的规定。它体现的精神之一是,认定一份文件所载的合意究为预约抑或本约,应当以意思表示的实质内容为准,而不可一律望文生义,不得一见认购书等文本名称就将之认定为预约;只要名为认购书等文本所载内容具备了本约的成立要件,即使没有明确约定将于未来订立本约,也应以本约论。它体现的精神之二是,认购书等文本中约定有将要订立本约的内容,实际上却未订立,但其已经含有本约的成立要件,并且当事人一方已实施履行行为且被对方接受的,本约成立。该条款所谓"当事人一方已实施履行行为且对方接受的,人民法院应当认定本约合同成立",不完全相同于《民法典》第490条规定的"一方已经履行主要义务,对方接受时,该合同成立",因为

---

[1] 郑玉波:《民法债编总论》(修订2版),陈荣隆修订,中国政法大学出版社2004年版,第31—32页;王泽鉴:《债法原理》,北京大学出版社2009年版,第117页。
[2] 黄立:《民法债编总论》,中国政法大学出版社2002年版,第50页。
[3] 王泽鉴:《债法原理》,北京大学出版社2009年版,第117页。
[4] 孙森焱:《民法债编总论》(上册),法律出版社2006年版,第46页。
[5] 王泽鉴:《债法原理》,北京大学出版社2009年版,第116页。
[6] 同上。
[7] 同上。

《民法典》第 490 条要求"已经履行主要义务",而《合同编通则解释》第 6 条第 3 款要求的门槛低,"已实施履行行为"足矣,不必是"已实施履行主要义务的行为"。

有学者认为,要物契约在未交付其标的物前,其意思表示得解为预约(如消费借贷的合意、寄托的合意)。① 本书认为,于此场合,仍须贯彻依当事人的意思予以认定的原则,此其一。其二,如果合同内容并非约定当事人于将来订立消费借贷、寄托等合同的义务,而是直接约定消费借贷或寄托的权利义务,那么,将其认定为预约,与事实不符。其三,在"其二"的情况下,未交付标的物,合同本来未成立,当事人至多承担缔约过失责任,不交付标的物的当事人也是如此思考。但若按照预约处理,则对方可以请求法院强制交付标的物的当事人履行预约所产生的义务,即订立本约,最后导致本约成立并履行,法律效果大相径庭。如此处理,合适与否,需要三思。

诸如"初步协议"(preliminary agreement)、"意向性协议"(letter of intent)等,只要它们不具有法律约束力,就既不是本约,亦非预约,因为预约和本约都具有法律效力。在它们有效的情况下,如果其内容是当事人有义务将来再订立诸如投资建厂、合作来料加工、合作办学、合作技术培训等协议,那么,它们是预约;反之,则为本约。实务中,它们属于预约的情况比较少见。

预约也是合同,违反了预约,即不履行预约所定订立本约的义务,如当事人一方拒绝订立本约合同或者在磋商订立本约合同时违背诚信原则导致未能订立本约合同的,成立违约责任(《民法典》第 495 条第 2 款,《合同编通则解释》第 7 条第 1 款)。关于给对方造成损失的赔偿,当事人有约定的,按照约定;没有约定的,应当综合考虑预约合同在内容上的完备程度以及订立本约合同的条件的成就程度等因素酌定损害赔偿数额(《合同编通则解释》第 8 条第 2 款)。当事人一方在磋商订立本约合同时是否违背诚信原则,应当综合考虑该当事人在磋商时提出的条件是否明显背离预约合同约定的内容以及是否已尽合理努力进行协商等因素,加以认定(《合同编通则解释》第 7 条第 2 款)。②

---

① 郑玉波:《民法债编总论》(修订 2 版),陈荣隆修订,中国政法大学出版社 2004 年版,第 31 页。
② 较为详细的辨析和阐释,请见崔建远:《合同解释与合同订立之司法解释及其评论》,载《中国法律评论》2023 年第 6 期,第 18 页。

第三章

合同的订立

第一节 合同的订立概述

一、合同订立的概念

合同订立,是指缔约人为意思表示并达成合意的状态。它描述的是缔约各方自接触、洽商直至达成合意的过程,是动态行为和静态协议的统一体。该动态行为包括缔约各方的接触和洽商,达成协议前的整个讨价还价过程。此阶段由要约邀请、要约、反要约诸制度规范和约束,产生先合同义务及缔约过失责任。静态协议是指缔约达成合意,合同条款至少是合同的主要条款已经确定,各方当事人享有的权利和承担的义务得以固定,用一句话来说,就是合同成立了。其中,承诺、合同成立要件和合同条款等制度发挥作用。由此可知,合同订立与合同成立不尽相同:后者仅是前者的组成部分,标志着合同的产生和存在,属于静态协议;前者的含义更广泛,既含有合同成立这个环节,又包括缔约各方接触和洽商的动态过程,可以说涵盖了交易行为的大部分。

合同订立完毕,合同即告成立,有的直接生效,如农贸市场里的现物买卖,双方协商一致即为给付;有的确定地无效,如存在《民法典》第146条第1款、第153条、第154条规定的无效原因的合同,无论当事人是否请求法院或仲裁机构确认,在法律及其理论上都是自始没有法律拘束力的;有的可以撤销,如《民法典》第147条规定的基于重大误解而签订的合同;有的效力待定,如属于《民法典》第171条规定的狭义的无权代理行为;有的未生效,如《民法典》第502条第2款规定的以行政主管机关批准为生效要件的合同,尚未报批时该合同即未生效。

二、合同订立的意义

合同订立是交易行为的法律运作,没有合同订立就没有交易。其动态阶段是交易主体(缔约人)利用其经济条件、社会环境,发挥其聪明才智,采取各种策略,说服交易对方,争取确定有利于己的合同条款的过程,体现着交易主体的经济实力、法律水平、谈判技巧、精神风貌,从而反映着特定社会的风气。其静态协议则是洽商成果的固定,是交易主体之间权利义务关系的确立(合同成立并生效时)或是确立的前提(合同尚未生效时)。静态协议即合同成立是确认合同有效的前提,合同只有成立后才谈得上衡量其是否有效的问题。

合同是个动态的全过程,它始于订立,终结于适当履行及合同解除。其间可能涉及保全、担保、变更、转让、解除、消灭等环节。只有合同订立才能启动上述环节。合同订立的质量状况,也会直接影响其后诸环节。合同订立得审慎、完备、适法,一方面可以加速交易进程,提高经济效益;另一方面可以保证各个环节的顺利进行,防止交易关系发生阻塞。①

合同订立也是合同法上的责任得以成立的前提。合同订立中的洽商阶段可产生先合同义务及缔约过失责任。合同成立但归于无效或被撤销时可产生缔约过失责任。合同成立并有效,当事人违约时可产生违约责任。合同成立但尚未生效,就谈不上履行义务的届期,因而也不成立违约责任;并且,只要当事人不撕毁合同,连缔约过失责任亦不产生。

三、合同成立的要件

合同成立是合同订立的重要组成部分,且为结晶。其要件依《合同编通则解释》的字面表达包括当事人姓名或者名称、标的和数量(第3条第1款正文),其实意思表示一致必不可少,简介如下:(1)当事人。当事人是实际订立合同的人,既可以是未来合同关系的当事人,也可以是合同当事人的代理人。由于合同系多方法律行为,当事人必须是双方以上的人。(2)意思表示一致。当事人须就合同条款至少是主要条款达成合意,合同才成立。(3)标的。合同标的由其数量和质量具体化、特定化。当事人未约定质量时,依据《民法典》第510条、第511条予以确定(《合同编通则解释》第3条第2款)。

依据《合同编通则解释》第3条第1款但书,有些合同的成立,法律不但要求具备以上三项要件,还要具备其他要件。如《民法典》第679条、第814条、第890条正文等都规定了特别的成立要件。再就是双务合同场合对价也是合同成立要件之一。

同样依据《合同编通则解释》第3条第1款但书,有些合同的成立,虽然法律未设特别成立要件,但当事人可以约定特别的成立要件。例如,双方当事人约定并公证、A合同以B合同的订立为成立要件、甲的资格证书交给乙为特别的合同成立要件。

当合同被认为是为将来的履行而有意识地订立时,在建构如何确定合同已经订立的法规则方面,一个不同的视角就成为必需。要约和承诺的规则随之成为合同法的必需部分。②

第二节 要 约

一、要约的概念与构成要件

要约,是一方当事人以缔结合同为目的,向对方当事人提出合同条件,希望对方当事人接受的意思表示。在商业活动及对外贸易中,要约常被称作发价、发盘、出盘、报价等。构成要约须符合以下条件:

1. 要约必须是特定人所为的意思表示。要约是要约人(发出要约之人)向相对人(受要约人或曰受约人)所作出的含有合同条件的意思表示,旨在得到受要约人的承诺并成立合同,只有要约人是特定的人,受要约人才能对之承诺。因此,要约人必须是特定人。所谓特定人,是指能为外界所客观确定的人,至于是自然人、法人抑或合伙企业等,是本人还是其代理人,可在所不问。自动售货机之所以可视为一种要约,原因在于自动售货机的设置,必为

---

① 苏惠祥主编:《中国当代合同法论》,吉林大学出版社1992年版,第65页。
② P. S. Atiyah, *The Rise and Fall of Freedom of Contract*, Clarendon Press, 466-467(1979).

特定的人所为。

2. 要约必须向相对人发出。要约必须经过相对人的承诺才能成立合同,因此,要约必须是要约人向相对人发出的意思表示。相对人一般为特定的人,但在特殊情况下,对不特定的人作出又无碍要约所达目的时,相对人亦可为不特定人。悬赏广告即是向不特定的人发出的(一种观点认为,悬赏广告是一种单方法律行为)。

3. 要约必须具有缔结合同的目的(《民法典》第 472 条前段)。要约人发出要约的目的在于订立合同,这种目的一定要在要约中明确地表达出来,才会使受要约人下决心与要约人签订合同。所以,作为要约,必须含有缔结合同的目的。这一要件是要约区别于要约邀请的主要之点,因为要约邀请不以缔结合同为目的。

判断要约人向受要约人发出的意思表示有无缔结合同的目的,需要综合考虑以下因素:(1) 要约人发出意思表示时的情形。一项意思表示是否构成要约,须要约人为一个理性人,处于正常的环境之下,其意思表示是真实的。(2) 要约人实际使用的言词或文字所表达的意思。要约人向受要约人发出的意思表示应当表明:一经受要约人承诺,要约人即受该意思表示约束,也就是说,要约人必须向受要约人表明,要约一经受要约人同意,原则上合同即告成立,要约人就要受到约束。此类意思表示才是要约(《民法典》第 472 条第 2 项)。(3) 要约的对象。对特定之人的意思表示,视作要约的机会较大,对不特定大众所为的意思表示,诸如广告、估价单、橱窗陈列等,因其为一般性的文句陈述或标价,颇难推断其有订立合同的目的,原则上不宜认定为要约,而应定性为要约邀请。①

4. 要约的内容必须具体确定(《民法典》第 472 条第 1 项)。要约的内容必须确定,是指要约的内容必须明确,而非含糊不清。不如此,受要约人便不能了解要约的真实含义,难以承诺。

需要指出,此处所谓确定,包括要约发出之时内容是明确的,以及要约发出之时某些内容尚不清晰,待未来的某个时刻可以依据法律的规定或当事人的意思表示而予以明确。所谓"依据法律",例如,质量要求、价款或者报酬、履行地点、履行期限、履行方式、履行费用的负担等不明确的,可以按照《民法典》第 511 条规定的规则,予以明确。

要约的内容必须具体,是指要约的内容必须具有合同的条件,至少是主要条件,得因受要约人的承诺而使合同成立。这一要件也是要约区别于要约邀请的主要之点,因为要约邀请不具有合同的全部条件。

二、要约与要约邀请的区别

要约邀请,又称要约引诱,依《民法典》第 473 条第 1 款前段的规定,要约邀请是希望他人向自己发出要约的意思表示。其目的不是订立合同,而是邀请相对人向其为要约的意思表示。所以,要约邀请只是当事人订立合同的预备行为,其本身并不发生法律效果。它与要约的法律意义和法律效果非常不同,需要加以区别:(1) 从当事人的目的看,一定要有缔结合同的目的,若欠缺缔结合同的目的,则不是要约;(2) 从法律的规定看,法律有明文规定的,依其规定;(3) 法律无明文规定时,宜按照意思表示的内容是否明确、交易习惯、社会的一般观念等加以判断。②

---

① 杨桢:《英美契约法论》(第 4 版),北京大学出版社 2007 年版,第 35—36 页。
② 林诚二:《民法债编总论——体系化解说》,中国人民大学出版社 2003 年版,第 56—57 页。

三、要约与要约邀请的具体认定

对商品标价陈列，英美普通法认为，一般而言，在商店橱窗内标定实价的陈列物，一如广告，旨在吸引顾客为受要约的表示，原则上属于要约邀请，而非要约本身。[①] 与之不同，《瑞士债务关系法》第7条第3项规定，货物标定卖价陈列者，视为要约。中国合同法理论多赞成后一种观点，不过，商品标价陈列构成要约，应仅限于柜台里陈列的或货架上放置的标价商品，而对于商店临街橱窗里的陈列商品，即使附有标价，也不宜视为要约，原因在于，这种行为更多的是为了招徕顾客。[②]

英美普通法认为，在自助商店或超级市场中，货物在货架上是要约邀请，顾客拿着货物到收银处结账，是要约。[③] 但在大陆法系，则认为在货架上陈列商品，为要约。[④] 这种意见与商品标价陈列场合的一致，本书同样赞同。

自动售货机的摆设，应评价为要约。[⑤] 应当注意，自动售货的要约，应以机器正常运作或有存货为条件，故自动售货机发生故障或没有存货时，要约失去效力，顾客虽然投入货币，仍不能成立合同，就该投入的货币，得依不当得利制度请求返还。在正常情况下，顾客投币应解释为依意思实现而成立合同，商品掉入取货口，系自动售货机的设置者履行给付义务，投入货币为交付行为，由自动售货机的设置者取得所有权。所以，他人擅取因自动售货机发生故障而跳出的硬币，应构成侵权行为。[⑥] 合同成立之后，假如投币者取不出商品，构成自动售货机的设置者违约，产生违约责任。[⑦]

顾客寄邮购单到商家，为要约邀请；商家填写邮购单寄回，为要约。[⑧] 对未经订购而邮寄或投递商品，一种观点认为系现物要约[⑨]，另一种意见则主张为要约邀请[⑩]。

顾客向书店或其他商家寄预约单来，为要约邀请；书店或其他商家向预约者寄送订单，为要约；预约者接受为承诺。

价目表虽然包含商品的名称、价格，且含有寄送价目表的商家希望交易的意图，但毕竟只是提供某些信息，欠缺某些合同的主要条件，实质上是希望接收价目表的人向自己提出缔约条件，故价目表的寄送应为要约邀请。[⑪]

小贩沿街叫卖为要约邀请，顾客表示购买为要约，小贩同意出卖为承诺。

拍卖公告、招标公告或招标通知、招股说明书，为要约邀请。

商业广告，一般地说，不是要约，因其表示不够明确(explicit)，内容不够确定(definite)、

[①] 杨桢：《英美契约法论》（第4版），北京大学出版社2007年版，第35页。
[②] 王家福主编：《中国民法学·民法债权》，法律出版社1991年版，第284页；王利明：《合同法研究》（第1卷），中国人民大学出版社2002年版，第214页；崔建远主编：《合同法》（第3版），法律出版社2003年版，第37页；崔建远主编：《合同法》（第5版），法律出版社2010年版，第45页；韩世远：《合同法总论》，法律出版社2004年版，第88页。
[③] 杨桢：《英美契约法论》（第4版），北京大学出版社2007年版，第35—36页。
[④] 陈自强：《民法讲义Ⅰ：契约之成立与生效》，法律出版社2002年版，第60页。
[⑤] 同上。
[⑥] 王泽鉴：《债法原理》，北京大学出版社2009年版，第123页。
[⑦] 林诚二：《民法债编总论——体系化解说》，中国人民大学出版社2003年版，第58页。
[⑧] 同上书，第60页。
[⑨] 王泽鉴：《债法原理》，北京大学出版社2009年版，第125页。
[⑩] 王利明、崔建远：《合同法新论·总则》，中国政法大学出版社1996年版，第157页。
[⑪] 王利明：《合同法研究》（第1卷），中国人民大学出版社2002年版，第217页；韩世远：《合同法总论》，法律出版社2004年版，第90—91页。

清楚(clear),致相对人无法知其确切要求及拘束广告人方式而取得合意①,故至多为要约邀请(《民法典》第473条第1款)。但这只是问题的一方面,另一方面,商业广告在内容清楚、确定,足以使相对人知其对待义务时,可构成要约。②《民法典》第473条第2款及《商品房买卖合同解释》第3条接受了这种观点,规定商业广告的内容符合要约规定的,构成要约。

悬赏广告,是指广告人以广告的形式,声明对完成悬赏广告规定的特定行为的任何人,给付广告约定的报酬的意思表示。按照合同说,悬赏广告是要约,因为一旦某特定的人完成了悬赏广告指定的行为,合同即告成立,广告人有义务给付报酬。③《民法典》第499条关于悬赏的构成和法律效果的规定,应看成是采取了合同说。

公交车的开来,大多表现为进站为要约,乘客上车为承诺。至于出租车,学说存在着分歧。一种意见认为,出租车排班等候顾客或在路上招揽顾客上车,衡诸目前交易习惯,似应解为要约邀请。④乘客招手或明确表示乘坐为要约,出租车载客为承诺。另一种观点主张,出租车排班等候顾客或在路上招揽顾客上车,为要约,乘客上车为承诺。本书作者赞同第二种意见。⑤

四、要约的法律效力

要约的法律效力,又称要约的拘束力(约束力),是指要约的生效及对要约人、受要约人的拘束力。它包含如下内容:

1. 要约生效的时间

要约生效的时间因对话与否而有不同。向对话人发出要约,采取了解主义,即受要约人了解要约时开始生效。向非对话人发出要约,采取到达主义,即要约于送达受要约人时生效。《联合国国际货物销售合同公约》《国际商事合同通则》未作上述区分,对要约生效的时间一律采取到达主义。《民法典》区分情形而采取不同的立场,于第137条第1款规定:"以对话方式作出的意思表示,相对人知道其内容时生效",第137条第2款规定:"以非对话方式作出的意思表示,到达相对人时生效。以非对话方式作出的采用数据电文形式的意思表示,相对人指定特定系统接收数据电文的,该数据电文进入该特定系统时生效;未指定特定系统的,相对人知道或者应当知道该数据电文进入其系统时生效。当事人对采用数据电文形式的意思表示的生效时间另有约定的,按照其约定。"

2. 要约对要约人的拘束力

要约对要约人的拘束力,是指要约一经生效,要约人即受到要约的拘束,不得随意撤销或对要约加以限制、变更和扩张。法律赋予要约这种效力,目的在于保护受要约人的合法权益,维护交易安全。

3. 要约对受要约人的拘束力

要约对受要约人的拘束力,是指受要约人在要约生效时即取得承诺的权利,或者说取得

---

① Partridge v. Crittenden (1968) I W. L. R. 1204; Grainger and Son v. Gough (1896) A. C. 325. 转引自杨桢:《英美契约法》(第4版),北京大学出版社2007年版,第34页。
② Lefkowitz v. Greet Minneapolis Surplus Store (1957) 251 Minn. 1888 86N. W. 2d 689.
③ 崔建远主编:《合同法》(第5版),法律出版社2010年版,第48页;韩世远:《合同法总论》,法律出版社2004年版,第89页。
④ 王泽鉴:《债法原理》,北京大学出版社2009年版,第124页。
⑤ 详细理由,见崔建远:《合同法总论》(上卷)(第2版),中国人民大学出版社2011年版,第132页。

依其承诺而成立合同的法律地位。正因为是一种权利,所以受要约人可以承诺,也可以不予承诺。

应该指出,在强制缔约中,法律规定强制承诺的,或者依社会公益的要求,必须承诺的,承诺就是一种法定义务(《民法典》第 494 条第 3 款)。

4. 要约的存续期间

要约的存续期间,是指要约发生法律效力的期间,亦即受要约人得以承诺的期间,简称为承诺期间。它分为以下两类:(1) 定有存续期间。要约人在要约中定有存续期间,受要约人须在此期间内承诺,才对要约人有拘束力(《民法典》第 481 条第 1 款)。(2) 未定有存续期间。要约未定有存续期间,要约以对话方式作出的,应当即时作出承诺;要约以非对话方式作出的,承诺应当在合理期限内到达(《民法典》第 481 条第 2 款)。所谓合理期间,通常考虑以下因素加以确定:要约到达要约人所必需的时间,受要约人考虑是否承诺所必需的时间,承诺发出到达要约人所必需的时间。只有在合理期间承诺,才对要约人有拘束力。

五、要约的撤回和撤销

1. 要约的撤回

要约的撤回,是指要约人在要约生效之前,使要约不发生法律效力的行为。为了尊重要约人的意志和保护要约人的利益,只要要约撤回的通知先于要约或与要约同时到达受要约人,就可产生撤回的效力(《民法典》第 475 条)。这也不损害受要约人的利益。

在电子合同场合,由于数据电文的传输速度太快,要约的撤回在现有的技术条件下难以达到。

2. 要约的撤销

要约的撤销,是指要约人在要约生效以后,受要约人发出承诺的通知之前,将该项要约取消,使要约的法律效力归于消灭的意思表示。由于要约的撤销往往不利于受要约人,只有在符合一定条件时才被允许。《联合国国际货物销售合同公约》第 16 条、《国际商事合同通则》第 2.4 条允许有条件地撤销要约。《民法典》对此予以借鉴,同时具有特色,于第 476 条规定:"要约可以撤销,但是有下列情形之一的除外:(一) 要约人以确定承诺期限或者其他形式明示要约不可撤销;(二) 受要约人有理由认为要约是不可撤销的,并已经为履行合同做了合理准备工作";于第 477 条规定:"撤销要约的意思表示以对话方式作出的,该意思表示的内容应当在受要约人作出承诺之前为受要约人所知道;撤销要约的意思表示以非对话方式作出的,应当在受要约人作出承诺之前到达受要约人。"

所谓以其他形式表明要约不可撤销,包括下列情形:(1) 这是一个确定的要约;(2) 要约人明确表示不撤销要约;(3) 要约人坚决要求受要约人予以答复;(4) 从行为中推定出要约系不可撤销。所谓从行为中推定,例如 A 为一古董商,要求 B 在 3 个月内完成修复 10 幅画的工作,价格不超过 10 万元,B 告知 A,为了决定是否承诺该要约,B 认为有必要先开始对一幅画进行修复,然后才能在 5 天内给出一个明确的答复,A 同意了。如此,A 在 5 天内不得撤销该要约。

对于受要约人有理由认为要约是不可撤销的情形,不得以受要约人自己的表白、受要约人的实际认识能力为判断标准,而应以一个理性人的能力为判断标准。

在电子合同场合,要约的撤销在技术上可以做到。如此,在数据电文形式的要约到达受要约人处后,受要约人发出承诺的通知之前,要约人可以发出撤销要约的通知。该通知在符合《民法典》第 476 条及第 477 条规定的条件时,发生撤销要约的法律效力。

六、要约的消灭

要约的消灭,是指要约丧失其法律效力,要约人和受要约人均不再受其约束。要约消灭的原因主要有以下几种:

1. 拒绝要约的通知到达要约人(《民法典》第 478 条第 1 项)。拒绝要约,是指受要约人没有接受要约所定条件,属单独行为。广义的拒绝要约,既可以是明确表示拒绝,也可以在承诺期间不作答复而拒绝,还可以表现为对要约的实质内容作出限制、更改或扩张,从而形成反要约。这里仅指明示拒绝。

要约因拒绝而消灭,一般发生于要约向特定人发出的场合。对不特定人发出的要约,如自助商店或者超级市场的商品标价陈列,并不因特定的人表示拒绝而归于消灭。

2. 要约人依法撤销要约(《民法典》第 478 条第 2 项)。在受要约人发出承诺通知之前,要约人在不违反《民法典》第 476 条及第 477 条规定的情况下,可以撤销要约。

3. 承诺期限届满,受要约人未作出承诺(《民法典》第 478 条第 3 项)。要约中约定了承诺期间的,受要约人未于此期间承诺,该期间届满时要约即失去效力。要约中未约定承诺期间的,对话为要约者,受要约人未立即承诺,要约即失去效力;非对话为要约者,在承诺所需的合理期间内未收到承诺时,要约即失去效力(《民法典》第 481 条)。

4. 受要约人对要约的内容作出实质性变更(《民法典》第 478 条第 4 项)。受要约人对要约的内容作出实质性变更的,表明受要约人已经拒绝了要约,但为了鼓励交易,可将之视为反要约。

5. 要约人或受要约人死亡。如果未来的合同需要由要约人或受要约人本人履行,或者要约明确表示要约人或受要约人的存在为要约有效的条件的,要约人或受要约人死亡,就使要约归于消灭。在要约特别重视受要约人的资格、能力的情况下,受要约人死亡,要约也归于消灭。反之,要约人或受要约人的死亡,不影响要约的法律效力,因为可以由继承人承受合同项下的权利义务。在要约人或受要约人为法人时,只要法人终止,要约便随之消灭。

6. 要约人或受要约人丧失行为能力。要约人于要约发出后丧失行为能力,要约的效力不受影响。不过,若要约人有相反的意思,或依合同的性质,特别注重要约人本人,合同仅为要约人自己而订立,或以当事人之间的信赖为基础的,如要约人请人教其英语(雇用)、请人共同经营事业(合伙)等,为尊重当事人的意思,应理解为要约因要约人丧失行为能力而消灭。[①]

要约到达受要约人之前,受要约人丧失行为能力的,发生受领能力的问题,依同一原则,受要约人的行为能力虽然丧失,但要约不因之失去效力,受要约人仍可受领要约。要约通知到达受要约人的代理人时,要约发生效力。[②]

要约到达之后,受要约人丧失行为能力的,对于要约的效力毫无影响,仅为他(它)自己无从对之为有效的承诺而已,应由受要约人的法定代理人代为承诺。要约到达之后,受要约

[①] 郑玉波:《民法债编总论》(修订 2 版),陈荣隆修订,中国政法大学出版社 2004 年版,第 45 页;王泽鉴:《债法原理》,北京大学出版社 2009 年版,第 136 页;刘春堂:《民法债编通则(一)·契约法总论》,三民书局 2011 年版,第 69 页。

[②] 林诚二:《民法债编总论——体系化解说》,中国人民大学出版社 2003 年版,第 65 页;刘春堂:《民法债编通则(一)·契约法总论》,三民书局 2011 年版,第 70 页。

人变成限制行为能力人的,承诺由法定代理人事前允许或事后追认。①

不过,在当事人所拟订立的合同须受要约人具有行为能力的,如对于聘为公司法定代表人的要约,在受要约人尚未为承诺而丧失行为能力的情况下,代理人不得向要约人代为承诺,因为法定代表人对外代表法人为意思表示或受意思表示,须具有行为能力。② 于此场合,要约消灭。

第三节 承　　诺

一、承诺的概念与构成要件

承诺,是受要约人作出的同意要约以成立合同的意思表示(《民法典》第479条)。在商业交易中,承诺又称为接盘。承诺的构成要件如下:

1. 承诺必须由受要约人作出。要约和承诺是一种相对人的行为,只有受要约人享有承诺的资格,因此,承诺须由受要约人作出。受要约人为特定人时,承诺由该特定人作出;受要约人为不特定人时,承诺由该不特定人中的任何人作出。受要约人的代理人可代为承诺。受要约人以外的第三人即使知晓要约内容并作出同意的意思表示,也不以承诺论。

2. 承诺必须向要约人作出。受要约人承诺的目的在于同要约人订立合同,故承诺只有向要约人作出才有意义。向要约人的代理人作出承诺同样有其意义。在要约人死亡,合同不需要约人亲自履行的情况下,受要约人可以向要约人的继承人作出承诺。

3. 承诺的内容应当与要约的内容一致。承诺是受要约人愿意按照要约的内容与要约人订立合同的意思表示,所以,欲取得成立合同的法律效果,承诺就必须在内容上与要约的内容一致。如果受要约人在承诺中对要约的内容加以扩张、限制或者变更,便不构成承诺,而应视为对要约的拒绝而构成反要约。大陆法系通行此项规则,英美法系原来亦不例外,美国合同法理论称此规则为"镜像规则"(the mirror image rule)。

随着交易的发展,要求承诺与要约的内容绝对一致,确实不利于鼓励交易,于是有些立法开始采取灵活的态度。《美国统一商法典》第2—207条、《联合国国际货物销售合同公约》第19条都规定,承诺对要约的内容进行非实质性的添加、限制或其他更改的,除要约人及时表示反对,或者要约明确规定承诺不得对要约内容进行任何添加、限制或修改外,该承诺仍为有效,合同内容以承诺内容为准。《国际商事合同通则》坚持了这样的思想(第2.11条)。

实践证明,这是成功的规范,中国《民法典》予以借鉴,于第488条规定:"承诺的内容应当与要约的内容一致。受要约人对要约的内容作出实质性变更的,为新要约。有关合同标的、数量、质量、价款或者报酬、履行期限、履行地点和方式、违约责任和解决争议方法等的变更,是对要约内容的实质性变更。"第489条规定:"承诺对要约的内容作出非实质性变更的,除要约人及时表示反对或者要约表明承诺不得对要约的内容作出任何变更外,该承诺有效,合同的内容以承诺的内容为准。"

4. 承诺必须在要约的存续期间内作出。要约在其存续期间内才有效力,包括一旦受要约人承诺便可成立合同的效力,因此承诺必须于此期间内作出。受要约人超过承诺期限发

---

① 林诚二:《民法债编总论——体系化解说》,中国人民大学出版社2003年版,第65页;刘春堂:《民法债编通则(一)·契约法总论》,三民书局2011年版,第70页。
② 王泽鉴:《债法原理》,北京大学出版社2009年版,第137页。

出承诺,或者在承诺期限内发出承诺,按照通常情形不能及时到达要约人的,构成承诺的迟到,为新要约;但是,要约人及时通知受要约人该承诺有效的除外(《民法典》第486条)。但是,受要约人在承诺期限内发出承诺,按照通常情形能够及时到达要约人,但是因其他原因(如电报故障、信函误投、互联网中断运行等传达故障)致使承诺到达要约人时超过承诺期限的,为特殊的迟到,除要约人及时通知受要约人因承诺超过期限不接受该承诺外,该承诺有效(《民法典》第487条)。此处所谓及时通知,即承诺迟到的通知,属于一种事实通知,以要约人将迟到的事实通知承诺人即足够,并且依发送而生效力,不到达的风险由承诺人负担。如甲向乙为要约,乙的承诺发生特殊的迟到。甲不依法向乙为承诺迟到的通知,合同成立;甲向乙发送承诺迟到的通知,但因传达故障乙并未收到,合同不成立。所谓及时发出,是指依善良管理人的注意,在情事所允许的范围内,不迟延而为发送。在承诺使用快速的传达工具时,承诺迟到的通知原则上亦须使用相当的通知方法。承诺迟到的通知义务,不是法律上真正的义务,而是不真正义务(又称间接义务),违反它不产生损害赔偿责任,仅使不真正义务人遭受权利减损或丧失等不利后果。具体到承诺制度,就是要约人不履行承诺迟到的通知义务,承诺视为未迟到,合同成立。

二、承诺的方式

承诺的方式,是指承诺人采用何种方式将承诺通知送达要约人。其作用如何,观点不同。英美法区分指定方式的承诺(method of acceptance prescribed)和未指定方式的承诺(method of acceptance not prescribed),如果要约中严格规定承诺需依照一定方式为承诺,否则不生效力,那么,承诺的方式为承诺的构成要件,承诺人必须依此方式为承诺。[1] 如果要约虽规定承诺以某种方式作出,但未规定非一定如此不可,那么,一般认为其他承诺方式较要约规定的方式更为方便或快捷地到达要约人手中时,则此种方式的承诺应认为是有效的,合同因此而成立。[2] 要约未指定承诺方式,承诺人可依交易惯例、商业习惯及当时情形,以适当方式承诺。[3]

《民法典》参考了境外及国际上通行的做法,于《民法典》第480条规定:"承诺应当以通知的方式作出;但是,根据交易习惯或者要约表明可以通过行为作出承诺的除外。"此处所谓行为,通常是履行行为,如预付价款、装运货物或在工地上开始工作等。

承诺一般应当用明示方式,沉默或不作为本身一般不构成承诺。《联合国国际货物销售合同公约》第18条第1款所谓沉默本身不等于接受,表达了这种意思。但是,在如下特殊的情况下,可以将沉默视为承诺:(1)受要约人先前向要约人发出过要约邀请,其中明确表示,要约人向自己发来要约后,在该要约指定的期限内,自己未作答复的,视为已经承诺。(2)当事人双方在经过了反复磋商后,已经达成了初步协议,一方当事人事后更改了某些条款,并要求相对人就此修改于合理期间内答复,否则,视为接受。在所修改的条款不太重要的情况下,沉默可以作为承诺。(3)双方当事人之间已经形成如下交易惯例,或当地业已存在着如下交易习惯:一方当事人向相对人发出要约,相对人未在要约指定的期间内答复也视为接受。在这种背景下,受要约人在收到要约后沉默,视为已经承诺。[4] 借鉴其经验,《民法

---

[1] A. G. Guest(ed), Anson's Law of Contract, 43(26th ed. 1986); Eliason v. Henshaw, (1819)4 Wheaton 225.
[2] A. G. Guest (ed), Anson's Law of Contract, 43-44(26th ed. 1986).
[3] (1883) 32 W. R. 185.
[4] 王利明:《合同法研究》(第1卷),中国人民大学出版社2002年版,第238页。

典》第 140 条第 2 款规定:"沉默只有在有法律规定、当事人约定或者符合当事人之间的交易习惯时,才可以视为意思表示。"承诺作为意思表示之一种,亦应如此。

三、承诺的生效

承诺生效直接决定着合同的成立,在合同法中具有十分重要的意义,因而,确定承诺生效的时间便成为各国立法十分重视的问题。

英美法在邮寄承诺和电报承诺场合奉行发信主义(postal rule),亦称投邮主义(mail box rule),在对话要约和承诺(包括使用电话、电传打字机或传真即时同步传递要约和承诺)场合则采取到达主义(arrival rule)。所谓发信主义,是指承诺人将信件投入邮筒或将电报交付电信局,承诺即发生法律效力。所谓到达主义,是指承诺的意思表示到达要约人支配的范围内时,承诺发生法律效力。在学说上还有了解主义,即要约人了解承诺之意时承诺生效。大陆法系未区分承诺的方式,一律采取到达主义。发信主义过于偏重保护承诺人,到达主义兼顾了要约人与承诺人双方的利益,且符合交易安全的要求,具有优越性。

中国《民法典》采取折中说,于第 484 条规定:"以通知方式作出的承诺,生效的时间适用本法第一百三十七条的规定"(第 1 款)。"承诺不需要通知的,根据交易习惯或者要约的要求作出承诺的行为时生效"(第 2 款)。所谓《民法典》第 137 条规定的生效时间,以对话方式作出的承诺,相对人知其内容时生效(了解主义);以非对话方式作出的承诺,到达相对人时生效(到达主义)。所谓根据交易习惯作出承诺的行为时生效,例如,依价目表向旧书店购书等。所谓根据要约的要求不需要通知,例如,王某向某书店急购司法考试用书,写明即刻发书。

四、承诺的撤回

承诺的撤回,是承诺人阻止承诺发生法律效力的行为。对此,《民法典》第 485 条规定:"承诺可以撤回。承诺的撤回适用本法第一百四十一条的规定。"所谓《民法典》第 141 条的规定,是指撤回意思表示的通知应当在意思表示到达相对人前或者与意思表示同时到达相对人。如果迟于承诺到达要约人,因承诺已经生效,合同往往随之成立,那么不发生承诺撤回的效果。

五、合同的成立

《民法典》第 483 条正文规定:"承诺生效时合同成立。"第 491 条第 2 款正文规定:"当事人一方通过互联网等信息网络发布的商品或者服务信息符合要约条件的,对方选择该商品或者服务并提交订单成功时合同成立。"但这只是原则,故有第 483 条但书"但是法律另有规定或者当事人另有约定的除外"及第 491 条第 2 款但书"但是当事人另有约定的除外"。总结方方面面,可有如下结论:(1) 非对话人之间采用合同书形式订立合同场合,若承诺生效与双方当事人签字、盖章或按手印的时间一致,则承诺生效合同成立;反之,则最后签字、盖章或按手印的时间方为合同成立之时;如果承诺生效之后,签字、盖章或按手印之前,当事人一方已经履行主要义务,对方接受时,则该合同成立(《民法典》第 490 条第 1 款)。(2) 如果承诺生效之后,法律、行政法规规定或者当事人约定合同应当采用书面形式订立,当事人未采用书面形式但是一方已经履行主要义务,对方接受时,则该合同成立(《民法典》第 490 条第 2 款)。(3) 当事人采用信件、数据电文等形式订立合同要求签订确认书的,签订确认书时合同成立(《民法典》第 491 条第 1 款),即使承诺生效在先,也是如此。(4) 承诺生效,在诺成合同场合使合同成立;在实践合同场合,若交付标的物先于承诺生效,同样使合同成立,若交付标的物在承诺生效之后,则合同自交付标的物时成立。

还要注意,《买卖合同解释》第1条规定:"当事人之间没有书面合同,一方以送货单、收货单、结算单、发票等主张存在买卖合同关系的,人民法院应当结合当事人之间的交易方式、交易习惯以及其他相关证据,对买卖合同是否成立作出认定"(第1款)。"对账确认函、债权确认书等函件、凭证没有记载债权人名称,买卖合同当事人一方以此证明存在买卖合同关系的,人民法院应予支持,但有相反证据足以推翻的除外"(第2款)。

第四节 竞 争 缔 约

订立合同的要约承诺程序在实务中及理论上有多种表现形式,招标投标和拍卖是其二例。其特点是在合同的订立过程中引入竞争机制,以便使合同签订得更公平,更有效率。

一、招标投标程序

招标投标程序,是指由招标人向数人或公众发出招标通知或招标公告,在诸多投标人中选择自己最满意的投标人并与之订立合同的方式。按《招标投标法》的规定,大型基础设施、公用事业等关系社会公共利益、公共安全的项目,全部或部分使用国有资金投资或国家融资的项目,使用国际组织或外国政府贷款、援助资金的项目,在勘察、设计、施工、监理以及与工程建设有关的重要设备、材料等的采购中,必须采用招标投标程序订立合同(第3条)。《招标拍卖挂牌出让国有建设用地使用权规定》要求,工业、商业、旅游、娱乐和商品住宅等经营性用地以及同一宗地有两个以上意向用地者的,应当以招标、拍卖或挂牌方式出让(第4条第1款)。建设工程必须进行招标而未招标或中标无效的,建设工程施工合同应被认定为无效(《建设工程施工合同解释(一)》第1条第1款第3项)。当事人签订的建设工程施工合同与招标文件、投标文件、中标通知书载明的工程范围、建设工期、工程质量、工程价款不一致,一方当事人请求将招标文件、投标文件、中标通知书作为结算工程价款的依据的,人民法院应予支持(《建设工程施工合同解释(一)》第22条)。

《民法典》要求,建设工程的招标投标活动,应当依照有关法律的规定公开、公平、公正进行(第790条)。这就是所谓"三公原则"。公开原则,是指建设工程合同的招标、投标活动应当公开进行,不允许发包人或承包人隐瞒真实情况,进行私下交易。公平原则包含了两个方面的含义:一是发包人应为投标人创造平等竞争的机会,如在信息披露方面做到真正公开,使投标人享有平等的知情权;二是投标人在投标过程中都处于平等的竞争地位,不允许任何人在招标、投标中享有特权。公正原则贯穿招标、投标活动的全过程,在开标、议标、定标时更有明显体现。招标单位应该组成评标委员会或评标小组,对开标时间、开标的组织及开标的形式、评标的标准等都应依法进行,以保证定标结果的公正性。[①]

招标投标程序分为招标、投标、开标、验标、评标、定标诸阶段。[②] 中标通知书到达中标人之处时合同成立。合同成立后,当事人拒绝签订书面合同的,应当依据招标文件、投标文件

[①] 谢怀栻等:《合同法原理》,法律出版社2000年版,第471—472页。
[②] 详细内容,见《中华人民共和国招标投标法》《招标拍卖挂牌出让国有建设用地使用权规定》,最高人民法院有关司法解释的规定,以及崔建远:《合同法总论》(上卷)(第2版),中国人民大学出版社2011年版,第148—150页。

和中标通知书等确定合同内容(《合同编通则解释》第4条第1款)。

二、拍卖程序

拍卖是以公开竞价的方式,将特定物品或者财产权利转让给竞买人的买卖方式。拍卖当事人包括拍卖人、委托人、竞买人和买受人。按《拍卖法》,拍卖人是指依照拍卖法、公司法设立的从事拍卖活动的企业法人。委托拍卖人拍卖特定物品或者权利的人称为委托人。参加竞购拍卖标的的人称为竞买人。买受人是以最高应价购得拍卖标的的竞买人。

拍卖人有资质限制,按照《拍卖法》的规定,设立拍卖企业,应当具备以下条件:(1)有100万元人民币以上的注册资本;(2)有自己的名称、组织机构、住所和章程;(3)有与从事拍卖业务相适应的拍卖师和其他工作人员;(4)有合法的拍卖业务规则;(5)符合国务院有关拍卖业发展的规定;(6)法律、行政法律规定的其他条件(第12条)。拍卖企业经营文物拍卖的,应当有1000万元人民币以上的注册资本,有具有文物拍卖专业知识的人员(第13条)。

按照《拍卖法》的规定,拍卖要经过以下程序:(1)委托人和拍卖人签订书面委托拍卖合同(第42条)。(2)拍卖人于拍卖日7日前发布拍卖公告(第45条)。拍卖人应当在拍卖前展示拍卖标的,并提供查看拍卖标的的条件及有关资料。拍卖标的的展示时间不得少于2日(第48条)。拍卖公告在法律性质上属于要约邀请。(3)竞买。它是以应价的方式向拍卖人作出应买的意思表示,其法律性质属于要约。众多竞买人彼此互不隐瞒情况,以公开方式应价,形成竞争。(4)拍定。它是拍卖人在竞买人的众多应价中选择最高者予以接受的意思表示(参见第51条),其法律性质属于承诺。拍卖人一俟拍定,买受人和拍卖人应当签署成交确认书(第52条)。

采取现场拍卖方式订立合同的,合同自拍卖师落槌时成立。合同成立后,当事人拒绝签订成交确认书的,应当依据拍卖公告和竞买人的报价等确定合同内容(《合同编通则解释》第4条第2款)。

采取网络拍卖等公开竞价方式订立合同的,合同自电子交易系统确认成交时成立。合同成立后,当事人拒绝签订成交确认书的,应当依据拍卖公告、竞买人的报价等确定合同内容(《合同编通则解释》第4条第2款)。

产权交易所等机构主持拍卖、挂牌交易,其公布的拍卖公告、交易规则等文件公开确定了合同成立需要具备的条件的,合同自该条件具备时成立(《合同编通则解释》第4条第3款)。

第五节 强制缔约

一、强制缔约的概念

强制缔约,是指根据法律制度规范及其解释,为了一个受益人的合法权益,在无权利主体意思拘束的情况下,使一个权利主体负担与该受益人签订具有特定内容或应由中立方指定内容的合同的义务。[①] 或是一个权利主体负有应相对人的请求而与其订立合同的义务,或

---

① 〔德〕尼佩代:《强制订约与强制性合同》,1920年版,第7页。转引自〔德〕迪特尔·梅迪库斯:《德国债法总论》,杜景林、卢谌译,法律出版社2004年版,第70页。

是一个权利主体有义务向相对人发出要约以订立合同。这里的负有与相对人签订合同义务的权利主体,叫作缔约义务人。

合同自由是合同法的基本原则,强制缔约却排斥了缔约自由,通常也会排除当事人双方共同决定合同内容的自由[①],所以,它只有在具备特别理由的情况下才应被法律承认。法律基于特别理由而承认强制缔约,最好表现为法律明确规定某类合同的当事人负有必须缔约的义务。如果因种种原因法律对此未设明文,但在特定场合若不缔约就意味着当事人故意侵害公序良俗[②],那么应当解释为有关当事人负有强制缔约的义务。

有的行政命令,例如,中国工商银行等四家国有银行第一次不良贷款剥离和接受,完全符合强制缔约的特征和构成,产生了强制缔约义务。[③]

强制缔约仍采用要约和承诺的程序,只是一方当事人负有必须承诺的义务。

二、强制缔约的分类

强制缔约因所依据的区别标准的不同而有若干分类,如强制要约与强制承诺、直接强制缔约与间接强制缔约。

(一)强制要约与强制承诺

按照强制义务所处的阶段的不同,强制缔约可被区分为强制要约与强制承诺。

所谓强制要约,是指在某些类型的交易关系中,一方当事人必须向特定或不特定的相对人发出要约,一旦相对人作出承诺,合同即告成立。如自动售货机、无人售票车、收费性公园等营业的设置即是,在这些交易形式中,其营业本身就是以向社会公众公开、持续地发出要约的方式进行的,故而企业不得随意撤销其要约,无正当理由时也不得拒绝相对人的承诺。[④]所谓强制承诺,有学者称之为强制缔约,是指在某些交易中,一方当事人负有接受相对人的要约而与其订立合同的义务,非有正当理由,不得拒绝承诺。[⑤] 总体而言,强制缔约制度主要是为了保护人们的生活利益或维护公共秩序而对个人或企业的缔约自由作出的限制。[⑥]

区分强制要约与强制承诺的法律意义在于:(1)能够明了负担强制缔约义务的主体,为确定拒绝强制缔约者的法律责任提供前提。(2)违反强制要约义务场合,强制义务人履行义务不一定导致合同的成立,换句话说,只有在相对人愿意承诺的情况下合同才能成立;违反强制承诺义务场合,强制义务人履行义务可以使合同成立。[⑦]

(二)直接强制缔约与间接强制缔约

按照强制缔约义务是否来源于法律的直接规定,强制缔约可被区分为直接强制缔约与间接强制缔约。

法律对强制缔约设有明文规定的,学说上称为直接强制缔约(unmittelbarer Kontrahierun-

---

① 〔德〕迪特尔·梅迪库斯:《德国债法总论》,杜景林、卢谌译,法律出版社 2004 年版,第 70 页。
② 同上书,第 73 页。
③ 马耀强、樊立兵:《关于剥离不良贷款纠纷案件相关法律问题的探讨》,载 www.lawlib.com/lw/lw-view.asp?no=505626k,2016 年 4 月 6 日最后访问。
④ 崔建远、戴孟勇:《合同自由与法治(上)》,载高鸿钧等:《法治:理念与制度》,中国政法大学出版社 2002 年版,第 342 页;崔明石:《解析契约正义的演进——兼论强制缔约的产生》,载 www.law-lib.com/lawyer/lwview.asp?no=4586&page=2,2009 年 2 月 8 日最后访问。
⑤ 王泽鉴:《债法原理》,北京大学出版社 2009 年版,第 60 页。
⑥ 崔建远、戴孟勇:《合同自由与法治(上)》,载高鸿钧等:《法治:理念与制度》,中国政法大学出版社 2002 年版,第 341—342 页。
⑦ 崔建远:《强制缔约及其中国化》,载《社会科学战线》2006 年第 5 期。

gazwang)。①《民法典》对此已经在总体上确认(第494条第2款、第3款),此外还有具体规定:(1)公共运输领域的强制缔约义务(《民法典》第810条,《铁路法》第14条的推论);(2)电信企业的强制缔约义务(《电信条例》第17条第2款等);(3)供电企业的强制缔约义务(《电力法》第26条第1款,《电力供应与使用条例》第32条);(4)供水企业的强制缔约义务(《水法》第21条第1款);(5)供气、供热的企业的强制缔约义务(《民法典》第648条第2款);(6)医院及医生在危重病人就医、急诊情况下的强制缔约义务(《医疗机构管理条例》第31条,《执业医师法》第24条);(7)保险业的强制缔约义务(《机动车交通事故责任强制保险条例》第10条第1款)。②

所谓间接强制缔约(mittelbarer Kontrahierungszwang),是指强制缔约义务并非来源于法律的直接规定,而是通过法律解释而存在的现象。③ 此类强制缔约是否得到了法律的承认,在德国虽有疑问,但有肯定的判决。④ 由于中国现行法未臻完善,有些服务为消费者所必需却尚无强制缔约的法律明文,中国法承认间接强制缔约确有必要。在目前,至少应当包含下述间接强制缔约的种类:(1)建设用地使用权续期场合的强制缔约义务;(2)商店在一定条件下的强制缔约义务;(3)理发、住宿、餐饮等服务业在一定条件下的强制缔约义务;(4)地役权制度中的强制缔约义务。⑤

区分直接强制缔约与间接强制缔约的法律意义在于:直接强制缔约的请求权基础非常具体,一般也比较明确,法律适用相对简单;而间接强制缔约的法律依据,需要借助于法律解释才能最终确定下来。有的间接强制缔约源于法律的基本原则,如公序良俗原则等;有的则源于对某具体法律规定的解释。就是说,间接强制缔约的法律适用相对复杂,假如解释和适用法律之人的法律理念和法律素养欠缺,将某个案确定为间接强制缔约有可能是不适当的。⑥

三、合同的成立

多数说认为,尽管"强制"与"相互一致"未尽吻合,但强制缔约并未取代缔约所必要的要约和承诺,基于强制缔约而形成的关系仍然是法律按照当事人各方合意的内容所赋予的,这种关系中的债权债务与在通常交易中所产生的债权债务没有质的不同,所以把这种关系认定为合同关系而非法定债的关系,有其理由。⑦ 合同义务人倘无正当理由而拒绝订立合同时,除应受各该法律所规定的刑事罚或行政罚制裁外,相对人自可对合同义务人起诉并经强制执行而强制其履行缔约义务,如因而致相对人发生损害的,于直接强制缔约的情形,则可构成违反保护他人法律的侵权行为,相对人可请求损害赔偿;于间接强制缔约的情形,则可构成故意以违背善良风俗的方法,加害于他人,成立侵权责任。⑧ 这些意见合理,值得中国法借鉴。

---

① 王泽鉴:《债法原理》,北京大学出版社2009年版,第60页。
② 具体分析,见崔建远:《合同法总论》(上卷)(第2版),中国人民大学出版社2011年版,第160—163页。
③ 王泽鉴:《债法原理》,北京大学出版社2009年版,第61—62页。
④ 〔德〕迪特尔·梅迪库斯:《德国债法总论》,杜景林、卢谌译,法律出版社2004年版,第73页。
⑤ 具体分析,见崔建远:《合同法总论》(上卷)(第2版),中国人民大学出版社2011年版,第164—165页。
⑥ 崔建远:《强制缔约及其中国化》,载《社会科学战线》2006年第5期。
⑦ 〔德〕迪特尔·梅迪库斯:《德国债法总论》,杜景林、卢谌译,法律出版社2004年版,第75页;王泽鉴:《债法原理》,北京大学出版社2009年版,第62页。
⑧ 刘春堂:《民法债编通则(一)·契约法总论》,三民书局2011年版,第33—34页。

在强制缔约与形成权及其行使并存的情况下,有观点认为,当事人之间立即成立合同,在承租人行使优先购买权的情况下,就是如此。反对的意见则主张:"不能判令出卖人直接按照与第三人约定的同等条件与承租人签订买卖合同。通过无效之诉,按照'买卖不破租赁'的原则,承租人的利益同样可以得到应有的保护。"①需要注意的是,按照《民法典》第728条的规定,第三人和出租人就租赁物签订买卖合同不因承租人行使优先购买权而归于无效,至少第三人为善意时应当如此。这样,承认出租人负有强制缔约义务,且出租人和承租人之间因优先购买权的行使而自然成立买卖合同,形成就同一租赁物成立两个买卖合同的局面。

通过强制缔约方式所形成的合同内容,有国家或行业标准的,依该标准确定;无此标准的,按合理的标准确定。例如,电价、水价、公共交通的票价、出租票价等都经由物价部门确定或核准。经过核准或确定的价格,有些是固定的价格,有些则是一个幅度,具体价格可以在该幅度内浮动。假若允许缔约义务人任意要价,对用户和消费者不免过于苛刻,强制缔约制度的运行结果可能违背设立的初衷。②

四、拒绝缔约的法律后果

缔约义务人无正当理由而拒绝缔约,致相对人以损害的,宜区分情况而确定其后果:

1. 在强制要约的情况下,拒绝发出要约,可成立缔约过失责任,或侵权责任。在强制承诺的情况下,按照少数说,负有强制承诺义务的一方不履行其义务,构成违约,应当承担违约责任;而按照通说,结果有所不同:在相对人需要缔约,责令缔约义务人签订合同又不违反现代伦理的情况下,应当强制缔约义务人与相对人签订合同。

2. 缔约义务人拒绝缔约给相对人造成的损失,未能因强制缔约而得到填补的,缔约义务人还应当赔偿相对人的损失。于此场合,需要缔约义务人没有正当理由拒绝缔约、相对人因拒绝缔约而遭受损失、缔约义务人对此有过错以及因果关系四个构成要件。③

站在立法论的立场,专设法律条文集中规定缔约义务人无正当理由拒绝缔约的法律后果,亦不失为一种可以接受的方案,在保持《民法典》第157条现状的前提下,尤其如此。

在中国现行法上,违反强制缔约义务的,还可产生行政责任(《执业医师法》第37条第2项等规定)。缔约义务人无正当理由拒绝缔约时,责令其承担行政责任,迫使他(们)尽可能地与相对人实际缔约,更凸显了中国要求公共服务行业实际的乃至优质的服务,而非以金钱赔偿替代实际服务的立法政策。这是值得肯定的。

第六节 附合缔约

一、附合缔约的概念

附合缔约,是指合同条款由当事人一方预先拟定,对方只有附合该条款(意思)方能成立合同的缔约方式。

---

① 《山东省高级人民法院关于印发全省民事审判工作座谈会纪要的通知》(鲁高法〔2005〕201号)所确定的《全省民事审判工作座谈会纪要》第5条第4款第2项。
② 见崔建远:《强制缔约及其中国化》,载《社会科学战线》2006年第5期。
③ 详细理由,见崔建远:《强制缔约及其中国化》,载《社会科学战线》2006年第5期。

在附合缔约的情况下,一方所提供的合同条款,是格式合同条款,简称为格式合同(standard form contract)或格式条款,又称定型化契约或定型化契约条款,或叫标准合同或标准合同条款,法国法称为附合合同(contract d'adhésion),《德国债法现代化法》取名为一般交易条件(Allgemeine Geschäftsbedingung)。

格式合同(以下使用格式条款的术语)的法律特征如下:(1)格式条款具有广泛性、重复使用性和细节性。所谓广泛性,是指格式条款这种形式的要约需要向公众发出,或至少是向某一类有可能成为承诺人的人发出。所谓重复使用性,《民法典》(第496条第1款)及《合同编通则解释》(第9条第2款)重在强调条款制作者在目的上是为了重复使用,而不强求实际使用的次数。① (2)格式条款具有单方事先决定性。格式条款一般由一方当事人事先确定,实践中多为提供商品或服务的一方制定并提出。但也有些格式条款是由某些超然于双方当事人利益之上的社会团体、国家授权的机关制定的。出现此类情况,或是为了保障交易公平,维护当事人利益的衡平;或是为了实现国家干预社会经济的职能。但无论如何,相对人不直接参与格式条款的制定。(3)格式条款具有不变性。所谓不变性,是指全部合同条款为一整体,都已定型化。(4)格式条款以书面明示为原则。格式条款多由提供商品或劳务的一方当事人印制成书面形式,但在实践中也有非书面形式的格式条款,如某些理发美容合同、某些口头订立的合同的告示。(5)格式条款的一方在经济方面具有绝对的优势地位,使其有可能将预定的格式条款强加于对方,从而排除或降低双方就格式条款进行协商的可能性。这就是格式条款表现出的法律上或事实上的垄断。其法律上的垄断,指当事人根据法律规定,对铁路、自来水、煤气、电力供用等所享有的经营垄断。事实上的垄断,是指当事人对保险、海上运输等合同的某些条款在事实上所具有的垄断权利。② (6)对格式条款的认定标准是法定的,当事人对此不得排除、改变(《合同编通则解释》第9条第1款)。③

应当注意区分格式条款和个别协议。所谓个别协议,又称个别协定,或个别约定,是指双方当事人经过协商谈判达成的协议,即人们通常所说的合同。虽然格式条款与个别协议互为对立物④,但是,如果当事人双方就格式条款的具体内容进行了实际磋商,且达成一致意见,格式条款便成了个别协议,从而不再是格式条款。……如果格式条款中的有关条款通过双方的实际磋商得以修改,或条款利用人为了原封不动地将格式条款订入合同,而在其他方面给相对人照顾以达成妥协,即在一定程度上为此付出代价,就属于这种情形。⑤ 不过,仅仅是向顾客宣读和解释格式条款,尚不足以成为这里的磋商⑥,必须是顾客具有施以影响的

---

① 较为详细的辨析和阐释,请见崔建远:《合同解释与合同订立之司法解释及其评论》,载《中国法律评论》2023年第6期,第12—13页。

② 〔德〕卡尔·拉伦茨:《德国民法通论》(下册),王晓晔、邵建东、程建英、徐国建、谢怀栻译,谢怀栻校,法律出版社2003年版,第768—776页;〔德〕迪特尔·梅迪库斯:《德国民法总论》,邵建东译,法律出版社2000年版,第293—314页;张新宝:《定式合同基本问题研讨》,载《法学研究》1989年第6期;尹田:《法国现代合同法:契约自由与社会公正的冲突与平衡》(第2版),法律出版社2009年版,第143—144页;杜景林、卢谌:《德国新债法研究》,中国政法大学出版社2004年版,第262页;黄越钦:《论附和契约》,载郑玉波主编:《民法债编论文选辑》(上),五南图书出版有限公司1984年版,第321页。

③ 较为详细的辨析和阐释,请见崔建远:《合同解释与合同订立之司法解释及其评论》,载《中国法律评论》2023年第6期,第13页。

④ 〔德〕迪特尔·梅迪库斯:《德国民法总论》,邵建东译,法律出版社2000年版,第301页。

⑤ 〔德〕卡尔·拉伦茨:《德国民法通论》(下册),王晓晔、邵建东、程建英、徐国建、谢怀栻译,谢怀栻校,法律出版社2003年版,第768—770、771页。

⑥ 〔德〕施米特—萨尔泽尔:《一般交易条件》。转引自同上书,第770页,注⑥。

"实际可能"的观点,才构成实际磋商。① 并且,对于格式条款中的有关条款,必须是双方进行了"逐一的"磋商,且条款利用人承担举证责任。仅仅是条款利用人答应相对人,他若全盘接受格式条款则给予某些好处,仍不构成实际磋商。②

格式条款必须由其利用人向相对人提出,才可能订入个别协议。这里的所谓"提出",并非指"列举出"(即表述出)格式条款,而是指格式条款的利用人具有单方面将格式条款引入合同的意图。③

二、格式条款的优缺点

格式条款可以节省时间,有利于事先分配风险④,降低交易成本;一个案件的判例可为另一些类似案件的解决提供指南⑤;一方面可以促进企业合理经营,另一方面消费者也不必耗费精神就交易条件讨价还价。企业经营合理化有助于改善商品的品质及降低价格,对消费者甚为有利。⑥

格式条款的弊端在于,提供商品或服务的一方在拟订格式条款时,经常利用其优越的经济地位,制定有利于己而不利于消费者的条款。⑦

三、格式条款订入合同

(一) 格式条款订入合同概说

格式条款是当事人为了重复使用而预先拟定,并在订立合同时未与相对人协商的条款(《民法典》第496条第1款)。虽大量使用,但它并不因此当然成为合同的组成部分而具有法律拘束力。只有经双方当事人意思表示合致,方能成为合同内容。格式条款有的未与合同文件合在一起,有的悬挂于经营场所,有的因内容复杂致使对方不解其意,因此,如何订入合同,与传统的个别磋商缔约应有不同。

(二) 格式条款订入消费者合同,条款利用人必须提请注意

格式条款订入消费者合同,商人必须提请消费者注意格式条款,使消费者有合理机会了解其内容,同意将它订入合同。具体说来,格式条款利用人有义务就特定合同提请相对人注意其欲将格式条款订入合同的事实。因而《民法典》第496条第2款规定:"采用格式条款订立合同的,提供格式条款的一方应当遵循公平原则确定当事人之间的权利和义务,并采取合理的方式提示对方注意免除或者减轻其责任等与对方有重大利害关系的条款,按照对方的要求,对该条款予以说明。提供格式条款的一方未履行提示或者说明义务,致使对方没有注意或者理解与其有重大利害关系的条款的,对方可以主张该条款不成为合同的内容。"⑧

判断提请注意是否充分的因素之一是"文件外形"。格式条款的外形,必须给人以"文

---

① 德国《新法学周报》第77卷,1937页。转引自同上书,第771页。
② 德国联邦法院判决,载德国《新法学周报》第77卷,第432、624页。转引自同上。
③ 〔德〕迪特尔·梅迪库斯:《德国民法总论》,邵建东译,法律出版社2000年版,第302页。
④ G. H. Treitel, *The Law of Contract*, Sweet & Maxwell, Ninth Edition, 196(1995).
⑤ 〔英〕P. S. 阿蒂亚:《合同法概论》,程正康、周忠海、刘振民译,法律出版社1982年版,第15页。
⑥ 王泽鉴:《债法原理》,北京大学出版社2009年版,第67页;〔日〕内田贵:《契约的再生》,胡宝海译,载梁慧星主编:《民商法论丛》(第3卷),法律出版社1995年版,第321页。
⑦ 王泽鉴:《债法原理》,北京大学出版社2009年版,第67页。
⑧ 格式条款损害消费者的合法权益,主要是格式的免责条款损害消费者的权益,加上所引文献基本上是讨论免责条款订入合同、有效无效等问题,故本书所述格式条款订入合同大多是免责条款订入合同,除非特别指明,所使用的格式条款指的就是格式的免责条款。

件"之感,而非予人以"收据"之感。文件外形必须给人以该文件载有足以影响当事人权益的条款的印象,否则,相对人收到该文件会根本不予阅读,条款利用人的提请注意即不充分。①

提请注意必须达到一定的程度,英国的有关判例认为,条款利用人仅仅把格式免责条款实际通知给相对人是不够的,还必须将格式免责条款合理地提请相对人注意,简言之,提请注意必须达到合理的程度,或者说充分的程度。②

提请注意的程度,在不同的合同类型中,法律的要求不尽相同。在相当多的合同中,向交易对方出示格式条款或载有格式条款的合同文件,就视为已经履行了提请注意的义务。但在某些合同中,对提请注意的程度要求得要高些。例如,《合同编通则解释》第10条第2款、第3款设置了特别的提请注意要求。再如,《保险法》规定,保险合同中规定有关于保险人责任免除条款的,保险人在订立保险合同时应当向投保人作出明确说明,未明确说明的,该条款不产生效力(第17条)。这表明,保险人仅仅向投保人出示保险文件,尚未达到提请注意的程度,必须是向投保人明确说明免责条款,才算履行了提请注意的义务,免责条款才算订入了保险合同之中。

关于提请注意的时间,英国的有关判例认为,提请注意只有完成于合同订立之时或之前,免责条款才能成为合同的组成部分;如果在合同订立之后才提请相对人注意,免责条款就不能成为合同的组成部分。③

应当指出,在承诺无可避免的情况下,即使提请注意发生于合同订立之前,也不充分合理,免责条款仍然不能成为合同的组成部分。④

(三) 消费者在载有格式条款的文件上签字,格式条款即订入合同

一般地说,消费者在载有格式条款的文件上签字,格式条款即订入合同中,即使他并未阅读过这些条款⑤,除非有欺诈、胁迫等因素⑥。这似乎对相对人过于苛刻,其实不然。因为相对人签字时应当尽到注意义务,了解免责条款及其他格式条款的内容,他没有做到这一点便有过失,不值得加以特别的保护。再说,免责条款及其他格式条款成为合同的组成部分,并不意味着它一定能拘束相对人,如果免责条款及其他格式条款存在着显失公平等问题,尚有立法控制、行政控制和司法控制等环节阻止它生效。既然如此,中国法应当确立当事人在合同文件上签字就受其约束的规则。⑦

(四) 格式条款订入格式商业性合同

商业性合同的主体均为商人,都具有相当的经营经验及知识,有足够的注意能力和交涉能力,无需立法政策向任何一方倾斜,无需法律的特别保护。格式条款是否订入商业性合同,除依传统合同法的订立规则及其理论加以判断以外,尚有一些特殊的规则和问题,主要

---

① 刘宗荣:《论免责条款之订入定型化契约》,载郑玉波主编:《民法债编论文选辑》(上),五南图书出版有限公司1984年版,第252—253页。
② Park v. South Eastern Rly Co. ,2C. P. D. 416(1877).
③ *Cheshire Fifoot & Furmston's Law of Contract*, Butterworths, Eleventh Editon, 152(1986);韩世远:《免责条款研究》,载梁慧星主编:《民商法论丛》(第2卷),法律出版社1994年版,第488页。
④ 详细说明,见崔建远:《合同法总论》(上卷)(第2版),中国人民大学出版社2011年版,第180页。
⑤ G. H. Treitel, *The Law of Contract*,Sweet & Maxwell,Ninth Editon,197(1995);崔建远:《合同责任研究》,吉林大学出版社1992年版,第140页;韩世远:《免责条款研究》,载梁慧星主编:《民商法论丛》(第2卷),法律出版社1994年版,第490页。
⑥ [1934]2KB 394 at 403.
⑦ 崔建远:《合同责任研究》,吉林大学出版社1992年版,第140页。

有:(1) 格式条款订入商业性合同适用民法的一般缔约理论;(2) 格式条款可以因"连续交易理论"(a course of dealing)、"共同了解理论"(common understanding)、"习惯做法"(normal practice)或"商业惯例"(commercial usage)的适用而订入合同。

所谓连续交易关系(laufende Geschaeftsbeziehung),又叫系列交易关系,是指当事人之间多次地和重复地进行某类交易,所采用的格式条款相同,所使用的免责条款一致。连续交易制度适用于企业间的格式条款,是指持续地以一方的格式条款相互签订合同,而使用人(格式条款提供人)须一直无误解地认识到,其原则上只准备在该格式条款的基础上从事交易。就客户方面,须其基于至今为止发展的交易关系可以推断,该格式条款在无保留缔结合同时会再次成为合同内容。满足上述要件,使用人即可无需尽提示义务,而格式条款即可订入合同。①

在这里,取决于格式条款是否已经成为以前所订合同的一部分,或格式条款的利用人是否一直事后(如通过账单或供货单)告知客户;另外,还取决于以前进行的提示在内容上是否清楚,或其技术构成上是否足以引起一般读者的注意;最后还取决于连续交易的紧密程度以及持续多久。②

连续交易理论作为格式条款订入合同的理由,乃在于"相对人知悉条款利用人以格式条款作为合同内容"。按照解释知悉说,只要条款利用人提请相对人注意格式条款的存在,给予相对人合理机会理解格式条款,相对人即在"解释上了解了该条款",不论他实际上是否了解,均有连续交易理论的适用,使格式条款订入合同。③

连续交易理论只适用于商业性合同而不适用于消费者合同,理由主要有二:(1) 消费者合同的当事人为商人和消费者,双方并无经营的特定种类的交易,一般地说,欠缺系列交易的形态。(2) 当事人交涉能力是否平等,已经成为判断免责条款是否可以适用系列交易理论的标准。在消费者合同场合,双方交涉力量不平等,而交涉力量越不平等,对免责条款订入合同越应采取严格的态度。④

与连续交易理论相似的是"共同了解理论"。后者与前者的不同之处在于,它认为双方当事人不以有"频仍的交易""内容一致的格式条款"为必要,只要相对人"了解"格式条款的使用人是以"某特定种类的格式条款"作为合同内容,即使双方当事人"以往没有交易前例"或"虽有交易而不频仍",格式条款仍因"共同了解"而订入合同。⑤

如果格式条款已成为某行业的常规,则此种格式条款对于规则地与从事该行业之人为交易的相对人而言,视为订入合同。此种行业多为运输业和仓储业。⑥ 不仅如此,某条款还可以因构成一种交易习惯或惯例的一般交易过程而默示地订入合同,这种默示即便是在发生争议的特定合同当事人先前从未做过交易的场合,亦能产生,因而免责条款如同其他形式的合同条款,可以通过这一途径订入合同。⑦ 如果格式条款表现为某种交易的"既成惯例"(an established usage)的形式,则不论相对人是否已经知悉或应该知悉此种惯例,格式条款

---

① Muench-komm/Basedow, 305, Rn. 93 f. 这些内容系由清华大学法学院教授王洪亮博士所译,特此致谢!
② Muench-komm/Basedow, 305, Rn. 93 f.
③ Ibid,267-268f.
④ Ibid,264f.
⑤ Muench-komm/Basedow, 305, Rn. 270f.
⑥ 刘宗荣:《定型化契约论文专辑》,三民书局1988年版,第30页。
⑦ G. H. Treitel, *The Law of Contract*, Sweet & Maxwell, Ninth Edition,201(1995). 译来自韩世远:《免责条款研究》,载梁慧星主编:《民商法论丛》(第2卷),法律出版社1994年版,第494页。

均成为合同的组成部分。①

如果在连续交易关系中,格式条款被改变了,那么,只有在格式条款的利用人以特别标注清楚明确地提示该格式条款新版本的情况下,该新版被才会被认为订入合同。②

在合同当事人均为商人的情况下,双方都提出了格式条款,例如,一方当事人发出一份表格,声称合同依其条款而成立,而另一方当事人返还一份表格答复道:该合同依据了他的条款。③ 于此场合,应以何人的格式条款订入合同欠缺明确的合意时,即将合同付诸履行,若发生损害赔偿,有责任的一方援用免责条款时,究竟应以何方当事人的格式免责条款为准,颇生疑问。这就是"格式之争"(battle of forms)问题。④

对于"格式之争"的解决,德、法、英、美等许多国家起初基于镜像规则而采用"最后用语规则"(last word doctrine)。该原则的意思是,每一个被采纳的表格都应被当作一个反要约,最后一个表格被看作为收到者以沉默的方式接受。⑤ 目前的有力说则为"剔除规则"(the knock out rule)。所谓剔除规则,是指本着诚实信用原则,双方缔约的真实意图是他们明确表示同意的部分,双方没有明确表示同意的部分,也就是双方以沉默的方式表示不同意的部分,即所谓"部分不同意"部分,应当被剔除,所以,合同最终成立的内容是双方均明确表示同意的部分。⑥《国际商事合同通则》第 2.22 条规定,在双方当事人均使用各自的格式条款的情况下,如果双方对除格式条款以外的条款达成一致,则合同应根据已达成一致的条款以及在实质内容上相同的格式条款订立,除非一方事前明确表示或者事后毫不迟延地通知相对人,他无意受该合同的约束。这表明采纳了"剔除规则"。⑦《欧洲合同法原则》同样如此,其第 2:209 条规定,如果双方依据有冲突的格式条款而不是要约—承诺已经达成协议,合同依然成立。合同成立的内容是双方格式条款在实质上共同的部分。⑧

格式条款订入合同,除必须积极地具备以上要件外,还必须格式条款在合同上不属于"异常条款"(surprising clauses)。对于异常条款,需要更高的提请注意程度。提供格式条款的一方按照对方的要求,就与对方有重大利害关系的异常条款的概念、内容及其法律后果以书面或者口头形式向对方作出通常能够理解的解释说明的,方可算作履行了说明义务(《合同编通则解释》第 10 条第 2 款)。对于通过互联网等信息网络订立的电子合同,提供格式条款的一方仅仅采取了设置勾选、弹窗等方式提请注意或者说明的,原则上不视为已经履行了提示义务或者说明义务,除非已为足够的提请注意、充分的说明义务(《合同编通则解释》第 10 条第 3 款第 2 句)。⑨

---

① 刘宗荣:《定型化契约论文专辑》,三民书局 1988 年版,第 30 页。
② Muench-komm/Basedow, 305, Rn. 93 f.
③ *Cheshire Fifoot & Furmston's Law of Contract*, Butterworths, Eleventh Edition, 155(1986).
④ 参见韩世远:《免责条款研究》,载梁慧星主编:《民商法论丛》(第 2 卷),法律出版社 1994 年版,第 494 页。
⑤ *Cheshire Fifoot & Furmston's Law of Contract*, Butterworths, Eleventh Edition, 155(1986).
⑥ Van Alstine, "Consensus, Dissensus, and Contractual Obligation Through the Prism of Uniform International Sales Law", 37 *Virginia Journal of International Law*, 1, 103-4 (1996). 转引自俞跃汀:《格式合同之争》,清华大学法学论文(2005),第 3 页。
⑦ 俞跃汀:《格式合同之争》,清华大学法学论文(2005),第 2 页。
⑧ 同上。
⑨ 详细些的阐释,请见崔建远:《合同解释与合同订立之司法解释及其评论》,载《中国法律评论》2023 年第 6 期。

第七节 要约和承诺程序的变异

一、要约和承诺程序的变异概说

订立合同的要约、承诺乃至整个程序,有自身的规定性和完整的环节以及固定的法律效力,为当事人订立合同提供范式。但在实务运作中,有的省略某些环节、简化缔约程序,有的承诺无需通知,有的因一定事实过程而缔约,都不妨碍合同的成立。它们分别表现为交错要约、意思实现和事实缔约三种情况。

交错要约场合,由于后一要约并非前一要约的承诺,因交错要约而成立合同显然属于要约和承诺程序的变异。意思实现场合,承诺无须通知,有可认为承诺的事实时合同即告成立,相较于典型的要约和承诺程序具有特色,也可以说是一种变异。事实缔约场合,对于承诺,拟制的成分很重,更不同于典型的要约、承诺方式,可以称为要约和承诺程序的变异。

二、交错要约

(一) 交错要约的界定

交错要约(cross offers),又称要约的吻合,是指当事人一方向相对人为要约,适值相对人亦为同一内容的要约(two identical offers),且双方当事人彼此均不知有要约的现象。[1] 例如,甲向乙发出了愿以6万元的价款将其二手车出卖给乙的要约,而乙恰巧同时向甲发出了拟以6万元的价款购买其二手车的函件。此时,乙的函件所表示的意思不得叫作承诺,因为承诺是对要约而作出的。学者将之称为交错要约。

交错要约通常发生在以非对话方式签订合同场合,如果在以对话方式签订合同的情况下,则有"同时表示"的问题。所谓同时表示,是指对话人之间同时为同一内容的意思表示。[2]

(二) 交错要约的效力

交错要约能否成立合同,意见不一。英美法讲求双方当事人之间的合意为缔结合同的最基本要件,而合意系要约人的要约加上受要约人的承诺。仅有要约而无承诺若能构成合同,不但不合常理,而且会导致商业上的诸多不便[3],所以许多判例不承认交错要约可以成立合同。[4] 不过也有判例持相反观点。[5] 在 Macitier's Admirs v. Frith 案中,在买卖双方购买自法国运至美国纽约的一批白兰地酒的交易过程中,发生了交错要约的情况,各自的买卖白兰地酒的要约到达对方手中之后,买方死亡。该交错要约是否构成一有效的合同?法院审判结果认为,双方的意思表示一致,合同成立。[6]

关于交错要约能否成立合同,《德国民法典》制定之际,争论激烈:采实质说者认为两个意思表示的内容既属一致,自应成立合同;取形式说者主张合同仅能依要约和承诺的形式成立,在交错要约场合,必须其中之一对要约为承诺,合同才能成立,惟亦有主张此项承诺,依

---

[1] 杨桢:《英美契约法论》(第4版),北京大学出版社2007年版,第38页。
[2] 郑玉波:《民法债编总论》(修订2版),陈荣隆修订,中国政法大学出版社2004年版,第50页。
[3] 杨桢:《英美契约法论》(第4版),北京大学出版社2007年版,第39页。
[4] (1873),29L. T. 271. 系首例判例。
[5] 6 Wend. (N. Y.)103 (1830). (App. Div. lst Dept. 1921)195 App. Div 79,186N. Y. 383.
[6] 6 Wend. (N.Y)103(1830). 参见杨桢:《英美契约法论》(第4版),北京大学出版社2007年版,第39页。

其情形可以因要约人的沉默而推知。这两种对立的见解势均力敌,难获协议,导致《德国民法典》未设规定。其后,学者的见解仍呈分歧,但以实质合致说占优势。[①] 中国《民法典》及其理论宜采此说。

至于合同成立的时间,在两个意思表示同时到达相对人时,到达的时间为合同成立的时点[②];如果两个意思表示没有同时到达,则合同成立应以后一个意思表示到达的时间为准[③]。

三、意思实现

(一) 意思实现的界定

意思实现(Willensbetätigung),是指根据能产生法律效果的意思,实施具有推断其意思的价值的行为。它不需要表示,也无需相对人接受。[④] 先占无主的动产,抛弃动产所有权,均为其例证。[⑤] 具体到合同订立中的意思实现,是指如下的合同订立方法:要约生效后,在相当的时期内,因有可认为承诺的事实,无需受要约人再为承诺意思表示的通知,合同即为成立。[⑥] 本节所论的是作为合同订立方法的意思实现。

(二) 意思实现的法律性质

1. 从欠缺表示意识的角度考察意思实现的性质:意思实现纯粹是一种实施行为,而不是表示行为。[⑦] 其原因在于,它是通过行为本身直接体现行为人的内心意思于外部,而不依赖于任何形式的专门表示行为,行为人的意思中欠缺表示意识,属于非表示行为。[⑧]

2. 从包含效果意思的角度考察意思实现的性质:意思实现所体现的意思,包含效果意思在内,即包括谋求某种特定法律关系效果的内心意思在内,不同于事实行为。例如,受要约人已经实际使用要约人连同买卖合同的要约一并送来的标的物,该使用行为即为意思实现的典型。此种行为虽非意思表示,但仍可构成承诺。[⑨]

3. 从是否属于意思表示的角度考察意思实现的性质:意思实现是否属于意思表示,学说上存在着分歧。(1) 非意思表示说。传统的理解是,承诺为一种意思表示,意思表示可分解为三项要素:效果意思、表示意识与表示行为。意思实现中不存在表示意识,不同于意思表示,据此而成立合同也就有别于意思之合致,属于独立的合同成立方式。[⑩] (2) 意思实现否定说(广义的意思表示说)。该说认为,法律行为意思的任何一种"表达",无论他人对此

---

① Flume, Rechtsgeschäft, S. 650f. 转引自王泽鉴:《债法原理》,北京大学出版社 2009 年版,第 146 页。
② 〔日〕我妻荣:《债权各论》(上卷),日本岩波书店 1954 年版,第 70 页。转引自韩世远:《合同法总论》,法律出版社 2004 年版,第 117 页。
③ 〔日〕星野英一:《日本民法概论Ⅳ·契约》,姚荣涛译,刘玉中校订,五南图书出版有限公司 1998 年版,第 30 页;韩世远:《合同法总论》,法律出版社 2004 年版,第 117 页。
④ 〔日〕四宫和夫:《日本民法总则》,唐晖、钱孟珊译,朱柏松校订,五南图书出版有限公司 1995 年版,第 148 页。
⑤ 〔德〕卡尔·拉伦茨:《德国民法通论》(下册),王晓晔、邵建东、程建英、徐国建、谢怀栻译,谢怀栻校,法律出版社 2003 年版,第 429—430 页。
⑥ 邱聪智:《新订民法债编通则》(上),中国人民大学出版社 2003 年版,第 31 页。
⑦ 〔德〕卡尔·拉伦茨:《德国民法通论》(下册),王晓晔、邵建东、程建英、徐国建、谢怀栻译,谢怀栻校,法律出版社 2003 年版,第 429 页。
⑧ 张里安:《意思实现》,载 http://dyndcnc.dongying.gov.cn/datalib/2003/newItem/DL/DL-461920,2007 年 2 月 9 日最后访问。
⑨ 同上。
⑩ 〔日〕鸠山秀夫:《增订日本债权法各论》,日本岩波书店 1926 年版,第 59 页。转引自韩世远:《合同法总论》,法律出版社 2004 年版,第 119 页。

是否知悉,都属于意思表示的范围。① (3) 现代的有力说。该说认为,表示意识并非意思表示的要素之一,因而,意思实现与承诺的意思表示的差异并非在于表示意识之有无,只是在对于受要约人没有作出通知这点上,与承诺的意思表示有差异。从而,根据要约的要求送货上门的行为,其中含有承诺的意思表示,不属于所谓意思实现。② 在中国,《民法典》使用了"承诺不需要通知"字样(第484条第2款),显然将"意思实现"作为一类承诺,而"承诺是受要约人同意要约的意思表示"(第479条),由此,自解释论的立场,意思实现至少在中国立法上是作为一种意思表示的。③

(三) 意思实现制度的作用

意思实现制度能够周到地保护受要约人的合法权益。(1) 在要约通知送达后,受要约人可能付出一定的劳务、费用,如从仓库中取出要约人预购的货物,进行过磅、打包,在包装上写上预购人(要约人)的名称或姓名、地址,甚至托运或寄送给收货人。于此场合,只有合同因意思实现而成立才有利于受要约人。倘若合同仍然要在承诺表示到达要约人时才告成立,则一是延迟了合同成立的时间,二是受要约人得另行实施通知行为,三是尚无货款或报酬的请求权,均不利于受要约人。而这种情境中的受要约人是应当受到保护的。(2) 在向旅馆预订房间等情况下,旅馆等受要约人把最后一间客房预留给预订人,不得不放弃将它们租给其他顾客的机会。于此场合,如果合同仍然要在承诺表示到达要约人时才告成立,而这种承诺表示只有在顾客下榻旅馆时才能作出,那么,顾客不来入住,旅馆也无可奈何,可能丧失与其他顾客签订住宿合同的机会,致使客房闲置,遭受经济损失。④

(四) 意思实现的构成要件

合同因意思实现而成立,不必通知,关系当事人的利益极大,所以应严格确定构成要件。

1. 承诺无需通知

意思实现行为不需要他人知悉,因而它"送达"与否无关紧要。⑤ 由此可知,意思实现的构成要件之一为承诺无需通知。

所谓承诺无需通知,在《民法典》上有两种情况(第480条但书,第484条第2款)。第一种情况是,根据交易习惯承诺无需通知。例如,依价目表向旧书店购书,就属于这种情况。第二种情况是,根据要约表明承诺无需通知。例如,甲向乙紧急购物,嘱乙即刻发货,即属此类。

2. 存在可认为承诺的事实

所谓可认为承诺的事实,主要有两种情况:(1) 履行行为,即履行因合同成立所负担的债务,例如寄送邮购的物品;或为履行合同而做准备,例如旅馆为顾客预留房间。⑥ 不过,也有学者对此持有异议,认为诸如发送订购的物品、对现物要约而为划拨付款行为等履行行

---

① 〔德〕恩内克策鲁斯、尼佩代:《德国民法总则》(第15版),1959/60,§145 II A3,注16;〔德〕冯·图尔:《德国民法总则》(第2卷第1册),§61 I 2,S404. 转引自〔德〕卡尔·拉伦茨:《德国民法通论》(下册),王晓晔、邵建东、程建英、徐国建、谢怀栻译,谢怀栻校,法律出版社2003年版,第430页。
② 〔日〕我妻荣:《债权各论》(上卷),日本岩波书店1954年版,第71页。转引自韩世远:《合同法总论》,法律出版社2004年版,第120页。
③ 韩世远:《合同法总论》,法律出版社2004年版,第119页。
④ 〔德〕卡尔·拉伦茨:《德国民法通论》(下册),王晓晔、邵建东、程建英、徐国建、谢怀栻译,谢怀栻校,法律出版社2003年版,第741—742页。
⑤ 同上书,第429—430页。
⑥ 参见王泽鉴:《债法原理》,北京大学出版社2009年版,第142页。

为,应被理解为默示承诺,不然,将无法区分意思实现与默示承诺。① (2) 受领行为,即行使因合同成立所取得的权利,例如拆阅现物要约寄来的书。② 正因为可认为承诺的事实表现为履行行为、受领行为,《民法典》径直使用了"通过行为作出承诺"(第 480 条但书)、"作出承诺的行为"(第 484 条第 2 款)的术语。

单纯的沉默,除非当事人之间有特别的约定或符合交易习惯,是不可以作为"可认为承诺的事实"的。即使要约中表示如果不作出承诺与否的通知,即视为承诺,受要约人也是没有作出承诺与否的通知的义务的,在不为通知的场合,合同并不成立。③

实施有可认为承诺的行为,得遵循承诺期间的规则,应属当然。《民法典》第 480 条但书、第 484 条第 2 款的规定没有明示,但可以通过解释这些规定加以探寻。(1) 要约明确约定了实施可认为承诺的行为的期间的,依其约定;(2) 要约没有约定,根据交易习惯可以确定的,遵从交易习惯;(3) 如此仍不能确定的,应当适用《民法典》第 481 条关于承诺到达期间的规定,加以认定。

(五) 意思实现是否属于要约、承诺的缔约方式

意思实现,是否属于要约、承诺的缔约方式,存在着分歧。有学者认为,意思实现已经不属于要约承诺的模式,应当冠名为"以要约和承诺以外的方式成立的契约"。④

本书作者则认为,意思实现仍然属于要约、承诺的缔约方式。其理由如下:(1) 从学说的角度看,按照意思表示说,意思实现以承诺意思为构成要素,属于意思表示的范畴,具体说是承诺采取了意思表示的形式,只不过欠缺表示意识。既然如此,我们完全可以断定意思实现仍然属于要约、承诺的缔约方式,而非以要约和承诺以外的方式成立合同。退一步说,即使按照非意思表示说,意思实现同样是法律行为,其特殊之处,仅在于承诺采取了实施行为而非表示行为的态样,承诺在合同的成立上照样存在并起着关键的作用。(2) 从《民法典》有关规定的解释看,第 480 条但书使用了"通过行为作出承诺"、第 484 条第 2 款使用了"承诺不需要通知"和"作出承诺的行为"的字样,显然将意思实现作为了承诺的一类形态。既然合同的成立需要要约和承诺,将意思实现作为"以要约和承诺以外的方法成立合同",是自相矛盾的。

四、事实缔约

(一) 事实上的合同关系的兴起

依传统合同法理论,合同只能依当事人意思表示一致的缔结方式而成立,意思表示不生效力、无效或被撤销时,所订立的合同亦失去效力,不复存在。德国学者豪普特(Haupt)教授对此批评强烈,认为泥守观念,故步自封,不能解决问题,于 1941 年提出一项新理论,强调在某些情况下,合同关系得因一定事实过程而成立,当事人的意思如何,在所不问。这种因一定事实过程而成立的合同,被豪普特教授称作事实上的合同关系(Faktische

---

① 郑玉波:《民法债编总论》(修订 2 版),陈荣隆修订,中国政法大学出版社 2004 年版,第 51 页;林诚二:《民法债编总论——体系化解说》,中国人民大学出版社 2003 年版,第 70 页。
② 参见王泽鉴:《债法原理》,北京大学出版社 2009 年版,第 142 页。
③ 〔日〕水本浩:《契约法》,日本有斐阁 1995 年版,第 27 页;郑玉波:《民法债编总论》(修订 2 版),陈荣隆修订,中国政法大学出版社 2004 年版,第 51 页。
④ 〔日〕星野英一:《日本民法概论Ⅳ·契约》,姚荣涛译,刘玉中校订,五南图书出版有限公司 1998 年版,第 30 页;韩世远:《合同法总论》,法律出版社 2004 年版,第 115 页。

Vertragsverthältnisse),包括"典型社会行为"引发的关系和"事实上的劳动关系或合伙关系",并强调它们不是类似合同的法律关系,而是确具合同内容的实质,与传统合同观念不同之处,只是其成立方式而已,所以关于其内容,合同法的规定全有适用余地。[1]

经过拉伦茨(Larenz)教授改造而形成的"社会典型行为理论"(Die Lehre vom sozialtypischen Verhalten)[2],曾被德国联邦法院在有名的 BGH21 319 一案中采纳,作为判决理由,引人注目。

(二) 事实上的合同关系理论的式微

虽然德国联邦最高法院的判决肯定和采纳了事实合同关系说或社会典型行为理论,但德国民法学界从未停止过对该学说合理性的争议。随着时间的推移,民法学家提出的批评有增无减。

即使是拉伦茨教授本人,也开始对自己的学说进行修正,最终放弃了由豪普特教授创立的事实合同关系理论。

随着豪普特教授和拉伦茨教授关于事实上的合同关系学说的式微,德国联邦最高法院在对其他一些带有公法性质的给付关系作出类似于本案的判决之后,便不再采纳这种理论。[3]

(三) 中国学者对事实缔约的态度

在中国,事实缔约是个普遍现象,必须重视。虽有学者认为"事实的合同关系超越了意思自治的范畴,依事实过程即认有合同关系的成立"[4],但不少学者赞成应弹性解释要约和承诺,肯定以不同方式向非特定人发出要约和以行为所作的承诺。[5] 事实行为若不能体现为一种意思表示,或不能通过事实行为而使双方意思表示一致,则不能成立合同。[6]

第八节 合意与不合意

合同的订立有上述种种程序,无论采取何种程序,其内容必须一致,合同才能成立。所谓内容一致,按合同的本质要求,应是相互意思表示一致,简称为合意。

合意在英美合同法上有两种表示法,即 meeting of minds 或 mutual assent,不过相互间存在差异:前者是指双方当事人对于合同标的及其他条款在主观上和客观上均意思表示一致,但后者乃双方当事人对于合同标的及其他条款在客观上趋于一致,在主观上可能有小部分不同意见或不明了(minor misunderstandings)存在,只是并不妨碍双方当事人对合同的成立效果。[7]

无独有偶,德国民法学说也区分合意的两种形式:"内心的意思"和"意思表示的意义"

---

[1] Haupt,über faktische Vertragsverhältnisse,Leipziger rechtswissenschaftliche Studien,1941,S. 3f. 转引自王泽鉴:《债法原理》,北京大学出版社2009年版,第161页。

[2] 〔德〕卡尔·拉伦茨:《德国民法通论》(下册),王晓晔、邵建东、程建英、徐国建、谢怀栻译,谢怀栻校,法律出版社2003年版,第745—746页。

[3] 邵建东编著:《德国民法总则编典型判例17则评析》,南京大学出版社2005年版,第54页。

[4] 韩世远:《合同法总论》,法律出版社2004年版,第116页。

[5] 苏惠祥主编:《中国当代合同法论》,吉林大学出版社1992年版,第84页。

[6] 王利明、崔建远:《合同法新论·总则》,中国政法大学出版社1996年版,第180页。

[7] Sho-Pro of Indiana, Inc. v. Brown, 585N. E. 2d 1357 (Ind. App. 1992). 转引自杨桢:《英美契约法论》(第4版),北京大学出版社2007年版,第25页。

(Sinn der Willenserklrung),但在现代民法上,所谓合意,终究言之,系指经由解释所确定的"表示内容的一致",而非内心意思的一致而言。①

中国合同法以表示主义为原则,仅在合同因欺诈、胁迫等原因而成立时采取意思主义,所以,合意原则上应指双方当事人表示内容的一致,对合同条款在客观上意思表示一致。

双方当事人对合同的内容未达成一致意见,为不合意,有公然不合意与隐存的不合意两种类型。所谓公然不合意,又称有意识的不合意,是指当事人明知欠缺意思一致。例如甲向乙购买奥迪车一辆,乙答复只出售捷达车一辆,彼此未合意,合同不成立。所谓隐存的不合意,又称无意识的不一致,即当事人不知其意思表示不一致。它包括以下两种情况:其一,甲乙洽商成立合伙企业,因涉及事项多和谈判时间长,遗漏甲起初要求自己出任企业负责人一事未确定,双方却误以为全部问题均已谈妥,合伙合同成立。其二,当事人的意思表示客观上有歧义,又不能通过合同解释加以排除。例如,在 Raffls v. Wichelhaus 判例②中,双方当事人签订一棉花买卖合同,一致同意由 Peerles 号船将棉花从孟买运至买方所在地。事情巧在有两艘船均叫 Peerles 号,一艘于 10 月份离港,另一艘于 12 月份启航。一方当事人意指 10 月份离港的 Peerles 号,另一方当事人则指 12 月份启航的 Peerles 号。于此场合,双方的意思表示并不一致,当事人不知,为隐存的不合意,合同不成立。③

合同成立所要求的合意,是对合同的全部内容完全一致抑或是对合同的必要之点一致,应视具体情况而定。如果当事人要求必须对合同的内容完全一致,那么只有双方协商到如此程度方为合意。如果当事人坚持对特定事项达成协议,那么双方就这些特定事项协商一致,即为合意。在国际贸易中形成的规则是,如果当事人就其交易的主要条款协商一致,未予确定的次要条款可能在随后的事实中或通过法律显示出来,则已形成合意,合同成立。只要当事人有意订立合同,即便是特意将一项条款留待日后进一步谈判商定或由第三人确定(特意待定的合同条款),这一事实并不妨碍合同成立。如果当事人未能就待定条款达成一致,或第三人未予确定,但考虑到当事人的意图,若在具体情况下具有可选择的合理方法来确定此条款,合同的存在将不受影响。

当事人对合同是否成立存在争议,人民法院能够确定当事人名称或姓名、标的及其数量的,一般应当认定合同成立。但法律另有规定或当事人另有约定的除外。对合同欠缺的前款规定以外的其他内容,当事人达不成协议的,人民法院依照《民法典》第 510 条、第 511 条、第 142 条等有关规定予以确定(《合同编通则解释》第 3 条第 1 款、第 2 款)。

关于合同成立的时间,亦应视具体情况而定。在承诺意思实现情况下,意思实现时为合同成立的时间。在交错要约场合,第二个要约到达之时为合同成立之时。在合同以要约和承诺的程序缔约场合,合同采口头形式时,承诺生效之时为合同成立之时。合同采书面形式时,若为普通书面且为诺成合同,承诺生效之时即为合同成立之时;若承诺生效与双方当事人签字或盖章的时间不一致,双方当事人签字或盖章时为合同成立的时间。要约和承诺不能明确区分的,当事人提供证据证明对主要条款协商一致时为合同成立的时间。合同为实践合同时,若交付标的物晚于合意,则交付标的物之时为合同成立之时,若交付标的物先于或与合意同时,则承诺生效之时为合同成立的时间。

---

① 〔德〕卡尔·拉伦茨:《德国民法通论》(下册),王晓晔、邵建东、程建英、徐国建、谢怀栻译,谢怀栻校,法律出版社 2003 年版,第 732—733 页。
② 159 Eng. Rep. 375(Ex. 1864).
③ 〔美〕E. 艾伦·范斯沃思:《美国合同法》(原书第 3 版),葛云松、丁春艳译,中国政法大学出版社 2004 年版,第 463 页。

在存有合同确认书的情况下,判定合同成立的时间相对复杂,观点尚未一致。《国际商事合同通则》第2.13条及其注释主张:在商务实践中,特别是进行非常复杂的交易时,在长时间的谈判之后,当事人常常签订一份非正式文件,例如所谓"初步协议""协议备忘录""意向书"等,该文件记载了迄今为止已达成的条款。但同时,当事人声明他们将在晚些时候签署一份正式文件("须签订合同""遵照正式合同")。在有些情况下,当事人认为他们的合同已成立,签署正式文件只不过是对已达成的协议进行确认。这时,合同成立的时间为"初步协议""意向书"等成立之时,而非确认书拟就之时。但当事人双方或者一方声明,除非签订正式文本,否则他们将不受拘束,则在确认书或其他正式文件签署之时方为合同成立的时间。在这方面,《民法典》的态度是:当事人采用信件、数据电文等形式订立合同要求签订确认书的,签订确认书时合同成立。当事人一方通过互联网等信息网络发布的商品或者服务信息符合要约条件的,对方选择该商品或者服务并提交订单成功时合同成立,但是当事人另有约定的除外(第491条)。所谓当事人另有约定,主要是指当事人约定买受人提交订单为要约,出卖人确定有货并且发货时视为承诺。网上订购机票为要约较为常见。电商于其商品宣传中声明买受人提交订单为要约,也属于这种情形。①

关于合同成立的地点,承诺生效的地点为合同成立的地点。采用数据电文形式订立合同的,收件人的主营业地为合同成立的地点;没有主营业地的,其住所地为合同成立的地点。当事人另有约定的,按照其约定(《民法典》第492条)。当事人采用合同书形式订立合同的,最后签名、盖章或者按指印的地点为合同成立的地点,但是当事人另有约定的除外(《民法典》第493条)。但须注意,若采取口头形式,要以承诺生效的地点为合同成立之地。

---

① 对《民法典》第491条第2款的解读,请参见王利明主编、朱虎副主编:《中国民法典释评·合同编·通则》,中国人民大学出版社2020年版,第124—126页;黄薇主编:《中华人民共和国民法典合同编释义》,法律出版社2020年版,第70—71页。

第四章

合同的内容与形式

第一节 合同的条款

一、概说

当事人依程序订立合同,意思表示一致,便形成合同条款,构成了作为法律行为意义上的合同的内容。合同条款固定了当事人各方的权利义务,成为法律关系意义上的合同的内容。

合同的条款,依据不同的标准,可有不同的分类。例如,以是否为行为规范为标准,合同的条款可分为提示性条款(倡导性条款)与主要(必备)条款;以合同若不具备某些条款就不能成立为标准,合同的条款可分为主要条款和非主要条款;以是否采取了格式条款的形式为标准,合同的条款可分为格式条款和个别商议条款(个别协议条款);以是否具有免责的功能为标准,合同的条款可分为免责条款和非免责条款。基于全书的分工要求,本节只讨论提示性条款、主要条款和普通条款。格式条款已经在本书第三章第六节"附合缔约"中讨论过了,并将在第十四章第五节"格式条款的解释"中继续探讨,免责条款将于本书第十三章第五节"免责条件与免责条款"和第十四章第六节"免责条款的解释"中进行分析。

二、提示性的合同条款

为了示范较完备的合同条款,《民法典》第470条规定了如下条款,提示缔约人:

1. 当事人的姓名或名称和住所。当事人是合同权利和合同义务的承受者,没有当事人,合同权利义务就失去存在的意义,给付和受领给付也无从谈起,因此,订立合同必须有当事人这一条款。当事人由其姓名或名称及住所加以特定化、固定化,所以,具体合同条款的草拟必须写清当事人的名称或姓名和住所。

2. 标的。标的是合同权利义务指向的对象。合同不规定标的,就会失去目的,失去意义。可见,标的是一切合同的主要条款。目前,多数学说认为合同关系的标的为给付行为,而《民法典》第470条所规定的标的,通常不是学说所指的标的,而是标的物,于是才有所谓标的的质量、标的的数量等用语。所以,对于《民法典》及有关司法解释所说的标的,时常需要按标的物理解。

标的条款必须清楚地写明标的的名称,以使标的特定化,能够界定权利义务的量。

3. 质量和数量。标的(物)的质量和数量是确定合同标的(物)的具体条件,是这一标的

(物)区别于同类另一标的(物)的具体特征。标的(物)的质量需订得详细具体,如标的(物)的技术指标、质量要求、规格、型号等都要明确。标的(物)的数量要确切。首先应选择双方共同接受的计量单位,其次要确定双方认可的计量方法,再次应允许规定合理的磅差或尾差。标的(物)的质量和数量若能通过有关规则及方式推定出来,则合同欠缺这样的条款也不影响成立。

4. 价款或报酬。价款是取得标的物所应支付的代价,报酬是获得服务所应支付的代价。价款,通常指标的物本身的价款,但商业上的大宗买卖一般是异地交货,便产生了运费、保险费、装卸费、保管费、报关费等一系列额外费用。它们由哪一方支付,需在价款条款中写明。

5. 履行期限。履行期限直接关系到合同义务完成的时间,涉及当事人的期限利益,关系到履行期尚未届至的抗辩和履行期尚未届满的抗辩,也是确定违约与否的因素之一,十分重要。履行期限可以规定为即时履行,也可以规定为定时履行,还可以规定为在一定期限内履行。如果是分期履行,尚应写明每期的准确时间。履行期限若能通过有关规则及方式推定出来,则合同欠缺它也不影响成立。

6. 履行地点和方式。履行地点是确定验收地点的依据,是确定运输费用由谁负担、风险由谁承受的依据,有时是确定标的物所有权是否移转、何时移转的依据,也是确定诉讼管辖的依据之一,对于涉外合同纠纷,它还是确定法律适用的一项依据,十分重要。

履行方式,例如是一次交付还是分期分批交付,是交付实物还是交付标的物的所有权凭证,是铁路运输还是空运、水运等,同样事关当事人的物质利益,合同应写明,但对于大多数合同来说,它不是主要条款。

履行的地点、方式若能通过有关方式推定,则合同即使欠缺它们也不影响成立。

7. 违约责任。违约责任是促使当事人履行债务,使守约方免受或少受损失的法律措施,对当事人的利益关系重大,合同对此应予明确。例如,明确规定违约致损的计算方法、赔偿范围等,对于将来及时地解决违约问题,很有意义。当然,违约责任是法律责任,即使合同中没有违约责任条款,只要未依法免除违约责任,违约方仍应负责。

8. 解决争议的方法。解决争议的方法,含有解决争议运用什么程序、适用何种法律、选择哪家检验或鉴定的机构等内容。当事人双方在合同中约定的仲裁条款、选择诉讼法院的条款、选择检验或鉴定机构的条款、涉外合同中的法律适用条款、协商解决争议的条款等,均属解决争议的方法的条款。

合同无效、被撤销或终止的,不影响合同中独立存在的有关解决争议方法的条款的效力。

[辨析]

有观点认为,违约金条款是结算条款和清理条款。对此,本书作者表示反对,理由如下:

1. 从结算条款和清理条款的定义来看:结算是经济活动中的货币给付行为,结算的方式主要有:(1) 银行汇票结算;(2) 商业汇票结算;(3) 银行本票结算;(4) 支票结算;(5) 汇兑;(6) 委托收款。[1] 不言自明,结算条款就是关于采取上述哪种结算方式的约定。而违约金条款肯定不属于其中任何一种方式。我们再看清理条款。所谓清理,是指对债权

---

[1] 黄薇主编:《中华人民共和国民法典合同编释义》,法律出版社2020年版,第244页。

债务进行清点、估价和处理。如果合同中约定了进行清理的主体——比如某会计师事务所、某财产评估机构，清理的范围——比如是固定资产、流动资金，还是库存产品，以及清理的方法——比如按照政府定价还是市场价，应当按照合同约定进行清理。① 不难概括，所谓清理条款，是指当事人关于对债权债务进行清点、估价和处理的约定。而违约金条款肯定不属于对债权债务进行清点的约定，也不属于对债权债务进行估价的约定。违约金条款是不是对债权债务进行处理的约定呢？既取决于此处所谓债权债务所指为何，也取决于此处所谓处理的含义。如果此处所谓债权债务仅仅指合同项下的债权债务，那么，因为违约金责任又是第二性义务，而非合同项下的债务，所以，违约金条款不应是清理条款；如果此处所谓债权债务包含合同项下债权债务的转化形态、延伸形态，那么，尚不得径直将违约金条款排除于清理条款的范围，结论的得出有赖于此处"处理"含义的确定。在本书作者看来，尽管汉字"处理"一词的外延较为宽泛，但探究《民法典》第567条的规范意旨，可知其"清理"的意思是将合同关系终止，了断双方当事人之间的债权债务关系，让双方当事人在债的领域"干干净净"。而违约金条款不是终止合同关系的条款，不是了断双方当事人之间的债权债务关系的条款，不是、也做不到让双方当事人之间在债的问题上"干干净净"，只是预估的违约损害赔偿（赔偿性违约金场合）或是对违约方的惩罚表露（惩罚性违约金场合）。违约金责任的承担时常不排斥强制履行，在违约金责任与强制履行并存的情况下，违约金条款没有、也不想"清理"合同关系。一句话，《民法典》第567条的"清理"不属于汉字"处理"一词的范畴，黄薇主任主编的《中华人民共和国民法典合同编释义》在解释《民法典》第567条的规定时，未将违约金条款列入结算条款、清理条款；在对《民法典》第585条关于违约金的规定进行阐释时，也未将违约金条款看成结算条款、清理条款的一种。

2. 从违约金的概念和功能来看：违约金责任在中国现行法上属于违约责任的方式，只是替代或补充合同关系的法律关系。在补充合同关系的情况下，违约金责任肯定没有终止合同，没有了断合同项下债权债务。在替代合同关系的场合，违约金责任关系是合同关系的延伸、变形，如果违约金责任的承担尚未伴随合同解除，则违约金责任没有终止合同，没有了断双方当事人之间的债权债务关系；如果违约金责任的承担伴随着合同解除，那么，虽然合同终止了，但在违约方同时承担违约损害赔偿责任的情况下，违约金条款本身也没有了断双方当事人之间的债权债务关系。

再者，法律赋权违约方请求调整违约金的数额之权，裁判机构基于约定的违约金数额与违约行为给守约方造成损失之间的比例关系以及违约方的举证证明情形而决定调整与否。无论是裁判降低违约金的数额还是提高违约金的数额，都表明违约金条款未起结算、清理的作用。

3. 从当事人的意思表示来看：当事人约定违约金条款，或是为了便捷、迅速地确定、解决违约损害赔偿问题，避免承担繁重的举证责任；或是加重违约方的负担，警示债务人不要违约，使之明白适当地履行合同才是明智的选择和做法。总之，违约金条款没有显示出当事人据此而了断债权债务、终止合同的意思，除非它明确地表示出要清理当事人之间的债权债务。

4. 从类似的事物相同处理的规则来看：违约金责任与违约损害赔偿责任，在民事责任的层面上都是违约责任。赔偿性违约金与违约损害赔偿，在实质上还具有同一性。如此，在

---

① 黄薇主编：《中华人民共和国民法典合同编释义》，法律出版社2020年版，第244—245页。

其法律适用上,包括关于诉讼时效制度的适用、免责条款之于违约金责任和违约损害赔偿、存续期间等方面,应当尽可能地同样对待,才是妥当的制度设计。若将违约金条款作为结算条款、清理条款,并适用《民法典》第567条关于合同权利义务的终止不影响其效力的规定,而对违约损害赔偿则另眼相待,这明显地违反了这样的理念及规则。

5. 从当事人预见的法律后果看:就本书作者了解到的信息观察,当事人一般都认为合同解除就消灭了全部的合同条款(法定的解决争议的条款除外),包括违约金条款,消灭了全部的合同义务;并不知晓要消灭违约金条款及违约金责任,需要再次解除合同。这样的理念及认识符合违约金条款或违约金合同的本来属性。当事人关于违约金的约定,无论是作为一个特定合同(如买卖A房的合同)的条款,还是作为一个特定合同(如买卖A房的合同)的从合同,都要随着该特定合同的消灭而不复存在。这是民法学说都承认的。在这样的大背景下,若将违约金条款作为结算条款、清理条款,并适用《民法典》第567条关于合同权利义务的终止不影响其效力的规定,就意味着合同因解除等原因归于消灭时,违约金条款仍继续存在。在违约金条款属于泛泛约定,适用于任何种类的义务被违反的情况下,任何当事人一方未再遵守已被消灭的合同义务,却依然按照违约金条款而产生违约金责任,遭受了意想不到的损失。这是不妥当的。

6. 从扩张结算条款、清理条款的运用领域来看:在合同项下的权利义务都归于消灭的视野里,合同解除、合同无效、合同被撤销都能使合同项下的权利义务归于消灭,在这点上没有差异。若将这种思想方法进一步发挥,就可以得出这样的结论:《民法典》第507条关于"合同不生效、无效、被撤销或者终止的,不影响合同中有关解决争议方法的条款的效力"的规定,与《民法典》第567条关于"合同的权利义务终止,不影响合同中结算和清理条款的效力"的规定,贯彻的是相同的理念,两者具有异曲同工之妙。再前进一步,合同被确认为无效、被撤销的场合,结算条款、清理条款也不因合同被确认为无效、被撤销而归于消灭,而是继续存在。如此,逻辑上的毛病、利益衡量上的不当,就会显现出来:本来,合同无效、被撤销的场合应当适用《民法典》第157条关于缔约过失责任的规定,有过错的一方赔偿相对人信赖利益的损失,而非违约损害赔偿的履行利益的损失,但是,按照继续存在的违约金条款,却有可能产生违约金责任,并且,在该违约金属于赔偿性违约金的情况下,相当于成立的履行利益的损害赔偿,在惩罚性违约金的情况下,有过错的一方赔偿得更多。

三、合同的主要条款

合同的主要条款,是合同必须具备的条款。欠缺它,合同就不成立。合同的主要条款,有的是由法律直接规定的,有的是由合同的性质决定的,有的则由当事人的约定而产生。前两种主要条款决定着合同的类型,确定着当事人各方权利义务的质与量。但由当事人约定而形成的主要条款,一般不能决定合同的类型。例如,某《信托贷款合同》第1.18条约定:"反商业贿赂条款是本合同之必备条款,与本合同其他条款具有同等法律效力"。此处反商业贿赂条款非信托贷款合同本质属性所要求的要素,本为普通条款,只因当事人特别约定才使其成为系争《信托贷款合同》的主要条款。

《民法典》第470条规定的合同条款中,当事人条款和标的条款是主要条款。合同的主要条款,有时是法律直接规定的。当法律直接规定某种特定合同应当具备某些条款时,这些条款就是主要条款。例如,《民法典》要求借款合同应有借款币种的条款(第668条第2

款),币种条款属于借款合同的主要条款。

合同的主要条款当然由合同的类型和性质决定。按照合同的类型和性质的要求,应当具备的条款,就是合同的主要条款。例如,价款条款是买卖合同的主要条款,却不是赠与合同的主要条款。

合同的主要条款可以由当事人约定产生。例如,买卖合同中关于交货地点的条款,如一方提出必须就该条款达成协议,它就是主要条款;若双方均未提出必须在某地交货,则该条款不是主要条款。

四、合同的普通条款

合同的普通条款,是指合同主要条款以外的条款。它包括以下类型:

1. 法律未直接规定,亦非合同的类型和性质要求必须具备的,当事人无意使之成为主要条款的合同条款。例如,关于包装物返还的约定和免责条款均属此类。

2. 当事人未写入合同中,甚至从未协商过,但基于当事人的行为,或基于合同的明示条款,或基于法律的规定,理应存在的合同条款。英美合同法称之为默示条款。它分为以下种类:(1)该条款是实现合同目的及作用所必不可少的,只有推定其存在,合同才能达到目的及实现其功能。(2)该条款对于经营习惯来说是不言而喻的,即它的内容实际上是公认的商业习惯或经营习惯。(3)该条款是合同当事人系列交易的惯有规则。(4)该条款实际上是某种特定的行业规则,即某些明示或约定俗成的交易规矩,在行业内具有不言自明的默示效力。① (5)直接根据法律规定而成为合同的普通条款。例如,《民法典》第772条第1款规定,承揽人应当以自己的设备、技术和劳力,完成主要工作,但当事人另有约定的除外。当事人对此未作任何约定时,该法律规定即成为合同的普通条款。

3. 特意待定条款。这是当事人有意将某些合同条款留待以后谈判商定,或由第三人确定,或根据具体情况加以确定。在它不影响合同的确定性时不妨碍合同成立。倘若特意待定条款过多,致使合同的条件欠缺,则合同没有成立。②

第二节 合同权利与合同义务

合同的内容,从合同关系的角度讲,是指合同权利和合同义务。它们主要由合同条款加以确定,有些则由法律规定而产生,如某些从给付义务,以及某些附随义务。

一、合同权利

合同权利,包括合同债权以及形成权、抗辩权乃至监管权③等权利。其中,合同债权处于

---

① 其判例说明,见崔建远:《合同法总论》(上卷)(第2版),中国人民大学出版社2011年版,第220—221页。
② 详细论述,见崔建远:《合同法总论》(上卷)(第2版),中国人民大学出版社2011年版,第221—223页。
③ 监管权,如某《合同书》第7条规定,鉴于乙方于接受A地块并进行实质性开发活动后尚未付清全部转让款,双方一致同意甲方对于乙方的开发经营活动有权根据本条款规定进行监管。甲方享有如下监管权利:(1)乙方在开发过程中需要使用印章的,须经甲方同意,所签署的合同须经甲方保管,于乙方付清转让款时再一并交付给乙方。(2)乙方以A地块所有权人的名义所签署的认购书及商品房买卖合同格式须得到甲方的确认,销售底价应报经甲方认可。(3)乙方于取得商品房销售许可证之后仅能销售50%建筑面积,如乙方拟销售更多的面积,则应在甲方同意并监督下才可进行。
甲方所享有的这些监管权,不属于合同债权以及形成权、抗辩权,应为另一类型的权利。在此需要注意的是,有些监管权对于一方当事人极为不利,有时构成显失公平、经济胁迫,有时可能构成无效的原因。

重要的地位,此处主要讨论它。

所谓合同债权,是指债权人根据法律或合同的规定向债务人请求给付并予以保有的权利。

[探讨]

实务中越来越多地出现了货权的术语,对其定性和定位意见不一,有的将之认定为所有权。而笔者则认为:一般地说,货权不等于货物所有权,因为《物权法》以及有关单行法设计的物权中没有货权,依物权法定主义(《物权法》第5条、《民法总则》第116条)衡量,货权不是物权,不是所有权。此其一。货权的成立和转移不符合货物所有权成立和转移的形态和规格。基于法律行为而发生的动产所有权的变动,必须遵循《物权法》第23条的规定,即以交付为生效要件,第25条至第27条只是交付类型和态样的变形,并非动产所有权的变动以交付为生效要件的例外。基于法律行为而发生的不动产物权的变动,必须遵循《物权法》第9条第1款正文、第14条的规定,即以登记为生效要件。所谓货权的变动则不遵循这些规则,故难谓货物所有权。此其二。尽管《合同法》设计的风险负担规则未与所有权变动模式挂钩,但在买卖合同中采取交付主义(《合同法》第142条),这与《物权法》第23条设计的动产所有权变动模式相契合。但货权与风险负担规则之间的关系,却看不出如此端倪。就此说来,称货权等于货物所有权至少是草率的。此其三。上述结论不会因《民法典》的实施而发生改变。

在现行权利体系中,货权应属债权系列,因其权利人有权请求债务人承受、履行合同项下的债务,受领合同约定的货物,但该权无约束第三人的效力。接下来的问题是,货权系债权本身还是债权的附属权?综合实务中货权出现的场合和情境,可知货权的效力重在请求债务人履行、受领给付物,并无债权的全部效力。再说,假如将货权等同于债权本身,就难以理解为何置法律及法理既有的概念于不用,却使用法律上未出现的、众人陌生的术语。

诚然,如果当事人双方于合同中明确约定货权就是货物所有权,且约定的情形符合法定的所有权的规格,那么,宜依当事人双方的约定。如果当事人双方于合同中的约定不符合法定的所有权的规格,则对外不具所有权的效力,不得对抗第三人;在当事人双方之间,符合简易交付、指示交付或占有改定时,可看成货物所有权转移的约定。

对于合同债权,宜从以下角度把握:

1. 合同债权是请求权。合同关系是具有特定性的法律关系,债权人在债务人给付之前,不能直接支配给付客体,也不能直接支配债务人的给付行为,更不许直接支配债务人的人身,只能通过请求债务人为给付,达到自己的目的。[①] 就此看来,合同债权为请求权。但合同债权和请求权并非同一概念,因为从请求权方面看,除合同债权的请求权以外,尚有不当得利返还请求权、无因管理的请求权、侵权损害赔偿请求权、物权请求权、人格权的请求权等;从合同债权本身观察,合同债权除具有请求权以外,尚有选择、处分、解除等权能。[②]

需要指出,继承关系中的请求权、婚姻关系中的请求权、劳动关系中的请求权、物权请求权,都不宜被定位为债权。之所以如此,是因为法律基于身份、血缘等理由而不允许或原则

---

① 〔德〕卡尔·拉伦茨:《德国民法通论》(上册),王晓晔、邵建东、程建英、徐国建、谢怀栻译,谢怀栻校,法律出版社2003年版,第287—288页。

② 王泽鉴:《债法原理》,北京大学出版社2009年版,第16—17页。

上禁止继承关系中的请求权、婚姻关系中的请求权适用债法,从而不把它们作为债权或将其从债权的体系中排除。按照中国学界的多数学说,劳动合同关系受基于特定的社会政策而制定的劳动法调整,不适用《民法典》的规定,不作为债看待,所生权利也不划归债权范畴。物权请求权虽然符合债权的某些性质,但倘若将其作为债权,会面临着可否与物权本体相脱离、是否适用诉讼时效、是具有平等性还是呈现优先性等一系列困扰我们的难题。而如果将其作为物权的效力,这些问题就容易解决。

2. 合同债权是给付受领权。权利的基本思想,在于将某种利益在法律上归属某人。合同债权的本质内容,就是有效地受领债务人的给付,将该给付归属于债权人。

3. 合同债权是相对权。合同关系具有相对性,债权人仅得向债务人请求给付,无权向一般不特定人请求给付,因此,合同债权为相对权。但相对性原则在现代合同法上有所突破,如在由第三人履行的合同中,债权人有权请求第三人为给付;租赁权已物权化,具有对抗效力;期房债权因预告登记而有否定其后就该房屋所产生的抵押权、所有权的效力。

理解合同的相对性,有必要关注债权之于标的物的效力。债权人请求债务人转移标的物的占有、使用权乃至所有权,应当是债务人转移其拥有处分权的责任财产,不得是转移其无处分权的他人的财产,否则,无异于当事人双方的约定直接约束对该财产享有处分权的第三人,没有正当性地忽视了所有权神圣原则,或强或弱地改变了善意取得的构成要件。

4. 合同债权具有平等性。合同债权仅有相对性,没有排他性,因此,对同一客体可成立多个合同债权,并且不论发生先后,均以同等地位并存。这种平等性在债权人参加强制执行、破产程序时明显地表现出来。在债务人破产或其财产被法院依诉讼程序强制执行又不足以清偿全部债务时,依债务人的总财产数额,在数个债权人之间按各个债权数额的比例分配。不过,在没有欺诈行为的情况下,如果其他债权人没有向债务人主张其债权,或是虽然主张了,但债务人的一般财产足以清偿这些并存的债权,债务人任意清偿,先受清偿的债权人保持该给付,并不违反债权的平等性。还有,在债权人行使代位权或撤销权的情况下,债权人通过将其应当向债务人返还的债务与自己所享有的债权相抵销,事实上做到了优先受偿,债权在实际上呈现出了优先性。①

债权的平等性可以通过法律规定的或认可的程序和途径加以改变。例如,按照《民法典》的规定,承包人的工程款债权具有优先性(第807条),租赁权因法律将其物权化而具有优先性(第725条)。② 再如,在商品房预售合同的交房义务尚未履行的案件中,消费者以居住为目的购买房屋并已支付全部价款的,房屋交付请求权优先于其他债权;房屋不能交付且无实际交付可能的,房款返还请求权优先于其他债权(《商品房消费者权利保护批复》第2条第1款、第3条)。

5. 合同债权具有请求力、执行力、处分权能和保持力,并具有依法自力实现的效力。所谓债权的请求力,宜作宽泛的理解,包括债权人向法院诉请债务人履行债务,以及直接向债务人请求其履行的效力。所谓执行力,又称强制执行力,是指债权人在依其给付之诉取得确定判决之后,得请求法院对债务人为强制执行的效力。所谓处分权能,指抵销、免除、债权让与和设定债权质权等决定债权命运的效力。所谓保持力,是指在债务人自动或受法律的强制而提出给付时,债权人得保有该给付的效力。所谓依法自力实现的效力,是指在债权受到侵害或妨碍,情事急迫而又不能及时请求国家机关予以救济的情况下,债权人自行救助,拘

---

① 参见〔日〕於保不二雄:《日本民法债权总论》,庄胜荣校订,五南图书出版有限公司1998年版,第167、191页。
② 详细论述,见崔建远:《合同法总论》(上卷)(第2版),中国人民大学出版社2011年版,第225—228页。

束债务人,扣押其财产的效力。①

6. 合同债权效力的排除。具备上述效力的合同债权为完全债权,最利于债权的实现,达到债权人的合同目的。不过,在有的情况下,合同债权会欠缺某项效力。例如,债权因罹于诉讼时效而使其请求力减损,某画家不履行其为乙画像的义务时难被强制执行,某公司被宣告破产时无处分破产财产之权。欠缺某项效力的债权叫作不完全债权。② 但是债权必须具有保持力,否则,便不再是债权。

在此值得指出的还有,《民法典》第523条规定的由第三人履行的合同,就其文义分析,应当说债权人对第三人享有直接的请求权。不过,该第三人享有拒绝履行的抗辩权:可以不行使该抗辩权,满足债权人关于履行债务的请求;也可以行使该抗辩权,拒绝履行该项债务。由此可见,该项抗辩权的效果,以行使为发生的条件。

法律对完全债权和不完全债权的保护力度、配置的制度不尽相同。例如,不安抗辩权制度用于保护未届清偿期的债权,而不得适用于已届清偿期的债权;不法侵害条件未成就的附停止条件的债权,被课以信赖利益的损害赔偿③,但不履行已届清偿期的债务时则可产生期待利益的损害赔偿,不履行已罹诉讼时效的债务时却不产生法律责任。总而言之,不完全债权不利于债权的实现,甚至使债权人的目的落空。

二、合同义务

(一) 主给付义务与从给付义务

合同义务包括给付义务和附随义务。给付义务分为主给付义务和从给付义务。

所谓主给付义务,简称为主义务,是指合同关系所固有、必备,并用以决定合同类型的基本义务。例如,在买卖合同中,出卖人负交付买卖物及移转其所有权的义务,买受人负支付价款的义务,均属主给付义务。就双务合同而言,此类主给付义务,构成对待给付义务,在相对人未为对待给付前,得拒绝履行自己的给付;因不可归责于双方当事人的原因致一部或全部不能履行时,当事人一方减为或免为对待给付义务。发生不能履行、逾期履行、不完全履行时,如不具有免责事由,债务人便应承担违约责任。④ 须注意,虽然主给付义务大多由主要条款规定,但并非存在着主要条款一定产生主给付义务的铁律。例如,在一份房屋租赁合同中,承租人出于行业的特殊需要,特意在合同中约定"出租人必须对租赁物享有所有权","在合同订立后30日内,出租人不能向承租人出示该租赁物的所有权证的,视为出租人违约"。该约定形成的条款属于主要条款,可是它产生的义务不能决定合同的类型,即根据它尚难断定究竟是买卖合同,还是租赁合同,抑或赠与合同等,因而该项义务不属于主给付义务。至于它是从给付义务还是附随义务,需要探讨。鉴于它含有给付的内容,本书赞同从给付义务的见解。

所谓从给付义务,简称为从义务,是不具有独立的意义,仅具有补助主给付义务功能的

---

① 〔德〕迪特尔·梅迪库斯:《德国债法总论》,杜景林、卢谌译,法律出版社2004年版,第17—19页;王泽鉴:《债法原理》,北京大学出版社2009年版,第16—17页。详细论述,见崔建远:《合同法总论》(上卷)(第2版),中国人民大学出版社2011年版,第228—231页。

② Fikentscher, Schuldrecht, S. 47;〔德〕迪特尔·梅迪库斯:《德国债法总论》,杜景林、卢谌译,法律出版社2004年版,第19页;王泽鉴:《债法原理》,北京大学出版社2009年版,第18—19页。

③ 不过,《外商投资企业规定(一)》第6条第2款规定了履行利益的损害赔偿。

④ 王泽鉴:《债法原理》,北京大学出版社2009年版,第28页。

义务。其存在的目的,不在于决定合同的类型,而在于确保债权人的利益能够获得最大满足。

从给付义务发生的原因如下:(1)基于法律的明文规定。如《民法典》第599条规定:"出卖人应当按照约定或者交易习惯向买受人交付提取标的物单证以外的有关单证和资料。"(2)基于当事人的约定。如甲企业兼并乙企业,约定乙企业应提供全部客户关系名单。(3)基于诚信原则及补充的合同解释。如汽车的出卖人应交付必要的文件,名马的出卖人应交付血统证明书。

应予指出,房屋出卖人未办理房屋所有权过户登记手续而不交付房屋所有权证,系不履行主给付义务,而非不履行从给付义务;但若已经办理完毕过户登记手续而未交付房屋所有权证,则为不履行从给付义务。

一般认为,违反主给付义务,可发生解除权;而违反从给付义务场合,守约方原则上不得解除合同。但是,存在着例外,即违反从给付义务给相对人造成重大损失或不能实现合同目的时,相对人可解除合同。再者,主给付义务直接与合同目的相关,决定着期待利益的质与量,而从给付义务不决定合同的目的,也不决定期待利益的质,只是有助于期待利益的最大化。认清这一点,对于违反从给付义务场合确定解除权是否产生、确定违约赔偿损失的数额,具有积极的意义。

通常,不履行从给付义务,相对人不得援用同时履行抗辩权或先履行抗辩权,拒绝履行主给付义务,但亦有例外。在日本,在租赁合同中,出租人不履行修缮义务,致使承租人不能享受租赁物使用、收益的,承租人可以行使同时履行抗辩权,拒付租金[1];但在未达到不能使用、收益的程度或未产生重大障碍的情况下,不得拒付全部租金[2],只能拒付与不能使用、收益部分比例相当的租金[3]。

(二)原给付义务与次给付义务

给付义务,包括主给付义务和从给付义务,可分为原给付义务和次给付义务。原给付义务,又称第一次给付义务,是指合同上原有的义务。如名马的出卖人交付该马并移转其所有权(主给付义务),交付该马的血统证明书(从给付义务),均为原给付义务。

次给付义务,又称第二次给付义务,是指原给付义务在履行过程中,因特殊事由演变而生的义务。它主要包括以下两类:(1)因原给付义务不能履行、逾期履行或不完全履行而产生的支付违约金、损害赔偿的义务。(2)合同解除时产生的回复原状义务。上述次给付义务系根基于合同关系,合同关系的内容虽因之而改变或扩张,但其同一性仍保持不变。[4]

区分原给付义务和次给付义务具有如下价值:(1)原给付义务受制于履行期限、债的存续期限,而与诉讼时效制度不直接发生联系。不过,保险合同中保险人向被保险人或受益人理赔的责任若作为原给付义务,则适用诉讼时效制度。次给付义务恰恰受诉讼时效制度的

---

[1] 1915年12月11日大判(民录2058页)(因洪水而致水车不能使用,判定其后可以拒付租金),1921年9月26日大判(民录1627页判民135我妻案件)(租屋因遭水灾重创而不能使用,判定可以拒绝预付租金)。转引自〔日〕星野英一:《日本民法概论Ⅳ·契约》,姚荣涛译,刘玉中校订,五南图书出版有限公司1998年版,第40页。

[2] 1963年11月28日最判(民集1477页);1968年11月21日最判(民集2741页判民124加藤雅信案件),法协87卷4号(认可解除)。转引自〔日〕星野英一:《日本民法概论Ⅳ·契约》,姚荣涛译,刘玉中校订,五南图书出版有限公司1998年版,第40页。

[3] 1916年5月22日大判(民录1014页)(池沼承租人请求七折支付租金,遭拒绝并被解除合同的案件)。转引自〔日〕星野英一:《日本民法概论Ⅳ·契约》,姚荣涛译,刘玉中校订,五南图书出版有限公司1998年版,第40页。

[4] 王泽鉴:《债法原理》,北京大学出版社2009年版,第30页。

管辖。上述第一类次给付义务产生的次日,为诉讼时效期间的起算点,第二类次给付义务成立之时,诉讼时效并不立即适用,只有它被违反时(次日),诉讼时效期间才开始起算。(2) 原给付义务属于中性状态,不含有道德和法律谴责与否定的因素,因而不存在支付违约金、损害赔偿等责任;而第一类次给付义务则大多含有这种因素。

(三) 附随义务

合同关系在其发展的过程中,不仅发生给付义务,还会发生其他义务。例如,出租车主应为其所雇司机投保人身险(照顾义务),出卖人在买卖物交付前应妥善保管该物(保管义务),技术受让方应提供安装设备所必要的物质条件(协助义务),工程技术人员不得泄露公司开发新产品的秘密(保密义务),医生手术时不得把纱布遗留病人体内(保护义务)等。此类义务称作附随义务,是以诚信原则为依据,随着合同关系的发展逐渐发生的。目前,有关房地产转让、股权转让等合同中常有"甲方的陈述与保证""乙方的陈述与保证"的条款,所规定的义务大多为附随义务。

在现行法上,附随义务不仅基于诚信原则而发生,而且有些是根据法律的直接规定而产生的。《民法典》第 509 条第 2 款概括地确认了附随义务的地位并列举了重要的类型,第 527 条规定了主张不安抗辩权的当事人举证对方当事人已经丧失了或可能丧失履行债务能力的证明义务,第 528 条规定了行使不安抗辩权的通知义务,等等。

附随义务非基于当事人的约定而生的本质属性,在实务中有所反映。例如,某《中外合资经营企业合同》第 86 条约定:"本合同不生效并不影响本合同对保密义务、法律适用以及争议解决条款的效力。"其中的保密义务属于附随义务,不是基于合同产生的。

附随义务和主给付义务的区别有四:(1) 主给付义务自始确定,并决定合同类型。附随义务则是随着合同关系的发展而不断形成的,它在任何合同关系中均可发生,不受特定合同类型的限制。(2) 主给付义务构成双务合同的对待给付,一方在相对人未为对待给付前,得拒绝自己的给付。附随义务原则上不属于对待给付,不能发生同时履行抗辩权或先履行抗辩权。(3) 不履行给付义务,债权人得解除合同。反之,不履行附随义务,债权人原则上不得解除合同,但在有违约金的约定场合,可请求债务人支付违约金;或就其所受损害,依不完全履行的规定请求支付违约金或损害赔偿。应当注意,不履行附随义务,在严重影响对方当事人的合同利益等情况下也会产生解除权。例如,《保险法》规定,投保人故意或因重大过失不履行如实告知义务,足以影响保险人决定是否同意承保或提高保险费率的,保险人有权解除保险合同(第 16 条第 2 款)。投保人申报的被保险人年龄不真实,并且其真实年龄不符合合同约定的年龄限制的,保险人可以解除合同,并按照合同约定退还保险单的现金价值(第 32 条第 1 款)。(4) 主给付义务直接与合同目的相关,决定着期待利益的质与量,而附随义务不决定合同的目的,也不决定期待利益的质,只是有助于期待利益的最大化。认清这一点,对于违反附随义务场合确定解除权是否产生、确定违约赔偿损失的数额,具有积极的意义。

当然,有些合同上的义务,究竟属于给付义务抑或附随义务,尚有争论。例如,在买卖合同中受领买卖物的义务,是属于给付义务还是附随义务,便有不同意见。[1]

附随义务与从给付义务的区别,也存在争论。德国通说认为,应以可否独立以诉的形式请求履行为判断标准加以区分。可以独立以诉的形式请求的义务为从给付义务,有人称之

---

[1] 王泽鉴:《债法原理》,北京大学出版社 2009 年版,第 31 页。

为独立的附随义务。不得独立以诉的形式请求的义务为附随义务,有人称之为不独立的附随义务。在有些案件中,还可以基于该义务是否因约定而产生的事实,判断出该义务属于附随义务还是从给付义务。例如,甲出售 A 车给乙,交付该车并移转其所有权,为甲的主给付义务;提供必要文件(如驾驶证或保险单)为从给付义务;告知该车的特殊危险性,则为附随义务。①

应当注意,还有学说从价值取向的角度区分从给付义务和附随义务,认为从给付义务在于促使履行利益得到基本满足,为了实现债权利益的最大化;附随义务则是为了确保合同双方当事人的固有利益不受损害,强调不会使当事人的固有利益因为合同的履行而受到损害,因此它更多的是一种保护性义务。当然,在合同的履行过程中,可能会有从给付义务和附随义务交叉的情况,这时我们应当从义务的目的角度观察,如果这个义务是为了辅助主给付义务的,应当认定是从给付义务;如果该义务是为了保护当事人的固有利益不受损害的,则应认定为附随义务。②

以附随义务的功能为标准,可将附随义务分为两类:(1)促进实现主给付义务,使债权人的给付利益获得最大可能的满足(辅助功能)。例如,花瓶的出卖人妥善包装该花瓶,使买受人安全携带,该义务属之。(2)维护对方的人身或财产的利益(保护功能)。例如,独资企业主应注意其所提供工具的安全性,避免工人受伤害。应注意的是,有的附随义务兼具上述二种功能。例如,锅炉的出卖人应告知买受人使用锅炉的注意事项,一方面使买受人的给付利益获得满足,另一方面也维护买受人的人身或财产上的利益不因锅炉爆炸而遭受损害。③

(四)不真正义务

除上述给付义务及附随义务以外,合同关系上还有不真正义务,或称间接义务。其主要特征在于权利人通常不得请求履行,违反它也不发生损害赔偿责任,仅使负担该义务的一方遭受权利减损或丧失的不利益。④《民法典》第 591 条第 1 款规定:"当事人一方违约后,对方应当采取适当措施防止损失的扩大;没有采取适当措施致使损失扩大的,不得就扩大的损失请求赔偿。"其中,守约方采取措施防止损失扩大的义务,就是不真正义务。他在法律上虽未负有不损害自己权益的义务,但因自己的过失造成损失扩大,则按公平原则要求,应依其程度承受减免赔偿额的不利益。

(五)先合同义务与后合同义务

就整个合同法而言,尚有先合同义务和后合同义务。先合同义务,是指当事人为缔约而接触时,基于诚信原则而发生的各种说明、告知、注意及保护等义务。⑤ 违反它即构成缔约过失责任。《民法典》第 509 条第 2 款关于"当事人应当遵循诚信原则,根据合同的性质、目的和交易习惯履行通知、协助、保密等义务"的规定,不但应当解释为肯定了附随义务,同时也可解释为承认了先合同义务。⑥《民法典》第 500 条关于恶意缔约、欺诈缔约及其他违背诚信原则的场合,恶意的行为人应负赔偿责任的规定,从构成此类责任的原因角度考察,就是承认了先合同义务。《民法典》第 501 条关于在缔约过程中泄露或不当使用商业秘密时应负

---

① 王泽鉴:《债法原理》,北京大学出版社 2009 年版,第 31—32 页。
② 贾若山:《论合同法上的附随义务》,清华大学法律硕士专业学位论文(2005),第 26 页。
③ 王泽鉴:《债法原理》,北京大学出版社 2009 年版,第 32 页。
④ 同上书,第 36 页。
⑤ Esser Schtmidt, Schuldrecht, Bd. I, S. 91f. ,435. 转引自王泽鉴:《债法原理》,北京大学出版社 2009 年版,第 35 页。
⑥ 详细分析,见崔建远:《合同法总论》(上卷)(第 2 版),中国人民大学出版社 2008 年版,第 205—206 页。

赔偿责任的规定,同样是对先合同义务的确认。

合同关系消灭后,当事人依诚信原则应负有某种作为或不作为义务,以维护给付效果,或协助对方处理合同终了的善后事务,学说上称为后合同义务。① 《民法典》第558条规定了这种义务。违反后合同义务,与违反一般合同义务相同,产生债务不履行责任,应赔偿相对人的实际损失。

(六) 合同关系上的义务群的地位

上述义务群,是合同法乃至债法的核心问题。处理合同问题,首先需考虑的是债务人负何种义务,可否请求履行,违反义务时的法律效果如何。现行合同法以主给付义务为规范对象,基于诚信原则,由近而远,逐渐发生从给付义务,以及其他辅助实现给付利益及维护对方人身和财产上利益为目的的附随义务,组成了义务体系。现代合同法的发展,在一定意义上可以说是合同关系上义务群的发展。②

三、合同关系的有机体性与程序性

(一) 合同关系的有机体性

合同权利和合同义务以及选择权、解除权和追认权等,并非单独存在,毫不相关,而是为满足债权人的给付利益,尤其是双务合同上的交换目的而相互结合的,组成了一个超越各个要素而存在的整体。③ Siber 教授将其称为有机体。④

合同关系在其发展过程中可以产生各种义务。个别的给付义务可因清偿而消灭,形成权可因其行使或不行使而失去效能,合同标的可因当事人的约定或法律规定而变更,合同主体也可因法律行为或法律规定而更易,合同关系可因概括转让而移转。无论哪一种情况,合同关系的要素发生变更,但合同关系仍继续存在,不失其同一性。⑤ 准确地说,是合同未发生更改时,合同关系不失其同一性。

所谓合同关系不失其同一性,是指合同效力依旧不变,不仅其原有利益(如时效利益)及瑕疵(如各种抗辩)均不受移转的影响,其从属的权利(如担保)原则上仍继续存在。⑥

(二) 合同关系的程序性

合同关系自始即以完全满足债权人的给付利益为目的,因"债权系法律世界中的动态因素,含有死亡的基因,目的已达,即归消灭"⑦,故它可谓存在于时间过程上的一种程序,始自给付义务的发生,历经主体的更易,标的的变动,惟无论其发展过程如何辗转曲折,始终以充分实现债权人的给付利益为目标。当事人的给付义务已适当履行时,合同关系归于消灭,债权人却因此而取得了物权或与物权价值相当的权利,在法律规范世界中,归于消灭的合同关系并非消逝无踪,仍继续以给付变动的原因存在着。⑧

---

① Esser-Schtmidt, Schuldrecht, Bd. I, S. 91f. ,435. 转引自王泽鉴:《债法原理》,北京大学出版社2009年版,第39页。
② 王泽鉴:《债法原理》,北京大学出版社2009年版,第37—38页。
③ 同上书,第39页。
④ Siber, Schuldrecht,1931, S. 1. 转引自王泽鉴:《债法原理》,北京大学出版社2009年版,第39页。
⑤ 王泽鉴:《债法原理》,北京大学出版社2009年版,第40页。
⑥ 郑玉波:《民法债编总论》(修订2版),陈荣隆修订,中国政法大学出版社2004年版,第431页。
⑦ Radbruch, Rechtsphilosophie, 1963, S. 243. 转引自王泽鉴:《债法原理》,北京大学出版社2009年版,第40页。
⑧ 王泽鉴:《债法原理》,北京大学出版社2009年版,第39—40页。

四、合同关系的手段性和目的性

合同关系及其债权在满足债权人的利益方面,其地位和作用随着社会的发展而有一个变化过程。在中世纪和近代,劳动秩序建立在物法基础上,物权是目的,债权开始不过是手段。[①] 人类在仅依物权形成财产关系、仅以物权作为财产客体时代,可以说只能生活在过去和现在。[②] 不过,市场经济制度下,债权及其利息的享有是所有经济的目的,债权不复是旨在取得物权或者利用物的手段,它本身就是法律生活的目的。[③] 债权制度可以使将来的给付预约变为现在的给付对价价值。信用即债的发生,使"过去可为将来服务,将来可为过去服务,时间障碍被打破,人类可以自由地征服时间与空间"[④]。

第三节 合同之债的种类

一、概说

合同内容,在法律关系的意义上即为债的关系,简称为债。债依其得以产生的原因,可有合同之债、无因管理之债、不当得利之债、侵权损害赔偿之债等种类。合同之债依其得以产生的原因,可有买卖合同之债、租赁合同之债、承揽合同之债等种类。合同之债依其标的(给付),可有种类之债、货币之债、利息之债、选择之债和损害赔偿之债等种类。合同之债依其主体的多数及标的可分与否,可有按份之债、连带之债等之分。基于体系安排及内容尽量简化的考虑,本节仅介绍和评论种类之债、货币之债、选择之债、按份之债、连带之债等种类。

二、种类之债

(一) 概念

债依其标的物属性的不同,可以分为特定之债和种类之债。给付以其种类中的一定数量指示的债,称为种类之债。以特定给付为标的的债为特定之债。例如,债务人负担交付某种品牌、尺寸的电视机若干台,或者某种产地、质量的大米若干斤等债务,即为种类之债;债务人负担交付某台特定的电视机,或某袋特定的大米等债务,即为特定之债。种类之债虽以种类物的买卖最为常见,但并不以之为限,种类租赁合同(如甲向乙租车公司租赁一部奔驰车)、种类雇用合同(如代觅服务员三名)、种类承揽合同(如约定使用印刷厂预先制版的邀请卡型印制空白邀请卡 200 张),均属可能。[⑤]

(二) 种类之债与特定之债的区分及其法律意义

1. 对债务人给付的约束程度不同

种类之债对债务人给付的约束程度,较特定之债为低。特定之债的债务人只能为特定

[①] [德]拉德布鲁赫:《法学导论》,米健、朱林译,中国大百科全书出版社 1997 年版,第 64 页。
[②] [日]我妻荣:《债权在近代法中的优越地位》,王书江、张雷译,谢怀栻校,中国大百科全书出版社 1999 年版,第 6 页。
[③] [德]拉德布鲁赫:《法学导论》,米健、朱林译,中国大百科全书出版社 1997 年版,第 64 页。
[④] Josef Kohler, Enzyklopädie der Rechtswissenschaft, 7 Aufl. Bd. I. 1915, S.38. 转引自[日]我妻荣:《债权在近代法中的优越地位》,王书江、张雷译,谢怀栻校,中国大百科全书出版社 1999 年版,第 6 页。
[⑤] Heinrichs/Emmerich, *Muenchener Kommentar*, Rz. 3 zu s243. 转引自黄立:《民法债编总论》,中国政法大学出版社 2002 年版,第 340 页。

的给付,才构成债的履行;而种类之债的债务人可以在一定范围内选择具体的给付,其不同选择,均可以构成债的履行。如甲到乙电器城购买电脑,甲测试了某品牌、型号的一台电脑后,双方约定购买该台电脑,并于次日提货。此为特定之债,乙于次日只能交付该台电脑,不得以同品牌、同型号的其他电脑替代。如果,甲仅决定购买某品牌、型号的一台电脑,但双方对具体哪台没有约定,则为种类之债,乙可以交付任何一台该品牌、该型号的电脑,作为债的履行。

2. 标的物因不可抗力灭失,债务人能否免除给付义务不同

法谚有谓:"种类之债永不灭失。"在特定之债中,标的物因不可抗力而灭失的,债务人可以免除给付义务;但在种类之债中,标的物因不可抗力而灭失的,债务人的给付义务仍旧存在,除非同种类物全部灭失,其义务才能免除。例如,甲乙两公司订立买卖合同,约定甲向乙购买今年新收获的东北大米 X 吨,价款 Y 元,11 月 1 日交货。约定的交货日前,发生特大洪水,乙公司被淹,全部存货灭失。如果该约定为特定之债,乙将免除交付大米的义务,虽然依据风险负担的规则,甲也不用支付价款,但乙不需承担违约责任(如支付违约金、赔偿损失、受定金罚则等)。反之,如果该约定为种类之债,原则上①乙的给付义务不能免除,乙应当另行购买今年新收获的东北大米 X 吨,交付于甲,否则乙应当承担违约责任。

有必要指出,以农户作为一方的粮棉定购合同关系,虽为种类之债,但按照惠农政策,由于自然灾害导致颗粒无收,仍不按照种类之债的一般规则处理,而以不能履行论,免除农户的责任。

关于以上两点实益,需要特别说明的是"限制种类之债"。"限制种类之债"比较特殊,其给付除以种类指示外,又以某种特殊范围进行限制。限制种类之债最常见的情形是,以某主体的存货范围作为限制范围,因而也称为存货之债。上述冰箱之例,如以乙的存货为范围,约定为限制种类之债,则乙只能交付其存货范围内任意一台该品牌、型号的冰箱。上述大米之例,如以乙的存货为范围约定为限制种类之债,交货前全部存货灭失的,乙可以免除给付义务。

(三) 种类之债的特定

债的标的须特定,这是债之关系的本质要求。种类之债的标的,系以种类方式指示,并不明确、具体,须经特定,才可以履行。所谓特定,是种类之债向特定之债的转化,在性质上,属于债的内容变更。② 种类之债一经特定,即成为特定之债,此后应适用特定之债的相关规则。

在比较法上,《德国民法典》第 243 条第 2 款、《日本民法典》第 401 条第 2 款均规定,种类之债特定的方法有下列两种:

1. **债务人交付其物之必要行为完结**

债务人交付其物之必要行为完结,通说解释为"履行行为之着手",具体因债的性质有所不同:(1) 赴偿之债,债务人将标的物送至债权人处,在实际交付前的一个瞬间特定。

---

① 例外有两种情形:(1) 乙举证证明"今年新收获的东北大米"整个种类物已经全部灭失,市场上已经无法购得。本案中此种情形可能性不大,但如果双方约定的是产于某县、某乡的今年新收获的东北大米 X 吨,该乡遇洪水,颗粒无收,即属此种情形。(2) 乙主张因不可抗力导致合同履行十分困难,请求法院或仲裁机构依据情事变更原则,变更或解除合同。

② 郑玉波:《民法债编总论》(修订 2 版),陈荣隆修订,中国政法大学出版社 2004 年版,第 200 页;史尚宽:《债法总论》(第 5 版),中国政法大学出版社 2000 年版,第 240 页。

(2) 往取之债,债务人将用于履行的标的物从其他种类物中分离出来,并将分离的事实通知债权人,或要求债权人前来受领,即发生特定的效果。①

2. 基于当事人的约定,经当事人或第三人的指定

如债务人在种类范围之内对特定给付的指定,并事先、事后得到了债权人的同意;如约定当事人一方或第三人有指定权,该指定权人的指定等。指定在性质上为意思表示,该意思表示生效时,债发生特定的效果。

通说认为,在种类之债依据债务人的行为而特定或债务人有指定权的场合,标的特定后,债务人原则上不得再进行变更。

三、货币之债

(一) 货币之债的概念

货币之债,是以给付一定数额的货币为标的的债,也称金钱之债。货币之债在现实中较为常见,是债的一种重要类型。在有偿合同中,对价往往以货币形式支付;在无偿合同中,货币常成为赠与等的标的物。在法定之债中,侵权行为、无因管理、不当得利等,其债的标的以支付货币为常见。由此可见,《民法典》第514条等条款规制货币之债,是十分必要的。

(二) 货币之债的种类

1. 金额货币之债(金额之债)

金额货币之债,是以给付一定金额的通用货币为标的的债。当事人只注重货币的金额,而不注重其种类,债务人可以自由选择任何种类的通用货币进行支付。如甲自商店购买服装,支付价款500元。甲支付100元面值货币5张,或支付50元面值货币10张,并无不同。

金额货币之债为货币之债的典型,其法律上的特征是,不存在履行不能的问题;并且履行迟延时,债务人的违约责任通常以支付法定或约定利息的方式实现。

2. 特定货币之债

特定货币之债,是以给付作为特定物的货币为标的的债。货币通常为种类物,但在当事人有特别意思表示时,可以经由特定化,而成为特定物。货币特定化最常见的方式是"封金",即将一定数额的货币以包装物封存。特定货币之债在本质上,不具备通常货币之债的特征,因而是一种纯粹的特定物之债。②

3. 特种货币之债(金种之债)

特种货币之债,是以一定金额的特种货币为标的的债。当事人关于币种的约定,称为"金约款",其通常目的在于确保货币不发生贬值。在一些纸币与金属货币并存的国家和地区,在通货膨胀严重的时期,金约款确有重大实益。中国目前纸质的人民币是唯一的通用货币,实践中,金约款通常体现为对以外国货币支付的约定(具体情形要受到国务院发布的《外汇管理条例》的限制)。《票据法》第59条规定,"汇票金额为外币的,按照付款日的市场汇价,以人民币支付";"汇票当事人对汇票支付的货币种类另有约定的,从其约定",承认了特种货币之债。有金约款存在的债,债务人应当以所约定的货币支付,其余法律特征与金额货币之债相同。

绝对特种货币之债是一种特殊的特种货币之债,在货币收藏领域较为常见,如双方约定

---

① 黄立:《民法债编总论》,中国政法大学出版社2002年版,第344页。
② 郑玉波:《民法债编总论》(修订2版),陈荣隆修订,中国政法大学出版社2004年版,第203页。

债的标的物为"袁大头"10枚、1953年版的十元纸币5张等。此种情形并不具备金额货币之债的法律特征,而与通常的种类之债在性质上无异,应当依照上节有关种类之债的规则处理。

四、选择之债

(一)选择之债的概念

根据债的标的有无选择性,债可分为单纯之债和选择之债。所谓单纯之债,是指债的标的是单一的,债务人只能就该项标的给付,债权人也只能受领该项标的的给付,双方均无选择余地的债,又称不可选择之债。选择之债,是指债的标的为两项以上,享有选择权的当事人可以选择其一为履行的债(《民法典》第515条第1款正文)。

选择之债以法律行为为发生原因的,为意定选择之债,但法律另有规定、当事人另有约定或者另有交易习惯的,选择权消失(《民法典》第515条第1款但书);由法律直接规定而发生的,为法定选择之债,如依据《民法典》第582条的规定,在出售的商品不合质量要求时,买受人与出卖人之间就会发生选择之债,或修理、或更换、或退货,选择权人须从中选择一种履行。即使是法定选择之债,当事人也可以通过约定排除选择权(《民法典》第515条第1款但书),除非该法定属于强制性的。

(二)选择之债的特定

1. 选择之债特定的概念

选择之债的特点在于,债成立时存在着两种以上类型的给付,但履行债务时仅由债务人给付其中之一。这就需要在履行债务前将两种以上的给付特定为一种,也就是将选择之债转变为单纯之债,此即所谓选择之债的特定。特定以后,履行债务则完全遵循单纯之债的履行原则、规则及方法。

2. 选择之债特定的方法

(1)选择

选择之债因选择权人的选择而转变为特定之债。选择权在性质上为形成权,其归属,在意定选择之债中,通常有双方的约定;在法定选择之债中,通常法律有明确规定。在当事人无约定、法律亦无规定的情况下,原则上选择权归属于债务人。

行使选择权的行为即为选择,在性质上系有相对人的单独行为,须选择权人及时通知对方,通知到达对方时,标的确定。标的确定后不得变更,但是经对方同意的除外(《民法典》第516条第1款)。债权人或债务人一方为选择权人的,对方当事人为受领人;债权人和债务人以外的第三人为选择权人的,债权人和债务人任何一方均可以为受领人。

选择之债,标的不经特定,无法履行。选择权人行使选择权,可以使债的标的特定;但如果选择权人不行使选择权,则债的标的始终处于不特定状态。为解决此种困境,《民法典》第515条第2款规定了选择权的移属制度,即享有选择权的当事人在约定期限内或者履行期限届满未作选择,经催告后在合理期限内仍未选择的,选择权转移至对方。

(2)给付不能

给付不能,包括自始不能与嗣后不能。如果是自始不能,则债的关系仅就剩余的给付存在。[①]

---

① 〔日〕於保不二雄:《日本民法债权总论》,庄胜荣校订,五南图书出版有限公司1998年版,第62页。

在嗣后不能的情况下,选择之债的数项给付全部不能的,依据债务不履行中的给付不能制度处理。其中一项或几项给付不能,此外尚有余存的可以履行的给付的,债的关系于余存给付上继续存在。余存的给付为数项的,仍为选择之债,选择权人仅得在余存的给付中进行选择;余存的给付为一项的,为单纯之债,此即发生选择之债特定的法律效果。

但如果给付不能的事由可以归责于无选择权人,则选择权人可以选择余存的给付,履行或请求履行;不得选择不能履行的标的,但是该不能履行的情形是由对方造成的除外(《民法典》第516条第2款)。

有学者主张选择之债的特定方法还包括债权人与债务人另行订立合同。[1] 此种情形的实质,究竟为一种独立的选择之债特定方法,或仅是选择权人行使选择权的表现,值得研究。

(三) 选择之债与相似概念的比较

1. 选择之债与种类之债

选择之债与种类之债,在成立之初,给付均非具体、确定,须经"特定"始可履行,此为二者相近之处。二者最根本的区别在于:当事人是否注重备选择、备特定的各项给付的个性,注重个性的,为选择之债;不重个性的,为种类之债。由此衍生出二者规则上的区别,选择之债的选择是个重大问题,需要有确定选择权归属的各种规则,然后由选择权人依其喜好,考虑各项给付的个性,进行选择;而种类之债中,因当事人不重各项给付的个性,各项给付被认为是无差别的,其特定问题,仅是为了债能够履行,相应规则也较为简单。

2. 选择之债与任意之债

任意之债的债务人或债权人可以他种给付,代替债的原来给付。决定代替的权利,为代替权;可以决定代替之人,为代替权人。代替权属于债务人的,债务人得以他种给付代替原来给付,但债权人仅能就原来给付请求履行。反之,代替权属于债权人的,债权人得请求履行他种给付,以代替原来给付;但债权人未请求代替的,债务人仅得履行原来给付。

任意之债有因法律行为而发生的,称为意定任意之债;有因法律规定而发生的,称为法定任意之债。

选择之债与任意之债的社会功能较为相似,例如9月中旬,自然人甲欲从汽车租赁公司乙租赁一部汽车,用于"十一"期间与亲友出游,但出游人数尚不能完全确定,目前估算为四人,但有增加的可能。甲可以与乙作选择之债的约定,租赁合同的标的为特定车牌号码的捷达轿车一部或金杯小客车一部,由甲享有选择权,甲可于"十一"出游当天取车时依据实际需要,行使选择权。甲也可以与乙作任意之债的约定,租赁合同的标的为特定车牌号码的捷达轿车一部,但甲有代替权,于"十一"出游当天取车时,甲可以请求交付金杯小客车一部以代替原给付。

选择之债与任意之债在法律上的区别在于:选择之债成立时,其标的不确定,须经选择或给付不能而特定,方可履行,其数项给付居于同等地位。任意之债成立时,其标的即为确定,仅在债成立后,有变动的可能,其代替给付仅居于补充的地位。此点区别的实益,仍以上述汽车租赁为例:该捷达轿车在交付前,因可归责于乙的事由而灭失的,如双方作选择之债的约定,该选择之债因一项给付履行不能而特定,乙须交付金杯小客车一部以为履行;如双方作任意之债的约定,该任意之债发生履行不能的法律效果,甲不能行使代替权,乙亦不能

---

[1] 郑玉波:《民法债编总论》(修订2版),陈荣隆修订,中国政法大学出版社2004年版,第213页。

交付金杯小客车一部以履行该债(如果双方均同意如此交付,实际上是建立了一个新的债,此时原债上的各种效力,如担保等,并不及于新债)。

五、按份之债

(一) 按份之债的概念

按份之债是多数主体之债的一种。所谓多数主体之债,是指债的双方主体均为二人以上或其中一方为二人以上的债,与单一主体之债相对。多数主体之债,当事人之间的法律关系较为复杂,不仅有债权人和债务人之间的权利义务关系,即所谓外部关系,还存在多数债权人之间、多数债务人之间的权利义务关系,即所谓内部关系。

依据《民法典》第517条至第521条的规定,多数主体之债被划分为按份之债和连带之债。所谓按份之债,按照《民法典》第517条第1款的规定,是指债的主体至少有一方为多数,且标的可分的场合,各自按照一定的份额享有权利或承担义务的债。债权主体一方为多数人,各债权人按一定份额分享权利的,为按份债权;债务主体一方为多数人,各债务人按一定份额分担义务的,为按份债务。如甲乙共同出资购买一房屋,出租于丙,甲乙对丙的租金债权,为按份债权;反之,甲乙共同承租丙所有之房屋,甲乙对丙承担的租金债务,为按份债务。

(二) 标的可分与否的判断

标的可分与否的判断,通说认为应以履行时作为判断时间点[①],即使合同订立时标的不可分,但履行期限届至时变成可分的,合同之债也可依约定或法定成立按份之债。

(三) 按份之债的效力

1. 内部关系

在多数债权人之间,每个债权人依约定或法定的份额享有债权;在多数债务人之间,每个债务人依约定或法定的份额承担债务(《民法典》第517条第1款)。如果份额难以确定的,视为份额相同(《民法典》第517条第2款)。如果债务人向债权人清偿的结果,超过了应当分担的份额,则就该超过部分有权向未履行相应债务的债务人追偿。如果债权人受领的给付超出了依份额确定的债权,则就该超出数额负有向尚未受偿或受偿不足的其他债权人返还不当得利的债务。

2. 外部关系

每个债权人就其份额对债务人享有债权,对其份额以外的部分,债权人无请求权和受领权,债务人无清偿的义务。在债务人亦为多数人时,有约定或法定只得向特定的债务人请求履行的,依其规定;若有相反约定或法定,也应依其约定或法定为主张。

一般而言,各个按份债权、各个按份债务均各自独立,故一个债务人不履行债务、免除、混同、罹于时效等,对他人均不发生影响,即原则上只发生相对效力,不发生绝对效力。[②] 当然,当事人之间另有约定或法律另有规定的,依其规定。

按份之债由同一个法律事实(如合同)引发,较为常见,但也不排除相同的当事人之间先后订立几个合同,确定他们之间的按份之债。就此说来,按份之债的成立,重在债的内容本身。

---

① 林诚二:《民法债编总论——体系化解说》,中国人民大学出版社2003年版,第474页。
② 同上书,第475页。

按份之债虽以同一给付为标的,但不意味着各个当事人在各个阶段、每个环节都一模一样。如果当事人中存有无效或可撤销的原因,则仅于其份额所产生的债权/债务因原因行为的无效或被撤销而归于消灭,不必然地殃及其他当事人。①

六、连带之债

(一) 连带之债的概念

连带之债是多数主体之债的另一种。所谓连带之债,是指债的主体至少有一方为多数人,多数人一方的各个当事人之间存有连带关系的债。所谓连带关系,是指当事人各自的债务或债权具有共同目的,从而在债的效力、债的消灭上相互发生牵连。连带之债包括连带债权和连带债务。债权主体一方为多数人且有连带关系的,其债权为连带债权;债务主体一方为多数人且有连带关系的,其债务为连带债务(《民法典》第518条第1款)。例如,数个受遗赠人就遗赠之清偿义务,为连带债务;夫妻婚后,以共同财产购买某开发商的房产一套,该夫妻对开发商交付房产并移转其所有权的债权,为连带债权。

在中国,存在着连带债务和连带责任两种称谓,在许多情况下,所谓连带责任就是连带债务,不含有道德、法律谴责和否定的评价,并非违反义务所产生的后果,如合伙人的连带责任、连带保证责任等,均属此类。不过,仍有连带责任属于真正意义上的民事责任,如共同侵权行为人的连带责任。

这种区别具有一定的意义,即,民事责任意义上的连带责任自责任成立的次日开始起算诉讼时效期间,而民事义务层面上的连带债务、连带责任一般先由履行期限制度管辖,于该期限届满时,债务人未履行连带债务、责任人未承担连带责任的,才适用诉讼时效制度。

连带债权的各债权人均有权请求和接受债务人所为的全部给付或部分给付;连带债务的各债务人均负有清偿全部债务或部分债务的义务。

[拓展]

1. 不真正连带债务的概念分析

所谓不真正连带债务,是指这样的现象:数个债务不处于同一位阶,本于各自的发生原因,对债权人各负全部给付的义务,因债务人中一人为给付,其他债务人便同时免负其责任的债务。该项债务与连带债务颇相类似而实不相同。例如,甲向乙购买一批货物,以支票付款,该支票的发票人为丙。乙持该支票兑付,但遭拒绝。于此场合,乙可以基于买卖合同向甲请求支付价款,也可以依据票据法的规定,向丙行使追索权,请求给付票款。惟乙向丙请求给付票款,无非以取得价款为目的,如果丙清偿票款,乙取得价款的目的已经达到,其债权得到满足,即不得再向甲请求给付价款。②

不真正连带债务与连带债务相同的,表现在如下方面:(1) 两者均为债务人各负全部给付的责任;(2) 两者都是债务人中一人或数人为全部给付时,其他债务人的债务随同消灭;(3) 两者均属多数人债务。③

不真正连带债务与连带债务之间更有不同,表现在如下方面:(1) 发生的原因不同:不

---

① 林诚二:《民法债编总论——体系化解说》,中国人民大学出版社2003年版,第475—476页。
② 孙森焱:《民法债编总论》(下册),法律出版社2006年版,第742页。
③ 同上。

真正连带债务的各个债务系基于不同的发生原因,连带债务的各个债务的发生原因,有的是同一的,有的是各自的。(2) 数个债务是否处于同一位阶不同:不真正连带债务的各个债务不处于同一位阶,连带债务的各个债务则处于同一位阶。(3) 发生的缘由不同:不真正连带债务的发生系因相关的法律关系偶然竞合所致,例如上例丙清偿票款时,乙即不得再向甲请求给付价款,但若甲先付清价款而不索回支票,乙竟依票据关系向丙行使追索权,则基于票据的无因性,丙不得拒绝给付票款,或者说,甲的履行并未使丙的票据债务归于消灭。这与连带债务的发生系依债务人明示的意思表示或法律的规定,迥不相同。①

2. 不真正连带债务的发生

(1) 数人因各自的债务不履行而负担同一损害赔偿债务。例如,某医院特约聘请麻醉医师甲和外科医生乙,在 2009 年 3 月 3 日上午 10 时来手术室做手术。届时二人均未到场,使病人病情恶化,该医院因此赔付了 5 万元。(2) 数人因各自的债务而负担同一给付。例如,主债务人甲对债权人乙负担 1000 万元的本息,保证人丙对此债务承担保证责任。(3) 债务不履行的损害赔偿与债务的履行发生竞合。例如,受托人侵占处理委托事务过程中所生动产,成立违约责任;其委托事务的保证人则应负责任保证合同项下的履行责任。两者均以弥补委托人所受损失为目的。(4) 数人对因各自的侵权行为所致同一损害负赔偿责任。例如,甲非法占有乙的自行车,丙将该车捣毁。甲和丙对乙系分别成立侵权行为,招致同一损害。(5) 债务不履行与侵权行为竞合。例如,甲向丙承租 A 房,因其过失使乙将该房焚毁。于此场合,甲承担违约损害赔偿责任,乙负侵权损害赔偿责任,两项责任成为不真正连带债务。(6) 侵权行为与合同债务的履行竞合。例如,甲焚毁乙已经投保的 A 房屋,应负侵权损害赔偿责任;保险人丙对乙承担给付保险金的债务。(7) 因法律规定与债务履行的竞合。例如,儿子对父亲承担法定的赡养义务,该父亲也可以基于与第三人甲的合同,请求其尽抚养义务。②

3. 不真正连带债务的效力

(1) 对外效力

其一,债权人对于债务人一人或数人或其全体,可以同时或先后请求全部或一部的给付。需要注意,在民事诉讼上,如果债权人对数个债务人一同起诉,应当审查是否合法。其二,债务人中的一人为清偿、以物抵债(含代物清偿)、提存或抵销等满足债权的给付时,惟有同时满足不真正连带债务的客观单一目的时,才发生绝对效力。其道理如同上述,不真正连带债务的各个债务之间,是否具有客观上单一目的,纯因请求权偶然竞合所致,债务人甲履行债务时,虽然同时使债务人乙的债务消灭;但债务人乙履行债务时,则不一定当然地使债务人甲的债务消灭。其三,债权人对于债务人中的一人请求给付、免除、混同或诉讼时效已经完成的,原则上对其他债务人不发生效力。惟如依债的内容,应以其他债务人的债务存在为前提的,债权人如免除其他债务人的债务,即发生绝对效力。③

(2) 对内效力

不真正连带债务人之间,并不当然发生求偿关系,但因其各自所负债务性质的差异,如

---

① 孙森焱:《民法债编总论》(下册),法律出版社 2006 年版,第 742—743 页。
② 同上书,第 743—744 页;郑玉波:《民法债编总论》(修订 2 版),陈荣隆修订,中国政法大学出版社 2004 年版,第 426—427 页。
③ 孙森焱:《民法债编总论》(下册),法律出版社 2006 年版,第 744 页;郑玉波:《民法债编总论》(修订 2 版),陈荣隆修订,中国政法大学出版社 2004 年版,第 427 页。

有可以认为某一债务人应负终局的责任的,则其他债务人于清偿后,自也可对之求偿。例如,保险公司理赔后,可以代位被保险人向放火人请求赔偿。但相反言之,放火人先行赔偿后,不得向保险公司求偿,因为放火人须负终局的责任。此种保险公司之于放火人发生的求偿关系,并非因有共同免责的给付行为而请求偿还各自分担的部分,而是基于另一种法律关系而请求,故与连带债务的求偿关系在性质上并不相同。①

(二) 连带之债的发生原因

连带债权或连带债务,由法律规定或当事人约定(《民法典》第 518 条第 2 款)而发生。因当事人的法律行为而发生的,为意定的连带之债;因法律的直接规定而发生的,为法定的连带之债。相应地,也存在意定和法定连带债权、意定和法定连带债务。其实,连带债务有时也因推定而发生。

作为意定连带之债发生原因的法律行为,可以是合同,也可以是单独行为,但以合同为常见。《民法典》第 595 条以下规定的各种有名合同,大多可以由当事人约定为连带之债。一些立法例要求约定连带之债,尤其是连带债务的意思表示,须以明示为限,而不许以默示推定(如《法国民法典》第 1202 条),中国《民法典》虽无此类明文,但从其第 518 条第 2 款关于连带之债由法律规定或当事人约定的规定看,亦应作与之相同的解释。

法定连带债务,通常体现对债权人特别保护的立法政策,如共同侵权行为人对受害人的连带债务(《民法典》第 1168 条)、代理人与被代理人就违法事项的代理承担连带债务(《民法典》第 167 条)、合伙人的连带之债(《合伙企业法》第 2 条第 2 款、第 3 款)、票据债务人的连带债务(《票据法》第 68 条第 1 款)、股份公司发起人的连带债务(《公司法》第 99 条)等。

当事人之间采意定连带债权约定的,较为罕见。在社会生活中,债权人往往具有优于债务人的地位,而连带债权对各债权人较为不利,债权人往往不会同意这样的约定。法定连带债权,不太常见,对于《民法典》第 926 条的规定,似可解释为承认了连带债权。因此,本节下文着重介绍连带债务的有关问题。

(三) 连带债务的效力

多数主体之债较单一主体之债复杂之处,主要在于债的效力,具体表现在两个方面,即对外效力和对内效力。②关于连带债务的效力问题,下文也从这两个方面进行说明:

1. 对外效力

对外效力是债权人与债务人之间的关系问题,其核心是债权人的请求权。连带债务对外效力的核心,是债权人对连带债务人的请求权以及履行等事项发生绝对效力还是发生相对效力。

连带债务的债权人请求权的行使,较为自由,可以向债务人一人、数人或全体请求履行,可以向不同债务人同时或先后请求履行,可以请求全部或部分履行(《民法典》第 518 条第 1 款)。不过,请求部分履行在某些情况下不能或不当时,连带债务人有权抗辩。例如,A 楼被登记在甲和乙的名下,甲和乙作为出卖人与作为买受人的丙订立 A 楼买卖合同。甲和乙在内部关系上为按份债务关系,但在外部关系方面负连带债务。在这种情况下,丙请求甲办理部分转移登记手续,就不妥当。再如,一些债务的履行必须一气呵成,否则,半途而废,于此场合也不得请求部分履行。如果这些观点成立,则《民法典》第 518 条第 1 款关于债权人可

---

① 郑玉波:《民法债编总论》(修订 2 版),陈荣隆修订,中国政法大学出版社 2004 年版,第 427—428 页。
② 同上书,第 381 页。

以请求债务人部分履行债务的规定应被限缩适用范围。

通说认为,连带之债本质上是相互独立且具有共同目的的数个债。其相互独立意味着,连带债务人一人与债权人之间发生的事项原则上对其他债务人不发生影响,这就是所谓相对效力;其具有共同目的意味着,当连带债务人一人与债权人之间发生的事项,使连带债务的共同目的归于消灭时,该事项例外地对其他连带债务人也发生效力,这就是所谓绝对效力。该例外主要包括债的各种消灭原因,如债务的清偿、抵销、提存、混同、免除等,这集中体现在《民法典》第520条的规定中:"部分连带债务人履行、抵销债务或者提存标的物的,其他债务人对债权人的债务在相应范围内消灭"(第1款前段);"部分连带债务人的债务被债权人免除的,在该连带债务人应当承担的份额范围内,其他债务人对债权人的债务消灭"(第2款);"部分连带债务人的债务与债权人的债权同归于一人的,在扣除该债务人应当承担的份额后,债权人对其他债务人的债权继续存在"(第3款);"债权人对部分连带债务人的给付受领迟延的,对其他连带债务人发生效力"(第4款)。①

2. 对内效力

对内效力是各债权人之间或各债务人之间的内部关系问题,连带债务的对内效力体现在以下方面:

(1) 各连带债务人所负担的份额,当事人有约定的或法律有规定的,依其约定或规定予以确定;份额难以确定的,视为份额相同(《民法典》第519条第1款)。

(2) 一个或数个连带债权人实际受领超过自己份额的,有义务按比例向其他连带债权人返还(《民法典》第521条第2款)。

(3) 一个或数个连带债权人免除债务人的债务,在内部关系上不得损害其他连带债权人的权益,即为免除意思表示的连带债权人所享有的份额之权归于消灭,其他连带债权人所享有的份额之权继续存在,连带债务人因免除不再负担清偿义务的,由表示免除的连带债权人向其他连带债权人承担清偿责任。

(4) 一个或数个连带债务人对外实际负担的债务份额,超过了其在内部关系上应负担的份额的,他或他们对其他连带债务人享有追偿权。

关于追偿权,《民法典》第519条规定:"实际承担债务超过自己份额的连带债务人,有权就超出部分在其他连带债务人未履行的份额范围内向其追偿,并相应地享有债权人的权利,但是不得损害债权人的利益。"(第2款前段)"被追偿的连带债务人不能履行其应分担份额的,其他连带债务人应当在相应范围内按比例分担。"(第3款)②

许多立法例上均规定,追偿权人于追偿范围内,承受债权人之债权(《法国民法典》第1251条、《德国民法典》第426条、《瑞士债务法》第149条),有的采取追偿权人的代位权模式,德国民法则为法定债权转移机制。其实益,在于强化追偿权的效力,例如连带债务附有担保,追偿权人可以对担保人主张权利。至于追偿权人本人是否即为担保人,或与担保人之间存在委托等内部关系,则属另一问题。《民法典》第519条第2款前段正文设置的"相应地享有债权人的权利",相当于代位权模式或法定债权转移机制。③

---

① 详细论述,请参见崔建远:《〈民法典〉所设连带债务规则的解释论》,载《当代法学》2022年第2期。
② 同上。
③ 同上。

第四节 合同的形式

一、合同的形式概述

合同的形式,又称合同的方式,是当事人合意的表现形式,是合同内容的外部表现,是合同内容的载体。

从合同法的历史发展看,在合同的形式上明显地表现出从重形式到重意思的变化规律。这是在交易安全允许的前提下,适应不断发展的社会经济越来越强烈地要求交易便捷的结果。当然,重意思不等于完全否定形式。法律难以评价纯粹内心的意思,只有意思以一定形式表现出来,能被人们把握和认定时,法律才能准确地评价。所以,在任何社会,合同的形式都不可或缺。1804年的《法国民法典》把合同视为一种单纯的合意,过分忽视合同形式,有矫枉过正之嫌,不但在证据法看来弊端严重,而且与在一定条件下合同形式有利于交易便捷的性质不符。现代合同法兼顾交易安全与交易便捷两项价值,已经不同程度地将要式合同的运用范围加以扩大,对某些重要的合同、关系复杂的合同强调书面形式。格式合同的普遍推广更能说明问题。因为经过法律规制的格式合同,除去其不公正条款以后,省去消费者调查的麻烦,使其不必耗神费力地就交易条件讨价还价,促进企业内部的合理化,使缔约迅速化,更加符合交易安全与交易便捷的要求。

中国现行法对合同形式的态度,主要体现在《民法典》第135条、第469条等规定中,区分情况而承认书面形式、口头形式和其他形式的合同。①

总的说来,在中国,合同形式分为约定形式与法定形式,法律兼采要式与不要式的原则。中国已经实行社会主义市场经济,应当按照符合交易安全与交易便捷的要求设计合同的形式,对某些重要的合同、关系复杂的合同强调书面形式,其他合同采取何种形式,宜由当事人决定。

二、口头形式

口头形式,是指当事人只用语言为意思表示订立合同,而不用文字表达协议内容的合同形式。

口头形式简便易行,在日常生活中经常被采用。集市上的现货交易、商店里的零售等一般都采用口头形式。

合同采取口头形式,无需当事人特别指明。凡当事人无约定、法律未规定须采用特定形式的合同,均可采用口头形式。但发生争议时,当事人必须举证证明合同的存在及合同关系的内容。

合同采取口头形式并不意味着不能产生任何文字的凭证。人们到商店购物,有时也会要求商店开具发票或其他购物凭证,但这类文字材料只能视为合同成立的证明,不能作为合同成立的要件。

口头形式的缺点是发生合同纠纷时难以取证,不易分清责任。所以,不能即时清结的合

---

① 关于书面形式的价值,请见崔建远:《中国民法典释评·物权编》(下卷),中国人民大学出版社2020年版,第184—188页。

同和标的数额较大的合同,不宜采用这种形式。

三、书面形式

书面形式,是指以文字或者数据电文等表现当事人所订合同的形式。合同书以及任何记载当事人的要约、承诺和权利义务内容的文件,都是合同的书面形式的具体表现。《民法典》第469条第2款规定:"书面形式是合同书、信件、电报、电传、传真等可以有形地表现所载内容的形式。"

合同书,是指载有合同内容的文书。合同书必须由文字凭据组成,但并非一切文字凭据都是合同书的组成部分。成为合同书的文字凭据须符合以下要求:有某种文字凭据,当事人或其代理人在文字凭据上签字或盖章,文字凭据上载有合同权利义务。

合同的书面形式也可以表现为信件,如不可撤销的保函、见索即付的保函、单方允诺的函件等。

合同的书面形式还可以表现为数据电文,原来常见的有电报、电传和传真;现在新兴而且在将来必会有重大发展前途的有电子数据交换和电子邮件。电子数据交换(electronic data interchange, EDI),是指将商业或行政事务处理按照一个商定的标准,形成结构化的事务处理或信息数据格式,从计算机到计算机的电子传输方法。[①] 或者说是指电子计算机之间信息的电子传输,而且使用某种商定的标准来处理信息结构。[②] 电子邮件(E-mail),是通过电子计算机系统以及国际互联网络实现的信息传递方式。

按照《电子签名法》的规定,能够有形地表现所载内容,并可以随时调取查用的数据电文,视为符合法律、法规要求的书面形式(第4条)。符合下列条件的数据电文,视为满足法律、法规规定的原件形式要求:(1) 能够有效地表现所载内容并可供随时调取查用;(2) 能够可靠地保证自最终形成时起,内容保持完整、未被更改。但是,在数据电文上增加背书以及数据交换、储存和显示过程中发生的形式变化不影响数据电文的完整性(第5条)。符合下列条件的数据电文,视为满足法律、法规规定的文件保存要求:(1) 能够有效地表现所载内容并可供随时调取查用;(2) 数据电文的格式与其生成、发送或接收时的格式相同,或者格式不相同但是能够准确表现原来生成、发送或接收的内容;(3) 能够识别数据电文的发件人、收件人以及发送、接收的时间(第6条)。《民法典》对此予以固定(第469条第3款)。

合同须有特定性,在以纸质为载体的书面合同场合,其特定性通过当事人双方的签名或盖章来体现。其签名,通常是指签署者在文件上手书签字。手书签名或盖公章有三种功能:一是表明合同各方的身份,二是表明接受合法约束的意愿,三是在发生纠纷时作为证据,保证交易的安全。没有当事人签名、盖章的文本,不属于书面形式的合同。当事人在合同书上按指印的,应当认定其具有与签字或盖章同等的法律效力。

但电子合同未必具有传统概念下的书面正式文本,传统的签名方式很难应用于电子交易方式,此时所谓签字盖章也就有了新的概念和方式,这就是电子签名。

在国际上,实行一种参加交易的每一方当事人都采用电子签名的机制。这种电子签名机制是由符号及代码组成,用于每一份单据,对每一方来讲,具体采用什么符号或代码,是根据现有的技术,可应用的标准的要求及所使用的安全程序来确定的。任何一方当事人的电

---

① 联合国国际标准化组织(UNISO)对EDI所作定义。
② 联合国国际贸易法委员会(UNCITRAL)《电子商务示范法》第2条(b)项。

子签名可以不时地改变,以保护其机密性。所有这些都是为了确保电子签名者的当时意图,这与传统的签名的意义和要求是相吻合的。联合国国际贸易法委员会《电子商务示范法》采用了一种"功能等同"方法以解决电子数据资讯的书面形式问题。这种方法立足于分析传统书面形式的目的及作用,以确定如何通过电子商务技术来达到这些目的及作用。其具体做法是挑出书面形式要求中的基本作用,以其作为标准,一旦数据电文达到这些标准,即可与起着相同作用的相应书面文件一样,享受同等程度的法律认可。

对于电子签名所要求的条件,以及电子签名的法律效力,《电子签名法》规定,电子签名同时符合下列条件的,视为可靠的电子签名:(1) 电子签名制作数据用于签名时,属于电子签名人专有;(2) 签署时电子签名制作数据仅由电子签名人控制;(3) 签署后对电子签名的任何改动能够被发现;(4) 签署后对数据电文内容和形式的任何改动能够被发现。当事人也可以选择使用符合其约定的可靠条件的电子签名(第13条)。可靠的电子签名与手写签名或者盖章具有同等的法律效力(第14条)。电子签名需要第三方认证的,由依法设立的电子认证服务提供者提供认证服务(第16条)。

至于公证、鉴证、登记、审批是属于合同的书面形式范畴,还是合同的生效要件,后者更为可取。因为合同是当事人各方的合意,公证、鉴证、登记、审批皆为当事人各方合意以外的因素,即不属于成立要件的范畴,而属于效力评价的领域,尤其是登记、审批宜定为不动产物权的变动要件。

书面形式的最大优点是合同有据可查,发生纠纷时容易举证,便于分清责任。因此,对于关系复杂的合同、重要的合同,最好采取书面形式。中国法律也是如此规定的。

四、推定形式

当事人未用语言、文字表达其意思表示,仅用行为甚至沉默向对方发出要约,对方接受该要约,做出一定的或指定的行为作为承诺,合同成立。例如某商店安装自动售货机,顾客将规定的货币投入机器内,买卖合同即成立。

推定形式具有广泛的应用领域。当事人未以书面形式或口头形式订立合同,但从双方从事的民事行为能够推定双方有订立合同意愿的,人民法院可以认定是以《民法典》第469条第1款中的"其他形式"订立的合同。但法律另有规定的除外。有观点认为,事实缔约就属于此处所谓以"其他形式"订立的合同。

第五章

合同的效力

第一节 合同的效力概述

一、合同效力的概念

合同的效力,又称合同的法律效力,是指法律赋予依法成立的合同具有拘束当事人各方乃至第三人的强制力。[①] 对此,应从以下方面把握:

1. 合同的效力,从根源上讲,是合同法等法律赋予合同的,由国家的强制力保障的,在债务人违约时,法律依守约方的请求强制违约方实际履行或承担其他不利后果的法律上的强制力。由此可见,合同的效力不同于友谊的纽带、名誉的力量和道德的约束。

2. 合同的效力,从所反映的意志看,是法律评价当事人各方合意的表现,是国家意志的反映;同时是当事人各方为满足其需要"寻找"法律的依据和支持,将自己的意思符合于已上升为法律的国家意志的结果。在这种当事人各方的合意与国家意志有机统一的状态中,最大限度地体现着当事人的要求。例如,允许当事人依其意思限制合同效力的范围,允许当事人选择给付,允许当事人变更合同和转让权利义务,允许当事人依法处分等。这些都表明合同的效力只是法律效力的具体化,并非法律效力本身,两者有着质的差异。

3. 合同的效力,作为法律评价当事人各方合意的表现,是复杂多样的:法律对当事人各方的合意予以肯定的评价时,发生当事人预期的法律效果,当事人各方承受合同条款固定的权利义务;法律对当事人各方的合意予以彻底否定的评价时,发生合同无效的后果,当事人各方承受法定的权利义务;法律对当事人各方的合意予以相对否定的评价,发生合同得撤销或者效力待定的效果,法律把决定权有条件地交给有权人或其代理人,由其审时度势地决定是否撤销合同或者是否追认合同。人们通常在第一种意义上使用合同的效力概念。

4. 这种意义上的合同效力,即法律赋予依法成立的合同拘束当事人各方乃至第三人的强制力,分为合同对当事人各方的拘束力与合同对第三人的拘束力。

合同对当事人各方的拘束力包括:(1) 当事人负有适当履行合同的义务;(2) 违约方依法承担违约责任;(3) 当事人不得擅自变更、解除合同,不得擅自转让合同权利义务;(4) 当事人享有请求给付的权利、保有给付的权利、自力实现债权的权利、处分债权的权利、同时履

[①] 关于合同效力的概念辨析,见崔建远:《合同法总论》(上卷)(第2版),中国人民大学出版社2011年版,第253—257页。

行抗辩权、不安抗辩权、保全债权的代位权和撤销权、担保权等;(5)法律规定的附随义务也成为合同效力的内容。

合同对第三人的效力,在一般情况下,表现为任何第三人不得侵害合同债权,在合同债权人行使撤销权或代位权时涉及第三人,在涉他合同中可有向第三人履行或由第三人履行的效力。

二、合同有效与合同生效

合同具有拘束当事人各方的效力,其领域、范围有所区别,于是有合同有效与合同生效的细微差异。虽然在绝大多数情况下,合同有效了,就是合同生效了,但在某些场合,合同有效并不一定是合同生效。其道理在于,合同有效,是指合同符合《民法典》第143条规定的有效要件时的状态,至于是否具备了履行的条件,则不太考虑。而合同生效则指这样的合同:不但具备了有效要件,而且具备了履行的条件。举例来说,某买卖合同约定本合同自双方签字盖章时生效,双方确实在该合同文本上签字盖章了,于是该合同既是有效的,也是生效的。与此有别,需要行政主管机关批准的合同,虽然已经双方当事人签字盖章,但尚未经行政主管机关批准,那么,该合同是有效的,但却是尚未生效的。

三、合同有效与合同未生效

合同未生效,是指已经成立的合同尚未具备生效要件,法律至少暂时不能完全或完全不能按照当事人的合意赋予法律拘束力,即至少暂时不能发生履行的效果。显然,合同未生效以存在着已经成立的合同为前提,在合同尚未成立时,谈合同未生效有点舍近求远的意味,不如径直称合同未成立。从另一方面说,合同未生效只是已经成立的合同的一种结果。

合同有效,是合同已经具备了《民法典》第143条规定的有效要件,因而有别于尚不具备有效要件的合同;可能是生效的,如普通的买卖合同,有效的同时也是生效的;也可能是未生效的,如需要行政主管机关批准的合同却尚未经行政主管机关的批准。

合同未生效不是终局的状态,而是中间的、过渡的形式,会继续发展变化。演变的结果可能有:(1)未生效的合同具备有效要件,但不具备生效要件。此类合同已经具有当事人必须遵守的拘束力,只是尚无履行的效力。附停止条件的合同在条件尚未成就场合,附始期的合同在始期尚未届至场合,均属此类。(2)未生效的合同在某个阶段具备了生效要件,转化为生效合同,发生了当事人所期望的法律效果,进入履行的过程。(3)当事人通过其行为或言词,已经变更了原合同的生效条件,变更后的合同已经生效了。例如,当事人在合同中约定了始期或停止条件,在始期尚未届至、停止条件尚未成就的情况下,双方当事人都已经履行了主要义务,或一方当事人履行了主要义务,对方认可,则宜认定该合同已经变更,去除了始期或停止条件。(4)已经成立但尚未生效的合同因约定的解除条件成就或终期届满而彻底地失去效力。例如,某涉外《股权转让合同》第31条规定:"本合同如自签字盖章之日起18个月内,政府主管部门未审批的,自动失去效力。"该合同只要自签字盖章之日起已逾18个月,即使政府主管部门并未作出不予批准的决定,也归于消灭。(5)未生效的合同在某个阶段出现并存在了无效的原因,成为确定无效的合同。(6)未生效的合同一直没有具备生效要件,也没有出现无效的原因。

第二种和第三种情形由履行和违约责任制度解决,第四种情形适用《民法典》关于合同的权利义务终止的规定。第五种情形由无效和缔约过失责任甚至罚没制度管辖,第一种情形可能发展到第二种情形,也可能演变为第三种、第四种情形。

第六种情形的后果最为复杂,需要较为详细些讨论。如果当事人各方都不积极促成合同生效,也不撕毁合同,那么,合同既不生效履行,当事人也不负缔约过失责任,更无违约责任的产生。如果当事人任何一方明确告知对方不再遵守合同,或以自己的行为表明,即使合同届时具备生效要件,也不履行合同,那么,在对方当事人没有依法促成合同生效的情况下,缔约过失责任成立,有过错的一方向对方赔偿信赖利益的损失。

[拓展]

1. 世界上的事情确实复杂,其表现之一是,合同未生效,可能是某特定合同的部分条款未生效,其他部分已经生效。在某特定合同由一系列合同文件组成的场合,这种部分生效、部分未生效的情形时有发生。例如,《A股份有限公司股份转让协议》附有《关于A股份有限公司股份转让过渡期安排的协议》《关于A股份有限公司员工安置安排的协议》《关于A股份有限公司盈利目标之承诺函》《受让人的法人代表甲对本次收购行为承担连带责任之不可撤销的承诺函》四份文件。该《A股份有限公司股份转让协议》第26条约定:"本协议书自各方法定代表人或授权代表签字并加盖公章之日起成立。"第27条约定:"本次股权转让在以下条件全部成就且其中最晚成就之日起生效:(1)转让方的股东大会批准转让方向受让方转让其持有的本协议书项下的目标公司(A股份有限公司)的股份;(2)目标公司(A股份有限公司)的股东大会批准本次向受让方协议转让标的股份;(3)本次股份转让经中国证监会审核无异议;(4)受让人向目标公司(A股份有限公司)的股东发出的《要约收购报告书》经中国证监会核准无异议,且《要约收购报告书》生效且要约收购完成;(5)本次股权转让获得主管国有资产监督管理审批部门批准;(6)本次股权转让获得主管外商投资审批部门批准。"

该《A股份有限公司股份转让协议》已经双方当事人签字盖章,按照《民法典》第490条的规定,以及该《A股份有限公司股份转让协议》第26条的约定,已经成立。不过,该《A股份有限公司股份转让协议》尚未经主管国有资产监督管理审批部门批准,也未经中国证监会核准,依据《外商投资法实施条例》第33条以下的规定,以及该《A股份有限公司股份转让协议》第27条的约定,尚未生效。

在这里,需要特别探讨的是,尚未生效的合同可否有部分生效的情形?若有,其根据是什么?

首先,该《A股份有限公司股份转让协议》第22.2条约定:"受让方承诺因其主观、恶意的过错导致本次股权转让未获审核和批准机关批准而造成本协议无法履行的,在该事实发生次日起5个工作日内,受让方向转让方支付人民币1200万元的违约金。上述受让方的过错是指应当履行相关法定或约定或承诺的义务而受让方因主观、恶意的过错不履行的,包括但不限于:1)受让方对其具备本次收购目标公司(A股份有限公司)的投资者资格的陈述与保证不真实,或因未履行其作出的有关投资者资格的承诺,而导致本次股份转让不能获得批准;2)受让方未履行且也无法强制履行要约收购义务而导致本次股份转让失败。"本书作者认为,受让方承担该条项约定的违约金责任,必须以该条项已经生效为前提条件,假如该条项尚未生效,那么不可能处理违约金责任,只好产生缔约过失责任。由于此处违约金的构成所需要的义务违反,并非主给付义务的违反,而是报批义务这种法定义务、先合同义务的违反,不受该《A股份有限公司股份转让协议》生效与否的影响。这告诉我们,该《A股份有限公司股份转让协议》在总体上尚未生效,但其中的第22.2条却已经生效。

其次,按照该《A股份有限公司股份转让协议》第34.2条关于"本协议书附件是本协议书不可分割的组成部分,各附件一经各方签署,即具有与本协议相同的法律效力"的约定,作为该《A股份有限公司股份转让协议》附件之一的《关于A股份有限公司股份转让过渡期安排的协议》,也是该《A股份有限公司股份转让协议》不可分割的组成部分。依据该《关于A股份有限公司股份转让过渡期安排的协议》第3条第7款关于"本协议经各方签署之日起生效,为《A股份有限公司股份转让协议》之附件,与《A股份有限公司股份转让协议》一并使用,是《A股份有限公司股份转让协议》不可分割的组成部分"的约定,《关于A股份有限公司股份转让过渡期安排的协议》因已被各方签署而发生效力。这表明该《A股份有限公司股份转让协议》在总体上尚未生效,但作为其不可分割的组成部分的《关于A股份有限公司股份转让过渡期安排的协议》却已经生效。

2. 对于未生效的合同,在某些情况下,不宜甚至不得促其向生效的方向发展。还有,在认定某合同是已经生效了抑或尚未生效发生困难或存有争议的场合,宜认定为尚未生效,而不宜认定为已经生效。

例如,某乙不具有房地产经纪人的资质,却以居间人的身份与开发商甲签订了《房屋买卖居间合同》。该合同第2条约定:"经居间人乙的媒介,丙公司或它指定的关联公司作为买受人与开发商甲就A大厦的买卖签订了合同,并办理了A大厦所有权的过户登记手续的,居间人乙获取A大厦价款1%的佣金。"该合同最后约定:"本合同一式二份,缔约人各保留一份,自签字盖章时生效。"

实际缔约的情况是,不是丙公司而是丁公司作为买受人与开发商甲签订了A大厦买卖合同。并且,没有证据表明甲与丁的A大厦买卖合同是经乙的媒介而洽商并签订的,也没有证据证明丁公司是丙公司的关联公司,更无证据证明丙公司指示丁公司买受A大厦。

再一个值得注意的事实是,该合同的文本上,留有开发商一方的签字并盖章,没有居间人一方的盖章,只有其法定代表人的签字。在这种情况下,倘若机械地按照法人在其所签合同书上盖章或其法定代表人在合同书上签字,合同都成立的规则及惯例处理,那么认定该系争合同已经生效,就规避了中国现行法关于房地产交易的居间人必须具备相应资质的规定,就在实质上免除了居间人乙所负证明丁公司系丙公司的关联公司、丁公司作为买受人系经丙公司的指示两项举证责任,不尽妥当;而认定该合同未生效,则比较合适。

四、合同有效、合同生效与合同订立、合同成立

尽管合同的订立也要在法律的规范下进行,但这里的法律规范是最大限度地尊重当事人意思的规范,因而,合同的订立是当事人意思自治的体现,是当事人意志的结果,强制缔约只是例外,且仅就合同成立而言,仍然体现了双方当事人的合意;而合同的有效、生效是国家通过法律评价合同的表现,是法律认可当事人的意思的结果。成立的合同只有符合法律的要求才会生效,与法律的要求相抵触则会被法律否定,或归于无效,或得撤销,或效力未定。可见,合同订立与合同有效、合同生效是两个层次的问题,是不同的范畴和制度。合同成立与合同有效、合同生效之间的关系也当然如此。

区分合同订立、合同成立与合同有效、合同生效,明确了当事人的意思和国家意志所起的不同作用,两者的要件不同,有助于清楚地说明合同成立以后为何会有不发生法律效力、无效、可撤销、效力未定等不同的命运,但对此也不能评价过高。在这里,有些学者的意见值得重视:"法律行为不成立与无效,就其效果言,并无分别。"[①] "法律行为成立要件及生效要件的区别,仅在凸显整个构成要件上,以当事人所意欲者作为法律行为(私法自治)核心的意义,及为达成其所意图法律效果,尚须具备的其他要件(多基于公益的考虑),关于何者为成立要件,何者为生效要件的争论,殆无实益。"[②]

五、合同生效与合同效力中止

合同生效后,法律拘束力一直持续,直到合同终止。这是常态。合同生效后,法律拘束力因一定事由出现而暂停,也有其表现。例如,《保险法》规定:"合同约定分期支付保险费,投保人支付首期保险费后,除合同另有约定外,投保人自保险人催告之日起超过三十日未支付当期保险费,或者超过约定的期限六十日未支付当期保险费的,合同效力中止,或者由保险人按照合同约定的条件减少保险金额"(第36条第1款)。"合同效力依照本法第三十六条规定中止的,经保险人与投保人协商并达成协议,在投保人补交保险费后,合同效力恢复。但是,自合同效力中止之日起满二年双方未达成协议的,保险人有权解除合同"(第37条第1款)。这种所谓合同效力中止,是指合同处于这样的状态:合同既未终止,亦无履行的效力,即使债权人请求债务人履行,债务人也有权抗辩。《保险法》这样设计有其合理性:(1)在投保人自保险人催告之日起超过30日未支付当期保险费,或者超过约定的期限60日未支付当期保险费的情况下,保险合同若继续具有履行的效力,则保险事故发生时保险人有义务理赔。这对保险人过于苛刻。而于此场合保险合同的效力中止,即便发生了保险事故,保险人也无理赔的义务,就平衡了当事人各方之间的利益关系。(2)保险合同的效力中止,而非终止,待投保人补交保险费后,合同效力恢复,免去了合同终止后当事人重新协商签订新合同的麻烦,避免了因各执己见无法签订新合同的低效后果。

第二节 合同的有效要件

一、概说

法律评价当事人各方的合意,在合同效力方面,是以合同的有效要件作为评价标准。对符合有效要件的合同,按当事人的合意赋予法律效果;对不符合有效要件的合同,则区分情况,分别按未生效、无效、可撤销或效力未定处理。

合同的有效要件是法律评价当事人合意的标准,故应不同于合同的成立要件。按《民法典》第143条的规定,合同的有效要件应包括:行为人具有相应的民事行为能力;意思表示真实;不违反法律、行政法规的强制性规定,不违背公序良俗。

---

① 王伯琦:《民法总则》,第129、198页。转引自王泽鉴:《民法总则》,北京大学出版社2009年版,第237页。
② Larenz/Wolf, Allgemeiner Teil des Deutschen Büergerlichen Rechts, 8 Aufl. 1997. S. 436ff. 转引自王泽鉴:《民法总则》,北京大学出版社2009年版,第237页。

二、行为人具有相应的行为能力

这一要件要求当事人能够了解合同的状况和法律效果,对保护其合法权益和减少纠纷均具有意义。

自然人签订合同,原则上须有完全行为能力,限制行为能力人和无行为能力人不得亲自缔约,由其法定代理人代为签订,但有如下例外:(1) 可独立签订接受奖励、赠与、报酬等纯获利益或被免除义务的合同;(2) 限制行为能力人可以签订与其年龄、智力和精神健康状况相适应的合同;(3) 可独立签订日常生活中的格式合同或事实合同,如利用自动售货机购买商品、乘坐交通工具、进入游园场所;(4) 签订处分自由财产的合同,如学费、旅费等由法定代理人预定使用目的的财产的处分;(5) 其他征得法定代理人同意的合同。

应当注意,电子合同的签订通过网络的虚拟市场进行,当事人之间大多互不谋面,有无相应的行为能力,不易考查,若硬要调查清楚,成本高昂,则消磨掉了电子合同的优势。有鉴于此,越来越多的专家学者主张,当事人及其法定代理人不得以欠缺相应的行为能力为由影响合同的效力。

按照中国原来的法律规定及其理论,法人签订合同严格地受其宗旨、目的、章程及经营范围的制约,超过经营范围的合同无效。这种做法受到了学说的批评,而且有相当数量的判决甚至司法解释也已转变立场,认定在合同内容不违反强制性规定时合同有效。当然,专为特定目的而设立的法人签订合同,仍不得超过其营业执照上规定的经营范围及其辐射的合理范围。否则,合同无效。

法人分支机构,在得到法人书面授权后,可以自己的名义签订合同。实务中有若干建设工程施工合同不是由作为法人的承包人签订的,而是由承包人的某项目工程部签订的。有专家主张此类合同有效,本书作者认为,此类合同若未加盖法人的公章或合同专用章,不得有效;否则,就违背了《民法典》的立法计划和立法目的。

合伙企业、法人的筹备组织、其他非法人组织有资格独立签订合同(《民法典》第102—108条)。

关于非法人社团,传统理论认为不得以自己的名义签订合同,但现在许多人主张可独立缔约。

此外,有些合同还要求缔约人具有特殊的缔约能力。例如,在技术开发合同场合,技术开发方须有技术开发能力,若不具备此能力,合同无效。再如,在建设工程合同中,承包人得具有建筑施工企业的资质,如果承包人未取得建筑施工企业资质或者超越资质等级,或者没有资质的实际施工人借用有资质的建筑施工企业名义,签订的建设工程施工合同无效[《建设工程施工合同解释(一)》第1条第1款第1项、第2项]。但承包人超越资质等级许可的业务范围签订建设工程施工合同,在建设工程竣工前取得相应资质等级的,当事人请求按照无效合同处理的,人民法院不予支持[《建设工程施工合同解释(一)》第4条]。

三、意思表示真实

意思表示真实,是指缔约人的表示行为应真实地反映其效果意思,即其效果意思与表示行为相一致。它作为合同的有效要件,是意思自治原则的当然要求。

意思表示不真实,对合同效力的影响应视具体情况而定。在一般误解等情况下,合同仍为有效。在重大误解时,合同则可被撤销。在乘人之危致使合同显失公平的情况下,合同可被撤销。在因欺诈、胁迫而成立合同场合,若违背公序良俗,合同无效;若未违背公序良俗,合同可被撤销。

在电子合同场合,按照《电子签名法》的规定,审查数据电文作为证据的真实性,应当考虑以下因素:(1) 生成、储存或传递数据电文方法的可靠性;(2) 保持内容完整性方法的可靠性;(3) 用以鉴别发件人方法的可靠性;(4) 其他相关因素(第8条)。

四、不违反法律、行政法规的强制性规定,不违背公序良俗

这里的法律,一方面应作扩大解释,既包括全国人大及其常委会通过的法律,又包括国务院颁发的行政法规;另一方面应作缩小解释,仅指其中的强制性规定,不包括任意性规定。合同不得违反强制性规定,是由合同制度的目的所决定的,是最为一般的原则。

判断某一法律规定是否为强制性规定,具体规定的字面表达固然不可忽视,该规定的规范目的则更为根本。概括地说,关于基本的社会秩序的规定(如关于不动产物权登记及其效力的规定)、关于私法自治前提的规定(如关于法人资格、行为能力、合同效力等的规定)、保护第三人的信赖和交易安全的规定(如表见代理等规定)、基于保护经济弱者的利益的规定(如关于保护消费者权益的规范)等,都属于强制性规定。广义的强制性规定还包括取缔性规定,即行政取缔立场的禁止或限制一定行为的规定。①

此外,合同还不得违背公序良俗(《民法典》第8条、第143条、第153条第2款)。这是由于社会生活广泛,经济往来繁多,情况复杂,法律不可能将一切情况都规定无遗,故以不得违背公序良俗作为最后一道防线。

需要注意的是,"公序良俗"是一个不确定的概念,通常指不特定多数人的利益,凡是中国社会生活的政治基础、公共秩序、道德准则和风俗习惯等,均可列入其中。违反它的合同严重背离合同制度的目的,危害巨大,不能允许。将不违背公序良俗作为合同的有效要件,一方面可弥补社会发展使法律调整出现漏洞和脱节的不足;另一方面,也利于淳化社会道德伦理和整肃社会风气。

五、标的、形式与有效要件

合同标的须确定和可能,究为合同的成立要件还是生效要件,抑或无所谓,见仁见智,需要进一步研究,《合同编通则解释》采纳了成立要件说(第3条第1款正文)。

关于合同的形式是否为有效要件,存在着争论。一种观点认为,在要式合同场合,法律要求的形式为有效要件之一,合同欠缺法定形式则无效。另一种观点主张,合同欠缺法律要求的形式时,只要能够及时补正,合同仍应有效。《民法典》显然没有采纳第一种观点,在合同形式问题上持一种较为宽松的态度(第469条、第490条)。

[拓展]

备案是否为合同的有效要件,首先看当事人的约定,如果当事人约定合同以备案为生效要件,则依其约定,因为此类约定不违反法律、行政法规的强制性规定,不违背公序良俗。在当事人没有约定的情况下,备案不是合同的有效要件。因为法律、行政法规没有备案为合同

---

① 〔日〕四宫和夫:《日本民法总则》,唐晖、钱孟珊译,朱柏松校订,五南图书出版有限公司1995年版,第204、205页。

有效要件的规定,相反,倒有备案不是合同有效要件的规定。例如,《国家工商行政管理局关于商标行政执法中若干问题的意见》(工商标字〔1999〕第 331 号)第 16 条规定:"商标使用许可合同应当报商标局备案。未备案的,其当事人应当承担相应的行政法律责任,但不影响许可合同的效力。许可合同中明确约定备案为合同生效条件的,未备案的合同不生效。"尽管该规章已被《国家工商行政管理总局关于废止有关工商行政管理规章、规范性文件的决定》(2004 年 6 月 30 日发布并实施)所废止,但《最高人民法院关于审理商标民事纠纷案件适用法律若干问题的解释》明确规定备案不影响合同效力的规定。该解释第 19 条规定:"商标使用许可合同未经备案的,不影响该许可合同的效力,但当事人另有约定的除外。"

第三节 合同的无效

一、合同的无效概述

(一) 合同无效的界定

合同严重欠缺有效要件,不许按当事人合意的内容而是依据法律的直接规定赋予法律效果,即为合同无效。这是狭义的合同无效。在有些情况下,法律不许按照当事人合意的内容赋予法律效果,只是对于特定的人而言的,对于其他人来说,仍然无权否认合同的法律效力。前者为绝对无效,后者是相对无效。它们都属于广义的合同无效。有日本学者认为,就解释论而言,广义的相对无效可指所有绝对无效受到限制的情形。①

(二) 合同无效与合同不成立的区别

合同无效与合同不成立不同,后者是欠缺合同的成立要件,前者是合同已经成立了,但欠缺有效要件。

(三) 合同无效与合同失去效力、不发生效力

在有些情况下,合同或其条款不具有法律效力,称其为无效,并不确切,将之界定为失去效力较为准确。例如,甲公司和乙公司订立《A 设备买卖合同》,约定有仲裁条款;后来双方订立《A 设备买卖合同补充协议》,约定双方发生纠纷又和解无果时由 S 市中级人民法院管辖。在这种案型中,原来约定的仲裁条款被由 S 市中级人民法院管辖的条款取代,不再具有法律效力。对此现象,不宜命名其为无效,而宜叫作合同失去效力。

《合同编通则解释》第 14 条第 2 款所谓确定不发生效力,指的是合同虽然成立但不发生法律效力,也与合同无效存在差异。

(四) 合同无效的分类

1. 绝对无效与相对无效

合同无效,可有绝对无效和相对无效之分。绝对无效,是合同自始、绝对、当然地无效,任何人均可主张。

所谓自始无效,是指合同自成立时即不发生当事人所意欲的效力。这对买卖、赠与等一时性合同固属合理,但对雇用、合伙等继续性合同则将产生复杂的法律状态。为了避免依不当得利规定处理所为给付返还的问题,以及对第三人法律关系所产生的困难,目前多认为雇

---

① 〔日〕近江幸治:《民法讲义·Ⅰ·民法总则》,日本成文堂 1995 年版,第 273—274 页。

用、合伙等关系事实上业已开始时,其主张无效的,惟得向将来发生效力。①

所谓绝对无效,是指无效的合同对任何人都不依当事人的约定发生法律效果,而非仅对某个人或某些人不依当事人的约定发生法律效果。

所谓当然无效,是指无效的合同无需任何人主张,当然地不按照意思表示的内容发生效力,任何人皆得主张其无效,亦可对任何人主张之。② 应注意,"主张",不等于有权认定、确定。合同无效,不是当事人主张才使然,而是天然地、确定地不按意思表示发生法律效果,在外观上由裁判机构具体认定、确定;即使是行政机关也无认定、确定合同无效的权力,因而,即使合同已在有关行政管理部门办理备案、已经批准机关批准或已依据该合同办理财产权利的变更登记、移转登记等,也改变不了合同无效的后果(《合同编通则解释》第 13 条)。

所谓任何人均可主张,有必要被区分为合同当事人可以主张、利害关系人可以主张、其他人可以主张三种类型,以示所主张的内容和范围以及法律效果的差异。当事人的主张,不但表现为消极防御,即以合同无效来对抗对方当事人主张合同权利,而且表现为积极进攻,即请求法院或仲裁机构确认合同无效,使合同权利义务不复存在。利害关系人的主张,表现为可以行使抗辩权,即以合同无效来对抗合同当事人主张合同权利。其中某些利害关系人,如在配偶一方擅自转移夫妻共有的不动产权利场合的配偶另一方,还有权依据《民法典》第 154 条的规定,主动请求法院或仲裁机构确认合同无效,从而使合同权利义务不复存在。余下的"任何人",称为一般第三人,只能行使抗辩权,即以合同无效来对抗合同当事人主张合同权利。在合同当事人基于合同否认一般第三人对合同标的物的权利场合,一般第三人可以合同无效来反驳合同当事人的抗辩,形成"抗辩的抗辩"。

如果合同仅仅相对于某个特定的人才不生效力,相对于其他人则是发生效力,或合同的无效不能对特定人主张,如不得对善意第三人主张,那么该合同的无效就是相对无效。③ 例如,《德国民法典》第 135 条第 1 项前段规定,如果处分标的物违反了法律为保护特定人所作的禁止出让的规定,那么其处分仅对该特定人无效。

德国法中的"相对",用在合同无效领域,只是关于效力所涉及的人的"相对",即不涉及所有人,不是对所有的人发生效力。与此相反,绝对无效则是对于所有人的无效。④ 这是以效力及于人的范围为标准来区分绝对无效和相对无效的思路,可资借鉴。中国《民法典》第 546 条第 1 款规定,债权人转让债权,未将债权转让的事实通知债务人的,该转让对债务人不发生效力。对此,也可说成债权转让协议相对于债务人无效,可作为相对无效看待。相对无效的另一个例子是《民法典》规定的抵押权顺位变更协议的效力(第 409 条第 1 款)。

鉴于区分不同情况而分别设置绝对无效和相对无效两种制度,更为灵活、合理,中国民法及司法解释已经尽可能地减少绝对无效制度适用的范围,重视相对无效制度的设计。

2. 自始无效与嗣后无效

合同无效一般是合同成立之时就存在着无效的原因,依据《民法典》的立法目的及合同法理论,法律对此类合同自始就不按照当事人意思表示的内容赋予法律效果,简言之,合同

---

① 王泽鉴:《民法总则》,北京大学出版社 2009 年版,第 462 页。
② 同上书,第 463 页。
③ 参见〔德〕迪特尔·梅迪库斯:《德国民法总论》,邵建东译,法律出版社 2000 年版,第 375 页;〔德〕迪特尔·施瓦布:《民法导论》,郑冲译,法律出版社 2006 年版,第 495 页。
④ 耿林:《强制规范与合同效力——以合同法第 52 条第 5 项为中心》,中国民主法制出版社 2009 年版,第 333—334 页。

自始无法律拘束力。不过,也有的合同在成立时本不违反当时法律的规定,符合有效要件,只是后来国家颁行了新法或修正了既有的法律,才使合同变得违反了强制性规定,因而应当归于无效。我们可将其称为嗣后无效,把《合同编通则解释》第 16 条第 2 款但书——"合同履行必然导致违反强制性规定或者法律、司法解释另有规定的除外",作为法律依据。这方面的例证可有:

甲国的 A 公司和乙国的 B 公司签订了无缝钢管买卖合同,且货物已经交付了大部。此时,甲乙两国成为交战国,都宣布两国公司之间的合同为非法,不得履行。自此,无缝钢管买卖合同应当无效,但若自合同成立时无法律拘束力,相互返还难以进行,在无缝钢管已被使用了的情况下尤其如此。有鉴于此,此类嗣后无效不宜使合同自成立时起就无法律拘束力。看来,对嗣后无效,是使合同自成立时起就无法律拘束力,还是自无效的原因产生时才不具有法律拘束力,宜视情况而定。这是它不同于自始无效的重要之点,由此显现出区分自始无效和嗣后无效的意义。

如果在国家颁行新法之前或尚未修正既有的法律场合,合同已经履行完毕,新法颁行或既有的法律被修正之后,维持合同履行后的状况没有负面影响,就不宜按合同嗣后无效处理。

尚需指出,如果国家颁行了新法或修正了既有的法律尚未使合同变得违法,只是使合同成为法律上的不能,也不宜按无效处理,而应当适用《民法典》第 580 条第 1 款第 1 项、第 563 条第 1 款第 1 项的规定,由合同解除制度管辖。

3. 全部无效与部分无效

合同无效,并不都是全部无效,有的只是部分无效。无效的原因存在于合同内容的全部时,合同全部无效;无效的原因存在于合同内容的一部分,而该部分无效又不影响其余部分时,其余部分仍然有效(《民法典》第 156 条)。

(五) 恶意之抗辩及其结果

当事人明知合同条件以及缔约时的情事,甚至清楚地知晓将要签订的合同存在着无效的原因,而依然缔约。其后,在合同的存续甚至履行阶段,他发现合同有效于己不利,便请求法院或仲裁机构确认合同无效的,构成恶意之抗辩。对此,法院或仲裁机构不宜一律支持,而应区分情况确定规则。对于那些严重背离合同制度的目的,必须予以取缔的合同,法院或仲裁机构一经发现就应当确认其无效,不论当事人是否请求。于此场合,当事人请求确认合同无效的,不以恶意之抗辩论处。不过,除此而外的合同场合,当事人关于合同无效的主张,则应被定为恶意之抗辩,法院或仲裁机构不宜支持,以防恶意之人因主张合同无效而获得大于合同有效时所能取得的利益。司法解释在若干处体现了这种精神。例如,《建设工程施工合同解释(一)》第 3 条第 2 款关于"发包人能够办理审批手续而未办理,并以未办理审批手续为由请求确认建设工程施工合同无效的,人民法院不予支持"的规定、第 5 条关于"具有劳务作业法定资质的承包人与总承包人、分包人签订的劳务分包合同,当事人请求确认无效的,人民法院不予支持"的规定,《商品房买卖合同解释》第 6 条第 1 款关于"当事人以商品房预售合同未按照法律、行政法规规定办理登记备案手续为由,请求确认合同无效的,不予支持"的规定,《国有土地使用权合同解释》第 8 条关于"土地使用权人作为转让方与受让方订立土地使用权转让合同后,当事人一方以双方之间未办理土地使用权变更登记手续为由,请求确认合同无效的,不予支持"的规定,等等,都体现了人民法院不支持恶意之抗辩的精神。

二、合同无效的原因

按照《民法典》第146条等规定,有关法律及司法解释,以及有关理论,对合同无效的原因分析如下。

(一) 虚假的意思表示无效,隐匿行为的效力视个案情形而定

所谓虚假的意思表示,在传统民法理论上叫作虚伪表示,是当事人明知其表现出来的意思表示/合意非其本意,在合同法领域表现为名为某个合同,但按当事人的真意实际上是另外一个合同的现象。例如,名为买卖、实为赠与的合同;名为赠与别墅、实为偿还借款的合同;名为合建房屋、实为转让划拨建设用地使用权及借款的合同;名为联营、实为借款的合同;名为建设工程施工合同、实际包括借款的合同;等等。上述名为的买卖、赠与、合建房屋、联营、建设工程施工等合同,就是所谓虚伪表示[1];实为的赠与、偿还借款、转让划拨建设用地使用权、借款等合同,就是所谓隐匿行为。概括地说,如果表意人和相对人通谋,共同订立合同的外观,却不拟使该合同本应产生的法律效果发生,构成虚伪表示。如果虚伪表示的目的,在于掩饰另一真正愿意实现的合同,该真正愿意实现的合同即为隐匿行为。

合同在整体上构成虚假的意思表示,有之;合同的组成部分、特定条款构成虚假的意思表示,也有之。[2] 最为典型的虚假的意思表示,是虚报买卖物的价款,实务中常见的,如把本来是一个A房买卖合同分拆成一个A房买卖合同和一个A房装修合同,A房的房款和A房的装修工程款的总和才是真实的A房房款。

对于虚假的意思表示,《民法典》第146条第1款明定为无效。至于隐匿行为,《民法典》第146条第2款的措辞是"以虚假的意思表示隐藏的民事法律行为的效力,依照有关法律规定处理",其意是在个案中审视合同是否存在法律规定的无效原因,若存在,则该合同无效;若不存在,则基于案情选择适用合同生效履行、可撤销、效力待定等规定。

当事人之间订立数个合同的,其中以虚假意思表示订立的合同无效。当事人为规避法律、行政法规的强制性规定,以虚假意思表示隐藏真实意思表示的,适用《民法典》第153条第1款的规定来认定被隐藏合同的效力。当事人为规避法律、行政法规关于合同应当办理批准等手续的规定,以虚假意思表示隐藏真实意思表示的,适用《民法典》第502条第2款的规定来认定被隐藏合同的效力(《合同编通则解释》第14条第1款)。

(二) 违反法律、行政法规的强制性规定

违反强制性规定,有时构成违反强制性规范,从法律类别看,是指违反全国人民代表大会及其常务委员会颁布的法律中的强制性规定,以及违反国务院颁布的行政法规中的强制性规定,不得任意扩大范围;从合同自身看,指缔约目的、合同内容或形式违反了强制性规定。但有时形式违法不导致合同无效。

所谓强制性规定,与任意性规定相对,是调整公共利益的规范,指直接规定人们的意思表示或事实行为,不允许人们依其意思加以变更或排除其适用,否则,将受到法律制裁的法律规定。[3] 所以,强制性规定包括:(1)关于意思自治以及意思自治行使要件的规定,如行为能力、意思表示生效的要件以及合法的行为类型(限于对行为类型有强制性规定的情形);

---

[1] 虚伪表示是指与相对人通谋实施的、没有真实意思的意思表示。参见〔日〕山本敬三:《民法讲义Ⅰ·总则》,解亘译,北京大学出版社2004年版,第105页。
[2] 〔德〕维尔纳·弗卢梅:《法律行为论》,迟颖译,法律出版社2013年版,第480页。
[3] 耿林:《强制规范与合同效力——以合同法第52条第5项为中心》,中国民主法制出版社2009年版,第63页。

(2) 保障交易稳定、保护第三人之信赖的规定;(3) 为避免产生严重的不公平后果或为满足社会要求而对意思自治予以限制的规定。① "强制"一词并非指必须遵守这些行为规则,否则即可采取强制措施或者会产生不利的法律后果。强制性规定也包括那些仅仅确定某些法律行为的生效要件的规定,至于是否从事这些法律行为,仍由当事人自主决定。强制性规定之"强制",是指它们总是适用,而无论当事人的意思如何。②

在这方面,《全国法院民商事审判工作会议纪要》第 30 条第 2 款作出了较为全面的规定:"人民法院在审理合同纠纷案件时,要依据《民法总则》第 153 条第 1 款和合同法司法解释(二)第 14 条的规定慎重判断'强制性规定'的性质,特别是要在考量强制性规定所保护的法益类型、违法行为的法律后果以及交易安全保护等因素的基础上认定其性质,并在裁判文书中充分说明理由。下列强制性规定,应当认定为'效力性强制性规定':强制性规定涉及金融安全、市场秩序、国家宏观政策等公序良俗的;交易标的禁止买卖的,如禁止人体器官、毒品、枪支等买卖;违反特许经营规定的,如场外配资合同;交易方式严重违法的,如违反招投标等竞争性缔约方式订立的合同;交易场所违法的,如在批准的交易场所之外进行期货交易。关于经营范围、交易时间、交易数量等行政管理性质的强制性规定,一般应当认定为'管理性强制性规定'。"

应予注意,合同违反强制性规定,大多无效,但也有例外。《合同编通则解释》第 16 条第 1 款列举了如下五大类合同虽然违反强制性规定却不因此而无效的情形:(1) 强制性规定虽然旨在维护社会公共秩序,但是合同的实际履行对社会公共秩序造成的影响显著轻微,认定合同无效将导致案件处理结果有失公平公正。例如,开发商以其自有资金建造商品房,虽然未履行招标投标程序,违反了《招标投标法》第 3 条第 1 款第 1 项的规定,不符合招标投标秩序,但负面后果十分轻微,令该建设工程施工合同无效的确有失公平公正。(2) 强制性规定旨在维护政府的税收、土地出让金等国家利益或者其他民事主体的合法利益而非合同当事人的民事权益,认定合同有效不会影响该规范目的的实现。现在通说主张违反税法的,施加罚款等行政处罚措施而不令合同无效,效果较好。受让方未交纳土地出让金,有些属于地方政府为招商引资而出台特殊政策所致,有些属于违规操作所致,有些属于受让方的原因,在这些情况下,令受让方补交土地出让金甚至施以罚款,比令出让合同无效,效果更好。所谓旨在维护其他民事主体的合法利益的强制性规定,合同违反它并不无效的例证,如出卖他人之物的合同虽然损害物权人的合法利益,但《民法典》第 597 条第 1 款作有效处理。同时,需要注意,不少损害其他民事主体的合法利益的合同,被法律规定为无效。属于此类规定的,如《民法典》第 154 条、第 763 条但书。其实,相较于合同当事人的权益,其他民事主体的合法利益更接近于甚至有些就是公共利益,因此,损害其他民事主体合法利益的合同无效的情形居多。(3) 强制性规定旨在要求当事人一方加强风险控制、内部管理等,对方无能力或者无义务审查合同是否违反强制性规定,认定合同无效将使其承担不利后果。例如,公司职员在合同文本上盗盖公司印章,公司不得以此为由主张合同无效,或是由无代理权的行为人承受合同项下的后果,或是适用表见代理规则。(4) 当事人一方虽然在订立合同时违反强制性规定,但是在合同订立后其已经具备补正违反强制性规定的条件却违背诚信原则不予补正。

---

① 〔德〕卡尔·拉伦茨:《德国民法通论》(上册),王晓晔、邵建东、程建英、徐国建、谢怀栻译,谢怀栻校,法律出版社 2003 年版,第 42 页。
② 耿林:《强制规范与合同效力——以合同法第 52 条第 5 项为中心》,中国民主法制出版社 2009 年版,第 60 页以下。

支持该项规定的例证,如《建设工程施工合同解释(一)》第3条第2款规定:"发包人能够办理审批手续而未办理,并以未办理审批手续为由请求确认建设工程施工合同无效的,人民法院不予支持。"但也有显示该项规定不妥当的例证,如(5)法律、司法解释规定的其他情形。例如,《民法典》第597条第1款、第763条正文等,以及《建设工程施工合同解释(一)》第4条等。

需要指出,在某些情况下,现行法直接将特定行为认定为违背公序良俗或违反法律、行政法规的强制性规定,从而令合同无效。例如,《民间借贷规定》第13条规定:"具有下列情形之一的,人民法院应当认定民间借贷合同无效:(一)套取金融机构贷款转贷的;(二)以向其他营利法人借贷、向本单位职工集资,或者以向公众非法吸收存款等方式取得的资金转贷的;(三)未依法取得放贷资格的出借人,以营利为目的向社会不特定对象提供借款的;(四)出借人事先知道或者应当知道借款人借款用于违法犯罪活动仍然提供借款的;(五)违反法律、行政法规强制性规定的;(六)违背公序良俗的。"

《合同编通则解释》第16条第2款正文所谓"法律、行政法规的强制性规定旨在规制合同订立后的履行行为,当事人以合同违反强制性规定为由请求认定合同无效的,人民法院不予支持",值得肯定,因为《民法典》规制的合同无效系评价当事人之间合意的一种结果,而履行行为乃合意生效之后的事实,尤其在中国现行法上履行行为绝大多数为事实行为的背景下,更不得以履行行为违法为由令合同无效。不然,就搞乱了合同无效制度与《民法典》第580条、第563条第1款第1项、第533条甚至第577条以下以及第525条、第526条、第527条之间的适用范围。《合同编通则解释》第16条第2款但书——"合同履行必然导致违反强制性规定或者法律、司法解释另有规定的除外"恰恰忽略了这一点,会使合同无效制度不当地抢占了其他相关制度的适用范围。

[反思]

本书作者注意到,最高人民法院的有关法官未拘泥于《合同编通则解释》第16条第2款但书的字面意思,而是限缩其适用范围:"当事人在订立合同时知道或者应当知道合同的履行必然会违反强制性规定的,则应认定合同无效。例如,如果当事人在订立合同时就知道或者应当知道承运人只能通过违反不得超载的规定才能履行货物运输合同,则该货物运输合同也应被认定无效。"[1]即使如此限缩,也仍然存在若干问题:(1)仅有承运人清楚肯定超载,令运输合同无效剥夺了无辜的托运人或收货人追究承运人违约责任的权利,这缺乏正当性。(2)运输合同订立后,承运人转交有承运能力的第三人实施运输作业,顺利地完成了承运业务。于此场合,承运人至多承担擅自转交他人承运的责任,令运输合同无效显然不当。(3)运输合同订立之后,承运人拥有了适当的运载工具,令运输合同无效没有依据。(4)即使不存在以上情况,也可以并且最好不适用该但书的规定,而应适用《民法典》第153条正文,以维护已成共识的合同无效制度及原理,避免鸠占鹊巢。路径如下:当事人在订立合同时知道合同履行必然违反强制性规定的,构成合意违反强制性规定,合同因此而无效,而非在实际履行阶段违法导致合同无效。(5)虽然当事人在订立合同时应当知道合同履行必然违反强制性规定,但违反强制性规定的事实及时间点在合同成立之后,那么,合乎法理和公

---

[1] 最高人民法院民事审判第二庭、研究室编著:《最高人民法院民法典合同编通则司法解释理解与适用》,人民法院出版社2023年版,第198—199页。

正的处理方案应为:或是嗣后无效,或是构成法律上的不能,成为合同解除和成立违约责任的事由。

当事人于缔约时明知合同违反强制性规定,事后主张该合同无效的,人民法院不予支持。例如,《建设工程施工合同解释(一)》规定,具有劳务作业法定资质的承包人与总承包人、分包人签订的劳务分包合同,当事人请求确认无效的,人民法院依法不予支持(第5条)。

有必要指出,认为《民法典》第153条第1款排除了有些部门规章的强制性规定对合同效力的影响,是不适当的。本书作者认为:反思这些规定,有解释论和立法论两种方案。按照解释论,《民法典》第153条第1款是生效的法律规定,应予尊重和贯彻。但在适用某些对外担保合同纠纷等个案时出现了极不适当的后果,即不认定合同无效就严重损害国家利益或社会秩序,于此场合,宜将这些规定暂时放置一边,适用《民法典》第153条第1款的规定,甚至适用《民法典》第8条规定的基本原则,判决合同无效。

(三) 违背公序良俗

人不可通过其法律行为(juridical acts)降低为保护公共利益而实施的法律的重要性,任何降低此类法律的重要性的行为都是绝对无效的(absolute nullity)。[①] 这些规则清楚地表达了这样的原则:合同自由原则要受到限制,要受立法机关为提升公共政策而要求的参数的限制。

违背公序良俗的合同,例如,影响政治安全、经济安全、军事安全等国家安全的合同,影响社会稳定、公平竞争秩序或者损害社会公共利益等违背社会公共秩序的合同,背离社会公德、家庭伦理或者有损人格尊严等违背善良风俗的合同(《合同编通则解释》第17条第1款)。认定合同是否违背公序良俗时,应当以社会主义核心价值观为导向,综合考虑当事人的主观动机和交易目的、政府部门的监管强度、一定期限内当事人从事类似交易的频次、行为的社会后果等因素,并在裁判文书中充分说理。当事人确因生活需要进行交易,未给社会公共秩序造成重大影响,且不影响国家安全,也不违背善良风俗的,不应当认定合同无效(《合同编通则解释》第17条第2款)。

需要注意《民法典》第153条第2款与同条第1款相互间的关系,以弄清它们的适用顺序。其一,它们都具有强行法的特征,都属于一般条款,都具有排斥当事人以特别约定来变更强制性规定的规定内容和公序良俗的内容。其二,第153条第1款的强制性规定,具有对具体的强制规定的指引作用和公法强制规定的引入功能;第153条第2款的强制性规定,具有法律适用上的价值补充功能和法律漏洞的填补功能。其三,在法律适用的关系上,第153条第1款是同条第2款的特别法,二者之间不存在互生现象。也就是说,在适用上,应当对第153条第2款予以目的性限缩,以便充分发挥第153条第1款这个特别法的作用。倘若把这两项规定作为同等地位看待,会导致规范上的矛盾或特别法在客观上被搁置的结果,违反法律体系上的逻辑性。[②]

(四) 行为人与相对人恶意串通,损害他人合法权益

这一无效的原因由主观和客观两个因素构成。主观因素为恶意串通,即当事人双方具有共同目的,希望通过订立合同损害他人的合法权益。它可以表现为双方当事人事先达成

[①] La. Civ. Code art. 7.
[②] 参见耿林:《强制规范与合同效力——以合同法第52条第5项为中心》,中国民主法制出版社2009年版,第114—115页。

协议,也可以是一方当事人作出意思表示,对方当事人明知其目的非法而用默示的方式接受。它可以是双方当事人相互配合,也可以是双方共同作为。客观因素为合同损害他人的合法权益。在实务中,合同因损害第三人的利益而无效的情况相对少些。

所谓双方当事人恶意串通,损害第三人的利益,例如,甲和乙签订商品房买卖合同,约定将A房出卖与乙,但在办理过户登记手续之前,甲又与丙恶意串通,将A房出卖与丙。于此场合,乙以甲和丙恶意串通,另行订立商品房买卖合同并将A房交付使用,导致乙无法取得A房为由,请求法院确认甲与丙订立的商品房买卖合同无效的,按照《商品房买卖合同解释》第7条的规定,法院应予支持。

但如此认识绝无滥用《民法典》第154条之意,恰恰相反,笔者呼吁不宜完全依其字面意思予以适用,应该适当限缩该项的适用范围。例如,债务人甲有若干债权人,只与其中一个债权人乙签订抵押合同或质押合同,设立担保物权,使得债权人乙就债务人甲的特定财产享有优先受偿权。这虽然在客观上确实不利于债务人甲的其他债权人,但在一般情况下不得适用《民法典》第154条的规定,认定抵押合同或质押合同无效。因为在正常情况下债权人乙径直请求债务人甲清偿其债务,而其他债权人未予主张时,债权人乙的债权便得到了实现。于此场合,无人对此质疑,为什么债务人甲和债权人乙首先设立担保物权,而后才实现债权,就予以反对呢?遵循举重以明轻的规则,予以赞同才更符合逻辑呀!此其一。扩展到市场交易的视野,作为一个经济人、理性人的市场主体,固守一项交易、待该项交易结束才开始另外一项交易的现象十分罕见,常态是一个市场主体连续地甚至是同时地与多个市场主体开展多项交易。于此场合,风险意识和法律意识强的交易主体时常要求债务人设立担保,而风险意识和法律意识弱的交易主体则可能没有要求债务人设立担保。法律及司法实践否定此类担保是很难想象的,换句话说,不可将此类担保合同适用《民法典》第154条的规定。此其二。当然,如果债务人甲与债权人乙设立担保符合《民法典》第538条以下规定的情形,债务人甲的其他债权人倒是可以主张债权人撤销权,诉请人民法院撤销此类担保合同;或者债务人甲与债权人乙捏造债权并设立担保、虚假诉讼,债务人甲的其他债权人有权视情况援用《民法典》第154条的规定,请求人民法院确认担保合同无效。此其三。

《合同编通则解释》第23条第1款所谓"法定代表人、负责人或代理人与相对人恶意串通,以法人、非法人组织的名义订立合同,损害法人、非法人组织的合法权益,法人、非法人组织主张不承担民事责任的,人民法院应予支持"的规定,暗含有合同无效之意。《合同编通则解释》第23条第2款关于"法人、非法人组织请求法定代表人、负责人或代理人与相对人对因此受到的损失承担连带赔偿责任的,人民法院应予支持"的规定,符合法理。

适用《民法典》第154条的规定,难题之一是举证证明恶意串通。总的来讲,应按客观化的标准来认定恶意串通,并不断地积累经验,逐渐类型化。(1)甲作为出卖人和乙作为买受人签订A设备买卖合同,其后甲将其对乙的应收账款债权转让给丙,应把该事实及时通知给乙。在丙尚未请求乙清偿债务的情况下,甲和乙诉讼和解,解除了A设备买卖合同。由于甲和乙都明知应收账款债权已经归属于丙,该债权又基于A设备买卖合同而产生和存续,却不征得丙的同意而自作主张解除A设备买卖合同,因而构成恶意串通,至为明显。(2)甲作为出卖人和乙作为买受人签订A房买卖合同,乙装修A房并入住多年,但未办理过户登记手续,其后甲和丙又签订A房买卖合同。在这个过程中,丙实地勘察A房,与乙闲谈中得知乙系A房的买受人,但仍坚持办理完毕A房的过户登记手续。把这种情形作为甲和乙恶意串通的类型,应该得到赞同。

根据法人、非法人组织的举证,综合考虑当事人之间的交易习惯、合同在订立时是否显失公平、相关人员是否获取了不正当利益、合同的履行情况等因素,人民法院能够认定法定代表人、负责人或者代理人与相对人存在恶意串通的高度可能性的,可以要求前述人员就合同订立、履行的过程等相关事实作出陈述或者提供相应的证据。其无正当理由拒绝作出陈述,或者所作陈述不具合理性又不能提供相应证据的,人民法院可以认定恶意串通的事实成立(《合同编通则解释》第 23 条第 2 款)。

(五) 无行为能力人签订的合同

合同,作为法律行为的一种,同样以意思表示为要素,法律原则上按照意思表示的内容赋予效果。无行为能力之人谈不上可以为意思表示或受意思表示,也就谈不上订立合同。依此逻辑,无行为能力之人在法律上不可能成立法律行为,不可能订立合同,换言之,如果无行为能力之人作为主体,则不会成立合同。不过,《民法典》没有采取合同不成立的路径,而是于第 144 条规定:"无民事行为能力人实施的民事法律行为无效。"

(六) 损害相对人的处分权益行为无效

当事人一方处分其权益,损害相对人,其法律后果因情形不同而有差异。债权人撤销权成立是一种表现,无权请求相对人为给付(如不得请求给付租金、服务费)也是一种表现,法律采取了无效的极端方案,还是一种表现形式。属于后者的,如《保险法》第 61 条第 2 款规定:"保险人向被保险人赔偿保险金后,被保险人未经保险人同意放弃对第三者请求赔偿的权利的,该行为无效。"

(七) 格式条款及免责条款与无效之间的关系

格式条款,或为法律行为的组成部分,或为法律行为的全部,其法律效力如何,应适用《民法典》关于法律行为效力的规定,应属自然。因此,《民法典》第 497 条第 1 项前段规定,格式条款属于虚假的意思表示的,适用《民法典》第 146 条第 1 款的规定,应为无效;格式条款违反法律、行政法规的强制性规定的,适用《民法典》第 153 条第 1 款正文的规定,归于无效;格式条款违背公序良俗的,适用《民法典》第 153 条第 2 款的规定,同样无效;假如格式条款属于当事人双方恶意串通损害他人合法权益的,则适用《民法典》第 154 条的规定,亦然无效。

格式条款同时属于免责条款(含限责条款,下同)的,其法律效力如何,《民法典》第 497 条区分两大类情形而适用不同的规则:第一类适用《民法典》第 506 条关于免责条款无效的规定,第二类适用《民法典》第 497 条第 2 项前段的规定。第一类适用之意是:免除造成对方人员损害而应承担责任的格式条款,适用《民法典》第 506 条第 1 项的规定,归于无效;免除因故意或重大过失造成对方财产损失而应承担责任的格式条款,适用《民法典》第 506 条第 2 项的规定,应为无效。

[思考]

单就《民法典》第 497 条第 1 项的文义而言,确定以上诸种类型的无效,不问格式条款提供者向对方提请注意与否,无需考虑格式条款在分配当事人双方间的权益上合理与否,"单纯地"适用《民法典》相应的规定,即可;不过,把未提请注意的格式条款作为未定入合同、无约束力当事人的法律效力看待,更符合合同不成立与合同无效之间分工的理论。

适用《民法典》第 497 条第 2 项的规定,含有几层意思:(1)《民法典》第 497 条第 2 项规定的"提供格式条款一方不合理地免除或者减轻其责任、加重对方责任、限制对方主要权利"的"格式条款无效",是以提供格式条款的一方当事人已经向对方提请注意了为前提的,如果尚未提请注意,此类格式条款就未被定入合同,或曰没有成为合同条款,属于对当事人双方没有法律约束力,而非已经成为合同条款却归于无效的范畴。(2)《民法典》第497条第2项所谓提供格式条款一方不合理地免除或者减轻其责任,属于免责条款;所谓限制对方主要权利,若限制的是请求格式条款提供者承担责任的权利,也属于免责条款;所谓加重对方责任,非为免责条款,而是属于格式条款提供者利用其优势地位"牟取"权益的范畴。(3)所谓对方主要权利,是指与主给付义务对应的权利,不包括与附随义务、从给付义务相对应的权利,除非此类权利对对方当事人实现合同目的关系重大,如古玩交易中的专家鉴定书的交付之权。(4)《民法典》第497条第2项所谓"不合理地"一词,不但是"免除或者减轻其责任"的状语,而且是"加重对方责任、限制对方主要权利"的限制词。就是说,不合理地免除或者减轻格式条款提供者的责任的格式条款,无效;不合理地加重对方责任、限制对方主要权利的格式条款,亦无效;反之,虽然格式条款的提供者借助于格式条款免除或者减轻了自己的责任,但未达不合理的程度,或者说尚在公平原则容忍范围内的免除或者减轻其责任、加重对方责任、限制对方主要权利的格式条款,不产生无效的效果。(5)此处合理、不合理的判断标准,不应采取主观等值说,而须运用客观等值说,即以理性人的认知标准作为判断格式条款在分配当事人间权益上合理与否的尺度。(6)《民法典》第497条第2项区分格式条款之于其提供者的效力与格式条款之于对方的效力,不完全对称:在以格式条款提供者为视角一侧,规定不合理的免责的格式条款一律无效,穷尽了全部情形;在以对方为视角的一侧,则未穷尽格式条款无效的全部类型,仅规定了不合理地加重对方责任、限制对方主要权利的格式条款无效,(有意地)遗漏了完全排除对方主要权利的格式条款无效的情况。

[思考]

一般地说,公平原则、诚信原则被用作调整当事人双方间权利义务的法律尺度,而非认定合同或其条款有效或无效的法律依据。但在免责的格式条款问题上,《民法典》却更换理念和路径,把较为严重背离公平原则即不合理地免除或减轻其责任的免责的格式条款规定为无效。之所以如此设计,是因为格式条款发挥的作用不尽相同,有些系合理分配交易风险的安排,这应被倡导;另一些则是格式条款提供者利用其优势地位牟取不当利益的手段,这应被否定,并且采取撤销的否定方式受制于1年的除斥期间,容易"放跑"格式条款,而强制格式条款无效则有利于救济被迫接受格式条款的一方。

对于《民法典》第497条第3项关于"提供格式条款一方排除对方主要权利"的"格式条款无效"的规定,可有如下理解:(1)对《民法典》第497条第3项和第2项中的对方主要权利,应作相同的理解。(2)此处所谓排除对方主要权利,至少包括两种类型:一是所排除的是对方请求格式条款提供者承担民事责任的主要权利,此类格式条款同时是免责条款;二是所排除的是对方请求格式条款提供者履行格式条款项下的原权利,此类格式条款就不属于免责条款。(3)《民法典》第497条第3项规定的格式条款无效,只关注排除对方主要权利,不要求其排除达到不合理的程度。

[思考]

适用《民法典》第497条第1项和第146条第1款、第153条第1款正文和第2款、第

154条及第506条的规定而认定格式条款无效,适用《民法典》第497条第3项的规定而认定格式条款无效,只要具备法律条项规定的客观事实即可,无需先行利益衡量。与此不同,适用《民法典》第497条第2项的规定而认定格式条款无效,须要利益衡量,只有不合理地免除或减轻格式条款提供者的责任、不合理地加重对方责任、不合理地限制对方主要权利的格式条款才无效,非"不合理"的格式条款不归于无效。

关于格式条款的无效,《民法典》分别于第497条和第506条加以规定,实无必要,集中规定之更便于理解;区别免责格式条款与除此而外的格式条款,基于符合各自本质而寻觅有效或无效的理由,会更具说服力,但《民法典》第497条未如此布局,乃需改变之点。

在个案中,合同载有包括免责条款在内的众多条款,免责条款无效,导致其他条款也无效,那么,此类免责条款无效同样是整个合同无效的原因。与此不同,除去无效的免责条款不会影响其余条款的效力的,则其余的条款有效,也就是剔除免责条款的合同有效(《民法典》第156条后段)。

值得提及的是,《消费者权益保护法》第26条规定,经营者在经营活动中使用格式条款的,应当以显著方式提请消费者注意商品或者服务的数量和质量、价款或者费用、履行期限和方式、安全注意事项和风险警示、售后服务、民事责任等与消费者有重大利害关系的内容,并按照消费者的要求予以说明(第1款)。经营者不得以格式条款、通知、声明、店堂告示等方式,作出排除或者限制消费者权利、减轻或者免除经营者责任、加重消费者责任等对消费者不公平、不合理的规定,不得利用格式条款并借助技术手段强制交易(第2款)。格式条款、通知、声明、店堂告示等含有前款所列内容的,其内容无效(第3款)。这周到地保护了消费者的合法权益,解释《民法典》第496条、第497条的规定时,必须予以注意。

(八)背离法律制度的根本目的

在某些情况下,合同背离法律制度的根本目的也归于无效。例如,被担保债务的履行期是2015年5月8日,可是约定的保证期间却是2015年4月1日至2015年5月2日。这种约定实质上是不会承担保证责任,虽然不好说它符合《民法典》列举的哪一种无效原因,但因其背离保证制度的根本目的而应归于无效。与此类似,民事委托、居间、行纪、承揽、房屋租赁等合同场合,约定排除委托人、受托人、居间人、定作人、承租人的解除权的,该约定应当无效。

(九)其他法律规定的无效原因

《民法典》以外的法律针对个别合同类型也规定了《民法典》第144条、第146条第1款、第153条第1款正文和第2款、第154条以外的无效原因。例如,《保险法》规定:"订立合同时,投保人对被保险人不具有保险利益的,合同无效"(第31条第3款)。"以死亡为给付保险金条件的合同,未经被保险人同意并认可保险金额的,合同无效"(第34条第1款)。

三、当事人约定合同无效

当事人在合同中约定合同在什么情况下无效,该约定是否具有法律效力?它若不违反法律、行政法规的强制性规定,不违反公序良俗原则,应当有效。不过,合同无效应当是国家及法律评价业已成立的合同的结果,当事人本无权力确定合同无效。就此而言,称当事人关于合同无效的约定有效,与该理论不符。实质上,当事人关于合同无效的约定,是合同不发生效力的约定。

[探讨]

甲公司作为发包人,与乙公司作为总承包人成立《A项目总承包合同》。其后乙公司与丙公司签订《A项目b段工程承包合同》,其中约定,乙公司向丙公司支付工程款以甲公司向其支付工程款为条件,若甲公司未向乙公司支付工程款的,则乙公司可以暂时拒绝向丙公司支付工程款。有观点认为,此类约定可能存在着不公平的情形:乙公司隐瞒已自甲公司取得工程款的事实,主张其向丙公司付款的条件尚未成就;乙公司转嫁交易风险、使乙公司"旱涝保收"而丙公司处于不利境地,这显失公平。既然如此,前述约定应为无效,或者不发生法律效力。笔者不赞同此说,理由如下:(1)意思自治原则为民法的重要原则,除非有重要理由不得弃置一旁。断言某条款无效,必须是存在着法律规定的无效原因;认定某条款不具有法律效力,可由当事人约定为之。前述《A项目b段工程承包合同》的约定不存在法律规定的无效原因,也不存在当事人约定的失去法律效力的情形,所以,不可赞同前述无效说或不发生法律效力论。(2)解决《A项目b段工程承包合同》关于付款条件的约定可能存在的问题,若倚重合同无效制度,则不合法理适用的规则;可取的解决方案是借助于举证证明责任的分配。较为详细些说,乙公司须负举证证明甲公司向其出具的未付款的文件、拒绝付款的通知、甲乙双方的结算文件或对账单、双方就支付工程款处于洽商阶段、双方就支付工程款正陷于诉讼或仲裁的过程中,等等。所有这些,都是乙公司可以抗辩丙公司付清工程款的事由。如果乙公司未能举出此类证据,就承担举证不能的不利后果,即乙公司有义务付清工程款。

四、无效合同的转换

虚假的意思表示与隐匿行为理论尚不能解决所有的问题。例如,《国有土地使用权合同解释》第22条关于"合作开发房地产合同约定提供资金的当事人不承担经营风险,只分配固定数量房屋的,应当认定为房屋买卖合同"的规定,在当事人双方的效果意思就是合作开发房地产,而非买卖房屋时,若拟认定房屋买卖合同有效,就不能借助于隐匿行为的理论,因为当事人双方的真意里欠缺房屋买卖合同这个隐匿行为。看来,欲合理合法地解决此类问题,尚需另辟蹊径。无效合同的转换值得考虑。

所谓无效合同的转换,是指本为无效的合同,若具备其他种类合同的有效要件,并因其情形,可以认定当事人若知其无效,就签订其他合同种类的合同,该其他合同仍为有效的现象。其构成要件有三:(1)须有无效的合同。其无效的原因如何,在所不问,但不包括效力未定的情形。(2)该无效的合同必须具备其他合同的有效要件。该其他合同叫作替代合同。(3)无效合同的转换,必须符合当事人的意思,即当事人若知道该合同无效就不签订该合同,而签订另外种类的合同。这里所应探求的,是当事人假设的意思。对此,应依当事人所欲实现的经济目的和可认知的利益衡量加以认定。当事人的真意可以经由解释认定时,应依其意思。这是"解释优先于转换"的原则。①

本书作者认为,中国有关司法解释实际上已经承认了无效合同的转换。例如,上述《国有土地使用权合同解释》第22条的规定,应该如何理解?在当事人双方均为法人,其效果意

---

① 参见王泽鉴:《民法总则》,北京大学出版社2009年版,第468—469页。

思是拆借资金的情况下,无法采用虚伪表示与隐匿行为的理论认定房屋买卖合同有效,可以直接认定合同无效。不过,在房屋已经建成且质量上乘,用款的开发商也取得了可观的利润的情况下,认定合同无效,结果并不理想,不如认定合作开发房地产合同或借款合同无效,而将合同定性和定位在房屋买卖合同,并承认其有效,对各方都有利。《国有土地使用权合同解释》第22条的规定,可视为包括这种思路和设计。[①]

独立保证无效,符合具有从属性的保证的规格时,按照后者处理,不绝对地否认保证的效力,亦为无效的转换。

五、无效原因消失的法律后果

合同订立时存在法定无效原因,当时无人主张合同无效,时过境迁,修法或颁布新法后,取消了该种无效原因。此时双方当事人发生纠纷,一方当事人主张合同无效。原则上不应支持此种主张,而应维护合同效力,在合同已经履行大部的情况下尤应如此。

六、无效当作有效处理的禁止与允许

按照笔者倡导的社会危害性理论,中国现行法上的合同绝对无效,系法律对于严重背离制度目的的合同坚决予以否定的法律制度,也是严厉的措施。据此前提,若将本应无效的合同作为有效处理,实质上就是合同有效,这就恰恰涤除了立法目的。有鉴于此,对于存在《民法典》规定的无效原因的合同以及存在无效原因的免责条款,应予坚决否定,不得当作有效处理,除非存在这无效行为转换的情形。

不过,有的合同被完全地、彻头彻尾地无效化,反倒不如在某些方面发生如同有效一样的结果,更为恰当。例如,在雇用合同的场合,受雇人已经保质保量地从事了合同约定的劳务,难道不应取得约定数额那么多的酬金吗?难道因雇用合同无效就除去或者减少付给雇用人的酬金吗?于此场合,单就雇用人一侧而论,使雇用人取得同约定数额一样的酬金是符合公平正义的,换句话说,雇用合同无效被当作有效处理是必要的。当然,若自雇主一侧而论,就不一定把无效当作有效处理,如雇用合同约定的酬金特别低下时即为如此。此外,《建设工程施工合同解释(一)》第24条、《城镇房屋租赁合同解释》第4条第1款的规定,在实质上均为把无效当作有效处理。

七、合同无效的程序规制

在存在合同无效原因的情况下,当事人一方,在双方恶意串通、损害第三人合法权益等个别场合也可以是第三人,有权提起诉讼或仲裁,请求人民法院或仲裁机构确认合同无效。人民法院或仲裁机构也可以依职权径直确认合同无效。属于裁判机构依职权径直确认合同无效的,如《金融不良债权转让案件纪要》第7条第1款前段规定:"人民法院认定金融不良债权转让合同无效后,对于受让人直接从金融资产管理公司受让不良债权的,人民法院应当判决金融资产管理公司与受让人之间的债权转让合同无效;受让人通过再次转让而取得债权的,人民法院应当判决金融资产管理公司与转让人、转让人与后手受让人之间的系列债权转让合同无效。"

关于合同无效诉讼的管辖问题,《金融不良债权转让案件纪要》第3条第2款前段规定:

---

① 较为详细的分析,见崔建远:《合同法总论》(上卷)(第2版),中国人民大学出版社2011年版,第346页。

"金融资产管理公司受让不良债权后,自行与债务人约定或重新约定诉讼管辖的,如不违反法律规定,人民法院应当认定该约定有效。"

在请求确认不良债权转让合同无效的诉讼中,对于国有企业的诉权及相关诉讼程序,《金融不良债权转让案件纪要》第5条第1款规定:"为避免当事人滥用诉权,在受让人向国有企业债务人主张债权的诉讼中,国有企业债务人以不良债权转让行为损害国有资产等为由,提出不良债权转让合同无效抗辩的,人民法院应告知其向同一人民法院另行提起不良债权转让合同无效的诉讼;国有企业债务人不另行起诉的,人民法院对其抗辩不予支持。国有企业债务人另行提起不良债权转让合同无效诉讼的,人民法院应中止审理受让人向国有企业债务人主张债权的诉讼,在不良债权转让合同无效诉讼被受理后,两案合并审理。国有企业债务人在二审期间另行提起不良债权转让合同无效诉讼的,人民法院应中止审理受让人向国有企业债务人主张债权的诉讼,在不良债权转让合同无效诉讼被受理且做出一审裁判后再行审理。"第5条第2款规定:"国有企业债务人提出的不良债权转让合同无效诉讼被受理后,对于受让人的债权系直接从金融资产管理公司处受让的,人民法院应当将金融资产管理公司和受让人列为案件当事人;如果受让人的债权系金融资产管理公司转让给其他受让人后,因该受让人再次转让或多次转让而取得的,人民法院应当将金融资产管理公司和该转让人以及后手受让人列为案件当事人。"

关于请求确认合同无效程序中的举证责任,《金融不良债权转让案件纪要》第8条中段规定:"不良债权转让合同中经常存在诸多限制受让人权利范围的条款,人民法院应当要求受让人向法庭披露不良债权转让合同以证明其权利合法性和权利范围。受让人不予提供的,人民法院应当责令其提供;受让人拒不提供的,应当承担举证不能的法律后果。人民法院在对受让人身份的合法性以及是否存在恶意串通等方面存在合理怀疑时,应当根据最高人民法院《关于民事诉讼证据的若干规定》及时合理地分配举证责任;但人民法院不得仅以不良债权出让价格与资产账面额之间的差额幅度作为引起怀疑的证据,而应当综合判断。"

关于请求确认合同无效程序中诉讼或执行主体的变更,《金融不良债权转让案件纪要》第10条第2句规定:"在不良债权转让合同被认定无效后,金融资产管理公司请求变更受让人为金融资产管理公司以通过诉讼继续追索国有企业债务人的,人民法院应予支持。"

第四节　合同的撤销

一、合同的撤销概述

合同的撤销,是指因意思表示不真实,通过撤销权人行使撤销权,使已经生效的合同归于消灭。存在撤销原因的合同称可撤销的合同。它具有如下特征:(1) 从撤销的对象看,是意思表示不真实的合同,如因重大误解而成立的合同、因欺诈而成立的合同、因胁迫而成立的合同等。(2) 合同的撤销,要由撤销权人行使撤销权来实现。但撤销权人是否行使撤销权由他自己决定。这是它与合同无效的不同点。(3) 撤销权不行使,合同继续有效;撤销权行使,合同自始归于无效。这是合同的撤销与合同的无效、合同效力未定的又一区别。

二、可撤销的原因

《民法典》把重大误解、欺诈、胁迫、一方利用对方处于危困状态、缺乏判断能力等情形致使合同成立时显失公平作为可撤销的原因(第 147 条至第 151 条)。

(一) 重大误解

《民法典》所称的误解,相当于德国、日本民法规定的错误,是指表意人所表示出来的意思与其真实意思不一致,而这种不一致是表意人为意思表示时所不知或误认的。其构成需具备如下要件:意思表示成立;表示行为与效果意思不一致;为表意人所不知或误认并归责于自己。

误解作为可撤销的原因,是法律为误解人提供救济机会的表现。但是,误解一般是可归责于误解人的,相对人对此一般无责任。既然如此,对误解人的保护应是有限度的,不能不问误解的程度一律允许误解人撤销合同。正因如此,法律只承认重大误解为可撤销的原因。

重大误解,是指误解人作出意思表示时,对涉及合同法律效果的重要事项存在着认识上的显著缺陷,其后果是使误解人受到较大损失,以至于根本达不到缔约目的。对重大误解的具体确定,应分别误解人所误解的不同情况,考虑当事人的状况、活动性质、交易习惯等各方面的因素。一般认为,重大误解有以下几种:

(1) 对合同性质的误解,如误以借贷为赠与,误以出租为出卖。(2) 对相对人的误解,如把甲公司误认为乙公司而与之订立合同。在信托、委托、保管、信贷等以信用为基础的合同中,在赠与、无偿借贷等以感情及特殊关系为基础的合同中,在演出、承揽等以特定人的技能为基础的合同中,对当事人的误解为重大误解。在现物买卖等不具有人身性质的合同中,有时对当事人的误解不会给误解人造成较大损失,甚至不会造成损失,不构成重大误解。(3) 对标的物品种的误解,如把轧铝机误认为轧钢机而购买。对标的物品种的误解,使合同目的落空,使误解人遭受重大损失,属于重大误解。(4) 对标的物质量的误解,如以劣质品为优品,以临摹画为真迹等。这种误解给误解人造成较大损失时以重大误解论,否则为一般误解。(5) 对标的物规格的误解,如以千吨水压机为万吨水压机。这种误解也可以视为对标的物品种、质量的误解,在给误解人造成较大损失时,构成重大误解。(6) 对标的物的数量、包装、履行方式、履行地点、履行期限等内容的误解,给误解人造成较大损失时,构成重大误解。

动机的误解是否属于合同内容的误解,进而是否属于重大误解? 应分别情况加以判断。在一般情况下,误解人的动机如何,在它未作为合同条件提出时,外人难以了解,法律也无法作出评价。如以误解人事后说明的动机为准,由法律加以评论,那么,误解人可能会提出对其有利的,却与其当初真实的动机不同的动机来,就会使相对人陷于极为不利的境地。这是不能允许的。因此,动机的误解原则上不视为内容的误解。但是,如果动机作为合同条件提出来的话,则应把它的误解作为内容的误解,给误解人造成较大损失时,构成重大误解。应予注意,德国自 20 世纪 20 年代起,学说、判例已经采用行为基础理论解决动机错误问题。所谓行为基础,是指某种现存或未来的事实状态,当事人预设此种事实状态现在或将来会存在,尽管该预设并未上升为合同内容,但当事人的效果意思建立在该预设基础之上。此种预设可能是合同订立时双方均具有的,也可能是一方的预设,但为相对人所知晓且未加以反对。于此场合,当事人可以主张撤销此类法律行为。① 行为基础影响法律行为效力的原因在于,行为基础构成行为的前提,如果行为基础不存在,该法律行为也就没有存在的必要,正所谓皮之不存,毛将焉附。②

(二) 欺诈

欺诈作为合同被撤销的原因,必须符合如下要件:(1) 须有欺诈行为;(2) 实施欺诈行为出于故意,在第三人实施欺诈行为的场合,非受欺诈的当事人知道或应当知道第三人实施欺诈行为;(3) 该欺诈行为使对方陷于错误的认识;(4) 该对方基于该错误认识而订立合同。后两个构成要件显示出欺诈行为与合同成立之间具有因果关系。

所谓欺诈行为,可有种种表现形式。(1) 积极作为的欺诈,即对不真实的事实表示其为真实,如捏造事实,伪称某车系原装车、某雕刻系真品。唯些微的夸张不属于欺诈,如卖瓜者自夸其瓜甜美如蜜,化妆品专柜售货员强调使用某面霜1周,将肤白如雪。(2) 单纯缄默,或曰消极地隐藏事实,原则上不构成欺诈,但依法律明文规定、诚信原则及交易习惯,缔约人负有告知义务却不予披露的,则构成欺诈。例如,房屋为凶宅的,出卖人负有告知义务,未予告知就构成欺诈。(3) 对不当问询不予据实回答,不构成欺诈。例如,问询求职的女士曾否堕胎或怀孕,事涉隐私,若与工作无关,该女士隐瞒事实并无违法性,不构成欺诈。③

实施欺诈行为出于故意,是指已知自己所为属于欺诈行为,希望对方因此陷于错误,并基于该错误而为意思表示,订立合同。此为《民法典》第 148 条规定的欺诈类型,系人们通常所说的欺诈。除此而外,《民法典》第 149 条还规定了第三人实施欺诈行为也作为可撤销的原因,其构成要件包括:(1) 第三人故意实施欺诈行为;(2) 这使受欺诈的当事人一方陷于错误,并基于该错误而为意思表示,订立合同;(3) 非受欺诈的当事人一方知道或者应当知道该第三人实施该欺诈行为。单就主观要件而言,《民法典》第 148 条规定的欺诈要求实施欺诈行为的当事人一方故意实施欺诈行为,《民法典》第 149 条规定的欺诈不但要求实施欺诈行为的第三人出于故意,而且要求非受欺诈的当事人一方知道或者应当知道该第三人实施该欺诈行为。"盖善意无过失的相对人既未参与,不应使其蒙受不利也。为合理分配当事人承担的危险,所称第三人应作限制解释,不包括相对人使用于缔约行为的代理人或辅助人。故甲向乙购车,乙的业务员丙伪称该车并未遭车祸或非泡水车时,纵乙不知其事,甲仍得撤销其意思表示。"④

徒有欺诈行为,对方并未因此而陷于错误,更无基于错误认识而订立合同的结果,合同法不予调整,无适用《民法典》第 148 条或第 149 条的余地,不存在撤销合同的问题。不过,倘若欺诈行为侵害了对方的固有利益,符合侵权行为的构成要件时,可适用《民法典》有关侵权责任的规定。特别是,《消费者权益保护法》规制的欺诈,有学说认为:消费者是否因欺诈行为陷于错误,并基于此类错误购买假冒伪劣之货,这不影响依据《消费者权益保护法》第 55 条的规定成立惩罚性损害赔偿。

(三) 胁迫

胁迫作为可撤销合同的原因,必须符合如下构成要件:(1) 须有胁迫行为;(2) 须胁迫

---

① Pawlowski, Allgemeiner Teil des BGB. Heidelberg:C. F. Müller Verlag,1998:262;Karl Larenz,Manfred Wolf,Allgemeiner Teil des Bürgerliches Rechts. München. C. H. Beck'sche Verlagsbuchhandlung,1997. 710. 转引自纪海龙:《意思表示错误制度的比较法研究》,清华大学法学硕士学位论文(2002),第 37 页。
② 纪海龙:《意思表示错误制度的比较法研究》,清华大学法学硕士学位论文(2002),第 37 页。
③ 王泽鉴:《民法总则》,北京大学出版社 2009 年版,第 367—368 页。
④ 同上书,第 369 页。

行为系故意所为;(3) 对方因该胁迫行为而陷于恐惧;(4) 对方基于该恐惧而为意思表示,订立合同。

所谓胁迫行为,是指表示危害的行为。所谓危害,是指任何将来的不利益,如殴打、杀害、终止合同、泄露秘密或拘捕。实施胁迫行为者不以具有识别能力为必要,醉汉持刀索取财物,亦得成立胁迫。胁迫行为得由对方为之,亦得由第三人为之。胁迫行为系由第三人所为的,对方虽属善意,另一方也可以撤销之。盖胁迫行为对另一方意思自由影响甚大,应当优先予以保护。①

胁迫的手段可以是物质的,也可以是精神的。既可以针对当事人本人实施,也可以针对足以对当事人本人产生影响的利害关系人如近亲属实施。②

胁迫行为须具有不法性,至于实施胁迫行为者是否具有违法性的认识,在所不问。此处所谓不法性,情形有三:(1) 手段不法,如"若不把房屋卖给我,就杀死你";(2) 目的不法,如"若不出资经销毒品,就告发你偷税之事";(3) 手段与目的关联的不法,如"若不为我的债务提供担保,就告发你犯罪"。③

胁迫行为使对方陷于恐惧并进而导致合同订立,换言之,胁迫行为与合同成立之间具有因果关系,该合同才可成为撤销的对象。

(四) 显失公平

与《民法通则》及《合同法》把仅仅着眼于合同项下的双方权益显失公平单独作为可撤销合同的原因不同,《民法典》将特定的主观要素与客观的显失公平相结合作为可撤销合同的原因。

所谓特定的主观要素,《民法典》的用语是一方利用对方处于危困状态、缺乏判断能力等情形(第 151 条)。所谓一方利用对方处于危困状态,即传统民法上的乘人之危,是指一方当事人故意利用他人的危难处境,迫使他方订立于其极为不利的合同。所谓危困状态,一般指因陷入某种暂时性的急迫困境而对于金钱、物的需求极为急迫等。例如,一方利用对方家有重病患者、为治疗病患而出卖房屋之机,以远低于市场价格购买该房屋。所谓缺乏判断能力,是指处于不利境地的一方缺乏基于理性考虑而订立合同或对合同产生的后果予以评估的能力。例如,金融机构的从业人员向文化水平较低的老年人兜售理财产品,由于缺乏金融知识,判断能力不够,这些老年人以高昂价格购买了实际收益率较低的理财产品。④ 当事人一方是自然人,根据该当事人的年龄、智力、知识、经验并结合交易的复杂程度,能够认定其对合同的性质、合同订立的法律后果或者交易中存在的特定风险缺乏应有的认知能力的,认定其缺乏判断能力(《合同编通则解释》第 11 条)。所谓"等情形",可结合个案的具体案情予以认定,例如,对方轻率,结果使订立的合同显失公平,于其十分不利;对方意志薄弱,在讨价还价中"败下阵来",使订立的合同显失公平,于其十分不利;对方对另一方过分信赖,糊里糊涂地完全接受另一方草拟的合同文本,使订立的合同显失公平,于其十分不利;等等。

所谓显失公平,是指双方当事人的权利义务明显不对等,使一方遭受重大不利。其构成要件为:双方当事人的权利义务明显不对等;这种不对等违反公平原则,超过了法律允许的

---

① 王泽鉴:《民法总则》,北京大学出版社 2009 年版,第 374 页。
② 李永军:《民法总则》,中国法制出版社 2018 年版,第 743 页。
③ 王泽鉴:《民法总则》,北京大学出版社 2009 年版,第 375 页;李永军:《民法总则》,中国法制出版社 2018 年版,第 745 页。
④ 黄薇主编:《中华人民共和国民法典总则编释义》,法律出版社 2020 年版,第 402 页。

限度;不属于因欺诈、胁迫、恶意串通损害他人利益等原因导致的显失公平。

一方利用对方处于危困状态导致订立的合同显失公平,作为可撤销合同的原因,需要具备如下构成要件:(1) 对方处于危困状态。(2) 另一方当事人故意利用对方的危困状态,提出不利于其甚至极为苛刻的条件。在这里,不得有积极的胁迫行为,只是利用对方的危困状态的消极行为,否则,就构成胁迫,由《民法典》第149条或第150条规范,而非《民法典》第151条调整的对象。(3) 对方迫于自己的危困状态接受了不利的甚至极为苛刻的条件,不得已地与利用危困状态的一方订立了合同。

对方缺乏判断能力导致订立的合同显失公平,作为可撤销合同的原因,需要具备如下构成要件:(1) 对方缺乏判断能力;(2) 另一方明知此点,故意利用之,提出不利于其甚至极为苛刻的条件;(3) 对方接受了这些条件。

(五) 根本不存在标的物

在传统合同法上,根本不存在标的物,一种处理方式是合同未成立,另一种处理模式是构成客观上的不能履行,合同自始失去标的,失去目的,失去意义,因而无效。但在中国,《金融不良债权转让案件纪要》却选择了撤销的路径,于第6条第2款规定:"在金融资产管理公司转让不良债权后,国有企业债务人有证据证明不良债权根本不存在或者已经全部或部分归还而主张撤销不良债权转让合同的,人民法院应当撤销或者部分撤销不良债权转让合同;不良债权转让合同被撤销或者部分撤销后,受让人可以请求金融资产管理公司承担相应的缔约过失责任。"

三、撤销权及其行使

(一) 撤销权及其权利人的界定

撤销权,是指撤销权人依其单方的意思表示使合同等法律行为溯及既往地消灭的权利。它在性质上属于形成权。

撤销权人,在因欺诈、胁迫而成立的合同中为受欺诈人、受胁迫人,在因重大误解而成立的合同中为误解人,在显失公平场合为受到重大不利之人,在乘人之危场合为处于危难境地之人。

(二) 撤销权的行使

关于撤销权的行使,德国民法等规定采取依撤销权人向对方当事人为撤销的意思表示的方式,但中国现行法要求撤销权人通过诉讼方式,请求人民法院或仲裁机构予以撤销(《民法典》第147条至第151条)。

撤销权须在除斥期间内行使。在重大误解的场合行使撤销权的,误解的一方当事人须自其知道或应当知道撤销事由之日起90日内请求人民法院或仲裁机构予以撤销;在胁迫的场合行使撤销权的,受胁迫的一方当事人须自胁迫行为终止之日起1年内请求人民法院或仲裁机构予以撤销;基于其他撤销事由而行使撤销权的,当事人自知道或者应当知道撤销事由之日起1年内请求人民法院或仲裁机构予以撤销(《民法典》第152条第1款第1项、第2项)。

(三) 撤销权行使的效力

撤销权行使的效力是,使合同自其成立时起无效(《民法典》第155条)。

[辨析]

本书作者认为,《合同编通则解释》第 13 条关于"合同存在……可撤销的情形,当事人以该合同已在有关行政管理部门办理备案、已经批准机关批准或者已依据该合同办理财产权利的变更登记、移转登记等为由主张合同有效的,人民法院不予支持"的表达不周延,因为撤销权人确定地不行使撤销权而承认合同为有效,应受法律保护,裁判者应当支持合同有效的主张;在合同已在有关行政管理部门办理备案、已经批准机关批准或者已依据该合同办理财产权利的变更登记、移转登记的情况下,尤其如此。该条应换成下述周延的表达:"合同存在可撤销的原因,撤销权人已经或明示要行使撤销权的,对方当事人以该合同已在有关行政管理部门办理备案、已经批准机关批准或者已依据该合同办理财产权利的变更登记、移转登记等为由主张合同有效的,人民法院不予支持。"

(四)撤销权的消灭

为了尽可能地稳定法律关系,督促撤销权人适时行使撤销权,《民法典》明确当事人自民事法律行为发生之日起 5 年内没有行使撤销权的,撤销权消灭(《民法典》第 152 条)。

撤销权作为民事权利的一种,对权利人是利益,权利人放弃该项利益,不损害对方当事人的利益,不违背公序良俗,故应允许之,《民法典》第 152 条第 1 款第 3 项关于"当事人知道撤销事由后明确表示或者以自己的行为表明放弃撤销权"的规定,体现了此种理念及观点。

(五)排除撤销权特约的效力

撤销权本是依撤销权人的意思而溯及既往地消灭已经成立的法律行为的法律上之力,涉及当事人的行为自由,事关当事人的法律地位及权益。法律设置撤销权及其行使的制度,旨在赋予权利人矫正意思不自由、显失公平的法律行为,维护正当的法律秩序同时也是社会秩序的权利。当事人通过意思表示限制甚至排除撤销权及其行使,意味着限制乃至否定法律力图建立的法律秩序、社会秩序,稳固法律所不认同的法律关系。从这个意义上讲,当事人通过约定限制甚至排除撤销权及其行使,构成了《民法典》第 153 条第 2 款的无效原因,不应承认其效力。

第五节　合同效力的补正

一、合同效力的补正概述

合同效力的补正,是指合同欠缺有效要件,能否发生当事人预期的法律效力尚未确定,只有经过有权人的追认,才能化欠缺有效要件为符合有效要件,发生当事人预期的法律效力;有权人在一定期间内不予追认,合同归于无效。由于这类合同在有权人追认以前处于有效抑或无效不确定的状态,因而称为效力未定的合同或效力待定的合同。

效力未定的合同欠缺有效要件,自身具有瑕疵,有权人不通过追认消除该瑕疵,合同就确定地归于无效,所以它与无瑕疵的有效合同不同。它欠缺有效要件,对社会公共利益的侵害相对轻微,与合同制度的目的未根本性地抵触,于是法律允许有权人通过追认消除该瑕疵,既保护了当事人的合法权益,又促成了交易,还维护了市场秩序。与此不同,无效合同欠缺有效要件,与合同制度的目的背道而驰,严重侵害国家利益、社会公共利益,其瑕疵不可治愈,于是,法律便作出完全否定性的评价,令其绝对地当然地无效。可见,效力未定的合同与无效合同不同。合同欠缺有效要件,法律对它的否定性评价仅是相对的,允许有权人治愈该瑕疵。在这点上,效力未定的合同与可撤销的合同具有共性。两者的差别在于,前者在追认前处于有效抑或无效未确定的状态,后者在撤销前已经确定地发生了法律效力。

在效力未定合同的情况下,有权人的追认,是指明确表示同意效力未定的合同。它是一种单方的意思表示,无须相对人的同意即发生补正的法律效力,使效力未定的合同变为确定有效的合同。该意思表示一般以明示的方式作出(《民法典》第 145 条第 2 款、第 171 条第 2 款),学说认为,也可以有权人自愿履行债务的推定方式作出。

有权人的追认,须是无条件的,是对合同的全部条款的承认。如果仅是对部分条款的承认,其实是提出新要约,须相对人同意(承诺)方可使该部分有效。

效力未定的合同包括限制行为能力人依法不能独立订立的合同、越权代表订立的合同、无权代理人订立的合同等,以下分别介绍。

二、限制行为能力人订立的合同

限制行为能力人原则上由其法定代理人代其订立合同,若独立订立合同,须经其法定代理人追认,方为有效。当然,限制行为能力人订立纯获利益的合同或与其年龄、智力、精神健康状况相适应的合同,不需法定代理人追认(《民法典》第 145 条第 1 款)。

该追认权,属于形成权,由限制行为能力人的法定代理人享有及行使(《民法典》第 145 条第 1 款),限制行为能力人取得行为能力后,也有权追认合同。该追认权由限制行为能力人的法定代理人以意思表示的方式向合同相对人行使。追认的意思表示自到达相对人时生效,合同自订立时起生效。

该追认权同样有除斥期间的限制。该除斥期间在《民法典》上为 30 日(《民法典》第 145 条第 2 款)。其起算点为法定代理人收到催告通知之日。

追认权制度旨在保护限制行为能力人及其法定代理人,但相对人的利益也不得漠视。为求得平衡,法律赋予相对人二项权利,即催告权与撤销权。相对人在订立合同后的一定期间内,有权催告法定代理人在收到通知之日起 30 日内予以追认(《民法典》第 145 条第 2 款)。

追认权不会永远存续。法定代理人在自收到催告通知之日起 30 日内不作追认表示者,视为拒绝追认(《民法典》第 145 条第 2 款)。如此,限制行为能力人与相对人之间的合同归于消灭,追认权也不复存在。

在法定代理人未追认前,相对人也可以将合同撤销。该撤销权同样属于形成权,其行使方式为合同相对人向法定代理人发出撤销通知,该通知到达法定代理人处发生撤销的效力(《民法典》第 145 条第 2 款)。该撤销权的行使有条件,即相对人明知缔约人为限制行为能力人或明知其法定代理人不同意时,不得撤销。当然,也可以解释为这种场合撤销权不发生。

三、越权代表订立的合同

越权代表订立的合同是何种法律效力,《民法典》第 504 条设有规则——相对人不知也不应知法人的法定代表人或非法人组织的负责人超越权限的,合同有效,反之,法人或非法人组织有权拒绝承受合同项下的权利义务。《合同编通则解释》据此细化,特设第 20 条,以增强其可操作性,同时填补漏洞:(1) 法律、行政法规为限制法人的法定代表人或非法人组织的负责人的代表权,规定合同所涉事项应当由法人、非法人组织的权力机构或决策机构决议,或应当由法人、非法人组织的执行机构决定(如《公司法》第 15 条第 1 款、第 2 款),法定代表人、负责人未取得授权而以法人、非法人组织的名义订立合同,未尽到合理审查义务的相对人主张该合同对法人、非法人组织发生效力并由其承担违约责任的,人民法院不予支持。[①]但是法人、非法人组织有过错的,可以参照《民法典》第 157 条的规定判决其承担相应的赔偿责任。相对人已尽到合理审查义务,构成表见代表的,合同有效,法人或非法人组织承受合同项下的权利义务。(2) 合同所涉事项未超越法律、行政法规规定的法定代表人或负责人的代表权限,但是超越法人、非法人组织的章程或权力机构等对代表权的限制,相对人主张该合同对法人、非法人组织发生效力并由其承担违约责任的,人民法院依法予以支持。但是,法人、非法人组织举证证明相对人知道或应当知道该限制的除外。[②](3) 法人、非法人组织承担民事责任后,向有过错的法定代表人、负责人追偿因越权代表行为造成的损失的,人民法院依法予以支持。法律、司法解释对法定代表人、负责人的民事责任另有规定的,依照其规定。

对于法人印章加盖在合同文本上与越权代表之间的关系,《合同编通则解释》第 22 条确立了如下规则:(1) 法定代表人、负责人以法人、非法人组织的名义订立合同且未超越权限,法人、非法人组织仅以合同加盖的印章不是备案印章或系伪造的印章为由主张该合同对其不发生效力的,人民法院不予支持。(2) 合同系以法人、非法人组织的名义订立,但是仅有法定代表人、负责人签名或按指印而未加盖法人、非法人组织的印章,相对人能够证明法定代表人、负责人在订立合同时未超越权限的,人民法院应当认定合同对法人、非法人组织发生效力。但是,当事人约定以加盖印章作为合同成立条件的除外。(3) 合同仅加盖法人、非法人组织的印章而无人员签名或按指印,相对人能够证明合同系法定代表人、负责人在其权限范围内订立的,人民法院应当认定该合同对法人、非法人组织发生效力。(4) 在前三种情形下,法定代表人、负责人在订立合同时虽然超越代表或代理权限,但是依据《民法典》第 504 条的规定构成表见代表,或依据《民法典》第 172 条的规定构成表见代理的,人民法院应

---

① 本书作者认为,对《合同编通则解释》第 20 条第 1 款第 1 句正文可有两种方向不同的理解。若朝消极方向理解之,则为越权代表订立的合同对越权代表所在的当事人不发生法律效力,而非合同径直无效。这给合同在越权代表本人与相对人之间有效的解释留下空间,但无赋权越权代表所在的当事人可以选择接受合同或拒绝接受合同之意,这为其不足,它仍有提升的必要。若往积极方向理解之,可有"虽然相对人无权主张越权代表所在的当事人承受合同有效的后果,但越权代表所在的当事人有权决定承受此种合同有效的后果"之意。如此一来,越权代表所在的当事人就比较主动,既可以拒绝接受越权代表订立的合同,又可以表示接受越权代表订立的合同。这便平衡了恶意的相对人与被越权代表"坑害"的当事人之间的权益关系,应为上策。

② 本书作者认为,《合同编通则解释》第 20 条第 2 款正文的规定,符合《民法典》第 504 条的规定,也符合越权代表的机理,值得赞同,试析如下:由于对代表权的限制不是源自法律、行政法规,而是来自法人、非法人组织的章程或权力机构等对代表权的限制,出于交易便捷、交易安全及交易相对人能否知晓法人、非法人组织的章程或权力机构的决定等因素的考量,不使相对人负有查阅交易对方章程或权力机构的决定的义务。在这种背景下,相对人与法人或非法人组织订立合同,即使法人的法定代表人、非法人组织的负责人违反了章程、权力机构对代表权的限制,也首先推定相对人不知道也不应知越权代表,即善意。这有其道理,值得赞同。对于此种合同,法人或非法人组织即使被其法定代表人或负责人"坑害"了,也无权否认合同效力,这是交易安全原则的当然要求。

《合同编通则解释》第 20 条第 2 款但书有合理的一面,也有需要检讨的一面。其合理之处表现在,把举证证明相对人恶意的负担分配给越权代表所在的法人或非法人组织,这与交易相对人无义务查阅对方的章程或权力机构的决定相匹配;尽量不使恶意的相对人从合同有效之中获得不当利益。其需要检讨之处表现在,越权代表订立的合同并不总是不利于越权代表所在的法人或非法人组织,或是虽有不利,但否定合同效力而另觅新的交易可能不如维持合同效力。既然如此,在相对人为恶意的情况下,把合同效力的决定权交给法人或非法人组织,更为明智。但是《合同编通则解释》第 20 条第 2 款的但书没有赋予法人或非法人组织这样的权利,不是上策。

当认定合同对法人、非法人组织发生效力。

四、无权代理人订立的合同

无权代理人以被代理人名义与相对人订立合同,非经被代理人追认的,对于被代理人不发生法律效力(《民法典》第171条第1款),除非构成表见代理(《民法典》第172条)。

职务代理也可能发生无权代理。依法应当由法人、非法人组织的权力机构或决策机构决议的事项(如公司为公司股东或实际控制人提供担保),依法应当由法人、非法人组织的执行机构决定的事项(如发行公司债券),依法应当由法定代表人、负责人代表法人、非法人组织实施的事项(如公司章程规定数额巨大的合同须由法定代表人亲自签署),不属于通常情形下依其职权可以处理的事项(如公司合并、分立的合同通常不由办公室主任签署),却被法人或非法人组织的工作人员以法人或非法人组织的名义实施了,属于超越职权范围的行为,大多构成狭义的无权代理,除非构成表见代理(《合同编通则解释》第21条第2款)。

合同所涉事项未超越前述职权范围,但是超越法人、非法人组织对工作人员职权范围的限制的,相对人有权主张该合同对法人、非法人组织发生效力并由其承担违约责任,即发生表见代理的效果。但是,法人、非法人组织举证证明相对人知道或者应当知道该限制的除外(《合同编通则解释》第21条第3款)。法人、非法人组织承担民事责任后,有权向故意或有重大过失的工作人员追偿(《合同编通则解释》第21条第4款)。

对于法人或非法人组织的工作人员将法人或非法人组织的印章加盖在合同文本上与无权代理或表见代理之间的关系,《合同编通则解释》第22条确立了如下规则:(1)工作人员以法人、非法人组织的名义订立合同且未超越权限,法人、非法人组织仅以合同加盖的印章不是备案印章或系伪造的印章为由主张该合同对其不发生效力的,人民法院不予支持。(2)合同系以法人、非法人组织的名义订立,但是仅有工作人员签名或按指印而未加盖法人、非法人组织的印章,相对人能够证明工作人员在订立合同时未超越权限的,人民法院应当认定合同对法人、非法人组织发生效力。但是,当事人约定以加盖印章作为合同成立条件的除外。(3)合同仅加盖法人、非法人组织的印章而无工作人员签名或按指印,相对人能够证明合同系工作人员在其权限范围内订立的,人民法院应当认定该合同对法人、非法人组织发生效力。(4)在前三种情形下,工作人员在订立合同时虽无代理权,但是依据《民法典》第172条的规定构成表见代理的,人民法院应当认定合同对法人、非法人组织发生效力。

相对人可以催告被代理人自收到通知之日起30日内予以追认。追认的意思表示自到达相对人时生效,合同自订立时起生效。被代理人未作表示的,视为拒绝追认(《民法典》第171条第2款)。但无权代理人以被代理人的名义订立合同,被代理人已经开始履行合同义务或接受相对人履行的,视为对合同的追认(《民法典》第503条)。被代理人承担有效代理行为所产生的责任后,可以向无权代理人追偿因代理行为而遭受的损失。

合同被追认之前,善意相对人有撤销的权利。撤销应以通知的方式作出(《民法典》第171条第2款)。

在相对人不行使撤销权,被代理人亦未追认的情况下,善意相对人有权请求行为人履行债务或者就其受到的损害请求行为人赔偿(《民法典》第171条第3款正文前段)。理解其意,应把握以下几点:

(1)在无代理权情况下签订的合同符合法律行为的有效要件时,该合同有效,无权代理人和相对人作为该合同关系的当事人,履行该合同项下的义务,享有该合同项下的权利。被代理人不承受该合同项下的权利和义务。这多发生在隐名代理场合。例如,甲外贸公司接受乙公司的委托,从 D 国的丙公司进口 30 辆载重卡车,但甲公司却自作主张,与 D 国的丙公司签订了 30 辆奔驰轿车的买卖合同,买受人落款处加盖了甲公司的合同专用章。乙公司对该合同不予追认。在该合同不违反强制性规范及外贸管制的要求场合,该 30 辆奔驰轿车买卖合同有效。

（2）无代理权情况下签订的合同部分有效,部分无效。这发生在直接代理的场合。原来,依据《民法典》第 161 条至第 175 条设计的代理均为直接代理,代理人和相对人实施的代理行为不同于当事人亲自实施的法律行为,其特色在于,意思表示虽是代理人发出或接受的,但法律关系的一方当事人却是被代理人而非代理人,代理行为的效果意思中包含着基于代理行为产生的权利义务归被代理人承受的内容。在被代理人不追认无权代理行为的情况下,依据《民法典》第 171 条第 3 款的规定,由无权代理人承受后果。该后果若是代理行为有效时的权利义务,那么就与代理行为中固有的效果意思不同。详细些说,法律对该合同并不完全按照当事人的效果意思赋予法律效果,亦即,在合同的当事人方面,否定了无权代理人和相对人关于被代理人为合同当事人一方的效果意思;在合同项下的权利义务方面,则按照无权代理人和相对人的效果意思赋予法律效果,就是说,无权代理人和相对人基于该合同承受的权利和义务完全受法律保护,不予改变。总之,无权代理人和相对人为该合同的当事人,双方须履行该合同项下的义务,享有该合同项下的权利。被代理人不承受该合同项下的权利和义务。

（3）无代理权情况下签订的合同,不被被代理人追认,因而不符合有效要件,归于完全无效。例如,甲公司为中介公司而非技术开发公司,无权代理乙技术开发公司,与出资人（委托人）签订委托开发合同,乙技术开发公司对此拒绝追认。因甲公司完全没有技术开发能力,该合同归于无效。该案件应当适用《民法典》第 157 条的规定,由无权代理人甲公司承担缔约过失责任等后果。

无权代理行为的效力待定,同样涉及追认权、催告权、撤销权、除斥期间,在原理上与限制行为能力人订立合同场合的相关说明相同,因而不再赘述。

第六节 合同不成立、无效、被撤销或不被追认的法律后果

合同不成立、无效、被撤销或不被追认,只是不发生当事人所预期的法律效力,即不发生合同履行的效力,并非不产生任何法律效果,其他法律后果还是要发生的,如返还财产、缔约过失责任、行政处罚等。

一、返还财产

合同不成立、无效、被撤销或不被追认,自始归于消灭,当事人一方或双方基于合同所为之给付,失去存在依据,应予返还。该给付为财产交付时,发生返还财产的效果。

该返还财产是合同不成立、无效、被撤销或不被追认当然发生的法律效果,不是当事人违反民事义务所直接产生的,其存在也不是道德和法律对当事人的主观状态及相关行为予以否定性评价的表现,其成立不需要具备民事责任的构成要件,因而不属于民事责任范畴。[①]

[①] 崔建远:《关于经济合同无效的探讨——〈经济合同法〉的修改问题》,载《吉林大学社会科学学报》1989 年第 5 期。

合同不成立、无效、被撤销或不被追认时,合同自始无效,受领人取得给付物所有权的法律依据消失殆尽,在该给付物为动产的情况下,给付人有权请求受领人移转该物的占有,使其动产的所有权恢复至圆满状态;在该有体物为不动产,尚未办理过户登记手续的情况下,该不动产的所有权继续归给付人享有,并且,因合同不成立、无效、被撤销或不被追认,给付人办理过户登记手续的义务便不复存在,故受领给付人非但不可能取得该不动产的所有权,反倒负有把该不动产的占有移转于给付人的义务,换言之,给付人行使物的返还请求权,表现为请求受领人移转该不动产的占有。在给付物为不动产并且已经办理了过户登记手续的情况下,合同不成立、无效、被撤销或不被追认,在给付人和受领人之间的关系上,该不动产的所有权也复归于给付人,给付人对受领人享有物的返还请求权。给付人行使物的返还请求权,表现为请求受领人办理复原登记,使该项不动产登记恢复到自己的名下。受领人负有办理复原登记的义务,申请不动产登记机关注销自己的不动产所有权登记。复原登记请求权也属于物权请求权。在这方面,《合同编通则解释》第24条第1款前段的表述为"人民法院应当根据案件具体情况,单独或者合并适用返还占有的标的物、更正登记簿册记载等方式"。

关于金融不良债权转让合同被确认为无效时的返还,《金融不良债权转让案件纪要》第10条后段特别规定:"人民法院裁判金融不良债权转让合同无效后当事人履行相互返还义务时,应从不良债权最终受让人开始逐一与前手相互返还,直至完成第一受让人与金融资产管理公司的相互返还。"

应当注意,基于不动产物权登记的公示原则和公信原则,善意第三人信赖该项登记而受让了该项不动产,并且业已办理了移转登记手续,则给付人的物权请求权对抗不了该善意第三人。

返还财产具有物权效力,即优先于普通债权的效力。当受领人的财产不足以清偿数个并存的债权时,给付人能够优先于其他人而获得财产的返还。当原物不存在时,即无此优先效力。

返还财产为所有物返还时,返还范围应为受领给付时的原物及其有关收益。应当返还收益的法律依据为《民法典》第321条第1款正文关于"天然孳息,由所有权人取得;既有所有权人又有用益物权人的,由用益物权人取得"的规定。

此处之所以强调返还有关收益,而未笼统地说返还全部收益,是因为受领原物者经其努力而使原物产生的相应收益、受领原物者的品牌等无形资产而使原物产生的相应收益,应归受领人享有,不应返还给给付人。

当原物不存在,或虽然存在但就占有原物而认定为"利益"时,给付人可基于不当得利请求返还,于此场合,所谓"返还财产"仅具有债权的效力。[①]对于这个问题,《合同编通则解释》第24条第1款后段的表述为"人民法院应当以认定合同不成立、无效、被撤销或者确定不发生效力之日该财产的市场价值或者以其他合理方式计算的价值为基准判决折价补偿。"

如果返还的标的是价款或报酬,有权请求返还价款或报酬的当事人一方请求对方支付资金占用费的,人民法院应当在当事人请求的范围内按照中国人民银行授权全国银行间同业拆借中心公布的一年期贷款市场报价利率(LPR)计算。但是,占用资金的当事人对于合

[①] 崔建远:《关于经济合同无效的探讨——〈经济合同法〉的修改问题》,载《吉林大学社会科学学报》1989年第5期;崔建远:《合同无效与诉讼时效》,载《人民法院报》2002年2月22日,第3版。

同不成立、无效、被撤销或确定不发生效力没有过错的,应当以中国人民银行公布的同期同类存款基准利率计算。双方互负返还义务,当事人主张同时履行的,人民法院应予支持;占有标的物的一方对标的物存在使用或者依法可以使用的情形,对方请求将其应支付的资金占用费与应收取的标的物使用费相互抵销的,人民法院应予支持,但是法律另有规定的除外(《合同编通则解释》第 25 条)。

应予注意,在某些情况下,中国现行法规定不予返还。例如,《金融不良债权转让案件纪要》第 7 条第 2 款规定:"金融资产管理公司以整体'资产包'的形式转让不良债权中出现单笔或者数笔债权无效情形,或者单笔或数笔不良债权的债务人为非国有企业……受让人请求认定已履行或已清结部分有效的,人民法院应当认定尚未履行或尚未清结部分无效,并判令受让人将尚未履行部分或尚未清结部分返还给金融资产管理公司,金融资产管理公司不再向受让人返还相应价金。"

二、缔约过失责任

合同不成立、无效、被撤销或不被追认,当事人一方因此受有损失,对方当事人对此有过错时,应赔偿受害人的损失。这种责任就是缔约过失责任(culpa in contrahendo)。

缔约过失责任在历史发展过程中,曾被归入违约责任中,也曾被纳入侵权责任体系内,但在中国法上宜为独立的制度。其道理如下:缔约过失责任以先合同义务为成立前提,违约责任以合同债务为成立前提;先合同义务是法定义务,合同债务主要为约定义务,核心是给付义务。缔约过失责任以过错为要件,违约责任往往不以过错为成立的要件。缔约过失责任赔偿的范围是信赖利益的损失,违约责任赔偿的范围是履行利益的损失。故两者不同。缔约过失责任也不同于传统的侵权责任,因为传统的侵权行为法所加于人们的义务,是不得侵害权益。只要人们未以积极的行为去侵害他人的财产、人身,原则上就不负责任。换个角度说,传统侵权行为法所要求的注意,是社会一般人能做到的注意,其程度不是太高,否则,便会阻碍人们充分发挥其聪明才智,不利于其积极进取。《民法典》第 1198 条承认了安全保障义务,使得经营者负担了较重的积极作为义务,但仅仅限于住宿、餐饮、娱乐等经营活动的情形,尚未从根本上改变侵权行为法的注意义务的格局。与此不同,在缔约阶段,当事人已由原来的一般关系进入特殊的信赖关系。基于该信赖关系,双方当事人都为成立乃至履行合同做了不同程度的准备工作。于此场合,当事人双方的联系在信赖关系中比在普通关系中更为密切,任何一方的不注意都容易给对方造成损害。为了使当事人都极为审慎地缔约,法律对他们课以的注意要求应该高些,当事人仅停留于不作为的状态并不足够,只有负有作为的义务才算达到要求,即应负互相协助、互相照顾、互通情况、保护对方等项义务。就是说,应以有别于传统的侵权责任的制度保护缔约阶段的信赖关系,这个制度就是缔约过失责任制度。[①] 应该承认,在法国、德国等国家和地区的现代侵权行为法上,以及在中国依据《民法典》第 1198 条的规定,处理特殊情况时加重了行为人的注意义务,缔约过失场合也可以构成侵权责任。

缔约过失责任成为独立制度,不仅因为违约责任制度和传统的侵权行为法功能上的欠缺,仅靠它们不能周到地保护缔约人,而且有以下深层原因:交易是个过程,起初是双方当事人开始接触,尔后是相互洽商,最后是成交。法律保护交易,应该是对整个过程加以全面规

[①] 崔建远:《合同责任研究》,吉林大学出版社 1992 年版,第 282—283 页。

制:对成交的保护通过赋予合同关系并配置违约责任的途径达到目的;对接触、磋商的保护通过赋予无主给付义务的法定债之关系并配置缔约过失责任的方式完成任务。① 耶林早在1861年首次系统、周密且深刻阐述缔约过失责任时的道理至今仍未过时:法律所保护的,并非仅是一个业已存在的合同关系,正在发生中的合同关系亦应包括在内,否则,合同交易将暴露于外,不受保护,缔约一方当事人不免成为他方疏忽或不注意的牺牲品!合同的缔结产生了一种履行义务,若此种效力因法律上的障碍而被排除时,则会产生一种损害赔偿义务,因此,所谓合同无效者,仅指不发生履行效力,非谓不发生任何效力。简言之,当事人因自己过失致使合同不成立者,对信其合同有效成立的相对人,应赔偿基于此项信赖而生的损害。②

缔约过失责任的成立,需要具备以下要件:(1) 缔约人一方违反先合同义务。所谓先合同义务,是自缔约双方为签订合同而互相接触、磋商开始,逐渐产生的注意义务,而非合同有效成立而产生的给付义务,包括互相协助、互相照顾、互相保护、互相通知、诚实信用等义务。由于这些义务系以诚信原则为基础,随着债的关系的发展而逐渐产生的,因而在学说上又称附随义务。它一般自要约生效开始产生,但在安全保障义务的场合,则可提前到要约生效之前。(2) 相对人受有损失。该损失仅为财产损失,不包括精神损害。该损失为信赖利益的损失,而非履行利益的损失。(3) 违反先合同义务与该损失之间有因果联系,即该损失是由违反先合同义务引起的。(4) 违反先合同义务者有过错。这里的过错是对形成合同无效、被撤销、不被追认、不成立的原因的过错。有学者认为,缔约过失责任不应当以过失为要件。不过,本书认为,《民法典》第157条明确规定,合同等法律行为无效、被撤销场合的损害赔偿需要当事人的过错,第500条、第501条关于具体类型的缔约过失责任的规定也显然贯彻了过错责任的思想,《合同编通则解释》第24条第2款也明确缔约过失场合的损害赔偿以过错为构成要件,所以,按照解释论,还是应当坚持缔约过失责任以过错为成立要件的观点。

缔约过失责任有如下几种类型:(1) 恶意缔约的责任(《民法典》第500条第1项)。(2) 欺诈缔约的责任(《民法典》第500条第2项)。(3) 违反人格和人格尊严等违背诚信原则的缔约过失责任(《民法典》第500条第3项)。(4) 不履行报批义务的缔约过失责任。所谓不履行报批义务,是指依照法律、行政法规的规定经批准等手续才能生效的合同成立后,有义务办理申请批准等手续的一方当事人未依约履行报批义务的,承担违反报批义务的违约责任(《民法典》第502条第1款后段);未按照法律规定办理申请批准等手续的,属于其他违背诚信原则的行为,承担缔约过失责任(《民法典》第500条第3项、第502条第1款后段)。(5) 擅自撤销要约时的缔约过失责任。(6) 当事人泄露或不正当地使用在订立合同过程中知悉的商业秘密或其他应当保密的信息,造成对方损失的,于合同未成立时产生缔约过失责任(《民法典》第501条)。(7) 缔约之际未尽保护义务侵害相对人的人身权、物权时的缔约过失责任。其请求权基础可以定为侵权行为。(8) 合同不成立时的缔约过失责任。对此,中国现行法虽然尚无明文,但在当事人之间不存在合同、当事人对此具有过失等方面,合同不成立与合同无效、合同被撤销具有共性,且在缔约过失制度中处于重要地位,故可以类推《民法典》第157条的规定。况且,境外的若干立法例都承认合同不成立场合的缔约过失责任。(9) 合同无效时的缔约过失责任(《民法典》第157条)。(10) 合同被撤销时的缔

---

① 崔建远:《合同责任研究》,吉林大学出版社1992年版,第282—283页。
② Jherings Jb. 4(1861), S. lf. 转引自王泽鉴:《民法学说与判例研究》(第1册),北京大学出版社2009年版,第72页。

约过失责任(《民法典》第 157 条)。(11) 合同不被追认时的缔约过失责任。于此场合,类推适用《民法典》第 157 条的规定,理由如同合同不成立场合的缔约过失责任。(12) 无权代理情况下的缔约过失责任(《民法典》第 171 条第 3 款)。

需要指出,在某些情况下,中国现行法规定不予赔偿。例如,《金融不良债权转让案件纪要》第 10 条后段规定:"后手受让人直接对金融资产管理公司主张不良债权转让合同无效并请求赔偿的,人民法院不予支持。"

缔约过失责任的赔偿范围为"由此产生的费用和给相对人造成的实际损失",大多为信赖利益的损失。所谓信赖利益,是指缔约人信赖合同有效成立,但因法定事由发生,致使合同不成立、无效、不被追认或被撤销等而造成的损失。它同样包括直接损失和间接损失,但于间接损失表现为机会利益的损失时,为避免双份赔偿/重复赔偿,原则上只准予机会利益的损害赔偿,不支持直接损失的赔偿;或者反过来,仅支持直接损失的赔偿,不支持机会利益的损害赔偿。①

关于在缔约过失责任领域信赖利益的赔偿范围,《合同编通则解释》于第 24 条第 2 款设立规则,含有如下要点:(1) 应当结合财产返还或折价补偿的情况予以确定,因为返还给付物与不返还、对给付物折价得高还是低,给付为服务时对已为服务估价得多抑或少,会导致无辜的一方所受损失的数额在计算上不同。(2) 考虑财产增值收益和贬值损失予以确定,以交易股票为例加以说明。合同订立时股票价高,合同无效或被撤销时股价跌了,受让人对合同无效或被撤销具有过错的,他应当赔偿这个差价。合同订立时股票价低,合同无效或被撤销时涨价了,因转让人没有因合同无效或被撤销遭受损失,受让人便无赔偿责任。此处所论差价的赔偿,就是机会利益的损害赔偿。(3) 考虑交易成本的支出予以确定。所谓交易成本的支出,包括当事人为订立合同或准备履行合同所支出的合理费用。所谓为订立合同所支出的合理费用,包括必要的通信费,为赶赴缔约地而支出的必要的差旅费,必需的手续费,为查看标的物或考核求职者等所支出的费用,缴纳保证金所产生的利息,等等。所谓为准备履行合同所支出的合理费用,包括为运送标的物或者受领相对人给付所支付的合理费用,为支付货款而借贷资金所产生的利息,为受领货物而付给承运人的运杂费,为受领货物而付给保管人的仓储费,等等。所有这些费用,均为成本,属于直接损失的范畴。(4) 考虑"等事实"予以确定。所谓"等事实",依其表达逻辑、实际情形和法理,可有如下形态: a. 合理费用产生的利息,这在无辜的缔约人为准备履行合同而向他人借款的情况下尤其如此;b. 缔约过失同时构成侵权行为,致对方人格权、身体以损害;c. 缔约过失同时构成侵权行为,损害了对方的财产。此处"b""c"属于学说所谓直接损失,"a"有时亦然,可以与成本的损失一起成为缔约过失责任的范围。在这里,不必纠结于其究为狭义的缔约过失行为所致还是一般的侵权行为造成的。(5) 按照双方当事人的过错程度及原因力大小予以确定。所谓按照双方的过错程度予以确定,是指适用过失相抵规则确定损害赔偿数额。所谓按照原因力大小确定,是指根据损失与其原因之间的因果联系的密疏程度,每种原因在造成损失中所起的作用,来确定责任者应负多重的赔偿责任。(6) 根据诚信原则和公平原则予以确定,以达公平合理的结果。以上六项规则不得各自孤立地适用,而是将其结合起来,综合判断,作整体考量,符合诚信原则和公平原则的要求。

---

① 这个方面存在的分歧和辨析,见崔建远:《合同法总论》(上卷)(第 2 版),中国人民大学出版社 2011 年版,第 447 页以下;崔建远:《论机会利益的损害赔偿》,载《法学家》2023 年第 1 期。

不过,对于缔约过失责任,中国现行法在个别场合也承认了履行利益的损害赔偿。例如,《外商投资企业规定(一)》第 6 条第 2 款规定:"转让方和外商投资企业拒不根据人民法院生效判决确定的期限履行报批义务,受让方另行起诉,请求解除合同并赔偿损失的,人民法院应予支持。赔偿损失的范围可以包括股权的差价损失、股权收益及其他合理损失。"

应予注意,中国现行法对某些合同无效场合的赔偿范围设有限制,例如,《金融不良债权转让案件纪要》第 7 条第 1 款第 2 句末规定:"受让人要求转让人赔偿损失,赔偿损失数额应以受让人实际支付的价金之利息损失为限。"

三、刑事、行政的后果及程序运作

合同不成立、无效、被撤销或确定不发生效力,当事人的行为涉嫌违法且未经处理,可能导致一方或双方通过违法行为获得不当利益的,人民法院应当向有关行政管理部门提出司法建议。当事人的行为涉嫌犯罪的,应当将案件线索移送刑事侦查机关;属于刑事自诉案件的,应当告知当事人可以向有管辖权的人民法院另行提起诉讼(《合同编通则解释》第 24 条第 3 款)。

第七节　合同无效与诉讼时效

一、合同无效与诉讼时效概述

合同无效、合同撤销不适用诉讼时效制度,后者适用除斥期间的规定,前者现行法无规定,有学者建议法律另外规定请求确认合同无效的期间,以免因无效的合同已经履行完毕且历经较长的期间,再确认无效并发生返还财产、赔偿损失等效果,会导致现有秩序的紊乱。对此,本书作者表示赞同。

合同无效,只是不发生履行的效果,但可发生受领给付的返还、缔约过失责任的法定后果(《民法典》第 157 条)。从权利的角度观察,这些后果为请求权。它们是否适用诉讼时效,需要从实体法与程序法的结合上加以回答。如果当事人乃至有利害关系的第三人,请求法院或仲裁机构确认合同无效,同时请求受领人返还其基于该无效合同而受领的给付,请求过失的一方承担缔约过失责任,法院或仲裁机构又支持了这些诉求,那么,其判决或裁决一经作出,即发生既判力,即使败诉方不履行上述返还义务或赔偿义务,也是胜诉方请求人民法院强制执行的问题,裁判机关便不会再受理该当事人的同样的诉求,否则,便违反一事不再理的原则。于此场合,没有适用诉讼时效制度的余地。①

在当事人乃至有利害关系的第三人仅仅请求确认合同无效的情况下,判决书或裁决书确认系争合同无效,而未涉及合同无效的法律后果,因上述返还财产、缔约过失责任等效果依法当然产生,不会因裁判未涉及而归于消灭,在特定的时间内也不应当因当事人未主张而消失殆尽,于是便产生了它们是否适用诉讼时效制度的问题,并一直困扰着人们。本书作者认为,应当区分情况加以判断。

---

① 本书作者起初没有结合程序考虑合同无效场合的诉讼时效问题。在作者于深圳仲裁委员会报告《合同无效与诉讼时效》时,有的仲裁员提出了这个问题;在清华大学法学院的授课过程中,龙俊同学也就此谈了自己的看法。对这些意见,特此致谢!

二、物的返还请求权与诉讼时效

1. 不动产物权和登记的动产物权场合,物的返还请求权不适用诉讼时效制度;除此而外的物权场合,物的返还请求权适用诉讼时效制度

在合同无效,所受领的不动产已经办理完过户登记手续的情况下,受领人对受领标的物的所有权得而复失,故应当负有注销所有权登记的义务,给付人享有请求使不动产登记恢复到自己名下的权利,不适用诉讼时效制度。

2. 物的返还请求权适用诉讼时效制度时,时效期间的起算

有体物的返还请求权适用诉讼时效制度时,时效期间如何起算?一种观点主张,诉讼时效期间从给付财产之日起算。这存在若干不足,不采为宜,理由如下:(1)在有的情况下,合同同时存在着无效的原因,或对合同属于无效还是可以撤销,存在着争议,当事人更不清楚;若当事人把无效的合同作为可撤销的合同看待,并决定不行使撤销权,自然不发生所给付的财产返还问题,也就不存在他或者相对人知道或应当知道其权利被侵害的事实,诉讼时效期间不会起算。(2)在有的情况下,合同同时存在着无效的原因和效力未定的原因,中国现行法尚无何者优先适用的明文规定,权利人偏偏追认该合同,法院若不依其职权确定合同无效,也不发生所给付的财产返还问题,诉讼时效期间不会起算。(3)在某些情况下,当事人不知道合同存在无效的原因,从而不知道、也不愿意发生所给付的财产予以返还的后果,而愿意继续履行"合同"。于此场合,时效期间自给付财产时起算,在逻辑上说不通。(4)在将来若承认了无效行为的转换制度,在一个特定的无效行为符合另一个有效行为的要件时,使它发生该有效行为的效果。如此,若给付财产,自然不发生诉讼时效期间的起算问题。(5)给付人知道合同存在无效原因仍为给付,并有意在合同被确认为无效时亦不主张返还给付物,类似赠与,诉讼时效期间不宜起算。①

一种观点认为,在无效合同已经履行完毕多年的情况下,如当事人仍可以合同无效为由向人民法院起诉并由法院判决返还财产,不符合债权的有期限性原则,使《民法典》第188条第2款前段的规定失去意义。这存在不少疑问,需要澄清。(1)只要债权存有期间,不论它多长,就都符合债权的有期性。所谓"不符合债权的有期限性原则"的理由不成立。(2)更为实质的道理在于,《民法典》第144条、第146条第1款、第153条第1款正文和第2款、第154条规定的合同无效的情形,是严重抵触、违反合同制度目的的,是法律坚决不许存在的,即为绝对无效、自始无效。这与外国的一些立法例承认的、中国未来的立法也要规定的相对无效的合同有区别。纯理论地说,无论时隔多久,不管当事人愿不愿意,存在无效原因的合同都应按无效处理,怎么能因"合同履行完毕多年"就不令其无效呢?②(3)中国现行法对因合同无效提起诉讼没有时间限制,故即使时隔多年当事人就合同无效起诉,法院也得受理并予以确认,除非中国法在未来设有无效转换制度,或合同的无效原因在法院处理时消失。只要法院确认合同无效,就得应当事人的诉讼请求裁判给付财产的返还、缔约过失责任,除非当事人无此类诉讼请求,或不具备财产返还、缔约过失责任的要件。在当事人有此诉讼请求,财产返还、缔约过失责任的要件具备的情况下,法院仅仅确认合同无效而不裁判给付物的返还、缔约损害赔偿,意味着法院审理多日后宣告当事人之间无合同,其他的维持不变。

---

① 崔建远:《合同无效与诉讼时效》,载《人民法院报》2002年2月22日,第3版。
② 至于实际生活中相当的无效合同未被法院发现、处理,当事人已履行完毕并认可,属于法社会学问题,另外讨论。

这显现出只有合同无效的名义而无实际价值,完全违反效益原则,徒增法院及当事人的负担。(4) 按照"诉讼时效期间从给付财产之日起计算"运作,在时隔多年就合同无效起诉的情况下,果真会出现法院宣告当事人之间无合同关系、其他维持原状的结果,重演"只算政治账,不算经济账"？(5) 如同上述,有些案件中当事人于给付财产时确实不知道合同存在无效原因,诉讼时效期间不起算,这正是适用《民法典》第188条第2款前段的结果,怎么说"使《民法典》第188条第2款前段的规定失去意义"？

当然,站在立法论的立场,从稳定财产秩序的需要出发,《民法典》修正时宜规定确认合同无效的期限。

3. 诉讼时效期间从判决确定之时的次日起算

上述种种问题,在诉讼时效期间自判决确认合同无效的次日起算框架下,都能得到解决。所以,我们应该采取这种观点。《金融不良债权转让案件纪要》已经承认了这种观点,于第7条第1款后段规定:"相关不良债权的诉讼时效自金融不良债权转让合同被认定无效之日起重新计算。"

应予指出,如同不当得利返还中的时效期间起算遇到的问题一样,裁判确认合同无效的日期与裁判确定的返还财产的日期可能不同,诉讼时效期间的起算以哪个时间点为准均有道理,本书倾向于诉讼时效期间自裁判确认合同无效的日期的次日起算。①

三、不当得利返还请求权与诉讼时效

1. 不当得利返还请求权适用诉讼时效制度

合同无效场合,受领人负返还该给付的义务。在该给付属于劳务的付出、技能的发挥、智力的贡献等形态时,可依不当得利制度解决,即受领人负返还不当得利的义务,给付人有权请求受领人返还该不当得利。这当然适用诉讼时效。该给付虽然属于交付有体物的形态,但在应予返还时该有体物灭失或被消耗掉了,其所有权消失,受领人亦负不当得利返还义务,给付人有权请求该不当得利的返还。这同样适用诉讼时效。

不过,不当得利返还系由判决确定场合,适用民事诉讼法上的执行制度,不再适用诉讼时效。

2. 时效期间的起算

上述不当得利返还适用诉讼时效,时效期间应自不当得利返还义务产生并知道或应当知道返还义务人之日起算。问题在于,如何认定不当得利返还义务产生的时间,观点不尽一致。

第一种观点认为,当事人受领给付之时,合同就是无效的,尽管这尚未得到法院的确认,换句话说,受领给付无法律根据,构成不当得利,返还义务立即产生。因此,诉讼时效期间应自受领给付之时的次日起算。第二种观点主张,合同未被法院等确认为无效时,在实务中当事人往往遵守"合同",继续履行"合同"义务,而不出现返还不当得利的现象。此其一。其二,有些场合,当事人一方乃至双方确实不知道合同存在着无效的原因,自然也就不知道不当得利返还义务的产生,给付的当事人不知道也不应当知道其债权受到侵害。于此场合,诉讼时效期间起算的事由不出现,自然谈不上时效期间起算问题。其三,在有的情况下,给付的当事人即使马上知道合同存有无效原因,但他仍然愿意履行,表示将来也不主张不当得利返还请求权,自然也就无诉讼时效期间的起算问题。②

---

① 崔建远:《合同无效与诉讼时效》,载《人民法院报》2002年2月22日,第3版。
② 同上。

只有合同被确认为无效,不当得利返还请求权实际成立,诉讼时效期间起算的事由出现,并且日期清晰明了,时效期间自该日期的次日起算,才妥当合理。《金融不良债权转让案件纪要》第 7 条第 1 款后段的规定采纳了自金融不良债权转让合同被认定无效之日起算诉讼时效期间的意见。

如果严格按照《民法典》第 188 条第 2 款前段规定的诉讼时效期间的起算点,则该不当得利返还的诉讼时效期间应当自给付人知道或应当知道合同存在着无效的原因时起算。但这样一来,在给付人知道或应当知道合同存在着无效的原因较早,确认合同无效的时间过晚的情况下,会出现一方面确认合同无效,另一方面不当得利返还和损害赔偿因超过诉讼时效期间而化为泡影的情形,显然不适当。如果把确认合同无效的日期作为不当得利返还的诉讼时效期间的起算点,则存在着确认合同无效过迟使得已经稳定多年的秩序被重新打破的缺点。两种观点各有长短,令人难以决断。站在立法论的立场,《民法典》应当规定确认合同无效的期限,而设立确认合同无效之日就是诉讼时效期间起算之时的规则。从解释论的层面讲,应当区分情况,一般场合,诉讼时效期间自确认合同无效之日起算,但若因此而导致既有秩序紊乱的除外。[①]

四、缔约过失责任与诉讼时效

缔约过失责任的方式为赔偿损失(《民法典》第 157 条),当然适用诉讼时效制度。该时效期间自有过失的当事人负赔偿责任之时的次日起算。

[①] 崔建远:《合同无效与诉讼时效》,载《人民法院报》2002 年 2 月 22 日,第 3 版。

第六章

合同的履行

第一节 合同的履行概述

合同的履行,是指债务人全面地、适当地完成其合同义务,债权人的合同债权得到完全实现。也有学者认为,合同的履行是指债务人依债务本旨而实现债务内容的给付。[①] 如交付约定的标的物,完成约定的工作并交付工作成果,提供约定的服务等。

合同的履行是债务人完成合同债务的行为,即所谓债务人为给付行为。这是合同目的的起码要求。没有债务人完成合同债务的行为,就不会有债权人达到成立合同目的的结果。但是,债务人履行合同债务的行为未必总能使债权人达到成立合同的目的,未必总能使债权人实现其债权。

由此看来,合同的履行应是债务人全面地、适当地完成合同债务,使债权人实现其合同债权的给付行为和给付结果的统一。因为合同关系存在的法律目的,乃是将合同债权转变成物权或与物权具有相等价值的权利,乃是债务人约定给付使债权人获得满足、获得给付结果。进而言之,就是"履行并非指债务人之给付行为,履行重结果,给付仅系履行之手段,必也债权人实际获得给付结果,才能谓之'履行'"[②]。

在许多情况下,如承揽合同、建设工程合同、运输合同、劳动合同等,其履行不单指最后的交付行为,而是一系列行为及其结果的总和。[③] 合同履行这一特征的法律意义在于:一方面,它能使当事人自合同成立生效之时起,就关注自己和相对人履行合同义务的概况,确保合同义务得到全面、正确的履行;另一方面,"它能使当事人尽早发现对方不能履行或不能完全履行合同义务的情况,以便采取相应的补救措施,避免使自己陷入被动和不利,防止损失的发生或扩大"[④]。

从合同效力方面观察,合同的履行是依法成立的合同所必然发生的法律效果,并且是构成合同法律效力的主要内容。因此,许多立法例把合同的履行规定在债的效力或合同的效力标题下。但从合同关系消灭的角度观察,债务人全面而适当地履行合同,导致了合同关系的消灭;合同的履行是合同关系消灭的原因,并且是正常消灭的原因。因此,合同的履行又称作债的清偿。有些立法例把合同的履行规定在债的消灭原因标题下,同时又作为合同消

---

① 〔日〕於保不二雄:《日本民法债权总论》,庄胜荣校订,五南图书出版有限公司1998年版,第329页。
② 林诚二:《论债之本质与责任》,载《中兴法学》1978年第13期。
③ 黄欣:《关于经济合同的履行问题》,载《北京政法学院学报》1982年第2期。
④ 苏惠祥主编:《中国当代合同法论》,吉林大学出版社1992年版,第143页。

灭的原因,以"清偿"的称谓详加规定。

合同的履行不仅是合同的法律效力的主要内容,而且是整个合同法的核心。合同的成立是合同履行的前提,合同的法律效力既含有合同履行之意,又是合同履行的依据和动力所在。合同的担保是促使合同履行、保障债权实现的法律制度。合同的保全可起到间接强制债务人履行合同的作用。合同债权债务的转让只不过是履行主体的变更,并不是对合同履行的否定。合同的解除系为适应变化了的主客观情况而设置的消灭合同关系的制度,虽与合同的履行对立,但在尽可能地保护当事人的合法权益这点上,两者又目标一致。违约责任既是违约的补救手段,又是促使债务人履行合同的法律措施。

第二节　合同履行的原则

合同履行的原则,是当事人在履行合同债务时所应遵循的基本准则。在这些基本准则中,有的是基本原则,例如,诚信原则、公平原则、平等原则等;有的是专属于合同履行的原则,例如,适当履行原则、协作履行原则、经济合理原则、情事变更原则等。对于其基本原则,此处不赘。

一、适当履行原则

适当履行原则,又称正确履行原则或全面履行原则,是指当事人按照合同规定的标的及其质量、数量,由适当的主体在适当的履行期限、履行地点,以适当的履行方式,全面完成合同义务的履行原则。对此,美国《合同法重述》(第2版)第235条的评论为,履行无任何瑕疵。中国《民法典》第509条第1款则表述为:"当事人应当按照约定全面履行自己的义务。"

适当履行与实际履行既有区别又有联系。实际履行强调债务人按照合同约定交付标的物或提供服务,至于交付的标的物或提供的服务是否适当,则无力顾及。适当履行既要求债务人实际履行,交付标的物或提供服务,也要求交付标的物、提供服务符合法律的规定和合同的本旨。可见,适当履行必然是实际履行,而实际履行未必是适当履行。适当履行场合不会存在违约责任,实际履行不适当时则产生违约责任。

适当履行原则所要求的履行主体适当、履行标的适当、履行期限适当、履行方式适当等,将在第三节中详述。

二、协作履行原则

协作履行原则,是指当事人不仅应当适当履行自己的合同债务,而且应基于诚信原则的要求,在必要的限度内,协助相对人履行债务的履行原则。《民法典》第509条第2款关于"当事人应当遵循诚信原则,根据合同的性质、目的和交易习惯履行通知、协助、保密等义务"的规定,体现了协作履行原则。

合同的履行,若只有债务人的给付行为,没有债权人的受领给付,合同的内容仍难实现。不仅如此,在建设工程合同、技术开发合同、技术转让合同、提供服务合同等场合,债务人实施给付行为也需要债权人的积极配合,否则,合同的内容也难以实现。因此,履行合同,不仅是债务人的事,也是债权人的事,协助履行往往是债权人的义务,只不过该义务有时表现为给付义务,例如,在房屋买卖合同的场合,由出卖人代为办理该房屋的所有权转移登记及房屋所有权证(或房地产权证)时,买受人提供有关材料的义务;有时表现为不真正义务,例如,在货物买卖合同的场合,合同约定的交货地点本在买受人的仓库,但其后地震等自然灾害发生致使该仓库坍塌,不得已而变更交货地点。于此场合,买受人及时告知出卖人变更交货地点的义务,即为不真正义务。只有双方当事人在合同履行过程中相互配合、相互协作,合同才会得到适当履行。有学说认为,在履行需要债权人合作时,当债务人实施履行,但因没有债权人的合作不能完成履行时,即应免除债务人不履行的责任。[①]

协作履行是诚信原则在合同履行方面的具体体现。一方面需要双方当事人之间相互协助,另一方面也表明协助不是无限度的。一般认为,协作履行原则含有如下内容:(1)债务人履行合同债务,债权人应适当受领给付。(2)债务人履行合同债务,时常要求债权人创造必要的条件,提供方便。(3)债务人因故不能履行或不能完全履行时,债权人应积极采取措施,避免或减少损失,否则还要就扩大的损失自负其责。

协作履行原则并不漠视当事人的各自独立的合同利益,不降低债务人所负债务的力度。那种以协作履行为借口,加重债权人负担,逃避自己义务的行为,是与协作履行原则相悖的。

三、经济合理原则

经济合理原则要求履行合同时,讲求经济效益,付出最小的成本,取得最佳的合同利益。

在履行合同中贯彻经济合理原则,表现在许多方面:(1)债务人选择最经济合理的履行方式。这在货物运输合同中较为突出。例如,在时间允许、安全有保障等情况下,应当选择水路运输或铁路运输,而不应采用航空运输的方式,以节约运费。(2)选用设备体现经济合理原则。例如,在技术开发、建设工程施工等合同的场合,自制或承租或选购造价或租金或价格适当的设备完全可以保质保量地完成合同任务,就没必要选购价格高昂的设备,以实现经济合理原则。或者自制在成本方面高于采购的,就应当采购设备,不然,就违反了经济合理原则。(3)选择履行期体现经济合理原则。例如,买卖物为时令蔬菜的合同中,买受人在交付期限方面没有特别要求的话,以农时蔬菜的成熟期作为交货期间,显然会使价格大为降低。(4)选择材料体现经济合理原则。例如,在建设工程施工合同的场合,某些建筑物、构筑物及其附属设施的部位不必采用最高标准的建筑材料,承包人采用相对低些标准的技术规程允许的建筑材料,符合经济合理原则。在该合同的计价不采取包工包料的背景下,这更有意义。(5)在仓储、保管、货运、行纪、委托等合同的场合,所涉物品属于容易腐烂、变质的,保管人或承运人或行纪人或受托人发现所涉物品将要甚至已经腐烂、变质,及时告知存货人或寄存人或托运人或收货人或委托人,来不及告知的,及时合理地处分上述物品,都体现了经济合理原则。(6)变更合同体现经济合理原则。中国法律允许变更到货地点、收货人,即为例证。

四、情事变更原则

(一)概说

情事变更原则,也被表述为情势变更原则,是合同依法成立后,因不可归责于双方当事人的原因发生了不可预见的情事变更,致使合同的基础丧失或动摇,若继续维持合同原有效力则显失公平,允许当事人再协商,变更或解除合同的原则。

---

① 〔日〕於保不二雄:《日本民法债权总论》,庄胜荣校订,五南图书出版有限公司1998年版,第330页。

按照通说,情事变更原则起源于12、13世纪注释法学派著作《优帝法学阶梯注解》。其中有"情事不变条款"(clausula rebus sic stantibus),假定每一个合同均包含一个具有如下含义的条款:缔约时作为合同基础的客观情况应继续存在,一旦这种情况不复存在,准予变更或解除合同。至16、17世纪,自然法思想居于支配地位,"情事不变条款"得到广泛的适用。到18世纪后期,"情事不变条款"的适用过滥,损害了法律秩序的安定,于是受到严厉的批评并逐渐被法学家和立法者摒弃。19世纪初,历史法学派兴起,极力贬低自然法思想的价值,"情事不变条款"的命运自然不佳。继起的分析法学派,强调实证法,主张形式的正义,重视合同严守原则和法律秩序的安定,因而"情事不变条款"愈丧失其重要性。就立法而言,罗马法及《法国民法典》《瑞士民法典》《德国民法典》均未规定"情事不变条款"。不过,1756年《巴伐利亚民法典》、1794年普鲁士普通法、1811年《奥地利民法典》都规定有"情事不变条款"。[①]

情事变更问题后来受到重视始自第一次世界大战引发的物价飞涨,使合同履行显失公平。第二次世界大战再次产生这一问题。除适用情事变更原则解决这些问题外,别无其他良策。德国等通过判例学说提出、确立客观行为基础说,等于确立了情事变更原则。[②]

所谓行为基础理论,有从"主观"方面理解和从"客观"方面理解两种思路。前者简称为主观行为基础说,为厄尔特曼(Oertmann)教授力倡,是指当事人各方都具备的某种观念,或为一方当事人所具备,而另一方当事人至少知道其存在;并且有关的当事人将这种观念作为其考虑和决策的基础。[③] 从"客观"方面理解行为基础,即客观行为基础说,系克吕克曼(Krückmann)教授和洛赫尔(Locher)教授所主张,指行为基础是处于行为之外的各种情形的总称。这些情形的存在或持续存在是一种先决条件,否则,鉴于行为典型的或在行为内容中体现出来的行为目的,法律行为不能作为一种有意义的规则存在下去。[④] 学界形成的共识是,无论是主观行为基础说还是客观行为基础说,在特定条件下均须被重视:主观行为基础说应归属于错误学说[⑤],而客观行为基础的丧失则应归属于给付障碍的范围,学界时常在"情事变更"或者"情事的重大变化或对情事认识的重大错误"的题目下讨论这个问题。[⑥]

英美法系自1863年泰勒诉考德威尔判例起确立"不能履行"(impossibility)原则[⑦]、1903年克雷尔诉亨利判例确立"合同落空"(frustration)原则[⑧],至今已形成涵盖以上两类原则的合同落空制度,解决因客观原因造成的合同不能履行和履行显失公平的问题。

中国同样存在情事变更问题,在社会主义市场经济体制下,需要依情事变更原则处理它们。中国参加的1980年《联合国国际货物销售合同公约》规定有情事变更原则(第79条第

---

① 彭凤至:《情事变更原则之研究》,五南图书出版有限公司1986年版,第1—3页。
② 同上书,第27页以下。
③ 〔德〕厄尔特曼:《行为基础》,1921年版。转引自〔德〕卡尔·拉伦茨:《德国民法通论》(下册),王晓晔、邵建东、程建英、徐国建、谢怀栻译,谢怀栻校,法律出版社2003年版,第534页。
④ 〔德〕卡尔·拉伦茨:《德国民法通论》(下册),王晓晔、邵建东、程建英、徐国建、谢怀栻译,谢怀栻校,法律出版社2003年版,第534—535页。
⑤ 〔德〕维亚克尔:《维亚克尔诞辰庆贺文集》,1965年版,第241页以下;《慕尼黑注释》119条之120以下(克拉默);〔德〕帕夫洛夫斯基:《德国民法总则》,1987年第3版,边码第563以下。转引自〔德〕卡尔·拉伦茨:《德国民法通论》(下册),王晓晔、邵建东、程建英、徐国建、谢怀栻译,谢怀栻校,法律出版社2003年版,第535页。
⑥ 〔德〕卡尔·拉伦茨:《德国民法通论》(下册),王晓晔、邵建东、程建英、徐国建、谢怀栻译,谢怀栻校,法律出版社2003年版,第535页;〔德〕迪特尔·梅迪库斯:《德国债法总论》,杜景林、卢谌译,法律出版社2004年版,第358页;〔德〕迪尔克·罗歇尔斯基:《德国债法总论》,沈小军、张金海译,沈小军校,中国人民大学出版社2014年版,第279—282页。
⑦ Taylor v. Caldwell. (1863) 3B & S826.
⑧ Krell v. Henry (1903) 2KB 740.

1项),在系争案件适用《联合国国际货物销售合同公约》时,解决该项合同纠纷当然可以适用情事变更原则。因武汉市煤气公司诉重庆检测仪表装配线技术转让合同、煤气表散件购销合同违约纠纷案①,最高人民法院在对湖北省高级人民法院就此案向最高人民法院的请示的答复中,已经承认了情事变更原则。②《中华人民共和国合同法(草案征求意见稿)》曾设有情事变更原则的条款,只是《合同法》对此没有保留。不过,《合同法》也未明文禁止该项原则,上述司法解释亦未被废止。再者,2005年出台并实施的《农村土地承包解释》第16条关于"因承包方不收取流转价款或者向对方支付费用的约定产生纠纷,当事人协商变更无法达成一致,且继续履行又显失公平的,人民法院可以根据发生变更的客观情况,按照公平原则处理"的规定,借鉴了情事变更原则。之所以如此,是因为在中央出台一系列惠农政策措施之前,土地承包经营权的流转有很多为零流转费或者负流转费(俗称"倒贴皮""倒贴水")。随着农业税减免力度的加大、进程的加快以及农业补贴政策的贯彻落实,继续履行原来的约定,在当事人之间无疑会造成显失公平的结果。而这是由国家农业基本政策的重大调整所致。对于流转合同而言,这属于订立合同当时的基础或环境因不可归责于当事人的事由发生了非当初所能预料的变更。此类纠纷在今后一段时期内极可能大幅度增加。如果不确立一定的协调原则,那么农民的基本权利就有可能得不到保护。情事变更原则的制度功能,可以为此问题的解决提供有益的参考价值③,且具有积极的意义。还有,《最高人民法院关于审理建设工程合同纠纷案件的暂行意见》第27条规定:"建设工程合同约定对工程总价或材料价格实行包干的,如合同有效,工程款应按该约定结算。因情势变更导致建材价格大幅上涨而明显不利于承包人的,承包人可请求增加工程款。但建材涨价属正常的市场风险范畴,涨价部分应由承包人承担。"诚然,作为一般性规则的情事变更原则,迟至2009年才出现于《合同法解释(二)》第26条,即:"合同成立以后客观情况发生了当事人在订立合同时无法预见的、非不可抗力造成的不属于商业风险的重大变化,继续履行合同对于一方当事人明显不公平或者不能实现合同目的,当事人请求人民法院变更或者解除合同的,人民法院应当根据公平原则,并结合案件的实际情况确定是否变更或者解除。"该项规定具有普遍性,适用于一切民商事合同,从整体上填补了《合同法》的漏洞,这应被肯定。

值得重视的发展趋向,至少有两个方面的表现。其一是,《新冠肺炎案件指导意见(一)》第3条第2项规定:"疫情或者疫情防控措施仅导致合同履行困难的,当事人可以重新协商;能够继续履行的,人民法院应当切实加强调解工作,积极引导当事人继续履行。当事人以合同履行困难为由请求解除合同的,人民法院不予支持。继续履行合同对于一方当事人明显不公平,其请求变更合同履行期限、履行方式、价款数额等的,人民法院应当结合案件实际情况决定是否予以支持。合同依法变更后,当事人仍然主张部分或者全部免除责任的,人民法院不予支持。因疫情或者疫情防控措施导致合同目的不能实现,当事人请求解除合同的,人民法院应予支持。"之所以在行文中未出现情事变更原则的字样,是因为《合同法解释(二)》第26条关于情事变更原则的规定排除了不可抗力这类最为常见且典型的导致情事变更的原因(当然,这种排除是不正确的),最高人民法院自己不好直接否定自己,于是通

---

① 该案的大致情形是,合同签订之时,生产煤气表的主要原材料铝锭的国家定价为每吨4400元至4600元,铝外壳的售价每套23.085元。到了合同履行时,每吨铝锭的价格上调到1.6万元,铝外壳的售价也相应地上调到41元。对此,当事人在签订合同时未预料到。
② 最高人民法院法函(1992)27号。
③ 参见奚晓明主编:《解读最高人民法院司法解释·民商事卷》(新编本),人民法院出版社2006年版,第222页。

过变通的方式达到适用情事变更原则的目的/结果。

其二,《民法典》第 533 条规定:"合同成立后,合同的基础条件发生了当事人在订立合同时无法预见的、不属于商业风险的重大变化,继续履行合同对于当事人一方明显不公平的,受不利影响的当事人可以与对方重新协商;在合理期限内协商不成的,当事人可以请求人民法院或者仲裁机构变更或者解除合同。人民法院或者仲裁机构应当结合案件的实际情况,根据公平原则变更或者解除合同。"该规定在民事基本法的层面确立了情事变更原则。

审视并思考以上所述,可以得出如下结论:

1. 情事变更问题是客观存在,需要法律人去面对,法院、仲裁机构受理此类案件时要表明立场和态度。

2. 在中国法(包括司法解释)已经承认了情事变更原则的大背景下,处理个案是否支持适用情事变更原则,从应然的方向讲,不应凭裁判者的主观好恶,而应严格按照情事变更原则的成立要件加以判断和裁判。如果处理的个案已经具备情事变更原则的成立要件,当事人又有此主张,那么,裁判者应当支持当事人的这种主张。如果处理的个案不具备情事变更原则的成立要件,就不应支持当事人的此类主张。

3. 有些司法解释、判决没有使用"情事变更"的字样,而是用了"公平原则""公平"的术语,但案件事实符合情事变更原则的成立要件,其裁判在实质上是适用了情事变更原则的。

4. 对情事变更原则的适用要严格把握。在英国法下,合同落空通常不容易成立,解释起来十分严格,通常是多花钱和时间可以解决的问题就都不会令合同落空。① Bingham 大法官在 The "super Servant Two" (1990) 1 Lloyd's Rep. 1 先例中说:"因为合同落空的后果是去杀死一个有效的合同,所以这一个理论并不是轻易可以适用,并必须局限于一个非常狭窄的范围和不能让它扩展。"②在中国,《最高人民法院关于正确适用〈中华人民共和国合同法〉若干问题的解释(二)服务党和国家的工作大局的通知》规定,对于《合同法解释(二)》第 26 条关于情事变更原则的规定,"各级人民法院务必正确理解、慎重适用。如果根据案件的特殊情况,确需在个案中适用的,应当由高级人民法院审核。必要时应报请最高人民法院审核"。

需要注意,适用情事变更原则"应当由高级人民法院审核。必要时应报请最高人民法院审核",目的在于正确适用情事变更原则,而不是在具备要件本该适用该项原则的个案中拒绝适用该项原则。值得指出的是,《新冠肺炎案件指导意见(一)》和《民法典》没有规定这样的限制。

5.《合同法解释(二)》第 26 条所谓"合同成立以后客观情况发生了当事人在订立合同时无法预见的、非不可抗力造成的不属于商业风险的重大变化",是对情事变更原则的误解,其实不可抗力往往是情事变更原则中"情事"的构成元素之一。实际上,不可抗力与情事变更原则之间的关系应当如下所示:

(1) 个案中适用情事变更原则,构成"情事"的元素中没有不可抗力的元素,于此场合不可抗力与情事变更原则不搭界,换句话说,不可抗力的发生未影响到合同履行时,不适用情事变更原则。

(2) 不可抗力发生,致使合同不能履行,法律效果如何? 在德国,适用《德国民法典》(新债法)第 275 条第 1 项的规定,债务人不能履行的,无论是自始不能还是嗣后不能,是客观不能抑或主观不能,债权人的给付请求权均被排除。不过,债务人因原负担的标的物所取

---

① 杨良宜:《合约的解释》,法律出版社 2007 年版,第 379 页。
② The "super Servant Two" (1990) 1 Lloyd's Rep. 1. 转引自杨良宜:《合约的解释》,法律出版社 2007 年版,第 379 页。

得的赔偿权益,或享有的赔偿请求权,依据《德国民法典》(新债法)第 281 条第 1 项的规定,应归债权人享有。即使不能履行可归责于债务人的,债务人同样不再负有给付义务。这虽然无《德国民法典》的明文,但学说作此解释。① 与此有别,在中国现行法中,适用《民法典》第 180 条第 1 款正文关于"因不可抗力不能履行民事义务的,不承担民事责任"的规定,以及第 563 条第 1 款第 1 项关于"因不可抗力致使不能实现合同目的""当事人可以解除合同"的规定,不适用情事变更原则。

(3) 不可抗力发生,影响了合同履行,但未造成不能履行的后果,合同仍能履行,只是履行显失公平。于此场合,不可抗力属于情事变更原则中"情事"的构成元素,该案应当适用情事变更原则,而不适用关于不可抗力的规定。其例证不在少数,如境外的智利矿石案(Chilesalpeter all)②、加油站出租案(Vermietung einer Benzintankanlage)③、鞋厂广告案(Befreiung eines Schuhfabrikanten von Anzeigenvertrag)④、甜菜价款案(Der Rübengeldfall)⑤,等等。在中国,如甲乙双方于 2002 年 11 月 1 日签订了房屋租赁合同,约定乙承租甲位于北京市朝阳区的门面房屋用于经营餐饮业,但 2003 年 4 月"非典"肆虐京城,顾客锐减,导致乙入不敷出,根本无力依约交纳租金。于此场合,乙援用情事变更原则,主张减少租金,应当得到支持。在这里,相对于甲乙及其系争租赁合同而言,"非典"及其导致的顾客锐减,符合不能预见、不能避免并不能克服的构成,应属不可抗力,但它并未造成系争的房屋租赁合同不能履行,即乙支付租金的义务不存在不能履行的问题,不过,乙继续依约交纳租金确实显失公平,应当获得相应的救济。但乙无法援用《合同法》第 94 条第 1 项亦即《民法典》第 563 条第 1 款第 1 项的规定解除系争房屋租赁合同,因为难谓乙因不可抗力不能实现合同目的;也难以援用《合同法》第 117 条第 1 款前段正文亦即《民法典》第 180 条第 1 款正文的规定免责,因为系争房屋租赁合同尚能履行。唯一的救济之道是,乙援用情事变更原则,主张减少租金乃至解除系争房屋租赁合同。

正因为情事泛指作为合同成立基础或环境的客观情况,包括不可抗力,所以,《合同法解释(二)》第 26 条将情事变更原则成立的情事限制在"客观情况发生了当事人在订立合同时无法预见的、非不可抗力造成的不属于商业风险的重大变化",显然缩小了情事变更原则的适用范围。最高人民法院的本意可能在于有意识地区分不可抗力制度和情事变更原则,但因其尚未真正界分二者,反倒弄巧成拙。

对此,有专家学者辩解道:《合同法》第 94 条第 1 项(相当于《民法典》第 563 条第 1 款第 1 项)关于不可抗力致使不能实现合同目的场合产生解除权的规定,已经包含了不可抗力影响合同效力的情形,《合同法解释(二)》第 26 条的规定并无不当。笔者则认为,不能实现合同目的无法涵盖所有的不可抗力影响到合同履行的情形,如汶川地震使得开发商无法按照商品房预售合同约定的期限交付房屋,需要延期 3 个月,对于作为投资者的买受人来说,不可说其合同目的落空,无法适用《合同法》第 94 条第 1 项(相当于《民法典》第 563 条第 1 款第 1 项)的规定;倘若适用情事变更原则,延后交房的日期,则可适当地解决该种纠纷。

---

① 〔德〕迪特尔·梅迪库斯:《德国债法总论》,杜景林、卢谌译,法律出版社 2004 年版,第 294 页。
② RGZ 90, 102(1041),(1917). 转引自彭凤至:《情事变更原则之研究》,五南图书出版有限公司 1986 年版,第 102 页。
③ RGZ 94, 267(1919). 转引自同上书,第 117 页。
④ OLG Frankfurt, JW 1919,940. 转引自同上书,第 119 页。
⑤ BGH LM § 284 Nr. 2. 转引自同上书,第 139 页。

这告诉我们,《合同法》第 94 条第 1 项(相当于《民法典》第 563 条第 1 款第 1 项)关于在不可抗力致使不能实现合同目的场合产生解除权的规定,延伸到了大陆法系的情事变更原则适用的某些领域(或者说案型),但不能处理另外的若干情事变更原则所能解决的案型。换句话说,《合同法解释(二)》第 26 条的规定将不可抗力排除在情事变更原则中的情事之外,确实欠妥。

情事变更原则之所以有生命力,是因为它有存在的合理性。法律一经生效,就应具有相对稳定性,否则,人们就无所遵循,导致社会秩序的紊乱;法律是社会物质生活条件的反映并为之服务,当社会物质生活条件发生变化之后,法律也应随之修正,这就是法律的适应性。据此,合同依法成立之时,有当事人信赖的客观环境,当事人在合同中约定的权利义务应与这种客观环境相适应。权利义务的对等,是就该环境而言的。在合同成立之后,该客观环境发生改变或不复存在,原来约定的权利义务与新形成的客观环境即不适应,要求当事人继续履行合同就不再公平合理。只有将合同加以改变乃至解除,才符合适应性原理,才符合诚实信用原则的要求,才能实现实质的公平。

(二)情事变更原则的适用条件

1. 须有情事变更的事实。所谓情事,德国民法学说称之为交易基础或合同基础①,是"交易"所涉及的现实情况②,包括价格、生意来往关系、当事人个人间的友谊、货物的免税或税率优惠、目前生意上或个人的需要等。③ 这里的变更,是指上述客观情况发生了异常变动。例如,战争引起严重的通货膨胀。具体判断是否构成情事变更,应以是否导致合同基础丧失、是否致使目的落空、是否造成对价关系障碍为判断标准。④

构成情事变更原则中的"情事",有的是单一元素,如英国爱德华七世加冕典礼案,解除入住酒店的租赁合同所依据的"情事"只有爱德华七世加冕典礼时游行路过案涉酒店外的大街;但在许多案件中,变更合同或解除合同所依据的"情事"则由若干元素组合而成,"实际上,被纳入交易基础理论的情形各不相同"。例如,2020 年爆发的新冠肺炎疫情期间,王家餐馆解除与出租人李四之间的房屋租赁合同所依据的情事变更原则,其中的"情事"构成,在订立房屋租赁合同时是当时房屋坐落区域的租金市场行情;房屋租赁合同订立后发生变更的"情事"不仅仅是"新冠肺炎疫情"这个单一元素,而是包含"新冠肺炎疫情"+没有或鲜有顾客到餐馆就餐+王家餐馆的经营者即承租人支付雇员的薪金+退掉预定食材所支付的违约金或赔偿金等多项元素。

之所以许多案件中所需要的"情事"应由若干元素共同构成,一个重要的原因是"情事"必须对合同关系及合同履行产生影响,正所谓"发生问题的事件必须直接地对合同关系产生了影响,例如导致等值障碍或者导致给付标的适用性终结。也就是说,一般的经济与社会框架条件由于事件的发生而改变是不够的"⑤。

构成情事变更原则所需要的情事变更,是指上述"情事"(客观情况)发生了异常变动。

---

① 〔德〕厄尔特曼:《交易基础——一个新的法学概念》,1921 年版;〔德〕维尔纳·弗卢梅:《法律行为论》,迟颖译,法律出版社 2013 年版,第 589 页以下;〔德〕迪尔克·罗歇尔德斯:《德国债法总论》,沈小军、张金海译,沈小军校,中国人民大学出版社 2014 年版,第 277 页。
② 〔德〕维尔纳·弗卢梅:《法律行为论》,迟颖译,法律出版社 2013 年版,第 593 页。
③ 彭凤至:《情事变更原则之研究》,五南图书出版有限公司 1986 年版,第 36—37 页。
④ 梁慧星:《中国民法经济法诸问题》,法律出版社 1991 年版,第 226 页。
⑤ 〔德〕迪尔克·罗歇尔德斯:《德国债法总论》,沈小军、张金海译,沈小军校,中国人民大学出版社 2014 年版,第 280 页。

概括地说,具体判断是否构成情事变更,应以是否导致合同基础丧失、是否致使目的落空、是否造成对价关系障碍为判断标准。

情事变更,应当是不符合商事交易规律的巨大变化,如果是符合商事交易规律的变化,虽然巨大,也不得适用情事变更原则。

还要注意,如果客观情况虽然发生了变化,但该变化是渐进的、缓慢的,而非异常的,那么,也不得适用情事变更原则。

2. 情事变更须发生在合同成立以后,履行完毕之前。之所以要求情事变更须发生在合同成立以后,是因为若情事变更在合同订立时即已发生,则应认为当事人已经认识到发生的事实,合同的成立是以已经变更的事实为基础的,不允许事后调整,只能令明知之当事人自担风险。[①] 即使有证据表明当事人于订立合同时确实不知情事已经变更,也仍然不构成情事变更,而应依据意思表示错误的规则处理。之所以适用情事变更原则要求情事变更发生在履行完毕前,是因为合同因履行完毕而消灭,其后发生情事变更与合同无关。

如果是履行过程中发生情事变更,一方当事人与另一方就有关情事变更开始磋商,只是出于另一方的压力、不懂情事变更原则等缘由,继续履行合同甚至履行完毕,那么,适用情事变更原则仍为适当,因为此类措施属于"再交涉"或曰"再协商"。

3. 须情事变更的酿成、发生不可归责于当事人,即由不可抗力及其他意外事故引起。若可归责于当事人,则应由其承担风险或违约责任,而不适用情事变更原则。此处所谓不可归责于当事人双方,也可以说当事人双方没有过错。此处所谓当事人双方没有过错,局限于当事人双方对于"情事变更"的酿成、发生没有过错。例如,"新冠肺炎疫情"使张三经营的餐馆没有顾客光临,张三无现金流支付房租。在该案中,张三对于"新冠肺炎疫情"的酿成、发生没有过错,对于"新冠肺炎疫情"导致的无现金流支付租金也没有过错。

在当事人一方对于情事变更的酿成、发生没有过错的前提下,如果该当事人在其他方面有过错,不影响情事变更原则的成立、适用。例如,前述所举张三餐馆案例,张三未依约告知出租人现金流中断,未依约提供担保,都具有过错,都构成违约,但这些不影响情事变更原则的成立,不排除情事变更原则的适用。只是该案一方面适用情事变更原则,另一方面张三向出租人承担违反及时通知义务、适时提供担保的义务所产生的违约责任罢了。

[思考]

当事人的过错不表现在对不可抗力或其他意外事故的酿成、发生方面,而是出现于下面的阶段:不可抗力、其他意外事故之后,若采取必要的救济措施,就不会导致显失公平的结果,但当事人却不作为致使双方的利益关系严重失衡。对于此种情况,笔者不赞同适用情事变更原则,因为此种类型的过错不属于构成情事变更原则成立的要件;而应由不作为的即过错的一方承担风险。如果是债务人未采取必要的减轻损失的措施,给自己带来损失,则自食其果,给债权人造成损失的,基于案情,或是适用《民法典》第509条第2款关于"当事人应当遵循诚信原则,根据合同的性质、目的和交易习惯履行通知、协助、保密等义务"的规定,责令债务人承担违反附随义务的责任,或是适用《民法典》第577条关于"当事人一方不履行合同义务或者履行合同义务不符合约定的,应当承担继续履行、采取补救措施或者赔偿损失等违约责任"的规定。

[①] 王利明、崔建远:《合同法新论·总则》,中国政法大学出版社1996年版,第325—335页。

如果是债权人未采取必要的减轻损失的措施,给自己带来损失,则自食其果,无权请求债务人负责赔偿;给债务人造成损失的,应当区分情形而有不同的结论,至少在下述情况下应当赔偿债务人的损失:(1) 在保管合同中,保管人本可以采取必要的措施避免寄存人交付的保管物被不可抗力或其他意外事故毁损、灭失,却不作为,应当类推适用《民法典》第897条前段关于"保管期内,因保管人保管不善造成保管物毁损、灭失的,保管人应当承担赔偿责任"的规定;(2) 在仓储合同中,保管人本可以采取必要的措施避免存货人提供的材料被不可抗力或其他意外事故毁损、灭失,却不作为,应当类推适用《民法典》第917条前段关于"储存期内,因保管不善造成仓储物毁损、灭失的,保管人应当承担赔偿责任"的规定;(3) 在承揽合同中,承揽人本可以采取必要的措施避免定作人提供的材料被不可抗力或其他意外事故毁损、灭失,却不作为,应当适用《民法典》第784条关于"承揽人应当妥善保管定作人提供的材料以及完成的工作成果,因保管不善造成毁损、灭失的,应当承担赔偿责任"的规定;(4) 在建设工程合同中,承包人的设备等物件在施工现场,发包人可以采取必要的措施使这些物件免遭不可抗力或其他事故的损害却未采取,宜类推适用《民法典》第784条的规定;(5) 在某些合同场合,适用《民法典》第509条第2款关于"当事人应当遵循诚信原则,根据合同的性质、目的和交易习惯履行通知、协助、保密等义务"的规定,责令债权人承担违反附随义务的责任。

4. 须情事变更是当事人所不可预见的。如果当事人在缔约时能够预见情事变更,则表明他愿意承担该风险,法律没有必要再"关照"他,不允许当事人届时以情事变更为由主张变更或解除合同。

在个案中判断一个当事人对于某特定的情事变更是否应当预见到,其标准应当适中,不宜要求得过于严格。如果过于严格,就意味着所有会发生的"情事变更"在一定程度上都可以被当事人各方所预见。① 例如,战争、政治问题、自然灾害等事件导致个案中的合同履行显失公平,经由媒体反复渲染战争、政治问题、自然灾害等事件,当事人便知晓了,如此便构成当事人应当预见,一切案件都不具备情事变更原则成立的要件了。

所谓判断标准适中,是指把当事人作为经济人、理性人对待,不应把当事人作为政治家、军事家来对待。比如,对于某场战争、战役的爆发,军事家可能预见到,但合同当事人则不见得预见到。对于重大的社会、经济的改革,敏感的政治家可能预见到,但合同当事人则不见得预见到。在个案中,是否认定合同当事人应当预见到,一定要综合各种信息、情形加以判断,绝对不可以用军事家预测战争、战役的爆发那样的判断标准来认定合同当事人应当预见到战争、战役爆发导致合同履行显失公平这种"情事变更";绝对不可以用政治家预测社会、经济的改革那样的判断标准来认定合同当事人应当预见到社会、经济的改革导致合同履行显失公平这种"情事变更"。不然,真的难有适用情事变更原则的案件了。

所谓判断标准适中,包括应区分事后分析与在商业谈判中去准确预测并且合同在这种状态中签署两种情形,即对在缔约过程中当事人的预见能力不宜要求过高,故强调"合理"预见。

所谓判断标准适中,与情事变更的确定程度相关。如果情事变更的信息变来变去,或者情事变更的可靠程度非常不确定,当事人对此不予考虑,仍然缔约,则不宜认定该当事人应

---

① 杨良宜:《合约的解释》,法律出版社2007年版,第394页。

当预见到,从而排除情事变更原则的适用。相反,应当认定该当事人无法预见到,在具备其他要件时,准予适用情事变更原则。

所谓判断标准适中,还要看缔约之际与情事变更相距多长时间。如果缔约之际距离情事变更的时间间隔过久,则不宜认定该当事人应当预见到,从而排除情事变更原则的适用。相反,应当认定该当事人无法预见到,在具备其他要件时,准予适用情事变更原则。

所谓判断标准适中,尚需重视商事交易的商机稍纵即逝,不抓住商机"押宝",商业利益便失去了。正因为抓商机,就不会是百分之百地准确。在政策调整不甚明朗时,更是如此。也正因为不是百分之百地准确,就不得"以结果论英雄",就不得一经政策调整,就认定商家应当预见。

值得注意的还有,在变更的"情事"由若干元素构成的情况下,适用情事变更原则,是要求当事人对这些元素的发生都无法预见到,还是可以预见到其中的某个或某些元素?本书作者认为,应当视可被预见到的元素在导致双方当事人之间的权益关系严重失衡中所起的作用大小而有不同的结论:若可被预见到的元素是导致双方当事人之间的权益关系严重失衡的重要原因,则不应适用情事变更原则;若可被预见到的元素不是导致双方当事人之间的权益关系严重失衡的原因,或者虽系原因之一,但所起作用轻微,则仍可适用情事变更原则。

5. 须情事变更使履行原合同显失公平。该显失公平应依理性人的看法加以判断,包括履行特别困难、债权人受领严重不足、履行对债权人无利益。

明确这一点对于实务中处理某些案件很有价值。例如,2020年暴发新冠肺炎疫情,致使一定数量的房屋租赁合同继续履行显失公平,故应适用情事变更原则,如上文所述张三经营餐馆租赁房屋之例。但是,有些房屋租赁合同虽然也处于该疫情肆虐期间,却不得适用情事变更原则,因为该房屋租赁合同继续履行未因该疫情而显失公平。原来,该房屋租赁合同的标的物系供承租人办公所用,承租人的员工上班正常,业务照旧。此其一。情事变更虽然发生,继续履行合同也的确使一方当事人损失不小,但该损失并非情事变更所致,乃因该当事人经营不善酿成,于此场合也不得适用情事变更原则。例如,某餐馆经营烧饼、馒头业务,完全可以遇新冠肺炎疫情而兼营外卖业务,如此,便有相当的盈利,不但有能力支付员工的薪酬和房租,而且尚有余额。不过,该餐馆却不及时转变经营方式,顾客担心病毒传染而不敢光顾,致使入不敷出,依约支付房租会亏损严重。由于这种支付房租便"显失公平"非新冠肺炎疫情的当然结果,该餐馆不得援用情事变更原则而请求解除房屋租赁合同。此其二。

情事变更不同于商业风险。其一,商业风险属于从事商业活动所固有的风险,处于商事交易领域,如市场属性活跃、长期以来价格波动较大的大宗商品以及股票、期货等风险投资型金融产品的交易领域(《合同编通则解释》第32条第1款但书),符合商事交易规律的变化,作为合同成立基础的客观情况的变化没有达到异常的程度,一般的市场供求变化、价格涨落等属于此类;而情事变更则是商事交易的外在因素(如战争、地震、海啸、政策调整等)发挥作用,进而导致交易对价关系较为严重地失衡,即作为合同成立基础的环境发生了异常的变动。其二,对商业风险,法律推定当事人有所预见,能预见;对情事变更,当事人未预见到,也不能预见。其三,商业风险带给当事人的损失,从法律的观点看可归责于当事人;而情事变更则不可归责于当事人。对此,《审理民商事合同案件指导意见》第3条规定:"人民法院要合理区分情势变更与商业风险。商业风险属于从事商业活动的固有风险,诸如尚未达到异常变动程度的供求关系变化、价格涨跌等。情势变更是当事人在缔约时无法预见的非市场系统固有的风险。人民法院在判断某种重大客观变化是否属于情势变更时,应当注意衡量风险类型是否属于社会一般观念上的事先无法预见、风险程度是否远远超出正常人的合理预期、风险是否可以防范和控制、交易性质是否属于通常的'高风险高收益'范围等因素,并结合市场的具体情况,在个案中识别情势变更和商业风险。"《合同编通则解释》第32条第1款正文规定,"合同成立后,因政策调整或者市场供求关系异常变动等原因导致价格发生当事人在订立合同时无法预见的、不属于商业风险的涨跌"。

(三) 适用情事变更原则的效果

情事变更原则在实体法上的效果,体现在三个方面:再协商、变更合同和解除合同。

1. 再协商。《民法典》第533条第1款明确"继续履行合同对于当事人一方明显不公平的,受不利影响的当事人可以与对方重新协商"。这就是所谓再协商,系意思自治原则的具体落实,是既有的法律及司法解释所没有的规则,值得称赞。

情事变更原则在实体法上的效果本来有再协商、变更合同、解除合同。从外表看,似乎这三种法律效果绝对并列,其实不然。再协商与变更合同、解除合同并不决然而然地相互排斥,后两者不但由裁判者依职权确定,也可以由当事人各方通过再协商予以解决。如果协商的结果是各方当事人就调整合同约定的某个或某些方面达成协议,如增减标的数额、延期或分期履行、拒绝先为履行,则属于合同变更(《民法典》第543条)。若协商的结果是变更标的物,则为合同更改,在《民法典》未区分合同变更与合同更改的背景下,这也属于(广义的)合同变更。于此场合,变更的内容必须是明确的,否则,适用《民法典》第544条关于"当事人对合同变更的内容约定不明确的,推定为未变更"的规定。如果协商的结果是终止合同的履行,双方当事人进行清算,则属于《民法典》第562条规定的"当事人协商一致,可以解除合同",即协议解除。于此场合,同时适用《民法典》第558条关于"债权债务终止后,当事人应当遵循诚信等原则,根据交易习惯履行通知、协助、保密、旧物回收等义务"的规定,以及第559条关于"债权债务终止时,债权的从权利同时消灭,但是法律另有规定或者当事人另有约定的除外"的规定。

再协商的当事人,要么是缔约双方的法定代表人,要么是缔约方的代理人,包括职务代理人,但不得是履行辅助人。例如,甲属于出卖人的工作人员,在得到出卖人授权缔结买卖合同并处理后续事项的背景下,甲与买受人就情事变更问题进行协商,属于有权行为,发生再协商的法律效果;若无此种授权,则甲与买受人就情事变更问题进行协商,就不发生再协商的法律效果。

再协商,既是当事人的义务,也是当事人的权利。称其为义务,是说在适用情事变更原则的场合,就如何处理既存合同关系,一方当事人应当与另一方当事人协商,不得不作为。认定其为权利,旨在宣明合同当事人的任何一方都有资格要求另一方当事人就前述问题进行协商。

再协商,重在协商的过程,不苛求协商必定达成一致意见,希望但不奢望当事人各方完全自治地了结适用情事变更原则的后果问题。

再协商的表现形式,可以是言辞商讨,如就价格的下调讨价还价;也可以是以行为表达,如积极寻觅另外的交易下家。

再协商,可以是终止全部合同关系,也可以了断部分合同关系;可以是清算既有关系,也可以是不予清算,只是不再继续履行既有合同义务。

再协商,一方的当事人主张适用情事变更原则,另一方当事人不同意,认其为违约,主张其承担违约责任,但同意其解除合同的意思表示。于此场合,只要适用情事变更原则是确定的,这仍然属于再协商的范畴,只不过协商的结果是部分达成合意,部分未达成合意。达成合意的,就被法律赋予效力。未达成合意的,由裁判者依职权确定其法律效果。

再协商,不强求发生在当事人请求主审法院或仲裁机构主持调解之时或其后,也不以当事人明确适用情事变更原则的名义而为协商善后为必要。只要已经具备了情事变更原则的适用条件,当事人一方甚至双方主张降低或增高价款(酬金)、费用,请求更换履行地点,延期或提前清偿债权,支付了部分款项,交付了部分标的物(可分的场合)等,均应看作再协商。

2. 变更合同。此处的变更合同不同于前述"1. 再协商"中的合同变更,因其不是由当事人各方协商的结果,而是主审法院或仲裁机构依职权所作的判决或裁决使然(《民法典》第533条第2款)。主审法院或仲裁机构决定变更合同,固然尽量靠近当事人的意思,不违背当事人各方的真意,但这毕竟是在当事人各方达不成协议的前提下所为的裁判,故难以兼顾当事人各方的本意,而是重在变更合同达到合理、公正。合理、公正与否的判断采客观标准,依社会一般观念予以决定,按照客观说调整给付与对待给付。

3. 解除合同。变更合同仍不能消除显失公平的结果的,允许解除合同。同理,此处的解除合同不同于《民法典》第562条、第563条等条款规定的依当事人的意思表示来解除合同,它是主审法院或仲裁机构依职权消灭合同关系(《民法典》第533条第2款)。至于此时适用《民法典》第558条、第559条,无需当事人主张,主审法院或仲裁机构依职权适用。

4. 变更合同优位。当事人请求变更合同的,人民法院不得解除合同;当事人一方请求变更合同,对方请求解除合同的,或者当事人一方请求解除合同,对方请求变更合同的,人民法院应当结合案件的实际情况,根据公平原则判决变更或解除合同。判决变更或解除合同的,应当综合考虑合同基础条件发生重大变化的时间、当事人重新协商的情况以及因合同变更或解除给当事人造成的损失等因素,在判项中明确合同变更或解除的时间(《合同编通则解释》第32条第2款、第3款)。

5. 在如今,适用情事变更原则解除合同,当事人双方不负违约责任,这是因为情事变更不可归责于双方当事人。但是,在情事发生重大变化之前,一方当事人已经存在违约行为,违约责任业已成立;其后才发生情事变更,进而合同因此而被解除的,那么,原已存在的违约责任不应因合同基于情事变更原则被解除而消失无踪,而是继续存在。

(四)排除情事变更原则适用的特约的效力

《合同编通则解释》第32条第4款规定:"当事人事前约定排除民法典第五百三十三条适用的,人民法院应当认定该约定无效。"对此,本书作者总的看法是:它太简单化,有些武断,本书作者主张应当区分情形而有相应的结论:(1)情事变更原则的法律效果有变更合同与解除合同。对于排除合同变更效力的约定,不应径直认定为无效,而应首先检索其是否存在《民法典》第146条第1款等条款规定的无效原因,若存在,则排除合同变更效力的约定归于无效;若不存在,就需要进一步检索其是否存在《民法典》第147条等条款规定的可撤销的原因。若存在,则允许撤销权人主张撤销排除合同变更效力的约定;若不存在,就应当承认、维护此类约定的法律效力。之所以如此主张,一个重要的原因是,当事人排除合同变更效力的约定,时常是当事人分配其交易成本、风险的表现,也是降低交易成本的法律措施。对于此类约定,显然不宜一股脑儿地否定之。例如,有的合同变更需要履行复杂、漫长的程序,这与特定交易必须迅捷的性质不相匹配。再如,有充分、确凿的证据证明一方当事人将自某个时间节点始更换主要股东或管理团队,双方无法继续合作,唯有解除合同方为上策。(2)对于排除解除合同的约定,不宜着眼于《民法典》第533条的规定是否属于效力性强制性规定的视角,而应依据合同解除制度的目的及功能、诚信原则、交易习惯,考量个案案情,综合多项因素进行判断,然后得出结论:有的约定无效,有的约定有效。①(3)对《民法典》第533条的适用由当事人请求而启动,不告不理原则依然适合于此。这表明,当事人约定排除变更或解除,不涉及无视公权力的问题。

第三节 合同履行的规则

一、履行主体

合同履行的主体,首先为债务人,包括单独债务人和共同债务人。其次,债务人的代理人也可代债务人为履行。还有,在某些情况下,第三人亦可为履行主体。

1. 债务人或其代理人

债务人履行时是否必须具有行为能力,由履行行为的性质决定。履行行为系事实行为(如在买卖A车的合同场合,出卖人交付A车,在中国等国家和地区不奉行物权行为理论的立法例上,属于事实行为)的,不要求债务人具有行为能力;是法律行为(如在委托合同的场合,若委托事务为受托人代为购买A房,则受托人履行该委托合同项下的债务即为代委托人与出卖人签订买卖A房的合同)的,需要债务人有行为能力。债务人为限制行为能力者,实施法律行为需要其法定代理人的同意。

此外,债务的履行需要债务人通过移转财产权利的方式来实施的,需要债务人对该项财产拥有处分权。

除法律规定、当事人约定、性质上必须由债务人本人履行的债务以外,履行可由债务人的代理人进行。代理人代为适当履行合同项下债务的行为,相当于债务人亲自履行的行为,发生债务消灭的效果。该代理人在履行过程中存在着过错时,债务人应就此向债权人承担民事责任,除非债权人与该代理人约定仅由该代理人自己负责。

该履行行为属于事实行为的(如交付买卖物),债务人无需具有行为能力,已如上述,就是该代理人不具有完全行为能力,仅具有限制行为能力的,亦无不可。该履行行为属于法律行为的(如代委托人与开发商订立商品房销售合同),债务人本人虽然必须具有行为能力,但代理人不必是完全行为能力人,该代理人在履行阶段所为或所受意思表示的效力,不因该代理人属于限制行为能力人而发生变化。

2. 第三人

合同约定由第三人履行债务的,法律保护这种约定(参见《民法典》第523条等条文的规定)。这既是意思自治原则的体现,又是因为合同债务的适当履行有利于债权人实现其债权,就债权而言,债权若可获得满足,履行行为究竟是由债务人所为抑或由第三人所为,已不重要。不过,需要注意,在下述情况下,债务不得由第三人履行:(1)当事人之间事先约定,债务不得由第三人履行。但该第三人就债务履行与当事人有利害关系的,仍可由第三人履行。还有,关于债务不得由第三人履行的约定,若系以侵害他人为主要目的者,则属于权利

---

① 关于当事人事先约定排除解除权的法律效力及其机理,本书作者曾经作过较为详细的分析和阐释,请见崔建远:《合同法总论》(中卷)(第2版),中国人民大学出版社2016年版,第717—720页。其中所谈道理,同样适合于对《合同编通则解释》第31条第4款的释评。

滥用,该约定应归无效。(2) 第三人与债务履行无利害关系,经债务人异议后,债权人拒绝该第三人履行。在这种情况下,该第三人不得履行债务,即使硬性履行,也不发生清偿(消灭债务)的效果。(3) 依债务性质不得由第三人履行。如果债务以一身专属的给付为其标的,如聘请歌星演唱或邀请学者演讲,那么其履行行为属于第三人所不能代替,不得由第三人履行。不过,有学说认为,债务即使具有专属性,如经债权人同意,依诚信原则仍可由第三人代为履行。① 这虽有道理,原则上值得赞同,但是,歌星演唱若为有偿演出合同的内容,不同歌星的演唱效果不尽相同,则歌星的债权人与广大的买票入场的听众并非同一主体,各有其利益,因而,仅有债权人的同意,广大听众不赞同,也只得免除歌星在演出合同中的责任,不得免除歌星的债权人对听众的违约责任,因为歌星的债权人与广大听众之间的法律关系为另一合同关系。

即使债权人与债务人未约定某债务由第三人履行,但在债务人不履行债务的情况下,第三人对履行该债务具有合法利益的(对此,该第三人负有举证证明的义务),第三人也有权向债权人代为履行(《民法典》第 524 条第 1 款正文)。当然,根据债务性质、按照当事人约定或者依照法律规定只能由债务人履行的除外(《民法典》第 524 条第 1 款但书)。债权人接受第三人履行后,其对债务人的债权在第三人代为清偿的范围内转让给第三人,但是债务人和第三人另有约定的除外(《民法典》第 524 条第 2 款),不得损害债权人的利益(《合同编通则解释》第 30 条第 2 款)。

《民法典》第 524 条第 1 款所谓第三人对履行该债务具有合法利益,《合同编通则解释》第 30 条第 1 款列举出如下几类:(1) 保证人或提供物的担保的第三人;(2) 担保财产的受让人、用益物权人、合法占有人;(3) 担保财产上的后顺位担保权人;(4) 对债务人的财产享有合法权益且该权益将因财产被强制执行而丧失的第三人;(5) 债务人为法人或非法人组织的,其出资人或设立人;(6) 债务人为自然人的,其近亲属;(7) 其他对履行债务具有合法利益的第三人,例如,作为投资人的甲公司与作为 A 国有建设用地使用权的权利人的乙公司订立《合作经营 A 国有建设用地开发协议》,约定甲公司出资 10 亿元人民币,然后与乙公司共同开发建设 A 国有建设用地。甲公司出资 6 亿元人民币后,A 国有建设用地使用权已经增值 12 亿元人民币。乙公司向甲公司发出催告函,称甲公司若于 10 日内仍未付清投资款,乙公司有权解除《合作经营 A 国有建设用地开发协议》,甲公司和乙公司进行清算。甲公司的股东丙公司发现案涉项目的开发建设前途美好,甲公司会获取可观的收益,自己也相应地会分配到诱人的股息红利。有鉴于此以及甲公司暂时无力出资 4 亿元人民,丙公司代甲公司出资 4 亿元人民币。这也符合《民法典》第 524 条的构成。

第三人在其已经代为履行的范围内取得对债务人的债权,但是不得损害债权人的利益(《合同编通则解释》第 30 条第 2 款)。担保人代为履行债务取得债权后,向其他担保人主张担保权利的,依据《担保制度解释》第 13 条、第 14 条和第 18 条第 2 款等规定处理(《合同编通则解释》第 30 条第 3 款)。

3. 履行辅助人

所谓履行辅助人,是指辅助债务人履行债务的人。如果说上文所述第三人系具有独立的法律人格之人,如《民法典》第 523 条规定的第三人、代为清偿制度中的第三人等,那么,履行辅助人则相反。在债务履行人的名义、清偿效果和责任承担方面,履行辅助人不具有独立

---

① 参见林诚二:《民法债编总论——体系化解说》,中国人民大学出版社 2003 年版,第 526—527 页。

的法律人格,其履行行为在名义上仍被视为债务人的履行,清偿效果是消灭债务人对债权人所承担的债务,不完全履行、迟延履行等债务不履行的责任由债务人承担。

[探讨]

甲拥有 A 地建设用地使用权,开始于 A 建设用地之上建造 B 建筑物。此时,甲和乙签订合作经营 B 建筑物的合同,约定乙负责完成 B 建筑物的建造,并有权以其名义将之出租于第三人。乙据此与丙签订 B 建筑物的租赁合同,约定由丙出租该建筑物,并向乙交付租金。待 B 建筑物竣工验收之后,甲和乙再次签订合同,约定取消乙就 B 建筑物向第三人出租的授权。于是,乙据此通知丙,因其出租 B 建筑物的授权已被甲取消,故他与丙签订的 B 建筑物租赁合同应予终止。丙向甲主张租赁权,请求甲将 B 建筑物的占有移转给自己。甲也以 B 建筑物租赁合同业已终止为由拒绝向丙交付 B 建筑物。

在本书作者看来,乙于其对 B 建筑物的处分拥有授权时与丙签订 B 建筑物租赁合同,该租赁合同为有效,且该有效不会因其后甲和乙再次签订合同,取消乙对 B 建筑物租赁的处分权而化为乌有,道理在于:(1) 签订 B 建筑物租赁合同时乙享有处分权,这就决定了该处分权外化的效力一直持续到 B 建筑物租赁合同期满之时,此后无需乙再次得到授权,亦无需乙一直享有该处分权。如同甲授权乙出卖其自行车,乙将该自行车出卖于丙之后 1 日,甲就取消了对乙的授权,但这不会导致该自行车买卖合同无效。(2) 甲和乙再次签订合同,取消甲对乙的授权。这是甲乙之间的事情,按照合同相对性原则,他们的约定不得对抗包括丙在内的第三人。

在 B 建筑物租赁合同继续有效的前提下,丙有权请求实际履行。如果甲对乙授予的是代理权,那么,向丙交付 B 建筑物的债务人是甲,不涉及履行辅助人的问题。如果甲对乙的授权不是代理权,那么,向丙交付 B 建筑物的债务人是乙,但因甲乃 B 建筑物的所有权人,且系占有人,因而,甲的身份系履行辅助人,丙有权请求甲这个履行辅助人将 B 建筑物交给自己。

另外一条路径是,丙援用《民法典》第 458 条的规定,以占有人的身份请求甲这个所有权人移转 B 建筑物的占有。

4. 受领人

履行合同只有在债权人受领时才能顺利地进行和完成。债权人享有给付请求权及受领权,当然有权受领给付,但有如下例外:(1) 债权人的债权经强制执行,禁止债务人向债权人为履行的;(2) 债权人受破产宣告的;(3) 在履行行为属于法律行为的情况下,债权人已经成为无行为能力人或限制行为能力人的。不过,在第三种情况下,可由债权人的法定代理人受领。

债权人的代理人可以代为受领给付,受托人、清算人、质权人、破产管理人、代位权人等亦然,持有债权人签名的收据的人也可以受领给付。

合同约定由第三人受领给付的,依其约定(《民法典》第 522 条)。第三人有权请求债务人向自己履行债务,但无撤销或解除合同之权,除非法律另有规定。债务人按照约定向第三人履行债务,第三人拒绝受领的,债权人有权请求债务人向自己履行债务,但是债务人已经采取提存等方式消灭债务的除外。第三人拒绝受领或受领迟延的,债务人有权请求债权人赔偿因此造成的损失。合同依法被撤销或被解除的,债务人有权请求债权人返还其给付的财产(《合同编通则解释》第 29 条)。在这里,需要反思的是,债权人未获给付,如何向债务人返还财产?

二、履行标的

1. 概说

履行标的,是指债务人应为履行的内容。它因合同关系不同而呈现出差异,如交付财物、移转权利、提供劳务、完成工作等。履行标的应根据这些具体内容加以确定。

履行必须依债务的本旨进行,而不得任意变更。因而仅为部分履行,或不以原定给付为履行,或因履行而负新债务,均非依债务本旨而为履行,不发生清偿使合同消灭的效力。唯债务人或因支付能力有限,有时不能完全依债务的本旨履行,此时若仍绝对贯彻上述须依债务本旨履行而不得变更的思想,不取救济之道,则对债务人有些苛刻,对债权人的保护,也不见得有利,甚至可能导致债权无法实现的恶果。有鉴于此,法律应当允许当事人采取延缓履行、提前履行、部分履行、代物清偿、新债清偿、债的更改等补充救济措施。以下就部分履行、代物清偿诸救济措施予以简要的介绍和探讨。

2. 部分履行

部分履行,从另一个角度描述,就是分期履行。《民法典》第 531 条第 1 款规定:"债权人可以拒绝债务人部分履行债务,但是部分履行不损害债权人利益的除外。"由此可知部分履行应当符合以下要件:(1) 部分履行的债务须为可分债务。部分履行是否可以,须看债务是否可分。债务不可分的,部分履行会损害债权人的利益,不应被允许,除非债权人同意部分履行,愿意承受由此带来的不利。债务可分,且部分履行不损害债权人利益的,应予允许部分履行。(2) 部分履行不损害债权人的利益。即使债务可分,部分履行也未必不损害债权人的利益。在部分履行损害债权人利益的情况下,债权人有权拒绝债务人的部分履行。只有在部分履行不损害债权人利益的情况下,才可允许部分履行。(3) 债务人提出了部分履行的请求。

3. 代物清偿

(1) 代物清偿的界定和构成

代物清偿,是指债权人受领他种给付以代原定给付而使合同关系消灭的现象。

代物清偿的要件如下:A. 必须有原债务存在;B. 必须以他种给付代替原定给付,两种给付在价值上可以有差额,但须经双方当事人约定;C. 必须有双方当事人关于代物清偿的合意;D. 必须债权人等有受领权的人现实地受领他种给付。所谓现实地受领他种给付,在他种给付为移转不动产所有权时,仅仅有表示移转的意思尚不足够,必须要办理移转登记手续,完成交付,才算成立代物清偿。① 在他种给付为移转动产所有权时,需要将该动产交付。这反映出代物清偿为实践合同(要物合同)的特质。

[辨析]

代物清偿之所以要求把不动产物权转移作为成立要件,是因为代物清偿一经生效就消灭既有的债的关系,若不转移不动产物权,则一方面消灭既有的债的关系,另一方面债务人新负转移不动产物权的债务,意味着债务人以允诺而非实际清偿来消灭其负有的债务,这使

---

① 〔日〕於保不二雄:《日本民法债权总论》,庄胜荣校订,五南图书出版有限公司 1998 年版,第 373 页。

债权人难以实现其债权的风险仍然存在,对债权人过于苛刻。

与此有别,风险负担规则不将不动产物权的转移作为风险转移的要件,只要转移了不动产的占有,就由买受人或受让人负担风险,出卖人或转让人不再承担风险。这是因为风险的防范和消除主要依赖于对不动产的管控者,管控者与不动产物权人相一致时如此,管控者与不动产物权人分属不同之人时亦然。即便是不动产物权人,他远离其不动产时难以、至少不便防范和消除不动产毁损灭失的风险。这就是风险负担要随着标的物占有的转移而转移、动产和不动产概莫能外的机理。

(2) 代物清偿的效力

代物清偿合同成立,原债的关系归于消灭,债权的从属权利(如担保权)亦不存在,纵使代物清偿的他种给付存有瑕疵,原债权亦不复生,债权人也不能请求债务人为无瑕疵的给付,只得依据代物清偿合同的有偿性主张瑕疵担保责任。换句话说,代物清偿仅发生债的本体消灭的效力,并不能说当事人之间不存在其他法律关系,因其为有偿合同,故法律关于买卖合同中瑕疵担保的规定,在代物清偿合同场合有准用的余地。但法律关于买卖合同中债权人受领标的物义务、价款支付义务、风险负担等规定,则不予准用。①

在合同关系是由两个以上的狭义债的关系构成的情况下,若代物清偿只是以他种给付代替其中一个狭义债的关系中的给付,则仅仅消灭该狭义债的关系,另一狭义债的关系继续存在。如此,合同关系尚未消灭。

连带债务人、不可分债务人一人所为的代物清偿,使其他债务人一同免责。保证因保证人或主债务人为代物清偿而使两个债务一同消灭。

代物清偿毕竟不是清偿,只是类推适用法律关于清偿的规定,以他种给付代替原定给付,消灭原债关系,该效力源自代物清偿合同。在这样的背景下,不妨碍当事人双方以协议解除的方式动摇代物清偿合同的这种效力。②

(3) 中国法及其理论、实务的态度

对于代物清偿,《民法典》尚无明文加以规范,没有明确其构成要件,欠缺其法律效果的规范,表明它在《民法典》上为非典型合同。对其称谓,人们也大多冠以以物抵债或以物抵债合同等名称,不愿叫代物清偿。当然,学说认为,《民法典》第410条第1款等条文关于抵押权实行时抵押权人与抵押人协议以抵押财产折价的规定,实际上承认了一种代物清偿。

中国实务中的以物抵债,可分为两种情形:一种是当事人双方之间已就以物抵债达成了协议,且已经将该抵债之物的物权转移给了债权人,这符合德国、日本的民法所说的代物清偿;另一种是双方当事人仅就以物抵债达成了一致意见,却没有现实地交付该物的行为,表现为诺成性。就普遍性、常见性来讲,后者在中国实务中最为常见,代物清偿在中国的实务中倒不占多数。

《合同编通则解释》已经承认了以物抵债协议这种合同类型(第27条、第28条),但第27条没有区分代物清偿与除此而外的以物抵债协议,也就没有清晰地就每一种类型设置构成要件和赋予法律效果,这会严重地影响人们理解和适用其规定,给解释论带来不轻的工

---

① 郑玉波:《民法债编总论》(修订2版),陈荣隆修订,中国政法大学出版社2004年版,第484—485页;〔日〕於保不二雄:《日本民法债权总论》,庄胜荣校订,五南图书出版有限公司1998年版,第381页;邱聪智:《新订民法债编通则》(下),中国人民大学出版社2004年版,第453页;林诚二:《民法债编总论——体系化解说》,中国人民大学出版社2003年版,第539页;王利明:《合同法研究》(第2卷)(修订版),中国人民大学出版社2011年版,第281页。

② 〔日〕於保不二雄:《日本民法债权总论》,庄胜荣校订,五南图书出版有限公司1998年版,第381页。

作量。

《合同编通则解释》第 27 条第 2 款正文前半句所谓"债务人或者第三人履行以物抵债协议后,人民法院应当认定相应的原债务同时消灭",若指已将抵债之物的物权转移给了债权人即代物清偿,是正确的;但若指仅有以物抵债的合意、抵债之物的物权尚未转移给债权的以物抵债协议,则是错误的,因为债务人的债务尚未清偿,债权人的债权并未实现,却消灭原债权债务关系,不但逻辑上、法理上不通,而且在利益衡量方面十分不利于债权人。第 27 条第 2 款正文后半句关于"债务人或者第三人未按照约定履行以物抵债协议,经催告后在合理期限内仍不履行,债权人选择请求履行原债务或者以物抵债协议的,人民法院应予支持"的规定,应当适用于除代物清偿以外的以物抵债协议,且为正确;否则,不正确。

《合同编通则解释》第 27 条第 3 款关于"前款规定的以物抵债协议经人民法院确认或者人民法院根据当事人达成的以物抵债协议制作成调解书,债权人主张财产权利自确认书、调解书生效时发生变动或者具有对抗善意第三人效力的,人民法院不予支持"的规定,若适用于除代物清偿以外的以物抵债协议,符合《民法典》关于物权变动的规则,值得肯定。但它若适用于代物清偿则不正确,因为抵债之物为动产时,动产已经交付给债权人,符合《民法典》第 224 条的规定,债权人取得动产物权具有对世效力,能够对抗善意第三人;抵债之物为不动产时,不动产物权已经转移登记在债权人的名下,按照《民法典》第 209 条第 1 款正文和第 214 条的规定,该不动产物权具有对世效力,能够对抗善意第三人。在人民法院已就代物清偿制作成调解书时更应如此。

债务人以他人之物或物权、股权、知识产权向债权人抵债,属于代物清偿且符合《民法典》第 311 条要求的构成要件的,债权人能够取得并保有所得的权利,其与债务人之间的原债权债务关系在相应的范围内消灭。《合同编通则解释》第 27 条第 4 款适用于这个领域是正确的,值得赞同。但是,如果《合同编通则解释》第 27 条第 4 款所谓权利指向的是欠缺公示方式的债权时,则不正确,因为欠缺公示方式的债权不是善意取得的标的物。不适用《民法典》第 311 条的规定,债权人不能取得该债权。如此,真正的债权人有权主张继续拥有该债权,相应地,债权人与债务人之间的原债权债务关系不消灭。《合同编通则解释》第 28 条的字面意思给人的印象是以物抵债协议项下的"物"都是担保物,其实,以物抵债协议项下的"物"既有担保物也有除此而外的物,这两种类型的以物抵债协议需要的构成要件和法律效力是不同的。从尽可能正面理解《合同编通则解释》第 28 条第 1 款的立场出发,应把其中所谓"人民法院应当在审理债权债务关系的基础上认定该协议的效力"解释为人民法院首先审理原债权债务关系有无担保,以确定以物抵债协议是否涉及流质条款、流押条款,最后判定以物抵债协议的法律效力。

以担保物以外的有体物或权利抵债,协议的效力不涉及流质条款、流押条款,在合同有效、生效方面遵从一般的合同效力规则;在是否消灭原债权债务关系方面,因其为代物清偿类型,与除此而外的以物抵债协议类型而有不同,这在上文已述,此处不赘。有必要赘言的一点是,这种类型的以物抵债协议的效力不受债务履行期限届满与否的影响,《合同编通则解释》第 28 条第 1 款要求在债务履行期限届满前达成以物抵债协议,属于画蛇添足。

把《合同编通则解释》第 28 条第 2 款看成专为以担保物抵债的协议而设的规定。该条款第 1 句关于"当事人约定债务人到期没有清偿债务,债权人可以对抵债财产拍卖、变卖、折价以实现债权的,人民法院应当认定该约定有效"的规定,符合《民法典》第 410 条第 1 款的规范意旨,值得赞同。但该条款第 2 句前半段所谓"当事人约定债务人到期没有清偿债务,抵债财产归债权人所有的,人民法院应当认定该约定无效,但是不影响其他部分的效力",却是对《民法典》第401条关于流押条款、第428条关于流质条款的消极的、负面的解读,不符合鼓励交易原则,也与其第3条第3款选择有利于有效的解释的规则不一致,换言之,属于流押条款、流质条款的以物抵债协议并非全部无效,而应区分情形而定:(1)担保权人若主张履行以物抵债协议,不害及担保人的其他债权人(如担保人无其他债权人,或者即使有其他债权人,但担保人的责任财产足以清偿那些债权,现金流处于正常状态)时,法律自无干预的必要。即使对担保物的估价偏低,不利于担保人,只要担保人不主张撤销,也应该承认该以物抵债协议的效力。该协议适当履行(包括担保物为动产时完成交付,担保物为不动产时办理完毕登记手续)后,担保权人取得该担保物的所有权。(2)在担保人的数个债权人都对担保人请求清偿,没有涉及担保物、担保人也没有进入破产程序的情况下,担保权人可依基于以物抵债协议的约定及其适当履行取得担保物的所有权。(3)在担保人的数个债权人都对担保人请求清偿,已经涉及担保物,但担保人尚未进入破产程序的场合,担保权人不得请求担保人实际履行以物抵债协议,只可援用《民法典》第410条或第428条的规定,行使担保权,就担保物的变价使担保债权优先获得清偿。(4)在担保人已经进入破产程序的情况下,担保权人也无权请求担保人实际履行以物抵债协议,必须适用《企业破产法》的有关规定,包括第109条关于"对破产人的特定财产享有担保权的权利人,对该特定财产享有优先受偿的权利"的规定。上述"(1)""(2)"符合《民法典》第401条所说的"只能依法就抵押财产优先受偿"、第428条所说的"只能依法就质押财产优先受偿",故不得认定这两种情况下的以物抵债协议无效。并且,第28条第3款前半句关于"当事人订立前款规定的以物抵债协议后,债务人或者第三人未将财产权利转移至债权人名下,债权人主张优先受偿的,人民法院不予支持"的规定,就以偏概全了,因为在上述"(1)""(2)"案型中,应当支持债权人关于优先受偿的请求。更遑论在上述"(1)""(2)"案型中"债务人或者第三人已将财产权利转移至债权人名下的",就更应当支持债权人关于优先受偿的请求了。

就此看来,《合同编通则解释》第28条第3款后半句"债务人或者第三人已将财产权利转移至债权人名下的,依据《最高人民法院关于适用〈中华人民共和国民法典〉有关担保制度的解释》第六十八条的规定处理"再次以偏概全了。

在上述"(3)""(4)"的案型中,即使担保物的权利已经转移至债权人的名下,因以物抵债协议违法而无效,债权人取得并保有该权的原因不复存在,也要按照担保权实现的程序处理,债权人无权对抗拍卖、变卖担保物的程序(《合同编通则解释》第28条第3款后半句、《担保制度解释》第68条)。

三、履行地点

履行地点,是指债务人应为履行行为的地点。在履行地点为履行,只要适当,即发生合同消灭的效力。在其他地点为履行则否。

当事人在合同中明确约定履行地点的,依其约定。该约定既可以在合同订立当时为之,也可在合同成立后履行债务前进行。合同对履行地点没有约定或约定不明确的,可以协议补充;不能达成补充协议的,按照合同有关条款或交易习惯确定(《民法典》第510条)。

当事人为多数人的,可以各自约定不同的履行地点。同一个合同中的数个给付不必约定相同的履行地点,尤其是双务合同中的两个债务,可以有两个履行地点。即使是一个债务,也可以约定数个履行地点,供当事人选择。

履行地点可由交易习惯确定(参见《民法典》第510条)。存在关于履行地点的交易习惯的,应遵从习惯,除非当事人之间另有约定。车站、码头的物品寄存,应在该寄存场所履行债务。

履行地点可依合同的性质确定。例如,不作为债务的履行地点应在债权人的所在地。

履行地点在法律有特别规定时,依其规定。例如,《票据法》第23条第3款规定:"汇票上未记载付款地的,付款人的营业场所、住所或者经常居住地为付款地。"

在按上述规则仍不能确定履行地点时,应按照《民法典》第511条第3项关于"履行地点不明确,给付货币的,在接受货币一方所在地履行;交付不动产的,在不动产所在地履行;其他标的,在履行义务一方所在地履行"的规定解决。

四、履行期限

1. 概说

履行期限(《民法典》第470条第1款第6项等),简称为履行期,又叫清偿期,其含义如何,中外民法及其理论在界定上不尽一致。

在德国,像给付地点一样,给付时间属于给付的方式。与给付时间相关,有两个问题需要澄清,即从什么时点债权人可以要求债务人为给付以及债务人可以为给付。第一个问题涉及债务的请求期(点),第二个问题涉及债务的履行期(点)。如果债务履行期届至,债务人可以履行,债权人若拒绝受领,就陷于受领迟延(《德国民法典》第239条以下)。只有当债务不仅履行期届至,而且请求期也届至时,债权人才可以强制履行;此时,债务人不仅可以给付,也必须给付。给付的这两个方面——请求期和履行期,被规定在《德国民法典》第271条。如果当事人对履行时间没有约定,也不能通过情形①得出,那么根据第271条第1项的规定,债权人可以立即要求履行,债务人也可以立即作出履行。根据第271条第2项的规定,债务立即届至请求期和履行期,也就是说请求期和履行期原则上从债务一产生就届至。但是,立即届至的请求期对债务人来说,有一个实施给付行为的适当时间。因此,立即给付的义务意味着,债务人必须尽快给付。不同于《德国民法典》第121条第1项第1款规定的"毫不迟延",这里应当以一个客观的标准为基础。②

由此可知,在德国民法上,履行期和请求期重合之处,是一个时间点,而非一段时间。当事人约定,出卖人于2011年1月1日至2011年3月3日交货,也不意味着2011年1月1日至2011年3月3日这段时间均为履行期和请求期,履行期和请求期仅指2011年3月3日这个时间点。债务人于2011年3月3日未予履行,即构成迟延。至于2011年1月1日至2011年3月2日这段时间,其法律意义在于,债务人可以放弃期限利益,在2011年1月1日至2011年3月2日这段时间的任何一天为履行,债权人不得拒绝,否则,债权人陷于迟延。当然,履行期纯为债权人利益的,则另当别论。③

在日本,按照《法律学小辞典》的解释,履行期限,又叫清偿期,指的是债务人不得不履行

---

① 此处所谓情形,是指没有约定或法律特别规定的情形。该情形通常要通过债的关系的性质、交易习惯、给付的特征等来判断。比如,在承揽合同中,要考虑工作物的制作所需要的时间。

② Mathias Schmoekel, Jaochim Rueckert und Reinhard Zimmermann-Petr Groeschler: Historisch-kritischer Kommentar zur BGB, 1. Teilband, Mohr Siebeck 2007, §§269-272. S. 813, Rn. 8.

③ 德国民法及其学说、判例关于履行期限的文献翻译及理解,系清华大学法学院副教授耿林博士以及清华大学法学院教授王洪亮博士所为。特此致谢!

(清偿)的时期。债务人在履行期限内不履行的,就构成履行迟延。例如,买卖双方约定1个月之后支付价金,但是买方过了1个月仍然没有支付价金的场合,构成履行迟延。[1] 与此同义或近义,於保不二雄教授阐释道:"清偿的时间指应进行清偿的时间,即履行期或清偿期……在履行期或清偿期内,债权人可以请求履行,债务人必须进行履行。履行期内如债务人不进行履行或债权人不受领履行,就要承担迟延责任……随着履行期限届至,消灭时效开始进行。"[2]这与《日本民法典》的有关规定形成了相互印证,具有可信性。例如,《日本民法典》第412条规定:"① 就债务的履行有确定期限时,债务人自其期限届至时起,负迟延责任。② 就债务的履行有不确定期限时,债务人自其知道期限届至时起,负迟延责任。③ 就债务的履行未定期限时,债务人自接到履行的请求时起,负迟延责任。"《日本民法典》第166条第1项规定:"消灭时效,自权利可以行使时起进行。"[3]显而易见,履行期、履行期届至、履行迟延三者间的关系,在日本民法上是自圆其说的,没有矛盾。

与此有别,中国现行法及其理论在用语上没有刻意区分债权人得请求债务人为履行的期限与债务人必须为履行的期限(履行期或曰履行期限),或者说,中国现行法及其理论所谓的履行期限,在外延上较德国、日本的为广,既包括它们所说的债务人可以为履行的时间,债务人必须为履行的时间,也含有它们所说的债权人得请求债务人为履行的期日。并且,在理解履行期限时,区分一个时间点的履行期限与一段期间的履行期限。履行期限为一个时间点的,既是债权人得请求债务人为履行的时间,也是债务人必须为履行的时间,在称谓和效果上与德国、日本的相同。履行期限为一段期间的,如约定出卖人于2011年1月1日至2011年3月3日期间交货,则2011年1月1日至2011年3月2日为买受人(债权人)得请求出卖人(债务人)为履行的期限,2011年3月3日为债务人必须履行的时间。这无论是在称谓上,还是在含义上,都不同于德国、日本的履行期限。

这种不同,在法律结果上显现出差异。以约定出卖人于2011年1月1日至2011年3月3日期间交货为例,按照德国、日本的民法、判例及学说,买受人于2011年1月1日至2011年3月2日期间无权请求出卖人交货,若请求,则出卖人有权抗辩。该种抗辩无需主张,即可发生阻却给付请求的效果。与此不同,按照中国既有的通说,买受人于2011年1月1日至2011年3月2日期间有权请求出卖人交货,不过,出卖人享有履行期限尚未届满的抗辩权。该种抗辩权至少在绝大多数情况下需要主张,通说认为必须主张,才发生阻却给付请求的法律效果。

比较而言,德国、日本的民法关于请求期、履行期的界定,结合抗辩、抗辩权等制度考量,更有利于债务人。有鉴于此,本书作者放弃原来赞同的通说,借鉴德国民法关于请求期、履行期、抗辩、抗辩权的学说,以及日本民法关于履行期、抗辩、抗辩权的理论,采取如下观点:履行期限,是指债务人依约或依法必须履行其债务的时间。在非继续性合同场合,履行期限仅为一个时间点,而非一段期间;在继续性合同场合,某些债务(如承租人交付租金的义务)的履行期限仅为一个时间点,而另一些债务(如房屋出租人移转租赁物使用权的义务)的履行期限则为一段期间。

---

[1] 〔日〕金子宏、新堂幸司、平井宜雄编:《法律学小辞典》(第3版),日本有斐阁1999年版,第1154页。
[2] 〔日〕於保不二雄:《日本民法债权总论》,庄胜荣校订,五南图书出版有限公司1998年版,第344页。
[3] 同上书,第345页。

2. 履行期限的确定

履行期限,合同有约定时,依其约定。当事人在合同中可以约定一宗债务划分为若干个部分,每个部分各有一履行期限;还可以约定数个履行期限,届时可以选择确定;在双务合同中可分别约定两个对立债务的履行期限。

履行期限,法律有规定时,依其规定。例如,已失效的《深圳经济特区土地使用权出让办法》第27条曾规定:中标者应在合同生效之日起60日内付清全部地价款。法律规定履行期(限),还有另外的情形,例如,《企业破产法》第46条第1款规定:"未到期的债权,在破产申请受理时视为到期。"

履行期限,还可依债务的性质确定。例如,在饭店预订酒席,依其性质,宴客之日为履行期限。

依上述规则仍不能确定履行期限时,应按照《民法典》第510条及第511条第4项关于"履行期限不明确的,债务人可以随时履行,债权人也可以随时要求履行,但应当给对方必要的准备时间"的规定加以确定。

就建设工程施工合同的履行期限的认定,《建设工程施工合同解释(一)》设有如下特殊的规定,在建设工程施工合同场合应当优先适用:当事人对建设工程实际竣工日期有争议的,按照以下情形分别处理:(1)建设工程经竣工验收合格的,以竣工验收合格之日为竣工日期;(2)承包人已经提交竣工验收报告,发包人拖延验收的,以承包人提交验收报告之日为竣工日期;(3)建设工程未经竣工验收,发包人擅自使用的,以转移占有建设工程之日为竣工日期(第9条)。利息从应付工程价款之日计付。当事人对付款时间没有约定或约定不明的,下列时间视为应付款时间:(1)建设工程已实际交付的,为交付之日;(2)建设工程没有交付的,为提交竣工结算文件之日;(3)建设工程未交付,工程价款也未结算的,为当事人起诉之日(第27条)。

3. 履行期限的类型及意义

(1) 概述

履行期限有为债务人利益的,如在无利息的借款合同中,借款人可以随时偿还本金,出借人不得于履行期限前请求偿还;有为债权人利益的,如在无偿保管合同中寄存人可提前领取保管物、随时领取保管物;也有兼为债务人和债权人利益的,如在附利息的借款合同场合,出借人不得强要借款人期前受领借款,同时借款人不得请求期前支付借款。①

(2) 履行期限为债务人利益时的履行规则

在履行期限为债务人利益的情况下,债权人不得随意请求履行。其道理在于,债务履行期限尚未届至,债权处于效力不齐备的状态,缺乏请求力;债务人并无即时满足债权人请求履行的义务。此时,债权人自然无权请求债务人履行债务,倘若请求,债务人也有权抗辩。这不难理解。问题是,债务人将自己实际履行的义务提前,拟使债权人的债权尽早地成为效力齐备的债权,是否可以? 这与诚信原则以及债务履行期限是为债务人利益的还是为债权人利益的有关。

债务的履行期限尚未届至,若债务履行期限有利于债务人,则债务人提前履行,是在牺牲自己的期限利益,属于《民法典》第530条第1款但书所规定的"提前履行不损害债权人利

---

① 见史尚宽:《债法总论》(第5版),荣泰印书馆股份有限公司1978年版,第749页。史尚宽先生在该页注释中介绍,日本多数说和判例认为,在附利息的借款合同中,出借人可以抛弃期限利益,但应赔偿借款人所受的损失。

益"的情形,应予允许,债权人对此不得拒绝。债权人虽然不得拒绝,但有权援用《民法典》第 530 条第 2 款关于"债务人提前履行债务给债权人增加的费用,由债务人负担"的规定。

应当看到,在极个别的情况下,即使期限利益在债务人一侧,提前履行也可能损害债权人的利益。例如,债权人为受领给付所租赁的仓库交付日期是与本合同的债务履行期相衔接的,在这种情况下,债务人提前履行,交付货物,会使债权人无处存放受领的货物,从而不是增加新的租金,就是导致货物因露天堆放受到损害。再如,在人潮如海的露天剧场交付巨资,极易被坏人发现而遭抢夺。于此场合,债权人仍有权援用《民法典》第 530 条第 1 款正文关于"债权人可以拒绝债务人提前履行债务"的规定。

(3) 履行期限为债权人利益时的履行规则

需要注意的还有,债务的履行期限在极少数情况下也有为债权人利益的,无偿保管合同即为一例。为债权人利益的履行期限场合,原则上不允许债务人提前履行,以免损害债权人的利益。换句话说,债权人可以在履行期限届至前请求债务人为履行,但债务人无权强行要求债权人于期前受领给付。不过,也有极个别的情形,提前履行不损害债权人利益,如在储物场所面临被大火吞噬,保管物无处存放的场合,债务人提前履行,债权人不得拒绝(《民法典》第 530 条第 1 款但书)。

(4) 履行期限兼为债务人和债权人的利益时的履行规则

在履行期限兼为债务人和债权人的利益的情况下,债务人无权强行要求债权人于期前受领,同时债权人无权请求债务人于期前履行。中国现行法存在着这些方面的规则。例如,《民法典》第 530 条规定:"债权人可以拒绝债务人提前履行债务,但是提前履行不损害债权人利益的除外。"单从"债权人可以拒绝债务人提前履行债务"一语,似乎尚难得出履行期限是为债务人的利益而设的结论,可能更容易使人觉得履行期限系为债权人的利益而设,因为债权人可以拒绝债务人提前履行;但从"但是提前履行不损害债权人利益的除外"的内容观察,可知该条涵盖了履行期限为债务人的利益而设和履行期限为债权人的利益而设两种情形;在债务人提前履行不损害债权人利益的情况下,债权人不得拒绝债务人的提前履行,这表明这种履行期限是为债务人的利益而设的;在债务人提前履行损害债权人利益的情况下,债权人可以拒绝债务人的提前履行,这表明此类履行期限是为债权人的利益而设的。

4. 履行期限与合同的存续期限之间的差别

履行期限不同于合同的存续期限。合同的存续期限,在继续性合同中最有价值,存续期限越长,继续性合同项下的权利义务在量的方面就越增加,在对价一定的前提下,当事人应当力争约定较长的存续期限。在非继续性合同场合,合同的存续期限所起的作用有限。即使如此,也不能否认合同的存续期限在非继续性合同中的意义。(1) 在特定物买卖等合同中,由于不可抗力等客观原因造成不能履行,并且该状态一直持续到该合同的存续期限届满,那么,该合同关系归于消灭,且不产生违约责任。与此不同,在该合同的存续期限尚未届满的情况下,不可抗力等客观原因消失,债务人可以履行合同义务了,却不履行,成立违约责任。(2) 在合同附停止条件、附始期的情况下,若一直到该合同的存续期限届满,停止条件也未成就,或始期没有届至,则该合同归于消灭,也不成立违约责任。与此不同,在该合同的存续期限尚未届满的情况下,所附停止条件成就或始期届至,债务人有义务开始履行其债务,若不履行,则成立违约责任。

五、履行方式

履行方式,是完成合同义务的方法,如标的物的交付方法、工作成果的完成方法、运输方法、价款或酬金的支付方法等。履行方式与当事人的权益有密切关系,履行方式不符合要求,有可能造成标的物缺陷、费用增加、迟延履行等后果。①

合同有关于履行方式的约定的,依其约定;无此约定的,宜采取公平合理的方式履行,履行方式依《民法典》第510条的规定及第511条第5项关于"履行方式不明确的,按照有利于实现合同目的的方式履行"的规定予以确定。美国《统一商法典》第2-307条规定,除非另有协议,买卖合同项下的所有货物必须一次全部提示交付,且只有卖方作此种提示交付,买方才有义务支付价款。但是,如果客观情况使卖方有权分批交货或使买方有权分批提货,则在价款可按比例分开计算时,卖方可以要求在其每次交货后取得相应价款。显然,它是以一次全部履行为原则,也不排除在特定条件下的分批履行。这可作借鉴。

六、履行费用

合同履行的费用,是指履行所需要的必要费用。例如,物品交付的费用、物品运送的费用、金钱邮汇的邮费,但是不包括合同标的本身的价值。在通常情况下,履行费用有运送费、包装费、汇费、登记费、通知费等。对于履行费用的负担,当事人有约定的依其约定;如无约定,则依《民法典》第510条的规定,双方当事人可协议补充;不能达成补充协议的,按照合同相关条款或交易习惯确定。如此仍不能确定的,按《民法典》第511条第6项关于"履行费用的负担不明确的,由履行义务一方负担"的规定解决。另外,因债权人变更住所或其他行为而导致履行费用增加的,增加的费用应由债权人负担。例如,债权人受领迟延而致使履行费用增加,债权人请求对物品特别包装而增加费用,债权人请求将物品送往履行地之外的地点而增加费用,因债权转移而增加费用等,依公平原则这些均应由债权人负担。

第四节 涉及履行的抗辩及抗辩权

一、涉及履行的抗辩及抗辩权的体系及作用

如同本章"第三节 合同履行的规则"中"四、履行期限"所述,本书将非继续性债务的履行期限界定为一个时间点,在此时间点债务人必须履行其债务;对于继续性债务,将某些债务(如承租人交付租金的义务)的履行期限界定为一个时间点,而另一些债务(如房屋出租人移转租赁物使用权的义务)的履行期限则为一段期间。

涉及履行的抗辩及抗辩权,是指在符合法定条件时,当事人一方对抗相对人的履行请求,暂时拒绝履行其债务的抗辩或抗辩权。它包括附停止条件的抗辩、附始期的抗辩、履行期限尚未届至的抗辩、履行期限尚未届满的抗辩、不当履行的抗辩权[2]、时效完成的抗辩权、同时履行抗辩权、先履行抗辩权、不安抗辩权、留置权的行使[3]等。其中的附停止条

---

① 隋彭生:《合同法论》,法律出版社1997年版,第309页。
② 〔德〕迪特尔·梅迪库斯:《德国债法总论》,杜景林、卢谌译,法律出版社2004年版,第356页。
③ 〔德〕迪特尔·施瓦布:《民法导论》,郑冲译,法律出版社2006年版,第603页以下。

件的抗辩、附始期的抗辩、时效完成的抗辩权等,在专家学者间已经形成共识,无需多言;对于履行期限尚未届至的抗辩、履行期限尚未届满的抗辩,有学者表示怀疑,需要辨明。

之所以说存在着履行期限尚未届至的抗辩,是因为债务人在给付期限之前并不负给付义务,债权人如在给付期限之前请求给付,债务人即得以给付期限尚未届至为由,拒绝给付。① 因为债务具有中性,不含有道德和法律的否定性评价,不得被强制执行,所以产生《民法典》第 580 条第 1 款、第 582 条限定的情况——法律上或事实上不能履行、债务的标的不适于强制履行或履行费用过高、债权人在合理期限内未要求履行;只有在行为债务以外的债务被迟延履行、不完全履行、拒绝履行且债务人能够履行的情况下,才可强制执行。② 这从一个侧面表明,在债务履行期限届至前,债务人有权拒绝债权人的给付请求,即存在着履行期限尚未届至的抗辩。

之所以说存在着履行期限尚未届满的抗辩,是因为迟延履行系债务人于履行期限届满仍未履行债务的现象。这表明,在履行期限届满前,债务人不履行债务,不构成迟延履行。既然不构成迟延履行,就不承担违约责任,这说明债务人享有履行期限尚未届满的抗辩。③ 对此,举例说明如下:某买卖合同约定,出卖人于 2011 年 1 月 1 日至 2011 年 3 月 3 日交货。买受人于 2011 年 3 月 2 日及此前请求债务人履行其债务,债务人享有履行期限尚未届满的抗辩,有权拒绝履行其债务,不构成迟延,不承担违约责任。即便到了 2011 年 3 月 3 日,纯从理论上讲,债务人也可以履行期限尚未届满作为抗辩,拒绝履行其债务。只不过 2011 年 3 月 3 日不履行,到了 2011 年 3 月 4 日,债务人就要承担迟延履行的违约责任。在这个意义上说,于此处区分履行期限届至和履行期限届满,实际意义不大。对此,本书作者将在下文"同时履行抗辩权的构成要件"中进行较为详细的分析。

明确非继续性债务的履行期限为一个时间点,以及履行期限尚未届满的抗辩,意义是多方面的:其一,对于判断是否构成同时履行抗辩权具有价值。同时履行抗辩权的构成要件之二是,"须双方互负的债务均已届履行期限"。此处所谓"已届履行期限",存在着"履行期限届至"和"履行期限届满"两种理解;并且,在坚持同时履行抗辩权和先履行抗辩权并立的模式下,仅就非继续性合同的债务履行期限而论,将履行期限一律界定为一个时间点,任何一种理解都符合同时履行抗辩权成立的要求。但是,只有将"已届履行期限"解释为"履行期限届满",才最能发挥同时履行抗辩权制度的功能,实现其价值;才能彻底避免负面后果。这是因为,在两项债务的履行期限届至而未届满的场合,一方当事人请求相对人清偿,相对人有权以履行期限尚未届满为由拒绝履行债务,且不构成违约,完全可以不求助于同时履行抗

---

① 孙森焱:《民法债编总论》(下册),法律出版社 2006 年版,第 446 页。
② 对于行为债务,若要直接强制执行,则涉及是否侵犯人的行为自由的问题。一种观点认为,按照现代伦理,人的行为自由至高无上,不得强制。另一种观点主张,人的行为自由固然位阶甚高,但并非绝对禁止法院裁判债务人继续履行其行为债务,在债权人请求债务人继续履行行为债务的情况下,主审法院仍可裁判债务人继续履行其行为债务,如裁判债务人与预约人签订本约,或履行装修服务的义务,或履行继续施工的义务等,只不过法院同时或其后要裁判:债务人假如仍然拒绝履行此类行为债务,则须承担一定的损害赔偿金,甚至是惩罚性损害赔偿,以儆效尤。折中说在赞同第二种观点的基础上,增加主审法院可以裁判代替履行的路径,当然也可直接裁判以损害赔偿甚至惩罚性损害赔偿代替直接强制[参见杨与龄著:《强制执行法论》,中国政法大学出版社 2002 年版,第 10 页;郭兵主编:《强制执行论》,人民法院出版社 2010 年版,第 220—221 页;杨荣馨主编:《〈中华人民共和国强制执行法(专家建议稿)〉立法理由、立法例参考与立法意义》,厦门大学出版社 2011 年版,第 509 页]。本书作者赞同折中说。
③ 〔德〕迪特尔·施瓦布:《民法导论》,郑冲译,法律出版社 2006 年版,第 620 页;郑玉波:《民法债编总论》(修订 2 版),陈荣隆修订,中国政法大学出版社 2004 年版,第 275 页;孙森焱:《民法债编总论》(下册),法律出版社 2006 年版,第 446 页。

辩权,尽管他可以求助。但在履行期限届满的情况下,债务人已不享有履行期限尚未届满的抗辩,只有依赖于同时履行抗辩权一条路径,不然,只好应债权人的请求而履行债务。其二,对于判断在债权让与场合让与人或受让人为让与通知是否适当,较为有益,即,在尚未为让与通知时,债务人于履行期间的任何一个时间点清偿,就使其债务归于消灭。自此时起,让与人或受让人为让与通知,债务人有权以其债务已因清偿而消灭为由拒绝向受让人履行;反之,债务人尚未履行时,让与人或受让人为让与通知,债务人则有义务向受让人清偿,否则,构成违约。其三,对于提存具有意义。众所周知,在履行期限内,债务人可以选择任何一个时间点履行,债权人无权拒绝受领,否则,构成提存的条件,也构成受领迟延;反之,债权人于期间内请求债务人清偿,债务人倒可以履行期限尚未届满为由予以抗辩。其四,这里存在着抵销的问题。债权人于此期间主张抵销,只要抵销适状,可发生抵销的效果。

现在讨论不当履行的抗辩权。所谓不当履行的抗辩权,又叫不当给付的抗辩权,是指在债务人的给付存在瑕疵等不良给付的场合,债权人所享有的抗辩权。[①] 例如,某有偿委托合同约定,委托人应预付给受托人处理委托事务的必要费用3万元,用作交通费、缴纳预购定金等。受托人请求委托人依约预付,委托人却仅付1万元,拒付其余款项,且无正当理由。于此情形,受托人可以暂时拒绝处理委托事务,而不负违约责任。这里的预付处理委托事务的费用的义务,与处理委托事务的义务,显然不具有对价关系,因而没有同时履行抗辩权、先履行抗辩权应用的余地。[②] 假如不允许受托人行使抗辩权,暂时拒绝履行处理委托事务的义务,则无异于放纵违约的委托人,使受托人处于不利的境地,有失权衡。有鉴于此,承认不当履行的抗辩权,以补同时履行抗辩权、先履行抗辩权之缺,免得受托人自己为履行却无法获得委托人的给付,遭受损失,显然具有正当性。

扩而广之,之所以存在着不当履行的抗辩权,是因为债务人的给付不符合合同意旨,债权人无法就该不当给付实现其合同目的,于此场合,债权人若无拒绝为相应给付的抗辩权,就会一方面向债务人完全履行了债务,另一方面却得不到债务人的适当清偿,甚至无法获得损害赔偿等救济,有失公正。特别是,在无偿委托合同等场合根本就不存在同时履行抗辩权、先履行抗辩权的情况下,以及在两项债务是否形成同时履行关系存有争议的情况下,承认不当履行的抗辩权,就更有意义。此其一。从道德和法律评价的层面讲,对债务人有过失的不当履行,应予否定性评价。责令债务人承担违约责任,固然是否定性评价的表现,赋权守约方暂时拒绝履行相应义务,使违约方得不到合同利益,亦为一种否定性评价。此其二。有鉴于此,即便在两项债务关系存在着同时履行抗辩权、先履行抗辩权的场合,另外再承认不当履行的抗辩权,使权利人多些选择的机会和手段,在个案中权衡利弊,选取最利于实现自己利益的抗辩权,也有积极的意义。此其三。

当然,在不当履行的抗辩权的适用范围方面应有一定的限制。例如,不当履行较为轻微,对债权人的利益影响不大,则不宜允许债权人以此为由拒绝履行自己的债务。

视野再宽阔些,可以对抗当事人一方的给付请求权的,还有留置权等物权。留置权等物权不仅能够暂时地对抗领取/返还保管物、仓储物等标的物的请求,甚至可以彻底地消灭该种请求权。它们在对抗当事人一方请求权方面所起的作用,至少不亚于同时履行抗辩权、先履行抗辩权。

---

① 〔德〕迪特尔·梅迪库斯:《德国债法总论》,杜景林、卢谌译,法律出版社2004年版,第356页。
② 参见刘春堂:《民法债编各论》(中),三民书局2008年版,第177页。

有疑问之处在于,既然有同时履行抗辩权、不安抗辩权等抗辩权存在,再强调履行期限尚未届至的抗辩、履行期限尚未届满的抗辩、不当履行的抗辩权等,是否多余?本书作者认为,各抗辩及抗辩权存在的机理、重点、成立要件和运用领域不尽相同,各有其长处和作用。同时履行抗辩权存在的基础重在客观,在于给付(履行)的牵连性,该基础先天固有。而履行期限尚未届至的抗辩、履行期限尚未届满的抗辩的存在基础,重在义务未至必须履行的阶段,重在当事人的约定或法律的规定,在于当事人的意思自治,以及当事人或法律对于期限利益的分配、安排。不当履行的抗辩权存在的基础,重在善恶的处理,即对不当履行作否定性评价,从功能方面讲,补同时履行抗辩权、先履行抗辩权无法运用之缺。特别是,履行期限尚未届至的抗辩、履行期限尚未届满的抗辩,无需主张即可发生相应的法律效果,相较于同时履行抗辩权、先履行抗辩权和不安抗辩权,对债务人更为有利。

先天固有的,有些可以通过当事人的意思或法律的规定加以改变、排除。例如,主物和从物之间的主从关系、主权利和从权利之间的主从关系,本为法律顺应二物或二权间的牵连、贯彻效益原则而设,在这个意义上可说主从关系规则是"先天固有的"。不过,该规则可被法律、当事人的意思改变或排除。例如,已失效的《担保法解释》第36条第1款后段曾规定,在连带保证场合,主债务的诉讼时效中断,保证债务的诉讼时效不因此而中断。这给我们以启示,在双务合同的场合,在人们的视野中,一直是双务合同中的两项债务间的牵连性决定了同时履行抗辩权、先履行抗辩权、不安抗辩权存在的内在依据,两者间呈现着先天固有的关系。但是,法律的规定或当事人的意思,完全可以让履行期限尚未届至的抗辩、履行期限尚未届满的抗辩、不当履行的抗辩权等,以及留置权等物权,在双务合同中发挥作用,使它们与同时履行抗辩权、先履行抗辩权、不安抗辩权并存,由抗辩的享有人或抗辩权人或物权人在个案中审时度势地选择主张。

承认并强调履行期限尚未届至的抗辩、履行期限尚未届满的抗辩、不当履行的抗辩权等,以及留置权等物权,还有其意义:同时履行抗辩权、先履行抗辩权、不安抗辩权只存在于双务合同关系之中,对于单务合同需要履行抗辩及抗辩权的情形,无能为力。履行期限尚未届至的抗辩、履行期限尚未届满的抗辩以及留置权等权利,则不受双务合同、单务合同的限制,在双务合同、单务合同两个领域均可发挥积极的作用。不当履行的抗辩权在不真正双务合同中有其运用的空间。

二、双务合同履行中的抗辩权概述

双务合同履行中的抗辩权,是指在符合法定条件时,当事人一方对抗相对人的履行请求权,暂时拒绝履行其债务的权利。狭义的双务合同履行中的抗辩权包括同时履行抗辩权、先履行抗辩权和不安抗辩权。广义的双务合同履行中的抗辩权,既包括这三种履行抗辩权,又包括不当履行的抗辩权等抗辩权。不过,基于体系方面的考虑,以下所述双务合同履行中的抗辩权仅限于同时履行抗辩权、先履行抗辩权和不安抗辩权,除非另有指明。

双务合同履行中的抗辩权,是合同效力的表现。它们的行使,只是在一定期限内中止履行合同,并不消灭合同的履行效力。产生抗辩权的原因消失后,债务人仍应履行其债务。所以,双务合同履行中的抗辩权为一时的抗辩权,延缓的抗辩权。

双务合同履行中的抗辩权,对抗辩权人而言是一种保护手段,免去其履行后得不到相对人履行的风险,使相对人产生及时履行、提供担保等压力,所以它们是债权保障的法律制度。就其防患于未然这点来讲,作用较违约责任还积极,比债的担保亦不逊色。

行使同时履行抗辩权、先履行抗辩权和不安抗辩权,是权利的正当行使,而非违约;应受法律保护,而不得令权利人承担违约责任。在审判实务中,有些裁判文书误把不安抗辩权、同时履行抗辩权的行使当作"双方违约"处理,应予纠正。

三、同时履行抗辩权

(一) 同时履行抗辩权概述

同时履行抗辩权,是指双务合同的当事人一方在相对人未为对待给付以前,可拒绝履行自己的债务之权。

同时履行抗辩权存在的基础在于双务合同的牵连性。所谓双务合同的牵连性,是指给付与对待给付具有不可分离的关系,分为发生上的牵连性、存续上的牵连性和功能上的牵连性。所谓发生上的牵连性,是指一方的给付与相对人的对待给付在发生上互相牵连,即在一方的给付义务不发生时,相对人的对待给付义务也不发生。所谓存续上的牵连性,是指在双务合同的一方当事人的债务因不可归责于双方当事人的事由而不能履行时,债务人免除给付义务,债权人亦免除对待给付义务。所谓功能上的牵连性,又称履行上的牵连性,是指双务合同的当事人一方所负给付与相对人所负对待给付互为前提,一方不履行其义务,相对人原则上亦可不履行。只有如此,才能维持双方当事人之间的利益平衡。同时履行抗辩权正是这种功能上的牵连性的反映。

上述思想乃诚信原则的应有之义,所以,同时履行抗辩权也是诚信原则所要求的。当然,诚信原则同时也限制了同时履行抗辩权的滥用。在当事人一方已为部分给付时,相对人若拒绝其给付有违诚信原则,则不得拒绝自己的给付。

(二) 同时履行抗辩权的构成要件

1. 须当事人双方互负债务

(1) 一般理论

传统民法认为,同时履行抗辩权的根据在于双务合同功能上的牵连性,因而同时履行抗辩权制度适用于双务合同,而不适用于单务合同和不真正的双务合同。

依逻辑,自然地,在传统民法上,可主张同时履行抗辩权的,系基于同一双务合同而生的对待给付。所谓本来意义上的同时履行关系,只存在于"对价关系"的债务之间[1],指的就是这种情况。如果当事人双方的债务不是基于同一双务合同而发生,那么,即使两项债务之间在事实上有密切关系,当事人也不得主张同时履行抗辩权。因此,通说认为,成立同时履行抗辩权,必须有当事人双方基于同一双务合同互负债务这一要件。

当事人双方互负的债务应具有对价关系。所谓对价关系,是指双方当事人所为给付,在主观上互相依存、互为因果而有报偿的关系。[2] 该对价关系不强调客观上等值,只要双方当事人主观上认为等值即可。

同时履行关系存在于"对价关系"之中,亦即主给付义务关系之中,已无疑问,是否也存在于从给付义务与主给付义务之间,则有争论。这表明,何种债务之间有"对价关系",能否从公平原则出发认定非对价关系的两项债务之间也有同时履行关系[3],是个十分重要的问

---

[1] 〔日〕星野英一:《日本民法概论Ⅳ·契约》,姚荣涛译,刘玉中校订,五南图书出版有限公司1998年版,第39页。
[2] 孙森焱:《民法债编总论》(下册),法律出版社2006年版,第663—664页。
[3] 〔日〕星野英一:《日本民法概论Ⅳ·契约》,姚荣涛译,刘玉中校订,五南图书出版有限公司1998年版,第39页。

题。近几年来,学说主张,在从给付义务的履行与合同目的的实现具有密切关系时,从给付义务和主给付义务之间存在着同时履行关系,产生同时履行抗辩权。①如今,《合同编通则解释》已经表态:"当事人互负债务,一方以对方没有履行非主要债务为由拒绝履行自己的主要债务的,人民法院不予支持。但是,对方不履行非主要债务致使不能实现合同目的或者当事人另有约定的除外。"(第31条第1款)。

(2)类型分析

鉴于两项债务之间的关系较为复杂,以及同时履行抗辩权可能存在于非对价关系之中,我们分析给付类型和同时履行抗辩权之间的关系。为了避免前后叙述的重复,涉及先履行抗辩权的,也一并提及。

A. 出卖人协助办理移转登记的义务与买受人的付款义务形成同时履行关系,在出卖人怠于履行协助办理移转登记义务时,买受人有权行使同时履行抗辩权,拒付房款。在两项债务的履行期存在先后顺序的场合,成立先履行抗辩权。B. 在继续性合同的履行中,以一期未给付为理由而拒绝二期的对待给付,一般属于先履行抗辩权的行使范畴;就每期的对待给付拒绝自己的履行,属于同时履行抗辩权的范围。C. 租赁物使用收益的减少与租金的相应降低之间构成同时履行关系。出租人不履行修缮义务,致使承租人不能享受租赁物使用、收益的,承租人可以行使同时履行抗辩权,拒付相应的租金。D. 在发包人因承包人不提交竣工报告和验收报告而遭受重大损失的情况下,允许发包人行使同时履行抗辩权或先履行抗辩权,拒绝支付相应的工程款。E. 在公司作为长期买卖合同的买受人的情况下,出卖人拒开发票,后果严重时,买受人应当有权行使同时履行抗辩权或先履行抗辩权,拒付相应的货款。F. 在股权转让关系中,转让人拒不移交目标公司的营业执照、建设用地使用权证、规划许可证、施工许可证、测绘文件、会计资料、文书档案等文件资料,导致受让方的合同目的落空时,受让方应有权援用《民法典》第525条或第526条的规定,行使履行抗辩权。G. 押金返还与租赁物返还分属两项合同及其终止所产生的义务,即使存在着抗辩权,也不属于本来意义上的同时履行抗辩权或先履行抗辩权制度的领域。不过,考虑到承租人抗衡出租人的手段极其有限,出租人返还押金一般来说不是件特别困难的事情,即使存在着困难,也不可归责于承租人,于此场合赋予承租人同时履行抗辩权或先履行抗辩权,有助于问题的早日解决,相对合理。H. 合同解除场合形成的两项不当得利返还义务之间成立同时履行抗辩权。此外,出卖人在担保责任上的损害赔偿义务若为其移转买卖物占有和所有权义务的转化形态,则它与买受人付清价款的义务构成对价关系,应成立同时履行抗辩权或先履行抗辩权。I. 合同撤销场合形成的两项不当得利返还义务之间成立同时履行抗辩权。J. 受领证书与清偿债务之间的相互关系,在证书不交付会使受领人的利益受到重大影响时,应赋予受领人以同时履行抗辩权或先履行抗辩权。K. 债权人在实行担保权时,如需要向债务人支付清算余额,则该支付与所有权转移登记(本登记),以及标的物的移交之间,构成同时履行关系。L. 债权让与场合让与债权与相对人的债权之间,存在同时履行抗辩权。

---

① 崔建远主编:《合同法》(第3版),法律出版社2003年版,第99页;崔建远主编:《合同法》(第5版),法律出版社2010年版,第138页;韩世远:《合同法总论》,法律出版社2004年版,第347—348页;魏振瀛主编:《民法》(第2版),北京大学出版社、高等教育出版社2006年版,第417页。

2. 须双方互负的债务均已届履行期限

（1）互负债务均已届履行期限的意义

《民法典》第525条前段关于"当事人互负债务,没有先后履行顺序"的规定,就其字面意思观察,似乎没有涉及债务已届履行期限,如何解释,不无疑问,需要斟酌。假如因此而认为同时履行抗辩权的成立不以两项债务已届履行期限为必要,则同适当履行与违约区别的理念及判断标准不尽一致,与履行期限尚未届至的抗辩、履行期限尚未届满的抗辩、不当履行的抗辩权等制度的立法目的及功能不相协调。就此看来,在解释论上,还得采取同时履行抗辩权以"须当事人双方互负的债务均已届履行期限"为成立要件之一的学说。只不过《民法典》第525条前段关于"当事人互负债务,没有先后履行顺序"的规定,在履行期限届至抑或届满方面"含糊""宽松",为法律人探求能满足实际需求、符合法理、达到公平正义的意思,预留了空间。

（2）关于已届履行期限的辨析

已届履行期限,也叫已届清偿期,简称为届期,其含义需要区分情况予以确定：A. 继续性债务的履行期限一般为一段期间,该债务的对待给付债务基本上为一个时间点,两项债务的履行期限之间的关系并不整齐划一,有些同时届至,有些同时届满。同时届至的例子,如某房屋租赁合同约定,2011年1月1日承租人支付租金,同日出租人移转租赁物的使用权。同时届满的例子,如某雇用合同约定,家政服务员甲于2011年1月1日至2011年1月15日开始工作,雇主乙于2011年1月15日付清酬金。B. 非继续性债务的履行期限一律为一个时间点,两项债务的履行期限在届至、届满的方面,会出现如下情形：a. 两项债务的履行期限相同的场合,同时届至,同时届满；b. 两项债务的履行期限有先有后的场合,应先履行的债务于履行期限届满后,后履行债务的履行期限才届至。鉴于《民法典》分设同时履行抗辩权和先履行抗辩权（第525条、第526条）,"b"的情形由先履行抗辩权管辖。同时履行抗辩权制度仅仅适用于"a"的场合。①

3. 须他方不履行债务或未提出履行债务

他方在向一方当事人请求履行债务时,须自己已为履行或已提出履行。他方若不履行债务或未提出履行债务,即请求债务人履行,则该债务人可行使同时履行抗辩权,拒绝履行自己的债务。②

所谓提出履行,又叫提出给付(tender),包括言词提出。也就是说,他方于符合言词提出的要件时,为言词提出的,即为提出履行。③ 对此,有观点主张,此时应当伴有经过证明的现实给付的现实能力,那就足够了。④ 这有其道理。于此场合,债务人不得拒绝对待给付,不可行使同时履行抗辩权。⑤

---

① 详细理由,见崔建远：《债权：借鉴与发展》,中国人民大学出版社2012年版,第283页以下。
② 史尚宽：《债法总论》（第5版）,荣泰印书馆股份有限公司1978年版,第559页；郑玉波：《民法债编总论》（修订2版）,陈荣隆修订,中国政法大学出版社2004年版,第349页；孙森焱：《民法债编总论》（下册）,法律出版社2006年版,第670页；邱聪智：《新订民法债编通则》（下）,中国人民大学出版社2004年版,第371页；王家福主编：《中国民法学·民法债权》,法律出版社1991年版,第403页；崔建远主编：《合同法》（第5版）,法律出版社2010年版,第139页；魏振瀛主编：《民法》（第4版）,北京大学出版社、高等教育出版社2010年版,第442页；韩世远：《合同总论》（第3版）,法律出版社2011年版,第288页；李永军：《合同法》,法律出版社2004年版,第523—524页。
③ 邱聪智：《新订民法债编通则》（下）,中国人民大学出版社2004年版,第371页。
④ 美国《合同法重述》（第2版）,第263条的评注第b条。
⑤ 邱聪智：《新订民法债编通则》（下）,中国人民大学出版社2004年版,第371页。

他方已经适当履行了债务,仅仅剩下处于牵连关系另一端的债务人所负的债务,基于合同正义的要求,该债务人没有理由拒绝履行该项债务。他方履行的提出在大多数情况下等同于履行①,如此,债务人也没有理由拒绝履行其债务,无权援用同时履行抗辩权、先履行抗辩权。

应予注意的是,他方所为对待给付或所提出的履行债务,必须符合债的本旨。如果他方为部分履行,尚未符合债的本旨,那么债务人原则上可以主张同时履行抗辩权,但给付可分的,债务人只可就该未履行的部分拒绝自己的给付。② 例如,甲雇用乙为其修剪园林内的树木,并清理垃圾,甲支付相应的报酬。如果仅因墙角一隅的垃圾未为清理,或一处树木攀缘墙壁生长至高处,导致不易修剪,甲援用同时履行抗辩权,拒付全部的报酬,则属不可。

再者,在债权人有数人且其给付可分的场合,债权人中的一人提出自己的给付,请求债务人履行该债权人应受领部分的给付时,债务人可否以其他债权人没有提出履行为由,拒绝履行?《德国民法典》第320条第1项中段的规定作了肯定的回答:"双务合同当事人的一方应分别向数人为给付的,在全部对待给付未履行前,对于各人应受领的给付部分,得拒绝履行。"这有其道理,值得借鉴。因为可分的数个债权基于一个合同而产生的,对其应作与仅仅产生一个债权相同的处理,除非当事人另有约定。③

(三) 同时履行抗辩权制度的适用范围

同时履行抗辩权制度主要适用于双务合同,如买卖、互易、租赁、承揽、有偿委托、保险、雇用、劳动等合同。有疑问的是,合伙合同是否为双务合同。就互约出资而言,具有对待性,故通说认为合伙合同属于双务合同。因此,在合伙人中的一人向其他合伙人请求出资时,其他合伙人固可行使同时履行抗辩权,若由执行事务的合伙人或已出资的合伙人请求出资的,即不得以其他合伙人有尚未出资的为由拒绝自己的给付。否则,一方面因命被告出资的判决,不能依"交换给付判决"形式,以诉外的合伙人已出资为停止条件;另一方面也不能依判决对诉外的合伙人强制执行,所以在其他合伙人未为对待给付前,对该合伙人即无从强制执行。④ 与此有所不同的观点则限缩同时履行抗辩权制度适用于合伙合同的范围,强调合伙以经营事业为目的,与买卖合同等以交换给付为主要目的的双务合同毕竟不同,所以,在二人合伙场合,同时履行抗辩权可以适用,但在三人以上合伙的情况下,则不适用。⑤

上述立于对价关系的双方债务,尚应包括原给付义务的延长或变形,尤其是债务不履行的损害赔偿或让与请求权。例如,甲用A物与乙的B物互易,在因甲的过失致A物灭失时,甲应负债务不履行的损害赔偿责任。于此场合,乙对甲的损害赔偿请求权与甲对乙给付B物的请求权,可发生同时履行抗辩权。⑥

同时履行抗辩权在为第三人利益合同中有适用余地。例如,甲、乙约定,甲向乙购买钢材,价款500万元,丙对乙有直接请求交付该钢材之权,若甲届期不支付货款,则乙可以拒绝丙的交付钢材的请求。

在债权让与的情况下,可成立同时履行抗辩权。例如,甲将A车出卖给乙,价款75万

---

① Terence, Prime and Gary Scanlan, *The Law of Limitiation*, Oxford: Oxford University Press, 67(2001).
② 林诚二:《民法债编总论——体系化解说》,中国人民大学出版社2003年版,第461页。
③ 史尚宽:《债法总论》(第5版),荣泰印书馆股份有限公司1978年版,第560页。
④ 孙森焱:《民法债编总论》(下册),法律出版社2006年版,第672页。
⑤ 王泽鉴:《民法学说与判例研究》(第6册),北京大学出版社2009年版,第112页。
⑥ 同上书,第114页。

元,而乙将其对甲请求交付 A 车并转移所有权的债权让与于丙。在丙向甲请求履行时,甲可以乙未给付价款为由拒绝自己的履行。

在债务承担的情况下,同时履行抗辩权亦可以适用。例如,甲将 A 画卖给乙,价款 30 万元,由丙承担乙的债务,当甲向丙请求支付价款时,丙可以甲未对乙交画为由拒绝自己的履行。

在可分之债中,各债务对各债权各自独立,从而其发生原因即使为一个合同,除非一方的对待给付为不可分,也应各得就自己的部分独立为同时履行抗辩。[1]

同时履行抗辩权也可以适用于连带之债。例如,甲乙向丙丁购买 1000 公斤乌龙茶,价款 10 万元,约定甲乙和丙丁均应负连带责任。当甲向丙请求交付 1000 公斤乌龙茶时,丙可主张甲应支付全部价款的同时履行抗辩权。

当事人因合同不成立、无效、被撤销或解除而产生的相互义务,若立于对价关系,则可主张同时履行抗辩权。

(四)当事人一方违约与同时履行抗辩权

1. 迟延履行与同时履行抗辩权

(1) 既有的学说

关于迟延履行与同时履行抗辩权之间的关系,存在两种对立的学说。履行抗辩权发生效力,需要权利人主张抗辩权,这是所谓"行使的效力"。坚持这种观点的学说为"行使效果说",亦称行使效力说,在中国为通说。[2] 存在效力说,或曰存在效果说,认为同时履行抗辩权的存在本身即足以排除迟延责任,即,享有同时履行抗辩权的债务人,在相对人未为对待给付之前,自己的债务纵使已届清偿期而未清偿,也不陷于履行迟延。[3] 不因迟延履行而产生对方当事人的损害赔偿请求权[4],也不产生约定的迟延损害金请求权[5]。在中国,韩世远教授主张该说,他区分同时履行抗辩权"本体的效力"和"其他效力"。其中,"本体的效力"体现为拒绝履行权,"其他效力"体现在对抵销的影响、对履行迟延构成及合同解除的影响等方面。他进而认为,拒绝履行需要积极主张,为同时履行抗辩权"行使的效力",他采取行使效果说;而附同时履行抗辩权的债权不得被作为自动债权主张抵销,有同时履行抗辩权的债务人不陷于履行迟延,为同时履行抗辩权"存在的效力",他采纳"存在效果说"。[6] 按照存在效果说,同时履行抗辩权人即使没有按照约定的日期履行,也不因此而向相对人承担损害赔偿责任[7],也不负担约定的迟延损害金[8]。与此不同,行使的效力说则主张,同时履行抗辩权

---

[1] 郑玉波:《民法债编总论》(修订 2 版),陈荣隆修订,中国政法大学出版社 2004 年版,第 386 页。
[2] 王利明:《论双务合同中的同时履行抗辩权》,载梁慧星主编:《民商法论丛》(第 3 卷),法律出版社 1995 年版,第 21—22 页;崔建远主编:《新合同法原理与案例评释》(上),王闯执笔,吉林大学出版社 1999 年版,第 306—307 页。
[3] 〔日〕谷口知平、五十岚清编集:《新版注释民法》(13)债权(4),泽井裕、清井元补订,日本有斐阁 2006 年版,第 530 页;史尚宽:《债法总论》(第 5 版),荣泰印书馆股份有限公司 1978 年版,第 564 页;郑玉波:《民法债编总论》(修订 2 版),陈荣隆修订,中国政法大学出版社 2004 年版,第 350—351 页。转引自孙森焱:《民法债编总论》(下册),法律出版社 2006 年版,第 676 页。
[4] 1925 年 10 月 29 日大判(评论 14 卷民 812 页)。转引自〔日〕星野英一:《日本民法概论Ⅳ·契约》,姚荣涛译,刘玉中校订,五南图书出版有限公司 1998 年版,第 38 页。
[5] 1917 年 10 月 27 日大判(民录 1941 页);1941 年 9 月 26 日大判(新闻 4757 号 17 页)。转引自〔日〕星野英一:《日本民法概论Ⅳ·契约》,姚荣涛译,刘玉中校订,五南图书出版有限公司 1998 年版,第 38 页。
[6] 韩世远:《合同法总论》,法律出版社 2004 年版,第 334—339 页。
[7] 1925 年 10 月 29 日大判(评论 14 卷民 812 页)。转引自〔日〕星野英一:《日本民法概论Ⅳ·契约》,姚荣涛译,刘玉中校订,五南图书出版有限公司 1998 年版,第 38 页。
[8] 1917 年 10 月 27 日大判(民录 1941 页);1941 年 9 月 26 日大判(新闻 4757 号 17 页)。转引自〔日〕星野英一:《日本民法概论Ⅳ·契约》,姚荣涛译,刘玉中校订,五南图书出版有限公司 1998 年版,第 38 页。

须经行使才能排除迟延责任。它有两种见解：其一，抗辩权之行使，溯及地排除已发生的迟延效果；其二，已发生的迟延责任，不因抗辩权的行使而受影响。①

（2）分析、评论

在两项债务的履行期限届至和届满的时间完全相同且履行期限已经届满的场合，采取存在效力说，是否存有弱点？在本书作者看来，采取存在效力说，就会出现双方当事人均不履行债务，却都不构成迟延履行，任何一方都不承担违约责任的现象。由于不构成违约责任，任何一方都不得请求法院强制相对人继续履行，颇有些双方僵持的意味。当然，对于这种现象也可以从积极的角度看待，就是促使欲获得相对人给付的一方主动地、积极地先履行自己的债务。在这个层面上观察，存在效力说利弊参半。此其一。按照存在效力说，一方当事人只要享有同时履行抗辩权，就不会陷于迟延。这使得履行期限届满的法律效果打了折扣，与通常所认为的在履行期限届满时债务人未履行债务构成违约的观念不符。这似乎是其弊。此其二。实务中反映出来的问题是，有相当一些案件，当事人未依约履行其债务，完全是疏忽大意的结果，甚至是恶意不履行，而非意识到自己享有同时履行抗辩权。但是，到了诉讼或仲裁阶段，为了逃避责任，才虚假陈述："我这是在运用同时履行抗辩权，不构成违约。"就是说，存在效力说在某种程度上催生背信。此其三。这告诉我们，存在效力说能发挥最大价值、最应被运用的领域，应是两项债务的履行期限有先有后的场合。而这样的场合在中国现行法上已属先履行抗辩权制度作用的领域。换句话说，先履行抗辩权的效力，采取存在效力说，更具合理性；相应地，对于同时履行抗辩权的效力，采取存在效力说的空间被大大压缩。此其四。

面对这种情况，有必要限制存在效力说的运用范围。本书作者认为，以下几种情形属于限制存在效力说的例证：A. 在抗辩权人已经明示放弃履行抗辩权的情况下，存在效力说失去了基础，不再发生抗辩权的效力。B. 在债务人已经违约的情况下，债权人未履行其债务。对此，债权人向债务人说明的理由，不是因其享有同时履行抗辩权，而是自己暂时无力履行债务，请求债务人宽限数日。于此场合，债权人不得主张存在效力说，其行为构成违约。C. 在债务人已经违约的情况下，债权人未履行其债务。对此，债权人没有向债务人明示这是因其享有同时履行抗辩权，而是单方作出分次履行自己债务的计划，并通知债务人；或双方达成此类计划。于此场合，债权人不得主张存在效力说，其未履行债务的行为构成违约。D. 在债务人违约的情况下，债权人没有向债务人明示同时履行抗辩权，而是部分履行其债务，在时效法上等于他承认自己负有债务，导致时效期间重新起算②，在抗辩权方面亦应认定他承认自己负有债务，不宜认定他有抗辩的意思，更不应认定他在行使抗辩权。E. 在债务人交付的标的物有瑕疵，或存在其他违约的情况下，债权人未提出异议，更未明示自己享有同时履行抗辩权，而是故意向债务人开出无法兑付的空头支票，以达到债务人无法获得价款或酬金的目的。对于此类情况，即使债权人在其后的诉讼过程中主张交给债务人空头支票就是在行使抗辩权，也不宜支持，因为他内心欠缺抗辩的意思。F. 一方当事人受领给付而拒不开具发票，只出具收条，相对人接受的，不宜就此范围内的债务主张同时履行抗辩权或先履行抗辩权。G. 在债权人积极请求债务人履行债务的情况下，债务人不积极对抗，依然

---

① Larenz, Lehrbuch des Schuldrechts, Band I, Allgemeiner Teil, 14. Aufl. 1986, S. 349f. 转引自王泽鉴：《民法学说与判例研究》（第6册），北京大学出版社2009年版，第129页。

② David W. Oughton, et al., *Limitation of Actions*, London: LLP, 150(1998). 转引自李永峰：《诉讼时效期间研究》，清华大学法学博士学位论文（2007年），第205页。

沉默，法律没有必要再予其优惠，不宜再采取存在效力说，而应改采行使效力说。

2. 受领迟延与同时履行抗辩权

在双务合同中，债权人于其受领迟延场合，是否仍然享有同时履行抗辩权，存在着不同的观点。否定说主张，当事人一方既已提出给付，就与同时履行抗辩权的成立要件不相符合，并且若采肯定说，则无异于要求当事人随时做给付的准备，不尽公平，故受领迟延的债权人不得再主张同时履行抗辩权。① 肯定说认为，在双务合同中，债权人受领迟延，债务人虽免负违约责任，但其固有的债务并未因此消失，对债权人所负债务不发生影响，其原有的同时履行抗辩权不因此而消灭。所以，债务人在债权人受领迟延后请求为对待给付，债权人仍可主张同时履行抗辩权。假如否认债权人享有同时履行抗辩权，则于债权人履行之后，债务人陷入无资力的状况，债权人的利益就失去保障，显失公平。该说为多数说。②

3. 部分履行与同时履行抗辩权

债务人原则上不享有部分履行的权利，因此，在双务合同的一方当事人提出部分履行时，相对人有权拒绝受领。不过，若拒绝受领部分给付违反诚信原则，比如"部分履行不损害债权人利益"（《民法典》第531条第1款但书），则债权人不得拒绝债务人的部分履行，并无行使同时履行抗辩权、拒绝债务人请求自己履行的余地。

需要说明，债权人即使受领了来自债务人的部分给付，也可以提出相应的对待给付，还可以就债务人尚未履行的部分主张同时履行抗辩权，拒绝自己该相应部分的给付，除非如此行事违背诚信原则。

4. 瑕疵履行与同时履行抗辩权

债务人瑕疵履行，债权人可请求其消除缺陷或另行给付，在债务人未消除缺陷或另行给付时，债权人有权行使同时履行抗辩权，拒绝支付相应的价款。

应注意，《民法典》尽管承认了物的瑕疵担保责任为相对独立的制度（第582条等），但未区分特定物的买卖和种类物的买卖，出卖人一律负有交付无瑕疵之物的义务。如此，出卖人交付了瑕疵之物，于其未消除缺陷或另行给付时，买受人有权主张同时履行抗辩权，拒绝支付相应的价款。在承揽合同中，承揽人负有完成无瑕疵工作的义务，有修补工作成果的缺陷的责任，在承揽人违反该义务及未承担该责任时，定作人有权主张同时履行抗辩权，拒绝支付相应的报酬。

（五）同时履行抗辩权的行使

1. 同时履行抗辩权行使的方式

同时履行抗辩权，不问于诉讼上或诉讼外，均得行使。但即使于诉讼外曾经主张同时履行的抗辩权，于诉讼上仍应主张，法院始得斟酌。因为同时履行抗辩权的效力，仅在暂时地拒绝他方行使其请求权，抗辩权的行使，概由当事人自行斟酌决定，即使于诉讼外曾经主张此抗辩权，当其已生延缓他方请求权的效力，于诉讼上若未再主张，法院也无从斟酌了。③ 由于中国现行法没有明确规定同时履行抗辩权行使的方式，上述操作及观点确有道理，中国民法及其学说应予借鉴。

---

① 见孙森焱：《民法债权总论》（下册），法律出版社2006年版，第671页；林诚二：《民法债编总论——体系化解说》，中国人民大学出版社2003年版，第461页。
② 同上。
③ 孙森焱：《民法债编总论》（下册），法律出版社2006年版，第674—675页。

[探讨]

实务中时常出现这样的情形,当事人一方拒绝履行其义务,当时并未明确说明这是在行使履行抗辩权,但在诉讼或仲裁的程序中称其拒绝履行是在行使履行抗辩权。对此,存有截然相反的两种见解。一种是认可该当事人的说法,另一种则不予认同,理由是他当时根本没有行使履行抗辩权的意识,只不过现在进入诉讼或仲裁的程序,律师帮他寻找出来法律依据而已。

本书作者认为,只要这种拒绝履行符合履行抗辩权的成立要件,就应当认可该当事人在诉讼或仲裁过程中的说法,理由在于:当事人往往不是法律人,对其法律水平不宜要求太高,只要他实施的行为符合法律的规定,就应当赋予相应的法律效果,而不宜强求其准确地、明确地援用出具体的法律条款。在这方面,美国判例、学说的下述观点值得借鉴:在对方当事人已经违约的情况下,如果受害方终止合同,法院并不会考察受害方的动机是否真的是因为对方的违约,甚至受害方是否知道违约的存在。[①]

2. 同时履行抗辩权与交换给付判决

就抗辩的效果而言,当事人一方或双方享有同时履行抗辩权,于自己给付之前,可否请求对待给付,尚可分两种不同形态:一为绝对牵连关系的制度,另一为相对牵连关系的制度。前者以为,合同当事人请求他方履行之时,须先为给付,若未能证明自己业已履行债务或提出给付,其请求他方为对待给付,即为无理由。《瑞士债务关系法》采取这种制度(第82条)。后者则认为,合同当事人请求他方履行之时,毋庸证明自己业已履行或提出给付,如他方行使同时履行抗辩权,始有证明责任;而且,纵属未能证明,法院也不得认为原告的请求无理由,而应为原告提出对待给付时,被告应为给付的判决。《德国民法典》(第320条、第322条),《日本民法典》(第533条)奉行这种制度。中国《民法典》和《民事诉讼法》对于同时履行抗辩权行使的判决及其方式未作明文规定,实务中的做法不尽一致,《合同编通则解释》第31条第2款关于"当事人一方起诉请求对方履行债务,被告依据民法典第五百二十五条的规定主张双方同时履行的抗辩且抗辩成立,被告未提起反诉的,人民法院应当判决被告在原告履行债务的同时履行自己的债务,并在判项中明确原告申请强制执行的,人民法院应当在原告履行自己的债务后对被告采取执行行为;被告提起反诉的,人民法院应当判决双方同时履行自己的债务,并在判项中明确任何一方申请强制执行的,人民法院应当在该当事人履行自己的债务后对对方采取执行行为"的规定,确立了交换给付判决规则。

3. 同时履行抗辩权与抵销

一种观点认为,双务合同的一方当事人,对于他方负有合同以外的他种债务的,如主张以之与他方所负双务合同的债务相互抵销,则他方当事人就双务合同所生债权虽仍存在,但其同时履行抗辩权消灭。按:双务合同的双方当事人原系互负债务,以自己所负债务的履行担保他方的对待给付获得清偿,也可因此促使他方当事人履行债务而满足自己的债权。现在,当事人一方的债权,已因抵销而获得满足,他方当事人虽仍保有双务合同所生的债权,但此项债权已经失其因双务合同具有的担保作用及促进作用,原有的同时履行抗辩权亦遭剥

[①] See First Commonidity Traders v. Heinold Commonidities, 766 F. 2d 1007(7th Cir. 1985). 转引自〔美〕E. 艾伦·范斯沃思:《美国合同法》(原书第3版),葛云松、丁春艳译,中国政法大学出版社2004年版,第587页。

夺,此项结果显失公平。① 就是说,同时履行抗辩权,寓有担保作用,在同时履行抗辩权消灭前,一方当事人应不得主张以自己在双务合同项下的债权与他方当事人对自己所负的其他种类债务抵销,以免同时履行抗辩权横遭剥夺。例如,甲购买乙的 A 车,应支付价款 50 万元,如乙另欠甲 50 万元,此时甲尚不得主张抵销。② 因此,合同当事人一方,唯有就他方当事人的债权,提出自己的给付,以担保其履行,然后始得就自己的债权主张与他方的另一债权抵销。唯若当事人一方的债权系被动债权,经他方主张抵销,则无异于他方自愿放弃同时履行抗辩权而为债务的履行,主张抵销的他方当事人自愿承受不利益,自无禁止的必要。③ 由于中国现行法没有明确规定同时履行抗辩权与抵销之间的运作程序和效果,上述境外的操作及观点确有道理,中国民法及其学说应予借鉴。

4. 存在效力与行使效力

同时履行抗辩权在未经行使以前,是否具有排除给付迟延的效力？存在着肯定说与否定说的分歧。肯定说也叫存在效力说,或曰存在效果说。否定说亦称行使效力说,或曰行使效果说。其较为详细的内容,上文"(四)"下"1. 迟延履行与同时履行抗辩权"中已经论及,不再赘述。

5. 同时履行抗辩权与诉讼时效

同时履行抗辩权与诉讼时效制度之间的关系如何,中国现行法及司法解释尚无明确的规定,鉴于二者之间的关系复杂,有必要逐一分析。

(1) 在采取存在效果说的前提下,如果当事人甲迟延履行,则当事人乙享有的同时履行抗辩权自然发生效力,故不构成违约;反之,如果当事人乙迟延履行,则当事人甲享有的同时履行抗辩权自然发生效力,也不构成违约。既然任何一方都不构成迟延履行,那么就不产生违约责任。既然没有违约责任,由于《民法典》第 188 条第 2 款规定的诉讼时效期间的起算以债权人知道或应当知道债权受到侵害为准,那么诉讼时效期间就不会起算,换句话说,没有诉讼时效制度适用的余地。

(2) 在采取行使效果说的前提下,如果当事人甲迟延履行,当事人乙向其行使同时履行抗辩权的,则不构成违约。于此场合,当事人甲所负债务的诉讼时效期间已经起算,当事人乙所负债务的诉讼时效期间不起算。

(3) 在采取行使效果说的前提下,如果当事人甲迟延履行,当事人乙未向当事人甲行使同时履行抗辩权的,于其履行期届满时也构成违约。在这些场景中,当事人甲所负债务的诉讼时效期间已经起算,当事人乙所负债务的诉讼时效期间也开始起算。

(4) 在迟延履行以外的违约行为的情况下,存在效果说派不上用场,只有行使效果说一统天下。在这样的背景下,当事人甲违约,当事人乙向其行使同时履行抗辩权的,则不构成违约。于此场合,当事人甲所负债务的诉讼时效期间已经起算,当事人乙所负债务的诉讼时效期间不起算。与此有别,如果当事人甲违约,当事人乙未向当事人甲行使同时履行抗辩权的,于其履行期届满时也构成违约。在这些场景中,当事人甲所负债务的诉讼时效期间已经起算,当事人乙所负债务的诉讼时效期间也开始起算。

(5) 当事人甲出现了除迟延履行以外的违约行为,并且所负民事责任的诉讼时效已经

---

① 孙森焱:《民法债编总论》(下册),法律出版社 2006 年版,第 675—676 页。
② 邱聪智:《新订民法债编通则》(下),中国人民大学出版社 2004 年版,第 374 页。
③ 孙森焱:《民法债编总论》(下册),法律出版社 2006 年版,第 676 页;[日]星野英一:《日本民法概论Ⅳ·契约》,姚荣涛译,刘玉中校订,五南图书出版有限公司 1998 年版,第 37 页。

完成;当事人乙也发生了除迟延履行以外的违约行为,只是其所负民事责任的诉讼时效因中断等原因而尚未完成。于此场合,当事人甲请求当事人乙实际承担民事责任,当事人乙可否援用同时履行抗辩权的规定,暂时拒绝承担该责任?若可以,则他在同时履行抗辩权制度中可以暂时拒绝承担该责任,在诉讼时效制度中会受到当事人甲主张诉讼时效已经完成的抗辩。这不违反公平正义,应作肯定的回答。

(6) 当事人甲出现了除迟延履行以外的违约行为,并且所负民事责任的诉讼时效已经完成;当事人乙也发生了除迟延履行以外的违约行为,只是其所负民事责任的诉讼时效因中断等原因而尚未完成。于此场合,当事人乙请求当事人甲实际承担民事责任,如果当事人甲可以援用同时履行抗辩权的规定,那么当事人乙会同时受到同时履行抗辩权的行使和诉讼时效完成两项抗辩的阻击,一方面难以自当事人甲处获得清偿,另一方面对抗不了当事人甲关于实际承担民事责任的请求(因为当事人甲所负责任已经罹于诉讼时效,有权不予实际承担,此时当事人乙便不得借行使同时履行抗辩权之名,主张当事人甲先予承担民事责任,然后才由自己向当事人甲实际承担责任),处于不利的境地。对于处于如此境地的当事人乙有无必要予以优惠保护?答案是似无必要,因为当事人乙会受到当事人甲关于诉讼时效完成的抗辩,这是无法调和的事实,即使法律不许当事人甲行使同时履行抗辩权,也改变不了这种结果。既然如此,不如一以贯之地将同时履行抗辩权制度贯彻到底,不在这种场合设置例外。

(六) 同时履行抗辩权与违约责任的关系

在构成违约的情况下,守约方行使同时履行抗辩权,不影响向违约方主张违约责任。

(七) 同时履行抗辩权因当事人的约定而扩张或收缩

由于《民法典》第 525 条关于同时履行抗辩权的规定非属强制性规定,可以由当事人的约定予以变更,于是,当事人双方可以约定有别于《民法典》第 525 条规定的成立要件,同时履行抗辩权因此而扩张或收缩,除非此类约定具有《民法典》第 146 条第 1 款、第 153 条和第 154 条规定的原因,或含有第 147 条至第 151 条规定的情形,撤销权人将约定撤销。

四、先履行抗辩权

(一) 先履行抗辩权的意义

先履行抗辩权,是指当事人互负债务,有先后履行顺序的,先履行一方未履行其债务之前,后履行一方有权拒绝其履行请求,先履行一方履行债务不符合债的本旨的,后履行一方有权拒绝其相应的履行请求(《民法典》第 526 条)。

在传统民法上,有同时履行抗辩和不安抗辩权的理论,却无先履行抗辩权的概念。相当于先履行抗辩权的抗辩权被认为包含在同时履行抗辩权之中,作为一种特殊情形处理。中国《民法典》则明确而独立地规定了这一抗辩权。先履行抗辩权发生于有先后履行顺序的双务合同中,只有在处于先履行顺序的债务超过了履行期、处于后履行顺序的债务到了履行期限的情况下,才有同时履行抗辩权的适用。这是先履行抗辩权不同于同时履行抗辩权之处。

先履行抗辩权独立存在,而非由单一的同时履行抗辩权制度一统天下,具有明显的价值。其道理在于:(1) 它尊重了当事人合意分配利益、风险的意思。(2) 它可以避免如下是非颠倒的情形:由同时履行抗辩权一揽子解决履行抗辩的方案中,若不设置"排除若干情形适用同时履行抗辩权"的限制措施,则先履行一方已经违约,却可以借助行使同时履行抗辩权而拒绝后履行一方关于继续履行的请求,使《民法典》第577条以下规定的继续履行、修理、重作、更换、减少价款或报酬徒有其名。(3) 免去了境外民法上的同时履行抗辩权需要复杂解释的麻烦。在日本,将作为同时履行抗辩权的成立要件之一的"已届清偿期",解释为包含着一方负有先履行义务的情形,但同时又必须对此再作限缩,将已经违约的先履行一方、其他场合必须先行履行义务的一方排除在享有同时履行抗辩权之外,如同上述"(2)"所分析的那样,方能避免出现不适当的结果。而如此扩张、限缩的解释,显然比较复杂,一般人难以掌握。(4) 更好地贯彻了公平原则,维护了后履行一方的期限利益。可见,那种认为中国现行法设计的同时履行抗辩权和先履行抗辩权并存模式存在法律漏洞,先履行抗辩权的独立缺乏正当性、应予取消的看法,显然偏激,应予反思。

(二) 先履行抗辩权的成立要件

1. 须双方当事人互负债务

(1) 构成先履行抗辩权,需要双方当事人互负债务。这与同时履行抗辩权的构成相同,因为先履行抗辩权乃脱胎于同时履行抗辩权。

(2) 关于互负债务是否指两项债务处于互为对待给付的地位,同样应当采取与同时履行抗辩权相同的立场。因为这两种抗辩权成立要件的不同仅仅在于两项债务的履行顺序不同,其他方面没有特别的要求,所以,互负债务的要件规格,在先履行抗辩权与同时履行抗辩权中应当相同。就是说,在绝大多数情况下,两项债务处于互为对待给付的状态,若干场合允许非对价关系的债务成立先履行抗辩权。这一点,上文"三、同时履行抗辩权"中已经有所交代,此处不赘。

[辨析]

这里所谓当事人互负立于对价关系的债务,不一定是同一合同文本所产生的两项债务。如果同一合同文本仅仅载有一个合同,则只要审视该合同项下的两项债务是否成立先履行抗辩权即可。如果同一合同本文载有若干个合同,则必须先识别和锁定每一个具体的合同,然后就每一个合同审视其是否成立先履行抗辩权;原则上不得将其中的甲合同项下的债务与其中的乙合同项下的债务之间的关系适用法律关于先履行抗辩权的规定。该项原理也适用于同时履行抗辩权制度。对此,通过下面的案例予以说明。

某《股权联合收购协议》由原投资人甲与新投资人乙公司签订,其背景是原投资人甲已经受让了原股东丙在目标公司的30%股权,业已支付股权转让款2.04亿元人民币,尚有丙在目标公司的另外的40%股权需要受让,并支付股权转让款8000万元人民币。另,目标公司在W市登记注册了全资子公司Y,Y公司拥有F建设用地使用权。

该《股权联合收购协议》约定,由新投资人乙公司代替原投资人甲向原股东丙支付股权转让款8000万元人民币,以完成对目标公司的联合收购。接着,新投资人乙公司受让原投资人甲在目标公司持有的29%的股权,股权转让款为2.04亿元人民币。至此,新投资人乙公司持有目标公司69%的股权,但登记在丁的名下。目标公司的股权结构为:新投资人乙公司指定代表丁持有目标公司69%的股权,原投资人甲持有1%的股权,原股东丙持有30%的股权。新投资人乙公司同意,自其将股权转让款2.8亿元人民币汇至原投资人甲和新投资人乙公司指定的联名账户之日起90日内,一旦收到原投资人甲符合回购条件的回购股权的通知,就按照本协议的约定,将新投资人乙公司在目标公司持有的69%的股权转让(被回购)给原投资人甲,回购价款为2.8亿元人民币。在回购期限届满时,原投资人甲因其自身原因没有完成股权回购的,则新投资人乙公司有权在如下救济手段中任选其一而主张:单方面解除《股权联合收购协议》,并追究原投资人甲的违约金责任,数额为《股权联合收购协议》项下股权转让款总额的10%;或通知原投资人甲终止股权回购,不退还原投资人甲交付的定金2950万元人民币。股权回购失败时,新投资人乙公司向原投资人甲支付2.04亿元人民币的股权转让款,若不及时支付,则按该转让款每日万分之二的比例支付违约金。

该《股权联合收购协议》还约定,原投资人甲应完成目标公司、目标项目(Y公司利用其F建设用地使用权开发建设的项目)、目标公司的全资子公司Y与原股东丙的移交,以及财务清理工作,新投资人乙公司有权对该项目工作(Y公司利用其F建设用地使用权开发建设)进行监管,原投资人甲和新投资人乙公司应指定人员接收下列移交内容:(1)目标公司、目标项目(Y公司利用其F建设用地使用权开发建设的项目)、目标公司全资子公司Y公司,包括目标公司的营业执照、税务登记证、全部印章,目标项目(Y公司利用其F建设用地使用权开发建设的项目)已经取得的所有批准、许可文件等,Y公司的营业执照、税务登记证、全部印章。(2)对目标公司进行财务清理,所有账务、票据齐全,且符合相关法律、法规及文件的规定;所有账务均应与目标项目的建设直接相关。(3)目标公司的商业登记证明原件、公章及Y公司的营业执照原件、公章、合同专用章及目标项目(Y公司利用其F建设用地使用权开发建设的项目)土地使用权证原件由原股东丙移交给新投资人乙公司指定的人员保管。但新投资人乙公司应确保原投资人甲运作目标项目(Y公司利用其F建设用地使用权开发建设的项目)的使用需要。

在履行过程中,因原投资人甲缺乏资金而回购股权失败,新投资人乙公司书面通知终止股权回购。于是,原投资人甲请求新投资人乙公司支付2.04亿元人民币的股权转让款及相应利息。新投资人乙公司以原投资人甲严重违约在先为由,援用先履行抗辩权,暂时拒绝向原投资人甲支付2.04亿元人民币的股权转让款及相应利息。新投资人乙公司列举的原投资人甲严重违约的情形如下:(1)原投资人甲移交给新投资人乙公司的Y公司拥有的F建设用地使用权证处于注销状态;(2)怀疑原投资人甲私刻、伪造了目标公司和Y公司的公章;(3)原投资人甲拒绝了新投资人乙公司关于移交Y公司的有关证件、印章、批文、合同和其他资料的请求;(4)原投资人甲以Y公司的名义对外签订了借款合同和工程施工合同。

本书作者认为,新投资人乙公司所主张的先履行抗辩权不成立,理由如下:(1)先履行抗辩权的成立,原则上需要处于先履行顺序的义务与处于后履行顺序的义务产生于同一个合同,但在系争案件中,新投资人乙公司却将不同法律关系中的义务搅在一起,主张先履行抗辩权,不能得到支持。实际上,系争《股权联合收购协议》囊括了几种法律关系,新投资人乙公司所负2.04亿元人民币股权转让款的支付义务,属于新投资人乙公司与原投资人甲于股权回购失败时形成的保有69%股权及定金与支付2.04亿元股权转让款的法律关系中的债务。该法律关系的主要内容为:新投资人乙公司的债务为向原投资人甲支付2.04亿元人民币股权转让款,新投资人乙公司的权利是保有在目标公司中69%的股权,以及2950万元人民币的定金。而原投资人甲移交给新投资人乙公司的Y公司拥有的F建设用地使用权证处于注销状态、原投资人甲向新投资人乙公司移交Y公司的有关证件、原投资人甲涉嫌私刻和伪造了目标公司和Y公司的公章、原投资人甲以Y公司的名义对外签订了借款合同和工程施工合同,即便属实,也都不属于新投资人乙公司与原投资人甲于股权回购失败时形成的保有69%股权及定金与支付2.04亿元股权转让款的法律关系,而是另外的法律关系的内容,且有的法律关系的主体另有其人。(2)先履行抗辩权的成立,原则上要求两项债务立于对价关系之中,而新投资人乙公司所列原投资人甲未履行的义务,与新投资人乙公司支付2.04亿元人民币的义务,没有立于对价关系。

(3) 以上所言,总的讲没错,但也有进一步斟酌的必要。如何看待建设工程施工合同中的债务及其构成,即为一例。一个工程形象进度可作为一项债务,就该工程形象进度付相应的工程款也可作为一项债务。这两项债务相互构成先后履行关系,可成立先履行抗辩权。需要说明,这种观点的成立必须以把发包人支付工程款的债务再对应地分解为若干项债务为前提。假如把承包人完成合同约定的工程工作(包括质和量两个方面)仅仅作为一项债务,将发包人支付工程款仅仅作为另一项债务,那么这种观点就难以成立。[①]

2. 互负的债务须有先后履行顺序

(1) 基本要求

构成先履行抗辩权,必须是互负的债务有先后履行顺序。如果两项对立的债务无先后履行顺序,就适用同时履行抗辩权,而不成立先履行抗辩权。至于两项债务的先后履行顺序是因当事人的约定而形成的,还是基于法律的直接规定而产生的,在所不问。

(2) 互负的债务须有先后履行顺序的判断准则

若该债务为非继续性债务,按照非继续性债务的履行期限一律为一个时间点的观点,则两项债务履行的先后顺序十分容易判断,一定是处于先履行顺序的债务超过了履行期限、处于后履行顺序的债务才到了履行期限。一项债务为继续性,另一项债务为非继续性,且非继续性的债务处于先履行顺序的,同样是处于先履行顺序的债务超过了履行期限,处于后履行顺序的债务才到了履行期限。若两项债务均为继续性债务,则所谓互负的债务须有先后履行顺序,可以是处于先履行顺序的债务到了履行期限,并持续一段期间,处于后履行顺序的债务才到了履行期限;也可以是处于先履行顺序的债务的履行期限届满,处于后履行顺序的债务才到了履行期限。

3. 先履行一方未履行或其履行不符合债的本旨

先履行一方未履行,既包括先履行一方在履行期限届至或届满前未予履行的状态(未构成违约),又包含先履行一方于履行期限届满时尚未履行的现象(已经构成违约)。先履行一方的履行不符合债的本旨,是指先履行一方虽然履行了债务,但其履行不符合当事人约定或法定的要求,应予补救。履行债务不符合债的本旨,在这里指迟延履行、不完全履行(包括加害给付、部分履行)等形态。

先履行一方未履行其债务或其履行不符合债的本旨,即请求后履行一方清偿,于此场合,后履行一方有权行使先履行抗辩权,也可以援用不当履行的抗辩权,有时还有权主张履行期限尚未届满的抗辩,拒绝履行其债务。

应予说明,先履行一方在履行期限届至或届满前未予履行(未构成违约)时,请求后履行一方清偿的,若后履行一方的履行期限尚未届至,则他也享有履行期限未届至的抗辩;若后履行一方的履行期限已经届至但尚未届满,则后履行一方还有权主张履行期限尚未届满的抗辩。

[探讨]

一般地说,先履行抗辩权与附生效条件(学说称之为附停止条件,或延缓条件,下同)本

[①] 详细论证,见崔建远:《合同法总论》(中卷)(第2版),中国人民大学出版社2012年版,第159—160页。

为不同领域的制度,两者在机理、法律构成和法律效果等方面均不相同,在个案中不发生关联的情形较为常见:(1) 附生效条件的合同为单务合同时,根本不成立先履行抗辩权,附生效条件(附停止条件)与先履行抗辩权不发生关联,这十分明显,无需赘言。(2) 附生效条件的合同虽为双务合同,但受所附生效条件抑制的债务与另外的债务并不立于对价关系,要么是受所附生效条件抑制的债务并非主给付义务,而另外的债务正是主给付义务;要么是受所附生效条件抑制的债务为主给付义务,但另外的债务不是主给付义务。于此场合,原则上也不成立先履行抗辩权。(3) 按照民法通说,附生效条件的合同于所附条件尚未成就时不生效力,该合同项下的债务均未届期,甚至都没有产生,更遑论先履行抗辩权制度的适用了。因为先履行抗辩权适用于同一合同项下的两项债务已经产生,并且大多是先履行的义务已经届期的场合。

不过,事情并不总是这么简单,一个客观事实同时符合先履行抗辩权与附生效条件的构成,也是可能的,并且已经成为事实,下文将要评释的案型即为例证。

按照本书作者关于附条件合同的观点,先履行抗辩权与附生效条件两项制度不搭界的情形有之,一个客观事实同时符合先履行抗辩权与附生效条件的构成的机会更多。对此,稍加分析如下:在笔者看来,所附生效条件成就前,附生效条件的合同已经具有法律效力,只是合同项下的债务的履行效力尚未发生;附生效条件成就时,债务的履行效力才发生,也可以说债务已经届期,债权人有权请求债务人履行其债务。[①] 据此可知:(1) 在先履行抗辩权成立于处在后履行顺序的债务尚未届期的场合,如果该债务属于附生效条件的债务,那么,所附生效条件尚未成就时,后履行一方可有援用先履行抗辩权的机会,也有权基于《民法典》第158条关于附生效条件的规定,以所附生效条件尚未成就为由,对抗先履行一方(承担所附生效条件的债务的主体)的给付请求。换言之,一个客观事实同时符合先履行抗辩权与附生效条件的构成。(不过,后履行一方没有权利基于《民法典》第158条的规定,请求先履行一方履行其债务。)(2) 在先履行抗辩权成立于处在先履行顺序的债务已经届期的场合,附生效条件的债务处于后履行顺序,且所附的生效条件尚未成就时,如果信守履行抗辩权成立于两项债务均已届期场合的理念,则法律关于先履行抗辩权的规定没有适用的机会,却有履行期尚未届至的抗辩存在,有时成立不当履行的抗辩权;但若将先履行抗辩权的成立要件确定在先履行顺序的债务届期,而不问后履行顺序的债务届期与否,则可有先履行抗辩权运用的机会。至于《民法典》第158条的规定,对于不同的当事人具有不同的意义。对于后履行一方来说,他可以基于该条款的规定,以所附生效条件尚未成就为由,对抗先履行一方的给付请求;对于先履行一方而言,他无权基于该条款的规定请求后履行一方履行其债务。(3) 所附生效条件已经成就时,对于后履行一方来说,不得援用《民法典》第158条的规定,对抗先履行一方的给付请求,除非他已经履行了债务;至于有无权利援用法律关于先履行抗辩权的规定,对抗先履行一方的给付请求,取决于先履行一方是否违约了(如瑕疵给付、迟延履行),若是,则后履行一方有权援用法律关于先履行抗辩权的规定,若否,则无权援用。

(三) 先履行抗辩权因约定而扩张或收缩

以上所论先履行抗辩权的成立要件,仅限于法律的规定,没有考虑当事人的约定因素。在实务中,当事人有时会约定先履行抗辩权的成立条件,使先履行抗辩权因此而扩张或

[①] 崔建远:《合同法总论》(上卷)(第2版),中国人民大学出版社2011年版,第256—257页。

收缩。

当事人关于先履行抗辩权成立条件的约定,是否发生法律效力,取决于《民法典》第526条关于先履行抗辩权成立要件的规定是否为强制性规定。该规定若为强制性规定,则当事人关于先履行抗辩权成立条件的约定不会发生法律效力;若为任意性规定,则当事人关于先履行抗辩权成立条件的约定有效,先履行抗辩权因此而扩张或收缩。本书作者认为:其一,先履行抗辩权规范平衡的是当事人之间的利益关系,不涉及公序良俗原则。就是说,《民法典》第526条的规定不属于强制性规定。既然如此,当事人得以意思表示予以改变。当事人关于先履行抗辩权成立条件的约定,就是对《民法典》第526条规定的部分修改,法律应当认可。这个结论还可以通过下文的论述得到加强。其二,《民法典》第526条的规定使用的措辞是"后履行一方有权拒绝",赋予的是权利而非强加的义务。既然是权利,则权利人可以放弃,除非放弃违反公序良俗或诚信的原则。但放弃先履行抗辩权不涉及违反公序良俗、诚信原则的问题。当事人关于先履行抗辩权成立条件的约定,若表现为抗辩权的收缩,则可以视其为抗辩权人全部或部分放弃先履行抗辩权的表现;若表现为扩张,则可以将之理解为先履行一方在给付和对待给付的关系上,甘愿承受更多的负担,同意强化后履行一方的权利。对此,法律没有必要强加干涉。其三,不过,在个案中,放弃先履行抗辩权的表示作出之后,相对人严重违约,只有原来放弃履行抗辩权的当事人行使抗辩权才符合公平正义,才不会陷于极为不利的境地的,法律应当承认他继续享有履行抗辩权。[①]

(四)先履行抗辩权的行使

1. 问题的提出

先履行一方未依约履行,后履行一方于诉讼或仲裁之前一直沉默不语,在行为上是于履行期限届满时未履行自己的债务。只是在诉讼或仲裁过程中,在先履行一方主张构成双方违约时,后履行一方抗辩曰:"我是在运用先履行抗辩权,不构成违约。"对此,如何认定?由于在履行抗辩权的效力方面存在着行使效力说和存在效力说的分歧,若采取存在效力说,认定后履行一方虽未明示,但也是在运用先履行抗辩权,则结论是后履行一方不构成违约,他不但自己不承担违约责任,还有权追究先履行一方的违约责任;若采取行使效力说,则认定后履行一方构成违约较为容易,不过,也有个后履行一方于何时主张才发生先履行抗辩权的效力的问题。

实务中出现了不少这样的情形:后履行一方未依约履行其债务,其本意并非在运用先履行抗辩权,而是因其疏忽大意而忘记了履行债务,甚至是恶意地拒不履行债务。面对此情此景,不分青红皂白,一律认定后履行一方在运用先履行抗辩权,不成立违约责任,就违背了是非、善恶的规则。为了尽可能地贯彻是非、善恶的准则,在采取行使效力说的大背景下,我们必须明确如下规则:(1)后履行一方于何时行使先履行抗辩权,才发生履行抗辩权的效力;(2)后履行一方在何种情况下必须明示行使先履行抗辩权,才发生履行抗辩权的效力;(3)后履行一方在何种情况下可以默示地行使先履行抗辩权。

2. 行使方式的具体分析

先履行抗辩权的行使是否需要明示,不宜一概而论,而应区分情况,最后确定。

(1)先履行一方尚未构成违约,亦未请求后履行一方履行的,先履行抗辩权无需明示就发生效力;先履行一方请求后履行一方履行的,后履行一方援用先履行抗辩权,拒绝自己的

[①] 崔建远:《履行抗辩权探微》,载《法学研究》2007年第3期。

履行,需要明示。

附带指出,在上述情况下,若为非继续性合同,则后履行一方享有债务履行期限尚未届至或尚未届满的抗辩;若为继续性合同,则后履行一方也可以主张履行期限尚未届满的抗辩。因为抗辩无需当事人明示主张,裁判机构可依职权援用,发生法律效力,所以,后履行一方虽未明示,但于诉讼或仲裁过程中援用了抗辩,当然发生应有的效力。

(2)先履行一方已构成违约,但未请求后履行一方履行债务,后履行一方运用先履行抗辩权是否需要明示,需要区分先履行一方违约的类型:先履行一方仅为迟延履行的,后履行一方运用先履行抗辩权无需明示;先履行一方的违约属于瑕疵给付等类型,后履行一方行使先履行抗辩权需要明示。

先履行一方已构成违约,并请求后履行一方履行的,先履行抗辩权的行使需要明示。

先履行抗辩权,不问于诉讼上或诉讼外,均得行使。这与上文介绍的"同时履行抗辩权行使的方式"相同,不再赘述。

附带指出,在第二种情况下,若为非继续性合同,则后履行一方享有债务履行期限尚未届至或履行期限尚未届满的抗辩;若为继续性合同,则后履行一方也可以主张履行期限尚未届满的抗辩。如同上述,抗辩无需当事人明示主张,裁判机构可依职权援用,发生法律效力。

(五)先履行抗辩权的效力

1. 先履行抗辩权行使的方式

后履行一方有权暂时拒绝履行相应的义务。

2. 先履行抗辩权与交换给付判决的排除与运用

就抗辩的效果而言,后履行一方享有先履行抗辩权,于自己给付之前,可以请求先履行一方履行,毋庸证明自己业已履行或提出给付,法院不得认为享有先履行抗辩权者的请求无理由,应当作出先履行一方应为给付的判决。不过,在双方的履行期有重叠情形且先履行一方未构成违约的情况下,若先履行一方主张同时履行抗辩权,则也应得到支持,应按上文关于"同时履行抗辩权与交换给付判决"的说明处理。

3. 先履行抗辩权与抵销

后履行一方,对于先履行一方,负有合同以外的他种债务,如主张以之与先履行一方所负的双务合同的债务相互抵销,确实符合抵销要件的,应予准许,先履行抗辩权因此而归于消灭。其道理如同上文"同时履行抗辩权与抵销"部分所述,不再赘言。

4. 存在效力与行使效力

先履行抗辩权在未经行使以前,是否具有排除给付迟延的效力?与上文"当事人迟延履行与同时履行抗辩权"中的论述大体相同,不再赘述。

5. 先履行抗辩权与诉讼时效

在先履行抗辩权的场合,两项债务的履行期限届至和届满的时间点不同,诉讼时效期间的起算点自然有差异。在先履行义务已经罹于诉讼时效、而后履行义务尚未罹于诉讼时效的场合,虽然抗辩权无诉讼时效规定适用的余地,但当先履行一方请求后履行一方履行债务时,若后履行一方有权援用先履行抗辩权对抗该项请求,则意味着先履行一方本应享有的时效利益消失殆尽,这对于先履行一方确实不公,而采取后履行一方丧失先履行抗辩权的态度,则可较好地平衡双方的利益。

6. 先履行抗辩权与违约责任

先履行抗辩权的行使不影响后履行一方主张违约责任。

五、不安抗辩权

(一) 不安抗辩权的概念

不安抗辩权是大陆法系的制度。按照《德国民法典》的规定,因双务合同负担债务并向他方先为给付者,如他方的财产于订约后显形减少,有难为对待给付之虞时,在他方未为对待给付或提出担保之前,得拒绝自己的给付(第 321 条)。该权就是所谓的不安抗辩权。在后给付义务人订约后财产状况恶化,危及先给付义务人的债权实现的情况下,该制度能保护先给付义务人的合法权益,体现出实质正义。但比起英美法系的先期违约(anticipatory breach)制度来,在保护先给付义务人方面稍逊一筹:(1) 不安抗辩权行使的条件为后给付义务人的财产于订约后显形减少,有难为对待给付之虞;而先期违约成立的条件有拒绝履行(repudiation),债务人的经济状况不佳,商业信誉不好,债务人在准备履行及履行过程中的行为或债务人的实际状况表明债务人有违约的危险等。(2) 不安抗辩权以先给付义务人可中止自己的给付为救济方法,迫使后给付义务人为对待给付或提供担保。但为对待给付或提供担保并非后给付义务人的义务,仅为一时对抗辩的再抗辩权的运用,后给付义务人不为对待给付或提供担保,先给付义务人是否有权解除合同,在许多国家的法律上比较模糊。而依先期违约制度,债权人享有积极主动的救济手段。在拒绝履行的情况下,债权人有选择权:承认先期违约,立即诉请损害赔偿并解除合同;或拒绝承认先期违约,使合同继续有效,拘束着双方当事人。在预期不能履行(prospective inability to perform)场合,债权人有权中止自己的履行,请求先期违约人提供担保。该担保未在合理的期限内提供的,债权人有权诉请损害赔偿并解除合同。

有鉴于此,中国《民法典》改造了大陆法系的不安抗辩权制度,适当吸收了英美法系的先期违约制度的合理成分,于第 527 条第 1 款规定:"应当先履行债务的当事人,有确切证据证明对方有下列情形之一的,可以中止履行:(一) 经营状况严重恶化;(二) 转移财产、抽逃资金,以逃避债务;(三) 丧失商业信誉;(四) 有丧失或者可能丧失履行债务能力的其他情形"(第 1 款)。"当事人没有确切证据中止履行的,应当承担违约责任"(第 2 款)。于第 528 条规定:"当事人依据前条规定中止履行的,应当及时通知对方。对方提供适当担保的,应当恢复履行。中止履行后,对方在合理期限内未恢复履行能力且未提供适当担保的,视为以自己的行为表明不履行主要债务,中止履行的一方可以解除合同并可以请求对方承担违约责任。"

(二) 不安抗辩权成立的条件

1. 双方当事人互负债务

这与同时履行抗辩权、先履行抗辩权场合所要求的相同,不再赘述。

2. 后履行义务人有丧失债务履行能力的极大可能

后履行义务人的期限利益应当受到保护,没有正当理由不得剥夺。不安抗辩权制度虽然是个正当理由,但剥夺后履行义务人的期限利益是有条件的,不允许先履行义务人在后履行义务人有履行能力的情况下行使不安抗辩权,只有在后履行义务人有不能为对待给付的现实危险,害及先履行义务人的债权实现时,先履行义务人才能行使不安抗辩权。

《民法典》第 527 条第 1 款列举了三种典型的财产状况恶化的情形:其一,经营状况严重恶化;其二,转移财产、抽逃资金,以逃避债务;其三,丧失商业信誉。同时,抽象地规定"丧失或者可能丧失履行债务能力的其他情形",以防止出现法律漏洞。前三项情形就其字面含义来说,无需达到"丧失或者可能丧失履行债务能力"的结果,但从立法目的和体系解释的层面考虑,须以"丧失或者可能丧失债务履行能力"为构成要素。

所谓"丧失或者可能丧失履行债务能力的其他情形",应当包括以下类型:(1) 在商品房预售合同场合,出卖人欠缺《建设用地使用权证》《建设用地规划许可证》《建设工程规划许可证》《建筑工程施工许可证》《商品房预售许可证》中的若干许可证,就很难保障办理完成不动产物权的移转登记,也就是说,买受人很可能无法取得所买商品房的所有权,这构成出卖人难为对待给付之虞,即可能丧失履行能力;(2) 在租赁房屋用于酒店服务业的场合,拟作酒店客房及厨房的建筑物、构筑物及其附属设施消防验收严重不合格,公安机关消防机构出具了《消防验收不合格意见》,这构成出租人可能丧失履行能力;等等。

应当说,无论是《民法典》第527条第1款所列前三项的字面意思,还是其规范意旨,都是将后履行义务人的清偿能力不足作为先履行义务人行使不安抗辩权的要件之一,即关注的是后履行义务人的责任财产的价值额,而不是其所有的特定物是否还存在。于是,产生了一个疑问:在特定物买卖等场合,因出卖人将该特定物卖与他人、该特定物毁损灭失等原因,致使不能履行,不过,出卖人的责任财产非常充实,买受人可否行使不安抗辩权?似应区分合同目的而定,若买受人明示或可以推知的意思,取得该特定物为唯一目的,则可以成立不安抗辩权;若买受人可以接受损害赔偿以替代该特定物的交付,则不应成立不安抗辩权。

另外,上述不能为对待给付的现实危险须发生在合同成立以后,如果在订立合同时即已存在,那么,先履行义务人若明知此情却仍然缔约,法律则无必要予以特别保护;若不知此情,还可以通过合同的撤销、合同的无效等制度解决。

最后,《民法典》第527条关于不安抗辩权的规定非属强制性规定,可以由当事人的约定予以变更,所以,当事人双方可以约定有别于《民法典》第527条规定的成立要件,不安抗辩权因此而扩张或收缩。当然,如果此类约定具有《民法典》第146条第1款、第153条第1款正文和第2款、第154条规定的原因,或含有《民法典》第147条至第151条规定的情形,被撤销权人将约定撤销,或存有《民法典》第145条第1款后段、第171条第1款前段规定的原因,有权人不予追认时,不安抗辩权的成立仍须依据《民法典》第527条第1款的规定,而非当事人的约定。还有,如果当事人关于不安抗辩权成立要件的约定,在实质上已经使抗辩权成为先履行抗辩权或同时履行抗辩权,那么,应当适用《民法典》关于先履行抗辩权或同时履行抗辩权的规定,而不再适用法律关于不安抗辩权的规定。

(三) 不安抗辩权的行使

1. 不安抗辩权的行使概说

为了兼顾后履行义务人的利益,也便于其能及时提供适当担保,《民法典》明确地规定了不安抗辩权人的通知义务,即第528条前段的规定:"当事人依据前条规定中止履行的,应当及时通知对方。"

为了防止不安抗辩权的滥用,《民法典》明确地规定了不安抗辩权人的举证责任,即第527条第2款规定:"当事人没有确切证据中止履行的,应当承担违约责任。"据此规定,先履行义务人在举出相对人丧失或可能丧失履约能力的确切证据时,有权行使不安抗辩权;先履行义务人若没有举出此类确切证据,则不享有不安抗辩权,他打着行使不安抗辩权的旗号而中止履行的,应当负违约责任。

2. 不安抗辩权行使的特殊要求

在继续性合同场合,由此类合同自身的特点所决定,在行使不安抗辩权时,存在着特殊的要求。

(1) 行使不安抗辩权还是任意解除合同,应当尊重当事人的选择

继续性合同存在着区别于一时性合同解除制度的任意解除制度,当事人一方可以随时解除合同,不依对方当事人反对与否为转移(《民法典》第933条)。在不安抗辩权产生的条件具备时,任意解除权行使的条件也成熟了,于是出现了解除合同和行使不安抗辩权竞合的现象。在这种情形下,权利人有权自由选择,行使不安抗辩权,或行使解除权。

(2) 先、后期次给付之间的关系与不安抗辩权

在继续性合同场合,先履行义务人可以本期次给付的不安抗辩权对抗后履行义务人的给付请求。但后履行义务人可否以本期次给付的不安抗辩权对抗先履行义务人的后期次的履行?有学者认为,在通常情况下,不能允许(本期次的)后履行义务人以(后期次的)先履行义务人丧失了或可能丧失后期次给付的履行能力为由,行使不安抗辩权,拒绝自己本期次的履行。首先,不安抗辩权人负先履行的义务,对其权利的行使应严格限制。其次,从先履行抗辩权和不安抗辩权各自的目的及功能的比较看,承认后履行义务人得以先履行义务人未履行其前期次的给付为由,行使先履行抗辩权,是为了从整体上维持当事人双方的权利义务的均衡和公平,而且,每期次的给付也呈对待交换状态。在前期次给付的履行未出现瑕疵,且先履行义务人业已履行了本期次给付的前提下,允许以后期次给付的义务人已经丧失了或可能丧失履行能力为由,行使不安抗辩权,显失公平。最后,不承认此种不安抗辩权不会发生上述先履行抗辩权讨论中的不公平现象。但是,倘若相对人的后期次给付关系到合同的整体,那么,仍然不允许行使不安抗辩权,是否反而不公正了呢?有学者认为,在继续性合同中,手段与目的之间的关系存在于合同的整体,如果后期次给付的履行关系到合同的整体,那么应例外地承认其有不安抗辩权的行使。不过,在这种情况下,应严格当事人的举证责任,他不仅应对不安抗辩权的行使条件承担举证责任,而且应证明后期次给付的履行关系到合同的整体,后期次给付的不履行会使前期次给付的履行失去意义。[1]

3. 不安抗辩权的行使效果

如果相对人未在合理期限内恢复履行能力并且未提供适当的担保,那么,行使不安抗辩权的当事人可以选择解除合同。由继续性合同的特性决定,合同解除时不能恢复原状或不宜恢复原状,所以,合同的解除原则上没有溯及力,但如果合同还没有开始履行或先前的履行因为本期次履行能力的丧失而失去了意义,则可以有溯及力。[2]

(四) 不安抗辩权的效力

在不安抗辩权的成立要件具备时,首先,在后履行义务人提供适当担保前,先履行义务人可以中止履行合同(《民法典》第527条、第528条前段)。其次,如果后履行义务人对履行合同提供了适当担保,则不安抗辩权即归于消灭,先履行义务人应恢复履行(《民法典》第528条中段)。最后,在先履行义务人中止履行后,如果对方在合理期限内未恢复履行能力,也未提供适当担保的,中止履行的一方可以解除合同(《民法典》第528条后段)。

---

[1] 李京法:《继续性合同基础理论研究》,清华大学法学硕士学位论文(2003),第46页。
[2] 同上书,第47页。

第七章

合同的保全

第一节 合同的保全概述

合同的保全,准确地说是合同债的保全,是指法律为防止债务人的财产不当减少或难以现实地支配而给债权人的债权及其实现带来危害,允许债权人代债务人之位向第三人行使债务人的权利,或请求法院撤销债务人与第三人的法律行为的法律制度。其中,债权人代债务人之位,以自己的名义向第三人行使债务人的权利的法律制度,叫作债权人代位权制度;债权人请求法院撤销债务人与第三人的法律行为的制度,称为债权人撤销权制度。为适应加强对债权人保护的趋势,《民法典》第535条、第536条和第537条确立了债权人代位权制度,第538条至第542条确立了债权人撤销权制度,巩固并发展了《合同法》首创的这两项保全制度(第73条、第74条),意义重大。

合同债的保全涉及第三人,其效力属于合同的对外效力。本来,合同以相对性为原则,债权人不得直接支配债务人的人身、行为及其财产,更不得直接支配第三人的人身、行为及其财产;债权人不得干涉债务人与第三人的法律行为,但合同债的保全则使债权人的权利涉及了第三人的行为或财产,严重干涉了债务人与第三人的行为自由。

立法者何以突破传统民法的"合同相对性原则",而赋予债权人代位权和撤销权? 其立法的基础在于全面衡量债权人、债务人、第三人(义务人)各方的利益关系:债权人的合法债权应当得以实现;债务人对该第三人怠于行使其权利,对债权人又陷于迟延,陷于非正当性的状态;至于第三人方面,要么是其义务本应履行却未履行(债权人代位权的场合),要么是无偿地或以明显不合理的低价受让给付且主观上明知(债权人撤销权的场合)。面对此情此景,为什么非得受制于合同的相对性这个教条,而违背现代伦理呢?

在权衡各方利益关系方面,债权人的合法债权应当得以实现这个因素,在考量因素中处于较为重要的位置。其道理在于,债权需要债务的适当履行才能实现,债务的履行多体现为从债务人的总财产中分离出一定的财产给债权人。如此,债务人的总财产即"责任财产"的状况如何,直接影响着债权人的债权实现情况。因为责任财产不仅为某一债权人的债权的一般担保,而且是全体债权人的债权的共同担保,所以,责任财产的减少往往害及债权人的债权实现,即民事责任在保障债权的实现上受责任财产的多寡的限制。为防止责任财产的减少害及债权人的债权实现,固然可以通过特别担保手段来保障债权实现,但特别担保亦有其弱点。例如,抵押权等的设立需当事人办理登记手续,留置权则限于特定的债权债务,保证等既需要保证人等第三人的同意,又难逃责任财产减少害及债权实现的命运,定金对于交付定金者的保护不力。有鉴于此，法律在特别担保和民事责任之外，设置合同债的保全制度。其中的撤销权系为恢复债务人的财产而立，代位权在日本民法上系为保持债务人的财产而设。合同债的保全被用来维持和恢复债务人的责任财产，因而，合同债的保全又称作责任财产的保全。这对中国《民法典》规定的债权人代位权、债权人撤销权，在解释时有参考价值。

第二节　债权人代位权

一、债权人代位权概述

债权人代位权，是指当债务人怠于行使其对第三人享有的权利而害及债权人的债权时，债权人为保全其债权，可以自己的名义代位行使债务人对第三人之权的权利。

债权人代位权起源于法国习惯法[1]，《法国民法典》设有规定（第1166条），称之为"间接诉权"或"代位诉权"（action oblique；action indirecte；action subrogatoire）。《德国民法典》和《瑞士债法典》均未规定债权人代位权，原因在于德、瑞两国法关于强制执行方法的规定颇为完备，没有特别承认债权人代位权的必要。而法国法关于强制执行的规定不完备，为了弥补这种缺陷，民法上规定了债权人代位权。[2] 日本民法继受了这一制度。中国《民事诉讼法》关于强制执行的措施虽然也算是比较完备，但《民法典》仍规定了债权人代位权，既可完善实体法上的债权保障制度（包含民事责任、履行及其抗辩权、合同保全、合同担保、抵销等），又可为解决实务中的问题多提供一个可资利用的手段。

对于债权人代位权在法律上的性质，有不同见解。学说上曾出现过代理权说，为自己的委托说，现在的多数意见采固有权利说。因为债权人代位权是债权人以自己的名义，行使债务人的权利的权利，所以不是代理权，而是债权人固有的权利。而在固有权利说内部，也有不同认识，需要进一步辨析。

债权人代位权，是债权人为保全其债权而代债务人行使其权利，在性质上为基于债权人的债权而发生的实体法上的权利，其内容在于行使债务人的权利[3]，借以保持债务人的责任财产，而非扣押债务人的财产权利或就收取的财产有优先受偿权，不是诉讼法上的权利。当然，债权人代位权虽名曰权利，但实质上是权能，盖必须先有债权而后才有代位权能的作用[4]，它是债权人的债权的效力表现，是债权的一项权能。

债权人代位权，不是债权人对于债务人或第三人的一般的债权请求权。一般的债权请求权，是债权人请求债务人直接向自己为给付，而传统民法上的债权人代位权并无使债权人直接请求次债务人（债务人的义务人）清偿并使自己的债权优先受偿的效力。《民法典》关于债权人代位权的规定，未涉及债权人直接请求次债务人清偿并使自己的债权优先受偿的效力。

债权人代位权不是直接代理关系中的代理权。债权人代位权与代理权虽然都是可行使

---

[1] 就此有不同见解，比如有的认为起源于罗马法，有的认为起源于日耳曼法，但以起源于法国习惯法较具说服力，参见〔日〕松坂佐一：《债权人代位权之研究》，日本有斐阁1950年版，第8页以下。转引自韩世远：《合同法总论》，法律出版社2004年版，第368页。
[2] 〔日〕於保不二雄：《日本民法债权总论》，庄胜荣校订，五南图书出版公司1998年版，第152页。
[3] 邱聪智：《新订民法债编通则》（下），中国人民大学出版社2004年版，第303页。
[4] 林诚二：《民法债编总论——体系化解说》，中国人民大学出版社2003年版，第406页。

他人的权利,但债权人行使代位权,系以自己的名义,而非以债务人的名义,债权人代位权乃债权人固有的权能,并非来自债务人的授权①;而委托代理中的代理权须有被代理人的授权,指定代理场合的代理权来自有关机关的授权。所有这些,都表现出债权人代位权与直接代理权之间的区别。

债权人代位权也不是固有意义上的形成权。它行使的效果,是债务人与第三人之间的法律关系发生变更,这虽与形成权相类似,但债权人代位权不是依债权人一方的意思表示而形成法律上的效力,形成次债务人履行(对债务人的)义务的法律效果的,恰恰是债务人(对次债务人)所享债权的效力表现,只不过此次行使该债权的主体,不是债务人这个本来的债权人,而是债权人这个代位权人。所谓债务人与次债务人之间的债权债务关系发生变化,其实并未超出债务履行、债权实现的范畴,即债的关系的框架。假如非从法律关系形成的角度观察不可的话,那么,该法律关系的形成也不是债权人代位权的直接效力,而是代位权使债权人可以依赖债务人的权利而向次债务人主张。所以,债权人代位权不是固有意义上的形成权,而是以行使他人权利为内容的法定权能。因而,债权人在行使代位权时应尽善良管理人的注意。

称债权人代位权并非固有意义上的形成权,还因为债权人代位权虽然行使了,但并不见得奏效,在次债务人由于种种原因而未清偿时,仅凭债权人一方的意思表示,债务人与次债务人之间的法律关系是断然不会发生变更的。而固有意义上的形成权的行使,必定会形成一种法律关系,这不依相对人同意与否、配合或反对、作为或不作为而转移。由此显现出债权人代位权与固有意义上的形成权的差异。

债权人代位权,虽然称之为代位,但其与一般所称的代位,性质上亦有不同。盖以一般所称代位,乃指权利因法律规定而当然移转另一主体之意,如连带债务人清偿代位、利害关系人清偿代位、保证人清偿代位、物上保证人清偿代位等,均属此类。与此有所不同,债权人代位权的代位,仅指权利行使上的代位而已,并不发生权利的当然移转,也不因债权人行使代位权而移转于该债权人。②

总之,债权人代位权属于债权的对外效力,是从属于债权的特别权利,或者说,是债权的一种法定权能。无论当事人是否约定,债权人都享有它。作为债权人的固有权利,被学界通说认为属于广义的管理权。③

二、债权人代位权的成立要件

(一) 债务人享有对于第三人的权利

债务人对其相对人的权利,为债权人代位权的标的。债权人代位权属于涉及第三人之权的权利,若债务人享有的权利与第三人无涉,则自不得成为债权人代位权的行使对象。

关于债务人对其相对人的哪些权利可由债权人代位行使,《合同法》将之限定于到期债权(第73条),《合同法解释(一)》把该到期债权再限缩为具有金钱给付内容的债权(第13条第1款)。这过于狭窄,不符合债权人代位权制度的立法目的,使该制度难以发挥应有的

---

① 邱聪智:《新订民法债编通则》(下),中国人民大学出版社2004年版,第304页;林诚二:《民法债编总论——体系化解说》,中国人民大学出版社2003年版,第406页。
② 同上书,第406—407页。
③ 〔日〕於保不二雄:《日本民法债权总论》,庄胜荣校订,五南图书出版公司1998年版,第154页;史尚宽:《债法总论》(第5版),荣泰印书馆股份有限公司1978年版,第445页。

效能,应予目的性扩张。《民法典》在这方面前进了一步,把"与该债权有关的从权利"包括进来(第535条第1款正文前段),值得肯定。

此处所谓债权,未见争议的有基于合同产生的债权、缔约过失场合的损害赔偿请求权、不当得利返还请求权、基于无因管理而生的债权、基于单方允诺产生的债权、可由他人代为行使的侵权损害赔偿请求权、相邻关系中的损害赔偿请求权等。此其一。违约损害赔偿、不履行无因管理之债、不返还不当得利、违反先合同义务等,不属于原给付义务,也不属于原给付义务所对应的从义务,而是变形的义务(或是由原给付转换而来的义务,或是原给付义务未被完全履行时填补因此所致损害而承担的义务),其对面的请求权可否由债务人的债权人代位行使?回答应是肯定的,因为它们也是债权,《民法典》第535条第1款所谓债权并未将第二性的债权排除在外。此其二。效力齐备的债权,固不待言,就是已经罹于时效的债权也应被允许,道理在于:如果允许债权人代位,特别是获得胜诉判决或裁决的话,不是对债务人更为有利吗?此其三。违约金债务源自违约金条款或合同的约定,违约金责任(或曰支付违约金)成立于违约行为发生之时。罗马法及其后世的法国民法、德国民法等把违约金约定作为一个独立的约定/合同看待,但从属于实质交易关系。[①] 违约金债务的对面就是违约金债权,它是实质交易关系中的债权的从权利,按照《民法典》第535条第1款正文前段的规定,可由债权人代位行使。不过,无论是《合同法》还是《民法典》虽未反对罗马法及法国和德国的民法关于违约金的约定从属于实质交易关系这种理念及观点,但也未这样安排,而是把支付违约金设计为违约责任之一种。据此理念及观点,支付违约金即为原给付义务的变形,如同违约损害赔偿之原给付义务,可径直将其作为债务。在债务人有权请求其相对人支付违约金的案型中,按照《民法典》第535条第1款正文前段的规定,债务人的债权人有权代位行使之。此其四。《民法典》第535条第1款但书明确规定:专属于债务人自身的权利不得由债权人代位行使。所谓"专属于债务人自身的权利",《合同编通则解释》列举如下:抚养费、赡养费或扶养费请求权;人身损害赔偿请求权;劳动报酬请求权,但是超过债务人及其所扶养家属的生活必需费用的部分除外;请求支付基本养老保险金、失业保险金、最低生活保障金等保障当事人基本生活的权利;其他专属于债务人自身的权利(第34条)。其他专属于债务人自身的权利,如不作为债权、技能债权等,这些权利的实现与债务人的资力无关,债权人代位行使也起不到维持债务人责任财产的作用,故不得作为债权人代位权的标的。此其五。

所谓债权的从权利,如该债权所生的利息债权和担保权。此处的担保权,诸如抵押权、质权、留置权、请求保证人承担保证责任以及实现定金、押金、保证金等担保的权利,均属此类。

撤销权、解除权、抵销权、债权人撤销权、受领权呢?依其本性,这些权利实为债权的权能,与债权的关系属于整体与部分的关系,不属于债权的从权利。不过,因其与债权结为一体,故可将之纳入债权的范围之内,允许债务人的债权人代位行使。

物的瑕疵担保中的减价权,多数说认其为形成权,若依上个自然段的逻辑,则亦可把它归为债权的权能。如此,根据《民法典》第535条第1款正文的规定,允许债务人的债权人代

[①] 陈朝璧:《罗马法原理》,米健等校,法律出版社2006年版,第166页;〔德〕迪特尔·梅迪库斯:《德国债法总论》,杜景林、卢谌译,法律出版社2004年版,第342—346页;孙森焱:《民法债编总论》(下册),法律出版社2006年版,第599页;尹田:《法国现代合同法:契约自由与社会公正的冲突与平衡》(第2版),法律出版社2009年版,第376—377页;〔德〕迪尔克·罗歇尔德斯:《德国债法总论》(第7版),沈小军、张金海译,沈小军校,中国人民大学出版社2014年版,第290—293页。

位行使之。

　　本书作者赞同债权人代位行使债务人的时效抗辩权的观点,阐释如下:诉讼时效期间的届满,使债务人有权援用时效完成的抗辩,对抗债权人关于债务人履行其债务的请求。处于此种状态中的债权欠缺强制执行力,即效力不齐备。就此可知,时效完成与否均属债权的效力范围之事,同时也是债务的效力范围,债务人提出时效完成的抗辩没有超出该范围。据此观点,可把援用时效完成的抗辩划归债权的效力的范围,再根据《民法典》第535条第1款的规定,债权人可代债务人之位援用其时效完成的抗辩来对抗债务人的另一债权人,从而维护住债务人的责任财产的状态。与此不同的路径是,债权本体不含抗辩,债权的效力亦然,可见债权与抗辩分属两个系谱。不过,二者间存在着密切的关联,即只要债权及其效力存在,抗辩就不会消失,如影随形。既然抗辩从属于债权,就可以比照《民法典》第535条第1款关于债权与其从权利的思路,允许债权人援用债务人享有的时效完成的抗辩。

　　债权具有请求力和执行力,还有处分权能。债权人在依其给付之诉取得确定判决之后,有权请求法院对债务人为强制执行。① 既然如此,提起诉讼的权利、申请强制执行的权利,包括查封、扣押、冻结、扣留、提取收入、划拨、变价被执行人的财产乃至申请注销登记等具体方式,也属于债权的效力范围。允许债权人代债务人之位行使这些权利,符合债权及其效力的原理。只要诉讼的结果能使债务人的责任财产得以维持,就应在可被代位之内。当然,这些权利同时属于诉讼上的公权力。

　　《民法典》第535条第1款正文的文义显示,所有权和用益物权未被列入债权人可代债务人之位对其相对人行使的权利。这是否为不明知漏洞,应予补充?回答应是否定的,原因在于:自《合同法》及《合同法解释(一)》实施以来,学说反复议论,物权及其请求权应该允许债权人代位行使。在《民法典》(草案)的研讨中,专家学者也不仅一次地呼吁《民法典》应该采纳这些方案。尽管如此,《民法典》依然不明定之,这表明是有意把物权及其请求权排除于债权人代位行使的权利系列。对此,本书作者认为,如果奉行债权人对于债务人的相对人的清偿享有直接受领权的规则,由行使代位权的债权人径直取得物权及其请求权,这对债务人的影响可能严重,攫取过分,就此说来,不宜把所有权和用益物权纳入债权人代位行使的范围;但是,如果采取"入库规则",由于向债务人的相对人主张物权及其请求权是代债务人而为,获得胜诉的结果直接归属于债务人,那么,这对债务人不会有损害。不过,该项结论也不宜被绝对化,原因就在于,现今社会经济呈现着复杂、交织的联系,债务人与其相对人之间可能在经济交往中相互牵制,若该相对人反制债务人会给债务人造成较大危害的话,那么,就不应允许债权人代位行使此类物权及其请求权。当然,有无这种情形,应由债务人举证证明。

　　承认这种例外是必要的,因为债权人代位权的构成要件之一是债务人怠于行使其权利,而此处所谓怠于,重在债务人没有及时请求其相对人履行义务,不问其原因如何,或有无故意、过失。②

　　需要注意,债务人享有的物权,并非债权人和债务人之间债的标的,债务人即使履行其对债权人所负债务,也不是以此类物权为给付,除非由代物清偿取代之。所以,依债权人对

---

① 〔德〕迪特尔·梅迪库斯:《德国债法总论》,杜景林、卢谌译,法律出版社2004年版,第16—17页;王泽鉴:《债法原理》,北京大学出版社2009年版,第16—17页。
② 欧阳经宇:《民法债编通则实用》,汉林出版社1977年版,第224页;孙森焱:《民法债编总论》(下册),法律出版社2006年版,第511页。

债务人享有债权本体的效力，无权要求债务人转移该物权，依此逻辑，债权人代债务人之位，也无权就债务人的物权及其请求权直接受偿，必须遵循"入库规则"，留在债务人之手。当然，债权人可以借助于民事责任把债权的效力的辐射面扩及于债务人的全部责任财产，包括上文所谓债务人的物权及其请求权；再通过强制执行程序，就该物权及其请求权的变价实现其债权。

最后，需要注意《建设工程施工合同解释(一)》第44条关于"实际施工人依据民法典第五百三十五条规定，以转包人或者违法分包人怠于向发包人行使到期债权或者与该债权有关的从权利，影响其到期债权实现，提起代位权诉讼的，人民法院应予支持"的规定。

(二) 债务人怠于行使其权利

《民法典》第535条第1款正文要求，债权人代位权的成立需要债务人怠于行使其债权以及与该债权有关的从权利。

所谓怠于行使其权利，按照传统的见解，是指债务人应行使并且能行使而不行使其权利。所谓应行使，是指若不及时行使，则权利将有消灭或丧失的可能。例如，请求权将因时效完成而被义务人抗辩，受偿权将因不申报破产债权而丧失。所谓能行使，是指不存在行使权利的任何障碍，债务人在客观上有能力行使其权利。所谓不行使，即消极地不作为，是否出于债务人的过错，其原因如何，均在所不问。[①] 另外，日本有判例认为，债务人逾期履行时，债权人无需催告债务人行使其权利。[②]

如此解释怠于行使其权利，可能符合债权人代位权制度的立法目的，因为民法应当尽可能地遵循债的相对性原则，尽量减少突破债的相对性原则带来的震荡。据此，在下述情况下债权人代位权制度便不得适用：债务人甲无行为能力，且无监护人，无法向其债务人乙主张债权，这导致了债务人甲的债权人丙难以实现其对债务人甲的债权。其实，还应甚至更应看到，债权人代位权制度应当受制于债均应适当履行的原则，满足和促进货畅其流的经济要求。在债务人甲、债务人乙的债务均已届期甚至陷于迟延的情况下，尽快清偿才是对适当履行原则、货畅其流的本质要求的亡羊补牢。在债务人甲主观上松懈、懒惰时如此，在债务人甲客观上无法请求债务人乙清偿的场合亦然。如果这是正确的，那么，债权人代位权的成立要件局限于债务人甲主观上"怠于行使其权利"，就过于狭窄了，遗漏了"债务人甲无行为能力，且无监护人，无法向其债务人乙主张债权"等客观上无法行使其权利的情形，构成未认知的法律漏洞。

有法律漏洞就应当填补，于此处填补的方法应当是目的性扩张，具体到中国现行法，就是承认《民法典》第535条第1款正文关于"因债务人怠于行使其债权以及与该债权有关的从权利，影响债权人的到期债权实现的"的规定适用范围狭窄，应将其适用范围扩张至"债务人甲无行为能力，且无监护人，无法向其债务人乙主张债权"等客观上无法行使其权利的领域，允许债务人甲的债权人丙诉请债务人乙履行其债务。顺此思路，可将《合同编通则解释》第33条关于"债务人不履行其对债权人的到期债务，又不以诉讼或者仲裁方式向相对人主张其享有的债权或者与该债权有关的从权利，致使债权人的到期债权未能实现的"情形，作为《民法典》第535条第1款正文规定的"债务人怠于行使其债权或者与该债权有关的从权利，影响债权人的到期债权实现"的类型，认为其中包含了客观上无法行使其权利的案型，从

[①] 欧阳经宇：《民法债编通则实用》，汉林出版社1977年版，第224页。

[②] 1932年7月7日大民判（民集11卷1498号。）转引自〔日〕於保不二雄：《日本民法债权总论》，庄胜荣校订，五南图书出版有限公司1998年版，第158页。

而抑制适用范围狭窄的负面效果,张扬其正面作用。

如此解释《民法典》第 535 条第 1 款正文,具有实践价值。例如,甲于步行中被某运输公司的司机李某撞伤,此后经出现场的某公安局交通警察大队决定,甲被送往丙医院紧急抢救。该公安局交通警察大队出具的《道路交通事故认定书》认定交通肇事司机李某负全责,甲不承担责任。后经司法鉴定认定甲为"智力缺损、精神障碍",被某精神病院诊断为"脑器质性精神疾病所致精神障碍,颅脑损伤后综合征"。甲已无法律意义上的意思能力,不能请求肇事司机李某承担侵权损害赔偿责任。在这样的情况下,应认定为构成《合同编通则解释》第 33 条规定的"债务人不履行其对债权人的到期债务,又不以诉讼或者仲裁方式向相对人主张其享有的债权或者与该债权有关的从权利,致使债权人的到期债权未能实现",即满足《民法典》第 535 条第 1 款正文关于债权人代位权成立的要求,甲的债权人丙医院应有权援用《民法典》第 535 条第 1 款正文的规定请求债务人李某清偿其对甲的债务。假如拘泥于传统理论对于"怠于行使其权利"的解释,债务人甲的债权人丙就不得援用《民法典》第 535 条第 1 款正文的规定,诉请债务人乙承担其侵害债务人甲的赔偿责任。

需要说明,此处所谓怠于行使其债权,学说认为不包含权能,因为权能乃权利的作用,不可代位。假如不是整体地行使债权或物权,仅仅是单独、确定的使用、收益或处分,那么一定不可代位行使,否则,就干涉了债务人的自由。① 至于行使债权整体必然要行使其中的权能,则以代位行使债权论,而不视为单纯地行使权能,因为此时的债权与其权能是浑然一体的,而不是分离的。

随之而来的问题是,如何判断行使债权或其权能? 对此,试举例说明。乙欠甲 100 万元,乙仅有房屋一栋,若乙将之卖给丙,则可得价款 300 万元。于此场合,假如乙怠于向丙索取价款,那么甲即可代位向丙行使支付价款的请求权。但是,如果乙没有出售该房屋,而是把它用作"养蚊子",则甲不得代位乙使用(即甲自己住)、收益(出租)、处分(出售)该房屋。② 这形象、明确,确有道理,值得赞同。

此外,有学说认为,债务人的期待权也不得由债权人代位行使。③ 对此,应予赞同,因为期待权属于效力不齐备的权利,其履行期尚未届满,甚至没有届至,欠缺请求力等效力。

还要说明,受偿在性质上虽属权限,但实务和通说都认为代位权人可于诉之声明中要求代位受领。④ 该项结论值得赞同,因为受偿作为债权的一种效力,与债权连为一体,行使该权限,也可看作行使权利。实际上,将请求代位受偿直接地、简化地看成行使权限,而不是单纯地为了表达方面的周延、全面,特意将其叙述为行使债权及其受领权限,也未尝不可。

传统理论认为,怠于行使其权利,主要表现为根本不主张权利或迟延行使权利。如果债务人已经行使自己的权利,那么纵使其方法不当或后果不利,债权人也不得再行使代位权。⑤ 更不得依债权人的主观意愿来认定债务人行使对于第三人权利的方法适当与否,及后果的好坏。例如,债务人承诺了于其不利的代物清偿或因不适当的诉讼方法而败诉⑥,债权人对

---

① 林诚二:《民法债编总论——体系化解说》,中国人民大学出版社 2003 年版,第 407 页。
② 同上。
③ 同上书,第 409 页。
④ 同上书,第 407—408 页。
⑤ 参见〔日〕1928 年 12 月 14 日最判(民集 7·12·1386);〔日〕奥田昌道:《债权总论》(增补版),日本悠悠社 2000 年版,第 258 页;〔日〕田山辉明:《债权总论》,日本成文堂 1993 年版,第 70 页;中国台湾地区"最高法院"1961 年台上字第 408 号判例;邱聪智:《新订民法债编通则》(下),中国人民大学出版社 2004 年版,第 305 页。
⑥ 1909 年 2 月 27 日大民判(民录 14 辑 150 页)。转引自〔日〕於保不二雄:《日本民法债权总论》,庄胜荣校订,五南图书出版有限公司 1998 年版,第 158 页。

此即使并不欢迎,也不得代替债务人擅自坚持于己有利的代物清偿或另行其他的诉讼方法。对于由此而给债权人带来的不利,可以借助其他制度予以补救。例如,在债务人的诉讼方法不适当时,为防止因诉讼方法不当而败诉,最终导致债务人的责任财产在数量上减少,债权人有权以诉讼辅助人的身份(《日本民事诉讼法》(1999年修订)第42条),个别情况下以当事人的身份(《日本民事诉讼法》(1999年修订)第47条),参加诉讼,以保全自己的权利。

在这方面,中国法修正了"怠于行使权利主要表现为根本不主张权利或迟延行使权利"的界定,将债务人怠于行使其债权以及与该债权有关的从权利的情形扩展了。相应地,债权人行使代位权的机会也就增多了,合同相对性原则的适用领域也就随之缩小。例如,《合同编通则解释》第33条规定,债务人不履行其对债权人的到期债务,又不以诉讼或者仲裁方式向相对人主张债权或者与该债权有关的从权利的,就构成怠于行使其对第三人的权利。

《合同编通则解释》第33条的规定,有其正面作用:诉讼方式或仲裁方式能够清晰地显示出债务人行使权利了,证明力最为直接和确凿;而非诉讼方式、仲裁方式,即债务人直接请求其相对人履行的方式,在识别债务人对其相对人是否确实行使权利的问题上,相对困难。因为行使权利与否更多地取决于债务人、债务人的相对人是否承认,债务人实际上未行使权利却谎称已经行使了,甚至于债务人与其相对人恶意串通欺骗债权人,均不易查清。《合同编通则解释》第33条只承认债务人以诉讼方式或仲裁方式请求其相对人履行为行使权利,即可不让债务人、债务人的相对人谎称已经行使权利的企图得逞。

需要注意,不要把《合同编通则解释》第33条的规定理解为仅仅承认债务人以仲裁、诉讼的方式行使权利才算不怠于行使权利,因为现行法承认权利行使的途径和方式多种多样,权利人直接向义务人主张权利,最为便捷和经济,系权利行使的常态。通过仲裁或诉讼的方式行使权利,一般说来,应为不得已之事。因此,凡是未明文规定必须以仲裁或诉讼的方式行使权利的,均应允许权利人直接向义务人主张。现行法设置明文,要求权利的行使必须采取仲裁或诉讼的方式的,比较少见。举其要者,如意思表示存在瑕疵、显失公平场合,撤销权的行使,需要采取仲裁或诉讼的方式(《民法典》第147—151条);集体经济组织、村民委员会或其负责人作出的决定侵害集体成员合法权益的,受侵害的集体成员行使撤销权,需向人民法院请求(《民法典》第265条第2款);等等。但是,对于普通债权、物权的行使,《民法典》并未规定必须采取仲裁或诉讼的方式。如此,债务人直接向其义务人主张权利,为其自由,在《民法典》上本为正当,裁判者不得剥夺债务人依其意愿选择行使权利的方式的自由,至少在债务人尚未向其债权人清偿时是这样的。此其一。假如认定债务人不通过仲裁或诉讼的方式向其相对人主张权利为"怠于行使其到期债权或与该债权有关的从权利",就是怠于行使权利,那么,这在实质上是将权利的合法行使当作了过失的表现,含有否定之意,至少在债务人尚未向其债权人清偿时是这样。此其二。债务人直接向其相对人主张权利,较通过仲裁或诉讼的方式请求成本低得多,法律及司法解释对此应予鼓励。

至于将债务人直接请求其相对人履行的权利行使形式排除于怠于行使其权利的形态之外,可能出现债务人、债务人的相对人谎称行使权利的情形的顾虑,法律人可通过修正判断债务人行使权利的标准来解决。本书作者主张,判断债务人是否怠于行使其权利,不宜限于行使权利的过程,而应兼顾行使权利的结果,即,在债务人直接请求其相对人履行义务的情况下,我们不过分纠缠于债务人是否向其相对人主张了权利这个过程,而是更看重该相对人是否已向债务人清偿的结果,只要在债务履行期届满时该相对人未向债务人清偿,债务人又未通过诉讼方式或仲裁方式请求,就可认定债务人怠于行使权利。这样,债务人、债务人的相对人已经行使权利了,就变得没有实际价值。

另外,在债务人以加害债权人为目的而行使权利的情况下,为保护债权人的合法权益,可以借助于债权人撤销权制度,由债权人将债务人行使权利的行为予以撤销,来恢复、维持债务人的责任财产,保全权利。①

债务人的相对人不认为债务人有怠于行使到期债权情况的,应当承担举证责任。举证成功,就可以对抗债权人行使的债权人代位权。

(三) 债务人已陷于迟延

在债务人迟延履行以前,债权人的债权能否实现,难以预料,若在这种情况下允许债权人行使代位权,则对于债务人的干预实属过分。反之,若债务人已陷于迟延,怠于行使其权利,且又无资力清偿其债务,则债权人的债权已经有不能实现的现实危险,此时已发生保全债权的必要。故债权人代位权应以债务人陷于迟延为成立要件。但也有例外,虽然债务未届履行期,但对专为保存债务人权利的行为(保存行为),如中断诉讼时效、申请预告登记、申请物权登记、申报破产债权等,例外地不需等到债务人迟延履行即可代位行使。原因在于,这些权利因其性质须及时行使,行使的目的及结果在于维持债务人责任财产的现状,符合债权人代位权的目的。②若不及时行使该代位权,等到债务人迟延履行时债务人的权利已经消灭,则无代位之可能。况且,这种保存行为不同于实行行为,其行使不构成对债务人行为的干涉,而是有利于债务人的行为。

(四) 影响债权人的到期债权实现

《合同法》第73条第1款正文规定的债权人代位权成立的第二个要件是"对债权人造成损害",《民法典》第535条第1款正文换用"影响债权人的到期债权实现"的表述。比较而论,这个修正虽然细微,却更为合理,理由如下:

1. 从期限利益的角度看

暂时搁置其他有关制度及规则对于此处法律关系所发挥的作用不论,专就债权人和债务人之间的债的关系来说,存在着期限利益,债权人代位权制度对此不得无视。如果在债务履行期限届至前就允许债权人行使代位权,那么,就牺牲了债务人的期限利益,这对债务人不公正。诚然,债权人可能因此受到不利损失。例Ⅰ:债务人交付的标的物存在瑕疵,但主要性能指标符合要求。例Ⅱ:大宗货物的买卖中,出卖人交付的货物重量缺少千分之一。例Ⅲ:在非定期合同的履行过程中,出卖人迟延5日交货。例Ⅳ:债权人向债务人定作新型钻井平台,债务人若于履行期限届至前履行债务,因加工设备、原材料、制作技术、操作职工、完工时间及运输条件诸要素全都具备,交付合格的钻井平台毫无问题,那么,债权人的债权就能够圆满实现,但是,坐等到履行期限届满或届至时才实际履行,这固然符合履行规则,却因新冠肺炎疫情严峻而无法复工生产,导致无力清偿,债权人显然受有损失。例Ⅴ:A国的甲公司向B国的乙公司购买某型号的导弹,B国的乙公司非导弹生产商,只是贸易商,它要从制造该种导弹的C国的丙公司购进,而后再向甲公司交货。在合同签订之际和甲公司与乙公司之间的买卖合同的履行期限届满前,该单交易及其履行没有障碍。但在履行期限届满

---

① 〔日〕於保不二雄:《日本民法债权总论》,庄胜荣校订,五南图书出版有限公司1998年版,第158页。
② 邱聪智:《新订民法债编通则》(下),中国人民大学出版社2004年版,第307页;林诚二:《民法债编总论——体系化解说》,中国人民大学出版社2003年版,第409页。

之时,B、C两国处于战争状态,依C国临时颁行的法律,丙公司不得向乙公司供货,因此导致乙公司无力向甲公司履行合同,甲公司因此遭受损失。

在前三例中,债权人的债权受到损害,但没有达到合同目的落空的程度。于此场合,若允许债权人行使代位权,则显然过分。后两例的情形并不鲜见,尽管如此,法律仍不得允许债权人于其债权的履行期限届至前行使代位权,须由债权人自己承受此类损失。之所以如此,是风险分配的机理在起作用。除去即时交易,信用经济天然地存在风险——债权无法全部或部分地实现。债权人选择甲日而非乙日作为清偿期,就自我决定了承担该种选择可能带来的风险,哪怕该种选择实出无奈,也得如此。《民法典》第535条第1款正文的行文准确地反映出这种风险分配,而《合同法》第73条第1款正文的表述则不能,后者的文义未能把债权人的此类损失排除在外。

不过,法律是个整体,每种制度及规则有各自的目的及功能,同时也是各自的适用边界。"堤内损失堤外补",法律可以提供其他至少在理论上是合理的措施,如下述举要,来平衡各方权益,就看债权人会不会利用。

2. 从破产制度的角度看

债务人进入破产程序,若不及时申报破产债权,则会影响债权人的债权实现,根据《企业破产法》第7条第2款、第44条、第46条的规定以及《民法典》第536条的规定,债权人向破产管理人申报破产债权实为必要,在破产申请受理时视为到期。此时此段,债权人所为不是在行使代位权,而是在行使债权本体。不过,在债务人的相对人破产时,若债务人怠于向破产管理人或人民法院申报对其相对人的债权,则会影响债权人的债权实现。于此场合,债权人代债务人之位向此处所为相对人的破产管理人或人民法院申报破产债权,则属于行使其代位权(《民法典》第536条)。

3. 从债务人的权利存在诉讼时效期间即将届满的角度看

债务人的权利罹于诉讼时效,其义务人援用时效完成的抗辩时,债务人的责任财产在实质上就减少了。这对债权人的债权实现可能无影响,如是,则债权人代位权的成立要件欠缺,债权人不得行使代位权;也可能有影响,如是,就具备了债权人代位权的成立要件,债权人可以行使代位权(《民法典》第536条)。

4. 从加速到期的角度看

在商业运作中,聪明且有实力的商人时常在合同中约定,债务人未依约履行达到一定程度,就使债务加速到期,债权人的债权由原来的未届期变为到期债权。此时,就满足了债权人代位权成立的一个要件,"艺术"地"吞食"了债务人的期限利益,转嫁了商业风险。

5. 从先期违约规则的角度看

上文"1"所列风险,在符合《民法典》第578条规定的先期违约的构成要件时,债权人可以借助于此来化解此类风险。

6. 从不安抗辩权规则的角度看

债务的履行期限尚未届至,但债务人的所作所为、责任财产的状况,可能害及债权人的债权实现,如上文"1"所述,如果案型符合《民法典》第527条和第528条规定的不安抗辩权的成立要件,则债权人可以借助于此来规避风险。

《民法典》第535条第1款正文所谓债务人怠于行使其债权以及与该债权有关的从权利,影响债权人的到期债权实现,在传统民法上称作"有保全债权的必要",这折射出"影响债权人的到期债权实现"有程度上的要求,并非只要对债权人的到期债权有所影响便可成立债权人代位权,而是这种影响达到比较严重的程度——必须是债务人已陷于无资力的状态。所谓无资力,也叫欠缺支付能力,传统学说认为,是指债务人负债超过资产(包括信用能力),不能清偿其债务的现象。对保全债权的必要,之所以解释为债务人无支付能力,是因为保全的对象为债务人的责任财产,其作用本为强制执行的准备,充其量亦仅责任财产的维护而已,如债务人的责任财产,尚足以担保其所有负债,则债权实现仍无可虞,自不宜承认债权人代位权,妨害债务人的权利自由。① 纵使是给付特定物的债权,也是债权,假如为保全已特定债权,而不问债务人的资力如何,都可行使代位权,则已超过保全制度的立法目的,且不当干预了债务人自由行使权利的原则。② 这是"无资力说"。

但是,将债权人代位权的规范功能完全局限于一般财产的保全,使其仅剩准备强制执行的作用,显然过于消极,事实上也难以发挥应有的作用。在这种情况下,债权人可以按照民事诉讼法关于强制执行的规定,直接查封债务人对第三人的权利(或其标的),而清偿自己的债权,何必代位行使?何况按照通说,因第三人履行而产生的利益直接归属于债务人的责任财产,债权人却需为代位权诉讼付出相当的成本。为了避免债权人代位权制度的目的落空,在特定物债权方面,学理上仍有逐渐趋于特定物债权实现的阐扬,认为只要特定物债权的实现发生障碍,债权就有保全的必要。③ 例如,甲购买乙的 A 物,受领前便转卖与丙,若甲怠于向乙行使交付请求权,则丙的债权将无法实现,所以,丙不问甲有无资力均可代位请求乙交付 A 物。④ 这就是"特定物债权说"。

时至今日,多数赞同"无资力说"和"特定物债权说"并存、各有其适用领域的模式。在不特定物债权及金钱债权的场合,对债权有无保全必要的判断,运用"无资力说";在特定物债权的情况下,对债权有无保全必要的判断,采用"特定物债权说"。不过,在特定物债权的实现发生障碍,债权人代位行使债务人对其相对人的权利时,不是请求该相对人交付该特定物,而是主张损害赔偿或支付违约金的,因该损害赔偿请求权或支付违约金请求权与一般债权在性质上没有两样,也应以无资力为要件。⑤

《民法典》及其理论也应当采取"无资力说"和"特定物债权说"并存、各有其运用领域的模式,即,在不特定物债权及金钱债权的场合,对债权有无保全必要的判断,运用"无资力说";在特定物债权的情况下,债权人代位请求第三人实际履行的,则采用"特定物债权说"。不过,债权人代位请求第三人承担损害赔偿责任或支付违约金的,依然奉行"无资力说"。⑥

需要指出,中国法所采用的"无资力说",应被稍加修正。本书作者认为,判断债务人是否陷入无资力,不宜简单地以债务人的责任财产额与债务人所负债务的总额的比较结果为依据,而应采取这样的思路:以债务人现时可直接控制的财产为限,来认定其有无清偿债权的资力。在债务人现时可直接控制的财产不能清偿债权人的债权时,即认定债务人无资力。其道理在于:(1)债务人的责任财产,包括债务人对于第三人的债权在内,而债权并非都能得到实现。一旦债权不能实现,债务人就可能或必然无力清偿债权人的债权,致使债权人受到损害。这已经具备了债权人代位权的一个构成要件。(2)债权人代位权就是要代债务人

---

① 邱聪智:《新订民法债编通则》(下),中国人民大学出版社 2004 年版,第 306 页。
② 林诚二:《民法债编总论——体系化解说》,中国人民大学出版社 2003 年版,第 408 页。
③ 邱聪智:《新订民法债编通则》(下),中国人民大学出版社 2004 年版,第 306—307 页。
④ 欧阳经宇:《民法债编通则实用》,汉林出版社 1977 年版,第 225 页。
⑤ 邱聪智:《新订民法债编通则》(下),中国人民大学出版社 2004 年版,第 307 页。
⑥ 关于"无资力说"和"特定物债权说"的机理阐释,见崔建远:《债权人代位权的新解说》,载《法学》2011 年第 7 期。

行使其债权,债务人对于第三人的债权是债权人代位权的对象,是需要借助于债权人代位权制度实现的权利。既然如此,把债务人对于第三人的债权作为债务人有资力的证明,就违背了债权人代位权制度的目的及功能,使之总也不具备构成要件。有鉴于此,对于无资力的判断,应当另辟蹊径——本自然段开头所阐述的方案。

影响债权人的到期债权实现,应当还包含这样的意思:债权人行使代位权,原则上要求债权已届清偿期。不过,在紧急保全债权时可以承认例外,如裁判上的代位、保存行为。

1. 裁判上的代位

在日本法上,债权在履行期限届至前,因债务人不行使权利,有不可能保全或保全发生困难之虞时,债权人可以经过法院的许可行使代位权(《日本民法典》第423条第2项,《非诉事件法》第72条至第79条)。[①] 这为保全债权所必需,值得中国法重视。如果这符合不安抗辩权的成立要件,就据此处理;如果不符合,则可借鉴日本法上的这种思路。如此,可把《民法典》第536条后段所谓"债权人可以代位……作出其他必要的行为"中的"作出其他必要的行为"解释为包括债权人为裁判上的代位。

2. 保存行为

保存行为乃防止债务人减少财产的行为。例如,在日本,在债务人的权利即将罹于消灭时效时,实行时效中断,进行保存登记;或在第三债务人破产时,申报债权。由于这些行为对债务人没有任何不利,加上急需保存的情形较多,日本民法允许债权人在债权届期前代位行使债务人的权利,无需法院的批准(第423条第2项但书)。[②] 这确有道理,我们在解释《民法典》第536条后段所谓"债权人可以代位……作出其他必要的行为"时,认定"作出其他必要的行为"包括债权人实施保存登记等保全行为。特别是结合《民法典》第537条后段关于"债务人破产的,依照相关法律的规定处理"的规定,遵循相似的事物相同处理的原则,在债务人的相对人破产时,债权人可以代位向债务人的相对人申报破产债权。

三、债权人代位权的行使

(一) 行使的主体

除依债权性质不适代位而为保全的以外(如以劳务为内容的债权或不作为债权,但于其转化为损害赔偿请求权时,不在此限),凡属债权人,原则上均可为代位权的主体。[③] 债务人的各个债权人在符合法律规定的条件下均可以代位行使债务人的权利。于此场合,这些债权人为共同原告。

(二) 债权人以自己的名义行使

债权人是以代位权人的地位行使债务人的权利的,自然应以代位权人即债权人的名义行使。行使时应尽善良管理人的注意,因为行使代位权属于干预债务人权利的行为,债权人若未尽善良管理人的注意义务,给债务人造成损害,则应负损害赔偿责任。[④]

(三) 债权人以诉讼方式行使

1. 必要性

《民法典》第535条明文规定,债权人代位权的行使采取诉讼方式。其立法理由如下:

---

① [日]於保不二雄:《日本民法债权总论》,庄胜荣校订,五南图书出版有限公司1998年版,第158页。
② 同上书,第159页。
③ 林诚二:《民法债编总论——体系化解说》,中国人民大学出版社2003年版,第409页。
④ 同上书,第410页。

（1）债权人代位权必须通过诉讼方式行使,若允许在诉讼外行使,则不易达到债权保全的目的。（2）查清系争案件的事实,明确真实的法律关系,是妥当处理系争案件的前提。债务人对于第三人是否确实拥有权利,拥有多少权利,该权利上有无限制等,债权人对此有时不太清楚,而债务人参与诉讼,这些问题会轻而易举地得到解决。（3）通过诉讼方式能够有效地保证某个债权人行使代位权所获得的利益在各个共同债权人之间合理分配,也有效地防止债权人滥用代位权（如防止其随意处分债务人的权利或将债务人的权利用以充抵自己的债权）,也有效地防止债权人与其他未行使代位权的债权人、债务人以及次债务人之间因代位权的行使而发生不必要的纠纷。[①]

2. 诉讼当事人

债权人作为原告,共同债权人在符合法律规定的条件下均可作为共同原告。债务人的相对人为被告,债权人以债务人的相对人为被告向人民法院提起代位权诉讼,未将债务人列为第三人的,人民法院可以追加债务人为第三人（《合同编通则解释》第37条第1款）。其道理在于：债权人未必是法律人,不见得知晓债务人参与诉讼或仲裁的必要性,或者即使了解这点但因其不熟悉程序也未将债务人列为第三人；再者,债权人不清楚债务人对于第三人是否确实拥有权利、拥有多少权利、该权利上有无限制等事实时,债务人参与诉讼或仲裁,显然有助于查清案件事实,较为顺利地解决纠纷。

3. 诉讼管辖

债权人依照《民法典》第535条的规定提起代位权诉讼的,由被告住所地人民法院管辖,除非依据《民事诉讼法》第34条关于适用专属管辖的规定。债务人或相对人双方之间于其债权债务关系订有管辖协议不得违反《民事诉讼法》第35条但书的规定（《合同编通则解释》第35条）。债权人以境外当事人为被告提起代位权诉讼的,人民法院根据《民事诉讼法》第276条的规定确定管辖。两个或两个以上债权人以同一相对人为被告提起代位权诉讼的,人民法院可以合并审理。

债权人向人民法院起诉债务人后,又向同一人民法院对债务人的相对人提起代位权诉讼,属于该人民法院管辖的,可以合并审理。不属于该人民法院管辖的,应当告知其向有管辖权的人民法院另行起诉；在起诉债务人的诉讼终结前,代位权诉讼应当中止（《合同编通则解释》第38条）。

在代位权诉讼中,债务人对超过债权人代位请求数额的债权部分起诉相对人,属于同一人民法院管辖的,可以合并审理。不属于同一人民法院管辖的,应当告知其向有管辖权的人民法院另行起诉；在代位权诉讼终结前,债务人对相对人的诉讼应当中止（《合同编通则解释》第39条）。

代位权诉讼中,人民法院经审理认为债权人的主张不符合代位权行使条件的,应当驳回诉讼请求,但是不影响债权人根据新的事实再次起诉。债务人的相对人仅以债权人提起代位权诉讼时债权人与债务人之间的债权债务关系未经生效法律文书确认为由,主张债权人提起的诉讼不符合代位权行使条件的,人民法院不予支持（《合同编通则解释》第40条）,因为法律文书不是债权债务关系发生和存续的法律事实,债权人据此客观事实提起代位权诉讼,具有法律上的依据。当然,一旦生效的法律文书否认了该债权债务关系,代位权诉讼便失去了事实依据和法律依据,债权人不能胜诉。

[①] 参见王利明、崔建远：《合同法新论·总则》,中国政法大学出版社1996年版,第386页。

债务人与其相对人之间的合同载有仲裁条款的,依合同相对性原则,不能约束债务人的债权人,就此来说,债权人可以置仲裁条款于不顾,提起债权人代位权诉讼。但这只是问题的一方面,另一方面是,完全放任债权人提起代位权诉讼,有时会牺牲债务人的相对人甚至债务人的权益,等于变相地规避了《民事诉讼法》第 127 条第 2 项关于"双方当事人达成书面仲裁协议申请仲裁、不得向人民法院起诉"的规定。究竟如何处理,见仁见智,《合同编通则解释》采取了一种折中方案:"债权人提起代位权诉讼后,债务人或者相对人以双方之间的债权债务关系订有仲裁协议为由对法院主管提出异议的,人民法院不予支持。但是,债务人或者相对人在首次开庭前就债务人与相对人之间的债权债务关系申请仲裁的,人民法院可以依法中止代位权诉讼"(第 36 条)。自此,任务开始摆在法律人的面前:归纳、整理出债务人与其相对人享有哪些抗辩权。

4. 代位权诉讼中的抗辩

在代位权诉讼中,债务人的相对人对债务人的抗辩,可以向债权人主张(《民法典》第 535 条第 3 款)。债权人提起代位权诉讼后,债务人无正当理由减免相对人的债务或延长相对人的履行期限的,这已经或将要损害债权人的正当权益,故不能允许相对人以此向债权人抗辩(《合同编通则解释》第 41 条),在债务人与其相对人恶意串通如此行事的情况下,尤应如此。

5. 代位权诉讼中的财产保全

在代位权诉讼中,债权人请求人民法院对债务人的相对人的财产采取保全措施的,应当提供相应的财产担保。

(四) 行使范围

由债权人代位权的规范意旨决定,债权人代位权的行使范围自然应被限制在保全债权的必要范围内。就该范围,《民法典》第 535 条第 2 款前段表述为"代位权的行使范围以债权人的到期债权为限"。在该必要范围内,债权人可以同时或顺次代位行使债务人的数个权利。但在行使一个权利就足以达到目的时,不得行使其他权利。① 债务人对相对人享有的债权不足以清偿其对两个以上债权人负担的债务的,人民法院应当按照债权人享有的债权比例确定相对人的履行份额,但是法律另有规定的除外(《合同编通则解释》第 37 条第 2 款)。《民法典》第 535 条第 2 款前段所谓"债权人",是限于行使代位权的债权人,还是也包括其他共同债权人?就《民法典》第 535 条第 2 款前段的文义来看,似应为行使代位权的债权人,但是,若采取行使代位权所获财产直接归入债务人的责任财产之中的"入库规则",其他共同债权人已经向债务人主张权利,则行使范围应扩及至已经主张权利的共同债权人的债权,不然,代位权人虽然付出了较高的成本却难以使自己的债权全部得到满足。

在代位权诉讼中,债权人行使代位权的请求数额超过债务人所负债额或超过次债务人对债务人所负债务额的,法律不保护超出部分。

(五) 可代位行使的行为类型

债权人行使代位权,限于保存行为和实行行为,原则上不包含处分行为。② 例如,不允许免除单纯债务、放弃权利、延缓受偿期限等处分行为。但是,如代位权的标的为易于腐烂变

---

① 参见〔日〕於保不二雄:《日本民法债权总论》,庄胜荣校订,五南图书出版有限公司 1998 年版,第 165 页。
② 史尚宽:《债法总论》(第 5 版),荣泰印书馆股份有限公司 1978 年版,第 452 页;黄薇主编:《中华人民共和国民法典合同编释义》,法律出版社 2020 年版,第 170 页。

质之物,则应允许代位债权人享有处分权。① 不仅如此,在与债务人的全部财产相关联,为保全债务人的财产所必要时,日本判例允许将债权、撤销权、解除权、买回权等权利的行使,以及买卖、抵销、变更等的交换利益行为,当作一种管理行为而加以实施。② 例如,在债务人对次债务人的债权未附担保,而次债务人对债务人的债权却附有担保的场合,债权人代位债务人主张抵销,债务人提供的担保即归消灭,对于债务人的责任财产自有裨益,应当允许。③

(六) 债权人代位权行使的期限限制

《合同法》未规定债权人代位权行使的期限,形成法律漏洞,《民法典》依然如此。可是,是权利,就有行使的一面。从平衡各方权益的需要这个角度讲,权利的行使应受时间限制,债权人代位权的行使亦然。

由于债权人的代位权不是固有意义上的形成权,债权人行使它的期间不宜适用除斥期间的规定。

因为债权人代位权是以债权人行使债务人对其相对人的权利为内容的法定权能,涉及债权人对于债务人的债权,以及债务人对其相对人的权利,所以,债权人在行使该权的期间上要受到双重限制:其一,受到债权人对于债务人的债权所要求的履行期限、诉讼时效期间、权利失效(期间)制度的限制。就是说,如果债权人对于债务人的债权尚未届期,那么,债权人欲行使代位权,债务人有权抗辩;即使债务人对于债权人的债务已届履行期,但因债权人怠于主张其债权,致使该债权超过了诉讼时效期间,当债权人行使代位权时,债务人亦可抗辩。退一步说,即使不存在履行期限、诉讼时效方面的问题,如果债权人的债权不行使的期间过长,以至于使人相信债权人不会再行使其权利,那么,债权人再行使其债权就有悖于诚信和公平的原则,也不应允许债权人再主张该债权。这就是权利失效(期间)制度。其二,受到债务人对其相对人的权利所要求的期间的限制。如果债务人对其相对人的权利为债权,则要受到该项债权的履行期、诉讼时效期间的限制;如果债务人对其相对人的权利是物权及物权请求权,则请求停止侵害、排除妨碍、消除危险的请求权不受诉讼时效的限制,不动产物权和登记的动产物权的权利人请求返还财产也不受诉讼时效的限制(《民法典》第196条第1项、第2项);如果债务人对其相对人的权利是抵销权等形成权,那么该权利显然受到除斥期间的制约;如果债务人对其相对人的权利是对重大误解等民事行为的撤销权,那么该权利还要受到诉讼行使方式的拘束;如果债务人对其相对人的权利是诉讼上的权利,那么该权利必须适用程序法的规定。

在物权及其请求权方面,同样存在着权利失效(期间)制度的限制。如果债务人对其相对人的物权请求权不行使的期间过长,以至于使人相信该债务人不会再行使其物权请求权,那么,债务人再行使其物权请求权就有悖于诚实信用和公平的原则,也不应允许他再主张该物权请求权。

四、债权人代位权行使的效力

(一) 对债务人的效力

1. 债务人是否丧失处分权

在债权人行使代位权后,债务人对于代位权标的的处分权应否受到限制,学说上颇有争

---

① 邱聪智:《新订民法债编通则》(下),中国人民大学出版社2004年版,第308页。
② 〔日〕於保不二雄:《日本民法债权总论》,庄胜荣校订,五南图书出版有限公司1998年版,第165页。
③ 林诚二:《民法债编总论——体系化解说》,中国人民大学出版社2003年版,第411页。

论。"肯定说"主张,在债权人将代位权行使的事实通知债务人后,或债务人已经知晓债权人行使代位权后,债务人对于债权人代位行使的权利,不得再予以行使,不得为处分行为,不得提起为行使权利的诉讼。① 这符合债权人代位权制度的规范目的,因为对于债务人的处分权能若不加以限制,允许债务人任意处分其财产,则债权人代位权制度的目的可能落空。"否定说"则认为,如何保全债权,在民事诉讼法上有保全程序的规定,债权人如不依法实施冻结、查封,则理应自行负担风险,"肯定说"似有使债权人代位权发挥冻结、查封程序的作用之虞,与交易安全的保护亦有抵触,解释上应以"否定说"为当。② "否定说"兼顾实体法和程序法,使二者相互衔接、配合,有其道理。

当然,即使按照"肯定说",对于超过债权人代位请求数额的债权部分,只要能够将之区隔出来,债务人也有处分的权能,可以向有管辖权的法院另行提起诉讼,只是在代位权诉讼的裁决发生法律效力以前,债务人提起的诉讼应当依法中止。

2. 诉讼时效的中断

债权人提起代位权诉讼的,应当认定对债权人的债权和债务人的债权均发生诉讼时效中断的效力(《诉讼时效制度规定》第16条)。并且,债权人对同一债权中的部分债权主张权利的,诉讼时效中断的效力及于剩余债权,但权利人明确表示放弃剩余债权的情形除外(《诉讼时效制度规定》第9条)。

3. 代位行使债权所得利益是否直接归属债务人

关于债权人行使代位权时,债务人的相对人所为清偿的归属,系债权人代位权行使的重要效果。对此采取何种规则,中国的司法解释和学说一直存在分歧。

《合同法解释(一)》第20条规定:"债权人向次债务人提起的代位权诉讼经人民法院审理后认定代位权成立的,由次债务人向债权人履行清偿义务,债权人与债务人、债务人与次债务人之间相应的债权债务关系即予消灭。"就次债务人(债务人的相对人)的清偿由提起代位权诉讼的债权人受偿,因未规定例外,故胜诉的债权人享有了优先受偿权。

《民法典》第537条前段重复了《合同法解释(一)》第20条的规定,同时特设后段"债务人对相对人的债权或者与该债权有关的从权利被采取保全、执行措施,或者债务人破产的,依照相关法律的规定处理",这就在某些情况下排除了胜诉的债权人的优先受偿权,以矫正债权人一律优先受偿规则所引发的缺陷。③

4. 费用的负担

债权人行使代位权的必要费用,由债务人负担(《民法典》第535条第2款后段),从权利的角度来说,该债权人享有费用偿还请求权。在债权人行使代位权属于对共同债权人的债权为保全时,此种费用可以作为共益费用,代位权人就债务人的责任财产具有使其债权受偿的效力。

此处所谓必要费用,范围如何?法无明文。诉讼费用、为诉讼调查取证所必须支出的费用、为财产保全所支出的费用、债权人代为受领次债务人的给付所支出的费用等,应当在内。当然,债权人行使代位权胜诉的,诉讼费用应由次债务人即债务人的相对人负担,从实现的债权中优先支付。

---

① 〔日〕於保不二雄:《日本民法债权总论》,庄胜荣校订,五南图书出版有限公司1998年版,第166页。
② 邱聪智:《新订民法债编通则》(下),中国人民大学出版社2004年版,第308页;林诚二:《民法债编总论——体系化解说》,中国人民大学出版社2003年版,第412—413页。
③ 关于该问题的详细分析,请见崔建远:《论中国〈民法典〉上的债权人代位权》,载《社会科学》2020年第11期。

为诉讼调查取证所必须支出的费用、为财产保全所支出的费用、债权人代为受领次债务人的给付所支出的费用、律师代理费、差旅费等费用,原则上应由债务人负担,还有法定委托关系说[1]、无因管理准用说等理论的支持。

按照法定委托关系说,在债权人代位权行使的过程中,债权人和债务人之间依法当然成立委托关系,债权人是受托人,债务人为委托人,代位行使债务人对于债务人的相对人的权利则属委托事务。依据委托关系,受托人在处理委托事务中所支出的必要费用自然由委托人负担,即使在此过程中受托人具有过失,也是如此。所以,债权人这个受托人行使代位权所支出的必要费用,即处理委托事务所支出的必要费用,应当由债务人这个委托人负担。

依据无因管理准用说,债权人行使代位权,相当于债权人(管理人)实施无因管理,应解释为未违反债务人(本人)的意思且有利于债务人(本人),为诉讼调查取证所必须支出的费用、为财产保全所支出的费用、债权人代为受领次债务人的给付所支出的费用、律师代理费、差旅费等费用,就是在无因管理过程中发生的必要费用,理应由债务人(本人)负担。只是特定物债权因代位权行使而实现,因规范性质及功能均为有异,并无债务人的利益归属及债权人全体均沾的问题,尚无无因管理费用求偿的适用。[2] 当然,存在着"反对说",认为债权人行使代位权欠缺为债务人谋利益的管理意思,债权人和债务人之间不成立无因管理。[3]

鉴于为诉讼调查取证所必须支出的费用、为财产保全所支出的费用、债权人代为受领次债务人的给付所支出的费用、律师代理费、差旅费等费用由债务人负担更为合理,鉴于债权人行使代位权在主观上不见得均有管理意思,法定委托关系说不失为一种可取的理论。当然,无因管理准用说也并非绝对不可成立,在债权人具有将债务人的相对人履行的利益归入债务人的责任财产之中的意思,即管理意思的情况下,可成立无因管理。不过,在债权人不具有此种管理意思的场合,则不构成无因管理。

5. 受领并保管债务人的相对人给付的标的物与留置权

代位权人受领债务人的相对人给付的标的物,并因保管该物而支出必要费用的,产生必要费用偿还请求权。该必要费用偿还请求权与该标的物属于同一法律关系,应当成立留置权。代位权人可就该留置物的变价使其必要费用偿还请求权优先受偿。[4] 而在债权人事实上优先受偿场合,其行使代位权的必要费用则不再构成共益费用,因而不应当再发生上述优先受偿权。

6. 代位权诉讼的裁判效力是否及于债务人

债权人因行使代位权,对债务人的相对人提起诉讼而获得裁判时,债务人或其他债权人参加诉讼的,参加者不得主张本诉讼的裁判不当,亦即为该裁判的效力所及。[5]

(二) 对债务人的相对人的效力

债权人代位行使的系债务人的权利,债权人的地位不宜超越债务人,亦即债务人的相对人对债务人原有的法律地位不因代位权行使而受影响。因此,债务人的相对人对债务人的

---

[1] 〔日〕於保不二雄:《债权总论》(新版),日本有斐阁1972年版,第176页。
[2] 参见邱聪智:《新订民法债编通则》(下),中国人民大学出版社2004年版,第310页。
[3] 林诚二:《民法债编总论——体系化解说》,中国人民大学出版社2003年版,第414页。
[4] 参见〔日〕奥田昌道:《债权总论》(增补版),日本悠悠社2000年版,第268页;林诚二:《民法债编总论——体系化解说》,中国人民大学出版社2003年版,第414页。
[5] 邱聪智:《新订民法债编通则》(下),中国人民大学出版社2004年版,第309页;林诚二:《民法债编总论——体系化解说》,中国人民大学出版社2003年版,第413页。

抗辩权,无论是本于原法律关系的抗辩(包括权利发生的抗辩、权利存续的抗辩和权利消灭的抗辩),抑或是抵销抗辩,债务人的相对人均可以之对抗行使代位权的债权人。[1] 不过,如果采取债权人代位权的行使发生限制债务人处分权的效力的观点,则于债权人行使代位权后,因债务人处分其财产而发生的抗辩权,债务人的相对人不得用来对抗债权人。[2]

(三) 对债权人的效力

若认为行使代位权的债权人有权直接请求债务人的相对人向其履行,使其债权具有优先受偿的效力,那么,债权人代位权就具有使债务人的相对人履行的利益直接归属于债权人的效力。当然,本书作者不赞同这种解释。

在采取"入库规则"的情况下,债权人不得对其他共同债权人主张优先受偿权。不过,债务人如同意以该利益清偿其对代位债权人的负债,其他共同债权人又未主张其债权,或代位债权人依强制执行程序行使的,则应认为发生清偿的效力。本书作者赞同这种观点,不过,同时强调,不应忽视下述实际情形及结果:(1) 在债权人提起代位权诉讼,其他债权人没有向债务人主张其债权、没有向债务人的相对人主张代位权的情况下,债务人的相对人的清偿虽然名义上归属于债务人,但也不影响债权人债权的自然实现。(2) 在债务人的相对人向债务人清偿的场合,债权人请求债务人清偿,债务人无权拒绝,债权人没有义务如同保管人那样守着次债务人给付的财产等待着睡眠的其他共同债权人醒来共沾利益。(3) 在债务人的相对人直接向债权人履行,但其他共同债权人向债务人主张债权的场合,按照"入库规则",给付物虽然交付给了债权人,但债权人并不能取得给付物的所有权,该给付物对于债权人来说属于不当得利,债权人负有向债务人返还不当得利的债务。不过,该返还债务与债务人对债权人的债务,若表现为金钱债务或其他类型的同种类债务,符合抵销权的要件,则债权人可主张抵销,无需实际返还不当得利。这在客观上使得债权"优先实现"。

至于债权人于代位受领债务人的相对人的给付后,可否主张抵销,存在着"肯定说"与"否定说"的争论,已如前述。本书作者原则上赞同"肯定说",但强调"返还债务与债务人对债权人的债务,表现为金钱债务或其他类型的同种类债务"这个要件。

对于行使代位权所生必要费用,债权人应享有偿付请求权,但在"特定物债权说"运用的领域除外。上文已述,不再赘言。

第三节 债权人撤销权

一、债权人撤销权概述

(一) 债权人撤销权的概念

债权人撤销权,是指债权人对于债务人所为的危害债权的行为,可请求法院予以撤销的权利。因为《民法典》第538条规定债权人撤销权必须以诉讼方式行使,这就会同时产生实体法和程序法上的效果,故债权人撤销权又称为废罢诉权或撤销诉权。[3]

---

[1] 邱聪智:《新订民法债编通则》(下),中国人民大学出版社2004年版,第309页;林诚二:《民法债编总论——体系化解说》,中国人民大学出版社2003年版,第413页。
[2] 邱聪智:《新订民法债编通则》(下),中国人民大学出版社2004年版,第309页。
[3] 参见林诚二:《民法债编总论——体系化解说》,中国人民大学出版社2003年版,第414页。

(二) 债权人撤销权的规范功能

债权人撤销权和债权人代位权同属合同债的保全制度,其结果均足以发挥保全债务人责任财产的功能。唯就权利行使的作用而言,二者仍有功能上的差异。即债权人代位权系以债务人的现有权为范围,对于既成的社会秩序尚无破坏,制度运作上的考虑较为单纯;债权人撤销权则不以债务人的现有权为限,其行使结果,足以破坏既成的社会制度,制度运作上的考虑较为复杂。①

债权人撤销权的行使,具有"侵略性",足以引起现有秩序的不安,于其作用可否如债权人代位权那样赋予实现特定物债权的功能,法律评价上难免颇费思量。"不得仅为保全特定债权而行使撤销权",以免债权人撤销权流为实现特定债权的作用。② 这是经过验证的结论,值得赞同。

(三) 债权人撤销权的性质

债权人撤销权的性质如何,众说纷纭,莫衷一是。兹对有代表性的几种界定简介如下,通过比较分析,选择其中之一。

1. 形成权说

形成权说认为,债权人撤销权是一种具有依债权人的意思而撤销债务人与第三人之间的法律行为(诈害行为)的效力的形成权。依此说,撤销权诉讼为形成之诉。该说主张的"撤销法律行为",为法律用语,并以形成权概念为基础,从形式逻辑上讲最为明白简洁。但是这一说法不仅超越保全责任财产的目的,强调撤销的绝对效力而引起不当交易关系的混乱,而且为取回责任财产还要援用债权人代位权,往往并不符合这一制度的目的。③

2. 请求权说

请求权说认为,债权人撤销权是向因债务人的行为而受利益的第三人直接请求返还的债权。该说的本质在于取回因诈害行为而散失的责任财产。它是德意志普通法兴起后的通说,最能适合债权人撤销权制度的目的。但 20 世纪开始强调形成权概念,使请求权说在形式逻辑上存在矛盾,特别是,在责任财产仍然存在、并未散失的情况下,成立了会导致责任财产散失的诈害行为,例如,赠与、买卖、保证等合同虽已订立但未实际履行,或免除债务的意思表示已经到达债务人之处,此类诈害行为是否能作为债权人撤销权的标的?采取请求权说予以说明,显然尴尬。其原因在于,撤销了这些诈害行为,却因第三人并未从债务人处受领财产而不存在请求返还的债权,不但表现出请求权说欠缺客观基础,而且使撤销成了只开花不结果的作秀。④

请求权说的内部又分为基于法律规定的返还请求权、基于侵权行为的返还请求权及类似于不当得利返还请求权等观点。依此说,撤销权诉讼为给付之诉。

3. 折中说

折中说认为,撤销权兼具形成权与请求权的性质。债权人撤销权的行使,一方面使债务人与第三人的法律行为归于无效,另一方面又使债务人的责任财产回复至行为前的状态。依此说,撤销权诉讼通常兼具形成之诉与给付之诉两种性质。中国学者多采此说。

---

① 邱聪智:《新订民法债编通则》(下),中国人民大学出版社 2004 年版,第 310 页。
② 同上书,第 310—311 页。
③ 〔日〕於保不二雄:《日本民法债权总论》,庄胜荣校订,五南图书出版有限公司 1998 年版,第 170 页。
④ 同上。

4. 责任说

责任说是 20 世纪 50 年代出现的新学说,由德国学者保卢斯(G. Paulus)最先提倡[1],影响及于日本。[2] 责任说将债权人撤销权作为一种伴有"责任上的无效"效果的形成权,撤销权诉讼便是一种形成诉讼。[3] 责任说尽管有力,但在日本尚属少数说,其基本构思如下:迄今为止的学说认为,是财产从债务人名下转移到受益人处(财产流失的物权效果)有害债权人,故欲恢复责任财产,须实际上(在物权上)将取回的财产归到债务人名下。责任说对此提出批评,认为准确以言,是财产物权流失的反射效果同时使它不再构成债务人的责任财产(责任法上的效果)有害债权人,故欲恢复责任财产,只要撤销这一反射性效果使之归于无效(责任上的无效)即可。[4] 撤销的效果是使撤销的相对人处于以其取得的财产对债务人的债务负责的状态。换言之,撤销的相对人只是被置于一种物上保证人的地位(物的有限责任),因而对于债务人的地位并不生任何影响。撤销权诉讼的被告,是仅以受益人或转得人为被告即可,并不必以债务人为被告。就债权人与撤销的相对人之间的责任关系的具体实现而言,债权人可以通过请求强制执行来直接实现(作为撤销的结果,债权人拥有了对于受益人或转得人的强制执行容忍请求权),不必将脱逸财产实际归还给债务人。使责任关系具体实现的手续,是与撤销诉讼一起或另行提起的责任诉讼(作为一种给付诉讼的强制执行容忍诉讼)。[5] 该说的难点在于,与德国法不同,日本法上没有责任之诉的诉讼形式,中国法亦然。

(四)债权人撤销权与其他撤销权

《民法典》第 476 条规定了要约的撤销权,第 147 条至第 151 条规定了意思表示瑕疵、显失公平场合的撤销权,第 145 条和第 171 条规定了效力待定法律行为中的撤销权,第 265 条第 2 款规定了在集体经济组织、村民委员会或其负责人作出的决定侵害集体成员合法权益的场合,受侵害的集体成员的撤销权;第 280 条第 2 款规定了在业主大会或业主委员会作出的决定侵害业主合法权益的场合,受侵害的业主的撤销权。这些撤销权与债权人撤销权均有差别,主要表现在如下几点:

(1)撤销的对象不同。《民法典》第 265 条第 2 款和第 280 条第 2 款规定的两种撤销权以有关主体作出的决定为对象,而非合同;第 476 条规定的撤销权以要约为对象,亦非合同;第 147 条至第 151 条规定的撤销权虽以包括合同在内的法律行为作为对象,但构成合同的意思表示存在瑕疵,或合同显失公平(其实,此类合同同样是意思表示存在瑕疵,若无瑕疵,即使显失公平原则上也不允许撤销);第 145 条和第 171 条规定的撤销权以效力待定的包括合同在内的法律行为作为对象。与这些都不相同的是,债权人撤销权的对象并非是意思表示存在瑕疵的合同,亦非效力待定的合同,在合同当事人之间也不宜用显失公平来判断。

(2)撤销权的法律性质不同。债权人撤销权的法律性质如何,虽然见解不一,已如上

---

[1] Gotthard Paulus, Sinn und Formen der Gläubigeranfechtung. Archiv für die civilistische Praxis Bd. 155, S. 277 ff., 1956. 日本学者对该文的介绍,参照〔日〕下森定:《关于保罗〈债权人撤销权的意义及诸形态〉一文》,载《法学志林》第 56 卷第 3 号(1958 年),第 205 页以下。

[2] 参见〔日〕下森定:《关于债权人撤销权的一个考察》,载《法学志林》第 57 卷第 2 号,第 3、4 合并号(1959—1960 年);〔日〕中野贞一郎:《债权人撤销诉讼和强制执行》,载《民事诉讼杂志》第 6 卷,第 53 页,后收于《诉讼关系与诉讼行为》(1961 年)。

[3] 〔日〕下森定:《债权法论点笔记》,日本评论社 1990 年版,第 120 页。

[4] 参照下森定教授在 2002 年 11 月 1 日于清华大学法学院所作讲演《日本民法中的债权人撤销权制度及其存在的问题》。

[5] 〔日〕下森定:《债权法论点笔记》,日本评论社 1990 年版,第 120 页。

述,但至少可认定它并非民法上典型的形成权。有学者称债权人撤销权乃流动开放的概念,尚难给予机械封闭的定义①,多数说认为它兼具形成权与请求权的性质。与此不同,上述其他各种撤销权均为典型的形成权。

(3) 法律效果不同。债权人撤销权直接发生债权性或物权性的利益返还请求权(后者还包括所有物返还请求权),上述其他撤销权只具有形成权的功能,即仅仅使被撤销的对象归于消灭,至于撤销后发生的不当得利返还请求权或物权请求权等后果,并非撤销权的直接效力,而属另外的法律制度。②

(五) 债权人撤销权制度的沿革

债权人撤销权起源于罗马法,由罗马法务官保罗(Paulus)创设,故又称之为保罗诉权(actio pauliana)。查士丁尼《法学总论(法学阶梯)》中有明文规定(Inst., 4.6.6.)。③ 后世许多法律都继受了它,有些是规定在民法典中的,比如《法国民法典》(第 1167 条,称废罢诉权,action paulienne)、《日本民法典》(第 424 条);而德国则采用特别法,瑞士规定在破产法中(第 285—292 条)。

二、债权人撤销权的成立要件

(一) 概述

罗马法将债务人的行为分为有偿行为与无偿行为。在无偿行为场合,仅有客观要件即可行使撤销权;而在有偿行为场合,还应具备主观要件。德国民法、瑞士债务法加以继受,规定:在有偿行为的情况下,债权人撤销权以债务人有恶意为成立要件;在无偿行为的情况下,该撤销权的成立不要求主观要件,因为无偿行为的撤销,仅使受益人失去无偿所得的利益,并未损害其固有利益,法律应首先保护受危害的债权人的利益。④ 中国《民法典》也区分债务人的行为系无偿行为场合的债权人撤销权与债务人系有偿行为场合的债权人撤销权,异其构成要件。在解释上,应认为这借鉴了德国等民法的理论。就是说,在有偿行为场合,债权人撤销权以债务人有恶意为成立要件,以受让人或转得人有恶意为行使要件。⑤ 有鉴于此,下文分别介绍债务人的行为系无偿行为时债权人撤销权的成立要件、债务人的行为系有偿行为时债权人撤销权的成立要件。

(二) 债务人的行为系无偿行为时的成立要件

1. 须为行为前成立的债权

此处所谓"债权",是指债权人对于债务人享有的债权;此处所谓的"行为",是指债务人与第三人实施的诈害行为。换句话表述,即为债权人对于债务人的债权,在债务人与第三人实施诈害行为时就已经存在。

因为债权人撤销权旨在保障债权人的债权,可否行使,本应以债权成立时债务人的财产状况为判断标准,所以,债务人实施诈害行为后成立的债权人对于债务人的债权,不得溯及既往而主张债权人撤销权,原因在于行为当时尚无诈害行为可言。同理,合同关系成立在前

---

① 邱聪智:《新订民法债编通则》(下),中国人民大学出版社 2004 年版,第 312 页。
② 参见同上。
③ 参见〔罗马〕查士丁尼:《法学总论——法学阶梯》,张企泰译,商务印书馆 1989 年版,第 207 页。
④ 值得注意的是,另外还有一类模式,不区分有偿行为抑或无偿行为,对债权人撤销权的要件(主观方面与客观方面)统一把握,该模式以法国法和日本法为代表。
⑤ 在日本民法理论上,并不作此种"成立要件"与"行使要件"的区分,统一地将其作为成立要件。

而其履行在后的,也不得将该履行行为作为诈害行为而主张撤销。合同关系更新的,对更新前的诈害行为也不得主张撤销,因为旧债务已告消灭。①

债务人的代理人实施的法律行为,直接对债务人发生效力,所以自然可以成为撤销的标的。

债务人以外的人实施的法律行为不能成为撤销的标的。例如,为了债务人而约定对自己的不动产设定抵押权的人让与其不动产的行为②;受益人实施的让与行为或设定抵押权的行为③;等等,都不能成为撤销权的对象。

2. 行为前成立的债权须为金钱债权或可转换为金钱债权的债权

债权人撤销权既为合同债的保全,那么,其债权只有为金钱债权或可转换为金钱债权的债权,才可允许债权人据此债权行使债权人撤销权。对不能转换为金钱债权的债权,不得行使债权人撤销权。反之,如为金钱债权或可转换为金钱债权的债权,即使其附有条件或期限或因时效完成而产生抗辩权,也可行使债权人撤销权;附有保证的债权亦同。即使附有担保物权,如担保物的价值不足以清偿债务,亦享有债权人撤销权。④

3. 债务人所为的行为系无偿行为

(1) 债务人的无偿行为,系债权人撤销权的标的。对此,《民法典》第538条关于"债务人以放弃其债权、放弃债权担保、无偿转让财产等方式无偿处分财产权益,或者恶意延长其到期债权的履行期限,影响债权人的债权实现的,债权人可以请求人民法院撤销债务人的行为"的规定,确认了这种观点。

无偿转让财产属于无偿行为,一眼即明。但债务人放弃债权、放弃债权担保究为有偿行为抑或无偿行为,必须以其有无对价而定,无对价的,为无偿行为;有对价的,系有偿行为。若其实际上有对价,则债权人有无撤销它们的权利,就不由《民法典》第538条调整,而是由第539条管辖。

《民法典》第538条规定的"债务人……恶意延长其到期债权的履行期限"的行为,是否属于无偿处分其财产的行为?回答应是肯定的。在这里,有必要区分产生该债权的法律行为与延长该债权的履行期限的行为,前者可能大多为有偿,但该有偿不自然地带入后者之中。换个角度表述,"债务人……恶意延长其到期债权的履行期限"的行为,是有偿的还是无偿的,应被单独判断。如果该延长没有相对人提供对价,则该延长行为为无偿行为;如果该延长已由相对人提供对价,则该延长行为属于有偿行为。属于后者的比较鲜见。

(2)《民法典》第538条先列举债务人无偿处分的主要行为类型,唯恐挂一漏万,再尾随"等"字。这意味着与债务人"放弃其债权、放弃债权担保、无偿转让财产""恶意延长其到期债权的履行期限"类似的"影响债权人的债权实现的"行为,均可允许债权人予以撤销。

(3) 债务人"放弃其债权、放弃债权担保、无偿转让财产""恶意延长其到期债权的履行期限",在结果的层面,均为客观事实。客观事实已经实实在在地留存于世,无法抹去。所以,债权人撤销权的对象不会是客观事实。不过,转换视角,它们都是债务人的意思表示,甚至有的还有第三人的意思表示。在这个层面,它们属于法律行为。法律行为才是债权人撤

---

① 邱聪智:《新订民法债编通则》(下),中国人民大学出版社2004年版,第312页。
② 1904年2月9日大民判(民录9辑132页)。
③ 1917年3月30日大民判(民录22辑671页);1919年11月25日大民判(民录24辑2254页)。
④ 邱聪智:《新订民法债编通则》(下),中国人民大学出版社2004年版,第313页;林诚二:《民法债编总论——体系化解说》,中国人民大学出版社2003年版,第416页。

销权的标的。"放弃其债权、放弃债权担保、无偿转让财产",归属法律行为的范畴,债权人撤销的对象就是"放弃其债权、放弃债权担保、无偿转让财产"的意思表示/合意本身,这一眼即明,无需赘言;"恶意延长其到期债权的履行期限"亦属法律行为,债权人撤销的对象到底是什么,则需要多说几句。

债务人"恶意延长其到期债权的履行期限",是对原合同约定事项的改变,是债务人与其相对人就原定履行期限的延长所达成的合意,这属于合同变更的范畴。由于不可说原定履行期限影响债权人的债权实现,尽管实际结果如此,债权人也得忍受,因而,只能说债务人与其相对人变更的履行期限影响了债权人的债权实现,在债务人恶意如此行事的情况下,该合同变更成为债权人撤销的对象。

债权人撤销"债务人……恶意延长其到期债权的履行期限"的行为,该行为便自始归于无效,转得人基于该行为取得的给付物,失去法律根据,变成无权占有。此时此刻,债权人有权援用《民法典》第538条的规定,代债务人之位请求转得人予以返还。于此场合,暗含着这样的意思:在债务人与转得人之间关于延长到期债权的合意有效的情况下,转得人取得的给付物有法律根据,债权人请求转得人返还,就侵入了转得人的社会生活和法律生活,过分了。有鉴于此,必须严格此种撤销的构成要件。

(4)最后,有必要言明:可由债权人撤销的法律行为,既有合同,也有单独行为,但不包括债务人单纯的不作为。学说认为,赠与、无息借贷、保证、合伙等真正有效的合同,遗赠、捐助、债务免除等真正有效的单独行为,均可作为债权人撤销权的标的;而无效的法律行为、债务人单纯的不作为、事实行为不得撤销。无效的法律行为当然无效,无需撤销,债权人只需主张无效,即可保全自己的权利。事实行为,无论其为作为还是不作为,无从撤销。① 此其一。至于准法律行为,例如催告、通知让与债权、为中断时效期间而承认债务等,以及虽未实施法律行为而在法律上给予同一后果的行为,例如撤销或不予追认被当作实施了法律上的追认或拒绝追认(法定追认),可否作为债权人撤销权的标的,《民法典》没有涉及,参阅境外的判例、学说,意见不一。在日本,有判例、学说则持肯定的立场,理由在于,债权人撤销权以保全债权共同担保为目的,债务人的行为只要具有减少财产的法律后果,并不限于法律行为,准法律行为亦然,即应允许债权人撤销之。② 这些正反两方面的意见均值重视,待经验、教训积累多了,再下定论。此其二。

4. 须债务人的行为影响债权人的债权实现

所谓有害于债权人的债权,是指债务人减少其积极财产(如让与所有权、设立他物权、免除债权等),或增加消极财产(如承担债务),足以减少其一般财产,削弱共同担保,使债权受有损害而不能获得完全清偿的现象。③ 现存财产的变形,例如买卖、互易等,不一定导致资力减少的结果,只要有相当的对价,就不属于有害债权的行为。债务人实施使债权受有损害而不能获得完全清偿的行为,通称之为诈害债权的行为,或径称之为诈害行为。

诈害行为乃债权人撤销权成立的中心要件。是否影响债权人的债权实现,而构成诈害

---

① 〔日〕於保不二雄:《日本民法债权总论》,庄胜荣校订,五南图书出版有限公司1998年版,第172页;邱聪智:《新订民法债编通则》(下),中国人民大学出版社2004年版,第313页;林诚二:《民法债编总论——体系化解说》,中国人民大学出版社2003年版,第416页。
② 〔日〕於保不二雄:《日本民法债权总论》,庄胜荣校订,五南图书出版有限公司1998年版,第172页。
③ 邱聪智:《新订民法债编通则》(下),中国人民大学出版社2004年版,第314页;林诚二:《民法债编总论——体系化解说》,中国人民大学出版社2003年版,第416页。

行为，不宜如债权人代位权那样采取"无资力说"和"特定债权说"并存、各有其运用领域的模式，而应一律以"无资力说"来判断债务人的行为是否影响债权人的债权实现，构成诈害行为。其道理在于，在债权人代位权制度中，债务人的义务人本应履行其义务却不履行，应受责难；债权人代位行使债务人对其相对人的权利，并未损害他们的利益，亦未侵害他们的自由，"对于第三人、债务人，都能造成原来应有的状态，所以其影响力很小"①，对债权人行使代位权的限制不宜过严。不论是债务人无资力导致不特定物债权及金钱债权产生保全的必要，还是债务人因其相对人不交付特定物而无法清偿债权人的特定物债权，都成立债权人代位权。与此不同，债权人撤销权具有"侵略性"，其行使，便否认了债务人实施的行为，撕毁了一个市场主体的各个交易行为；回复了第三人因债务人免除行为而消灭的债务，取回了第三人因债务人赠与而获得的财产。实际上，无论是从合同的相对性原则来讲，还是遵从交易安全原则的要求，债权人都不宜、不得撤销另外两方市场主体的正常的交易行为，只有在为数不多的情况下，才不得已地允许撤销。这从《民法典》第221条第1款的规定及其效力可以得到印证。该条款仅仅赋权办理了预告登记的债权人或若干物权人不同意处分人再次处分预告登记权利的标的物，并且使该不同意具有否定该再次处分所引发的物权变动的效力。因此，对债权人撤销权的构成和行使必须严加限制。再者，若采"特定物债权说"，则债务人免除其相对人给付特定物债务、债务人将特定物赠与其相对人的行为，都能被认定为影响了债权人的债权实现，构成了诈害行为，债权人可将之撤销。如此一来，会导致如下复杂且不太合理的结局：在债权人行使撤销权之前，该第三人已将该特定物出卖给下手，甚至已经交付或办理完毕移转登记手续，本属有权处分，该下手有充分依据取得该特定物的所有权。可是，现因债权人行使撤销权，该第三人出卖该特定物反倒变成了无权处分，该下手能否保有该特定物成为疑问，除非债务人追认该交易行为，或该交易具备《民法典》第311条第1款规定的要件，该下手善意取得该特定物。如果排斥"特定物债权说"，一律采取"无资力说"，就不会出现上述复杂且不尽合理的局面。

因此，在债权人撤销权制度中，通说对影响债权人的债权实现的判断均采"无资力说"。但如何认定债务人无资力，观点不同。瑞士民法认为无资力是指"债务超过"（Überschulden），而德国和奥地利的民法则把"支付不能"（Zalungsunfähigkeit）认为是无资力。不过，有力说已改采更为宽松的标准，只要发生履行困难，即可认定为债权受到损害，可行使债权人撤销权。在中国法上，宜采"债务超过说"，即如果债务人在处分其财产后便不具有足够资产清偿债权人的债权，就认定该行为影响债权人的债权实现，债权人可行使撤销权。如果债务人在处分其财产后仍有清偿债权人债权的资产，就不能认为该行为为有害债权。

笔者进而主张，所谓债务人在处分其财产后便不具有足够资产清偿债权人的债权，不宜采取债务人的正资产与负债简单地对比数量的判断方法，而应树立只要债务人可控制或曰可支配的财产不足以清偿到期债权的观念。所谓债务人的正资产与负债简单地对比数量，例如债务人可控制或曰可支配的财产为200万元人民币，对其相对人的债权为100万元人民币，对于债权人所欠债务为260万元人民币，但此处所谓100万元人民币的债权何时能够实现，是个未知数，至少在债务人对其债权人的260万元人民币的债务已届清偿期时仍未实现。于此场合，尽管债务人的责任财产为300万元人民币，超出其所欠债权人的260万元人民币，但债权人对于债务人的债权至多实现200万元人民币，余下的60万元人民币何时实

---

① 〔日〕於保不二雄：《日本民法债权总论》，庄胜荣校订，五南图书出版有限公司1998年版，第169页。

现、能否实现十分不确定。如果采取可控制或曰可支配的财产不足以清偿对债权人所负的到期债务就构成无资力的观点，那么，债权人撤销权的构成要件已经具备，债权人可以撤销债务人与其相对人之间的赠与合同。反之，如果不采取可控制或曰可支配的财产不足以清偿对债权人所负的到期债务就构成无资力的观点，则债权人撤销权的构成要件尚不具备，债权人无权撤销债务人与其相对人之间的赠与合同。可是，这样一来，债权人的债权很可能难以实现至少是难以全部实现。有鉴于此，笔者力主可控制或曰可支配的财产不足以清偿到期债务即构成债权人撤销权的观点。这也与《最高人民法院关于适用〈中华人民共和国企业破产法〉若干问题的规定(一)》的下述理念相同，即第1条第1款第2项规定：债务人不能清偿到期债务并且明显缺乏清偿能力的，人民法院应当认定其具备破产原因。第2条规定：下列情形同时存在的，人民法院应当认定债务人不能清偿到期债务：(1) 债权债务关系依法成立；(2) 债务履行期限已经届满；(3) 债务人未完全清偿债务。第4条规定：债务人账面资产虽大于负债，但存在下列情形之一的，人民法院应当认定其明显缺乏清偿能力：(1) 因资金严重不足或者财产不能变现等原因，无法清偿债务；(2) 法定代表人下落不明且无其他人员负责管理财产，无法清偿债务；(3) 经人民法院强制执行，无法清偿债务；(4) 长期亏损且经营扭亏困难，无法清偿债务；(5) 导致债务人丧失清偿能力的其他情形。这些规定体现着一个思想：尽管债务人的责任财产的数额多于负债，但只要债务人的现金流中断，不能清偿到期债务，就应认定为具备了破产原因。应当说，一家企业进入破产程序后，后果的严重程度超过债权人撤销权的行使。举重以明轻，债权人撤销权的构成采取可控制或曰可支配的财产不足以清偿到期债务之说，就是可取的。

需要具体讨论的，至少有清偿、提存、抵销、设立抵押权、债务人资力变动、无权处分的承认与影响债权人的债权实现之间的关系。

债务人就现存债务为清偿，固然产生减少积极财产的结果，但同时也减少消极财产，对于债务人的资力并无影响，难谓影响债权人的债权实现，故不得将之认定为诈害行为，不许债权人行使撤销权。① 提存、抵销亦应为同一解释。不过，期前清偿牺牲了期限利益，在代物清偿场合，代偿物的价值高于债权额的，若导致债务人的资力减弱，害及一般债权的，则仍属诈害行为，可被撤销。②

债务人与其相对人之间的行为所产生的债务，必须后于债权人的债权产生之时，这还不足够，尚需观察、比较债权人的债权的履行期与债务人所为无偿行为的履行期，而后得出结论。

债务人实施法律行为时尚有资力，但其后因情事变动而变成无资力的，债权人不得撤销该法律行为，因为有无诈害债权应以行为时的资力状态为判断标准。反之，行为时无资力，其后变为有资力的，则因诈害状态已经除去，亦因债权已无保全的必要，而不得再行撤销之。③

除债务人设立担保物权以外的交易，如债务人将其财产赠与他人、低价转让给他人，只要这些法律行为的履行期迟于债权人的债权的履行期，就不会影响债权人的债权实现。不过，这些法律行为的履行期先于债权人的债权的履行期的，就会影响债权人的债权实现。

---

① 邱聪智：《新订民法债编通则》(下)，中国人民大学出版社2004年版，第315页。
② 同上；林诚二：《民法债编总论——体系化解说》，中国人民大学出版社2003年版，第417页。
③ 邱聪智：《新订民法债编通则》(下)，中国人民大学出版社2004年版，第315—316页。

第三人无权处分债务人的财产,债务人对此予以承认的,无权处分合同有效,若该合同为有偿且其对待给付相当,则债务人的资力未受影响,债权人不得将之撤销;若该合同为无偿,或虽有偿但代价过低,则债务人的资力受到影响,债权人可以将之撤销。无权代理的承认,亦作同一解释。①

对于《民法典》第 538 条所谓债务人放弃债权担保,不可断章取义,必须全面地、完整地理解之。就是说,不可一见到债务人放弃债权担保,就认定债权人撤销权成立,而应审查该放弃是否影响了债权人的债权实现。这是因为,债务人放弃债权担保,并未消灭其债权,在所弃担保为物的担保的场合,只不过把具有优先受偿效力的债权变成了以平等性为特色的普通债权罢了;在所弃担保为金钱担保的场合,债务人的责任财产便直接减少或无法扩张;在所弃担保为保证的场合,只得单纯地依赖债务人的责任财产。既然如此,债务人于其责任财产十分丰厚时放弃某特定债权的担保,丝毫不影响他清偿债权人的债权的能力,于此场合,不符合债权人撤销权的成立所要求的条件。在债权人的债权不关注特定物的交易类型中,更应这样思考问题。与这种情形不同,在债务人的相对人的责任财产不足以清偿数个并存的债权的场合,债务人放弃债权担保,其债权很可能不能全部甚至全部不能获得清偿;该种结果偏偏遇上债务人的责任财产状况不佳时,就会影响债权人的债权实现,这才具备债权人撤销权的成立要件。虽然债务人放弃债权担保,致使债权不能全部或全部不能获得清偿,但债务人仍有足够的责任财产来清偿债权人的债权时,这也不具备债权人撤销权成立的要件。

债务人为他人的债务提供担保,必须影响债权人的债权实现,方可为债权人撤销权的行使对象。

5. 债务人的行为必须以财产为标的

所谓以财产为标的的行为,是指在财产上受到直接影响的行为。之所以将债权人撤销权的标的限于债务人以财产为标的的行为,是因为债权人撤销权的目的在于维持债务人的责任财产,债务人的行为,非以财产为标的者,本与责任财产无关,债权人对之自无撤销权可言。因此,如结婚、收养或终止收养、继承的放弃或承认等行为,不以财产为标的,即使对债务人的财产发生不利的影响,债权人也不得撤销。债务人拒绝受领利益的,亦应为同一的解释。例如,债务人拒绝对要约承诺,债权人不得撤销债务人的该拒绝行为。②

在这里,成问题的是,债务人放弃继承,可否作为债权人撤销权的标的。有学者认为,继承人放弃继承,在性质上亦为遗产的处分,属于以财产为标的的行为,如其结果有害债权,则应允许债权人撤销。③ 该见解有道理,值得借鉴。

只要具备以上要件,不要求债务人主观上明知其行为有害债权人的债权,债权人即可行使撤销权。

(三) 债务人的行为系有偿行为时的成立要件

债务人所为的行为若为有偿行为,则债权人撤销权的成立要件,除上述无偿行为的有关

---

① 邱聪智:《新订民法债编通则》(下),中国人民大学出版社 2004 年版,第 316 页。
② 同上。
③ 戴修瓒:《民法债编总论》,台湾 1955 年自版,第 192 页;王伯琦:《民法债编总论》,正中书局 1962 年版,第 191 页;孙森焱:《民法债编总论》,三民书局 1979 年版,第 462 页;戴东雄:《继承法实例研究》,台大法学丛书 1982 年,第 176 页以下;邱聪智:《新订民法债编通则》(下),中国人民大学出版社 2004 年版,第 316 页;林诚二:《民法债编论——体系化解说》,中国人民大学出版社 2003 年版,第 418 页。

要件外,尚需主观要件。

1. 客观要件

（1）概说

客观要件包括:须为行为前成立的债权;行为前成立的债权须为金钱债权或可转换为金钱债权的债权;债务人所为的行为系有偿行为;须债务人的行为影响债权人的债权实现;债务人的行为必须以财产为标的。除第三项要件"债务人所为的行为系有偿行为"之外,其他各项要件均与上文"（二）债务人的行为系无偿行为时的成立要件"相同,不再赘述。第三项要件在《民法典》第539条中叫作"债务人以明显不合理的低价转让财产、以明显不合理的高价受让他人财产或者为他人的债务提供担保"。

（2）债务人以明显不合理的低价转让财产

《民法典》第539条所谓"债务人以明显不合理的低价转让财产……影响债权人的债权实现"中的对价合理与否,在判断上采取何种标准？《合同编通则解释》第42条回答为:人民法院应当按照交易当地一般经营者的判断,并参考交易时交易地的市场交易价或者物价部门指导价予以认定（第1款）。转让价格未达到交易时交易地的市场交易价或者指导价70%的,一般可以认定为"明显不合理的低价"（第2款前段）。

（3）债务人以明显不合理的高价受让他人财产

应当看到,按债权人撤销权制度的立法目的衡量,《合同法》第74条第1款后段规定的可撤销的有偿行为过于狭窄,《民法典》规定"债务人……以明显不合理的高价受让他人财产"（第539条）。对于其中高价与否的判断,《合同编通则解释》第42条回答为:人民法院应当按照交易当地一般经营者的判断,并参考交易时交易地的市场交易价或者物价部门指导价予以认定（第1款）。受让价格高于交易时交易地的市场交易价或者指导价30%的,一般可以认定为"明显不合理的高价"（第2款后段）。《民法典》增加该种诈害行为作为债权人撤销权的对象,确有道理:债权人撤销权制度的目的及功能是维持债务人的责任财产,无论债务人以明显不合理的低价转让财产,还是债务人以明显不合理的高价受让他人财产,都是在减少债务人的责任财产,它们之于债务人的责任财产的状况,所导致的结果是一样的,只不过前者是积极地减少财产,后者是消极地增加债务。遵循相似的事物相同处理的公平理念,对于这两类诈害行为应该同等对待,其中任何一种影响债权人的债权实现时,债权人都有权主张撤销。

其实,《民法典》第539条增加债务人以明显不合理的高价受让他人财产为可撤销的对象,仍不足以使债务人的责任财产总是维持在适当状态,以保障债权人的债权得以实现。据此应得出结论:只要债务人的行为减少了责任财产,并害及债权人的债权,就应成为撤销权行使的对象。为此应通过目的性扩张的方法,补充进催告、通知让与债权、为中断诉讼时效而承认债务等准法律行为,以及虽未施行法律行为而法律上给予同一后果的行为,如撤销或不予追认被当作实施了法律上的追认。还有,一般来说,单纯诉讼行为不得撤销,但裁判上的和解抵销、放弃请求、承诺等减少财产或增加财产负担的适法行为,也可以撤销。①

值得注意,《合同编通则解释》承认例外:"债务人与相对人存在亲属关系、关联关系的,不受前款规定的百分之七十、百分之三十的限制"（第42条第3款）。这有一定的道理,亲属之间转让财产,不遵循商品交换规则,除非他们明确表示遵循。关联关系,存在"堤外损失堤

---

① 〔日〕於保不二雄:《日本民法债权总论》,庄胜荣校订,五南图书出版有限公司1998年版,第172页。

内补"的复杂交易安排,不宜局限于某一特定财产转让关系。不过,本书作者仍觉得应再设例外:亲属之间转让财产明确表示遵循等价有偿原则的,关联企业之间转让财产规避法律、法规及规章的强制性规定或损害第三人权益的,仍应适用《合同编通则解释》第 42 条第 1 款和第 2 款的规定。

(4) 债务人为他人的债务提供担保

《民法典》第 539 条规定:"债务人……为他人的债务提供担保,影响债权人的债权实现,债务人的相对人知道或者应当知道该情形的,债权人可以请求人民法院撤销债务人的行为。"这是《合同法》及《合同法解释(一)》《合同法解释(二)》均未规定的诈害行为类型。对《民法典》的该项增设,一方面表示完全赞同,另一方面强调,务必全面地、完整地把握其精神实质,即仅仅有"债务人……为他人的债务提供担保",没有"影响债权人的债权实现"的后果,以及"债务人的相对人知道或者应当知道该情形"的主观要件,是不允许债权人撤销的。其道理如下:

有学说认为,债权人撤销权的成立要件之一是,债务人与其相对人之间的行为所产生的债务,必须后于债权人的债权产生之时。[①] 对此,一是接受,二是需要补充。因为成立之后的法律行为未必都影响债权人的债权实现,所以,尚需观察、比较债权人的债权的履行期与债务人为他人的债务提供担保的设立日期或实行日期。

抵押权、质权一经设立,基于物权的追及效力,担保权人的权利效力优先于债权人的债权,即使债权人自债务人处取得了标的物的所有权或其他物权,但只要该物属于担保物,则在抵押权、质权实行时,债权人也无权阻击担保权人实现担保物权,对抗不了拍卖、变卖该物的担保物权的效力。就此看来,债权人的债权产生之后,债务人再向其相对人设立抵押权、质权,有可能影响债权人的债权实现。至于实际上是否影响,一是取决于债务人的责任财产是否足够清偿数个并存的债权,包括债权人的债权;二是受制于判断和认定"影响债权人的债权实现"到底采取"无资力说"还是"特定物债权说",本书作者赞同"无资力说"。如此,如果在债权人的债权成立之后,债务人以其特定物/权利为他人设立抵押权或质权,担保物权人实行担保物权后,债务人还有足够的责任财产清偿债权人的债权,那么,债权人的债权实现未受影响,债权人撤销权不成立;反之,如果在债权人的债权成立之后,债务人以其特定物/权利为他人设立抵押权或质权,担保物权人一经实行担保物权,债务人便无足够的责任财产清偿债权人的债权,那么,债权人的债权实现就受到影响,成立债权人撤销权。

如果在债权人的债权成立之后,债务人的动产成为第三人的留置物,债权人撤销权成立与否,其机理和结论与上个自然段所述大体相同,但也有特殊之处。如果留置物恰好是债权人的债权的标的物,又脱离了留置权人的占有,交付到债权人之手。于此场合,留置权无追及效力,债权人有权保有该留置物,可以对抗"留置权"人的返还请求。就是说,债权人的债权未因标的物成为留置物而无法实现,故不成立债权人撤销权。

如果在债权人的债权成立之后,债务人为他人的债务设立定金、押金或保证金的担保,债务人的责任财产因此而不足以清偿债权人的债权的,那么,成立债权人撤销权;反之,债务人的责任财产尚有足够的可控制的财产用于清偿债权人的债权的,则不成立债权人撤销权。

如果在债权人的债权成立之后,债务人充任第三人的保证人,实际承担保证责任的日期先于债权人的债权的履行期限,债务人实际承担保证责任之后,无力清偿债权人的债权的,

---

[①] 孙森焱:《民法债编总论》(下册),法律出版社 2006 年版,第 537 页。

成立债权人撤销权。此其一。如果在债权人的债权成立之后,债务人充任第三人的保证人,但实际承担保证责任的日期迟于债权人的债权的履行期限,未等第三人请求债务人承担保证责任,债权人的债权的履行期限即届满,债权人请求债务人清偿,债务人满足该项请求,那么,债权人的债权实现未因债务人为他人的债务提供人的担保而受影响,故不成立债权人撤销权。此其二。不过,虽然第三人请求债务人承担保证责任的日期尚未届至,但该第三人以行使不安抗辩权等事由先于债权人向人民法院申请保全、先予执行,并获准,债务人除此而外的责任财产不足以清偿债权人的债权的,仍然成立债权人撤销权。此其三。

在债权人的债权成立之后,债务人为他人的债务设立让与担保,在外观上转移的是该财产的物权,或是知识产权,或是股权,等等,由此给债权人的债权实现带来的危险,高于债务人以其特定财产设立抵押权、质权,所以,应当比照债务人为他人的债务提供抵押权、质权担保的规则予以处理。债务人若为他人的债务设立让与担保,其可控制的责任财产足以清偿债权人的债权的,则不成立债权人撤销权;反之,若不足以清偿债权人的债权的,则成立债权人撤销权。

在债权人的债权成立之后,债务人与他人形成交易关系,或基于此前产生的交易关系,依约将一定数额的资金划入特定账户之内。他们之间的合同约定,该特定账户由债务人、甲、乙、丙、丁共管,非经该五人同意并完成特定程序,无法动用划入该特定账户内的资金。这种新型的交易关系,虽非《民法典》设计的担保,但其之于债权人的债权实现,与典型担保之于债权人的债权实现,具有类似性,可借鉴前述机理来理解和处理。总的来讲,债务人若依约将一定数额的资金划入特定账户之内,其责任财产除去该笔资金仍足够清偿债权人的债权,那么,不成立债权人撤销权;反之,成立债权人撤销权。

最后,在这方面,需要注意《企业破产法》的特别规定。如其第31条规定,对没有财产担保的债务提供财产担保的行为,债权人可以撤销(第3项)。对未到期的债务提前清偿的行为,亦可撤销(第4项)。此外,第32条规定,人民法院受理破产申请前6个月内,债务人不能清偿到期债务,并且资产不足以清偿全部债务或明显缺乏清偿能力,仍对个别债权人进行清偿的,管理人有权请求人民法院予以撤销。但是,个别清偿使债务人财产受益的除外。

(5)债务人以明显不合理的价格,实施互易财产、以物抵债、出租或承租财产、知识产权许可使用等行为

债务人将其财产作价低,与相对人互易、以物抵债,出租财产时租金明显偏低,承租财产时租金明显偏高,许可他人廉价地使用其知识产权,以及其他降低其责任财产的交易,影响债权人的债权实现的,应当适用《合同编通则解释》第43条的规定,支持债权人行使撤销权。反之,债务人将其财产作价高,与相对人互易、以物抵债,出租财产时租金高,承租财产时租金低,许可他人使用其知识产权时高收费,以及其他增值责任财产的交易,都不影响债权人的债权实现,就不得适用《合同编通则解释》第43条的规定,不支持债权人行使撤销权。

2. 主观要件

在债务人的行为系有偿行为的情况下,债权人撤销权的成立,还需要债务人的恶意、受益人的恶意等主观要件。

(1)债务人的恶意

债权人撤销权成立所需要的恶意,传统民法上限于明知[《法国民法典》(新债法)第1341-2条后段,《日本民法典》第424条第1项],中国《民法典》第539条虽然未使用"明知"

的措辞,但其文义和规范意旨决定了需要债务人实施诈害行为应当出于明知。

债务人在实施诈害行为时,了解该行为有害于债权人即可,无需具有积极的意欲,简言之,债务人有消极的认识就构成诈害意思。① 换个表述,以债务人预见其行为可能引起或增加其无资力状态为已足,不以有积极损害的期望为必要,仅消极的有此认识为已足。② 而且,诈害的认识,只要有害于一般的债权人,使共同担保产生不足,即可成立,没有必要认识有害于特定的债权人。③ 这些观点较好地平衡了债权人和债务人的利益关系,值得中国法借鉴。

债务人的恶意,以实施诈害行为时有会害及债权人的认识为准。行为时没有认识,而后为恶意的,不成立诈害行为。只要债务人实施行为时没有认识到这会害及债权人,即使有过失也不成立债权人撤销权。④ 这些观点较好地平衡了债权人和债务人的利益关系,值得中国法借鉴。

诈害行为由债务人的代理人实施的,其恶意的有无,就代理人的主观状态加以判断。债务人虽有恶意,但事实上未产生有害于债权人的结果的,不成立撤销权。

(2) 债务人的相对人的恶意

《民法典》第 539 条所谓(债务人的)相对人,与《日本民法典》第 424 条第 1 项所用受益人的称谓相对应,是指基于债务人的行为而取得权益的人。例如,债务人乙将其 A 楼赠与或以明显不合理的低价出卖给丙,导致无力清偿所欠债权人的债务。此处之丙,即为《民法典》第 539 条所指相对人。相对人的命名,在绝大多数情况下名实相符,但在为第三人利益的合同中的受益人,系第三人,不是合同的相对人,故受益人的术语更为确切。

受益人/相对人的恶意,按照《日本民法典》第 424 条第 1 项的规定及其理论,是指受益人受益时已经知道债务人所为的诈害行为有害于债权人的债权,也就是说已经认识到了该行为对债权损害的事实。⑤ 至于受益人是否知悉债务人亦为恶意,则在所不问。受益人是否明知,以受益时为准。故受益当时,苟属不知,纵令嗣后知悉,债权人也不得行使撤销权。至于受益人的不知是否出于过失,在所不问。盖受益人因有偿行为取得的利益,既系基于善意,即当予以保护,以维护交易安全。⑥ 在受益人受利益与债务人行为在时间上不一致时,只要受益人在受益时为恶意,不论行为时是善意还是恶意,就认定为恶意。

尽管这有其道理,但《民法典》仍未完全沿袭之,而是把相对人/受益人的恶意界定为其"知道或者应当知道"诈害行为影响债权人的债权实现,即增加了"应当知道"(第 539 条),《合同编通则解释》亦然(第 43 条)。比较而言,笔者更赞同《民法典》及《合同编通则解释》的理念及规定,因为法谚有云:"重大过失等同于故意",重大过失地不知亦为恶意,受益人应当知道诈害行为的后果却仍与债务人为之,属于重大过失,构成恶意。此其一。从举证证明的实务操作看,债权人举证证明受益人明知,实在困难,几乎证明不了,这在客观结果上使得债权人撤销权的规范变成具文;而"应当知道"在举证证明上已经客观化,债权人举证证明相

---

① 〔日〕1904 年 11 月 27 日大民判(民录 9 辑 1320 页);1957 年 4 月 28 日最高民判(民集 14 卷 1046 页);〔日〕於保不二雄:《日本民法债权总论》,庄胜荣校订,五南图书出版有限公司 1998 年版,第 184 页。
② 孙森焱:《民法债编总论》(下册),法律出版社 2006 年版,第 544 页;林诚二:《民法债编总论——体系化解说》,中国人民大学出版社 2003 年版,第 418 页。
③ 〔日〕於保不二雄:《日本民法债权总论》,庄胜荣校订,五南图书出版有限公司 1998 年版,第 184 页。
④ 〔日〕1963 年 10 月 10 日最高民判(民集 17 卷 1313 页);〔日〕於保不二雄:《日本民法债权总论》,庄胜荣校订,五南图书出版有限公司 1998 年版,第 184 页;孙森焱:《民法债编总论》(下册),法律出版社 2006 年版,第 544 页。
⑤ 〔日〕於保不二雄:《日本民法债权总论》,庄胜荣校订,五南图书出版有限公司 1998 年版,第 185 页。
⑥ 孙森焱:《民法债编总论》(下册),法律出版社 2006 年版,第 544 页。

对容易。这样一来,债权人撤销权制度可以发挥实际功效,不再是束之高阁的欣赏品。此其二。

为第三人利益的合同,以第三人(受益人)有恶意为已足,与债务人成立法律行为的相对人是否有恶意,在所不问。

在这里,值得探讨的还有,对《民法典》第154条规定所说的"他人"存在着"特定的他人"和"不特定的他人"两种解释,如果采取"特定的他人"的解释,就会出现这样的情形:在个案中,债务人的诈害行为,既符合《民法典》第538条或第539条规定的债权人撤销权的构成要件,又具备《民法典》第154条规定的"恶意串通,损害他人合法权益"的要件。依据前者,债权人有权撤销该诈害行为;按照后者,债务人的诈害行为无效。它们的法律后果有所不同:A. 若绝对适用《民法典》第154条而排斥第538条或第539条以及第541条、第542条的规定,则债务人的诈害行为无效,且不依债务人、债权人和第三人的意志而转移。反之,若允许适用《民法典》第538条或第539条以及第541条、第542条的规定,则债权人有选择的余地,可以审时度势,不行使撤销权。B. 若适用《民法典》第154条的规定,则可能产生《民法典》第157条、第985条规定的将取得的财产返还于第三人(债权人)的后果。若允许适用《民法典》第538条或第539条以及第541条、第542条的规定,则不会出现返还财产于第三人的后果,只有债务人的责任财产回复至诈害行为前的状态的现象。C. 适用《民法典》第154条的规定,第三人能否作为原告主张债务人和相对人实施的诈害行为无效,法律尚无明文,审判实务做法不一。与此不同,适用《民法典》第538条或第539条以及第541条、第542条的规定,债权人是当然的原告,没有法律障碍。D. 若绝对适用《民法典》第154条而排斥第538条或第539条以及第541条、第542条的规定,则是在彻底贯彻绝对无效制度,全力维护立法者关注的法律秩序,落实立法者的理念。若允许适用《民法典》第538条或第539条以及第541条、第542条的规定,则较为灵活,给债权人提供了选择有利于己的救济路径。于此场合,如何适用法律,利益攸关,颇费思量。笔者倾向于债权人有权选择适用法律的观点,理由在于:A. 《民法典》第154条关于"行为人与相对人恶意串通,损害他人合法权益的民事法律行为无效"的规定,有别于《民法典》第153条第2款关于"违背公序良俗的民事法律行为无效"的规定,后者乃强制性规定毫无疑问,前者则不如此简单。当所谓他人系特定之人时,《民法典》第154条关于"行为人与相对人恶意串通,损害他人合法权益的民事法律行为无效"的规定,调整的便是特定当事人之间的利益,可能不是社会公共利益。在调整的是非社会公共利益的情况下,可以不把《民法典》第154条关于"行为人与相对人恶意串通,损害他人合法权益的民事法律行为无效"的规定作为强制性规定看待,为债权人选择法律的适用提供空间。B. 债权人的合法权益应当得到保护,由债权人选择适用法律最能达到这一目的。因为适用《民法典》第154条的规定,存在着原告适格的要求,就是说,审判实务一般不允许第三人提起确认合同无效之诉,除非第三人是利害关系人。在债权人请求法院确认债务人的诈害行为无效时,一旦主审法院不承认债权人为利害关系人,拒绝受理债权人这个第三人提起的无效确认之诉,同时禁止债权人援用《民法典》第538条或第539条以及第541条、第542条的规定,那么债权人就难有进攻之道、获救之途。如果允许债权人选择,那么局面就会改观。

(3) 转得人及其主观状态

日本民法上的债权人撤销权制度,设有转得人规则(第424条第1项)。所谓转得人,是指自受益人处取得权利的人。例如,债务人乙将其A楼赠与丙,丙又将之出卖给丁,均已办理完毕转移登记手续。此处之丙叫作受益人,丁即为转得人。

《民法典》第 539 条的行文是"债务人的相对人知道或者应当知道……",所谓债务人的相对人,在上个自然段的例子中是丙,绝不会是丁。所以说,《民法典》上的债权人撤销权制度中尚无转得人规则。

从实际生活来讲,肯定存在着转得人及其取得财产的问题,问题只在于适用何种法律规则加以解决。一种思路是认定《民法典》设置的债权人撤销权制度存在法律漏洞,借鉴有关立法例及其理论,填补该漏洞;另一种思路是认为《民法典》无此法律漏洞,已有相应的法律制度解决转得人及其取得财产的问题。①

如果把转得人规则填补进《民法典》,则需要注意以下几点:A. 转得人对于撤销原因明知与否,不是债权人撤销债务人与其相对人/受益人之间诈害行为的要件;债务人与其相对人/受益人具有恶意才是债权人撤销债务人与其相对人/受益人之间诈害行为的主观要件。在这一点,《日本民法典》第 424 条第 1 项的表述,似乎给人以转得人对于存在撤销原因的明知是构成债权人撤销债务人与受益人之间的诈害行为的要件之感。如果是这样,则《日本民法典》第 424 条第 1 项的规定有过于限制债权人撤销权之嫌,也与合同的相对性不太吻合。B. 债务人的相对人/受益人与转得人之间的法律行为(即转得行为),原则上不是债权人撤销权的标的。不过,债权人撤销债务人与其相对人/受益人之间的诈害行为,其效力可能影响转得行为有效抑或归于消灭,可能左右着转得人能否保有其基于转得行为取得的财产。② 在这点上,"申请命受益人或转得人回复原状"的表述清晰且准确,值得赞同。C. 在债务人与其相对人/受益人之间的诈害行为符合债权人撤销的要件的情况下,受益人和转得人之间的转得行为若无偿或虽有偿但转得人有恶意者,债权人行使撤销权的效力及于转得人,受益人与转得人之间的转得行为归于无效。③ D. 转得人对于存在撤销原因的"不知",究竟是出于一般过失、重大过失抑或无过失,尚需研讨。联系《民法典》第 311 条关于善意取得的规定以及《物权法解释(一)》第 15 条第 1 款关于"受让人受让不动产或者动产时,不知道转让人无处分权,且无重大过失的,应当认定受让人为善意"的规定,以及侵权法关于侵害债权的构成以行为人明知或因重大过失不知债权存在为要件之一的学说,可将转得人对于存在撤销原因的"不知"界定为:该"不知"是指不可归责于转得人的原因的主观状态,或是转得人对其"不知"仅有一般过失的主观状态。如果转得人对于存在撤销原因的"不知"系因重大过失所致,那么,转得人仍属恶意,失去保有其基于转得行为取得的财产的法律依据,行使撤销权的债权人有权请求转得人返还其基于转得行为而取得的财产。

如果不采债权人撤销权制度存在转得人规则这个法律漏洞、现行法上的有关制度足以解决转得行为的效力、转得人能否保有其基于转得行为取得的财产之说,那么,至少涉及以下法律制度:A.《民法典》关于法律行为有效要件的规定(第 143 条)、合同严守的规定(第 465 条第 1 款)、合同履行的规定(第 509 条等)。这些规定用来解决:即使债务人与其相对人所为诈害行为被债权人撤销,但该相对人/受益人与转得人之间的转得行为的效力不受此影响,转得人有权保有其基于转得行为取得的财产,行使撤销权的债权人无权请求转得人返还。B.《民法典》关于法律行为无效及其后果的规定(第 144 条、第 146 条、第 153 条、第 154

---

① 详细论述,请见崔建远:《论债权人撤销权的构成》,载《清华法学》2020 年第 3 期。
② 林诚二:《民法债编总论——体系化解说》,中国人民大学出版社 2003 年版,第 418 页。
③ 同上书,第 419 页。

条和第 155 条),债权人撤销权行使的效力的规定(第 542 条),以及关于物的返还请求权、排除妨害请求权、消除危险请求权(第 235 条、第 236 条)的规定,或者关于占有返还请求权的规定(第 462 条),或者关于不当得利返还的规定(第 985 条正文)。这些规定用来解决:债权人行使撤销权,使债务人与其相对人所为诈害行为自始没有法律约束力;导致该相对人与转得人之间的转得行为也归于无效(如他们双方明知存在撤销原因,恶意串通成立转得行为,由转得人取得标的物,意图在于阻止债权人行使撤销权及请求返还该标的物),所谓"有转得人之情形,须第一受益人(或称受领人)与转得人均为恶意,转得行为始为撤销效力所及。如受益人为善意,纵转得人为恶意,亦不为撤销效力所及,如转得人为善意,自亦非撤销效力所及"①;在转得行为归于消灭的场合,转得人失去保有其基于转得行为取得财产的法律根据,行使撤销权的债权人有权请求转得人予以返还。C.《民法典》关于善意取得的规定(第 311 条)。这用来解决:债权人行使撤销权,诈害行为自始无法律约束力,债务人的相对人将标的物出卖或转让给转得人变成无权处分;转得人没有重大过失地不知存在撤销原因,也是没有重大过失地不知该相对人无权处分,转得人已经或将要付清合理的对价,标的物已经转移登记在转得人的名下(不动产的场合)或已归转得人占有(动产的场合),构成善意取得。这样,转得人可以对抗债权人关于返还该标的物的请求。

对于以上两种思路及观点,本书作者倾向的意见是:所谓欠缺转得人规则,形成法律漏洞,这在《民法典》设计的债权人撤销权制度中并不存在,现行法上的有关制度足以解决转得行为的效力、转得人能否保有其基于转得行为取得的财产的问题。其理由如下:所谓法律漏洞,是指现行法体系上存在影响法律功能,且违反立法意图的不完全性。② 由此可知,判断是否存在法律漏洞,不宜甚至不应拘泥于某项法律制度本身是否规定了依立法计划、立法意图本应规定的规则,而应就现行法体系作整体审视,虽然在某项具体的法律制度中欠缺某项规则,但其实该规则在另外的法律制度中存在,那么,就不应认定存在法律漏洞。具体到债权人撤销权制度,转得人规则在债权人撤销权的条文中的确没有,但《民法典》的其他法律制度足以解决问题,就是说,《民法典》在整体上不欠缺转得人规则,故法律漏洞说不成立。

尽管如此,单就立法技术而言,《民法典》第 538 条以下特设转得人规则,优点更多。其一,在不同的类型中,转得人的主观状态所导致的法律后果不尽相同,完全可以就此作细致的规定。这只有在《民法典》第 538 条以下特设转得人规则才能做到。其二,《民法典》第 538 条以下特设转得人规则,相对于上文所列举的各项法律制度而言,处于特别法的地位,优先适用,效果更好。其三,便于人们理解和把握债权人撤销权制度。

(4) 举证恶意及推定

债务人、相对人/受益人、转得人有无恶意,立法例及判例、学说不尽相同。在日本,受益人或转得人负有举证证明自己为善意的责任。债权人不必举证受益人或转得人的恶意。③ 与此有别,《法国民法典》(新债法)第 1341-2 条后段规定:"行为系有偿时,债权人负责证明与债务人订立合同的第三人知悉欺诈(的存在)。"不过,价格明显过低的,宜推定其恶意的

---

① 林诚二:《民法债编总论——体系化解说》,中国人民大学出版社 2003 年版,第 418 页。
② 梁慧星:《民法解释学》,中国政法大学出版社 1995 年版,第 251 页。
③ [日]1904 年 9 月 21 日大民判,1962 年 3 月 8 日最高民判(民集 16 卷 436 页);[日]於保不二雄:《日本民法债权总论》,庄胜荣校订,五南图书出版有限公司 1998 年版,第 185—186 页。

存在。① 在不动产交易场合,足以认定有协助债务人隐匿财产,致难以执行之虞的,也应认定为恶意的存在。②

在中国法上,如何分配举证责任,尚无明文,亦未积累丰富的经验,需要总结经验、吸取教训,借鉴上述立法例及判例、学说,逐渐形成合理的证明责任分配的规则。

三、债权人撤销权的行使

(一) 行使的主体

债权人撤销权的行使主体,是指因债务人的行为而使债权受到损害的债权人。如果债权人为多数人,那么,既可以由全体债权人共同享有并行使债权人撤销权,也可由每个债权人独立享有并行使。不过,因债权人撤销权行使的目的在于保障全体债权人的共同利益,所以,每个债权人行使债权人撤销权将对全体债权人的利益发生效力。为了便捷、经济、全面查清案情,两个以上债权人就债务人的同一行为提起撤销权诉讼的,人民法院可以合并审理(《合同编通则解释》第44条第2款)。

(二) 行使的方式

1. 采取诉讼方式的必要性

债权人撤销权由债权人以自己的名义在诉讼中行使。之所以要求以诉讼的形式行使,是因为债权人撤销权对于第三人的利害关系重大,应由法院审查该撤销权的主体、成立要件,以避免撤销权的滥用,达到债权人撤销权制度的立法目的。

2. 诉讼主体

在债权为连带债权的情况下,所有的债权人可作为共同原告主张债权人撤销权,也可以由其中的一个债权人作为原告。在后者情况下,其他共同债权人不得再就该撤销权的行使提起诉讼。

无论债权是否连带,债权人提起撤销权诉讼,应当以债务人与其相对人为共同被告(《合同编通则解释》第44条第1款前半句)。

3. 管辖

债权人提起撤销权诉讼,由被告住所地人民法院管辖,除非依法应当适用专属管辖的规定。两个以上债权人以同一债务人为被告,就同一标的提起撤销权诉讼的,人民法院可以合并审理(《合同编通则解释》第44条)。

4. 撤销权诉讼的性质

撤销权诉讼兼有给付之诉与形成之诉的性质。如依形成之诉,则仅撤销债务人的行为即可达到增加债务人共同担保的目的。例如,债务人与第三人成立动产买卖合同,在尚未交付该动产时,债权人撤销权的行使采用形成之诉便足够了,不需要再提起给付之诉。但在动产已经交付,动产所有权已经转移给该第三人的情况下,撤销权的行使不仅需撤销该动产买卖合同,而且需依给付之诉请求该第三人返还该动产③,在标的物为不动产且已经完成转移登记的情况,需要请求该第三人注销所有权移转登记。

---

① 中国台湾地区"最高法院"1962年台上字第302号判例;邱聪智:《新订民法债编通则》(下),中国人民大学出版社2004年版,第318页。

② 此为日本实务的立场。转引自同上。

③ 史尚宽:《债法总论》(第5版),荣泰印书馆股份有限公司1978年版,第477页。

5. 行使的时间限制

撤销权自债权人知道或应当知道撤销事由之日起1年内行使。自债务人的行为发生之日起5年内没有行使撤销权的,该撤销权消灭(《民法典》第541条)。之所以如此,是由于如果允许债权人长时间拥有撤销权,那么必然会影响到交易的安全。另外,经过长时间后,善意、恶意等的证明会变得困难。

6. 行使的范围

《民法典》第540条前段规定,撤销权的行使范围以债权人的债权为限。其目的在于尽可能降低撤销权的行使对交易安全的影响,不过,在诈害行为的标的物为一套房屋等不可分物、债权人的债权数额仅为该房屋价值一部分的场合,仅限于债权额主张撤销并要求返还,显然不当。于此场合,宜认为债权人有权就该套房屋的诈害行为行使撤销权。考虑到诸如此类情形,《合同编通则解释》明确:"在债权人撤销诉讼中,被撤销行为的标的可分,当事人主张在受影响的债权范围内撤销债务人的行为的,人民法院应予支持;被撤销行为的标的不可分,债权人主张将债务人的行为全部撤销的,人民法院应予支持"(第45条第1款)。此其一。如果按照"入库规则"处理撤销判决的利益,即,因行使撤销权而取回的财产或代替原来利益的损害赔偿,均归属于债务人的责任财产,属于全体债权人的共同担保,则《民法典》第540条前段的规定,有时会导致极不妥当的后果。例如,行使撤销权的债权人的债权数额为50万元,其他共同债权人的债权数额为300万元,债务人赠与甲的汽车价值50万元,以明显不合理的低价出卖于乙的房屋价值120万元。在这种情况下,若仅允许债权人撤销赠与甲50万元汽车的合同,甲返还的50万元的汽车由全体债权人按债权比例受偿,则其不合理性一目了然。只有承认债权人有权撤销赠与汽车的合同、以明显不合理的低价买卖房屋的合同,全体债权人就价值170万元的汽车、房屋实现其债权,才公平合理。在这个意义上,下述观点具有合理性:债权人撤销权行使的目的在于保全所有的债权,因而其行使范围不以保全行使撤销权的一般债权人享有的债权额为限,而应以保全全体一般债权人的全部债权为限度。[①]

四、债权人撤销权的效力

1. 对债务人和受益人的效力

债权人依照《民法典》第538条以下的规定提起撤销权诉讼,请求人民法院撤销债务人实施的放弃债权、以不合理的低价转让财产、为他人的债务提供担保等行为,或者撤销债务人以明显不合理的价格,实施的互易财产、以物抵债、出租或承租财产、知识产权许可使用等行为,人民法院应当就债权人主张的部分进行审理,依法撤销的,该行为自始没有法律约束力(《民法典》第542条,《合同编通则解释》第43条)。就是说,中国现行法对债权人撤销权未采纳责任说。

如债务人和受益人的交易行为尚未发生物权变动的效果,则债权人撤销权仅发生形成权的效力。如债务人和受益人之间已经完成交付,则受益人尚需负返还财产的义务,亦即债权人撤销权同时发生形成权和请求权的效力,最为理想。有学者认为,债务人或受益人可以

---

① 王家福主编:《中国民法学·民法债权》,张广兴执笔,法律出版社1991年版,第186页。

提出相当价额给债权人,以阻止撤销权的行使。如此,则债权人撤销权仅仅产生请求权的效力;至于受益人和债务人之间的关系,则依权利瑕疵担保责任处理。[①] 不过,《民法典》没有赋权债权人径直请求受益人返还给付物。

2. 对转得人的效力

通说以为转得人于转得时知悉债务人与受益人间之行为有撤销原因者,债权人撤销之效果,及于该转得人。如转得人于转得时不知有撤销之原因,则应依物权法上善意受让人之规定,取得权利,不得令其回复原状。如此,方足以维护交易安全并兼顾善意转得人之利益,爰增订第 4 项规定(《日本民法典》第 424 条第 1 项但书参考。)不过,中国《民法典》没有赋权债权人径直请求转得人返还给付物。

3. 对债权人的效力

债权人撤销权的目的既在于确保债务人一般责任财产的担保,那么,因行使撤销权而取回的财产或代替原来利益的损害赔偿,均归属于债务人的责任财产,属于全体债权人的共同担保,应按债权数额比例分别受清偿,行使撤销权的债权人对之并无优先受偿的权利,于是,《合同编通则解释》规定:"债权人在撤销权诉讼中同时请求债务人的相对人向债务人承担返还财产、折价补偿、履行到期债务等法律后果的,人民法院依法予以支持"(第 46 条第 1 款)。债权人行使撤销权所支付的合理的律师代理费、差旅费等费用,由债务人负担(《民法典》第 540 条第 2 句,《合同编通则解释》第 45 条第 2 款)。

4. 撤销之诉判决的效力

为撤销之诉的当事人应受判决效力的拘束。应受该判决效力拘束的特定继承人、标的物占有人或其他第三人,均不得再就该法律关系有所争执。可申请强制执行者亦限于行使撤销权的债权人,因此,《合同编通则解释》规定:"债权人依据其与债务人的诉讼、撤销权诉讼产生的生效法律文书申请强制执行的,人民法院可以就债务人对相对人享有的权利采取强制执行措施以实现债权人的债权。债权人在撤销权诉讼中,申请对相对人的财产采取保全措施的,人民法院依法予以准许"(第 46 条第 3 款)。至于其他债权人,既非判决效力所及,则不得依该判决申请强制执行。而且,即使债权人于撤销之诉受败诉判决确定后,其他债权人仍可就同一诈害行为再行提起诉讼,请求撤销。还有,其他债权人可就撤销之诉确定的债务人的权利,申请执行法院对之强制执行。例如,若撤销判决系撤销债务人赠与合同,则赠与物所有权即回复为债务人所有,其他债权人可申请对该赠与物为强制执行。[②]

五、债权人撤销权的消灭

债权人撤销权的行使,足以破坏现存的社会秩序,且使交易安全制度受到相当考验。故《民法典》不但严格其成立要件,而且限制其行使时间,以免滋生流弊,特于第 541 条规定:撤销权自债权人知道或应当知道撤销事由之日起 1 年内行使。自债务人的行为发生之日起 5 年内没有行使撤销权的,该撤销权消灭。

此处所谓 1 年期间、5 年期间,不是诉讼时效期间,而是除斥期间。这样认定的理由,

---

① 邱聪智:《新订民法债编通则》(下),中国人民大学出版社 2004 年版,第 319 页。
② 孙森焱:《民法债编总论》(下册),法律出版社 2006 年版,第 319 页。

包括债权人撤销权具有形成权的性质,该期间为不变期间,不存在中止、中断、延长的情形。

此处所谓事由,系债权人撤销权要件的各项事由的简称,在无偿行为的场合指债权人知道或应当知道有诈害事实,在有偿行为的场合尚需知道或应当知道诈害意思。

有判例、学说认为,该除斥期间是否经过,债权人知道或应当知道撤销事由与否,纵未经当事人主张或抗辩,法院亦应先为调查认定,以为判断的依据。①

---

① 邱聪智:《新订民法债编通则》(下),中国人民大学出版社2004年版,第321页。

第八章

合同的担保

第一节 合同的担保概述

一、合同担保的概念

合同的担保,实际上是合同债的担保,是促使债务人履行其债务,保障债权人的债权得以实现的法律措施。

合同的担保有一般担保和特别担保之分。一般担保,是指债务人必须以其全部财产作为履行债务的总担保。它不是特别针对某一项合同债的,而是面向债务人成立的全部合同的。如此,它在保障债权实现方面显现出了弱点,即在债务人没有责任财产或责任财产不足的情况下,债权人的债权便全部不能或不能全部实现。在担保债权实现上具有优势的,当属特别担保。所谓特别担保,即通常所言之担保,亦即《民法典》上的担保,在现代法上包括人的担保、物的担保和金钱担保。本章所论即为此类担保。

二、合同担保与反担保

（一）人的担保

人的担保,是指在债务人的全部财产之外,又附加了其他有关人的一般财产作债权实现的总担保。其形式主要有保证即基于保证人和债权人的约定,当债务人不履行其债务时,由保证人按照约定代债务人履行债务或承担民事责任。在中国现行法上,保证分为一般保证和连带责任保证。

（二）物的担保

物的担保,是以债务人或其他人的特定财产作为清偿债权的标的,在债务人不履行其债务时,债权人可以将财产变价,并从中优先受清偿,使其债权得以实现的担保形式。其方式主要有抵押权、质权、留置权和优先权。广义的物的担保,还包括所有权保留。应当指出,现行法虽然从整体上规定了抵押权,但证券抵押尚付阙如。而证券抵押恰恰是以担保方式作为投资手段的重要方式,在高度发达的市场经济中起着重要作用,中国立法亦应予以确认。

所谓所有权保留,是指标的物虽然交付了,但其所有权仍然保留在出让人之手,待一定的条件成就时该所有权才转移给受让人的制度。它在分期付款买卖中运用得最为广泛。在分期付款买卖合同约定有所有权保留的条款的情况下,买卖物的所有权不因交付发生变动,而是待买受人付清全部价款时才转移。这样,会促使买受人积极支付价款,保障出卖人获得全部价款。《民法典》已经规定了这种担保方式(第 641 条),值得肯定,因为市场经济是信用经济,信用经济必定产生分期付款买卖方式。在分期付款买卖日益增多的形势下,所有权保留是买受人于价款付清前可以先占有、使用标的物,同时能保障出卖人的价款债权得以实现的较为理想的担保方式。应当指出,所有权保留还存在着其他类型,例如日本有所谓"延长的所有权保留"和"扩大的所有权保留",前者指在生产、流通过程中,原材料供应商为了担保价金债权而在原材料及其加工物上保留所有权。由于这种供应商的所有权保留与融资者的让与担保权在加工物上会发生冲突,在日本这种所有权保留很少使用。[①] 所谓"扩大的所有权保留",是指在继续性买卖关系中,基于全部买卖商品与全部价金债权的牵连关系,为担保全部债权而保留全部买卖商品的所有权。它也被日本学者称为"根所有权保留"[②]或"无限所有权保留"[③]。

所谓让与担保,是指债务人或第三人为担保债务人履行其债务,将担保标的物的权利移转于债权人,待债权获得清偿时,担保标的物的权利复归于债务人或第三人,在债务不履行时,债权人可以就该担保标的物受偿的非典型担保。以标的物是动产抑或不动产为标准,它分为动产让与担保和不动产让与担保。关于动产让与担保,《民法典》不但设置了动产抵押权制度(第 403 条等),而且第 388 条第 1 款中段所谓"担保合同包括……其他具有担保功能的合同"承认了让与担保[④]。《担保制度解释》第 68 条明确承认了物权让与担保。

其实,让与担保的表现形式还有股权让与担保、附有担保的保理等,《担保制度解释》第 69 条、第 66 条规范着它们。所谓股权让与担保,例如,甲自乙处取得合作款或融资款,将其在目标公司 A 中所持股权转让给乙(一般情况下或为零对价或股权转让款偏低),以担保乙的权益实现。所谓附有担保的保理,例如,出卖人甲自保理人丙处获得融资款,将其对买受人乙的应收账款债权转让给丙。在这种结构中,丙已经拥有的应收账款债权就起着担保收回融资款本息的作用。

(三) 金钱担保

金钱担保,是在债务以外又交付一定数额的金钱,该特定数额的金钱的得丧与债务履行与否联系在一起,使当事人双方产生心理压力,从而促其积极履行债务,保障债权实现的制度。其主要方式有定金、押金。

(四) 反担保

所谓反担保,是指在商品贸易、工程承包和资金借贷等经济往来中,为了换取担保人提供保证、抵押或质押等担保方式,由债务人或第三人向该担保人新设担保,以担保该担保人在承担了担保责任后易于实现其追偿权的制度。该新设担保相对于原担保而言被称为反担保。《民法典》第 387 条第 2 款规定:"第三人为债务人向债权人提供担保时,可以要求债务人提供反担保。反担保适用本法和其他法律的规定。"

关于反担保提供者的范围,《民法典》第 387 条第 2 款仅仅规定债务人为反担保的提供

---

① 〔日〕近江幸治:《担保物权法》,祝娅、王卫军、房兆融译,沈国明、李康民审校,法律出版社 2000 年版,第 270 页。
② 〔日〕高木多喜男:《担保物权法》,日本有斐阁 1984 年版,第 348—350 页。转引自梁慧星:《日本现代担保法制及其对我国制定担保法的启示》,载梁慧星主编:《民商法论丛》(第 3 卷),法律出版社 1995 年版,第 186 页。
③ 〔日〕米仓明:《所有权保留的实证研究》,载《法学协会杂志》第 81 卷 5 号,第 115 页。转引自〔日〕近江幸治:《担保物权法》,祝娅、王卫军、房兆融译,沈国明、李康民审校,法律出版社 2000 年版,第 271 页,注释①。
④ 崔建远:《中国民法典释评·物权编》(下卷),中国人民大学出版社 2020 年版,第 321 页。

者,忽视了债务人委托他人向原担保人提供反担保的情形。按本条侧重保护原担保人的合法权益、换取原担保人立保的立法目的和基本思想衡量,法条文义涵盖的反担保提供者的范围过窄,不足以贯彻其立法目的,构成一法律漏洞。对该漏洞的弥补应采取目的性扩张方式,将他人提供反担保的情形纳入本条的适用范围。

[反思]

关于反担保的方式,不能认为《民法典》规定的各种担保的方式均可作反担保的方式。首先,留置权不能为反担保方式。因为按《民法典》第447条以下的规定,反担保产生于约定,而留置权却发生于法定。留置权在现行法上一律以动产为客体,价值相对较小,在主债额和原担保额均为巨大的场合,把留置权作为反担保的方式实在不足以保护原担保人的合法权益。其次,定金虽然在理论上可以作为反担保的方式,但因为支付定金会进一步削弱债务人向债权人支付价款或酬金的能力,加之往往形成原担保和反担保不成比例的局面,所以在实践中极少被采用。在实践中运用较多的反担保形式是保证、抵押权,然后是质权,以及让与担保、附有担保的保理。不过,在债务人亲自向原担保人提供反担保的场合,保证就不得作为反担保的方式。因为这会形成债务人既向原担保人负偿付因履行原担保而生之必要费用的义务,又向原担保人承担保证债务,债务人和保证人合二而一的局面,起不到反担保的作用。只有债务人以其特定财产设立抵押权、质权,作为反担保的方式,才会实际地起到保护原担保人的合法权益的作用。至于实际采用何种反担保的方式,取决于债务人和原担保人之间的约定。在第三人充任反担保人的场合,抵押权、质权、保证、让与担保、附有担保的保理均可采用,究竟采取何者,取决于该第三人(反担保人)和原担保人之间的约定。

设立反担保的行为是法律行为,必须符合《民法典》第143条规定的有效条件。而每种反担保的方式又各有其特定的成立要件,因此尚需符合《民法典》于相应条款规定的特定成立要件。例如,《民法典》第400条规定,除去动产抵押,抵押权的设立须有抵押合同并须具有书面形式与相应条款,亦然。

依反担保设立的目的要求,反担保的实行,应于原担保实行之后。

根据物权法教材和债法教材的分工计划,本章仅介绍和讨论保证、定金两种担保方式。

三、合同担保的法律性质

(一) 合同担保具有从属性

这里的从属性,是指合同担保从属于主债,以主债的存在或将来存在为前提,随着主债的消灭而消灭,一般也随着主债的变更而变更。

应该看到,对从属性的理解和要求,存在着严格和宽松之分。关于担保的早期著述均严格要求先有主债存在,后有担保产生。绝对贯彻这一观点,就排斥了为将来存在的债权设定担保的情况。《民法典》已经明确规定了最高额抵押(第420条至第424条)、最高额质权(第439条)和最高额保证(第690条),允许为将来存在的债权预先设立抵押权、质权或保证。所有这些,显然是从宽把握合同担保的从属性的。再者,《独立保函规定》第3条已经区分情况而承认了若干类型的独立保证具有法律效力。

值得注意,《独立保函规定》有条件地承认了不具有从属性的独立保证,其中第3条第1款规定:保函具有下列情形之一,当事人主张保函性质为独立保函的,除去保函未载明据以付款的单据和最高金额的,法律承认其效力:(1)保函载明见索即付;(2)保函载明适用国际商会《见索即付保函统一规则》等独立保函交易示范规则;(3)根据保函文本内容,开立人的付款义务独立于基础交易关系及保函申请法律关系,其仅承担相符交单的付款责任。《全国法院民商事审判工作会议纪要》于其第54条宣明承继之,而且对于"银行或者非银行金融机构之外的当事人开立的独立保函,以及当事人有关排除担保从属性的约定","根据'无效法律行为的转换'原理,在否定其独立担保效力的同时,应当将其认定为从属性担保"。这诚为开明、进步的司法解释,可喜可贺!

《民法典》虽然未设独立担保的条文,但不意味着它对之持否定态度,理由如下:(1)《民法典》在担保物权分编之一般规定的框架下,于第388条第1款正文确立担保的从属性这项原则之后,随即便有"但是法律另有规定的除外"。该但书即表明《民法典》允许其他法律排除担保的从属性,确立独立的担保。例如,《民法典》第420条以下规范的最高额抵押权及其合同存在着不适用本条第1款后段正文的情形。最高额抵押权所担保的,是一定期间内将要连续发生的债权,最高额抵押权并不是从属于其中某个债权的担保物权;从法律行为的层面看,就是最高额抵押合同并不从属性最高额内发生的每一个产生被担保债权的合同,如果某个债权因产生它的合同无效而不复存在,最高额抵押合同和最高额抵押权并不因此归于消灭。① (2)独立保证的存在和运行系客观事实,尤其在中国高倡和捍卫贸易全球化、国际贸易中普遍存在独立保证的大背景下,理性的对策方案应是发挥《民法典》第388条第1款所设但书的作用,不宜限于最高额抵押权一例,而应在单行法中承认独立保证,以满足社会生活的需要。(3)较为普遍地承认独立保证的《独立保函规定》并未因《民法典》的实施而被废止,单从外形观察,司法解释的确不是典型意义上的法律,若机械地理解《民法典》第388条第1款但书所用法律之语,则《独立保函规定》不会位列其中。但从法律系反映并服务于社会生活关系的经济基础与上层建筑之间辩证关系的原理出发,在典型意义上的法律尚未规定独立保证的背景下,莫如宽泛地理解《民法典》第388条第1款但书所谓法律,把《独立保函规定》划入其中。(4)综合考量上述几项因素,可取的理念及观点宜为:承认独立保证的有效性,同时严格限定其适用条件。《担保制度解释》这样做了(第2条第2款),非常正确。

(二)合同担保具有补充性

这里的补充性,是指合同担保一经有效成立,就在主债关系的基础上补充了某种权利义务关系,如保证法律关系、抵押法律关系、质押法律关系、定金法律关系、所有权保留关系、让与担保关系等。这些补充的权利义务关系产生了如下法律效果:或是使保障债权实现的责任财产(一般财产)扩张,或是使债权人就特定财产享有了优先权,或是使当事人对特定数额的金钱有得表的可能和机会,或是出卖人保留买卖物的所有权,只待买受人付清价款才会转移该所有权,或是债务人的财产权利转移至债权人,从而大大增加了债务人适当履行其债务的压力,极大地增强了保障债权人的债权得以实现的可能性。当然,在主债关系因适当履行而正常终止时,补充的义务并不实际履行;只有在主债务不履行,并且担保人又无抗辩事由时,补充的义务才履行,使主债权得以实现。

(三)合同担保具有保障债权切实实现性

这是从合同担保的功能来看合同担保的法律性质,是从合同担保和民事责任的区别上

---

① 黄薇主编:《中华人民共和国民法典物权编释义》,法律出版社2020年版,第458页;崔建远:《中国民法典释评·物权编》(下卷),中国人民大学出版社2020年版,第322页。

考察合同担保的法律特征。

大陆法系和苏联民法认为,违约金属于合同担保的范畴。中国法学界也有不少著述持这种观点,甚至有人认为合同担保是一种违约责任。这就有必要认清合同担保和民事责任的联系与区别。

合同的主要效力在于履行,只有债务人按合同的约定适当履行其债务,合同目的才能达到,当事人的需要才能得到满足。在债务人为自己的利益或因其他原因而不能履行其债务时,合同目的就会落空,债权人就不能全部或全部不能实现其债权。为避免这种结果发生,促使债务人适当履行其债务,民法特设民事责任制度,借以令违约人在无免责事由的情况下承受负担,使债务人积极而适当地履行其债务,从而保障债权人的债权得以实现。从这个意义上说,民事责任也是对合同债的担保。但是,在担保合同债权实现这点上,民事责任毕竟有其不足:其一,民事责任的方式之一是强制履行,而在具体的案件中,强制履行并不总是可能的。其二,虽然从总体上说,民事责任具有促使债务人履行其债务,从而实现债权人债权的作用,但在具体的案件中,它毕竟是制裁债务人于不履行之后,不易保障债权人于未受损害之前,因此过于消极。其三,请求债务人承担民事责任的权利终究属于债权范畴,它同其他债权至多处于平等地位,如果债务人不断参与新的合同等债权关系,处分其财产,致使其丧失或降低支付能力,那么债权人仍难免不受损害。其四,在债务不履行时成立民事责任,有时以债务人或有关第三人有过错为必要条件。在过错归责而债务人无过错地未履行债务的情况下,由于不能成立民事责任,债权人的损失得不到补偿。为弥补民事责任在保障债权实现方面的种种不足,需要充分发挥合同担保的作用。在保障债权实现这点上,合同担保不受或少受债务人财产状况的限制,即使债务人的一般财产不足以清偿数个并存的债权,被担保的债权一般也能得以实现。具体而言,在人的担保情况下,通过扩张一般担保的财产数量,即不但把债务人的全部财产作为责任财产,也把保证人的全部财产纳入可以履行债务的范畴或列入可以承担责任的系列,大大提高了债权切实实现的可能性。在物的担保的情况下,通过使债权人对债务人或第三人的特定财产享有优先受偿权的形式来使债权得到满足。在所有权保留的情况下,通过在买受人全部付清价款之前不移转标的物所有权来促使买受人积极支付全部价款;即使买受人不付清价款,出卖人也能基于所有物返还请求权取回标的物,从而免受损害。在金钱担保的情况下,通过特定数额的金钱得丧的规则效力使当事人产生心理压力,为避免自己的金钱损失而积极履行债务,保障债权实现。在让与担保的场合,债务人的财产权利转移至债权人,不必担心债务人不履行债务致使自己遭受损失。总之,合同担保具有保障债权切实实现的性质,违约责任在这点上远比合同担保逊色。[1]

合同担保和民事责任的区别还表现在,前者大多不以过错为要件,不具有惩罚性,存在着担保权人享有收益的问题。[2]

综上所述可知,视合同担保为一种违约责任,把违约金定性为合同担保并不妥当。违约金责任具备违约责任的特点,不与合同担保同类。例如,在惩罚性违约金责任场合,在《民法典》分则对特定类型的违约行为实行过失归责、当事人双方约定以过失为构成要件的情况下,违约金责任的成立,以违约行为和过错为要件,它对债权实现的保障直接受债务人的财

---

[1] 崔建远:《合同责任研究》,吉林大学出版社1992年版,第38—40页。
[2] 同上。

产状况的左右。如果说违约金具有担保作用,也并未超出其他违约责任方式所具有的担保作用的限度。正如有的学者所言:"违约金作为财产责任的一种表现形式,不具有与财产责任不同的任何特殊作用。"①因此,中国现行法把违约金责任作为违约责任的方式加以规定,而未把它列入担保体系,是十分科学的。

四、担保的作用

符合以上"三性"的,为《民法典》上的担保;不符合的,尽管具有保障债权实现的功能,仍然不是担保。例如,连带债务(含连带责任,下同)、债务加入、履行抗辩权、债的保全、预告登记、抵销、保证金、为促使借款人依约还本付息而另订的商品房买卖合同或股权转让合同、将进口汽车的合格证交给贷款人银行占有等诸种制度、措施,虽然具有担保作用,但不属于担保,对其不得适用《民法典》关于担保的一般规定。所以,凡是担保必有担保作用,但具有担保作用的制度、措施未必是担保。②

五、诉讼程序中的担保和诉讼程序外的担保

依是否在诉讼程序中设立作为标准,担保可分为诉讼程序中的担保和诉讼程序外的担保。后者为常态的保证,前者在《民事诉讼法》上有财产保全措施中的担保(第103条、第104条、第107条)、先予执行措施中的担保(第110条)、执行程序中的担保(第242条)。

前后二者有许多不同点:(1)发生的场合不同:后者发生于正常的经营活动之中;前者发生于诉讼程序中或当事人提起诉讼之前,但与诉讼活动有关。换句话说,诉讼程序中的担保属于公法上的制度,诉讼程序外的担保属于私法上的制度。③(2)权利人不同:诉讼程序外的担保,担保权人与债权人是同一个人,即担保法律关系中的权利人就是被担保债权关系中的债权人;而诉讼程序中的担保,担保权人是审理案件的人民法院,并非债权人。诉讼程序中的担保是向人民法院提出的,人民法院对担保人的资格及所担保的内容进行了审查,各方面的权利义务关系均比较清楚,对于担保人应否承担责任以及承担什么样的责任均比较明确。因此,当需要担保人承担责任时,不必再经过诉讼程序,可以由人民法院直接裁定。(3)产生的根据不同:后者是基于保证合同的约定而产生的;前者是基于《民事诉讼法》的有关规定或人民法院的要求而产生的。从另外的视角观察,诉讼程序外的担保,依据《民法典》的规定,在其设立和存续方面需要存有被担保的债的关系,债的关系不存在,担保关系也会因无所附丽而归于消灭。即使是最高额抵押和最高额保证,如果被担保的债的关系最终未能阐释,担保也要归于消灭。至于独立担保,则另当别论。与此有别,诉讼程序中的担保,在担保权人(主审法院)和担保提供人(原告)之间不存在被担保的债的关系。(4)目的不同:诉讼程序外的担保是为了保障债权实现或债权人不受损害而设立和存续的;诉讼程序中的担保因发生的诉讼阶段不同及针对的对象不同而有其不同的目的。财产保全和先予执行是为了使被采取诉讼保全措施或被采取先予执行措施的当事人,不至于因申请人的错误申请而遭受损失;财产保全措施是为了防止其移转财产,逃避其最终可能要履行的义务;执行阶

---

① [苏联]A.A.法因斯坦:《社会主义组织之间的合同责任》,黄欣译,江平、黄道秀校,法律出版社1984年版,第27页。
② 详细阐释,见崔建远:《"担保"辨——基于担保泛化弊端严重的思考》,载《政治与法律》2015年第12期。
③ 诉讼程序中的担保属于公法上的制度,这个观点是中国人民大学法学院的肖建国教授于2015年12月29日举行的"诉讼保全保险实务问题探究"研讨会上提出来的。特此致谢!

段的保证是为了达到暂缓执行的目的,同时又不至于使被执行人在暂缓执行期间丧失履行能力而最终不能履行人民法院的判决。(5)所担保的债务的具体内容不同:诉讼程序外的担保,所保障的内容是债务人履行债务以及不履行债务所产生的赔偿责任或支付违约金;诉讼程序中的担保,所保障的是为了使申请人或被申请人的合法权益不至于在人民法院的诉讼中,因当事人的错误申请而遭受不必要的损失。①(6)诉讼程序外的担保,可以担保债权的全部,也可以担保债权的一部;与此不同,诉讼程序中的担保,不得仅仅担保其申请保全的财产数额的一部。②(7)诉讼程序中的担保,《民事诉讼法》不承认一般保证之类的担保方式,不适用原《担保法》关于先诉抗辩权的规定,一俟申请保全错误,主审法院即可实行担保权;而诉讼程序外的担保,原《担保法》承认一般保证,承认先诉抗辩权。③《民法典》实施后依然如此。(8)诉讼程序外的担保,担保人若为债务人以外的第三人,则于其承担担保责任之后,有权向债务人追偿;与此不同,诉讼程序中的担保,担保人不享有此类追偿权。④

由这些差异甚至是实质性的差别决定,诉讼程序中的担保首先适用《民事诉讼法》及有关程序法的有关规定,即使《民事诉讼法》及有关程序法欠缺有关规定,也并非当然适用《民法典》关于担保的规定。是否比照《民法典》关于担保的规定处理诉讼程序中的担保问题,需要根据具体案情,依据诚信等基本原则,权衡利弊,而后决定。

第二节 保 证

一、保证概述

(一)关于保证的界定

保证,是指第三人和债权人约定,当债务人不履行其债务或发生当事人约定的情形时,该第三人按照约定履行债务或承担责任的担保方式(《民法典》第681条)。这里的第三人叫作保证人;这里的债权人既是主合同等主债的债权人,又是保证合同中的债权人;这里的"按照约定履行债务或承担责任"称为保证债务,也有人称作保证责任。

保证关系的当事人是谁?对此主要有两种观点。一种观点认为,保证是保证人和债权人之间的合同关系。另一种观点则认为,保证是保证人、债权人和债务人之间的法律关系,是主合同、委托合同及保证合同三组关系的总和。⑤ 本书赞同第一种观点。其理由在于,虽然保证一般是由主债务人委托保证人承保而产生的,但不能因此而改变保证关系的性质。主债务人和保证人之间的关系,一般属于委托合同关系,在个别情况下为无因管理关系,然而无论何者都不会是保证合同关系。主债务人和债权人是通过主合同相连接的,它(他)们之间可能是买卖合同关系,也可能是借款合同关系,等等。主债务和保证债务之间的联系在

---

① 刘成祥:《保证制度的若干理论与实务》,吉林大学法学硕士学位论文(1986),第63页。
② 这点区别是北京大学法学院的尹田教授于2015年12月29日举行的"诉讼保全保险实务问题探究"研讨会上提出来的。特此致谢!
③ 这点区别是中国人民大学法学院的肖建国教授、清华大学法学院的崔建远教授于2015年12月29日举行的"诉讼保全保险实务问题探究"研讨会上提出来的。对于肖建国教授谨致谢意!
④ 这点区别是北京大学法学院的尹田教授、傅郁林教授和中国人民大学法学院的杨立新教授、肖建国教授于2015年12月29日举行的"诉讼保全保险实务问题探究"研讨会上提出来的。特此致谢!
⑤ 苏惠祥主编:《中国当代合同法论》,吉林大学出版社1992年版,第172—173页;李国光、奚晓明、金剑锋、曹士兵:《关于适用〈中华人民共和国担保法〉若干问题的解释理解与适用》,吉林人民出版社2000年版,第165页。

于,主债务的不履行是保证债务履行的法律事实,但它们分属于不同的合同关系,属于不同的因果链条,不能依据这种联系就把主债务人视为保证合同的当事人。只不过债权人既是主合同的债权人,又是保证合同的债权人;主债务人既是主合同的债务人,又是委托合同的委托人,或是无因管理中的本人;保证人既是保证合同的债务人,又是委托合同中的受托人或是无因管理中的管理人。这种重叠和联系正反映了复杂的社会关系中人的角色的多重性,但多重性角色只能表明社会关系的复杂性,证明不了几种合同关系变为一种合同关系。在此处所指就是证明不了主合同关系、委托合同关系变成保证合同关系。明确这一点,有助于正确适用法律。解决保证合同纠纷,应该适用保证规范,而不应适用法律关于委托合同、无因管理等的规定。只有在处理保证人和主债务人之间的关系时,若有委托合同,才适用法律关于委托合同的规定;若无委托合同,则适用法律关于无因管理的规定,也可能适用侵权责任法的规定。

实务中出现了第三人向债权人提供差额补足、流动性支持等类似承诺文件作为增信措施,《担保制度解释》第36条对其区分情形而不同对待:(1)增信措施具有提供担保的意思表示,债权人请求该第三人承担保证责任的,人民法院应当依照保证的有关规定处理(第1款);(2)第三人在承诺文件中具有加入债务或者具有与债务人共同承担债务等意思表示的,人民法院应当认定为《民法典》第552条规定的债务加入(第2款);(3)不构成前两种情形,难以确定是保证还是债务加入的,人民法院应当将其认定为保证(第3款)。[①]

至于实务中出现的"保证协助借款人筹集资金以偿还贷款""保证债务人将所借资金投入生产过程中所产出的产品合格"等所谓"保证",实质上是安慰函,不发生《民法典》及《担保制度解释》所设置的保证的效力。

(二)保证的法律性质

1. 保证具有从属性

保证债务以主合同债权债务的存在或将来可能存在为前提,随主合同债权债务的消灭而消灭。其范围和强度不得超过主合同中的债务,不得与主合同债务分离而为移转。这些就是保证的从属性,具体表现在以下几个方面:

首先,成立上的从属性。保证以主合同的成立为前提;于其存续中附从于主合同。保证虽对于将来或者附条件的合同也可成立,但这并非从属性原则的例外。

其次,范围和强度上的从属性。由保证的目的决定,保证的范围和强度原则上与主合同债务相同,不得大于或强于主合同债务。保证债务与主合同债务毕竟属于两个债务,它们的范围和强度当然可以有差异。但是,保证债务因其具有从属性,故不得超过主合同债务的范围和强度。如有超过,应缩减至主合同债务的程度。例如,债权人和债务人未经保证人书面同意,协商变更主债权债务合同内容,……加重债务的,保证人对加重的部分不承担保证责任(《民法典》第695条第1款)。当事人约定的担保责任的范围大于主债务的,如针对……担保责任的数额高于主债务、担保责任约定的利息高于主债务利息、担保责任的履行期先于主债务履行期届满,等等,均应当认定大于主债务部分的约定无效(《全国法院民商事审判工作会议纪要》第55条)。再者,"约定的保证期间早于主债务履行期限或者与主债务履行期限同时届满的,视为没有约定;没有约定或者约定不明确的,保证期间为主债务履行期限届满之日起六个月"(《民法典》第692条第2款但书)。如同接力赛,《担保制度解释》第3条

[①] 详细论述,请见崔建远:《论保证规则的变化》,载《中州学刊》2021年第1期。

规定:"当事人对担保责任的承担约定专门的违约责任,或者约定的担保责任范围超出债务人应当承担的责任范围,担保人主张仅在债务人应当承担的责任范围内承担责任的,人民法院应予支持"(第1款)。"担保人承担的责任超出债务人应当承担的责任范围,担保人向债务人追偿,债务人主张仅在其应当承担的责任范围内承担责任的,人民法院应予支持;担保人请求债权人返还超出部分的,人民法院依法予以支持"(第2款)。

评论以上规定妥当与否时,有必要综合考量以下因素:(1)担保制度旨在保障债权人对于主债务人的债权切实实现,不具有放大该债权的范围的规范意旨,无使债权人获得"不当得利"之意。在这层意思上,债权人不应因担保的设立而取得超出该债权正常实现时所获清偿的数额。(2)担保人所负债务,系为主债务人与债权人之间的事务所承受的负担,而非为自己事务所必须为之的给付。由此决定,担保人的负担范围和强度不应超出主债务人的债务范围和强度。(3)担保人实际承担担保责任之后,有权向主债务人追偿,从主债务人的角度看,是自己责任原则的一种迂回体现,同时决定了担保人追偿的范围应限于主债务人自己清偿时的负担总额。(4)担保人与债权人之间形成担保关系,在该关系之内债的相对性起着重要的作用,自己责任原则也不退出舞台,债权人对其不当行为向担保人负责,担保人对其不当行为向债权人负责。(5)债权人、主债务人和担保人之间的关系虽然牵连紧密,相互间确有影响,但仍然无法也不应该完全挣脱债的相对性的锁链,不得混淆不同的法律关系。

如果重视以上五点考量因素,那么,《全国法院民商事审判工作会议纪要》第55条关于"当事人约定的担保责任的范围大于主债务的,如针对……担保责任的数额高于主债务、担保责任约定的利息高于主债务利息、担保责任的履行期先于主债务履行期届满,等等,均应当认定大于主债务部分的约定无效"的规定,符合法理,值得赞同。但是,《担保制度解释》第3条的规定,则应予反思,这是没有厘清法律关系、错用担保从属性的表现。稍微展开来说,其一,为确保担保责任的切实履行,对不履行担保责任的行为约定违约责任条款,诸如违约金条款、违约损害赔偿的计算方法条款,它们不是直接从属于被担保债权合同的,而是从属于担保合同的。抽象地说,后一个从属性不必然与前一个从属性挂钩,究竟挂钩不挂钩,需要结合其他因素,综合考虑,才可下结论。具体到此处,担保人不履行担保债务,构成独立于主债务人违约的一个违约行为,该违约行为给债权人造成了独立于主债务人违约所致损失的另外的损失,担保人对其不当行为应当独自承担不利后果。该不利后果包括支付违约金、赔偿损失等形态。就此说来,针对担保人不承担担保责任而约定违约责任,符合逻辑。其二,《担保制度解释》第3条第1款对担保合同约定的超出债务人应负责任范围的担保责任,不认可其法律效力,未赋予其强制执行力。不认可法律效力,接近于法定无效。违约责任条款作为合同条款的一种,其有效、生效、无强制执行力、无效宜由《民法典》等法律、行政法规来设计,司法解释可否抛开法律、行政法规而创设此类制度,需要深思。至于法定无效,即担保合同约定的担保人所负违约责任的条款无效,在法律未规定特别的无效原因的背景下,其无效应与其他合同条款无效在确定标准上同等对待。在该违约责任条款不存在《民法典》第146条第1款、第153条、第154条等条款规定的无效原因的情况下,司法解释不得径直规定《民法典》未设计的无效原因。总之,《担保制度解释》第3条第1款的规定存在瑕疵。其三,正因为"其一"的法理,所以,在担保人向债权人承担了超出债务人应负责任范围的违约责任之后,就超出部分无权向主债务人追偿,因为这是担保人对自己的行为负责,而非对主债务人的行为承担担保责任的救济措施。一句话,《担保制度解释》第3条第2款的规定具有正当性,可资赞同。①

再次,移转上的从属性。在保证期间,债权人依法将主债权转让给第三人且将该事实书面通知保证人的,保证人在原保证担保的范围内继续承担保证责任(《民法典》第 696 条第 1 款、第 697 条第 1 款正文的反面推论);保证人对未经其同意转移的债务不再承担保证责任,但是债权人和保证人另有约定的除外(《民法典》第 697 条第 1 款)。

复次,变更上的从属性。债权人和债务人未经保证人书面同意,协商变更主债权债务合同内容,减轻债务的,保证人仍对变更后的债务承担保证责任;加重债务的,保证人对加重的部分不承担保证责任(《民法典》第 695 条第 1 款)。债权人和债务人变更主债权债务合同的履行期限,未经保证人书面同意的,保证期间不受影响(《民法典》第 695 条第 2 款)。

最后,消灭上的从属性。保证合同是主债权债务合同的从合同。主债权债务合同无效的,保证合同无效,但是法律另有规定的除外(《民法典》第 682 条第 1 款)。遵循相同的逻辑,主债权债务合同因解除、被撤销使被担保债权消灭的,保证债务也随之消灭。在主合同债务变更时,保证债务一般随之变更,但不得增加其范围和强度。

2. 保证具有独立性

体会《民法典》第 682 条和第 691 条的规定,可有如下结论:保证债务虽附从于主合同债务,但并非成为主合同债务的一部分,而是另一个独立的债务,在附从主合同债务的范围内有独立性。因此,保证合同可以约定保证债务仅担保主合同债务的一部分,保证债务的范围和强度可以不同于主合同债务,保证债务可以有自己独立的变更或消灭原因。此外,保证合同还可以单就保证债务约定违约金,保证人可以单就部分债务提供担保。对于保证合同所发生的抗辩权,保证人可以单独行使。②

至于"不可撤销的保函""见索即付的保函""见单即付的保函"等所谓独立保证具有独立性(《独立保函规定》第 3 条等),就更加不言而喻了。

应当指出,票据保证具有独立性,体现在被保证人的签名因其欠缺行为能力而无效的,被保证人不承担票据债务,保证人的签名依然有效,保证人仍应承担保证责任。

3. 保证具有补充性或连带性

按照《民法典》第 686 条和第 687 条等条款的规定,保证分为一般保证和连带责任保证。在一般保证中,先由主债务人履行其债务,只有在对其财产强制执行而无效果时才由保证人承担保证责任。否则,保证人对债权人可拒绝承担保证责任。这种性质就是保证的补充性。它不同于本章第一节阐述的担保的补充性,但以那种在主债关系之外补充了另一类法律关系的补充性为前提。在连带责任保证中,不存在上述履行的前后限制,在主债务人不履行主合同债务时,债权人可以请求主债务人履行债务,也可以请求保证人在其保证范围内承担保证责任。这就是保证的连带性。

---

① 在 2020 年 11 月 28 日由"担保制度新发展及其法律规制研究"课题组与最高人民法院民二庭主办的《最高人民法院关于适用〈中华人民共和国民法典〉担保制度的解释(征求意见稿)》研讨会上,华东政法大学副教授姚明斌博士指出,规定违约金条款无效没有法律依据,承认违约金条款的效力但不允许担保人就此项付出向主债务人追偿,更为合理。在此致谢姚明斌博士!

② 关于保证独立性的较为详细的论述,请见崔建远:《论保证规则的变化》,载《中州学刊》2021 年第 1 期。

二、保证合同

(一) 保证合同的概念分析

保证合同,是指保证人与债权人订立的,在主债务人不履行其债务或发生当事人约定的情形时,由保证人履行债务或承担责任的协议。

保证合同是单务合同、无偿合同。在保证合同中,只有保证人承担债务,债权人不负对待给付义务,故而保证合同为单务合同。在保证合同中,保证人对债权人承担保证债务,债权人对此不提供相应代价,所以保证合同为无偿合同。"有偿的约定承受保证契约之订立者,非保证契约,乃为保证契约之预约。"①

保证合同为诺成合同。保证合同因保证人和债权人协商一致而成立,不需另交标的物,所以它为诺成合同。

保证合同为从属于主债权债务的合同。除独立保证以外,主合同有效成立或将要成立,保证合同才发生效力。所以,主合同无效的,不论什么原因使然,保证合同均为无效,从而表现出从属性(《民法典》第682条第1款,《担保制度解释》第2条第1款)。同时,正因这种主从关系,所以,保证合同无效,并不必然导致主合同无效。

(二) 当事人

保证合同的当事人为保证人和债权人。其中的债权人可以是一切享有债权之人,但原则上必须是个别的特定之人。其为自然人、其他组织抑或为法人,均无不可。保证人问题较为复杂,以下作较为详细的讨论。

1. 主债务人不得同时为保证人。如果主债务人同时为保证人,那么,意味着责任财产未增加,仍然只是主债务人以其一般财产作一般担保,保证的目的落空。所以,主债务人不得同时为保证人。

2. 机关法人不得为保证人,但是经国务院批准为使用外国政府或者国际经济组织贷款进行转贷的除外(《民法典》第683条第1款)。这是因为机关法人主要从事国家活动(包括立法活动、行政活动、司法活动等),其财产和经费来源于国家财政和地方财政的拨款,并主要用于符合其设立宗旨的公务活动。虽然国家机关也进行一些民事活动,如购置办公用品、兴建或购买公务员住宅等,但仍以必要和可能为前提。因此,机关法人的财产和经费若用于清偿保证债务,则不仅与其活动宗旨不符,也会影响其职能的正常发挥。此外,机关法人在对外代表国家从事管理活动时,所欠债务由国家承担责任;以机关法人名义从事民事活动,以财政所拨预算经费为限,而预算经费为其担负的政府职能活动所必需,在经费紧张的今日,一般无剩余可言。故机关法人一般不具有代偿能力,由其作为保证人并不能保证债权的实现,故此类保证合同无效(《担保制度解释》第5条第1款)。

外国政府贷款和国际经济组织贷款一般由国家有关主管机关负责借入,然后按有关规定转贷给国内有关单位。在转贷时,一般要求国内借款单位提供还款担保,这种担保得由国家机关提供。如外国政府贷款的转贷,就要求借款单位提交省、自治区、直辖市或计划单列市发展和改革委员会的还款担保。

3. 居民委员会、村民委员会提供的担保无效,但是依法代行村集体经济组织职能的村民委员会,依照村民委员会组织法规定的讨论决定程序对外提供担保的除外(《担保制度解

---

① 史尚宽:《债法总论》(第5版),荣泰印书馆股份有限公司1978年版,第843页。

释》第 5 条第 2 款),其道理如同机关法人充任保证人时合同无效的机理,不再赘述。

4. 以公益为目的的非营利法人不得为保证人(《民法典》第 683 条第 2 款),《担保制度解释》补充道:以公益为目的的非营利性学校、幼儿园、医疗机构、养老机构等提供担保的,人民法院应当认定担保合同无效(第 6 条第 1 款正文)。这是因为公益乃不特定之多数人的利益,一般是非经济利益。如果允许上述机构为债权人提供担保,那么这极有可能减损其用于公益目的的财产,无疑有违公益法人的宗旨。

但应看到,在实践中,有些事业单位利用本单位所拥有的技术或知识,向社会提供有偿服务,取得了一定的报酬。这些单位除了国家或地方的财政拨款外,尚有自己的经济收入。有些事业单位实行了企业化管理,自负盈亏;还有些事业单位按照有关规定既从事国家核拨经费的工作,又从事经营活动。因而,对事业单位法人可否充任保证人,不可一概而论。对那些领取《企业法人营业执照》或国家政策允许从事经营活动的事业单位法人,应当认为其有从事保证活动的权利能力,可以充任保证人。

《担保制度解释》追随《民法典》,同时规定以公益为目的的非营利性学校、幼儿园、医疗机构、养老机构等提供的担保有效的两种情形:(1)在购入或者以融资租赁方式承租教育设施、医疗卫生设施、养老服务设施和其他公益设施时,出卖人、出租人为担保价款或者租金实现而在该公益设施上保留所有权;(2)以教育设施、医疗卫生设施、养老服务设施和其他公益设施以外的不动产、动产或者财产权利设立担保物权(第 6 条第 1 款但书)。同时强调:"登记为营利法人的学校、幼儿园、医疗机构、养老机构等提供担保,当事人以其不具有担保资格为由主张担保合同无效的,人民法院不予支持"(第 6 条第 2 款)。

5. 非法人组织不得为保证人(《民法典》第 683 条第 2 款)。这相较于《担保法》第 9 条的规定有所变化,体现于明确了非法人组织充任保证人的保证合同无效。《担保法》实施时代,非法人组织不是独立于自然人、法人的第三种民事主体,《担保法》不正面规定非法人组织充任保证人的保证合同无效,符合逻辑。与此有别,《民法典》已经确立非法人组织为第三种民事主体,赋予其完全的权利能力和行为能力,依逻辑得认可其为保证人,但却未认可其为保证人的资格,令人费解。推测立法考量,可能是顾虑非法人组织的责任财产有限,难保代偿能力。不过,依笔者所见,区分情形而有不同的结论,更为可取:在个案中,非法人组织有能力代主债务人清偿的,不否认非法人组织充任保证人的保证合同的效力;非法人组织无力代主债务人清偿的,才不认可非法人组织充任保证人的保证合同的效力。

6. 企业法人的分支机构、职能部门可否充任保证人,《民法典》未设明文,可有如下解释论的观点:(1)保证合同为单务合同,保证人对债权人只有代偿债务,而不享有取得对价之权,假如认可法人的分支机构、职能部门擅自以其名义订立的保证合同有效,最终由法人实际承受保证责任,对于法人过于苛刻,十分不合理。如此说来,为了保障无辜的法人的合法权益,严格贯彻《民法典》关于职务代理、狭义的无权代理和表见代理的规定及其规范意旨,仅仅承认拥有代理权的法人的分支机构、职能部门以法人名义订立的保证合同的效力,不承认无代理权的法人的分支机构、职能部门订立的保证合同的效力。(2)同时,法人的分支机构、职能部门毕竟不是独立的民事主体,非为法人认可的缔约主体,在不构成职务代理的情况下,债权人仍与其订立保证合同,具有过错,由此承受一定的负面结果,符合伦理,也是公平的。《民法典》第 74 条第 2 款关于"分支机构以自己的名义从事民事活动,产生的民事责任由法人承担;也可以先以该分支机构管理的财产承担,不足以承担的,由法人承担"的规定,可作为解决企业法人的分支机构、职能部门以自己的名义充任保证人时产生的问题。

7. 股份有限公司和有限责任公司的财产为股东或出资人所出,并最终归他们所有,因而公司的工作人员不得擅自以此作保证财产,损害股东、出资人的合法权益,除非具备《公司法》规定的条件。按照《公司法》第 15 条的规定,公司向其他企业投资或为他人提供担保,依照公司章程的规定,由董事会或者股东会决议;公司章程对投资或者担保的总额及单项投资或者担保的数额有限额规定的,不得超过规定的限额(第 1 款)。公司为公司股东或者实际控制人提供担保的,应当经股东会决议(第 2 款)。

解读《公司法》第 15 条第 1 款和第 2 款和《民法典》第 504 条的规定,可有如下观点:(1)董事会决议、股东会决议,固然属于公司治理的内部文件,按照合同的相对性,它们不具有径直约束其他人的法律效力,但是,经由《公司法》第 15 条第 1 款及第 2 款的规定,交易相对人便负有了审核公司设立担保是否经过了董事会决议或股东会决议的义务,欠缺此类决议仍设立担保的,交易相对人便有重大过失,即非善意,换言之,同意以公司财产设立担保的董事会决议、股东会决议成为判断交易相对人有无重大过失的标准。(2)如果未经董事会或股东会决议,公司的股东、董事、实际控制人以公司的财产为自己或他人提供担保,或者违反了公司章程关于以公司财产提供担保限额的规定,那么,这构成越权担保,于此场合应当适用《民法典》第 504 条关于"法人的法定代表人或者非法人组织的负责人超越权限订立的合同,除相对人知道或者应当知道其超越权限外,该代表行为有效,订立的合同对法人或者非法人组织发生效力"的规定。就是说,上述担保设立时,作为担保人的公司未向担保权人/债权人出示关于同意以公司财产向债权人设立担保的董事会决议、股东会决议的,担保权人/债权人至少违反了应当知道的注意义务,构成非善意,于此场合,公司有权援用《民法典》第 504 条的规定,主张自己不受该担保行为的约束,自己不承担该担保责任;在以公司财产设立担保之人向担保权人/债权人出示了上述决议之一的情况下,即使决议不真实,只要担保权人/债权人以通常方式无法识别真伪,也构成担保权人/债权人不知道也不应当知道越权担保,那么,公司无权否认该担保行为及其责任,即担保有效的后果由公司承受。(3)这为维护小股东合法权益、完善公司治理结构、保障交易合法所必需。遵循《公司法》第 15 条第 1 款、第 2 款的规定,公司对外投资、为公司股东或实际控制人提供担保,需要相应的董事会决议、股东会决议,方为合法交易,系法治的内在要求。[①] (4)上述思路及方案,通盘考量了交易安全和善意、恶意、过错几项因素,相对合理[②],这为多数说,在由最高人民法院多次组织的研讨会上,专家学者大多力倡之,许多法官也持此立场。《全国法院民商事审判工作会议纪要》基本上采纳了上述意见,于第 17 条规定:"为防止法定代表人随意代表公司为他人提供担保给公司造成损失,损害中小股东利益,《公司法》第 15 条对法定代表人的代表权进行了限制。根据该条规定,担保行为不是法定代表人所能单独决定的事项,而必须以公司股东(大)会、董事会等公司机关的决议作为授权的基础和来源。法定代表人未经授权擅自为他人提供担保的,构成越权代表,人民法院应当根据《合同法》第 50 条关于法定代表人越权代表的规定,区分订立合同时债权人是否善意分别认定合同效力:债权人善意的,合同有效;反之,合同无效。"

值得赞扬的是,《全国法院民商事审判工作会议纪要》在坚持以上原则的前提下,又于第 19 条设置例外:在下述情况下,即使欠缺董事会决议、股东会决议、股东大会决议,也不因此

[①] 此处"(3)"系北京大学法学院教授蒋大兴博士于 2021 年 1 月 23 日举行的研讨会上所提。特此致谢!
[②] 较为详细些的分析,请见崔建远:《论外观主义的运用边界》,载《清华法学》2019 年第 5 期。

否定担保合同的效力:(1) 保证人是以为他人提供担保为主营业务的担保公司,或是开展保函业务的金融机构;(2) 保证人为其直接或间接控制的公司开展经营活动而"不得不"向债权人作保;(3) 保证人与主债务人之间存在相互担保等商业合作关系;(4) 担保合同已由单独或共同持有公司2/3以上有表决权的股东签字同意,这相当于出示了股东会决议。

《担保制度解释》基本上承继了《全国法院民商事审判工作会议纪要》的立场及观点,把《公司法》第15条第1款、第2款与《民法典》第504条联系起来适用(第7条第1款),以解决越权担保的法律效力,不过,采取了越权担保合同径直不发生法律效力的模式;同时接受《全国法院民商事审判工作会议纪要》第19条所设置的例外,只是在措辞上有些变化,如变《全国法院民商事审判工作会议纪要》第19条第2项规定的"公司为其直接或者间接控制的公司开展经营活动向债权人提供担保"为"公司为其全资子公司开展经营活动提供担保"(第8条第1款第2项)。此外,《担保制度解释》又新增如下规则:(1) 上市公司作为保证人时,只要公开披露担保事项已经董事会或股东会决议通过,相对人据此信息而与该上市公司订立保证合同,人民法院就承认该合同有效(第9条第1款)。(2) 上市公司作为保证人时,相对人未根据上市公司公开披露的关于担保事项已经董事会或股东会决议通过的信息,与上市公司订立担保合同,上市公司有权主张担保合同对其不发生效力,有权拒绝承担担保责任或赔偿责任(第9条第2款)。(3) 一人有限责任公司为其股东提供担保,公司以不符合《公司法》第15条第2款的规定为由主张不承担担保责任的,人民法院不予支持(第10条前段)。①

所有这些例外,均为实践经验的总结和升华,兼顾了多种理念、利益,确属上策,宜与《民法典》设计的保证制度合为一体。当然,也有值得检讨之处,即在越权代表且相对人恶意的情况下,赋权越权代表所在的法人或非法人组织决定认可合同的效力或否认合同的效力,更为合理。

(三) 保证合同的内容和形式

1. 保证合同的内容

从法律关系的层面讲,保证合同的内容包括保证人承担的保证债务(保证责任)和享有的抗辩权、债权人享有的请求保证人承担保证债务的债权。因为这些权利义务主要通过保证合同的条款来体现和固定(未通过合同条款体现的权利义务由法律规范直接规定或由法官补充),所以,保证合同的内容也可指保证合同的条款。《民法典》第684条规定了保证合同的条款,兹对之解读如下:

(1) 被保证的主债权种类和数额

被保证的主债权种类,如借款合同中的还本付息债权、买卖合同中的请求交付标的物或支付价款的债权等均属此类。此处还有专属性的问题需要讨论。与被担保债权相对应者为被担保的债务,该债务是否有非专属性的限制呢?连带责任保证虽然包括保证人与债务人承担连带债务和保证人就主债务承担连带民事责任两种形式(《民法典》第688条第2款),但最终均可归结为承担连带民事责任的方式。由于连带民事责任不存在专属性问题,在连带责任保证中,主债务既可以是非专属性的债务,也可以是专属性的债务。在一般保证方式中,《民法典》没有把保证责任局限于保证人必须履行主债务人的债务的样态,广泛地认可保

---

① 关于越权担保的法律效果的详细分析,请见崔建远:《论外观主义的运用边界》,载《清华法学》2019年第5期;崔建远:《论保证规则的变化》,载《中州学刊》2021年第1期。

证责任可为损失赔偿责任。如此,即使被担保债务为专属于主债务人的债务,但因债务人不履行专属性的债务可转化为赔偿责任,保证人承担该种赔偿责任便是了。如此说来,一般保证可以担保专属于主债务人的债务。

自然债务是否得为保证的对象,应分两种情形而定:其一,在保证成立后主债务变为自然债务的,例如,在主债务因时效完成而变为自然债务时,保证虽不因之而失效,但保证人得主张主债务人的时效完成的抗辩,即使债务人抛弃该抗辩权,保证人也有权主张[①];其二,对时效已经完成的自然债务进行保证,其保证仍为有效,于此场合不得主张主债务的时效已经完成的抗辩(《担保制度解释》第 35 条)。但学说认为,保证人不知时效完成的事实且无重大过失的,应有权抗辩。

被担保的债权,也可以是将来可能发生的债权。《民法典》第 690 条第 1 款规定:"保证人与债权人可以协商订立最高额保证的合同,约定在最高债权额限度内就一定期间连续发生的债权提供保证。"

保证担保的数额,保证合同有约定时依其约定,无约定时,《民法典》第 691 条后段关于"当事人另有约定的,按照其约定"的规定有适用的余地,再就是结合个案案情予以确定。

(2) 债务人履行债务的期限

债务人履行债务的期限是衡量债务人是否违约的标准之一,也是保证人是否实际承担保证责任的因素之一,因而应该明确规定。它有两种情形:一为期日,二为期间。

(3) 保证的方式

保证的方式包括一般保证方式和连带责任保证方式。不同的保证方式对当事人的利益有较大影响,应予明确规定。未约定时按一般保证论(《民法典》第 686 条第 2 款)。

(4) 保证担保的范围

保证担保的范围依当事人在保证合同中的约定确定,无约定时按《民法典》第 691 条正文的规定处理,即包括主债权及其利息、违约金、损害赔偿金和实现债权的费用。

在这里,需要讨论的是,在一俄罗斯钢材买卖合同纠纷案件中,买受人乙公司向出卖人甲公司依约交付了 100 万元人民币的定金,与保证人丙公司签订了保证合同,但未约定担保范围;与丁公司签订了财团抵押合同,但未办理抵押登记手续。合同的履行情况是,出卖人届时无货可交,经催告依然如故,构成根本违约。乙公司请求丙公司承担保证责任,是否包括 100 万元人民币定金的双倍返还?本书作者持否定态度,因为定金合同与俄罗斯钢材买卖合同为各自独立的合同,定金之债不属于该买卖合同项下的主债权及其利息,亦不属于该买卖合同被违反所产生的违约金、损害赔偿金,还不属于乙公司实现债权的费用。一句话,它不属于《民法典》第 691 条规定的担保范围。不过,乙公司可以曲线救国,不请求丙公司承担 100 万元定金的双倍返还责任,而是将 100 万元人民币定金乃至更多数额作为甲公司违约造成损失的一部分,作为甲公司承担违约责任的内容之一,请求丙公司代甲公司承担损害赔偿责任。

(5) 保证期间

保证期间是保证人承担保证责任的期间,不发生中止、中断和延长(《民法典》第 692 条第 1 款),事关保证人和债权人之间的债权债务能否行使或履行,也是确定保证债务和诉讼时效关系的依据,保证合同应明确约定。"债权人与保证人可以约定保证期间,但是约定的

---

① 郑玉波:《民法债编各论》(下册)(第 6 版),三民书局 1981 年版,第 826 页。

保证期间早于主债务履行期限或者与主债务履行期限同时届满的,视为没有约定;没有约定或者约定不明确的,保证期间为主债务履行期限届满之日起六个月"(《民法典》第692条第2款)。"债权人与债务人对主债务履行期限没有约定或者约定不明确的,保证期间自债权人请求债务人履行债务的宽限期届满之日起计算"(《民法典》第692条第3款)。保证合同约定保证人承担保证责任直至主债务本息还清时为止等类似内容的,视为约定不明,保证期间为主债务履行期限届满之日起6个月(《担保制度解释》第32条)。此外,债权人与债务人对主债务履行期限没有约定或约定不明确的,适用《民法典》第511条第4项关于债权人催告确定履行期的规定,主债务的履行期为宽限期届满之日。保证期间自该日即宽限期届满之日起计算(第692条第3款),为自届满之日起6个月(第692条第2款后段)。

关于最高额保证的保证期间,《担保制度解释》第30条规定:最高额保证合同对保证期间有约定的,依其约定;没有约定或约定不明的,被担保债权的履行期限均已届满的,保证期间自债权确定之日起开始计算;被担保债权的履行期限尚未届满的,保证期间自最后到期债权的履行期限届满之日起开始计算。

人民法院在审理保证合同纠纷案件时,应当将保证期间是否届满、债权人是否在保证期间内依法行使权利等事实作为案件基本事实予以查明(《担保制度解释》第34条第1款)。

(6) 双方认为需要约定的其他事项

《民法典》第684条所谓"等条款",主要是指赔偿损失的范围及计算方法、不实际承担保证责任的违约金、是否设立反担保等类型的条款。

在一个具体的保证合同中,不完全具备上述条款,尚可补正。其补正依《民法典》第510条和第511条的规定,如此仍不能补正的,裁判者可依职权填补漏洞。

2. 保证合同的形式

保证合同可以是单独订立的书面合同,也可以是主债权债务合同中的保证条款(《民法典》第685条第1款)。第三人单方以书面形式向债权人作出保证,债权人接收且未提出异议的,保证合同成立(《民法典》第685条第2款)。这似乎在说保证合同为要式合同。即使如此,此处所谓书面形式重在证据法的效果,并不意味着未采取书面形式的保证合同不具有法律效力。只要当事人举证证明当事人之间存在着保证合同,未采取书面形式的保证合同也发生法律效力,就是说,《民法典》关于保证合同形式的规定不是强制性规定,而是倡导性规范。

(四) 保证合同的不成立、无效及所生责任

1. 保证合同作为法律行为的一种而不成立、无效

保证合同作为合同的一种、法律行为的一种,应当适用《民法典》关于法律行为无效的规定,如第144条、第146条第1款、第153条和第154条关于法律行为无效的规定。保证合同若采用格式条款的方式,其无效适用《民法典》第497条和第506条的规定。

有观点认为,欠缺当事人、标的或未达成合意的保证合同未成立。

2. 保证合同独有的无效原因

《民法典》及司法解释针对保证合同还规定了独特的无效原因。例如,《民法典》第682条第1款后段正文规定:"主债权债务合同无效的,保证合同无效"。《担保制度解释》第2条第1款后段正文,在约定独立保证的领域区分情况地贯彻了这种精神。《民法典》第683条规定:"机关法人不得为保证人""以公益为目的的非营利法人、非法人组织不得为保证人",依规范意旨这些应为强制性规定,保证合同违反此类规定应为无效。《担保制度解释》

不但承继之,而且细化为以公益为目的的非营利性学校、幼儿园、医疗机构、养老机构等提供担保的,人民法院应当认定担保合同无效,但是有下列情形之一的除外:(1)在购入或者以融资租赁方式承租教育设施、医疗卫生设施、养老服务设施和其他公益设施时,出卖人、出租人为担保价款或者租金实现而在该公益设施上保留所有权;(2)以教育设施、医疗卫生设施、养老服务设施和其他公益设施以外的不动产、动产或财产权利设立担保物权(第6条第1款),还增设如下规定:居民委员会、村民委员会提供担保的,人民法院应当认定担保合同无效,但是依法代行村集体经济组织职能的村民委员会,依照村民委员会组织法规定的讨论决定程序对外提供担保的除外(第5条第2款)。

3. 保证合同不成立、无效时的法律责任

保证合同作为法律行为的一种,其不成立、无效时的法律后果应当适用《民法典》第157条中段关于"有过错的一方应当赔偿对方由此所受到的损失;各方都有过错的,应当各自承担相应的责任"的规定。同时,保证合同具有特殊性,《民法典》于第682条第2款特别规定:"保证合同被确认无效后,债务人、保证人、债权人有过错的,应当根据其过错各自承担相应的民事责任。"《担保制度解释》第17条区分不同情形确定担保人的赔偿责任:(1)债权人与担保人均有过错的,担保人承担的赔偿责任不应超过债务人不能清偿部分的1/2;(2)担保人有过错而债权人无过错的,担保人对债务人不能清偿的部分承担赔偿责任;(3)债权人有过错而担保人无过错的,担保人不承担赔偿责任(第1款)。主合同无效导致第三人提供的担保合同无效,担保人无过错的,不承担赔偿责任;担保人有过错的,其承担的赔偿责任不应超过债务人不能清偿部分的1/3(第2款)。

三、保证方式

(一) 一般保证与连带责任保证

保证方式在《民法典》上被分为一般保证和连带责任保证(第686条第1款)。当事人在保证合同中约定,债务人不能履行债务时,由保证人承担保证责任的,为一般保证(《民法典》第687条第1款)。① 当事人在保证合同中约定保证人和债务人对债务承担连带责任的,为连带责任保证(《民法典》第688条第1款)。当事人在保证合同中约定了保证人在债务人不能履行债务或者无力偿还债务时才承担保证责任等类似内容,具有债务人应当先承担责任的意思表示的,人民法院应当将其认定为一般保证(《担保制度解释》第25条第1款)。当事人在保证合同中约定了保证人在债务人不履行债务或者未偿还债务时即承担保证责任、无条件承担保证责任等类似内容,不具有债务人应当先承担责任的意思表示的,人民法院应当将其认定为连带责任保证(《担保制度解释》第25条第2款)。"当事人在保证合同中对保证方式没有约定或者约定不明确的,按照一般保证承担保证责任"(《民法典》第686条第2款)。

这两种保证之间最大的区别在于保证人是否享有先诉抗辩权。在一般保证的情况下,保证人享有先诉抗辩权,即"一般保证的保证人在主合同纠纷未经审判或者仲裁,并就债务人财产依法强制执行仍不能履行债务前,有权拒绝向债权人承担保证责任"(《民法典》第

---

① 需要注意,这里的"不能履行",应当严格按照传统民法及其理论关于不能履行的界定予以解释,既不包括金钱债务场合债务人暂无资金而无法付清届期钱款的情形,也不包括种类物之债场合仅仅是债务人届期没有标的物交付给债权人的情形。

687条第2款正文)。而在连带责任保证的情况下,保证人不享有先诉抗辩权,即"连带责任保证的债务人不履行到期债务或者发生当事人约定的情形时,债权人可以请求债务人履行债务,也可以请求保证人在其保证范围内承担保证责任"(《民法典》第688条第2款)。

上述情况表明,保证人在不同的保证方式中所处的地位不同,其利益受到法律保护的程度也有差异。一般而言,保证人在一般保证中的地位较为优越,往往并不实际承担任何责任;保证人在连带责任保证中的地位不太有利,只要债务人不履行其债务,保证人就得满足债权人提出的承担保证责任的请求。于此场合,法律对保证人和债务人同等保护。既然如此,保证人承担何种方式的保证责任就显得十分重要,需认真对待,最好是在保证合同中明确约定。

在程序方面,在一般保证中,债权人以债务人为被告提起诉讼的,人民法院应予受理。债权人未就主合同纠纷提起诉讼或者申请仲裁,仅起诉一般保证人的,人民法院应当驳回起诉(《担保制度解释》第26条第1款)。一般保证中,债权人一并起诉债务人和保证人的,人民法院可以受理,但是在作出判决时,除有《民法典》第687条第2款但书规定的情形外,应当在判决书主文中明确,保证人仅对债务人财产依法强制执行后仍不能履行的部分承担保证责任(《担保制度解释》第26条第2款)。

(二) 单独保证与共同保证

保证方式,从保证人的数量的角度来看,尚有单独保证和共同保证之分。单独保证是指只有一个保证人担保同一债权的保证。除非另有指明,我们通常所说的保证就是指的单独保证。

共同保证是指数个保证人担保同一债权的保证。具体而言,一是保证人必须二人以上,至于是自然人还是法人抑或是非法人组织,在所不问;二是数个保证人担保同一债务,如果数个保证人分别保证各自的债务,彼此之间无关联,那么,仍为单独保证,而非共同保证。

数个保证人和债权人签订一个保证合同固然可以成立共同保证,而签订数个保证合同共同担保同一债权也可以成立共同保证,并且这些合同是同时成立还是先后成立,彼此间有无意思联络,均在所不问。[①]《民法典》第699条后段所谓"没有约定保证份额的,债权人可以请求任何一个保证人在其保证范围内承担保证责任",承认了连带责任保证可以基于法律的直接规定产生。

关于共同保证的效力,《民法典》第699条规定:"同一债务有两个以上保证人的,保证人应当按照保证合同约定的保证份额,承担保证责任;没有约定保证份额的,债权人可以请求任何一个保证人在其保证范围内承担保证责任。"学说认为,这种连带系保证人之间的连带,而非保证人与主债务人之间的连带,故谓之"保证连带",以与"连带责任保证"有所区别。这种保证人既然不与主债务人负连带责任,那么其保证债务除具有从属性外,还具有补充性,因此,各保证人对于债权人均有先诉抗辩权。

应当注意,同一债务有两个以上保证人,债权人以其已经在保证期间内依法向部分保证人行使权利为由,主张已经在保证期间内向其他保证人行使权利的,人民法院不予支持(《担保制度解释》第29条第1款)。同一债务有两个以上保证人,保证人之间相互有追偿权,债权人未在保证期间内依法向部分保证人行使权利,导致其他保证人在承担保证责任后丧失追偿权,其他保证人主张在其不能追偿的范围内免除保证责任的,人民法院应予支持(《担保

[①] 参见郑玉波:《民法债编各论》(下册)(第6版),三民书局1981年版,第890—891页。

制度解释》第 29 条第 2 款)。

[引申]

理解《担保制度解释》第 29 条,可有如下几个角度。第一个角度是,保证人之间相互有追偿权,债权人已经参与其中的约定了,这等于债权人和保证人们成立了含有这些内容的合同。在这样的背景下,如果各个保证期间长短不一,那么,债权人故意或疏忽大意地任凭某个或某几个保证债务的保证期间届满,不请求保证人承担保证责任,却请求保证期间尚未届满的保证责任兑现,待实际承担保证责任的保证人向未实际承担保证责任的保证人追偿时,被"我的保证责任因保证期间届满而不复存在,故实际承担保证责任的保证人无权向我追偿"的抗辩所阻却,这对实际承担保证责任的保证人是不公正的。《担保制度解释》第 29 条第 2 款的规定可避免此种不公正的结果发生,与《民法典》第 698 条后段关于"债权人放弃或者怠于行使权利致使该财产不能被执行的,保证人在其提供可供执行财产的价值范围内不再承担保证责任"的规定在精神上相一致,故应被赞同。第二个角度是,债权人虽然没有参与保证人之间关于相互有追偿权的约定,但其知晓保证人之间的此类约定,于此场合,《担保制度解释》第 29 条第 2 款的规定仍可资赞同。其原因倒不径直是债权人这个第三人知晓保证人之间的约定便受其约束(合同相对性仍应发挥作用),而是保证人之间约定相互享有追偿权,这同时意味着这些保证人实质上同意对债权人承担连带债务。因为债务人之间相互有追偿权是以他们之间对债权人承担连带债务为前提的。此其一。债权人对各个保证人均有请求其承担保证责任之权,行使该权利应当遵循诚信原则、权利不得滥用原则。债权人明知案涉保证期间有长有短,也知晓保证人之间约定有追偿权,还清楚保证期间届满保证责任即告消灭,从而无被追偿的义务。在这样的背景下,"债权人未在保证期间内依法向部分保证人行使权利,导致其他保证人在承担保证责任后丧失追偿权",这对实际承担保证责任的保证人是不公正的。只有承认实际承担保证责任的保证人在其不能追偿的范围内免除保证责任,才符合公平正义。就此说来,《担保制度解释》第 29 条第 2 款的规定具有正当性。此其二。第三个角度是,债权人既未参与保证人之间关于相互享有追偿权的约定,也不知晓保证人之间相互有追偿权。于此场合,保证人们的约定是个合同,债权人属于第三人。按照合同的相对性,保证人之间的约定不具有约束包括债权人在内的第三人的效力。既然债权人不受保证人们约定的约束,那么,债权人对每个保证人的权利都是独立的,有权请求这个保证人承担保证责任,也有权请求那个保证人承担担保责任,有权不请求这个保证人承担保证责任,也有权不请求那个保证人承担担保责任。依此逻辑,债权人任凭某个或某几个保证期间届满也不请求受该保证期间约束的保证人实际承担保证责任的,仍有权请求保证期间尚未届满的保证人实际承担保证责任。即使实际承担保证责任的保证人无法向保证期间届满的保证人追偿,也是如此。在这个层面、在这个意义上,《担保制度解释》第 29 条第 2 款的规定存在瑕疵。解决之道是,承认《担保制度解释》第 29 条第 2 款的规定存在法律漏洞,即其涵盖过宽,应当限缩其适用范围。

不论是在一般保证还是在连带责任保证中,既然数个保证人之间负连带责任,那么就应适用连带债务的规范,即使其给付可分,也不得对债权人主张分割利益。[①] 这类保证人对主

[①] 参见郑玉波:《民法债编各论》(下册)(第 6 版),三民书局 1981 年版,第 890—891 页。

债务人来说,因无分担部分可言,所以一个保证人在承担全部保证债务后,可以向主债务人追偿。但各保证人之间仍有分担部分问题,于是,已经承担保证债务的保证人有权请求免负保证责任的保证人实际承担其应当负担的份额。①

（三）定期保证与无期保证

保证方式依保证是否定有期限作标准,可划分为定期保证和无期保证。定期保证是指保证合同约定有保证人承担保证责任的期限,保证人仅于此期限内负其责任,债权人未在此期限内对债务人或保证人提起诉讼或者申请仲裁的,保证人即免负其责。无期保证是指保证合同未约定保证期限或约定不明确的保证,保证期间为主债务履行期限届满之日起6个月(《民法典》第692条第2款后段),自债权人要请求债务人履行债务的宽限期届满之日起计算(《民法典》第692条第3款)。

最高额保证合同对保证期间有约定的,按照其约定(《担保制度解释》第30条第1款),这为定期保证。没有约定或者约定不明的,这为无期保证,于此场合,被担保债权的履行期限均已届满的,保证期间自债权确定之日起开始计算;被担保债权的履行期限尚未届满的,保证期间自最后到期债权的履行期限届满之日起开始计算(《担保制度解释》第30条第2款)。

（四）有限保证与无限保证

依当事人是否约定保证担保的范围为标准,保证方式可以划分为有限保证和无限保证。所谓有限保证,是指当事人自由约定担保范围的保证。当然,该约定的范围不得超出主债务的范围,这是由保证的附从性决定的。所谓无限保证,是指当事人未特别约定保证担保的范围,依据法律的规定确定该范围的保证。

（五）继续的保证与一时的保证

依保证是否具有继续的债权关系的特征为标准,保证方式还可以划分为继续的保证和一时的保证。前者是指具有继续的债权关系特征的保证,如职务保证、租赁的保证,以及支票透支、赊卖货物等继续的交易关系的保证。后者是指具有一时的债权关系特征的保证,如普通买卖的价款保证、普通借款的保证等。②

（六）将来债务的保证与既存债务的保证

保证方式还有将来债务的保证和既存债务的保证之分。前者指为将来存在的债权债务设定的保证,如最高额保证;后者指为已经存在的债权债务设定的保证,这是保证的常态。

四、保证担保的范围

保证担保的范围,亦即保证债务的范围,或称保证责任的范围。《民法典》第691条对此规定:"保证的范围包括主债权及其利息、违约金、损害赔偿金和实现债权的费用。当事人另有约定的,按照其约定。"当事人约定的保证担保的范围,可以单就本金债权为保证,不保证利息;也可以仅就债权的一部分设定保证;还可以只保证缔结保证合同时已存的债权,而不及后扩张的部分。至于基于保证的从属性要求,约定的保证担保的范围超出主债务的数额的,效力如何,不宜一概持否定态度。③

---

① 参见郑玉波:《民法债编各论》(下册)(第6版),三民书局1981年版,第890—891页。
② 张龙文:《民法债权实务研究》,汉林出版社1977年版,第223页。
③ 较为详细的阐释,请见崔建远:《论保证规则的变化》,载《中州学刊》2021年第1期。

五、债权人与保证人之间的关系

(一) 债权人的权利

1. 债权人请求保证人承担保证责任的前提和条件

债权人对保证人享有请求其承担保证责任(履行保证债务)的权利。该权利的行使以主债务人不履行其债务或发生当事人约定的实际承担保证责任的情形为前提,以保证责任已届承担期为必要。在一般保证中,在保证责任已届承担期时,虽然债权人有权行使上述请求权,但在主债务人已经适当给付或承担应负责任的情况下,或在对主债务人的财产依法强制执行有效果的情况下,保证人有权主张先诉抗辩权,拒绝承担保证责任。如果保证人不行使抗辩权,那么,债权人可以对主债务人和保证人有效地行使两个请求权,并可以同时或先后请求其为全部履行或一部履行。当然,在任何一方为一部或全部清偿时,其债务(责任)因而缩减或消灭。在连带责任保证中,保证责任已届承担期,债权人请求保证人实际承担保证责任的,保证人无先诉抗辩权,但有主债务已适当履行或相应责任已经承担的抗辩权。

2. 债权人请求保证人承担保证责任的期间

债权人请求保证人承担保证责任的期间,即保证期间,上文关于保证期间的论述可用于此处,不再赘言。

在保证人有权行使先诉抗辩权的情况下,保证人不负迟延责任。于此期间,债权人不得以保证责任与他对保证人的债务加以抵销。

(二) 保证人的保证责任

1. 保证责任与保证债务的关系

保证责任,并非保证人违反民事义务的后果,而是直接基于保证合同而产生的第一性义务,按照关于责任为违反第一性义务所产生的第二性义务的通说,它不是民事责任,而是真正的民事义务,称为保证债务。但是按照大陆法系关于民事责任为债的一般担保的通说,保证责任的确为债的一般担保,加上民法学界已经习惯把保证债务叫作保证责任,《民法典》及司法解释亦然,故本书仍把保证责任和保证债务作为同义语来使用。尽管如此,涉及具体问题时,时常需要甄别保证债务和保证责任,因为前者适用法律关于保证期间的规定,不适用诉讼时效制度,而后者正相反,适用诉讼时效的规定,而不再适用保证期间的规则。

一般保证的债权人未在保证期间对债务人提起诉讼或者申请仲裁的,保证人不再承担保证责任(《民法典》第693条第1款)。连带责任保证的债权人未在保证期间请求保证人承担保证责任的,保证人不再承担保证责任(《民法典》第693条第2款);即使于此期间债权人向债务人请求履行债务了,也是如此,因为包括连带保证债务在内的连带债务为复数债务,而非单一债务,即保证债务与主债务是两个不同的债务,保证人对债权人承担保证债务,债务人对债权人承担主债务,债权人请求债务人履行债务,不等于向保证人请求承担保证债务,在《民法典》对请求给付未赋予绝对效力(第520条)的背景下,债权人请求债务人履行主债务,其效力不及于保证人,只要债权人在保证期间未向保证人请求承担保证责任,一俟保证期间届满,保证责任就不复存在。

2. 保证人的保证责任与破产程序

债权人在债务人破产程序中未获全部清偿,请求担保人继续承担担保责任的,人民法院应予支持(《担保制度解释》第23条第3款前段)。

3. 在最高额保证合同场合保证责任的承担

在最高额保证合同的不特定债权确定后,保证人应当对在最高债权额限度内一定期间连续发生的债权承担保证责任(《民法典》第690条第1款)。最高额担保中的最高债权额,是指包括主债权及其利息、违约金、损害赔偿金、保管担保财产的费用、实现债权或者实现担保物权的费用等在内的全部债权,但是当事人另有约定的除外(《担保制度解释》第15条第1款)。登记的最高债权额与当事人约定的最高债权额不一致的,人民法院应当依据登记的最高债权额确定债权人优先受偿的范围(《担保制度解释》第15条第2款)。

4. 主债合同解除与保证责任的承担

主债合同解除,不应适用《民法典》第559条正文关于"债权债务终止时,债权的从权利同时消灭"的规则,免去保证人的保证责任,而应适用其"但是法律另有规定或者当事人另有约定的除外"的但书。所谓法律另有规定,即《民法典》第566条第3款关于"主合同解除后,担保人对债务人应当承担的民事责任仍应当承担担保责任,但是担保合同另有约定的除外"的规定。

5. 特殊的保证责任

第三人向债权人提供差额补足、流动性支持等类似承诺文件作为增信措施,具有提供担保的意思表示,债权人请求第三人承担保证责任的,人民法院应当依照保证的有关规定处理(《担保制度解释》第36条第1款)。[①] 第三人提供的承诺文件难以确定是保证还是债务加入的,人民法院应当将其认定为保证(《担保制度解释》第36条第3款)。

(三) 保证人的权利

保证合同是单务、无偿的合同,保证人对债权人不享有请求给付的权利,所享有的只是抗辩权或其他防御性的权利。兹介绍与分析如下:

1. 主张债务人权利的权利

保证具有附从性,因而主债务人对于债权人所有的抗辩或其他类似的权利,保证人均可主张。

(1) 关于主债务人的抗辩权

《民法典》第701条规定:"保证人可以主张债务人对债权人的抗辩。债务人放弃抗辩的,保证人仍有权向债权人主张抗辩。"该抗辩权主要有三类:其一,权利未发生的抗辩权。例如,主债合同未成立,保证人对此不知情,于此场合,保证人可对债权人主张主债权未成立的抗辩。其二,权利已消灭的抗辩权。例如,主债权因适当履行而消灭。保证人可对债权人主张权利已消灭,拒绝债权人的履行请求。其三,拒绝履行的抗辩权。例如,时效完成的抗辩权、同时履行抗辩权、不安抗辩权、先履行抗辩权等。即使债务人放弃上述抗辩权,保证人也有权主张,因为保证人主张主债务人的抗辩权并非代为主张,而是基于保证人的地位而独立行使。

(2) 关于主债务人的抵销权、撤销权

《民法典》第702条规定:"债务人对债权人享有抵销权或者撤销权的,保证人可以在相应范围内拒绝承担保证责任。"在抵销权方面,例如,主债务人对债权人负有A合同项下的金钱债务300万元,但在B合同项下对债权人享有350万元的债权,这两项债权债务均已届期。在这种法律结构中,当债权人请求保证人代主债务人清偿300万元的保证债务时,保证

[①] 较为详细的论述,请参见崔建远:《论人的担保的新类型》,载《甘肃社会科学》2022年第1期。

人有权拒绝清偿该笔债务,根据就在于主债务人对债权人有300万元的抵销权。在撤销权方面,例如,在主债务人对其主合同有撤销权时,保证人对债权人可以拒绝履行,也就是保证人可以把主债务人的撤销权作为自己抗辩的事由。

2. 基于一般保证人的地位而特有的先诉抗辩权

先诉抗辩权,又称检索抗辩权,是指一般保证人在债权人未就主债务人的财产依法强制执行而无效果时,对于债权人可拒绝清偿的权利。《民法典》未使用这个表述,而是采用"一般保证的保证人在主合同纠纷未经审判或者仲裁,并就债务人财产依法强制执行仍不能履行债务前,有权拒绝向债权人承担保证责任"(第687条第2款正文)的用语,因为金钱债务不构成不能履行,种类债务也大多不构成不能履行,所以,在种类之债及金钱之债中,一般保证就会名存实亡,保证责任基本上不会实际承担,先诉抗辩权变成无条件的、永不消失的权利。这显然违背《民法典》的立法目的,需要重新诠释这里的"不能履行",将"就债务人财产依法强制执行仍不能履行债务前,对债权人可以拒绝承担保证责任"解释为"就债务人财产依法强制执行无效果前,对债权人可以拒绝承担保证责任"。所谓依法"强制执行无效果",包括执行结果不能清偿债务或不足清偿债务诸情形。例如,拍卖主债务人的财产无人应买,或拍卖所得价款仅能清偿一部分债务,或主债务人虽有财产却不知其所在等。

把《民法典》第687条第1款规定的"当事人在保证合同中约定,债务人不能履行债务时,由保证人承担保证责任的,为一般保证"之中的"债务人不能履行债务",解释为不包括在金钱债务场合债务人没有资金付清届期的欠款(破产场合的情况复杂,暂不议论);将《民法典》第687条第2款正文关于"就债务人财产依法强制执行仍不能履行债务前,有权拒绝向债权人承担保证责任"的规定,解释为"就债务人财产依法强制执行无效果前,对债权人可以拒绝承担保证责任",在实务中已经显示出重要价值。

先诉抗辩权既可通过诉讼方式行使,也可以在诉讼外行使。但按照《民法典》第687条第2款但书的规定,在下列四种情况下不得行使:其一,债务人下落不明,且无财产可供执行。其二,人民法院已经受理债务人破产案件。债权人于此期间不能从主债务人处获得满足,甚至将来也是如此,只有保证人实际承担保证责任才会实现债权,于是法律不允许保证人行使先诉抗辩权。其三,债权人有证据证明债务人的财产不足以履行全部债务或丧失履行债务能力,这在实质上等于就主债务人的财产强制执行无效果,一般保证人有义务满足债权人的清偿请求。其四,保证人以书面形式放弃先诉抗辩权。既然保证人放弃此权,那么,法律就无必要对其特别保护,故而不允许其再主张先诉抗辩权。

3. 基于保证人的地位而对债权人享有的权利

(1)债权人和债务人未经保证人书面同意,协商变更主债权债务合同内容,减轻债务的,保证人仍对变更后的债务承担保证责任,因为这对保证人没有不利;加重债务的,保证人对加重的部分不承担保证责任(《民法典》第695条第1款)。

需要讨论的是,《民法典》第695条第2款规定的"债权人和债务人变更主债权债务合同的履行期限,未经保证人书面同意的,保证期间不受影响",有些绝对,合理的设计宜区分情形,再从不损害保证人权益的利益衡量出发,得出如下结论:A. 保证期间不受影响的情形:保证期间的长短,保证期间不发生中止、中断和延长的属性,保证合同已经明确约定了保证期间(包括起算点的约定)等。B. 保证期间要受影响的情形:在保证合同未约定保证期间或约定不明确的情况下,如果主债的履行期后延了,在主债务人的责任财产状况恶化时,就增加了保证人实际承担保证责任的可能,这不利于保证人。于此场合,本书作者认为应以主债的原履行期为准确定保证期间的起算点。如果主债的履行期提前,意味着保证人实际承担保证责任的起算点提前,这牺牲了保证人的期限利益。

(2)债权人转让全部或部分债权,未通知保证人的,该转让对保证人不发生效力(《民法典》第696条第1款)。保证人与债权人约定禁止债权转让,债权人未经保证人书面同意转让债权的,保证人对受让人不再承担保证责任(《民法典》第696条第2款)。

有必要提醒,适用《民法典》第696条的规定,不应忘记其第547条第1款关于"债权人转让债权的,受让人取得与债权有关的从权利,但是该从权利专属于债权人自身的除外"的规定。

债权人未经保证人书面同意,允许债务人转移全部或部分债务,保证人对未经其同意转移的债务不再承担保证责任,但是债权人和保证人另有约定的除外(《民法典》第697条第1款)。

第三人加入债务,不是保证人主张免负保证责任的事由,因为《民法典》第697条第2款明确规定:"第三人加入债务的,保证人的保证责任不受影响。"

(3)保证合同无效,债权人未在约定或法定的保证期间内依法行使权利,保证人主张不承担赔偿责任的,人民法院应予支持(《担保制度解释》第33条)。

(4)债权人在保证期间内未依法行使权利的,保证责任消灭。保证责任消灭后,债权人书面通知保证人要求承担保证责任,保证人在通知书上签字、盖章或者按指印,债权人请求保证人继续承担保证责任的,人民法院不予支持,但是债权人有证据证明成立了新的保证合同的除外(《担保制度解释》第34条第2款)。

(5)一般保证的债权人在保证期间内对债务人提起诉讼或申请仲裁后,又撤回起诉或仲裁申请,债权人在保证期间届满前未再行提起诉讼或申请仲裁,保证人主张不再承担保证责任的,人民法院应予支持(《担保制度解释》第31条第1款)。不过,连带责任保证的债权人在保证期间内对保证人提起诉讼或申请仲裁后,又撤回起诉或仲裁申请,起诉状副本或仲裁申请书副本已经送达保证人的,人民法院应当认定债权人已经在保证期间内向保证人行使了权利(《担保制度解释》第31条第2款)。

(6)债权人知道或应当知道债务人破产,既未申报债权也未通知担保人,致使担保人不能预先行使追偿权的,担保人就该债权在破产程序中可能受偿的范围内免除担保责任,但是担保人因自身过错未行使追偿权的除外(《担保制度解释》第24条)。

(7)担保人清偿债权人的全部债权后,可以代替债权人在破产程序中受偿;在债权人的债权未获全部清偿前,担保人不得代替债权人在破产程序中受偿,但是有权就债权人通过破产分配和实现担保债权等方式获得清偿总额中超出债权的部分,在其承担担保责任的范围内请求债权人返还(《担保制度解释》第23条第2款)。

(8)一般保证的保证人在主债务履行期限届满后,向债权人提供债务人可供执行财产的真实情况,债权人放弃或怠于行使权利致使该财产不能被执行的,保证人在其提供可供执行财产的价值范围内不再承担保证责任(《民法典》第698条)。

4. 基于一般债务人的地位应有的权利

在保证关系中,保证人是债务人,因而一般债务人应有的权利,保证人也应享有。例如,在保证债务已经单独消灭时,保证人有权主张;在保证债务未届清偿期场合,保证人有权抗辩;在保证合同不成立、无效或被撤销致使保证债务不存在时,保证人有权拒绝履行保证债务;在保证债务罹于诉讼时效时,保证人亦可拒绝负责。

[探讨]

金融机构出于自身利益的考虑,时常采取以新贷还旧贷的方式平衡账目,这牵涉既存的担保是否为新贷的担保,《全国法院民商事审判工作会议纪要》奉行的立场是:(1) 当事人之间有约定的,依其约定。(2) 当事人之间无约定的,将新贷用于归还旧贷,旧贷因清偿而消灭,为旧贷设立的担保物权也随之消灭。贷款人以旧贷上的担保物权尚未进行涂销登记为由,主张对新贷行使担保物权的,人民法院不予支持(第57条)。《担保制度解释》没有完全承继《全国法院民商事审判工作会议纪要》的上述规定,受《担保法解释》第39条的影响颇大,区分新贷与旧贷的担保人是否同一而有不同的规则:新贷与旧贷系同一担保人,债权人请求担保人承担担保责任的,人民法院应予支持;新贷与旧贷系不同担保人,或者旧贷无担保新贷有担保的,债权人请求新贷的担保人承担担保责任的,人民法院不予支持,但是债权人有证据证明担保人提供担保时对以新贷偿还旧贷的事实知道或者应当知道的除外(第16条第1款)。物的担保人在登记尚未注销的情形下愿意继续为新贷提供担保,但在订立新的贷款合同前又以该担保财产为其他债权人设定担保物权,其他债权人主张其担保物权顺位优先于新贷债权人的,人民法院不予支持(第16条第2款)。

在笔者看来,《全国法院民商事审判工作会议纪要》第57条的规定符合意思自治原则、担保权为从权利的基本属性,逻辑严谨,利益衡量妥当,值得赞同。《担保制度解释》第16条的规定存在如下问题,需要澄清甚至应予反思:(1) 所谓新贷与旧贷系同一担保人,应指担保人已经同意充任新贷的担保人的情形,或是担保人与债权人达成了担保新贷的合意,或是担保人已经单方表示担保新贷,或是旧贷合同载有在以新贷还旧贷的场合担保人仍为新贷提供担保的条款。否则,不得谓新贷与旧贷系同一担保人。(2) 在此前提下,即担保人确实是新贷的担保人时,担保人以其对以新贷偿还旧贷的事实不知道并且不应当知道为由主张不承担担保责任的,不应得到支持。如果不存在担保人仍为新贷提供担保的意思表示,则担保人以其对以新贷偿还旧贷的事实不知道并且不应当知道为由主张不承担担保责任的,应当得到支持。(3) 问题的关键在于,担保人仍为新贷的担保人取决于设立担保的合同或担保人的单独行为已经有效成立(有时加上登记,有时加上交付),不取决于担保人对以新贷偿还旧贷的事实知道还是不知道,不取决于担保人对以新贷偿还旧贷的事实应当知道还是不应当知道。《担保制度解释》第16条第1款引入担保人知道、应当知道的因素来认定担保人是否承担担保责任,除了增添困惑以外,似无积极价值。(4) 旧贷附有物的担保(包括担保的意思表示加上相应的登记),该担保移至新贷的意思表示和相应的登记已经具备,或者既有的担保登记在外观上显示出新贷附有该担保,或者就新贷虽无担保的意思表示但既有的担保登记在外观上显示出新贷附有该担保,在这些情况下,《担保制度解释》第16条第2款所谓担保人"在订立新的贷款合同前又以该担保财产为其他债权人设定担保物权,其他债权人主张其担保物权顺位优先于新贷债权人的,人民法院不予支持",才可成立。(5) 与此不同,如果担保登记在外观上显示出旧贷附有担保,新贷没有担保,担保人在订立新的贷款合同前又以该担保财产为其他债权人设定担保物权,其他债权人主张其担保物权顺位优先于新贷债权人的,应当适用或类推适用《民法典》第414条第1款第1项关于"抵押权已经登记的,按照登记的时间先后确定清偿顺序"的规定,新贷的债权人无力对抗其他债权人关于担保物权顺位的主张。就是说,在这点上,《担保制度解释》第16条第2款违反《民法典》第414条的规定,违反《民法典》第214条所示不动产物权的变动自记载于不动产登记簿时发生效力的物权法原则。(6) 在担保人和贷款债权人之间,旧贷附有的担保是否移至新贷,取决于有无此种意思表示,若有,即使新贷的担保登记没有办理,新贷债权人也可以请求担保人办理;若无,即使新贷的担保登记已经办理,只要担保人不承认为新贷担保,也有权请求注销担保登记。《担保制度解释》第16条忽略了这些规则及理论,应予反思。(7) 据说,《担保法解释》第39条和《担保制度解释》第16条的设计出发点是:担保登记在外观上往往识别不出被担保债权是旧贷还是新贷,无需变更登记即认定新贷附有担保(旧贷附有的担保移至此债上)可节约成本;特别是若强求新贷的担保必须重新办理登记,则会出现担保人乘旧贷担保登记注销之际以该担保财产为其他债权人办理担保登记的情形,使新贷债权人的担保权顺位在后,遭受损失。为避免这种局面出现,特设《担保法解释》第39条和《担保制度解释》第16条。其实,新贷债权人令担保人出具不为其他债权人设立顺位在先的担保权的承诺书,并将之提供给登记机构,附在登记簿的相应簿页,或采取其他措施,也能达到目的。这样,既维护了物权法的基本制度及原理,又合理地保护了新贷债权人的权益,何乐而不为? 就是说,《担保法解释》第39条和《担保制度解释》第16条未采上策。

六、保证人与主债务人之间的关系

保证本为保证人和债权人之间的关系,其效力原本不包含保证人和主债务人之间的关系,但保证人和主债务人之间毕竟存在着追偿权、代位权和保证责任除去请求权等内容,故有必要讨论。

(一) 保证人的追偿权

1. 保证人的追偿权的概念

保证人的追偿权,又称保证人的求偿权,是指保证人在承担保证责任后,可以向主债务人请求偿还的权利。保证人承担保证责任,对债权人与保证人之间的关系来说,形式上属于清偿自己的债务,但对主债务人和保证人之间的关系而言,实质上仍然属于清偿他人(主债务人)的债务。于是,自然有"保证人承担保证责任后……有权在其承担保证责任的范围内向债务人追偿"(《民法典》第700条前段)的必要。

2. 保证人的追偿权的要件

(1) 必须是保证人已经对债权人承担了保证责任。此处所谓对债权人承担了保证责任,包括保证人代债务人向债权人为主债关系中的给付义务的清偿,或向债权人承担损害赔偿责任,保证人向债权人为代物清偿或以物抵债,或抵销,或提存。[①] 保证人的追偿,必须限于自己有所给付,致使有偿地消灭主债务人对于债权人的责任。假如自己毫无给付,仅因其尽力致使主债务消灭,如说服债权人,使债权人免除主债务人的债务,则不得向主债务人追偿。[②]

(2) 必须使主债务人对债权人因保证而免责。如果主债务人的免责不是由保证人承担保证责任的行为引起的,那么保证人就没有追偿权。再者,在保证人的给付额高于主债务人的免责额时,如以价值超过主债务数额之物抵债或代物清偿,保证人只能就免责额追偿;在保证人的给付额低于主债务人的免责额时,保证人只能就给付额追偿。[③]

---

① 刘春堂:《民法债编各论》(下),三民书局2008年版,第365页。
② 同上。
③ 同上书,第365—366页。

(3) 必须是保证人没有赠与的意思。这是保证人的追偿权的消极要件,保证人在行使追偿权时不必就此负举证证明的责任。

3. 保证人的追偿权的效力

(1) 在保证人受主债务人的委托而为保证场合的效力

如果保证人系基于主债务人的委托而产生的,那么保证人和主债务人之间的关系属于委托合同关系,应适用委托合同规范处理。具体而言,保证人为受托人,他承担保证责任而使主债务人(委托人)免去对债权人的责任,属于处理委托事务。于是,保证人承担保证责任后,除当事人另有约定外,有权在其承担保证责任的范围内向债务人追偿(《民法典》第700条前段)。《担保制度解释》予以贯彻、落实(第18条第1款)。学说认为,保证人承担保证责任所支付的原本、利息和必要费用均可向主债务人追偿;保证人承担保证责任因不可归责于自己的事由,遭受损害的,可向主债务人请求损害赔偿。不过,保证人不得基于委托合同关系,请求主债务人预付承担保证责任所需必要费用,因为这与保证的目的不合。[①]

同一债权既有债务人自己提供的物的担保,又有第三人提供的担保,承担了担保责任或赔偿责任的第三人,主张行使债权人对债务人享有的担保物权的,人民法院应予支持(《担保制度解释》第18条第2款)。

人民法院受理债务人破产案件,债权人在破产程序中申报债权后又向人民法院提起诉讼,请求担保人承担担保责任的,人民法院依法予以支持(《担保制度解释》第23条第1款)。在债务人破产程序中,担保人承担担保责任后,向和解协议或者重整计划执行完毕后的债务人追偿的,人民法院不予支持(《担保制度解释》第23条第3款后段)。

保证人接受委托而为保证,基于受托人的地位,承担保证责任应当顾及主债务人的利益,故于其知悉主债务人有权利未设立、权利已经消灭或拒绝给付等各种抗辩或抗辩权时,自应对债权人行使;若不行使,而对债权人承担保证责任的,该项付出不构成委托合同中的必要费用,不得向主债务人追偿。至于保证人不知主债务人享有这些抗辩或抗辩权,向债权人承担保证责任的,仍可认为该项付出系因处理委托事务而支出的必要费用,保证人有权向债务人追偿。不过,保证人如因过失而不知主债务人享有上述抗辩或抗辩权,以致向债权人承担保证责任的,则应对主债务人因此遭受的损失承担赔偿责任。再者,保证人在向债权人承担保证责任后,怠于通知主债务人,致主债务人因不知其情事而再向债权人为清偿的,应当解释为保证人丧失对主债务人的追偿权。[②]

(2) 保证人未受主债务人委托而为保证

如果保证人和主债务人之间为无因管理关系,保证人承担保证责任符合法律规定、社会常理及主债务人的正确意见,那么,保证人就此支付的原本、利息和必要费用可请求主债务人偿还,如有损害尚可请求赔偿。假如保证人承担保证责任违反法律规定、社会常理、主债务人的正确意见,那么,保证人就此支付的原本、利息和必要费用虽可向主债务人追偿,但也只能在主债务人获得利益的限度内主张。

(3) 共同保证人的追偿权

同一债务有两个以上担保,担保人之间约定相互追偿及分担份额,承担了担保责任的担

[①] 刘春堂:《民法债编各论》(下),三民书局2008年版,第366—367页。
[②] 史尚宽:《债法各论》(第5版),荣泰印书馆股份有限公司1981年版,第871—872页;刘春堂:《民法债编各论》(下),三民书局2008年版,第367页。

保人请求其他担保人按照约定分担份额的,人民法院应予支持;担保人之间约定了相互追偿但未约定分担份额的,按比例分担向债务人不能追偿的部分(《担保制度解释》第13条第1款)。同一债务有两个以上担保,担保人之间未对相互追偿作出约定且未约定承担连带共同担保,但是各担保人在同一合同书上签字、盖章或按指印,承担了担保责任的担保人请求其他担保人按照比例分担向债务人不能追偿部分的,人民法院应予支持(《担保制度解释》第13条第2款)。就结果论,该规定旨在赋权混合共同担保人相互间享有追偿权;就构成要件论,它在遵循混合共同担保人之间存在连带债务的意思表示而后才有追偿权的理念,尽管存在拟制的成分——只要混合共同担保人在同一合同书上签字、盖章或按指印,就认定其有连带负责之意。这与《担保法解释》第38条第1款不分混合共同担保人之间有无连带负责的意思表示都一概承认担保人相互间存在追偿权,具有原则性的差异。

如果共同保证人之间未约定相互间享有追偿权,也未在同一合同书上签字、盖章或按指印,承担了担保责任的担保人请求其他担保人分担向债务人不能追偿部分的,人民法院不予支持(《担保制度解释》第13条第3款)。

在此有必要指出,有专家学者认为,在混合共同担保的情况下,《民法典》第700条承认了实际承担保证责任的保证人有权向其他物的担保人追偿。在笔者看来,这不符合《民法典》第700条的文义和规范意旨,忽略了被担保债权因保证责任的实际承担而归于消灭时其他担保债务也归于消灭的基本属性,误将代位权混为追偿权,是不成立的。①

(4)预先行使追偿权

按照《企业破产法》第51条第1款关于"债务人的保证人或者其他连带债务人已经代替债务人清偿债务的,以其对债务人的求偿权申报债权"的规定,保证人从债权人处取得代位权和向主债务人的追偿权。如果主债务人破产,那么保证人可以破产财产的债权人的身份参加破产程序,并以其对主债务人的追偿权为破产债权,从破产财产中获得清偿。

《企业破产法》第51条第2款正文规定:"债务人的保证人或者其他连带债务人尚未代替债务人清偿债务的,以其对债务人的将来求偿权申报债权。"这值得赞同,因为保证人虽然尚未实际履行保证债务,但主债务人既已破产,自然不能履行其主债务,于此场合,债权人要求保证人履行保证债务几乎是必然的。因此,应当允许保证人以将来的追偿权为破产债权,参加破产程序。"但是,债权人已经向管理人申报全部债权的除外"(《企业破产法》第51条第2款但书)。这是因为,此时债权人已经参加了破产程序,如果允许保证人的追偿权再加入破产债权,则实质上会产生同一债权双重加入的结果。同时,既然债权人参加了破产程序,债权人的债权已通过破产程序得到部分满足,对保证人而言,也无所谓追偿权问题。即便债权人未能依破产程序获得全部清偿,虽然他可就未清偿部分要求保证人履行,但由于债权人已加入破产程序,保证人即使对这部分债务为履行,也仍不能再加入破产程序。债权人获部分清偿后,破产程序已告结束,保证人也无从加入破产程序,他因履行保证债务而遭受的损失只能由其自身承担,这由其承担保证责任的风险所致。②

《民法典》及《担保制度解释》虽未正面规定保证人可以预先行使追偿权,但《担保制度解释》第24条所谓"……致使担保人不能预先行使追偿权的,担保人就该债权在破产程序中可能受偿的范围内免除担保责任,但是担保人因自身过错未行使追偿权的除外",至少不否

---

① 较为详细的论述,请见崔建远:《补论混合共同担保人相互间不享有追偿权》,载《清华法学》2021年第1期。
② 参见刘成祥:《保证制度的若干理论与实务》,吉林大学法学硕士学位论文(1986),第64—65页。

认预先行使追偿权。

(5) 保证人向物上保证人的追偿

在既有人的担保又有物的担保的情况下,保证人在承担了保证责任之后,在物上保证人为主债务人的情况下,可以向物上保证人(主债务人)追偿;在物上保证人为第三人的情况下,只要各担保人之间未约定连带负责及随之而来的相互追偿权,就适用《民法典》第392条及第700条的规定,保证人无权向物上保证人追偿。

(6) 保证人追偿权与诉讼时效

保证人的追偿权为一新成立的权利,应适用《民法典》第188条第1款规定的3年时效,并从保证人承担保证责任之日起开始计算。

(7) 追偿权行使的方式

在主债务人不主动偿还债务的情况下,保证人既可以通过一般途径请求债务人偿还,也可以依靠司法途径主张。人民法院判决保证人承担保证责任或赔偿责任的,应当在判决书主文中明确保证人享有追偿权。判决书未予明确追偿权的,保证人只能按照承担责任的事实,另行提起诉讼。

(二) 保证人依法受让债权人对债务人的权利

1. 概念

《民法典》第700条规定,保证人承担保证责任后,享有债权人对债务人的权利。《担保制度解释》第18条第2款规定:同一债权既有债务人自己提供的物的担保,又有第三人提供的担保,承担了担保责任或赔偿责任的第三人,在其承担责任的范围内有权主张行使债权人对债务人享有的担保物权。所谓保证人承担保证责任后,享有债权人对债务人的权利,应是一经保证人承担保证责任,债权人对债务人的权利便立即转移给保证人。此种转移是基于《民法典》第700条的规定发生的,故谓法定债权转移。①

2. 构成要件

(1) 必须是保证人已经向债权人承担了保证责任

此处所谓向债权人承担保证责任,是指保证人代债务人向债权人为主债关系中的给付义务的清偿,或向债权人承担损害赔偿责任,即保证人向债权人为代物清偿或以物抵债,或抵销,或提存,只要能够消灭主债关系,均属向债权人承担保证责任。②

(2) 必须是保证人对主债务人享有追偿权

《民法典》第700条关于"保证人承担保证责任后……享有债权人对债务人的权利"的规定,系为确保其追偿权而设,所以保证人只有对债务人享有追偿权,才会"享有债权人对债务人的权利"。这也决定了保证人"享有债权人对债务人的权利"的范围,不得超过保证人追偿权的范围,亦即不得超过保证人承担保证责任的限度。③

3. 法律效力

保证人取得债权人对于主债务人的债权,或者说,债权人对于债务人的债权在保证人承担保证责任的限度内移转给保证人。此种取得、移转,属于法定取得、移转,保证人一经承担保证责任,便当然地取得债权人对于债务人的债权,或者说债权人对于债务人的债权当然地

---

① 详细阐释,请见崔建远:《混合共同担保人相互间无追偿权论》,载《法学研究》2020年第1期;崔建远:《补论混合共同担保人相互间不享有追偿权》,载《清华法学》2021年第1期。
② 刘春堂:《民法债编各论》(下),三民书局2008年版,第369页。
③ 同上。

移转给保证人,无需当事人的意思表示。①

因为这种依法律规定而当然发生的债权移转,其效果与按照法律行为成立的债权让与无异,所以,不但原本债权,而且该债权的担保,如抵押权、质权、留置权或保证等,以及该债权的其他从属权利及瑕疵,如利息、违约金、主债务人对债权人的抗辩等,也一同移转给保证人,保证人代位取得的债权,与原债权相同。②

保证人仅仅承担了部分保证责任的,债权人对于主债务人的债权只能部分移转给保证人,债权人仍保留未受清偿部分的债权。于此场合,保证人所取得的债权与债权人所保留的债权并存。因为债权人的利益不应因保证人承担保证责任而受影响,所以,保证人代位权的行使,不得有害于债权人的利益,从而,债务有物上保证的,债权人可优先行使该担保物权。③

4. 保证人的追偿权与保证人依法受让债权人对债务人的权利之间的关系

保证人的追偿权系保证人对债务人的权利,为新成立的权利;保证人"享有债权人对债务人的权利"系保证人取得债权人对于债务人的债权,且为债权人原有的权利,并非新成立的权利。这两种权利可以并存,保证人可以选择行使,也可一并行使,唯其中任一权利因行使而达到目的时,另一权利即归消灭。④

七、保证责任的消灭

(一) 保证责任因保证期间届满而不再承担

保证责任仅于保证期间内存在,债权人未于保证期间请求保证人承担保证责任的,保证责任便不复存在,因而《民法典》第693条规定:"一般保证的债权人未在保证期间对债务人提起诉讼或者申请仲裁的,保证人不再承担保证责任"(第1款)。"连带责任保证的债权人未在保证期间请求保证人承担保证责任的,保证人不再承担保证责任"(第2款)。

(二) 保证责任不因债权人和债务人擅自协议加重而改变

《民法典》第695条第1款规定:"债权人和债务人未经保证人书面同意,协商变更主债权债务合同内容,减轻债务的,保证人仍对变更后的债务承担保证责任;加重债务的,保证人对加重的部分不承担保证责任。"其中,所谓"减轻债务的,保证人仍对变更后的债务承担保证责任",系保证从属性的体现;所谓"加重债务的,保证人对加重的部分不承担保证责任",贯彻的是合同的相对性以及保证责任不得重于主债务的原则。

(三) 保证责任因债权人违反禁止债权转让的特约而可不再承担

在债权转让的一般情况下,债权人违反禁止债权转让的特约,仅仅是不得对抗第三人(《民法典》第545条第2款),债权人向债务人承担违约责任(《民法典》第577条以下),债务并不因此而消灭;债权人转让债权,未通知债务人的,该转让对债务人不发生效力(《民法典》第546条第1款)。与此不同,《民法典》对保证人这类债务人施以优惠保护,于第696条第2款规定:"保证人与债权人约定禁止债权转让,债权人未经保证人书面同意转让债权的,保证人对受让人不再承担保证责任。"

---

① 刘春堂:《民法债编各论》(下),三民书局2008年版,第369—370页。
② 郑玉波:《民法债编各论》(下册)(第6版),三民书局1981年版,第852页;刘春堂:《民法债编各论》(下),三民书局2008年版,第369—370页。
③ 刘春堂:《民法债编各论》(下),三民书局2008年版,第370页。
④ 同上书,第371—372页。

（四）保证责任因债权人擅自允许债务转让而不再承担

债务人的责任财产状况、诚信与否，对于保证人实际承担保证责任与否影响甚巨，假如被担保债务转移给责任财产不足以清偿数个并存的债权之人，则保证人就要实际承担保证责任，事后又难以追偿成功，损失可想而知。为保护保证人的正当权益，债务转让必须经过保证人的同意，否则，《民法典》第697条第1款正文规定："债权人未经保证人书面同意，允许债务人转移全部或者部分债务，保证人对未经其同意转移的债务不再承担保证责任。"当然，债权人和保证人约定债务转让可不经保证人同意的，保证人于债务转让的场合仍负原定的保证责任（《民法典》第697条第1款但书）。

（五）保证责任因先诉抗辩权的保护而不再承担

在一般保证的领域，只要主债务人有责任财产可供清偿被担保债权，保证人在此范围内就有权拒绝承担保证责任，这不因债权人放弃或怠于行使权利致使该财产不能被执行而改变，于是，《民法典》第698条规定："一般保证的保证人在主债务履行期限届满后，向债权人提供债务人可供执行财产的真实情况，债权人放弃或者怠于行使权利致使该财产不能被执行的，保证人在其提供可供执行财产的价值范围内不再承担保证责任。"

八、保证债务与诉讼时效

（一）保证期间与诉讼时效的区别

关于保证期间是否为诉讼时效期间，存在不同意见，本书持否定说。其理由如下：(1) 按照《民法典》的规定，保证期间允许当事人约定，并且首先看约定，只有在当事人没有约定，或约定的保证期间早于或等于主债务的履行期限时，才采用法律规定的保证期间（第692条第2款）。而诉讼时效期间一律由法律规定，不允许当事人约定。当事人违反法律规定，约定延长或缩短诉讼时效期间、预先放弃诉讼时效利益的，人民法院不予支持（《诉讼时效制度规定》第2条）。这与德国民法及其学说关于"虽然消灭时效可以减轻，但不得排除或加重之。这即是说，延长消灭时效期间通常是无效的"[1]的精神不尽一致。(2) 如果保证期间届满，债权人一直未向保证人主张履行保证债务，保证债务也未随着主债务的诉讼时效的中断而改为适用诉讼时效期间，那么，保证债务消失，亦即债权人对保证人的债权不复存在（《民法典》第693条）。就是说，保证期间届满使债权本体消灭。而诉讼时效期间届满，仅仅使债务人产生抗辩权，并不消灭债权自身。(3) 按照《民法典》第692条第1款的规定，保证期间不发生中止、中断和延长的法律后果。而依据《民法典》第194条、第195条和第188条第2款但书的规定，诉讼时效存在中止、中断、延长的制度。(4) 在保证期间内，债权人请求保证人承担保证责任的，只要保证人无抗辩事由，保证期间就功成身退，让位于诉讼时效期间（《民法典》第694条）。这一现象本身就表明保证期间不是诉讼时效期间，因为如果它是诉讼时效期间，就不会存在着上述"保证期间就功成身退，让位于诉讼时效期间"的问题。(5) 保证合同约定有保证期间的，保证期间的起算点为当事人约定的开始时日。保证合同无此约定的，保证期间的起算点为主债务履行期届满的次日。而诉讼时效期间的起算则有所不同，按照《民法典》第694条的规定，一般保证的债权人在保证期间届满前对债务人提起诉讼或申请仲裁的，从保证人拒绝承担保证责任的权利消灭之日起，开始计算保证债务的诉讼时效（第1款）。连带责任保证的债权人在保证期间届满前要求保证人承担保证责任的，

---

[1] 〔德〕迪特尔·梅迪库斯：《德国民法总论》，邵建东译，法律出版社2000年版，第93页。

从债权人请求保证人承担保证责任之日起,开始计算保证债务的诉讼时效(第 2 款)。

附带指出,保证期间也不是除斥期间,理由如下:(1) 保证期间允许甚至倡导约定,而除斥期间为法定期间,只有解除权可以约定除斥期间(《民法典》第 564 条第 1 款)。(2) 保证期间届满,消灭的是债权及其有关的从权利、从义务。而除斥期间届满,消灭的是形成权。(3) 在保证期间内,债权人请求保证人承担保证债务的,如果保证人未行使抗辩权,保证期间就功成身退,诉讼时效期间取而代之。除斥期间不存在这个现象。(4) 保证期间的起算点的确定如同上述,除斥期间的起算点则因立法者对于不同类型的除斥期间持有不尽相同的价值取向和利益衡量而形形色色。

1. 起算点为权利人知道或应当知道撤销事由/解除事由之时

除斥期间的起算点为权利人知道或应当知道撤销事由之时的,计有如下几种:(1) 在因欺诈、胁迫等而订立的合同可撤销的场合,撤销权的除斥期间自撤销权人知道或应当知道撤销事由时起算(《民法典》第 152 条第 1 款第 1 项)。(2) 在债权人撤销权的情况下,撤销权的除斥期间自债权人知道或应当知道撤销事由之日起算(《民法典》第 541 条前段)。(3) 在赠与人的法定撤销权的场合,撤销权的除斥期间自赠与人知道或应当知道撤销原因之日起算(《民法典》第 663 条第 2 款)。(4) 在赠与人的继承人或法定代理人的撤销权的场合,撤销权的除斥期间自该继承人或法定代理人知道或应当知道撤销原因之日起算(《民法典》第 664 条第 2 款)。(5) 法律没有规定、当事人没有约定解除权行使期限的,自解除权人知道或应当知道解除事由之日,或者自对方催告所定合理期限的开始之日,起算(《民法典》第 564 条第 2 款)。

2. 起算点为其他按份共有人知道或应当知道最终确定的同等条件之日

共有人的优先购买权,其除斥期间的起算点为其他按份共有人知道或应当知道最终确定的同等条件之日起[《物权法解释(一)》第 11 条第 3 项]。

3. 相对人行使催告权,确定除斥期间的起算点

除斥期间的起算点由相对人行使催告权予以确定的,计有如下情形:(1) 在限制行为能力人订立合同场合,自法定代理人收到相对人催告通知之日起,确定 30 日除斥期间的起算点(《民法典》第 145 条第 2 款);(2) 在无权代理场合,自被代理人收到相对人催告通知之日起,确定 30 日除斥期间的起算点(《民法典》第 171 条第 2 款前段)。

4. 起算点为行为发生时

债权人撤销权的 5 年除斥期间,其起算点为债务人的行为发生之日(《民法典》第 541 条后段)。

5. 起算点为通知到达或披露义务履行完毕之时

(1) 承租人的优先购买权,其除斥期间的起算点应为出租人通知承租人出卖租赁物之时(《民法典》第 726 条第 2 款)。(2) 在隐名代理的情况下,第三人的选择权的除斥期间,其起算点为受托人披露委托人之时(《民法典》第 926 条第 1 款、第 2 款)。

保证期间是不同于诉讼时效、除斥期间的期间,具有自己的独立地位和价值。因它具有消灭债权本体或产生抗辩的效力,故不妨称其为失权期间。

(二) 保证债务与诉讼时效期间的起算

《民法典》第 694 条规定:"一般保证的债权人在保证期间届满前对债务人提起诉讼或者申请仲裁的,从保证人拒绝承担保证责任的权利消灭之日起,开始计算保证债务的诉讼时

效"(第1款)。"连带责任保证的债权人在保证期间届满前请求保证人承担保证责任的,从债权人请求保证人承担保证责任之日起,开始计算保证债务的诉讼时效"(第2款)。

所谓"保证人拒绝承担保证责任的权利消灭之日",就是保证人抗辩不实际承担保证责任的事由消失之日,也就是保证人有义务实际承担保证责任之日。有义务承担,只要承担期(履行期)没有届满,只要保证人没有明示拒绝承担或以其行为表明届时不实际承担,就都不构成违约,即未侵害债权人的债权。依《民法典》第188条第2款前段关于"诉讼时效期间自权利人知道或者应当知道权利受到损害以及义务人之日起计算"的规定衡量,此时此刻尚不应当起算保证债务的诉讼时效期间。只有到了保证人有义务承担保证责任却不承担亦即违约之时,或曰侵害了债权人的债权之时,才满足了《民法典》第188条第2款前段规定的起算诉讼时效期间的要件。可见《民法典》第694条第1款关于"从保证人拒绝承担保证责任的权利消灭之日起,开始计算保证债务的诉讼时效"的规定,不符合《民法典》设计的诉讼时效期间起算的基本要求,且无需要特殊对待的理由,存在瑕疵。

所谓"从债权人请求保证人承担保证责任之日起,开始计算保证债务的诉讼时效",是在说自债权人积极行使其权利时便起算诉讼时效期间,这背离了诉讼时效制度旨在使躺在权利上睡眠者承受不利后果,反射地保护积极行使权利之人,从而促使权利人积极行使其权利的初衷。可见《民法典》第694条第2款的规定与诉讼时效制度的本质相抵触,应予修正。合理的设计应当是:"……从保证人拒绝实际承担保证责任之日起,开始计算保证债务的诉讼时效。"

第三节 定 金

一、定金的概念

(一) 关于定金的界定

定金,是指合同当事人为了确保合同的履行,依据法律规定或当事人双方的约定,由当事人一方在合同订立时,或订立后、履行前,按合同标的额的一定比例,预先给付于对方当事人的金钱或其他代替物。

(二) 定金的法律性质

1. 定金属于金钱担保

定金是通过一方当事人向对方当事人交付一定数量的金钱或其他代替物,履行与否与该特定数额的金钱或其他代替物的得失挂钩,使当事人产生心理压力,从而积极而适当地履行债务,以发挥担保作用。它与人的担保和物的担保有不同的机理,属于金钱担保。

2. 定金合同为实践合同

定金合同的成立,不仅须有双方当事人的合意,而且应有定金的现实交付,具有实践性。主合同可以是实践性的,也可以是诺成性的。定金合同必须是实践性的,仅有设立定金的合意,而无定金的实际交付,不产生定金合同,定金之债不成立。

3. 定金合同为从合同

定金的有效以主合同的有效成立为前提,定金合同是主合同的从合同。在主合同无效时,定金合同亦无效,除非担保合同另有约定。

(三) 定金与相关概念的比较

1. 定金与预付款

定金和预付款虽然都可以是一方向另一方交付一定的金钱,但二者的法律性质和效力却存在很大差别。其一,定金是一种担保方式,不属于债务的履行范畴,至于在实际履行过程中定金抵充部分价金,需要付款的债务人单方作出意思表示,甚至得有双方当事人的合意;而支付预付款当然属于价金支付债务的一部分,并且是提前履行部分债务,其作用在于使接受预付款的一方获得期限利益,支付预付款只是在客观上起到了保障相应的债权实现的作用。其二,定金的交付形成了一个定金合同,独立于也从属于主债关系;而预付款的支付属于履行主债的一部分,不构成一个独立的合同,也无所谓支付预付款和主债务的从属关系。其三,定金一般是一次性交付;预付款可以分期支付。① 其四,定金的类型较多,作用也有差异。有的是主合同的成立要件,有的起证明主合同存在的作用,有的是解除主合同的代价,有的是签订主合同的担保。预付款原则上没有这些性质和作用,但实务中出现了把预付款作为合同生效的先决条件和解除条件的现象。例如,某互联网专线接入服务协议第 8.1 条规定:"自本协议签订后 10 日内,甲方向乙方支付接入服务预付款共计 1 万元人民币,甲方按期交纳 1 万元人民币的接入服务预付款,为本协议生效的先决条件;如果甲方在本协议签订后 10 日内未能按期交纳 1 万元人民币的接入服务预付款,本协议即刻终止。"此类约定不违反法律的强制性规定,也没有害及专线接入服务协议、预付款的本质和作用,没有必要否认其法律约束力。其五,当事人一方不履行主合同并达到严重程度,适用定金罚则。预付款则无此效力,而是在标的物正常交付的情况下,交付预付款的一方再补交剩余的价款即可。在交付标的物的一方违约的情况下,如果交付预付款的一方解除合同,那么,他有权请求返还预付款;如果他不解除,则有义务继续交付剩余的价款。

2. 定金与押金

定金和押金均属于金钱担保范畴,都是当事人一方按约定给付于相对人的金钱或其他代替物,在合同适当履行后,都发生返还的法律后果。但它们仍为不同的担保方式:其一,定金的交付通常是在合同订立时或履行前,具有预先给付的特点;押金的交付,或与履行主合同同时,或与履行主合同相继进行,不是预付。其二,定金担保的对象是主合同的主给付;押金担保的对象往往是主合同中的从给付。其三,定金的数额低于主合同的标的额,且不得超过法定的比例;押金的数额往往高于或等于被担保的债权额。其四,定金具有在一方违约时丧失或双倍返还的效力,押金没有双倍返还的法律效果。

3. 定金与价款或租金

价款,在此处包括买卖合同中的价款、房地产转让合同中的转让款、股权转让合同中的转让款等。定金为担保方式,价款为交易的对价,二者具有本质的不同,十分明显。这里之所以提及它们,是因为在实务中常有合同约定:"在……条件下,定金转化为价款"或"在……情况下,定金转化为租金",而在这些约定变成现实时,定金担保即不复存在,从而影响当事人双方的利益分配。例如,某《合同书》第 4 条第 1 项规定:"乙方应于本合同签署之日支付甲方人民币伍佰万元,该定金于支付最后一笔转让款时转化为转让款。"第 4 条第 2 项规定:"乙方应于甲方交付 A 地块的同时支付甲方第二笔定金壹仟玖佰万元,该定金于支

---

① 苏惠祥主编:《中国当代合同法论》,吉林大学出版社 1992 年版,第 204 页。

付最后一笔转让款时转化为转让款;乙方并应同时支付首期转让款人民币壹仟贰佰万元。"第 4 条第 4 项规定:"乙方应于甲方交付 A 地块后的两年内支付甲方第三期转让款人民币八仟肆佰万元,扣回已付定金贰仟肆佰万元,实际支付六千万元。"该《合同书》的这些约定表明,定金,只有在满足约定的条件时才变成转让款,在满足约定的条件之前仍为定金。按照定金和转让款各自的性质及功能,定金在转化为转让款之后便不再具有担保的性质及功能,不再适用定金罚则的规定。双方当事人如果完全履行了该《合同书》第 4 条第 4 项的规定,则定金消失,即使此后任何一方违约,也不会产生定金罚则的结果。

4. 定金与保证金

在期货交易、国有建设用地使用权出让、建设工程、长途电话业务合作、租赁、房屋装修等合同或法律关系中,时常出现保证金的担保方式。其种类和性质复杂,对于债权的保障作用也多种多样。由于《民法典》对其尚未定性和定位,保证金合同属于非典型合同,或曰无名合同。关于非典型合同的法律适用,虽然一般有类推适用、吸收说、结合说,但因保证金合同时常不是类型结合合同的形态,而是单一合同的态样,故结合说、吸收说往往派不上用场。此其一。有鉴于此,贯彻意思自治原则,按照当事人的约定赋予保证金以法律效果,是我们时刻牢记的准则。此其二。实务中出现的保证金,形形色色,因此,对于被排除在定金范围之外的保证金,必须予以类型化,确定每种类型的保证金的效力。从有助于解决问题而非纯逻辑的美观出发,下述保证金的类型及其分析,没有完全遵循统一的区分标准。此其三。

(1) 备用金类型的保证金

有的保证金无定金罚则的效力,只是作为当事人一方履行付款义务的备用金,被存储于双方当事人指定的账户上或债权人的账户上,在该当事人未及时或未如数支付应付款额时,相对人有权从保证金中提取相应数额。这种保证金对于债权人的债权而言具有较强的保障作用。

属于当事人一方履行付款义务的备用金的情形,如某《长途电话业务合作协议》第 3 条第 2 款第 F 项约定:"保证金:自合同生效之日起乙方应向甲方支付保证金人民币 60 万元,如果甲方实际流量连续两个月达到或超过 400 万分钟,则在最近一个缴费期内补交保证金 20 万元;随甲方流量每增加 100 万分钟,保证金依此类推,若出现不正常缴费,则以保证金抵充;如合同解除,甲方应在合同解除后一个月内将保证金归还乙方。"第 4 条第 C 款规定:"乙方逾期未及时向甲方付款,甲方有权首先从保证金抵充(当未清缴话费总额达到保证金总额 80%时,甲方有权在 5 个工作日内让乙方蓄补同等数额的保证金,若乙方未能按时履行,甲方有权停止双方业务合作,并保留对未清缴话费的追缴权利),剩余部分乙方应向甲方支付滞纳金,滞纳金每日应按应付款项的千分之三计算。"其中,"抵充"属于履行债务;"乙方未能按时蓄补同等数额的保证金,甲方有权停止双方业务合作",是将乙方蓄补同等数额的保证金作为乙方的主给付义务,乙方违反该主给付义务构成违约,产生解除权,甲方可以行使解除权。再如,某《担保合作协议书》第 4 条第 3 款约定:被保证人同意,在本次向某银行贷款人民币 7000 万元后,将贷款总额的 30%作为保证金存入保证人指定的账户;保证人保证在被保证人贷款到期日前 10 个工作日内,将保证金全额退还至被保证人的贷款账户,由贷款银行监管;被保证人同意承担该保证金应分担的贷款利息。

(2) 预付款类型的保证金

有的是名为保证金,实为预付款。它使债权提前全部或部分地得到实现。就这部分债权来说,保证金实际上起到了保障债权实现的作用,但就尚未清偿的债权部分而论,保证金显然不是担保方式,如果说它有担保作用,那么至多与违约责任的担保作用相当。

(3) 租赁保证金

某《房屋租赁合同书》约定:承租人应在本合同签订后5个工作日内向出租人交纳2个月的租金作为租赁保证金,共计80.64万元人民币(第3条第2项)。在本合同终止时,出租人收取的租赁保证金除用以冲抵合同约定的应由承租人承担的费用外,剩余部分由出租人无息退还承租人(第3条第4项)。未经出租人同意而将租赁房屋整体转租给第三人的,出租人有权解除本合同,且不再退还租赁保证金,同时承租人还得承担违约责任(第6条)。在政府规划建设征用、自然灾害或不可抗力致使承租人不能正常使用租赁房屋时,本合同自行终止,出租人退还保证金,双方按当年实际使用时间结算租赁等各项费用,互不承担违约责任(第9条第3款)。从这些约定可知,此类租赁保证金具有预付部分租金、双方当事人清结合同履行和返还租赁房屋所需费用的备用金、承租人承担违约责任的备用金、在合同因不可归责于双方当事人的原因而终止时予以退还的性质。

(4) 装修保证金

某《房屋租赁合同》约定,承租人在按照本合同约定进行装修时,应交纳装修保证金,共计人民币10万元给出租人,在承租人装修完毕的3日内,若无其他纠纷,则出租人应将该保证金全额退还(第4条第4款)。其中所谓"其他纠纷",包括因承租人违反法律、法规、规章的规定,违反本合同的约定,擅自改变租赁房屋的主体结构、损坏各种专用部分的管道和电梯等共用部分、乱倒垃圾等而发生的纠纷。在承租人对上述行为产生的费用、损害赔偿金等需要承担责任时,出租人乃至物业管理公司有权从装修保证金中扣除。

(5) 质量保证金

在买卖、建设工程施工等合同场合,当事人约定有质量保证金,甚至法律直接规定质量保证金。因为只有在买卖物符合约定时才有义务支付该笔金钱、在建设工程于其质量保证期届满、质量符合约定时才有义务支付或返还该笔金钱,所以称其为质量保证金。对此,《买卖合同解释》也有反映,于其第15条规定:"买受人依约保留部分价款作为质量保证金,出卖人在质量保证期间未及时解决质量问题而影响标的物的价值或者使用效果,出卖人主张支付该部分价款的,人民法院不予支持。"这一方面可以促使出卖人消除瑕疵,另一面也有利于保护买受人的合法权益。

(6) 定金类型的保证金

根据当事人的意思和合同全部条款的关联性,有的保证金应被认定为定金。例如,甲乙双方就A项目于2004年7月8日签订了《销售合作协议》,其中的第7条约定:"本协议签订之日,乙方给付甲方保证金壹佰万元整。甲方保证履行本协议,若违约则双倍返还保证金并承担乙方一切损失,保证金冲抵乙方应支付的首期包销款。"仅就该约定的文义观察,该保证金与定金相比,既有相同的一面,即甲方(接受保证金的一方)违约,应双倍返还保证金;也有不同的一面,即未约定这样的效力:乙方(给付保证金的一方)违约,甲方不予返还保证金。如果将它解释为当事人疏忽而遗漏了"乙方(给付保证金的一方)违约,甲方不予返还保证金"的约定,存在着合同漏洞,则可以认为这是关于定金的约定;如果认为当事人的本意就是其文义昭示的内容,那么,它就不是关于定金的约定。究竟如何认定?可以通过目的解释、体系解释等方法澄清该约定的含义。目的解释在本案中有些困难,体系解释比较容易。其原因在于,甲乙双方于 2004 年 8 月 26 日签订了《终止协议》,该协议第 1 条约定:"本终止协议签字盖章之日起,原《销售合作协议》终止执行,双方互不追究违约责任。"第 2 条约定:"本终止协议签字盖章当日,双方重新签订《销售合作协议》,乙方根据双方于二〇〇四年七月八日签订的 A 项目《销售合作协议》已支付给甲方的 100 万元保证金转化为新的《销售合作协议》中乙方应支付甲方的部分定金。"甲乙双方于当日(2004 年 8 月 26 日)就 A 项目签订了新的《销售合作协议》,该协议未再规定保证金,通篇未出现保证金的字样,而是约定了定金,其第 7 条约定:"本协议签订之日,乙方给付甲方定金 1300 万元(含乙方已支付甲方的 100 万元保证金),该定金由乙方根据甲方的付款委托直接支付项目土地出让金,余款再划入甲方账户。该 1300 万元定金按归还当日银行一年固定贷款利率计算利息(自该 1300 万元实际支付之日起的一年时间归还)。甲方保证履行本协议,若违约则双倍返还定金并承担乙方的一切损失。"第 10 条第 2 款第 1 项约定:"如由于甲方原因,导致以下情况发生,或由于甲方股东违约,则乙方有权解除本协议,甲方应承担乙方的相应经济损失,并于 10 日内双倍返还乙方支付的定金。"尤其是前述第 7 条括号内的话,十分明显地将乙方按照甲乙双方于 2004 年 7 月 8 日所签《销售合作协议》第 7 条的规定支付的 100 万元"保证金",认定为"定金",这与甲乙双方于 2004 年 8 月 26 日签订的《终止协议》第 2 条关于"乙方根据双方于二〇〇四年七月八日签订的 A 项目《销售合作协议》已支付给甲方的 100 万元保证金转化为新的《销售合作协议》中乙方应支付甲方的部分定金"的约定互相印证,令人信服地表明该"保证金"是定金。

(7) 保有返还请求权的保证金

如果上文所引"本协议签订之日,乙方给付甲方保证金壹佰万元整。甲方保证履行本协议,若违约则双倍返还保证金并承担乙方一切损失,保证金冲抵乙方应支付的首期包销款"的字面文义所昭示的含义,是当事人的本意,那么,仅仅有接受保证金的一方违约须双倍返还保证金,而交付保证金的一方违约并不丧失请求返还保证金的权利,只是实际上并不返还,是"冲抵"首期包销款。可见,此类保证金只具有定金的部分效力,可称之为保有返还请求权的保证金。

(8) 无双倍返还效力的保证金

有的保证金具有如下效力:交付保证金的一方当事人不履行债务,保证金归接受它的一方当事人所有,接受保证金的一方当事人不履行债务,不负双倍返还的责任。可见,此类保证金只具有定金的部分效力,可称之为无双倍返还效力的保证金。

(9) 作为动产质权标的物的保证金

《担保制度解释》第 70 条规定:"债务人或者第三人为担保债务的履行,设立专门的保证金账户并由债权人实际控制,或者将其资金存入债权人设立的保证金账户,债权人主张就账户内的款项优先受偿的,人民法院应予支持。当事人以保证金账户内的款项浮动为由,主张实际控制该账户的债权人对账户内的款项不享有优先受偿权的,人民法院不予支持"(第 1 款)。"在银行账户下设立的保证金分户,参照前款规定处理"(第 2 款)。这承认了此类保证金之上竖立着动产质权。另外,实务和学说承认,所谓保证金,包括信用证开证保证金、银行承兑汇票保证金、按揭贷款保证金、期货交易保证金等类型。"当事人约定的保证金并非为担保债务的履行设立,或者不符合前两款规定的情形,债权人主张就保证金优先受偿的,人民法院不予支持,但是不影响当事人依照法律的规定或者按照当事人的约定主张权利"(《担保制度解释》第 70 条第 3 款)。

5. 定金的规格与识别

当事人交付留置金、担保金、保证金、订约金、押金或者订金等,但是没有约定定金性质的,不被认定为定金,不得适用《民法典》第 587 条关于定金罚则的规定(《合同编通则解释》第 67 条第 1 款第 1 句)。

二、定金的种类

定金制度,古已有之,中外皆用。但因时代、场所及交付阶段的不同,其性质和效力也不尽一致。举其要者有如下五类:

(一) 成约定金

成约定金,是指作为合同成立要件的定金,因定金的交付,合同才成立。成约定金是德国固有法的制度,称为手金(Handgold)。德国的现行法未规定这种制度,但因其奉行合同自由原则,所以允许当事人约定成约定金。在中国,有观点承认成约定金,且持比较宽松的态度:在主合同已经履行或已经履行主要部分的情况下,即使给付定金的一方尚未交付定金,主合同仍然成立或生效。

(二) 证约定金

证约定金,是指以定金为订立合同的证据。这种定金不是合同的成立要件,仅以证明合同成立为目的。在罗马法,定金通常有证约定金的性质。德国普通法及近代多数国家的立法,多承认这种定金。对于此类定金,中国现行法虽无明文,但学说大多认为,定金的交付一般都标志着合同的存在,所以,有证明合同成立的作用。对方当事人若否认合同成立,则须举证定金的交付另有原因和作用,而非主合同成立的标志。还有,在合同存在着无效、可撤销或效力未定的原因时,合同被确认为无效、被撤销、不被追认,定金的交付,只能证明合同成立,至于合同的效力如何,适用相应的法律规定。

(三) 违约定金

违约定金,是指交付定金的当事人若不履行债务,则接受定金的当事人有权不予返还;接受定金的一方若不履行债务,则需双倍返还的定金(《民法典》第 587 条)。此类定金,就其能够担保债权实现,尤其是使部分债权已经实现的角度观察,属于担保方式,确定无疑;其具有间接强制当事人履行债务的效力,在这点上其与违约金相同,两者的不同表现为定金是事先交付,而违约金是在违约责任成立之后支付。于是,在关注定金和违约金的类似性的层面上,将此类定金命名为违约定金。违约定金通常兼有证约定金的作用。

(四) 解约定金

解约定金,是指以定金为保留合同解除权的代价,也就是交付定金的当事人可以抛弃定金以解除合同,而接受定金的当事人也可以双倍返还定金来解除合同。在罗马法上,除当事人另有约定以外,定金不当然具有解除权保留的效力。普鲁士民法、奥地利民法、德国民法、瑞士民法都继承了罗马法的上述思想,只有法国民法和日本民法规定解约定金为定金通常的性质。在中国,《合同编通则解释》承认了解约定金(第 67 条第 4 款),在实务中也有运用。例如,某《房屋租赁合同》第 4.1 条约定:"在本合同签订后 5 个工作日内,承租人应向出租人支付租赁定金 400 万元人民币。记租日前,本合同因不可抗力而不能履行超过 6 个月的,出租人应在不可抗力确定之日后的 5 个工作日内将定金全额返还给承租人。出租人收到定金后,如提出解除该租赁合同,应双倍返还该笔定金给承租人;如承租人提出解除该租赁合同,则无权请求返还该笔定金。"

(五) 立约定金

立约定金,是指为保证正式缔约而交付的定金。此类定金的效力为,交付定金的当事人若拒绝立约,则丧失定金;接受定金的当事人若拒绝立约,则应加倍偿还定金。中国在1949年以前,即有出卖土地先成立押议后订立正式合同的习俗。如今,有观点承认此类定金,在实务中也有运用。例如,张某和某房地产公司于2001年2月1日签订了一份认购商品房的预购单。其中约定,张某向某房地产公司交付定金1万元,双方应于2001年2月15日前签订正式的商品房预售合同,如逾期未签订合同,则张某所交付的定金予以取消,预购单自动解除。张某交付的该笔定金属于立约定金。[①]

(六) 关于违约定金的推定

当事人约定了定金性质,只是对于定金的类型约定不明甚至干脆未约定类型的,推定其为违约定金(《合同编通则解释》第67条第1款第2句)。

三、定金的成立

定金合同不仅需要当事人双方的意思表示一致,而且需要现实交付定金。定金合同从实际交付定金之日起成立(《民法典》第586条第1款后段)。关于定金交付的时间,存在着带有规律性的规则:立约定金必须在主合同订立之前交付,否则,起不到担保主合同订立的作用;成约定金原则上在主合同订立之前或成立之时交付,这是由此类定金为主合同的成立要件的性质和功能所决定的,不过存在例外,即主合同已经履行或已经履行了主要部分的,即使定金尚未交付,也视为主合同已经成立;证约定金通常于主合同成立时交付,以确实起到证明合同成立的作用。违约定金和解约定金既可以在主合同成立之时交付,也可以在主合同成立后、履行前交付,因为在这段期限内的任何时刻交付,违约定金的功效都是一样的。

当事人约定以交付定金作为合同成立或生效条件,应当交付定金的一方虽未交付定金,但是合同主要义务已经履行完毕并为对方所接受的,合同自对方接受履行时成立或生效(《合同编通则解释》第67条第3款)。

定金的标的,一般为金钱,在少数情况下是其他代替物。在金钱以外的物作定金标的的场合,之所以要求为代替物,是因为接受定金的当事人不履行债务的,必须双倍返还,而不以代替物为定金标的的,无法双倍返还。定金的数额由当事人约定;但不得超过主合同标的额的20%,超过部分不产生定金的效力(《民法典》第586条第2款)。

定金的交付是仅转移定金的占有权还是转移定金的所有权?对此尚有争论,本书赞同后者。因为在定金以金钱为标的时,法谚有"货币属于其占有者"之说,意指货币的所有权与占有融为一体,取得货币的占有即取得货币的所有权,丧失货币的占有即丧失货币的所有权。这是由货币的本质、货币的价值和交易的需要决定的。[②] 接受者收取定金后可任意处分的事实,也证明了上述结论的正确性。这一结论也适用于代替物为定金标的的场合,因为接受定金的当事人收取代替物后,可以任意消费和为法律上的处分,显现出所有权的性质和效力。

[①] 苏文能、黄毅:《本案应否双倍返还定金》,载《人民法院报》2003年1月12日,第3版。
[②] 郑玉波:《民法物权》,三民书局1988年版,第417—418页。

四、定金的效力

1. 成约定金和证约定金的效力

成约定金的效力是,定金的交付使主合同成立,不交付则原则上主合同不成立,不发生定金罚则的效力。证约定金的效力在于证明合同成立,不具有罚则的效力。

2. 解约定金的效力

解约定金具有解除合同的效力,该效力的发生以定金的丧失或双倍返还为条件:交付定金的一方丧失定金返还请求权,将合同解除;收受定金的一方双倍返还定金,将合同解除。因为定金的丧失或双倍返还为解除条件的全部内容,解约人有无过错并非解除条件的构成要素,所以,解约定金的效力不以解约人有过错为发生要件。并且,只要解约定金的合同中没有解约人承担违约责任的约定,那么,解约人除承受定金丧失或双倍返还的负担之外,无需承担违约责任。还有,在解约定金合同已经成立并生效的情况下,主合同具备了法律规定的或当事人约定的解除权发生的条件,解约人据此行使解除权,将主合同解除,完全适用法定解除或约定解除的规则,解约定金的效力不发生。

3. 立约定金的效力

立约定金的效力在于,给付定金的一方只有丧失定金的返还请求权才可以拒绝订立主合同,若保有该请求权则必须订立主合同;收受定金的一方若保有定金就必须订立主合同,只有双倍返还定金才可以拒绝订立主合同。

4. 违约定金的效力

(1) 违约定金罚则生效的主观要件

违约定金具有预付违约金的性质,它是为制裁债务不履行而交付的。正因为违约定金系为制裁债务不履行而交付的,所以,定金罚则的生效以存在可归责于当事人的事由为要件。当合同因不可归责于当事人的事由而不能履行时,任何当事人都不应受到制裁,定金应当返还。对此,《合同编通则解释》第68条第3款规定,因不可抗力致使合同不能履行的,不适用定金罚则。有观点认为,按照相似的事务相同处理的平等理念,因意外事件致使主合同不能履行的,也不应适用定金罚则。因合同关系以外第三人的过错,致使主合同不能履行的,适用定金罚则。受定金处罚的一方当事人,可以依法向第三人追偿。其中,在实行过错责任原则的法制下,所谓"因合同关系以外第三人的过错,致使主合同不能履行的,适用定金罚则",属于当事人为他人的过错承担责任,也可以解释为由于可归责于当事人的原因而承担责任。所以,对于此类情形仍然可以解释为定金罚则的生效以存在着可归责于当事人的事由为要件。《合同编通则解释》第67条第2款关于"当事人约定以交付定金作为订立合同的担保,一方拒绝订立合同或者在磋商订立合同时违背诚信原则导致未能订立合同,对方主张适用民法典第五百八十七条规定的定金罚则的,人民法院应予支持"的规定,以及《商品房买卖合同解释》第4条关于"出卖人通过认购、订购、预订等方式向买受人收受定金作为订立商品房买卖合同担保的,如果因当事人一方原因未能订立商品房买卖合同,应当按照法律关于定金的规定处理;因不可归责于当事人双方的事由,导致商品房买卖合同未能订立的,出卖人应当将定金返还买受人"的规定,也表现出定金罚则以可归责于当事人的原因为主观要件。[①] 当然,当

[①] 中国政法大学教授戴孟勇博士认为,在法律奉行无过错责任原则的背景下,违约金责任的成立有的无需过错,违约定金罚则的生效亦应如此处理。

事人若特别约定,将主观因素排除在定金罚则的生效条件之外,则应当依其约定。

违约定金必须在存在着可归责于当事人一方的事由而不履行债务时才发生制裁效力,或者说定金罚则生效,其具体内容如下:给付定金的一方不履行债务或履行债务不符合约定,致使不能实现合同目的的,无权请求返还定金;收受定金的一方不履行债务或者履行债务不符合约定,致使不能实现合同目的的,应当双倍返还定金(《民法典》第587条后段)。

(2)违约定金罚则生效的客观要件

违约定金是否在任何类型的债务不履行中都发生上述效力呢?违约定金在债务人拒绝履行和不能履行两种情况下发生罚则效力,这为司法解释和学说共同承认。但在不完全履行、迟延履行的情况下,是否适用定金罚则则存在着分歧意见。一些专家坚持,只有在拒绝履行和不能履行的情况下,才适用定金罚则。有些专家学者则主张,不完全履行、迟延履行致使合同目的落空的,适用定金罚则;否则,不适用定金罚则。与此类似的表述是,不完全履行、迟延履行给债权人造成重大损失的,发生定金罚则生效的后果,不然,不发生不再返还或双倍返还的效果。

正因定金罚则以违约致使合同目的不能实现为暗含的生效条件,在当事人违反从给付义务或附随义务时,往往没有导致合同目的落空,所以,从给付义务或附随义务的违反一般不适用定金罚则。

(3)特殊的与有过失规则与比例原则

双方当事人均具有致使不能实现合同目的的违约行为,其中一方请求适用定金罚则的,人民法院不予支持。但是,当事人一方仅有轻微违约,对方具有致使不能实现合同目的的违约行为,轻微违约方主张适用定金罚则,对方以轻微违约方也构成违约为由抗辩的,人民法院对该抗辩不予支持(《合同编通则解释》第68条第1款)。

当事人一方已经部分履行合同,对方接受并主张按照未履行部分所占比例适用定金罚则的,人民法院应予支持。对方主张按照合同整体适用定金罚则的,人民法院不予支持,但是部分未履行致使不能实现合同目的的除外(《合同编通则解释》第68条第2款)。

五、定金合同的终止

定金合同的终止,应当适用合同终止的一般原因。对此,不再多论。在这里需要讨论的是,定金合同终止的特殊原因。例如,某《房屋租赁合同》第4.1条约定了解约定金,第4.2条接着约定:"本合同第4.1条规定的定金仅适用于租赁物交付之前合同的履行。合同履行后定金于租赁期内转为租金,直接冲抵每月应付的保底租金,直至全部冲抵完毕,冲抵的最后一个月保底租金的不足部分,由承租人补齐。"不难理解,该笔定金转为保底租金之日,就是该解约定金合同终止之时。

第九章

合同的变更

第一节 合同的变更概述

合同的变更有广义的和狭义的区分。广义的合同变更,包括合同内容的变更与合同主体的变更。合同内容的变更,是指当事人不变,合同的内容予以改变的现象。它属于狭义的合同变更。合同主体的变更,是指合同关系保持同一性,仅改换债权人或债务人的现象。不论是改换债权人,还是改变债务人,合同主体的变更都发生合同权利义务的移转,移转给新的债权人或债务人。因此,合同主体的变更实际上是合同权利义务的转让,分为合同权利的转让、合同义务的转让、合同权利义务的概括转让。通常所谓合同的转让,并非当事人各方已达成的合意的转让,而是合同权利义务的转让,因为合意与特定的当事人密切相连,在客观上无法转让,只有不具有人身专属性的权利、义务才有可能转让。本节仅讨论合同内容的变更,简称为合同的变更。

合同的变更,从其原因和程序着眼,在中国合同法上可有如下类型:(1) 基于法律的直接规定变更合同,如债务人违约致使合同不能履行,履行合同的债务变为损害赔偿债务;(2) 在合同因重大误解、显失公平而成立的情况下,以及在合同因欺诈、胁迫、乘人之危而成立又不损害国家利益的场合,有权人可诉请变更或撤销合同,法院或仲裁机构裁决变更合同;(3) 在情事变更使合同履行显失公平的情况下,当事人可协商变更合同;若协商不成,则可诉请变更合同,法院或仲裁机构依职权裁决变更合同;(4) 当事人各方协商同意变更合同;(5) 其他类型的形成权人行使形成权使合同变更。

基于法律的直接规定而变更合同,法律效果可直接发生,不以法院或仲裁机构的裁判或当事人协议为必经程序。例如,债务人违约使履行合同的债务变为损害赔偿债务,系当然发生,但可由当事人协商损害赔偿额,亦可诉请法院或仲裁机构予以裁判。对此,本书在"第十三章 违约责任"等章节讨论,本章不论。

在合同因重大误解、显失公平以及因欺诈、胁迫、乘人之危而成立的场合,有权人可诉请变更或撤销合同。诉请变更或撤销合同须经过法院或仲裁机构的裁决,即通过裁决将合同变更或撤销。该项结论不应因《民法典》第147条至第152条的规定而改变。对此,本书在"第五章 合同的效力"之中已经讨论过,此处不赘。

适用情事变更原则,无论是解除合同还是变更合同,均须法院或仲裁机构的裁判。对此,本书已在"第六章 合同的履行"之中讨论了,亦不赘述。

合同的变更基于形成权人单方意思表示的,如选择权人行使选择权,使合同变更。对此,本书已在"第六章 合同的履行"等章节有所涉及,同样不再转论。

有鉴于此,本章重点介绍和探讨"(4)当事人各方协商同意变更合同"的类型。

渊源于罗马法思想,传统民法理论认为,合同的变更分为债的要素变更与非要素变更。所谓债的要素变更,是指给付发生重要部分的变更,导致合同关系失去同一性。对于重要部分,应依当事人的意思和一般交易观念加以确定。按照一般交易观念或当事人的意思,认为给付的变更已使合同关系失去同一性的,即为债的要素变更,不再属于合同的变更,而为合同的更改,或曰合同更新。例如,买卖汽车变更为买卖拖拉机、承揽债务变更为支付一定货币的债务、租赁甲楼变更为租赁乙楼等,均为债的要素变更,合同关系失去同一性,不再属于合同的变更,而应为合同的更改。与此相反,非要素的变更未使合同关系失去同一性,当然为合同的变更。标的物数量的少量增减、履行地点的改变、履行期限的顺延等均属此类。

应注意的是,现代民法认为,属于要素变更从而导致合同关系同一性丧失的情形,已属例外,主要表现在当事人有明确意思表示的场合。中国合同法应否区分合同的变更和合同的更改,意见尚不一致。合同的变更未使合同关系失去同一性,合同债权所附着的利益和瑕疵原则上继续存在,而合同的更改已使合同关系失去同一性,旧债权所附着的利益与瑕疵归于消灭,法律效果明显不同。因而,区分合同的变更与合同的更改,即区别要素的变更与非要素的变更,在理论上更为合理,只是《民法典》未作如此区分。有鉴于此,以下所论合同的变更,限于非要素的变更,至于要素的变更,单作一节,以"合同的更改"为题加以介绍。

第二节 狭义的合同变更

一、合同变更的条件

(一)原已存在着合同关系

合同的变更,是改变原合同关系,无原合同关系便无变更的对象,所以合同的变更离不开原已存在着合同关系这一条件。合同无效,自始即无合同关系;合同被撤销,合同自始失去法律约束力,亦无合同关系;追认权人拒绝追认效力未定的合同,仍无合同关系。在这些情况下,自无变更合同的余地。

原合同虽然存有撤销原因,但在撤销权行使前,该合同依然有效,不妨碍双方当事人协商一致,变更合同。原合同虽然存有效力待定的原因,但当事人协商一致予以变更,消除效力待定的原因,系积极而正面的措施,没有否定的必要,应予鼓励;即便变更没有消除效力待定的原因,也无关紧要,因为变更后的合同依然视情况的不同而分别适用法律关于生效履行、不成立、被撤销或无效的规定,不会产生进一步负面的结果。

(二)合同的内容发生变化

合同的变更采狭义说,不包括合同主体的变更,仅指合同内容的变更,因此,合同内容发生变化是合同的变更不可或缺的条件。

所谓合同内容的变化,在合同变更与合同更改两立的模式中,应当包括以下类型:

(1)合同标的物在质量、数量方面的变更。通过约定,将合同标的物数量增加或减少,属于合同的变更,当无疑义。至于通过约定将标的物品质改变、规格更改等情形,在尚未导致标的物变为另一标的物的情况下,依然属于合同的变更;但倘若已经使得彼标的物变为此标的物的,则属于合同的更改,而非变更。

(2) 合同履行条件的变更。所谓合同履行条件,包括履行期限、履行地点、履行方式以及结算方式等。当事人通过约定将原约定的履行期限、履行地点、履行方式、结算方式等予以改变,属于合同的变更。

(3) 合同价金的变更。当事人通过约定将原约定的合同价款或酬金予以增减,属于合同的变更。通过约定改变利率,增减利息的数额,亦为合同的变更。

(4) 合同所附条件或期限的变更。例如,所附条件的除去或增加,所附期限的延长或提前,所附条件的构成要素的增加或减少等。

(5) 合同担保的变更。例如,基于当事人的意思表示,合同担保消灭或新设等。

(6) 从给付义务、附随义务的变更。例如,原约定股权转让方保障股权转让获得主管机关的批准,现变更为保障拟转让的股权上没有任何负担。

(7) 违约责任的变更。例如,将原约定的每日万分之三的违约金变更为每日万分之二点五,把迟延履行的违约金和瑕疵给付的违约金累计变更为只能选择其一。

(8) 解决争议方法的变更。例如,原约定双方发生争议时交由某仲裁委员会裁决,后约定变更为交由人民法院判决;原约定双方发生纠纷时交由斯德哥尔摩仲裁院仲裁,后约定变更为交由中国国际经济贸易仲裁委员会仲裁。

(9) 排除法定义务的变更。合同约定的条款没有改变,但依据《民法典》第 509 条第 2 款等规定产生的,当然作为合同内容的附随义务,基于《民法典》第 598 条、第 599 条等规定产生的,当然作为合同内容的从给付义务,却全部或部分地被双方当事人于其后签订的合同所排除,在该约定排除有效的情况下,便构成合同变更。

(三) 当事人就合同的变更已经协商一致

合同的变更,一律由当事人各方协商一致,达不成协议便不发生合同变更的法律效力(《民法典》第 543 条、第 544 条)。

这里的协商一致,实际上是订立一个新合同,仍需经过要约、承诺程序。其要约人须是原合同的一方当事人,受要约人须是原合同的另一方当事人,若其他人发出变更合同的要约,或其他人为变更合同的受要约人,都不发生合同变更的效果。这里的要约,是变更原合同的要约,须包含变更原合同内容这一要点,若含有责任的有无以及责任的分担的意思,则更佳。这里的承诺,是对该要约的同意。

所谓协商一致,自然是真正的意思表示一致,若含含糊糊,或者说对合同变更的内容约定不明确,适用《民法典》第 544 条关于"当事人对合同变更的内容约定不明确的,推定为未变更"的规定。

对于"对合同变更的内容约定不明确",或从另一面表述"对合同变更的内容约定明确",应如何把握,值得推敲。

(1) 当事人各方以语言或文字将原合同的约定清楚、明确地予以改变,如将原合同约定的价款从 200 万元提到 220 万元,把原合同约定的履行期 2010 年 3 月 9 日调整为 2010 年 3 月 9 日至 2010 年 9 月 6 日,等等,均为对合同变更的内容约定明确,应当发生合同变更的法律效力。

(2) 对合同的债权、债务的变更约定明确,但对某些附随义务的变更约定不明确,不宜一律推定为合同未变更,而应视具体情况来确定合同变更与否。例如,某商品房预售合同约定的房款为 210 万元人民币,双方共同办理房屋所有权的移转登记手续,合同签订后 100 天之内通知入住,保障规划小区安全,后变更房款为 250 万元人民币,开发商独自办理过户手续,买受人支付代理费,合同签订后150天之内通知入住,规划小区安全保障问题再议。上述变更,只有最后一项不清,其他各项都清楚明确。本书作者认为,约定清楚明确的各项,应当发生变更的效力,规划小区安全保障一项仍按原约定,即由开发商或其委派的物业服务公司负责安全。我们不可因规划小区安全保障的变更约定不明确而否定其他内容的变更。

(3) 对合同的变更采用一份完整的合同文本予以明确,固然可发生合同变更的效力,采取若干份文件的形式,逐项变更原合同的内容,只要是意思表示一致,也可发生合同变更的效力。例如,某《合同书》第11条第1款约定:"本合同的变更须经甲、乙双方同意,并签署书面变更文件;甲、乙双方通过函件往来或会议纪要对合同的变更具有合同变更的效力。"其中,"甲、乙双方通过函件往来或会议纪要对合同的变更具有合同变更的效力",应被法律承认。

(4) 对合同内容的变更约定不甚明确,可否通过《民法典》第510条、第511条的规定加以确定,承认合同变更?答案是否定的,因为《民法典》第510条、第511条的规定是填补合同漏洞所应遵循的规则,适用它们的前提是合同存在漏洞,合同无漏洞时,不得援用这两条规定。所谓合同漏洞,就是合同应该约定却未约定的情形。在合同变更的场合,原合同对有关事项已有明确的约定,不存在合同漏洞;当事人对合同内容的变更约定不明确的,仍应以原约定的内容为准,不存在适用《民法典》第510条、第511条规定的余地。有鉴于此,还得遵循《民法典》第544条关于"当事人对合同变更的内容约定不明确的,推定为未变更"的规定处理。

(5) 当事人各方以语言或文字将原合同的约定清楚、明确地予以改变,固然是约定明确,即便是没有采取这样的方式,而是用其他可以无误地判断出改变了原合同约定的方法,也应认定为"对合同变更的内容约定明确"。

需要说明的还有,《民法典》第544条对于变更内容约定不明确的后果,使用的是"推定为未变更",而非"视为未变更",预留了当事人举证成功已经就合同变更达成合意,从而推翻该推定的空间。例如,变更原合同的新合同确实不甚清楚,但当事人一方举证出这样的证据:他(它)发给相对人的变更的要约函件,相对人在该函件上签署了"完全同意"的字样,并在其上加盖了相对人的公章。如此,应当认定当事人双方就合同内容的变更达成了合意,且约定明确,发生合同变更的法律效力。

最后,有的合同变更所需要的当事人各方协商一致,不是体现在被变更合同订立之后当事人各方又新订一个发生变更既有合同效力的合同,而是既有合同附有合同变更的条件,在该条件成就时既有合同自动变更,无需当事人各方再订立一个发生变更效力的合同。例如,《×××工程分包协议》第29.3条第1款约定:"如果在合同规定的基准日期当天或之后,任何法规、法令、政令或其他法律或任何规章,或地方或其他合法机构的任何细则发生了变更,分包商应遵照执行。"据此可知,只要"任何法规、法令、政令或其他法律或任何规章,或地方或其他合法机构的任何细则发生了变更",合同就自动地发生相应内容的变更。第30.1条第1款但书约定:"在以下情况下,宜对有关工作内容采用新的单价、价格或费率:1) 合同中没有规定该项工作属于'固定总价项目',并且2) 合同中没有规定该项工作的单价、价格或费率。"

形成权人行使形成权也可以发生合同变更的效果。

(四) 须遵守法律要求的方式

对合同的变更法律要求采取一定方式的,须遵守此种要求。《民法典》第502条第3款规定,法律、行政法规规定变更合同应当办理批准等手续的,依其规定。《保险法》第20条第

2款规定:"变更保险合同的,应当由保险人在保险单或者其他保险凭证上批注或者附贴批单,或者由投保人和保险人订立变更的书面协议。"当事人对合同变更的形式有特别约定的,亦应依其约定。法律、行政法规未规定特定形式,当事人亦无特别约定的,合同变更可采取任何形式。

二、合同变更的效力

合同的变更,在变更后的合同内容不违反法律、行政法规的强制性规定,不损害社会公共利益,不有违社会公德的情况下,发生合同变更的法律效果。

合同的变更,主要是在保持原合同关系的基础上,使合同内容发生变化,合同变更的实质是以变更后的合同代替原合同。因此,在合同发生变更以后,当事人应当按照变更后的合同内容为履行,任何一方违反变更后的合同内容都将构成违约。

合同变更原则上仅向将来发生效力,对已经按原合同所为的给付无溯及力,已经履行的债务不因合同的变更而失去法律根据,任何一方不能因合同的变更而要求对方返还已为的给付,当事人另有约定的除外。

合同变更仅对已经变更的部分发生效力,未变更部分的权利义务继续有效。

所谓已经变更的部分、未变更的部分,会发生在当事人对合同内容的变更有些约定十分明确、有些则不明确的场合。遇此情景如何确定变更的效力?本书作者认为,一般说来,变更合同内容约定明确的部分,发生变更合同的效力;约定不明确的部分,不发生合同变更的效力。不过,在使约定明确的部分发生合同变更的效力会违背合同的本旨,较为严重地损害当事人一方合法权益的情况下,应认为整个合同没有变更。

狭义的合同变更是否与损害赔偿并存,应依当事人的约定而定。双方当事人就损失的赔偿有约定的,依其约定;无此约定的,则无赔偿责任。

第三节 合同的更改

一、合同更改的概念

(一)合同更改的界定

合同的更改,又称合同的更新,是指债务人和债权人成立新债务同时消灭旧债务的合同。例如,支票债务到期,以新票换取旧票,即属债的更改。[①]

(二)合同更改的法律性质

1. 合同更改为一个合同

合同更改虽然发生旧债务消灭和新债务发生两方面的效力,但非为两个合同,而是一个合同。[②]

因合同更改为合同,故关于合同更改的成立适用《民法典》关于合同订立和合同效力的规定。

合同更改也可附条件,但须注意,附条件的合同更改不同于无条件的债务附加条件。[③]

---

① 参见林诚二:《民法债编总论——体系化解说》,中国人民大学出版社2003年版,第542页。
② 史尚宽:《债法总论》(第5版),荣泰印书馆股份有限公司1978年版,第781页。
③ 同上。

2. 合同的更改为有偿合同

因为更改场合新债务的成立乃以消灭旧债务为目的,新债务与旧债务之间有对价关系,所以合同的更改属于有偿合同。①

3. 合同的更改为有因合同

合同的更改旨在以新债务的发生而使旧债务消灭,新债务不发生时,则旧债务不消灭,或旧债务不消灭时,新债务即无从成立。因此,新债务的发生与旧债务的消灭之间有因果关系。这表明合同的更改为有因合同。②

至于新债务产生与旧债务消灭之间的关系,在解释上有变形说和代位说,后者为如今的通说。③

4. 合同更改以更改意思为要素

所谓更改意思,是指因新债务的产生而使旧债务消灭的意思。新债务的产生,并非当然地直接消灭旧债务。只有在当事人有更改意思时,新债务的产生才使旧债务消灭。④

合同更改,旨在更改,非如免除,仅依当事人的意思而使旧债务消灭,除当事人的意思以外,尚须有新债务产生,才会使旧债务消灭。如果新债务无效,旧债务就不消灭。⑤

5. 合同更改以各个债务的消灭和成立为目的

在将合同更改规定为有名合同的立法例及其学说上,全部债的关系,如买卖合同项下的全部债权债务关系,不是合同更改的对象。合同更改以各个债务的消灭和成立为目的。当然,按照合同自由原则,允许当事人通过约定将全部债的关系变更(不失同一性),或依两个合同使既存关系消灭且成立新关系,或依一个合同使既存关系消灭而成立新关系。⑥

(三) 合同更改与代物清偿的联系与区别

合同更改与代物清偿的相同点在于,为使旧债务消灭须有当事人的合意。两者的不同点在于,代物清偿为实践合同(要物合同),必须有现实的交付,债权人受领现实的给付;而在合同更改的场合,债权人一般仅取得新成立的债权,尚未现实地受领给付。⑦

合同更改有债权人或债务人交替时,不同于代物清偿,比较明显,因为后者的当事人保持不变。在当事人保持不变,尤其是当事人代替债务的履行而负担无因债务(如发行交付票据)的情况下,合同更改与代物清偿如何区别,则非常困难。在德国,通说以有因债务变为无因债务的,成立合同更改,因此,当事人发行、交付票据以代替债务的履行,属于更改。日本民法也将以代替债务的履行而发行汇票视为更改。这是接受罗马法以无因行为的口约为新债务发生的原因,同时为更改合同的思想的体现。史尚宽先生则认为这属于代物清偿,理由是:(1) 更改须以一个合同而使旧债务消灭与新债务产生,但无因债务系依独立的无因行为而发生。(2) 更改为有因合同,而无因新债务的负担则与此相反,即旧债务纵使无效,新无因债务仍应有效成立,只不过因无法律上的原因,可以请求返还或可依抗辩获得保护。假如定性和定位为更改,则票据此时也应为无效,可事实并非如此。而定性和定位为代物清偿,

---

① 林诚二:《民法债编总论——体系化解说》,中国人民大学出版社 2003 年版,第 542 页。
② 同上。
③ 史尚宽:《债法总论》(第 5 版),荣泰印书馆股份有限公司 1978 年版,第 781 页。
④ 同上书,第 781—782 页。
⑤ 同上书,第 782 页。
⑥ 同上。
⑦ 同上书,第 783 页。

则可免此困难。① 孙森焱先生着眼于有因、无因,认为若负担无因债务,则因负担无因债务即为一种给付,不受原因的存在与否而影响其效力,约定原定的给付因负担无因债务而归于消灭的,属于代物清偿;反之,约定负担有因债务的,则为更改。②

二、合同更改的成立要件

1. 必须存在旧债务。合同的更改以消灭旧债务为原因,因此,必须有旧债务存在,才有消灭可言。如无旧债务,合同的更改不成立。至于旧债务究竟属于自然债务或可撤销而尚未撤销的债务,则非所问。

2. 必须成立新债务。新债务不成立、被撤销、无效,合同的更改也归于无效,旧债务继续存在。

3. 必须是合同的要素发生变更。所谓合同的要素,是指合同的主体和合同的客体。合同的更改,必须是合同的要素有所变更,如仅变更履行期限、履行地点、标的物数量、附加担保、附款,因与合同的要素无关,不成立合同的更改。③

4. 必须有更改的意思。如不具备此种意思,而仅变更主体的,则属债权让与或债务承担;仅变更客体的,由于当事人未另有约定,应视为间接给付。④

5. 必须有适法的当事人。更改合同的当事人,因更改的种类不同而有差异。(1) 在债权人变更的场合,需要旧债权人、新债权人和债务人三方面签订合同。(2) 在债务人变更的场合,需要债权人和新债务人两方面签订合同。当然,原债务人参与,亦无不可,此时即为三方面签订合同。(3) 在标的变更的场合,合同当事人仍为原债权人和原债务人。⑤

三、合同更改的效力

1. 更改合同成立后,旧债务因此消灭,旧债务从属的债务和担保,如利息、违约金、物的担保和人的担保等,均随之消灭。但当事人可以特别约定使物的担保继续担保新债务,如担保系由第三人提供的,则应征得该第三人同意。⑥

2. 更改合同成立后,新债务因此而产生。此时,新债务并非旧债务的延续或继续,二者之间不具备同一性。因此,债务人不得再对债权人主张旧债务的抗辩权。但由于旧债务因合同的更改而消灭,债务人不履行债务时,债权人只能依据新的合同关系对债务人主张权利。⑦

---

① 史尚宽:《债法总论》(第 5 版),荣泰印书馆股份有限公司 1978 年版,第 782—783 页。
② 孙森焱:《民法债编总论》(下册),法律出版社 2006 年版,第 854 页。
③ 参见林诚二:《民法债编总论——体系化解说》,中国人民大学出版社 2003 年版,第 542 页;邱聪智:《新订民法债编通则》(下),中国人民大学出版社 2004 年版,第 455 页。
④ 林诚二:《民法债编总论——体系化解说》,中国人民大学出版社 2003 年版,第 543 页。
⑤ 同上。
⑥ 同上书,第 543—544 页。
⑦ 同上书,第 544 页。

第十章

合同的转让

第一节 合同的转让概述

合同的转让,准确地说是合同权利、义务的转让,是指在不改变合同关系内容的前提下,合同关系的一方当事人依法将其合同的权利、义务全部或部分地转让给第三人的现象。

合同的转让,按照所转让的内容的不同可以分为:合同权利的转让、合同义务的移转、合同权利和义务的概括转让。后者也叫合同权利和义务的一并转让。同时,以上各种类型的合同转让可以是全部转让,也可以是部分转让。不同类型的合同转让的条件和效力不尽相同。

合同的转让,有的基于法律的直接规定而发生,此类转让称为法律上的转让,如依继承法的规定,被继承人死亡,包括合同权利、义务在内的遗产即移转于继承人;有的基于法院的裁决而发生,此类转让称作裁判上的转让;有的基于法律行为而发生,此类转让名为法律行为上的转让,如遗嘱人以遗嘱将其合同权利转让给继承人或受遗赠人,或转让人与受让人订立转让合同而将合同权利、义务转让。其中,通过转让合同而转让合同权利,属于债权让与;通过转让合同而转让合同义务,称为债务承担。以下三节重点介绍债权让与、债务承担和债权债务的概括转让。除非另有说明,债权让与限于合同权利的让与,债务承担单指合同义务的承担,债权债务的概括转让仅指合同权利义务的概括转让。

早期的罗马法认为债是特定人之间的关系,债权为联结债权人与债务人的法锁,变更任何一端,都将使债的关系失去同一性,因此债的当事人绝对不可变更,从而认定债权不得让与,债务亦不得移转。嗣后因社会交易日益频繁复杂,债权让与为社会实际生活所要求,债权不得让与的理论才逐渐改变。把债权关系固定于同一债权人与债务人之间而不许变更,债权依然不能完全失去人身色彩。如欲使债权完全失去人身色彩而表现为纯粹的经济关系,就必须承认债权转让的可能性。① 罗马法先是允许以债的更改方式移转债权,至程式诉讼时期,债权让与方式改变为债权人可以委任第三人以诉讼代理人的名义诉追债务人。此时的第三人并非单纯的代理人,他所收取的债权,并不向债权人交付。帝政时期,诉讼代理人可以自己的名义行使诉权。起诉后,法官将其诉讼委任通知债务人,即发生诉讼拘束的效力,债务人受通知后,即不得再向债权人履行债务。最后,裁判官法规定在让与人和受让人

---

① 〔日〕我妻荣:《债权在近代法中的优越地位》,王书江、张雷译,谢怀栻校,中国大百科全书出版社1999年版,第22页。

之间的让与行为成立时，发生债权让与的效果，债务人自接受让与通知时受其拘束。① 到了查士丁尼大帝时代，逐渐认许一般的转让契约。但是，即使在认许之后，仍存在着是债权本身移转还是诉讼权移转的争论。② 特别是在运用这一制度时，还有著名的阿那斯达希乌斯敕法(lex Anastasiana)的限制，即规定受让人不得向债务人请求多于其债权应得价金之额。结果，债权可以转让这一法律性质实际上只有极为有限的意义。③ 应当看到，债的标的物的自然增减，或债的标的在法律上的增减，原来的给付因债务不履行而变为损害赔偿给付，并不影响债的同一性，应予正视。于是，近代法律抛弃罗马法的钻牛角尖式的思维方式，在合同自由原则的支配下，原则上承认债权的让与和债务的承担。债权可以考虑变更其要素而无损其同一性。因此，在以合同变更债的要素场合，除了特别的更改合同或完全替换标的物或变更债的发生原因之类外，尤其是除了没有明确表示维持债的同一性的意思外，一般都认为债不失去其同一性。④

债务承担制度亦经历了从不被承认到在符合一定条件时允许的变化过程。后世民法大都承认了债权让与、债务承担和债权债务的概括移转，中国法亦然。

第二节 债权让与

一、债权让与的概念

债权让与，是指不改变债权关系的内容，债权人通过让与合同将其债权移转于第三人享有的现象。其中的债权人叫作让与人，第三人称为受让人。

债权让与和债权让与合同不是同一个概念，而是具有联系和区别的两个范畴。正所谓"债权让与是债权的转让行为，而不是一个合同（一项允诺）"⑤。详细些说，债权让与，是指债权自其主体处移转到受让人之手的过程，是债权变动的一种形态，在不承认物权行为制度及其理论的法制下，它属于事实行为；同时，它也是债权归属于受让人的一种结果。而债权让与合同则为引起债权让与的一种法律事实，并且，因其以当事人的意思表示为要素，故它属于一种法律行为；因其在让与人和受让人之间产生了债权债务，故它属于债权行为。当然，因中国现行法未采纳物权行为制度及其理论，所以，除非上下文的需要，不单独使用债权行为的概念，本书遵循这个技术规范。

应予注意，奉行物权行为者所使用的"债权让与契约"一语，指的是准物权契约，或者称为准物权行为，即债权由让与人处移转到受让人之手的行为，而非债权合同。⑥ 换句话说，他们所谓的"债权让与契约"对应着中国现行法上的"债权让与"，他们所谓的"原因行为"或

---

① 陈朝璧：《罗马法原理》，米健等校，法律出版社2006年版，第176页。
② 参见 Rudolph Sohm, Institutionen, 17. Aufl. 1923, S. 463ff. 转引自〔日〕我妻荣：《债权在近代法中的优越地位》，王书江、张雷译，谢怀栻校，中国大百科全书出版社1999年版，第22页。
③ 〔日〕我妻荣：《债权在近代法中的优越地位》，王书江、张雷译，谢怀栻校，中国大百科全书出版社1999年版，第22页。
④ 〔日〕於保不二雄：《日本民法债权总论》，庄胜荣校订，五南图书出版有限公司1998年版，第277页。
⑤ 〔美〕E.艾伦·范斯沃思：《美国合同法》（原judge第3版），葛云松、丁春艳译，中国政法大学出版社2004年版，第721页。
⑥ 郑玉波：《民法债编总论》（修订2版），陈荣隆修订，中国政法大学出版社2004年版，第434页；林诚二：《民法债编总论——体系化解说》，中国人民大学出版社2003年版，第493页；邱聪智：《新订民法债编通则》（下），中国人民大学出版社2004年版，第420页；〔日〕於保不二雄：《日本民法债权总论》，庄胜荣校订，五南图书出版有限公司1998年版，第281页。

"基础行为"对应着中国现行法上的"债权让与合同";在他们的术语中,"债权让与"和"债权让与契约"指的是同一个事物,是准物权行为,不同于中国现行法上的作为事实行为的"债权让与"。

《民法典》规范的债权让与(第 545—550 条),主要是普通债权的让与,相当于日本民法上的指名债权的让与。有价证券的让与,首先适用《票据法》等商事法的规定,商事法没有规定,才适用《民法典》的有关规定。购物券、入场券等证券化的债权,有的被中国现行法禁止,允许使用且可以转让的,也首先适用特别法的规定,没有特别法或特别法没有规定的,才适用《民法典》的有关规定。下文所论的债权让与,除非特别指明,均为普通债权(指名债权或记名债权)的让与。

债权让与不同于物权变动,这不仅是因为指名债权不同于物权,而且是因为二者对于公示的要求不同。物权变动必须通过移转占有、登记等公示形式对外表现出来。① 而债权的让与,除非法律、行政法规规定转让债权应当办理批准等手续,无需采用特别的公示方式(《民法典》第 502 条第 3 款),无登记、占有移转的要求,让与合同生效,债权立即移转给受让人,无需有形的履行行为,连债权证书都不必交付。即使在对已经做成债权证书的债权进行让与时,必须交付债权证书,也不过是一种证据手段而已。② 交付证书属于履行从给付义务。

当然,应当指出,如果当事人特约在债权让与合同成立之后的某个时间点债权才移转,那么,只要该约定不违法,就应依其约定。如果拟转让的是未来的债权,该债权移转的时间点则在债权成立之时,甚至于在其后的当事人约定的日期。

债权让与,是债权人处分其权利的表现,类推《民法典》第 597 条第 1 款等规定,无权处分不发生债权的转移,但不因此影响债权让与合同的效力。

二、债权让与制度的法律结构

债权让与、债权让与合同(基础行为、原因行为)和产生债权的行为之间的关系重要且复杂,需要辨析。

此处所谓产生债权的行为,是指产生将要被转让的债权的法律行为,亦即产生债权让与合同的标的物的法律行为。产生债权的行为大多是合同,如买卖合同、赠与合同、互易合同、借款合同等。至于所谓基础行为(原因行为),并非此类产生将要被转让的债权的法律行为,而是指债权让与合同的具体表现形式,可能是买卖合同,可能是赠与合同,也可能是代物清偿合同,还可能是信托合同等。有学者认为,以委任(委托)索取债权的目的或委任(委托)保管财产的目的等,可以作为债权让与这个准物权行为的目的。③ 换言之,债权让与合同是个总称谓,在个案中,债权让与合同,或表现为买卖债权的合同,或表现为赠与债权的合同,或表现为代物清偿合同,或表现为信托合同,等等。不过,德国民法及其理论,不常用债权让与合同的范畴,更多的是使用基础行为(原因行为)或基础合同的概念。债权让与,就是债权让与合同(或是买卖债权的合同,或是赠与债权的合同,或是代物清偿合同,或是信托合同,等等)生效的结果。在这里,必须注意,虽然都叫买卖合同、赠与合同等,但作为产生债权的行为中的买卖合同、赠与合同不同于作为基础行为(原因行为)的买卖合同、赠与合同,它们

---

① 参见〔德〕迪特尔·梅迪库斯:《德国民法总论》,邵建东译,法律出版社 2000 年版,第 169 页。
② 同上书,第 284 页。
③ 孙森焱:《民法债编总论》(下册),三民书局 1997 年版,第 694 页。

是不同的事物,合同的当事人、标的物等均不一致。举例来说,甲公司和乙于 2002 年 6 月 2 日订立一个买卖奥迪车的合同,约定甲公司于 2002 年 9 月 1 日将奥迪车交付于乙,乙同时支付价款 32 万元。乙于 2002 年 7 月 15 日和丙签订转让奥迪车请求权的合同,并于当日把书面通知送达于甲公司。乙和丙之间的转让奥迪车请求权的合同,实际上是乙把该奥迪车请求权出卖给了丙,丙将向乙支付价款 32 万元。其中,甲公司和乙之间的买卖合同是产生债权的行为。乙和丙之间的奥迪车请求权转让合同就是基础行为(原因行为),在中国民法上也叫债权让与合同。奥迪车请求权于 2002 年 7 月 15 日由乙转让丙的现象,就是债权让与。在这里,买卖奥迪车的合同(产生债权的合同)提供转让奥迪车请求权的合同(债权让与合同)的标的物,转让奥迪车请求权的合同(债权让与合同)系奥迪车请求权让与(债权让与)的法律事实。换言之,转让奥迪车请求权的合同(债权让与合同)是奥迪车请求权让与(债权让与)的原因行为;奥迪车请求权让与(债权让与)为转让奥迪车请求权的合同(债权让与合同)生效的结果(相当于有体物买卖合同履行的结果)。

图示如下:

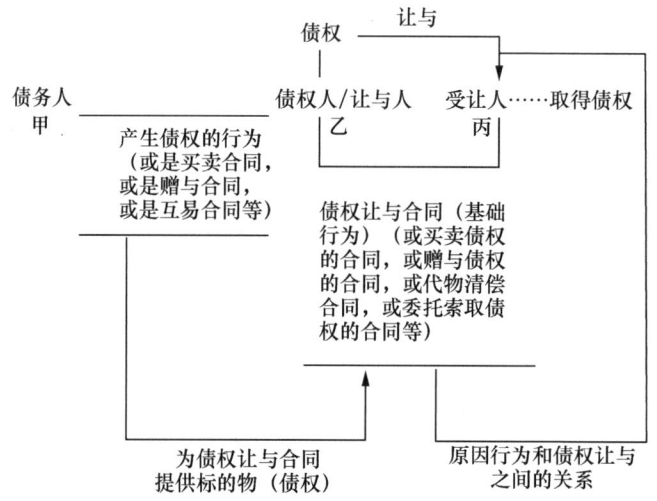

债权让与的法律结构示意图

中国某些著述,把产生债权的行为,如上文所举的甲公司和乙之间的买卖奥迪车的合同,看作债权让与的原因行为。这存在着以下不妥:其一,这种观点未能清晰地反映当事人之间的分层次的、功能不同的法律关系;其二,这种观点略去了债权让与合同和产生将要被转让的债权的合同之间的联系。

实际上,产生将要被转让的债权的合同无效、被撤销、被解除、不被追认,使得债权不存在,即债权让与合同的标的物不存在。债权让与合同成立时该债权就不存在的(如在产生将要被转让的债权的合同无效场合),构成自始不能,如果该债权的不存在对于任何人均为如此,例如,行刺公民的债权、买卖走私汽车的债权等,那么,就是自始客观不能,债权让与合同自始失去其目的,失去其意义,失去其客体,故不发生法律效力[①];如果该债权的不存在只是

---

① Larenz, Schuldrecht, Bd. I, S. 88. 转引自王泽鉴:《民法学说与判例研究》(第 3 册),中国政法大学出版社 1998 年版,第 59 页。

对于让与人而言,他人可以拥有该债权,那么,就是自始主观不能,于此场合,让与人订立债权让与合同,属于让与他人债权,成为无权处分的一种,类推适用《民法典》第597条第1款的规定。

三、债权让与、债权让与合同和原因行为

债权让与,若为准物权行为,则必有原因(原因行为),债权让与合同是其原因行为。客观上虽然有原因,但法律不一定采取有因性原则。在德国民法及其理论上,债权让与是个准物权行为,债权让与合同(基础行为、原因行为)系另一个法律行为,属于债权行为;债权让与这个准物权行为独立于债权让与合同(基础行为/原因行为),债权让与合同(基础行为/原因行为)是债权让与的原因行为(基础行为);两者不但分离,而且,该原因行为不成立、无效、被撤销、被解除等,债权让与这个准物权行为照样有效,债权让与的效果依然发生。简言之,债权让与这个准物权行为采取无因性原则。

在中国,债权让与完全采取意思主义的变动模式,债权的移转乃让与合同生效的当然后果,无需其他要件,除非当事人另有约定。不仅如此,债权的移转无需有形的履行行为。这样,债权让与紧紧"附随"于让与合同,如果说存在着自己的独立表现形式,那么也仅仅在于"逻辑上的一秒";没有自己的"独立价值",也就无需所谓原因或原因行为。

因为中国民法未采纳物权行为的独立性和无因性制度及其理论,所以债权让与并非一个法律行为,而是一个事实行为,也指债权归属于受让人这种结果。从事实行为的构成方面观察,事实行为不以表现内心的意思内容为必要,乃无关于心理的行为。[①] 既然不考虑心理,便谈不上当事人的法律目的,尤其是主观目的。由于事实行为不以意思表示为要素,不要求效果意思,因而"法律目的"这个原因便不需要。就是说,债权让与这个事实行为和债权让与合同之间的关系,以无因性关系予以说明可能并不妥当。

再者,中国法虽不具有德国法系那样的债权让与这个准物权行为的效力不受让与合同影响的意义,但可能有债权让与正当性的意义。但是,债权让与的正当性,在不承认物权行为理论的立法例上,完全可以用让与合同及其生效来说明,用不着舍近求远地去寻找"原因"。

尽管如此,但鉴于既有的著述大多论述债权让与的原因或原因行为,且存在不适当的观点,本书仍要简单地说明这个问题,所持的基本观点,一是因债权让与自债权让与合同生效时完成,故讨论有因、无因在中国现行法上大多是债权让与合同是否有因,而非准物权行为有因抑或无因;二是应该区分情况而定,不可一概而论。

四、债权让与合同的条件

在德国民法上,债权让与系准物权行为,属于处分行为,而处分行为以处分人具有处分权为生效条件,无处分权人从事债权让与的,无效。[②] 所以,它们讨论债权让与的条件,重点考察是否存在债权,若存在债权,则接下来考察它是否具有让与性。至于债权让与合同,则受到冷遇,因为它只是债权让与这个处分行为的原因行为,而德国民法又实行无因性原则,故它们只是在考察债权让与的原因时,才提到诸如买卖、赠与、信托、委任(委托)、代物清偿等具体的原因。与此不同,在中国的民法上,债权让与系事实行为,为债权让与合同生效的

---

① 王泽鉴:《民法总则》,北京大学出版社2009年版,第239页。
② 〔德〕迪特尔·梅迪库斯:《德国民法总论》,邵建东译,法律出版社2000年版,第169页。

结果,它完全是债权让与合同这个"债权合同"的效力表现。如此,与其说让与人需要拥有有效的债权、具有处分该债权的权限,是债权让与这个债权变动结果的条件,莫不如说其为债权让与合同的有效条件,更为准确。

(一) 须存在有效的债权

根据《民法典》第545条的规定及其解释,基于交易安全和健康发展的需要,债权让与合同需要让与人拥有有效的债权,具有处分该债权的权限,其积极意义显而易见;也符合合同的成立要件包括当事人、标的和合意的要求,只是《民法典》第597条第1款采取了合同效力不因标的物的欠缺而受影响的模式。不过,《合同编通则解释》又缓和了《民法典》该条款的僵硬:作为标的物的债权虽然不存在,但债务人向受让人确认债权存在,受让人信以为真,据此订立让与合同的,受让人有权请求债务人向自己为清偿,债务人无权以债权不存在为由对抗受让人的请求。债务人无法实际履行的,应向受让人承担违约责任。受让人知道或应当知道作为标的物的债权确实不存在的,债务人有权拒绝受让人的给付请求(第49条第2款),因为于此场合不存在有效的债权。

在此值得斟酌的,还有《合同编通则解释》第49条第1款正文关于"债务人接到债权转让通知后,让与人以债权转让合同不成立、无效、被撤销或者确定不发生效力为由请求债务人向其履行的,人民法院不予支持"的规定。如果让与人无充分、确凿的证据证明债权转让合同有效,则该规定可取。但是,如果让与人已经举证证明债权转让合同的确不成立、无效、被撤销或确定不发生效力,则应支持让与人关于债务人依然向自己为清偿的请求,让与人将债权让与通知撤销最好,即使因疏忽大意未履行撤销债权让与通知,也不妨如此。不然,就会引发较为复杂的法律关系(债务人向受让人为清偿,受让人负担不当得利返还义务,请求权人究为债务人抑或让与人尚有不同意见),徒增成本。

有效的债权,是指该债权真实存在且并未消灭,但这并不意味着它一定能够得到实现,也就是说,让与人仅负有保证它确实存在的义务,并不负有保证债务人能够清偿的义务。

对有效的债权应从宽解释,不要求它必须是效力齐备的债权。以下类型的债权也可以作为让与的标的:(1) 在继续性合同场合的既存债权;(2) 附停止条件或附始期的合同所生债权;(3) 已罹诉讼时效的债权;(4) 可撤销的合同所生的债权;(5) 享有选择权的债权等内容不确定的债权;(6) 成为权利质权标的的债权,属于确定、有效的债权,只是其上载有负担。只要受让人于其受让时知晓该种负担,预知权利质权实行的可能,债权让与合同的效力就不因权利质权的存在而受到影响。①

将来的债权届时能否存在,不确定性很大;以此类债权作为让与合同的标的物,使受让人承受了较大的风险。有鉴于此,有必要严格将来债权的转让条件,除非债权让与合同明确约定将来的债权作为标的物,且不违反法律、行政法规的强制性规定,不违背公序良俗,原则上不承认将来的债权作为让与合同的标的物。如下种类的将来债权可以让与:其一,已有成立的基础法律关系,但尚未发生的债权。属于此类的将来债权有:(1) 附始期的法律行为项下的债权②;

---

① 详细说明,见崔建远:《合同法总论》(中卷)(第2版),中国人民大学出版社2012年版,第410—414页。

② 需要注意,此处所谓附始期的法律行为项下的债权不同于附始期的债权,因为附始期的法律行为于始期尚未届至时法律行为尚未生效,债权也就没有产生,故以此种情形的债权出质属于以将来债权出质;而附始期的债权则是债权已经的的确确地存在了,只是始期未届至时债权人请求债务人予以清偿的,债务人有权抗辩罢了,故以此种债权出质不属于以将来债权出质。

(2) 附停止条件的法律行为项下的债权①;(3) 除此而外的、日后仅需有某种情事发生,即可由已经存在的基础法律关系上发生的债权。例如,股东基于出资或股份所可能发生的股息红利分配请求权、合伙人的剩余财产分配请求权,均属此类。② 再如保证人的求偿权、物上保证人的求偿权、连带债务人的求偿权,以及行使撤销权、解除权、优先购买权、买回权等形成权时所产生的债权。③ 此外,债权人对于债务人享有债权,债务人与第三人之间存在某种基础关系,将来极大可能发生债权。在这种法律结构中,债权人基于债权人代位权制度而对该第三人可以主张的债权,也应允许债权人将该将来的债权出质。其二,无成立基础的法律关系,尚未发生的债权,即所谓"纯粹的将来债权"。此类将来债权又分为两个亚类:(1) 虽无法律基础但有事实基础存在,因该事实基础而将来发生的债权。(2) 无事实基础存在的将来债权。④ 其中的第一种亚类型,如甲发现并占有了乙遗失的一头牛,且一直饲养至乙前来领取之时,甲对乙享有无因管理之债的债权或不当得利返还请求权。其中的第二种亚类型,如于将来应该订立承揽合同,该合同产生的债权。至于虚假债权、幻想的债权,不应承认其让与性。⑤

(二) 被让与的债权须具有可让与性

债权让与,系债权从让与人处移转到受让人之手的过程,更是一种结果。这个结果得以成为现实,债权具有让与性是必要条件。债权没有让与性,相当于有体物为禁止融通物,不会发生移转的法律效果。在近现代,债权一般都应具有让与性。这是由市场经济的投资流动化要求所决定的,并由此打破了债权仅存在于特定人之间的法律观念,确立了债权的财产权性质和财富性质。⑥ 只要债权让与不违反法律的强制性规定、社会秩序和公共道德,就应如此。

但问题还有另一面,债权毕竟不同于物权,具有特定的债务人,而且种类、内容也不由法律确定,而是基于各种各样的交易关系、个别地创立发生的。因此,即使在原则上已经承认债权让与自由,仍不能无视特定债务人的立场以及交易关系的个性、特殊性,不得不设定范围相当大的重大例外规则。⑦ 例如,人格的信赖关系等个人色彩浓厚的关系,需要尊重,债权仍有不适于让与的。⑧ 再如,基于社会政策和保护社会公共秩序的需要,债权让与的范围也应受到一定的限制。《民法典》第545条明确规定三类债权不得转让:根据债权性质不得转让的债权、按照当事人约定不得转让的债权、依照法律规定不得转让的债权。

1. 根据债权性质不得让与的债权

根据债权性质不得让与的债权,也叫债权性质不容许让与的债权,原是指改变债权人就

---

① 需要注意,此处所谓附停止条件的法律行为项下的债权不同于附停止条件的债权,因为附停止条件的法律行为于停止条件尚未成就时法律行为尚未生效,债权也就没有产生;而附停止条件的债权则是已经实实在在地存在了,故以此种债权出质不属于以将来债权出质。
② 谢在全:《民法物权论》(下)(修订5版),新学林出版股份有限公司2010年版,第266页。
③ 刘绍猷:《"将来债权"的让与》,载郑玉波主编:《民法债编论文选辑》(中),五南图书出版有限公司1984年版,第897、899页。
所引论文未使用"附始期的法律行为项下的债权""附停止条件的法律行为项下的债权"的表述,而是"附始期的债权""附停止条件的债权"。但笔者认为,"附始期的债权""附停止条件的债权"均为既存债权,而非将来债权,故修正了原文的表述,使用的是"附始期的法律行为项下的债权""附停止条件的法律行为项下的债权"的术语。
④ 谢在全:《民法物权论》(下)(修订5版),新学林出版股份有限公司2010年版,第266页。
⑤ 参见崔建远:《关于债权质的思考》,载《法学杂志》2019年第7期。
⑥ 〔日〕於保不二雄:《日本民法债权总论》,庄胜荣校订,五南图书出版有限公司1998年版,第279页。
⑦ 同上。
⑧ 郑玉波:《民法债编总论》(修订2版),陈荣隆修订,中国政法大学出版社2004年版,第435页。

不能维持同一性或就不能达到债权目的的债权。日本的判例对此的解释是,无论是否以特别关系为债权发生原因,或是否需要债权人的行为,或是否为金钱债权,皆无关系。[1] 根据债权性质不得让与的债权,通常包括如下种类:

(1) 因债权人变更而引起给付内容变更的债权

所谓因债权人变更而引起给付内容变更的债权,例如,在专门为教授特定人外语的合同、专门为特定人绘肖像画的合同等场合,其债权若发生让与,那么合同给付的内容会发生变化,合同会丧失同一性,因而基于此类合同而产生的债权不得让与。[2] 当然,立法例及学说对此有不同的观点。[3]

(2) 因债权人变更,债权行使会产生显著差异的债权

雇用、委托、租赁、借用等合同,均以特定当事人之间的信赖关系为基础,债务人只对该债权人才愿意承担给付义务,其缔约目的就是对该债权人为给付。如果债权人变更,则债权的行使方法势必发生变更。例如,借用人怠于注意致使借用物毁损或有毁损的巨大危险,出借人可以解除合同,而借用人是否怠于注意,出借人是否解除合同,则因人而异。[4] 所以此类债权不得让与,让与时常构成合同解除的原因。

但应注意,不允许这种债权让与的最终目的是保护债务人,因此,在债务人同意让与时,该种债权具有可让与性。[5] 在法律未否认此类债权的让与性的情况下,也没有必要禁止此类债权让与。[6] 上述观点符合债权的法律性质和客观实际,中国民法应予借鉴。

(3) 应在特定当事人之间进行决算的债权

所谓应在特定当事人之间进行决算的债权,最为典型的是《日本商法典》第529条以下规定的交互计算合同。[7] 承认这种合同项下的债权具有让与性,势必使得交互计算的目的难以达成,因而,日本的判例[8]和通说都认为此类债权不具可让与性[9]。不过,此种特殊关系一旦除去,其债权的让与性,仍可恢复。[10]

(4) 预约上的债权

有判例及学说认为,预约上的债权多以预约当事人之间的信任关系为基础而发生,未得预约的义务人承诺,不得让与。例如,消费借贷以借用人的信用为基础,借用人的更迭对于贷与人的利害有重大影响,基于消费借贷预约的权利,在性质上不得让与。但在无偿保管的预约场合,债权人是谁非为要素,应当解释为无需预约义务人的承诺,预约上的债权可以

---

[1] 1907年4月17日大民判(民录12辑524页)。转引自[日]於保不二雄:《日本民法债权总论》,庄胜荣校订,五南图书出版有限公司1998年版,第285页。

[2] [日]於保不二雄:《日本民法债权总论》,庄胜荣校订,五南图书出版有限公司1998年版,第286页;郑玉波:《民法债编总论》,三民书局1996年版,第435页;黄立:《民法债编总论》,中国政法大学出版社2002年版,第613页。

[3] 详细分析,见崔建远:《合同法总论》(中卷)(第2版),中国人民大学出版社2012年版,第416—417页。

[4] [日]於保不二雄:《日本民法债权总论》,庄胜荣校订,五南图书出版有限公司1998年版,第286页;孙森焱:《民法债编总论》(下册),三民书局1997年版,第699页。

[5] [日]林良平、石田喜久夫、高木多喜男:《债权总论》(改订版),日本青林书院1982年版,第436页;[日]潮见佳男:《债权总论Ⅱ》(第2版),日本信山社2001年版,第533页。

[6] 参见[日]於保不二雄:《日本民法债权总论》,庄胜荣校订,五南图书出版有限公司1998年版,第286页。

[7] 交互计算契约是指存在交易行为的当事人之间,对一定时期内相互之间发生的债权债务的总额抵销后,负有余额债务的一方向对方清偿的契约。

[8] 1936年3月11日大判(民集15辑320页)。

[9] [日]伊藤进等:《民法讲义4》(债权总论),日本高阳堂印刷1977年版,第247页;[日]我妻荣:《新订债权总论》,日本岩波书店1964年版,第522页。

[10] 郑玉波:《民法债编总论》(修订2版),陈荣隆修订,中国政法大学出版社2004年版,第436页。

让与。①

(5) 某些不作为债权

一般来说,不作为债权只是为了特定债权人的利益而存在,如果允许债权人让与不作为债权,那么,无异于为债务人新设义务,显然于债务人不公,所以原则上不允许让与不作为债权。但有时不作为债权可以附属于其他法律关系一同被让与,如竞业禁止的债权可以与营业一同让与。② 再如,在企业兼并场合,被兼并企业所享有的不作为债权应当移转给兼并企业。

(6) 某些属于从权利的债权

从权利一般随着主权利的让与而让与,原则上不得与主权利相分离而单独让与。例如,保证债权系为担保主债权而存在,它若与主债权分离,则将失去担保性质,所以不得单独让与,但可以随同被担保的主债权的让与而让与。

如果从权利可与主权利分离而单独存在,则可以单独转让。例如,已届清偿期的利息债权可以与本金债权相分离而单独让与,盈余分配请求权可与股权分离而单独让与。③

2. 按照当事人约定不得让与的债权

根据合同自由原则,当事人可以在不违反法律的强制性规定、社会秩序和公共道德的前提下,自由约定合同的内容。因而,当事人在合同中可以特别地约定禁止债权人让与债权的内容,并具有法律效力,于是,此类债权便不具有让与性。

对于禁止债权让与的约定,《德国民法典》规定其为有效(第399条),《日本民法典》亦然,但同时规定该约定不得对抗善意第三人(第466条第2项)。不过,值得注意的是,国际上的一些法律文件对待禁止债权转让约定的态度发生了较为明显的变化。

《国际保理公约》《联合国国际贸易应收款转让公约》及《美国统一商法典》(2001年修订)等法律文件否定禁止债权转让特约的对外效力,换句话说,债权不因债权人和债务人约定禁止转让而丧失让与性,不仅反映了商事流转宜便捷、迅速的要求,而且符合合同的相对性原则,有其合理性,还不破坏交易安全。因为债权人和债务人约定禁止债权让与,应仅仅约束他(它)们双方,不宜约束作为第三人的受让人,债权人违反此项特约,向债务人承担违约责任就足够了,影响债权人和第三人之间签订的债权让与合同的效力,就有些过分。有鉴于此,中国法可以就应收账款等类型的债权设置条文,排除禁止债权转让特约的对外效力。

依据《日本民法典》确定的原则,债权人违反禁止让与的约定而让与债权,如果债权让与合同符合有效要件,那么,受让人只要不知情,不论就此有无过失,就依然取得该债权,债务人无权对抗善意的受让人④,待债务履行期届至时,受让人有权请求债务人清偿。⑤ 不过,债权人擅自让与债权违反了他与债务人之间的合同,债务人可以追究债权人的违约责任。但是,如果受让人为恶意,那么,债权让与的效力如何,存在不同的观点。其中,债权效果说认为,让与人和受让人之间的债权让与行为仍属有效,仅债务人可以提出恶意的抗辩,主张债

---

① 史尚宽:《债法总论》(第5版),荣泰印书馆股份有限公司1978年版,第675页。
② 同上书,第680页。
③ 同上书,第676页。
④ 这里的善意受让人取得债权不同于善意取得中的善意受让人,因后者发生在出卖他人之物场合,其善意是指受让人对出卖人无处分权不知情,且无重大过失。此其一。一般认为,债权无公示方法,即使公示了,也无公信力,故不存在善意取得。但少数说认为,有的债权有公示方法,如购物券所载明的债权等,它们应当适用善意取得制度。本书赞同区分情况分别处理的方案。此其二。
⑤ 郑玉波:《民法债编总论》(修订2版),陈荣隆修订,中国政法大学出版社2004年版,第436页;孙森焱:《民法债编总论》(下册),三民书局1997年版,第700页。

权让与行为无效。物权效果说则主张,此禁止债权让与的约定不仅使债权人负有不得让与的义务,也使债权失其让与性,违反此约定所为债权让与不生效力。虽然此约定系为债务人的利益而设,似乎只能由债务人主张债权让与不生效力,但在这里采取绝对无效的态度,第三人也可以主张债权让与无效。还有,该无效,不仅指债权让与对于债务人而言不生效力,在让与人和受让人之间也归于无效,因为受让人明知该债权不得转让,于是准物权行为无效。① 不过,若债务人事后同意该债权让与,则可使债权让与有效。② 因为债权自由让与是近代以来的民法的原则,不得让与属于例外,所以,债务人主张此项例外,认为受让人为恶意的,应负举证责任。③

"禁止债权让与的约定有效,但不得对抗善意第三人",区分了法律禁止债权让与和当事人约定禁止债权让与的不同效力强度和效力范围,兼顾和平衡了财产权的流通性、意思自治、交易安全等几项价值,区分当事人的不同主观状态而异其效力。《合同法》对待当事人约定不得让与债权的态度比较单一化(第79条第2项),解释论存在分歧,《民法典》注意到域外的立法和学说及其发展趋势,较多地借鉴了"禁止债权让与的约定有效,但不得对抗善意第三人"模式,但更加细腻,考量了不同类型债权在流通价值和交易安全方面存在的差异,如金钱债权的流通性价值在实践中非常重要,其转让对债务人的影响相对低,非金钱债权则相反,有必要区别对待④,故于第545条第2款规定:"当事人约定非金钱债权不得转让的,不得对抗善意第三人。当事人约定金钱债权不得转让的,不得对抗第三人。"

对于《民法典》第545条第2款的规定,可从以下几点来把握:(1) 债权人和债务人之间约定不得让与债权,不是阻止债权人和受让人之间的债权让与合同生效的因素,受让人可以基于该合同取得该债权。(2) 对于非金钱债权,虽有债权人和债务人关于禁止转让之的约定,但鉴于此类债权的流通性价值相对较低,而且可有一定的公示形式,故对受让人的保护力度稍微降低一些,《民法典》第545条第2款便规定:于受让人明知或有重大过失地不知存有禁止债权让与的约定时,债务人享有拒绝向受让人为清偿的权利;但受让人不知存有此类禁止让与的约定,而且对该不知没有重大过失时,债务人不享有拒绝向受让人为清偿之权。(3) 对于金钱债权,《民法典》更倾向于鼓励流转性,于是规定:虽有债权人和债务人关于禁止让与该债权的约定,即使受让人知晓之,债务人也无权拒绝受让人的清偿请求。

禁止让与特约属于民法上的意思表示,应适用民法有关意思表示的规定。它可以在订立合同时以一个条款的形式出现,也可以在合同成立后另为一个合同,但必须在合同债权让与之前作出,否则,便不具有影响合同债权让与的效力。该约定可以采取口头方式,也可以采取书面方式。⑤

特约不得受让债权的人,简称为受禁人,其范围可以是泛指,即约定合同债权不得让与一切他人;也可以是特指,即指明合同债权不得让与某人或某些人。⑥

禁止让与的期限,可以约定在合同整个有效期内均不得让与债权,也可以约定债权在一

---

① 孙森焱:《民法债编总论》(下册),法律出版社2006年版,第784页;黄立:《民法债编总论》,中国政法大学出版社2002年版,第614页。
② 参见BGHE40,156,Esser/Schmidt, S 37/I;史尚宽:《债法总论》(第5版),荣泰印书馆股份有限公司1978年版,第682页;黄立:《民法债编总论》,中国政法大学出版社2002年版,第614页。
③ 郑玉波:《民法债编总论》(修订2版),陈荣隆修订,中国政法大学出版社2004年版,第436页。
④ 黄薇主编:《中华人民共和国民法典合同编释义》,法律出版社2020年版,第191页。
⑤ 史尚宽:《债法总论》(第5版),荣泰印书馆股份有限公司1978年版,第681页。
⑥ 同上。

定期间内不得让与。

3. 依照法律规定不得让与的债权

法律规定债权不得让与,即该债权为禁止流通物,让与人和受让人签订让与该债权的合同,构成自始客观不能,合同无效。于此场合,债务人有权拒绝向受让人履行债务。

依照法律规定不得让与,在中国现行法上,有《保险法》关于"按照以死亡为给付保险金条件的合同所签发的保险单,未经被保险人书面同意,不得转让或者质押"(第34条第2款)的规定。

在某些立法例及其理论上,法律禁止扣押的债权不得让与。所谓禁止扣押的债权,是指维持当事人及其共同生活的亲属生活等所必需的,不得供强制执行的债权。[①] 这在德国法上似乎不成问题,因为《德国民法典》第400条明确规定禁止扣押的债权不得让与。但应注意到,日本有学者持相反的意见,认为禁止扣押不过是为了保护债权人,对于不依债权人的意思而为的处分,予以禁止而已,若债权人依自己的意思而为处分,则当不在禁止之列。[②]

(三)让与人和受让人须就债权的转让意思表示一致

依据《民法典》关于意思表示、法律行为和合同订立的规定,债权让与合同的成立,必须是让与人和受让人就债权的转让意思表示一致。

五、债权让与合同的效力

(一)债权让与合同的生效

债权实际上发生让与,需要成立的债权让与合同生效。该合同一经生效,债权即移转给受让人,不存在有体物买卖那样有形的履行行为。当然,在将来的债权让与场合,债权让与合同生效,使得受让人立即取得请求让与人移转将来的债权的权利,作为让与合同的标的物的债权实际移转,需要到该债权存在时才有可能。还有,当事人约定债权于未来的某个时间点移转的,依其约定,除非该约定违反法律、行政法规的强制性规定,或者违背公序良俗。

债权让与合同的生效,适用《民法典》关于法律行为及合同的效力的规定。首先,让与人和受让人一般均应具有完全的行为能力。根据《民法典》的规定,无行为能力人与他人订立的债权让与合同无效(第144条)。限制行为能力人经其法定代理人同意或追认,也可以订立债权让与合同(第145条第1款后段)。限制行为能力人纯获利益地受让债权,则无需其法定代理人的同意(第145条第1款前段)。其次,需要债权让与合意真实。最后,需要该合意合法。这包含两层含义:一是债权让与合同的内容合法,例如,不得恶意串通损害他人的合法权益,不得违反法律、行政法规的其他强制性规定,不得违背公序良俗等;二是债权让与合同的形式应合法,此类合同原则上为不要式合同,无需采取特别的方式,但法律对债权让与有特别规定或当事人有特别约定的,应依法律的规定或当事人的约定。根据《民法典》第502条第3款的规定,债权人转让权利或债务人转移义务,法律、行政法规规定应当办理批准等手续的,依照其规定。

(二)债权让与合同的生效在让与人和受让人之间产生的效果

1. 法律地位的取代

在债权为现实存在且全部让与的场合,只要债权让与合同生效,该债权即由原债权人

[①] 参见郑玉波:《民法债编总论》(修订2版),陈荣隆修订,中国政法大学出版社2004年版,第437页。
[②] 〔日〕於保不二雄:《债权总论》,日本有斐阁1959年版,第275页。转引自郑玉波:《民法债编总论》(修订2版),陈荣隆修订,中国政法大学出版社2004年版,第437页。

(让与人)移转于受让人,让与人脱离原债的关系,受让人取代让与人的法律地位而成为新的债权人。《金融资产管理公司条例》(国务院令第297号)第13条规定:"金融资产管理公司收购不良贷款后,即取得原债权人对债务人的各项权利。原借款合同的债务人、担保人及有关当事人应当继续履行合同规定的义务。"但在债权部分让与时,让与人和受让人共同享有债权。

债权让与合同生效后,如果让与合同规定债权于未来的某个时间点移转,那么,让与人仍然享有债权,尚未退出债权债务关系,只是就他和受让人之间的关系而言,其债权受到限制,如未经受让人授权不得行使债权;受让人并未取得被让与的债权,只是开始享有取得债权的期待权,也就是享有于约定的时间点取得债权的权利,同时有权援用债权人对债务人的抗辩权,如同时履行抗辩权、履行期尚未届至的抗辩等。唯有如此,才可有效地保护受让人的合法权益,阻止让与人放任债务人实施有害受让人权益的行为,更可防范让与人与债务人恶意串通损害受让人的合法权益。

未来债权的让与,也大致如此,只是某些抗辩权尚不存在。[1]

2. 从权利随之移转

根据民法学原理,在主债权发生移转时,其从权利原则上应随之一同转移,但该从权利专属于债权人自身的除外;并且,受让人取得从权利不因该从权利未办理转移登记手续或未转移占有而受到影响(《民法典》第547条)。随同债权移转而一并移转的从权利,包括担保权和其他从权利。

[探讨]

抵押权、质权、留置权随其被担保债权而转移至受让人,符合担保物权的从属性和不可分性(留置权稍微特殊)的要求,即使登记担保物权尚未办理转移登记,动产质权尚未转移,受让人也应取得担保债权的担保物权。就此说来,《民法典》第547条第2款的规定有其道理。不过,目光局限于让与人和受让人之间的关系,该结论没有问题,但若视野扩及交易第三人,则不符合物权公示原则,不利于交易安全。所以,本书作者主张《民法典》第547条第2款应有一但书——未经公示,不得对抗善意第三人。[2]

(1)此处所谓担保权,包括担保物权、保证债权、定金债权、押金债权和保证金债权等。

质权、留置权随着被担保债权的让与而移转,只是因其以占有为本质要件,故需向受让人转移标的物的占有。[3]

抵押权随着被担保债权的让与而移转(《民法典》第407条后段正文),至于最高额抵押权,最高额抵押担保的债权确定前,部分债权转让的,最高额抵押权不得转让,但是当事人另有约定的除外(《民法典》第421条)。这表达了两层意思:其一,最高额抵押担保的债权一经确定,该项债权连同抵押权即可转让;其二,即使最高额抵押担保的债权尚未确定,当事人的下述约定亦发生法律效力:A. 部分债权转让的,抵押权也部分转让,原最高额抵押所担保的债权额随之减少;B. 部分债权转让的,全部抵押权随之转让,未转让的部

---

[1] 关于未来债权让与的较为详细的分析,请见崔建远:《关于债权让与的争论及其评论》,载《广东社会科学》2024年第1期。

[2] 较为详细的分析和阐释,请见同上。

[3] 〔日〕於保不二雄:《日本民法债权总论》,庄胜荣校订,五南图书出版有限公司1998年版,第281页。

分债权成为无担保权的债权。① 该项规定可资赞同,因为它贯彻了意思自治原则,把握住了最高额抵押权已经普通抵押权化的机理,体现了普通抵押权担保的债权可以转让的精神。

(2)所谓其他从权利,包括利息债权等债权。②

3. 形成权是否因债权让与而转移?

形成权的类型较多,需要区分情况而定。与请求权相结合、功能在于实现债权的形成权,如选择权、催告权,应当与债权一同移转。与债的关系(而非单一的债权)相结合、与当事人的地位有关系的形成权,如解除权、撤销权等,只有在概括承受的情况下,才随着债权债务的概括移转而移转。③ 在(单纯的)债权让与,债权人仍负有债务,继续为债权关系的当事人的情况下,如果解除权等形成权随着债权让与而移转,那么会出现下述不合理的局面:让与人应当解除合同以保护自己的合法权益,却因无解除权而束手无策;或者让与人坚持合同继续有效以获得期待利益,却因受让人行使解除权而使期待落空。

4. 债权瑕疵随同移转

债权的让与只是变更债权的主体,该债权的性质不因此而有所变更,故债权存在的瑕疵,也移转于受让人。④ 于此场合,若让与的债权自身存在类似有体物那样的瑕疵,则应类推适用《民法典》第617—623条关于物的瑕疵担保责任的规定,令让与人承担物的瑕疵担保责任;若让与的债权存在着第三人主张的情形,则应类推适用《民法典》第612条及第613条关于权利瑕疵担保的规定,让与人对受让人承担权利瑕疵担保责任,除非受让人在订立债权让与合同时知道或应当知道第三人对该债权享有权利。⑤

5. 专属于让与人自身的从权利并不随之移转

所谓专属于让与人自身的从权利不随债权让与而移转(《民法典》第547条第1款后段),例如,在保证合同约定专为债权人而设定保证责任的情况下,该保证责任便与原债权人不可分离,不随同主债权让与而移转于受让人。再如,商人之间所产生的留置权,为担保其因营业关系而成立的债权,就是说,留置权与债权人而非同债权相结合,由于债权让与并未消灭债权人与另一商人之间债的关系,债权让与,留置权并不随同移转。⑥

6. 从给付义务的履行

让与人应将债权证明文件全部交付于受让人,并告知受让人行使合同权利所必要的一切情况。对此,可以类推适用《民法典》第598条前段关于"出卖人应当履行向买受人交付标的物或者交付提取标的物的单证"的规定,以及第599条关于"出卖人应当按照约定或者交

---

① 全国人大常委会法制工作委员会民法室编:《中华人民共和国物权法条文说明、立法理由及相关规定》,北京大学出版社2007年版,第370页。

② 关于这个问题和损害赔偿请求权是否为债权的从权利的较为详细的分析和阐释,请见崔建远:《关于债权让与的争论及其论》,载《广东社会科学》2024年第1期。

③ 史尚宽:《债法总论》(第5版),荣泰印书馆股份有限公司1978年版,第684页;郑玉波:《民法债编总论》(修订2版),陈荣隆订,中国政法大学出版社2004年版,第439页。

④ 史尚宽:《债法总论》(第5版),荣泰印书馆股份有限公司1978年版,第688页;黄立:《民法债编总论》,中国政法大学出版社2002年版,第618页。

⑤ 债权让与场合的债权瑕疵及其后果,有其特殊性,请见崔建远:《关于债权让与的争论及其论》,载《广东社会科学》2024年第1期。

⑥ 史尚宽:《债法总论》(第5版),荣泰印书馆股份有限公司1978年版,第684页;黄立:《民法债编总论》,中国政法大学出版社2002年版,第618页。

易习惯向买受人交付提取标的物单证以外的有关单证和资料"的规定。这符合诚信原则和交易本质的要求。

应将债权证明文件全部交付于受让人,属于让与人的从给付义务;应告知受让人主张债权的必要情况,为让与人的附随义务。

所谓的债权证明文件,包括债务人出具的借据、票据、合同书、账簿等。所谓的应告知受让人主张债权的必要情况,一般指债务的履行期、履行地、履行方式,债务人的住所,债权担保的方式,以及债务人可能会主张的抗辩等。①

再有,让与人占有的债权担保物,应全部移交受让人占有。

7. 让与人不负担保债务人支付能力的责任

债权,虽需债务人适当履行才可实现,但与债务人毕竟分属两个领域,让与的标的物是债权,而非债务人及其支付能力;何况债务人即使支付能力强劲,背信而拒不清偿,也并非鲜见,故应采取让与人不负担保债务人支付能力的责任之论。

六、债权让与对于债务人的效力

(一) 概说

由于中国民法未采纳物权行为制度及其理论,所谓债权让与对于债务人的效力,当指债权移转给受让人的结果与债务人之间的关系,或者说债权让与合同生效的结果对于债务人的效力,并非准物权行为对于债务人的法律效力。

债权的自由转让必须在不损害债务人现存利益的前提下进行,债务人不应因债权的让与而增加负担或丧失应有的权利。应该说,对债务人的保护和促进债权的自由流转,是债权让与制度的一个问题的两个方面。所以债权让与对于债务人的效力,主要是从保护债务人利益的角度出发而规定的,具体涉及对债务人的债权让与通知,及由此引起的权利义务。

(二) 对债务人的债权让与通知

债权让与合同一经成立并生效,在让与人和受让人之间立即发生债权让与的效果。但由于债权让与合同不具有公示性,债务人可能不知道债权让与的事实,于是仍然有权向原债权人履行合同债务(《合同编通则解释》第 48 条第 1 款前段);如果允许债权让与合同自成立时对债务人也同时生效,那么,债务人因不知债权让与的事实而为给付却不发生清偿的效果,同时对新债权人(受让人)负有债务不履行的责任,显然不公平。于是,为了保护债务人的合法权益,许多立法例就债权让与对债务人在何种条件下生效作了限定,有以下三种主义:严格限制主义,即债务人同意原则;自由主义,即债权自由让与原则;折中主义,即让与通知原则。

相比较而言,折中主义既维护了债务人的利益,又保障了债权的自由流转,合理地平衡了当事人之间的利益关系,在立法价值上实现了静的安全与动的安全的结合。这种模式获得了中国大多数学者的赞同:它一方面考虑到了债务人的利益,要求债权人或受让人在债权让与达成合意后及时通知债务人,避免债务人因不知情而受到损失;另一方面,它充分尊重了债权人处分其债权的自由,有利于鼓励债权转让,符合市场经济发展的需要。② 正因如此,

---

① 孙森焱:《民法债编总论》(下册),法律出版社 2006 年版,第 788 页;邱聪智:《新订民法债编通则》(下),中国人民大学出版社 2004 年版,第 425 页;林诚二:《民法债编总论——体系化解说》,中国人民大学出版社 2003 年版,第 498 页。

② 王利明、崔建远:《合同法新论·总则》,中国政法大学出版社 1996 年版,第 431—432 页。

《民法典》采取了折中主义,于第 546 条第 1 款规定:"债权人转让债权,未通知债务人的,该转让对债务人不发生效力。"

这样,债务人在收到债权让与通知之后,应承认受让人为债权人,不得再向原债权人(让与人)为清偿或其他免责行为,否则,不发生清偿的效果,免责行为也归于无效。受让人对于债务人可以主张权利(《合同编通则解释》第 48 条第 1 款后段)。不过,《合同编通则解释》第 49 条第 1 款对此有所排除:债务人接到债权转让通知后,让与人以债权转让合同不成立、无效、被撤销或确定不发生效力为由请求债务人向其履行的,人民法院不予支持,除非该债权转让通知被依法撤销。该排除虽有一定道理,但也有些绝对,应当承认例外,即当有充分、确凿的证据证明让与合同不具有法律约束力,债务人尚未向受让人为清偿,特别是受让人也承认让与合同不具有法律约束力时,债务人应当满足让与人的给付请求。这可避免法律关系复杂化,不徒增成本。

所谓"未通知债务人的,该转让对债务人不发生效力",就是在让与通知前,债务人对于原债权人(让与人)的清偿、免责行为,或让与人对于债务人为免除或抵销,应当有效。① 受让人对于债务人不得主张债权,受让人请求债务人向其为清偿的,债务人有权抗辩②,因而,债务人对于受让人得拒绝清偿,受让人对于债务人的时效中断、实行担保权、申请破产等行为,也不能视为有效。③ 但是,让与人未通知债务人,受让人直接起诉债务人请求履行债务,人民法院经审理确认债权转让事实的,应当认定债权转让自起诉状副本送达时对债务人发生效力。债务人主张因未通知而给其增加的费用或者造成的损失从认定的债权数额中扣除的,人民法院依法予以支持(《合同编通则解释》第 48 条第 2 款)。这是经济、合理的设计,值得赞同。并且,让与人对债务人的抵销、免除也应视为有效。④ 受让人实施时效中断的行为若含有债权让与通知的意思,则债权让与对于债务人发生效力。还有,在让与通知前,受让人对于债务人为抵销或免除的意思表示,其中含有让与通知的内容的,债权让与对于债务人发生效力。⑤

债权让与通知,法律性质为观念通知,通知人无需有效果意思,也不需要债务人承诺。唯观念通知属于准法律行为⑥,可以准用《民法典》关于意思表示及法律行为的有关规定,通知到达债务人处始生效力。

债权让与通知,可以采取诉讼通知的形式,但通常采取非诉的形式。让与债权的意思表示自到达债务人及其继承人或其代理人时生效。

债权让与通知的相对人,为债务人及其继承人或其代理人。债务人之所在不明又无代理人的,依日本判例应对不在者的财产管理人为通知。⑦

连带债务,依债务复数说,是每位债务人各自负担全部给付内容的独立债务。这样,债

---

① 史尚宽:《债法总论》(第 5 版),荣泰印书馆股份有限公司 1978 年版,第 691 页。
② 请结合本节关于债权的二重让与的分析加以把握。
③ 〔日〕於保不二雄:《日本民法债权总论》,庄胜荣校订,五南图书出版有限公司 1998 年版,第 295 页;郑玉波:《民法债编总论》(修订 2 版),陈荣隆修订,中国政法大学出版社 2004 年版,第 442 页。
④ 〔日〕於保不二雄:《日本民法债权总论》,庄胜荣校订,五南图书出版有限公司 1998 年版,第 295 页。
⑤ 史尚宽:《债法总论》(第 5 版),荣泰印书馆股份有限公司 1978 年版,第 691 页。
⑥ 中华民国最高法院 1939 年上字第 1284 号判例;中华民国最高法院 1931 年上字第 58 号判例;孙森焱:《民法债编总论》(下册),法律出版社 2006 年版,第 789 页;邱聪智:《新订民法债编通则》(下),中国人民大学出版社 2004 年版,第 426 页;〔日〕於保不二雄:《日本民法债权总论》,庄胜荣校订,五南图书出版有限公司 1998 年版,第 293 页。
⑦ 史尚宽:《债法总论》(第 5 版),荣泰印书馆股份有限公司 1978 年版,第 690 页。

权人可以就其对于连带债务人一人的债权而单独让与,向该债务人为让与通知。如果以对于全体债务人的债权为让与,那么,应通知全体债务人。只有这样,债权让与的效力才会对全体债务人发生。如果仅仅向其中一位债务人为让与通知,则债权让与只对该债务人发生效力。①

债权让与通知的时间,首先,需要明确的是,由让与通知属于观念通知的性质决定,在债权让与合同签订之前为让与通知的,因尚无债权让与的事实,故该让与通知不发生法律效力。其次,在债权让与合同签订之后为让与通知的,如果被让与的是未来的债权,那么,让与通知自到达债务人处时发生法律效力,无需于其后债权现实地产生时再为让与通知。② 最后,在现存债权作为标的物,债权让与合同已经签订的情况下,让与通知应于何时作出,宜区别情况而定,兹分述如下:

（1）在债务的履行期届满之前,债务人尚未清偿的,将债权让与的事实通知债务人,债权让与对于债务人即发生效力。假如债务人在收到让与通知后仍向让与人为给付,那么,不发生清偿的法律效果,受让人有权请求债务人向其给付。不过,虽然债务的履行期尚未届满,但已经届至,债务人于此期间适当地履行了债务,债权人其后将债权让与的事实通知债务人的,尽管该通知早于债务履行期届满前,债务人也有权对抗受让人的给付请求。

（2）让与人或受让人怠于为债权让与的通知,债务人不知债权让与的事实,仍然向让与人(原债权人)为给付的,债务人对受让人因此而未获清偿或未能及时获得清偿的后果不承担民事责任;在债务人尚未履行的情况下,如果债权让与通知迟于债务履行期,使债务人难以向受让人履行,只能向让与人清偿,则债务人有权拒绝向受让人给付,仍然可以向让与人履行,并就此不负民事责任。换言之,在债务人收到债权让与通知之前,对让与人所为的给付有效,即债务人仍以让与人为债权人而为履行,同样可以免除其债务,受让人不得以债权已经让与为由,要求债务人继续履行,而只能请求让与人返还所受领的债务人的给付。

（3）在债务的履行期限已经届满、债务人尚未履行的情况下,让与人或受让人才将债权让与的事实通知债务人的,只要债务人此时能够向受让人履行,债权让与对债务人就应当有效。其道理在于,假如因让与通知迟于债务的履行期限,就赋予债务人拒绝向受让人履行的权利,那么,这会使问题的处理迂回曲折,徒增成本,不符合效率原则,莫不如承认债权让与通知对于未为履行的债务人具有法律效力,即债务人自接到该通知时起有义务向受让人为给付。不过,由此给债务人增加的负担,应当由怠于为债权让与通知的让与人或受让人承受。换句话说,债务人若尚未给付,则自收到债权让与的通知时起,应当将受让人作为债权人而履行债务,于此场合,他对让与人的履行不能构成债的清偿,其债务不能免除,仍须向受让人履行债务。让与人如果仍然受领债务人的给付,属非债清偿,债务人可以请求返还。

（4）在债务的履行期已经届满、债务人收到债权让与通知前已经向让与人履行的情况下,让与通知才到达债务人处的,债务人有权拒绝受让人的给付请求,并不承受由此增加的负担。

既然让与通知可准用法律关于意思表示的规定,故让与通知存在《民法典》第144条、第146条第1款、第153条或第154条规定的无效的原因时,当然无效,债权让与对债务人不发生效力。至于让与通知可否撤销,《民法典》规定,债权转让的通知不得撤销,但是经受让人

---

① 史尚宽:《债法总论》(第5版),荣泰印书馆股份有限公司1978年版,第690页。
② 同上书,第691页。

同意的除外(第546条第2款)。

应当指出,债权让与必须通知债务人的原则还存在一些例外情况,主要表现为以下几点:

(1) 证券化债权让与不以通知债务人为要件。例如指示债权,以背书和票据的交付而移转;无记名债券,如火车票、电影票等,则仅以债券的交付而移转债权,均不需通知债务人;票据债务人负有按照票据上载明的权利绝对履行的义务,而不得以未收到让与通知为由拒绝履行。

(2) 特殊债权的移转必须办理登记手续,例如电话使用权的过户。

(3) 当事人之间特别约定债权不得让与的,债权人欲让与债权,应当征得债务人的同意。当然,站在立法论的立场上,在应收账款债权等让与场合,中国法若追随国际潮流,规定当事人关于禁止债权转让的特约不影响债权移转于受让人的效力,那么,此处所谓征得债务人同意的要求则不再必要。

关于何人为债权让与通知,《合同法》规定让与人(债权人)为债权让与的通知人(第80条第1款),《民法典》依然如故。《日本民法典》第467条第1项的规定亦然。这过于狭隘,排除了受让人可以为让与通知的情形,构成一个法律漏洞。实际上,早在罗马法时期,对于让与应由何人通知债务人的问题,学者之间就曾有过争论。有人主张,既然受让人握有债权,那么应由受让人通知债务人;也有人主张,让与通知乃让与人放弃债权的行为,应由让与人通知;还有人主张,无论让与人通知还是受让人通知,其结果相同,二者均值赞同。后者得到大家的认可,并体现在查士丁尼法典的具体规定中。①《法国民法典》继受罗马法,规定让与人和受让人双方都可以通知。目前大多数国家的立法采纳此例。所以,对中国《民法典》第546条第1款规定形成的法律漏洞,可以通过目的性扩张予以填补,允许受让人也作为让与通知的主体,从而有利于灵活地解决实际中的问题。但从保护债务人履行安全的角度考虑,受让人在为让与通知时,必须举证证明自己已经取得了债权,例如,债权让与合同、让与公证书等,否则,债务人可以拒绝履行。

最后应当指出,从《民法典》第546条第1款的规定来看,其似采严格让与通知主义,即债权人转让权利的,应当通知债务人,否则,对其不产生让与的效力。但是,如果有证据证明该债务人已经知晓了债权让与的事实,仍向让与人履行债务,则显然有违诚信原则。于此情形,不能免除其对受让人的债务。② 当然,对此应由受让人负责举证。

《合同编通则解释》没有否认以上思想,于第48条第2款规定:"让与人未通知债务人,受让人直接起诉债务人请求履行债务,人民法院经审理确认债权转让事实的,应当认定债权转让自起诉状副本送达时对债务人发生效力。债务人主张因未通知而给其增加的费用或者造成的损失从认定的债权数额中扣除的,人民法院依法予以支持。"

(三) 表见让与及其效力

当债权人将债权让与第三人的事项通知债务人后,即使债权让与并未发生或该让与无效,债务人基于对让与通知的信赖而向该第三人所为的履行仍然有效(《合同编通则解释》第49条第1款正文推论)。此类虽无债权让与的事实,而债权让与通知仍然有效的现象,学说称之为表见让与。

---

① 陈允、应时:《罗马法》(第2版),商务印书馆1933年版,第248页。
② 参见《意大利民法典》第1264条。

表见让与一般只有在债权人为让与通知行为时才能产生,如果由受让人为让与通知,则不产生表见让与的效力。也就是说,即使受让人已将债权让与的事项通知了债务人,但债权未能让与或让与无效的,债务人也不能以其对抗受让人的事由对抗让与人。① 但受让人在为债权让与通知行为时,提出了债权已经归属于他的充分证据,足以表明债权已经发生了移转的,尽管实际上并未让与,但是在此情形,本书认为仍可构成表见让与。

再者,让与人将债权让与的事实通知债务人,倘若债权并未让与或其让与无效,那么,债务人因而主张受让人非债权人,拒绝向其给付的,法律应予准许。只不过债务人若因认识错误,以合法移转误认为无效,则即应负担风险。②

(四) 抗辩(权)的援用

1. 债务人对让与人所享有的抗辩(权),可以向受让人主张的情形

根据《民法典》第548条的规定,在债务人接到债权转让通知后,债务人对让与人的抗辩,可以向受让人主张。这是因为债权让与是债之主体的变更,并不改变债的内容,债的同一性不因债权让与而丧失。由此决定,债权原有的瑕疵,不能不随同移转于受让人,所以债务人可以对抗原债权人的事由,自然可以对抗新的债权人。该对抗受让人的抗辩(权)制度,正是"债务人不能因债权让与而受有不利益"原则的体现。

债务人可以对抗让与人的事由,亦为对抗受让人的事由,兼指实体法上的抗辩(权)和诉讼法上的抗辩(权)。债务人可对抗受让人的实体法上的抗辩(权),包括(1) 债权不发生的抗辩:例如,合同不成立或被撤销或被确认为无效的抗辩(权);(2) 债权消灭的抗辩:例如,对于让与人行使撤销权、解除权而致债权消灭的抗辩,以及清偿、提存的抗辩;(3) 拒绝给付的抗辩:例如,履行期尚未届至的抗辩,已罹诉讼时效的抗辩权等,以及在原债权人将合同上的权利单独让与第三人,自己保留合同债务时,债务人基于让与人不履行对应债务而产生的同时履行抗辩权、不安抗辩权等。③

债务人可对抗受让人的诉讼法上的抗辩(权),例如,协议管辖的抗辩、仲裁条款的抗辩等。④

以上抗辩事由,必须于债务人受让与通知时业已存在,方可对抗受让人;在受让与通知以后才发生的事由,则不在此限,因其并非原债权的瑕疵。⑤

债务人对于受让人享有程序法上的抗辩(权)。例如,被告得以约定的仲裁条款,对抗受让人。判决的既判力对于受让人为有效。⑥

在受让人再将债权移转时,债务人有权以其对抗受让人(Ⅰ)甚至受让人(Ⅱ)的抗辩,对抗再受让人(转得人)。⑦

2. 债务人对让与人所享有的抗辩(权),不得向受让人主张

必须指出,债务人对于让与人的抗辩,并非总能够对抗受让人,存在着若干不得对抗的情况。

---

① 郑玉波:《民法债编总论》(修订2版),陈荣隆修订,中国政法大学出版社2004年版,第443页。
② 孙森焱:《民法债编总论》(下册),法律出版社2006年版,第791页。
③ 同上书,第792页;邱聪智:《新订民法债编通则》(下),中国人民大学出版社2004年版,第427页;林诚二:《民法债编总论——体系化解说》,中国人民大学出版社2003年版,第502页。
④ 同上。
⑤ 同上。
⑥ 史尚宽:《债法总论》(第5版),荣泰印书馆股份有限公司1978年版,第693页。
⑦ 同上。

债务人所享有的对抗受让人的抗辩,可以预先或在嗣后与受让人协商一致予以抛弃。①

抗辩纯为对于让与人个人的事由的,债务人不得以之对抗受让人。例如,虽然让与人和债务人约定他不请求债务人履行,但债务人不得以此约定对抗受让人。②

3. 程序安排

《合同编通则解释》规定:"债权转让后,债务人向受让人主张其对让与人的抗辩的,人民法院可以追加让与人为第三人"(第47条第1款),以利于查清以上"1""2"所述情形。

(五) 抵销的主张

根据《民法典》第549条的规定,在债务人接到债权让与通知时,债务人对让与人享有债权的,债务人仍然可以依法向受让人主张抵销。该条区分两种情形而分设构成要件,第1项规定的情形是"债务人接到债权转让通知时,债务人对让与人享有债权,且债务人的债权先于转让的债权到期或者同时到期";第2项规定的情形是"债务人的债权与转让的债权是基于同一合同产生"。

《民法典》第549条第1项所谓"债务人接到债权转让通知时,债务人对让与人享有债权,且债务人的债权先于转让的债权到期或者同时到期","债务人可以向受让人主张抵销",关涉三方当事人,举例显示之:甲和乙之间有2000万元人民币的借款合同,甲依约享有请求乙还本付息的债权,履行期为2020年5月21日。其后,乙和甲订立A楼买卖合同,乙依约对甲拥有5000万元人民币的房款请求权,履行期为2020年1月21日。甲与丙之间于2020年3月5日成立2000万元人民币债权的转让合同,约定甲将其对乙的2000万元人民币的债权转让给丙。在这种关系中,如果适用《民法典》第568条第1款的规定,就不允许乙向丙主张抵销,仅仅允许乙向甲主张抵销;但是,如果适用《民法典》第549条第1项的规定,那么,只要经过了2020年1月21日,乙就有权援用《民法典》第549条第1项的规定,向丙主张抵销2000万元人民币的债权。

尽管《民法典》第549条第1项的规定背离了《民法典》第568条第1款的规定以及关于抵销的积极要件的通说,不要求抵销关系中的双方当事人必须是被抵销债权形成时的双方当事人,但却具有合理性:债务人乙和债权人甲之间可能存在若干交易关系,甚至配有担保法律关系,可能存在着信赖,特别是乙和甲互负债务、互享债权,存在抗辩及时效完成等抗辩权和抵销权等法律手段,形成制衡态势,这样,乙的合法权益就较有保障,抵销权系有效的保障手段之一。但是,甲将其对乙的债权转让给丙之后,乙可能失去对于甲的抵销权,在与甲的关系上不再有抵销权这种有效的保障手段,一旦甲的责任财产不足以清偿数个债权,乙对甲的债权就难以全部实现甚至完全无法实现。乙和丙之间可能无其他交易关系来制约,乙对丙可能无抗辩及抗辩权,依《民法典》第568条第1款的规定及通说,乙对丙也不享有抵销权。在这样的背景下,在丙请求乙清偿时,乙只剩满足丙请求的"责任",而无保障自己权益的法律手段。一句话,无论是对甲还是对丙,乙均无抵销权这种有效保障自己权益的法律手段,处于不利的境地。为改变乙所处的这种不利格局,《民法典》设置特则即第549条第1项,赋权乙对丙享有抵销权,以达利益平衡,是正当的。关于这种制度安排,换个角度说,乙本来拥有的抵销权不得因其债权人转让债权而消失,而是继续保有。

至于受让人的权益保护,可通过受让人的尽职调查、适度调整转让款的数额、转让人和

---

① 史尚宽:《债法总论》(第5版),荣泰印书馆股份有限公司1978年版,第693页。
② 同上书,第694页。

受让人之间的抗辩及抗辩权、民事责任制度或借助其他法律关系的牵制等途径来解决。

《民法典》第 549 条第 2 项所谓"债务人的债权与转让的债权是基于同一合同产生""债务人可以向受让人主张抵销",这不同于《民法典》第 549 条第 1 项所涉案型中的抵销。如果说《民法典》第 549 条第 1 项所涉案型中的两项债权不具有产生和存续上的牵连性,那么,《民法典》第 549 条第 2 项所涉案型的两项债权则在产生和存续上均有牵连性。由此牵连性带来了履行抗辩权、时效完成的抗辩权以及有关抗辩,甚至抵销权,使债务人的债权及其利益较有实现的法律保障。但是,债权人将其债权转让给他人,债务人与该他人之间不见得存在前述有关保障措施,只得"乖乖地"满足该他人关于清偿债务的请求。更为糟糕的是,当债务人请求转让人(原债权人)履行债务时,转让人却无足够的责任财产予以清偿,使得债务人在财产上只"出"不"进"。帮助债务人摆脱这种不利境地的措施之一是,赋权债务人对受让人享有抵销权,并且降低该抵销权产生和行使的"门槛":不再要求债务人的债权先于转让的债权到期或者同时到期,也不要求抵销关系中的双方当事人必须是被抵销债权形成时的双方当事人。这就是《民法典》第 549 条第 2 项的设计理由。

至于受让人的权益保护,同样是通过受让人的尽职调查、适度调整转让款的数额、转让人和受让人之间的抗辩及抗辩权、民事责任制度或借助其他法律关系的牵制等途径,来解决。

专就债权转让领域的抵销而言,《民法典》第 568 条第 1 款为一般法,《民法典》第 549 条为特别法,后者优先于前者适用。

这样,在受让人受让债权之后,尚未行使该债权的情况下,债务人向受让人主张抵销,受让人只好向让与人主张瑕疵担保责任,成本增加。并且,在让与人的财产不足以清偿数个到期的债权时,受让人就会遭受损失。看来,受让人为了避免此类风险,需要采取有关的预防措施,诸如请求让与人提供担保,援用《民法典》第 612 条等规定请求让与人承担瑕疵担保责任,设法使债务人书面放弃这种抵销权等。

抵销,在诉讼程序上,需要以诉讼请求或仲裁请求的方式提出,若为被告或被申请人主张,则仅仅以抗辩的方式可能得不到支持,需要以反诉或反请求的方式主张,才会得到审判庭或仲裁庭的支持。

应当指出,债务人并非在任何情况下都拥有抵销权。例如,债务人于收到让与通知前与让与人签订租赁合同,取得租金债权,假如该债权的清偿期在被让与债权的清偿期之后,那么,债务人不得以该租金债权抵销受让人受让的债权。因为债务人取得对于让与人的债权较已经让与的债权在清偿期方面过迟。[①]

(六)债权让与增加的负担分配

债权让与增加的负担因债权人让与而起,债权人不得将之转嫁给债务人,故《民法典》第 550 条规定:"因债权转让增加的履行费用,由让与人负担。"不过,世界上的事情复杂多样,也有因债务人的原因导致债权让与的,于此场合,仍由债权人负担债权让与增加的费用,也不合理。解决这个问题,可因《民法典》于此未设禁止性规定而不把《民法典》第 550 条作为强制性规定,允许债权人和债务人约定债权让与所增费用如何分配。

---

① 史尚宽:《债法总论》(第 5 版),荣泰印书馆股份有限公司 1978 年版,第 695 页。

七、债权让与对于第三人的效力

(一) 债权的二重让与

债权的二重让与,是指让与人和受让人(Ⅰ)签订关于债权 A 的让与合同(Ⅰ),然后又同受让人(Ⅱ)签订关于债权 A 的让与合同(Ⅱ)的现象。其法律效果比较复杂,需要作类型化的分析。

第一种类型的债权二重让与,必须符合下述条件:现存债权作为让与的标的物,当事人没有约定债权于未来的某个时间点移转。以下讨论这种类型的债权二重让与。

在让与合同(Ⅰ)生效,且债权让与及时通知了债务人的情况下,债权让与的结果,不仅拘束着让与人和受让人(Ⅰ),而且债务人也必须承认,就是包括受让人(Ⅱ)在内的其他人也无权否认。于此场合,对于让与合同(Ⅱ)而言,让与人系无权处分,如果受让人(Ⅱ)不知道债权 A 已经让与给了受让人(Ⅰ),且无重大过失,那么准用《民法典》第 612 条的规定,让与合同(Ⅱ)有效,只是由于受让人(Ⅱ)不能取得债权 A,让与人须向受让人(Ⅱ)承担违约责任;如果受让人(Ⅱ)已经知道或应当知道债权 A 已经让与给了受让人(Ⅰ),则准用《民法典》第 597 条第 1 款的规定,让与合同(Ⅱ)也有效,让与人向受让人(Ⅱ)承担不能履行的违约责任。

在让与合同(Ⅰ)生效,让与人未将债权 A 让与给受让人(Ⅰ)的事实通知债务人,却通知债权 A 已经转让给了受让人(Ⅱ)的情况下,债务人向受让人(Ⅱ)清偿,无民事责任可言,只是受让人(Ⅱ)获得了不当得利,应当返还给受让人(Ⅰ)。①② 当然,按照有的立法例及其理论,在债务人明知受让人(Ⅱ)尚未受让债权却向其清偿的情况下,不构成不当得利。③

需要说明,于此场合,由于中国现行法不承认物权行为制度,在受让人(Ⅱ)自债务人处获得的给付为有体物场合,受让人(Ⅰ)向受让人(Ⅱ)主张的不当得利返还,其利益表现,不会是标的物的所有权,要么是占有,要么是债务人请求受让人(Ⅱ)返还给付物的权利。

在两个让与合同均已签订,债务人均未收到债权让与的通知的情况下,让与合同(Ⅰ)有效,让与合同(Ⅱ)符合《民法典》第 612 条和第 613 条规定的条件的,也有效。于此场合,因债权让与合同对于第三人不待通知就已经发生了效力,故债务人无论是向受让人(Ⅰ)还是向受让人(Ⅱ)为给付,都发生清偿的法律效果,债务人所承担的债务消灭。不过,在债务人知晓债权已经转移给受让人(Ⅰ)或因重大过失而不知情(如债务人向债权人核实债权让与的情形并不困难)的情况下,债务人却向受让人(Ⅱ)为给付的,不发生清偿的效果。此其一。但是,债权毕竟从债权让与合同(Ⅰ)生效时就已经归属于受让人(Ⅰ)了,所以,受让人(Ⅱ)并不享有债权,接受的给付没有合法根据,构成不当得利,应当将所受给付返还给受让人(Ⅰ)。在受让人(Ⅱ)取得的给付表现为有体物的情况下,不当得利的利益形态,要么是标的物的占有,要么是债务人请求受让人(Ⅱ)返还标的物的权利,不会是标的物的所有权。此其二。由于让与合同(Ⅱ)为有效,受让人(Ⅱ)因此所受的损失,可依据违约责任制度向让与人求偿。在让与合同(Ⅱ)约定有违约金时,受让人(Ⅱ)可请求让与人支付违约金。否

---

① 郑玉波:《民法债编总论》(修订 2 版),陈荣隆修订,中国政法大学出版社 2004 年版,第 478 页。
② 需要说明,于此场合,由于中国现行法不承认物权行为制度,在受让人(Ⅱ)自债务人处获得的给付为有体物场合,受让人(Ⅰ)向受让人(Ⅱ)主张的不当得利返还,其利益表现,要么是占有,要么是债务人请求受让人(Ⅱ)返还给付物的权利。下文涉及此类情形的,均应如此理解。
③ 郑玉波:《民法债编总论》(修订 2 版),陈荣隆修订,中国政法大学出版社 2004 年版,第 478 页。

则,请求让与人赔偿损失。此其三。在这里,债务人如果具有过失,那么,其给付行为不发生清偿的效果,由此增加的费用应当自负。此其四。在债务履行期尚未届满的情况下,债务人向受让人(Ⅱ)给付而未向让与人(原债权人)履行,在让与人(原债权人)和债务人之间不构成违约;但在债务履行期届满的情况下,债务人若向受让人(Ⅱ)清偿,而未向让与人(原债权人)履行,则构成违约,得向原债权人承担违约责任[原债权人再向受让人(Ⅰ)承担违反债权让与合同的民事责任]。此其五。但须注意,让与人(原债权人)二重让与也有过失,应当适用与有过失规则,减少债务人的赔偿数额。此其六。如果债务人向让与人(原债权人)为清偿,那么,只要符合债权的本质,就当然发生清偿效果。然后,让与人(原债权人)对受让人(Ⅰ)负返还不当得利的义务。如果受让人(Ⅰ)还有损失,那么,有权对让与人(原债权人)主张违约损害赔偿。如果债务人向受让人(Ⅰ)为清偿,那么,只要符合被转让的债权的本质,就应承认其法律效力,以免造成浪费。此其七。

在两个让与合同均已签订,二重的债权让与均已通知,但债务人最先收到第二个债权让与通知的情况下,如果债务人在第二个债权让与通知到达后,第一个债权让与通知到达前,已经向受让人(Ⅱ)为清偿,那么,债务人的债务就归于消灭,不负担民事责任(《合同编通则解释》第50条第1款第1句);受让人(Ⅱ)对受让人(Ⅰ)负有返还不当得利的义务(《合同编通则解释》第50条第1款第2句后段但书)。如果两个债权让与通知均已到达债务人之处,债务人负有问询让与人(尽职调查)并请其确认谁系真正的受让人的义务,依债权移转的基本原理,债务人向受让人(Ⅰ)即真正的受让人为履行,才发生清偿的效果,债务消灭,尽管该受让人(Ⅰ)不是最先到达债务人之处的债权让与通知指向的受让人。如果《合同编通则解释》第50条第1款第2句前段表达的是此种意思,则其为正确;反之,若表达的是下面的意思,则为不正确:指向受让人(Ⅱ)的债权让与通知最先到达债务人之处,债务人对此明知却向受让人(Ⅰ)为履行,于此场合,受让人(Ⅱ)有权请求债务人为履行,或让与人向自己承担违约责任。因为这没有依据债权让与合同生效即引发债权移转的基本原理,而是误入债权让与通知到达债务人之处发生债权移转这种歧途。之所以断言其错误,是因为债权让与通知的"目的不外为使债务人知有债权移转之事实,免误向原债权人为清偿而已"。① 其任务不是解决让与人和受让人之间的关系中的债权是否真的移转,不是引发债权移转的法律事实,只在赋权债务人向受让人为清偿(也是义务)并享有相关的抗辩。如果受让人未取得债权却受领了债务人的清偿,就应依不当得利规则将所受给付返还给债权人。换句话说,表见让与规则重在关于债务人的权益,而非确定债权移转的真实事实。况且,债权让与通知属于观念通知,不是法律行为,仅仅起着把既存的事实告知有关主体的作用,其法律效果由法律直接规定——债务人须向受让人为清偿,否则,其债务不消灭(《民法典》第546条第1款的反面推论)。可见,债权让与通知不具有引发债权在让与人和受让人之间移转的功能。再者,让与人向债务人发出债权让与通知系单独行为,在继承法的领域之外,赋予此种单独行为引发债权移转的效果,远远超出了债权的处分权能的应有范围,危险性极大。其实,《合同编通则解释》自己也没有做到逻辑一贯,其第50条第1款第2句后段但书表达了债权让与合同生效引发债权移转的意思,并且这才是正确的。②

《合同编通则解释》第50条第2款第2句和第3句关于"当事人之间对通知到达时间有

---

① 刘春堂:《民法债编通则(一)·契约法总论》,三民书局2001年版,第349页。
② 关于这个问题的更多分析和阐释,请见崔建远:《关于债权让与的争论及其评论》,载《广东社会科学》2024年第1期。

争议的,人民法院应当结合通知的方式等因素综合判断,而不能仅根据债务人认可的通知时间或者通知记载的时间予以认定。当事人采用邮寄、通讯电子系统等方式发出通知的,人民法院应当以邮戳时间或者通讯电子系统记载的时间等作为认定通知到达时间的依据"的规定,在结合证据证明责任的分配来确定债务人应向哪个受让人为履行这点上,是可取的,遗憾的是它不是用以确定谁是真正的受让人,而是用以确定谁是第一个收到债权让与通知的受让人,来配套债权让与通知引发债权移转的错误设计。

债权于未来移转情况下的二重让与、未来债权的二重让与,在要件和法律后果方面会有所变换,必须注意。①

最后说明,保理合同制度中的应收账款债权的二重让与的法律效果,应当适用《民法典》第768条的规定,不同于以上所述规则。

(二) 有利害关系的第三人为清偿

在债务人自己为清偿时,纵为表见让与,其清偿也有效力,债务人的债务消灭。这种情形,如果就债的履行有利害关系的第三人(如保证人)为清偿,则应被允许(《民法典》第524条)。

第三节 债务承担

一、债务承担的概念

所谓债务承担,是指债的关系不失其同一性,债权人或债务人通过与第三人订立债务承担合同,将债务全部或部分地移转给第三人承担的现象。该第三人称为承担人。

债务承担合同成立并生效,债务就发生转让的效果,不需要履行行为。这是债务承担合同与有体物买卖合同的明显不同点。

债务承担不同于物权变动,这不仅是因为债务不同于物权,而且是因为对于公示的要求不同。物权变动必须通过移转占有、登记等公示形式对外表现出来。② 至于债务承担,除非法律、行政法规规定转让债务应当办理批准等手续,无需采用特别的公示方式(《民法典》第502条第3款)。

二、债务承担制度的法律结构

债务承担、债务承担合同、产生债务的合同是不同的范畴,需要辨明。所谓产生债务的合同,顾名思义,就是将被转让的债务得以产生的合同,系为债务承担合同提供标的物的合同。所谓债务承担合同,德国民法时常称之为基础行为或原因行为,是指债务人或债权人和承担人签订的将债务转让给承担人的合同。它可以由债务人和承担人协商签订,也可以由债权人和承担人协商订立,甚至于由承担人和债权人及债务人三方协商共同签订。③ 所谓债务承担,就是债务由债务人处移转到承担人之手的过程,德国民法称之为准物权行为,在不承认物权行为制度及其理论的法制上,其为一事实行为;同时,也是债务归承担人承受的结

---

① 关于债权于未来移转情况下的二重让与、未来债权的二重让与的详细分析,见崔建远:《债权:借鉴与发展》,中国人民大学出版社2012年版,第132页以下。
② 参见[德]迪特尔·梅迪库斯:《德国民法总论》,邵建东译,法律出版社2000年版,第169页。
③ 郑玉波:《民法债编总论》(修订2版),陈荣隆修订,中国政法大学出版社2004年版,第447页。

果。举例来说,甲出卖给乙一袋大米,甲与丙订立债务承担合同,由丙承受交付一袋大米的债务。于此场合,丙取得债务叫作债务承担,甲和丙之间订立的合同为债务承担合同(基础行为/原因行为),甲和乙之间的买卖合同关系,是产生债务的合同。

在中国,存在着把产生债务的合同称为原因行为的观点。这有几点不妥:其一,未清晰地反映当事人之间的分层次的、功能不同的法律关系。其二,这意味着略去了债务承担合同(基础行为/原因行为)与发生债务的合同之间的关系。实际上,产生债务的合同无效、被撤销、被解除、不被追认,使得债务不存在,即债务承担合同(基础行为/原因行为)的标的物不存在。债务承担合同(基础行为/原因行为)成立时该债务就不存在的,按照合同成立要件包括当事人、标的和合意的观点,债务承担合同(基础行为/原因行为)不成立。实际上,因债务承担合同(基础行为/原因行为)生效债务就移转,故订立合同时无债务,合同不成立应为常态。不过,如果类推适用《民法典》第597条第1款的规定,债务承担合同订立时欠缺作为标的物的债务,不影响合同效力。

债务承担这个结果能否实现,完全取决于债务承担合同(基础行为/原因行为)是否有效,债务承担合同(基础行为/原因行为)有效,债务就移转于承担人,债务承担实现;债务承担合同(基础行为/原因行为)无效,债务承担的效果不发生,该债务仍由债务人来负。由此可见,把产生债务的合同作为债务承担的原因行为,是一种误解。债务承担合同(基础行为/原因行为)才是债务承担的原因行为。假使采取无因性原则,那么,债务承担不受债务承担合同(基础行为/原因行为)无效、被撤销、被解除等的左右,只要符合自己的要件,债务承担就发生法律效力。

三、债务承担、债务承担合同与原因行为

债务承担作为一种事实行为、一种结果,考虑其原因及其行为的场合较少。如果要考虑其原因行为,那么该原因行为是债务承担合同(基础行为/原因行为),而非产生债务的合同。在中国,所谓有因或无因,通常指的是债务承担合同有因或无因。既然如此,债务承担及债务承担合同(基础行为)是否采取无因性原则呢?在中国法上是以有因为原则,但在法律规定或当事人约定债务承担合同不受原因的影响时,遵从法律的规定、当事人的约定。

四、免责的债务承担

(一)免责的债务承担的界定

债务承担,按照承担后原债务人是否免负责任,可以分为免责的债务承担和并存的债务承担。其中,免责的债务承担,是指第三人取代原债务人的地位而承担全部债务,债务人脱离狭义债的关系的债务承担方式。并存的债务承担,《民法典》称之为债务加入,这将在下文讨论。

(二)免责的债务承担的条件

1. 承担人和债务人签订债务承担合同

债务人和承担人签订债务承担合同,从意思自治的角度着眼,债务人和承担人的意思表示一致,债务承担合同即成立,债权人的同意只是债务承担合同的生效要件。在债权人同意之前,债务承担合同处于效力未定的状态。

(1)须存在有效的债务

存在着有效的债务是债务承担合同具有标的物的表现,在债务承担合同订立时,如果作为标的物的债务因违反强行性规定而无效,那么,债务承担合同无效;如果债务根本就不存

在,按照合同成立要件包括当事人、标的与合意之说,那么,债务承担合同不成立。不过,若类推适用《民法典》第 597 条第 1 款的规定,则债务承担合同的效力不因此而受影响。

产生债务的合同虽然存在可撤销或解除的事由,但在被撤销或被解除之前,仍可就该债务成立有效的债务承担合同。但若产生债务的合同随后被撤销或被解除,则债务承担合同便失去标的物,其效力如何,应类型化,适用上一自然段所阐释的规则。

就将来发生的债务也可以设立债务承担,只不过只有在该债务成立时,才能发生转移的效果。

诉讼中的债务也可以由第三人承担,在诉讼中对原债务人的判决,对免责的债务承担人有效。

(2) 被移转的债务应具有可移转性

不具有可移转性的债务,若成为债务承担合同的标的物,则合同的效力必受影响,要么无效,要么效力待定。为保障债务承担合同有效,法律要求债务具有可移转性。以下债务不具有可移转性,但其程度有所不同,对于债务承担合同效力的影响也有差异:

A. 性质上不可移转的债务。它是指与特定债务人的人身具有密切联系的债务,需要债务人亲自履行,因而不得移转。这种债务一般是以特定债务人的特殊技能或特别的人身信任关系为基础而产生的。前者如以某著名演员的表演为标的的合同义务,以某画家绘画为标的的合同义务等;后者如以对某人的特别信任为基础而成立的委托合同等,这种债务一般不能发生移转,否则会使债权人的预期目的落空。但是,如果债权人同意此类基于特别信任而产生的债务由他人承担,那么,就是承认承担人的给付是在履行原债务,自然应予允许。①(当然,对此可有宽严两种解释:严格的解释,这种债务承担实际上是变更了原债务的性质,发生了债的变更;宽松的解释则仍为债务承担。)可见,对于此类债务的可移转性,在要求上不太严格,以至于《民法典》对此未设明文。

B. 当事人特别约定不得移转的债务。债务人违反该约定,将该债务转让给受让人,债务承担合同是否有效?一种观点认为,债务承担合同成立并生效,意味着债务人和债权人将他们原来禁止转让的约定废止,承认该债务可以移转,因而债务承担合同应当有效。② 这符合意思自治的精神,可以赞同。当然,债务人或债权人任何一方坚持原约定,都会影响到债务承担合同的效力。

C. 强制性规范规定不得转让的债务。债务承担合同以此类债务作为标的物,违反了法律、行政法规的强制性规定,债务承担合同无效,不发生债务承担的结果。

(3) 须承担人和债务人协商一致

债务承担要求承担人就债务承担与债务人意思表示一致。该意思表示一致就是一个合同,名为债务承担合同,其订立及效力应适用《民法典》关于意思表示及法律行为和合同订立的规定。这就要求承担人应具有完全行为能力,当事人的意思表示须真实,债务承担合同的内容不得违反法律、行政法规的强制性规定,不得违背公序良俗,当事人不得基于非法原因而成立债务承担等。

(4) 须经债权人同意

债权人同意,必定是债务承担合同对于债权人的生效要件。其原因在于,债的关系建立

---

① 史尚宽:《债法总论》(第 5 版),荣泰印书馆股份有限公司 1978 年版,第 706 页。
② 同上。

在债权人对债务人的履行能力了解和信任的基础上,债务人的支付能力,对于债权人权利的实现至关重要。如果债务人未经债权人同意而将债务移转给承担人,那么,该人无足够的资力和信用履行债务时,债权人的利益可能会遭受损失。为使债权人的利益不受债务人和承担人之间的债务承担合同的影响,应以债权人的同意作为债务承担合同对于债权人的生效要件(《民法典》第551条第1款)。对此,未见有不同的意见。

有疑问之处在于,《民法典》第551条第1款关于"债务人将债务的全部或者部分转移给第三人的,应当经债权人同意"的规定,未言明债权人同意是债务承担合同的生效要件,抑或只是对于债权人的生效要件。一种观点认为,债权人同意只是债务承担合同对于债权人的生效要件,即使债权人拒绝承认该合同,该合同对于债权人虽然对抗不了,但在债务人和承担人之间则已经发生效力,债务已经转移给承担人,因此债务人于清偿债务之后,可对承担人行使权利。[①] 本书作者则认为,在中国民法上,不宜采纳此说,理由如下:A. 在债权人拒绝同意债务承担的情况下,仍然承认债务承担合同在债务人和承担人之间有效,意味着在债务人和承担人之间,债务人不再负有向债权人清偿的义务,而是承担人负有向债权人清偿的债务。但承担人"受让"的该项债务却因债权人不予认可而对债权人不生效力,承担人若硬要向债权人清偿,债权人又拒绝受领,则承担人的所谓债务没有任何积极的价值,债务人对于债权人仍然负有债务。这在客观上否定了债务已经移转的效果。B. 在这里,必须注意,与有体物的买卖不同,债务和债权系对立的统一体,两者共存共亡,缺少任何一个,另一个不会存在,或者说没有价值。在债权人起初拒绝同意,事后又拒绝受领的情况下,承担人所承担的"债务"实际上并无对应的债权,从实质的意义上讲,承担人无债务可负。这等于没有标的物。订立债务承担合同之时,即无标的物,根据合同成立要件包括当事人、标的与合意的观点,债务承担合同未成立。

关于债权人同意的方式,明示或默示均可,不要求必须采取一定方式。债权人即使未明确表示,但如果其向承担人请求履行或受领承担人的履行,那么亦表明其同意。

债权人拒绝债务承担的,可以明示亦可默示。在债权人同意之前,承担人与债务人的债务承担合同属于效力未定的法律行为,债务人或承担人为了避免债务承担合同的效力久悬不决,可以催告债权人在合理期限内予以同意,债权人未作表示的,视为不同意(《民法典》第551条第2款)。

(5) 债务承担合同的形式

债务承担合同为不要式合同,无论书面形式还是口头形式,均无不可,但双方当事人的意思表示须为明示。不过,根据《民法典》第502条第3款的规定,债务人转移合同义务,法律、行政法规规定应当办理批准等手续的,自办理上述手续后才可生效。当事人之间约定须履行特定形式的,如公证,也需依法办理才能生效。

2. 承担人和债权人签订债务承担合同

承担人和债权人签订债务承担合同,以转让债务,也得存在着有效的债务、债务有让与性等要件,这些在上文"1. 承担人和债务人签订债务承担合同"部分已经讨论过了,此处不赘。

按照《民法典》第551条第1款的字面理解,似乎只有债务人才有权移转债务,其未规定债权人对债务进行移转的权利。不过,由于债务是为了债权人的利益而设的,在债务的移转问题上,债权人拥有比债务人更为优越的地位,根据"举重明轻"的解释规则,应当认为既然

[①] 孙森焱:《民法债编总论》(下册),三民书局1997年版,第724页。

债务人可以移转债务,那么债权人当然也可以移转债务。所以,第三人(承担人)完全可以通过与债权人订立债务承担合同进行债务的移转。

承担人和债权人订立的债务承担合同,自双方达成合意时成立。该合同的订立应按《民法典》关于意思表示及法律行为、合同订立的规定。例如,承担人应为具有完全行为能力之人,债务承担不得违反法律、行政法规的强制性规定,不得违背公序良俗,意思表示真实等。债务承担合同存在无效、可撤销、效力未定的原因,被确认为无效、被撤销、不被追认后,不发生债务承担的效果,债务人不脱离合同关系,仍负有原债务。

承担人和债权人订立债务承担合同,是否需要取得债务人的同意?在一般情况下,承担人代债务人履行债务,对债务人并无不利,债务人一般不会反对,即使债务人反对,而承担人自愿代其履行,债权人又愿意接受承担人的履行,自无使债务承担合同归于无效的必要,所以承担人和债权人订立的债务承担合同,不必经债务人同意即可生效。[①] 对此,必须指出三点:其一,承担人代债务人清偿债务之后,他和债务人之间是否形成无因管理关系,主张偿还必要费用能否得到支持,取决于这种关系是否符合无因管理的构成要件(适用《民法典》第979条以下)。实务中,有的承担人为了自己的利益甚至有意坑害债务人,主动地替债务人清偿债务。于此场合,承担人不得依据无因管理主张费用的偿还。其二,必须承认以下例外:有偿债务承担须经债务人同意;债务人和债权人事先订有禁止债务移转特约的,须经债务人同意;债务承担给债务人增加负担的,须经债务人同意。其三,承担人违反债务人的意思承担债务的案件,在中国实务中已经发生了,可适用《民法典》第524条的规定处理之。

虽然承担人和债权人订立债务承担合同一般不必经债务人同意即可成立,但应通知债务人,以免债务人向债权人清偿,增加成本。在未通知债务人的情况下,债转移只在债权人和承担人之间生效,对债务人不生效力,不过,在通知之前,债务人向债权人所为的履行有效。

(三)免责的债务承担合同的效力

1. 承担人成为债务人

免责的债务承担合同一经生效,承担人就取代原债务人,成为新债务人;原债务人脱离狭义债的关系,由承担人直接向债权人承担债务,嗣后承担人不履行债务,应当承担债务不履行责任,原债务人不再承担责任。原债务人对承担人的偿还能力并不负担保义务。

2. 承担人的抗辩(权)

(1)承担人可援用债务人对债权人的抗辩(权)

承担人既因承担债务而为债务人,则原债务人基于原债关系对于债权人的抗辩(权),承担人均可继续援用。对此,《民法典》第553条前段明确规定:"债务人转移债务的,新债务人可以主张原债务人对债权人的抗辩"。

承担人可援用的原债务人对于债权人的抗辩(权),包括债务成立的抗辩(如债的关系无效)、债务存续的抗辩(如同时履行抗辩权)和诉讼时效完成的抗辩。[②] 不过,若债务人已

[①] 张广兴:《债法总论》,法律出版社1997年版,第244页;〔德〕迪特尔·梅迪库斯:《德国债法总论》,杜景林、卢谌译,法律出版社2004年版,第566页。

[②] 孙森焱:《民法债编总论》(下册),法律出版社2006年版,第808页;邱聪智:《新订民法债编通则》(下),中国人民大学出版社2004年版,第433页;林诚二:《民法债编总论——体系化解说》,中国人民大学出版社2003年版,第509页。

经抛弃抗辩(权),则承担人无从行使。①

因为债务人所可对抗债权人的事由,承担人亦可以之对抗债权人,所以,关于承担债务的诉讼时效,亦应以原债务的诉讼时效为计算标准。② 其后债务人实行清偿的,承担人也免负责任。③

在程序上,新债务人主张原债务人对债权人的抗辩的,人民法院可以追加原债务人为第三人(《合同编通则解释》第47条第2款)。

(2) 承担人援用抗辩时应受限制

承担人所可援用的抗辩,仅以原债的关系为限,而且不得以属于债务人的债权为抵销。其原因在于,原债务人既因承担人的债务承担而脱离债的关系,如允许承担人以属于债务人的债权与债权人享有的债权为抵销,则无异于承认承担人可处分债务人的权利。④

解除权、撤销权等形成权,与合同当事人的地位紧密相连,仅有合同当事人始得行使,在单纯的债权让与、债务承担的场合,并不随同移转,须于债务人行使解除权或撤销权后,合同因此归于消灭,承担人始得援用其抗辩事由而拒绝给付。⑤ 因为解除权、撤销权与合同当事人的地位紧密相连,涉及对价关系,且在双务合同场合,虽有债务承担,但债务人仍可能为对价的债权人,故其不宜随债务的移转而移转,何况承担人并非原合同的当事人。⑥

(3) 承担人可否以承担债务的原因关系的事由对抗债权人

奉行物权行为的观点认为,承担人因其承担债务之法律关系所得对抗债务人之事由,不得以之对抗债权人。这是因为债务承担属于准物权行为,而准物权行为为无因行为,原因关系的存在与否,对于债务承担这个准物权行为的效力,不发生影响。原因行为纵然无效或被撤销,债务承担这个准物权行为仍属有效。就承担人与债权人之间的关系而言,因债权人承认债务承担这个准物权行为,故该行为对于债权人便发生效力,倘若承担人可以其承担债务的法律关系所得对抗债务人的事由来对抗债权人,那么这将使债权人蒙受不测之损害。⑦

与此有别,在中国民法上,债务承担、债务承担合同大多采取有因原则,债务承担合同这个原因行为无效、被撤销,会导致债务承担的效力丧失,债务复归于原债务人。如此,承担人时常可以原因行为无效、被撤销等对抗债权人。

3. 从属于原本债务的义务的移转

《民法典》第554条正文规定,债务人转移债务的,新债务人应当承担与主债务有关的从债务。这是因为从属于原本债务的义务原属全部债务的组成部分,如与其原本债务割裂,则损及债的同一性,故原则上债务的从属义务应随原本债务的移转而移转。

所谓从属于原本债务的义务,包括利息债务、违约金债务等。利息债务,若属原本债务的利息债务,则应随原本债务的移转而移转于承担人;但若属迟延的利息债务,即已届清偿

---

① 孙森焱:《民法债总论》(下册),法律出版社2006年版,第808页。
② 邱聪智:《新订民法债编通则》(下),中国人民大学出版社2004年版,第433页,注③;林诚二:《民法债编总论——体系化解说》,中国人民大学出版社2003年版,第509页。
③ 邱聪智:《新订民法债编通则》(下),中国人民大学出版社2004年版,第433页,注④。
④ 孙森焱:《民法债编总论》(下册),法律出版社2006年版,第808—809页;邱聪智:《新订民法债编通则》(下),中国人民大学出版社2004年版,第433页;林诚二:《民法债编总论——体系化解说》,中国人民大学出版社2003年版,第510页。
⑤ 孙森焱:《民法债编总论》(下册),法律出版社2006年版,第808页。
⑥ 林诚二:《民法债编总论——体系化解说》,中国人民大学出版社2003年版,第509—510页。
⑦ 孙森焱:《民法债编总论》(下册),法律出版社2006年版,第809页;林诚二:《民法债编总论——体系化解说》,中国人民大学出版社2003年版,第510页。

期而未支付所产生的利息债务,则因其已与原本债务分离而具有独立性,而非从属于原本债务的债务,故承担债务者并不当然承担此项债务。① 关于违约金债务,债务人的债务移转于承担人时,倘若尚未发生违约行为,违约金债务尚未发生,唯关于违约金的约定,则不因债务承担而妨碍其存在。在承担人承担债务以后,发生违约的,承担人自应负担,债权人有权请求承担人依约支付违约金。反之,如在承担人承担债务以前,违约行为已经发生,违约金债务已经存在,则因其具有独立性,是否由承担人一并承担债务,应当探求当事人的真意而后确定。具体些说,违约金债务属于损害赔偿额的约定的,只有在债务承担合同明确约定由承担人负担时,才随同原本债务的移转而移转给承担人;若约定债务人不于适当时期或不依适当方法履行债务时应支付违约金,承担人于承担原本债务时,则不当然承担该笔违约金债务。②

从属于原本债务的义务原则上移转于承担人,不过尚有例外:(1)《民法典》第 554 条但书规定,从债务专属于原债务人自身的,不随同原本债务而移转。所谓专属于原债务人自身的债务,例如,债务人应为债权人提供服务,以抵充利息的,如其债务由第三人承担,则原债务人的债务已经移转于该第三人,即不再负担利息债务,自无继续向债权人提供服务的必要。至于第三人承担债务,并不当然承担提供服务的义务,因为原债务人的提供服务具有专属性。③ (2) 第三人就债权所提供保证、抵押权或质权等担保,系因对债务人的资力、信用、相互协助或情谊,具有个别的信赖关系,倘若债务由另一第三人承担,则提供担保的第三人对于该承担人未必具有相同的信赖关系,自不得强制提供担保的第三人继续为承担人提供信用而负担保义务。当然,提供担保的第三人对于债务的承担予以承认的,即是表示该第三人愿意提供信用,其担保义务继续存在;否则,就债权所为的担保因债务的承担而归于消灭。如果就债权提供担保的第三人承担了债务,那么就保证而言,由债务人保证自己债务不合保证的本旨,保证债务归于消灭;就物上保证论,犹如债务人自己提供担保物权,应当继续有效。④

4. 不得抵销的义务

《民法典》第 553 条后段规定:"原债务人对债权人享有债权的,新债务人不得向债权人主张抵销。"这可以避免承担人处分原债务人的权利,维护原债务人的正当权益。⑤

五、债务加入

(一) 概说

债务加入,传统民法学说常称之为并存的债务承担,或附加的债务承担,或重叠的债务承担,是指第三人(承担人)加入债的关系之中,与原债务人一起向债权人承担同一债务的现象。

债务加入与保证虽有相同的一面,如均为增加了担保债权实现的责任财产的数量;更有不同之点:(1) 债务加入没有在债权人与债务人之间的债的关系之外新增一种法律关系,仍旧是一层法律关系,只不过在债务人一侧新增了成员。与此不同,保证担保的场合必然存在着被担保的主债关系和保证关系这样两层法律关系。(2) 保证债务乃于债务人不履行债务时,保证人代债务人履行或承担赔偿责任的债务,系属从属债务。而债务加入则系由债务加

---

① 参见孙森焱:《民法债编总论》(下册),法律出版社 2006 年版,第 810 页。
② 同上。
③ 同上。
④ 同上书,第 811 页。
⑤ 黄薇主编:《中华人民共和国民法典合同编释义》,法律出版社 2020 年版,第 205 页。

入者负担主债务,债权人系对债务加入者及原债务人直接发生债的关系,相互间没有主从关系。① (3) 如果债权人与债务加入者无特别约定,则原债务人与债务加入者对债权人连带负责,债务加入者不享有先诉抗辩权。与此有别,一般保证的场合存在先诉抗辩权。(4) 债务加入适用债务履行期、债的关系的存续期和诉讼时效的约定、规定,与保证期间无关。与此差异甚大,无论是一般保证还是连带责任保证,都受制于保证期间。若债权人在保证期间内未请求保证人实际承担保证责任,则保证责任消失,不会涉及诉讼时效制度,只有债权人在保证期间内请求保证人实际承担保证责任了,才适用诉讼时效的规定(《民法典》第694 条)。不难发现,这些区别事关各个当事人的权益,既涉及实体法也关联程序法,是实质性的,不可混淆。所以,《担保制度解释》第 36 条第 2 款明确第三人向债权人提供的承诺文件中具有加入债务或者与债务人共同承担债务等意思表示的,以债务加入论,是可取的,值得赞同。

辨析债务加入和保证时关注的因素可以再扩展些。例如,约定有第三人("债务加入者",下同)在履行顺序上后于原债务人的,约定第三人所负债务在特定期间届满时消失的,都作为保证对待;约定排除第三人对原债务人追偿权的,以债务加入论处。再者,原债务具有人身专属性,如某画家为债权人绘画肖像,张三加入该债的关系之中;某名师辅导某中学生数学,李四加入该债的关系内。在此类关系中不宜按照债务加入对待,因为张三、李四难以实际履行原债务,适用保证规则更为妥当,因为可令张三、李四承担损害赔偿责任。

有些实务中的约定,无论是从约定的字面意思还是观察其他情形,都的确难辨其约定的是债务加入抑或保证。对于此类约定,《担保制度解释》规定应当将其认定为保证(第 36 条第 3 款),有其合理性。接下来的问题是,是参照一般保证规则还是连带责任保证规则?见仁见智,未见共识。如果站在更优惠于债权人的立场,则结论应是参照连带责任保证的规则;如果站在更优惠于第三人的立场,那么,答案应是参照一般保证的规则,使第三人有机会行使先诉抗辩权。究竟取何种立场,在法律及司法解释未设明确的、具体的规则的背景下,关注个案的案情,然后再定,比较明智。例如,第三人"糊里糊涂"或极不情愿地同意向债权人清偿,就不应加重其负担,参照一般保证的规则容易达到这个目的。如果第三人同意向债权人清偿"掺杂"有自己的利益,那么,参照连带责任保证,就符合利益衡量的结果。如果不是处理个案,而是设计普遍适用的法律规则,那么,笔者赞同更优惠于第三人,即参照一般保证的规则。②

债务加入,有的基于法律的直接规定而形成,这可叫作法定的债务加入;有的由当事人约定产生,这可命名为约定的债务加入。法定的债务加入的成立要件和法律效果均由法律直接规定,此处不赘。以下仅讨论约定的债务加入,径称作债务加入。

(二) 债务加入合同的条件

1. 须存在有效的债务

债务加入需要该债务有效,与免责的债务承担中一样,上文已经讨论过,此处不赘。

2. 债具有移转性

债务加入若对加入者发生效力,则可能将由他向债权人清偿,因而要求债具有移转性,否则,加入者无法向债权人清偿原本属于债务人的债务。对此,免责的债务承担中同样

---

① 孙森焱:《民法债编总论》(下册),法律出版社 2006 年版,第 814 页。
② 在 2020 年 11 月 28 日由"担保制度新发展及其法律规制研究"课题组与最高人民法院民二庭主办的"最高人民法院关于适用《中华人民共和国民法典》担保制度的解释(征求意见稿)"研讨会上,国家法官学院教授吴光荣博士主张应参照一般保证的规则,而清华大学法学院副教授龙俊博士则认为应参照连带责任保证的规则,这样更为清晰。在此致谢吴光荣和龙俊二位博士!

讨论过,也不再叙述。

3. 当事人就债务加入达成合意

所谓当事人就债务加入达成合意,包括三种情形:(1) 加入者和债权人就债务加入达成合意;(2) 加入者和债务人就债务加入达成合意;(3) 加入者、债权人和债务人三方共同形成债务加入的合意。以下分别介绍和讨论。

(1) 加入者和债权人就债务加入达成合意,债务加入合同成立,若符合《民法典》第979条第1款要求的条件,则对债务人有利,无需取得其同意即发生效力。由于债权人和原债务人之间的债的关系并未因债务加入合同的签订而受影响,债务人未必参与合同的订立。倘若债务人曾参与而明示与承担人负连带责任,则成立连带债务。若未参与,则成立不真正连带债务。[1]

(2) 加入者和债务人就债务加入达成合意,债务加入合同也成立,无需债权人承认。因为债务人和债权人之间维持原有债的关系,加入者添加其中,承担与债务人同一内容的债务,为债权担保的责任财产因此而扩张,对债权人有利,且未变更债权人和债务人原有债的关系,因此,无需债权人的承认即可有效成立。这不同于免责的债务承担的成立须经债权人同意。[2]

(3) 加入者、债权人和债务人三方共同形成债务加入合意,债务加入合同成立,更不成为问题,不再展开论述。

(三) 债务加入合同的效力

1. 债务加入合同成立之时,也就是其生效之日,除非当事人另有约定。

2. 债务加入合同若由加入者和债权人签订,则其目的是担保原债务人的债务,加入者负担原债务同一内容的债务,自然以债务人的存在为要件。倘若原债务经撤销或解除而归于消灭,那么债务加入合同也溯及既往地终止。就此看来,债务加入合同可被认为有因合同。[3]

3. 加入者承担的债务以加入时的原债务为限度,不得超过原债务。其原因在于,债务加入的目的无非是担保原债务,倘若加入者承担的债务重于原债务,那么就不是债务加入,而是另外的无名合同。当然,不妨就原债务的一部分而为承担。

4. 债务加入合同生效,加入者加入债的关系中来,成为另一债务人,与原债务人一起向债权人负担债务。在这里,存在的疑问是,加入者和原债务人之间的关系,以及他们和债权人之间的关系如何?需要探讨。

(1) 在当事人之间无约定时,加入者和债务人负同一债务。所谓加入者和债务人负同一债务,其含义在不同的立法例及判例学说上存在着差别。在日本,存在着加入者和债务人向债权人承担连带责任的判例和学说[4],不过,现在的民法通说认为,如果以债务加入发生连带债务,那么难免使债权人遭受不测之损害,不如采取如下观点:只要当事人没有表示出发生连带债务关系的意思,便解释为不真正连带债务关系。[5] 在中国,多数说赞同连带责任的观点[6],也有少数说采取类型化的方法,在当事人无约定的情况下,使加入者和债务人负连带

---

[1] 孙森焱:《民法债编总论》(下册),法律出版社2006年版,第814—815页。
[2] 同上书,第815页;林诚二:《民法债编总论——体系化解说》,中国人民大学出版社2003年版,第513页。
[3] 同上书,第816页;邱聪智:《新订民法债编通则》(下),中国人民大学出版社2004年版,第435页;林诚二:《民法债编总论——体系化解说》,中国人民大学出版社2003年版,第514页。
[4] 1966年12月20日最判(民集20·10·2139)。转引自韩世远:《合同法总论》,法律出版社2004年版,第581页。
[5] 参见〔日〕本城成雄、宫本健藏:《债权法总论》(第2版),日本嵯峨野书院2001年版,第228页。转引自韩世远:《合同法总论》,法律出版社2004年版,第581页。
[6] 王家福主编:《中国民法学·民法债权》,法律出版社1991年版,第87页;张广兴:《债法总论》,法律出版社1997年版,第249页;王利明:《合同法研究》(第2卷),中国人民大学出版社2003年版,第254页。

责任;当事人约定负按份责任的,依其约定。① 还有学说倾向于不真正连带责任说。② 《民法典》第 552 条后段所谓"债权人可以请求第三人在其愿意承担的债务范围内和债务人承担连带债务",可看作是采纳了连带债务说。

在当事人之间无约定时,《民法典》第 552 条后段仍采连带债务说,但这在法理上存在缺陷。其道理在于:由于加入者与原债务人乃基于个别的原因负担同一内容的债务,不符合连带债务的规格,宜为不真正连带债务。③ 原债务无效或被撤销的,债务加入合同因之无效,似无连带债务的适用。④ 假如将之认定为连带债务,那么将发生当事人所未预期的效果。例如,原债务已经罹于诉讼时效的,承担人即可援用之而免其承担的债务,显然不当。⑤

(2) 当事人之间有约定的,依其约定。如约定加入者和债务人负担按份责任,则依其约定。由于此类约定可能损害债权人的利益,此类债务加入应当征得债权人的同意,若债权人不同意,则原债务人仍须承担全部债务。如果约定加入者和债务人负担连带债务,则债权人可以请求任何一位债务人履行全部债务。如果约定加入者和债务人负不真正连带责任,那么也尊重其约定。不然,照抄照搬境外的规定及其理论,假如一律采取连带责任或不真正连带责任,那么会使得实务中发生的加入者和债务人约定按份负责的债务加入案件,完全没有法律条文可资援用,相当的法官感到裁判此类案件困难,莫不如在现行法的框架内承认按份负责的债务加入类型,更为务实。至于其他类型的债务加入,则宜视社会发展状况而定,目前还可承认不真正连带债务的类型。

5. 加入者对于债权人的抗辩权。加入者对于债权人的抗辩事由,应类推适用免责的债务承担的规定。具体些说:(1) 债务人因其法律关系所得对抗债权人的事由,加入者也可以之对抗债权人。这是因为承担的债务以原债务的内容为内容。再者,因加入者不得擅自处分债务人的权利,故也不得以属于债务人的债权为抵销(《民法典》第 553 条后段)。(2) 加入者在与债权人订立债务加入合同时,不得以其与债务人之间因债务加入关系所得对抗的事由,对抗债权人。⑥

6. 债务人就其对债权人享有的抗辩,也有权向加入债务的第三人主张(《合同编通则解释》第 51 条第 2 款)。这可防止加入者故意或过失地增大债务人对债权人的负担,更遑论加入者与债权人恶意串通损害债务人的权益了。

7. 当事人就债权所为的担保,无论是人的担保还是物的担保,因原债务人于债务加入合同成立后并未脱离债的关系,皆不受影响,故债权人于债务加入后,仍可对于保证人或物上保证人行使担保权。但是,这仅仅对原债务人继续有效,对于加入者而言,则非经当事人承认,对加入者的债务不发生担保的效力。⑦

8. 如果债务加入者与债务人约定有追偿权,那么,债务加入者向债权人履行债务后有权向债务人追偿;即使没有约定追偿权,第三人也有权依照《民法典》关于不当得利(第 985

---

① 崔建远主编:《合同法》(第 3 版),法律出版社 2003 年版,第 181—182 页;崔建远主编:《合同法》(第 5 版),法律出版社 2010 年版,第 237 页。
② 韩世远:《合同法总论》,法律出版社 2004 年版,第 582 页。
③ 林诚二:《民法债编总论——体系化解说》,中国人民大学出版社 2003 年版,第 514 页。
④ 孙森焱:《民法债编总论》(下册),法律出版社 2006 年版,第 816 页;邱聪智:《新订民法债编通则》(下),中国人民大学出版社 2004 年版,第 435 页。
⑤ 孙森焱:《民法债编总论》(下册),法律出版社 2006 年版,第 816 页。
⑥ 同上书,第 817 页。
⑦ 林诚二:《民法债编总论——体系化解说》,中国人民大学出版社 2003 年版,第 515 页。

条以下)等的规定,在其已经向债权人履行债务的范围内请求债务人向其补偿,但是债务加入者知道或应当知道加入债务会损害债务人利益的除外(《合同编通则解释》第51条第1款)。

此处所谓"等的规定",如《民法典》关于无因管理的规定(第979条以下)。所谓债务加入者知道或应当知道加入债务会损害债务人利益的除外,就是债务加入者欠缺管理意思,其加入债务实则为侵权行为,应当成立侵权责任。但问题在于,该侵权责任与债务加入者实际履行债务在范围方面未必一致,或多或少。由此可见,《合同编通则解释》第51条第1款但书不够精细,不总能保障债务人与加入者之间的利益平衡。

第四节 合同权利义务的概括移转

一、概述

所谓合同权利义务的概括移转,也叫合同权利义务的一并转让,是指原合同当事人一方将其合同权利义务一并移转给第三人,由该第三人概括地继受这些权利义务的法律现象。

合同权利义务的概括移转,可以是基于法律的规定而产生的,被称为法定概括移转。《民法典》第1127条规定的法定继承包括被继承人在某合同项下的权利和义务概括地转移给继承人。此种某合同项下的权利义务一并移转属于法定概括移转。

合同权利义务的概括移转,也可以是基于当事人之间的法律行为而产生的,被称为意定概括移转。《民法典》第555条所谓"当事人一方经对方同意,可以将自己在合同中的权利和义务一并转让给第三人",承认了意定概括移转,

合同权利义务的概括移转,可以是合同权利义务全部由出让人移转至承受人,即全部移转。全部移转将使承受人取代出让人的法律地位,成为合同关系的新当事人。

合同权利义务的概括移转,也可以是合同权利义务的一部分由出让人移转至承受人,即一部移转。一部移转时出让人和承受人应确定各自享有的债权和承担的债务的份额和性质,如果没有约定或约定不明确,则视为连带之债。

二、合同权利义务的概括移转的种类

(一)合同承受

合同承受,又称合同承担,是指合同关系一方当事人将其合同上的权利和义务全部地移转给第三人,由该第三人在移转范围内承受自己在合同上的地位,享受合同权利并负担合同义务。

合同承受一般是基于当事人与第三人之间的合同而发生。《民法典》第555条调整的关系,属于此类。合同承受有时也可以基于法律的直接规定而发生。例如,《民法典》第725条规定:"租赁物在承租人按照租赁合同占有期限内发生所有权变动的,不影响租赁合同的效力。"据此可知,当买卖租赁物时,基于"买卖不破租赁"的原则,买受人除可取得物的所有权外,还承受该租赁物上原已存在的租赁合同关系的出租人的法律地位。此种合同权利义务的概括移转并非基于当事人的意志,而是基于法律的直接规定,因而属于法定移转。

根据《民法典》第555条的规定,合同承受必须经对方当事人的同意才能生效。因为合同承受不仅包括合同权利的移转,还包括合同义务的移转,所以当事人一方通过合同承受对合同权利和义务进行概括移转的,必须取得对方的同意。

合同承受,在德国民法上是一种无因行为,因而承受人得对抗出让人的事由,不得用以

对抗对方当事人;但在中国民法上,它时常为有因行为,于是在承受合同无效、被撤销等情况发生时,承受人可以之对抗对方当事人。

(二) 企业的合并与分立

企业合并,是指两个或两个以上的企业合并为一个企业。企业分立则是指一个企业分立为两个及两个以上的企业。为了保证相对人和合并、分立企业的利益,根据主体的承继性原则,企业合并或分立之前的合同债权和债务应由合并或分立后的企业承担。对此,《民法典》第67条第1款规定:"法人合并的,其权利和义务由合并后的法人享有和承担。"

企业合并或分立后,原企业的债权债务的移转,属于法定移转,因而不需取得相对人的同意,依合并或分立后企业的通知或公告发生效力。通知的方式可以是单独通知,也可以是公告通知。公告通知的,应当保证在一般情形下能为相对人所知悉。通知到达相对人或公告期满时,原债权债务即移转于合并或者分立的新企业,该企业成为合同关系的当事人,享有一切债权,承担一切债务。

三、合同权利义务概括移转的效力

合同权利义务的概括移转既包括合同权利的转让,也包括合同义务的移转,因而根据《民法典》第556条的规定,涉及合同权利转让的部分可准用债权让与的有关规定,涉及合同义务移转的部分则准用债务承担的有关规定。债权让与和债务承担产生的法律效力,例如,从权利或从债务的一并移转,抗辩权的随之移转等,也同样适用于合同的概括转让。在程序上,当事人一方将合同权利义务一并转让后,对方就合同权利义务向受让人主张抗辩或受让人就合同权利义务向对方主张抗辩的,人民法院可以追加让与人为第三人(《合同编通则解释》第47条第3款),以利于查清事实,判断所主张的抗辩能否得到支持。

更有甚者,因为债权让与或债务承担,只是单纯的合同权利转让或合同义务移转,所以使第三人成为新的债权人或债务人。由于第三人作为债权的受让人或债务的承担人并非原合同的当事人,与原债权人或原债务人的利益不可分离的权利,并不随之移转于受让人或承担人。但在合同的概括转让的场合,因为合同权利和义务的承受人完全取代了原当事人的法律地位,合同的内容也原封不动地移转于新当事人,所以,与债权让与、债务承担有所不同,依附于原当事人的一切权利和义务,包括追认权、选择权、解除权、撤销权等,都将随之而移转于承受人。

四、合同权利义务的转让与仲裁条款的拘束力

《仲裁法》第19条第1款规定:"仲裁协议独立存在,合同的变更、解除、终止或者无效,不影响仲裁协议的效力。"

第十一章

合同的解除

第一节 合同的解除概述

一、合同解除的界定

合同解除,是指在合同成立以后,当解除的条件具备时,因当事人一方或双方的意思表示,使合同关系自始或仅向将来消灭的行为,也是一种法律制度。

在适用情事变更原则时,合同解除则指履行合同实在困难,若履行则显失公平,法院判决或仲裁机构裁决合同消灭的现象(《民法典》第533条)。在合同不能履行、债务的标的不适于强制履行、履行费用过高或者债权人在合理期限内未请求履行,致使不能实现合同目的时,人民法院或仲裁机构可以根据当事人的请求终止合同权利义务关系(《民法典》第580条第2款),这就是俗称的"破解合同僵局规则"。这两种类型的解除(终止)与一般意义上的解除相比,有一个重要的特点,就是法院或仲裁机构直接基于情事变更原则、破解合同僵局规则加以裁判,而不是通过当事人的解除行为。本章所论的合同解除主要针对基于解除行为的合同解除,只在必要时才谈及基于情事变更原则而裁判解除合同、为打破合同僵局而裁判解除合同。

二、合同解除的性质

(一)合同解除大多以有效成立的合同为标的

1. 以有效成立的合同为标的,是合同解除区别于合同无效、合同撤销、要约或承诺的撤回诸制度的重要之点

法律设置解除制度的目的,是解决如下矛盾:合同有效成立之后,由于主客观情况的变化,合同的履行成为不必要或不可能,如果再让合同继续发生法律效力,约束当事人双方,则不但对其中一方甚至双方有害无益,而且有时会阻碍市场经济的顺利发展;只有允许有关当事人解除合同,或赋予法院适用情事变更原则或打破合同僵局的权力,才会使局面改观。由此可见,合同的解除制度是要解决有效成立的合同提前消灭的问题。这是它同无效、履行、撤回诸制度的不同之处,与可撤销制度也有区别,这将在下文讨论。

合同无效,在《民法典》第144条、第146条第1款、第153条和第154条规定的无效场合,是指徒具成立形式而严重欠缺有效要件的合同自始且根本不发生法律效力的制度,它不会以有效成立的合同为标的,只能以严重欠缺有效要件的合同为对象。合同的适当履行,是

指当事人按合同规定的标的及质量、数量,按合同规定的履行期限、履行地点、履行方式等,全面地、适当地加以履行,使合同的目的得以实现。可见,适当履行是使合同正常消灭的原因,与解除这种使合同提前消灭的原因相差甚远。在合同问题上,撤回是要约或承诺的撤回,而不可能是合同的撤回。因为合同一般以承诺生效为其成立时间,承诺一经生效便不能撤回,所以,不论是要约还是承诺的撤回,都发生于合同成立之前,撤回是阻止合同有效成立的行为,不会以有效成立的合同为标的。归结上述,可知合同的解除、无效、撤销和适当履行在职能上各不相同,各有其适用范围,共同构成合同消灭(终止)的体系。在立法时既应使它们分工明确,又要使它们衔接配合。

2. 已经成立但未生效的合同可以作为解除的对象

合同已经成立了,但尚未生效,在此期间,一方当事人实施了严重的不法行为,致使对方当事人若继续固守该合同,等待生效,就会遭受重大损失。在这种情况下,该对方当事人主张解除该合同,应否得到支持?

本书认为,已经成立但未生效的合同,其前途如何,应区分情形而定。第一种情形是合同无效。第二种情形是当事人通过其行为或言词,已经变更了原合同的生效条件,变更后的合同已经生效了。例如,当事人在合同中约定了始期或停止条件,在始期尚未届至、停止条件尚未成就的情况下,双方当事人都已经履行了主要义务,或一方当事人履行了主要义务,对方认可,则宜认定该合同已经变更,去除了始期或停止条件。此类合同可以是解除的对象,未见反对的意见。[①] 第三种情形是已经成立但尚未生效的合同因约定的解除条件成就或终期届满而彻底地失去效力。例如,某涉外《股权转让合同》第 31 条约定:"本合同如自签字盖章之日起 18 个月内,政府主管部门未审批的,自动失去效力。"该合同只要自签字盖章之日起已逾 18 个月,即使政府主管部门并未作出不予批准的决定,也归于消灭。第四种情形是,已经成立但尚未生效的合同,既非无效,又未经变更成为有效,继续处于尚未生效的状态。

本书认为,已经成立但未生效的合同可以作为法定解除的对象,理由如下:(1) 解除以有效成立的合同为对象,这是学说的意见,并且是尚未遇到已经成立但尚未生效的合同可否解除的案件之前的观点。其实,现行法并未明文规定被解除的合同仅仅限于已经生效的合同,没有禁止解除已经成立但未生效的合同。在这样的背景下,如果只有允许解除已经成立但尚未生效的合同,才会有公正合理的结果,那么,就不宜固守旧论,而应当重新界定中国现行法上的解除对象。(2) 依据合同神圣或合同严守的原则,合同一经有效,就必须遵守,不得擅自变更或解除。即使如此,在主客观情况发生变化,继续严守合同会带来不适当的后果的情况下,法律也允许当事人解除合同。既然已经发生法律效力的合同尚且可以解除,不再受合同严守原则的束缚,那么,举重以明轻,尚未生效的合同,其约束力弱甚至没有,就更应当允许将其解除了,除非阻止此类合同生效履行且宜提前消灭的正当事由不存在。(3) 对于尚未生效的合同,若不允许解除,则该合同要么较长时间地停止在这种状态,要么发展到生效履行的阶段,而这两种结果对于无辜的当事人均为不利,该当事人强行废除该合同,至少构成缔约过错责任,并不适当。如果允许该当事人解除合同,则不会出现此类不适当的结

---

① 对已经成立但尚未生效的合同可否解除的问题,应当作类型化的工作;当事人通过其行为实际上已将合同变更,变更后的合同已经生效。这个思路来源于清华大学法学院 2005 级民商法学硕士学位研究生在"债权法专题研究"课上发表的讨论意见。特此感谢!

果。(4) 其实,合同存在着死亡的基因,终将消灭。在中国现行法上,合同消灭的制度有无效、撤销、效力待定场合的不予追认、清偿和解除等。① 已经成立但未生效的合同在不存在着无效、撤销、效力待定的原因场合,其消灭显然不适用无效、撤销、效力待定的制度,因其尚未生效也不适用清偿的制度。剩下的解除制度,应作为被首选的目标,因为已经生效的合同若提前归于消灭,属于合同解除制度的范畴,尚未生效的合同提前消灭也这样处理,比较合适。②

《合同编通则解释》已经采纳了已经成立但未生效的合同可以解除的观点(第 12 条第 1 款、第 2 款)。③

3. 有些合同原则上不得解除,有些合同在特殊的情况下或在特定的阶段不得被解除

(1) 适用《民法典》第 925 条的规定,外贸代理人履行信息披露义务、第三人行使选择权、委托人行使介入权的合同,一经生效,便发生效力,不得解除;即使当事人硬性"解除",也不影响已经披露信息和选择权、介入权行使所形成的法律结果。其道理并不复杂,此类合同生效之日就是选择权和介入权行使之时,而选择权和介入权这些形成权一经行使,便归于消灭,或者说结束④;同时,也形成了特定的法律关系,甚至由此又形成了其他法律关系。假如允许当事人解除此类合同,那么,一是意味着已经消灭的权利复活;二是会导致基于选择权、介入权的行使所形成的法律关系被废止,使社会秩序紊乱。这两种结局都是不应允许的。所以,除非存在着重大理由,外贸代理人履行信息披露义务、第三人行使选择权、委托人行使介入权的合同,原则上不得解除。

(2) 合作建房场合,房屋已经竣工验收,即使一方当事人在建造房屋过程中已经违约了,如拒绝依约出资、拒绝依约将出资的建设用地使用权办理移转登记手续等,也不宜解除。因为各方合作的事项已经基本完成,仅剩下合作成果的分配,只要依约分配就履行了合同。而此时解除合同则会导致事情的复杂化,如需要适用不当得利制度,可能主张违约损害赔偿,甚至需要对建设用地使用权进行复原登记、对新建房屋予以确权等。这些善后的结果妥当与否,难以预料。

(3) 合伙合同,乃多方当事人意思表示一致的产物,合伙人共同出资甚至共同管理,共存共荣。假如因个别合伙人不出资等违约行为而解除合伙合同,就会导致合伙项目前功尽弃,极可能损害已经适当履行了义务的合伙人的合法权益。因此,除非全体合伙人同意或满足了合伙合同规定的多数决,不得因个别合伙人不出资等违约行为而解除合伙合同。

(4)《保险法》规定,保险合同成立后,保险人不得解除保险合同,除非保险法另有规定或保险合同另有约定(第 15 条)。货物运输保险合同和运输工具航程保险合同,在保险责任开始后,合同当事人不得解除合同(第 50 条)。《机动车交通事故责任强制保险条例》规定,保险公司不得解除机动车交通事故责任强制保险合同;但是,投保人对重要事项未履行如实告知义务的除外(第 14 条第 1 款)。投保人不得解除机动车交通事故责任强制保险合同,但

---

① 在不可抗力等客观原因致使合同不能履行的情况下,德国法系基本上采取合同自动消灭由当事人负担风险的模式,故风险负担制度在德国法系也是合同消灭的制度。但中国现行法将该制度分解开来,合同消灭的层面由合同解除制度解决,合同不能履行所致损失问题不排斥由风险负担制度处理的方式。

② 崔建远:《合同解除的疑问与释答》,载《法学》2005 年第 9 期。

③ 关于解除尚未生效的合同、尚未生效的合同可否有部分生效的情形,见崔建远:《合同法总论》(中卷)(第 2 版),中国人民大学出版社 2012 年版,第 524—525 页。

④ 〔德〕卡尔·拉伦茨:《德国民法通论》(上册),王晓晔、邵建东、程建英、徐国建、谢怀栻译,谢怀栻校,法律出版社 2003 年版,第 261 页。

在被保险机动车被依法注销登记、被保险机动车办理停驶、被保险机动车经公安机关证实丢失的情况下除外(第16条)。

(5)《律师法》第32条规定,委托人可以拒绝已委托的律师为其继续辩护或代理;律师接受委托后,无正当理由的,不得拒绝辩护或代理,但委托事项违法,委托人利用律师提供的服务从事违法活动或委托人故意隐瞒与案件有关的重要事实的,律师有权拒绝辩护或代理。单就作为受托人的律师的解除权而言,委托合同不是解除的对象。

(6)单务合同是否作为解除的对象,《法国民法典》(旧债法第1184条)、《德国民法典》(新债法第323条、第324条)、《瑞士债法典》(第107条、第109条)都持否定态度,日本民法没有明确规定,判例承认法定解除适用于单务合同①,但学说对此持有异议,现今的有力说亦然。② 在中国,有学者赞同法定解除仅对于双务合同具有意义。③ 本书则主张中国现行法上的合同解除制度对于双务合同和单务合同均有其适用。④

(二) 合同解除必须具备解除的条件

1. 具备法定的或约定的条件

合同解除以具备法定的或约定的条件为必要。合同一经有效成立,就具有法律效力,当事人双方都必须严格遵守,全面履行其义务。这是中国法律所规定的重要原则(《民法典》第509条第1款、第2款)。只是在主客观情况发生变化使合同履行成为不必要或不可能的情况下,合同继续存在已经失去积极意义,并将造成不适当的结果时,才允许解除合同。这不仅是解除制度存在的依据,也表明合同解除必须具备一定的条件,否则,便是违约,不发生解除的法律效果,而产生违约责任。当然,委托等继续性合同的任意解除则另当别论。中国法对合同解除的条件作了比较详尽的规定,表明了对合同解除的允许和限制。《民法典》第562条第1款和第563条第1款规定了适用于一切合同的解除条件,学说称为一般法定解除条件。该法第631条至第634条、第716条第2款、第722条、第724条、第729条至第731条等规定了仅适用于特别合同(如买卖、租赁等合同)的解除条件,学说称为特别的法定解除条件。

2. 违反从给付义务与合同解除

合同解除的条件中,有些是违约行为,即违反合同义务的行为。众所周知,合同义务分为主给付义务、从给付义务和附随义务等类型。违反主给付义务且达到一定程度,《民法典》第563条等条文明确规定,可以解除合同,这无疑问。需要讨论的是,违反从给付义务是否允许解除合同。本书认为,违反从给付义务致使合同目的落空,或使权利人遭受严重损失的,可以解除合同。这已经得到了《买卖合同解释》第19条的承认。

3. 违反附随义务与合同解除

通说认为,违反附随义务,原则上不得解除合同,只能请求损害赔偿。不过,有学者主张,附随义务若已成为合同的要素,不履行会导致合同目的不能达到的,可例外地承认解除权的发生。例如,某《房屋租赁合同》特别约定承租人负担固定资产税的缴纳,承租人违反

---

① 1933年4月8日大判(民集12卷561页等)。转引自韩世远:《合同法总论》,法律出版社2004年版,第597页。
② 〔日〕我妻荣:《债权各论》(上卷),日本岩波书店1954年版,第148页;星野英一:《民法概论Ⅳ(契约)》,日本良书普及会1986年版,第70页。转引自韩世远:《合同法总论》,法律出版社2004年版,第597页。
③ 郭明瑞:《论合同的解除》,载中国法学会民法学、经济法学研究会编:《企业·证券·合同》,人民法院出版社1992年版,第298页。
④ 详细理由,见崔建远:《合同解除探微》,载《江淮论坛》2011年第6期。

该项义务,便使出租人有权解除合同。[①] 其实,现行法已经在若干情形承认了附随义务的违反有时可以导致合同的解除。例如,《保险法》规定,投保人故意隐瞒事实,不履行如实告知义务,或因重大过失未履行如实告知义务,足以影响保险人决定是否同意承保或提高保险费率的,保险人有权解除保险合同(第16条第2款)。被保险人或者受益人在未发生保险事故的情况下,谎称发生了保险事故,向保险人提出赔偿或给付保险金请求的,保险人有权解除保险合同,并不退还保险费(第27条第1款)。

(三) 合同解除原则上必须有解除行为

解除的条件不过为合同解除的前提,由于现行法并未采取当然解除主义,当解除的条件具备时,合同并不必然解除,欲使它解除,一般还需要解除行为。解除行为是当事人的行为,当事人是解除行为的主体。虽然上级主管部门的行政命令对于合同的解除有时会起重要的作用,但是该行政命令并不是解除行为,仅有行政命令不能发生合同解除的效果,只有行政命令被当事人所接受时,才会发生解除的效果。这也正说明解除行为是当事人的行为。不过,适用情事变更原则、破解合同僵局规则时的解除,是由法院或仲裁机构根据具体情况而裁决的,不需要解除行为。

解除行为有两种类型:一是当事人双方协商同意,二是解除权人一方发出解除的意思表示。

(四) 解除的效果是使合同关系消灭

合同解除的法律效果是使合同关系消灭,但其消灭是溯及既往,还是仅向将来发生?现行法尚无直接规定。本书认为,研究这个问题,固然不能忽视解除的本来性质,也不能漠视实际情况。在实践生活中,确实有些合同的解除有溯及力较好,也有些合同的解除无溯及力更适当。这个问题将在第四节中详述。如果这种观点是正确的话,那么解除就与无效、撤销不同。因为无效、撤销一律有溯及力。它也与附解除条件不同,因为所附的解除条件成就,附解除条件的民事法律行为只向将来消灭。

三、解除与有关制度的区别

解除与有些制度相似,需要加以区分,在区分中进一步认识解除的法律性质。

(一) 解除与终止

终止,在德国法系通常称为告知,与解除有密切关系,并且有共同点。19世纪末,德国起草民法第一草案时,曾经把它作为解除的一种类型,但是在制定民法第二草案时,立法者认为终止与解除的性质毕竟不同,开始把二者分开,不但名称不一样,效果也不同。后来,其他大陆法系国家和地区的判例学说也多区别解除与终止,认为终止是由当事人一方为意思表示,使继续性合同关系向将来消灭的行为,是一种与解除并列的法律制度。当事人终止合同的权利叫终止权,是一种形成权。合同终止仅使继续性合同关系自终止之日起向将来消灭,以前的合同关系仍然有效,因而终止不发生恢复原状的后果,当事人基于合同所为的给付不用返还。此外,终止的原因也不限于违约,当事人基于自己的需要而提出终止,一般也予允许。而解除仅以违约为产生原因,在效力上溯及至合同成立之时,于是便要恢复原状。这样,解除和终止便成为不同的概念,不同的制度。不过,如今的德国民法通说认为,合同解

[①] 1956年6月18日日本福冈高判下(民集7卷6号1578页)。转引自韩世远:《合同法总论》,法律出版社2004年版,第610页。

除不再是消灭合同关系,只不过是转变为清算关系。① 这样,在溯及力的方面,合同解除和合同终止已经趋同了。

在中国,终止概念的含义不尽一致:有时与合同消灭同义,这种意义上的终止便成为解除的上位概念;有时为解除的一种类型;有时则是与解除并列的概念。这种状况应予改变。经过实践检验证明,把终止作为解除的一种类型,把这种意义的终止直接称为解除,不再用终止字样,不致发生不适当的后果。在合同消灭的意义上使用终止,与法人终止、委托终止等一致起来,效果更佳。《民法典》有时把终止作为与合同消灭相同的概念使用(如第557条至第559条);有时将终止和解除并列,《民法典》第580条第2款规定的"有前款规定的除外情形之一,致使不能实现合同目的的,人民法院或者仲裁机构可以根据当事人的请求终止合同权利义务关系,但是不影响违约责任的承担",为其表现;有时把德国法所称的终止直接称为解除,《民法典》第563条第2款关于"以持续履行的债务为内容的不定期合同,当事人可以随时解除合同,但是应当在合理期限之前通知对方"的规定,系例证之一。对于《民法典》第563条第2款的规定,法律人一方面应予肯定,另一方面也要看到,该款只解决了继续性合同消灭的部分问题,即不定期的继续性合同可被当事人随时解除(终止),于此场合,当事人享有任意解除权,定期的继续性合同仍不可任意解除(终止),只有在具备法定的或约定的解除事由时,方可解除(终止)继续性合同。其实,最佳的方案是全面承认继续性合同的任意解除权(终止权)。

(二) 解除与撤销

解除和撤销虽然都是合同消灭的制度,但两者之间既有明显的区别,也有重合的现象。如何解决,耐人寻味。它们之间的区别点如下:其一,从适用范围来看,撤销的适用范围比较广泛,不仅适用于欠缺有效要件的合同领域,而且适用于有瑕疵的意思表示及民事行为场合;而解除仅仅适用于有效成立的合同提前消灭的领域,有时适用于已经成立但未生效的合同类型。其二,从发生原因来看,撤销的原因由法律直接规定,而解除的原因既有法律规定的,如不可抗力致使合同目的不能实现;也有当事人约定的,如在买卖合同中约定,在将来买受人转产时产生解除权。其三,从发生的效力来看,撤销都有溯及力,《民法典》第155条规定,被撤销的法律行为从开始起无效;而解除有无溯及力应视具体情形而定,在当事人有特别约定或法律有特别规定及违约解除非继续性合同时,解除具有溯及力。其四,从事由产生的时间来看,产生解除权的事由发生在合同成立之后,而撤销的事由则发生在合同成立之前。

但应看到,虽然就绝大多数情形而言,合同解除的对象是完全符合有效要件、不存在效力瑕疵的合同,而可撤销的合同却是意思表示不真实或在结果上显失公平的合同,是欠缺有效要件的合同,但在少数情况下,可撤销的合同因撤销权人尚未行使撤销权而仍然具有法律效力,如果此时该合同也存在着解除的原因,那么它就成为了解除的对象;如果当事人一方或双方欲通过解除的方式将其消灭的话,那么应予允许。因此,在此类合同既可以通过撤销的途径归于消灭,又可以采取解除的方式归于终止的情况下,应当承认竞合,但要区分情况而支持解除的主张或撤销的请求。②

---

① E. Wolfe, *Ruecktritt, Vertretenmussen und Verschulden*, AcP153,97. 转引自黄立:《民法债编总论》,中国政法大学出版社2002年版,第530页。

② 详细理由和规则,参见崔建远:《合同解除的疑问与释答》,载《法学》2005年第9期。

（三）解除与附解除条件

在附条件的法律行为中，有所谓附解除条件。所附的解除条件成就时，法律行为消灭。就此看来，解除与它有共性。但二者更有差异：其一，所附的解除条件原则上可以附加于一切法律行为及意思表示，并不限于合同；但合同解除则只适用于合同领域。其二，在法律行为中附解除条件，目的是限制法律行为的效力，满足当事人特定的需要，为此当事人以意思表示对法律行为加上附款；合同解除不是合同的附款，并且往往不是基于当事人的约定，而主要是基于法律规定。其三，所附的解除条件成就，附解除条件的法律行为当然且自动地消灭，无需当事人再有什么意思表示；在合同解除的情况下，仅仅具备解除的条件还不能使合同消灭，必须有解除行为才能使合同实际解除。其四，所附的解除条件成就，附解除条件的法律行为一般是向将来失去效力；合同解除则既有向将来发生效力的，也有溯及到合同成立之初的。

四、合同解除的类型

合同解除的情况比较复杂，所需条件、所经程序和所生效力不尽一致。为了便于掌握和研究，有必要将合同解除类型化。

（一）单方解除与协议解除

单方解除，是解除权人行使解除权将合同解除的行为。它不必经过相对人的同意，只要解除权人将解除合同的意思表示直接通知对方，或经过人民法院或仲裁机构向对方主张，即可发生合同解除的效果。在德国等国家或地区的民法上，其合同解除就是指单方解除，以一方违约为解除权产生的原因。在中国法律上，合同解除不仅包括单方解除，也包括协议解除，并且单方解除的条件也不以一方违约为限。

协议解除，是当事人双方通过协商同意将合同解除的行为。它不以解除权的存在为必要，解除行为也不是解除权的行使。协议解除在大陆法系称为合意解除、解除契约或反对契约，是无解除权的当事人双方的合意，以第二契约解除第一契约，使第一契约的效力溯及消灭。"买卖契约因合意而缔结，同样，在契约开始履行之前，它也因相反的合意而解除。"[1]大陆法系认为，合意解除与民法所规定的合同解除在性质上根本不同，不适用民法关于合同解除的规定，其效力应依当事人的约定而发生。[2] 中国法把协议解除作为合同解除的一种类型加以规定，理论解释也不认为协议解除与合同解除判若两制，而是认为既具有与一般解除相同的属性，也有其特点，如解除的条件为双方当事人协商同意，并不因此损害社会公共利益，解除行为是当事人的合意行为等。

（二）法定解除与约定解除

合同解除的条件由法律直接加以规定者，其解除为法定解除。在法定解除中，有的以适用于所有合同的条件为解除条件，有的则仅以适用于特定合同的条件为解除条件。前者叫一般法定解除，后者称为特别法定解除。中国法普遍承认法定解除，不但有关于一般法定解除的规定，而且有关于特别法定解除的规定。

约定解除，是当事人以合同形式，约定为一方或双方保留解除权的解除。其中，保留解除权的合意，称为解约条款。解除权可以保留给当事人一方，也可以保留给当事人双方。保

---

[1] 〔古罗马〕保罗语，载〔古罗马〕优士丁尼：《买卖契约》，刘家安译，中国政法大学出版社2001年版，第159页。
[2] 史尚宽：《债法总论》（第5版），荣泰印书馆股份有限公司1978年版，第509页。

留解除权,可以在当事人订立合同时约定,也可以在以后另订立保留解除权的合同。《民法典》第 562 条第 2 款对此予以规定,值得肯定。因为约定解除是根据当事人的意思表示产生的,其本身具有较大的灵活性,在复杂的事物面前,它可以更确切地适应当事人的需要。当事人采取约定解除的目的虽然有所不同,但主要是考虑到当主客观上的各种障碍出现时,可以从合同的拘束下解脱出来,给废除合同留有余地,以维护自己的合法权益。作为一个市场主体,为了适应复杂多变的市场情况,有必要把合同条款规定得更细致、更灵活、更有策略性,其中应包括保留解除权的条款,使自己处于主动而有利的地位。

当事人在合同中约定了解除权产生的条件,是否就不得适用法律规定的解除权产生的条件?对此,存在着争论。约定解除条件排斥法定解除条件说认为,合同约定的解除条件合法有效,且已经排斥了法定解除条件的适用,因为按照意思自治原则的要求,当事人的约定处于优先的地位。

与此相对的是法定解除条件大于约定解除条件说,即任何时候法定解除条件都可以适用,否则,法律规定解除条件便失去了意义。意思自治原则不是至高无上的,而是受到公序良俗原则等强制性规定限制的。

本书持折中说,其要点包括:(1)在约定的解除条件已经涵盖了全部解除条件的情况下,只要这些约定不违反法律、行政法规的强制性规定,不会导致极不公正的后果,约定的解除条件成就,法定解除条件就不再适用,这是奉行意思自治原则的当然结论。例如,如果当事人双方在合同中约定,任何一方迟延履行主要债务,不待催告即可解除合同。这明显不符合《民法典》第 563 条第 1 款第 3 项关于迟延履行主要债务场合解除权须经催告程序才可行使的规定。但该约定若系当事人双方真实的意思表示,则无损害社会公共利益之虞,法律没有必要否定其效力。(2)在约定的解除条件没有涵盖全部解除条件的情况下,在未涵盖的领域,法定解除条件自有其适用余地,这是法律行为调整模式和法定调整模式相互衔接配合的当然要求,是法定解除制度的目的表现。(3)如果约定的解除权产生的条件,尤其是排除法定解除权的约定,将造成极不适当的后果,或者违反了强制性规定,则此类约定无效。例如,约定排除《民法典》第 563 条第 1 款第 1 项和第 4 项规定的解除权,意味着强令已经不能履行的合同继续存在,除了使不能实现合同目的的合同继续束缚着当事人,阻碍当事人轻装上阵外,没有任何积极的价值。故此类约定应当无效。再如,约定排除《民法典》第 933 条规定的任意解除权,若与现代法律关于人身自由、行为自由的伦理不抵触,则该约定有效,当事人任何一方都不得援用《民法典》第 933 条将委托合同解除;若违反了现代法律关于人身自由、行为自由的伦理,则此类约定无效,无论是委托人还是受托人,都有权援用《民法典》第 933 条将委托合同解除。①

(三)任意解除与非任意解除

任意解除,在《民法典》上存在着若干类型:(1)在继续性合同场合,任意解除是指当事人任何一方都可以双方的信任基础已经丧失为由而行使解除权的解除。《民法典》第 933 条前段规定的"委托人或者受托人可以随时解除委托合同",属于此类。(2)承揽工作项目是为定作人的利益而进行的,甚至有的仅仅对定作人有意义,如果因情事变更等原因使承揽工作变得对定作人已经没有意义、没有必要,却仍要定作人忍受承揽人继续完成工作的结果,那么显然是不合理的。在此类情况下,允许定作人解除合同,同时充分赔偿承揽人的损失,

---

① 参见崔建远:《合同解除的疑问与释答》,载《法学》2005 年第 9 期。

是适当的。对此,任何国家或地区的立法例均予认可①,中国《民法典》亦然(第787条)。(3)此外,对于某些合同,基于特别的立法政策,法律赋予了特定当事人任意解除权。例如,《保险法》第15条前段规定:"除本法另有规定或者保险合同另有约定外,保险合同成立后,投保人可以解除合同"。再如,《农村土地承包法》第30条前段规定:"承包期内,承包方可以自愿将承包地交回发包方"。

与此不同,在多数情况下,单纯的信任基础丧失尚不足以产生解除权,法律也未基于其他的特殊理由赋予特定当事人任意解除权,当事人若想解除合同,就必须具备约定的或法律特别规定的解除条件,诸如一方当事人的违约行为并达到相当的程度,不可抗力等客观原因致使不能实现合同目的等。条件具备,解除权产生,解除权的行使导致合同解除。我们将此类解除称为非任意解除。

任意解除和非任意解除存有共同点,表现在都以解除权的存在和行使为必要,更有区别之处:(1)解除的对象不同。任意解除的对象是特别强调信任基础的继续性合同,而非任意解除的对象主要是一时性的合同,当然,当事人约定继续性合同必须符合特定的条件才可以解除,否则,以违约论处的,此类解除也属于非任意解除。(2)解除权产生的条件不同。在任意解除场合,解除权产生的条件是作为合同基础的信任丧失,且对于信任基础丧失与否的认定,基本上取决于解除权人的表示,判断的客观标准未受到足够的重视。换言之,此类解除权的产生表面上有条件限制,实质上如同没有一般。除此而外,某些法律出于对某些特殊当事人优惠保护的立法政策,未附加条件地赋予了任意解除权。与此不同,在非任意解除场合,解除权的产生条件受到严格限制。(3)解除行为是否为合法行为的不同。由上述第二点差别所决定,任意解除实际上细分为两种不同的类型:一种是解除权基于正当事由而产生的解除,另一种是没有正当事由的解除。前一种解除属于真正的解除,解除权的行使是合法行为。后一种解除只具有解除之名,实质上是不法行为,会产生民事责任。非任意解除没有这样的划分,解除权的行使一律为合法行为,本身不产生民事责任。(4)解除权的享有人存在着差异。在以继续性合同为对象的任意解除场合,任何一方当事人都享有解除权,只有在一方当事人行使解除权时,合同自该解除的通知到达对方当事人之处时才解除,对方当事人有异议的,可以由人民法院或者仲裁机构确认;假如双方当事人都行使了解除权,则合同自解除的通知先到达一方当事人之处时解除。非任意解除有所不同,解除权基于违约行为而产生的,仅仅归守约方享有,违约方无解除权;解除权基于不可抗力致使不能实现合同目的而产生的,才归双方当事人享有。在解除权只能归特定的当事人一方享有这点上,以承揽合同、保险合同、农村土地承包合同为对象的任意解除,接近于非任意解除。

应当注意,《合同法》第410条关于任意解除的规定,在实务中出现了一些负面的作用,需要限制其适用范围。②《民法典》第933条注意到了此点,规定"因解除合同造成对方损失的,除不可归责于该当事人的事由外,无偿委托合同的解除方应当赔偿因解除时间不当造成的直接损失,有偿委托合同的解除方应当赔偿对方的直接损失和合同履行后可以获得的利益"。

(四)当事人以其行为解除与裁判机关依其职权解除

以上所论单方解除、协议解除、法定解除、约定解除、任意解除和非任意解除均属当事人

---

① 〔日〕星野英一:《日本民法概论Ⅳ·契约》,姚荣涛译,刘玉中校订,五南图书出版有限公司1998年版,第248页。

② 详细论述,参见崔建远:《合同解除的疑问与释答》,载《法学》2005年第9期。

以其行为解除,而适用《民法典》第 533 条规定的情事变更原则确定的解除、适用第 580 条第 2 款规定的"破解合同僵局规则"确定的解除,则属于裁判机构依其职权确定的解除。本书第六章第一节已经讨论过情事变更原则,此处不赘,以下着眼于适用"破解合同僵局规则"确定的解除。

所谓合同僵局,是个模糊的描述,不具备概念那样明确的内涵和外延,甚至不如买卖合同、承揽合同、租赁合同等类型那样将对象描述得准确,我们可将其大致描述如下:(1) 以实际履行为审视的基点,属于合同僵局的,要么是合同已经不能履行,要么是合同不适于强制履行,要么是合同履行的费用过高,要么是债权人在合理期限内未请求履行,经催告仍然如此。(2) 这些结果的形成与债务人的过错行为有关。有的是债务人的过错行为直接造成的,如甲将其 A 房出卖给乙,但在交付和过户登记前又把 A 房出卖给丙,并交了钥匙和办理了 A 房的过户登记手续。有的是债务人的过错行为间接造成的,如甲将其 A 房出卖给乙,但迟延交付,更未适时办理 A 房的过户登记,此时地震发生,使 A 房变为一堆瓦砾。(3) 守约方有权解除合同,但却不行使解除权,致使债务人处于非常不利的境地,负担沉重,有时还殃及第三人。例如,甲欠乙 1 亿元人民币,甲愿意以其 A 楼抵偿该 1 亿元人民币的债务,乙表示同意,双方签署了以 A 楼抵偿 1 亿元人民币债务的合同。甲委托丙以其 100 套商品房为其抵押担保,丙和乙不但签署了 100 套商品房的抵押合同,而且办理了抵押登记。其后,甲管理不善,使得 A 楼被火焚毁。在这种情况下,乙本应行使解除权,将其与甲的以 A 楼抵偿 1 亿元人民币债务的合同解除,但却迟迟不予行使,即使甲数次联系乙,希望乙把以 A 楼抵偿 1 亿元人民币债务的合同解除,乙置之不理。如此一来,不但甲的负担加重,而且丙以案涉 100 套商品房设定的抵押权也不得消除,购买该 100 套商品房的"小业主"无法办理商品房所有权的转移登记,处于极为不利的境地。有鉴于此,支持甲关于解除以 A 楼抵偿 1 亿元人民币债务的请求,解放丙,强化购买该 100 套商品房的"小业主"的法律地位,最符合公平正义。假如固守唯有守约方才有权解除合同的教条,则忽视了抵押人丙和购买该 100 套商品房的"小业主"的正当权益,而这是极不妥当的。(4) 守约方不行使解除权,违反诚信原则及禁止权利滥用原则。

观察《民法典》第 580 条第 2 款的规定,可知其适用条件如下:(1) 合同已经成为法律上或事实上不能履行,或者债的标的不适于强制履行或履行费用过高,或者债权人在合理期限内未请求履行;(2) 其中之一情形出现,使守约方享有解除权;(3) 致使不能实现合同目的,至少违约方的合同目的不能实现;(4) 违约方请求人民法院或仲裁机构终止合同权利义务关系。其法律后果,一是主审案件的人民法院或仲裁机构认定系争案件符合《民法典》第 580 条第 2 款的条件时,依职权裁判系争合同关系终止;二是这不影响违约方承担违约责任。[①]

第二节 合同解除的条件

合同解除的条件,因解除有法定解除与约定解除之分,而有法定解除的条件和约定解除的条件之别,法定解除的条件又有一般法定解除的条件和特别法定解除的条件之分。约定解除及其条件在上文已述,特别法定解除的条件因合同的种类和性质而千差万别,难以在

[①] 关于"破解合同僵局规则"的立法论,请参见崔建远:《关于合同僵局的破解之道》,载《东方法学》2020 年第 4 期。

此一一详察,本节仅讨论一般法定解除的条件。

《民法典》规定的一般法定解除的条件,大致有三大类型:一是协议解除的条件,二是不可抗力致使不能实现合同目的,三是违约行为。其中所谓违约行为,原则上是指债务人违反合同的主义务。违反从义务及附随义务一般不得解除合同,但致合同目的落空时可以解除合同。①

一、协议解除的条件

协议解除的条件,是当事人双方协商一致,将原合同加以解除,也就是在双方之间又重新成立了一个合同,其内容主要是把原来的合同废弃,使基于原合同发生的债权债务归于消灭(《民法典》第562条第1款)。

在采用合同形式把既有的合同加以解除这点上,协议解除与约定解除相似,但二者更有不同:约定解除是以合同来约定当事人一方或双方享有解除权,而协议解除是以一个新合同来解除既有的合同,与解除权无关。

协议解除是采取合同的形式,因此它要具备合同的有效要件:当事人有相应的行为能力,意思表示真实,内容不违反法律、行政法规的强制性规定、不违背公序良俗,要采取适当的形式。

二、不可抗力致使不能实现合同目的

不可抗力致使不能实现合同目的的,该合同应该消灭。但通过什么途径消灭,各国和地区的立法并不一致。德国法系基本上采取债务自动免除的原则,基本上由债务人承担风险,而不是通过合同解除的方式。这种立法表面上看不拖泥带水,解决问题干脆利落,但实际上却没有顾及当事人如何采取救济措施,把损失降低到最低限度,有将复杂问题简单化之嫌。英美法系用合同落空原则解决不可抗力及其他意外事故致使合同不能履行的问题,确认合同解除。但这种解除不经过固有意义上的程序,即不是通过当事人的解除行为,而是由法官裁决。《民法典》允许当事人通过行使解除权的方式将合同解除(第563条第1款第1项)。最高人民法院通过司法解释予以贯彻,如《商品房买卖合同解释》规定,因不可归责于当事人双方的事由未能订立商品房担保贷款合同并导致商品房买卖合同不能继续履行的,当事人可以请求解除合同,出卖人应当将收受的购房款本金及其利息或定金返还买受人(第19条后段)。

值得讨论的还有,《民法典》第563条第1款第1项的规定,仅就其文义看,没有规定通常事变(不可抗力以外的客观原因)致使不能实现合同目的时可否据此解除合同。为了解决实务中出现的问题,应当承认通常事变致使不能实现合同目的时可以据此解除合同。其路径有二:其一,采取类推适用的方法,以不可抗力与通常事变具有类似性为由,类推适用《民法典》第563条第1款第1项的规定,允许在通常事变致使不能实现合同目的时解除合同;其二,借鉴日本民法判例、学说将不可抗力解释为不能归责于当事人之事由②的方法,扩张不可抗力的含义,认为不可抗力也包括通常事变。在通常事变(不可抗力以外的客观原因)致

---

① 关于法定解除条件的规定是否属于强制性规定的分析,参见崔建远:《合同解除探微》,载《江淮论坛》2011年第6期。

② 〔日〕於保不二雄:《日本民法债权总论》,庄胜荣校订,五南图书出版有限公司1998年版,第98页。

使不能实现合同目的场合,允许债权人援用《民法典》第 563 条第 1 款第 1 项的规定,主张解除合同。

三、迟延履行

迟延履行,又称债务人迟延,是指债务人能够履行,但在履行期限届满时却未履行债务的现象。它作为合同解除的条件,因合同的性质不同而有不同的限定。

根据合同的性质和当事人的意思表示,履行期限在合同的内容上不特别重要的,即使债务人在履行期限届满后履行,也不至于使合同目的落空。在这种情况下,原则上不允许债权人立即解除合同,而由债权人向债务人发出履行催告,给他规定一个宽限期。① 债务人在该宽限期届满时仍未履行的,债权人有权解除合同(《民法典》第 563 条第 1 款第 3 项)。

需要明确,《民法典》第 563 条第 1 款第 3 项规定的"主要债务"的性质和种类。对此,可有"质"和"量"两个方面的观察。在"质"的方面,一种观点认为,该条项规定的"主要债务",主要是指双务合同中立于对价关系的债务,即给付义务。② 另一种观点则主张,"主要债务"是实现合同目的必须履行的义务。③ 本书认为,第一种观点有可取之处,即把主要债务与给付义务联系起来,不过,需要作如下修正:其一,主要债务原则上不包括从给付义务,仅仅指主给付义务。这不仅是因为在双务合同中,一方的从给付义务与对方的主给付义务不构成对价关系,一方的从给付义务与对方的从给付义务难以用对价关系来描述,在单务合同中从给付义务不可能是"主要债务",还因为主要债务"类似于英美法上的根本契约义务(fundamental terms and condition)"。④ 其二,主要债务不仅存在于双务合同中,而且存在于单务合同中。明确这一点,在无偿保管合同等单务合同场合,债务人违约,如保管人故意或重大过失地毁损保管物或擅自将保管物交由不负责任的第三人保管等,寄存人等债权人可以解除合同,显然具有积极的价值。在"量"的方面,主给付义务若不可分,则《民法典》第 563 条第 1 款第 3 项所说的"主要债务"自然指债务的全体;若可分,有时"主要债务"仍指债务的全体,有时则可以是债务的部分。属于后者的,如买卖 10 吨小麦的合同场合,"主要债务"可以是 9.5 吨小麦。再如,721 亩建设用地使用权转让合同中,"主要债务"可以是总转让款 2.5 亿元人民币的 2.4 亿元人民币。

有必要指出,在普通的买卖合同、委托合同、居间合同、技术咨询合同、技术服务合同等领域,适用《民法典》第 563 条第 1 款第 3 项的规定,确定解除权及其行使的条件,较为适当;但在承揽合同、勘察合同、设计合同、建设工程施工合同等场合,承揽人、勘察人、设计人或施工人若已完成大部工作,仅仅是交付工作成果迟延,特别是迟延得不太久时,不宜机械地适用《民法典》第 563 条第 1 款第 3 项的规定,定作人或发包人仅仅催告一次,确定一个期限,待该宽限期届满时承揽人、勘察人、设计人或施工人仍未交付工作成果的,就准许它(他)们行使解除权,将合同解除,极有可能使已经完成的大部工作丧失其价值,因为此类工作成果基本上都是非通用的、特定用途的,难有其他用户,只好留在承揽人、勘察人、设计人或施工人之手,变成废铜烂铁。这样,对承揽人、勘察人、设计人或施工人显然过于苛刻;从社会层

---

① 关于催告、宽限期及其意义的较为详细的分析,见崔建远:《合同解除探微》,载《江淮论坛》2011 年第 6 期。
② 韩世远:《合同法总论》,法律出版社 2004 年版,第 606 页。
③ BGH(13.3.56)BB56/577.578 Sub6. 转引自金勇军:《一般交易条款的解释》,载《法学》1997 年第 5 期。
④ 金勇军:《一般交易条款的解释》,载《法学》1997 年第 5 期。

面观察,这浪费了人力、物力,显然不符合效益原则。莫不如限缩《民法典》第563条第1款第3项的适用范围,改为如下规则:在承揽合同、勘察合同、设计合同、建设工程施工合同等场合,承揽人、勘察人、设计人或施工人未能在约定或法定的日期交付工作成果,经定作人或发包人催告,在宽限期届满时仍未交付工作成果的,尚需定作人或发包人举证证明,其合同目的因此而落空,才允许行使解除权,将合同解除;定作人或发包人若未能举证证明其合同目的落空,仅凭承揽人、勘察人、设计人或施工人未能在宽限期内交付工作成果的事实,仍不许其行使解除权,这样就较好地平衡了各方当事人的利益关系,在社会层面也符合效益原则。当然,承揽人、勘察人、设计人或施工人恶意不依约交付工作成果的,则应径直适用《民法典》第563条第1款第3项的规定,甚至径直适用《民法典》第563条第1款第2项的规定,允许定作人或发包人解除合同。

如果上述观点成立,则应确立这样的规则:在承揽合同、勘察合同、设计合同或建设工程施工合同等场合,遇有承揽人、勘察人、设计人或施工人未能在约定的期限内交付工作成果,甚至在宽限期届满时亦未交付成果的,不宜适用《民法典》第563条第1款第3项的规定,而应适用《民法典》第563条第1款第4项的规定,由定作人或发包人举证其合同目的是否因承揽人、勘察人、设计人或施工人的迟延而落空,若举证成功,则允许定作人或发包人行使解除权;若举证不成功,则不允许其行使解除权。但在承揽人、勘察人、设计人或施工人恶意迟延的情况下,则仍适用《民法典》第563条第1款第3项的规定,甚至径直适用《民法典》第563条第1款第2项的规定,允许定作人或发包人解除合同。

在货运合同场合,如果托运的货物已在运输途中,但未能在约定的期限抵达目的港或目的站,一般也不宜机械地适用《民法典》第563条第1款第3项,而应适用《民法典》第563条第1款第4项的规定。不然,双方当事人的成本就会不必要地增加,对收货人也无积极的意义。当然,在承运人恶意迟延,给托运人或收货人造成严重损失时,托运人或收货人有权采取救济措施,另觅其他的承运人,援用《民法典》第563条第1款第3项的规定,将合同解除。

根据合同的性质和当事人的意思表示,履行期限在合同的内容上特别重要,债务人不于此期限内履行,就达不到合同目的。在这种情况下,债务人未在履行期限内履行的,债权人可以不经催告径直解除合同(《民法典》第563条第1款第4项)。例如,甲为庆祝其母60大寿,向乙蛋糕店定制蛋糕一份,约定于寿筵开始时交付。该履行期限即属特别重要,届时乙未能履行,甲得不经催告而径行解除合同。最高人民法院的司法解释同样贯彻了这种思想。例如,《商品房买卖合同解释》规定,根据《民法典》第563条的规定,出卖人迟延交付房屋或买受人迟延支付购房款,经催告后在3个月的合理期限内仍未履行,解除权人请求解除合同的,应予支持,但当事人另有约定的除外(第11条第1款)。法律没有规定或当事人没有约定,经对方当事人催告后,解除权行使的合理期限为3个月。对方当事人没有催告的,解除权应当在解除权发生之日起1年内行使;逾期不行使的,解除权消灭(第11条第2款)。商品房买卖合同约定或《城市房地产开发经营管理条例》第32条规定的办理不动产登记的期限届满后超过1年,由于出卖人的原因,导致买受人无法办理不动产登记,买受人请求解除合同和赔偿损失的,应予支持(第15条)。

四、拒绝履行

拒绝履行,又称毁约,是指债务人能够履行却不法地对债权人表示不履行。拒绝履行一般表现为债务人明确表示不履行其债务,也有时以其行为表示不履行债务的意思,如债务人将应交付的特定的买卖物又转卖他人。它作为合同解除的条件,一是要求债务人有过错,二是拒绝履行为违法,三是有履行能力。

在这里,需要明确:债务人拒绝履行,债权人可否不经催告而径直解除合同,意见不一致。《民法典》不要求债权人为履行催告,可径直解除合同(第563条第1款第2项)。这种思想在最高人民法院的有关司法解释中得到了落实。《国有土地使用权合同解释》规定,当事人请求按照订立合同时的市场评估价格交纳土地使用权出让金的,应予支持;受让方不同意按照市场评估价格补足,请求解除合同的,应予支持。因此造成的损失,由当事人按照过错承担责任(第3条第2款)。

五、不完全履行

不完全履行,是指债务人虽然以适当履行的意思进行了履行,但不符合法律的规定或合同的约定。不完全履行可分为量的不完全履行和质的不完全履行。债务人以适当履行的意思提供标的物,而标的物的数量有所短缺的,属于量的不完全履行。它可以由债务人补充履行,使之符合合同目的,但在某些情况下,如果债务人不进行补充履行,或补充履行也不能达到合同目的,债权人就有权解除合同。债务人以适当履行的意思提供标的物,但标的物在品种、规格、型号等质量方面不符合法律的规定或合同的约定,或标的物有隐蔽缺陷,或提供的劳务达不到合同规定的水平的,都属于质的不完全履行。于此场合,多由债权人或法律给债务人一定宽限期,使之消除缺陷或另行给付,以达到合同目的。如果在此期限内未能消除缺陷或另行给付,致使不能实现合同目的,那么,解除权产生,债权人可解除合同。还有,债务人的履行有缺陷,给债权人造成了额外的损害的,如债务人交付的牛患有传染病,使债权人原有的5头牛受传染而病死,为加害给付,属于积极的债权侵害。加害给付致使债权人不能实现合同目的时,解除权产生,债权人可解除合同。《民法典》第563条第1款第4项后段关于"其他违约行为致使不能实现合同目的"为解除条件的规定,可解释为承认了不完全履行致使不能实现合同目的为合同解除的条件。①

这种解释的合理性,从最高人民法院的若干件司法解释得到了印证。例如,《国有土地使用权合同解释》规定,受让方擅自改变土地使用权出让合同约定的土地用途,出让方请求解除合同的,应予支持(第6条)。

六、债务人的过错造成不能实现合同目的

不可抗力致使不能实现合同目的,《民法典》第563条第1款第1项规定为合同解除的条件,债务人的过错造成不能实现合同目的,按照相似的事物相同处理的规则,亦应作为合同解除条件。《民法典》第563条第1款第4项后段关于"其他违约行为致使不能实现合同目的"为解除条件的规定,可解释为包含债务人的过错造成不能实现合同目的为解除条件这一类型。

这种解释的合理性,从最高人民法院的司法解释中得到了印证。例如,《商品房买卖合同解释》第10条第1款规定:"因房屋质量问题严重影响正常居住使用,买受人请求解除合同和赔偿损失的,应予支持。"

在金钱给付的场合,不宜将迟延付款直接认定为债权人的合同目的不能实现,而应适用

---

① 关于不能实现合同目的的理解,详见崔建远:《合同一般法定解除条件探微》,载《法律科学》2011年第6期。

《民法典》第 563 条第 1 款第 3 项的规定,解决系争合同的解除问题;也不宜简单地将未付清尾款直接认定为合同解除的条件已经具备,即使经过了一次甚至两次催告,也不宜支持债权人关于援用《民法典》第 563 条第 1 款第 3 项的规定解除系争合同的请求,只有债权人举证成功其合同目的已因债务人未付尾款落空时,才可支持其解除系争合同的请求。只有这样,才符合《民法典》第 563 条第 1 款第 3、4 项的规范意旨,才不违反公平正义,才不会无端地颠覆社会秩序。

七、法律规定的其他情形

《民法典》第 563 条第 1 款第 5 项规定,合同解除的条件还有"法律规定的其他情形"。此处所谓"法律规定的其他情形",一是指《民法典》本身规定的,但除第 563 条规定以外的解除条件;二是指《民法典》以外的法律所规定的解除条件。

属于前者的,例如,《民法典》规定,因标的物不符合质量要求,致使不能实现合同目的的,买受人可以拒绝接受标的物或者解除合同。买受人拒绝接受标的物或解除合同的,标的物毁损、灭失的风险由出卖人承担(第 610 条)。承租人未按照约定的方法或者未根据租赁物的性质使用租赁物,致使租赁物受到损失的,出租人可以解除合同并请求赔偿损失(第 711 条)。承租人未经出租人同意转租的,出租人可以解除合同(第 716 条第 2 款)。定作人在承揽人完成工作前可以随时解除合同,造成承揽人损失的,应当赔偿损失(第 787 条)。寄存人可以随时领取保管物(第 899 条第 1 款)。委托人或受托人可以随时解除委托合同(第 933 条前段)。

属于《民法典》以外的法律所规定的解除条件较多。例如,《保险法》第 16 条第 2 款规定,投保人故意或因重大过失未履行如实告知义务,足以影响保险人决定是否同意承保或提高保险费率的,保险人有权解除保险合同。《企业破产法》第 18 条规定:"人民法院受理破产申请后,管理人对破产申请受理前成立而债务人和对方当事人均未履行完毕的合同有权决定解除或者继续履行,并通知对方当事人。管理人自破产申请受理之日起二个月内未通知对方当事人,或者自收到对方当事人催告之日起三十日内未答复的,视为解除合同。管理人决定继续履行合同的,对方当事人应当履行;但是,对方当事人有权要求管理人提供担保。管理人不提供担保的,视为解除合同。"

[辨析]

关于违约解除场合解除权产生的条件是否一律要求达到根本违约的程度,学界的看法不一。就《民法典》第 563 条的立法本意而言,不完全履行作为解除权产生的条件,要求达到根本违约的程度。这从条文使用"违约行为致使不能实现合同目的"(第 563 条第 1 款第 4 项)的构成要素可以知晓。其他违约行为作为解除权产生的条件,可以说不要求达到根本违约的程度。不过,若想更为精确,则应当具体分析,有必要多说几句。

拒绝履行已经构成的,解除权即刻产生,且可马上行使,无需举证根本违约(《民法典》第 563 条第 1 款第 2 项),可以说不要求达到根本违约的程度。定期行为场合迟延履行一经构成,同样如此(《民法典》第 563 条第 1 款第 4 项)。

至于非定期行为场合迟延履行成立,再经催告,方可行使解除权(《民法典》第 563 条第 1 款第 3 项),与根本违约有无关联,主要是个解释问题。一种解释为,催告仅为程序设计,旨在尽可能地贯彻鼓励交易原则,对合同解除持慎重态度,对违约方宽大为怀,给其一次补救的机会；不过，这种宽容仍有限度，为了保护守约方的合法权益，一俟宽限期届满违约方仍未继续履行，守约方即可行使解除权，违约行为是否构成根本违约，在所不问。就此看来，此种情形不要求根本违约。第二种解释是，在催告期届满时，违约方仍未继续履行的，即为根本违约，只要采取程序判断而非实质判断的理论，也未尝不可。

究竟赞同何者，本书作者认为取决于《民法典》的体系解释，特别是《民法典》第580条第1款关于"当事人一方不履行非金钱债务或者履行非金钱债务不符合约定的，对方可以要求履行，但是有下列情形之一的除外：（一）法律上或者事实上不能履行；（二）债务的标的不适于强制履行或者履行费用过高；（三）债权人在合理期限内未请求履行"的规定，起着极为重要的作用。该条第1款第3项的规定含有这样的意思，包括以下情形：违约行为尚未达到根本违约的程度，违约方能够继续履行，但债权人在合理期限内未要求履行，若债权人再请求继续履行，违约方就有权拒绝。遇此情形，债权人为了保护自己的合法权益，只好行使解除权，尽管违约行为尚未达到根本违约的程度。有鉴于此，第一种解释更符合《民法典》的整体精神，应予采信。

总之，根本违约作为解除权产生的条件，被《民法典》安排在第563条第1款第4项之中。

第三节　合同解除的程序

合同解除的条件只是解除的前提，条件具备时，合同并不当然且自动地解除。欲使合同解除，还必须经过一定的程序。解除的程序应有三种，即协议解除的程序、行使解除权的程序和法院或仲裁机构裁决的程序。

一、协议解除的程序

协议解除的程序，是指当事人双方经过协商同意，将合同解除的程序。其特点是：合同的解除取决于当事人双方意思表示一致，而不是基于当事人一方的意思表示，也不需要有解除权，完全是以一个新的合同解除原合同。它适用于协议解除类型，并且在单方解除中，只要解除权人愿意采取这种程序，解除权处于备而不用的状态，法律也予允许并加以提倡。

由于协议解除的程序是采取合同的方式，要使合同解除有效成立，也必须有要约和承诺。这里的要约，是解除合同的要约，其内容是要消灭既存的合同关系，甚至包括已经履行的部分是否返还、责任如何分担等问题。它必须是向既存合同的相对人发出，并且要在既存合同消灭之前提出。这里的承诺，是解除合同的承诺，是完全同意上述要约的意思表示。

当事人一方主张行使解除权，经主审法院的审理，认为不符合解除权行使条件，但是鉴于对方也同意解除，可认为双方就合同解除达成一致，准予解除。此其一。经主审法院审查，双方当事人均不符合解除权行使的条件，不过，考虑到双方均主张解除合同，可比照交错要约规则，认定双方已经达成解除协议；或是认为双方在庭审过程中就关于合同解除的意思表示在客观上已经达成一致，准予解除（《合同编通则解释》第52条第2款）。

合同解除，就其本义来讲，是中途废止合同这种法律行为，至于如何清结基于合同产生的债权债务，乃合同解除后的法律效果，并非合同解除本身。因此，当事人就解除合同协商一致时未对合同解除后的违约责任、结算和清理等问题作出处理，不改变合同已被解除这种结局,除非当事人有相反的约定(《合同编通则解释》第 52 条第 1 款)。当然,协议解除时对合同解除及由此带来的结算、清理、有无责任等事项一并解决,作出约定,更为理想。

同时应注意到,债权人或债务人所谓行使解除权的意思表示,其实包含多重意思,诸如解除合同之意、成立违约责任并由谁承担之意、清结双方的权利义务之意等,且债权人、债务人的意思表示在成立违约责任或清结双方的权利义务等方面存在分歧,甚至相互对立,这在实际上符合《民法典》第 488 条中段、后段关于"受要约人对要约的内容作出实质性变更的,为新要约。有关合同标的、数量、质量、价款或者报酬、履行期限、履行地点和方式、违约责任和解决争议方法等的变更,是对要约内容的实质性变更"的规定,因此不应认定系争双方已经协议解除。

协议解除是否必须经过法院或仲裁机构的裁判?《法国民法典》(旧债法)规定,凡是解除都必须经过法院的裁判(第 1184 条第 3 项)。这种程序比较复杂,实行起来不方便。① 中国法未作这样的要求,允许当事人选择:或请求法院或仲裁机构予以确认,或直接由双方当事人达成解除原合同的协议。

采取协议解除的程序,何时发生解除的效力?合同解除需办理批准等手续的,办完这些手续的日期为合同解除的日期(参考《民法典》第 502 条第 3 款)。合同解除不需办理上述手续的,双方当事人协商一致之时就是合同解除的生效之时,或由双方当事人商定解除生效的日期。

二、行使解除权的程序

(一) 行使解除权的程序概说

行使解除权的程序必须以当事人享有解除权为前提。所谓解除权,是合同当事人可以将合同解除的权利。它的行使,发生合同解除的法律效果,因而它是一种形成权。解除权按其性质来讲,其行使不需要相对人的同意,只需解除权人单方的意思表示,就可以把合同解除。

解除权的行使,一般来说,属于合法行为,不构成违约,权利人对此不承担民事责任。但依据《民法典》第 933 条前段等规定,行使解除权未必都是合法行为,有的是违约行为,产生真正的违约责任(恶意解除委托合同等场合),或特殊的违约责任(恶意之外的无正当事由而解除委托合同等场合),或不负任何责任(具有正当事由场合)。即使依据第 933 条前段的规定解除合同,解除权的产生,也需要预先履行告知义务,否则,解除权不产生,除非遇有不可抗力等障碍,无法履行告知义务。

行使解除权的程序适用于不可抗力致使不能实现合同目的,以及当事人一方违约和约定解除场合。在不可抗力致使不能实现合同目的场合,解除权由双方当事人享有,任何一方都可行使。在当事人一方违约的情况下,解除权归守约方享有,不然违约方会利用解除制度来谋取不正当利益。但是,违约致使合同不能履行时,允许违约方解除合同,也是必要的。在违约导致《民法典》第 580 条第 1 款第 2 项规定的"债务的标的不适于强制履行或者履行费用过高"或者第 580 条第 1 款第 3 项规定的"债权人在合理期限内未要求履行"的结果,并且守约方迟迟不行使解除权,经违约方催告后依然如故的,允许违约方解除合同,也有其道理。不过,如果允许违约方解除合同会严重违背诚信原则导致极不适当的后果的,也不应承

---

① 《法国民法典》(新债法)已经承认债权人用通知的方式解除合同(第 1224 条)。

认违约方享有解除权。① 在约定解除的情况下,解除权归合同指定的当事人享有,既可以是一方当事人享有,也可以是双方当事人享有。

解除权对权利人而言是一种利益,这种利益是否被解除权人舍弃或推迟取得,只要无损于国家利益、社会公共利益,无损于相对人的合法权益,就应允许。所以,行使解除权具有自主性,主要表现为解除权人可以在合同解除和请求继续履行之间选择,解除权可以在特定期间的任何时刻行使,可以采取与相对人协商的方式,实际上是解除权备而不用,等等。

在这里,需要注意解除权行使的限制条件。社会公共利益、国家利益或相对人、第三人的合法权益需要合同存续的,解除权不得行使。《电信条例》第21条第1款前段关于"网间互联双方必须在协议约定或者决定规定的时限内实现互联互通。遵守网间互联协议和国务院信息产业主管部门的相关规定,保障网间通信畅通,任何一方不得擅自中断互联互通"的规定,体现了这一思想,是对继续性合同可以随时解除的限制。

《律师法》限制律师的解除权(第32条第2款前段),《保险法》限制保险人的解除权(第15条)、限制货物运输保险合同和运输工具航程保险合同场合双方当事人的解除权(第50条),《机动车交通事故责任强制保险条例》限制保险人的解除权(第14条)、限制机动车交通事故责任强制保险合同场合投保人的解除权(第16条),均应予以注意。

当事人可否以特约将任意解除权预先抛弃?本书认为,宜据个案情形,确定当事人抛弃任意解除权的特约是否有效。首先,截然地认定《民法典》第933条前段的规定是强制性规范抑或任意性规范,十分困难,莫不如另辟蹊径,考察当事人以特约排除其适用的效力。其次,一律认为当事人抛弃任意解除权的特约有效,意味着任何一方当事人都不得解除委托合同,除非具备了《民法典》第563条第1款等规定的法定解除条件。这就限制乃至剥夺了当事人的人身自由,无论双方产生的敌意多么深重,也必须束缚于委托合同关系之中,继续履行合同义务。这颠倒了价值位阶,不合现代伦理。再次,一律认为当事人抛弃任意解除权的特约无效,意味着任何一方当事人随时可以解除委托合同,解除的一方当事人即使承担损害赔偿责任,也因数额有限而给受托人造成重大的损失,在实行民商合一的海峡两岸的立法模式背景下,尤其如此。就此看来,允许当事人通过约定限制任意解除权,不失为对《民法典》第933条前段规定的不足的一种补救。有鉴于此,宜根据个案情形确定双方当事人抛弃任意解除权特约的效力。

在解除权存续的背景下,当事人双方采取协商的方式解除合同,在中国应予提倡。其道理在于:第一,合同解除不会使双方当事人在物质利益上共同增加,只能是彼增此消,只有在某些目的一致的共同行为场合存在例外。单就这点来说,双方不易就合同解除及由此而生的返还财产、分担责任等达成协议,这也是法律应赋予有关当事人以解除权的重要原因。但是,当事人的特殊物质利益毕竟是以根本利益一致为前提而存在的,双方没有不可调和的利害冲突。如果合同解除是为了维护国家利益,实现社会主义生产目的,那么双方宜互谅互让地将合同解除。第二,协商的过程,是当事人双方明了事情原委和责任如何分配的过程。在此过程中,彼此了解到各自的困难,能够互谅互让,既解决法律后果问题,又解决思想认识问题,便于解决纠纷,减少诉讼。第三,倡导协商方式符合民事诉讼法的调解原则,使实体法与程序法的规定更加统一。

---

① 参见内蒙古自治区呼和浩特市中级人民法院(2017)内01民终1396号民事判决书。但请注意,这是一则十分荒唐的判决。

双方协商的方式并不是解除权的丧失,恰恰相反,正是由于解除权的存在并发挥作用,才使双方协商一致解除合同的可能性大大增加。在很大程度上,无解除权的当事人之所以同意解除权人的意见,是因为即使不同意,解除权人也会依其意思表示将合同解除,并按法律规定或合同约定发生一定的法律效果。

(二) 解除权的除斥期间

《民法典》规定,解除权的除斥期间可以由法律规定,也可以由当事人约定(第564条第1款);在无此类规定、约定的情况下,除斥期间为自解除权人知道或应当知道解除事由之日起1年,或者经对方催告后的合理期限(第564条第2款)。

此处的合理期限,其长短如何,自何时起算?《民法典》尚无明文,其他法律及司法解释则设有规定。《保险法》第16条规定:"订立保险合同,保险人就保险标的或者被保险人的有关情况提出询问的,投保人应当如实告知"(第1款)。"投保人故意或者因重大过失未履行前款规定的如实告知义务,足以影响保险人决定是否同意承保或者提高保险费率的,保险人有权解除合同"(第2款)。"前款规定的合同解除权,自保险人知道有解除事由之日起,超过三十日不行使而消灭。自合同成立之日起超过二年的,保险人不得解除合同;发生保险事故的,保险人应当承担赔偿或者给付保险金的责任"(第3款)。①

除此而外的场合宜作类型化的分析,而后才有适当的结论。(1) 请求继续履行与主张解除合同系相互对立、方向相反的诉求,不可能同时主张,只得择一行使。在现实案件中,守约方强烈需要违约方继续履行,但也做了万一违约方不能履行或拒不实际履行时解除合同的准备。于此场合,守约方的行事策略是先行请求违约方继续履行,而后相机转为主张解除合同。这既符合事理,也不违反现行法,法律予以肯定和保护才对。由于守约方请求违约方继续履行所持续的期间较长(个中原委很可能是违约方态度暧昧,拖延时间),超过1年、2年甚至更长,都是常有之事。(2) 在不能履行、拒绝履行且证据证明违约方未来也不会实际履行的情况下,上述分析和结论仍应坚持。(3) 在不完全履行、迟延履行且守约方没有请求违约方继续履行的情况下,解除权的除斥期间不宜过长,可适用《民法典》第564条第2款关于1年的除斥期间的规定。(4) 在不完全履行、迟延履行以及拒绝履行但无证据证明违约方未来肯定不会实际履行的情况下,如果守约方请求违约方继续履行,特别是一直如此主张,那么,只要违约方能够实际履行,就更加符合鼓励交易原则,也符合《民法典》第577条、第582条等条款的规定及其精神。对此,法律应予鼓励和支持,才最符合事理及逻辑。如何体现这种鼓励和支持?令解除权立即消灭或在较短的期间内(如1年)消灭,恐怕没有体现这种鼓励和支持。其道理在于:A. 这在客观上导致了继续履行的请求权受制于诉讼时效和除斥期间双重制度,因为守约方如于违约行为发生且其对此知道或应当知道之时起,在1年内可以请求违约方继续履行;在该1年即将结束时就得抉择是解除合同还是请求继续履行,以防请求继续履行导致解除权因超过1年而归于消灭的结果出现。可是在许多案件里,这种迫使守约方抉择的时刻显然是过早了。B. 守约方请求违约方继续履行,但违约方仍不实际履行,倘若因超过1年而使守约方的此种解除权消灭,那么,守约方就只得受困于对其毫

---

① 严格说来,《保险法》第16条第3款中段关于"自合同成立之日起超过二年的,保险人不得解除合同"的规定涵盖过宽,应予限缩解释。因为有时自保险合同成立已经超过了2年,保险人才知道存在着解除事由,但此时却无权行使解除权。这对保险人过于苛刻。站在解释论的立场,可以认为该规定就其字面意思而言涵盖过宽,本应设置例外——"自保险合同成立已经超过了二年,保险人才知道存在着解除事由的除外",却因立法者疏忽而未设置,违反规范意旨。如今,在适用法律时,对其应予目的性限缩,仅承认该规定适用保险人于保险合同成立时起2年内知道存在解除事由的情形。

无积极价值的合同关系之中,处于极为不利的局面之下。对此,以下面案例加以说明:出卖人甲将其房屋出卖于买受人乙,并移转了占有和所有权,买受人乙仅仅支付了一半房款。甲一直请求乙付清余款,历时 2 年,乙一直未付且于此时明确表示以后也不会付清余款。处理此案,假如类推适用《商品房买卖合同解释》第 11 条第 2 款关于 1 年的除斥期间的规定,甲行使解除权必须在 1 年内进行,那么,当甲确知乙不会付清余款之时其解除权便因超过 1 年而消灭了。不解除房屋买卖合同,甲就无权请求乙返还涉案房屋,这显然不适当,不公正。在乙进入破产程序的场合,就更是如此。C. 解除权人未表示行使解除权,在这个方面属于沉默,而沉默的法律后果如何,需要法律明文规定或当事人之间明确约定。在包括解除权在内的权利放弃、消灭的问题上,更得坚持这样的原则,一律适用《民法典》第 564 条第 2 款关于 1 年的除斥期间的规定,也违反了法律及法理关于沉默的态度,缺乏正当性。

也有另辟蹊径的思路,即把解除权及其行使和违约责任两者受时间限制的问题联系起来加以考察。在法律、当事人双方均未规定解除权的除斥期间、当事人也未催告的情况下,若认定无论经过了多长期间解除权都可以行使,在给付的返还、违约责任等却已经罹于时效时,就会形成如下局面:守约方一方面行使解除权将合同解除,另一方面请求违约方返还给付、承担违约责任时,却受到违约方援用诉讼时效完成的抗辩,致使守约方解除合同的预期效果落空。换言之,"解除权原本是债务不履行的效果之一,所以,在原债务因时效而消灭时还剩下一个解除权,颇显滑稽"①。为了改变这种局面,可令解除权的行使或存续受制于返还给付、违约责任的时效期间,即在返还给付、违约责任已经罹于时效的情况下,解除权归于消灭或不得行使。② 这有其合理性,可以考虑,但在中国也存在着如下问题需要澄清:(1) 诉讼时效的完成只是债务人可以对抗债权人的请求,给付返还、违约责任的本体并不消灭,如果解除权也受制于诉讼时效,解除权是归于消灭呢,还是继续存在但不得行使?则不好回答。(2) 债务人明知诉讼时效已经完成,却不行使时效完成的抗辩权,甚至主动地履行其债务或承担损害赔偿责任,于此场合,解除合同使债权人不再受该合同的束缚,仍然具有积极的意义。可是,按照返还给付、违约责任已经罹于时效时解除权消灭或不得行使的模式,则达不到这种目的。

法律、当事人双方已经规定了解除权的除斥期间及其起算点的,据此确定起算点。若无此规定的,依据《民法典》在解除权的除斥期间制度上所持有的精神,首先通过催告加以确定。催告中指明了起算点的,依其约定;未明确的,根据《民法典》第 564 条第 2 款及《商品房买卖合同解释》第 11 条规定的精神,宜把催告通知到达的次日确定为除斥期间的第一天。

(三) 解除权的行使

《民法典》第 565 条第 1 款前段规定,解除权的行使采取向相对人发出解除的意思表示的方式,该解除的意思表示到达相对人时发生合同解除的效力。这符合解除权系形成权的特质,并表明解除权的行使可以采取诉讼的方式,也可以采取诉讼外的方式。

《民法典》第 565 条第 1 款中段增加了《合同法》第 96 条第 1 款所没有的规则:解除"通知载明债务人在一定期限内不履行债务则合同自动解除,债务人在该期限内未履行债务的,合同自通知载明的期限届满时解除"。这可消除理论上和实务中在这方面的误解和争论,值得赞同。

---

① 〔日〕星野英一:《日本民法概论Ⅳ·契约》,姚荣涛译,刘玉中校,五南图书出版有限公司 1998 年版,第 88 页。
② 这是清华大学法学院教授王洪亮博士向本书作者介绍的德国民法的思路。对王洪亮博士谨表谢意。

采取诉讼方式表达解除合同之意,在这里包括送达起诉书、仲裁申请书、答辩状于相对人的方式,也包括口头辩论上攻击或防御的方式。① 只要其中含有行使解除权的意思表示,即为通过诉讼方式行使解除权。对此,《民法典》第 565 条第 2 款规定:"当事人一方未通知对方,直接以提起诉讼或者申请仲裁的方式依法主张解除合同,人民法院或者仲裁机构确认该主张的,合同自起诉状副本或者仲裁申请书副本送达对方时解除。"《合同编通则解释》补充道:"当事人一方未通知对方,直接以提起诉讼的方式主张解除合同,撤诉后再次起诉主张解除合同,人民法院经审理支持该主张的,合同自再次起诉的起诉状副本送达对方时解除。但是,当事人一方撤诉后又通知对方解除合同且该通知已经到达对方的除外"(第 54 条)。但书适用于解除权人直接通知对方解除合同的时间点先于再次诉请解除合同的时间点的案型。

有必要指出,采取诉讼方式行使解除权不同于法院或仲裁机构依职权径直解除合同。除了依据情事变更原则、"破解合同僵局规则"由法院或仲裁机构依职权将系争合同解除外,其他类型的解除合同,包括行使解除权而解除合同,均为当事人的行为,法院或仲裁机构不得依职权径直解除系争合同,只可基于解除权人的请求而确认解除合同。

需要注意,在特殊情况下,解除权的行使可以采取推定的方式。例如,《企业破产法》第 18 条规定,人民法院受理破产申请后,管理人对破产申请受理前成立而债务人和对方当事人均未履行完毕的合同有权决定解除或继续履行,并通知对方当事人。管理人自破产申请受理之日起 2 个月内未通知对方当事人,或自收到对方当事人催告之日起 30 日内未答复的,视为解除合同。管理人决定继续履行合同的,对方当事人应当履行;但是,对方当事人有权要求管理人提供担保。管理人不提供担保的,视为解除合同。

《民法典》第 565 条第 1 款后段规定:"对方对解除合同有异议的,任何一方当事人均可以请求人民法院或者仲裁机构确认解除行为的效力。"其中的"异议",不限于相对人对解除合同提出了不同意见,有时甚至经常地表现为他请求解除权人继续履行合同义务,在解除权人主张合同解除所产生的恢复原状、其他补救措施时,提出因合同有效而无此类法律效果的抗辩,等等。任何一方当事人都有权请求人民法院或仲裁机构(以下简称"裁判机构")确认解除合同的效力。裁判机构确认合同解除的依据,应当是解除权产生的条件已经具备,解除权已经行使完毕。假如有任何之一欠缺,裁判机构都有权认定合同尚未解除。如果这些事实均已存在,则裁判机构必须确认合同已被解除,没有自由裁量的余地。在违约方对合同解除提出异议,又不请求裁判机构确认解除合同的效力的情况下,合同解除的效力是否受该异议的影响?本书认为,因为解除权系形成权,其行使的方式不以诉讼为必要,所以,解除权人关于解除的意思表示一经到达违约方即发生合同解除的效力,不能因违约方的异议而受影响。在解除权人未请求裁判机构确认解除合同的效力的情况下,是否发生合同解除的效力?本书认为,如果解除权确实已经产生,并具备行使的条件,那么,合同自解除合同的意思表示到达对方当事人时解除,不因对方当事人的异议而受影响。这是解除权为形成权的性质所决定的,此外还可以防止违约方故意提出异议阻碍合同的解除。在举证责任的配置上,应由解除权人举证其享有解除权且符合解除权行使的条件。②

对解除合同持有异议,应当在一定期限内提出,不宜漫无限制,并且,该期限不宜长。这

---

① 史尚宽:《债法总论》(第 5 版),荣泰印书馆股份有限公司 1978 年版,第 528 页。
② 参见崔建远:《解除权问题的疑问与释答》(上篇),载《政治与法律》2005 年第 3 期。

为使法律关系尽早得到确定所必需。有观点认为：当事人对《民法典》规定的合同解除虽有异议，但在约定的异议期限届满后才提出并向人民法院起诉或向仲裁机构申请仲裁的，不应得到支持；当事人没有约定异议期间，在解除合同或债务抵销通知到达之日起3个月以后才向人民法院起诉或向仲裁机构申请仲裁的，也不应得到支持。对此，需要注意，在发出解除通知的当事人并不享有解除权的场合，即使相对人未于解除通知到达之日起3个月内提出异议，也不发生合同解除的结果。①

还要提示，解除权人于解除权行使的条件具备时向相对人发出解除合同的意思表示，按照《民法典》第565条第1款前段的规定，该解除合同的意思表示到达相对人时发生合同解除的效力。这符合解除权系形成权的特质，应予赞同。在此需要澄清的是，上述效果的发生必须以解除权行使的条件具备为前提，假如通知解除合同的一方并不享有解除权，又不属于《民法典》第933条等条款规定的任意解除的情形，则不得依据所谓解除通知到达相对人而认定系争合同已被解除（《合同编通则解释》第53条），也不得据此简单地认定发出解除通知的一方已经构成违约，除非解除通知中含有绝不履行的明确意思，或以其行为表明届时不再履行债务。

发出解除通知的一方在此过程中是否构成违约，需要结合其他事实才可认定：(1) 如果于发出解除通知期间，履行期尚未届满，那么不构成迟延履行。(2) 如果解除通知中含有绝不实际履行的明确意思，或以其行为表明届时不再履行债务，那么构成拒绝履行。(3) 债务人若一方面发出了解除通知，另一方面又给付了瑕疵之物或提供的服务不达标，且于履行期届满前尚未消除瑕疵，那么构成不完全履行；不过，在履行期届满前消除了瑕疵的，则不构成违约。

[探讨]

债权人接受部分履行的行为是否表示放弃了解除权？

某《房屋销售合同》约定，买受人应于2011年1月1日付清全部房款150万元人民币，否则，出卖人有权解除房屋销售合同。履行的实际情况是，买受人未于2011年1月1日付清全部付款，只支付了30万元人民币。出卖人接受了该笔房款，未作其他意思表示。2012年1月1日，买受人向出卖人支付了100万元人民币的房款，出卖人再次接受了该笔房款，同样未作其他意思表示。2012年11月1日，买受人向出卖人支付尾款20万元人民币时，出卖人拒绝受领，并以买受人违约为由，依约定通知买受人，解除该《房屋销售合同》。

如何处理该案，意见不一。第一种意见是，出卖人受领100万元人民币房款的行为就表示他放弃了解除权，他于2012年11月1日主张解除系争合同，纯粹是因为房价涨了，欲将系争房屋出售于第三人获取更大的利益，裁判者不宜支持此类背信行为；本书作者的思路则是，处理此类案件，需要从以下方面着眼：(1) 重视除斥期间的地位及功能：除斥期间的设计系衡平各方当事人利益的结果，解除权人于除斥期间内的任何时间点通知相对人解除合同，为其自由；只要解除权人没有明示放弃解除权，就不得轻易认定放弃解除权。(2) 体谅解除权人的策略安排：一项交易的进行，涉及方方面面的问题，交易者何时发表何种意见，事关交易能否较为顺利地进行和完成，以及能否实现利益的最大化。一方当事人迟延或瑕疵给付，守约方过早地表示解除合同，很可能使违约方产生抵触情绪，这不利于消除瑕疵，继续履行。

---

① 详细理由，参见崔建远：《合同解除探微》，载《江淮论坛》2011年第6期。

再说,守约方对事情的进程、对事务的处理也有个逐渐认识的过程。既然如此,在除斥期间尚未届满的情况下,就认定放弃了解除权,很可能损害解除权人的合法权益。(3) 沉默、行为是否为意思表示、为何种意思表示,务必慎重认定。沉默为意思表示,限于法律有明文规定、当事人明确约定的情形。行为,被推定为意思表示,在该行为只有一种可能的意思时,认定该行为系指某意思表示,较为把握、可靠;但在该行为代表何种意思存在着几种可能的场合,则需要基于个案案情,全面考虑各个因素,而后下结论。(4) 在一个行为代表什么意思有几种可能的情况下,宜作不利于(过错的)违约方的推定。(5) 从以上四个方面考量仍然难下结论时,需要结合个案案情,依据诚信原则,有时宜引入权利失效期间等制度或规则,作出推定。

在系争案件中,当事人双方没有约定解除权终止的日期,出卖人于 2012 年 11 月 1 日通知买受人解除系争合同,没有违反除斥期间规则。此其一。出卖人受领 100 万元人民币的行为不见得只含有继续履行而不解除合同一种意思,也可能在等待、观望,权衡利弊得失,徘徊于解除和继续履行之间。若是后者,贸然推定出卖人放弃了解除权,显然有利于买受人这个违约方。这不符合"在一个行为代表什么意思有几种可能的情况下,宜作不利于(过错的)违约方的推定"的理念。此其二。观察和体会《买卖合同解释》第 18 条关于"买卖合同约定逾期付款违约金,买受人以出卖人接受价款时未主张逾期付款违约金为由拒绝支付该违约金的,人民法院不予支持"(第 2 款),"买卖合同约定逾期付款违约金,但对账单、还款协议等未涉及逾期付款责任,出卖人根据对账单、还款协议等主张欠款时请求买受人依约支付逾期付款违约金的,人民法院应予支持,但对账单、还款协议等明确载有本金及逾期付款利息数额或者已经变更买卖合同中关于本金、利息等约定内容的除外"(第 3 款)的规定,不宜得出出卖人接受 100 万元人民币的房款即放弃了解除权的结论。虽然该司法解释出台于案发之后,但其精神符合法理,应予遵循。此其三。系争合同约定买受人付款的日期为 2011 年 1 月 1 日,出卖人于 2012 年 11 月 1 日通知解除系争合同,不属于在相当长的期间不行使权利的情况,不可据此认定一个理性的买受人因此而产生了出卖人放弃解除权的信赖。从这个方面来说,也不宜推定出卖人放弃了解除权。此其四。在房价变动不太异常的背景下,以出卖人接受 100 万元人民币房款的行为推定放弃了解除权,显得理由不充分。此其五。

当然,比照《买卖合同解释》第 26 条第 1 款关于"买受人已经支付标的物总价款的百分之七十五以上,出卖人主张取回标的物的,人民法院不予支持"的规定,若有充分而确凿的证据证明房价高涨明显、买受人迟延付款确因资金周转困难所致、出卖人于 2012 年 11 月 1 日通知解除系争合同违背了诚信原则,就可以推定接受 100 万元人民币房款的行为意味着放弃了解除权。

(四) 解除权与附条件、附期限

一般说来,形成权的行使不可附条件、附期限,以免增加相对人所处法律状态的不确定性。解除权作为一种形成权,也应遵循该项原则。不过,若所附条件或期限并无影响相对人的法律地位,也不损害相对人的合法权益,则应解为可附条件或期限。① 解除的意思表示虽可附停止条件(《民法典》第 158 条称之为生效条件),但有观点认为不可附解除条件,可附

---

① 林诚二:《民法债编总论——体系化解说》,中国人民大学出版社 2003 年版,第 453 页。

始期,不可附终期,因为附解除条件或终期,与解除合同的溯及力相背。①

本书作者则认为,中国法不宜盲目地照搬所谓解除权的行使不可附解除条件之说,原因在于:(1) 从形成权及其理论方面讲,形成权的行使"单方面"地形成法律关系,而法律关系的态样事关当事人各方的利益状态,甚至影响社会秩序。就此而言,形成权行使的"路线图"越清楚、明确越好,对形成权的行使附加条件或期限,或多或少地干扰了该"路线图",使得法律关系存续、消灭或变更不再那么清楚、明确。这可能是原则上不允许形成权行使附条件、期限的根本原因。但问题还有另一面,即形成权的产生条件/期限与形成权的行使条件/期限一致,此时再禁止形成权行使附条件、期限,便毫无道理。再者,即使形成权的产生条件/期限与形成权的行使条件/期限不尽相同,但对行使附加条件、期限并不导致当事人各方间的利益失衡,并不损害社会公共利益,并不违背社会公德的,也无必要禁止形成权的行使附条件、期限。解除权作为形成权的一种,完全适合于这个分析和原理。(2) 中国法上的单方解除(解除权行使的解除),并非一律溯及既往地消灭合同关系。在合同解除无溯及力的场合,所谓附解除条件与解除合同的溯及力相悖的理由,即不存在。(3) 判断解除权行使可否附解除条件,关键在于附解除条件导致的后果如何。如果附解除条件并未造成当事人各方之间的利益失衡,不损害社会公共利益,不违背社会公德,就不宜否认解除权行使附解除条件。

(五) 解除权的不可分性

传统民法及其理论承认解除权的不可分性。所谓解除权的不可分性,包括解除权行使的不可分原则和解除权消灭的不可分原则。所谓解除权行使的不可分,是指这样的现象:解除权人一方有数人的场合,解除权的行使应由全体解除权人为之,如其中有人不欲行使解除权的,则合同无从解除而仍继续存在;相对人一方有数人的场合,则解除的意思表示应向全体相对人为之,如仅向其中一部分人为解除的意思表示,则不发生解除的效力;若双方各有数人的,则应由此方的全体向对方的全体为之。解除权就当事人中一人消灭的,就其他人也消灭。②

就解除权的不可分,中国法尚无明文,承认与否,值得思考。本书作者认为中国法应当有条件地承认解除权的不可分性,理由之一是现实生活中已有这方面的案件纠纷发生,需要解决纠纷的法律及法理依据。

中国法应当有条件地承认解除权不可分性的理由之二是,合同系全体当事人意思表示一致的合意,合同因解除权的行使而消灭,亦应由全体为之;若仅仅由部分的解除权人而非全体解除权人发出解除的意思表示,或只有部分相对人接收到解除的意思表示,即可发生解除合同的效力,则无视了其他当事人的意思。

中国法应当有条件地承认解除权不可分性的理由之三是,(1) 在连带债权的情况下,若不承认解除权的不可分原则,则会导致如下后果:其中一个债权人(解除权人),而非全体债权人(解除权人),向债务人全体或部分人发出解除合同的通知,即产生合同解除的效果,债务归于消灭,对于其他债权人可能构成损害;或者,其中一个债权人(解除权人),而非全体债权人(解除权人),向部分债务人而非全体债务人发出解除合同的通知,仅仅消灭收到解除通

---

① 史尚宽:《债法总论》(第5版),荣泰印书馆股份有限公司1978年版,第528页;郑玉波:《民法债编总论》(修订2版),陈荣隆修订,中国政法大学出版社2004年版,第333页;刘春堂:《民法债编通则(一)·契约法总论》,三民书局2011年版,第387页。

② 刘春堂:《民法债编通则(一)·契约法总论》,三民书局2011年版,第388—389页。

知的债务人的债务,则无疑大大加重了仍然承担债务的债务人的负担,增强了履行债务的债务人向未履行债务的债务人求偿的风险。(2)在连带债务的情况下,若不承认解除权的不可分原则,则会出现这样的局面:债权人(解除权人)向其中一个债务人而非全体债务人发出解除合同的通知,仅仅消灭收到解除通知的债务人的债务,而不消灭未收到解除通知的债务人的债务,则无疑大大加重了继续承担债务的债务人的负担,增强了履行债务的债务人向未履行债务的债务人求偿的风险。这是违背公平原则的。如果承认解除权的不可分原则,则会改变这种不公正的局面。

诚然,债务并非全部都不可分。在债务可分的情况下,每个当事人各负自己的债务,部分债务的履行、消灭不会影响其他当事人的债务、债权,各人就其各部分为解除或受解除,尚无不可。就此说来,解除权可分也未尝不可。但若果然如此,则不免发生复杂的法律关系,而且多与当事人的意思不合。民法为实际上的便利,于当事人一方有数人时,解除应由其全体或向其全体为之,即贯彻解除权的不可分原则。[1] 在尽量不使法律关系复杂化的设计不损害社会公共利益,不违背社会公德,不害及当事人各方的前提下,可以接受该种理由,承认解除权的不可分原则。

承认解除权不可分原则的立法例及其理论认为,解除权的不可分原则对于可分之债、不可分之债、连带之债均有适用。[2] 此项意见可资赞同,因为不可分之债、连带之债场合奉行解除权的不可分原则最为合理,在可分之债场合采取解除权的不可分原则可免去法律关系复杂化,所以,中国法应当在可分之债、不可分之债、连带之债的场合实行解除权的不可分原则。

三、法院或仲裁机构裁决的程序

这里所说的法院或仲裁机构裁决的程序,不是指在协议解除的程序和行使解除权的程序中当事人诉请法院或仲裁机构来解除合同,而是指在适用情事变更原则、"破解合同僵局规则"解除合同时,由法院或仲裁机构裁决合同解除的程序。因为适用情事变更原则、"破解合同僵局规则"解除合同,当事人无解除行为,只是由法院或仲裁机构根据案件的具体情况和情事变更原则或"破解合同僵局规则"的法律要件加以裁决,所以,对这种类型的合同解除只能适用法院或仲裁机构裁决的程序。

适用情事变更原则,主审法院裁判合同解除,宜在判决主文中明确合同解除的时间点。适用"破解合同僵局规则",《合同编通则解释》第 59 条规定:人民法院一般应当以起诉状副本送达对方的时间作为合同权利义务关系终止的时间(第 1 句后段)。根据案件的具体情况,以其他时间作为合同权利义务关系终止的时间更加符合公平原则和诚信原则的,人民法院可以以该时间作为合同权利义务关系终止的时间,但是应当在裁判文书中充分说明理由(第 2 句)。《合同编通则解释》第 59 条第 2 句处于优越地位。例如,在违约方诉请裁判者解除合同时合同目的尚未落空的情况下,不应把起诉状副本送达对方的时间作为合同解除的时间,而应以合同目的落空之时作为合同解除的时间,或者以裁判文书生效之日作为合同解除的时间,除非裁判文书生效之日过迟。

---

[1] 史尚宽:《债法总论》(第 5 版),荣泰印书馆股份有限公司 1978 年版,第 529 页。
[2] 同上;郑玉波:《民法债编总论》(修订 2 版),陈荣隆修订,中国政法大学出版社 2004 年版,第 334 页;刘春堂:《民法债编通则(一)·契约法总论》,三民书局 2011 年版,第 389 页。

[引申]

《民法典》第502条第3款规定:法律、行政法规规定解除合同应当办理批准等手续的,依照其规定。对此如何理解,存在着不同认识,需要辨明。本书作者认为,该条款含有如下意思:

(1) 法律、行政法规明文规定,合同解除须经有关部门批准等手续的,合同解除效果的发生必以有关部门已经办理批准等手续为要件,如果有关部门尚未甚至干脆不予办理批准等手续,则不发生合同解除的法律效果。

(2) 法律、行政法规没有关于合同解除须经有关部门的批准等手续的明文,合同解除就无需经过有关部门的批准等手续吗?本书作者认为,不得一概而论,应当区分情况而异其结论:① 如果被解除的合同不以有关部门的批准等手续为生效要件,则该合同的解除也不以有关部门的批准等手续为生效要件;② 如果被解除的合同以有关部门的批准等手续为生效要件,则该合同的解除也需要以有关部门的批准等手续为生效要件。

本书作者坚持②的观点,有两点理由支持:A. 国家行政主管部门对某些事关国家战略安全、国计民生的合同予以审批、登记,反映的是国家意志,体现的是行政部门对合同的管理。虽然它远远比不上《民法典》第143条规定的法律行为的有效要件所具有的地位及发挥的作用,但在一定意义上讲,两者也具有一定的类比性,非经严肃、严格的程序不得将之排除或变更。某些重要合同的成立、变更、撤销、解除须经国家有关主管部门的批准或登记,既是确保国家利益、国家战略安全的需要,也是宏观调控经济的需要。因为这样设计和操作,就使得国家有关主管部门"心中有数",在制订国民经济和社会发展规划、进行宏观调控时基于客观实际,而不是"拍脑袋"。假如中外合资经营企业合同等某些重要合同的撤销或解除仅由当事人私下决定,不经国家有关主管部门的批准,就难以使有关主管部门"心中有数",就难以避免"拍脑袋"地制订国民经济和社会发展规划、进行宏观调控时基于客观实际。B. 登记也有一定的公示作用。中外合资经营企业合同等某些重要合同在成立时予以登记,但在撤销、解除时无需登记,就保证不了登记的合同情况与社会生活中真实的合同情况相一致,有害于交易。

第四节 合同解除的效力

一、合同解除的效力概述

解除导致合同消灭,但究竟如何消灭,是溯及既往还是仅向将来消灭?是一部解除还是全部解除?合同消灭时,已经履行的债务如何处理?合同解除是否影响损害赔偿?这些就是合同解除的效力问题,均需加以讨论。因为这些问题的解决与合同解除的效果是采取直接效果说、间接效果说、折中说还是债务关系转换说/清算了结说有关,所以,首先简要地介绍这些学说。

所谓直接效果说,是指合同因解除而溯及既往地消灭,尚未履行的债务免于履行,已经履行的部分发生返还请求权的学说。依据此说,在不承认物权行为独立性和无因性的法制下,所给付的有体物的返还请求权应是物的返还请求权,具有物权性质和效力。在损害赔偿的范围上,存在着信赖利益说(柚木馨)和履行利益说(我妻荣)的分歧。[①]

间接效果说认为,合同本身并不因解除而归于消灭,只不过使合同的作用受到阻止,其结果对于尚未履行的债务发生拒绝履行的抗辩权,对于已经履行的债务发生新的返还债务。根据该说,合同解除场合发生的恢复原状义务,并非基于合同溯及既往的消灭,而是基于解除的本质,特别是有偿双务合同上给付与对待给付的等价交换的均衡,合同上的债权关系并非因解除而消灭,而是变形为恢复原状的债权关系(山中康雄、三宅正男)。恢复原状请求权被视为一种居于物权的请求权与不当得利请求权中间的、混合的特殊权利(铃木禄弥)。在损害赔偿的范围上通常解释为以履行利益为准。[②]

按照折中说,对于尚未履行的债务自解除时归于消灭(与直接效果说相同),对于已经履行的债务并不消灭,而是发生新的返还债务(与间接效果说相同)。[③]

债务关系转换说认为,由于解除使原合同关系变形、转换为原状恢复债权关系,原合同上的未履行债务转化为原状恢复债权关系的既履行债务而归于消灭,原合同上的既履行债务转化为原状恢复债权关系的未履行债务,经过履行后始行消灭。[④]

清算了结说认为,合同解除的效果,并非由法律规定发生,而是基于单方法律行为。解除权的行使,于双方的给付义务已经履行时,则建立了返还义务,解除权只是变更了合同的债之关系的内容,其债之关系仍然存在,因解除而在内容上变更为"清算关系"(Abwicklungsverhältnis)。[⑤] 如此,受领人负有返还给付的义务和办理移转登记的义务,给付人享有请求权属移转登记的权利,以为返还,不得径直请求所有权注销登记,或主张所有物返还请求权。[⑥] 简言之,合同解除场合,消灭的只是尚未履行的主给付义务,附随义务等则继续存在。

以上各说,各有其道理,《民法典》第557条第2款表述的是"合同解除的,该合同的权利义务关系终止"。有观点称这是采取直接效果说的体现,本书作者认为,基于该条款的规定,结合个案而下结论,可能更为妥当。

二、合同解除与溯及力

(一) 概说

合同解除有溯及力,是指解除使合同关系溯及既往地消灭,合同如同自始未成立。合同解除无溯及力,是指合同解除仅仅使合同关系向将来消灭,解除之前的合同关系仍然有效。本书作者认为,在协议解除情况下,有无溯及力原则上应取决于当事人的约定,无约定时由法院或仲裁机构根据具体情况确定。约定解除有无溯及力亦应依当事人的约定,无约定时视具体情况而定,如一方违约时应按违约解除的规则处理。不可抗力致使不能实现合同目的而解除合同,原则上可无溯及力,但如此会造成不公正的后果时则宜有溯及力。违约解除有无溯及力,应作具体分析。

---

① 〔日〕我妻荣:《债权各论》(上卷),日本岩波书店1954年版,第190页;〔日〕星野英一:《民法概论·Ⅳ·契约》,日本良书普及会1986年版,第94页;〔日〕柚木馨:《债权各论(契约总论)》,日本青林书院1956年版,第320页以下。
② 参见〔日〕水本浩:《契约法》,日本有斐阁1995年版,第107页。
③ 〔日〕我妻荣:《债权各论》(上卷),日本岩波书店1954年版,第190页;〔日〕星野英一:《民法概论·Ⅳ·契约》,日本良书普及会1986年版,第94页。转引自韩世远:《合同法总论》,法律出版社2004年版,第616—617页。
④ 〔日〕近江幸治:《民法讲义·V·契约法》,日本成文堂1998年版,第97—98页。
⑤ E. Wolf, *Ruecktritt, Vertretenmussen und Verschulden*, AcP153, 97. 转引自黄立:《民法债编总论》,中国政法大学出版社2002年版,第530页。
⑥ 参见王泽鉴:《民法物权》,北京大学出版社2009年版,第122页。

（二）违约解除与溯及力

确定违约解除有无溯及力,至少应遵循以下原则:其一,必须与违约解除的立法目的相符。这种解除的立法目的,是尽可能周到地保护守约方的合法权益,制裁违约方,有利于取得最佳的宏观经济利益,有利于市场经济的发展。其二,满足被解除的合同的性质和种类的要求。由此决定,加之《民法典》第557条第2款关于"合同解除的,该合同的权利义务关系终止"的规定,违约解除非继续性合同应以有溯及力为原则、无溯及力为例外。[1]

继续性合同的解除原则上无溯及力。

当然,继续性合同约定有解除时溯及既往的,则应当依其约定,解除具有溯及力。

三、合同解除与恢复原状[2]

恢复原状是有溯及力的解除所具有的直接效力,是双方当事人基于合同发生的债务全部免除的必然结果。

在合同尚未履行时,解除具有溯及力,基于合同发生的债权债务关系全部溯及地消灭,当事人之间当然恢复原状,不存在产生恢复原状义务的余地。恢复原状义务只发生于合同部分或全部履行的情况。由于合同自始失去效力,当事人受领的给付失去法律根据,应该返还给付人。

恢复原状在效力及范围上有自己的特性。在效力方面,因为中国法律未承认物权行为独立性和无因性理论,给付人请求受领人返还给付物的权利是所有物返还请求权,所以,它优先于普通债权得到满足。在范围方面,它以给付时的原物及其带来的有关利益为标准进行返还,受领人获得利益多少,在所不问。

四、尚未履行的债务免除与不当得利返还

合同解除无溯及力时,解除前的合同关系仍然有效,因此解除前进行的给付还有法律根据,只是自合同解除之时起尚未履行的债务被免除。这样,就发生了如下问题:当事人一方已经部分或全部履行了债务,对方却未履行对待给付,或者虽然也履行了债务,但双方各自的履行在数量上不对等。对这一问题采取所有物返还显然不妥,因为给付人在合同解除后仍未取得给付物的所有权。唯一的办法是运用不当得利制度加以解决,即受领人将其多得的利益按不当得利规则加以返还。

需要补充说明的是,在德国民法上,构成不当得利的要件是无法律上的原因,在合同有效的情况下受领的给付具有法律上的原因,也难以构成不当得利;但在中国民法上,构成不当得利的要件之一是没有法律根据,这较无法律上的原因宽泛,本书认为,受领给付时未付对价或只支付了部分对价,在合同解除时,该利益也属于没有法律根据。

即使合同解除有溯及力,但给付物已不复存在,或虽存在但返还给付物不符合效益原则等,或债务的履行为提供劳务的,也按不当得利返还处理(《民法典》第566条第1款)。

不当得利返还在效力方面不属于物权效力,而属于债的效力,在范围方面视受领人善意

---

[1] 详细分析,请见崔建远:《合同法总论》(中卷)(第2版),中国人民大学出版社2016年版,第767—772页。
[2] 关于合同解除与溯及力及恢复原状之间的关系,分歧严重。韩世远教授采取折中说,且认为恢复原状请求权为债权的请求权,参见韩世远:《合同法总论》,法律出版社2004年版,第617—629页;笔者则持相反的见解,参见崔建远:《解除权问题的疑问与释答》(下篇),载《政治与法律》2005年第4期;崔建远:《合同法总论》(中卷)(第2版),中国人民大学出版社2012年版,第697页以下。

或恶意的不同而有明显区别。受领人知道或应当知道其取得利益无根据时,给付人可以请求其返还受领的给付,至于在返还时受领人有无利益存在,则在所不问。受领人不知道且不应当知道受领的给付无法律根据的,以现存利益为限负返还责任。

五、合同解除与赔偿损失

合同解除与赔偿损失的关系宜区分不同情况而有不同的结论,兹分析如下:

(一)协议解除可以与赔偿损失并存

当事人有损害赔偿的约定时,依其约定。因为协议解除是当事人一方从有利于自己的角度出发,而提议或同意的解除。既然该当事人因协议解除而获得了利益,那么依据获得利益者承担风险的理论,他就应该负赔偿责任。该责任的范围包括:对方订立合同所支出的必要费用,因相信合同能适当履行而作准备所支付的必要费用;合同解除后需对方返还给付物时,对方因此支出的必要费用;合同解除需责任方返还给付物,却拒绝返还时,对方因此遭受的损失。当然,由于协议解除场合双方一般均无过错,因而赔偿数额可以适当减轻;如果双方在协议解除时商定了赔偿数额,那么应依其约定,除非该约定违反法律。

在诉讼过程中认定的协议解除,即使其中未约定违约责任、结算和清理的事项,主审法院应当基于案情,依照《民法典》第566条、第567条、第577条以下的规定,处理这些问题(《合同编通则解释》第52条第3款)。

(二)合同因不可抗力致其不能实现目的而解除,有时可以与赔偿损失并存

不可抗力致使不能实现合同目的的,当事人可以将合同解除。于此场合,按《民法典》第180条第1款、第590条的规定,当事人一般不负赔偿责任。但在下述情况,还应存在赔偿责任:一是当事人一方迟延履行后发生不可抗力,致使不能实现合同目的。其赔偿损失的范围包括:对方订立合同所支出的必要费用;对方为准备履行合同和接受履行而支出的必要费用;在需返还给付物时,对方所支出的必要费用;这种责任的成立与当事人过错地迟延履行有关,因此对间接损失的赔偿也应予以适当考虑。二是按中国法律规定的精神,在不可抗力发生时,当事人应采取补救措施,尽量减少不可抗力造成的损失。否则,责任方应对扩大的损失负责赔偿。

(三)第三人的原因造成不能履行而解除,可以与赔偿损失并存

在第三人的过错行为造成合同不能履行,合同因此而解除时,债务人应该承担赔偿责任。不过,债务人因此受到的损失,应视为系由第三人的过错行为所致,该债务人有权向第三人追偿。这样处理,既体现对过错第三人的惩罚,符合过错责任原则的要求;又使债权人与债务人之间的利益关系得到平衡,符合公平原则的精神。《民法典》第593条前段规定了这种责任。[①]

(四)约定解除与赔偿损失之间的关系

约定解除是否与赔偿损失并存,首先看当事人的约定。无此约定,当事人一方违约的,按违约损害赔偿处理;其他类型的合同解除场合,不存在损害赔偿。

(五)违约解除可以与赔偿损失并存

违约解除与赔偿损失之间的关系,在中国的学术界和实务界均有不同见解。个别专家、学者认为,违约解除排斥赔偿损失。另有少数专家、学者坚持违约解除场合仅仅存在直接损

[①] 详细分析和阐释,请见崔建远:《第三人的原因造成违约时的责任分配论》,载《政法论坛》2023年第1期。

失的赔偿。有相当多的专家、学者主张,违约解除排斥违约损害赔偿,但成立合同解除所生损害的赔偿。《民法典》已经明确规定:"合同因违约解除的,解除权人可以请求违约方承担违约责任,但是当事人另有约定的除外"(第566条第2款)。《合同编通则解释》补充规定:负有报批义务的当事人不履行报批义务的,对方有权请求解除合同并有权请求损害赔偿(第12条第1款、第2款)。

(六)任意解除场合的赔偿损失

在任意解除的场合,解除合同可归责于解除者时,依据《民法典》第933条的规定,解除合同者须承担损害赔偿责任。

关于这种责任的赔偿范围,计有三种意见:一是履行利益的赔偿,二是信赖利益的赔偿,三是直接损失。

本书区分情况而后决定采纳何种意见。若有证据证明主张"解除"的一方当事人是故意毁约,只不过打着解除合同的旗号,就应按拒绝履行追究"解除"者的违约责任,其赔偿范围应为履行利益的损失。除此而外,宜按第二种意见处理,即在任意解除场合发生的损害赔偿,其范围宜为信赖利益的赔偿。其道理在于,在任意解除场合的损害赔偿,是合同解除之后的损失赔偿,《民法典》第933条后段的表述为"因解除合同造成对方损失的,除不可归责于该当事人的事由外,无偿委托合同的解除方应当赔偿因解除时间不当造成的直接损失,有偿委托合同的解除方应当赔偿对方的直接损失和合同履行后可以获得的利益"。其中"无偿委托合同的解除方应当赔偿因解除时间不当造成的直接损失",属于信赖利益的损害赔偿;"有偿委托合同的解除方应当赔偿对方的直接损失和合同履行后可以获得的利益",则为履行利益的损害赔偿。

六、合同解除与违约金

合同约定有违约金条款,合同解除无溯及力时,该违约金条款不因解除而受影响,不言自明;即使合同解除有溯及力,违约金条款也不应受到影响。其道理如同上文"(五)违约解除可以与赔偿损失并存"中的分析。对此,《买卖合同解释》第20条规定:"买卖合同因违约而解除后,守约方主张继续适用违约金条款的,人民法院应予支持;但约定的违约金过分高于造成的损失的,人民法院可以参照民法典第五百八十五条第二款的规定处理。"

七、合同解除与担保

合同债务负有担保的,合同解除使合同债务变形,如填补的损害赔偿,前后两种债务关系具有同一性,担保转而附在损害赔偿债务之上,符合法理;即使不发生此种填补的损害赔偿,而是因清算形成的债务关系,如利息债务、差额债务,因抵押权、质权具有不可分性,留置权于此场合也应如此,这些担保转而附在利息债务、差额债务之上也有其根据。因此,《民法典》第566条第3款规定:"主合同解除后,担保人对债务人应当承担的民事责任仍应当承担担保责任,但是担保合同另有约定的除外。"

第十二章

合同权利义务的终止

第一节 合同权利义务的终止概述

合同权利义务的终止,望文生义,是指基于合同产生的权利义务全部归于消灭,固然正确;但将其界定为基于合同产生的权利消灭,基于合同产生的义务继续存在,或基于合同产生的义务消灭,基于合同产生的权利继续存在,也不好说错。结合《民法典》规定的抵销(第568条)、提存(第570条以下)、免除(第575条)、混同(第576条)解释合同权利义务的终止,可以认定它可有两种含义:其一,基于合同产生的权利归于消灭,或义务归于消灭,但合同关系——广义债的关系——并不完全终止,尚有狭义债的关系存在。正所谓"债权的消灭并不一定就全部消灭债权债务关系"[①]。其二,基于合同产生的权利义务——广义债的关系——全部归于消灭。

属于第一种意义的合同权利义务的终止,例如,在合同关系为双务法律关系的情况下,一方当事人免除相对人对自己承担的债务,相对人表示继续享有其债权;或一方当事人提存,使其债务归于消灭,但继续享有对相对人的债权,等等,均为合同关系尚未全部终止的例证。

属于第二种意义的合同权利义务的终止,简称为合同的终止,又称合同的消灭,是指合同关系在客观上不复存在,合同权利和合同义务归于消灭。合同义务被全部适当履行、合同解除都属于这种情形。其他的类型,例如,在单务合同场合,发生了抵销、提存、免除或混同,附着于合同关系的解除权、终止权、抗辩权等从权利和告知义务等从义务,也随之消失,那么,合同关系——广义债的关系——全部终止。再如,在双务合同场合,仅剩余一种狭义债的关系,其他的狭义债的关系因适当履行已经不复存在,此时发生抵销、提存、免除或混同,附着于合同关系的解除权、终止权、抗辩权等从权利和告知义务等从义务,也随之消失,那么,合同关系也终止。

合同关系为有期限的民事法律关系,它不能永久存续。因而,合同关系为一动态关系,是存在于时间过程上的一种程序,有着从发生到消灭的历程。"债权系法律世界中之动态因素,含有死亡之基因,目的已达,即归消灭。"[②]

正因为存在着上述差异,本书未完全按照《民法典》"第三编 合同"之"第七章 合同的权

---

① 〔日〕於保不二雄:《日本民法债权总论》,庄胜荣校订,五南图书出版有限公司1998年版,第391页。
② Radbruch, Rechtsphilosophie, 1963, S. 243. 转引自王泽鉴:《债法原理》,北京大学出版社2009年版,第40页。

利义务终止"规定的体系,讨论合同权利义务的终止,依次解说适当履行、合同解除、抵销、提存、免除、混同,而是将合同解除和适当履行剔除出去,另行成章,专门研讨。

第二种意义上的合同权利义务的终止,不同于合同的变更。后者是合同关系中的内容要素、标的物要素的变化。广义的合同变更还包括合同主体的变化。但无论何者,合同关系依然存在。而第二种意义上的合同权利义务的终止,则是消灭既存的合同权利义务关系。至于第一种意义上的合同权利义务的终止,为合同变更的一种,属于合同关系中的内容要素的变更,不属于标的物要素的变更。

合同权利义务的终止与合同效力的停止也不同。合同效力的停止,是指债务人基于抗辩权的行使,拒绝债权人的履行请求,以停止债权的行使。抗辩权的作用之一在于阻止债权人请求权的行使,因而它以请求权的存在为前提。也就是说,此时的合同关系并未消灭,只不过效力暂时停止而已,这显然与第二种意义上的合同权利义务的终止有别[①];也不同于第一种意义上的合同权利义务的终止,因为它是基于合同产生的权利或义务实质上归于消灭。

合同权利义务终止的原因,尤其是第一种意义上的合同权利义务终止的原因,大致有三类:一是基于当事人的意思,如免除、合意解除;二是基于合同目的消灭,如不能履行、清偿、混同;三是基于法律的直接规定,如中华人民共和国成立初期以法律规定的方式废除劳动人民所欠地主的债务。按照本书的体例分工,本章仅讨论清偿、抵销、提存、免除、混同等合同权利义务终止的原因。

第二种意义上的合同权利义务的终止,使合同关系不复存在,同时使合同的担保及其他权利义务也归于消灭。合同的担保,包括抵押权、质权、留置权等。其他权利义务,如违约金债权、利息债权等。

负债字据为合同权利义务的证明。合同权利义务终止后,债权人应将负债字据返还于债务人。债权人如能证明字据灭失,不能返还,应向债务人出具债务消灭的字据。

合同权利义务终止后,当事人应当遵循诚实信用原则,根据交易习惯,履行通知、协助、保密等义务(《民法典》第509条第2款)。例如,离职的受雇人仍应为厂家或其他雇主保守营业秘密;房屋的出租人在租赁合同终止后仍应允许承租人在适当位置张贴移居启事等。当事人违反上述合同终止后的义务(后合同义务),应承担赔偿实际损失的责任。

第二节 清 偿

一、清偿的概念

清偿,是指按债的本旨而实现债权内容的行为。至于何谓按债的本旨,根据主体方面、客体方面、场所、时间是否合乎债的内容而决定。[②] 清偿与履行的意义相同,只不过履行是从合同的效力、合同的动态方面观察的,而清偿则是从合同的权利义务终止、债权的消灭的角度着眼的。至于清偿(履行)与给付之间的关系,则并不如此简单。在不注重给付结果的债的关系中,债务人为给付(行为),即为(适当)履行,就是清偿;在同时注重给付行为和给付

[①] 王家福主编:《中国民法学·民法债权》,法律出版社1991年版,第189页;史尚宽:《债法总论》(第5版),荣泰印书馆股份有限公司1978年版,第723页。

[②] 〔日〕於保不二雄:《日本民法债权总论》,庄胜荣校订,五南图书出版有限公司1998年版,第330页。

结果的债的关系中,债务人为给付(行为),但未达成给付结果的,便不是(适当)履行,亦非清偿。

合同当事人利益的实现为合同的本来目的。债务一经清偿,即实现债权客体的给付,债权人并已受领时,债权即因其达到目的而消灭。在双务合同场合,只有两项债务均被清偿时,合同的权利义务才会终止。

从债权实现方面看,债务人履行债务固属清偿,第三人为满足债权人的目的而为给付,亦应如此对待。此外,即使依强制执行或实行担保权而获得满足,也应发生清偿的效果。

清偿是否必须有清偿人的清偿意思和受偿人的受偿意思?现在一般认为,清偿并非仅仅以清偿意思的后果消灭债权,还要按照达到目的的法理消灭债权,并且还应明确区分清偿和为清偿的给付行为。这样一来,对于清偿并不一定要有清偿意思,因而清偿并非法律行为[①],特别是在不采取物权行为的法制上,更是如此。清偿基本上为事实行为,从而关于法律行为的规定于此场合不再适用。例如,无行为能力人或限制行为能力人完全可以清偿。再如,不适用代理的规定。

应予注意,即使在不采取物权行为的法制下,清偿也可能为法律行为。例如,受托人通过与第三人签订商品房买卖合同来履行受托义务,即属于清偿为法律行为的例证。在这种情况下,应当适用《民法典》关于法律行为、代理等规定。

二、代为清偿

在法律有规定或合同有约定时,清偿可由第三人进行,这在本书第六章"合同的履行"中已经阐述过。除此类情形之外,还有代为清偿制度,即清偿由第三人代而为之的制度。之所以如此,是因为债权人可由第三人清偿而使自己的权利全部或部分得以实现。债务人不过是改向第三人承担债务,且在第三人以赠与为目的代为清偿时,债务人还可因此而免去其所负担的给付义务。所以,对他并无不利,对于代为清偿的第三人也无不利可言。这是代为清偿制度得以生存和发展的利益基础和根本动力所在,《民法典》已经确立了该项制度的一种形态(第524条)。

尽管如此,代为清偿也并非在一切情况下都适用,其成立必须符合下述条件:(1)依合同性质,可以由第三人代为清偿。如作为合同关系内容的债务属于专属性的,则性质上不许代为清偿。普遍认可的基于债务性质不得代为清偿的情形有:不作为债务,以债务人本身的特别技能、技术为内容的债务,因债权人与债务人之间的特别信任关系所生的债务等。(2)债权人与债务人之间没有不得由第三人代为清偿的约定,即使有约定,也必须在代为清偿前为之,否则无效。(3)债权人没有拒绝代为清偿的特别理由,债务人也无提出异议的正当理由。如果代为清偿有违公序良俗或诚实信用,对债权人、债务人或社会有不利的影响;或代为清偿违反其他强制性规定时,债权人就有权拒绝受领代为清偿,债务人也有权提出异议,不发生清偿的效力。(4)代为清偿的第三人必须有为债务人清偿的意思,《民法典》第524条前段规定"第三人对履行该债务具有合法利益"。在这点上,代为清偿与债务承担不同:第一,若为清偿人的错误,误信为自己的债务而为清偿时,不成立代为清偿;第二,连带债务人、不可分债务人,仅在超过了自己本来负担的给付义务而为清偿的范围内,始构成代为清偿。

---

① 〔日〕於保不二雄:《日本民法债权总论》,庄胜荣校订,五南图书出版有限公司1998年版,第331页。

就代为清偿之人必须有为债务人清偿的意思而言,代为清偿与代理清偿有相同之处,但二者也有区别:第一,代理清偿系基于代理人与债务人之间代理清偿的合意,为任意行为。而代为清偿无需有此种合意,且既有任意行为又有法定行为。第二,代理清偿中给付的提出视为债务人自己提出,而且必须有清偿的效力直接对债务人发生的意思表示。而代为清偿中给付的提出,仅对债权人而言,可视为债务人自己提出,且代为清偿的效力也有特殊之处。第三,在代理清偿场合,合同一般都因清偿而绝对地消灭。而在代为清偿情形下,合同仅在债权人与债务人之间相对地消灭。第四,在代理清偿场合,代理人可能的利益损失依代理协议加以处理。在代为清偿场合,第三人的利益补偿可基于当事人之间的协议,也可基于法律的直接规定。

对于已经成立的代为清偿,还存在效力问题。对此,应区分情况加以考察:

1. 从债权人与债务人之间的关系考察

代为清偿系因第三人以为债务人的意思而为清偿,所以,在债权人与债务人之间,合同关系归于消灭,债务人免除义务。但在双务合同中,须双方的债务均获清偿,合同关系才消灭。此时除非第三人得代位债权人,否则债务人有债权证书的返还请求权。如果债权人无正当理由而拒绝受领代为清偿时,应负受领迟延责任。对此,债务人也可主张。

2. 从债权人与第三人之间的关系考察

如果第三人系对债务履行具有合法利益的第三人(《民法典》第524条第1款正文),则依清偿代位制度,在其可得求偿的范围内,债权人所享有的权利当然移转于第三人(《民法典》第524条第2款)。如果为其他第三人,也可依约定而在其求偿权的范围内代位债权人。此时应注意以下几点:(1)如果仅为一部分的清偿代位,则第三人所取得部分担保权的位序,应后于债权人剩余部分债权的担保权。(2)债权人对于第三人不负瑕疵担保责任,此点与债权让与有明显区别。债权让与合同若为买卖、互易、代物清偿,则属于有偿合同。为增进交易信用,保护交易安全,让与人(债权人)应对受让人(第三人)负瑕疵担保责任。但在清偿代位场合,则多有不同。法定清偿代位,第三人取代债权人的地位系直接基于法律的规定,故债权人对于第三人当然不负瑕疵担保责任。任意清偿代位,第三人取代债权人的地位无论是由于债务人抑或债权人的同意,都是为了保证第三人的求偿权得以实现,根本不可视同买卖,故债权人对于第三人也无瑕疵担保责任可言。(3)第三人对于债权人有债权证书的返还请求权。如果仅为一部清偿代位,第三人可请求于债权证书中记入代位。中国目前可由第三人请求在负债字据上附记代位或请求给予代位的确认证书(或确认字据)。(4)代为清偿的第三人有权指定清偿的抵充。(5)对于选择债务,在符合公平原则的情况下,第三人有选择权。①

如果第三人系依债权人的委托而代为清偿时,对于债权人可依委托合同约定请求费用的偿还或报酬的支付。②

3. 从第三人与债务人之间的关系考察

如果第三人与债务人之间有委托合同,则适用委托合同的规范,第三人有求偿权。如果第三人与债务人之间既无委托合同又无其他履行上的利害关系时,第三人可依无因管理或不当得利的规定求偿。于此场合,第三人负有及时通知债务人其清偿事实的义务,若怠于通

---

① 王轶:《代为清偿制度论纲》,载《法学评论》1995年第1期。
② 史尚宽:《债法总论》(第5版),荣泰印书馆股份有限公司1978年版,第741页。

知,导致债务人为二重清偿时,应负损害赔偿责任。不过,该赔偿债务不妨和第三人(清偿人)的求偿权相抵销。①

第三人以赠与的意思为清偿,不发生求偿权。

第三人因代为清偿而有代位权:(1)在其求偿权的范围内,得对债务人行使债权人的一切权利。②(2)债务人对于债权人有可得抗辩的事由,有可供抵销的债权,对于代位后的第三人也可主张。(3)第三人因代为清偿而享有的求偿权与代位权,为请求权的并存,因一权利的行使而得满足时,其他权利即归消灭。

三、清偿费用

清偿费用,是指清偿所需要的必要费用。例如,物品交付的费用、运送物品的费用、金钱邮汇的邮费,但不包括合同标的本身的价值。通常情况下,清偿费用有运送费、包装费、汇费、登记费、通知费等。

对于清偿费用,法律无明文规定、当事人又无约定时,由债务人负担。但因债权人变更住所或其他行为而致增加清偿费用时,增加的费用由债权人负担。例如,债权人受领迟延而致清偿费用增加,债权人请求对物品特别包装而增加费用,债权人请求将物品送往清偿地以外的地点而增加费用,因债权移转增加费用,均由债权人负担。"不过即使由债权人负担的情况下,债务人只能进行清偿后的求偿或从清偿总额中扣除该项数额,而不能主张就清偿同时履行。"③

四、清偿的抵充

清偿抵充,是指债务人对同一债权人负担数项同种类债务,而债务人的履行不足以清偿全部债务时,决定该履行充作某项或某几项债务的现象。

清偿抵充必须具备如下要件:(1)必须是债务人对同一债权人负担数项债务。此数项债务,可以是自始发生在债务人和债权人之间,也可以是嗣后由他人之处承担而来,还不论此数项债务是否均届清偿期。(2)数项债务的种类相同。种类不同者,自可依给付的种类确定系清偿何项债务。例如,债务人借米、面各50斤,债务人如提出偿还50斤米时,不发生抵充问题。若债权人先订购某种书籍100册,后又追加50册,此时债务人只送交50册,即发生抵充的效果。(3)必须是债务人的给付不足以清偿全部债务,但至少是足以清偿一项债务,否则,债权人可以拒绝其为一部清偿,也不发生抵充问题。

清偿抵充的方法可分为三种:(1)合同上的抵充。当事人之间就债务人的给付系抵充何项债务有约定时,从其约定(《民法典》第560条第1款后段)。抵充合同既可为明示,也可以为默示;抵充合同订立的时间既可在给付时,也可以在给付前。(2)清偿人指定的抵充。如果当事人之间没有约定,则清偿人有权单方面指定其给付系清偿何项债务(《民法典》第560条第1款后段)。这种指定为形成权的行使,应向清偿受领人以意思表示为之,一经指定,清偿人不得撤销。指定应在清偿时提出。(3)法定抵充。清偿人不为指定或未为指定时,应当优先履行已经到期的债务;数项债务均到期的,优先履行对债权人缺乏担保或

---

① 史尚宽:《债法总论》(第5版),荣泰印书馆股份有限公司1978年版,第741页。
② 同上。
③ 〔日〕於保不二雄:《日本民法债权总论》,庄胜荣校订,五南图书出版有限公司1998年版,第345页。

担保最少的债务;均无担保或担保相等的,优先履行债务人负担较重的债务;负担相同的,按照债务到期的先后顺序履行;到期时间相同的,按照债务比例履行(《民法典》第 560 条第 2 款)。

实情是,债权人和债务人就抵充达成合意的情形有限,在不成立抵充合同的情况下,需要确定以哪方当事人就抵充而为的指定为准。有观点认为,由债务人决定其清偿指向的是哪个或哪些债权。债务人的指定可为明示(如在汇付委托书上注明账目号),也可为推断的方式(如经催告而支付,在此种情形,所指的将是被催告的债务)。但是,如果这种指定不能依约定而被移至以后的时间,则其至迟必须于给付时间时进行。在债务人不作出指定的情况下,排在第一位的是到期债务。如果有数项债务同时到期,则给付应抵充为债权人提供较少担保的债务。如果清偿人于清偿时未行使抵充指定权,那么,清偿受领人在受领时,以对于清偿人的意思表示,可指定该清偿的抵充。

就主债务、利息和实现债权的有关费用与抵充之间的关系,《民法典》第 561 条规定:"债务人在履行主债务外还应当支付利息和实现债权的有关费用,其给付不足以清偿全部债务的,除当事人另有约定外,应当按照下列顺序履行:(一) 实现债权的有关费用;(二) 利息;(三) 主债务。"此外,按照《民法典》第 430 条的规定,质押合同无另外约定时,质权人收取质物的孳息,先充抵收取孳息的费用,再充抵质权担保的债权。显然,这些规定缺乏些细节,有必要借鉴德国民法及其学说关于"如果债务人作出其他指定,则债权人可以拒绝给付。但是,如果债权人受领给付,则适用债务人的抵充指定"的规则,借鉴日本民法及其理论关于"费用之间、利息之间、原本之间,应按最有利于债务人的原则进行抵充","费用、利息无论其是否已届至清偿期,都必须先于本金而抵充"的规则。

与此相关,在本金、违约金、赔偿金同时存在的场合确定抵充顺序,若贯彻最有利于债务人的原则,就应当先抵充违约金、赔偿金,不得先抵充本金。

主张清偿抵充一定债务的清偿者,应由债务人举证证明所抵充债务已消灭。债权人对于债务人有数项同种内容的债权,如债务人证明为履行目的已对债权人为给付,那么,债权人主张其抵充其他同种债权的,就应当举证其他同种债权的确存在。

清偿的其他问题,见本书第六章"合同的履行"中的论述。

第三节 抵 销

一、抵销概述

抵销,是指当事人双方互负债务而其给付的种类相同,并已届清偿期的,各以其债权充当债务之清偿,而使其债务与相对人的债务在对等额内相互消灭的现象(《民法典》第 568 条第 1 款)。从债权的角度描述,就是具有相互性的债权在对等额内相互消灭。主张抵销的一方当事人叫作抵销权人,简称为抵销人。抵销人的债权,即债务人的债权,称为自动债权,或抵销债权,或反对债权。被抵销的债权,即债权人的债权,叫作被动债权,或受动债权。

抵销依其产生的根据不同,可分为法定抵销和合意抵销两种。法定抵销由法律规定其构成要件,当要件具备时,依当事人一方的意思表示即可发生抵销的效力。依当事人一方的意思表示即可发生抵销效力的权利,称为抵销权,属于形成权。合意抵销是指按照当事人双方的合意所为的抵销。它重视当事人的意思自由,可不受法律规定的构成要件的限制。当事人订立的这种合同叫作抵销合同,其成立应依照《民法典》"第三编 合同"之"第二章 合同的订立"及第 569 条关于合意抵销的规定。抵销合同的性质,有人认为属于清偿或者拟制清偿,有人认为属于代物清偿,有人认为系两个互无关系的无因的免除合同,有人认为系一个双务的免除合同,有人认为系独立种类的合同。① 抵销合同的效力是消灭当事人之间同等数额之内的合同关系。本节仅介绍法定抵销。

抵销的功能,一是节省给付的交换,降低交易成本;二是确保债权的效力,具有一定的担保功能,在双方当事人互负债务时,如当事人一方只行使自己的债权而不履行自己的债务,那么相对人就会受损害,抵销则能克服这一弊端;三是在某些场合确保自己是在正当地行使权利,而非违约。例如,在出租人违反了对租赁物必须拥有所有权的约定时,构成违反从给付义务,应当承担违约责任,但承租人若以此为由拒付租金,则不是在行使先履行抗辩权或同时履行抗辩权,而是违约,因支付租金义务与对租赁物拥有所有权的义务不构成对待给付义务。于此场合,承租人请求出租人承担违约责任,同时主张将租金与损害赔偿金或违约金在相同数额内抵销,具有法律依据,使自己处于有利地位。再如,租赁合同约定承租人有权将租赁物转租,只是转租面积限于租赁物面积的 75%。待承租人与转承租人签订了转租合同,需要出租人出具租赁物所有权证等文件予以协助时,出租人却违反其义务,致使转租合同的履行受阻,甚至于终止,给承租人造成损害。于此场合,承租人拒付租金,恐难构成抗辩权的行使,反而导致违约;如果承租人请求出租人承担违约责任,同时主张将其租金与损害赔偿金或违约金在相同数额内抵销,具有法律依据,能够达到一石二鸟的目的。

二、抵销的要件

按照《民法典》第 568 条第 1 款的规定,抵销必须具备以下要件才能生效。

1. 必须是双方当事人互负债务、互享债权(债权的相互性)

抵销以在对等额内使双方债权消灭为目的,故以双方互享债权为必要前提。抵销权的产生,在于当事人对于相对人既负有债务,同时又享有债权。只有债务而无债权或只有债权而无债务,均不发生抵销问题。

当事人双方存在的两个债权债务,必须合法有效。任何一个债权债务不能有效存在,就当然不能抵销。

就主动债权而言,必须有请求权存在,请求力被排除的不完全债权,不得作为主动债权而主张抵销。② 在附条件的债权中,若所附条件为停止条件(生效条件),在条件成就前,债权尚不发生效力,自不得为抵销;若所附条件为解除条件,则条件成就前债权为有效存在,故得为抵销;且条件成就并无溯及力,因而行使抵销权后条件成就时,抵销仍为有效。③

超过诉讼时效期间的债权,作为主动债权而主张抵销时,对方有权援用时效完成的抗辩,阻却抵销(《合同编通则解释》第 58 条第 1 句)。这在实质上相当于此种债权不得作为主动债权而主张抵销。不过,此类债权若为被动债权的,则可用作抵销(《合同编通则解释》第 58 条第 2 句)。于此场合,可认为债务人抛弃了时效利益。④ 此其一。对超过诉讼时效期间的债权,当事人双方就原债务达成还款协议的,按照意思自治原则,应当依法予以保护。

---

① 史尚宽:《债法总论》(第 5 版),荣泰印书馆股份有限公司 1978 年版,第 826 页。
② 同上。
③ 王家福主编:《中国民法学·民法债权》,法律出版社 1991 年版,第 203 页。
④ 同上。

据此,与此类债务相对的债权可以用作抵销。此其二。与此类似,借款合同项下的偿还本息的债务虽然已经罹于诉讼时效,出借人向借款人发出催收到期贷款通知单,借款人在该通知单上签字或盖章的,可视为借款人同意还本付息,该债权债务关系应当受法律保护。据此,此类债权可以作为主动债权而抵销。此其三。债权人对于主债务人的请求权已经罹于诉讼时效,可否由债权人以对保证人(抛弃先诉抗辩权)所负债务与该保证人所负保证债务主张抵销?虽有肯定说,但是否定说更为合理;债权人若可主张抵销,因保证人对于主债务人有求偿权,其结果无异于剥夺主债务人的时效利益,显非公平。考虑到保证人因债权人对于主债务人的请求权已经罹于诉讼时效而得主张诉讼时效完成的抗辩,并非因保证债务罹于诉讼时效所致,实为保证债务的从属性使然。① 此其四。

附有同时履行抗辩权的债权,不得以之为主动债权而主张抵销,否则即为剥夺相对人的抗辩权。但若作为被动债权,则可认为抵销权人已抛弃同时履行抗辩权,此时以之为抵销,当无不可。②

第三人的债权,即使取得该第三人的同意,也不能以之为抵销。因为一方面,此时仅一方当事人能够主张抵销,而相对人则无此权利,有失公平;另一方面,第三人的债权对其债权人关系巨大(如该债权已经出质),如允许用作抵销,则可能害及第三人的债权人的利益(如使得债权质权因失去标的物而难以存续)。不过,若绝对如此,有时会导致不适当的结果,需要设置若干例外:(1)在债权让与的情况下,债务人对原债权人享有债权的,得向债权受让人主张抵销(《民法典》第549条)。(2)为了避免保证人于承担保证责任后向主债务人求偿困难,加剧保证人难觅的局面,主债务人对于债权人的债权,保证人得主张抵销之。有学者主张,中国法应当承认保证人的这种抵销权。③ (3)连带债务人中的一人对于债权人享有债权的,其他连带债务人以该债务人应分担的部分为限,得主张抵销。④ (4)向出租人进行的租金支付依法对(租赁物的)取得人有效力的,承租人得以自己对出租人享有的债权抵销取得人的租金债权。(5)在个案中,依据诚信原则和公平原则应该承认欠缺相互性的两项债权抵销的,应予允许。

2. 双方互负债务,必须标的物的种类、品质相同

双方互负债务,必须标的物的种类、品质相同,才可抵销。如果标的物的种类、品质不同,一是债务各有其不同的经济目的,抵销很可能使之落空;二是债务的经济价值不同,抵销难以公平。⑤

抵销既然要求标的物的种类、品质相同,因而最适合于种类之债,尤其是货币之债。标的物的种类、品质相同,即可抵销,至于标的物的数额是否一致,则在所不问。履行地点,不属于债务的种类范畴,债务异其履行地点的,可以抵销,只是主张抵销的债务人应当赔偿相对人因抵销而遭受的损失。⑥ 本书赞同这种处理,建议中国民法予以借鉴。

给付物的种类虽然相同,但品质不同时,例如甲级刀鱼和乙级刀鱼,原则上不允许抵销,但允许以甲级刀鱼的给付抵销乙级刀鱼的给付。以特定物为给付物时,即使双方的给付物

---

① 孙森焱:《民法债编总论》(下册),法律出版社2006年版,第905—906页。
② 王家福主编:《中国民法学·民法债权》,法律出版社1991年版,第203页。
③ 程啸:《保证合同研究》,法律出版社2006年版,第248页。
④ 孙森焱:《民法债编总论》(下册),法律出版社2006年版,第904页。
⑤ 郑玉波:《民法债编总论》(修订2版),陈荣隆修订,中国政法大学出版社2004年版,第513页。
⑥ 同上。

属于同一种类,也不允许抵销。但是,在双方当事人均以同一物为给付物时,仍属同一种类的给付,可以抵销。例如,甲有向乙请求交付某特定物的债权,同时对于丙负有交付该物的债务,嗣后在乙继承丙的遗产场合,就发生这种抵销。当事人一方的给付物为特定物,对方的给付物为同种类的不特定物,因二者不是同种类的给付,不允许以种类债权对特定债权抵销,但允许以特定债权抵销种类债权。在双方当事人的债权皆为种类债权,但种类的范围有广有狭时,范围狭的种类债权对范围广的种类债权可以抵销;范围广的种类债权对范围狭的种类债权,则不允许抵销。因为在后者,其给付的种类不同一。在双方的债权或一方的债权为选择债权场合,如果依选择权行使的结果是给付种类相同,就允许抵销。①

在德国民法及其学说上,在下列情况下,不排除同种类性:(1)同种类性不因两项债权的履行地点不同而被排除。然而,主张抵销的一方必须向另一方赔偿其诸如因不能在指定的地点获得或履行债务而遭受的损失。(2)同种类性不因债权范围的不同而被排除。如果存在此类不同,则仅在债权相互抵销的限度内,发生抵销的效力。②(3)法律性质和法律理由的同种类性是不必要的。因此,公法性的债权与私法性的债权可以相互抵销。③ 这三种情形不违背抵销制度的规范意旨、功能,可资赞同,中国法及其理论有必要借鉴。

3. 必须是自动债权已届清偿期

因债权人通常仅在清偿期届至时,才可以现实地请求清偿,若未届清偿期,也允许抵销的话,就等于在清偿期前强制债务人清偿,牺牲其期限利益,显属不合理。所以,自动债权已届清偿期才允许抵销。在自动债权未定清偿期的情况下,只要债权人给债务人以宽限期,宽限期满即可抵销。

尽管《民法典》要求双方的债权均届履行期(第 568 第 1 款),但因债务人有权抛弃期限利益,在无相反的规定或约定时,债务人可以在清偿期前清偿。所以,受动债权即使未届清偿期,也应允许被抵销。

同时,应注意另一方面的问题:债权即使已届清偿期,但当事人约定不得抵销的,宜承认该约定有效。

应该指出,在破产程序中,破产债权人对其享有的债权,无论是否已届清偿期,无论是否附有期限或解除条件,均可抵销(《企业破产法》第 40 条)。

关于抵销的问题,与《民法典》第 568 条第 1 款所要求的构成要件不同,《民法典》第 549 条特设了自己的构成要件。就债权转让领域的抵销而言,前者为一般法,后者为特别法,优先适用。④

4. 须非不得抵销的债务

《民法典》第 568 条第 1 款但书规定,根据债务的性质不得抵销的,不得抵销。如果互相抵销即违反债的本旨,或不符合给付目的的,就属于根据债务的性质不得抵销的债务。例如,互相不得竞业的不作为债务,或提供劳务的单纯作为债务,均为性质上不得抵销的债

---

① 胡长清:《中国民法债篇总论》(下册),商务印书馆 1947 年版,第 585 页;诸葛鲁:《债之抵销》,载《法令月刊》第 19 卷第 1 期。

② 〔德〕迪特尔·梅迪库斯:《德国债法总论》,杜景林、卢谌译,法律出版社 2004 年版,第 208 页;〔德〕迪尔克·罗歇尔斯:《德国债法总论》(第 7 版),沈小军、张金海译,沈小军校,中国人民大学出版社 2014 年版,第 147 页。

③ BGHZ16,124(127);〔德〕迪尔克·罗歇尔斯:《德国债法总论》(第 7 版),沈小军、张金海译,沈小军校,中国人民大学出版社 2014 年版,第 147 页。

④ 详细论述,请见崔建远:《论中国民法典上的抵销》,载《国家检察官学院学报》2020 年第 4 期。

务。①《合同编通则解释》第57条规定:"因侵害自然人人身权益,或者故意、重大过失侵害他人财产权益产生的损害赔偿债务,侵权人主张抵销的,人民法院不予支持。"

《民法典》第568条第1款但书还规定,按照当事人约定不得抵销的债务,不得抵销。从意思自治原则的要求着眼,这是当然的结论,就此说来,该但书值得赞同,但是,如果该约定损害第三人的合法权益,有害交易安全的,则应当认定为无效。② 从这方面看,《民法典》第568条第1款但书涵盖过宽,应予限缩适用范围,即设置例外——当事人约定不得抵销,损害第三人的合法权益,有害交易安全的,约定无效。

《民法典》第568条第1款但书又规定,依照法律规定不得抵销的债务,不得抵销。例如,《合伙企业法》第41条前段规定,合伙人发生与合伙企业无关的债务,相关债权人不得以其债权抵销其对合伙企业的债务。再如,《企业破产法》第40条规定,有下列情形之一的,不得抵销:其一,债务人的债务人在破产申请受理后取得他人对债务人的债权的。其二,债权人已知债务人有不能清偿到期债务或破产申请的事实,对债务人负担债务的;但是,债权人因为法律规定或有破产申请一年前所发生的原因而负担债务的除外。其三,债务人的债务人已知债务人有不能清偿到期债务或破产申请的事实,对债务人取得债权的;但是,债务人的债务人因为法律规定或有破产申请一年前所发生的原因而取得债权的除外。

三、抵销的方法

对于抵销,《法国民法典》采取当然抵销主义,即双方债权适于抵销状态时,无需当事人就此为任何行为,依法律规定自动发生抵销的效果(第1290条)。与此不同,《德国民法典》要求当事人为抵销的意思表示,才发生抵销的法律效力(第388条)。《日本民法典》亦然(第506条第1项)。中国《民法典》借鉴了后一种模式,规定当事人主张抵销的,应当通知对方(第568条第2款前段)。这表明,在《民法典》上,抵销为单独行为,应适用法律关于法律行为及意思表示的规定。

值得注意的是,《全国法院民商事审判工作会议纪要》第43条前段在中国法上首次明确:抵销权既可以通知的方式行使,也可以提出抗辩或者提起反诉的方式行使。当然,由于抵销是抵销权的行使,反诉/反请求才符合其本质要求,就此说来,《全国法院民商事审判工作会议纪要》第43条关于抵销可以提出抗辩的方式行使的规定,有必要予以反思。

抵销,系处分债权的行为,抵销人,亦称抵销权人,对于债权须有处分权才有权抵销,且应具有相应的行为能力。不过,出质人对其出质的债权虽有处分权,但须经质权人同意方可抵销,不然,就损害了质权人的权益。遗产管理人就遗产的债务可以为抵销。限制行为能力人的法定代理人可以代为抵销。再者,抵销权虽属形成权,尚非专属权,故可为代位权行使的标的。③ 这符合法理,也衡平了各方的利益,值得中国法及理论接受。

抵销通知给对方——被动债权的债权人。在债权让与的场合,被动债权的债权人为债权的受让人,抵销的意思表示便应向该受让人为之。被动债权被第三人申请扣押时,抵销的意思表示不但应向被动债权的债权人为通知,还应向扣押的申请人为之。被动债权的债权人为无行为能力人或限制行为能力人的,抵销的意思表示应送达到其代理人之处。

---

① 林诚二:《民法债编总论——体系化解说》,中国人民大学出版社2003年版,第560页。
② 参见黄立:《民法债编总论》,中国政法大学出版社2002年版,第713页。
③ 孙森焱:《民法债编总论》(下册),法律出版社2006年版,第913页。

抵销的意思表示，不得附有条件或期限（《民法典》第 568 条第 2 款后段），因为抵销等单独行为本为确定法律关系而有价值，如容许附加条件，将使法律关系愈不确定，易陷相对人于不利，故为保护相对人的利益，原则上应认不许附加条件。唯有二种例外，一是附加条件经过了相对人同意，二是条件的成就与否，纯由相对人决定。① 抵销的意思表示不得附有期限，其理由也在于使法律关系尽早确定，以符合抵销乃确定法律关系的本质。

四、抵销的效力

（一）二人互负债务在同等数额内消灭

《民法典》第 568 条第 1 款正文后句规定："任何一方可以将自己的债务与对方的到期债务抵销。"《全国法院民商事审判工作纪要》第 43 条第 2 句后段规定："双方互负的债务在同等数额内消灭。"据此可以推知，抵销使双方的债权按照抵销数额而消灭。之所以如此，是因为从自动债权方面看，不能超过自己的债权额获得满足；从被动债权方面看，也仅于得获满足的范围，即仅就自动债权额消灭其债权。由此决定，一方的债权额大于对方的债权额时，前者仅消灭一部分债权额，残存的债权仍然存续；后者则全部消灭。

对于此处所谓债务数额，《全国法院民商事审判工作纪要》第 43 条第 3 句明确："双方互负的债务数额，是截至抵销条件成就之时各自负有的包括主债务、利息、违约金、赔偿金等在内的全部债务数额。"

抵销为债权的行使，依据《民法典》第 195 条第 1 项的规定，诉讼时效开始中断，就残存的债权，诉讼时效期间应该重新计算，其起算点为残存债权的履行期限届满的次日。

（二）抵销通知到达对方时发生抵销的效力

《民法典》第 568 条第 2 款中段规定："通知自到达对方时生效。"《合同编通则解释》进一步明确，人民法院经审理认为抵销权成立的，应当认定通知到达对方时双方互负的主债务、利息、违约金或者损害赔偿金等债务在同等数额内消灭（第 55 条）。据此便有如下效果：（1）自此时起，就消灭的债务不再发生支付利息的债务。② （2）自此时起不成立债务人迟延责任，如为债务迟延而给付迟延利息，得依不当得利的规定请求返还利益。债务人的违约金债务亦归于消灭。③ （3）部分连带债务人抵销债务的，其他债务人对债权人的债务在相应范围内消灭；该债务人可以依据前条规定向其他债务人追偿（《民法典》第 520 条第 1 款）。

（三）因清偿地不同的债务为抵销发生的损害赔偿

有观点认为，以清偿地不同的债务为抵销的，应赔偿另一方因抵销而发生的损害，如此才公平。此种类型的损害赔偿责任，既非债务不履行，亦非侵权责任，自不以抵销人的故意或过失为要件，但仍遵循因果关系和损益同销的规则。④

（四）抵销的抵充

抵销，因主动债权不足抵销数宗被动债权的全部债权额时，究竟应该先抵销何者？这应

---

① 王泽鉴：《民法总则》，北京大学出版社 2009 年版，第 402 页。
② 孙森焱：《民法债编总论》（下册），法律出版社 2006 年版，第 915 页。
③ 同上；邱聪智：《新订民法债编通则》（下），中国人民大学出版社 2004 年版，第 478 页。
④ 孙森焱：《民法债编总论》（下册），法律出版社 2006 年版，第 916 页。

与清偿的抵充问题作相同处理。① 首先,在主动债权的数额少于被动债权的数额的场合,主动债权消灭,被动债权在主动债权的数额范围内消灭。被动债权有数项且种类相同,主动债权不足以抵销全部被动债权,因抵销的顺序发生争议的,由主动债权人指定因抵销而消灭哪个或哪些被动债权,主动债权人未作指定的,应当优先消灭已经到期的被动债权。被动债权由主债权、利息、实现债权的有关费用构成,主动债权不足以抵销全部被动债权,因抵销的顺序发生争议的,被动债权消灭的顺序依次为实现被动债权的有关费用、利息、被动债权本体(《合同编通则解释》第56条,《民法典》第560条、第561条)。其次,在主动债权的数额多于被动债权的数额的情况下,被动债权全部消灭,在主动债权方面,应适用《民法典》第561条的规定,予以确定。

第四节 提 存

一、提存的概念

提存制度用于清偿、担保、保管等种种目的,所谓提存因之而有清偿提存或为清偿而提存,或者作为代替清偿的提存。② 中国法设置有清偿提存和担保提存。前者由《民法典》第570条至第574条加以规定,后者有若干法律条文,如《民法典》第390条后段、第406条第2款中段、第432条第2款前段、第433条后段、第442条后段、第443条第2款后段、第444条第2款后段、第445条第2款后段的规定等。基于撰写分工的考虑,本节不讨论担保提存。

债务的履行往往需要债权人的协助。如果债权人无正当理由而拒绝受领或不能受领,债权人虽然应负担受领迟延责任,但债务人的债务却并不因此而消灭。于此场合,债务人仍应随时准备履行,为债务履行提供的担保也不能消灭,显失公平。为解决这一问题,罗马法最初规定,债权人拒绝受领时,允许债务人放弃清偿的标的物而得以免除债务。但这一方法对于债权人来说过于苛刻,也不利于国民经济,于是后来就承认了动产的提存制度。近现代各国和地区的民法一般都把提存作为债的消灭原因。③ 中国《民法典》把提存作为合同的权利义务终止的原因。

提存涉及三方当事人,即提存人(债务人)、提存部门和债权人,因而发生提存人与提存部门、提存部门与债权人、提存人与债权人的三方法律关系。提存人与债权人之间的关系为私法上的法律关系,且提存的目的也在于消灭既存于债务人与债权人之间的债的关系,因而提存具有私法关系的因素。但提存部门为国家所设机关,接受提存标的物并为保管以及将提存物发还债权人,系公法上的义务,而且债权人与提存人之间的法律关系,系以提存部门的行为为中介,始生消灭效果,故提存又具有公法上的法律关系的因素。这两种法律关系在提存中因当事人之间的不同关系而分别存在,提存人与债权人的关系为私法关系,他们与提存部门的关系为公法关系。④ 此处所谓私法上的法律关系,再具体些,就是私法上的保管合

---

① 孙森焱:《民法债编总论》(下册),法律出版社2006年版,第916—917页;邱聪智:《新订民法债编通则》(下),中国人民大学出版社2004年版,第478页;林诚二:《民法债编总论——体系化解说》,中国人民大学出版社2003年版,第564页。
② 〔日〕於保不二雄:《日本民法债权总论》,庄胜荣校订,五南图书出版有限公司1998年版,第381页。
③ 同上书,第382页。
④ 王家福主编:《中国民法学·民法债权》,法律出版社1991年版,第208—209页。

同,并具有第三人利益合同的性质。提存人相当于寄存人,提存部门为保管人,债权人为享受该合同上利益的第三人。不过,提存毕竟由三方关系紧密结合而成,因公法关系的存在使得私法关系有所形变,此处所谓保管合同项下的权利义务有所差别于典型的保管合同关系,如提存一经完成,提存人便退出法律关系,合同义务消失。由此决定,提存制度中的私法规则为特别法,保管合同规则和第三人利益合同规则系一般法,提存关系中的私法关系首先适用提存规则,提存制度就保管关系和第三人利益关系尚未规定之点才适用法律关于仓储合同(如《民法典》第916条)、第三人利益合同(如《民法典》第522条)的规定。

二、提存的原因

(一) 概说

关于提存的原因,《合同法》规定有债权人无正当理由拒绝受领、债权人下落不明、债权人死亡未确定继承人或者丧失民事行为能力未确定监护人三大类,外加法律规定的其他情形这个"兜底性原因"(第101条)。《民法典》基本如此,只是第三项原因多出"债权人死亡未确定……遗产管理人"这个因素(第570条第1款)。其中第一项原因"债权人无正当理由拒绝受领"的构成,需要三项要件:一是债务内容的实现以债权人的受领或其他协助为必要,二是债务人依债务本旨提供了履行,三是债权人受领拒绝或受领不能。下文对其逐一分析。

(二) 债权人无正当理由拒绝受领的构成与意义

有些债务的履行基本上无需债权人配合,不发生债权人迟延,因而提存大多派不上用场。但更多的情形则是债务的类型需要债权人的积极配合,债务人才能够完成债务的履行。例如,某居室装潢合同约定,债权人(被装潢居室的主人)提供装潢材料,债务人(承揽人)的义务是实施装潢作业。如此,在居室装潢作业期间,债权人应容许债务人进入其居室。于此场合,应为债务人提供某种债务解放的途径,使得债务人免去迟延履行所产生的负担或不利益,于是提存制度应运而生。提存构成的要件之一便是债权人无正当理由拒绝受领。

债务人依债务本旨提供履行,这既可以表现为债务人现实地提出了给付,在个别情况下也可以表现为以言词提出给付。如果债务人未提出给付,则不构成提存原因。有的理论认为:提出给付含有标的物被实际提出的意思,也包括以言词方式提出给付的类型。所谓以言词提出给付,应当伴有经证明的实现给付的现实能力,较为适当。不然,债务人本无履行能力也不拟实际履行,却"装模作样"地告知债权人将于某日实际履行,以达阻却迟延履行之目的,这是背离诚信原则的。为了不让背信的债务人逃脱迟延履行的责任,有必要严格言词提出给付的构成要件。

债务人虽然可以进行提存,但提存并不一定要以给付提出为前提。双务合同的当事人一方已经进行提供时,另一方不得提出同时履行的抗辩。①

所谓债权人无理由地拒绝受领,顾名思义,就是债权人有义务也有能力受领债务人已经提供的给付,却有意识地予以拒绝。单就这一点说来,该项构成要件暗含着可归责于债权人。不过,若从提存制度设置的初衷以及债权人与债务人之间的利益衡平角度着眼,则债权人无正当理由拒绝受领作为提存的原因之一,实无必要以可归责于债权人为要件。

需要注意,并非所有的债务一经届期,债权人就有义务受领给付,否则,就构成债权人无

---

① 〔日〕於保不二雄:《日本民法债权总论》,庄胜荣校订,五南图书出版有限公司1998年版,第382—383页。

理由地拒绝受领,债务人有权提存。例如,有些对赌协议约定:投资者对其所投资的公司及其管理层股东享有回购权,即投资者于一定条件下有权请求目标公司及其管理层股东回购投资者持有的股权。这种语境下的回购义务,唯有投资者行使回购权时才可履行,而非只要触发了对赌协议约定的回购条件成就,目标公司及其管理层股东即可积极主动地履行回购义务。所以,投资者不行使回购权,拒绝接受回购义务,不构成提存的条件,这为保护投资者的权益所必需。

(三) 债权人下落不明的含义澄清与类型划分

债权人下落不明作为提存的原因之一,有其道理,因为债权人下落不明使债务人无法履行,即使履行也达不到合同目的,故允许债务人提存,以保护其合法权益。当然,对此项提存原因,仍有工作要做:一是需要澄清其含义,二是明确其类型,三是通过比较法的分析找准完善的方向。

债权人下落不明包括债权人不清、地址不详,债权人失踪又无代管人等情况。其情形之一,是债权人下落不明可归责于债权人,如债权人故意藏匿,使得债务人乃至众多之人均不知晓债权人之所在(类型Ⅰ);其情形之二,是债权人下落不明不可归责于债权人,如债权人于家中熟睡之际被他人绑架(类型Ⅱ)。这是以有无可归责于债权人的事由为标准所作的分类,其中的类型Ⅰ属于债权人无正当理由拒绝受领。

如果把债权人下落不明与债务清偿联系起来观察,债权人下落不明可分为如下两种类型:一是债权人下落不明致使债务人暂时无法履行,按照债务不履行类型归类可叫作债权人下落不明致使债权人暂时不能受领(类型Ⅲ);二是债权人下落不明致使债务人终局性地无法履行,按照债务不履行类型归类可叫作债权人下落不明致使债权人终局性地不能受领(类型Ⅳ)。类型Ⅲ是否为提存原因,必须结合履行期才能确定。如果此种暂时不能受领的状态持续至履行期届满,就构成提存原因;如果尚未持续至履行期届满,因为于此阶段债务人不为清偿并不构成违约,那么,它就不构成提存原因。类型Ⅳ属于德国、日本的民法所谓受领不能,至于其可归责于债权人与否,在所不问。

如果以债务人是否知晓债权人的音讯为标准,则有如下分类:债权人下落不明分为债权人音讯皆无,债务人不能履行(类型Ⅴ);债务人虽知债权人的一些音讯但难为给付,如债务人知晓债权人生活在与中国无外交关系的区域或无司法协助的区域,难以向债权人实际清偿(类型Ⅵ),可作为提存的原因。

(四) 债权人死亡未确定继承人、遗产管理人,或者丧失行为能力未确定监护人

《合同法》第 101 条第 1 款规定的第三项提存原因为"债权人死亡未确定继承人或者丧失民事行为能力未确定监护人",《民法典》对此有所完善,变为"债权人死亡未确定继承人、遗产管理人,或者丧失民事行为能力未确定监护人"的表述(第 570 条第 1 款第 3 项)。显然,"债权人死亡未确定……遗产管理人"的确使得债务人履行其债务时失去给付受领人,形成受领不能的状态,故《民法典》增补"债权人死亡未确定……遗产管理人",确有道理,应予肯定。

在债权人死亡未确定继承人、遗产管理人,或者丧失行为能力未确定监护人的情况下,债务人失去给付受领人,或者即使履行也达不到合同目的,法律有必要设置相应的制度,以便债务人可从这一困境中解脱出来,提存制度应运而生(《民法典》第 570 条第 1 款第 3 项)。

(五) 法律规定的其他情形

《民法典》第 406 条第 2 款规定,抵押人转让抵押物所得的价款,应当向抵押权人提前清

偿所担保的债权或向与抵押权人约定的第三人提存。当然,这是为实现担保目的所为的提存,即担保提存,与清偿提存即直接为清偿债务而实施的提存不同。

三、提存的主体

提存的主体,又称提存的当事人,包括提存人、债权人(提存受领人)、提存部门。提存人,是指为履行清偿义务或担保义务而向提存部门申请提存的人,是提存之债的债务人。因为提存是一种法律行为,所以需要提存人在提存时具有行为能力,并且此时所为的提存意思表示必须真实。提存受领人,是指提存之债的债权人。提存部门,《提存公证规则》规定为公证处(第 2 条),债务履行地的公证处办理提存公证(第 4 条第 1 款)。公证处应当在指定银行设立提存账户,并置备保管有价证券、贵重物品的专用设备或租用银行的保险箱(《提存公证规则》第 8 条)。

四、提存的标的物

提存的标的物,是指债务人依约定应当交付的标的物。提存应依债务的本旨进行,否则不发生债务消灭的效力。因此,债务人为提存时,不得以与合同内容不相符的标的物交付提存部门,换言之,提存标的物必须与合同标的物相符。否则,就是违约,而非提存。《提存公证规则》规定,提存标的与合同标的(物)不符或在提存时难以判明两者是否相符的,提存部门应告知提存人,如提存受领人因此原因拒绝受领提存标的物,则不能产生提存的效力。提存人仍要求提存的,提存部门可以办理提存公证,并记载上述情况(第 13 条第 2 款)。

提存的标的物,以适于提存者为限。适于提存的标的物包括:货币;有价证券、票据、提单、权利证书;贵重物品;担保物(金)或其替代物;其他适于提存的标的物(《提存公证规则》第 7 条)。

标的物不适于提存或提存费用过高的,债务人依法可以拍卖或变卖标的物,提存所得的价款(《民法典》第 570 条第 2 款)。所谓不适于提存的标的物,例如,水果、生鲜食品、爆裂物、化学品、药品等容易毁损、灭失的物品。所谓提存费用过高的标的物,例如,需要特殊设备或人工照顾的动物等。[①]

五、提存的方法

提存人应在交付提存物的同时,提交提存申请书。提存部门应当在收到申请之日起 3 日内作出受理或不予受理的决定。不予受理的,提存部门应当告知申请人对不予受理不服的复议程序(《提存公证规则》第 10 条第 2 款)。提存部门通过审查确定提存人具有行为能力,意思表示真实,提存之债真实、合法,具备提存的原因,提存物与合同标的物相符,符合管辖规则时,应当准予提存(《提存公证规则》第 13 条第 1 款)。提存部门应当验收提存物并登记存档。对不能提交提存部门的标的物,提存部门应当派人到现场实地验收。对难以验收的提存物,提存部门可予以证据保全,并在笔录和证书中注明。对经验收的提存物应采用封存、委托代管等必要的保管措施。对易腐烂易燃易爆等物品,提存部门应在保全证据后,由债务人拍卖或变卖,提存其价款(《提存公证规则》第 14 条)。

[①] 孙森焱:《民法债编总论》(下册),法律出版社 2006 年版,第 891 页;黄立:《民法债编总论》,中国政法大学出版社 2002 年版,第 698—699 页。

提存人应将提存事实通知债权人或其继承人、遗产管理人、监护人、财产代管人(《民法典》第572条)。以清偿为目的的提存或提存人通知有困难的,提存部门应在适当时间内以书面形式通知提存受领人,告知其领取提存物的时间、期限、地点和方法。提存受领人不清或下落不明、地址不详无法送达通知的,提存部门应当以适时公告的方式通知。公告应刊登在国家或债权人在国内住所地的有关报刊上(参见《提存公证规则》第18条第2款、第3款)。

六、提存的效力

(一) 提存人与提存部门之间的效力

在符合提存条件的情况下,提存人有权请求提存部门办理提存业务,提存部门有义务予以提存。

提存物可分货币、有价证券、贵重物品以及其他物品,其保管方法各有不同。(1) 货币的保管由提存部门指定的金融机构具体实施。提存的货币产生利息。(2) 有价证券和贵重物品仍由提存部门指定的金融机构具体实施。其中的有价证券产生的利息或红利、有价证券的偿还金,提存部门因利害关系人的请求,应代为收取,以代替提存物或连同保管之。提存物为贵重物品时,应邀请专家鉴定其是否无危险性且适于提存。其无危险性且适于提存的,当场会同密封。① (3) 其他物品由提存部门指定相应的场所(如仓库)予以保管。保管人对有收取提存物权利之人请求交付保管费用,但不得超过通常因保管所应收取的数额。

提存是以保护清偿人为目的的制度,只要对于债权人或第三人没有不合适、不利益,就允许提存人取回提存物。② 提存人可以凭人民法院生效的判决、裁定或提存之债已经清偿的公证证明取回提存物。提存受领人以书面形式向提存部门表示抛弃提存受领权的,提存人得取回提存物。提存人取回提存物的,视为未提存,意味着债务视为未消灭。因此产生的费用由提存人承担。提存人未支付提存费用前,提存部门有权留置价值相当的提存标的(《提存公证规则》第26条)。

此外,提存物可因另外的原因而取回:(1) 提存因出于错误而为提存的,应提出确凿的证据,申请返还提存物。(2) 提存原因已经消灭的,可申请返还提存物。例如,提存人于提存后,合同解除,使得提存原因消灭。(3) 受取权人同意返还的,提存人可以取回提存物。例如,债权人于提存后与债务人成立和解,同意由债务人申请返还提存物。③ 所有这些,都符合事理,值得重视。

在以提存消灭质权或抵押权的情况下,自始就不允许取回。在债权人受领提存时,或判决确认提存有效时,也不允许取回。④ 一般认为,提存人放弃取回权之后也不得再取回。在对提存部门的关系上,取回具有保管合同解除的性质。⑤

(二) 提存受领人与提存部门之间的效力

提存受领人(债权人或其继承人、遗产管理人、监护人、财产代管人,下同)因提存而对提存部门或提存部门指定的保管人取得提存物受领请求权。该请求权取代原有的给付请求

---

① 孙森焱:《民法债编总论》(下册),法律出版社2006年版,第893—894页。
② 〔日〕於保不二雄:《日本民法债权总论》,庄胜荣校订,五南图书出版有限公司1998年版,第389页。
③ 孙森焱:《民法债编总论》(下册),法律出版社2006年版,第894页。
④ 1965年11月25日最高民判(民集19卷2040页);〔日〕於保不二雄:《日本民法债权总论》,庄胜荣校订,五南图书出版有限公司1998年版,第389页。
⑤ 参考〔日〕於保不二雄:《日本民法债权总论》,庄胜荣校订,五南图书出版有限公司1998年版,第389页。

权,其性质及范围应与原有的给付请求权相同。提存受领人可以随时行使提存物受领请求权,即可以领取提存物。但是,提存受领人对债务人负有到期债务的,在提存受领人未履行债务或提供担保之前,提存部门根据提存人的要求应当拒绝其领取提存物(《民法典》第574条第1款)。与此相反,在债权人无对待给付和需要履行其他条件而应直接受领的权利时,债务人即使以债权人某一行为为履行条件而提存时,只要债权人不予承诺,其提存就归于无效。①

提存受领人领取提存标的物时,应提供身份证明、提存通知书或公告,以及有关债权的证明,并承担因提存所支出的费用,除非当事人另有约定。提存受领人负有对待给付义务的,应提供履行对待给付义务的证明。委托他人代领的,还应提供有效的授权委托书。由其继承人领取的,应当提交继承公证书或其他有效的法律文书(《提存公证规则》第23条第2款)。

债权人领取提存物的权利,自提存之日起5年内不行使而消灭,提存物扣除提存费用后归国家所有(《民法典》第574条第2款前段)。

提存期间,提存物毁损灭失的风险由提存受领人负担(《提存公证规则》第27条第2款前段)。

提存部门有保管提存标的物的权利和义务,因提存部门过错造成毁损、灭失的,提存部门负有赔偿责任(《提存公证规则》第27条第2款后段)。对不宜保存的,提存受领人到期不领取或超过保管期限的提存物品,提存部门可以拍卖,保存其价款(《提存公证规则》第19条)。提存的存款单、有价证券、奖券需要领息、承兑、领奖的,提存部门应当代为承兑或领取,所获得的本金和孳息在不改变用途的前提下,按不损害提存受领人利益的原则处理。无法按原用途使用的,应以货币形式存入提存账户。定期存款到期的,原则上按原来期限将本金和利息一并转存。股息红利除用于支付有关的费用外,剩余部分应当存入提存专用账户(《提存公证规则》第22条第2款、第3款)。

提存部门不得挪用提存标的物。提存部门及其工作人员挪用提存标的物,除应负担相应的责任外,对直接责任人员要追究行政责任或刑事责任(参见《提存公证规则》第27条第1款)。

符合法定或当事人约定的给付条件,提存部门拒绝给付的,由其主管的司法行政机关责令限期给付;给当事人造成损失的,提存部门负有赔偿责任(《提存公证规则》第28条第1款)。

(三) 提存人与提存受领人之间的效力

提存的后果与清偿同样消灭债务。但是,因为提存后仍允许取回提存物,提存自身尚非终局性的,所以,在取回权存续期间,提存的效力实质上处于不确定的状态,可有解除条件说、停止条件说。

有必要指出,《提存公证规则》第17条后段关于"提存之债从提存之日即告清偿"的规定,采取提存一经实施就确定地消灭债务的模式,这忽略了提存人取回权及其可能行使的因素,不够妥当,应借鉴提存物取回被排除时提存始消灭债务的规则。不过,一经提存,提存受领人就无权请求提存人另行清偿,倒有其道理。

部分连带债务人提存标的物的,其他债务人对债权人的债务在相应范围内消灭;该债务

---

① 〔日〕於保不二雄:《日本民法债权总论》,庄胜荣校订,五南图书出版有限公司1998年版,第388页。

人可以依据《民法典》第519条规定向其他债务人追偿(《民法典》第520条第1款)。

提存物交由提存部门保管的,该物的所有权归属于谁?提存金钱或其他消费物时,由消费保管或不规则保管和提存物的性质决定,提存物的所有权即归属于提存部门,提存受领人从提存部门受领与之同种类、同等级、同数量的物件时,即取得该物的所有权。而提存特定物时则与之相反,提存部门并不取得标的物的所有权,提存物的所有权由提存人直接转移于提存受领人。① 于此场合,可把提存部门看作提存受领人的履行辅助人,提存物为动产时,依《民法典》第224条关于交付为所有权转移的生效要件的规定,提存物所有权转移的时间为提存部门占有该物之时。

提存受领人同意返还提存物时,提存物的所有权于该同意之时因指示交付而转移于提存人。② 这与《民法典》第227条的规定相合,中国法及其理论亦应确立。

提存物在提存期间所产生的孳息归提存受领人所有(《民法典》第573条中段、《提存公证规则》第22条第1款前段)。提存人取回提存物的,孳息归提存人所有(《提存公证规则》第22条第1款后段)。提存的标的物的收益,除用于维护费用之外,剩余部分应当存入提存账户(《提存公证规则》第22条第4款)。

第五节 免 除

一、免除概述

免除,是指债权人抛弃债权的单独行为。

免除为债的消灭原因,为各国和地区民法所承认,但其法律性质如何,却有分歧。《德国民法典》第397条等法律认为免除为契约。理由有三:(1)债系债权人和债务人之间特定的法律关系,债务为相对的义务,不应忽视债务人的意思。如果承认仅以债权人的单方行为即发生债之关系消灭的效果,恰恰是对债务人意思的漠视。(2)债权人免除债务人的债务,系一种恩惠的表现。但恩惠不得强加于人。如果债务人不欲接受这种恩惠,却反其意而免除其债务,显然有害于债务人人格的独立性。(3)债权人免除债务人的债务,必有其一定的动机或目的,因而不能断定债权人的免除一定不会有损于债务人的利益。为避免债权人滥用权利,保护债务人的合法权益,应对债权人免除债务的方法和效力有所限制,免除须征得债务人的同意即为其表现。③ 反对说则认为,债务人被免除债务,不过是债权人抛弃债权的间接结果,债务人既因此而受利益,就没有征得其同意的必要。并且,如果免除必须征得债务人的同意,那么在债务人不同意时就会发生债权人不得抛弃其债权的结果,这显然违反事理。④ 有鉴于此,《奥地利民法典》第1444条、《日本民法典》第519条采取免除为单独行为说。从中国《民法典》第575条正文的表述看,也是采取的单独行为说。《民法典》关于"但是债务人在合理期限内拒绝的除外"的但书并非免除成立的积极要件,即不是对免除系单独行为之说的否定;仅为阻却免除效力发生的消极条件,即债务人在合理期限内拒绝债权人免

---

① [日]於保不二雄:《日本民法债权总论》,庄胜荣校订,五南图书出版有限公司1998年版,第387、388页;孙森焱:《民法债编总论》(下册),法律出版社2006年版,第897页。
② 孙森焱:《民法债编总论》(下册),法律出版社2006年版,第898页。
③ 胡长清:《中国民法债篇总论》(下册),商务印书馆1947年版,第602页;孙森焱:《民法债编总论》(下册),三民书局1997年版,第845页;史尚宽:《债法总论》(第5版),荣泰印书馆股份有限公司1978年版,第829页。
④ 胡长清:《中国民法债篇总论》(下册),商务印书馆1947年版,第603页。

除的,债务继续存在。

免除仅依债权人表示免除债务的意思而发生效力,其原因如何,在所不问。所以,免除为无因行为。

虽然免除的原因行为可以是有偿也可以是无偿,如有的为赠与,有的为对待给付,也有的为和解,但免除本身则是无偿的。即使为使债权人免除债务而约定对待给付,也不因此而使免除具有有偿性。

免除的意思表示不需特定方式,无论以书面或言词为之,或者以明示或默示为之,均无不可。所以,免除为非要式行为。

免除为债权人处分债权的行为,因而需要债权人具有处分该债权的能力。无行为能力人或限制行为能力人不得为免除行为,应由其法定代理人代为免除或征得其同意。债权人若丧失处分权时,如受破产宣告,或其债权被法院裁定扣押,或为质权的标的,债权人均不得任意免除。[1]

二、免除的方法

免除应由债权人向债务人以意思表示为之。向第三人为免除的意思表示,不发生免除的法律效力。

免除的意思表示构成法律行为。因此,《民法典》关于意思表示及法律行为的规定适用于免除。免除得由债权人的代理人为之。

关于免除是否可以附条件或期限,存在争议。有学说认为,免除可以附停止条件、始期。例如,债务人于1年内结婚,借款不需返还,为附停止条件的免除。如果约定债务于1个月后免除,则为附始期的免除。[2]

免除为单独行为,自向债务人或其代理人表示后,即产生债务消灭的效果。因而,一旦债权人作出免除的意思表示,即不得撤回。

三、免除的效力

免除发生债务/债权绝对消灭的效力。因免除使债权消灭,故债权的从权利,如利息债权、担保权等,也同时归于消灭。仅免除部分债务的,债务仅部分终止(《民法典》第575条)。

部分连带债务人的债务被债权人免除的,在该连带债务人应当承担的份额范围内,其他债务人对债权人的债务消灭(《民法典》第520条第2款)。

免除的客体为具体的债务/债权的,仅就各个债务/债权成立免除。债的关系中若存在两个对立的债务/债权的,只有将它们一一免除时,才发生全部免除的效力,即债的关系消灭的效果。

将来的债务可否免除,学说不一。否定说认为,免除的前提是债务存在,如果债务并不存在,便无免除可言。所谓将来的债务的免除,无异于禁止将来发生债务,这显然违背公序良俗,应属无效。肯定说也是通说则主张,将来的债务的免除,无非谓将来发生债务时,不待另为免除的意思表示,债的关系当然消灭。这与附停止条件之债的免除无异,自属有效。[3]

---

[1] 黄立:《民法债编总论》,中国政法大学出版社2002年版,第721页。
[2] 同上书,第722页。
[3] 孙森焱:《民法债编总论》(下册),法律出版社2006年版,第926页。

例外的情形如下:(1) 与身份权有密切关系的债的关系,亦即不得抛弃的请求权的免除,不发生免除的效力。例如,法定抚养请求权的债权人,不得免除债务人将来的债务。① (2) 免除不得损害第三人的合法权益。例如,已就债权设定质权的债权人不得免除债务人的债务,而以之对抗质权人。②

保证债务的免除不影响被担保债务的存在,被担保债务的免除则使保证债务消灭。这是由主从关系所决定的。

在债务被全部免除的情况下,有债权证书的,债务人可以请求返还债权证书。

第六节 混 同

一、混同概述

混同,是指债权和债务同归一人,原则上致使债的关系消灭的事实。例如,债权人继承债务人的权利义务,债权人公司与债务人公司合并,债务人受让债权,等等。③

债权人和债务人系处于对立状态,法律乃在于规范此类对立的主体之间的财产关系,债权因混同而消灭,并非逻辑的必然,仅仅是在通常情况下,处于这种状态下的债权继续存续,已经没有法律上的需要,法律规定它因混同而消灭,效果更佳。④

广义的混同,是指不能并立的两种法律关系同归于一人而使其权利义务归于消灭的现象。它包括以下几种情形:(1) 所有权和他物权同归一人,他物权因混同而消灭。原来所有权以外的他物权系以所有权的一定权能为内容,为所有权上的负担而限制所有权。如其与所有权混同,所有权上的负担即无存续的必要。(2) 债权和债务同归一人时,势须自己向自己请求给付,自己并应向自己履行债务,显然无积极意义,故混同消灭债务/债权。(3) 主债务和保证债务同归一人时,保证债务被主债务所吸收而消灭。这三种混同虽有共性,但又各具特殊性,应分别考察。在第一种类型中,他物权的存续,于所有权人或第三人有法律上的利益时,不因混同而消灭。所有人抵押为其著例。还有,在该类型中,混同的原因在于弱权利被强权利所吸收。在第三种类型中,混同的规则是弱义务被强义务所吸收。⑤ 本节仅讨论第二种类型。

混同的性质如何,观点不一:(1) 混同无消灭债之关系的效力,仅发生不能履行,即任何人均不能向自己履行。此说欠妥。因为债权人或债务人如果一方欠缺,就难以认定债权存在,只有承认债权消灭,才顺理成章。(2) 债务人不能由债权人继承债权,债权人也不能由债务人继承债务,故不应认为成立混同。实际上,债权人和债务人已成为一人,无所谓债权人继承债权,也无所谓债务人继承债务。(3) 混同有清偿的性质,即在债权人继承债务人的债权时,则债权人由债务人的遗产受清偿,债务人继承债权人的债权时,则债务人以债权人的遗产为清偿。该说亦有不妥之处:一是表现在按中国现行法规定,继承不发生在企业之

---

① 孙森焱:《民法债编总论》(下册),法律出版社 2006 年版,第 926 页;黄立:《民法债编总论》,中国政法大学出版社 2002 年版,第 722 页。
② 孙森焱:《民法债编总论》(下册),法律出版社 2006 年版,第 926 页。
③ 〔日〕於保不二雄:《日本民法债权总论》,庄胜荣校订,五南图书出版有限公司 1998 年版,第 408 页。
④ 孙森焱:《民法债编总论》(下册),法律出版社 2006 年版,第 928—929 页;黄立:《民法债编总论》,中国政法大学出版社 2002 年版,第 723 页。
⑤ 黄立:《民法债编总论》,中国政法大学出版社 2002 年版,第 723 页。

间,而混同却多产生于企业之间;二是在遗产不足以清偿债务时,也不能以清偿说明。(4)债权因混同而消灭,系因债权的目的已经达到,即债权人已获得实质的满足。从实际情况看,债权人并未因混同而获实质的满足,只不过再为履行已无实际意义。(5)债权因混同而消灭,系基于债权的观念,即债权的存在必须有两个主体,从而同系一人,即同时为债权人和债务人时,反倒不符合债权观念,因而混同为债消灭的独立原因。这是通说。[1]

二、混同的成立

债权债务的混同,由债权或债务的承受而产生。其承受包括概括承受与特定承受两种。

概括承受是发生混同的主要原因,如债权人继承债务人的财产、债务人继承债权人的财产、企业合并、营业的概括承受等。在企业合并场合,合并前的两个企业之间有债权债务时,企业合并后,债权债务因同归一个企业而消灭。

特定承受,系指债务人由债权人受让债权,或者债权人承担债务人的债务时,发生的混同。

三、混同的效力

概括承受使合同关系及其他债之关系绝对地消灭。在特定承受的情况下,狭义债的关系消灭(《民法典》第576条正文),未让与的债权和与之相对应的债务继续存在,未转让的债务和与之相对应的债权亦然。债权的消灭,也使从权利如利息债权、违约金债权、担保权等归于消灭。

部分连带债务人的债务与债权人的债权同归于一人的,在扣除该债务人应当承担的份额后,债权人对其他债务人的债权继续存在(《民法典》第520条第3款)。

债权系他人权利的标的时,从保护第三人的合法权益出发,债权不消灭。例如,债权为他人质权的标的,为了保护质权人的利益,不使债权因混同而消灭。因为质权人对于第三债务人有直接收取权,尤其在入质债权附有担保权时,质权人就债权的继续存在享有更大的利益。《民法典》规定,债权债务终止损害第三人利益的,债权债务不终止(第576条)。

因债权的经济作用,逐渐形成独立的财产而具有流通性,所以,法律为贯彻债权的流通性,可以设有例外规定,在债权债务归于一人时,不发生混同的效力。例如,保证人继承主债务人的遗产,主债务与保证债务虽因继承而归于一人,但债权的标的物与债务的担保财产系各自分离独立,保证债务不因混同而消灭。[2]

---

[1] 史尚宽:《债法总论》(第5版),荣泰印书馆股份有限公司1978年版,第834—835页。
[2] 孙森焱:《民法债编总论》(下册),法律出版社2006年版,第931页。

第十三章

违 约 责 任

第一节 违约责任的概念

一、合同债务与违约责任

讨论违约责任的概念,必然要遇到违约责任与合同债务的关系问题。从法律发展史观察,违约责任与合同债务的关系在立法例及学说上并不一致。在中国古代法上,"从我国古代的文献可以看出,债有广狭二义,广义的包括由契约产生的义务和责任,狭义的仅指由消费借贷特别是金钱借贷产生的义务和责任,有的场合仅指违约责任,违契不偿产生的责任"①。就是说,合同债务与违约责任尚未区分清楚。在罗马法上,亦未区分债务和责任,而是将二者融合为 obligatio。所谓 obligatio,就是"法锁",就是拘束当事人各方的状态。它有时指债权,有时指债务,有时表示债的关系。其债务当然包含责任在内,有债务必有责任。德国普通法沿袭罗马法思想,未区分债务和责任。其所谓债务,是指债权人对于债务人所有财产上的效果。按照萨维尼的说法,债权是指债权人对于债务人的自然自由的扩大,而债务则为债务人的自然自由的限制。债务人自愿履行其债务,属于债权的自然进行状态;债务人不履行其债务时,由债权人强制其履行,属于债权的不自然进行状态。② 此所谓债权的不自然进行状态,就是现代所谓的民事责任,含有违约责任。按照萨维尼的观点,这种责任被包含于债务的效力之中。

英美合同法也未区分债务和责任。英美合同法上的债务(obligation)概念,是指一人或数人受法律的拘束,负有对他人作为或不作为的义务。在英美法上,权利和责任是相互关联的概念。既没有无责任的权利,也没有无权利的责任。如果 A 有权要求 B 应为一定行为,假使 B 不为该行为,则 A 可以提起诉讼,对 B 实施强制,而 B 在那种情形则被认为是负有为该行为的责任。③ 可见,责任为不履行债务的当然结果。其 liability、duty 既指义务又指责任,也是英美法对债务和责任不加区分的表现。

把债务和责任明确区分是日耳曼人的功劳。在日耳曼法上,债务的本质乃法的当为,并

---

① 李志敏:《中国古代民法》,法律出版社 1988 年版,第 136 页。
② 林诚二:《论债之本质与责任》,载郑玉波主编:《民法债编论文选辑》(上),五南图书出版有限公司 1984 年版,第 26—27 页。
③ F. Allan Farnsworth, William F. Young, Harry W. Jones, *Cases and Materials on Contracts*, Second Edition, Foundation Press, 100(1972).

不含有法的强制。与此不同,责任则是指"替代"的关系,即债务人应当为给付而未为给付或不完全给付时,应服从债权人强制取得的关系。债务并非当然伴有责任,为实现债的目的,责任具有担保作用,而债权人对于债务人的强制给付权并不存在于债权本体,而是因公法的规定而取得,即在于诉权的行使,责任即是债权与诉权之间的桥梁。另外,日耳曼法上的责任又得分为人格的责任和财产的责任,只是在后来人格的责任渐次绝迹。①

中国法是严格区分债务和责任的,这从《民法典》第 176 条和第 577 条的规定上可以明显地反映出来。通说认为,债务是法律规定或合同约定的当事人当为的行为,而责任是债务人不履行债务时国家强制债务人履行或承担其他负担的表现。强制债务人继续履行或承担其他负担,这些责任方式是对原债权关系中债务的"替代"或"补充",责任是债务的转化形态,这是两者具有同一性的表现。但是责任与债务又不相同,"债务并不包括任何对债务人的强制,在债务人不履行义务时,强制其履行或赔偿损害,则属于民事责任问题"②。可见,责任比债务多包含着一种国家的强制性。责任若系于债务人过错地不履行其债务的场合成立,还是道德和法律对过错及其行为予以否定性评价的表现,是债务人处于受制裁的法律地位的标志。而债务则不具有这些性质。③

违约责任和合同债务虽然是不同的范畴,但两者显然也是相互关联着的。一方面,违约责任以合同债务的存在为前提,无合同债务即无违约责任;另一方面,有时虽有合同债务,也不产生违约责任,这也就是债务和责任的分离问题。④

区分违约责任与合同债务不仅使其理论清晰,而且在实务中也有突出的价值:(1) 合同债务不适用诉讼时效的规定,而受制于合同的存续期间、债务履行期等时间制度;与此不同,合同责任正属于诉讼时效制度的管辖范围。(2) 合同债务是否减轻,当事人的过错不是考虑的因素,如委托人主张居间报酬高,居间人有过失,应当降低,这是路径错误的表现;与此不同,违约损害赔偿在与有过失的情况下有减轻的理由。(3) 民间借贷中的还本付息属于合同债务,利率是否超过合同成立时 1 年期贷款市场报价利率 4 倍,超过部分是否受法律保护,这适用最高人民法院关于民间借贷的司法解释;而约定 2% 的违约金,无论高低,这是合同责任的范畴,不适用最高人民法院关于民间借贷的司法解释,只适用《民法典》第 585 条第 2 款。

违约责任与合同责任是否同义,有肯定说和否定说。后者认为,合同责任是合同法上的民事责任,既包括违约责任,也含有缔约过失责任,甚至于涵盖合同终止后的过失责任。而违约责任只是违反合同债务所产生的民事责任,不包括缔约过失责任和合同终止后的过失责任。因此,合同责任是违约责任的上位概念。肯定说则主张,合同责任就是违约责任,指的是违反合同债务所生的民事责任,不包括缔约过失责任和合同终止后的过失责任。笔者持肯定说,因为缔约过失责任和合同终止后的过失责任,均不以合同关系的存在为成立前提,把它们叫作合同责任,容易发生歧义。再者,缔约过失责任、合同终止后的过失责任与合同责任在理论依据、主观要件、赔偿范围诸方面都存有差异,甚至于是否归属于侵权行为法上也有议论,把它们混为一谈并不妥当。还是把合同法上的民事责任作为属概念,它包括违

---

① 见林诚二:《论债之本质与责任》,载郑玉波主编:《民法债编论文选辑》(上),五南图书出版有限公司 1984 年版,第 27—28 页。
② 梁慧星:《论民事责任》,载《中国法学》1990 年第 3 期。
③ 崔建远:《合同责任研究》,吉林大学出版社 1992 年版,第 4 页。
④ 同上。

约责任、缔约过失责任和合同终止后的过失责任三种,更为科学。① 当然,这两说并非水火不容,只要将内涵和外延界定清楚,持有何说,并无大碍。

二、关于违约责任的界定

如何界定违约责任,学说存在分歧。一种观点认为,违约责任是债务人不履行合同债务的法律后果。② 严格说来,这样界定违约责任,失之过宽。因为不履行合同债务可以产生几类法律后果:法律责任、合同解除以及随之产生的恢复原状或不当得利返还等。其中,法律责任可以是民事责任,也可以是行政责任等;恢复原状和不当得利返还虽被某些学者归结为返还责任,属于民事责任的一类③,但实际上,它们不是直接基于不履行合同债务而成立的,而是合同解除有溯及力或无溯及力时必然产生的法律后果。它们既不是强制履行合同的手段,也不是履行合同的一般担保,因而不可将它们纳入民事责任以及违约责任的范畴。由此可见,所谓违约责任是债务人不履行合同债务的法律后果的观点,未能把违约责任与恢复原状、不当得利返还区分开来,也没有将违约责任即违反合同的民事责任同行政责任、刑事责任划分清楚。④

还有一种观点,认为违约责任是债务人不履行合同债务时,依照法律规定、合同约定所必须承受的法律制裁。⑤ 但这种观点仅仅适用于过错责任的界定,难以适用对无过错责任的概括。因为只有违约方在过错违约的情况下,才能谈到法律制裁问题;而违约方在其无过错的情况下承担的违约责任(无过错责任的一种情形),不存在法律制裁。⑥

大陆法系习惯于把违约责任(债务不履行责任)概括为履行合同债务的一般担保。其意思是说,违约责任(债务不履行责任)是债务人对其不履行合同债务承担赔偿责任,应以其全部财产(责任财产)为担保,债权人可以请求法院就这些财产为强制执行。需注意,此处所谓一般担保不同于抵押权、质权等特别担保。⑦ 大陆法系的这种理解具有一定优点,即它将债务人的个别债务、债务人的责任财产与民事责任联系起来,揭示了它们之间的内在关联。

对违约责任的理解还有另外的视角,即认为违约责任是债务人不履行合同债务时依法产生的第二性义务,诸如损害赔偿义务、支付违约金义务等。这些第二性义务即为违约责任。

与此类似的界定还有,违约责任乃合同当事人不履行合同义务时依法产生的民事责任。

无论是将违约责任作为履行合同债务的一般担保,还是将其作为债务人不履行合同债务时依法产生的第二性义务,抑或是把它直接界定为不履行合同债务时所生民事责任,均有其积极价值,本书均予采纳。

尽管历史上违反合同债务产生的法律责任包括罚款、罚金等方式,但在现代合同法上,违约责任仅指违约方向守约方承担的财产责任,与行政责任和刑事责任完全分离,属于民事

---

① 崔建远:《合同责任研究》,吉林大学出版社1992年版,第8页。
② 这是中国许多专家、学者的惯常界定。
③ 郑玉波:《民事责任之分析》,载郑玉波主编:《民法债编论文选辑》(上),五南图书出版有限公司1984年版,第64—65页。
④ 崔建远:《合同责任研究》,吉林大学出版社1992年版,第5页。
⑤ 郑玉波:《民事责任之分析》,载郑玉波主编:《民法债编论文选辑》(上),五南图书出版有限公司1984年版,第60页。
⑥ 崔建远:《合同责任研究》,吉林大学出版社1992年版,第6页。
⑦ 关于违约责任不同于抵押权等特别担保的分析,见本书"第八章 合同的担保"中"第一节 合同的担保概述"。

责任的一种。

尚需辨明,违约责任和违约救济有所区别:(1)暂且不论内涵,单就外延而论,违约救济涵盖违约责任,违约责任仅为违约救济的一部分内容。(2)违约责任的着眼点在于违约方及其违约行为应被否定这一点,除违约责任以外的违约救济方式的侧重点则在守约方及其补救手段这一面。(3)违约责任严格地受制于法律责任的质的规定性,如国家的强制性、道德和法律谴责与否定的评价等;除违约责任以外的违约救济方式则没有这么拘谨,凡是对违约及其后果能够救济的,有无否定性评价的属性,概不关心。如此,合同解除、物的返还请求权、不当得利返还请求权等,可为违约救济的方式,却难谓其为违约责任的形式。(4)法律设计违约责任制度,不但考量当事人双方间的利益关系的平衡,而且尽量满足道德伦理等方面的要求,全方位地体现"正义"。这种意义上的"正义"有时还偏离当事人双方间的利益关系的平衡,如惩罚性违约金、惩罚性损害赔偿都可使守约方获得超出合同正常履行时可能取得的利益。与此有别,法律设置违约救济体系,基本上是出于平衡当事人双方间的利益关系的考量,重在实现"公平",守约方不会获得超出合同正常履行时带来的利益。(5)正因为存在这些理念上的差异,拟解决问题的侧重点有别,违约救济中的违约责任和除此而外的救济方式在构成要件方面明显地不同,例如,除违约责任以外的违约救济方式中的物的返还请求权、不当得利返还请求权必须以合同不复存在为前提,违约责任的成立则无这样的要求;再就是二者涵盖的方式不同,如违约责任的方式有继续履行、支付违约金、违约损害赔偿,而退货、减少价款等所谓物的瑕疵担保责任不归属于违约责任方式,而被划归为除违约责任以外的违约救济方式。如此分野,更符合违约责任的质的规定性,逻辑一致。(6)应当预见、与有过失、减轻损失和损益同销等规则仅仅适用于违约损害赔偿方式的场合,却不适用于除此而外的违约救济方式的领域。抵销可被用于违约责任方式中的支付违约金、违约损害赔偿,却不得用于除违约责任方式之外的修理、重作、退货、解除合同及物的返还或不当得利返还等方式。(7)不真正义务被违反不导致违约责任的成立,但在违约救济领域则并不如此"一刀切"。例如,在非定期行为的场合义务被违反时,守约方未向违约方为催告(即未履行不真正义务)就不享有解除权。但在定期行为的情况下,催告与否无所谓。这也显现出区分违约责任与违约救济的价值。

[拓展]

法律条文及某些著述所用"责任",未必属于违约责任、侵权责任等民事责任。例如,《民法典》第686条第2款关于"当事人在保证合同中对保证方式没有约定或者约定不明确的,按照一般保证承担保证责任"的规定中,所谓"保证责任",仅仅为第一性的义务,而非违反第一性义务而产生的第二性义务,即不属于真正意义上的民事责任。再如,《保险法》第10条第3款关于"保险人是指与投保人订立保险合同,并按照合同约定承担赔偿或者给付保险金责任的保险公司"的规定中,所谓"保险金责任",仍为第一性的义务,亦非违反第一性义务而产生的第二性义务,同样不属于真正意义上的民事责任。

学说所谓"履行责任"(履行债务的责任,实际上为履行债务的义务)、"返还责任"(返还不当得利的义务)、"举证责任"等均为第一性的义务,而非第二性的义务,即非真正意义上的民事责任。

有的责任用语,实际上包含第一性的义务和第二性的义务,或曰包含义务与责任。例如,《民法典》第582条规定的物的瑕疵担保责任,其中的"修理、重作、更换",应为违约责任,而"退货"虽为违约救济的方式,却并非违约责任的方式;至于"减少价款或者报酬",若认定为形成权,同样不是违约责任的方式。

就债务与责任之间的关系而言,一般地说,有债务即有责任,债务被违反时产生民事责任。但也存在"仅有债务关系而无责任关系"的情形。自然债务,即使不予履行,也不产生民事责任。[1] 再如,《民法典》第 523 条上的第三人对债权人承担履行债务,但该第三人不履行该项债务的,并不承担债务不履行的民事责任。就该第三人与债权人之间的债的关系而言,确无责任关系。还如,不真正义务,被违反时同样不产生赔偿损失、支付违约金等民事责任,仅仅由债务人承受消极的不利后果。此其一。反过来,有学者认为,存在"仅有责任关系存在,而债务关系尚未发生者。例如,因担保将来之债务,或附停止条件之债务而为保证或设定质权。此际其将来之债务,或附停止条件之债务,尚未发生,而其保证或质之责任,则已存在"[2]。当然,于此场合,究竟是保证合同成立、质权设立即为民事责任,还是保证人违反其保证债务时承担的强制履行或损害赔偿,质权的实行及其结果,为民事责任,需要究明。此其二。

三、违约责任的普通性质

违约责任作为民事责任的一种,具有民事责任的一般属性,包括财产责任、补偿性,在过错责任场合还有惩罚性。它们决定着违约责任的赔偿范围、违约责任的功能,还与合同法的归责原则紧密相关。

(一)违约责任是一种财产责任

在法律发展史上,违约责任曾经包括人身的责任和物的责任。所谓人身责任,是指在债务人不履行债务时,债权人可以将债务人拘禁、当奴隶使用或出卖给他人的责任。这种责任在古代几乎流行于所有的民族。随着人类社会的发展和进步,对人格尊严法律保护的加强,这类人身责任才逐渐被废止,在现代法中已无处可觅其踪影。所谓物的责任,相当于今日的财产责任,是指具有经济内容的责任,或者说对其内容可用货币来衡量计算的责任。在日耳曼法、大陆法系,物的责任包括担保物权实现的形式,即在被担保的债务不履行时,债权人得将担保物变卖,以所得价金补偿损失。这种情形在中国现行法上虽然存在,但属于担保物权的内容、效力范畴。按照中国民事责任的理论,违约责任与担保权实现二者的分工,各自所适用的法律规则不同,违约责任不包括这种物的责任形式。[3]

在中国合同法上,违约责任包括强制履行、赔偿损失、支付违约金、价格制裁诸方式。它们均可以用货币来衡量计算,因而属于财产责任范畴。

违约责任之所以主要表现为一种财产责任,是与合同的基本特性分不开的。在现代法上,合同是最为常用的财产流转的法律形式,合同关系基本上是财产关系而非人身关系,合同债务几乎均能用货币来衡量计算,即使是行为债务也能转化为金钱债务,例外的情形不多。因为违约责任为合同债务的转化形式,违约责任关系为合同关系的替代关系,至少在违约责任与合同解除相伴随的情况下如此,所以,违约责任与合同债务在经济利益方面有着同

---

[1] 诸葛鲁:《债务与责任》,载郑玉波主编:《民法债编论文选辑》(上),五南图书出版有限公司 1984 年版,第 21 页。
[2] 同上。
[3] 崔建远:《合同责任研究》,吉林大学出版社 1992 年版,第 9 页。

一性,违约导致的财产损失用以经济利益为内容的违约责任加以救济,系当然之理。①

(二) 违约责任的惩罚性

关于违约责任的惩罚性问题,存有不同的认识。有人把着眼点放在违约方所负赔偿责任的范围上或支付违约金的数额上,认为赔偿数额或违约金的数额高于守约方的实际损失时,即谓违约责任具有惩罚性;否则,则不具有惩罚性。其实,违约责任的惩罚性与惩罚性损害赔偿、惩罚性违约金是完全不同的两回事。

违约责任的惩罚性,是指道德和法律谴责与否定违约方过错违约的法律属性。这种法律属性可以通过高于实际损失数额的赔偿金,或者高于或等于实际损失数额的违约金来体现,也可以通过低于实际损失数额的赔偿金或违约金来表现,还可以通过强制实际履行同时支付违约金或赔偿金来显现。违约责任的惩罚性不管通过何种方式体现,都必然使违约方感受到道德和法律对其过错违约的否定性评价,使违约方懂得过错违约不仅不会获得利益,反而会在物质利益方面受到损害,其信誉降低,将来可能遭受更大的损失;如果他认真履行合同,则不会如此。于是,当事人便会严格遵守合同和适当履行合同债务。可见,违约责任的惩罚性客观地存在于过错违约的场合。②

(三) 违约责任的补偿性

违约责任的补偿性,是指违约责任所具有的填补守约方损失的法律性质。在守约方的损失为财产损失时,违约责任的补偿性通过支付违约金、赔偿金和其他方式而获实现,从可能性变为现实性。

应该指出,违约责任的补偿性基本上是就其质的规定性而言的,并无关于量的严格要求。违约责任承担之后,使守约方的实际损失得到全部补偿,固然说明违约责任具有补偿性;使守约方的实际损失得到部分填补,也表明违约责任具有补偿性;甚至于支付的违约金超过了守约方的实际损失,也不能否定违约责任的补偿性。③

违约责任是同时具备惩罚性和补偿性,还是仅具其中之一? 这取决于违约责任是过错责任还是无过错责任。过错责任以过错为主观要件,故其必然具有惩罚性;同时,由于违约方承担违约责任后基本上能使守约方因违约行为遭受的损失得到弥补,因而它又具有补偿性。无过错责任的承担能使守约方的损失(基本上)得到合理填补,故其具有补偿性;但它不以过错为成立要件,因而,不宜笼统地说其具有惩罚性。如果坚持考察无过错责任有无惩罚性,就必须落实到个案,只有在违约方确实具有主观过错时,才能认定违约责任具有惩罚性;在违约方没有过错时,违约责任便不具有惩罚性。④

四、违约责任的特殊性质

违约责任的特殊性质,即违约责任的特征,是违约责任区别于其他民事责任的法律属性,主要表现在如下几方面:

(一) 违约责任是当事人不履行合同债务时所生的民事责任

这一特征含有几层意思。首先,违约责任以合同债务的存在为前提,或者说必须有合同关系的存在。不以合同关系、合同债务的存在为前提所产生的民事责任,不是违约责任。其

---

① 崔建远:《合同责任研究》,吉林大学出版社 1992 年版,第 9 页。
② 同上书,第 10—11 页。
③ 同上书,第 11 页。
④ 同上书,第 12 页。

次,违约责任的成立必须以合同当事人违约或者说不履行合同债务为要件。这一特征把违约责任与其他民事责任区别开来。侵权责任是行为人侵害他人财产权、人身权及有关民事法益而依法产生的民事责任,而非不履行合同债务所产生的民事责任。缔约过失责任,是缔约人因其过失违反先合同义务致相对人的财产权益甚或人身权益以损害时,依法所应承担的民事责任。合同终止后的过失责任,则为合同关系终止后,当事人违反后合同义务时产生的民事责任。其他债务不履行的民事责任,是当事人不履行不当得利返还债务、不履行无因管理债务、不实际承担违约责任或侵权责任时,依法产生的民事责任。它们均非不履行合同债务所生的民事责任,不以合同关系的存在为前提。①

(二) 违约责任可以由当事人在法律允许的范围内约定

合同关系因当事人的协议而成立,合同关系遭受破坏时,作为补救措施的违约责任自然可以由当事人以协议自行约定;不过,当事人的约定应在法律要求的范围内进行。违约责任可以由当事人在法律允许的范围内约定,最典型的表现是违约金以及当事人事先约定损失赔偿额或其计算方法。这类约定具有方便诉讼的功能。与违约责任不同,侵权责任在其成立、赔偿范围方面均由法律直接规定,不具有约定性;而违反先合同义务所生的缔约过失责任,以及违反后合同义务成立的"合同终止后的过失责任"称为"无原给付义务的法定债之关系",不具有当事人的约定性。不履行不当得利返还债务、无因管理债务所产生的民事责任,也都是直接依据法律的规定而成立的,亦不具备约定性的特征。②

(三) 违约责任原则上是违约方向相对人承担的民事责任,但在现代立法上又有发展

违约责任是违约方向相对人承担的民事责任,一是指违约责任是违约方自己承担的责任,而非他人承担的责任。这是因为,合同关系是以合同债权债务为内容的民事法律关系,违约责任作为不履行合同债务的法律后果,实质上是债务人所负合同债务的转化形态或补充形态,尽管这种转化或补充在量上可能不完全对等。既然如此,违约责任由违约的债务人自己承担,而不宜由他人负责,正是自己责任原则(个人责任原则)的体现,系顺理成章之事。二是指违约责任原则上是向对方当事人承担的民事责任,而不是向国家或一般第三人所负的法律责任。这是因为,违约责任是不履行合同债务的救济措施,其主要功能在于填补守约方的损失。既然国家或一般第三人未因违约而受到损失,就不宜向其承担违约责任。即使不履行合同债务侵害了国家或一般第三人的物权或人身权,按照合同法与侵权责任法、行政法的分工,也由侵权责任法、行政法管辖,合同法则爱莫能助。据此可知,在不履行合同债务的场合,法律追究直接责任人个人的责任、对违约方处以行政罚款、收缴其非法所得等,都不能说成是违约责任。③

在责任主体方面,违约责任要比侵权责任限定得严格。如果说违约责任的主体只能是违约方自己,那么,侵权责任的主体有时会与加害主体分离。④ 例如,《民法典》第1188条规定的监护人责任、第1191条第1款规定的用人单位责任、第1191条第2款规定的劳务派遣责任等,均为其体现。

应当指出,违约责任是违约方向相对人承担的民事责任,在法史上是与合同相对性原则紧密相连的。按照合同相对性原则,合同关系是当事人之间的特别结合关系,债务人仅向债

---

① 崔建远:《合同责任研究》,吉林大学出版社1992年版,第12—13页。
② 同上书,第13—14页。
③ 同上书,第14—15页。
④ 同上书,第15页。

权人承担给付义务及附随义务,其他第三人在合同上既不承担义务也不享有权利。罗马法认为,无论何人均不得替他人约定;19世纪的英国普通法主张,即使当事人有这种约定也是枉然。基于这种合同相对性原则,违约责任自然就是当事人之间的责任。但是,若僵化地固守合同相对性原则,不能时时事事满足当事人的需要,不完全适应市场经济的发展。于是,近现代立法开始修正合同相对性原则,承认为第三人利益的合同。在这类合同中,违约责任有时就是向特定的第三人承担的,比如货运合同场合运输人就可能向并非作为合同当事人的收货人承担赔偿责任;保险合同中,受益人和投保人并非同一人的情形也不在少数。在20世纪,有些国家和地区的判例和学说甚至立法,也进一步扩张合同关系对第三人的效力,使债务人对于与债权人有特殊关系的特定第三人也负有保护、照顾等义务,债务人违反这些义务,致相关第三人遭受损失时,则应依合同法规则向该第三人承担赔偿责任。这方面典型的表现,为德国判例与学说创设的"附保护第三人作用之契约"、《美国统一商法典》(UCC)第2—318条规定的"利益第三人担保责任",对于合同相对性原则,以及违约责任是违约方向对方当事人承担的责任之推论,已有所突破。当然,总的说来,这些突破尚未使违约责任质变为其他类型的法律责任。①

五、违约责任与物的瑕疵担保责任

在民法史上,物的瑕疵担保责任独立于违约责任,但《德国民法典》新买卖法将之统合入债务不履行责任(违约责任为其中一类)之中,不过仍遗留有异于债务不履行责任规则的特殊规则。

在中国,《民法典》第582条、第616条和第621条等条款的文义将物的瑕疵担保责任落脚为"违约责任",解释上也有统合说,但由于《民法典》第621条至第624条的规定,瑕疵履行救济方式与一般意义的违约责任方式在理念、功能等方面存在着实质性的差异:

(1)是否履行瑕疵通知义务不同。物的瑕疵担保责任以买受人履行通知义务为要件,如果买受人未依法向出卖人发出瑕疵通知,则不能依瑕疵担保责任提出请求。传统意义的违约责任则一般无此要求。

(2)所受期限的限制不同。瑕疵担保责任的产生受到检验期限(又叫质量异议期间)的限制。《民法典》规定,当事人约定检验期限的,买受人应当在该期限内将经检验而发现的标的物的瑕疵通知出卖人。未约定检验期限的,应当在发现或应当发现标的物瑕疵的合理期限内,或自标的物收到之日起2年内,通知出卖人。但若有质量保证期的,适用质量保证期,不适用2年期间。买受人超过上述期间未通知出卖人的,视为标的物的数量或质量符合约定,出卖人不承担民事责任(第621条第1款、第2款)。本书作者认为,在《民法典》上,检验期限不同于诉讼时效期间,理由如下:其一,检验期限系买受人检验出卖人交付的买卖物、发现瑕疵时适时提出质量瑕疵所需要的时间,而检验、提出质量异议均为买受人的义务,故检验期限的客体(对象)为买受人的义务,且为不真正义务,因为买受人不予检验、不提出质量异议发生的法律效果是其得不到本可获得的利益,即消极的不利益(财产库里不增加财产),并不就此承担支付违约金、赔偿损失的积极负担(财产库里既有的财产被剥离出一部分)。与此不同,诉讼时效的客体是请求权,主要为债权请求权,从义务的角度讲,系真正义务,多为债务。其二,检验期限首先表现为约定期间,而诉讼时效期间为法定期间。其三,从法律

---

① 崔建远:《合同责任研究》,吉林大学出版社1992年版,第16页。

效果角度着眼,检验期限既是权利产生的期限又是阻止权利产生的期限。买受人在检验期限内就交付的买卖物向出卖人提出质量异议,且属实的,请求出卖人承担物的瑕疵担保责任的权利产生,甚至解除合同的权利也产生,换句话说,可有民事责任层面的债权(违约金支付请求权、违约损害赔偿请求权)、形成权(减价权、解除权)和抗辩权的产生。买受人在检验期限内未向出卖人提出买卖物的质量异议的,视为买卖物质量合格,不成立物的瑕疵担保责任,也不成立因买卖物的瑕疵而生的解除权,以及相应的抗辩权。与此不同,诉讼时效期间之内,权利人有权请求义务人履行义务,法律对此予以支持和保护;期满后才主张权利的,义务人有权抗辩,拒绝履行义务,但权利本体依然存续。其四,于检验期限内买受人向出卖人主张,转换为诉讼时效期间的进行;若为诉讼时效期间则不会发生这种现象。检验期限是连接履行期间与诉讼时效期间、除斥期间的期间。如果采取履行期间只是一个时间点,而非一个时间段的学说,那么,履行期间、检验期限和诉讼时效期间及除斥期间之间的关系为: A. 如果约定的检验期限自出卖人交付买卖物之时起算,而且履行期间此时尚未届至(亦为届满),那么,出卖人于履行期间届至前交付买卖物的,只要买受人于检验期限内向出卖人提出买卖物的质量异议,就使得出卖人一侧的履行期间不再发挥作用,即使该履行期间尚未届至,也是如此;同时,检验期限也功成身退,诉讼时效期间甚至除斥期间登场。在这种情况下,最能显现检验期限是连接履行期间与诉讼时效期间及除斥期间的期间。B. 如果出卖人恰好在履行期间届至(亦为届满)时交付买卖物,买受人于检验期限内向出卖人提出买卖物的质量异议时,履行期间已经届满,则检验期限只是"接力"履行期间与诉讼时效期间及除斥期间的期间,于此场合的检验期限没有发挥"逼迫"履行期间"退场"的功能,仅具有保障开启诉讼时效期间、除斥期间起算的作用,因为直到检验期限届满时买受人均未提出买卖物的质量异议,不成立出卖人的物的瑕疵担保责任,诸如主张违约金责任、违约损害赔偿的诉讼时效不会"登场",因买卖物的瑕疵所生解除权的除斥期间也不起作用。其五,检验期限不发生中止、中断、延长,与诉讼时效期间不同。其六,检验期限的起算点,在该期间为当事人约定的期间场合,自约定的第一天开始起算;在无约定场合,自能够检验货物时起算,或者说自发现或应当发现标的物存在瑕疵时起算(《民法典》第621条第2款前段);若有质量保证期,自规定的质量保证期的第一天起算(《民法典》第621条第2款后段)。诉讼时效期间一般自当事人知道或应当知道权利被侵害时起计算。

  检验期限也不是除斥期间,理由如下:A. 检验期限的客体(对象)为不真正义务,而除斥期间的客体依中国民法通说为形成权,尽管《民法典》第199条在字面上未如此限定,使用的措辞是"撤销权、解除权等权利"。B. 按照《民法典》第621条的规定,检验期限的确定,首先尊重当事人的约定(第1款);若无约定,则为一个合理期间,该期间的起算是从买受人发现或应当发现标的物的数量或质量不符合约定时开始(第2款前段);买受人在该合理期间内发出质量异议通知时,是这样,若未发出质量异议通知,则检验期限为2年(第2款后段正文);但对标的物有质量保证期的,以质量保证期为准,不受2年期间的限制(第2款后段但书);出卖人知道或应当知道提供的标的物不符合约定的,买受人不受前述检验期限的通知时间的限制(第3款)。与此有别,除斥期间基本上为法定期间,按照《民法典》第564条第1款的规定,解除权可以约定除斥期间,《民法典》第199条将可以约定除斥期间的权利放宽到撤销权等权利。C. 买受人直至检验期届满也未就买卖物向出卖人提出质量异议的,丧失了追究出卖人物的瑕疵担保责任的机会,不好说是消灭了什么权利,因为于检验期内未向出卖人提出质量异议,根本不成立追究出卖人的物的瑕疵担保责任的权利。修理或更换请求权、减价权、解除权、违约金支付请求权、违约损害赔偿请求权等权利,不是消灭,而是未产生。而除斥期间届满,消灭权利,消灭的是形成权。D. 在检验期限内,买受人就买卖物的瑕疵向出卖人提出质量异议,请求其承担物的瑕疵担保责任,自此质量异议期完成使命,在违约金支付请求权、违约损害赔偿请求权的领域,诉讼时效制度登场,在减价权、解除权的领域,除斥期间发挥作用。除斥期间不存在这种两种期间起承、转换的现象。E. 检验期限的起算点首先看当事人的约定,若无约定则为合理期间的开始时间点,或为2年的开始时间点(《民法典》第621条第2款)。而除斥期间的起算点则因立法者对于不同类型的除斥期间持有不尽相同的价值取向和利益衡量而形形色色。

(3) 救济方式不同。违约责任的方式,在中国法上为强制履行、赔偿损失、支付违约金等(《民法典》第577条、第585条等),在通说上,不包括解除合同、代物清偿或合同更改。物的瑕疵担保责任的救济方法,按照《民法典》第582条的规定,有修理、重作、更换、退货、减少价款或报酬等违约责任。所谓"等违约责任",包含赔偿损失。

其中,退货,一般不是终局的状态,需要视发展、演变才可最终定性和定位。它有时为解除合同,有时转为更换,有时转为重作,个别情况下可以转换为代物清偿或合同更改;为了把退货同修理、更换、重作相区别,不宜将它解释为含有更换、重作的类型。退货为解除合同场合以存在着解除的意思表示甚至是"反对合同"的成立并生效为必要,或者说把《民法典》第582条和当事人的约定、《民法典》第563条等有关解除、终止的规定结合起来适用;如果退货时没有解除的意思表示、"反对合同",或者说把《民法典》第582条和第580条第1款的规定结合起来适用,那么,退货就不是解除合同,请求支付价款的权利和支付价款的义务继续存续。再者,出卖人违约很轻微、买受人退货不合理时,不得退货。①

还需说明,退货,在既不属于解除合同,也不属于修理、重作、更换的背景下,为代物清偿或合同更改。其实施不在于填补守约方因违约行为所致损害,而在于减少乃至避免守约方的损失,可见不同于损害赔偿、支付违约金。它与合同解除在取消既有交易这点上相同,但合同解除是不但取消既有交易,而且不建立新的交易关系,而代物清偿或合同更改是以另一种形式的交易取代既有交易。有时在满足守约方的合同动机上甚至与既有交易相一致。例如,守约方的合同目的仅是买一盘包子以填饱肚子,并不在意是狗不理包子还是开封灌汤包,只是在缔约时点了狗不理包子。现在出卖人以开封灌汤包代替狗不理包子,买受人同意,可以说买受人因代物清偿而实现了合同动机。

减少价款,既是一个事实,也是一项法律制度。这两者既有联系又有区别。作为法律制度意义上的减少价款,不同于损害赔偿。作为事实意义上的减少价款,有时属于赔偿损失的一种表现形式,有时则否。

减少价款,就法律将其作为瑕疵救济方式的初衷观察,乃着眼于物有所值、按质论价、给付与对待给付间的均衡的产物,而非填补违约行为给买受人造成的损害的制度。在这种意义上,减少价款不属于违约损害赔偿的方式。

但从另外的角度讲,即减少价款系填补买受人因买卖物有瑕疵却多支付了价款而遭受的损失,尤其是在买受人有这样的法律意识的情况下,减少价款属于损害赔偿的一种表现形式。持这种观点的,例如,1980年《联合国国际货物销售合同公约》赋予买受人的减价权,作

---

① 参见英国《货物买卖法》第15A条;〔英〕克里斯蒂安·特威格-福莱斯纳等:《英国货物买卖法》(第13版),郑睿、殷安军译,中国法制出版社2022年版,第529页。

为基于部分违约请求赔偿的替代方式。① 在个案中,有时是损害赔偿的全部,有时是损害赔偿的部分。在这种情况下,减价数额的计算和确定实际上成了损害赔偿额的一种计算方法。

把减少价款视为违约损害赔偿的一种表现形式,更符合"统合说"的逻辑,因为在"统合说"那里,违约责任制度的功能之一是填补守约方因违约行为所遭受的损害,减少价款作为违约责任的方式之一,不应例外,如此,将减少价款作为损害赔偿的表现形式之一就符合逻辑。星野英一教授认为,减少价金与损害赔偿没有实质上的不同。②

应当指出,从填补买受人的损失角度观察,将减少价款视为损害赔偿,在大多数情况下不会出现问题,但也应当注意到,减少价款毕竟是按照物有所值的规则行事,不受与有过失、损益同销等规则的限制,可以与违约金并罚,即使该违约金系赔偿性违约金,也不存在着障碍。

合同解除,在采取债务不履行说而非法定责任说的背景下,是将违约造成的损失降到最小限度的救济措施,大多没有填补违约行为所致损害的功能。合同解除是既有交易的反动。

(4) 构成要件不同。物的瑕疵担保责任的成立,必须是买受人在质量异议期间主张买卖物存在瑕疵,逾此期间,买受人主张与否,物的瑕疵担保责任都不成立;而违约责任则无此类要件。

既然差异如此明显、巨大,不宜称物的瑕疵担保责任已被统合入违约责任之中。

六、违约责任与风险负担

所谓风险负担(allocation of risk),也叫危险负担,是指因不可归责于双方当事人的原因致使合同不能履行时的不利益,由哪一方当事人负担,或由双方当事人合理分担的制度。在有关立法例及理论上,风险负担存在着债务人主义、债权人主义、所有权人主义、交付主义、合理分担主义等模式。

应当说,风险负担与违约责任在出发点、着眼点、目的及功能方面是不同的,应分属两项法律制度:(1) 风险负担仅仅解决因不可归责于双方当事人的原因致使合同不能履行时所致不利益如何分配的问题,对于拒绝履行、迟延履行、不完全履行所致损失问题则鞭长莫及;违约责任则可派上用场。(2) 风险负担针对不同类型的合同而有债务人主义、所有权人主义、保管人主义、存货人或仓单持有人负担主义、交付主义、合理分担主义等规则;违约责任则不采取这些主义,而是奉行过错责任原则或无过错责任原则,或者采纳过错责任原则和无过错责任原则的双轨体系。(3) 风险负担限于合同当事人之间分配因不可归责于双方当事人的原因致使合同不能履行时所致不利益,不涉及向第三人承受负担的问题;而违约责任则有为第三人的行为而承担责任、向第三人负责赔偿的现象。(4) 风险负担制度没有填补损失、惩罚过错及其行为、警戒第三人等目的及功能;而违约责任恰有填补当事人一方因相对人违约所受损失的目的及功能,过错责任还有惩罚功能、警戒第三人的目的及作用。(5) 风险负担没有强制履行、赔偿损失、支付违约金、价格制裁等方式;而违约责任要通过这些责任方式来体现、落实。

---

① 〔美〕E. 艾伦·范斯沃思:《美国合同法》(原书第 3 版),葛云松、丁春艳译,中国政法大学出版社 2004 年版,第 786 页。
② 〔日〕星野英一:《日本民法概论Ⅳ·契约》,姚荣涛译,刘玉中校订,五南图书出版有限公司 1998 年版,第 122 页。

不过,两者之间的关系并非如此单纯,而是有些复杂。(1) 因不可归责于双方当事人的原因致使合同不能履行场合,所致不利益的分配并非总是按照风险负担规则进行,违约责任可能发挥作用。由于《民法典》在违约责任方面采取无过错责任原则,买卖等合同因第三人的原因致使不能履行时,很可能不是适用风险负担规则,而是由债务人向债权人承担违约责任,只不过债务人事后可以向该第三人追偿(第 593 条)。例如,甲出卖给乙一个唐三彩的骏马,在交付时它被丙射来的子弹击中而毁坏,导致不能履行。这虽然是不可归责于当事人双方的不利益,但按照《民法典》第 593 条的规定,仍然由甲向乙承担违约责任,而非依风险负担规则甲免负交付义务,乙免负价款支付义务。(2) 在当事人一方有过错、风险转移于他(它)的情况下,某些"风险负担"却蜕变为"违约责任的承担",表明风险负担和违约责任之间并非永隔的天然鸿沟。对此,以《民法典》第 605 条关于"因买受人的原因致使标的物未按照约定的期限交付的,买受人应当自违反约定之日起承担标的物毁损、灭失的风险"的规定为例,加以分析。该规定可有几种解读:其一,因买受人的原因致使标的物不能按照约定的期限交付的,视为标的物已经交付,标的物为动产的,其所有权已经转移给买受人。在这种情况下,买受人承担标的物毁损、灭失的风险,是买受人对其财产的意外损失承受后果,并未向出卖人给付合同约定以外的负担(如未支付违约金或赔偿金),属于典型意义上的风险负担,而非违约责任。其二,因买受人的原因致使标的物不能按照约定的期限交付的,仍按未交付对待,标的物所有权依然留归出卖人享有。于此场合,买受人若已经付清了价款,无权请求返还,若尚未付清价款,有义务继续支付。这种继续支付价款的现象,在德国法系仍属于履行原债务,不以债务不履行责任论;在中国,若于履行期限内所为,与德国法系的相同,若在履行期届满后所为,则属于违约责任中的强制履行范畴。尤其在当事人约定了违约金的情况下,买受人继续付清价款和支付违约金并罚,属违约责任无疑。可见,将《民法典》第 605 条规定的"风险负担"一律作为违约责任[①],或完全排除于违约责任,都有些绝对化。

第二节 违约责任的分类

一、过错责任与无过错责任

以违约责任的成立是否以过错为要件作为划分标准,违约责任可以分为过错责任与无过错责任。

过错责任是因故意或过失而成立的责任。故意或过失是这种责任的成立要件,或者说故意或过失是这种责任的归责事由。如果没有故意或过失,即使造成损害,也不成立民事责任,这就是过错责任原则的内涵。过错责任,一般是因违约方自己的过错违约而成立的,但也有因有关第三人的过错导致当事人违约而成立的。后一种过错责任称为"他人过错责任",仍属于过错责任范畴。《民法典》第 593 条规定了合同当事人为第三人的行为而承担违约责任,属于一种"他人过错责任"。

无过错责任是在特定情况下不论违约方主观上有无过错,只要其不履行合同债务给对方当事人造成了损害,就应承担的责任。换言之,违约方虽无过错,也应负违约责任。

[①] 王利明:《合同法研究》(第 2 卷),中国人民大学出版社 2003 年版,第 522 页。

区分过错责任与无过错责任的法律意义在于:其一,构成要件不同。在过错责任中,过错是责任成立的主观要件,无过错即无责任。有过错才有责任。在无过错责任中,过错不是责任的成立要件,无过错也有责任。其二,基本思想不同。过错责任的基本思想,既在于惩罚过错违约,又在于补偿受害人的损失,从而具有教育作用、预防作用和补偿作用。无过错责任的基本思想只在于合理分配不幸损害,而不在于惩罚不履行合同,因而它只具有补偿作用而无惩罚作用。其三,举证责任的内容不同。在过错责任中,违约责任的成立需要受害人举证自己因违约行为而受有损失,因实行过错推定,故不需要举证违约方有过错,当然,在法律未规定过错推定的场合,仍需受害人举证违约方具有过错;但违约方欲不负责任,则必须举证自己无过错。在无过错责任中,受害人只要举证自己因违约行为而受有损失即可成立违约责任,违约方欲免责,只举证自己无过错还达不到目的,只有找出免责事由方能奏效。其四,赔偿范围不同。在过错责任中,赔偿范围原则上为直接损失和间接损失。在无过错责任中,赔偿范围只是直接损失和间接损失的一部分,法律有时会直接限定赔偿范围。

二、有限责任与无限责任

以承担违约责任的财产有无限制为标准,违约责任分为有限责任与无限责任。

无限责任,是以债务人的全部财产对全部债务负其责任。换言之,债务人对其全部债务必须全面清偿,对其全部赔偿责任必须全部负责;否则,不能免责。合同法以无限责任为原则,自然人、合伙、个体工商户和农村承包经营户对其债务基本上都要承担无限责任。法人也是以其财产承担无限责任,股东以其出资为限承担有限责任。

无限责任就其固有的意义来说,指的是当事人的责任范围,而不是法律对违约行为及其他行为予以否定性评价的表现。它在违约行为及其他违反义务行为发生前即已存在。就是说,无限责任不是我们通常所讲的违约责任。但当债务人不履行其债务时,其实际承担的无限责任才是通常所言的违约责任或其他民事责任。

有限责任,是债务人得以其某部分财产对某种债务负其责任的状况。它有物的有限与量的有限之分。前者是指债务人仅以其财产中的特定财产负其责任。后者是指债务人对其债务仅于一定限额内负其责任。

有限责任就其固有的意义而言,也是对违约责任等在范围上的限制,而非法律对于违约行为及其他行为予以否定性评价的表现。它在债务人不履行其债务而成为具体的违约责任时,才现实地成为通常所言的违约责任。

区分有限责任与无限责任的法律意义在于:责任人的赔偿范围不同,无限责任比有限责任重,对责任人不利;有限责任以法律有明文规定为限,法律无明确规定者,即为无限责任。

三、单独责任与共同责任

以承担违约责任的当事人的数量为标准,违约责任可以分为单独责任与共同责任。

单独责任,是违约方仅为一人时所承担的违约责任。共同责任,是违约方为二人以上时所承担的违约责任。它分为按份责任与连带责任。按份责任,是按照法律或合同的规定,由违约方中的数人各自承担特定份额的责任。至于责任份额的大小,有规定的依其规定,无规定时推定为责任份额均等。连带责任,是按照法律或合同的规定,违约方中的数人就违约责任各有义务承担全部责任。

区分单独责任与共同责任的法律意义在于：在单独责任场合，只存在违约方和受害人之间的债务及责任关系，比较简单明了。在共同责任场合，除存在违约方与受害人之间的债务及责任关系以外，尚有违约方内部的责任分配关系，尤其在连带责任中，责任人在向受害人承担责任后，还需要确定各自的责任份额，向受害人承担责任超过自己应负份额的责任人有权向其他责任人追偿。在共同责任中，如果法律或合同未明确规定是按份责任抑或连带责任，因连带责任较按份责任重，从合理照顾责任人的目的出发，按照按份责任处理（如《民法典》第307条中段等）。但在共同保证等情况下，则相反（《民法典》第699条后段）。

四、单方责任与混合责任

根据承担违约责任者是当事人一方还是双方的不同，违约责任分为单方责任与混合责任。

单方责任，是违约方向守约方承担的违约责任。混合责任，是当事人双方对违反合同均有过错，各自依其过错程度承担相应的责任。《民法典》第592条规定："当事人都违反合同的，应当各自承担相应的责任"（第1款）。"当事人一方违约造成对方损失，对方对损失的发生有过错的，可以减少相应的损失赔偿额"（第2款）。

区分单方责任与混合责任的法律意义在于单方责任可以是过错责任，也可以是无过错责任；混合责任只能是过错责任，混合责任根据双方当事人各自的过错程度确定，最终表现为过错程度重的违约方未负全部责任，在赔偿数额上有所减少。

第三节 违约责任的归责原则

一、归责原则的概念

归责原则，是指基于一定的归责事由而确定责任成立的法律原则，或者说是基于一定的归责事由而确定行为人是否承担责任的法律原则。具体到合同法，其归责原则就是基于一定的归责事由而确定违约责任成立的法律原则。

在归责原则问题上，归责事由居于重要的地位。归责事由是立法者基于特定的物质生活条件的要求，根据其立法指导思想，按其价值观分配损害结果而在法律上确认的唯一的或核心的责任原因。它变化，归责原则也随之改变。[1] 古代法把单纯的损害结果认可为归责事由，它奉行的归责原则便为结果责任原则。近代法把过错规定为归责事由，它采取的归责原则即为过错责任原则。在现代法上，基于合理分配不幸损害的需要而承认了多种无过错责任。"但'无过失'本身则不足以作为责任之依据。"[2] 每种无过错责任的归责事由不尽一致，难以提出积极的法律原则加以说明，只就其消极特征立论，统称之为无过错责任原则。[3]

---

[1] 崔建远：《合同责任研究》，吉林大学出版社1992年版，第50—51页。
[2] Karl Larenz：《德国法上损害赔偿之归责原则》，转引自王泽鉴：《民法学说与判例研究》（第5册），中国政法大学出版社1998年版，第258页。需要说明，这段引文在北京大学出版社2009年的版本上不见了。不过，我至今仍然赞同此论，故依然引用之。
[3] Karl Larenz：《德国法上损害赔偿之归责原则》，转引自王泽鉴：《民法学说与判例研究》（第5册），北京大学出版社2009年版，第185页。

二、归责原则的作用

1. 归责原则决定着违约责任的构成要件,归责原则不同,违约责任的构成要件便不一致。在结果责任原则下,违约致损为唯一的责任要件。在过错责任原则下,过错为核心的责任要件。在无过错责任原则下,过错又从构成要件中消失了。

2. 归责原则决定着举证责任的内容,归责原则不同,分配给受害人和违约方的举证责任便不一致。例如,在过错责任原则下,违约方欲免负违约责任,可举证自己无过错来达到目的。在无过错责任原则下,违约方欲免负违约责任,仅仅举证自己无过错已达不到目的,只能举证法定的免责事由,有时则为约定的免责事由。

3. 归责原则决定着赔偿责任的范围,在不同的归责原则下,赔偿责任的范围不尽一致。在过错责任原则下,确定赔偿范围主要考虑损失的多少,受害人有无过错,有一些国家还考虑违约方缔约时是否预见到或应否预见到损失。在无过错责任原则下,赔偿范围受合理分配不幸损害这种基本思想的制约。

4. 归责原则决定着违约责任的方式,归责原则不同,违约责任的方式也有差别。在结果责任原则下,违约责任的方式为损害赔偿,而无违约金责任方式。在过错责任原则下,违约金责任系重要的责任方式。

5. 从整个合同法的角度看,归责原则对于合同法的进步起了促进作用。它使合同法及时地担负起促使债务人履行其债务、填补受害人损失的重任,既促进了合同法的逐步完善,又推动了经济的发展。

三、归责原则的配置原理

"民法准则只是以法律形式表现了社会的经济生活条件"①,归责原则也是如此。例如,市场经济一方面要求人们的聪明才智充分发挥出来,人们进行生产和交换的积极主动性得到鼓励和保护;另一方面要求人们进行上述活动所遭受的损失得到填补。这些要求反映在归责原则上,就是法律要配置过错责任原则。在现代社会,不幸损害相当严重,成为必须予以重视的社会问题。法律欲合理解决它,不能不采取无过错责任原则以合理分配不幸损害。因而现代法在仍然承认过错责任原则的前提下,又配置了无过错责任原则。

"法不仅必须适应于总的经济状况,不仅必须是它的表现,而且还必须是不因内在矛盾而自己推翻自己的内部和谐一致的表现。"②归责原则的配置也是如此。在奉行结果责任原则的早期古代法中,有损害即有责任,几乎找不出免责事由,因而法体系内部是和谐一致的。"然后是经济进一步发展的影响和强制力又经常摧毁这个体系,并使它陷入新的矛盾(这里我暂时只谈民法)。"③解决该矛盾的结果是合同法采取单一的过错责任原则,有过错即有责任,无过错即无责任。这种绝对的过错责任原则显然使法体系很和谐。但由于实际经济生活的要求,法律陆续地基于特殊理由承认了一些无过错责任,如旅店业者、浴池业者对其所保管的顾客物品的毁损灭失负无过错责任,运输业者对其所保管的顾客物品的毁损灭失负

---

① 《马克思恩格斯全集》(第21卷),人民出版社1965年版,第347页。
② 《马克思恩格斯全集》(第37卷),人民出版社1971年版,第488页。
③ 同上。

无过错责任,等等。这些无过错责任的出现,相对于以绝对的过错责任原则为归责原则的法体系而言,是对和谐的破坏;但对于新的法体系而言,因为过错责任原则的适用范围相对缩小,在货物运输、旅店业、浴池业等领域让位于无过错责任制度,因而同样是和谐的。

归责原则不仅取决于特定社会的物质生活条件的客观要求,而且受制于统治阶级所信奉的哲学及法哲学思想、道德伦理等因素。因为特定社会的物质生活条件的客观要求,只有被人们尤其是立法者所正确认识,才会形成归责原则的合理配置,才会被人们所遵守。而人们对特定社会的物质生活条件的认识便形成各种科学,也形成特定的道德准则,还形成作为"自然知识和社会知识的概括和总结"的哲学。[1] 统治阶级在立法及配置归责原则时便受其信奉的哲学及法哲学的指导,也要考虑到符合其利益的道德伦理的要求。例如,早期古代法奉行结果责任原则,是与原始的平等观念相一致的。近代法采取过错责任原则,与强调理性、承认个人抉择和区分善恶能力的哲学及道德伦理观念密切相关。现代法确立无过错责任原则,系由合理分配不幸损害的公平理念所致。

归责原则在相互衔接中体现着交互作用。例如,债务人迟延履行恰逢不可抗力发生,债权人因此所受损失由债务人负责赔偿。一般认为这种责任为无过错责任。[2] 但这种无过错责任同时伴有过错责任原则的思想,因为许多国家的法律及其学说认为,按时履行也避免不了此类损失时,便不负责任。因此在一定意义上说,迟延履行者对不可抗力造成的损害承担责任,仍有过错责任的印迹。

《民法典》第591条第1款规定:"当事人一方违约后,对方应当采取适当措施防止损失的扩大;没有采取适当措施致使损失扩大的,不得就扩大的损失请求赔偿。"可以肯定地说,该规定贯彻的是过错责任原则的思想,即未及时采取措施防止损失扩大属于受害人的过错;受害人对该扩大部分的损失不得请求赔偿,是受害人对其过错负责的表现。在违约方负过错责任时是这样,在违约方负无过错责任时也是如此。在违约方负无过错责任的情况下,不得就扩大的损失请求赔偿,便是过错责任原则与无过错责任原则交互作用的体现,是以过错责任原则的思想限制了无过错责任原则。

四、中国合同法上的归责原则

《民法典》第577条规定:"当事人一方不履行合同义务或者履行合同义务不符合约定的,应当承担继续履行、采取补救措施或者赔偿损失等违约责任。"这个条文中并没有出现"但当事人能够证明自己没有过错的除外"的字样,被认为是采取了无过错责任原则。[3]

在合同法上,过错责任原则不会被无过错责任原则完全取代的原因之一,是分配风险的理念没有全面占据道德伦理统治的领域,区分善恶而决定违约责任的有无,仍然具有合理性和正当性。灿烂星空和道德律令这两个令先哲康德敬畏之物(事)仍未过时。

应予指出,《民法典》同时也规定了若干过错责任:在总则中,《民法典》第578条关于"当事人一方明确表示……不履行合同义务的,对方可以在履行期限届满前要求其承担违约

---

[1] 《毛泽东选集》(第3卷)(第2版),人民出版社1991年版,第816页。
[2] 〔苏联〕马特维也夫:《苏维埃民法中的过错》,彭望雍等译,法律出版社1958年版,第105页。
[3] 参见梁慧星:《从过错责任到严格责任》,载梁慧星主编:《民商法论丛》(第8卷),法律出版社1997年版,第1—7页。

责任"的规定,显示出先期违约责任的成立以债务人具有过错为要件。在分则中,《民法典》同时也规定了若干过错责任:供电人责任(第651条、第652条、第653条、第654条);承租人的保管责任(第714条);承揽人责任(第781条、第784条);建设工程合同中的过错责任(第800条、第801条、第802条、第803条、第804条等);寄存人未履行告知义务的责任(第893条);保管人责任(第894条第2款、第897条)等。

这些过错责任存在于若干合同类型之中,覆盖了一定的领域,已经形成了过错责任原则。所谓原则,不过从数个种类的事情抽象出来的规则而已。[①]

其实,问题的关键与实质,不在于取名为何种归责原则,而在于法律规定的、法律允许的免责事由的多寡;即使取名为严格责任原则/无过错责任原则,但若法律规定的、法律允许的免责事由较多,包括不可抗力、通常事变以及当事人约定的除此而外的免责事由,那么,不履行债务的当事人也会在不少的情况下免负责任,换言之,此种归责原则对于违约方仍非严苛,而是较为宽宥;哪怕命名为过错责任原则,但法律规定的、允许的免责事由较少,如只承认不可抗力免责,不承认通常事变免责,不允许当事人约定免责条款,那么,不履行债务的当事人承担违约责任的机会就多,尽管在若干情况下他并无过错,如适用《民法典》第593条的场合,换言之,此种归责原则对于违约方并没有表面上看起来的那么豁达。看来,法律人不宜在过错责任原则或无过错责任原则的命名上花功夫,而应把精力放在免责事由的设置上。

第四节 违约责任的构成要件

一、违约责任的构成要件概述

违约责任,是当事人违约时国家强制其继续履行或承担损害赔偿、支付违约金乃至价格制裁的表现;在违约方过错违约时,它还是法律对违约行为予以否定性评价的反映。由此可见违约责任的严肃性和违约方承担违约责任时所承受的重大不利。正因如此,绝不能随意把违约责任强加于当事人,而应该有条件地责令违约方承担违约责任。就是说,违约责任的成立应有要件。

以往的学说认为,违约责任的构成要件包括违约行为、守约方受有损失、违约行为与受有损失之间存在因果关系、违约方有过错。这种看法误把赔偿损失的构成要件当成了整个违约责任的构成要件,颠倒了个别与一般的关系。违约责任有强制履行、支付违约金、赔偿损失等责任方式,每种责任方式都有自己的构成要件,相互之间并不等同。例如,强制履行的构成要件为:违约行为,守约方请求违约方继续履行,违约方尚能继续履行。它不要求违约方有过错。赔偿损失的构成要件为:违约行为,守约方受有损失,这两者之间有因果关系。至于是否需要过错这一要件,则视具体情况而定。违约金责任的构成要件不要求守约方的损失,关于违约方的过错,视违约金责任的具体类型而定。

无过错责任因其类型不同,成立的依据各有差异,其构成要件随之各有特点。例如,迟延履行期间发生不可抗力,债务人承担无过错责任,其构成要件为:不可抗力发生于债务人迟延履行期间,不可抗力造成合同不能履行或不能完全履行,债权人因此受有损失。

---

① 刘甲一:《私法上交易自由的发展及其限制》,载郑玉波主编:《民法债编论文选辑》(上),五南图书出版有限公司1984年版,第114页。

二、违约行为

(一) 违约行为的概念

违约行为,是违反合同债务的行为,又叫不履行合同债务。这里的合同债务,既包括当事人在合同中约定的义务,又包括法律直接规定的义务,还包括根据法律原则和精神的要求,当事人所必须遵守的义务。后两种义务,如债务人必须交付合格的标的物的义务、不得欺诈对方当事人的义务等。

在一般情况下,违约行为的主体是债务人,在受领迟延且认为构成违约的场合,违约行为的主体为债权人。由于受领迟延同样是对合同义务(受领义务)的违反,将其主体命名为债务人未尝不可。

违约行为是单纯的客观现象,还是违约方的主观状态也融进其中?一种观点认为,违约行为仅指违反合同债务这个客观事实,不包含当事人及有关第三人的主观过错。另一种观点认为,违约行为就是当事人及有关第三人过错地不履行合同债务,因此客观原因致使合同不履行,不算违约行为。本书采取第一种观点,因为违约责任的构成要件有客观要件与主观要件之分。客观要件含违约行为,主观要件指过错。可见,过错是违约责任的构成要件,而非违约行为的构成要素。

与此相联系的,是违约行为的违法性问题。一种观点认为,违约行为的违法性,是指违约行为违反了现行合同法的要求,违约方或有关第三人主观上有过错。另一种观点主张,违约行为的违法性,就是违约方在客观上违反了受法律保护的合同。至于违约方对此有无过错,属于违约责任的成立与否的范畴,与违法性无关。应予指出,如果存在着不可抗力等阻却违法的事由,即使当事人在客观上违反了受法律保护的合同,也不具有违法性。①

(二) 违约行为的形态

1. 不能履行

不能履行,又叫给付不能,是指债务人在客观上已经没有履行能力(《民法典》第 580 条第 1 款第 1 项)。在以提供劳务为标的的履行的合同中,债务人丧失工作能力,为不能履行。在以特定物为标的的合同中,该特定物毁损灭失,为不能履行。在以种类物为标的的合同中,种类物全部毁损灭失,构成不能履行。不过,在中国法上,农户与国家的粮棉收购单位签订的粮棉购销合同等有特殊性。只要粮棉歉收,当年的产量扣除农户的基本生活所需部分后,无粮棉向收购单位交付的,即视为不能履行。

上述分析和界定都属于事实上的不能履行,又称自然不能履行。应当看到,无论标的是提供劳务,还是交付特定物或种类物,即使债务人有能力履行,甚至愿意履行,但法律禁止履行的,也构成不能履行。此为法律上的不能履行。

关于不能履行的判断标准,不应是物理学的法则,而是社会观念,即针对个案根据具体情况斟酌交易观念而判断。例如,海底寻针,在物理学上虽属可能,但在社会观念上则认为不能。

不能履行,除了上述事实上的不能履行和法律上的不能履行外,还有若干种类别,包括自始不能履行与嗣后不能履行。德国民法及其理论曾经将属于前者的自始客观不能作为合同无效的原因,把后者作为债务不履行(含违约)处理。《德国债法现代化法》已不再如此分

---

① 崔建远:《合同责任研究》,吉林大学出版社 1992 年版,第 92—93 页。

别对待,而是统一作为债务不履行。中国法对此未设明确的规定,实际处理时需要具体情况具体分析。

不能履行还有永久不能履行与一时不能履行之分。前者指在履行期限或可以为履行的期限届满时不能履行。后者则为在履行期满时因暂时的障碍而不能履行。永久不能履行如属嗣后不能履行,则可为违约责任的构成要件。一时不能履行在继续性合同场合便成为部分不能履行,可构成违约责任的要件。一时不能履行因债务人在不能履行的暂时障碍消除后仍不履行,可以成为迟延履行,可为违约责任的构成要件。

不能履行又可以分为全部不能履行与部分不能履行。前者指合同债务全部不能履行。后者为合同债务的一部分不能履行。全部不能履行如属嗣后不能履行,可构成违约责任的要件。部分不能履行如属嗣后不能履行时,自然属于违约责任的构成要件,如属自始不能履行,仍可能产生违约责任,即在能履行部分而不为履行时,构成违约责任。

2. 迟延履行

迟延履行,又称债务人迟延,中国法有时称作逾期履行。它是指债务人能够履行,但在履行期限届满时却未履行债务的现象(《民法典》第 563 条第 1 款第 3 项等)。构成迟延履行,一是存在着有效的债务,二是能够履行,三是债务已届履行期限,四是债务人未履行。

对于迟延履行来说,履行期限具有重要意义。在合同明确约定有履行期限时,债务人在履行期限届满时未履行债务,即构成迟延履行。在合同未明确约定履行期限时,债权人应先催告债务人履行,债务人未在指定的期限内履行的,构成迟延履行。

3. 不完全履行

不完全履行,又称不完全给付或不适当履行,是指债务人虽然履行了债务,但其履行不符合债务的本旨(《民法典》第 577 条)。与不能履行、迟延履行、拒绝履行相比,不完全履行虽然履行不完全,但尚有可认为履行的行为,而不能履行、拒绝履行等则属于无履行的消极状态。

关于不完全履行的种类,学说分歧较大,本书把不完全履行分为如下几类:(1) 履行在数量上不完全。这一般表现为于履行期限届满时履行在数量上有所短缺,有时也包括数量的增多。这种不完全履行虽然可以由债务人补充履行,但这不否定原已存在的违约责任。(2) 交付的标的物在品种、规格、型号等方面于履行期限届满时不符合合同约定,就构成不完全履行。对这种不完全履行,虽可给债务人一定的宽限期,使其修补或另行给付,但不免除债务人的责任。特别是在债务人不予修补或不予另行给付时,或者在债务人的修补或另行给付仍达不到合同目的时,就更成立违约责任。还应指出,债务人修补或者另行给付超过合理期限时,又构成迟延履行。(3) 加害给付。从广义上讲,加害给付也属于不完全履行的第二种类型,但它与一般的不完全履行在质量上不合格相比,给债权人造成的损害比未履行还大,并具有侵权行为的性质,因此特别提出来加以讨论。所谓加害给付,是指履行对债权有积极的侵害,也就是超过履行利益或于履行利益以外发生的其他损害的违约形态。加害给付具有侵权行为的性质,甚至于有人主张对它适用侵权责任法的规定。中国法对加害给付作为构成违约责任的要件也有规定。例如,《民法典》第 825 条第 2 款规定,因托运人申报不实或者遗漏重要情况,造成承运人损失的,托运人应当承担赔偿责任。(4) 履行方法的不完全。所谓履行方法,是指实现履行目的的手段。履行方法的不完全,例如本应一次履行却分期履行,本应选择最近的运输路线却确定了较远的运输路线等。履行方法的不完全也是违约责任的构成要件。例如,《民法典》第820条规定,承运人应当按照有效客票记载的时间、班次和座位号运输旅客。承运人迟延运输的,应当及时告知和提醒旅客,采取必要的安置措施,并根据旅客的要求安排改乘其他班次或者退票;由此造成旅客损失的,承运人应当承担赔偿责任。再如,《民法典》第892条第2款后段规定,除紧急情况或为维护寄存人利益外,不得擅自改变保管场所或方法。(5) 违反附随义务的不完全履行。这方面的例证有《民法典》第776条前段关于"承揽人发现定作人提供的图纸或者技术要求不合理的,应当及时通知定作人"的规定。

不完全履行和迟延履行并非截然分开,有时会发生转化。不完全履行发生,守约方一般会定合理期限令违约方采取消除缺陷或另行给付的补救方法。违约方未在该期限内消除缺陷或另行给付的,则构成迟延履行。

不完全履行也可能导致不能履行。对不完全履行采取消除缺陷和另行给付的补救方法,如果不可能,就可以构成不能履行。

不完全履行与否,以何时为确定标准?本书认为,应以履行期限届满仍未消除缺陷或另行给付时为准。如果债权人同意给债务人一定的宽限期消除缺陷或另行给付,那么在该宽限期届满时仍未消除缺陷或另行给付的,则构成不完全履行。

4. 拒绝履行

拒绝履行,是债务人对债权人表示不履行合同。这种表示一般为明示的,也可以是默示的(《民法典》第578条、第563条第1款第2项)。例如,债务人将应交付的标的物处分给第三人,即可视为拒绝履行。

作为构成违约责任要件的拒绝履行,其一应存在着有效的债务,其二应有不履行的意思表示,其三应有履行的能力,其四应为违法。债务人有权拒绝履行时,如有同时履行抗辩权、先诉抗辩权、不安抗辩权、时效完成抗辩权、条件不成就、履行期限尚未届至等,行使这些权利或抗辩,不构成拒绝履行。

一方面,拒绝履行不同于迟延履行,因为迟延履行是于履行期届满时仍未履行,而拒绝履行只要在履行期限届至时表示即可;另一方面,拒绝履行一直持续到履行期限届满,则可转化为迟延履行。

拒绝履行与不能履行不同,拒绝履行是能够履行而表示不予履行,而不能履行则是无能力履行。

拒绝履行与不完全履行也不同,拒绝履行是根本没有履行行为,而不完全履行则是有履行行为,只是履行不完全。

违法的拒绝履行是违约责任的构成要件,行使权利的拒绝履行不引起违约责任。

[反思]

《民法典》第527条、第528条、第578条和第563条第1款第2项之间的关系如何,意见不一。对于其中的第527条、第528条的规定,虽然一致认为它们确立了不安抗辩权制度,但对第578条规定的意义却认识不一,通说坚持它是关于先期违约(预期违约)的规定。那么,第563条第1款第2项在表述上与第578条接近,又该如何理解呢?

众所周知,不安抗辩权为大陆法系的制度,先期违约则系普通法系上的规则,两者的功能大体相当。尽管有人认为,德国民法上也有先期违约①,但通说认为大陆法系无先期违约制度,普通法系无不安抗辩权制度。如此,它们各自的内部是和谐的。中国《民法典》将不安抗辩权和先履行抗辩权一并纳入,尤其是把第578条解释为规定了先期违约,就带来了较大的问题:其一,《民法典》第578条规定的情形与普通法系的先期违约存在着出入。先期违约包括拒绝和预期不能履行两种类型,后者既指因不可归责于债务人的原因导致的预期不能履行,也包括因债务人自己的行为造成的预期不能履行。《民法典》第578条规定的情形欠缺因不可归责于债务人的原因导致的预期不能履行这种类型。其二,在普通法上,先期违约行为发生在履行期限届至前;而《民法典》第578条规定在履行期限届满之前。这个差别可能导致效果的巨大不同:在一时的合同场合,债务人虽然表示过拒绝履行或者在客观上预期不能,但在履行期限届满前,债务人又实际履行,或者恢复了履行能力并愿意实际履行,就不宜认定为债务人违约,债务人有权抗辩债权人的违约请求权,除非债务人原来表示的拒绝履行已经给债权人造成了重大损失。与此有别,在继续性合同的情况下,于履行期届至前,债务人表示拒绝履行或者在客观上预期不能的,构成先期违约;于履行期限内,债务人拒绝履行或者在客观上预期不能的,就现实地构成违约(而非先期违约),须向债权人承担违约责任,除非存在免责事由。由此可见,《民法典》第578条规定确实不同于普通法系上的先期违约,并且把判断先期违约的期限定在合同履行期届满之前,有时混淆了先期违约和真正违约的界限,不尽科学。其三,依据先期违约制度,债权人可以立即同意债务人的先期违约,并马上请求债务人承担违约责任;也可以拒绝债务人的先期违约行为,请求他信守合同,履行其债务,不过,要承担于此期间发生的不能履行的风险。《民法典》第578条仅仅规定了马上请求债务人承担违约责任的救济方式,未提请求债务人信守合同、履行其债务的路径;实际上,是否可以解除合同也不清楚。如果主张解除合同,必须援引《民法典》第563条第1款第2项。可是,第563条第1款第2项与第578条在表述上又存在差异,就文义而言,尚不能保证一律援引成功。这又表现出它与先期违约的不同。其四,适用《民法典》第527条和第528条的规定,主张不安抗辩权,需要承担繁重的举证责任,而援引第578条的规定,则无此类举证负担。功能相近的两项制度,如此失去权衡,难谓成功。其五,最大的问题在于,上述设计违反了同一部法律不宜规定功能相同或相近的制度这个原则。如何补救?在解释论的层面上,应当把《民法典》第578条规定的制度解释为拒绝履行。

5. 受领迟延

受领迟延,又叫债权人迟延,是指债权人没有接受债务人的履行,或没有为债务人履行债务提供必要的协助。

受领迟延与履行迟延均发源于罗马法,但罗马法未给予明确的界定。在解释上,一种观点认为,受领迟延与履行迟延的性质相同,以过错为构成要素。另一种观点认为,过错不是受领迟延的构成要素,只要有债权人不为受领的客观事实,即可构成受领迟延,尤其是自库勒(Kohler)倡导受领迟延与履行迟延为不同制度以来,认为前者是权利不行使,后者则是债务不履行,更有许多人赞成受领迟延不以过错为要素的观点。本书认为过错是责任成立的要件问题,受领迟延仅仅是一种客观事实,因而不赞成把过错作为受领迟延的构成要素。

债权人迟延的构成,需要具备以下要件:(1) 债务内容的实现以债权人的受领或其他协

---

① 参见〔德〕罗伯特·霍恩等:《德国民商法导论》,楚建译,谢怀栻校,中国大百科全书出版社1996年版,第113页。

助为必要;(2) 债务人依债务本旨提供了履行;(3) 债权人受领拒绝或受领不能。所谓受领拒绝,是指对于已提供的给付,债权人无理由地拒绝受领。所谓受领不能,是指债权人不能为给付完成所必需的协助的事实,包括受领行为不能及受领行为以外的协助行为不能,系属债权人不为受领或协助的消极状态,是否基于债权人的意思,在所不问。比如债权人于给付提出时不在家或出外旅行或患病,无行为能力人因欠缺法定代理人不能受领,纵令债权人于其他时刻或在其他条件下得受领该给付,仍不失为不能受领。

受领给付是债权人的权利还是义务,观点不一致,法国民法学说与判例大多认为受领给付为债权人的义务,因而债权人不适当地拒绝受领属于违反《法国民法典》第1146条和第1153条关于债务不履行的规定,应负赔偿责任。相反,德国民法学说一般认为受领不是债权人的义务,仅在买卖和承揽中承认有受领义务。日本民法学说多数追随法国民法的观点,主张受领为债权人的义务,只有少数赞成德国民法的看法。在中国法上,强调协作履行原则,债权人有义务协助债务人履行债务,因此,受领给付应为债权人的义务。同时,由于债权的本质不仅仅在于请求债务人履行,更在于取得履行的结果,即在于给付受领权,只有如此,才使债权得到满足。这样说来,受领给付也应是债权人的权利,强调权利的一面,可被解释为债权人放弃给付受领权、导致抛弃债权的现象;注重义务的一面,则能解释现行法关于受领迟延可产生提存等法律效果,乃至个别场合受领迟延构成违约责任的现象。

(三) 违约行为的分类

1. 单方违约与双方违约

《民法典》第592条第1款关于"当事人都违反合同的,应当各自承担相应的责任"是关于双方违约及其责任分担的规定。客观上是否存在双方违约,以及应否规定双方违约,立法过程中存有不同意见。本书作者认为,双方违约的确存在。其原因之一是,在双务合同中,双方当事人所负的债务并不总是具有牵连性和对价性的,致使双务合同履行中的抗辩权在某些案型中无从适用。例如,某房屋租赁合同约定,出租人须在合同签订后30日内向承租人出示其拥有房屋所有权的证明文件,否则,视为违约。出租人未能依约向承租人出示此类文件,构成违约。但承租人据此主张先履行抗辩权,拒付租金的,由于出租人依约出示房屋所有权的证明文件的义务与承租人支付租金的义务,不构成对待给付义务,不符合先履行抗辩权的构成,承租人拒付租金即不是在行使抗辩权,而是在违约。这就构成了双方违约。双方违约存在的原因之二是,即使系争案型存在着抗辩权制度适用的余地,但抗辩效果的发生须以权利人行使抗辩权为条件,并无采用"存在效果说"的空间,事实是权利人没有行使抗辩权,或者貌似行使,实际上没有行使。这也会构成双方违约。例如,在某房屋租赁合同中,出租人交由承租人占有、使用的租赁房屋不符合约定的质量标准,承租人虽然一方面要求出租人修缮,但同时照样向出租人以支票支付全部租金,不过,该支票是作废的,致使支付租金迟延。多数说认为,承租人不是在行使先履行抗辩权,而是以作废支票欺骗出租人,也构成违约。于是,该案构成双方违约的情形。双方违约存在的原因之三是,系争案型存在着抗辩权制度适用的余地,但权利人明示放弃抗辩权,在相对人违约时无抗辩权可以行使,又拒不履行自己的债务,构成双方违约。

2. 真正违约与视为违约

所谓视为违约,指的是债务人未违反任何合同义务,依法本不成立违约责任,但当事人双方特别约定,在某些情况下,某行为视为违约行为。例如,某《信托贷款合同》第1.7.6条约定:"借款人具备从事其目前从事业务所必需的所有许可、资质、证照,且其签署的相关经营合同、协议及对相关经营合同、协议的任何修订和补充均为真实、合法、有效、可执行。若借款人由于相关资质、证照等原因而受到行政机关质疑或导致相关协议出现无效或可撤销风险的,则视为借款人违约,贷款人有权按本合同的约定要求借款人承担违约责任。"其中,借款人从事其目前从事业务所必需的所有许可、资质、证照,假如欠缺一份或若干,或受到行政机关质疑,不但未违反还本付息的主给付义务,而且至少在某些情况下未违反信托借款合同项下的法定义务,这在通常情况下不构成违约。但因有系争《信托贷款合同》第1.7.6条的约定,借款人欠缺上述任何许可、资质、证照,都构成违约,成立违约责任,即使借款人举证证明其欠缺许可、资质、证照不构成《民法典》第577条以下规定的违约行为,也排除不了违约行为及违约责任的成立。

[探讨]

欺诈可否构成违约及其意义

(1) 欺诈发生在合同履行阶段,而非合同订立之时。于此场合,只能适用《民法典》第577条以下的规定,构成违约责任救济,不可适用《民法典》第148条或第149条关于可撤销的规定。

(2) 合同约定,欺诈构成违约。例如,某《商厦项目转让协议书》第4.3条约定:"因甲方隐瞒事实真相或未充分披露,出现第三人对本协议所指的土地使用权及项目开发权提出权利要求,或因甲方其他原因致使本协议不能履行,视为甲方单方违约,甲方按本协议约定承担违约责任。"

(3) 转让人不披露目标公司的经营状况,构成股权转让的瑕疵,应当类推适用《民法典》第582条(物的瑕疵担保规则)、第617条(竞合规则)、第621条(检验期间规则)等关于物的瑕疵担保责任的规定。

(4) 欺诈虽然发生于合同订立阶段,但该因素持续于合同生效履行的过程中,符合《民法典》第578条的规定,构成先期违约(预期违约),或者符合《民法典》第577条等规定,构成瑕疵履行或迟延履行或不能履行。在这些情况下,应当允许债权人追究债务人(欺诈者)的违约责任。指出这一点具有积极意义:虽然欺诈的构成要件只有欺诈行为、欺诈的故意、受欺诈者由此陷于错误的认识、受欺诈者基于该错误的认识缔结了合同,未将欺诈给受欺诈者造成了较为严重的损失作为构成要件,但是,在裁判的实务中,是否允许基于欺诈而撤销合同,裁判者时常将欺诈造成的后果严重与否作为考量的因素。如此,在欺诈虽然成立但所造成的后果较为轻微甚至没有的情况下,受欺诈者主张撤销合同很可能得不到裁判者的支持,而援用《民法典》第577条等规定,请求欺诈者承担违约责任,则很可能如愿以偿。

(5) 欺诈虽然发生于合同订立阶段,但属于其后违约的重要或关键因素,虽然其后的违约完全符合违约责任成立的要件,但将欺诈一并考虑进来,至少在某些合同中具有意义。例如,在消费者合同的场合,其后的违约仅仅是瑕疵,单凭这一点尚难适用《消费者权益保护法》关于惩罚性赔偿的规定,而将欺诈纳入,则可以追究商家惩罚性赔偿的责任。

三、过错

(一) 过错的概念

违约责任有过错责任与无过错责任之分,其中,过错责任以过错为成立要件。关于过错的认识,观点不同。主观说认为,过错是一种应受谴责的心理状态。客观说主张,过错是对注意义务的违反。它是一个社会概念,而不是一个道德概念。"过错并不要求存在着真正受责备的行为,它一般是以违反在特定条件下的社会要求来衡量的。"①

主观说把过错建立在预见和预防自己行为的结果的可能性之上,强调过错在道德上的可非难性,行为无可指责便不为过错。这符合马克思主义的认识论,符合过错责任与教育作用之间的关系,具有合理性,因此不能完全否定主观说。客观说同样把过错分为故意和过失,其中关于故意的理解与主观说的理解并无不同;关于过失的理解直接认定它为注意义务的违反。由于注意义务在法律上是明确的,因而在判断过失的有无上便于操作,这是合理的。对主观说和客观说的合理成分均应加以肯定,在理解过错时应吸收这些合理成分。据此,应赞成这样的表述:故意是行为人明知其行为可能产生某种违法后果,却有意促成或不加防止。过失是对注意义务的违反,在对违反注意义务的理解上,仍不否认违反注意义务是行为人的意志支配下的行为,该行为应受道德的非难和法律的否定。某些客观说把过错与道德评价截然分开,认为过错并不一定是真正受责备的行为,这是不正确的。"因为一方面认为过错违约责任有惩罚性质和教育作用,另一方面又认为过错是不受责备的行为,显然是自相矛盾的,当事人不履行合同系因不可抗力等外界因素所致,对他加以惩罚,非但达不到教育他的目的,反而会激起他对法律的憎恶。只有在他有可指责之处时,'只有当合同责任仅仅取决于过错时,才可能取得预期的教育效果'。"②

单从关于过错的界定看,构成违约责任的过错与构成侵权责任的过错似乎没有差别。其实不然,注意义务的内容在合同关系和一般关系中并不一致。侵权行为法所要求人们应做到的注意,是社会一般人能做到的注意,其程度不能太高,否则,便会阻碍人们充分发挥其聪明才智,限制人们进行商品生产和商品交换的积极主动性。但在合同关系中,当事人已由原来的一般关系进入到特殊联系的信赖关系,双方的联系比在一般关系中更为密切,因而任何一方的不注意都容易给对方造成损害,为防止不良后果发生,法律对当事人的注意要求应该高些,当事人仅仅停留于不作为义务(侵权行为法正要求不作为)并不足够,还要负有作为义务才算达到要求,其作为义务不仅包括给付义务,还包含互相协助、互相照顾、互通情况、互相保护、诚实信用等注意义务。这样,合同法要求的注意在程度上便比侵权行为法要求得高了,当事人的行为构成过失的机会相对地增多了。

诚然,《民法典》第 1198 条第 1 款关于"宾馆、商场、银行、车站、机场、体育场馆、娱乐场所等经营场所、公共场所的经营者、管理者或者群众性活动的组织者,未尽到安全保障义务,造成他人损害的,应当承担侵权责任"的规定,对某些公共场所的管理人或群众性活动的组织者附加了更高程度的注意义务,与合同法上的注意义务相当。就是说,在这点上,侵权责任法与合同法之间的界限变得模糊了。

(二) 过错的判断标准与过错程度

关于过错的判断标准在不同的立法和不同的学说中存在着差异。罗马法所要求人们应尽到的注意,是足够的谨慎和勤勉。它是以行为人在一般行为准则的指导下对自己行为理解和控制的能力为条件的,所以,对行为人必须从两方面考察他有无此种能力:一方面,从一

---

① Gyula Eörsi, Contractual Remedies in Socialist Legal Systems, Guenter H. Treitel, Remedis for Breach of Contract (Courses of Action Open to A Party Aggrived), International Encyclopedia Comparative Law, Mouton, The Hague, And L. B. Mohr (Paul Siebeck), Tübingen, 167 (1976).

② 崔建远:《违约责任论》,载《吉林大学社会科学学报》1991 年第 4 期。

般人的角度看,若按一般的理解能力他应当达到注意标准而他在行为时确实达到了,则无过失;另一方面,从行为人自己的角度看,如果他的理解能力低于一般水平,则无责任。就一般能力而言,又有高、中、低之分,依据注意标准的这些差别,罗马法上有轻过失与重过失之分,而轻过失又有抽象轻过失与具体轻过失之别。

大陆法系基本上继承了上述思想,依据注意程度把过失分为重大过失、具体轻过失和抽象轻过失,同时也承认故意这种过错形式。

在中国,过错程度理论被简化了,把过错分为故意和过失,将过失再分为重大过失和一般过失。故意是当事人明知其行为违反合同而仍为此行为。重大过失是当事人的行为未达到社会的一般要求。一般过失是当事人的行为未达到社会的较高要求。

在判断过错的标准上,有主观标准说、客观标准说和主客观结合标准说的分歧。主观标准说认为,应依照行为人能否预见其行为会造成损害结果来决定其有无过错。如果他能够预见其行为会引起违法后果,那么当他实施这种行为时便有过错。如果他无法预见其行为会引起违法后果,那么他就没有过错。强调行为人的预见能力,基于具体情况判明行为人有无识别能力,而不是像认定行为能力那样统一认定有无意思能力,这是主观标准说的优点。但它也有缺点,例如,虽然是完全民事行为能力人,但当他违反环境保护法的某些规则时,也可能被认定为无过错,因为他主观上确实不懂这些规则。这显然违背法律的根本精神,不利于增强人们的法制观念。客观标准说是依据社会一般人能否预见其行为会引起损害后果,来决定具体的行为人实施其行为时是否有过错,能够克服主观标准说的缺点。但如果完全不考虑行为人的具体情况,会使那些识别能力低于社会一般人这个标准水平的人也承担过错责任;相反地,又会使高于标准水平的人免负过错责任。这也是违背法律的基本精神的。有鉴于此,应赞成主客观结合的判断标准说。原则上以社会一般人的预见能力为标准,同时对每个具体的行为人还要考察其识别能力,如果某个具体的行为人的识别能力超出社会一般人的预见能力,就不应当还按社会一般人的预见能力认定过错;如果某个具体的行为人的识别能力低于社会一般人的预见能力,也不应当按社会一般人的预见能力认定过错。鉴于在相当多的问题上,自然人和法人的预见能力的确不同,例如,法人生产的新型产品性能如何,使用方法怎样,自然人对此一般没有了解,而法人却十分清楚,如果不区别这些情况而用统一的标准判断过错的有无,很难得出正确的结论,所以判断过错的标准在自然人和法人场合应有不同。

(三) 违约方自己的过错和他人过错

作为构成违约责任的过错,一般是违约方不履行合同的过错。因为合同是基于当事人之间的信赖而成立的,是债权人与债务人之间的特别结合关系。在该关系中,一般地说,只有债务人向债权人负履行义务及附随义务,其他第三人不承担合同义务,因而不履行合同的过错往往是当事人的过错,就是自然之理。罗马法上所谓"无论何人均不得替他人约定",就有这个意思。违约方的过错,在违约方为自然人时,就是他自己的过错;在违约方为法人时,是法人机关在履行职务时的过错,法人的一般工作人员在履行职责时的过错视为法人的过错。[①]

应该看到,构成违约责任所需要的过错,在近现代合同法上有时表现为第三人的过错,或者说他人的过错。合同债务人为他人过错承担的违约责任,叫"他人过错责任"。《民法

---

① 崔建远:《合同责任研究》,吉林大学出版社1992年版,第118—121页。

典》第 593 条关于"当事人一方因第三人的原因造成违约的,应当依法向对方承担违约责任。当事人一方和第三人之间的纠纷,依照法律规定或者按照约定处理"的规定,已经承认了这种责任。出现这种现象的经济根源在于,随着社会化大生产的发展,市场主体之间的相互依赖关系日益增强,合同的履行不再总是完全通过债务人的行为进行,而是往往借助第三人的行为协助。于是,债务人对因负有协助义务的第三人的过错造成的违约承担责任,就成为保障交易安全、维护合同效力的客观需要。当然,因这种责任对债务人来说非常苛刻,因此,除非法律有直接规定,不得随意适用。从立法论来讲,只能在第三人与债务人有密切关系,如第三人负有协助义务等情况下,才可成立"他人过错责任"。

需要说明,《民法典》第 593 条的规定,仅就其文义观察,似乎凡是第三人行为造成的债务人不履行合同,均应由债务人承担违约责任。例如,演员甲依约赴剧场演出,被第三人 A 撞成重伤,耽误了演出。依照该条的规定,甲仍需向剧场承担违约责任。这显然有失公正。有鉴于此,应当限缩该条规定的适用范围,将某些第三人行为造成的债务人不履行合同排除于该条的适用范围。这也从另外角度反映出《民法典》采取无过错责任原则不尽妥当。

(四) 过错推定

在现代合同法上,作为构成违约责任要件的过错是推定的,即当违约行为发生时,法律直接推定违约方有过错。不过,这种推定允许违约方举证其无过错而被推翻。如果违约方不能举证其无过错,则法律就推定违约方有过错并认定他承担违约责任。由于过错推定,原来由守约方举证违约方有过错的责任便消失了,而代之以违约方举证自己无过错。这就是所谓"举证责任倒置"或称"举证责任转换"。

在违约责任中,实行过错推定是必要的,因为负有提供劳务、工程项目、商品等义务的债务人,在最后履行合同债务之前,要进行一系列的准备工作、生产经营活动,他在其中各个环节中是否有过错,最后的违约是否因其过错所致,债权人难以证明。不实行过错推定,债权人又证明不了债务人对其违约有过错,就不能追究债务人的违约责任。而实行过错推定就会使局面改观,能够周到地保护无过错的当事人的合法权益,便于及时解决纠纷。给无过错的当事人这种周到的保护也符合合同关系的性质要求,因为合同关系乃当事人之间的特别结合关系,双方基于诚信原则均负有相互照顾、保护等项附随义务。这决定了不履行合同除了因不可抗力及其他意外事故外,其他情况下常有过错。

在实行过错推定的情况下成立的违约责任,就是过错推定责任。这种责任虽然仍然属于过错责任,但它与一般的过错责任还是有区别的:(1) 在一般的过错责任的情况下,实行谁主张权利、谁举证的原则,受害人请求违约方承担违约责任,必须就违约方具有过错提出证据加以证明。但在过错推定责任场合,则无需受害人举证违约方有过错,违约方欲不负违约责任,倒需要他举证自己无过错。(2) 在一般的过错责任场合,过错程度有时对违约责任的大小及有无具有意义。如在无偿合同中,一般过失可能不产生责任;在买卖合同中,故意违约可能导致较重的违约金责任。但在过错推定责任的情况下,由于过错是被推定的,过错本身就具有一定的或然性和盖然性,因此过错程度就更难确定,也没有必要确定。

由于实行过错推定,违约方举证自己无过错而免责相当困难,因而有人认为过错推定责任可视为无过错责任。但实际上,这两者是有本质区别的:(1) 从责任的性质上说,无过错责任不在于对违约行为的谴责与否定,不好说具有惩罚性;而过错推定责任仍是对过错违约的谴责与否定,具有惩罚性。(2) 从归责原则上看,过错推定责任仍属过错责任原则的范畴,违约方可以举证其无过错而得以免责;而无过错责任已超越了过错责任原则,并在一定程度上缩小了过错责任原则的适用范围,违约方即使能够举证自己无过错,也不能免除其责任。(3) 从与责任保险制度的配合看,无过错责任需借助于责任保险制度来将不幸损害向社会分散,以实现其合理分配不幸损害的基本思想;过错推定责任的基本思想,既在于对过错违约的谴责与否定,又在于补偿受害人的损失,而不在于通过责任保险制度向社会分散损失,所以,过错推定责任并不倚重以责任保障制度为实际基础。

第五节 免责条件与免责条款

一、免责条件

《民法典》在违约责任方面虽然采取了无过错责任原则,但并不意味着违约方在任何情况下均须对其违约行为负责。在法律规定有免责条件的情况下,当事人不承担违约责任;在当事人以约定排除或限制其未来责任的情况下,也可能不承担违约责任或只承担一部分违约责任。所谓免责条件,是指法律明文规定的当事人对其不履行合同不承担违约责任的条件。中国法规定的免责条件,主要有不可抗力、货物本身的自然性质、货物的合理损耗、债权人的过错等。其中,不可抗力是普遍适用的免责条件,其他则仅适用于个别场合。

(一) 不可抗力

不可抗力,作为法律上的概念,并不意味着人类知识和经验等绝对不可抗拒的力量,它主要是关于责任问题的概念。在法律实行结果责任原则的时代,是不承认免责条件的,因而也无关于与责任相联系的不可抗力这一概念。不可抗力的概念,起初是由罗马法作为受领(receptum)责任制度的例外发展而来的。原来罗马法认为,运输业者和旅店业者对于其受领的运输物品或旅客携带的物品的毁损灭失,在法律上必须负结果责任。不可抗力,则是作为运输业者和旅店业者所负结果责任的例外而使用的,是作为免责条件而使用的。"对偶然事件谁也不能负责",或"偶然事件由被击中者承担",开始成为罗马法上的根本训条。查士丁尼的《法学阶梯》第三卷第十四篇中规定:"至于使用借贷者,当然应以极大注意保管其物;如果仅仅以他惯常对自己所有的物所尽的注意加以保管而其他更小心的人能更妥为保管的话,那就仍有未足。但是他对于因不可抗力或非常事故发生的损害,则不负责任,除非事故是由于他的过错所造成的。"接受质物的债权人"如己尽了注意,但由于偶然事故,致使质物灭失的,债权人不负责任,并且不妨碍他行使债权"。虽然后世各国的民法在使用不可抗力的概念时,其意义已经有所变化,但不论怎样改变,把它作为免责条件看待,这一点则始终如一。

关于不可抗力的理解,主要有三种学说。其一,主观说。该说认为,运输业者和旅店业者,对于因其使用人或顾客的行为造成的损失虽负结果责任,但是由自然发生的事件,虽尽最大注意尚不能避免时,则不负责任。不可抗力就是虽尽最大注意也不能防止其发生的事件,是不负责任事由。其二,客观说。该说认为,不可抗力存在与否,应当与当事人有无过错问题完全分离,应该纯粹从客观方面来决定。不可抗力由质的要件和量的要件两种要素构成。第一个要件必须是不属于当事人的原因而发生的事故;第二个要件必须是在交易上通常不发生的事故,是超常发生的事故,是以巨大的势力发生的事故。其三,折中说。该说认为,主观说和客观说均有片面性,应该把二者加以折中。关于质的要件,必须是当事人以外的原因发生的事故;关于量的要件,在一定程度上应当考虑当事人有无过错。现代民法学说都比较倾向于折中说,但在区分自然事件和人为事件的罗马法上,在区分不可抗力和通常事变的大陆法系上,不可抗力在质的要件上要求得严格一些,即属于当事人外部原因的第三人行为等不再划归不可抗力,而是归属于人为事件或叫通常事变的范畴。①《民法典》第180条第2款规定:"不可抗力是不能预见、不能避免且不能克服的客观情况。"可见,对不可抗力的理解采取了折中说。

但应注意,要求不可抗力必须同时具备不能预见、不能避免和不能克服三项因素,有时会出现不适当的结果,宜视个案变通处理,即有的仅仅具备两项要素即可。境外一些法律文件所界定的不可抗力是不能预见、不能避免和/或不能克服,不强求三个不能同时具备。例如,《国际商事合同通则》第7.1.7条之(1)规定:"若不履行的一方当事人证明,其不履行是由于非他所能控制的障碍所致,而且在合同订立时该方当事人无法合理预见,或不能合理地避免、克服该障碍及其影响,则不履行一方当事人应予免责。"再如,1980年《联合国国际货物销售合同公约》第79条之(1)规定:"当事人对不履行义务,不负责任,如果他能证明此种不履行义务,是由于某种非他所能控制的障碍,而且对于这种障碍,没有理由预期他在订立合同时能考虑到或能避免或克服它的后果。"这样不要求同时具备三个不能的设计是符合客观现实的,值得中国法重视。中国一些判决也是不强求三个不能同时具备。②

不可抗力作为免责条件,在侵权行为法上,可以行为和损失之间没有因果关系为理由,很容易地加以说明;但在合同法上却并不如此简单。不可抗力造成合同不能履行或不能完全履行,虽然使债权人受到损失,更使债务人遭受如下损失:其一,在以特定物为标的场合,是债务人所有的标的物毁损灭失;在以提供劳务或工作成果为标的情况下,是债务人的人身受到伤害;其二,债务人因其不能履行而难以或不能获得债权人的对待给付,显然丧失了履行利益。在这里,如果债务人既无迟延履行的过错,又积极采取补救措施以减少不可抗力造成的损失,那么令债务人承担违约责任,就使不可抗力造成的绝大部分损失落在了债务人身上,而债权人只是丧失了履行利益,这是违反公平原则的。于此场合,合理的解决方法应是,债务人不负违约责任,债权人和债务人分担风险。各国民法基本上都是如此解决的,中国民法也采取这种态度。③《民法典》第180条第1款规定:"因不可抗力不能履行民事义务的,不承担民事责任。法律另有规定的,依照其规定。"

(二) 货物本身的自然性质、货物的合理损耗

《民法典》第832条但书规定:"承运人证明货物的毁损、灭失是因不可抗力、货物本身的自然性质或者合理损耗……造成的,不承担赔偿责任。"这一免责条件的理论依据主要是衡平思想,即平衡承运人与货主之间的利益关系,由货主负担货物本身的自然性质、货物的合理损耗所造成的损失。④

(三) 债权人的过错

因债权人的过错致使债务人不履行合同的,债务人不负违约责任,中国法对此明文规定的并不鲜见。例如,《民法典》第832条但书规定:"承运人证明货物的毁损、灭失是因……托运人、收货人的过错造成的,不承担赔偿责任。"

---

① 崔建远:《合同责任研究》,吉林大学出版社1992年版,第129页。
② 上海市高级人民法院(1999)沪高经终字第423号民事判决书,信息来源:http://china.findlaw.cn/info/qinquanzerenfa/qqmzsy/bkkl/20100825/130495_2.html,2018年7月22日最后访问。
③ 崔建远:《合同责任研究》,吉林大学出版社1992年版,第130页。
④ 同上书,第131页。

债权人的过错造成的损失,不由债务人负责赔偿,在保管合同中也有适用。《民法典》第893条规定,寄存人交付的保管物有瑕疵或按照保管物的性质需要采取特殊保管措施,但未将该情况告知保管人的,保管人不承担由此而生的损害赔偿责任。在这里,不知有关情况属于寄存人有过错,是保管人不负责任的条件。

债权人有过错时,债务人不承担责任,《保险法》规定得较多。例如,投保人故意不履行如实告知义务的,保险人对于保险合同解除前发生的保险事故,不承担赔偿或给付保险金的责任,并不退还保险费(第16条第4款)。

对债权人的过错造成的损失,债务人不负违约责任,也体现在与有过失方面。《民法典》第591条第1款规定:"当事人一方违约后,对方应当采取适当措施防止损失的扩大;没有采取适当措施致使损失扩大的,不得就扩大的损失请求赔偿。"第592条第2款规定:"当事人一方违约造成对方损失,对方对损失的发生有过错的,可以减少相应的损失赔偿额。"

债权人的过错这一免责条件的主要理论依据,是履行障碍的风险由造成障碍者承担的思想。就是说,债权人制造了履行障碍,即债权人因其过错致使债务人履行不了合同,因而应由债权人自食其果。[①]

二、免责条款

(一) 免责条款的概念分析

免责条款,就是当事人以协议排除或限制其未来责任的合同条款。分解开说,其一,免责条款是合同的组成部分,是一种合同条款。它既然是一种合同条款,就必须是经当事人双方同意的,具有约定性。不可抗力、货物本身的自然性质、货物的合理损耗、受害人的过错等,虽然也排除或限制民事责任,但它们是法定的,因而不是免责条款,而是免责条件。其二,免责条款的提出必须是明示的,不允许以默示方式作出,也不允许法官推定免责条款的存在。其他合同条款虽然大多也以明示方式作出,但有的却可以默示或推定的方式表示其存在。如房屋租赁合同终止后,承租人继续交纳房租,出租人未附加条件地受领之,便推定房屋租赁合同延长了租期。其三,免责条款旨在排除或限制未来的民事责任。除非免责条款未成为合同的组成部分,或虽然成为合同条款但被确认为无效,一般它具有排除或限制未来责任的作用。具有免责功能,这是免责条款最重要的属性,是区别于其他合同条款的明显特征。[②]

"免责"只是一种概括的命名。其实,在不同的免责条款中,免责的含义不尽相同。有的条款之免责,是完全排除当事人未来的民事责任,如某些商店和个体工商户在其柜台或摊位上醒目地标明"货经售出,恕不退换",即属此类。有的条款之免责,是限制当事人的未来责任,即部分免责,一般是受害人同意接受以特定方法计算的、不超过一定数额的有限赔偿。例如,电报单中关于"电报在投递处理过程中,由于邮电局的原因,造成电报稽延或错误,以至失效的,邮电局应按规定退还报费,但不承担其他赔偿责任"的免责条款,即属此类。[③]

有的条款之免责,只是排除或限制违约责任,而不免除侵权责任。前述商店关于"货经售出,恕不退换"的免责条款,就是如此。有的条款之免责,不论违约责任还是侵权责任,均

---

① 崔建远:《合同责任研究》,吉林大学出版社1992年版,第133页。
② 同上书,第134页。
③ 同上。

在排除或限制之列。

有的条款之免责,是排除或限制民事责任;有的条款却只是免除单纯的合同债务。后者如财产保险单明确免除因战争、军事行动、被保险人的故意行为等致保险财产以损害的赔偿责任,该责任并非不履行合同债务所产生的违约责任,而是保险合同债务本身。①

免责条款并非一律有效,有的免责条款是无效的,不能发挥免责的作用。这样,免责条款又有无效的免责条款和有效的免责条款之分。

(二) 免责条款有效的前提

免责条款有效以它成为合同的组成部分为前提,或者说以它成为合同条款为先决条件。只有免责条款成为合同的组成部分,才谈得上免责条款的控制及解释。

判断免责条款是否成为合同的组成部分,因它是属于个别商议条款还是格式条款而有差异。个别商议条款及其合同若以口头形式表现,该免责条款是否成为合同的组成部分,必须基于当事人交涉的内容以及意思表示加以判断,需要由主张免责条款已成为合同条款者举证证明。个别商议条款及其合同若采取书面形式订立,免责条款必须载于合同文本之上,并经当事人双方签字或盖章,才能成为合同的组成部分。总之,适用《民法典》关于法律行为及合同订立的规定。

免责条款以格式条款的形式表现时,判断它是否成为合同条款,适用格式条款成为合同的组成部分的规则,这已在本书第三章"合同的订立"第六节"附合缔约"中详述,此处不赘。

(三) 免责条款的有效与无效

免责条款成为合同的组成部分,并不意味着它一定有效。确定免责条款是否有效,是立法控制、行政控制和司法控制的重要任务,也是理论研究的重要课题。

违约责任,尤其是侵权责任,具有国家的强制性,其中的过错责任还是法律谴责和否定过错行为的表现,何以允许当事人以协议免除?这是必须回答的基本法理问题。有些西方学者曾求诸于私法自治原则,认为"合同责任可以通过协议免除,是因为合同责任的基础是协议自身"②。他们还认为违约责任规范具有任意性规范的一面,至少相当多的规范都是这样,而"任意法规与意思表示之内容相异时,任意法规应受排斥,原为任意法规之特色,亦即契约自由之原则,唯应以当事人之意思表示,系平等对立为前提"③,因而当事人可以协议排除或限制违约责任。至于侵权责任,新思想流派摒弃了侵权责任对公共秩序起重大作用的观点,而认为侵权责任并不是一个公共秩序问题,所以,原则上没有理由阻止当事人双方预先调整将来发生于他们之间的侵权行为的后果,只要免责条款未为法律所明文禁止,就受合同自由原则的保护。④ 这种观点的缺陷在于,它忽视了有些民事责任规范具有强制性规范的另一面,降低了民事责任对督促义务履行、保障权利实现、保护社会公德、维护社会秩序所具有的重大作用,藐视了法律对过错行为给予否定性评价的严肃性和权威性,没有弄清社会利益、社会秩序同个人利益之间的辩证关系,否认了当事人的意思只有在符合国家意志的要求时才会发生预期的法律效果这个事实。如果按上述观点进行立法和司法,显然不能科学地

---

① 崔建远:《合同责任研究》,吉林大学出版社 1992 年版,第 135 页。
② F. H. Lawson, A. E. Anton & L. Neville Brown, *Amos and Walton's Introduction to French law*, Third Edition, Clarendon Press, 190(1967).
③ 苏明诗:《契约自由与契约社会化》,载郑玉波主编:《民法债编论文选辑》(上),五南图书出版有限公司 1984 年版,第 173 页。
④ International Encyclopedia of Comparative Law, Vol. 4, Torts, Chapter 2, *Liability for One's Own Act*, J. C. B. Mohr(Paul Siebeck, Tübingen), 127-134(1975).

划分免责条款有效和无效的界限,扩大了免责条款有效的范围,后果不堪设想。再者,这种观点也不符合各国立法的实际,因为各国立法均直接或间接地设有限制乃至禁止某些免责条款的规定。鉴于这种观点的缺陷如此严重,它不能成为中国法承认某些免责条款有效的理论根据。①

现在,西方民法及其学说确定免责条款有效和无效的根据,在基本原则方面是公序良俗、诚实信用的原则;在具体规则及其理论根据方面,有合理的风险分配理论及企业的合理化经营理论②、过错程度规则及理论、根本性违约规则及理论等。③ 这个思路有合理性,中国法及其理论可以批判地借鉴。

在中国,确定免责条款有效和无效的最根本的法律依据,是《民法典》第 8 条关于"民事主体从事民事活动,不得违反法律,不得违背公序良俗"的规定,第 6 条关于公平原则的规定,第 7 条关于诚信原则的规定,第 144 条、第 146 条第 1 款、第 153 条第 1 款正文和第 2 款、第 154 条关于法律行为无效的规定,第 506 条关于免责条款无效的规定以及第 497 条关于格式条款无效的规定。就是说,如果民事责任的成立及其实现为保护社会公共利益、稳定社会秩序、满足社会公德的要求所必需,是法律坚决谴责和否定侵权或违约的表现,那么免除这类民事责任的条款无效。如果民事责任的成立及实现主要关系到当事人之间的利益分配,对保护社会公共利益、稳定社会秩序、维护社会公德来说虽然需要,但作用相对小些,即使允许当事人以协议排除或限制,也无碍大局,甚至是必要的风险分配,那么法律就可以承认这类免责条款有效。当然,免责条款的类型和性质不尽相同,确定免责条款有效抑或无效的根据及标准也有差异,需要具体分析。④

1. 基于现行法的规定确定免责条款有效抑或无效

免责条款以意思表示为要素,以排除或限制当事人的未来责任为目的,因而属于一种法律行为,应受《民法典》第 144 条、第 146 条第 1 款、第 153 条、第 154 条、第 147 条至第 151 条关于可撤销的法律行为的规定调整。就是说,无行为能力人订立的免责条款,无效;属于虚假的意思表示的免责条款,无效;违反法律、法规的强制性规定的免责条款,无效;违背公序良俗的免责条款,无效;双方当事人恶意串通、损害他人合法权益的免责条款,无效;免责条款采取格式条款的形式时,提供免责条款的一方不合理地免除或者减轻其责任、加重对方责任、限制对方主要权利的,此类免责条款无效;免责条款采取格式条款的形式时,提供格式条款一方排除对方主要权利的,此类免责条款无效;免除造成对方人身伤害的责任的条款无效;免除因故意或重大过失造成对方财产损失的责任的条款无效。免责条款因重大误解订入合同时可被撤销,免责条款显失公平时亦然,但应注意的是,如果其中存在着无效的原因时,仍按无效处理。载有免责条款的合同系因限制行为能力人订立,或无权代理人订立,或无处分权人订立的,法定代理人、被代理人和权利人不予追认时无效。⑤

2. 基于风险分配理论确定免责条款有效或无效

有些免责条款不是对国家强制性的否定,不是对法律谴责和否定违约与侵权的态度的藐视,而是在既有的价格、保险等机制的背景下合理分配风险的措施,是维护企业的合理化

---

① 崔建远:《合同责任研究》,吉林大学出版社 1992 年版,第 141—142 页。
② Cheshire, *Fifoot and Furmston's Law of Contract*, Eleventh Edition, Butterworths, 166(1986).
③ G. H. Treitel, *The Law of Contract*, Sixth Edition, Sweet & Maxwell, 172—183(1983).
④ 崔建远:《免责条款论》,载《中国法学》1991 年第 6 期。
⑤ 崔建远:《合同责任研究》,吉林大学出版社 1992 年版,第 143—144 页。

经营,平衡条款利用人、相对人乃至一般第三人之间利益关系的手段。这类免责条款应该有效。例如,在保险合同中,免责条款的存在并有效与保险费的制订根据有密切关系,保险费的高低取决于保险费率的大小,保险费率的大小又以危险的损失概率的大小为依据,危险的损失概率的计算又与是否舍去某些危险类型有关。现代各国和地区的立法采用的危险损失概率的计算,一般都舍去了战争、投保方的故意行为等危险类型,除非特设将这些危险类型包括在内的险种,其制订的保险费就必须有免责条款和法定免责条件相配合,才会合理。如果不承认免责条款和免责条件,保险公司为维持其合理化经营就必须提高保险费。但这样一来,便增添了投保人的负担,甚至带来投保人提高产品价格的后果,加重消费者的负担。而承认免责条款有效,则能兼顾保险公司、投保人、广大消费者各方的利益平衡。当然,如果保险公司超出其合理化经营的需要,提出不合理的免责条款,则不能获得法律的保护。①

再如,在供用电、建设工程等合同中,"许多合同条款都起着分配风险的作用,并由此决定着谁在实际上投保以防御风险"②,如果不承认这类免责条款有效,那么合同标的价格就会是另外一种状况,实际上的投保人也会易人,对于当事人双方的利益分配来说,结果是一样的。这样的免责条款应该有效,除非违反法律的强行性规定。③

还有,在邮电业务中,由于拍发电报、邮寄包裹及信函等收费较低,如果让邮电局就一切损失负责,就会使它无法正常经营下去,因而邮电局在其电报单、包裹单上设立免责条款有其合理性。当然,为了更合理地平衡邮电局和顾客之间的利益关系,邮电局应开设多级别的拍发电报、邮寄包裹及函件业务,不同级别的业务有不同的收费标准,其免责条款的免责范围也应有所差别。例如,收费高的业务不允许免除邮电局的过错责任,收费低的业务不允许免除因邮电局故意而生的责任。④

3. 根据过错程度确定免责条款有效或无效

《民法典》第 506 条第 2 项规定,免除故意或重大过失造成对方财产损失的条款无效。因为故意或重大过失的违约或侵权是应受谴责和否定的行为,于此场合所成立的民事责任是法律谴责和否定这类行为的重要标志,表明了国家法律坚决不允许这类行为存在的态度和决心。这类过错责任的成立及实现,对于淳化社会主义道德风尚,使人们树立正确的是非观念,督促义务履行和保障权利实现,维护社会秩序的稳定,都是不可或缺、举足轻重的,因而原则上不允许当事人以协议排除或限制之。当然,如果免除重大过失所生责任确系为合理分配风险所必需,则可以考虑免责条款有效。⑤

一般过失行为虽然也是被谴责和否定的,但它对社会秩序、社会公德的损害比较轻微,主要属于当事人之间的事情,因而,法律对这类行为的否定性评价可以建立在尊重权利人意愿的基础之上。就是说,责任是否免除取决于权利人的意思:权利人主张责任的实现的,法律坚决支持;权利人同意免除责任的,法律就予以尊重,除非其同意不是真实的。不过,如果一般过失行为已构成根本性违约,使合同的目的落空,又非合理分配风险所必需,则免除这类一般过失行为所生责任的条款仍应无效。⑥

---

① 崔建远:《合同责任研究》,吉林大学出版社 1992 年版,第 144 页。
② Cheshire, *Fifoot and Furmston's Law of Contract*, Eleventh Edition, Butterworths, 170 (1986).
③ 崔建远:《合同责任研究》,吉林大学出版社 1992 年版,第 145 页。
④ 崔建远:《免责条款论》,载《中国法学》1991 年第 6 期。
⑤ 参见崔建远:《合同责任研究》,吉林大学出版社 1992 年版,第 146 页。
⑥ 同上。

无过错责任主要是合理分配不幸损失的补救方法,即使按无过错责任的传统含义理解,也很难说它也是法律对违约或侵权的否定性评价。如此,免除无过错责任的条款,便属于权利人同意抛弃责任利益问题,而不涉及藐视法律对过错行为的否定性评价。按照自愿原则的精神,只要免责条款不违反权利人的真意,不违反法律的明文规定,就应认定为有效。[①]

应看到,在格式条款中,免除无过错责任的条款是否有效应从严掌握。从外国立法看,《德国债法现代化法》第 309 条第 1 项第 8 款规定,当事人约定在交付全新制造的物品的合同中,排除相对于使用人的对物品全部或个别部分的瑕疵担保请求权,将瑕疵担保请求权限制在给对方以相对于第三人的请求权的范围内,或以对第三人先期提起诉讼行为作为行使请求权为前提,不发生法律效力。《英国不公平合同条款法》第 6 条第 1 款规定,在货物买卖及分期付款买卖合同中,卖方或所有人对其所有权的制定法上的默示担保不能排除或限制。第 6 条第 2 款规定,在买卖及分期付款买卖的消费者合同中,卖方或所有人关于货物符合样品或其他描述,或关于货物的质量适用于特定目的的制定法上的默示担保,不能被排除或限制。确定这些免除瑕疵担保责任的条款无效的根据,主要是它们侧重于保护消费者利益的公共政策。中国《民法典》第 497 条第 2 项规定,提供格式条款一方不合理地免除或者减轻其责任、加重对方责任、限制对方主要权利的,该条款无效。在不考虑该条应当限缩适用的问题时,它用在消费者合同中是正确的。中国是社会主义国家,对消费者的合法权益更应侧重保护,因而在消费者为一方的格式合同中,中国法应规定免除瑕疵担保责任的条款无效。[②]

4. 根据违约的轻重确定免责条款有效或无效

根本性违约,又叫严重违约,它使合同目的落空,在违约方过失的情况下,必须坚决加以否定,不允许当事人以协议免除根本性违约所生的违约责任。不然,就意味着允许条款利用人订立合同欺骗相对人,至少是怂恿债务人不适当履行合同。至于某些轻微的违约,可以允许当事人设立免责条款,但如果违约方故意或重大过失地违约,即使违约后果不严重也不允许当事人以协议免除由此而生的违约责任。[③] 英国上议院在某些判例中认为:"只要免责条款的用语是充分清楚的,即使是根本性违约的责任也能被免除。"[④]这种观点不足取,中国法不能如此。

5. 根据善意、恶意确定免责条款有效或无效

有观点认为,合同约定减轻或者免除出卖人对标的物的瑕疵担保责任,但出卖人故意或者因重大过失不告知买受人标的物的瑕疵的,出卖人无权主张依约减轻或免除瑕疵担保责任。这符合法律不保护恶意之人的原则,值得赞同。

第六节　违约责任与侵权责任的竞合

一、责任竞合概说

(一) 规范竞合问题

"现代法律均为抽象规定,并从各种不同角度规范社会生活,故常发生同一事实符合数

---

① 参见崔建远:《合同责任研究》,吉林大学出版社 1992 年版,第 146 页。
② 同上书,第 147 页。
③ 同上。
④ G. H. Treitel, *The Law of Contract*, Sixth Edtion, Sweet & Maxwell, 175 (1983).

个规范之要件,致该数个规范皆得适用的现象,学说上称为规范竞合(Normenkonkurrenz)。"① "基于规范竞合所产生之数个请求权,有可并存者……学说上称为请求权之聚合(Anspruchhäufung)。……仅得择一行使之,学者称之为请求权竞合(Anspruchskonkurrenz)。"②有的规范竞合发生在不同的法律领域,比如驾车撞人致死,一方面构成刑事责任,另一方面又成立民事责任。这两种责任在目的、作用等方面均有差异,两者互不排斥,因此这两种责任均可适用。对此,中国法是明确承认的。比如《民法典》第187条规定:"民事主体因同一行为应当承担民事责任、行政责任和刑事责任的,承担行政责任或者刑事责任不影响承担民事责任;民事主体的财产不足以支付的,优先用于承担民事责任。"

有的规范竞合也可以发生在同一法律领域,比如行为人实施的违法行为符合多种民事责任的构成要件,从而导致多种民事责任或责任方式的成立。其中,有的是多种民事责任方式可以并存,受害人均可以向行为人请求,称为民事责任的聚合。比如违约场合的强制履行、支付违约金乃至赔偿(迟延)损害三种责任方式并用。在这方面,《民法典》第179条第3款规定:"本条规定的承担民事责任的方式,可以单独适用,也可以合并适用。"这确立了民事责任聚合的一般原则。

(二) 民事责任竞合

与上述民事责任聚合不同的是民事责任竞合,指的是同一违法行为虽然符合多种民事责任的构成要件,可以成立几种民事责任,但受害人只能选择其中之一而请求。民事责任竞合在实践中最常见的当属违约责任与侵权责任的竞合。在传统民法上,这两种责任都以赔偿损失为内容,因此债权人不能双重请求,只能主张其一,以防其获得不当得利。这种现象被称为违约责任与侵权责任的竞合。

对于违约责任与侵权责任的竞合,《民法典》第186条作了概括性的规定,实践中经常发生于买卖、承揽、建设工程、货运、租赁、仓储、赠与、技术开发和技术服务等合同场合。

有必要指出,由于《民法典》规定违约责任的方式包括强制履行、支付违约金、赔偿损失(第577条等),把退货、减少价款或报酬作为瑕疵担保的救济方式(第582条等);侵权责任的方式包括停止侵害、排除妨碍、消除危险、返还财产、恢复原状、赔偿损失、赔礼道歉、消除影响、恢复名誉(第179条第1款、第1167条)。可见,违约责任与侵权责任并非单纯地以赔偿损失为内容。在这种背景下,所谓违约责任与侵权责任的竞合,实际上仅限于赔偿损失的竞合,停止侵害、排除妨碍、消除危险、返还财产、恢复原状、赔礼道歉、消除影响、恢复名誉与支付违约金、继续履行不会发生竞合,停止侵害、排除妨碍、消除危险、返还财产、恢复原状、赔礼道歉、消除影响、恢复名誉与退货、减少价款或报酬也不会发生竞合。因而,在个案中,如某买卖合同中,守约方欲请求违约方承担强制履行、支付违约金的责任,或者主张违约方减少价款或要求退货,就只能基于《民法典》第577条等规定及该买卖合同的约定,作为依据,而不得以《民法典》第1167条等有关侵权责任的规定作为请求权基础。此其一。违约责任以外的债务不履行责任也可能与侵权责任竞合。此其二。若严格按照侵权责任成立于固

---

① 王泽鉴:《契约责任与侵权责任之竞合》,载王泽鉴:《民法学说与判例研究》(第1册),北京大学出版社2009年版,第205页。
② 同上书,第206页。

有利益受到侵害场合的通说,个案中会发生违约责任和侵权责任的聚合。此其三。①

二、区分违约责任与侵权责任的实际益处

违约责任和侵权责任之间存有诸多差异,使得对这两种责任竞合问题进行研究具有理论价值和实际意义。

(一) 构成要件方面

首先,《民法典》采取了无过错责任原则,违约责任构成上总的说来并不要求违约人具有过错,只要没有免责事由,就要承担违约责任。而对于侵权责任,中国民法上有过错责任和无过错责任两类。在过错责任场合,受害人要对侵权行为人的过错进行举证,通常并不适用举证责任倒置。这样,如果发生责任竞合,可以看出主张违约责任在其构成上更为容易。

其次,在中国法上,无过错责任计有产品责任、危险责任、环境污染责任、饲养的动物致人损害责任、监护人对无行为能力人或限制行为能力人致人损害的责任、紧急避险场合的无过错责任、相邻关系中的无过错责任等。如果发生与违约责任的竞合,则两者均不要求举证过错,不过,两者在其他方面仍然存在差异。

侵权行为虽然有时并不需要损害这个要素,但在通常情况下,只有存在损害后果才能构成侵权行为,所引起的侵权责任也自然以损害为构成要件。与此不同,违约责任的成立不一定以损害为要件,只有赔偿损失才以损害为成立要件,而违约金责任、强制履行责任等均不以损害为构成要件。

(二) 举证责任方面

违约责任原来采过错责任原则,对过错采用举证责任倒置的办法;在改采无过错责任原则以后,就连举证责任倒置也不需要了,只要债权人证明债务不履行就可以了,至于债务人是否具有免责事由,则是由他自己举证的事情。在侵权责任场合,如果是过错责任,则要求受害人举证加害人具有过错。在侵权责任领域,过错推定仅为个别现象,比如《民法典》第1253条规定的搁置物、悬挂物致人损害时所有人或者管理人的民事责任。

如上所述,对于损害,在侵权责任场合通常要求受害人举证证明其存在;而在违约责任场合,一般仅在债权人要求赔偿损失场合,始有必要证明损害的存在,在其他责任方式场合,一般并不需要证明损害的存在。

(三) 赔偿范围方面

《民法典》第584条正文规定:"当事人一方不履行合同义务或者履行合同义务不符合约定,造成对方损失的,损失赔偿额应当相当于因违约所造成的损失,包括合同履行后可以获得的利益。"此外,第591条规定了减轻损害规则、第592条规定了双方违约及与有过失规则、第585条允许当事人约定违约金和因违约产生的损失赔偿额的计算方法、第804条和第805条等条款直接规定赔偿范围等限制。

按照《民法典》第1165条、1179条、第1182条等条款的规定及侵权责任理论,侵权责任的赔偿范围原则上包括直接损失和间接损失。侵害他人人身权益并造成严重精神损害的,依照《民法典》第1183条的规定,还可有精神损害赔偿;不法造成他人残疾的,根据《民法

---

① 展开一些的论述,请见崔建远:《中国民法典所设竞合规范论》,载《兰州大学学报(社会科学版)》2021年第1期;张民、崔建远:《责任竞合的"收"与"放"——我国〈合同法〉第122条规定的解释与适用》,载《国家检察官学院学报》2011年第5期。

典》第 1179 条后段的规定,不但应当赔偿医疗费、护理费、交通费、营养费等为治疗和康复支出的合理费用,还应当赔偿辅助器具费和残疾赔偿金;不法造成他人死亡的,按照《民法典》第 1179 条后段的规定,赔偿范围还要扩张至丧葬费和死亡赔偿金。《人身损害赔偿解释》第 16 条规定:"被扶养人生活费计入残疾赔偿金或者死亡赔偿金。"

在侵权责任的赔偿范围上,中国立法并没有采纳可预见性规则。

在特殊情况下,中国法规定了惩罚性损害赔偿(《消费者权益保护法》第 55 条),有的是违约责任,有的是侵权责任。

(四) 时间效力方面

因侵权行为所产生的请求权和主张违约责任的请求权,均适用《民法典》第 188 条第 1 款规定的 3 年诉讼时效期间。不过,对于物的瑕疵担保责任,《民法典》第 621 条规定有检验期间:当事人有约定时依其约定,无约定时分别适用合理期间、2 年期间。再者,因国际货物买卖合同和技术进出口合同争议提起诉讼或申请仲裁的时效期间为 4 年。

(五) 责任方式方面

侵权责任的方式包括停止侵害、排除妨碍、消除危险、返还财产、恢复原状、赔偿损失、赔礼道歉、消除影响、恢复名誉(《民法典》第 179 条第 1 款、第 1167 条),其中有财产责任,也有非财产责任。违约责任为财产责任,计有强制履行、支付违约金、赔偿损失、价格制裁(《民法典》第 577 条、第 513 条等)。

(六) 免责条款的效力方面

法律一方面允许当事人就其民事责任以特别约定加以排除或限制,另一方面又对当事人约定的免责条款加以规制,以期在当事人之间实现相对的实质公平。相对而言,免除违约责任的条款较之免除侵权责任的条款更容易被法律所承认。

正因为违约责任与侵权责任存在上述不同,所以,受害人主张何种责任,直接关系到他的切身利益。例如,在违约金数额高于实际损失、诉讼时效期间尚未届满时,受害人请求违约方承担违约责任就极为有利。再如,出卖人交付的产品质量虽不合格,但产品保证期限刚刚届满,视为产品质量符合合同规定的情况下,买受人主张违约责任,只能陷于败诉的境地;而请求出卖人承担侵权责任,则会胜诉。还如,如果合同中规定有免除一般过错责任的条款,该条款又为法律承认,那么,受害人主张违约方负违约责任,就极可能陷于败诉的境地;而请求违约方承担侵权责任,就极有可能成功。既然受害人有时主张违约责任有利,有时请求侵权责任更好,那么法律应该赋予他选择权,承认责任竞合,以达侧重保护无辜受害人的合法权益的目的。[①]

(七) 其他方面

对于纯粹经济损失(pure economic loss),在侵权损害赔偿的场合,以不予赔偿为原则,准予赔偿为例外;而在违约损害赔偿的领域,其为期待利益之一种,大多可获赔偿,除非没有满足因果关系、合理预见等规则的要求。

对于精神损害(emotional disturbance),由侵权法负责其救济,至少在现代法上,未见反对意见;合同法不要染指之,这是多数说的立场。

---

① 参见崔建远:《合同法》,法律出版社 1998 年版,第 238—239 页。

三、违约责任与侵权责任竞合的处理

违约责任与侵权责任的竞合,从受害人享有的请求行为人承担责任的权利角度看,也是请求权竞合。这个问题是民法学上数百年来争论不休的著名问题,因时而别,因国而异,如何解决,至今仍无定论。

(一) 三种基本理论

1. 法条竞合说

法条竞合的概念,最先在刑法学上确立,是指对于同一事实均具有数个规范的要件,这些规范之间具有位阶关系,或为特别关系,或为补充关系,或为吸收关系,而仅能适用其中一种规范。这一概念后来被引用到了民法学上,认为债务不履行乃侵权行为的特别形态,侵权行为是违反权利不可侵犯这个一般义务,而债务不履行系违反基于合同而产生的特别义务。因此,同一事实具备侵权行为和债务不履行的要件时,依特别法优先于普通法的原则,只能适用债务不履行的规定,因而仅发生合同上的请求权,无主张侵权行为请求权的余地。在19世纪末叶及20世纪初期,德国有些学者主倡此说,但在今日,几乎没有什么人赞成此说了。法国的判例学说至今仍倾向法条竞合说,这与法国民法关于侵权责任采概括规定,具有密切关系。在日本学说上,此种法条竞合说亦为许多学者所主张。

2. 请求权竞合说

请求权竞合说认为,一个具体事实,具备侵权行为与债务不履行的要件时,应就各个规范加以判断,所产生的两个请求权独立并存。细分之,请求权竞合说又有两种理论,一为请求权自由竞合说,一为请求权相互影响说,它们的内容有相当的差异。

(1) 请求权自由竞合说[①]

请求权自由竞合说认为,基于侵权行为和债务不履行所生的两个请求权独立并存,无论在成立要件、举证责任、赔偿范围、抵销、时效等,均就各个请求权加以判断。对这两个请求权,债权人不妨择一行使,其中一个请求权若已达目的而消灭时,则另一请求权固随之消灭,但若其中一个请求权因已达目的以外的原因而无法行使,如因时效而消灭,则另一请求权(时效较长者)仍然存在。另外,由于两个请求权彼此独立,债权人可以分别处分,或让与不同的人,或自己保留其中之一而将另外一个让与他人。

(2) 请求权相互影响说

德国判例、学者通说虽采请求权竞合说,但却认为两个绝对独立的请求权的理论不合实际,有违法规目的,从而采相互影响的见解,认为两个请求权可以相互作用,合同法上的规定可以适用于基于侵权行为而发生的请求权,反之亦然。其根本思想在于克服承认两个独立请求权相互作用所发生的不协调或矛盾。

3. 请求权规范竞合说[②]

请求权竞合说支配德国判例学说数十年,屹立不坠,但最近则备受批评。在此方面,贡献最大的为权威民法学者拉伦茨(Larenz)教授。拉伦茨教授一方面剖析请求权竞合说的缺点,另一方面则建立一种新的理论——请求权规范竞合说,强调一个具体生活事实符合债务不履行和侵权行为两个要件时,并非产生两个独立的请求权。本质上只产生一个请求权,但

[①] 参见王泽鉴:《民法学说与判例研究》(第1册),北京大学出版社2009年版,第211页。
[②] 参见同上书,第212页以下。

有两个法律基础,一为合同关系,一为侵权关系。

(二) 三种法的模式

就立法态度而言,对违约责任与侵权责任的竞合大致采取了三种模式:禁止竞合模式、允许竞合模式和有限制的选择诉讼模式。

1. 禁止竞合模式

禁止竞合模式以法国民法为代表。法国民法认为,只有在没有合同关系存在时才产生侵权责任,在违约场合只能寻求合同补救方法。法国最高法院一再宣称,侵权行为法规范不适用于合同履行中的过错行为。实际上,法国民法采取禁止竞合制度的主要原因在于,《法国民法典》关于侵权行为的规定比较笼统和概括,如果允许当事人选择请求权,则许多违约行为均可作为侵权行为处理。不过,法国法虽然原则上认为违约责任成立场合排除侵权行为责任,但对此并非没有例外,法国的判例和学说上认为例外的情形主要有:犯罪行为场合、故意或重大过失不履行合同场合、医师在治疗上的过失之类的职业上过失场合,以及运输合同或者保管合同中原告对加害人的过失能够举证场合。[①]

2. 允许竞合模式

允许竞合模式以德国民法为代表。德国帝国法院在一个判例中指出:"判例法确认合同责任和侵权责任可以并存的观点……不侵犯他人人身的法定义务无人不负,无处不在,并不取决于受害人和被告之间是否存在合同关系。因此,合同当事人和陌生的受害人一样受到民法典第823条的保护。"[②]德国民法是允许违约责任与侵权责任竞合的。

3. 有限制的选择诉讼模式

有限制的选择诉讼制度为英国法的模式。依英国法,如果原告为双重违法行为的受害人,那么他既可获得侵权之诉的附属利益,也可获得合同之诉的附属利益。拉德克利夫勋爵对此曾指出:"我们法律中最基本的观点是,根据原告的选择,同一违法行为既可成为合同之诉的诉因,也可作为侵权之诉的诉因。尽管这两种诉讼形式所带来的后果可能并不完全一样。但如认为这两种赔偿责任必然相互排斥,则是错误的。"[③]1844年的布朗诉案确立了这样的规则:"凡是在当事人间订有合同的情况下,如果被告方的雇员在合同履行中造成侵权损害,则原告既可以诉请侵权赔偿,也可以诉请违约赔偿。"[④]依英国法,原告如果提起选择之诉,将会得到种种便利。例如,可有较长的诉讼时效,可要求破产调查或诉请损害赔偿等。然对责任竞合的处理原则,英国法与德国法并不相同。英国法认为,解决责任竞合的制度只是某种诉讼制度,它主要涉及诉讼形式的选择权,而不涉及实体法上的请求权的竞合问题。不仅如此,英国法对于上述选择之诉原则还规定了严格的适用限制:第一,选择之诉需要在当事人之间存在着有偿合同关系,无偿借用人不得向出借人就具有表面瑕疵的出借物而提起合同之诉。第二,英国普通法奉行合同相对性原则,合同当事人以外的第三人不能提起合同之诉,只能提起侵权之诉。第三,当事人的疏忽行为和非暴力行为造成财产损失时,不构成一般侵权行为。例如,房主切断电源,雇主未按约向工人提供梯子造成伤害,均可视为违

[①] 参见〔日〕半田吉信:《责任竞合论》,载北川善太郎先生还历纪念《契约责任之现代诸相》(上卷),日本布井出版社1996年版,第171页。

[②] 《德国普通法案例汇编》1953年10月,第200页。转引自王利明、董安生:《合同责任与侵权责任竞合的比较研究》,载《法学研究》1989年第1期。

[③] 《英国上诉法院判例案集》,李斯特诉案,第555、587页。转引同上。

[④] 《英国最高法院判例集》(第8辑),第1003、1018页。转引同上。

约行为。第四,在英国和美国司法实践中,还存在着另一项更实际的原则:只有在被告既违反合同法,又违反侵权行为法,并且后一种行为即使在无合同关系存在的情况下也构成侵权行为时,原告才具有双重诉因的诉权。但是由于法律并没有对这些原则进一步加以解释,从而造成司法实践中的困难。例如,如何区分间接非暴力行为或非暴力行为与侵权行为,就是很难解决的法律问题。①

(三) 中国法的选择

法国民法采取禁止竞合制度,虽然有其具体原因,奉行法条竞合理论虽然符合逻辑,但在中国民法上则不能如此。因为法条竞合说过于偏重逻辑推演,而忽视价值判断及当事人之间的利益衡量,其所得出的违约责任排斥侵权责任的结论,往往不利于受害人。而在这种场合,应该侧重保护的恰恰是受害人。"法律之适用,非纯为概念逻辑之推演,实系价值评断及当事人间利益之衡量。再从此项观点以论,亦不宜认为契约责任当然排除侵权责任,否则将产生不利于债权人(被害人)之严重后果,此在侵害他人身体或者健康之情形最为显著。"②中国民法的确应着眼于宏观利益与当事人利益之间是否协调,当事人之间的利益分配是否衡平,民事责任的惩罚性和补偿性是否得以圆满实现。据此,中国民法不应把违约行为一律视为侵权行为的特别形态,也不宜把合同法看作侵权行为法的特别法,因而不能依据特别法优先于普通法的原则来解决违约责任与侵权责任的竞合问题,剥夺受害人的选择权。实际上,同一个违反民事义务的行为,既符合违约行为的要件,又构成侵权行为时,受害人主张违约责任抑或侵权责任,都有法律依据,自然应该允许受害人选择,只是不能双重请求罢了。③《民法典》已经明文规定了违约责任与侵权责任的竞合(第186条)。

(四) 责任竞合制度适用方面的限制

中国法承认违约责任与侵权责任的竞合,并不意味着完全放任当事人选择请求权而不作任何限制。如果法律直接规定,在特定情形下只能产生一种责任,排除责任竞合的发生,那么就应遵守法律的这种规定。即便法律没有明文,就其立法目的应予限制责任竞合的,亦应限制。中国现行法关于赠与物瑕疵担保责任的设计为一例证,对此,分析如下:

赠与物存在隐蔽瑕疵但因赠与人疏忽大意而不知,将该物赠与给受赠人,致使受赠人遭受损害的,这符合《民法典》第1165条第1款或第2款规定的侵权责任的构成要件,但在赠与人未保证无瑕疵的场合,按照《民法典》第662条第1款前段关于"赠与的财产有瑕疵的,赠与人不承担责任"的规定,赠与人不负违约赔偿责任。于此场合,受赠人可否援用《民法典》第1165条的规定,请求仅有过失的赠与人承担损害赔偿责任?假如作肯定回答,就会使《民法典》第662条的规范意旨落空。为了贯彻法律宽恕无偿奉献者的精神,于此场合,必须优先适用《民法典》第662条的规定,限制竞合。④

另外应该指出,有些法院在处理责任竞合案件时,过于僵硬,并不符合责任竞合的处理精神。例如,对交通事故、医疗事故以及产品责任案件,均按侵权责任案件处理,不允许受害人主张违约责任。这些都不符合利益衡量的要求,应予修正,改采竞合理论。

---

① 王利明、董安生:《合同责任与侵权责任竞合的比较研究》,载《法学研究》1989年第1期。
② 参见王泽鉴:《民法学说与判例研究》(第1册),北京大学出版社2009年版,第217页。
③ 参见崔建远:《民事责任三论》,载《吉林大学社会科学学报》1987年第4期。
④ 参见张民、崔建远:《责任竞合的"收"与"放"——我国〈合同法〉第122条规定的解释与适用》,载《国家检察官学院学报》2011年第5期;崔建远:《论违约的精神损害赔偿》,载《河南省政法管理干部学院学报》2008年第1期。

第十三章 违约责任

[探讨]

一般违约责任与物的瑕疵担保责任的竞合

在买卖物存在瑕疵的场合,传统学说有法定责任说(担保说)[①]和债务不履行说[②],《德国民法典》(新债法)则采统合说[③]。不论哪一说,都未承认一般约责任与物的瑕疵担保责任的竞合。与此不同,《民法典》第617条规定:"出卖人交付的标的物不符合质量要求的,买受人可以依据本法第五百八十二条至第五百八十四条的规定请求承担违约责任。"《民法典》第582条规定的,是物的瑕疵担保责任;第583条规定的,为一般违约责任;第584条正文规定的,系违约责任的完全赔偿原则,违约损害赔偿的范围"应当相当于因违约所造成的损失,包括合同履行后可以获得的利益"。这就承认了一般违约责任与物的瑕疵担保责任的竞合,具有创意,积极意义会越来越彰显出来。

观察《民法典》第582条、第583条和第584条文的内容,不难发现它们存在着若干不同,主要表现如下:

1. 适用《民法典》第583条、第584条时,需要具备违约行为、损失、这两者之间存在因果关系诸要素。至于是否需要违约方具有过错,依据作为违约责任一般条款的《民法典》第577条的规范意旨,不要求有过错,不过,实务裁判时常考量债务人不履行合同有无过错。适用《民法典》第582条的规定,需要具备债务人交付的标的物存在瑕疵、债权人有修理等相应的请求、客观上有修理等可能诸要素。肯定不要求债务人对于瑕疵给付具有过错。

2. 买受人援用《民法典》第582条的规定,必须满足《民法典》第621条关于在检验期间内将标的物存在瑕疵的情形通知出卖人,否则,视为标的物的数量或者质量符合约定的规定。与此有别,买受人援用《民法典》第583条或第584条的规定,不受《民法典》第621条规定的限制,而是受《民法典》第188条以下规定的诉讼时效期间的限制。

3. 适用《民法典》第582条的规定,追究出卖人的责任,要以买受人履行通知义务为要件。如果买受人未履行该项义务,则出卖人有权抗辩,不承担物的瑕疵担保责任。与此不同,适用《民法典》第583条或第584条的规定,则不以买受人履行通知义务为前提。

4. 适用《民法典》第583条的规定,责任方式有继续履行、赔偿损失,联系《民法典》第585条的规定,还有支付违约金的责任方式;通说认为无解除合同、代物清偿或合同更改。与此不同,适用《民法典》第582条的规定,救济方式有修理、重作、更换、退货、减少价款或报酬等。

存在上述差别所导致的结果将是,在个案中适用哪个条文对当事人的利益会有影响。适用《民法典》第582条的规定,出卖人承担修理、重作、更换、退货、减少价款、减少报酬,维护的是与买受人所付对价相等的利益,或者说,买受人的所得减去付出等于零。如果把这换算成赔偿损失,则属于信赖利益的赔偿,而非履行利益的赔偿,即不是《民法典》第584条正文"损失赔偿额应当相当于因违约所造成的损失,包括合同履行后可以获得的利益",通俗地

---

① Larenz, SBT II/1, 67 mit Fn. 106; siehe Esser/Weyers, 14. 1999年台上字第757号判决。转引自黄立主编:《民法债编各论》(上),中国政法大学出版社2003年版,第34—35页;[日]高森八四郎:《瑕疵担保责任与制造物责任》,载[日]远藤浩、林良平、水本浩监修:《现代契约法大系·现代契约的法理》(总第2卷),日本有斐阁1984年版,第147页。

② [日]五十岚清:《瑕疵担保与比较法》,载《比较民法学诸问题》,日本一粒社1976年版,第122—123页;[日]奥田昌道等:《民法学·契约的重要问题》,日本有斐阁1983年版,第97页。转引自梁慧星:《民法学说判例与立法研究》,中国政法大学出版社1993年版,第163页。

③ 杜景林、卢谌:《德国债法改革:〈德国民法典〉最新进展》,法律出版社2003年版,第24—25页。

说就是买受人没有赚到钱。与此不同,适用《民法典》第584条正文,买受人可以请求出卖人赔偿"因违约所造成的损失,包括合同履行后可以获得的利益",就是可以赚到钱。此其一。不过,买受人援用《民法典》第584条的规定,请求出卖人赔偿履行利益的损失,必须举证证明出卖人违约给自己造成了多少损失。在某些案件中,买受人难以举证证明其损失,于此场合仍然援用《民法典》第584条的规定,很可能败诉,倒不如援用《民法典》第583条的规定,主张"在履行义务或者采取补救措施后,对方还有其他损失的,应当赔偿损失"。其中的"履行义务",系履行合同约定的义务,即继续履行;"补救措施"包括修理、重作、更换、退货等。采取这些救济方式之后,买受人若仍有损失,还有权请求出卖人赔偿损失。如此适用法律,在买受人特别需要标的物的案件中尤为必要。可见,在某些案件中,买受人不援用《民法典》第582条,也不援用《民法典》第584条的规定,而是援用《民法典》第583条的规定,以求有利于己的结果。此其二。这就表明允许买受人选择是适用《民法典》第582条、第583条还是第584条,天平是倾向于他的。从是非的层面上看,这种倾斜具有正当性,因为出卖人违约了!

第七节 强制履行

一、强制履行的概念分析

（一）强制履行的含义

强制履行,学说上又称强制实际履行或特定履行,是指在违约方不履行合同时,由法院强制违约方继续履行合同债务,使守约方尽可能地取得约定的标的的违约责任方式。

《民法典》中的强制履行,包括《民法典》规定的继续履行(第577条)和修理、重作、更换(第582条),其方式因债务的具体内容的不同而有差异,其通常适用的对象,比如交付金钱、财物、票证、房屋土地等(属于所谓"与的债务"范畴)。

严格地说,英美法上的特定履行(specific performance)与中国《民法典》上的强制履行,存在着些许差别:(1)英美法看重金钱赔偿,只要金钱赔偿能够充分填补守约方的损失,法院一般不支持守约方关于特定履行的诉求,换言之,特定履行在金钱赔偿无法充分弥补守约方的损失或合同标的物具有独有性(如房地产)的情况下采用。与此不同,在中国,依据《民法典》第580条第1款的规定,强制履行只有在不能履行或继续履行的费用过高或债权人未于合理期间内请求的情况下才被禁止,裁判机构依原告(申请人)关于继续履行合同的请求而作出强制履行合同的裁判,无需首先考虑是否得以金钱赔偿的方式代替继续履行的可能性,也无需首先考虑金钱赔偿是否为足够的救济方式。(2)在英美法上,只有在特定履行的内容非常确定的情况下才被准许,如被告应于2000年3月3日向原告交付A楼。与此有别,在中国,对强制履行内容确定性的要求不如普通法那样强烈。(3)对于特定履行,英美法将其纳入救济体系,而不纠缠于它是否为民法责任。与此不同,中国现行法把强制履行作为违约责任的方式看待。

（二）法律性质

强制履行虽然是合同履行的继续,仍然是履行原合同债务,但它同一般的履行合同债务的行为不同:一是履行时间不一致①,强制履行的时间晚于履行原合同债务的时间;二是作为法律规定的对违约方的一种强制形式,强制履行比正常的合同履行增加了一层国家强制,在违约方过错违约的情况下,多了一种道德和法律对过错违约的否定性评价。强制履行属于违约责任的方式,而不是单纯的合同债务的履行。②

结合程序法观察,《民法典》中的强制履行,首先表现为"直接强制"(第577条等),《民事诉讼法》第255条第1款和第244条第1款规定了此类内容;至于是否包括"代替执行"和"间接强制",看法不一,但《民法典》已经有所表态(第581条)。所谓代替执行,是指由债权人或第三人代替债务人履行债务,使债权内容获得实现,相关的费用由债务人负担的方法。它主要适用于"为的债务"中根据债务的性质不得直接强制履行的,可由第三人代为的债务(《民法典》第581条)。所谓间接强制,是指若债务人于一定的期间内未履行债务,则法院命其支付一定的金钱,以此对债务人的心理施加压力,间接地使债权的内容获得实现的方法。③ 这部分内容,在《民事诉讼法》中有所体现(第254条第1款、第263条)。本书作者认为,代替执行符合强制履行的规格,而间接强制则与强制履行有段距离。

强制履行是同解除合同完全对立的补救方法,主张强制履行就不能请求解除合同,主张解除合同就不能请求强制履行。④

二、强制履行的构成要件

(一) 存在违约行为

如果没有违约行为发生,那么此时仅为债务履行问题,债权人有履行请求权,债务人有履行债务的义务,尚属第一次义务阶段,谈不上作为第二次义务的强制履行问题。就违约形态而言,通常是迟延履行、不完全履行以及拒绝履行,如果将债权人迟延作为一种债务不履行看待,尚包括债权人迟延;而履行不能场合,则不会发生强制履行责任。

(二) 须有守约方请求违约方继续履行合同债务的行为

如果守约方不请求违约方继续履行,而是将合同解除,便不可能成立强制履行责任。另外,强制履行责任须守约方选择,取决于守约方的意思,法院不能以职权代当事人作出此种选择。

守约方的请求,一般应当明示地通知违约方,但通过主张抵销等行为,也应视为请求违约方继续履行。

在这个方面,先期违约的情况有些特殊。债权人面对先期违约享有选择权:要么拒绝债务人的先期违约,请求裁判者支持其强制履行的请求;要么接受债务人的先期违约,在判决作出之前放弃强制履行的诉求,主张解除合同并请求债务人承担违约损害赔偿责任。在此期间,债务人改变主意,放弃先期违约的表示,或者情况有变,表明不履行合同的征候消失的,债权人的选择权便不复存在。自此,裁判者支持强制履行的诉求的基础已经丧失,债务

---

① Guenter H. Treitel, Remedies for Breach of Contract(Courses of Action Open to a Party Aggrieved), *International Encyclopedia of Comparative Law*(Chapter 16), Mouton, The Hague, and J. C. B. Mohr(Paul Siebeck), Tübingen, 3(1976).
② 崔建远:《合同责任研究》,吉林大学出版社1992年版,第171页。
③ 参见〔日〕林良平、石田喜久夫、高木多喜男:《债权总论》(改订版),日本青林书院1990年版,第101页;〔日〕本城武雄、宫本健藏:《债权法总论》(第2版),日本嵯峨野书院2001年版,第52—53页。
④ See Guenter H. Treitel, Remedies for Breach of Contract(Courses of Action Open to a Party Aggrieved), *International Encyclopedia of Comparative Law*(Chapter 16), Mouton, The Hague, and J. C. B. Mohr(Paul Siebeck), Tübingen, 6(1976).

人履行作为第一性义务的债务即可。①

（三）须违约方能够继续履行合同

如果合同已经不能履行，则无论是事实上的不能，还是法律上的不能，都不应再有强制履行责任的发生。否则，无异于强债务人所难，于理于法，均有不合。

三、强制履行的表现形态

（一）限期履行应履行的债务

在拒绝履行、迟延履行、不完全履行诸情况下，守约方可以提出一个新的履行期限，即宽限期或称延展期，要求违约方在该履行期限内履行合同债务，简言之继续履行。例如，按合同规定交付标的物或支付价款，补交不足部分的货物或价款，补交应交付的有关证明文件、技术资料、备用部件以及其他附件等。

（二）修理、重作、更换

如果债务人交付的标的物或提供的工作成果不合格，而债权人仍需要的，则可以适用修理、更换或重作（参照《民法典》第582条），可称为"补救的履行请求"，属于《民法典》第577条规定的"采取补救措施"的一个组成部分，并属于强制履行的范畴。修理，是指交付的合同标的物不合格，有修复可能并为债权人所需要时，债务人应债权人的请求而消除标的物的缺陷的补救措施；更换，是指交付的合同标的物不合格，无修理可能，或修理所需要的费用过高，或修理所需要的时间过长，违反债务的本旨的场合，债务人应债权人的请求而另行交付同种类同质量同数量的标的物的补救措施；重作，是指在承揽、建设工程等合同中，债务人交付的工作成果不合格，不能修理或修理所需要的费用过高，债务人应债权人的请求而重新制作工作成果的补救措施。在合同法理论上，更换和重作又叫另行给付，修理又称消除缺陷。②

四、不适用强制履行的情形

金钱债务，不发生不能履行问题，为各国通例，故理论上总能适用强制履行责任。而非金钱债务，则有时构成不能履行。按照《民法典》第580条第1款的规定，以下几种情形不适用强制履行。

（一）不能履行

按照《民法典》第580条第1款第1项的规定，不论是法律上的不能履行还是事实上的不能履行，均使合同失去标的，失去意义，必须消灭，而不是也不能强制履行。

（二）债务的标的不适于强制履行或履行费用过高

《民法典》第580条第1款第2项规定，"债务的标的不适于强制履行或者履行费用过高"的，债权人无权请求债务人实际履行，只能请求债务人支付违约金或赔偿损失等。

所谓债务的标的不适于强制履行，是指债务的性质不宜强制履行。在诸如委托合同、技术开发合同、演出合同、绘画合同等情况下，受托人履行委托事项的债务，技术开发方依约开发技术的债务，演员的表演债务，画家依约完成绘画的债务，等等，具有人身专属性，不能够由其他人代替履行，在性质上决定了不适于强制履行。否则，对债务人人身施以强制，将使违约责任恢复其原始的人身责任性质，与现代社会尊重人格、保护人身自由的基本价值，

---

① 参见 Johnson v. Agnew (1980) A.C. 367；杨良宜：《损失赔偿与救济》，法律出版社2013年版，第665页。
② 参见崔建远：《合同责任研究》，吉林大学出版社1992年版，第180—181页。

显有违背。①

所谓履行费用过高,是指对标的物若要强制履行,代价太大。比如为履行合同专门进口一台设备,花的代价远远超过合同上的盈利。立法者考虑到这样会使债务人为了履行合同而付出很大代价,而支付违约金或者赔偿损失,还不会花太大的代价。因此考虑到平衡双方的利害关系,规定了履行费用过高的也不适于强制履行。

与此不同,生产厂家作为出卖人没有按照合同约定交付货物,买受人请求它继续交货,这属于出卖人的正常业务,没有增加其新的负担,不得视为履行费用过高。即使是合同签订后,货物涨价了,买受人请求出卖人交付合同约定的货物,仍按约定价款结算,也不得认定为履行费用过高。这属于商业风险,应由出卖人承受。

(三)债权人在合理期限内未请求履行

1.《民法典》第580条第1款第3项的立法目的

《民法典》第580条第1款第3项之所以规定"债权人在合理期限内未请求履行"这一要件,实际上是想以此督促债权人及时主张权利,行使其履行请求权。如果债权人并不积极行使其履行请求权,待一段很长的时间后始主张强制履行,则对于债务人未免不公,从利益衡量的立场出发,对债权人主张强制履行的权利应作一适当限制,以尽早结束债务人责任承担方式不确定的状态。从这种立场出发,该规定在平衡当事人利益方面有其合理性。《德国民法典》第250条所规定的"逾越回复期后以金钱赔偿损害",实际上就与此有着相同的道理。《国际商事合同通则》第7·2·2条亦有类似的规定。

2.《民法典》第580条第1款第3项规定的含义

《民法典》第580条第1款第3项规定的"债权人在合理期限内未请求履行",是指债权人在合理期限内从未向债务人请求过,如果在此期限内请求过,哪怕是请求过一次,债务人就无权援用《民法典》第580条第1款第3项的规定,抗辩债权人关于继续履行的请求。

所谓债权人在合理期限内请求债务人履行,可有种种表现形式:(1)债权人在合理期限内直接请求债务人继续履行;(2)债权人在合理期限内通过诉讼或仲裁请求债务人继续履行;(3)债权人于合理期限内在诉讼中就继续履行提起反诉,或在仲裁中提出反请求;(4)债权人在合理期限内提起诉讼或申请仲裁,或者提起反诉或反请求,直至判决书或裁决书作出,于此期间,只要债权人就债务人继续履行问题没有相反的意思表示,就都应视为债权人在请求债务人继续履行;(5)债权人和债务人就继续履行事项进行协商,甚至就履行原债务问题达成了新协议;(6)债务人支付了部分货款或交付了部分货物,也表明他(它)有继续履行的意思;尤其是在合理期限届满的情况下债务人支付了部分货款或交付了部分货物,更应认定债务人有继续履行的意思。②

合理期限,是一个不确定概念,最终要由法院在个案中具体地加以判断回答。认定合理期限,需要考虑合同的种类和性质、债务的种类和性质、交易习惯或惯例、当事人双方的意思等因素。认定债权人是否在合理期限内要求债务人继续履行了,判断标准不宜过分苛刻,因为债务人没有按照合同约定支付货款或交付货物,已经构成了违约,本应承担较为不利的后果;债权人作为守约方,没有任何过错,理应得到同情,受到保护,在债权人特别需要合同约

---

① See Guenter H. Treitel, *Remedies for Breach of Contract(Courses of Action Open to a Party Aggrieved)*, International Encyclopedia of Comparative Law(Chapter 16), Mouton, The Hague, and J. C. B. Mohr(Paul Siebeck), Tübingen, 8(1976).

② 参见崔建远:《对合同法第一百一十条第(三)项规定的理解》,载《人民法院报》2008年10月16日。

定的标的物场合尤其如此。假如对债权人是否在合理期限内请求债务人继续履行,过于苛刻,便是非不明。①

合同标的物是种类物的,如广州本田汽车、学生课桌、钢厂生产的钢坯等,出卖人没有依约交货,买受人请求出卖人继续交货的合理期限,应当相对宽松,不宜动辄以债权人未在合理期限内要求债务人履行论处。当然,该期限的长度不得超过诉讼时效期间。②

3.《民法典》第580条第1款第3项规定的合理期限的性质

《民法典》第580条第1款第3项规定的合理期限,不是诉讼时效期间,也不是除斥期间,而是另外一种期间,可以说是失权期间。这种失权期间届满时,债权人未请求债务人继续履行,便丧失了请求债务人继续履行的权利,只能改为请求支付违约金或赔偿损失等。如果超过了诉讼时效期间,连请求债务人支付违约金或赔偿损失也会因债务人的时效抗辩而无法实现。

之所以说该合理期限不是诉讼时效期间,是因为它的起算点与诉讼时效不同,也不存在中止、中断、延长等制度。债权人在合理期限内请求债务人继续履行了,该合理期限便功成身退,毕竟法律规定的只是"债权人在合理期限内请求履行",而不是要求债权人连续地、多次地、定期地提出履行的要求。不过,该合理期限与诉讼时效有个衔接的关系,即,债权人请求债务人继续履行、支付违约金、赔偿损失的权利受诉讼时效制度的管辖;债权人未在合理期限内请求债务人继续履行的,便无权再请求债务人继续履行,但可请求债务人承担支付违约金或赔偿损失。③

该合理期限也不是除斥期间,因为除斥期间适用的对象是形成权,而债权人请求债务人继续履行的权利是债权。

(四) 不适用强制履行的其他情形

除以上由《民法典》明文规定的不适用强制履行的情形外,学说解释上认为,还有一些情形不适用强制履行:(1) 法律明文规定不适用强制履行而责令违约方只承担违约金责任或赔偿损失责任。比如货运合同场合,承运人对运输过程中货物的毁损、灭失承担损害赔偿责任(《民法典》第832条正文),而不负强制履行责任。(2) 因不可归责于当事人双方的原因致使合同履行实在困难,如果实际履行则显失公平,则适用情事变更原则的场合。当然,情事变更原则的效力首先表现为再协商,其次是增减给付、分期或延期履行、拒绝先为给付等;最后是解除合同。其中,除分期履行和延期履行属于强制履行范畴,其他效力均不是或排斥强制履行。总之,适用情事变更原则时,往往不成立强制履行。④ (3) 如果强制债务人继续履行会使其亏损,特别是只要强制履行就会继续亏损,而由债务人承担违约损害赔偿责任,就可避免此种结果,债权人的损失也能得到填补,那么,就不应裁判强制履行,而应改为违约损害赔偿。⑤在此类诉讼中,裁判者应当释明。(4) 如果强制一方当事人继续履行,而另一方却不能履行其义务,则不宜判令强制履行,以免造成不公,这也是债权的相互性原则所要求的。⑥

---

① 参见崔建远:《对合同法第一百一十条(三)项规定的理解》,载《人民法院报》2008年10月16日。
② 同上。
③ 同上。
④ 参见崔建远:《合同责任研究》,吉林大学出版社1992年版,第187页。
⑤ 可参考 Co-operation Insurance Society Ltd v. Argyll Stores (Holdings) Ltd (1998) A. C. 1;杨良宜:《损失赔偿与救济》,法律出版社2013年版,第656—657页。
⑥ 杨良宜:《损失赔偿与救济》,法律出版社2013年版,第691—692页。

五、强制履行与有关责任方式的关系

(一) 强制履行与赔偿损失的关系

强制履行与赔偿损失的关系,在不同的法律体系中有不同的表现。英美普通法以损害赔偿为基本的救济方式,强制履行仅为衡平法上的救济方式。逐渐被承认的观点是,如果普通法上损害赔偿的救济已经足以保护受害人,就不应当提供衡平法上的救济。尽管普通法和衡平法已经合并,但是这种历史形成的限制仍然存在。因为它降低了合同磋商的成本,从而促进了经济效率;在强制实际履行和金钱赔偿之间划了一条界限。[①] 在大陆法系,德国法虽然以强制履行为不履行合同的基本的救济方式,法国法区分作为(不作为)债务和给付财产的债务而分别决定能否适用强制履行,但总的说来,在实效论的层面上,仍然是损害赔偿适用得广泛。

中国《民法典》在第三编"合同"第八章"违约责任"中,并列地规定了强制履行、赔偿损失、违约金等责任方式。在它们之间,尚不能以法律规定的先后次序而认为有适用上的先后次序,而是需要根据个案确定其适用次序。对此,详述如下:

1. 如同上文分析的那样,在不得适用强制履行的情况下,强制履行被排除在适用的范围之外,守约方只能请求违约方赔偿损失或支付违约金,或者在所约违约金的数额低于违约造成的实际损失的场合一并请求赔偿损失和支付违约金。

2. 在可以适用强制履行、守约方决定请求违约方继续履行的情况下,不宜优先适用赔偿损失的违约责任方式。其原因在于,强制履行与否直接影响到守约方的损失数额。违约方尚未继续履行时,守约方的损失正好是违约行为给他造成的损失。违约方若继续履行完毕,守约方的损失数额就会随之降低,甚至完全消失。既然如此,优先适用强制履行的方式,可以较为准确地计算出守约方的损失数额。

假如优先适用赔偿损失规则,损失的确定是违约行为给守约方造成的全部损失,那么,再适用强制履行规则,就使守约方获得了"不当得利",而这是不被允许的。如果不让守约方获得"不当得利",又优先适用赔偿损失规则,则损失的确定就是估计的,很可能十分不当。优先适用强制履行方式,情况会彻底改观。

延伸上述理念,又有如下观点:如果违约方坚持继续履行,而守约方拒绝受领,只要不存在《民法典》第580条列举的情形,就宜认定守约方在滥用权利,应支持违约方继续履行的主张。对此,以下面的案例予以说明。

某《远期购买协议书》的缔约背景之一是,投资人甲公司基于《认购邀请书》《丙股份有限公司非公开发行股票之认购协议书》等法律文件购买了目标公司丙非公开增发的股票。为解决作为目标公司丙的原始股东的乙公司在条件成就时收购投资人甲公司持有的前述股票问题,投资人甲公司与股东乙公司订立了《远期购买协议书》。其中第3条约定:乙公司承诺在本协议生效后5个交易日内自己或其指定的主体对甲公司本次认购股票进行收购并支付转让款或补偿款。第8条约定:本协议任何一方不履行或不完全履行本协议所约定的义务,即构成违约。乙公司未按本协议约定及时足额支付转让款或补偿款的,除应继续承担受让、补偿义务外,还应当按欠付金额每日万分之五的标准承担违约责任。

[①] 〔美〕E.艾伦·范斯沃思:《美国合同法》(原书第3版),葛云松、丁春艳译,中国政法大学出版社2004年版,第767页。

乙公司收购甲公司持有股票的条件成就后,乙公司未予收购,构成违约。甲公司诉请乙公司依约收购案涉股票并支付违约金,时隔1年撤诉。其后,案涉股票涨价,乙公司不仅一次地向甲公司表示收购案涉股票,均遭拒绝,甲公司自己在二级股票市场出售案涉股票。售罄后,甲公司再次提起诉讼,请求乙公司向其支付5.5亿元人民币的违约金。乙公司的抗辩主要有:它有权继续收购甲公司持有的案涉股票,甲公司对此拒绝,实属无理;甲公司自己售出案涉股票所得远高于乙公司未及时收购遭受的损失,净赚2亿元人民币有余,因系争违约金属于补偿性的,故不再承担支付违约金的责任。

本书作者认为,系争《远期购买协议书》约定的乙公司于条件成就时收购甲公司持有的案涉股票,既是其义务,也为其权利。就义务层面而论,乙公司于条件成就时未收购甲公司持有的案涉股票,构成违约,应当就此承担违约责任,包括收购案涉股票(继续履行)和支付违约金。乙公司于案涉股票涨价阶段请求收购甲公司持有的案涉股票,是其承担继续履行这种违约责任的表现(同时不免除违约金责任),且不存在《民法典》第580条第1款规定的情形,甲公司无权拒绝。至于乙公司在股票价跌时不予收购、在股票涨价阶段请求收购的行为,在道德层面应受谴责,在法律层面需负违约责任,依约支付违约金,但尚未达到剥夺其收购权、不支持其继续履行请求的程度。

当然,如果甲公司自己在二级股票市场出售案涉股票属于依《民法典》第591条第1款的规定采取的减轻损失措施,则即可认为甲公司有权拒绝乙公司关于继续履行的主张。例如,甲公司催告乙公司收购案涉股票,但乙公司不予回应、不予收购,甲公司于是在二级股票市场出售案涉股票,即属采取减轻损失的措施,应受法律保护。

3. 如果合同的标的物涉及个人品位或感情,比如买卖艺术作品或传家之宝的合同,也许就不可能用金钱来计算守约方的期待利益。① 甚至在比较商业性的合同中,也可能如此。② 在这些情况下,违约方强制履行不违反现代伦理,也有履行能力,守约方请求强制履行,应当得到支持。

4. 如果违约导致的损害无法被足够确定地估算出来,那么,损害赔偿就不能够充分保护守约方的期待利益。在这种情况下,损害赔偿金就只能是名义性的,而这无论如何不能充分地弥补损失。③ 例如,违反股份转让合同,可能会使得受让人不能控制公司,而这种控制权的价值不能够准确地用金钱来衡量。④ 违反出售营业的合同,可能使受让人不能够基于预期的利润来计算其损失额。⑤ 违反需求量合同(requirements contract)可能使当事人的一种价值无法估量的原材料的关键供货渠道被切断。⑥ 违反竞业禁止合同可能导致难以计算的损失。如果违约发生时,合同约定的履行期还剩下许多年,那么可能在事实审时难以预计将来

---

① Morris v. Sparrow,287 S. W. 2d 583(Ark. 1956);〔美〕E. 艾伦·范斯沃思:《美国合同法》(原书第3版),葛云松、丁春艳译,中国政法大学出版社2004年版,第768页。
② Tom Doherty Assocs. V. Saban Entertainment,60 F. 3d 27(sd Cir. 1995);〔美〕E. 艾伦·范斯沃思:《美国合同法》(原书第3版),葛云松、丁春艳译,中国政法大学出版社2004年版,第768页。
③ 〔美〕E. 艾伦·范斯沃思:《美国合同法》(原书第3版),葛云松、丁春艳译,中国政法大学出版社2004年版,第768页。
④ Dominick v. Vassar,367 S. E. 2d 487(Va. 1988);〔美〕E. 艾伦·范斯沃思:《美国合同法》(原书第3版),葛云松、丁春艳译,中国政法大学出版社2004年版,第768页。
⑤ Trip—A Baseball Club Assoce. V. Northwestern Baseball,832 F. 2d 214(1st Cir. 1987);〔美〕E. 艾伦·范斯沃思:《美国合同法》(原书第3版),葛云松、丁春艳译,中国政法大学出版社2004年版,第768页。
⑥ 参见美国《统一商法典》第2-716条之评注第2条;Laclede Gas Co. v. Amoco Oil Co.,522 F. 2d 33(8th Cir. 1975);〔美〕E. 艾伦·范斯沃思:《美国合同法》(原书第3版),葛云松、丁春艳译,中国政法大学出版社2004年版,第768—7699页。

可能会发生的损失。① 在这些情况下,美国的法院常常提供衡平法救济,准予强制履行。② 中国法也应当准予强制履行。

5. 实际上,强制履行和赔偿损失两种违约责任的方式,有时可以一并适用,有时不得同时主张。因为赔偿损失存在着"填补赔偿"和"迟延赔偿"两种类型。填补赔偿具有替代实际履行的功能或目的,故而强制履行和填补赔偿二者不能同时并存。迟延赔偿,意在使受害人免受因迟延而实际遭受的损失,比如利息损失,它并不具有替代实际履行的功能,故而在保护受害人方面,与强制履行可并行不悖,同时存在。因而《民法典》规定,违约方"在履行义务或者采取补救措施后,对方还有其他损失的,应当赔偿损失"(第583条)。在美国法上也是如此,在判予强制实际履行或者禁令这样的衡平法救济的同时,法院还可以判予损害赔偿金以及其他救济。③ 由于衡平法救济的命令很少能够使得给付在合同约定的期限内完成,就迟延判定损害赔偿金常常是适当的。④

6. 依据《民法典》第585条第3款的规定,强制履行和支付迟延履行的违约金可一并请求。于此场合,守约方不得再主张赔偿损失。

(二)强制履行与合同解除的关系

1. 强制履行和合同解除,制度目的相悖,因而两种救济方法是相互排斥的。

2. 《民法典》第580条第3项关于债权人在合理期限内未请求履行的,不得再请求债务人继续履行的规定,从合同含有死亡的基因终究得消灭的角度看,就是合同可以解除,尽管债务人不履行合同尚未达到根本违约的程度。就此看来,所谓《民法典》上的违约解除一律以根本违约为条件的观点,不太符合《民法典》第580条第3项规定的意旨。

3. 应当看到,有些场合,例如合同项下的债权附有担保的情形,主合同出现《民法典》第580条规定的情形之一时,便将合同解除,会导致担保消失,对债权人并不有利,债权人从自身的利益出发不主张解除合同,情有可原。于此场合,《民法典》第580条与合同解除制度暂时没有挂钩。但是,鉴于合同已经不能履行或债务的标的不适于强制履行或履行费用过高,合同继续存在意味着束缚当事人,不利于其轻装上阵,从事新的交易。有鉴于此,相较于《合同法》第97条关于合同解除的效果的规定,《民法典》增设第566条第3款,明确规定主合同解除后,担保人对债务人应承担的民事责任仍应承担担保责任。

4. 总的说来,《民法典》第580条本身是针对强制履行的,并不直接是合同解除制度的范畴,但它在与合同解除制度相联系的时候,便作为合同解除的特别原因(或曰条件,或曰事由),或与《民法典》第562条第2款相结合,或与《民法典》第563条第1款第1项相联系,或与《民法典》第563条第1款第4项相联系,或与《民法典》分则中或其他单行法中的解除规定相联系。

(三)强制履行与价格制裁的关系

价格制裁,是对执行政府定价或政府指导价的合同当事人,因其迟延履行遇到政府价格

---

① Hunt Foods v. O'Disho,98 F. Supp. 267(N. D. Cal. 1951);[美]E. 艾伦·范斯沃思:《美国合同法》(原书第3版),葛云松、丁春艳译,中国政法大学出版社2004年版,第769页。

② [美]E. 艾伦·范斯沃思:《美国合同法》(原书第3版),葛云松、丁春艳译,中国政法大学出版社2004年版,第769页。

③ Brockel v. Lewton,319 N. W. 2d 173(S. D. 1982);[美]E. 艾伦·范斯沃思:《美国合同法》(原书第3版),葛云松、丁春艳译,中国政法大学出版社2004年版,第766页。

④ Wirth & Hamid Fair Booking v. Wirth,192 N. E. 297(N. Y. 1934);[美]E. 艾伦·范斯沃思:《美国合同法》(原书第3版),葛云松、丁春艳译,中国政法大学出版社2004年版,第766页。

调整,应在原价格和新价格中选择对违约方不利的那种价格的责任方式(参照《民法典》第513条)。构成价格制裁,需要有迟延履行的事实,同时需要恰逢政府价格调整。价格制裁类似于惩罚性违约金,它与强制履行在目的、性质方面不同,因而可以并存。①

另外,强制履行与违约金的关系,见本章第九节"违约金责任"中的叙述。

第八节 赔偿损失

一、赔偿损失概述

(一) 概念

赔偿损失,亦称损害赔偿,是指债务人不履行合同债务时依法赔偿债权人所受损失的责任。

(二) 赔偿方法

损害赔偿的方法,存在着回复原状主义、金钱赔偿主义和法院裁量主义。②

所谓回复原状主义,是指赔偿责任的承担使受害人回复到损害发生前的原状。例如,夺取物件,应予返还;毁损物件,则应修补或给付同种同质的物品;诋毁他人,应当回复名誉。③回复原状,有的是将以前的物理状态照样再现,但更多的是回复到与以前有同一价值的状态。此种立法主义的优点在于极符合损害赔偿的目的,缺点在于有不少的情形不能回复原状或回复困难,再就是在债权人不需要标的物时,回复原状于其不利。

所谓金钱赔偿主义,是指以金钱估价损害而赔偿受害人的损失。④ 其优点在于,对于各种损害均能以金钱赔偿,简捷易行;缺点在于,计算损害恐不正确,且仅为间接填补,并非直接填补,与损害赔偿的目的有所出入。⑤

所谓法院裁量主义,是指由法院裁量究竟以金钱赔偿受害人的损失还是回复其原状。⑥

中国合同法上的赔偿损失,是指金钱赔偿,即使包括实物赔偿,也限于以合同标的物以外的物品予以赔偿。这样认定的理由在于,《民法典》第179条第1款规定的返还财产、恢复原状、修理、重作、更换等责任方式,是作为不同于赔偿损失的责任方式而独立存在的。返还财产属于物权请求权行使的表现,同赔偿损失在性质、效力和范围方面均有不同。修理、重作、更换则属于强制履行范围,不与赔偿损失同类。⑦

(三) 迟延赔偿与填补赔偿

违约损害赔偿,可区分为迟延赔偿和填补赔偿。前者产生于履行迟延场合,是与原来的给付一并请求的损害赔偿,这种迟延赔偿被解释为原来给付的扩张。⑧ 换个角度说,在履行迟延这样的一时的违约场合,对履行请求权附加上了赔偿请求权。

应当说明,债务人未于履行期限届满时履行债务,固然构成迟延,债务人拒绝履行、不完

---

① 崔建远:《合同责任研究》,吉林大学出版社1992年版,第189—191页。
② 孙森焱:《民法债编总论》(上册),法律出版社2006年版,第368页。
③ 《德国民法典》(第249—251条)、《奥地利民法典》(第1322条)原则上采此种回复原状的立法主义。
④ 罗马法、法国法、英美法、日本民法(第417条、第722条)均采此种主义。
⑤ 参见张龙文:《民法债权实务研究》,汉林出版社1977年版,第78页以下。
⑥ 瑞士债务关系法采纳此种主义。
⑦ 参见崔建远:《合同责任研究》,吉林大学出版社1992年版,第192页以下。
⑧ 参见〔日〕於保不二雄:《日本民法债权总论》,庄胜荣校订,五南图书出版有限公司1998年版,第95页。

全履行的状态一直延续至履行期届满,也属于这里所谓的迟延。所以,这里所谓的迟延赔偿包含着部分拒绝履行、不完全履行的状态一直持续到履行期届满,且合同尚未解除,所形成的损害赔偿。《合同编通则解释》第60条第1款规定的违约损害赔偿包含此种类型。

迟延损害赔偿额,只要能够弥补守约方因违约方给付的瑕疵而导致的损失即可。①

填补赔偿,又叫替补赔偿,是代替原来给付的损害赔偿,以履行不能场合产生的损害赔偿为典型。从权利的角度看,填补赔偿请求权替代了本来的履行请求权。②

还有,填补赔偿不限于不能履行场合的损害赔偿。即使违约行为表现为迟延履行、拒绝履行、不完全履行,只要合同因此而被解除,守约方向违约方请求的损害赔偿都属于填补赔偿。《合同编通则解释》第60条第2款和第3款确立了此种类型的损害赔偿。

这种分类的法律意义在于,迟延赔偿可以与强制履行并罚,而填补赔偿不再与强制履行并罚。

(四) 获利赔偿

获利赔偿(disgorgement),也叫剥夺性赔偿(disgorge or strip the gain),在合同法领域,是指以违约方因其违约而获得的利益来确定向守约方赔偿的数额。究其实质,英文"disgorgement/ strip the gain"已经明白无误地昭示:这不是本来意义上的"损害赔偿",而是"获利返还"。《合同编通则解释》第62条承认了这种规则。③

二、赔偿损失的构成

作为违约责任的赔偿损失,其构成要件包括以下几点:违约行为、受害人受有损害、违约行为与损害之间有因果关系、违约人没有免责事由。违约行为及免责事由,已作论述,以下仅就损害和因果关系问题加以论述。

(一) 损害的概念与种类

1. 损害的概念

(1) 损害差额说

损害差额说(Differenzhypothese,亦称利益说)得区分为广义的和狭义的两种。前者认为,损害,或曰损失,是财产或法益所受的不利益,亦即受害人对该特定损害事故的利害关系,亦为受害人因该特定损害事故所丧失的利益,该利益乃受害人的财产状况于损害事故发生前后之差。这是统一的损害(损失)概念,不区分财产损害和非财产损害。④ 狭义的差额说,乃始于德国学者蒙森(Mommsen)于1855年发表的著名论文《利益之理论》,经由温德沙伊德(Windscheid)的阐发,而被《德国民法典》接受了的损害理论。在狭义的差额说看来,损害,或曰损失,是被害人对该特定损害事故的利害关系,亦即被害人因该特定损害事故所损失的利益。该项利益,依狭义的差额说,是被害人的财产状况于损害事故发生前后的财产的差额。

损害差额说具有如下特色:其一,以被害人总财产的变动来衡量损害是否存在及其大

---

① 〔美〕E.艾伦·范斯沃思:《美国合同法》(原书第3版),葛云松、丁春艳译,中国政法大学出版社2004年版,第785页。
② 参见〔日〕於保不二雄:《日本民法债权总论》,庄胜荣校订,五南图书出版有限公司1998年版,第95页。
③ 较为详细的说明和阐释,请见崔建远:《论违约损害赔偿的范围及计算——对〈民法典合同编通则解释〉第60条至第62条的释评》,载《清华法学》2024年第1期。
④ 林诚二:《民法债编总论——体系化解说》,中国人民大学出版社2003年版,第269页。

小;其二,损害事故本身所造成的"损害"并无独立的地位;其三,所谓"利益"乃被害人对该损害事故的利害关系;其四,以"主观"来判断损害。①

损害差额说虽然迎合完全赔偿制度之旨趣而为德国百年来的权威学说,对其批判却如影随形,从未间断。② 其一,差额说系以总财产的数额计算受害人的损害,这不切实际,过于复杂。例如,甲撞乙,毁损其车时,仅就乙的身体受伤、车被毁损(具体损害项目)计算,其损害就足以算定,应无斟酌及于乙的房屋等所有财产的必要。③ 其二,由于"损害"本身无独立地位,一旦前后财产无差额时,即无损害可言。例如,甲盗窃乙的歌剧院的演出票,待表演完毕后归还,此时对乙而言,其财产并无差额变动,显然不公平。其三,主观判断易生争执。例如,甲的古画被毁,单价50万元,甲却认为该幅古画在其总财产中占100万元。④

(2) 现实的损害说(组织说)

为克服差额说的不足,有新学说出现。其中,现实的损害说(组织说)(gegliederter Schadensbergriff)最引人注目。主张该说的学者,彼此之间在观点上并不完全一致,用语也不统一,但仍具有构成现实的损害说(组织说)的共通之处。该说强调真实损害、直接损害。所谓损害,乃交易上以金钱取得或出售的财物所受的侵害,如侵权行为发生损害赔偿的,损害即直接被毁标的物所受的损害,此损害即直接损害,应当客观地估定。也就是说,直接损害在任何情况下均应填补,至于直接损害以外的损害,应当利用差额说衡量所得超出直接损害的差额,亦可获得赔偿,只是该项赔偿仅占次要地位。组织说以实际上的差额为前提,将直接损害作为损害赔偿的最低额。组织说的缺陷在于,它分割了损害观念,还有,损害并非绝对发生于对"物"的损害,也可能加诸权利人的整体财产。⑤

(3) 规范之损害概念

差额说系以自然之损害概念(Natürlicher Schadensbegriff)为基础的理论。所谓自然之损害概念,系从一般日常用语出发,将损害理解为权利主体(受害人)因法益遭受侵害而产生的不利益。⑥ 相对于自然之损害概念,另有所谓"规范之损害概念"(Normativer Schadensbegriff)。此说认为,应从法律规范意旨理解损害的意义,故损害事故发生后,受害人的财产总额虽未出现计算上的差额,但如依据法律规范的意旨,应认为受害人受有损害,仍应承认受害人的损害赔偿请求权。德国联邦法院于若干案件类型采取规范之损害概念。

2. 损害的种类

(1) 财产上的损害与非财产上的损害

财产上的损害,是指赔偿权利人在财产上所发生的损害,凡一切财产上不利益的变动均在其中。它不但包括财产的积极减少,而且包括财产的消极不增加。反之,非财产上的损害,是指赔偿权利人在财产之外所受的损害。它又包括精神损害和身体损害。身体损害,会衍生出精神损害,以及医疗费等财产损害。

关于身体损害本身,为医学、社会学等学科解决的问题,民法鞭长莫及。由身体损害衍

---

① 林诚二:《民法债编总论——体系化解说》,中国人民大学出版社2003年版,第269页。
② 详细论述,参见曾世雄:《损害赔偿法原理》,中国政法大学出版社2001年版,第120页以下。
③ 王泽鉴:《损害赔偿》,北京大学出版社2016年版,第63页。
④ 林诚二:《民法债编总论——体系化解说》,中国人民大学出版社2003年版,第269页。
⑤ 同上。
⑥ Fischer, Der Schaden nach dem BGB, 1903, §.1, vgl. Lange/Schiemann, Schadensersatz, 3. Aufl., 2003, §1 I S. 27.转引自詹森林:《侵权责任之损害概念——幽灵之"实际损害"》,第3页,载《海峡两岸民法典学术研讨会论文集》,2010年。

生的财产损害，只要属于违约方在订立合同时应当预见到的，依据《民法典》第584条的规定，应当得到赔偿。

关于精神损害应否获得抚慰，各国和地区的立法例不一致；至于对违约是否得提起精神损害赔偿的请求，见解更是不一，大多数的立场是对此持慎重的态度，因为这类损害十分主观，又无市场价值，此外也有非财产之法益（如人格权、名誉等）被过度"商业化"而漫无边际，以致无法予以规范控制的危险。①

对违约行为导致的精神损害可否请求赔偿，中国民法通说持否定态度，当然也有不同见解。② 从《民法典》第996条关于"因当事人一方的违约行为，损害对方人格权并造成严重精神损害，受损害方选择请求其承担违约责任的，不影响受损害方请求精神损害赔偿"的文义观察，似乎依然把精神损害赔偿交由侵权责任法管辖，仍未承认违约损害赔偿中包含精神损害赔偿。不过，在违约责任之诉中，允许守约方一并请求违约方承担精神损害赔偿责任。③ 在司法实践上，有的判决似乎应该说承认了债务不履行时的非财产损害赔偿，或者说至少可以自客观立场作这样的解释。④ 如此，我们实应勇敢地突破原有成见，在学说上承认对违约场合非财产上损害的赔偿，并进而在理论上对其谋求正当化和系统化。⑤ 应该注意到，在一些国际性的立法文件中，明确承认了在违约责任上对非财产损害的赔偿。⑥

本书赞同违约的精神损害赔偿，主要的理由是：(1)《民法典》第186条肯定了违约责任与侵权责任的竞合。这些规定并没有排斥对非财产上损害的赔偿，在违约方的行为同时符合侵权行为和违约行为的构成时，守约方可以选择有利于己的请求权基础，是妥当的利益衡量的体现，值得赞同。否定违约的精神损害赔偿之说仅仅允许守约方基于侵权行为法请求违约给自己造成的精神损害赔偿，是(局部)不承认违约责任和侵权责任的竞合的表现。这种观点是否符合《民法典》第186条的规范目的及功能，需要讨论。在旅游、观看演出、骨灰盒保管、产妇在医院生产等合同场合，并不具备禁止竞合的充分理由。因为在这些合同中，违约责任和侵权责任存在着差别，守约方有时选择违约的精神损害赔偿，较之基于侵权责任主张精神损害赔偿，更为有利。例如，在旅游等合同规定有免除游客等当事人的责任的条款场合，游客等当事人援用合同法解决纠纷，免责条款容易被确定为有效；而依据侵权行为法处理，免责条款容易被确认为无效。再如，在旅游、观看演出等合同中约定了违约金的情况下，旅行社、电影院等当事人违约，可能是支付违约金和精神损害赔偿并用。若为并用，一律基于违约而诉求，最为简便和经济。这是显而易见的。假如主张精神损害赔偿为侵权之诉，请求违约金作为违约之诉，操作起来显然较为复杂，而且会增加成本。还如，在观看演出或

---

① 参见马维麟：《损害赔偿法之原理》，载《法学丛刊》第161期(1996年)。
② 崔建远：《合同责任研究》，吉林大学出版社1992年版，第196—197页。
③ 黄薇主编：《中华人民共和国民法典人格权编释义》，法律出版社2010年版，第37页。
④ 参见"艾新民诉青山殡仪馆丢失寄存的骨灰损害赔偿纠纷案"，载最高人民法院中国应用法学研究所编：《人民法院案例选》(总第5辑)，人民法院出版社1993年版，第83—86页；"马立涛诉鞍山市铁东区服务公司梦真美容院美容损害赔偿纠纷案"，载最高人民法院中国应用法学研究所编：《人民法院案例选》(总第7辑)，人民法院出版社1994年版，第89—90页；"肖青、刘华伟诉国营旭光彩色扩印服务部丢失交付冲印的结婚活动照胶卷赔偿纠纷案"，载最高人民法院中国应用法学研究所编：《人民法院案例选》(总第11辑)，人民法院出版社1995年版，第74—77页；"王青云诉美洋达摄影有限公司丢失其送扩的父母生前照片赔偿案"，载最高人民法院中国应用法学研究所编：《人民法院案例选》(总第26辑)，时事出版社1999年版，第82—86页。
⑤ 韩世远：《非财产上损害与合同责任》，载《法学》1998年第6期；崔建远：《论违约的精神损害赔偿》，载《河南省政法管理干部学院学报》2008年第1期；崔建远：《精神损害赔偿绝非侵权法所独有》，载《法学杂志》2012年第8期。
⑥ 比如，《国际商事合同通则》第7·4·2条，《欧洲合同法原则》第9:501条。

放映电影等合同场合,当事人特别告知剧团、电影院,演出或放映目的,既是为了使全体职工得到精神享受,更是为了招待未来的客户。观看演出或电影,是客户同意签订投资合同的先决条件。在这些情况下,剧团、电影院违约,极可能是通常的财产赔偿和精神损害赔偿并罚。若为并罚,一律基于违约而诉求,同样最为简便和经济。假如主张精神损害赔偿为侵权之诉,请求通常的财产赔偿为违约之诉,依然复杂且增加成本。(2)旅游、观看演出、骨灰盒保管、产妇在医院生产等合同,合同利益至少含有精神利益,违约发生,守约方的此类合同利益必定受到损害,不允许违约精神损害赔偿,显然不符合此类的本质属性。① (3)如果遵循侵权责任的构成以固有利益受到不法侵害为要件的通说,那么,在旅游合同中,旅行社擅自取消若干景点的观赏或讲解敷衍,并未侵害游客的固有利益,游客遭受的是期待利益(履行利益)的损失,换言之,仅仅成立违约责任,而不成立侵权责任。在观看演出合同中,结论也是如此:影剧院擅自罢演,或者放映或演出的质量存在瑕疵,同样未侵害观众的固有利益,观众损失的是期待利益,于此场合不成立侵权责任,只成立违约责任。在婚庆典礼合同的场合,婚庆公司主持仪式出现重大瑕疵,或在拍摄结婚照合同的场合,摄影公司拍摄失败,也均未侵害新郎新娘的固有利益,依理应成立违约责任。

(2)履行利益、信赖利益与维持利益

履行利益,又叫期待利益,或曰积极利益,是指有效成立的合同正常履行使债权人获得的利益。债务人不履行此类合同项下的义务而发生的损失,就是履行利益的损失。例如,买卖合同订立后,出卖人履行合同,买受人因而可获得的利益。履行利益赔偿的结果,合同即如同被履行一样。

履行利益,不包括当事人为订立、履行合同支出的费用等合理成本(《合同编通则解释》第60条第1款),因为相对人不违约,交易被正常地履行,该成本也是要付出的。不过,这种理念及规则可被当事人的约定所改变。例如,某《车辆运输物流服务合同》第12.1条约定了范围广泛的损害赔偿数额,甚至包括第三人的有关损失:"乙方应当承担全部责任,于其责任范围内,对于甲方遭受的任何损失索赔、损害、责任、成本及费用(包括合理的律师费及诉讼费),乙方应当为甲方及甲方的母公司、子公司、分支机构、关联公司、继受人、受让人及其管理人员、董事、雇员、代理人以及代表人进行抗辩,使其免受损害,并对其进行全额赔偿。该赔偿应当包括任何第三方(包括公共机关)向甲方及甲方的母公司、子公司、分支机构、关联公司、继受人、受让人及其管理人员、董事、雇员、代理人以及代表人提起法律索赔或诉讼,从而导致甲方遭受的任何损害赔偿或责任。"该约定显然把成本纳入违约损害赔偿的范围之中了。

信赖利益,也叫消极利益,从反面界定即为信赖利益的损失,是指相对人信赖合同为有效,却因合同不成立、无效、被撤销或不被追认的结果所蒙受的不利益。例如,依据房屋买卖合同,买受人在调查出卖人的房屋及其权属方面支出了费用或错过了订立其他类似合同的机会。我们可判给买受人损害赔偿以消除他因信赖出卖人的允诺而遭受的损失。我们的目的是使买受人恢复到合同成立前的处境。② 务请注意,即使合同有效,也有信赖利益的问题。例如,守约方可能已经因信赖合同而改变了状况,如为了准备履行或已为给付而发生了支

---

① 崔建远:《论违约的精神损害赔偿》,载《河南省政法管理干部学院学报》2008年第1期。
② 〔美〕L.L.富勒、小威廉·R.帕杜:《合同损害赔偿中的信赖利益》,韩世远译,中国法制出版社2004年版,第6页。

出。① 有判例和学说称之为守约方因为有合同的存在而投入的金钱,是守约方因信赖有此合同而花费但因对方违约而浪费的费用。② 在这种情况下,法院可能试图让守约方的状况回复到如同合同没有订立一样。以此种方法计算的利益被称为信赖利益。③

维持利益,亦称固有利益或完全性利益,从反面界定即为维持利益的损失,是指因违反保护义务,侵害相对人的人身权或物权所造成的损害。在合同法上,违约方的行为可以构成过错责任时,他所应赔偿的,系守约方于其人身或物权所受的一切损害。此类损害可能远逾履行合同所生的利益,赔偿时不以履行利益为界限。④

另外应注意的是,积极利益、消极利益和积极损害、消极损害的不同。积极损害是既存利益灭失的现象,消极损害则是指因妨碍将来财产的增加而遭受的损失,又称可得利益,可表现为物的使用利益、转卖利益、营业利益等。⑤ 不过,积极损害、消极损害的分类近时受到了批评。比如,有人指出,所有物灭失场合,就该物的价格照既存财产的减少而言可作为"积极损害"的例子,然而,该物若不曾灭失,通过使用收益所能得到的利益,其丧失则应被看作是"消极损害";另一方面,在行为人违反安全配虑义务场合,债权人受到伤害而减少的收入,该损害尽管被称为"消极损害",在存有雇用、委托等合同场合,对"债权"的损害则又被认为是"积极损害"了。⑥

(3) 所受损害与所失利益

所受损害,亦称积极损害,是指因损害事故的发生导致债权人现有财产所减少的数额。所失利益,亦称消极损害,是指因损害事故的发生导致债权人财产应增加而未增加的数额。

这种分类具有一般适用性。特别于法律明文限制仅赔偿客观损害时,所受损害和所失利益,应严予分别。在这种情形下,仅所受损害始可获得填补。所失利益,纵实际上应予填补,但形式上已丧失原有所失利益的性质而被所受损害吸收。⑦

(4) 直接损害与间接损害

直接损害与间接损害的区别,学说见解大致分成两类。一类着眼于损害的引发,认为损害事故直接引发的损害为直接损害,非直接引发而系因其他媒介因素的介入所引发的损害则为间接损害。另一类则着眼于损害的标的,认为损害事故直接损及的标的,其损害即直接损害;其他的损害,则为间接损害。第一说实即借助因果关系观念所作的区分,第二说无异于以损害是否在相近的时间呈现于赔偿权利人的特定财物上而分其为直接损害或间接损害。⑧

英国法律从来没有区分直接(direct)损失和间接(indirect)损失,美国法院和法律书籍有去尝试如此区分。什么是直接损失?估计应该是1979年《货物买卖法》第53条(3)的规定,即交货时该批次货与正货之间的差价(in the case on breach of waranty of qualty such loss is

---

① 〔美〕E. 艾伦·范斯沃思:《美国合同法》(原书第3版),葛云松、丁春艳译,中国政法大学出版社2004年版,第752页。
② 杨良宜:《损失赔偿与救济》,法律出版社2013年版,第70—71页。
③ 〔美〕E. 艾伦·范斯沃思:《美国合同法》(原书第3版),葛云松、丁春艳译,中国政法大学出版社2004年版,第752页。
④ 参见王泽鉴:《民法学说与判例研究》(第1册),北京大学出版社2009年版,第81页。
⑤ 〔日〕北川善太郎:《债权总论》,日本有斐阁1993年版,第146页。转引自韩世远:《违约损害赔偿研究》,法律出版社1999年版,第48页。
⑥ 〔日〕几代通:《不法行为》,日本筑摩书屋1977年版,第261页。转引自韩世远:《违约损害赔偿研究》,法律出版社1999年版,第48页。
⑦ 参见曾世雄:《损害赔偿法原理》,中国政法大学出版社2001年版,第136—137页。
⑧ 同上书,第137页。

prima facie the different between the value of the goods at the time of delivery to the buyer and the value they would have had if they fulfilled the warerty.)。什么是间接损失？可能是买受人对分买受人(sub-buyer)在分合同(sub-contract)中的赔偿责任。而结果性(consequential)的损失,包括像买受人本来可以在分合同中所赚取的利润与次货可能带来的第三者的索赔。① 在不少近期的先例,英国法院都把利润损失当作是直接损失,并且强调在缔约时是否可预见到。例如,在 Deepak Fertilisers Ltd. v. I. C. I. Chemicals Polymers Ltd. (1999)1 Lloyd's Rep. 387 案中,有关的合同中有一条免责条款明示排除利润损失责任与非直接损失或结果性损失。上诉庭说,工厂损毁的直接损失是重建所需要的金钱和时间加上期间的生产损失,但期间浪费的管理费用与利润损失同样是属于直接损失。虽然最后判决利润损失不能索赔成功,这是因为另有一条明示条款排除利润损失的索赔,不是因为其是非直接损失。②

在中国民法学说上,直接损害和间接损害是最为常见的一种分类,其具体含义多被等同于所受损害和所失利益。

(二) 因果关系

违约损害赔偿的成立需要损失系由违约行为引起这种因果关系。对此,很多国家和地区的民法又进一步区分为责任成立的因果关系和责任范围的因果关系。这两者均须具有条件关系(conditio sine qua non),或者说条件关系是损害归责的"必要要件",具有过滤作用,即不具条件关系的,其权益侵害或损害项目(责任范围),均不由行为人负责。条件关系的认定系采"若无,则不"(condicio sine qua non, but-for)的检验方式。"若无,则不"的公式/程序是一种反证规则,旨在认定:"若 A 不存在,B 仍会发生,则 A 非 B 的条件。"条件系一种具自然科学意义的事实,在因果关系中所有的条件均属等值,又称等值说(Aguivalenztheorie)。③ 对"若无,则不"检验的举证证明责任是在原告。它只是一个"基本原则",并不能在所有情况中都能得出正确的结论。为修正等值说,恩吉斯教授提出合法条件说。该说以具体行为在具体后果中因为合法的联系在事实上是否已经发生效力,或者没有实施的行为在事实上是否可能已经阻碍了具体结果的发生为标准。④ 等值说存在"漫无边际的宽度"的弱点,必须借助于规范性的归责标准限制它。⑤ 此处所谓规范性的归责标准,也叫具有法律评价规范性的归责原则,有两种:一是条件的相当性,即相当因果关系;二是法规目的论。⑥

法规目的论强调针对违约行为或侵权行为所生损害赔偿责任应当探究合同目的或侵权责任规范的保护目的而为决定。主流观点是把相当因果关系理论与规范目的论相结合,来认定包括违约行为在内的加害行为与损失之间有无因果关系,即使存在因果关系,也要审视其是否符合规范目的。这是迄今为止最为可取的学说及方法,其有用性和不小的贡献在确定机会利益的损害赔偿中十分明显,在寻觅到更为优越的学说即方法之前,中国民法理论可以借鉴之。值得注意的还有,违约行为与损失结果之间的因果关系无介入原因导致中断,才

---

① 杨良宜:《合约的解释》,法律出版社 2007 年版,第 428 页。
② 同上书,第 429—430 页。
③ 王泽鉴:《损害赔偿》,北京大学出版社 2016 年版,第 83 页、第 88 页。
④ Engisch, *Kausalität*, S. 21f. 转引自〔德〕迪尔克·罗歇尔德斯:《德国债法总论》(第 7 版),沈小军、张金海译,沈小军校,中国人民大学出版社 2014 年版,第 323 页。
⑤ 〔德〕迪尔克·罗歇尔德斯:《德国债法总论》(第 7 版),沈小军、张金海译,沈小军校,中国人民大学出版社 2014 年版,第 324 页。
⑥ 王泽鉴:《损害赔偿》,北京大学出版社 2016 年版,第 88—89 页。

成立违约损害赔偿。①

[反思]

较为流行的观点是,责任成立的因果关系为事实的因果关系,遵循自然因果律或社会因果律,不包含法的价值判断,而是对纯粹的事实过程的认识,"因果关系中的唯一的'事实上的'或者独立于法政策或者规范的因素是 sine qua non 关系"②。

必须注意,这种认识并不周延,因为若干民事责任成立需要的因果关系的确出于法政策的考量,伴有立法者或裁判者的价值判断。例如,《民法典》第 590 条第 2 款关于"当事人迟延履行后发生不可抗力的,不免除其违约责任"的规定,十分明显地体现了法政策。因为迟延履行恰逢不可抗力发生,造成损失的原因至少是双重的,既有不可抗力这个原因,又有迟延履行这个原因。实际案型可能不尽相同:(1) 不可抗力和迟延履行共同致使合同不能履行,债权人因此遭受了损失,该损失与原因难以清楚地区分;(2) 债权人因合同不能履行所遭受的损失完全是因迟延履行所致,若无迟延履行,合同会正常履行,就不会遇上不可抗力,也就没有损失;(3) 债权人因合同不能履行所受损失完全是不可抗力所致;(4) 迟延履行和不可抗力分别给债权人造成了损失,该损失与原因完全可以区分开来。在上述"(1)""(3)"和"(4)"中,依《民法典》第 590 条第 2 款的规定,债务人仍需承担全部责任,这显然不符合事实因果关系(自然因果律、社会因果律)的要求,完全是立法政策使然。

若将视野放宽,《民法典》第 1170 条规定的共同危险行为,第 1230 条关于环境污染责任举证因果关系规定的反面推论,第 1239 条关于高度危险责任的规定,在侵权责任成立所需因果关系方面,都有法政策的考虑,立法者的价值取向清楚可见。

三、赔偿损失的范围

(一) 概说

作为违约责任的赔偿损失,其赔偿范围,就是赔偿损失的数额为多少。原则上说,通过赔偿损失,应使受害人处于如同合同已经履行的状态。就是说,《民法典》及其理论贯彻完全赔偿原则(第 584 条正文)。

完全赔偿原则用于信赖利益的损害赔偿时,一般仅以非违约方为订立、履行合同支出的费用等合理成本为赔偿范围,在证据充分、确凿时可有机会利益的损害赔偿;用于期待利益的损害赔偿时,依据《合同编通则解释》第 60 条第 1 款的规定,赔偿范围=非违约方能够获得的生产利润、经营利润或者转售利润等-非违约方为订立、履行合同支出的费用等合理成本。此处第一个"等",需视个案情形而定,例如,国有建设用地使用权人及时开发建设,政府即给予一定的物质奖励,但因合作者应付的投资款迟迟不到位,致使开发建设迟缓,政府取消物质奖励。此处所谓"等合理成本",同样需要根据个案情形加以确定。例如,为尽社会责任而提高了成本。再如,在新冠疫情期间,增设保安人员扩大了人力成本。

同时应当注意,不但非违约方主张信赖利益的赔偿大多为成本的损害赔偿,而且主张期待利益的损害赔偿时,也不一律排除成本的损害赔偿。首先,双方当事人约定订立、履行合同所支出的费用等成本也要赔偿,只要该约定不存在法定无效原因,就应承认其效力。其

---

① 崔建远:《因果关系在违约责任中的地位及其学说演变》,载《江海学刊》2022 年第 5 期。
② Hart and Honoré, *Causation in the Law*, Second Edition, Clarendon Press, 110 (1985).

次,非违约方支出的成本与其所获净利润不处于同一个因果关系之中时,两者可被一并赔偿,当然这需要满足合理预见规则的要求。最后,《合同编通则解释》第 63 条第 2 款关于"除合同履行后可以获得的利益外,非违约方主张还有其向第三人承担违约责任应当支出的额外费用等其他因违约所造成的损失,并请求违约方赔偿,经审理认为该损失系违约一方订立合同时预见到或者应当预见到的,人民法院应予支持"的规定,承认了违约损害赔偿不限于期待利益的损失数额这种例外。

事物还有另一方面,即《民法典》及其理论对赔偿损失的范围设有如下限制:(1) 当事人约定了违约赔偿范围(表现之一是当事人双方约定了限责条款,表现之二是当事人双方约定了违约金)(第 585 条);(2) 法律直接规定了某种违约赔偿的限额;(3) 因果关系对赔偿损失范围的限制;(4) 合理预见规则对赔偿损失范围的限制(第 584 条但书);(5) 与有过失规则对赔偿损失范围的限制(第 592 条第 2 款);(6) 减轻损失规则对赔偿损失范围的限制(第 591 条)。在这方面,《买卖合同解释》有所体现:买卖合同当事人一方违约造成对方损失,对方主张赔偿可得利益损失的,人民法院在确定违约责任范围时,应当根据当事人的主张,依据《民法典》第 584 条、第 591 条、第 592 条等规定(第 22 条)以及损益同销规则(第 23 条)进行认定。

鉴于当事人通过约定违约金来限制赔偿损失范围的问题将在违约金责任项下讨论;法律直接规定限制赔偿损失数额的,依其规定;因果关系对赔偿损失范围的限制,上文已经简要说明了,下文主要介绍和评论合理预见规则、与有过失规则和减轻损失规则。损益相抵规则,虽非限制损害赔偿范围的,而是关于损失计算的规则,但考虑到容量的问题,也在本部分一并介绍。

(二) 合理预见规则

《民法典》第 584 条但书关于违约损害赔偿"不得超过违约一方订立合同时预见到或者应当预见到的因违约可能造成的损失"的规定,以及《合同编通则解释》第 63 条第 1 款和第 2 款,都确立了合理预见规则,或曰应当预见规则。该项规则主要涉及如下内容:

1. 预见的主体

《民法典》第 584 条但书明确规定可得利益的赔偿"不得超过违约一方订立合同时预见到或者应当预见到的因违约可能造成的损失",确立了预见的主体为违约方,这比较合理。

2. 预见的时间

关于预见的时间,存有"合同缔结时说"与"债务不履行时说"的对立。英美法采合同缔结时说,日本判例及通说赞同债务不履行时。中国《民法典》第 584 条但书确立了预见的时间为"订立合同时",这契合下述理念及交易设计:给付义务与对待给付义务之间的等值已经把未来违约损害赔偿及其范围考虑进来了,换言之,合同约定统筹兼顾了权利、义务、责任、风险。此其一。"合同订立时说"把违约损害赔偿及其范围限定在违约方于缔约时合理预见的范围之内,未能合理预见到的损失,尽管实际上存在,也不准予赔偿。这意味着合理预见规则替代了确定赔偿范围的因果关系规则,显示出在法律确立合理预见规则的背景下,因果关系的地位及作用大为降低,甚至形同虚设,干脆地说被取而代之。此其二。合理预见的判断标准取决于理性人的预见能力,也就暗含着忽略债权人的个人期待和利用合同权利再谋发展的能力之意。如此,在违约损害赔偿的计算方法方面,采取抽象的计算方法/客观的计算方法,最符合逻辑。此其三。与奉行无过错责任原则相契合。此其四。

同时,我们也应注意到:合理预见规则与违约损害赔偿制度不在惩罚违约方及其违约、而是填补损失的传统民法的理念相契合,但放纵了恶意违约,也忽略了精明的债权人其实明了"效率违约"的后果,特别想阻止债务人"效率违约"而使自己的利益最大化的智慧、权益。如果站在整体审视和平衡债权人、债务人和与债务人交易的第三人之间的利益关系的高度,则不难发现合理预见规则是有缺陷的,其内含有带来不公正后果的病因。

3. 预见的内容

存在两种不同的主张,一种主张以英国法为代表,认为只要被告本可预见到损失的类型或种类(the type or kind)即可,无需预见到损失的程度或数额(the extent or quantum);另一种主张则以法国法现代的规则为代表,要求损失的类型与程度均应是可预见的(直到20世纪早期,法国的法理还只是要求预见损失的类型而不要求预见损失的程度)。《国际商事合同通则》第7.4.4条(损失的可预见性)规定:"不履行方当事人仅对在合同订立时他能预见到或理应预见到的、可能因其不履行而造成的损失承担责任。"该条的注释对预见的内容指出:"可预见性与损失的性质或类型有关,但与损失的程度无关,除非这种程度使损失转化为另一不同种类的损失。"《民法典》第584条但书并未特别言明是否要求预见到损失的程度或数额,解释上宜将预见的内容确立为,只要求预见损失的类型而无需预见损失的程度。此处所谓预见损失的类型,依《合同编通则解释》的规定,不但包括期待利益的损失,还包括"非违约方……向第三人承担违约责任应当支出的额外费用等其他因违约所造成的损失"(第63条第2款)。此处所谓"等其他因违约所造成的损失",如实施替代交易所支出的合理费用(第60条第2款前段)。

4. 判断可预见性的标准

如果违约方于缔约之际预见到违约可能造成何种损失,则以其知道的为准确定损害赔偿数额。对于违约方是否"预见到",违约方已经承认了,就据此确定;否则,由守约方对此举证证明。对于违约方应当预见到的判断通常是以客观标准进行的,也就是说以一个抽象的"理性人""常人""善良家父"等之类的标准进行判断。《合同编通则解释》第63条第1款将之具体化为"人民法院应当根据当事人订立合同的目的,综合考虑合同主体、合同内容、交易类型、交易习惯、磋商过程等因素,按照与违约方处于相同或者类似情况的民事主体在订立合同时预见到或者应当预见到的损失予以确定"。

(三) 与有过失规则

1. 概说

与有过失,也称过失相抵,或比较过失,日本民法称之为过失相杀,即受害人就损失的发生或扩大也有过失。与有过失规则,是指就损失的发生或扩大受害人也有过失的,法院可以减轻行为人所负的赔偿金额或免除其赔偿责任的规则。《民法典》第592条第2款关于"当事人一方违约造成对方损失,对方对损失的发生有过错的,可以减少相应的损失赔偿额"的规定,以及《合同编通则解释》第24条第2款和第63条第3款,《买卖合同解释》第22条的规定,都已经明确了与有过失规则。

与有过失规则是诚信原则的具体化。基于自己的过失造成损失,不可转嫁于他人,系当然自明之理。在合同法上,就债务人的违约与债权人的过失加以衡量,或者扩而广之,就双方当事人的行为和违约损失之间的原因力观察权衡,令他们各自承担相应的责任,最终表现为违约方的责任减轻或免除,体现出对损失后果予以公平分担,为诚信原则的当然要求。如果说完全赔偿原则是侧重于保护无辜的债权人的原则,那么,与有过失规则,就是在债权人有可非难之处时,对违约方加以适当保护的规则。

2. 与有过失的构成要件

(1) 债权人须有过失

债权人的行为虽然是损害发生的共同原因,如果他没有过失,仍不得减免债务人的责任。适用与有过失规则,一般说来,虽然不强调债权人的行为必须具有违法性,但仍然要求该行为在伦理上是不当的。于是,诸如正当防卫、紧急避险等阻却违法的行为,不适用与有过失规则。

此外,与有过失并不限于债权人的积极作为,消极的不作为也包括在内。

关于债权人过失的性质,学说不一。原来,民法上的"过失",在学说上向来有两种意义。其一为固有(或曰真正)意义的过失,系以违反法律义务为前提,就所生的损失须负损害赔偿责任。此种义务,有为不得侵害他人的一般义务,有为基于特别法律关系而发生的特别义务。其二为非固有(非真正)意义的过失,不以违反法律义务为前提,系行为人对自己利益的维护、照顾有所疏懈,故又称为对自己的过失(Verschulden gegen sich selbst),违反的是不真正义务(Obliegenheit)。① 与有过失中的所谓过失,就是对自己的过失。盖因受害人在法律上未负有不损害自己权益的义务,但其既因自己的疏懈酿成损失,与有责任,依诚信原则和公平原则,应依其程度忍受减免赔偿数额的不利益。②

应予说明的是,在与有过失的情况下,受害人所违反的,不论其究为法律义务还是非法律义务(如受伤后不及时治疗),就其承担与有责任而言,都构成非固有意义的过失。盖其所涉及的,不是侵害他人权益或违法问题,而是未尽自我注意,没有避免损失的发生或扩大。③

也有观点认为,与有过失的过失应包含固有意义的过失(又称"真正过失")和非固有意义的过失(又叫"不真正过失")。无论受害人对于损害的发生或扩大,是否因真正过失或不真正过失而具有原因力,加害人均得主张过失相抵。如此,始符合过失相抵原则所欲达成的损害公平分配的原则,至于受害人的故意行为,应当包括在内,更不待言。④ 这确有道理,值得赞同。

须强调的是,与有过失系属归责问题,不真正义务在功能上相对应于侵权行为或违约行为的违法性。受害人仅须就其责任范围承担减轻或免除损害赔偿的不利益。⑤ 与此有别,加藤一郎教授学说的基础,在于损害分配原理,而非归责原理。⑥ 过失概念,性质上系属客观的行为义务之违反,属于构成要件该当性或违法性的问题,而非有责性的问题。⑦

在与有过失的场合,受害人是否须有识别能力,学说存在分歧。通说谓受害人须有识别能力,始足成立与有过失,才承担减轻或免除损害赔偿的不利益。⑧ 所谓儿童的行为不得被

---

① Larenz, Schuldech I, S. 541;史尚宽:《债法总论》(第5版),荣泰印书馆股份有限公司1978年版,第295页;王泽鉴:《损害赔偿》,北京大学出版社2016年版,第302页。
② 王泽鉴:《损害赔偿》,北京大学出版社2016年版,第303页;〔德〕迪尔克·罗歇尔德斯:《德国债法总论》(第7版),沈小军、张金海译,沈小军校,中国人民大学出版社2014年版,第366页。
③ 王泽鉴:《损害赔偿》,北京大学出版社2016年版,第303页。
④ 〔日〕四宫和夫:《不法行为》,日本青林书院1985年版,第618页;陈聪富:《侵权违法性与损害赔偿》,元照出版公司2008年版,第258页。
⑤ 王泽鉴:《损害赔偿》,北京大学出版社2016年版,第303页。
⑥ 〔日〕桥本佳幸:《过失相抵法理的构造与射程(四)》,载《法学论丛》第137卷第6号(1996年),第4—5页。
⑦ 〔日〕前田达明:《民法V12·不法行为法》,日本青林书院1980年版,第45—46页,第361—362页。
⑧ 王泽鉴:《损害赔偿》,北京大学出版社2016年版,第304页。

视为与有过失也。① 有观点在这方面稍有不同:因过失相抵必须存在受害人"具有过失的行为",因而必须具有自己行为的支配能力,始属相当,此即所谓的"事理辨识能力"。②

也有观点主张不要求受害人具有识别能力,但理据不一。其中,有的认为,法律所以规定行为人须有识别能力,是因为对不能正常辨别是非利害之人应予特别保护,不责其承担法律责任。与此不同,与有过失规则并非使与有过失之人赔偿他人所受的损失,而是令其就自己行为的结果负责,不得将自己的行为所产生的损失转嫁于他人身上。无识别能力之人原则上虽不必就其所加于他人的损失负责,然自公平的观念而论,实难谓其无须承担因自己行为对自己法益所造成的损失。③

判定受害人识别能力有无的标准,表见上应以受害人是行为能力人抑或限制行为能力人为准。受害人系无行为能力之人的,其无识别能力。受害人系限制行为能力之人的,表见上有识别能力,但不完全。完全行为能力之人在表见上应有识别能力。受害人虽为无行为能力人或限制行为能力人,但对于行为的发生或扩大可认定为有识别能力的,仍有与有过失规则的适用。反之,受害人虽为完全行为能力之人,但于其无意识或精神错乱中致助成损失的发生或扩大的,则无与有过失规则的适用。当然,此两者情况有赖举证证明之。④ 与之相近的观点认为,与有过失应采善良管理人的注意义务,未成年人则依其年龄就个案而为认定。⑤

适用与有过失规则,不是行为人的过失与受害人的过失相互抵销,而是将二者相互比较,以定责任的有无以及责任范围。⑥ 同加害人的过失进行比较的通常是受害人的过失,如今更强调将当事人的过失或其他可归责的事由依客观化、定型化的标准进行比较,以分配损失、确定责任⑦,固无疑问。成为问题的是,受害人之外的他人与有过失场合能否适用与有过失规则?《民法典》第592条第2款关于"当事人一方违约造成对方损失,对方对损失的发生有过错的,可以减少相应的损失赔偿额"的规定,将与有过失规则限定于受害人的过错固然有其道理,它体现了在过错责任主义下行为人仅对自己的行为负责的基本思想,但是,如果绝对贯彻此种思想,实践上则难免有失公平之处。与有过失制度的目的,在于公平妥当地确定损害赔偿额,各国的立法、判例与学说现在一致的倾向是,对受害人以外之人的过失有条件地作为受害人一侧的过失,弹性地加以斟酌解释,构成与有过失。因此,在若干特殊情形,宜权衡当事人的利益状态,将第三人的过失视为受害人自己的过失,使受害人就第三人的与有过失负责,为学说上的通常见解,称"受害人侧的过失"。⑧ 受害人侧的过失可类型化为如下几种:A. 法定代理人与使用人与有过失;B. 直接受害人与有过失;C. 受害人和第三人共同地与有过失。

---

① 何孝元:《损害赔偿之研究》,商务印书馆1970年版,第55页;〔德〕迪特尔·梅迪库斯:《德国债法总论》,杜景林、卢谌译,法律出版社2004年版,第516页。
② 〔日〕前田达明:《民法Ⅴ12·不法行为法》,日本青林书院1980年版,第45—46页,第210—212页。
③ 王泽鉴:《民法学说与判例研究》(第1册),北京大学出版社2009年版,第202页。
④ 曾世雄:《损害赔偿法原理》,中国政法大学出版社2001年版,第265页。
⑤ 王泽鉴:《损害赔偿》,北京大学出版社2016年版,第304页。
⑥ 史尚宽:《债法总论》(第5版),荣泰书局股份有限公司1978年版,第292页;何孝元:《损害赔偿之研究》,商务印书馆1970年版,第47页;曾隆兴:《现代损害赔偿法论》,台湾1988年自版,第260页。
⑦ 朱卫国:《过失相抵论》,载梁慧星主编:《民商法论丛》(第4卷),法律出版社1996年版,第401页。
⑧ 韩世远:《合同法总论》,法律出版社2004年版,第745页。

(2) 债权人的行为须助成损失的发生或扩大

所谓助成，是指债权人的过失行为须是损失发生或扩大的共同原因，至于哪个在先，哪个在后，抑或同时存在，则在所非问。举例来说，尽管债权人存有过失，在其过失对违约损害的发生未予任何影响的场合，他仍得请求全额的损害赔偿。相反，如果债权人的过失是违约损失的唯一的原因，由于债务人的行为和损失结果之间欠缺因果关系，并不发生赔偿责任。① 所谓受害人与有过失，应包括助成损失原因事实的成立在内，并非仅以损失本身的发生或者扩大为限。②

3. 与有过失规则的适用范围

关于与有过失规则的适用范围，立法及学说均存在着分歧。大陆法系认为，与有过失规则适用于侵权损害赔偿和债务不履行损害赔偿场合，有的学说认为，它还适用于其他依法律规定发生损害赔偿的场合。而英美法系则明确地表示与有过失规则仅仅适用于侵权行为案件，"与有过失在合同诉讼中的地位并不完全清楚。问题之一是合同责任通常为无过错责任。如果被告没有过错，他的疏忽就不能同原告的加以比较"③。中国的民法学说倾向于大陆法系的理论。与有过失规则适用于过错责任领域，对此没有异议；在中国，对于在加害人负无过错责任、过错推定责任场合是否可以适用与有过失规则，尚不明确，不过在一些法院的判决中，可以看出在这些场合对与有过失规则的适用。④ 惟应注意的是，在这些场合，用以比较的不再是过错的大小，而是原因力的强弱。

应予指出，在货物运输的承运人责任场合等，受害人的过错系承运人的免责事由，而不适用与有过失的一般规则。

4. 与有过失规则的效果

与有过失规则的效果，在罗马法是完全免除责任。罗马法学家庞波尼乌斯提出，"因自己过失受害，不视为受害"。这一"庞氏法则"决定了"全有或全无"的法律后果。⑤ 在普通法系，于相当长的时期，也有与"庞氏罚则"相类似的规则，即，在一些案件中，受害人就其损害也有过失的，依据与有过失规则，他全部丧失请求损害赔偿的权利；而在另外一些案件中，受害人就损害所具有的过失，则忽略不计，他可以获得全部赔偿。后来，对原告和被告对损害的发生均有过失的案件，在许多普通法适用地区（COMMON LAW jurisdictions），若干制定法（legislations）已经修正了与有过失规则的效力，使得法院在适用该项规则时采取恰如其分地减轻赔偿数额的态度。这诱发了与有过失规则和修正的制定法是否适用于合同案件的讨论。如今，答案似乎是肯定的，该项规则既可适用于侵权案件，也可以适用于合同案件。⑥

法院对债务人的过失与债权人的过失或其他原因力进行比较衡量，在债权人的过失或其他原因力过大时，既可以使债务人免责，也可以减轻债务人的赔偿额。另外，与有过失具

---

① 参见〔日〕椿寿夫、右近健男：《德国债权法总论》，日本评论社1988年版，第64页。
② 韩世远：《合同法总论》，法律出版社2004年版，第747页。
③ Cheshire, Fifoot & Furmston's Law of Contract, Butterworths, 603 (11th ed., 1986).
④ "何荣诉上海联合水暖卫生洁具公司等单位的产品致人死亡损害赔偿案"，载最高人民法院中国应用法学研究所编：《人民法院案例选》（总第1辑），人民法院出版社1992年版，第50页以下；"董景春诉四平专用汽车物资经销公司产品缺陷与不当使用行为竞合双方分担责任案"，载最高人民法院中国应用法学研究所编：《人民法院案例选》（总第18辑），人民法院出版社1996年版，第58页以下。
⑤ 参见李仁真、廖博宇：《侵权法视角下混合过错同与有过失的概念辨析》，载《北方法学》2018年第6期。
⑥ E.g. in England under the Law Reform (Contributory Negligence) Act, 1945; Guenter H. Treitel, *Remedies for Breach of Contract*(*Courses of Action Open to a Party Aggrieved*), International Encyclopedia of Comparative Law(Chapter 16), Mouton, The Hague, and J. C. B. Mohr(Paul Siebeck), Tübingen, 81-82(1976).

备要件时,法院得不待当事人主张,以职权减轻或免除赔偿额。因为基于与有过失的责任减轻或免除,非为抗辩,而为请求权一部或全部的消灭,所以裁判上可依职权加以斟酌。债务人可就此提起确认之诉。也有主张抗辩说的。①

法院对于赔偿金额减轻至什么程度,甚至于完全免除责任,虽有自由裁量权,但仍然有个斟酌的标准问题。② 关于该标准,约有三说。第一说主张应比较双方原因力的强弱加以决定,比如《德国民法典》(旧债法)第254条第1款即以原因力为主,以其他情事为辅。第二说主张应以比较双方过失的强弱加以决定,德国普通法即采此见解。第三说主张比较双方原因力的强弱及过失程度,"第一应比较双方过失之轻重(危险大者所要求之注意力亦大,故衡量过失之轻重,应置重于其所需注意之程度),是以故意重于过失,重大过失重于轻过失。其过失相同者,除有发生所谓因果关系中断之情事外,比较其原因力之强弱以定之。过失相同,原因力亦相同者,其损害各半负担"③。

关于责任的免除,法院也不得完全自由裁量,应有如下限制、标准:(1)违约方为故意或重大过失时,法院仅减轻责任,而不得免除责任。(2)受害人为故意或重大过失时,法院方可免除违约方的责任。④

与有过失的要件具备时,裁判者可以不待当事人为主张,依职权减轻赔偿金额或免除责任。因为与有过失并非抗辩权,而为请求权全部或一部的消灭,债务人就此得提起确认之诉。所以,裁判者得依职权斟酌之。唯如受害人是否与有过失存在争执时,加害人负有举证证明责任。⑤

(四)减轻损失规则

1. 减轻损失规则的由来及法律表现

减轻损失规则最先是从英国普通法上发展出来的。在美国,《合同法重述》(第2版)第350条设置了该项规则。在英美法上,减轻损失规则虽系由合同法发展出来的,然其适用并不局限于合同,对于侵权行为亦有其适用。

在中国,《民法典》第591条第1款关于"当事人一方违约后,对方应当采取适当措施防止损失的扩大;没有采取适当措施致使损失扩大的,不得就扩大的损失请求赔偿"的规定,以及《合同编通则解释》第63条第3款的规定,都是对减轻损失规则的承认。

2. 减轻损失规则的三种见解

(1)原告对其应当避免的损失不得获得赔偿。在这个范围内,减轻损失(mitigation)常常看作原告所负减轻损失的"义务"(the duty to mitigate damages)。⑥ 不过,这种表述已经受到批评:"'义务'一词的使用自然是不严格的,因为原告不可能对他自己负有义务,他当然也不对被告负有义务。"⑦ 范斯沃思(Farnsworth)教授指出:"有人说在这类案件中受害方有一种'义务'去采取合理措施减轻损失,但这易于误导,因为受害方不采取这类措施并不就此

---

① 王泽鉴:《损害赔偿》,北京大学出版社2016年版,第300页。
② 曾隆兴:《现代损害赔偿法论》,台湾1988年自版,第567页。
③ 史尚宽:《债法总论》(第5版),荣泰印书馆股份有限公司1978年版,第297页;曾世雄:《损害赔偿法原理》,中国政法大学出版社2001年版,第269页;崔建远:《合同责任研究》,吉林大学出版社1992年版,第217页。
④ 同上;何孝元:《损害赔偿之研究》,商务印书馆1970年版,第53—54页。
⑤ 曾隆兴:《现代损害赔偿法论》,台湾1988年自版,第567页。
⑥ Guenter H. Treitel, Remedies for Breach of Contract (Courses of Action Open to a Party Aggrieved), *International Encyclopedia of Comparative Law* (Chapter 16), Mouton, The Hague, and J. C. B. Mohr (Paul Siebeck), Tübingen, 75 (1976).
⑦ F. H. Lawson, *Remedies of English Law*, Second Edition, Butterworths, 67 (1980).

对违约方负任何责任。只是受害方若采取了这类措施即可以避免损失却未采取的,就不得就此类损失获得赔偿。"① 尽管如此,"减损义务"仍成为广为使用的习惯用语,它可以"作为一个便利的(尽管不准确)速记符号来描述依据减损原则违约受害人所应有的行为"②。如果说继续沿用"减损义务"这一习惯用语还可以接受,那么这种义务充其量只不过是一种强度较弱的义务,属于"不真正义务"(Obliegenheit)。对于这种不真正义务,相对人通常不得请求履行,对其违反一般认为并不发生强制执行或赔偿损失的后果,只是发生义务人权利或利益的减损或丧失。③

(2)如果原告因被告违约而获得了利益,那么,在计算违约所致损失时必须将该项利益考虑在内,要减轻被告的损害赔偿数额。因为作为被告违约的结果,原告的债务已不再履行,这样,便节约了履行费用;由于被告违约,原告能够取得另外的利益。这种意义上的减轻损失,并非原告是否有义务减轻其损失,而是他在事实上是否减轻了损失。④

在普通法系,上述两种含义均属减轻损失概念的内涵,但在德国法则被精细地区分,第一种意义上的减轻损失,被冠名为 Mitverschulden,意指双方当事人均有过失,属于与有过失规则或曰过失相抵规则的范畴;第二种意义上的减轻损失,名为 Vorteilsausgleichung,属于损益相抵规则的内容。⑤

(3)第三种见解牵涉的减轻损失,在普通法系叫作与有过失(contributory negligence),在德国法上叫作 Mitverschulden,在法国法上名叫 victim。在后两个立法例上,都指双方当事人均有过失的情形,属于与有过失规则或曰过失相抵规则的范畴。⑥

第二种见解下的减轻损失,在中国现行法及其理论上,也作为损益相抵规则看待,将在下文讨论,此处不赘。第三种见解牵涉的减轻损失,按照中国民法学界的多数说,也叫与有过失或过失相抵,《民法典》第 592 条第 1 款规定的"双方违约"为其特殊表现。因其为独立于与有过失规则的限制损害赔偿范围的规则,故本部分亦不叙述。第一种见解下的减轻损失规则,被规定在《民法典》第 591 条,也就是说,在中国法上,减轻损失规则是狭义的。以下所论就是这种狭义的减轻损失规则。

显然,减损规则直接影响到受害人可获得的损害赔偿的范围。该规则的适用核心就是,要看受害人是否合理地作为或不作为了,换言之,减轻损失规则适用的关键在于判断受害人行为的"合理性"上。《民法典》第 591 条第 1 款规定为"采取适当措施",此类"适当措施"或"合理措施"均属不确定概念,其内涵不确定,外延是开放的,需要根据当事人双方提供的证据作出事实认定⑦;值得提及的是,对这种适当的要求不宜太高,毕竟始作俑者是违约方,其违约行为已使债权人处于不同程度的困难境地。因此,只要债权人采取了一些看来适当与否可解释得过去的救济行动,对减轻损失的选择不要求花费太多的时间和精力,不得以"事

---

① E. Allan Farnsworth, *Farnsworth on Contracts*, Vol. III, Little, Brown and Company, 220(1990).
② Edward Yorio, *Contract Enforcement: Specific Performance and Injunctions*, Little, Brown and Company, 175(1989).
③ 韩世远:《合同法总论》,法律出版社 2004 年版,第 753 页;杨良宜:《损失赔偿与救济》,法律出版社 2013 年版,第 311 页。
④ Guenter H. Treitel, Remedies for Breach of Contract(Courses of Action Open to a Party Aggrieved), *International Encyclopedia of Comparative Law*(Chapter 16), Mouton, The Hague, and J. C. B. Mohr(Paul Siebeck), Tübingen, 75, 79-80(1976).
⑤ Ibid.
⑥ Ibid, at 76.
⑦ 杨良宜:《损失赔偿与救济》,法律出版社 2013 年版,第 315 页。

后诸葛亮"的眼光来认定,不要求采取向第三人起诉或申请仲裁的方式,不要求对第三人放弃权利,不要求损害他人的名誉或影响商业关系,就可获得全部赔偿。① 至于是否需要将选择措施之事预先通知违约方,主流观点主张,虽然通知并非"坏事",但这充其量只是看整个行为是否合理的其中一个因素,而且不一定是重要因素。但也有先例认为,债权人在采取减轻损失的措施时不预先通知违约方,是一种不合理的做法。②

采取减轻损失的措施会产生费用,只要支出是合理的,债权人就可以请求违约方予以赔偿。甚至在减轻损失的过程中发生了额外的损失、无意地扩大了损失,仍不让有过错的违约方逃避赔偿责任。③

3. 减轻损失义务的来源

减轻损失义务,大多源于法律的直接规定,有的可能基于当事人的约定。属于后者的,也可能是对法定的减轻损失义务进一步明确其限度、范围。例如,某《经销协议》第18.2条约定:"对不可抗力事件的救济,须以在合理范围可行为限度,在合理范围内尽快恢复义务的履行。不得要求一方违反其意愿解决任何劳动争议,不得要求其检验或不让其检验任何法律、命令、规则或义务的效力。"

4. 减轻损失义务的内容

减轻损失义务包含两方面的内容:第一,原告有义务采取积极措施(positive steps)将被告违约所致损失降至最低范围;第二,在被告适当履行合同的情况下,原告为某些行为是适当的,但在被告已经违约的场合,原告倘若再实施这些行为,就会不公正地扩大违约造成的损失(unjustifiably augment the loss)。有鉴于此,在被告违约的情况下,原告有义务不为这些行为。④ 可见,减轻损失义务包含着作为义务和不作为义务两大类。

所谓原告有义务采取积极措施,是以依据客观标准和公平正义来判断,原告确有能力采取积极措施为前提的,若不具备该种前提,则不应认定原告负有减轻损失的义务。例如,在演唱、绘画、技术咨询或服务等行为之债中,原告不具备实施相应行为的能力,遇有被告拒不履行等违约行为发生的,就应认定原告不负减轻损失的义务。再如,在专用设备的买卖合同的情况下,出卖人(制造人)拒不制造、拒不交货时,买受人因不具有制造专用设备的能力而不负减轻损失的义务。还如,减轻损失需要具备对冲等特种交易知识和能力,守约方恰不熟悉此类特种交易的,也不成立减轻损失的义务。

5. 减损规则和与有过失规则之间的关系

(1)根据与有过失规则,债权人就引起损失的事件部分地承担责任,而依据减轻损失规则,债权人仅仅就其未采取积极措施以避免被告违约导致的损失承受后果。⑤ (2)减轻损失规则中,债权人没有采取适当措施,违反的是不真正义务;而与有过失规则中的债权人的过失,虽然不要求是具有责任能力的债权人具有如同侵权行为人那样的过失,但有些是真正义务的违反。(3)减轻损失规则中,债权人违反的是法定义务;而与有过失规则中,债权人违反的义务,有些是约定的义务。(4)减轻损失规则中的债权人的过失,必定发生于债务人违

---

① 杨良宜:《损失赔偿与救济》,法律出版社2013年版,第317—326页。
② The "Asia Star" (2010) 2 Lloyd's Rep 12;杨良宜:《损失赔偿与救济》,法律出版社2013年版,第327页。
③ 同上书,第341—342页。
④ Guenter H. Treitel, Remedies for Breach of Contract (Courses of Action Open to a Party Aggrieved), *International Encyclopedia of Comparative Law* (Chapter 16), Mouton, The Hague, and J. C. B. Mohr (Paul Siebeck), Tübingen, 76 (1976).
⑤ Ibid.

约之后;而与有过失规则中的债权人的过失,既可以发生在债务人违约之后,也可以发生在债务人违约之前。"在区别与有过失和减轻损失时,记住下面一条是会有帮助的,即原告的减损义务的产生系后于违约而且后于原告意识到被告的不法行为已造成了损失;原告的与有过失的发生系先于或同于损失的发生。关键的区分事实是时间。"① 例如,某汽车买卖合同约定,交车地点另行约定,买受人甲公司先提出意见,出卖人乙公司再核实确定。买受人甲公司的营业地是济宁,交车地点亦应是济宁,但它告知出卖人乙公司的却是集宁,出卖人乙公司本应依约核实而未核实,将车托运到了集宁。这应当属于出卖人乙公司与有过失,不适用减轻损失规则。

6. 减轻损失的措施

减轻损失的措施可以类型化为以下四种:(1) 停止履行(stop to performance)。一旦一方当事人有理由地知道对方的对待给付将不会被提供,通常就应当停止履行,避免进一步的支出。根据《美国统一商法典》的规定,一个销售自己制造的货物的出卖人,可以停止制造并且通过转卖而取得残余价值或废品价值,其请求的赔偿额可以包括所失利润(第 2-704 条第 2 款、第 2-708 条第 2 款)。但是,受害人如果可以合理地期待违约方履行,比如,违约方于其违约时仍然表示嗣后会履行,那么受害人可以继续履行其债务。② (2) 替代安排(make the subisititute contract)。这通过守约方与第三人之间的交易行为来实现。关于通过替代性交易而"避免的损失",债权人通常不仅应当停止履行以避免支出,而且应当采取合理的积极措施来安排适当的替代性交易以避免损失。③ 受害人是受领人时,他常常可以从市场上获得适当的替代性安排。比如,出卖人没有交付货物,买受人可以替代性购买货物来代替出卖人原本应当交付的货物。如果买受人本可以采取适当措施来达成替代性购买,却没有这么做,那么本可避免的损失要从对买受人的赔偿额中扣除(《美国统一商法典》第 2-715 条)。或者,如果受雇人离职,雇主可以另找一个适宜的受雇人来代替。如果雇主本可以采取适当的措施找到替代之人,却没有这么做,那么它本可避免的损失应从其应获得的赔偿额中扣除。类似地,如果受害人是供应方,他常常可以将原本应当根据合同提供的给付在市场上处理。比如,一个被解雇的受雇人常常可以找到另一份适当的工作作为替代。如果他怠于这么做,他可以避免的损失要从其应得的赔偿额中扣除。④ 当然,也有相反的判例。⑤ 替代性安排的时间为,受害人应当在知道违约方不会履行合同后立即开始行动(参见《美国统一商法典》第 2-712 条第 1 款、第 1-713 条之评注第 1 条)。如果在迟延期间发生了有利的市场变化,则由买受人享受其利益,因此,如果买受人不合理地迟延购买替代性货物,则他可以获得的赔偿额应当根据他原本应当进行替代性购买时的、可用于替代的货物的市场价格来计算,即使在迟延期间市场价格下跌并使得买价可以低于该价格。⑥ (3) 守约方与违约方再协商。这可

---

① Harvin D. Pitch, *Damages for Breach of Contract*, Toronto, Canada:The Carswell Company Limited, 150(1985).
② 〔美〕E. 艾伦·范斯沃思:《美国合同法》(原书第 3 版),葛云松、丁春艳译,中国政法大学出版社 2004 年版,第 802 页。
③ 应当注意,并非总是应当进行替代性购买。参见 Leinenger v. Sola,314 N. W. 2d 39(N. D. 1981)("把未曾交配的母牛留下来,然后购买一头公牛与之交配,这样做比起把这些母牛卖掉宰杀之用,然后购买合同约定的已经怀孕并且临近分娩期的母牛,要便宜得多")。见〔美〕E. 艾伦·范斯沃思:《美国合同法》(原书第 3 版),葛云松、丁春艳译,中国政法大学出版社 2004 年版,第 803 页。
④ 〔美〕E. 艾伦·范斯沃思:《美国合同法》(原书第 3 版),葛云松、丁春艳译,中国政法大学出版社 2004 年版,第 803 页。
⑤ Gandall v. Pontigny, 171 Eng. Rep. 119(K. B. 1816);〔美〕E. 艾伦·范斯沃思:《美国合同法》(原书第 3 版),葛云松、丁春艳译,中国政法大学出版社 2004 年版,第 803 页。
⑥ 〔美〕E. 艾伦·范斯沃思:《美国合同法》(原书第 3 版),葛云松、丁春艳译,中国政法大学出版社 2004 年版,第 804 页。

有若干表现形式,其中之一是重述原合同(reinstate original contract),但会对原合同的条文作些修改,即变更合同(contract be modified);其中之二是订立一新合同来替代原合同以求较为理想的结果,这要经过要约、承诺的程序。① 如果此处所谓要约由违约方发出,且为减轻损失的有效措施,那么,债权人不合理地拒绝之,就属于没有合理地减轻损失的行为,这在日后的违约损害赔偿数额方面会受到限制。一些个人服务合同因涉及个人尊严和感受,在判断违约方应否接受债权人为减轻损失而发出新要约时应该考虑这些因素。如果一个雇员被雇主当众斥责为"内鬼""窃贼"后遭到不当解雇,之后雇主又提出聘回他,那么,该雇员拒绝受聘,就是合理的。此外,如果要求此类雇员在重新受聘时放弃向雇主追究此前其不合理解雇的责任,那么,该雇员不接受新要约具有正当性。与此有别,依法律视野,商事合同不应涉及感情因素或个人尊严。如果债权人没有一个说得过去的理由就拒绝违约方的新要约,就会有危险。但这并非是说新要约可以漫天要价,相反,新要约的条件必须合理,如新要约不得要求债权人放弃对违约行为所致损失的索赔。再如,在交付的货物存在瑕疵的违约案件中,出卖人要求买受人接受减价作为和解,就是要求买受人放弃其索赔权。但是,如果非因货物质量问题导致的合同终止,那么,出卖人要求买受人接受减价作为和解,就没有要求买受人放弃任何权利。② 债权人发出新要约、与违约方订立新合同被视为减轻损失的合理措施,由此带来的损失被视为原来的违约行为造成损失的组成部分,由违约方予以赔偿。③ (4)继续履行(continuing with performance)。减轻损失规则通常要求债权人在债务人违约之后停止工作以避免进一步的花费,但这并不排除在有些场合继续履行可以作为比较合适的减损措施。在有些情况下以实际履行作为减损措施是完全可行且合情合理的,设想在买卖海鲜合同中出卖人所交货物与合同有违,买受人固然有权要求退货,但由于海鲜属于易腐烂货物,此时依据减轻损失规则,买受人就应该继续履行合同,将海鲜接收并以适当价格在市场上卖掉,然后再向出卖人请求损害赔偿。④

7. 减轻损失与举证证明责任

违约方若认为债权人未采取适当的减轻损失措施,应负举证证明责任。⑤

(五)损益相抵规则

1. 损益相抵规则概述

损益相抵,又称损益同销,是指权利人基于损害发生的同一赔偿原因获得利益时,应将所受利益由所受损害中扣除,以确定损害赔偿范围的规则。损益相抵规则具有普遍的适用性,因而,这里所说的"同一赔偿原因",可以是侵权行为、违约行为、其他债务不履行行为,以及其他法律规定的原因。《买卖合同解释》第 23 条承认了违约责任领域的损益相抵规则:"买卖合同当事人一方因对方违约而获有利益,违约方主张从损失赔偿额中扣除该部分利益的,人民法院应予支持。"《合同编通则解释》第 63 条第 3 款更是确立了普适性的损益相抵规则。在这里,只讨论违约责任中的损益相抵问题。

损益相抵,属于赔偿责任的范围确定问题,而不是两个债权的相互抵销,因此不适用债的抵销规则,有着自己独特的法则。损益相抵,是确定受害人因相对人违约而遭受的"净损

---

① 杨良宜:《损失赔偿与救济》,法律出版社 2013 年版,第 330—331 页。
② 同上书,第 330—333 页。
③ 同上书,第 342 页。
④ 韩世远:《违约损害赔偿研究》,法律出版社 1999 年版,第 395 页。
⑤ 参见杨良宜:《损失赔偿与救济》,法律出版社 2013 年版,第 341—342 页。

失"的规则,是计算债权人所受"真实损失"的法则,而不是减轻违约方本应承担的责任的制度。

2. 损益相抵的法理依据

关于损益相抵规则的法理依据,存在着两种学说,一为利益说,一为禁止得利说。

第一说基于损害差额说(利益说)确认损益相抵规则,认为损害即受害人对于损害事故所感受的利害关系,亦即他对损害事故的利益,而利益的计算则以受害人在事故发生前后的财产差额为准。损害事故发生后,受害人的财产究竟剩下多少,其计算应将受害人所受损害与所得利益全部计列相抵始可求得。如此,受害人因同一原因受有利益者,该利益应予列入。①

第二说基于禁止得利的思想,认为损害赔偿旨在填补损害,故赔偿应与损害的大小相一致,不可少亦不能多,受害人不得因损害赔偿较损害事故发生前更为优越。因而,凡因同一损害原因受有损害并受有利益者,则所谓损害仅存在于损害与利益二者间的差额。利益大于或者等于损害时,即无损害可言;利益小于损害时,计算损害应扣除利益额。② 换言之,损害赔偿制度的目的,虽在于排除损害,回复损害发生前的同一状态,然非使受害人因而获得不当得利,故若受害人因发生损害赔偿义务的原因事实,受有损害,同时受有利益时,即应由损害额中扣除利益额,以其余额为赔偿额。③

上述两说各有所据,在个案中可能不是互相排斥的,而是可以互补的,中国法可以根据具体情况予以借鉴。例如,在适用惩罚性赔偿的领域,受害人获得的损害赔偿额大于实际损失,时常无需减扣利益,如此,以第二说作为损益相抵规则的法理依据,不尽合适。

3. 损益相抵规则的构成要件

损益相抵规则的要件应包括:违约损害赔偿成立、债权人受有利益以及损害事实与利益之间存在因果关系三点。对于因果关系,德国判例学说让相当因果关系唱主角,辅之以规范意旨说或曰规范目的说。④ 英美普通法在这点上的一个基本的原则是,受害人所获得的利益,仅当如未曾发生违约即不可能获得此利益时,始于计算损害赔偿时加以扣除。⑤ 因而,关键之所在仍为事实上的因果关系。

在中国法上,适用损益相抵规则也要求利益与违约行为之间有因果关系,并且采纳相当因果关系与规范目的相结合的方法。

4. 应予扣除的利益

损益相抵应依因果关系结合法律评价加以认定,不宜采用"原则—例外"的思考方法,即不宜认定原则上应予相抵(或不得相抵),而于例外情形得予相抵(或应予相抵)。应予扣除的利益种类繁多,情况复杂,在方法上应当分别各种类型,就所受利益的种类和来源加以判断。⑥

---

① F. Mommsen, Zur Lehre von dem Interesse,(1855)S. 219; Oertmann, Vorteilsausgleichung, S. 59. 转引自曾世雄:《损害赔偿法原理》,中国政法大学出版社2001年版,第237页。
② 参见曾世雄:《损害赔偿法原理》,中国政法大学出版社2001年版,第238页。
③ 王泽鉴:《损害赔偿》,北京大学出版社2016年版,第278页。
④ BGHZ8,32510,107 RGRK,BGB § 249-255;Soergel-Sieberk-Schmidt, BGB § 249-253;曾世雄:《损害赔偿法原理》,中国政法大学出版社2001年版,第244页;王泽鉴:《损害赔偿》,北京大学出版社2016年版,第280—281页。
⑤ G. H. Treitel, *Remedies for Breach of Contract: A Comparative Account*, New York: Clarendon Press Oxford, 185 (1988).
⑥ 较为详细的论述,请见崔建远:《论损益相抵规则》,载《法学杂志》2022年第6期。

四、赔偿损失的计算

(一) 概述

赔偿损失的计算既是个事实问题,又是个法律问题。说它是事实问题,是因为违约等造成损失如何,本质上为一种事实;称其为法律问题,是因为探讨这一事实,必须借助法律方法。计算大小,虽然尽量与数学原则相符合,但在特别情况下为顾及利益衡量等因素,并无绝对与数学原则相一致的必要,有时也无法遵循数学原则。

赔偿损失的目的在于填补受害人所遭受的损害,为达此目的,赔偿损失的计算就应由损害的性质决定。损害的性质不同,赔偿损失的计算方法也会表现出不同。在侵权行为造成损害场合,赔偿损失的计算多采用具体的计算方法(concrete method of quantifying the loss);而在违约行为造成损害的场合,赔偿损失的计算在不同的法系会表现出不同的特征,大陆法系以德国法为代表,崇尚具体的计算方法,而英国法上则多采抽象的计算方法(abstract method of quantifying the loss)。

(二) 赔偿损失的计算方法

赔偿损失的计算方法分为具体的计算方法和抽象的计算方法,又可称为主观的计算方法和客观的计算方法。计算损害时,如仅斟酌普通因素,其计算方法称为抽象的计算方法,或曰客观的计算方法;如兼而斟酌普通因素及特别因素,其计算方法称为具体的计算方法,或曰主观的计算方法。此处所谓普通因素,又叫客观因素,是指某类损害共通存在的因素,不因受害人的不同而有差别。所谓特别因素,又称主观因素,是指因受害人的不同而会存在差异的因素。最为常见者为受害人与第三人的关系。如出卖人违约不为给付,买受人与第三人订立的买卖合同因而不能履行,致使损害扩大。因后一个买卖合同是否存在因买受人而不同,故为特别因素。此外,受害人的经济状况或社会地位、受害人智力上或身体上的特征,都属于特别因素。[①] 主观的计算方法旨在恢复债权人实际遭受的全部损失,它着眼于具体的实际情况,也就是以合同未违反情况下债权人所应得到的全部利益为其损害额。客观的计算方法并不注重债权人的特定损失,但却要给他一种相对客观和普适性的合理赔偿。

《合同编通则解释》第60条第2款前段关于"非违约方依法行使合同解除权并实施了替代交易,主张按照替代交易价格与合同价格的差额确定合同履行后可以获得的利益的,人民法院依法予以支持"的规定,略去了合同标的物在不同人之手、用在不同的场合会有不同的利益的增或减,忽略了不同的当事人利用合同及其履行结果时会因其能力、利用手段的差异、外界环境的不同而导致不尽相同的利益结果,而是千篇一律地对比替代交易价格与合同价格之差,来确定履行利益的损害赔偿。这符合客观的计算方法的构成、特征,因为客观的计算方法在计算损失数额时,仅仅斟酌普通因素(客观因素),忽略特别因素(主观因素),即忽略受害人的个人环境因素。该种方法并不注重受害人的实实在在的客观损失,而是按照法律认可的、符合公平理念确定的计算损失的公式演算出损失数额,法律准予合理的赔偿。在债权人不愿意公开其内部核算情况与特殊业务联系,而是据其事务中可能发生的设想过

[①] 曾世雄:《损害赔偿法原理》,中国政法大学出版社2001年版,第162页以下。

程(Abläufe)计算因债务人违约所致损失数额的场合[①],在缺乏充分、确凿的证据证明债权人的期待利益,且期待利益的数额低于信赖利益的数额等情况下,需要采取抽象的计算方法。通过对照、比较,可以说《合同编通则解释》第 60 条第 2 款前段、第 61 条第 1 款和第 2 款都在违约损害赔偿额的确定方面采取了抽象的计算方法。

所谓采取客观的计算方法时法律准予合理的赔偿,换个表述,替代交易价格明显偏离替代交易发生时当地的市场价格的,违约方有权主张按照市场价格与合同价格的差额确定合同履行后可以获得的利益(《合同编通则解释》第 60 条第 2 款后段)。

替代交易,可以是守约方已经实际实施的,也可以是守约方于未来合适期间应该实施的。《合同编通则解释》第 60 条第 2 款示例了前者,该条第 3 款示例了后者。

客观的计算方法被采用,要以存在市场为前提。在无市场的情况下,只得采取主观的计算方法。此其一。一般地说,合同约定价格与市场价格之差,在数额上少于采取主观的计算方法所可得到的数额。此其二。

采取主观的计算方法确定期待利益的损害赔偿额会呈现个性化,示例如下:(1)"独一无二"(unique)之物难有市场,计算此类物被损害的损失应当计算它被侵害之时的"实际价值"(actual value)。[②] (2)如果违约的出卖人拒绝交付货物过迟,导致可供买卖的市场欠缺,根本找不到符合要求的替代货物,那么,此种违约损害赔偿也要按买受人的实际损失确定。[③] (3)货不符合约定的规格、型号等,后来才被发现,此时到市场购入替代物的时机已经消失。如果买受人对此没有过错(如已经及时验收货物),则按实际损失确定赔偿数额。[④] (4)特定物或买受人的分销/转售合同与被违反的合同约定的交货日期相一致,导致没有可供买卖的市场的货物的,应按实际损失确定损害赔偿。[⑤]

虽然抽象的计算方法代表着未来违约损害赔偿计算的趋势,但具体的计算方法仍有存在的余地。例如,在不存在市场价格或当事人愿意选择它的情况下,仍应按具体的计算方法确定损失赔偿额。加上具体的计算方法最能起到保护债权人的作用,确有其存在价值。

(三) 赔偿损失计算的标准时点

损害赔偿问题最终是原告(债权人、受害人)能够取得多少损害赔偿金的问题,现实地发生的损害必须进行金钱的换算(金钱评价)。损害表现为直接的金钱支出或金钱的丧失场合,尚不成问题,由给付或给付标的物的丧失构成损害(损害事实)时,为了具体地算定损害额,则必须对给付或给付标的物的丧失进行金钱评价。这时除了依什么标准衡量的问题外,应依什么时点的价格为标准进行金钱评价,便是问题之所在。[⑥] 换言之,从损害原因发生时起,经由诉讼提起、审理而至判决时止,因有社会经济状况、物价、货币价值的变动,发生损害等的扩大或缩小,至口头辩论终结时,应对诸此事情加以考虑,对为实现如合同不履行、侵权

---

① Erman/H. P. Westermann(2004),§ 281, Rn. 30.
② Times Newspapers Ltd v. George Weidenfeld &Nicolson Ltd(2002)FSR463;杨良宜:《损失赔偿与救济》,法律出版社 2013 年版,第 865 页。
③ Contigroup Companies, Inc. v. Glencore A. G. (2005)1 Lloyd's Rep. 241;Coastal(Bermuda) v. VTT(1994)2 Lloyd's Rep. 629;The "Ⅰle Aux Moines" (1974)2 Lloyd's Rep. 502;杨良宜:《损失赔偿与救济》,法律出版社 2013 年版,第 865—869 页。
④ "Bence" Graphics International Ltd v. Fasson U. K. Ltd(C. A.)(1998)QB 87(Reliance case P247),The "Ocean Dynamic" (1982)2 Lloyd's Rep. 88;Britvic Soft Drinks Ltd v. Messer U. K. Ltd(2002)1 Lloyd's Rep. 20;杨良宜:《损失赔偿与救济》,法律出版社 2013 年版,第 869—872 页。
⑤ 杨良宜:《损失赔偿与救济》,法律出版社 2013 年版,第 872—873 页。
⑥ 参见〔日〕奥田昌道:《债权总论》(增补版),日本悠悠社 1992 年版,第 182 页。

行为未发生所应存在的状态所需赔偿金加以计算,裁判上必然要依一定的时点对原告的损害进行此种计算,此种时点便是损害赔偿计算的标准时。① 在成本和价值波动时期,知道根据什么时点进行损害赔偿的计算,是件重要的事情。法院计算违约损害赔偿的标准时有四类可能的选择:一是缔约日,二是违约日,三是裁判日,四是违约和裁判之间的某一时日。②

(四) 按照银行贷款利率计算

《买卖合同解释》第18条第4款规定:"买卖合同没有约定逾期付款违约金或者该违约金的计算方法,出卖人以买受人违约为由主张赔偿逾期付款损失,违约行为发生在2019年8月19日之前的,人民法院可以中国人民银行同期同类人民币贷款基准利率为基础,参照逾期罚息利率标准计算;违约行为发生在2019年8月20日之后的,人民法院可以违约行为发生时中国人民银行授权全国银行间同业拆借中心公布的一年期贷款市场报价利率(LPR)标准为基础,加计30—50%计算逾期付款损失。"这是一个简便易行的方法,实务中一直如此操作。

第九节 违约金责任

一、违约金及其责任的概念

关于违约金,通常的描述是,由当事人约定的或法律直接规定的,一方当事人违约时向另一方当事人支付一定数额的金钱或其他给付。

这只是一个视角下对违约金的界定。其实,违约金,从不同的角度观察,可有不同的所指。每种所指均有其积极的价值,不宜偏废。下文便从多种角度或层面观察、分析违约金,以助理解。

1. 从客体的角度观察,违约金是一方当事人向另一方当事人支付一定数额的金钱或其他给付。金钱作为违约金,最为常见。金钱以外的其他给付,如有体物、权利等充当违约金,也未尝不可。③

2. 从当事人约定的角度分析,有违约金合同。违约金的约定,通常表现为主合同(如买卖、建设用地使用权出让、租赁、技术开发等合同)中的一个或若干条款。对于这样的"条款",罗马法及其后世的德国民法、日本民法等立法例及学说,都将其看作合同,并且是从属于主合同的从合同。④ 至于《法国民法典》,就其有关规定的字面意思看,它一方面把违约金条款作为主合同中的违约金条款看待(第1226条等),另一方面也承认违约金债务系从属于主合同债务的从债务(第1229条第2项)。

违约金合同的成立,不以违约金的实际交付为要件,只需要双方当事人协商一致,违约

---

① 参见〔日〕谷口知平:《损害赔偿额决定的基准时》,载加藤一郎、米仓明编集:《民法的争点Ⅱ·债权总论·债权各论》,日本有斐阁1985年版,第36—37页。
② 韩世远:《合同法总论》(第3版),法律出版社2011年版,655页。
③ 比如,在中国台湾地区"民法"(第253条)中,于约定违约时应为金钱以外的给付的,准用违约金的有关规定,称为"准违约金"。
④ 陈朝璧:《罗马法原理》,米健等校,法律出版社2006年版,第166页;〔德〕迪特尔·梅迪库斯:《德国债法总论》,杜景林、卢谌译,法律出版社2004年版,第342—346页;孙森焱:《民法债编总论》(下册),法律出版社2006年版,第599页;尹田:《法国现代合同法:契约自由与社会公正的冲突与平衡》(第2版),法律出版社2009年版,第376—377页;〔德〕迪尔克·罗歇尔德斯:《德国债法总论》(第7版),沈小军、张金海译,沈小军校,中国人民大学出版社2014年版,第290—293页。

金的实际支付乃此后违约行为发生之时或之后的事情,故违约金合同为诺成合同,非实践合同。

3. 从当事人约定与合同债务之间的关系思考,当事人关于违约金的约定,给潜在的违约方预先附加了一种债务。该项债务于当事人约定之时并无履行的效力,待相应的违约行为发生时,才具有履行的效力。就是说,违约金债务是以主债务的违反为停止(生效)条件的,故为附停止(生效)条件的债务。

4. 从担保抑或责任的角度辨析,大陆法系均将违约金作为债的担保或合同的确保,中国法则把支付违约金作为违约责任。的确,违约金的约定,使得当事人有了心理压力,可促其遵守和履行合同。就此看来,违约金确实具有担保作用。不过,强制履行、损害赔偿等违约责任也具有这样的担保作用,可是法律人并未将其作为债的担保或合同的确保看待,为何单独将违约金看作债的担保或合同的确保呢?鉴于违约金的担保作用没有超出违约责任发挥担保作用的限度,守约方实现债权仍取决于责任财产的多寡,中国《民法典》将支付违约金作为违约责任而非特别担保方式,更为科学。对此,本书于"第八章 合同的担保"之"第一节 合同的担保概述"中已经详细分析过,此处不赘。

诚然,所谓支付违约金系违约责任的方式,表述本身就表明了:违约金尚在合同未被违反时的阶段,并非违约责任的方式,仅仅为一种债务,属于中性;合同被违反后,违约方应当向守约方支付违约金时,支付违约金方为违约责任的方式。

5. 单从违约金责任的角度认识,可有如下结论:(1) 违约金的支付有待于违约行为的实际发生。至于违约行为的类型,取决于当事人的约定(约定违约金场合)或法律的直接规定(法定违约金场合),并不先天地排斥任何一种违约行为的类型。例如,当事人双方约定,一方当事人迟延履行时应向对方支付标的总额万分之三的违约金。于此场合,该违约金责任以迟延履行为成立要件之一,至于不能履行、拒绝履行、不完全履行、迟延受领,则不是成立要件,除非它们也演变成了迟延履行。再如,当事人双方约定,一方当事人不能履行时应向对方支付标的总额万分之五的违约金。于此场合,该违约金以不能履行为成立要件之一,至于迟延履行等违约行为的类型,则非为成立要件。(2) 违约金责任的债务人是违约方,而非守约方。此点与定金有差异,因为定金交付时尚未发生违约行为,不知谁为违约方或守约方。待违约行为实际发生时,交付定金者可能是违约方,也可能是守约方。(3) 违约金通常是向债权人支付,但也不排除当事人可以特别约定,一方当事人违约时向第三人支付违约金,比如约定向慈善机构支付。

[辨析]

《民法典》第585条第1款规定:"当事人可以约定一方违约时应当根据违约情况向对方支付一定数额的违约金,也可以约定因违约产生的损失赔偿额的计算方法。"其后段所谓"约定因违约产生的损失赔偿额的计算方法",是违约金吗?观点不同,需要辨析。笔者认为,当事人约定的违约金不同于当事人约定的损失赔偿额的计算方法,理由如下:

1. 从文义解释的角度看:《民法典》第585条第1款将"当事人可以约定一方违约时应当根据违约情况向对方支付一定数额的违约金"与"也可以约定因违约产生的损失赔偿额的计算方法"并列,而且使用了"也可以约定……"的措辞,而未用"或曰""也叫""亦称"之类的表述,表明这二者不同,假如这二者的内涵和外延相同,则《民法典》就完全没有必要如此重复,显得累赘。实际上,"因违约产生的损失赔偿额的计算方法",系一专门术语,是指当事人约定的、对于违约行为所致损失的数额采取何种公式/路径/措施予以确定的方法。所谓损害赔偿的抽象计算方法、违约损害赔偿的具体计算方法,都属于《民法典》第585条第1款所言之"损失赔偿额的计算方法"。再如,如下两种约定的方法也是"损失赔偿额的计算方法":(1) 出卖人拒不交付房屋时,应向买受人承担赔偿损失的责任,赔偿范围依下述方法确定:买受人再购此类房屋较系争合同约定的房款多支付的款项,加上延误买受人将涉案房屋用于娱乐项目所丧失的利润;(2) 债务人不履行合同时,承担违约损害赔偿的赔偿范围,比照与债权人类似的甲公司同期经营所得的利润额予以确定。

其实,"约定因违约产生的损失赔偿额的计算方法"所昭示的意思十分清楚,它就是违约损失赔偿额的计算方法,而非违约金,因为惩罚性违约金与违约所致损失无关,违约行为没有给守约方造成损失时照样有违约金责任;赔偿性违约金虽然暗含着违约所致损失这个元素,但其为"违约所致损失额的预定",而非"违约所致损失额的计算方法"。"违约所致损失额的预定",重在"质",比较抽象,至于该预定的"体现"则形形色色,如可能是一个固定的数额,也可能是一个百分比,还可能是一个允许上下浮动的百分比。"违约所致损失额的计算方法",重在可操作性,应当具体,有些类似于"违约所致损失额的预定"的"体现",而非"违约所致损失额的预定"本身。

总之,《民法典》第585条第1款规定的违约金与违约损失赔偿额的计算方法,在概念上的区分是非常明确的,不存在歧义。

2. 从立法者的智慧方面讲:假如不按照上文"1"那样解释,就无疑在说立法者过于缺乏智慧。解释和适用法律之人不可如此狂傲!尽管法谚有云:"解释法律之人应较立法者聪明,不然,法律就不会进步;制定判例之人应较立法者聪明,否则,判例就难以推陈出新",但这绝非看轻立法者的头脑、吹捧解释法律之人,只是在说:法律必须随着社会的发展变化而被赋予与之相应的意义,法律应能应对生活的丰富多彩而切忌笨拙不堪,法律应当符合于其适用时的社会主流价值观,解释者应当如此解释法律、适用法律,而不得僵化地囿于立法者于立法当时的意思。如果这样认识是正确的、可取的,那么,就应当说《民法典》第585条第1款将"当事人可以约定一方违约时应当根据违约情况向对方支付一定数额的违约金"与"也可以约定因违约产生的损失赔偿额的计算方法"并列,旨在宣明这二者不同,各有其内涵和外延,各有其适用领域。试想,在同一个法律条文中用两种差异巨大的术语指称同一个概念——违约金,在语言学上难以想象,在合同法学上也是人为地制造疑问。立法者不至于如此愚昧吧!总不至于故意惹是生非吧!

3. 从二者的本质属性及判断标准来看:违约损失赔偿额的计算方法,不但先天地含有违约所致损失这个元素,而且在守约方据此约定请求违约方承担责任时,也有义务明确据此方法计算出来的损失数额。与此有所区别,就惩罚性违约金而言,因其非为损害赔偿,违约金的发生不以损失的发生为必要[①],所以,惩罚性违约金及其约定先天地不含有损失这个要素。至于赔偿性违约金,即赔偿损失额预定的违约金,有推定损害发生的效力,换句话说,赔偿性违约金以违约造成的损失为成立要件之一;同时也表明,该损失首先推定其有,守约方引用违约金的条款请求违约方承担违约金责任时,无需谈及违约所致损失及其数额,只要举证合同载有违约金的约定、债务人已经违约即可。违约方欲不承担支付违约金的责任,须举证违约行为没有给守约方造成损害。若举证成功,则可不负违约金责任;若举证不成功,则

---

① 史尚宽:《债法总论》(第5版),荣泰印书馆股份有限公司1978年版,第499页。

应负支付违约金的责任。此其一。约定违约金,无论是在质的规定性方面还是在数额上均由当事人双方约定,而非法定。与此不同,"约定因违约产生的损失赔偿额的计算方法",不但其面对的责任在质的规定性上是法定的,即属于法定违约损害赔偿,而且在责任的范围上,或曰在量的方面,从归根结底的意义上说,也不是由当事人双方约定的,而是由法律规定的,在中国,是《民法典》第584条规定的。当事人双方所能约定的,只是使该法定范围如何变得可识别,主要是在举证责任方面变得更有利于守约方,更具有可操作性。此其二。

4. 从历史解释的路径看:在《合同法》立法以前,在违约金的分类上,中国合同法理论没有"违约金"与"约定因违约产生的损失赔偿额的计算方法"这两种类型的违约金分类,没有将"约定因违约产生的损失赔偿额的计算方法"作为违约金之一种。在这样的知识和理论背景下,很难想象立法者会一方面遵循中国合同法理论的前见,另一方面却把"约定因违约产生的损失赔偿额的计算方法"作为一种类型的违约金。

全国人民代表大会常务委员会法制工作委员会于1995年10月16日提出的《中华人民共和国合同法(试拟稿)》,参照《涉外经济合同法》第20条的规定,于第69条规定:"违约金视为因违约造成损失的赔偿金。约定的违约金过分高于或者低于因违约造成损失的,当事人可以请求人民法院或者仲裁委员会适当减少或者增加。"于第70条规定:"当事人可以约定赔偿损失的计算方法。按照计算方法得出的赔偿损失额过分高于或者低于因违约造成损失的,当事人可以请求人民法院或者仲裁委员会适当减少或者增加。"全国人民代表大会常务委员会法制工作委员会1996年6月7日的《中华人民共和国合同法(试拟稿)》[①]继续坚持了否定惩罚性违约金的思想。例如,其第81条第2款规定:"违约金视为因违约造成损失的赔偿金。约定的违约金过分高于或者低于因违约造成损失的,当事人可以请求人民法院或者仲裁委员会适当减少或者增加。违约没有造成损失,按照约定支付违约金明显不合理的,当事人可以请求人民法院或者仲裁委员会适当减少。"其第82条规定:"当事人可以约定赔偿损失的计算方法。按照计算方法得出的赔偿损失额过分高于或者低于因违约造成损失的,当事人可以请求人民法院或者仲裁委员会适当减少或者增加。"其第83条规定:"当事人既约定违约金,又约定赔偿损失的计算方法的,一方违约后,受损害方只能选择一种承担责任的方式。"1997年5月14日,全国人民代表大会常务委员会法制工作委员会交由专家学者讨论的《中华人民共和国合同法(征求意见稿)》第77条坚持了前述"试拟稿"第81条关于违约金的规定,第78条继受了前述"试拟稿"第82条关于约定赔偿损失计算方法及其效果的规定。

从以上简要的考察不难发现,在几部合同法草案中"约定因违约产生的损失赔偿额的计算方法"系独立于违约金条文的另外条文,只是到后来全国人民代表大会常务委员会法制工作委员会才将之与违约金条文合并在一个法律条文之中。但是,这种合并,如同苏东坡于其《赤壁怀古》这首名作中的"小乔初嫁了"一句,它与上下文并无直接的逻辑联系,即"约定因违约产生的损失赔偿额的计算方法"的条文不会因其所处位置的变化而发生质变。总之,从法意解释可知,当事人约定的违约金与当事人约定的损失赔偿额的计算方法分属不同的制度、措施。

《民法典》第585条系《合同法》第114条的复制,对之亦应如上解释。

---

① 梁慧星:《关于中国统一合同法草案第三稿》,载《民法学说判例与立法研究》(二),国家行政学院出版社1999年版,第139页。

5. 从具体甄别看:有观点认为,《民法典》第585条第1款后段所谓"因违约产生的损失赔偿额的计算方法",至少包含着下述情形:(1) 出卖人违约时,应向买受人承担赔偿损失的责任,赔偿范围以货款总额1%的比例为基准予以计算;(2) 出卖人违约时,应向买受人承担赔偿损失的责任,数额为1000万元;(3) 出卖人拒不交付房屋时,应向买受人承担赔偿损失的责任,赔偿范围依下述方法确定:在裁判文书生效之时或双方和解之时,与系争合同项下的房屋相类似的房屋的市场价格,减去系争合同项下的房屋的约定价格,所得数额;(4) 出卖人拒不交付房屋时,应向买受人承担赔偿损失的责任,赔偿范围依下述方法确定:买受人再购此类房屋较系争合同约定的房款多支付的款项,加上延误买受人将涉案房屋用于娱乐项目所丧失的利润;(5) 债务人不履行合同时,承担违约损害赔偿的赔偿范围,比照与债权人类似的甲公司同期经营所得的利润额予以确定;(6) 承租人迟延交付或拒绝交付租金,应向出租人承担违约责任,计算方法为房屋租赁合同约定的每月租金乘以迟交或未交租金的月份;等等。

本书作者则认为,其中的"(1)""(2)"符合典型的违约金的类型,应当被归入违约金体系之中,而"(3)"却属于违约损害赔偿的抽象的计算方法,"(4)""(5)"则属于违约损害赔偿的具体的计算方法。至于"(6)",可有两种解释:一是它约定的是违约损害赔偿的计算方法,因为在房屋租赁合同场合,承租人违约所负赔偿责任正是未来一段期间的租金总和,"(6)"与此正相吻合;二是它约定的是违约金,因其约定的承租人所负责任范围的数额非常确定,只要出租人举证证明承租人迟交或未交租金的事实及时段,以及系争合同的约定,承租人就有义务付清据此约定计算出来的钱款数额。既然如此,把《民法典》第585条第1款后段所规定的"约定因违约产生的损失赔偿额的计算方法",予以纯化,区分为各种类型,乃明智之举。如此,解释《民法典》第585条第1款的前后两段,应当认为它俩像楚河汉界那样确定、分明,而不是你中有我,我中有你。

区分当事人约定的违约金与当事人"约定因违约产生的损失赔偿额的计算方法",具有积极的意义:

(1) 赔偿损失的抽象的计算方法,在数额的结果上,一般不利于守约方,但在易于举证成功方面,则有利于守约方。允许当事人约定违约损害赔偿额的计算方法,考验和体现当事人的智慧和谈判能力。

(2) 在举证责任的道路上,居于优势地位并熟悉法律的债权人,可以通过约定违约损害赔偿的计算方法,绕开举证路上的绊脚石,越过举证路上的陷阱。从另一方当事人一侧来说,利用约定违约损害赔偿额的计算方法,可以给债权人举证设置拦路虎和陷阱。

(3) 适用的规则不同:A. 违约金适用的规则,如《民法典》第585条第2款以及《审理民商事合同案件指导意见》第5—7条等,存有降低或提高约定数额的空间,它们更多的是事关实体法的规则。B. "约定因违约产生的损失赔偿额的计算方法",不适用《民法典》第585条第2款的规定,不存在提高或降低约定数额的余地,但存在举证成功与否的问题,故它涉及不少程序法的规则以及财会方法、科学技术规程等。

约定违约金比坐等违约损害赔偿具有优越性:(1) 可免去举证证明违约造成的损失及其数额的负担,胜诉相对容易,进而节省诉讼费用和时间。[①] (2) 可以让违约方知晓如果发

[①] 杨良宜:《损失赔偿与救济》,法律出版社2013年版,第24页。

生违约事件,其面临的损害赔偿额为多少,甚至可以对某些风险作出投保。① (3) 在违约方未能成功举证证明约定的违约金数额高于违约造成的损失的场合,守约方可获得多于违约损害赔偿的钱款。(4) 相较于违约损害赔偿之诉,违约金之诉在时间上更有效率。(5) 在抵充方面,如果确立违约金债务先于主债务获得清偿的规则,在债务人的责任财产不足以清偿全部债务的情况下,守约方的债权更易于实现。

二、违约金的种类

（一）惩罚性违约金与赔偿性违约金

1. 惩罚性违约金

惩罚性违约金,又称固有意义上的违约金,是对债务人过错违约的一种私的制裁,以确保债权效力的违约金。因其属于一种私的惩罚,故又称违约罚金。此种违约金的性质决定了:债务人违约场合,债权人除请求债务人支付违约金以外,还有权请求损害赔偿。②

2. 赔偿性违约金

赔偿性违约金,是当事人双方预先估计的损害赔偿总额,又叫作损害赔偿额的预定。这种违约金的性质决定了:债务人违约的场合,债权人不得同时请求债务人支付违约金和赔偿损失,只能请求支付违约金。至于能否不请求支付违约金,而主张违约损害赔偿,则观点不一。

赔偿性违约金的积极意义在于,债权人于对方违约而请求损害赔偿时,须证明损害及因果关系。而此类举证,不但困难,且易产生纠纷,因而当事人为避免上述困难及纠纷,预先约定损害赔偿额或其计算方法,不失为良策,一方面可以激励债务人履行债务,另一方面,如发生违约,则其责任承担简单明了。此种损害赔偿额的预定,也是一种违约金。

3. 惩罚性违约金的命运

大陆法系以赔偿性违约金为原则,只有在个别场合才承认惩罚性违约金。英美法系认为,赔偿性违约金,是指当事人双方预先真实地估算的,违约所致损失的赔偿数额。这种损害赔偿额的预定,应当是公平合理和恰如其分的,且不具有惩罚目的。惩罚性违约金,是具有惩罚威慑性质的,担保当事人允诺的预定损害赔偿。这种预定损害赔偿的数额过高,不合理,因而不被法律承认。

大陆法系允许法官酌情减少过高的赔偿性违约金,因此可以说,在赔偿性违约金的理解方面,大陆法系与英美法系基本一致。但在惩罚性违约金的判断方面,英美法系则不同于大陆法系,它时常是根据违约金的数额与违约造成的实际损失数额之间的对比关系,来确定违约金的性质。如果违约金的数额不合理地高于违约造成的损失数额,那么该违约金就被认定为惩罚性违约金。

在中国,《经济合同法》(已被废止)时代,对于惩罚性违约金的界定和判断类似于英美法。此种模式存在着明显的缺陷:(1) 违约金究为赔偿性的还是惩罚性的,于当事人约定时尚难判断,只有等待违约实际发生后才可认定;(2) 违约伊始和违约较长、违约较重所承担的违约金责任是相同的,显现出违约越重却惩罚越轻、违约越轻却惩罚越重的不足。有鉴于此,《合同法》《民法典》放弃了这种模式,改采违约金责任与损害赔偿并存的为惩罚性违约

---

① 杨良宜:《损失赔偿与救济》,法律出版社2013年版,第24页。
② 参见郑玉波:《民法债编总论》(修订2版),陈荣隆修订,中国政法大学出版社2004年版,第317页。

金的模式。

《民法典》第585条第1款和第2款规定的违约金,属于赔偿性违约金。《民法典》第585条第3款所规定的"就迟延履行约定违约金",可与"履行债务"并用,在该项违约金为迟延赔偿额的预定时,属于赔偿性违约金;在该项违约金属于替代赔偿额的预定时,则构成惩罚性违约金。

(二) 约定违约金与法定违约金

依违约金的发生原因不同,可以将其分为约定违约金和法定违约金。约定违约金,是指由当事人在合同中约定的违约金(参照《民法典》第585条等)。法定违约金,是由法律法规直接规定固定比率或数额的违约金。

《经济合同法》(已被废止)时代,法定违约金比比皆是,《合同法》不再强调法定违约金,这符合合同自由原则的要求,适合违约金系赔偿损失额预定的性质。尽管如此,《合同法》及有关的法规仍然有些法定违约金的规定。例如,《合同法》第63条、《民法典》第513条规定的价格制裁,根据有关学说应属法定违约金。[1] 再如,中国人民银行关于逾期罚息的规定,可以视为法定违约金。还如,《电信条例》也规定了法定违约金。该条例第31条规定:"电信用户申请安装、移装电信终端设备的,电信业务经营者应当在其公布的时限内保证装机开通;由于电信业务经营者的原因逾期未能装机开通的,应当每日按照收取的安装费、移装费或者其他费用数额1%的比例,向电信用户支付违约金。"第34条第1款规定:"电信用户应当按照约定的时间和方式及时、足额地向电信业务经营者交纳电信费用;电信用户逾期不交纳电信费用的,电信业务经营者有权要求补交电信费用,并可以按照所欠费用每日加收3‰的违约金。"在违约金领域,《民法典》基本上承继了《合同法》的设计,结论不变。

(三) 抵销性违约金与排他性违约金

依违约金责任是否为最低数额的违约损害赔偿,违约金可区分为抵销性违约金与排他性违约金。

抵销性违约金,系最低数额的违约损害赔偿。这种违约金不问违约行为是否给守约方造成损失,造成的损失大还是小,一律成立;并且,在违约金数额低于实际损失数额时,守约方请求违约方支付违约金之后,还可就未获补偿的损失请求违约方再予赔偿。

排他性违约金,系最高数额的违约损害赔偿。这种违约金绝对排斥违约损害赔偿,即使违约方支付违约金后守约方仍有损失,且有证据证明,也不允许守约方再向违约方请求损害赔偿。

三、违约金责任的成立

首先,违约金责任,作为一种从债务,成立的前提是存在着有效的合同关系,如果主债务不成立、无效、不被追认或被撤销时,违约金债务也就不成立或无效。不过,应当注意的是,在因违约而解除合同场合,合同中的违约金条款,仍然可以援用。其道理在于:债务人违约符合约定的违约金条款,从而产生违约金责任。该责任于合同解除前即已客观存在,不应因此后的解除而化为乌有,除非守约方抛弃其支付违约金的请求权。

---

[1] See Gyula Eörsi, Contractual Remedies in Socialist Legal Systems, Guenter H. Treitel, Remedis for Breach of Contract (Courses of Action Open to A Party Aggrived), International Encyclopedia Comparative Law, Mouton, The Hague, And L. B. Mohr (Paul Siebeck), Tübingen, 175(1976).

其次,违约金条款自身不违反法律、行政法规的强制性规定,不违背公序良俗。否则,违约金条款无效,违约金责任也不会产生。例如,在违约金系赔偿损失额预定的情况下,当事人约定违约金与赔偿损失并存,使守约方获取"不当得利",可认定该违约金条款无效,违约金责任无从谈起。

复次,违约金责任的成立还要有违约行为的存在。至于违约行为的类型,应视当事人的约定或法律的直接规定加以确定。在此需要特别指出的是,附随义务被违反,亦可成立违约金责任。例如,某《房屋租赁合同》第21.1条规定:"本合同任何一方对本合同内容及本合同谈判和履行过程中所知悉的对方的商业秘密负有保密责任,除依法应向有关国家机关提供外,未经对方书面同意不得向任何与本合同无法律上的利害关系的第三人透露本合同任何内容和所知悉的对方的任何商业秘密。在征得对方同意后,一方可以向公众披露或宣传与对方签订意向书、会谈纪要或合同等契约性文件的事实,但不得虚构或歪曲事实,也不得披露文件内容,不得假借对方名义或援引对方有关信息从事任何有损对方利益的活动。违反本条规定,按人民币伍拾万元的标准向对方支付违约金。"

再次,违约金责任的构成是否要求违约人具有过错?应当区分类型,作具体分析。(1)如果当事人约定违约金责任的成立以一方当事人有过错为要件的,依其约定。(2)在《民法典》以及单行法规就具体合同特别规定违约责任为过错责任场合,违约金责任的成立应当要求过错要件。(3)韩世远教授认为,在惩罚性违约金场合,由于其目的在于给债务人心理上制造压力,促使之积极履行债务,同时,在债务不履行场合,表现为对过错的惩罚,因而,应当要求以债务人的过错作为其承担惩罚性违约金的要件。① (4)在赔偿性违约金场合,除前述特别情形外,不要求以过错为成立要件。其原因在于,赔偿性违约金在性质上是作为损害赔偿额的预定,强调的是对因违约造成的损害的补偿,不必把过错作为归责事由,这也符合《民法典》采纳的无过错责任原则。

最后,是否要求证明损害的存在及其大小?就惩罚性违约金而言,因其非为损害赔偿,违约金的发生不以损害的发生为必要。② 至于赔偿性违约金的构成是否以损害为要件,需要将构成要件和举证责任区分开来。作为赔偿损失额预定的违约金,有推定损害发生的效力。这本身就表明,赔偿性违约金的成立以违约造成了损害为要件之一;同时也表明,该损害首先推定其有,违约方欲不承担支付违约金的责任,须举证违约行为没有给守约方造成损害。若举证成功,则可不负违约金责任;若举证不成功,则应负支付违约金的责任。所以,那种赔偿性违约金的成立不以损害为要件的意见,不足取。

四、违约金数额的增减

(一)违约金数额增减的理念基础

赔偿性违约金作为赔偿损失额的预定,虽然不要求其数额与实际损失额完全一致,但也不宜使两者相差悬殊,否则,会使违约金责任与赔偿损失的一致性减弱乃至丧失,从而使两者的差别性增大,以致成为完全不同的东西。因此,违约金的数额过高或过低时允许调整是适宜的。此其一。违约金的数额与损失额应大体一致。这是商品交换的等价原则的要求在法律责任上的反映,是合同正义的内容之一,是合同法追求的理想之一。既然如此,违约金

---

① 韩世远:《中国的履行障碍法》,载《私法研究》(创刊号),中国政法大学出版社2002年版,第193页。
② 史尚宽:《债法总论》(第5版),荣泰印书馆股份有限公司1978年版,第499页。

的数额过高或过低时予以调整,就有其根据。此其二。① 在当前企业经营状况普遍较为困难的情况下,对于违约金数额过分高于违约造成损失的,应当根据诚信原则、公平原则,坚持以补偿性为主、以惩罚性为辅的违约金性质,合理调整裁量幅度,切实防止以意思自治为由而完全放任当事人约定过高的违约金(《合同编通则解释》第64条和第66条,《审理民商事合同案件指导意见》第6条)。此其三。

《民法典》第585条第2款的规定以及《审理民商事合同案件指导意见》第5条以下的规定,正是上述理念的体现。

此外,违约金数额可由当事人约定增加或减少,乃意思自治原则的题中应有之义,在本部分也一并论及。

(二) 判断违约金数额不适当的比照基准

《民法典》第585条第2款规定:"约定的违约金低于造成的损失的,人民法院或者仲裁机构可以根据当事人的请求予以增加;约定的违约金过分高于造成的损失的,人民法院或者仲裁机构可以根据当事人的请求予以适当减少。"这比较清楚地表明,判断违约金数额不适当的比照基准,是违约给守约方造成的实际损失。

(三) 违约金的增加

1. 违约金数额增加的比照基准

分析《民法典》第585条第2款前段关于"约定的违约金低于造成的损失的,人民法院或者仲裁机构可以根据当事人的请求予以增加"规定的文义,可知请求增加违约金数额的比照基准是违约金低于守约方因对方违约所遭受的实际损失。仅仅是"低于",而非"过分低于"。

[反思]

立法者的本意在于尽可能周到地保护守约方,使其尽量获得合同正常履行带给他的利益。不过,应当看到,这也会带来负面后果:从《民法典》第585条第2款前段规定的字面意思看,只要违约金低于违约所致实际损失的,哪怕是违约金低于实际损失1元人民币,守约方都有权请求人民法院或仲裁机构予以增加。这似乎违背了设置赔偿性违约金制度的初衷。本来,法律设置作为损害赔偿额预定的违约金,规范意旨是为了免去计算、举证违约所致损失困难之累,尽快地了结纠纷。但《民法典》第585条第2款前段的规定却留给守约方寸利必争的机会,为了些许微利而缠讼不止,成本高昂,实非上策。

2. 违约金数额增加请求权及其主体

分析《民法典》第585条第2款前段的规定及违约案型,可知请求人民法院或仲裁机构增加违约金数额的权利人为守约方。当然,违约方请求人民法院或仲裁机构增加违约金数额的,只要是其真意,人民法院或仲裁机构也无需反对。

违约金数额增加请求权,行使方式为诉讼方式,守约方径直向违约方请求不发生相应的法律效力。并且,违约金数额增加请求权,如同其字面含义,属于请求权,而非形成权,仅有守约方单方请求增加违约金数额,并不发生违约金数额增加的法律效力。这是它不同于可撤销合同场合的变更权、瑕疵给付场合的减价请求权之处。

---

① 崔建远:《合同责任研究》,吉林大学出版社1992年版,第251页。

3. 违约金数额增加的裁定权及其限制

考察《民法典》第 585 条第 2 款前段的规定,可知守约方仅有违约金数额增加请求权,却无决定权。是否准予增加违约金的数额,最终要由人民法院或仲裁机构依职权裁定。这与违约金数额增加请求权非形成权的属性相匹配。

人民法院或仲裁机构拥有这种裁定权,至少可发挥三方面的积极作用:(1) 约定的违约金的数额与违约所致损害的数额相差无几的,假如最终支持增加违约金的数额,会带来举证、质证、反证甚至于鉴定等繁重的工作,耗时费力,得不偿失,则人民法院或仲裁机构应依职权裁定不支持守约方关于违约金数额增加的请求。(2) 人民法院或仲裁机构支持守约方关于违约金数额增加的请求时,应把握这样的精神:增加后的违约金数额以不超过实际损失额为限。(3) 人民法院或仲裁机构还应把握下述原则:增加违约金数额以后,守约方又请求对方赔偿损失的,不予支持。

(四) 违约金数额的适当减少

1. 违约金数额适当减少的比照基准

分析《民法典》第 585 条第 2 款后段关于"约定的违约金过分高于造成的损失的,人民法院或者仲裁机构可以根据当事人的请求予以适当减少"的规定,可知请求适当减少违约金数额的比照基准是违约金过分高于守约方因对方违约所遭受的实际损失。

"过分高于"还是"一般高于"的判断基准,《合同编通则解释》第 65 条第 2 款规定,当事人约定的违约金超过造成损失的 30% 的,一般可以认定为"过分高于造成的损失"。

2. 违约金数额适当减少请求权

分析《民法典》第 585 条第 2 款后段的规定及违约案型,可知违约金数额适当减少的请求权人为违约方。当然,守约方主动提出减少违约金的数额的,只要是其真意,人民法院或仲裁机构同样无需反对。

违约金数额适当减少请求权,行使方式为诉讼方式,违约方径直向守约方请求不发生相应的法律效力。并且,违约金数额适当减少请求权,如同其字面含义,属于请求权,而非形成权,仅有违约方单方请求适当减少违约金数额,并不发生违约金数额减少的法律效力。这是它不同于可撤销合同场合的变更权、瑕疵给付场合的减价请求权之处。

违约方请求减少违约金数额,有时表现得相当特殊。例如,《买卖合同解释》第 21 条规定:"买卖合同当事人一方以对方违约为由主张支付违约金,对方以合同不成立、合同未生效、合同无效或者不构成违约等为由进行免责抗辩而未主张调整过高的违约金的,人民法院应当就法院若不支持免责抗辩,当事人是否需要主张调整违约金进行释明"(第 1 款)。"一审法院认为免责抗辩成立且未予释明,二审法院认为应当判决支付违约金的,可以直接释明并改判"(第 2 款)。

3. 违约金数额适当减少的裁定权

分析《民法典》第 585 条第 2 款后段的规定,可知违约方仅有适当减少违约金数额的请求权,却无决定权。是否准予适当减少违约金的数额,裁定权在人民法院或仲裁机构。这与违约金数额适当减少请求权非形成权的属性相匹配。

人民法院或仲裁机构在裁量是否准予适当减少违约金的数额时,并非完全自由,而是应当以实际损失为基础,兼顾合同主体、交易类型、合同的履行情况、当事人的过错程度、履约背景等因素,遵循公平原则和诚信原则进行衡量,并作出裁决(《合同编通则解释》第 65 条第 1 款,《审理民商事合同案件指导意见》第 7 条)。恶意违约的当事人一方请求减少违约金的,人民法院一般不予支持(《合同编通则解释》第65条第3款)。

4. 举证责任及其分配

解读《民法典》第585条第2款后段的规定,可知:对于违约给守约方造成的实际损失,应当由请求减少违约金数额的违约方举证。非违约方主张约定的违约金合理的,也应当提供相应的证据(《合同编通则解释》第64条第2款)。

在这里,存在的问题是,一般说来,违约方很难举证证明守约方因自己违约而受有多少损失。按照一般的逻辑,违约方若举证不成功,则关于减少违约金数额的请求难获支持。如此理解和操作,难以使《民法典》第585条第2款后段发挥应有的作用。

在审判、仲裁的实务中,有些合议庭、仲裁庭为了解决上述难题,巧妙地运用了分阶段分配举证责任的技术,对违约方在这方面的举证,采取较为宽容的态度,适当减轻违约方的举证负担。例如,在以金钱为标的的案件里,违约方举证同期银行贷款利率,将之与违约金数额相比较,得出违约金数额超出了按同期银行贷款利率计算所得钱数30%的结论,就算完成了违约金数额过高的举证责任。守约方若不同意,须举证自己因违约所受损失已经高于同期银行贷款利率计算所得钱数,违约方不得以同期银行贷款利率为准计算,不然,就认定违约金数额过高。再如,在商家租赁店铺的合同中,出租人违约,致使合同不得不终止。于此场合,承租人依约请求出租人支付违约金,出租人若认为违约金过高,可举证相仿承租人的实际损失状况,并以此为准,证明违约金数额过高。承租人若不同意该项证明,须自己举证其实际损失数额,以显示违约金数额没有超过实际损失额的30%;否则,裁判者就会支持违约方关于减少违约金数额的请求。

(五)违约金与限制完全赔偿规则

赔偿性违约金在性质上既属于损害赔偿额的预定,因而,有关限定损害赔偿范围的特别规则,包括过失相抵、减轻损失规则及损益相抵规则,对于赔偿性违约金也应当适用(《合同编通则解释》第65条第3款)。与此有别,违约金责任与违约损害赔偿并罚的惩罚性违约金,不适用过失相抵及损益相抵的规则,但违约损害赔偿仍旧适用这些规则。

(六)违约金数额的增减与当事人约定

1. "不忘旧账说"与"了结协议说"

"不忘旧账说"认为,买卖合同约定逾期付款违约金,但对账单、还款协议等未涉及逾期付款责任,出卖人有权根据对账单、还款协议等主张欠款时请求买受人依约支付逾期付款违约金,但对账单、还款协议等明确载有本金及逾期付款利息数额或者已经变更买卖合同中关于本金、利息等约定内容的除外。对此观点,应把握如下几点:(1)所谓"对账单、还款协议等明确载有本金及逾期付款利息数额或者已经变更买卖合同中关于本金、利息等约定内容的除外",意味着承认了当事人依其约定变更了原来关于逾期付款违约金的约定,完全按照对账单、还款协议的约定确定逾期付款的法律后果。因为逾期付款利息与逾期付款违约金在本质上为同一个类型的责任,不宜并罚。(2)所谓"买卖合同约定逾期付款违约金,但对账单、还款协议等未涉及逾期付款责任,出卖人根据对账单、还款协议等主张欠款时请求买受人依约支付逾期付款违约金的,人民法院应予支持",贯彻了权利的放弃、责任的免除需要明确的意思表示这个原则,若无此类明示则不得认定放弃权利、免除责任,这有其道理。

[评论]

应当看到,"不忘旧账说"与"了结协议说"正相反。按照所谓"了结协议说",在一方违约之后,双方当事人就善后事宜达成新的协议,包括形成对账单、还款协议,该新的协议没有提及原合同约定的违约责任、违约方本应承担的违约责任,那么,不再执行原合同的约定,完全按照新的协议处理,包括不再追究违约方的违约责任。

"不忘旧账说"与"了结协议说"各有千秋:"不忘旧账说"的优点在于,对守约方保护周到:降低了对守约方协商对账单、还款协议等新协议条款的能力要求,即使守约方考虑不周、法律知识欠缺,遗漏了逾期付款违约金等违约责任方面的条款,也没有关系;相应地,提高了对违约方协商对账单、还款协议等新协议条款的能力要求:在协商对账、还款的过程中,违约方拟不再依原合同约定承担支付违约金等责任的,必须在对账单、还款协议等新协议中明确写明,不然,就仍需承担依原合同约定所生的违约责任。

"了结协议说"符合合同变更的理论,即对账单、还款协议等新协议变更了原合同,应以对账单、还款协议等新协议的约定为准。此其一。"了结协议说"符合狭义债的关系理论,即原合同项下的一个狭义债的关系因适当履行消灭了,另一狭义债的关系出现了债务不履行(违约),对账单、还款协议等新协议对此作了了断,或曰一揽子解决了。如此,原合同关系已经不复存在,没有再基于原合同约定追究逾期付款违约金等违约责任的合同依据;对账单、还款协议等新协议没有约定逾期付款违约金等违约责任,也没有基于新协议追究逾期付款违约金等违约责任的合同。此其二。"了结协议说"避免了合同漏洞及其填补的麻烦。允许出卖人基于对账单、还款协议等新协议追究买受人逾期付款违约金等违约责任,意味着认定对账单、还款协议等新协议存在合同漏洞,即应当约定逾期付款违约金等违约责任却未作约定。对此合同漏洞,裁判者有权予以补充,认定逾期付款违约金等违约责任应当成为对账单、还款协议等新协议中的条款。如此,出卖人基于对账单、还款协议等新协议追究买受人逾期付款违约金等违约责任,便有了合同依据。

两相比较,"了结协议说"的优势更为明显。

2. 当事人关于不准调整违约金数额的约定及其法律后果

《合同编通则解释》第64条第3款规定:"当事人仅以合同约定不得对违约金进行调整为由主张不予调整违约金的,人民法院不予支持。"若持赞同该规定的立场,则可有如下理由:(1)调整违约金与否乃主审法院行使公权力的体现,而公权力及其行使不得由私人约定排除。(2)对偏离乃至严重背离违约金系违约损害赔偿额的预定这个基本属性的违约金予以调整,以达公平合理的结果,系公平正义的要求和体现,不宜受当事人事先约定的左右。若从完善该规定的视角,则有下述看法:当事人约定的违约金及其计算方式或数额,属于在当事人各方之间合理分配风险的安排,若准许对其进行调整,则会打破利益平衡,背离公平原则。于此场合,适用《合同编通则解释》第64条第3款的规定,反倒有害。有鉴于此,不妨认为《合同编通则解释》第64条第3款的适用范围过宽,应当承认例外。

(七)违约金数额增减与程序法

当事人一方请求调整违约金数额,可以通过反诉的方式,也可以运用抗辩的方式(《合同编通则解释》第64条第1款)。合同当事人一方以对方违约为由主张支付违约金,对方以合同不成立、无效、被撤销、确定不发生效力、不构成违约或非违约方不存在损失等为由抗辩,未主张调整过高的违约金的,人民法院应当就若不支持该抗辩,当事人是否请求调整违约金进行释明。第一审人民法院认为抗辩成立且未予释明,第二审人民法院认为应当判决支付违约金的,可以直接释明,并根据当事人的请求,在当事人就应否调整违约金充分举证、质证、辩论后,依法判决适当减少违约金(《合同编通则解释》第 66 条第 1 款,《买卖合同解释》第 21 条)。被告因客观原因在第一审程序中未到庭参加诉讼,但是在第二审程序中到庭参加诉讼并请求减少违约金的,第二审人民法院可以在当事人就是否应当调整违约金充分举证、质证、辩论后,依法判决适当减少违约金(《合同编通则解释》第 66 条第 2 款)。这些规定没有采取举重明轻的解释方法,而是采取了程序法上的释明,表明实体法、程序法各有妙用,不可偏废。

五、违约金的免除

1. 总说

违约金责任能否由法院决定免除？在惩罚性违约金场合,该违约金不以损失的发生为必要,因而不管有无损失发生,违约金都不得被免除。而作为赔偿损失额预定的违约金,有推定损失发生的效力,因而如果没有损失发生,或者损益抵销,违约方又非故意违约时,只要违约方举证成功,就可以免除违约金责任。

2. 履行期限变更与违约金是否被免除

《买卖合同解释》第 18 条第 1 款规定:"买卖合同对付款期限作出的变更,不影响当事人关于逾期付款违约金的约定,但该违约金的起算点应当随之变更。"对于该条规定,应作如下理解:该条款所谓"不影响当事人关于逾期付款违约金的约定",是指当事人约定了逾期付款的违约金这点(质的方面)不因付款期限的变更而受影响,或曰关于逾期付款违约金的约定依然有效,并非指在个案中逾期付款违约金责任的实际成立依旧不变。至于逾期付款违约金责任实际成立与否,则应当具体情况具体分析。例如,某买卖合同约定,付款日期为 2012 年 1 月 1 日,逾期付款一日,就按照中国人民银行同期、同类贷款利率计算每日的违约金。其后,双方当事人约定付款日期为 2012 年 2 月 1 日,逾期付款一日,就按照中国人民银行同期、同类贷款利率计算每日的违约金。应当按照如下规则处理:(1) 如果该变更发生于没有逾期付款之时,则付款一方即使于 2012 年 1 月 2 日没有付款,也不成立逾期付款的违约金。不过,付款一方于 2012 年 2 月 2 日没有付款的,仍然成立逾期付款的违约金。(2) 如果该变更发生于逾期付款之后,例如,付款一方未于约定的付款日期(2012 年 1 月 1 日)付款,2012 年 1 月 28 日双方又约定付款日期为 2012 年 2 月 2 日,则付款一方仍需承担逾期付款的违约金责任,除非债权人免除该种违约金责任。

3. 债权人沉默与违约金是否被免除

《买卖合同解释》第 18 条第 2 款规定:"买卖合同约定逾期付款违约金,买受人以出卖人接受价款时未主张逾期付款违约金为由拒绝支付该违约金的,人民法院不予支持。"这一规定有其道理:(1) 只要诉讼时效期间没有届满,债权人何时追究违约方的违约金责任,由其根据实际情况决定,不得以其在诉讼时效期间内沉默为由认定放弃了主张违约金责任的权利。所谓债权人根据实际情况决定何时主张违约金责任,包括过早地主张违约金责任可能导致相互牵连的合同不再继续履行、其他必要的合作无法开展下去,等等。(2) 沉默代表一定的意思表示,尤其是沉默意味着放弃权利,必须限于法律设有明文规定、当事人已经明确约定的情形。(3) 出卖人接受价款的行为,属于买卖合同项下债权的实现;而违约金责任是否不再追究属于另外法律关系中的内容。我们不得以此法律关系中的债务履行、债权实现,来推断另一个法律关系中的权利是否被放弃,除非法律设有相反的规定、当事人另有相反的约定。

六、违约金的累计与吸收

在同一个合同中,违约方不履行合同可能同时构成不同的违约类型,如不履行合同既表现为不完全履行又构成迟延履行。这就出现了可否将不完全履行的违约金和迟延履行的违约金累计计算的问题。还有,法律对迟延履行规定的违约金的比率是每迟延一天的比率,而迟延履行超过一天时也产生了累计计算的问题。

关于迟延履行的违约金的累计,中国合同法有具体规范。例如,《供电营业规则》第 100 条规定:"用户在供电企业规定的期限内未交清电费时,应当承担电费滞纳的违约责任。电费违约金从逾期之日起计算至交纳日止。每日电费违约金按下列规定计算,双方另有约定的除外:(一) 居民用户每日按照欠费总额的千分之一计算;(二) 其他用户:1. 当年欠费部分,每日按照欠费总额的千分之二计算;2. 跨日历年欠费部分,每日按照欠费总额的千分之三计算"(第 1 款)。"电费违约金收取总额按日累加计收"(第 2 款)。再如,《中国人民银行关于人民币贷款利率有关问题的通知(银发〔2003〕251 号)》第 3 条规定:"关于罚息利率问题。逾期贷款(借款人未按合同约定日期还款的借款)罚息利率由现行按日万分之二点一计收利息,改为在借款合同载明的贷款利率水平上加收 30%—50%;借款人未按合同约定用途使用借款的罚息利率,由现行按日万分之五计收利息,改为在借款合同载明的贷款利率水平上加收 50%—100%"(第 1 款)。"对逾期或未按合同约定用途使用借款的贷款,从逾期或未按合同约定用途使用贷款之日起,按罚息利率计收利息,直至清偿本息为止。对不能按时支付的利息,按罚息利率计收复利"(第 2 款)。

对迟延履行的违约金累计是否有总额限制?应视具体情况而定。如果无限累计违反违约金系赔偿损失额预定的性质,不符合违约金过分高于实际损失时予以减少的精神,就不得无限累计;反之,就不宜限制违约金的累计。

不同类型的违约行为的违约金也可以累计,"如果数个违约行为是彼此分离和各自独立的,例如迟延履行同时也是瑕疵履行,就产生了违约金的累计。但是,如果由于第二个违约行为而使前一个违约行为成为不相关的行为,那么只需为第二个违约行为支付违约金"。"如果数个违约行为是互相联系的,那么既产生吸收也产生累计。一方面,在迟延履行导致不履行(解除合同)时,就仅仅支付通常应支付的最高限额的违约金。另一方面,瑕疵履行又造成迟延履行的,例如修理或者更换超过了履行期限,通常适用的规则就是累计。"[①]上述关于违约金累计和吸收的规则应该引起我们的重视。中国合同法对迟延履行、不完全履行、不能履行、拒绝履行分别规定了违约金。当不完全履行又导致迟延履行时,应该适用违约金累计的规则,只是因累计使违约金的数额不合理地高时,可以减少违约金的数额。当不完全履行导致不能履行时,违约金是累计还是吸收应根据具体情况而定。

为什么会出现违约金累计和违约金吸收的区别?是因为《民法典》上的违约金为赔偿损失额的预定,赔偿损失以完全赔偿为原则。这样,当一种违约行为的违约金的数额低于违约造成的全部损失,而该违约行为又导致另一种违约行为出现,第二种违约行为的违约金的数额也低于违约造成的全部损失时,那么只有这两种违约金累计才符合违约金的性质要求,才

---

① Gyula Eörsi, Contractual Remedies in Socialist Legal Systems, Guenter H. Treitel, Remedis for Breach of Contract (Courses of Action Open to A Party Aggrived), *International Encyclopedia Comparative Law*, Mouton, The Hague, And L. B. Mohr (Paul Siebeck), Tübingen, 171(1976).

符合完全赔偿原则的精神。当然,累计后的违约金数额不合理地高时,可依照违约金数额减少的规则减少之。在第一种或第二种违约行为的违约金数额不低于全部损失时,则不能适用累计规则,而应适用吸收规则,受害人只能请求一种违约行为的违约金。总之,违约金为赔偿损失额的预定和完全赔偿原则,是确定违约金累计或吸收的重要依据。

七、违约金与其他违约救济方式

(一) 违约金与强制履行

因为《合同法》和《民法典》放弃了违约金数额高于实际损失数额的属于惩罚性违约金的旧制,改采违约金与强制履行并存、与赔偿损失并存的为惩罚性违约金的理念及模式,所以,惩罚性违约金可以与强制履行并存。

至于赔偿性违约金可否与强制履行并存,需要区分情况而定。(1) 赔偿性违约金系专为不能履行而约定的,则违约金不可能与强制履行并存。(2) 赔偿性违约金是针对拒绝履行而约定的,且无排斥强制履行的条款,则违约金可与强制履行并存。至于是否允许守约方双重请求,取决于违约方强制履行之后守约方有无损失,若有,应允许守约方一并请求支付违约金和强制履行,不然,就违反了赔偿性违约金系损害赔偿额预定的本质属性;若无,则只允许守约方任选其一而主张,以防其获得"不当得利"。(3) 赔偿性违约金是针对履行迟延约定的,应依《民法典》第585条第3款的规定,允许守约方一并请求强制履行和支付违约金。(4) 赔偿性违约金是针对不完全履行约定的,依不完全履行发展演变的结果而定违约金可否与强制履行并存。① 不完全履行演变成不能履行的,按照上述"(1)"的规则处理;② 不完全履行演变成迟延履行的,依据上述"(3)"的规则解决;③ 不完全履行就是不完全履行,没有演变成其他类型的违约行为的,应允许守约方援用《民法典》第582条关于修理、更换、重作的规定,请求违约方补救,同时向违约方主张违约金责任。

(二) 违约金与违约损害赔偿

惩罚性违约金,由其本性决定,可以与违约损害赔偿并罚。

赔偿性违约金与违约损害赔偿可否并罚,宜区分情况而定。抵销性违约金,即损害赔偿最低额的预定的违约金,由其本性决定,可与违约损害赔偿并存,只不过该损害赔偿的所谓损害限于支付违约金后仍未得到填补的损失。排他性违约金,顾名思义,排除违约损害赔偿等救济方式的违约金,天然地排斥违约损害赔偿,故排他性违约金与违约损害赔偿不可并罚。

[探讨]

在这里,需要探讨的问题是,守约方不向违约方主张排他性的赔偿性违约金,而是援用《民法典》第584条关于违约损害赔偿的规定,是否准许?换个说法,合同约定的救济方法是否优先于其他法律救济方法?在美国,Fogle v. Feazel[①] 判例和 Heirs of Gremillion v. Rapides Parish Police Jury[②] 判例,认定合同约定的救济方法优先于其他法律救济方法,而 Queenshor-

---

① 201 La. 899,10 So. 2d 695 (1942). see Patrick S. Ottinger, "Principles of Contractual Interpretation", 60 *La. L. Rev.* 765(2000).

② 493 So. 2d 584 (la. 1986). See Patrick S. Ottinger, "Principles of Contractual Interpretation", 60 *La. L. Rev.* 765 (2000).

ough Land Co. v. Cazeaux[①]判决则持相反的观点。《欧洲合同法原则》评注意见指出,当事人可以约定,如果能够证明损害高于约定的金额,守约方可以选择主张损害赔偿,而不请求违约方支付违约金。[②] 在中国,也存在着不同的见解。一种观点主张,排他性违约金与损害赔偿并非立于债权人可自由选择的地位,而是有违约金场合必须适用违约金。其理由如下:第一,作为损害赔偿额预定的违约金,是当事人的特别约定,应当优先适用。第二,违约金的特别约定对于当事人而言,还有限定责任的功能,如果允许债权人任意选择,必然使违约金的这一规范目的落空。[③] 第三,违约金条款系双方当事人的合意,而不向违约方请求其承担违约金责任转而主张违约损害赔偿,乃守约方单方的意思表示,对此若予准许,则意味着单方意思表示优越于双方合意,显非妥当。另一种观点则没有采纳违约金责任优先运用的看法,认为在约定违约金与违约损害赔偿并存的情况下,债权人有权在两者之间择一请求。[④]

对于违约金责任优先于违约损害赔偿而实现的第三点理由,本书作者表示不同意见如下:(1) 这种观点把意思表示制度的功能不适当地扩张了,将两个阶段的制度及问题混为一谈了。虽然违约金责任来源于当事人的约定(法定违约金则另当别论),但合意与违约金责任毕竟分属于不同的法律制度,各自遵循着自己的逻辑和规则。如果在意思表示的层面讨论和解决问题,那么,应当是单方意思表示不得变更和废止合意。表现在具体的法律制度上有合同变更、合同更改应由当事人双方协商一致,而不得仅凭一方当事人的意思表示就发生合同变更、合同更改的效果。再就是协议解除(合意),在不具备法定的或约定的解除权产生条件的场合,以及不适用情事变更原则的场合,将既有的合同解除,必须有双方当事人的合意,单方意思表示不发生合同解除的效力。至于已经独立存在的违约金责任,则不属于意思表示领域的问题,不再遵循意思表示的规则。无论其实现,还是被放弃,均可由有权的一方(守约方)单方意思表示为之。(2) 其次,需要说明,如果当事人约定违约金时明示违约金责任优先于违约损害赔偿而实现,那么,只要该约定不损害社会公共利益,不违背社会公德,就应当有效。不过,这个结论与合意是否优越于单方意思表示不搭界。我们所要讨论的是,当事人没有明确约定违约金责任优先于违约损害赔偿的场合,守约方可否不再主张违约金责任的问题。(3) 从意思表示与其所生权利之间的关系来看,意思表示产生权利,单方意思表示如此,合意亦然。但权利一经产生,权利间是平等的,还是相互间存在着优先的顺序,以及哪个权利具有优先性,有时允许当事人约定,在许多情况下是由法律设计的。在当事人约定违约金的场合,抛开当事人明确约定违约金责任必须优先于违约损害赔偿而实现不谈,法律并无关于违约金责任优先于违约损害赔偿而实现的设计及具体规定。在法理上倒是高倡债权平等这个原则。既然违约金责任和违约损害赔偿均为债务,依据债权平等原则,违约金责任并无优先于违约损害赔偿而实现的天然本性。(4) 从意思表示与法律之间的关系方面讲,在法律认可当事人意思这点上,当事人双方的合意并非永远至高无上,当事人单方的意思并非总是低于当事人双方的合意。例如,当事人一方依法请求调整违约金的数额,但相对人不同意,若请求调整的一方举证成功违约金的数额确实低于其实际损失的数额,或违约金

[①] 136 La. 734,67 So. 641 (1915). See Patrick S. Ottinger,"Principles of Contractual Interpretation",60 *La. L. Rev.* 765(2000).

[②] Lando,2000,545.

[③] 韩世远:《合同法总论》(第3版),法律出版社2011年版,第664页。

[④] 崔建远主编:《合同法》(第4版),崔建远执笔,法律出版社2007年版,第360页;王利明:《合同法研究》(第2卷)(修订版),中国人民大学出版社2011年版,第711页。

的数额确实高于实际损失额30%以上,依据《民法典》第585条第2款的规定,裁判机关就支持关于调整违约金的请求。这就使得当事人单方的意思在效力上高于了当事人双方的合意。再如,合同解除权的行使,也是单方的意思在效力上取代了双方的合意。既然存在着当事人单方的意思可以优越于当事人双方的合意的例证,那么,只要有其他较为充分的理由支撑,守约方选取法定的损害赔偿,而放弃主张约定的违约金,就具有合理性、正当性。(5) 在守约方为一理性人、经济人的大理论背景下,守约方不再主张违约金责任,而请求违约方负责损害赔偿,应当发生在守约方能够获得的赔偿金明显高于违约金且违约金不足以填补该种损失的场合。既然违约责任制度的主旨之一在于填补守约方因相对人违约所遭受的损失,既然在个案中唯有获得足额的赔偿金才使守约方因相对人违约所遭受的损失得到填补,那么就只有允许守约方请求违约方承担违约损害赔偿才可以达到违约责任制度的目的,才符合公平正义。① (6) 从排他性赔偿性违约金与违约损害赔偿之间的关系来讲,排他性赔偿性违约金系违约损害赔偿额的预定,尽管二者在外在形式上各为独立的制度及措施,苏联、东欧各国和中国的民法及其理论都将违约金责任与损害赔偿责任并列,但它们在本质上并无不可逾越的鸿沟。它们所追求的目的,所要达到的效果,都是相同的。它们在数额上大体相当。即使约定的(预估的)数额与违约所造成的损失额不一致,法律也允许当事人请求裁判机关予以调整;通过这样的调整,使得违约金的数额与违约损害赔偿的数额保持一致。在这样的背景下,相对于违约损害赔偿的追究陷于举证损失数额的困难,赔偿性违约金无非是为了解决问题更为便捷、大大降低了举证的负担而被当事人约定,而被法律所认可的。既然如此,纠缠于合意与单方意思孰优孰劣,谁高谁低,颇有些同自己过不去的味道。(7) 从责任竞合的理论来看,违约行为一经成立,就同时成立违约金责任和法定损害赔偿责任,只不过赔偿性违约金系违约损害赔偿额的预定,二者在本质上相同,功能一样,守约方不得一并主张,以免其双重得利,故采竞合规则,守约方选择其一而主张。按照责任竞合的理论,权利人有权选择其一而主张,并未限制他只可主张特定的一个。不然,就不是责任竞合,而是排除责任竞合。中国现行法尚无关于禁止赔偿性违约金与违约损害赔偿竞合的规定,理论上亦无相应的阐释。在这个意义上讲,守约方不再向违约方主张赔偿性违约金,而是请求其承担违约损害赔偿,符合责任竞合的理论。(8) 从权利处分的角度观察,违约方一旦违约,违约金责任就已经成立,守约方就已享有请求违约方承担违约金责任的债权。于此场合,守约方不再向违约方主张赔偿性违约金责任,是在处分自己的债权,这与双方合意、单方意思表示无关。(9) 消费者和商家在合同中约定了违约金,但其数额低于双倍赔偿的金额,消费者援用《消费者权益保护法》第55条的规定,选择惩罚性损害赔偿,放弃合同中约定的违约金,这涉及公序良俗。于此场合,合同自由应当让位于公序良俗。不然,《消费者权益保护法》第55条便功能减退乃至形同虚设。

　　违约金责任优先于违约损害赔偿而实现的第一点理由,可被概括为约定优先于法定。对此,本书作者持有异议:(1) 首先需要明确,如果当事人约定违约金时明示违约金责任优先于违约损害赔偿而实现,那么,只要该约定不损害社会公共利益,不违背社会公德,就应当有效。不过,这个结论并非违约金责任优先于违约损害赔偿而实现的第一点理由所指出的,而是本书作者意识到的。鉴于违约金责任优先于违约损害赔偿而实现的第一点理由没有考虑到这一点,它是在将违约金作为损害赔偿额预定的背景下讨论问题的,本书作者以下所论

---

① 理由"(5)"系北京市金杜律师事务所的余日红律师所建议的,特此致谢!

也不涉及"当事人约定违约金时明示违约金责任优先于违约损害赔偿而实现"的情形。(2) 在现行法上,并非约定总是优先于法定。究竟是约定优先还是法定优先,需要具体问题具体分析,不存在一个普适性的结论。① 如果约定的权利(义务)为 A,法定的权利(义务)为 B,则 A 权利(义务)与 B 权利(义务)至少在绝大多数情况下都有自己的一席之地,难谓约定优先于法定。例如,当事人约定就 A 房设立抵押权,没有约定就该房所在土地的建设用地使用权设立抵押权,但依《民法典》第 397 条的规定,抵押权当然地存在于该建设用地使用权之上。于此场合,难谓约定的抵押权优先于法定的抵押权。必须指出的是,存在着法定优先于约定的例证。例如,在同一动产上并存着留置权与质权、动产抵押权的场合,留置权人优先受偿(《民法典》第 456 条)。再如,A 房屋买卖合同系因出卖人甲欺诈而成立,买受人乙未于付款期日付款,按照 A 房屋买卖合同的约定,甲无需催告即可解除合同。在甲行使解除权,乙主张撤销权的情况下,裁判机关支持乙的主张最符合公平正义。如果这是正确的,就出现了法定优先于约定的情形。① ② 即使约定的和法定的权利(义务)均为 A,也不好说约定优先于法定。例如,当事人双方约定解除权产生的条件有:a. 销售代理商擅自将销售代理权转让给他人的;b. 销售代理商未能使规划部门允许开发商变更写字楼、公寓、住宅的比例关系,在商品房预售的策划、宣传方面不到位,经过整改仍不到位的。在出现上述情形之一时,开发商固然有权解除合同,在没有出现这些情形时,开发商也有权援用《民法典》第 933 条的规定,解除合同;即使是出现了上述情形之一,也不妨碍开发商援用《民法典》第 933 条的规定解除合同。从中看不出约定优先于法定的影子,反倒有法定更为强劲的味道。

明白了上述道理,讨论违约金与违约损害赔偿的优先与否就方便多了。① 在违约金系针对瑕疵履行、不能履行而约定的情况下,债务人拒绝履行、迟延履行,恐怕不得说违约金责任优先运用。② 按照苏联和东欧、中国的民法及其通说,违约金责任和违约损害赔偿责任分别为独立的责任方式。既然是分属不同的责任方式,类似于上文所谓"约定的权利(义务)为 A,法定的权利(义务)为 B",就不宜说约定的违约金责任优先适用。③ 按照罗马法及大陆法系的违约金契约说,违约金责任源自违约金契约这个从契约,只不过以债务人违约为支付条件;违约损害赔偿源自主契约,同样以债务人违约为成立要件。可见,违约金责任与违约损害赔偿责任分属两种法律关系。称违约金责任优先于违约损害赔偿责任而实现,意味着断言从契约关系优先于主契约关系或其变形。这是缺乏法律及法理依据的。④ 即使聚焦于赔偿性违约金系违约损害赔偿额的预定这个关联,看重二者的实质,是否就可以得出违约金责任优先于违约损害赔偿而实现的结论呢?本书作者仍不以为然。在法律未设明文违约金责任优先运用、当事人亦无此类约定的背景下,确定二者的相互关系,必须权衡方方面面。在违约金为损害赔偿额预定的法制下,当事人在合同中约定违约金无非是为了更为简捷迅速地解决纠纷,违约金和法定的损害赔偿两种方式在法律地位上没有高下之分,《民法典》第 585 条第 2 款允许对约定的违约金的数额予以调整,调整的参照系显然是当事人的实际损失数额——所受损害与所失利益之和,实际上意味着承认违约金和损害赔偿在个案中可以互相置换。此其一。在当事人约定了违约金的情况下,当实际的违约行为发生时,违约金责任、损害赔偿等都是违约的救济方式,法律并未强制规定这些救济方式的适用顺序,当事人选择哪个或哪些救济方式,是其权利,已经不涉及意思自治的问题了。既然

---

① 详细论述,请见崔建远:《合同法总论》(中卷)(第 2 版),中国人民大学出版社 2012 年版,第 567—569 页。

如此,守约方选择损害赔偿的救济方式,应当允许。此其二。① 这些理由在今天看来仍未过时,当然,需要深化和加强。笔者在上文批评违约金责任优先于违约损害赔偿而实现的第三点理由之中的"(3)""(6)""(7)""(8)""(9)"中的分析,就是深化和加强的表现,此处不再重复。

违约金责任优先于违约损害赔偿而实现的第二点理由,即违约金条款系限责条款之说,也值得商榷。其道理如下:如果当事人没有特别约定违约金不许调整,那么,该违约金就是损害赔偿额的预定,在当事人援用《民法典》第585条第2款的规定主张调整时,裁判机关无权拒绝。就是说,作为损害赔偿额预定的违约金,起不到限制违约责任的作用。只要当事人请求调整违约金的数额,并举证成功,实际上支付的违约金就是/相当于违约损害赔偿。如此,称违约金责任优先于违约损害赔偿,仅仅是表面的,在实质上,它并非不同于违约损害赔偿的责任。只有在当事人明确约定,双方约定的违约金不许调整,该违约金的数额又确实低于违约行为造成的实际损失,并且该约定不违反法律、行政法规的强制性规定,不违背公序良俗的情况下,该违约金才是限责的。但此类违约金已经不再属于损害赔偿额预定的违约金了,称之为违约金可能都不合适了。此类违约金的约定仅仅是限责条款而已。于此场合,违约损害赔偿责任依然在运用,只不过其数额受到限责的违约金条款限制而已。

在借款等合同的情况下,违约方所付利息相当于违约损害赔偿。这种类型的利息与违约金责任之间的关系,需要区分情况而作判断,有时是允许二者并罚,但设有上限。例如,《民间借贷规定》第29条规定:"出借人与借款人既约定了逾期利率,又约定了违约金或者其他费用,出借人可以选择主张逾期利息、违约金或者其他费用,也可以一并主张,但是总计超过合同成立时一年期贷款市场报价利率四倍的部分,人民法院不予支持。"

(三) 违约金与定金

违约金与定金能否并罚,观点不一。《民法典》第588条规定,同时约定了违约金和定金时,守约方只能选择其一而主张(第1款);不过,定金不足以弥补一方违约造成的损失的,对方可以请求赔偿超过定金数额的损失(第2款)。本书作者认为,这种设计较《合同法》第116条的规定合理些,但仍有探讨的余地。违约金与定金能否并罚,取决于定金的种类和性质,也受制于违约金的性质和完全赔偿原则。②

如果定金属于违约定金,由于违约定金具有预付违约金的性质③,该定金与违约金在目的、性质、功能方面相同,那么,两者一般不能并罚,其道理如同违约责任与侵权责任竞合时不能双重请求一样。但是,如果当事人明确约定定金以拒绝履行、不能履行为罚则的生效条件,而违约金则属于迟延履行或不完全履行的违约金时,那么,当迟延履行导致不能履行时,或不完全履行导致不能履行时,定金和违约金的目的和功能已有所不同,因而两者可以并罚。在拒绝履行导致迟延履行时,基于同样的道理,违约金和定金也可以并罚。

在定金为解约定金时,虽然因定金的抛弃或加倍返还可以解除合同,但只要是违约系因可归责于违约方的原因,违约金仍可成立。由于违约金和定金各具有自己的目的、性质和功能,两者可以并罚。

定金为证约定金或成约定金时,它与违约金在目的、性质和功能方面均有不同,两者可

---

① 崔建远主编:《合同法》(第4版),崔建远执笔,法律出版社2007年版,第360页;王利明:《合同法研究》(第2卷)(修订版),中国人民大学出版社2011年版,第711页。
② 崔建远:《合同责任研究》,吉林大学出版社1992年版,第256页以下。
③ 史尚宽:《债法总论》(第5版),荣泰印书馆股份有限公司1978年版,第494页。

以并罚。

需要指出的是,考虑到《民法典》上的违约金基本上是作为赔偿损失额的预定而存在的,因而当定金与违约金并罚导致数额过高,显失公平时,可以减少并罚的数额(第588条第2款的反面推论)。

(四) 违约金与合同解除

因为当事人违约而产生的违约金责任是客观存在,不能因合同解除而化为乌有,对此,不论什么性质的违约金均应一样。为了照顾违约金需要以合同关系存在为前提的理论,在合同解除有溯及力时,可以拟制合同关系在违约金存在的范围内继续存在。[①]《民法典》承认了这种理念,于第566条第2款正文规定:"合同因违约解除的,解除权人可以请求违约方承担违约责任。"因为违约责任包括违约金责任,故违约金责任与违约解除可以并立。

[①] 崔建远:《合同责任研究》,吉林大学出版社1992年版,第257页。

第十四章

合同的解释

第一节 合同解释概述

一、合同解释的概念分析

合同解释,"是确定当事人双方的共同意思"①,是指"对合同及其相关资料的含义所作的分析和说明。不论合同用语是否清楚,均需解释。当合同条款不清楚时,法院可以远离最初的协议来确定当事人双方的真意"②。如果合同条款的用语被发现是清楚的、不模糊的,无需(提供)新的证据③,就不需要再作进一步的解释,以探寻当事人双方的意思。④ 其实,这本身就是解释,因为要求合同自我清晰的开端就是合同解释的过程。⑤ 合同解释的任务在中国尤其繁重,因为法律规范的用语越概括,就越不明确,适用时给予法官的自由也就越大;法律规范的具体性有所减少,法官的解释任务就自然而然地有所增加。⑥

合同解释不同于法律解释。例如,在对法律可以作出多种解释的情况下,应优先采用符合宪法精神的那种解释结果,即使这种解释结果与法律制定者的意思相违背,亦然。相反,在解释合同时,符合法律的解释原则或符合善良风俗的解释原则,至少并不具有像合宪性解释那样的确定性适用。再如,法律解释均属法律问题,而合同解释有时属于事实问题,有时则为法律问题。⑦

应当注意,合同解释与法律解释之间的关系要比以上所述复杂得多。合同解释的过程本身会涉及法律的规定,合同解释完成后进入法律适用阶段,而法律适用仍然与法律解释相连。由此决定合同解释与法律解释相互交织。其实,合同解释的过程本身就往往伴随着法律解释,于此场合,合同解释的同时便有法律解释,法律解释为合同解释服务,合同解释与法律解释交织。还需注意,在某些情况下,此次对某具体的法律条文的解释因对某具体的合同条款的解释而或多或少地修正了以往对该法律条文的解释;因该法律条文解释的修正又导

---

① 《法国民法典》第 1156 条;La. Civ. Code Ann art. 2045.
② Rabenhorst Funeral Home,Inc. v. Tessier,674 So. 2d 1164(La. App. 1st Cir. 1996).
③ Frischhertz Elec. Co.,Inc. v. Housing Auth. Of New Orleans,534 So. 2d 1310,1312(La. App. 4th Cir. 1988),writ denied,536 So. 2d 1236(La. 1989).
④ La. Civ. Code Ann art 2046. Maloney v. Oak Builders,Inc.,256La. 85,235 So. 2d386(1970).
⑤ Patrick S. Ottinger,*Principles of Contractual Interpretation*,60 La. L. Rev.,765(Spring,2000).
⑥ 参见〔法〕勒内·达维德:《当代主要法律体系》,漆竹生译,上海译文出版社 1984 年版,第 90 页。
⑦ 详细阐释,请见崔建远:《合同解释论——规范、学说与案例的交互思考》,中国人民大学出版社 2020 年版,第 49—64 页。

致了其后此类合同条款的解释发生变化。①

合同解释与单独行为的解释也存有不同。解释单独行为,所探求的只是该行为人的意思。例如,遗嘱人的意思、悬赏广告人的意思,舍此之外,不探求他人的意思。而在合同场合,各方都选择某些表达符号并赋予其意思。对同一表达符号,一方赋予的意思与相对人所赋予的意思可能存在着实质的不同。② 合同解释,必须探求双方一致的意思表示。立遗嘱时,遗嘱人不要求他人理解或同意,不需要任何人作回复性的允诺、给予已经履行的约因或作出任何其他信赖行为。而这些因素大多要成为合同的订立和履行的一部分。法院必须根据可适用的法律确定哪一方的意思应居于主导地位,其活动远较确定遗嘱人的意思复杂、困难。③

二、合同解释的主体

对合同及其相关资料的含义进行分析和说明,任何人都有权进行。例如,当事人双方时常对其订立的合同进行分析和说明,即进行合同解释。发生合同纠纷,诉诸法院或仲裁机构时,法官、仲裁员、当事人、诉讼代理人、证人、鉴定人等,都从各自不同的角度解释合同;合同在鉴证、公证时,鉴证人员、公证人员、当事人也要解释合同;消费者协会等社会团体对投诉的合同纠纷,要发表对合同及其相关资料的看法;学者进行个案研究时,亦对合同及其相关资料进行解释。可见,合同解释无处不在,无时不有。这是广义的合同解释。

狭义的合同解释专指有权解释,即受理合同纠纷的法院或仲裁机构对合同及其相关资料的含义所作的有法律拘束力的分析和说明。

三、合同解释的客体

合同解释的客体,即合同解释工作指向的对象。从实际的合同解释看,在不同的合同争议中,解释的客体也不一致:(1) 在因合同中的语言文字表达含糊不清、模棱两可或相互矛盾而发生争议场合,合同解释的客体即是意思含糊不清、模棱两可或相互矛盾的语言文字的含义。(2) 在当事人一方主张合同的语言文字所表达的含义与其内心真意相异或相悖场合,当事人的内心真意如何,即成为合同解释的客体。(3) 在合同纠纷系因欠缺某些条款而使当事人之间的权利义务关系不甚明确时,合同解释的客体即是漏订的合同条款。(4) 在合同内容不符合法律要求,需要变更、修订其规定场合,不适法的合同内容即是合同解释的客体。

实际上,在解释典型的合同与解释初步协议、意向性协议和备忘录时存在着差别,在解释合同的必备条款、普通条款与解释合同名称、条名、注脚、序言时也明显不同,均须注意。④

四、合同解释的效力

狭义的合同解释的结果是制作调解书、裁决书或判决书的主要根据之一,对当事人具有强制执行的法律拘束力,是一件非常严肃的工作,必须符合法律的要求始能生效。

---

① 崔建远:《合同解释论——规范、学说与案例的交互思考》,中国人民大学出版社 2020 年版,第 65—68 页。
② Arthur Linton Corbin, *Corbin on Contract*(one volume edition), West Publishing Co., 489(1952).
③ Ibid.
④ 详细论述,请见崔建远:《合同解释论——规范、学说与案例的交互思考》,中国人民大学出版社 2020 年版,第 86—93 页。

第二节 合同解释的原则

解释合同,应遵循一些基本思想,以达到合同目的,实现公平正义。"这些合同解释的原则,不论是立法提供的还是法理学阐明的,对于法律实务工作者与商人都是重要的,他们需要确定合同的含义。"① 这些合同解释的原则同时也是合同解释的方法。根据《民法典》第142条等条款的规定及解释,介绍以下原则。

一、以合同文义为出发点,客观主义结合主观主义

合同条款系由语言文字所构成。欲确定合同条款的含义,必须先了解其所用词句,确定词句的通常含义,在各方当事人无不同于该通常含义的共同理解的背景下,应依词句的通常含义确定合同条款的意思。因此,解释合同必先由文义解释入手,对此《民法典》第142条第1款作了明确规定。

所谓"词句的通常含义",在操作的层面,首选查阅词典来确定合同词句的通常含义。不过,在社会发展日新月异,人们的认识不断发展、更新的背景下,词典所释已非正确时,就不得再依词典所释而应采取正确的新认识来确定合同词句的含义。再就是,合同词句的通常含义,在不少的情况下仅靠查阅包括法学词典在内的词典尚不足够,法律等规范性文件的有关规定,法学理论甚至其他学科的有关理论,也为揭示合同词句的含义所必需。特别是,在不同作者编纂的词典对同一个词句的解释不同的场合,更得求助于法律、法规、司法解释、惯例、判决,寻觅并确定出符合关系案件的含义。还有,对于词句、条款的解释是以其字面意思为准还是注重其实质?应当区分情况而有结论。最后,词句的通常含义有时会因某词句处于单一的合同关系抑或复杂的交易安排中而有不同。

有必要提及,依《合同编通则解释》第1条的文义和规范意旨,"词句的通常含义"仅为合同解释的"基础",而非最终的结论。如果各方当事人都承认他们对合同词句、条款存在着共同的理解,且不同于"词句的通常含义",那么,该种理解不违反法律、行政法规的强制性规定,不违背公序良俗,也不构成法律上的错误的,就应以各方当事人的共同理解为准,而不得奉行"词句的通常含义"规则。此其一。尽管发生纠纷时各方当事人对某合同词句或条款的含义各执一词,但是,如果根据合同整体、合同性质、合同目的和诚信原则能够清楚地确定出各方当事人于缔约时共同赋予的合同词句的含义,且不同于"词句的通常含义",那么,也不应依"词句的通常含义"规则来确定争议条款的含义。此其二。

合同文本采用两种以上文字订立并约定具有同等效力的,对各文本使用的词句推定具有相同含义。

当事人在签订合同时采用的含义,是指其内心的意思,还是表示出来的意思?19世纪的立法盛行探求当事人内心意思的主观主义,至今仍有人主张应把主观主义作为解释合同的第一标准加以考虑。② 但若绝对如此,则会损害善意第三人的合法权益,违反交易安全原则。早在19世纪晚期,Oliver Wendell Holmes 和 Samuel Williston 就都正确地认为,债将不按照当事人双方的主观意思,而是依据一个对当事人双方的用语和行为的合理解释而附着上去的

---

① Patrick S. Ottinger, Principles of Contractual Interpretation, 60 *La. L. Rev.*, 765(Spring,2000).
② 〔日〕奥田昌道等:《民法学·I·总论的重要问题》,日本有斐阁1981年版,第161页。

意思而发生的法律效果。① 现代法奉行表示主义,应按当事人表示出来的意思加以解释。"所谓当事人之真意,不是指当事人主观内心之意思,而是从意思表示受领人立场去认定之'客观表示价值'。"②

所谓当事人表示出来的意思,首先是以合同用语为载体的意思。这就要依据合同用语解释合同,但由于主客观方面的原因,合同用语时常不能准确地反映当事人的真实意思,有时甚至相反。这就要求解释合同不能拘泥于合同文字,而应全面考虑与交易有关的环境因素(情事),包括书面文件、口头陈述、双方表现其意思的行为以及双方缔约前的谈判活动和交易过程、履行过程或惯例。

不过,在合同因欺诈、胁迫、乘人之危、错误等原因而订立的情况下,如果不考虑受欺诈人、受胁迫人、处于困难境地的人、重大误解人的内心真意,片面强调他们表示于外部的意思,反倒不利于受欺诈人等,甚至是怂恿欺诈等违法行为的发生。于此场合,尚应采取主观主义的解释原则。

总之,客观主义为主,主观主义为辅,是中国法应采取的合同解释的原则之一。

二、体系解释

体系解释,又称整体解释,是把全部合同条款和构成部分看作一个统一的整体,从各个合同条款及构成部分的相互关联、所处的地位和总体联系上阐明当事人系争的合同用语的含义,或者拟出欠缺的合同条款。甚至有时要有条件地把相关交易、连续交易看成一个整体,来解释合同。

法律行为没有像法律那样被纳入统一秩序的整体框架之中,所以,与法律解释有所不同的是,法律行为解释无需考虑体系解释这一要素。这一点正是法律解释与法律行为解释的根本区别所在。③

就法律行为的规范解释而言,除解释的语法和逻辑要素,以及可能会被考虑的历史因素以外,那些在法律行为表示作出时赋予其意义的事实情形可以取代解释的体系要素。此处的事实情形指的是那些涉及表示的事实情形,而不是那些涉及参与表示当事人个人的情形。在进行解释时,仅应考虑当事人作出表示时出现在他面前那些事实情形。④

《民法典》第142条第1款关于按照合同的有关条款予以解释,第511条关于合同欠缺质量、价款或者报酬、履行地点等条款时按照合同有关条款加以确定的规定,以及《合同编通则解释》第1条第1款关于结合相关条款确定争议条款的含义的规定,可看作肯定了体系解释原则。

关于合同解释应贯彻体系解释原则的理由,分解开来说,主要有以下四点:首先,合同条款经双方当事人协商议定,自然需平等对待,视同一体。⑤ 其次,为表达和传递当事人的合同意图所使用的语言文字,在合同的整个内容中是有组织的,而不是毫无联系、彼此分离的词语排列。因而,如果不把争议的条款或词语与其上下文所使用的其他词语联系起来,而是孤

---

① K. M. Sharma, From "Sanctity" to "Fairness": An Uneasy Transition in the Law of Contracts? *New York Law Journal of International & Comparative Law*, 18 N. Y. L. Sch. J. Int & Comp. L., 95(1999).
② 王泽鉴:《民法债编》,北京大学出版社2009年版,第167页。
③ 〔德〕维尔纳·弗卢梅:《法律行为论》,迟颖译,法律出版社2013年版,第362页。
④ 同上书,第363页。
⑤ 金勇军:《一般交易条款的解释》,载《法学》1997年第5期。

立地去探究它的一般意思或可能具有的意思,就很难正确、合理地确定当事人的实际意图。相反,还可能产生不该有的误解。再次,合同内容通常是单纯的合同文本所难以完全涵盖的,而是由诸多的其他行为和书面材料所组成,诸如双方的初步谈判、要约、反要约、信件、电报、电传,等等。其中可能包含双方对合同文本内容的修订或其他问题的补充、说明,也可能包含对合同的担保、特殊信用要求等。"必须记住,书面或口头合同中所用用语并非当事人一方或双方的意思的唯一表达。的确,他们可以约定现在用文句表达的合同是他们唯一的和完整的合同,取代和取消一切先前的不生效的协议和理解,以便学识渊博的学者都可以说,当事人双方的合同已经被特殊用语加以了'整合'(integrated)。"① 因此,在确定某一条款或词语的意思过程中,应该把这些材料都放在一起进行解释,以便通过其他合同成分或证据材料的帮助,明确争议内容所具有的意义。最后,订立合同,要求当事人把所有的合同内容都毫无遗漏地落实到书面上是非常困难的。当合同的某方面内容没有规定或规定不明确时,整体地把握合同内容,或者进而联系该种合同的法律制度,按照有关合同条款或法律规定的内容、精神来理解合同,都有一定的意义和价值。②

三、交易的整体解释

传统解释论的体系解释存在着先天的弱点,这早被有识之士发现,并尽力克服:现在的趋势明显是要追求缔约时当事人各方的意图与共同目的,而找出共同目的就涉及接受有关谈判时的背景证据。而不再像传统做法只就一个书面合同中的条款/文字咬文嚼字地作出解释,以避免一个解释客观看来与当事人各方缔约的共同目的不相符,甚至是断章取义或是离题(out of context)。③ 其实,将视线延伸至有关谈判时的背景证据,在解释合同联立、狭义的合同变更、合同更改、反对合同、代物清偿、债权让与合同、债务承担合同之类的合同时,大多可能完成作业,但解释主从关系的合同就勉为其难,特别是解释"先签合同和后续合同虽然各自独立、标的物不同,但依当事人的真意二者在实质上互为因果"的情形,更是鞭长莫及。

客观现实是,现代交易时常由数方当事人参与,借助若干个合同或单方允诺形成系列交易安排。对此,不得孤立地抽出一个合同或单方允诺"作茧自缚"地处理,而应注意这些合同、单方允诺之间的关联性,整体审视全部合同、单方允诺即完整的交易,注意每份法律文件项下的权利义务间的相互影响,以求法律人的判断和结论符合交易真实、利益衡平地解决问题之效果。假如孤立地看待和处理单个的合同、单方允诺,就很可能得出显失公平的结论。

满足这样要求的合同解释方法已经不是《民法典》第142条、第466条及《合同编通则解释》第1条第1款规定的(单个合同的)体系解释,而是超越又尊重单个合同、单方允诺而形成的交易的整体解释。这样的交易的整体解释的规则应是:在某合同的约定其实源于其他法律关系的设计时,解释合同时不宜甚至不得局限于该合同条款,而应将视野扩展于另外的法律关系,整体审视,全面衡量。④

交易的整体解释与单个合同的体系解释之间不是否定态势,而是前者包容后者的关系。稍微详细说明如下:在交易由系列合同构成的案型中,就某特定的单个合同而言,即使采取

---

① Arthur Linton Corbin, *Corbin on Contract* (one volume edition), West Publishing Co., 508(1952).
② 苏惠祥主编:《中国当代合同法论》,吉林大学出版社1992年版,第258—259页。
③ 杨良宜:《合约的解释》,法律出版社2007年版,第45页。
④ 崔建远:《意思表示的解释规则论》,载《法学家》2016年第5期。

交易的整体解释路径及方法,也仍需遵循体系解释的方法,即,通过解释使该合同内部自洽,各条款之间不矛盾、不抵触甚至填补合同漏洞;对于另一的特定合同也如此解释;以此类推,以至将交易涵盖的全部合同都解释完毕。按照传统的合同解释方法,解释作业至此结束。但依据交易的整体解释方法,解释交易中的合同甲时不可忽略其他合同及其对合同甲的影响,而是关注构成该交易的各个合同之间的相互影响、衔接。如此操作,有些时候单个合同的体系解释及其结论会原封不动地留存下来,整体审视交易后不改变单个合同的体系解释及其结论;但另外一些时候则不同,在交易的整体解释时发现单个合同的体系解释所得结论存在问题,只有对其矫正后才符合整个交易的实情。①

四、历史解释

合同为当事人交易的过程,因而解释合同不能掐头去尾,而应斟酌签订合同时的事实和资料,例如磋商过程、来往文件和合同草案等,加以解释。②

《民法典》第142条、第466条与意思表示的规定,仅就其字面含义而言,没有明确历史解释。但是,《合同编通则解释》第1条第1款关于参考缔约背景、磋商过程、履行行为等因素确定争议条款的含义的规定,体现了历史解释的思想。

合同是个过程,除一些简单的交易之外,订立合同大多是一场较为复杂甚至漫长的博弈,自当事人双方接触、讨价还价到最后形成协议,存留过数个意思表示,或以书面为载体,或以口头为表现形式,或以行为甚至沉默表达出来,哪个、哪些意思表示形成合同条款,哪个、哪些意思表示不属于合同条款,是必须解决的、确定的事项。审视这个过程,甄别、筛选出形成合同条款的意思表示,正是历史解释以及有关解释的原则亦为方法的题中应有之义。所以,历史解释的原则亦为方法不可或缺。在这个意义上说,《民法典》第142条、第466条存在着法律漏洞,应予填补。

对于历史解释的地位及作用,要有清醒的认识:一般而言,历史解释要素在法律行为规范解释中不像在法律解释中那样发挥核心作用,虽然在个别情形中,法律行为规则可能会以当事人之间业已存在的规则为基础制定。③

这种提醒值得重视,采取的措施之一是把历史解释与有关解释原则及方法联系起来运用,倘若单独运用历史解释的方法,就会面临着风险。如果合同订有明确当事人各方以前所有的承诺和约定全部作废类型的"完整合同条款"(entire agreement clause, merger clause, integration clause),因该条款的本意是把合同局限于合同内明示条款/文字之内,将合同明示条款/文字以外的约定排除于该合同以外,那么,于此场合,依赖历史解释的方法解释系争合同,就极可能得出十分错误的结论,除非该条款被认定为无效。④

五、基于合同性质

不同种类的合同,其项下的权利义务存在差别,这决定了合同词句的含义受制于合同的种类;合同种类不同,合同的法律性质有异,故可说合同性质乃决定合同词句的含义的重要

---

① 关于交易的整体解释的详细论述,请见崔建远:《先签合同与后续合同的关系及其解释》,载《法学研究》2018年第4期;崔建远:《合同解释论——规范、学说与案例的交互思考》,中国人民大学出版社2020年版,第181—192页。
② 王泽鉴:《债法原理》,北京大学出版社2009年版,第167页。
③ [德]维尔纳·弗卢梅:《法律行为论》,迟颖译,法律出版社2013年版,第362页。
④ 同上书,第75—76页。

因素。这已被《民法典》第 142 条第 1 款、第 466 条以及《合同编通则解释》第 1 条所确定。基于合同性质确定合同条款的含义,可被广泛运用。例如,在隐名代理的场合,相对人于缔约时知晓被代理人,合同却未明确合同项下的权利义务是否由隐名代理人承受的,可基于代理关系的基本属性得出否定的结论。再如,在 EPC 总承包合同的案型中,总承包合同和分包合同均未约定分包人有无权利直接请求发包人支付工程款的,应当解释为无权,因为 EPC 总承包合同的法律特征是总承包人对发包人负担合同项下的义务和责任,对分包人负担分包合同项下的义务和责任,分包人无权径直请求发包人负担分包合同项下的义务和责任。与此有别,在实际施工人的案型中,虽然建设工程施工合同未约定实际施工人可否径直请求发包人向其支付尚未支付给承包人的工程款,但由此种合同性质和司法解释决定,实际施工人有权请求发包人于其尚未支付给承包人的工程款的范围内付给自己应得的工程款部分。

六、符合合同目的

当事人订立合同均为达到一定目的,合同的各项条款及其用语均是达到该目的的手段。因此,确定合同用语的含义乃至整个合同内容自然须适合于合同目的。如果说"立法旨趣之探求,是阐释法律疑义之钥匙"[①],那么合同目的之探寻,亦有如此重要性。《民法典》第 142 条以及《合同编通则解释》第 1 条第 1 款都明确规定了符合合同目的原则。

合同目的,首先是合同的典型交易目的,即给与所欲实现的法律效果。这种典型交易目的在每一类合同中是相同的,不因当事人订立某一具体合同的动机不同而改变。例如,在买卖合同中,买受人的典型交易目的是取得标的物的所有权,出卖人的典型交易目的是获得价款。在赠与合同中,典型交易目的是移转赠与物的所有权。因该典型交易目的决定了给与的法律性质及对其所适用的法规[②],所以,依据符合合同目的原则解释,首先确定被解释合同的典型交易目的,就可以锁定合同的性质、种类,进而确定出适用于被解释合同的法律规范。

不过,依据典型交易目的解释合同,尽管在某些个案中可能一揽子地解决了问题,但由于它在许多情况下还只是确定了解释的大方向,对于不少合同用语和条款的含义尚无力界定,只有根据特定的当事人订立特定合同的主观目的,才能完成明确合同用语、条款的含义的任务,所以,依据合同目的解释原则,还需要根据当事人的主观目的解释合同。所谓当事人的主观目的,就是当事人订立合同的动机。[③] 动机乃为法律行为之缘由,此一缘由实则指给付目的,与债务目的在于清偿实现债权不同。[④] 也应注意,目的无不存在于意欲之内,动机虽大多存在于意欲之外,但偶亦可存在于意欲之内。在此情形,动机与目的可能为同一之意欲,既为发动意思之力量,又为将来希望之事由。于是,目的与动机可能并无分别。但此时影响行为之效力者仍为目的而非动机。[⑤]

必须指出,当事人的主观目的,时常藏于其内心,他人、法律往往不易识别和判断,因而,倘若动辄依据当事人的主观目的解释合同,也会出现不适当的后果。有鉴于此,依据当事人的主观目的解释合同,需要注意以下几点:(1) 合同目的应是当事人双方在合同中通过一致

---

① 〔德〕Oertmann, Interesse und Begriff in der Rechtswissenschaft, 1931, S. 12. 转引自王泽鉴:《民法思维》,北京大学出版社 2009 年版,第 190 页。
② 王泽鉴:《民法学说与判例研究》(第 1 册),北京大学出版社 2009 年版,第 116 页。
③ 同上。
④ 林诚二:《民法理论与问题研究》,中国政法大学出版社 2000 年版,第 198 页。
⑤ 王伯琦:《法律行为之标的及目的》,载《王伯琦法学论著集》,三民书局 1999 年版,第 274 页以下。

的意思表示而确定的目的。(2)当事人双方内心所欲达到的目的不一致时,以双方均已知或应知的表示于外部的目的为准。例如,甲与其单位订有委托培养合同,合同载明"学成回原单位工作",但甲回原单位后工作了3个月便离职,声称已经履约。本案应依合同目的解释,单位目的是培养合格人才在单位长期工作,其时间应与单位所花代价一致,甲应知其单位培养目的,故甲的行为构成违约。(3)合同目的不仅指合同整体目的,还可区分为部分合同目的和条款目的。① 部分合同目的、条款目的用作解释的范围有限,不可依据它们解释无此目的的合同用语、条款。

还要指出,解释合同所依据的合同目的,时常是当事人一方的合同目的,而非各方的共同目的,因为很难形成各方共同的合同目的。合同的双方当事人常常有不同的目的。② 符合合同目的原则的功能是,其解释结果可以用来印证文义解释、体系解释、习惯解释的结果是否正确。合同目的应被认为是当事人真意的核心,是决定合同条款内容的指针。③ 如果文义解释、体系解释、习惯解释的结果与依合同目的解释的结果不一致,应取后者,亦即,认为当事人缔约时不愿依文字的通常含义或习惯确定合同用语的含义。不过,如果合同目的模糊,通常会寻求文义解释等方法;合同目的违法,更不得依合同目的的解释;适用情事变更原则,也不依合同目的解释合同条款。还有,由于一方所追求的目的,并非也是另一方所追求的目的,所以,目的并不能直接决定法律行为的内容。④

七、参照习惯与惯例

参照习惯(custom)与惯例(usage)原则,是指在合同文字或条款的含义发生歧义时,按照习惯和惯例的含义予以明确;在合同存在漏洞,致使当事人的权利义务不明确时,参照习惯和惯例加以补充。

虽然有人认为,法律的一般原则常可完成补充合同用语的任务,用惯例补充合同用语的含义有时被当作对法律一般原则的无端侵害⑤,但是,参照习惯和惯例解释合同仍为各国法普遍承认的解释原则。《法国民法典》率先明定(第1159条、第1160条),《德国民法典》相袭承继(第157条),日本的判例学说给予肯定。在英美法系,习惯和惯例对于合同解释的作用,不仅有众多的判例予以确认和限定,而且《美国统一商法典》(第1-205条、第2-317条)等制定法也作了明确规定。如今,这种解释原则已经冲破国别、法系的界限,成为国际贸易中合同解释的通则。《联合国国际货物销售合同公约》(1980年)(第9条)等国际性的公约、条约都对此作了概括性的规定。中国《民法典》第142条第1款及《合同编通则解释》第1条第1款也规定有按照交易习惯解释合同,值得肯定。首先,习惯与惯例是在人们长期反复实践的基础上形成的,在某一地域、某一行业或某一类经济流转关系中普遍采用的做法、方法或规则,能够被广大的合同当事人所认知、接受和遵从。一些与现行法律、法规等规范性文件不相抵触、经国家认可的某些习惯,还常常成为民事法律的渊源。因此,在合同解释中,参

---

① 胡基:《合同解释的理论与规则研究》,载梁慧星主编:《民商法论丛》(第8卷),法律出版社1997年版,第47—48页。
② 〔美〕E. 艾伦·范斯沃思:《美国合同法》(原书第3版),葛云松、丁春艳译,中国政法大学出版社2004年版,第469页。
③ 杨仁寿:《法学方法论》,三民书局1989年版,第221页。
④ 〔德〕迪特尔·梅迪库斯:《德国民法总论》,邵建东译,法律出版社2000年版,第233页。
⑤ E. Allan Farnsworth, *Farnsworth on Contracts*, Aspen Publishers, 285(1990).

照一定的习惯与惯例,不仅符合合同当事人的利益和愿望,而且符合社会正义和法律的要求。其次,随着改革开放的逐步深化和扩展,中国的国际经济交往将得到进一步增强,涉外合同的数目也必将随之增加。于此场合,出现合同解释问题时,运用国际通用的解释原则界定当事人双方的权利义务,至为重要。

运用参照习惯与惯例原则,应当注意以下问题:

1. 习惯与惯例应当是客观存在的符合其构成的行为规范。《合同编通则解释》将之综合、简化和改造成"交易习惯"表现为"当事人之间在交易活动中的惯常做法","在交易行为当地或者某一领域、某一行业通常采用并为交易对方订立合同时所知道或者应当知道的做法"(第2条)。

2. 习惯与惯例必须适法。首先,习惯与惯例的内容不得违反法律、行政法规的强制性规定且不违背公序良俗(《合同编通则解释》第2条第1款),否则,应被确认为无效(《总则编解释》第2条第2款)。纵使合同当事人有依此的意思,也不能以此确定或填补合同的含义及内容。交易惯例和商业习惯只有在符合法律制度的价值标准的范围内才具有意义,它们本身不能作为认识法律的源泉。违反交易惯例,还不足以使某项行为"违法"。① 其次,习惯与惯例的内容既不违反强行性规定,又不违反任意性规定者,除当事人明示排斥,或在当事人的职业、阶层、地域等关系中非为普遍而不被双方所知悉者外,该习惯与惯例即有参照适用的效力。

3. 习惯与惯例应当是当事人双方已经知道或应当知道而又没有明示排斥者。在习惯与惯例的内容不违反强行性规定的情况下,是否可用于解释合同,取决于当事人双方对该习惯或惯例的认知情况。该习惯与惯例若为当事人双方所共知时,则优越于任意性规定,可用于解释合同(《民法典》第510条等);在当事人双方均不知道该习惯与惯例存在,或仅为一方所知悉的情况下,则应依照任意性规定,补充合同内容,不得依据该习惯与惯例解释合同。建议合同按照习惯与惯例解释的当事人必须证明,习惯或惯例被广泛知晓或已经被运用足够的时间从而被广泛知晓,必须证明合同当事人知晓或应当知晓提供的习惯或惯例,因此法院能推定当事人双方在订立合同时指向了这些习惯、惯例。②

4. 只有在合同载有"疑义条款"时,才可以运用习惯作为解释工具(《路易斯安那民法典》第2053条)。在合同是清晰的、完整的和不模糊的情况下,新条款不能通过吸收惯例或习惯而加入该合同中。这些惯例、习惯会增加当事人一方或双方的合同债务。③ 这有其道理,值得中国法借鉴。

5. 习惯依其范围可分为一般习惯(通行于全国或全行业的习惯)、特殊习惯(地域习惯或特殊群体习惯)和当事人之间的习惯。在合同解释中,其效力依序增强:在合同文义无明示反对该习惯解释的前提下,当事人之间的习惯优于特殊习惯,特殊习惯优于一般习惯。但如果当事人一方仅有一般习惯而另一方有特殊习惯,或者当事人来自不同地域或群体而有

---

① 〔德〕卡尔·拉伦茨:《德国民法通论》(上册),王晓晔、邵建东、程建英、徐国建、谢怀栻译,法律出版社 2003年版,第18页。

② See Texas Gas Exploration Corp. v. Broughton Offshore Ltd. II,790 S. W. 2d 781,785(Tex. App.-Houston〔14th Dist.〕1990, no writ)。

③ S. K. Y. Inc. Corp. v. H. E. Butt Grocery Co.,440 S. W. 2d 885,891-892(Tex. Civ. App.-Corpus Christi 1969, no writ)。

不同的特殊习惯,则应视具体情况而定:(1) 当事人一方将特殊习惯在缔约时或其后告知对方,对方未表示反对的则依双方明知的习惯解释。(2) 一方虽未积极地将其意指的特殊习惯通知对方,但对方对此理应知晓的,仍应依该特殊习惯予以解释。(3) 如果当事人双方互不了解各自意指的特殊习惯,或一方不知或不应知对方的特殊习惯,则依一般习惯而不是依特殊习惯解释合同,地域习惯与群体习惯冲突时,适用上述规则加以确定。①

6. 所谓参照习惯与惯例,勿忘考虑(依据)交易的类型、性质。

八、参考缔约背景确定争议词句、条款的含义

缔约背景,缘起着交易,蕴含着当事人缔约的动机甚至合同目的,或明或暗地映衬着各方当事人的谈判地位,或多或少地影响着各方当事人的合同权利义务,由此决定了它在解释合同中的位置。有人断言:确定合同词句与外部对象的联系是必要的,包括缔约背景在内的所有环境都应予以考虑,以便弄清当事人所用合同词句的意思。② 根据合同目的予以解释的规则内在地重视在解释合同词句时须关注周围情事。③ 不过,应当注意,如果合同的词句足够明确无误,则该条款/词句的一般性解释还是应被接受,而不应该受缔约背景/语境的扭曲。④ 看来,《合同编通则解释》第 1 条第 1 款关于参考缔约背景确定争议条款的含义的表述,而不规定必须根据缔约背景确定争议条款的含义,是周延的。

九、参考磋商过程确定争议词句、条款的含义

合同的成立大多不是一蹴而就的,而是几经讨价还价,方才妥协而成。如果合同条款明确无误,就意味着各方当事人抛弃了与此有异的磋商过程中出现的意见,任何人都不得以磋商过程中的意见取代明确无误的合同条款。不过,如果某个或某些合同词句、条款模糊不清,存在歧义,或者存在合同漏洞,那么,磋商过程中的意见至少有助于澄清合同词句、条款的含义,帮助补充合同漏洞。

以上所论,表明了磋商过程只是作为确定争议条款的含义的参考,而非必须基于磋商过程确定争议条款的含义,故《合同编通则解释》第 1 条第 1 款使用了"参考""磋商过程""确定争议条款的含义"的措辞,这值得肯定。

十、参考履行行为确定争议词句、条款的含义

依合同约定为给付,才构成适当履行,消灭相应的义务。假如偏离合同约定为给付,则产生违约责任。当然,这些断语是以合同条款明确无误为前提的,在合同条款模糊不清时就难以"依合同约定"为给付。不过,尽管合同条款存在歧义,但因种种原因债务人还是履行了合同,此情此景反过来倒是确定争议条款的"参照物",至少在有些情况下是这样。如果债权人受领了给付,对债务人的给付不具异议,则可以将此视为双方当事人澄清了、印证了、践行了合同条款的含义,或者变更了合同约定。还有,在对赌协议中,投资者依约取得股权到底

---

① 胡基:《合同解释的理论与规则研究》,载梁慧星主编:《民商法论丛》(第 8 卷),法律出版社 1997 年版,第 44 页。
② Stewart v. Selder,473 S. W. 2d 3, 7 (Tex. 1971). In Murphy v. Dilworth, the court stated.
③ New England Structures v. Loranger,234. N. E. 2d 888(Mass. 1968). 转引自 E. 艾伦·范斯沃思:《美国合同法》(原书第 3 版),葛云松、丁春艳译,中国政法大学出版社 2004 年版,第 469 页。
④ Mannai Investment Co. Ltd. (1997) AC 749. 转引自杨良宜:《合约的解释》,法律出版社 2007 年版,第 279 页。

是真正取得股权还是获得股权让与担保权？应当区分情形而有不同的结论：原股东实际回购案涉股权（履行行为），投资者于此前依约取得股权的关系在实质上是双方形成债的关系附加了股权让与担保；在原股东享有回购权且该权消灭（无履行行为）时，或原股东负有回购义务且投资者确定地不请求原股东履行回购义务（无履行行为）时，投资者便真正地取得股权，确定地成为真正的股东，至此双方的关系确定不是股权让与担保关系。遇有此类情形，参考履行行为确定争议条款的含义，就有其道理。总之，《合同编通则解释》第1条第1款使用"参考""履行行为""确定争议条款的含义"的措辞，是周延的、合适的。

十一、何为确定争议词句、条款的含义所参考的"等因素"？

对于确定争议条款的含义所参考的因素，《合同编通则解释》第1条第1款规定有"兜底条款"，除缔约背景、磋商过程、履行行为之外的因素——"等因素"，也是确定争议条款的含义时所参考的。此处"等因素"固然需要在个案中才会较为恰当地被选取，但也有些是不应被忽视的。例如，先前的交易这种"等因素"，经常帮助确定合同当事人各方是否已经形成了一个对其关系的不同寻常完美的共同理解，包括助其作出明智判断的阅历、知识和经验的进程。[①]再如，在缔约时，一方当事人向另一方当事人提供广告单、产品目录和价目表，实际上在表达其期望的权利义务；一方当事人在作出表示时所体现出来的那些个人情况，都属于《合同编通则解释》第1条第1款所说的"等因素"。[②]

除上述解释原则而外，合法原则、诚信原则也当然是合同解释的原则（《合同编通则解释》第1条第1款），它们已在民法的基本原则中阐述，本书不赘。

第三节 合同解释的规则

一、合同解释规则概述

合同解释的规则，也属于合同解释的方法。中国现行法尚未就合同解释的全部规则明确表态，审判和仲裁的实务所积累的经验有限，理论研究也开始不久，所以，本节主要介绍和评论普通法系的若干规则。

二、"明示其一就排斥其他"

如果当事人在合同中列明了特定的款项，未采用更为一般性的或包罗万象的术语，那么，其意图就是排除了未列明的项目，尽管未列明的项目与列明的项目类似。这就是所谓"明示其一就排斥其他"规则（expressio unius est exclusio alterius）。[③]该解释规则的全部理由是，在当事人双方已经列举了作为合同客体的一事或一人，并且尚未通过言词邀请适用"同类"理论的情况下，就推定已列举的事或人是独有的，不仅仅是例证的。

一般地，除非一份整体的合同表露出相反的意思，具有一般意义的言词将被更特定的或

[①] K. M. Sharma, *Fairness*: *From "sanctity" to "Fairness"*: *An Uneasy Transition in the Law of Contracts*? 18 N. Y. L. Sch. J. Int'l & Comp. L. 95.

[②] 〔德〕维尔纳·弗卢梅：《法律行为论》，迟颖译，法律出版社2013年版，第365页。

[③] Farnsworth, *Farnsworth on Contracts*, Little Brown and Company, 261-269(1990).

所描述的标的限制。在裁决以特定言词限制最先使用的一般赔偿的用语中,法院摘录"合同的推定解释的一般规则是,除非自作为一份整体的合同中出现一相反意思,具有一般意思的言词将由更特定的条款或描述的合同标的加以限制"①。

在合同中列举了特定的救济方式(如违约金)的情况下,是否适用"明示其一就排斥其他"规则,即只能采用该特定的救济方式(如违约金),而不得寻求损害赔偿等救济方式?换言之,该规则是否具有使合同约定的救济方法优先于其他法律救济方法的效力?答案是否定的,理由已在"第十三章 违约责任""第九节 违约金责任"之"七、违约金与其他违约救济方式"中进行了较为详细的分析,此处不赘。

三、"同样种类"

如果当事人列明了特定的项目,随后又使用了更为一般性、包容性的术语,那么,其意图就包含了与特定项目类似的项目。据此即可概括出"同样种类"规则(ejusdem generis)。② 该规则在路易斯安那民法上被称作"较大者包含较小者"(the greater includes the lesser),即一项一般原则所含事项(specification),在范围上若是广泛的,将被认为包含适用范围较小的原则。③

四、推定每一条款具有意思与目的

如果可能,法院将采用赋予每一条款含义与目的的方式来解释合同条款,以便不使条款成为无意思或无实际意义。④ 如果一份合同或合同条款可能具有两种合理的推定解释,其中之一会使它充满意思,而另一种解释则使它无实际意义,那么,使合同或条款充满意思的推定解释必须优先采纳。⑤

五、推定不违法

如果一份合同或一个条款可能有两种合理的解释,其中一种解释与制定法、行政法规或普通法相一致,另一种解释则相反,法院将采用使之合法的方式解释该合同或合同条款。⑥《合同编通则解释》第1条第3款承认了该项规则,只不过有些绝对,如果合同条款违反《民法典》第144条、第146条第1款、第153条第1款正文和第2款、第154条、第497条及第502条的规定,就应当是绝对无效的。

六、推定明示条款优先于默示条款或随后行为

如上所述,在解释一份书面合同时,履行过程、连续交易与交易惯例处于法院考虑的"周围情事"。不过,这些考虑产生了与书面明示条款相反的解释结果。⑦ 历史上,美国得克萨

---

① 51 La. Ann. 285,286,25 So. 88 (La. 1899).
② Farnsworth, *Farnsworth on Contracts*, Little Brown and Company, 261-269(1990).
③ Genina Marine Services, Inc. v. Mobil Exploration & Prod. Southeast, Inc. , 506 So. 2d 922,929 (La. App. 1st Cir. 1987).
④ See Lenape Resources Corp. v. Tennessee Gas Pipeline Co. ,925 S. W. 565,574 (Tex. 1996).
⑤ See Harris v. Rome,593 S. W. 2d 303,306 (Tex. 1979).
⑥ See Smart v. Tower Land & Inv. Co. ,597 S. W. 2d 303,306 (Tex. 1979).
⑦ See Restatement (Second) of Contracts〈sect〉203(b) [明示条款较之履行过程、系列交易与交易习惯更具有分量(优先效力)……]第203条的评论解释说:正因为(just as)协议的当事人双方经常背离(depart from)关于词或其他行为的含义,所以他们可以背离一项交易习惯。相似地,他们可以改变由其已经存在的系列交易建立起来的模型(模式)。他们在这种情况下的意思通常作为一项事实加以确定;没有惩罚性违约金通过合同法与不遵循他人的惯例或当事人自己之间已经存在的惯例联系在一起(合同法不把违反他人的惯例或当事人自己已经存在的惯例作为惩罚性违约金的条件)。

斯州的法院从未热衷于把当事人正思考着的条款作为合同的一部分。① 仅仅在需要通过把合同作为一个整体来证明当事人双方的意思有效时，默示条款才被承认。还有，该默示条款必须达到"它在当事人双方的意图(contemplation)中是如此清楚，以至于无需明示地表达"的程度。②

七、有利于公共利益

如果合同用语可合理地得出两种解释，且只有一种解释有利于公共利益，那么该解释将被优先考虑。该规则常用于支持对限制性合同所作的严格解释。它与违反公益的合同及其条款无效的规则有关联。

八、有异议时作不利于草拟人的解释

一个极具共性的例子揭示出这样一条规则：如果一方提供的用语可合理地得出两种解释时，应选择不利于用语提供人的解释。在格式条款中，不利于条款草拟人的解释尤为适当（《民法典》第498条中段）。

在这里，最重要的前提是，提供合同文本的当事人最能够清楚无误地表达交易（合同）条款。一旦条款不确定或不清楚，而这又是本应能够避免的话，那么，草拟条款的当事人将承受该后果。换言之，草拟者当心(caveat scrivener)！

在合同是当事人双方谈判的结果场合，因为不存在单一的草拟者，故不存在着将合同作不利于哪个草拟人的解释的决定性规则。

还有，一份合同不需要整个地被解释为不利于一方或另一方当事人（可能一部分内容作有利于债权人的解释，另一部分内容作有利于债务人的解释）。这样，在合同文本是采用了印有一方当事人的信笺抬头的纸张的场合，就推定该当事人草拟了或至少是提供了合同文本，那么，按照法院的观点，该合同中的模糊的文句就作不利于草拟特别文句的一方当事人的解释。③ 因该理由，某些贸易律师便保留他们起草的稿子或电传，这些文件反映着讨价还价的进程和每一方当事人在洽商中对合同的特别意见(contribution)。

九、推定特别条款优先于一般条款

合同中的特别用语优先于一般条款。④ 然而，如果当事人双方清楚地显示出相反的意思，那么这种优先性(preference)将丧失。⑤

十、推定协议中先陈述的条款优先于后陈述的条款

在协调书面协议的条款时，"一份协议中先陈述的条款必须优先于随后陈述的条款"⑥。

---

① See Thornton v. D. F. W. Christian Television, Inc.,925 S. W. 2d 17,24 (Tex. App.-Dallas 1995),rev'd,933 S. W. 2d 488 (Tex. 1996).

② Danciger,154 S. W. 2d at 635; Calvin,563 S. W. 2d at 957. 在这样的案例中，《合同法重述》（第2版）建议主审法院提供"依照周围情况是合理的条款"。Restatement (Second) of Contracts〈sect〉204.

③ Car Kits, Inc. v. Bolt on Parts, Inc.,439 So. 2d 479(La. App. 1st Cir. 1983).

④ See Guadalupe Blanco River Auth. v. City of San Antonio,145 Tex. 611,200 S. W. 2d 989,1001 (1947).

⑤ See Restatement (Second) of Contracts〈sect〉203 cmt. e.

⑥ Coker v. Coker,650 S. W. 2d 391,393 (Tex. 1983);see also Southland Royalty Co. v. Pan Am. Petrolem Corp.,378 S. W. 2d 50,57 (Tex. 1964);Hughes v. Aycock, 598 S. W. 2d 370,376 (Tex. Civ. App.-Houston〔14th Dist.〕1980,writ ref'd n. r. e.). But see Mid Plains Reeves, Inc v. Farmland Indus.,768 S. W. 2d 318,321 (Tex. App.-El Paso 1989,writ deied). （认为如果两个冲突的条款中的第一个是书面的一般条款的形式，第二个条款是特别条款，那么，第二个条款优先于第一个条款）

但是,在随后陈述的条款或保留条款否认任何先前陈述的条款效力的情况下,得克萨斯州法院对随后陈述的条款或保留条款予以尊重。

十一、推定书面文句优先于数字或符号

在清楚的书面文句与数字或符号之间存在不同时,书面文句优先。①

十二、推定手写的优先于打印的,打印的优先于印刷的

除非当事人双方清楚地显示出相反的意思,手写的合同条款在同打印的或印刷的合同条款相比较时被优先认定,打印的合同条款在同印刷的合同条款相比较时被优先认定。②

十三、作有利于债务人的解释

如果适用其他规则也不能解决疑义,那么,合同必须作不利于特定债的关系中的债权人而有利于债务人的解释。《合同编通则解释》将之限缩为"属于无偿合同的,应当选择对债务人负担较轻的解释"(第1条第3款后段)。对此如何评价? 一方面该解释有其道理:在双务合同关系中,双方当事人的主给付义务立于对价关系,在合同条款存在两种解释可能的情况下,若解释合同条款时选取对一方当事人的负担较轻的方案,则意味着加重了另一方当事人的负担,这违反了合同正义,不足取。与此有别,在无偿合同中,双方当事人之间不存在给付等值关系,于此场合,若合同条款存在两种解释可能,则选取对债务人负担较轻的解释,无违背合同正义之嫌,倒符合债务人主义。另一方面也要看到该解释没有承认例外,这有些绝对。例如,在借用合同关系中,若着眼于借用人返还借用物的义务,选择对借用人负担较轻的解释,就未必妥当,因为借用人这个债务人无对价地享尽了合同利益,应当承受与此相应的负担,而不是认定其负较轻的责任。③

第四节 合同漏洞的补充

一、合同漏洞的概念与存在原因

所谓合同漏洞(gaps),是指合同关于某事项应有约定而未约定的不圆满的现象。④ 易言之,合同的客观规范内容不能包括某种应处理的事项。依据一定规则,审视、甄别、发现、确定并填补合同漏洞,使合同完整化,即为合同漏洞补充或曰合同漏洞填补。全面、周延的合同漏洞补充应该包含这些所有的环节和作业,当然,在特定情况下,把合同漏洞补充用于填补合同漏洞这个最后环节,也不宜说错。合同漏洞发生的主要原因有六:(1) 当事人对于非必要之点,未经表示,例如买卖钢琴而未约定运费由谁负担。在现代社会,由于复杂世界中计划的难度和难以准确预知事件的发生,当事人通常不能草拟出规定有一切未来事项的合

---

① Guthrie v. National Homes Corp. ,394 S. W. 2d 494,496 (Tex. 1965).
② See Southland Royalty Co. v. Pan Am. Petrolem Corp. ,378 S. W. 2d 50,57 (Tex. 1964);Mcmahon v. Chrristmann, 157 Tex. 403,303 S. W. 2d 341,344(1957).
③ 在 2023 年 11 月 5 日举行的由中国法学会民法学研究会主办、大连海事大学法学院、大连海事大学民商法研究中心等单位承办的"《民法典》合同编通则分编解释与适用大家论坛"上,上海交通大学法学院副教授沈健州博士认为,在赠与合同中,应当选择对债务人负担较轻的解释;但在借用合同中则不宜选择对债务人负担较轻的解释。特此致谢!
④ 参见王泽鉴:《债法原理》,北京大学出版社 2009 年版,第 170 页。

同。合同漏洞在所难免,无论当事人多么周到地设计合同。① (2) 当事人对非必要之点虽经表示,然未获协议,同意保留于合同成立后再行商议。② 换个表述,一个潜在的争议可以被预见到,但当事人有意地决定不作约定。(3) 一方当事人对相对人知道得更多,作为一种策略,他决定不去针对法律上的默认规则(哪怕它并不妥当)作出相反约定,因为涉及这一问题可能会泄露信息。③ 一方当事人或许还会担心,如果涉及某一问题,可能会导致缔约拖延,或者导致一项于己不利的条款被约定,或者甚至会导致整个交易失败。④ (4) 当事人各方都有意遗漏若干合同条款,并明示补充漏洞的依据。(5) 合同的部分条款因违反强制性规定或社会公共利益、社会公德而无效。(6) 限缩解释不当导致合同漏洞。

二、补充合同漏洞的规则

有漏洞就得补充(gap of filling),使合同由不完整的变成完整的,以便安排妥当当事人交易的方方面面。补充合同漏洞,通过当事人协议完成,最为理想。如果协议不成,则由裁判者担负起填补合同漏洞的任务。裁判者应首先寻觅合适的或曰相应的强制性规定⑤、任意性规定、倡导性规定⑥,以及交易习惯⑦,作为补充合同漏洞的依据,最后用诚信、公平二项原则作整体审视、权衡。此处所谓合适的强制性规定、任意性规定及倡导性规定,主要指《民法典》第 510 条、第 511 条的规定以及其他有关规定。

所谓依赖强制性规定填补合同漏洞,如援用《民法典》第 502 条第 2 款的规定补充报批条款,填补漏洞。

所谓依赖任意性规定填补合同漏洞,如 B 设备买卖合同欠缺 B 设备因不可归责于双方当事人的原因灭失时由谁承受该损失的条款,补充该漏洞,可援用《民法典》第 604 条关于"标的物毁损、灭失的风险,在标的物交付之前由出卖人承担,交付之后由买受人承担,但是法律另有规定或者当事人另有约定的除外"的规定以及其他有关规定。

所谓依赖倡导性规定填补合同漏洞,如 C 设备买卖合同欠缺 C 设备质量的条款,先援用《民法典》第 470 条第 1 款第 4 项的规定,确定 C 设备买卖合同存在合同漏洞,再援用《民法典》第 511 条第 1 项的规定,将该漏洞补充。对此,也可以说《民法典》第 470 条第 1 款第 4 项和第 511 条第 1 项的规定共同填补 C 设备买卖合同欠缺 C 设备质量条款的漏洞。

根据强制性规定、任意性规定、倡导性规定补充合同漏洞,在某些案件中不合适,此时裁判者有必要另选补充的合同解释来填补合同漏洞。⑧ 所谓补充的合同解释,是对合同的客观规范内容加以解释,以填补合同的漏洞现象。其所解释的,是当事人所创设的合同规范整

---

① Hillman, "An Analysis of the Cessation of Contractual Relations", 68 *Cornell L. Rev.*, 627–628(1983).
② 王泽鉴:《债法原理》,北京大学出版社 2009 年版,第 171 页。
③ Ayres & Gertner, "Filling Gaps in Incomplete Contracts: An Economic Theory of Default Rules", 99 *Yale I J.* 87, 127 (1989).
④ [美]E. 艾伦·范斯沃思:《美国合同法》(原书第 3 版),葛云松、丁春艳译,中国政法大学出版社 2004 年版,第 496 页。
⑤ 王越宏、李媛:《论合同漏洞的补充》,载《中国法学》2001 年第 5 期。
⑥ 关于将法律规范区分为任意性规范、倡导性规范和强制性规范的提出及分析,请见王轶:《民法典的规范配置——以对我国〈合同法〉规范配置的反思为中心》,载《烟台大学学报》(哲学社会科学版)2005 年第 3 期;王轶:《论倡导性规范——以合同法为背景的分析》,载《清华法学》2007 年第 1 期。
⑦ 王越宏、李媛:《论合同漏洞的补充》,载《中国法学》2001 年第 5 期。
⑧ [德]汉斯·布洛克斯、沃尔夫·迪特里希·瓦尔克:《德国民法总论》(原书第 33 版),张艳译,杨大可校,中国人民大学出版社 2014 年版,第 69 页。

体。其所补充的是个别的合同条款。所以,补充的合同解释仍具合同解释的性质。① 补充的合同解释所探求的不是当事人的真意,即事实上的意思(actual intention),而是所谓"推定的当事人意思"(the presumed intentions of the parties),即双方当事人在通常交易上所合理意欲或接受的合同条款。推定的当事人意思,属于一种规范的判断标准,以当事人在合同上所作的价值判断及利益衡量为出发点,依诚信原则并斟酌交易惯例加以认定,以实现公平、效率为依归。应予强调的是,补充的合同解释旨在补充合同之不备,而非在为当事人创造合同,自不能变更合同内容,致侵害意思自治原则。②

补充的合同解释与任意性规范、倡导性规范之间的关系有三:(1)无任意性规范、倡导性规范时,应依补充的合同解释方法,填补合同漏洞。(2)由于任意性规范、倡导性规范系立法者斟酌某类型合同的典型利益状态而设,一般多符合当事人的利益。当事人对于合同未详订其内容,多期待法律设有合理规定;由于法律设任意性规范、倡导性规范的目的,实际上也着眼于漏洞的补充;所以,只要合同类型符合任意性规范、倡导性规范的类型,这些规范原则上应优先加以适用,合同漏洞得以补充。这就排除了补充的合同解释的机会。(3)在下述情况下,补充的合同解释应优先于任意性规范、倡导性规范加以适用:其一,当事人所订合同虽具备典型合同(有名合同)的要素,但具有特殊性,适用任意性规范、倡导性规范未尽符合当事人利益的场合。例如,出卖人对物之瑕疵不负修缮义务,其主要理由系出卖人多非商品制造人,不具修缮能力或设备,一般说来固甚合理,惟设在家具店购买高级沙发,出卖人特别表示系自制自销时,则应依补充的合同解释,肯定买受人有瑕疵修补请求权;其二,在无名合同,如旅游合同,适用或类推适用任意性规范、倡导性规范违反合同目的时,应针对该合同的特殊利益状态,依补充的解释,补充合同的欠缺。③ 其三,合同显示当事人不愿意接受任意性规范、倡导性规范的适用。其四,法定规范由于当事人的错误想法,致其效果与当事人所寻求的大相径庭。其五,任意性规范、倡导性规范不符合改变的经济关系,以至于合同实务上均不采纳。④

《民法典》第510条在字面上把交易习惯列为补充合同漏洞考虑因素的第二,学说也赞同交易习惯为补充合同漏洞时的依据。⑤ 本书作者认为,补充合同漏洞时考量交易习惯可被纳入补充的合同解释的方法之中,说得过去;但是,交易习惯乃所有的解释合同的方法甚至原则,并不限于补充合同漏洞这一隅。再加上补充的合同解释不适用于合同漏洞补充以外的合同解释的缘故,故将考量交易习惯以补充合同漏洞作为独立于、并列于依赖法律规定补充合同漏洞、补充的合同解释等方法的一种方法,更符合交易习惯在整个合同解释的制度中的覆盖面,更适合于其角色定位。

此外,诚信原则和公平原则在运用有关补充漏洞的方法填补系争合同的漏洞之后,修正甚至补足已补合同条款/文字。⑥

上述填补合同漏洞的各种方法存在如下运用顺序:(1)在交易习惯与法律规定之间的

---

① 王泽鉴:《债法原理》,北京大学出版社2009年版,第172页。
② 同上。
③ 参见王泽鉴:《债法原理》,北京大学出版社2009年版,第172—173页。
④ 黄立:《民法债编总论》,中国政法大学出版社2002年版,第81页。
⑤ 王越宏、李媛:《论合同漏洞的补充》,载《中国法学》2001年第5期;魏玮:《补充解释方法在合同漏洞填补时的运用》,载《人民司法》2013年3月20日。
⑥ 崔建远:《中国大陆民法总则的新发展》,载《月旦民商法杂志》2017年第56期。

关系方面,在交易习惯违反强制性规定或违背公序良俗时,不得用于填补合同漏洞,不得优先于任意性规定、倡导性规定而运用。(2) 即使交易习惯不违反强制性规定,也不一定优先于任意性规定、倡导性规定而运用。如果交易习惯不公正,则不得把此类交易习惯优先于任意性规定、倡导性规定来填补合同漏洞,而应依诚信原则、公平原则衡量,是否对其调整(矫正)。(3) 交易习惯和任意性规定及倡导性规定之间在个案漏洞填补的作业中是可以调整运用顺序的。(4) 应将诚信和公平二项原则共同发挥作用,在运用有关补充漏洞的方法填补系争合同的漏洞之后,修正甚至补足已补合同条款/文字。(5) 补充的合同解释方法必定位于强制性规定之后,在许多情况下也后于任意性规定,而非处于第一顺序。[①]

第五节 格式条款的解释

一、概说

《民法典》第 498 条规定了格式条款的三项解释规则,前段规定"对格式条款的理解发生争议的,应当按照通常理解予以解释",中段规定"对格式条款有两种以上解释的,应当作出不利于提供格式条款一方的解释",后段规定"格式条款和非格式条款不一致的,应当采用非格式条款"。

二、按照通常理解解释格式条款

《民法典》第 498 条前段规定的"对格式条款的理解发生争议的,应当按照通常理解予以解释",相当于普通法上的平易明白(plain)规则。平易明白规则要求,依法院应赋予每一书面的词与短语自己所含有的平易明白、符合语法的意思,除非肯定出现下述情形:通过整个协议证明,这样的意思会反对当事人双方的意思。在可能场合,法院应赋予协议中的词、短语自己含有的通常、流行与普通的意思。[②] 给文字/条款一个一般性(ordinary)、自然(natural)、平易(plain)、通用(popular)、主要(primary)、字义上(literal)等的解释,因为这也是一般人士(包括缔约的商业人士)通常所能合理理解的。[③] 找出条款的一般性解释,字典是一个重要途径,这是一般人理解文字的一般性解释。[④]

本书作者认为,对《民法典》第 498 条前段的规定也应作上述那样的解释,并且可再予延伸:对于具有同一属性(包括同一地域、同一职业团体或同一时间范围等因素)的可能缔约人,保持解释的统一性。在解释格式条款时,不考虑专业语言的特别含义(例如医学、化学和工程技术学的语言的含义)。如果专业语言系于普遍的习惯用法中无法查找的,则理性人自然不可能知悉,故不宜考虑。但是,如果理性人虽不知悉,但可以向专业人员咨询的,则应推定其知悉该专业语言。法律术语即属此类。于此场合,应按照专业语言的本义解释格式条

---

① 关于合同漏洞填补的详细论述,请见崔建远:《合同解释论——规范、学说与案例的交互思考》,中国人民大学出版社 2020 年版,第 325—366 页。
② See Phillips v. Union Bankers Ins. Co. ,812 S. W. 2d 616, 618 (Tex. App. -Dallas 1991,no writ)。
③ 杨良宜:《合约的解释》,法律出版社 2007 年版,第 16 页。
④ R. v. Peters(1886)16Q. B. D. 636. 转引自杨良宜:《合约的解释》,法律出版社 2007 年版,第 16 页。另参见〔美〕E. 艾伦·范斯沃思:《美国合同法》(原书第 3 版),葛云松、丁春艳译,中国政法大学出版社 2004 年版,第 468—469 页。

款。① 如果某一合同用语存在着普遍的习惯用法和法律术语的含义差别,理性人确实可以依照普遍的习惯用法理解该合同用语,那么,在解释格式条款之前,应先决定法律术语和普遍的习惯用法的优先性问题。②

应看到,以上所述解释规则也是相对的,如果某格式条款适用于特定地区的交易圈,其条款或用语的特殊含义均为该特定地区的交易圈内的当事人所知晓;当该格式条款又流行于另一地区的交易圈,其当事人并不如此理解上述条款或用语的特殊含义时,就不应在不同地区统一解释格式条款。

三、格式条款可有两种以上的解释时作不利于提供格式条款者的解释

适用《民法典》第 498 条中段关于"对格式条款有两种以上解释的,应当作出不利于提供格式条款一方的解释"的规定,即学说所谓有疑义时作不利于草拟人的解释规则,是以对格式条款有两种以上解释的情形为前提的,如果对某一格式条款只存在一种合理解释,就不得适用上述规则。此其一。运用该项解释规则最重要的前提是,提供格式条款的当事人最能够清楚无误地表达格式条款。一旦条款不确定或不清楚,而这又是本应能够避免的话,那么,提供格式条款的当事人将承受该后果。此其二。

四、非格式条款优先于格式条款

《民法典》第 498 条后段确立的解释规则是"格式条款和非格式条款不一致的,应当采用非格式条款"。

本来,合同解释采体系解释原则,合同条款可以互相解释,从整体中获取条款的含义。这适用于个别商议合同(即经当事人各方单个、具体协商议定的合同),不成问题,但在格式条款和非格式条款并存的情况下则不宜适用。其道理在于:(1) 这与当事人的意思相符,因为他们希望非格式条款所定事项能够落实,而他们是否知道非格式条款的内容与格式条款中的某个或某些条款相矛盾则不重要。③ (2) 非格式条款具有单个性与具体性,格式条款在纳入合同前并未单个化与具体化。(3) 格式条款是为了将来缔约而拟制,其本身并不是高于合同的规范。相反,经当事人各方共同援用纳入合同,成为合同的一部分后,才单个化与具体化,因此,格式条款不可能同非格式条款平等,而是有先后之别。由此决定,格式条款不可能优先于非格式条款,所以,非格式条款具有优先性。④

应予指出,合同的每一个条款都必须被考虑,亦是法解释学上的主要法则。因而,非格式条款虽然具有优先效力,但仍必须考虑合同文本的上下文而为解释,而且在可能范围内应与格式条款配合解释,即使该格式条款表面上与该非格式条款不合,亦然。⑤ 该原则常导致下述结论:格式条款补充非格式条款,而非与非格式条款冲突;只是在二者不可调和时,格式条款中不能调和的部分应被摒弃。这多发生在"格式条款"歪曲非格式条款、达到破坏合同

---

① Siehe Joachim Schmidt-salzer, Allgemeine Geschaeftsbedingungen, 2. A., C. H. Beck, Muenchen, 1977, S119. S. 144–145, 147.
② Schw BGH (24,5,56) E82 II. 445,454f. Vgl. auch RG(28. 11. 19) E97/206ff.
③ 〔德〕汉斯·布洛克斯、沃尔夫·迪特里希·瓦尔克:《德国民法总论》(原书第 33 版),张艳译,杨大可校,中国人民大学出版社 2014 年版,第 107—108 页。
④ Siehe Joachim Schmidt Salzer, Allgemeine Geschaeftsbedingungen, 2. A., C. H. Beck, muenchen, 1977, S119, S. 120.
⑤ 刘宗荣:《定型化契约论文专辑》,三民书局 1988 年版,第 138—139 页。

目的的场合。

尚需指出,在格式条款经过行政规制或行业规制,所反映的利益关系比较公平合理的情况下,条款利用人利用其优势地位强行与用户或消费者"个别商议",形成不利于用户或消费者的所谓非格式条款。于此场合,该非格式条款不得具有优先性,甚至应被依法确认为无效,或被撤销。由此看来,《民法典》第498条后段关于非格式条款优先于格式条款的规定需要进行目的性限缩,设置在非格式条款严重损害了消费者合法权益时无效或可被撤销的但书。①

---

① 关于格式条款解释的其他内容,请见崔建远:《合同解释论——规范、学说与案例的交互思考》,中国人民大学出版社2020年版,第253—272页。

第十五章

买卖合同

第一节 买卖合同概述

一、买卖合同的界定

买卖合同,是出卖人转移标的物的所有权于买受人,买受人支付价款的合同(《民法典》第 595 条)。

出卖人,在实务中有的叫作卖方,有的称为供方,应当是对标的物享有处分权的人,主要表现为以下几类:(1) 财产所有权人。财产所有权人是最常见、最主要的出卖人。(2) 抵押权人和质权人。在抵押权、质权行使的情况下,抵押权人有出卖抵押物的权利,质权人有出卖质物的权利,成为出卖人(《民法典》第 410 条、第 437 条)。(3) 留置权人。留置权具有第二效力,即留置权人以留置财产折价或以拍卖、变卖该财产的价款优先受偿。可见,留置权人在一定条件下也是留置物的出卖人(《民法典》第 454 条)。(4) 行纪人。在行纪合同中,行纪人根据委托人的委托,得以自己的名义为委托人从事贸易活动,包括对委托人财产的出卖,故行纪人亦可成为他人财产的出卖人(《民法典》第 956 条第 1 款)。(5) 隐名代理场合的代理人。按照《民法典》第 925 条、第 926 条的规定,代理人代为出卖委托人所有的物,成为买卖合同中的出卖人。(6) 人民法院。根据《民事诉讼法》第 255 条、第 258 条等条款的规定,作为执行措施,人民法院可以按照有关规定将被其查封、扣押的财产交有关单位拍卖或变卖。需要注意,作为适格的出卖人,有时仅有处分权尚不足够,还需要具备其他资质。例如,《商品房买卖合同解释》第 2 条规定:"出卖人未取得商品房预售许可证明,与买受人订立的商品房预售合同,应当认定无效,但是在起诉前取得商品房预售许可证明的,可以认定有效。"这一规定表明,在商品房买卖中,买卖合同的出卖人除了应当是标的物的所有权人或有处分权人外,尚需在订立买卖合同时取得商品房预售许可证明。

买受人,在实务中有的叫作买方,有的称为需方。

买卖合同的标的物,也叫买卖物,在中国现行法上限于有体物,包括不动产和动产。至于权利等无体物的有偿移转,大多称之为权利转让或权利让与,如债权让与、股权转让等。权利转让或让与,首先适用相应特别法的规定,无此规定时,才会适用《民法典》"第三编 合同"之"第九章 买卖合同"的规定乃至总则。

二、买卖合同的法律性质

(一) 出卖人须移转标的物所有权于买受人

买卖的目的之一是移转标的物的所有权。所谓移转,是指出卖人使买受人取得权利的行为[①],此处是使买受人取得标的物所有权的行为。通过买卖,出卖人丧失对标的物的所有权,买受人相应地取得标的物的所有权,由此实现买受人的合同目的。因此,出卖人须将标的物所有权移转给买受人,这是出卖人的主给付义务,为买卖合同的主要法律性质。该性质虽然不能将买卖合同与互易合同、赠与合同、供用电、供用水、供用气等合同区别开来,但可以使它区别于租赁合同、借用合同,因为后两者仅仅移转标的物的使用权,而不移转标的物所有权。

(二) 买受人须向出卖人支付价款

买卖的另一目的,是移转作为标的物对价的价款。作为等价交换买受人必须向出卖人支付一定价款,才能取得标的物的所有权。由此实现出卖人的合同目的。买卖合同的这一性质,把它与移转标的物所有权的其他合同,如赠与合同、互易合同等区别开来,因为赠与合同无价款可言,互易合同中作为标的物移转对价的不是货币,而是另外的物。

(三) 买卖合同是双务合同、有偿合同

在买卖合同中,买卖双方都既享有权利,又负有义务,双方的权利义务相互对应。出卖人负有交付标的物并移转其所有权给买受人的义务,买受人也同时负有向出卖人支付价款的义务,一方的义务也正是另一方的权利。因此,买卖合同是一种典型的双务合同、有偿合同。

(四) 买卖合同是诺成合同

除法律另有规定或当事人另有约定以外,买卖合同自双方当事人意思表示一致,即双方达成协议之时起成立,并不以一方当事人交付实物或完成其他给付行为作为合同的成立要件。由此显现出诺成性。

(五) 买卖合同一般为不要式合同

买卖合同采用何种形式,一般可由当事人自己决定,显现出不要式性。不过,在法律有明确规定[②]或合同有明确约定的情况下,买卖合同应当采用法律规定或合同约定的形式。若有违反,有些买卖合同归于无效,有些则可能有效。

三、买卖合同的分类

(一) 一般买卖与特种买卖

所谓一般买卖,是指《民法典》第595条至第633条规定的买卖,因当事人双方的意思表示一致而成立,出卖人负有移转标的物所有权的义务,买受人承担支付价款的义务,别无其他特殊情形。

所谓特种买卖,是指一般买卖以外,在成立上,或内容上,或效力上,有其他特殊情形的买卖类型。如分期付款买卖、样品买卖、试验买卖、拍卖、买回等,属于此类。

---

① 刘春堂:《民法债编各论》(上),三民书局2008年版,第11页。
② 如《海商法》第9条第2款规定,船舶所有权的转让,应当签订书面合同;《城市房地产管理法》第41条规定,房地产转让,应当签订书面转让合同。

(二) 自由买卖与竞争买卖

所谓自由买卖,是指由当事人双方磋商,任意洽定价格而成立的买卖。这为常见的买卖类型。

所谓竞争买卖,是指多数人参与竞争出价,而由出价最高者为买受人所成立的买卖,或由评标小组(委员会)确定买受人所成立的买卖。因拍卖、招投标而成立的买卖属于此类。

(三) 特定物买卖与种类物买卖

所谓特定物买卖,是指以具体指定标的物(特定物)作为买卖物的买卖。在此类买卖中,标的物灭失构成不能履行,当事人可解除合同,而不继续履行。

所谓种类物买卖,是指仅以种类、品质和数量指定标的物(不特定物或种类物)作为买卖物的买卖。在此类买卖中,出卖人不得以不能履行为由主张解除合同,除非所有的种类物、不特定物均已灭失。

(四) 即时买卖与非即时买卖

所谓即时买卖,是指当事人双方在买卖合同成立的同时,就履行了全部义务,即移转了标的物的所有权、价款的占有。现实买卖属于此类。在这种买卖中,从买受人的立场着眼,可叫现金买卖;从出卖人的立场观察,亦称现物买卖。[①]

所谓非即时买卖,是指当事人双方或一方,在买卖合同成立的同时,没有即时履行其全部义务,而于日后履行的买卖。期货交易、预约买卖、赊欠买卖、分期付款买卖等属于此类。

(五) 一时的买卖与继续性买卖

所谓一时的买卖,是指当事人双方的债务一次完结的买卖。A车的买卖、B屋的买卖,属于此类。

所谓继续性买卖,是指当事人双方的债务并非一次完结而须继续地履行的买卖。继续性供给买卖为其表现。

(六)《民法典》上的买卖与其他法上的买卖

所谓《民法典》上的买卖,是指《民法典》规定的买卖(第595—647条)。所谓其他法上的买卖,是指除《民法典》以外的法律规定的买卖,如《城市房地产管理法》第37条以下规定的房地产买卖合同。此类买卖应首先适用某特别法的相应规定,欠缺规定的部分,适用《民法典》关于买卖的规定,乃至总则的规范。

四、买卖合同的作用和意义

买卖合同是商品交换发展到一定阶段的产物,是商品交换的最基本、最重要的法律形式。买卖是商品经济的产物,又是促进商品经济发展的手段。在社会主义市场经济条件下,任何民事主体都可以通过买卖来取得满足自己生活或生产所需要的物品。买卖合同为促进商品流通,发展市场经济,提高经济效益,满足民事主体的生活和生产需要,起着重要的作用。随着社会主义市场经济体制的建立和完善,买卖合同的适用范围会不断扩大,其作用将日益突出。[②]

买卖合同是商品交换的基本法律形式,在所有的双务、有偿合同中,它是最基本的合同类型。《民法典》"第三编 合同"之"第一分编 通则"大多围绕着买卖合同展开,合同法理论

[①] 刘春堂:《民法债编各论》(上),三民书局2008年版,第24页。
[②] 崔建远主编:《合同法》(第5版),于淑妍执笔,法律出版社2010年版,第384页。

也大多由买卖合同发展而来。在实践中,买卖交易的不断发展,才产生了一些为买卖服务的行业和以买卖为基础的行业,也才产生了规范这些行业中商品流转关系的各类合同规则。买卖合同的规则、原则,适用于其他的有偿合同。[①]"法律对其他有偿合同有规定的,依照其规定;没有规定的,参照适用买卖合同的有关规定"(《民法典》第 646 条)。"当事人约定易货交易,转移标的物的所有权的,参照适用买卖合同的有关规定"(《民法典》第 647 条)。

第二节　买卖合同的效力

一、出卖人的义务

(一) 交付标的物

1. 交付的含义及其形态

所谓交付,是指将标的物或提取标的物的单证的占有转移。如果标的物属于无需以有形载体交付的电子信息产品,则当事人对其交付有约定的,依其约定;当事人对交付方式约定不明确的,可以协议补充(《民法典》第 510 条);当事人就协议补充达不成合意的,按照合同有关条款或交易习惯确定(《民法典》第 510 条);上述办法均不奏效的,买受人收到约定的电子信息产品或权利凭证即为交付(《买卖合同解释》第 2 条)。

所谓买受人收到电子信息产品的权利凭证即为交付,比如告知访问或使用电子信息产品的密码,即为交付。如此认定的原因在于,于此场合买受人可以自由决定取得、使用该电子产品的时间,不宜以买受人收到电子信息产品为标准来确定交付是否完成。所谓买受人收到约定的电子信息产品即为交付,应用于这样的场合:利用在线网络传播的方式接收或下载该信息产品的方式,电子产品的传输过程包括出卖人发出信息产品和买受人接收信息产品两个阶段。由于技术、网络、计算机系统的原因,出卖人发出电子信息产品并不必然引起买受人收到信息产品的后果,有鉴于此,为了平衡买卖双方的利益,以买受人收到约定的电子信息产品为完成交付的标准。[②]

交付标的物可分为现实交付和拟制交付。现实交付,是指出卖人将标的物置于买受人的实际控制之下。拟制交付,是指交付提取标的物的单证。此外还有三种替代交付的方式,包括简易交付、占有改定和指示交付。

需要注意,出卖人仅以增值税专用发票及税款抵扣资料证明其已履行交付标的物义务,买受人不认可的,出卖人应当提供其他证据证明交付标的物的事实(《买卖合同解释》第 5 条第 1 款)。之所以如此,是因为在实务运作中,出卖人尚未交货,也可以开增值税发票,税款抵扣可以在货物实际交付前进行,故增值税专用发票及税款抵扣资料未必反映着真实的交付事实。此其一。不过,合同约定或者当事人之间习惯以普通发票作为付款凭证,买受人以普通发票证明已经履行付款义务的,人民法院应予支持,但有相反证据足以推翻的除外(《买卖合同解释》第 5 条第 2 款)。之所以如此,是因为在实务运作中,一般而言,只有在买受人实际付款时,出卖人才肯开出普通发票,如某甲购买房屋,只有其付清房款,出卖人才给买受人开具发票;买受人尚未付清房款的,出卖人不肯开出普通发票。在这个意义上,普通发票

[①] 〔日〕星野英一:《日本民法概论Ⅳ·契约》,姚荣涛译,刘玉中校订,五南图书出版有限公司 1998 年版,第 17 页。
[②] 宋晓明:《最高人民法院民二庭庭长宋晓明就〈最高人民法院关于审理买卖合同纠纷案件适用法律问题的解释〉答记者问》,载《人民法院报》2012 年 6 月 6 日第 1 版。

证明已经付款了,应当是可以的。既然如此,《买卖合同解释》第5条第2款为什么又设但书呢？因为出卖人疏忽大意或不好意思拒绝朋友的请求,于收到货款前就开出普通发票的情况,也发生过。遇此情况,假如不允许出卖人举证相反证据,推翻推定,就违反了实事求是的原则,就不公正。此其二。

2. 交付的主体

将买卖合同约定的标的物交付给买受人是出卖人的主给付义务,出卖人亲自实施应为常态。不过,由于主客观的原因,由第三人代为交付,法律也予以承认。第三人代为交付标的物的情形大概有:(1) 第三人作为出卖人的受托人进行交付;(2) 第三人作为出卖人的占有辅助人代为交付;(3) 第三人依出卖人的指令交付;(4) 第三人代为履行。交付可以是将出卖物直接交给买受人,也可以是依约定交给买受人的代理人,或指定的第三人。但不论在何种情形下,在第三人代为交付时,第三人仅是履行主体,并未成为出卖人。因此,对交付中出现的违约情形,构成的违约责任,第三人并不承担,而仍归出卖人负责。

3. 交付的标的

(1) 出卖人交付标的物,在标的物有从物时,该从物随之交付,除非当事人另有约定(《民法典》第320条)。

(2) 出卖人应当按照约定的质量要求交付标的物。出卖人提供有关标的物质量说明的,交付标的物应当符合该说明的质量要求(《民法典》第615条)。当事人对标的物的质量标准没有约定或约定不明确的,可以协议补充;不能达成补充协议的,按照合同有关条款或交易习惯确定;仍不能确定的,出卖人应按照国家标准、行业标准履行;没有国家标准、行业标准的,出卖人应按照通常标准或符合合同目的的特定标准履行(《民法典》第510条、第511条)。

(3) 出卖人应当按照约定的数量交付标的物。出卖人多交标的物的,买受人可以接收或拒绝接收多交的部分。买受人接收多交部分的,按照原合同的价格支付价款(《民法典》第629条);出卖人少交标的物的,除不损害买受人利益的以外,买受人有权拒绝接收。买受人拒绝接收标的物的,应当及时通知出卖人。买受人怠于通知的,应当承担因此产生的损害赔偿责任。但出卖人交付的标的物数量在合理的磅差或尾差之内的,应认为交付的数量符合约定的标准。合同中约定分批交付的,出卖人应按照约定的批量分批交付。出卖人未按照约定的时间和数量交付的,应就每一次的不适当交付负违约责任。

(4) 出卖人应当按照约定的包装方式交付标的物。对包装方式没有约定或约定不明确的,可以协议补充;不能达成补充协议的,按照合同有关条款或交易习惯确定;仍不能确定的,应当按照通用的方式包装,没有通用方式的,应当采取足以保护标的物的包装方式(《民法典》第619条、第510条)。

4. 交付的期限

出卖人应当按照约定的时间交付标的物。约定交付期限的,出卖人可以在该交付期限内的任何时间交付,但应当在交付前通知买受人(《民法典》第601条)。出卖人提前交付标的物的,应取得买受人的同意,否则买受人有权拒收。当事人未约定标的物的交付期限或约定不明确的,可以协议补充;不能达成补充协议的,按照合同有关条款或交易习惯确定;仍不能确定的,债务人可以随时履行,债权人也可以随时要求履行,但应当给对方必要的准备时间(《民法典》第602条)。

5. 交付的地点

《民法典》第603条规定,出卖人应当按照约定的地点交付标的物。当事人未约定交付地点或约定不明确的,可以协议补充;不能达成补充协议的,按照合同有关条款或交易习惯确定;仍不能确定的,适用下列规定:(1) 标的物需要运输的,出卖人应当将标的物交付给第一承运人以运交给买受人;(2) 标的物不需要运输,出卖人和买受人订立合同时知道标的物在某一地点的,出卖人应当在该地点交付标的物;不知道标的物在某一地点的,应当在出卖人订立合同时的营业地交付标的物。

(二) 转移标的物的所有权

取得标的物的所有权是买受人的交易目的,因此,将标的物的所有权转移给买受人,是出卖人的另一项主要义务。按照《民法典》第598条、第224条的规定,标的物的所有权自标的物交付时起转移,除非法律另有规定或当事人另有约定。标的物为动产的,其所有权依交付而转移,除非当事人另有约定。标的物为不动产的,其所有权自办理完所有权的转移登记手续时才发生转移,因此出卖人应按照法律规定或合同约定,协助买受人办理所有权的转移登记手续,并将有关的产权证明交付给买受人。如果未办理转移登记手续,不动产所有权未转移给买受人,出卖人便未履行主给付义务。

对于船舶、航空器以及机动车辆等特殊类型的动产,因其价值较高,也常以登记作为权利变动的公示方法之一种。在以往的学说和审判实践中,对于登记与此类动产交易的关系,认识不一:有将登记作为交易行为效力发生的条件,因此未办登记手续,交易行为即不发生效力;有将登记作为所有权转移的条件,未办登记手续,所有权即不转移。以上做法,皆不尽妥当。《民法典》明确规定:此类动产的所有权一般也自交付之时起转移,但未依法办理登记手续的,所有权的转移不具有对抗善意第三人的效力(第224条、第225条)。[①]

为适应现代物流实践的需要,《民法典》第512条规定:"通过互联网等信息网络订立的电子合同的标的为交付商品并采用快递物流方式交付的,收货人的签收时间为交付时间。电子合同的标的为提供服务的,生成的电子凭证或者实物凭证中载明的时间为提供服务时间;前述凭证没有载明时间或者载明时间与实际提供服务时间不一致的,以实际提供服务的时间为准"(第1款)。"电子合同的标的物为采用在线传输方式交付的,合同标的物进入对方当事人指定的特定系统且能够检索识别的时间为交付时间"(第2款)。"电子合同当事人对交付商品或者提供服务的方式、时间另有约定的,按照其约定"(第3款)。

为了保护出卖人的利益,《民法典》第641条规定:"当事人可以在买卖合同中约定买受人未履行支付价款或者其他义务的,标的物的所有权属于出卖人"(第1款)。"出卖人对标的物保留的所有权,未经登记,不得对抗善意第三人"(第2款)。这就是所谓所有权保留制度。本书第八章"合同的担保"第一节"合同的担保概述"中已经讨论过部分内容,此处补充介绍和评论《民法典》第642条及《担保制度解释》第64条第1款的规定。在落实《民法典》第641条和第642条设计的所有权保留规则的前提下,《担保制度解释》还增加程序性和实体性的下述规定:"与买受人协商不成,当事人请求参照民事诉讼法'实现担保物权案件'的有关规定,拍卖、变卖标的物的,人民法院应予准许"(第64条第1款但书);"买受人以抗辩或者反诉的方式主张拍卖、变卖标的物,并在扣除买受人未支付的价款以及必要费用后返还剩余款项的,人民法院应当一并处理"(第64条第2款后段)。对该条规定,本书作者评论如

---

① 较为详细的分析,请见崔建远:《物权法》(第2版),中国人民大学出版社2011年版,第88—91页。

下：(1) 出卖人如何取回标的物,买卖双方有商定时依其商定,这符合意思自治原则,且大多符合交易纠纷解决的实际,不涉及公序良俗,在这个意义上说,它值得肯定。但其首先违背了《民法典》第642条赋予出卖人的径直请求买受人返还买卖物的取回权,不论出卖人和买受人就取回买卖物是否达成协议;其次才是尊重出卖人愿意与买受人就取回买卖物进行协商的意思和操作。在立法法的层面,司法解释无权"篡改"《民法典》的设计。(2) 出卖人基于保留的标的物所有权取回标的物,这是物权及其行使效力的表现,在标的物于出卖人特别有意义时最能达到目的。买受人同意出卖人取回标的物时是这样,不同意时也应当如此。循此逻辑,出卖人行使取回权,使标的物重回出卖人之手,不应受买受人同意与否的影响。乍一看,本书作者的这种意见似乎不同于《民法典》第642条第2款关于"出卖人可以与买受人协商取回标的物;协商不成的,可以参照适用担保物权的实现程序"的规定及《担保制度司法解释》第64条第1款关于"在所有权保留买卖中,出卖人依法有权取回标的物,但是与买受人协商不成,当事人请求参照民事诉讼法'实现担保物权案件'的有关规定,拍卖、变卖标的物的,人民法院应予准许"的规定。实际情形果真如此吗?如果把《民法典》第642条第2款及《担保制度解释》第64条第1款的规定理解为它们确定了买受人与出卖人协商系出卖人取回标的物的前置程序,那么,只有买受人同意出卖人取回标的物时,标的物才能重归出卖人;买受人不同意时,只得"参照适用担保物权的实现程序",拍卖或变卖标的物,出卖人只能取得一定的金钱,不能取得标的物原物。观察《担保制度解释》第64条第1款的字面意思,给人的印象似乎是这种理解。这的确不同于本书作者的解释。与此有别的理解是:即使买受人不同意出卖人取回标的物,或不同意出卖人取回标的物的方式,也阻挡不住出卖人取回标的物原物。当然,法律并无强迫出卖人只可取回标的物原物之意,而是赋予出卖人选择权:出卖人有权选择不取回标的物,而选择"参照适用担保物权的实现程序","拍卖、变卖标的物"的处理方式。对于"参照适用担保物权的实现程序","拍卖、变卖标的物"的处理方式,《民法典》第642条第2款使用的措辞是"可以"而非"应当"或"必须",表明该规定非强制性规定;《担保制度解释》第64条第1款的表述是"当事人请求",作为权利人的出卖人不请求"参照适用担保物权的实现程序","拍卖、变卖标的物",而请求买受人返还标的物原物,不违反法律的强制性规定,应当受到法律的肯认和保护。这样,出卖人享有选择权之说确有法律及法理的依据。本书作者赞同这种理解,因其最符合物权及其行使的本质特征,可能最有利于出卖人。(3) 饶有趣味的是,《民法典》第642条和《担保制度解释》第64条各有两款,每款的意思相同或相近,只是《民法典》第642条的两款顺序被《担保制度解释》第64条调换了,可就是这一顺序的调换,就实质性地改变了《民法典》第642条的规范意旨。在笔者看来,这种改变是不应该的。(4)《担保制度解释》第64条第1款会带来负面后果,其中之一是拍卖、变卖所得价款若低于买卖物的实际价值,在出卖人不急于出卖该物、有意待价而沽的场合,不利于出卖人,在买受人赔偿能力不足的情况下更是如此;其中之二是拍卖的程序复杂和耗时,远没有出卖人径直取回买卖物有效率。

《民法典》第600条规定:"出卖具有知识产权的标的物的,除法律另有规定或者当事人另有约定外,该标的物的知识产权不属于买受人。"这就是所谓知识产权保留条款,其规范目的在于保护知识产权人的利益。

(三) "一物多卖"场合的履行规则

由于背信及其他原因,出卖人将同一个标的物出卖给数人的情形并不鲜见。传统民法对于此种情形的处理,贯彻债务人任意(自愿)履行和债权平等的原则。鉴于如此处理有时会损害先缔约者的合法权益,偏袒了背信的出卖人和恶意的第二买受人或第三买受人,中国最高人民法院修正了债权平等原则,忽视债务人任意(自愿)履行原则,于《买卖合同解释》第6条规定:出卖人就同一普通动产订立多重买卖合同,在买卖合同均有效的情况下,买受人均要求实际履行合同的,应当按照以下情形分别处理:(1)先行受领交付的买受人请求确认所有权已经转移的,人民法院应予支持;(2)均未受领交付,先行支付价款的买受人请求出卖人履行交付标的物等合同义务的,人民法院应予支持;(3)均未受领交付,也未支付价款,依法成立在先合同的买受人请求出卖人履行交付标的物等合同义务的,人民法院应予支持。《买卖合同解释》第7条规定:出卖人就同一船舶、航空器、机动车等特殊动产订立多重买卖合同,在买卖合同均有效的情况下,买受人均要求实际履行合同的,应当按照以下情形分别处理:(1)先行受领交付的买受人请求出卖人履行办理所有权转移登记手续等合同义务的,人民法院应予支持;(2)均未受领交付,先行办理所有权转移登记手续的买受人请求出卖人履行交付标的物等合同义务的,人民法院应予支持;(3)均未受领交付,也未办理所有权转移登记手续,依法成立在先合同的买受人请求出卖人履行交付标的物和办理所有权转移登记手续等合同义务的,人民法院应予支持;(4)出卖人将标的物交付给买受人之一,又为其他买受人办理所有权转移登记,已受领交付的买受人请求将标的物所有权登记在自己名下的,人民法院应予支持。

(四)瑕疵担保责任

1. 瑕疵担保责任概述

为了使买受人的利益得以实现,各个国家和地区的法律一般都规定出卖人应全面履行合同义务,即在履行交付标的物的义务和使买受人获得标的物所有权的义务的同时,还负有权利瑕疵担保义务和物的瑕疵担保义务,即出卖人对其所交付的标的物,应担保其权利完整无缺并且有依通常交易观念或当事人的意思,应当具有之价值、效用或品质。如果出卖人违反或未履行此项担保义务,则应承担法律后果。这种后果就是瑕疵担保责任。瑕疵担保责任包括物的瑕疵担保责任和权利瑕疵担保责任。前者为担保给付标的物无瑕疵,即标的物的价值、效用或品质无瑕疵;后者是指债务人担保给付标的物之权利无瑕疵。瑕疵担保责任存在于除劳务合同以外的一切有偿合同中,因为在有偿合同中,债权人取得物或权利,是其支付对价的结果,因此不论债务人有无过失,均应使债权人取得无瑕疵之物或权利,否则有失公平,且不利于交易的安全与稳定。不过瑕疵担保责任在买卖合同中表现得最为典型,因而各国一般将其规定在买卖合同法中,而对其他合同准用之。

对于瑕疵担保责任,可以从以下几个方面把握:(1)瑕疵担保责任是出卖人一方应承担的法律后果。买卖合同是有偿合同,买受人向出卖人支付相应的价款,是为了取得无瑕疵的标的物。出卖人交付的标的物或标的物上的权利若有瑕疵,却收取高于该瑕疵物的价值的价款,就违反了公平交易的原则,只有令出卖人承担修理、更换、重作、退货、减少价款或报酬等义务,才能平衡双方当事人之间的利益关系。即使出卖人对于瑕疵没有过失,也应如此处理。从而显现出,瑕疵担保责任是法律基于有偿合同的特殊要求而特别设立的一种责任与其他救济方式的混合体;同时,它是交付标的物的一方即出卖人应承担的法律后果,而不是买受人一方应承担的法律后果。(2)瑕疵担保责任的构成不以出卖人主观上有过错为要件,只要出卖人交付的标的物或标的物上的权利有瑕疵,出卖人即应依法承担瑕疵担保责任。(3)瑕疵担保责任,就其实质来说,有些救济方式并不符合民事责任的规格。退货,表现为合同解除、合同更改、代物清偿时,肯定不是民事责任的方式。减少价款,若作为形成权,也不是民事责任的方式。较为科学的命名和定位,将瑕疵担保责任作为救济方式更为妥当。

2. 物的瑕疵担保责任

(1) 概述

所谓物的瑕疵,是指出卖人所交付的标的物在品质上不符合合同约定或法律规定的标准,致使该标的物的用途和价值降低或消失。许多国家和地区的民法都规定,出卖人必须担保其所交付的标的物无上述瑕疵,如违反此义务,出卖人就应承担相应的法律后果。这种后果就是物的瑕疵担保责任。

关于瑕疵担保责任的性质,在德国、日本等国家的学说上存在着法定责任说、债务不履行说和"统合说"的分歧。

瑕疵担保责任产生的依据何在? 其一,在法定责任说(担保说)看来,在特定物买卖场合,出卖人依法仅负有使买受人取得标的物所有权及其占有的义务,因此即使标的物有瑕疵,出卖人按照标的物的现状予以交付,亦属于债务的履行,并非给付义务的一部不履行。① 出卖人之所以就物的瑕疵负担保责任,乃因价金与标的物间存在所谓主观的均衡关系,标的物有瑕疵,即不符合买受人依买卖合同就标的物的正当期待,故依合同正义的理念,买受人得请求减少价金或解除合同。② 就是说,它是法律为谋求当事人双方的利益平衡,特设的瑕疵担保制度,使出卖人承担责任③,不需要出卖人的可归责事由作为构成要件。在这个意义上,可以说在传统的民法典体系中,瑕疵担保责任制度是作为一种法定无过失责任制度建立起来的,它和债务不履行责任(合同责任)有着不同的性质,后者是以可归责事由为构成要件,并且是和嗣后给付障碍有关的一种责任。而且,它跟风险承担制度一样,不问有无可归责事由。它以缔约时为分界线,和跟嗣后给付障碍有关的风险承担制度衔接在一起。④ 至于种类物买卖,如果出卖人给付有瑕疵的标的物,非属依债务的本质履行,因此不解除出卖人给付完全的标的物的债务,买受人可依债务不履行责任获得救济,不必另外承认瑕疵担保责任。其二,判断标的物是否具有瑕疵,在日本是以契约缔结之时为标准,如果标的物具有瑕疵,则该契约成为原始的一部不能。而在种类物买卖,契约缔结之时标的物尚未特定,不发生原始不能问题,其给付标的物有瑕疵,属于后发障害的债务不履行问题,两者应有区别。其三,在日本法上,瑕疵担保责任对买受人的保护手段仅限于解除契约和损害赔偿,不包括代物给付请求权。这是瑕疵担保仅适用于特定物买卖的当然结果。如果对种类物买卖适用,则不承认代物给付请求权将与种类物买卖的性质不符。其四,瑕疵担保责任中的瑕疵,乃基于特定物的观念;在种类物买卖场合,虽偶然给付有缺陷之物,只要同种类物中还存在

---

① Larenz, SBT II/1,67 mit Fn. 106; siehe Esser/Weyers,14. 1999 年台上字第 757 号判决。转引自黄立主编:《民法债编各论》(上),中国政法大学出版社 2003 年版,第 34—35 页;〔日〕高森八四郎:《瑕疵担保责任与制造物责任》,载〔日〕远藤浩、林良平、水本浩监修:《现代契约法大系·现代契约的法理》(总第 2 卷),日本有斐阁 1984 年版,第 147 页。

② Larenz, SBT II/1,68. ;〔日〕高森八四郎:《瑕疵担保责任与制造物责任》,载〔日〕远藤浩、林良平、水本浩监修:《现代契约法大系·现代契约的法理》(总第 2 卷),日本有斐阁 1984 年版,第 148 页;黄茂荣:《买卖法》,中国政法大学出版社 2002 年版,第 211—212 页。

③ 〔日〕来栖三郎:《契约法》,日本有斐阁 1985 年版,第 86—87 页;〔日〕奥田昌道等编:《民法学·契约的重要问题》,日本有斐阁 1983 年版,第 92 页。转引自梁慧星:《民法学说判例与立法研究》,中国政法大学出版社 1993 年版,第 161 页。

④ 〔日〕下森定:《瑕疵担保责任制度在履行障碍法体系中的地位及其立法论》,载韩世远编:《中日韩合同法国际研讨会论文集·履行障碍与合同救济》,清华大学法学院,2004 年 12 月 21—22 日,第 76 页。

完全之物,即不能认为标的物有瑕疵。①

末弘博士提出的法定责任说成为日本民法的通说,并未阻止一些学者主张对种类物亦应适用瑕疵担保责任,其理由有三:其一,种类物买卖在标的物特定之后,即应视同特定物买卖;即使事前未予特定,买受人受领标的物后,亦已成为特定物,因此应适用瑕疵担保责任的规定。其二,在标的物特定及受领后,依诚实信用原则及交易惯例,承认买受人有完全履行(即代物给付)请求权。其三,否认对种类物适用瑕疵担保责任,特定物买卖和不特定物买卖场合,出卖人的责任无法协调。② 尤其值得注意的是,即使在法定责任说成为通说之后,法院的判例也未否认对种类物买卖适用瑕疵担保责任。③ 1959 年,五十岚清教授在《民商法杂志》上发表《瑕疵担保与比较法》一文,提倡债务不履行说,并受到北川善太郎、星野英一、山下末人等教授的支持,逐渐取代法定责任说的地位而成为现今的通说。按照债务不履行说,不问买卖标的物属于特定物或不特定物,代替物或不代替物,出卖人均负有给付与价金相当的标的物义务;所给付的标的物有瑕疵的,不分标的物种类,出卖人均负有债务不履行上的责任和瑕疵担保责任。瑕疵担保责任是债务不履行责任的一种,是关于买卖的特殊规则。因此,两者发生抵触的场合,应适用瑕疵担保责任。④ 即使依据此说,瑕疵担保责任与一般债务不履行责任仍有差异:其一,一般债务不履行责任属于过失责任,而瑕疵担保责任为无过失责任。其二,瑕疵担保责任以买受人履行通知义务为要件,如果买受人未依法向出卖人发出瑕疵通知,则不能依瑕疵担保责任提出请求。其三,大陆法系民法均规定瑕疵担保责任应适用短期时效,而一般债务不履行责任适用普通时效。⑤

所谓《德国民法典》(新债法)已将物的瑕疵担保责任统合入债务不履行责任之中,不再独立存在。但实际情形是仍有不同于债务不履行责任之处,如减价、后续履行请求权和排除责任的情形。⑥

从中国《民法典》第 615 条关于"出卖人应当按照约定的质量要求交付标的物。出卖人提供有关标的物质量说明的,交付的标的物应当符合该说明的质量要求"的规定看,无论特定物还是种类物,出卖人均应按照合同约定的质量标准交付,才算适当地履行了义务,否则,按照《民法典》第 617 条的规定,买受人可以依照第 582 条至第 584 条的规定要求出卖人承担责任。这显然否定了只要交付合同约定的特定物就是适当地履行了债务的规则,就是说,《民法典》未采纳法定责任说。由于依据《民法典》第 582 条、第 615 条、第 617 条、第 620 条、第 621 条至第 623 条的规定,出卖人交付的标的物不符合质量标准,就构成违约责任,从这点看来,与债务不履行说的要求相一致。但是,债务不履行说未把瑕疵担保责任与债务不履行责任并列,而是将瑕疵担保责任视为债务不履行责任的一种,是关于买卖的特则;瑕疵担保责任不以出卖人的过失为要件,而一般债务不履行责任则实行过失责任原则;两者发生抵

---

① 〔日〕奥田昌道等:《民法学·契约的重要问题》,日本有斐阁 1983 年版,第 92—93 页。转引自梁慧星:《民法学说判例与立法研究》,中国政法大学出版社 1993 年版,第 161—162 页。
② 〔日〕奥田昌道等:《民法学·契约的重要问题》,日本有斐阁 1983 年版,第 93 页。转引自同上书,第 163 页。
③ 〔日〕奥田昌道等:《民法学·契约的重要问题》,日本有斐阁 1983 年版,第 95 页。转引自同上。
④ 〔日〕五十岚清:《瑕疵担保与比较法》,载《比较民法学诸问题》,日本一粒社 1976 年版,第 122—123 页;〔日〕奥田昌道等:《民法学·契约的重要问题》,日本有斐阁 1983 年版,第 97 页。转引自同上。
⑤ 〔日〕五十岚清:《瑕疵担保与比较法》,载《比较民法学诸问题》,日本一粒社 1976 年版,第 115、116 页。转引自同上书,第 164 页。
⑥ 《德国民法典》(新债法)第 441 条、第 439 条;杜景林、卢谌:《德国新债法研究》,中国政法大学出版社 2004 年版,第 147 页;齐晓琨:《德国新、旧债法比较研究》,法律出版社 2006 年版,第 222 页。

触的场合,应适用瑕疵担保责任。而《民法典》规定的瑕疵担保责任未作为违约责任的特则,二者都实行无过失责任原则,特别是第617条允许买受人有权在物的瑕疵担保责任、一般的违约责中选择其中之一,这就承认了责任竞合。①

(2) 物的瑕疵担保责任的构成

A. 标的物必须存在着瑕疵。所谓物的瑕疵,按照客观说,所交付的标的物不符合该种物所应具备的通常性质及客观上应有的特征时,即具有瑕疵。依据主观说,所交付的标的物不符合当事人约定的品质,致灭失或减少其价值或效用时,即具有瑕疵。② 瑕疵概念本来仅指客观的东西,现时扩及于主观的东西。学说由客观主义转向主观主义立场。③ 依据对《民法典》第582条、第615条、第616条、第617条规定的解释,所谓瑕疵,既包括出卖人交付的标的物不符合约定的质量要求(第615条),也包括不符合依照法律规定确定的质量标准(第616条),兼采主观说和客观说。

B. 标的物的瑕疵须于买卖标的物风险转于买受人时业已存在,至于该瑕疵是在买卖合同成立时就存在,抑或是在买卖合同成立后才存在,则在所不问。这是物的瑕疵担保责任与权利瑕疵担保责任的不同之处,目的在于给予出卖人以合理机会补救或除去给付之前标的物业已存在的瑕疵,同时亦是为了维护相同的利益状态应给予相同的处理的立法准则。

C. 买受人善意且无重大过失。按此要求,买受人应在合同成立时不知物有瑕疵或瑕疵于合同订立后、危险负担移转前始存在,出卖人才负瑕疵担保责任;若买受人知道物有瑕疵仍订立买卖合同的,出卖人不负瑕疵担保责任。因为买受人明知而买,法律无特加保护的必要。若买受人对物之瑕疵确实不知,然而其不知是由于其重大过失所致者,出卖人也不承担瑕疵担保责任。因为重大过失几乎等于故意,对这种对自己之权益漫不经心者,法律亦无特加保护的必要。但是,若出卖人对标的物的品质有特别保证或故意不告知瑕疵者,即使买受人有重大过失,出卖人亦应负瑕疵担保责任。因为于此情形,出卖人的行为较之买受人的行为更具有可罚性。

D. 买受人须适时地履行瑕疵通知义务。关于瑕疵通知义务,各国和地区的立法例存有分歧。在大陆法系国家,一般说来,采民商分立主义的国家区别商人间的买卖和非商人间的买卖,仅对商人间的买卖适用通知义务;采民商合一主义的立法,则不问是商人间的买卖还是非商人间的买卖,同样适用通知义务。中国《民法典》与后者相同,只有买受人适时地履行了通知义务,出卖人才负瑕疵担保责任,除非出卖人知道或应当知道提供的标的物不符合约定的(第620条至第623条)。

以上所述四项条件为物的瑕疵担保责任成立的积极要件,除此而外,物的瑕疵担保责任的成立还需要满足消极要件。对于该消极要件,《民法典》第618条规定:"当事人约定减轻或者免除出卖人对标的物瑕疵承担的责任,因出卖人故意或者重大过失不告知买受人标的物瑕疵的,出卖人无权主张减轻或者免除责任。"这贯彻了法律不保护恶意之人的原则,值得赞同。

---

① 崔建远:《中国民法典所设竞合规范论》,载《兰州大学学报》(社会科学版)2021年第1期;崔建远:《物的瑕疵担保责任的定性与定位》,载《中国法学》2006年第6期;崔建远:《债权:借鉴与发展》,中国人民大学出版社2012年版,第547—550、576—579页。

② 王泽鉴:《商品制造人责任与消费者之保护》,正中书局1979年版,第16页。转引自梁慧星:《民法学说判例与立法研究》,中国政法大学出版社1993年版,第165页。

③ 梁慧星:《民法学说判例与立法研究》,中国政法大学出版社1993年版,第165页。

（3）物的瑕疵担保责任的救济方法

物的瑕疵担保责任的救济方法有：A. 修理、重作、更换；B. 减少价款；C. 退货（《民法典》第582条）。其中，退货，一般为解除合同，有时转为更换，有时转为重作，个别情况下可以转换为代物清偿；为了把退货同修理、重作、更换相区别，不宜将它解释为含有更换、重作的类型。D. 赔偿损失。①

3. 权利瑕疵担保责任

（1）概述

权利瑕疵担保责任，是指出卖人应就买卖的标的物负有第三人不向买受人主张任何权利的一种民事责任。《民法典》对权利瑕疵担保责任设有明文："出卖人就交付的标的物，负有保证第三人对该标的物不享有任何权利的义务，但是法律另有规定的除外"（第612条）。

权利瑕疵，在传统民法上有以下几种情形：A. 标的物的所有权全部或一部属于第三人，出卖人有取得所有权并转移于买受人的义务，否则即应承担权利瑕疵担保责任。B. 买受人取得的所有权负担有第三人的合法权利，使其行使受到限制。如第三人在出卖物上享有地上权、抵押权、留置权或租赁权等。C. 标的物所有权的其他瑕疵。主要指标的物本身侵犯他人的专利权、商标权、著作权等知识产权，经受侵犯人的申请，法院命令销毁、没收或扣留侵权人所制造的货物，使买受人丧失其受领之物。这种瑕疵是随着现代经济及科学技术的发展而逐渐产生和扩大的，应予以足够的重视。

（2）权利瑕疵担保责任的构成

A. 权利瑕疵必须在买卖合同成立时已经存在。这一要件与物的瑕疵担保责任不同，主要是由于权利瑕疵的性质与物的瑕疵存在差异。至于权利瑕疵是否因出卖人的原因所致，在所不问。如果在买卖合同成立时权利并无瑕疵，而是在其后产生，则不构成瑕疵担保责任，而发生侵权、违约及风险负担等问题。

B. 权利瑕疵在买卖合同成立后未能消除。权利瑕疵虽然在买卖合同成立时存在，但其后已经消除的，不成立瑕疵担保责任。以后消除权利瑕疵，主要有两种情况：一是由出卖人自行消除，如标的物的所有权在买卖合同成立时归第三人享有，但后来因继承、赠与、买卖等原因转归出卖人所有；二是因法律规定，买受人已经自行取得买卖标的物的所有权，可以对抗第三人。

C. 买受人须不知权利存在瑕疵。买受人订立合同时知道或者应当知道第三人对买卖的标的物享有权利的，出卖人不承担瑕疵担保义务（《民法典》第613条）。这一要件与物的瑕疵担保中的"善意"相同，所不同的是在权利瑕疵担保责任的构成中，不要求买受人对此不知无重大过失。这是由于，权利的瑕疵其隐蔽性较"物的瑕疵"的要强，买受人"知"的难度相对大于后者，如果同物的瑕疵担保责任的构成一样要求买受人无重大过失，对买受人过于苛刻，有悖于保护消费者利益的宗旨。但这一原则，应视具体情况灵活运用，目的在于调和双方当事人的利益关系。动产所有权以占有而公示，不动产所有权以登记而公示。所以在动产买卖中，占有的状态有时不能真实地反映所有权的归属及状况，所以对买受人辨认、识别存在一定障碍，法律应规定只要买受人不知权利瑕疵，出卖人就应承担担保责任；而不动产所有权根据其公示的特点，其瑕疵容易被买受人查知，因此对买受人主观上的要求应严格

---

① 关于各种救济方式的详细阐释，请见崔建远：《债权：借鉴与发展》，中国人民大学出版社2012年版，第549—586页。

一些,以平衡双方当事人的利益。

(3) 权利瑕疵担保责任的方式

权利瑕疵担保责任的方式,包括中止支付相应的价款,对此,《民法典》规定:买受人订立合同时知道或者应当知道第三人对买卖的标的物享有权利的,出卖人不承担前条规定的义务(第613条)。买受人有确切证据证明第三人对标的物享有权利的,可以中止支付相应的价款,但是出卖人提供适当担保的除外(第614条)。此外,还可以适用违约责任的方式。

(五) 从合同义务

买卖合同的出卖人除负担以上主合同义务外,还应负担按照约定或交易习惯向买受人交付提取标的物单证以外的有关单证和资料等从合同义务(《民法典》第599条)。此处所谓"提取标的物单证以外的有关单证和资料",主要应当包括保险单、保修单、普通发票、增值税专用发票、产品合格证、质量保证书、质量鉴定书、品质检验证书、产品进出口检疫书、原产地证明书、使用说明书、装箱单等(《买卖合同解释》第4条)。

二、买受人的义务

(一) 支付价款

支付价款是买受人的主要义务。买受人支付价款应按照合同约定的数额、时间、地点、方式为之。

1. 价款数额的确定

价款数额一般由单价与总价构成,总价为单价乘以标的物的数量。当事人在合同中约定的单价与总价不一致,而当事人又不能证明总价为折扣价的,原则上应按单价来计算总价。当事人对价款的确定,须遵守国家的物价法规,否则其约定无效。当事人在合同中约定执行政府定价的,依照《民法典》第513条的规定:"在合同约定的交付期限内政府价格调整时,按照交付时的价格计价。逾期交付标的物的,遇价格上涨时,按照原价格执行;价格下降时,按照新价格执行。逾期提取标的物或者逾期付款的,遇价格上涨时,按照新价格执行;价格下降时,按照原价格执行。"根据《民法典》第626条的规定,买受人应当按照约定的数额和支付方式支付价款。对价款的数额和支付方式没有约定或者约定不明确的,可以协议补充;不能达成补充协议的,按照合同有关条款或交易习惯确定。如仍不能确定,按照订立合同时履行地的市场价格履行,依法应当执行政府定价或政府指导价的,按照规定履行。

2. 价款的支付时间

价款的支付时间,可以由双方当事人约定。买受人应当按照约定的时间支付价款。对支付时间没有约定或约定不明确的,可以协议补充;不能达成补充协议的,按照合同有关条款或交易习惯确定。仍不能确定的,按照同时履行的原则,买受人应当在收到标的物或提取标的物单证的同时支付价款(《民法典》第628条)。出卖人未履行交付标的物之前,买受人有权拒绝支付价款。

价款支付迟延时,买受人不但要继续支付价款,而且还有责任支付迟延利息。

买受人在出卖人违约的情况下,有拒绝支付价款、请求减少价款、请求返还价款的权利。如出卖人交付的标的物有重大瑕疵以致难以使用时,买受人有权拒绝接受交付,并有权拒绝支付价款。如出卖人交付的标的物虽有瑕疵但买受人同意接受,买受人可以请求减少价款。标的物在交付后部分或全部被第三人追索,买受人不但有权解除合同、请求损害赔偿,也有权要求返还全部或部分价款。买受人在有明显证据表明第三人可能对标的物提出权利主张而致使其不能取得标的物的所有权或不能完全取得时,可以拒绝支付相应的价款。但是,在出卖人提供担保的情况下,买受人不得拒绝支付价款(《民法典》第612条、第613条、第614条)。

有些国家和地区的立法确认,买受人拒绝支付价款时,出卖人有权请求买受人将所拒绝支付的价款提存。这一权利称为提存请求权。其设立的原因在于,一旦买受人拒绝支付价款后其所有权的取得并未因第三人主张权利而受影响,此时若买受人无能力支付全部的价款,必然会给出卖人造成不利。因此,为保护出卖人的利益,法律赋予出卖人提存请求权。在出卖人请求买受人提存拒绝支付的价款时,买受人应予提存。在确能证明第三人不能对标的物提出权利要求时,出卖人才得领取提存的价款。如买受人不将拒绝支付的价款提存,则不得拒绝支付价款。

3. 价款的支付地点

价款的支付地点可由双方当事人约定。买受人应当按照约定的地点支付价款。对支付地点没有约定或者约定不明确的,可以协议补充;不能达成补充协议的,按照合同有关条款或者交易习惯确定;仍不能确定的,买受人可以在出卖人的营业地支付;但是,约定支付价款以交付标的物或者交付提取标的物单证为条件的,在交付标的物或者交付提取标的物单证的所在地支付(《民法典》第627条)。

4. 价款的支付方式

价款的支付方式,也可由当事人约定,但当事人关于支付方式的约定,不得违反国家关于现金管理的规定。

(二) 检验义务

1. 及时检验义务

买受人收到标的物时,有及时检验的义务(《民法典》第620条)。当事人对标的物的检验期间未作约定,买受人签收的送货单、确认单等载明标的物数量、型号、规格的,推定买受人已经对数量和外观瑕疵进行检验,但是有相关证据足以推翻的除外(《民法典》第623条)。于此场合,之所以认定买受人已对数量和外观瑕疵进行了检验,而非对标的物的全面检验,包括外观瑕疵和隐蔽瑕疵的检验,是因为于这些场合检验标的物的隐蔽瑕疵,可能较为仓促,难以发现隐蔽瑕疵。假如认定买受人已对隐蔽瑕疵进行了检验,则意味着强求买受人为其做不到的事情,对其要求过苛,这有失公正。之所以设置但有相反证据足以推翻的除外的但书,是因为有充分、确凿的证据证明买受人签收送货单、确认单等文件,系建立在对隐蔽瑕疵已经检验的基础之上的,则没有必要再对买受人予以优惠,也免去双方争执、诉讼的麻烦,节约成本。

当事人约定检验期间的,买受人应当在约定期间内,对标的物的数量或质量进行全面而认真的检验,以确定标的物是否具有瑕疵。不过,当事人约定的检验期限过短,根据标的物的性质和交易习惯,买受人在检验期限内难以完成全面检验的,该期限仅视为买受人对标的物的外观瑕疵提出异议的期限(《民法典》第622条第1款)。约定的检验期限或者质量保证期短于法律、行政法规规定期限的,应当以法律、行政法规规定的期限为准(《民法典》第622条第2款)。这意味着将法律、行政法规规定的检验期间或质量保证期间解释成了效力性的强制性规定。

如果法定的检验期间或质量保证期间符合客观实际,把它们作为效力性的强制性规定无疑是正确的。即使法定的检验期间或质量保证期间存有不足,如过短,也因《民法典》第

621条第2款后段及《买卖合同解释》第12条第2款只是拒绝承认短于法定的检验期间或质量保证期间的约定期间,没有否定长于法定的检验期间或质量保证期间的约定期间,不宜对之厚非。

当然,如果法定的检验期间或质量保证期间过短,当事人约定的检验期间或质量保证期间长于它们,且符合个案情形,于此场合将法定的检验期间或质量保证期间作为效力性的期间规定,就不利于裁判者调整检验期间或质量保证期间。看来,《民法典》第622条第2款的规定有些僵硬,不如采取弹性化处理的方案。

2. 检验期间

对于买受人应当取得与其付款相应的数量和质量的标的物,法律设置物的瑕疵担保责任等制度予以保障。但对出卖人的合法权益也要规定适当的措施予以保护。法律规定或认可检验期间、检验标准应为题中应有之义。

所谓检验期间,也叫质量异议期间,是指买受人检验出卖人交付的标的物所必需的时间。检验期间,首先尊重当事人的约定。

就检验期间,当事人未作约定的,检验期间就是合理期间。所谓合理期间,就是理性人所认可的必需的时间。何为理性人?难免见仁见智,裁判者自由裁量顺理成章。如果此处所谓裁判者系公平正义且法律素养上乘之人,自然没有问题;但若属徇私枉法之徒,则十分可怕。看来,一方面认可自由裁量,另一方面划定一个边界,避免自由裁量变味成随心所欲,显然必要。《买卖合同解释》第12条第1款关于"应当综合当事人之间的交易性质、交易目的、交易方式、交易习惯、标的物的种类、数量、性质、安装和使用情况、瑕疵的性质、买受人应尽的合理注意义务、检验方法和难易程度、买受人或者检验人所处的具体环境、自身技能以及其他合理因素,依据诚实信用原则进行判断"的规定,就是为自由裁量划定的边界,并且较为周全、合理。

需要注意,合理期间最长不超过2年(《民法典》第621条第2款中段,《买卖合同解释》第12条第2款)。但对标的物有质量保证期的,适用质量保证期,不适用该2年的规定(《民法典》第621条第2款后段)。适用质量保证期,而不适用《民法典》第621条第2款后段关于2年规定的,大多发生在建设工程施工合同的场合。

3. 检验标准

检验标准,按照《民法典》第511条第1项规定的精神,首先尊重当事人约定的检验标准;欠缺此类约定时,则以国家标准、行业标准作为检验标准;没有国家标准、行业标准的,按照通常标准或符合合同目的的特定标准作为检验标准。

出卖人依照买受人的指示向第三人交付标的物,出卖人和买受人约定的检验标准与买受人和第三人约定的检验标准不一致的,以出卖人和买受人约定的检验标准为准(《民法典》第624条)。之所以如此,是因为标的物合格与否及其确定标准属于出卖人与买受人之间的利益分配,不涉及第三人的利益。就买卖及其标的物合格与否以及检验标准而言,第三人不是当事人。此其一。根据合同相对性原则,第三人的约定不得约束出卖人;同理,出卖人与买受人之间关于标的物合格与否及其检验标准的约定才会约束他们双方。此其二。

4. 通知义务与视为合格

当事人约定检验期间的,买受人应当在约定期间内,将标的物的数量或质量不符合约定的情形通知出卖人;买受人怠于通知的,视为标的物的数量或质量符合约定。当事人没有约定期间的,买受人应当在发现或应当发现标的物数量或质量不符合约定的合理期间内通知出卖人。买受人在合理期间内未通知或自标的物收到之日起 2 年内未通知出卖人的,视为标的物数量或质量符合约定,出卖人不负物的瑕疵担保责任。

《民法典》第 621 条规定的检验期间(含"合理期间"、2 年的检验期间)、质量保证期间① 经过后,买受人主张标的物的数量或质量不符合约定的,人民法院不予支持(《买卖合同解释》第 14 条第 1 款)。这是因为权利失效期间制度的本质就是要消灭实体权利,既然买受人没有在检验期间内向出卖人通知标的物带有瑕疵,依据《民法典》第 621 条的规定,出卖人不负责任,买受人主张标的物的数量或质量不符合约定,自然不应得到支持。

不过,虽然买受人没有在检验期间届满前向出卖人提出质量异议,但出卖人自愿承担了违约责任,其后又以检验期间经过为由翻悔的,人民法院不予支持(《买卖合同解释》第 14 条第 2 款)。这是诚信原则使然。出卖人本应交付合格的货物,未交付,应当承担责任;尽管有《民法典》第 621 条的规定,出卖人可以不承担责任,但自愿承担了,也是承担本应承担的责任,故不许翻悔。就此看来,《买卖合同解释》第 14 条第 2 款的规定具有合理性。但问题还有另一面,该规定值得深思,因为出卖人自愿承担责任已经构成了非债清偿,按理应构成不当得利,应当返还。此其一。检验期间届满买受人没有通知出卖人标的物不合格,与诉讼时效完成的性质不同,因为诉讼时效完成,债权还存在,债务人自愿履行,债权人有受领、保有的依据;而检验期间届满买受人没有通知出卖人标的物不合格的场合,买受人并无主张出卖人承担物的瑕疵担保的权利。此其二。

还要注意,对标的物有质量保证期的,适用质量保证期,不适用《民法典》第 621 条第 1 款关于 2 年期间的规定(《民法典》第 621 条第 2 款)。

5. 履行检验、通知义务与救济方式成立

出卖人知道或应当知道提供的标的物不符合约定的,买受人得在发现标的物质量或数量不合格的任何时间向出卖人主张责任的承担(《民法典》第 621 条第 3 款)。在标的物确实不合格的情况下,一俟通知完毕,出卖人就得承担物的瑕疵担保责任。

买受人在合理期间内提出异议,出卖人以买受人已经支付价款、确认欠款数额、使用标的物等为由,主张买受人放弃异议的,人民法院不予支持,但当事人另有约定的除外(《买卖合同解释》第 13 条)。之所以如此,是因为权利何时行使,采取何种方式行使,其中有策略。只要没有违反诉讼时效、除斥期间、权利失效期间等制度,就应当允许并予以保护。相反,假如,以买受人已经支付价款、确认欠款数额、使用标的物等为由,认定买受人已经放弃质量异议了,就会形成这样荒谬的结果:买受人在诉讼时效期间的最后时刻向出卖人主张物的瑕疵担保责任,仍有机会和权利得到修理、更换、重作、退货、减少价款或报酬等救济;买受人在短于诉讼时效期间的检验期间内支付价款、确认欠款数额、使用标的物等,暂时没有援用《民法典》第 621 条、第 582 条,以及司法解释的有关规定,却丧失了获得救济的机会和权利。此其一。若将沉默认定为代表一定的意思表示,尤其是若将沉默认定为放弃权利,依据《民法典》第 140 条第 2 款的规定,必须限于法律设有明文规定、当事人已经明确约定或者符合当事人之间的交易习惯的情形。中国法尚无买受人已经支付价款、确认欠款数额、使用标的物时即

---

① 分析《民法典》第 621 条的规定和物的瑕疵担保责任制度中检验期间的理论,检验期间分为约定的检验期间与未约定时的合理期间。合理期间系指当事人未约定检验期间时裁判者确定的检验期间。再者,《民法典》第 621 条第 2 款所规定的 2 年期间,有时仅为单纯的检验期间,而非质量保证期间。就此看来,《买卖合同解释》第 14 条第 1 款等将检验期间、合理期间、2 年期间并列,看成三个不同的期间,这是不合逻辑的。关于检验期间与质量保证期之间关系的详细论述,参见崔建远:《论检验期间》,载《现代法学》2018 年第 4 期。

为放弃异议的规定。所以,《买卖合同解释》第13条正文具有法律及法理依据。此其二。至于《买卖合同解释》第13条所谓"但当事人另有约定的除外",是在贯彻意思自治原则,并且它与《民法典》第140条第2款所谓"沉默只有在……符合当事人之间的交易习惯时,才可以视为意思表示"的精神相一致。此其三。

6. 救济方式的落实

(1) 物的瑕疵担保责任成立,买受人根据个案情况而向出卖人主张修理、重作、更换、退货、减少价款或报酬等救济方式的,只要符合构成要件,就应当得到支持。

(2) 买受人在检验期间(含"合理期间"、2年的检验期间)、质量保证期内提出质量异议,出卖人未按要求予以修理或因情况紧急,买受人自行或通过第三人修理标的物后,主张出卖人负担因此发生的合理费用的,人民法院应予支持(《买卖合同解释》第16条)。这是代替执行的表现,值得赞同。

(3) 标的物质量不符合约定,买受人依照《民法典》第582条的规定要求减少价款的,人民法院应予支持。当事人主张以符合约定的标的物和实际交付的标的物按交付时的市场价值计算差价的,人民法院应予支持(《买卖合同解释》第17条第1款)。当然,价款已经支付,买受人主张返还减价后多出部分价款的,人民法院应予支持(《买卖合同解释》第17条第2款)。

(三) 保管义务

买受人对于出卖人不按合同约定条件交付的标的物,例如多交付、提前交付、交付的标的物有瑕疵等,有权拒绝接收。在特殊情况下,买受人虽作出拒绝接收的意思表示,但应当及时通知出卖人(《民法典》第629条),并负有暂时保管并应急处置标的物的义务。

买受人的保管义务是有条件的:(1) 必须是异地交付,货物到达交付地点时,买受人发现标的物的品质瑕疵而作出拒绝接收的意思表示;(2) 出卖人在标的物接收的地点没有代理人,即标的物在法律上已处于无人管理的状态;(3) 一般物品由买受人暂时保管,但出卖人接到买受人的拒绝接收通知时应立即以自己的费用将标的物提回或作其他处置,并支付买受人的保管费用;(4) 对于不易保管的易变质物品如水果、蔬菜等,买受人可以紧急变卖,但变卖所得在扣除变卖费用后需退回出卖人。买受人在拒绝接收时为出卖人保管及紧急变卖标的物的行为必须是基于善良的动机,不得扩大出卖人的损失。出卖人也不能因买受人上述情况下的保管或紧急变卖行为而免除责任。

买受人根据《民法典》第629条的规定拒绝接收多交部分标的物的,可以代为保管多交部分标的物。买受人主张出卖人负担代为保管期间的合理费用的,人民法院应予支持(《买卖合同解释》第3条第1款)。

此处所谓代为保管,意味着成立了保管合同,且为有偿的保管合同,而非无偿的保管合同。此处所谓"合理费用",应为保管费用,在中国,一般限于必要费用,不包括有益费用。

(四) 及时受领义务

买受人应当按照合同约定,及时受领标的物。未及时受领的,构成迟延受领,买受人应承担相应的违约责任。

三、风险负担与利益承受

(一) 标的物毁损、灭失的风险负担

1. 总说

标的物毁损、灭失的风险负担,是指买卖合同订立后,标的物因不可归责于双方当事人的事由而发生毁损、灭失的不利益,由谁承担的问题。

法律关于风险负担的规定,属于任意性规范。由此决定,对于标的物毁损、灭失风险的负担,当事人有约定的,依其约定;当事人没有特别约定的,贯彻交付主义,但当事人有过错的,则采用过错主义。

2. 标的物毁损、灭失的风险依标的物的交付而转移,即在交付之前由出卖人承担,交付之后由买受人承担(《民法典》第604条正文)。动产的买卖如此,不动产的买卖亦然,均不采用所有权人主义。例如,房屋买卖场合,出卖人将该房屋的钥匙交给买受人,风险随即移转,而非变更登记完毕时才转移。《商品房买卖合同解释》即采这一见解,于第8条第2款规定:"房屋毁损、灭失的风险,在交付使用前由出卖人承担,交付使用后由买受人承担;……但法律另有规定或者当事人另有约定的除外。"同理,在采用所有权保留作为买卖合同担保方式的交易中,尽管在特定的条件满足前,所有权仍归出卖人所有,但只要完成了标的物的交付,风险就发生转移。还有,在机动车辆、船舶、航空航天器的买卖中,风险也自标的物交付时转移给买受人。

《买卖合同解释》根据具体情况解读《民法典》第604条正文确立的交付主义,形成了如下具体规则:

(1) 当事人没有约定交付地点或约定不明确,依照《民法典》第510条的规定仍不能确定,且标的物需要运输的,由出卖人负责办理托运,承运人系独立于买卖合同当事人之外的运输业者。于此场合,标的物毁损、灭失的风险负担,由买受人负担(《民法典》第603条第2款第1项、第604条,《买卖合同解释》第8条)。

(2) 出卖人根据合同约定将标的物运送至买受人指定地点并交付给承运人后,标的物毁损、灭失的风险由买受人负担,但当事人另有约定的除外(《买卖合同解释》第9条)。

(3) 当事人对风险负担没有约定,标的物为种类物,出卖人未以装运单据、加盖标记、通知买受人等可识别的方式清楚地将标的物特定于买卖合同,买受人主张不负担标的物毁损、灭失的风险的,人民法院应予支持(《买卖合同解释》第11条)。

3. 交由承运人运输的在途标的物,被出卖人出卖的,除当事人另有约定的以外,标的物毁损、灭失的风险自合同成立时起由买受人承担(《民法典》第606条);不过,在合同成立时出卖人知道或者应当知道标的物已经毁损、灭失却未告知买受人,买受人主张出卖人负担标的物毁损、灭失的风险的,人民法院应予支持(《买卖合同解释》第10条)。

4. 因买受人的原因致使标的物不能按照约定的期限交付的,买受人应当自违反约定之日起承担标的物毁损、灭失的风险(《民法典》第605条)。例如,《商品房买卖合同解释》第8条第2款后段确认:"买受人接到出卖人的书面交房通知,无正当理由拒绝接收的,房屋毁损、灭失的风险自书面交房通知确定的交付使用之日起由买受人承担,但法律另有规定或者当事人另有约定的除外。"

5. 按照约定或依照《民法典》第603条第2款第2项的规定出卖人应于特定地点交付标的物的,出卖人将标的物置于交付地点,买受人违反约定没有收取的,自买受人违反约定之日起标的物的毁损、灭失的风险转移给买受人(《民法典》第607条)。该项规则同时符合交付主义和过失主义。

所谓《民法典》第603条第2款第2项的规定,指的是这样的情形:标的物不需要运输,出卖人和买受人订立合同时知道标的物在某一地点的,出卖人应当在该地点交付标的物;不知道标的物在某一地点的,应当在出卖人订立合同时的营业地交付标的物。

6. 因标的物质量不符合质量要求致使不能实现合同目的,买受人拒绝接受标的物或解除合同的,标的物毁损、灭失的风险由出卖人承担(《民法典》第610条)。

根据《民法典》第609条的规定,出卖人按照约定未交付有关标的物的单证和资料的,不影响标的物毁损、灭失风险的转移。也就是说,若出卖人交付标的物,但按照约定未交付有关标的物的单证和资料,则标的物毁损、灭失的风险仍转移由买受人承担。这一规定主要适用于所有权保留买卖。一旦当事人约定通过出卖人保留有关标的物单证和资料的方式保留标的物的所有权,标的物毁损、灭失的风险仍自标的物交付之日起转移。

(二) 利益承受

利益承受是指标的物于买卖合同订立后所生的孳息的归属。标的物于合同订立后所生孳息的归属与标的物所有权的转移以及标的物毁损、灭失的风险负担问题是密切相连的。因此在利益承受上,也是以交付时间为确定界限,即标的物的孳息在交付前产生的,归出卖人所有;标的物交付后产生的孳息,归买受人所有(《民法典》第630条)。

四、买卖合同的终止

买卖合同基于合同终止的一般规则而终止,但也存在特殊性,兹简述如下:依照《民法典》的规定,因标的物的主物不符合约定而解除合同的,解除合同的效力及于从物(第631条前段)。因标的物的从物不符合约定被解除的,解除的效力不及于主物(第631条后段);标的物为数物,其中一物不符合约定的,买受人可以就该物解除,但该物与他物分离使标的物的价值显受损害的,当事人可以就数物解除合同(第632条)。出卖人分批交付标的物的,出卖人对其中一批标的物不交付或交付不符合约定,致使不能实现合同目的的,买受人可以就该批标的物解除。出卖人不交付其中一批标的物或交付不符合约定,致使之后其他各批标的物的交付不能实现合同目的的,买受人可以就该批以及其他各批标的物解除。买受人已经就其中一批标的物解除,该批标的物与其他各批标的物相互依存的,可以就已经交付和未交付的各批标的物解除(第633条)。

依照法律、行政法规的规定或按照当事人的约定,标的物在有效使用年限届满后应予回收的,出卖人负有自行或委托第三人对标的物予以回收的义务(《民法典》第625条)。

第三节　特种买卖合同

特种买卖包括分期付款买卖、样品买卖、试用买卖、招标投标买卖和拍卖等类型,本书总则部分已经就招投标买卖和拍卖两种类型的买卖讨论过,此处不赘。

一、分期付款买卖

分期付款买卖是一种特殊的买卖形式,是买受人将其应付的总价款分为若干部分,按照一定期限分不同期数向出卖人逐次支付的买卖。至于总价款分为几个期数,每期金额为多少,由当事人任意约定。不过,有学说认为,标的物交付后的付款,至少需要有二期以上。如果总价款的支付虽有二期以上,但标的物交付后仅剩一期的,也不属于分期付款买卖。①《买卖合同解释》第 27 条第 1 款要求买受人将应付的总价款在一定期间内至少分三次向出卖人支付。

分期付款买卖具有刺激消费、促进生产、进而繁荣经济的作用。它在中国常常用于汽车等高档消费品的买卖关系之中。

由于买受人的分期支付影响了出卖人的资金周转,分期付款的总价款可略高于一次性付款的价款。同时,因为分期付款买卖中,出卖人须先交付标的物,买受人于受领标的物后分若干次付款,出卖人有收不到价款的风险,所以,应允许当事人双方就分期付款买卖的若干问题进行特别约定,并对特别约定进行必要的限制,以达到买卖双方的利益的平衡。这类特别约定的条款主要有以下几种②:

1. 解除合同或请求支付全部价款的特约

对于买卖合同的解除问题,当事人没有约定条件的,自然适用《民法典》第 634 条第 1 款关于"分期付款的买受人未支付到期价款的数额达到全部价款的五分之一,经催告后在合理期限内仍未支付到期价款的,出卖人可以请求买受人支付全部价款或者解除合同"的规定,或《民法典》第 563 条等规定,以及《买卖合同解释》的有关规定;当事人另有约定的,如约定分期付款的买受人未支付到期价款的金额达到全部价款的 1/6 或 1/4 的,出卖人有权要求买受人支付全部价款或解除合同,应当有效。就是说,当事人关于解除合同或请求支付全部价款的特约,应当得到法律的认可,除非违反事理或违反公序良俗原则。再者,分期付款买卖合同的约定违反《民法典》第 634 条第 1 款的规定,损害买受人利益,买受人主张该约定无效的,人民法院应予支持(参考《买卖合同解释》第 27 条第 2 款)。

在分期付款买卖合同约定出卖人在解除合同时可以扣留已受领价金,而且出卖人扣留的金额超过标的物使用费以及标的物受损赔偿额的情况下,买受人请求返还超过部分的,人民法院应予支持(《买卖合同解释》第 28 条第 1 款)。当事人对标的物的使用费没有约定的,人民法院可以参照当地同类标的物的租金标准确定(《买卖合同解释》第 28 条第 2 款)。

2. 所有权保留的特约

所谓所有权保留,是指在买卖合同中,买受人虽先占有、使用标的物,但在双方当事人约定的特定条件(通常是价款的一部或全部清偿)成就之前,出卖人仍保留标的物所有权,待条件成就后,再将所有权转移给买受人。

当事人约定所有权保留,在标的物所有权转移前,买受人有下列情形之一,对出卖人造成损害的,允许出卖人主张取回标的物:(1) 未按约定支付价款,经催告后在合理期限内仍未支付的;(2) 未按约定完成特定条件的;(3) 将标的物出卖、出质或作出其他不当处分的(《民法典》第 642 条第 1 款)。而且,取回的标的物价值显著减少,出卖人要求买受人赔偿损失的,人民法院应予支持。但是,买受人已经支付标的物总价款的 75% 以上,出卖人主张取回标的物的,人民法院不予支持(《买卖合同解释》第 26 条第 1 款)。此其一。在将标的物出卖、出质或作出其他不当处分的情形下,第三人依据《民法典》第 311 条的规定已经善意

---

① 郑玉波:《民法债编各论》(上册)(第 7 版),三民书局 1981 年版,第 101 页;史尚宽:《债法各论》(第 5 版),荣泰印书馆股份有限公司 1981 年版,第 91 页;邱聪智:《新订债法各论》(上),姚志明校订,中国人民大学出版社 2006 年版,第 144 页。

② 郭明瑞、王轶:《合同法新论·分则》,中国政法大学出版社 1997 年版,第 52—54 页。

取得标的物所有权或其他物权,出卖人主张取回标的物的,人民法院不予支持(《买卖合同解释》第26条第2款)。因为于此场合出卖人已经丧失了标的物的所有权,无法返还标的物。此其二。

在所有权保留买卖中,出卖人依法有权取回标的物,但是与买受人协商不成,当事人请求参照《民事诉讼法》"实现担保物权案件"的有关规定,拍卖、变卖标的物的,人民法院应予准许(《担保制度解释》第64条第1款)。出卖人请求取回标的物,符合《民法典》第642条规定的,人民法院应予支持;买受人以抗辩或反诉的方式主张拍卖、变卖标的物,并在扣除买受人未支付的价款以及必要费用后返还剩余款项的,人民法院应当一并处理(《担保制度解释》第64条第2款)。

出卖人取回标的物后,买受人在双方约定的或出卖人指定的回赎期间内,消除出卖人取回标的物的事由的,可以请求回赎标的物(《民法典》第643条第1款)。当然,买受人在回赎期间内没有回赎标的物的,出卖人可以以合理价格另行出卖标的物(《民法典》第643条第2款前段)。出卖人另行出卖标的物的,出卖所得价款扣除取回原买受人未支付的价款及必要费用后仍有剩余的,应返还原买受人(《民法典》第643条第2款后段)。

3. 解除合同的损害赔偿金额的特约

解除合同的损害赔偿金额的特约,是指当事人双方关于解除合同时一方应向另一方支付的赔偿金额的约定。解除合同时,当事人双方应将其从对方取得的财产返还给对方,有过错的一方并应赔偿对方的损失。分期付款买卖在因买受人一方的原因而由出卖人解除合同时,标的物已经交付买受人,因此,买受人在占有标的物期间的利益也即是出卖人的一种损失。为保护出卖人的利益,在分期付款买卖中当事人经常有关于出卖人于解除合同时得扣留其已受领的价款或请求买受人支付一定金额的约定。这种约定如过苛则对买受人不利。为了维系公平和保护买受人的利益,法律要对关于出卖人解除合同时出卖人得扣还价款或请求支付价款的约定作一定限制。一般说来,因买受人一方的原因由出卖人解除合同时,出卖人向买受人请求支付或扣留的金额,不得超过相当于该标的物的通常使用费的金额。对此,《民法典》第634条第2款规定:"出卖人解除合同的,可以向买受人请求支付该标的物的使用费。"如标的物有毁损时,则应再加上相当的损害赔偿金额。如当事人约定的出卖人于解除合同时得扣留的价款或请求支付的金额超过上述限度,则其超过部分的约定无效。[①]

二、样品买卖

(一) 样品买卖的概念

样品买卖,又称货样买卖,是指当事人双方约定一定的样品,出卖人交付的标的物应与样品具有相同品质的买卖。所谓样品,又称货样,是指当事人选定的用以决定标的物品质的货物。其通常情形为货物本身,但图样或模型,如能显示标的物的种类和品质的,仍可认为样品,并可依图样成立样品买卖合同。[②]

(二) 样品买卖的效力

样品买卖,是在买卖关系中附加了出卖人的一项"须按样品的品质标准交付标的物"的担保,因此,样品买卖除适用普通买卖的规定外,还产生下列效力:

[①] 郑玉波:《民法债编各论》(上册)(第7版),三民书局1981年版,第104页。
[②] 邱聪智:《新订债法各论》(上),姚志明校订,中国人民大学出版社2006年版,第141页。

1. 出卖人应按样品所确定的品质标准向买受人交付标的物(《民法典》第635条后段)。

2. 如果样品本身存在隐蔽瑕疵,且样品买卖的买受人不知道样品有隐蔽瑕疵的,无论交付的标的物是否与样品相同,出卖人都负有交付的标的物具有同种物通常标准的义务(《民法典》第636条)。

由于在样品买卖中交付的标的物与样品的品质是否相同决定着买卖双方的权利义务及责任,当事人应当封存样品,并且可以对样品质量予以说明(《民法典》第635条前段),以便发生纠纷时的举证和纠纷的处理。如果买受人以标的物的品质与样品不符而拒绝受领标的物,应由出卖人证明标的物的品质与样品的品质相符,否则应负迟延履行的责任;买受人受领标的物后主张瑕疵担保请求权的,应由买受人就标的物的品质不符合样品的品质负举证责任。①

合同约定的样品质量与文字说明不一致且发生纠纷时当事人不能达成合意,样品封存后外观和内在品质没有发生变化的,人民法院应当以样品为准;外观和内在品质发生变化,或者当事人对是否发生变化有争议而又无法查明的,人民法院应当以文字说明为准(《买卖合同解释》第29条)。

三、试用买卖

(一) 试用买卖的概念

试用买卖,也叫试验买卖,是指当事人双方约定,于合同成立时,出卖人将标的物交付买受人试验或检验,并以买受人在约定期限内对标的物的认可为生效要件的买卖合同。这种买卖常见于某些新产品的推销销售领域。

试用买卖作为一种特种买卖,与一般买卖合同相比具有以下特征:(1) 试用买卖约定由买受人试验或检验标的物。(2) 试用买卖是以买受人对标的物的认可为生效条件(停止条件)的买卖合同。所谓买受人对标的物认可,也叫承认,是指买受人对标的物为"满意"的观念通知,或者说买受人向出卖人表示接受标的物。

由此决定,买卖合同存在下列约定内容之一的,不属于试用买卖。买受人主张属于试用买卖的,人民法院不予支持:(1) 约定标的物经过试用或检验符合一定要求时,买受人应当购买标的物;(2) 约定第三人经试验对标的物认可时,买受人应当购买标的物;(3) 约定买受人在一定期限内可以调换标的物;(4) 约定买受人在一定期限内可以退还标的物(《买卖合同解释》第30条)。

(二) 试用买卖的生效

试用,为促使买受人"满意"标的物,决定购买的手段,乃为了买受人的利益。因此,试用买卖合同一经成立,出卖人便负有容许买受人试用的义务。由此决定,买受人有权请求出卖人交付标的物;出卖人若拒绝,买受人有权请求强制执行。②

试用的方法、过程和范围,当事人有约定的,依其约定;无约定的,则根据个案情况客观地决定。例如,汽车仅须实验驾驶一定的路途。③

试用的费用,当事人有约定的,依其约定;当事人没有约定使用费或约定不明确,出卖人

---

① 郑玉波:《民法债编各论》(上册)(第7版),三民书局1981年版,第100—101页。
② 邱聪智:《新订债法各论》(上),姚志明校订,中国人民大学出版社2006年版,第137页。
③ 同上。

无权请求买受人支付使用费(《民法典》第639条)。

(三) 试用期限

试用期限,顾名思义,是指买受人试用标的物,决定是否购买标的物所需要的期限。对于试用期限,当事人有约定的,依其约定;没有约定或约定不明确的,可以协议补充;不能达成补充协议的,按照合同有关条款或交易习惯确定(《民法典》第510条);如仍不能确定的,由出卖人确定。

(四) 对买受人认可(承认)的确定及其法律效力

1. 认可(承认)的意义

认可(承认)的法律性质,通说认为系观念通知,准用法律行为的有关规定。其表示无需一定方式,也不需要明示。其表示应在试用期限内作出。买受人在试用期限内未作出是否认可的表示,即沉默,视为认可(承认)。对此,《民法典》第638条第1款后段明确规定:"试用期限届满,买受人对是否购买标的物未作表示的,视为购买。"

《民法典》第638条第1款前段规定:"试用买卖的买受人在试用期内可以购买标的物,也可以拒绝购买。"这表明认可(承认)为买受人的权利,而非义务。它延伸的意义还有,买受人可以不经试用而不予认可(拒绝)。不过,在标的物没有瑕疵的情况下,买受人不经试用而不予认可(拒绝),有时可能违背诚信原则,构成权利滥用。[①]

2. 认可(承认)的拟制

试用买卖的买受人在试用期内已经支付部分价款或对标的物实施出卖、出租、设定担保物权等行为的,视为同意购买(《民法典》第638条第2款)。

3. 认可(承认)的效力

认可(承认),就是试用买卖合同所附生效条件(停止条件)成就。试用买卖合同因买受人对标的物的认可(承认)而生效。自此,双方当事人有义务按照约定和法定来履行合同义务。

(五) 买受人不予认可(拒绝)

在试用期限内,买受人作出不认可的表示,即拒绝,所附生效条件(停止条件)不成就,则该试用买卖合同不生效力。

不予认可(拒绝)的法律性质,通说认为属于观念通知,准用法律行为的有关规定。

试用买卖合同因买受人不予认可(拒绝)而不生效力,买受人因此负返还标的物的义务。因可归责于买受人的事由,造成标的物毁损、灭失而返还不能的,买受人承担损害赔偿责任。

---

① 邱聪智:《新订债法各论》(上),姚志明校订,中国人民大学出版社2006年版,第137页。

第十六章

供用电、水、气、热力合同

第一节 供用电、水、气、热力合同概述

一、供用电、水、气、热力合同的界定

供用电、水、气、热力合同，是指一方提供电、水、气、热力供另一方利用，另一方支付价款的合同。提供电、水、气、热力一方为供应人，利用电、水、气、热力一方为利用人。

供用电、水、气、热力合同具有公共利用性质，是一种提供基础设施性质或基本生活资源的合同，它对整个社会经济的发展和人民生活水平的提高，有着十分重要的作用。因此，立法对其加以规定显得十分必要。《民法典》"第三编 合同"之"第二分编 典型合同"之下第十章以"供用电、水、气、热力合同"的章名加以规范，不过，采取了仅就供用电合同作出规定，其余几种合同参照供用电合同的规定予以适用的立法技术。

二、供用电、水、气、热力合同的法律性质[1]

（一）公用性

所谓公用性，是指供应人提供的电、水、气、热力的消费对象不是社会中的某些特殊阶层，而是一般的社会公众，包括自然人、法人和其他组织等。因此，供应人对于提出供应要求的利用人，负有强制缔约义务，一般不得拒绝，除非这种供应对供应人来说代价过分高昂，或不符合安全条件等原因而不能供应。其目的在于使一切人都可以平等地享有与供应人订立合同，利用电、气、水、热力资源的权利。

（二）公益性

所谓供用电、水、气、热力合同的公益性，是指这类公共供用合同的目的不只是为了让供应方从中得到利益，更主要的是为了满足人民生活的需要，提高人民生活质量。公共供用企业并非纯粹以营利为目的的企业，而是以促进公共生活水平等公益事业为重要目标的企业。国家对于这类供用合同的收费标准都有一定的限制，供应人不得随意将收费标准提高。

（三）继续性

无论是电，还是自来水、煤气（天然气）以及热力的供应，对于供应人和利用人双方来说都不是一次性的，而是持续的。对供应人一方来说，为向利用人供应上述资源，需要花费相

---

[1] 参见崔建远主编：《合同法》（第5版），薛文成执笔，法律出版社2010年版，第409页。

当的代价铺设管道或架设电线,这显然不能只是为了一时的利用。而对于利用人来说,一般也是为了长期生活的便利才利用这些管网设施提供的上述资源。作为继续性合同,即使其供给或收取费用为分期的,或为各个的,但这些各次分开的给付或费用支付并不作为各个独立的合同,而仍为一个合同。

(四)合同终止的非溯及性

公共供用合同的标的物均为可消耗物,在一次利用之后,即为返还不能,不像其他买卖合同一样,可以将标的物返还。因此,在供用电、水、气、热力合同因各种原因终止之时,其效力仅能向将来发生,而不能溯及过去。

三、供用电、水、气、热力合同与格式合同

供用电、水、气、热力合同是一种公用性、公益性合同,作为供应人的电力公司、自来水公司等主体,不可能与每一个利用人进行协商,分别订立合同,而是采用格式条款的方式附合缔约。这可以大大减轻这些公司的负担,提高其工作效率和服务效率,减少交易的成本,利用人欲订立供应电、水、气、热力合同,也只需在格式合同上签名,并填上相应事项即可,不必再经过反复的协商。因此,格式条款在供用电、水、气、热力合同中的采用,实属必然。例如,原电力工业部制定的《供电营业规则》第 95 条第 2 款规定:"供用电合同书面形式可以分为标准格式和非标准格式两类。标准格式合同适用于供电方式简单、一般性用电需求的用户;非标准格式合同适用于供用电方式特殊的用户。"其中的"标准格式"即为《民法典》所说的格式条款。

与格式合同相伴而来的是公平问题。这些供用电、水、气、热力的企业和公司,在制定格式条款时,往往会基于自己利益的考虑,在合同中尽量地减轻自己应负担的责任,要求利用人承担不合理的义务,制定一些免除自己责任的免责条款,等等。这些供用人往往处于同行业的独占和垄断地位,而对电、水、气、热力的利用又是大多数人生活中所必不可少的,因此利用人可能被迫接受一些不平等的格式条款。《民法典》对格式条款设有专门的限制性规定(第 496 条以下),以防止类似情形发生。

第二节　供用电合同

一、供用电合同的概念

供用电合同是供电人向用电人供电,用电人支付电费的合同(《民法典》第 648 条第 1 款)。

一般来说,中国的供用电合同依利用人及利用目的的不同分为两种:一种是生产经营性供用电合同,另一种是生活消费性供用电合同。在生产经营性供用电合同中,双方一般应就用电的数量、供电质量等有特殊约定,在电力供应紧张时期,这种用电人还要事先编制计划,向供电人申请。在一般的生活消费性供用电合同中,由于其标准较一致,一般无需与供电人作特殊协商。

二、供用电合同的效力

(一)供电人的义务

1. 供电人及时、安全、合格供电的义务

用户提出申请的,供电企业应尽速确定供电方案,并在一定期限内正式书面通知用户。

合同订立后,供电人应当按照合同约定的时间向用电人供电。当事人对供电标准有约定的,依其标准供应;当事人无约定的,则根据用电人具体的用电意图可以推定的标准或国家规定的标准供电,国家未规定标准的,按照同类行业标准供电。

供电人必须安全、合格供电。供电人未按照国家规定的供电质量标准和约定安全供电,造成用电人损失的,应当承担损害赔偿责任(《民法典》第651条)。

供用电合同的履行地点,按照当事人约定;当事人没有约定或约定不明确的,供电设施的产权分界处为履行地点(《民法典》第650条)。

2. 供电人因限电、检修等停电的通知义务

《民法典》第652条规定:"供电人因供电设施计划检修、临时检修、依法限电或者用电人违法用电等原因,需要中断供电时,应当按照国家有关规定事先通知用电人;未事先通知用电人中断供电,造成用电人损失的,应当承担赔偿责任。"正常供电是供电人的义务。但是,当电力总量不足而需要计划分配,或是供电设施需要检修时,一般都可能会暂时性地停电。但是突然断电使用电人毫无准备,就很可能给用电人造成意想不到的损失,有的企业甚至会因此被损坏设备等。因此供电人在停电之前,必须以通知的方式明确告知用电人,使其有所准备和安排。至于其通知方式,法律没有明确规定,目前的做法一般是在报纸或电视上刊登通知。通知必须在停电前的合理期限内为之。

3. 供电人对事故断电的抢修义务

所谓事故断电,是指因为不可抗力或通常事变造成供电设施毁坏,以致电力无法继续正常供应的情况。这种事故断电有多种发生原因:(1) 不可抗力。(2) 人为破坏。这种破坏虽为人为故意实施,但对供电人及用电人双方来说则是难以预测,或是难以防止的。如偷盗输变电设备、偷割电缆、电线等。(3) 其他偶然事件(通常事变)。在出现事故断电情况的情况下,应当适用《民法典》第653条关于"因自然灾害等原因断电,供电人应当按照国家有关规定及时抢修;未及时抢修,造成用电人损失的,应当承担赔偿责任"的规定处理。所谓及时抢修,是指供电人自知道事故发生或接到事故通知之时起,应立即找寻事故发生地点,并投入相关设备进行快速修复,使供电设施以最快速度恢复正常供电状态,将损失降到最低。因供电人未及时抢修造成用电人损失的,供电人应负赔偿责任。发生意外事故时,用电人一方也应该尽力减少损失。

此外,供电人还负有因限电或停电造成用电人用电未达标时,补充供给一定量电力的义务;在用电人交纳电费时,向用电人开具用电数量详细情况凭证或记录的义务等。

(二) 用电人的义务

1. 用电人支付电费的义务

供电合同是双务、有偿合同,用电人应对其使用供电人供应的电力支付费用。供电人为用电人安全而为其检修用电设施的,用电人还有支付服务费用的义务。

2. 用电人对用电设施的安全保持义务

保持用电设施处于安全状态,是保证用电安全的前提条件。因此,对于已经安全装设的用电线路和保险装置,用电人不应随意拆换,以防发生危险,或因此留下隐患。同时,用电人也不应在已经检修合格的用电设施中再随意拉线,连接用电设施。对于用电设施出现故障需要修理的,一般也要请电工修理,不应自己随意接拉电线或修理。否则,造成损失或发生危险的,供电人对此不负责任。

3. 用电人对供电人正当检修、停电、限电的忍受义务

供电属于高度危险作业，因各种意外事故而需要对用电设施进行检修，或是因此而停电、限电，都是较为常见的现象，也是为防止危险发生的必要措施。用电人对此应当忍受，而不得随意主张除去。如果由于特定时期供电总量有限，需要限制用电人的用电量的，用电人也应负必要的忍受义务。同时，供电人检修供电设施时需要用电人协助的，用电人负有协助义务。

4. 用电人依照约定用电的义务

用电人应当按照国家有关规定和当事人的约定安全、节约和计划用电。用电人未按照国家有关规定和当事人的约定安全用电，造成供电人损失的，应当承担损害赔偿责任（《民法典》第655条）。

三、供电合同的中止

用电人逾期不支付电费的，应当按照约定支付违约金。经催告用电人在合理期限内仍不支付电费和违约金的，供电人可以按照国家规定的程序中止供电（《民法典》第654条第1款中段、后段）。当然，这应当事先通知用电人（《民法典》第654条第2款）。

第十七章

赠 与 合 同

第一节 赠与合同概述

一、赠与合同的界定

赠与合同,是指赠与人将其财产无偿给与受赠人,受赠人表示接受的合同(《民法典》第657条)。此处的财产叫作赠与物,转让财产的一方称作赠与人,接受财产一方称为受赠人。

二、赠与合同的法律性质

(一) 赠与人须将其财产无偿给与受赠人

1. 赠与财产

《民法典》上的赠与,其标的物即赠与物,限于财产。此处所谓财产,仅指财产上的权利,义务不在其中,诸如所有权、定限物权(含准物权)、无体财产权、债权、有价证券、股权等,均可为赠与物。这些财产,按照《民法典》第657条规定的文义,应归赠与人所有。至于赠与人享有财产权的时间点,不以赠与合同成立时为限,将来可归为赠与人的财产,也可以作为赠与物。如赠与人以下月工资而为赠与,应认为有效。还有,这些财产不以赠与合同成立时业已存在的为限,将来开始发生的财产,亦无不可。例如,果农以来年收获的果实而允诺赠与,亦为有效。①

2. 赠与内容

赠与内容为给与财产。所谓给与财产,是指赠与人方面减少财产(包括本应增加而没有增加),而直接使受赠人方面增加财产(包括本应减少却未减少)的行为。其主要情形包括:(1)物权(含准物权)的让与(如移转所有权)、设立(如赠与人以其房屋为受赠人设立抵押权)、抛弃(如抛弃赠与人在受赠人房屋上的抵押权)。(2)无体财产权的让与(如无偿许可受赠人使用专利发明等)。(3)债权让与而不要求对价。(4)债务免除(如赠与人将受赠人所欠的100万元人民币免除)。(5)债务承担而不要求对价(由赠与人承担受赠人对他人所负的债务,且不要求受赠人提供对价)。(6)债权清偿而不要求对价(由赠与人清偿受赠人对他人所负的债务,且不要求受赠人提供对价)。(7)提供担保(如充任受赠人的保证人,且

---

① 参见刘春堂:《民法债编各论》(上),三民书局2008年版,第193—194页。

不要求受赠人提供对价)。(8)有价证券及股权的无偿赠与。①

至于一方当事人的财产虽然有所减少,但并未直接使他方的财产因而有所增加的,如甲宴请乙,或虽使他方的财产有所增加,但并未直接使自己的财产因而有所减少的,如拒绝继承,都不是赠与。

3. 给与的无偿性

无偿给与财产是赠与的要件。所谓无偿,是指受赠人对所受的赠与并不付出对价。赠与人一方负有给付的义务,受赠人不负给付的义务,容易认定为无偿。赠与人一方负有给付的义务,受赠人亦负给付的义务,只不过受赠人的给付并非赠与人给付的对价的,亦为无偿。附负担的赠与属于后者。《民法典》规定赠与可以附义务(第661条第1款),即指此类情形。例如,赠与人甲赠与乙现金2000元,要求乙受赠时承诺好好学习。于此情形,乙负有依约"好好学习"的义务,但这种义务并非其受赠的对价。因而,该法律关系依然为赠与,属于附负担的赠与,而非有偿合同。②

综上所述,赠与的要件为无偿给与财产,以财产的终局移转为目的,因此,无偿提供服务,并非赠与,应根据具体情况而适用雇用合同、委托合同等法律规定。再者,使用、收益为财产所派生的作用,从而一方将其财产无偿地供他方收益的,属于减少自己的财产而增加他方的财产,应当认定为赠与。至于以自己之物无偿供他方使用,使他方因而受有财产的利益的,如甲将其100万元人民币交给乙使用,不收取利息,或将其卡车交给乙用作运输,不收取使用费,虽然符合赠与的要件,但因《民法典》设有借款合同的规范,理论和实务承认借用合同,所以,不适用《民法典》关于赠与的规定规范它们。③

赠与合同的无偿性决定了赠与人的注意义务、给付义务、归责事由和责任范围较轻。例如,赠与物即使存在瑕疵,原则上也不成立瑕疵担保责任,除非赠与人故意隐瞒了隐蔽瑕疵或明确地作出了品质保证(《民法典》第662条第2款)。

(二) 赠与合同为经受赠人同意接受赠与而成立的合同

赠与属于一种恩惠行为,不过为了尊重受赠人的意思,不得强制其接受恩惠,所以赠与必须经受赠人同意,合同才能成立。倘若仅有一方当事人的施惠,并未经他方同意,则不成立赠与,可成立他种法律关系。例如,债务的免除,仅有债权人一方表示免除,而不经债务人同意的,直接发生免除的法律效果,而不构成赠与;若经过他方的同意而发生免除债务的效果的,则可成立赠与。在后一种情况下,免除为赠与合同的履行行为。④

受赠人的同意,可以明示,也可以默示。

(三) 赠与合同为单务合同

在赠与合同中,仅赠与人负有交付赠与财产的义务,受赠人不负对待给付义务,或虽然承担义务,但与赠与人的给付义务不具有对价关系,故赠与为单务合同。因此,赠与合同中,赠与人不享有双务合同当事人可享有的同时履行抗辩权。

(四) 赠与合同为诺成合同

《合同法》生效之前,中国司法解释将赠与物的交付作为赠与合同的成立要件(《关于民

---

① 参见刘春堂:《民法债编各论》(上),三民书局2008年版,第194页;崔建远主编:《合同法》(第5版),薛文成执笔,法律出版社2010年版,第412页。
② 崔建远主编:《合同法》(第5版),薛文成执笔,法律出版社2010年版,第412—413页。
③ 参见刘春堂:《民法债编各论》(上),三民书局2008年版,第195页。
④ 同上。

法通则的意见》第128条前段),使赠与合同具有实践性(要物性)。《合同法》对此予以修正,改为只要双方当事人意思表示一致,赠与合同即告成立,不以赠与人交付赠与物为合同的成立要件(第185条),使赠与合同具有诺成性。《民法典》亦然(第657条)。

(五) 赠与合同为非要式合同

依据《民法典》的精神,赠与合同可以采用口头形式,也可以采用书面等形式,表现出非要式性。至于赠与物发生权利移转需办理变更登记等手续的,依法办理变更登记等手续(《民法典》第659条),为履行赠与合同的义务,不属于合同的形式范畴。

三、赠与合同的分类

(一) 一般赠与和特种赠与

以赠与合同的成立、效力是否具有特殊情况为区分标准,赠与可分为一般赠与和特种赠与。

所谓一般赠与,或称单纯赠与,是指单纯以一方当事人对他方当事人无偿给与财产为内容,在合同的成立或效力方面,未附条件、期限或负担等特殊情况的赠与。

所谓特种赠与,或称非单纯赠与,是指在赠与合同的成立或效力方面附着条件、期限或负担等特殊情况的赠与。其表现形式有:(1) 附义务赠与;(2) 附条件赠与;(3) 附期限赠与;(4) 死因赠与;(5) 现实赠与;(6) 混合赠与。

所谓附义务赠与,有些立法例及其学说叫作附负担赠与,是指受赠人负有一定给付义务的赠与。鉴于受赠人所负的一定给付义务与赠与人所负的给付义务无对价关系,为了显示这两种给付义务的区别,传统民法及其学说将受赠人所负的给付义务叫作负担。该种负担系附随赠与而生,故将此类赠与称作附负担赠与。[①] 中国《民法典》没有沿用附负担赠与的称谓,采用了附义务赠与的名称(第661条第1款以下)。

赠与合同所附的义务(负担),属于赠与合同关系中的义务(负担),而非赠与合同关系外的另一种合同关系的组成部分。换句话说,附负担赠与(附义务赠与)不是赠与合同与负担合同两者的结合。因此,负担(义务)的内容违反法律、行政法规的强制性规定,违反公共秩序善良风俗原则的,赠与合同无效,而非仅仅是负担条款无效。负担(义务)的内容,必须是受赠人的一定给付,至于该给付有无财产价格、作为抑或不作为,均非所问;就是具有财产价格,也不要求与赠与物的价值相当。负担的受益人,通常为赠与人本人,约定为特定第三人乃至一般公众,亦无不可。[②]

所谓附条件赠与,是指赠与物财产权的移转或赠与合同的终止取决于当事人双方约定的条件成就的赠与。它与附义务赠与(附负担赠与)不同,主要表现如下:所附条件限制赠与合同效力,附停止条件场合是限制了赠与物财产权移转的履行效力,附解除条件场合是限制了赠与合同的存续期间;而附义务(负担)并不限制赠与合同的效力,仅仅是使受赠人负有负担。就此看来,两者不同。

需要辨析的是,有观点认为,附条件赠与也可能是附加一定负担给受赠人,因此附条件赠与包括了附义务赠与。但由于附义务赠与本质上仍为赠与,以赠与为主,受赠人所负义务

[①] 邱聪智:《新订债法各论》(上),姚志明校订,中国人民大学出版社2006年版,第211页;刘春堂:《民法债编各论》(上),三民书局2008年版,第213页。

[②] 邱聪智:《新订债法各论》(上),姚志明校订,中国人民大学出版社2006年版,第211—212页;刘春堂:《民法债编各论》(上),三民书局2008年版,第213—214页。

为从,赠与和受赠人所负义务之间有主从牵连关系,自应由赠与人先为赠与的给付,尔后赠与人才可向受赠人行使给付请求权①,决定了受赠人所负义务不会成为限制赠与物财产权移转效力的条件,换句话说,附义务赠与不会成为附条件赠与,附条件赠与不会包括附义务赠与,两种赠与不同。

所谓附期限赠与,是指赠与物财产权的移转或赠与合同的终止取决于当事人双方约定的期限届至或届满的赠与。它与附义务赠与(附负担赠与)不同,主要表现如下:所附期限限制赠与合同效力,附始期赠与场合是限制了赠与物财产权移转的履行效力,附终期赠与场合是限制了赠与合同的存续期间;而附义务(负担)并不限制赠与合同的效力,仅仅是使受赠人负有负担。就此看来,两者也不同。

所谓死因赠与,是指因赠与人死亡而生效力的赠与。它实际上是以"赠与人死亡时,受赠人仍然生存"为停止条件的赠与,性质上为附停止条件赠与的一种。死因赠与和遗赠的相同点在于,二者均为无偿给与财产的无偿行为,且均须于赠与人/遗赠人死亡时(受赠人/受遗赠人尚生存着)开始发生效力。其不同点表现在:(1) 死因赠与为合同,遗赠是单独行为;(2) 遗赠须以遗嘱为之,属于要式行为。②

所谓现实赠与,是指赠与合同成立的同时即已履行的赠与,即赠与人以赠与物现实交付于受赠人而成立的赠与。

所谓混合赠与,是指约定使受赠人亦为一部分对待给付的赠与。半买半赠,为其著例。对于此类合同,原则上仍应适用一般赠与的规定,但对于受赠人所为对待给付部分,应类推适用附义务赠与的规定。③

区分一般赠与和特殊赠与具有法律意义:(1) 在一般赠与中,受赠人不负任何给付义务,赠与的成立及其履行,无害于而是有益于受赠人,因而无需受赠人具有行为能力;与此不同,在附条件赠与、附义务赠与中,受赠方也要相应地承担一定的义务,尽管该义务弱于赠与人的给付义务,其实际履行仍有可能使受赠人受到损害,需要受赠人具有辨别赠与的性质及法律效果的能力,以决定是否签订赠与合同,所以需要受赠人具备一定的行为能力。当然,这种区别在赠与人一方不会体现出来,因为将其财产赠与他人属于较为重要的法律行为,应要求赠与人具备完全行为能力,至于无行为能力人或限制行为能力人为赠与,需要其监护人的同意。(2) 一般赠与场合,赠与人对赠与物的瑕疵不承担责任。在附义务赠与场合,对赠与物的瑕疵,赠与人在附义务的限度内承担与出卖人相同的瑕疵担保责任(《民法典》第662条第1款)。(3) 一般赠与场合,赠与人在赠与物的权利转移后,一般不再享有撤销权(当然也有例外);而特种赠与场合有所不同,赠与人可以通过主张受赠人未履行其义务而撤销赠与合同(《民法典》第663条第1款第3项)。

(二) 履行道德义务的赠与和非履行道德义务的赠与

以赠与的目的是否关乎履行道德上的义务为区分标准,赠与可分为履行道德义务的赠与和非履行道德义务的赠与。

所谓履行道德义务的赠与,是指赠与目的在于履行道德义务的赠与。所谓非履行道德义务的赠与,是指履行道德义务以外的义务的赠与。属于前者的,如儿媳为尽道德上的义务

---

① 刘春堂:《民法债编各论》(上),三民书局2008年版,第215—216页。
② 同上书,第220页。
③ 郑玉波:《民法债编各论》(上册)(第7版),三民书局1981年版,第171—172页;邱聪智:《民法债编各论》(上),姚志明校订,中国人民大学出版社2006年版,第219页;刘春堂:《民法债编各论》(上),三民书局2008年版,第223页。

而对丈夫的父母为赠与。属于后者的，如甲向学生乙赠与 2 万元人民币，以支持其继续学习。作这种区别的意义主要在于：履行道德义务的赠与对赠与人的约束力较强，不得任意撤销；而对于非为履行道德义务之赠与，在赠与财产的权利转移前，赠与人一般可以任意撤销（《民法典》第 658 条第 1 款）。

四、赠与的社会意义

赠与虽属转移财产权的合同，但其本身并不创造新的经济价值，只是将社会财产的一部分从一定的享有者手中转移到另外的人手中，故一般起不到直接促进社会经济发展的作用。不过，赠与具有相当的社会意义。其一，赠与人以一定财产无偿地添加到受赠人的财产之中，可以增强受赠人的经济地位，改善受赠人的现实经济环境，甚至使经营者起死回生，不仅在一定程度上重新分配了财产的归属，甚至扩大了社会财富，增加了就业的人数。其二，通过赠与合同，可沟通当事人双方的感情，满足双方感情的需要，进而起到融洽社会气氛，减少社会矛盾的作用。可以说，赠与虽较少经济作用，然而作为现代理智性社会生活关系的调剂，仍是必不可少的。因此各国或地区都在立法上对赠与合同加以规定。

第二节 赠与合同的效力

赠与合同为单务合同，其效力主要是赠与人所负有的义务及责任，受赠人所享有的权利。赠与人的义务主要有如下几项：

一、交付赠与物

赠与合同以使赠与物归于受赠人占有和财产权为直接目的，赠与人的主要义务是依照合同约定的期限、地点、方式、标准将赠与物的占有和财产权移转给受赠人。需要办理登记等手续方能发生财产权移转效力的，赠与人办理完毕有关手续妥当之后，方可视为完成给付（《民法典》第 659 条）。

二、承担违约责任

赠与人承担违约责任，需要实施了违约行为这个客观要件。此处所谓违约行为，包括不能履行、迟延履行、不完全履行，在赠与人享有并行使撤销权的情况下，拒绝履行不在其中。

赠与人不能履行，并非一定负责，从《民法典》第 660 条第 2 款关于在经过公证的或依法不得撤销的赠与合同的场合"应当交付的赠与财产因赠与人故意或者重大过失致使毁损、灭失的，赠与人应当承担赔偿责任"的规定分析，在经过公证的或依法不得撤销的赠与合同的场合，赠与人因其一般过失致使赠与物毁损、灭失的，不负责任。

赠与人迟延履行，受赠与人有权请求赠与人继续履行（《民法典》第 577 条以下）。赠与人没有过失或仅为一般过失时可否免责，法无明文，可准用《民法典》第 660 条第 2 款的规定，作肯定的结论。至于能否请求赠与人承担迟延赔偿责任，法无明文，可采取否定的态度，以减轻赠与人的负担。

赠与人不完全履行，分为量的不完全履行和质的不完全履行。量的不完全履行，主要是减少了赠与物的数量，赠与人对此是否负责，同样宜准用《民法典》第 660 条第 2 款的规定，使赠与人仅对其故意或重大过失负责。质的不完全履行，属于瑕疵担保问题，鉴于本书作者坚持物的瑕疵担保责任系独立于违约责任的制度,且内容较多,专列题目讨论。

三、瑕疵担保责任

法律一般不要求赠与人承担瑕疵担保责任,但《民法典》同时规定有如下两种例外:(1)在附义务赠与中,赠与物有瑕疵的,赠与人在附义务的限度内承担与出卖人相同的瑕疵担保责任(第662条第1款)。(2)赠与人故意不告知赠与物的瑕疵或保证赠与物无瑕疵,造成受赠人损失的,应当承担损害赔偿责任(第662条第2款)。所谓故意不告知赠与物的瑕疵,是指赠与人自合同订立时起到合同履行时止了解到了赠与物的瑕疵,但未告知不知情的受赠人。所谓保证赠与物无瑕疵,一般是指保证赠与物普通的无瑕疵状态,而非保证具有特种品质。所谓造成赠与人损失,是指受赠人因相信赠与物无瑕疵所产生的损失,解释上认为属于信赖利益的损失,不包括赠与物完全无瑕疵时所应得的利益的损失。因此,对于下列损失,赠与人应予以赔偿:因赠与人不告知赠与物为他人之物,受赠人对于他人的权利主张,提起确认之诉所需的诉讼费用;受赠人丧失取得同类物的机会所遭受的损失;相信赠与物没有瑕疵,对赠与物进行改善或进行利用,因赠与物的瑕疵使该物归于无用所遭受的损失。[①]

第三节　赠与合同的终止

赠与合同为单务合同,原则上仅赠与人一方负有合同义务,故而该类合同的终止主要指赠与人义务的消灭。

一、赠与的任意撤销

赠与的任意撤销,是指无需具备法定情形,得由赠与人依其意思任意撤销赠与合同的现象。《民法典》第658条第1款规定:"赠与人在赠与财产的权利转移之前可以撤销赠与。"据此,在受赠人向法院提起诉讼,要求赠与人履行转移赠与财产权利的情况下,赠与人仍得行使任意撤销权。但在下列情况下,赠与人不得任意撤销赠与:其一,具有救灾、扶贫、助残等公益、道德义务性质的赠与合同或经过公证的赠与合同(《民法典》第658条第2款)。其二,标的物已经交付或已经办理登记等有关手续,表明赠与合同已经履行完毕,不宜再予撤销而使法律秩序产生人为的动荡。不过,对于部分交付、部分未交付的,对未交付部分,仍可撤销。

[讨论]

1. 关于诉讼过程中主张撤销

在诉讼过程中,赠与人主张撤销,是否允许? 首先看是否符合撤销赠与的法定或约定的条件,若不符合,自然不应允许;若符合,再看撤销是否违反诚信原则,是否违反程序。若违反,也不应允许;若不违反,应予允许。

2. 捐赠目的是为某人治病,在该病人死亡时还剩余部分捐款,如何处理?

应当区分情况而作决定。如果捐款由基金会或其他法人享有所有权,病人及其代理人

[①] 史尚宽:《债法各论》(第5版),荣泰印书馆股份有限公司1981年版,第128—129页。

仅仅是为了治病而使用该笔捐款,则病人死亡时赠与的目的已不复存在,捐款不得作为遗产,应当返还给赠与人;相反,如果该笔捐款的所有权已经归该病人享有,则可以作为遗产。

3. 捐赠目的是为救助贫困学生上学,贫困生死亡或退学的,剩余捐款如何处理?

在该笔捐款归学校所有时,贫困生死亡或退学的,如果赠与合同明确约定该笔捐款仅为特定的贫困生学习所用,不得他用,则该贫困生死亡或退学的,赠与人有权请求学校返还余款;如果赠与合同无此特约,似可宽泛地理解赠与目的,学校可将此款用于其他贫困生的学习。

在该笔捐款已经归该贫困生所有时,贫困生死亡或退学的,赠与人有权主张赠与目的落空,请求贫困生或其代理人返还余款。

在该笔捐款已经归该贫困生所有的背景下,受赠学生将此款挥霍浪费时,赠与人有权以受赠人违反赠与目的、债务本质为由解除合同,请求返还余款。

二、赠与的法定撤销

(一) 概述

法定撤销,是指具备法定条件时,允许赠与人或其继承人、法定代理人行使撤销权,撤销赠与合同的现象。赠与合同中赠与人系无偿转让财产,如出现有悖于其赠与初衷的情形,应当允许其在符合特定条件的情况下撤销赠与合同。因此,各国和地区的立法都规定有法定撤销。它与任意撤销的区别在于,它需要具备法定的事由,并且,只要法定事由具备,即使赠与系具有救灾、扶贫等社会公益、道德义务的性质或已经经过公证,也可撤销。依赠与撤销权人的不同,法定撤销可以分为赠与人的撤销和赠与人的继承人或法定代理人的撤销两种。

需要注意,此处所谓撤销不同于《民法典》第147条至第152条规定的撤销。后者的撤销对象是存在着欺诈、胁迫、重大误解等瑕疵的合同,而前者则是完全符合有效要件的合同,就此说来,与合同解除一致。

(二) 赠与人的撤销

依照《民法典》第663条第1款的规定,赠与人可以行使撤销权的情形有三:

1. 受赠人严重侵害赠与人或赠与人的近亲属的合法权益

构成这一事由,须具备以下几个要素:(1) 须受赠人有侵害行为。赠与人将自己的财产无偿赠与受赠人,虽不要求受赠人有所回报,但若受赠人以怨报德,却仍要求赠与人恪守赠与义务,于理不通。(2) 须侵害后果严重。在有些国家立法中,要求侵害人的行为构成犯罪,赠与人方可行使撤销权。《民法典》只要求受赠人的行为构成严重侵害即可。但须注意,赠与人或其近亲属虽然受到了受赠人的严重侵害,但受赠人实施此类行为具有正当防卫、紧急避险、无因管理等阻却违法事由的,则仍不可撤销。(3) 受侵害的是赠与人或其近亲属。

2. 受赠人对赠与人有扶养义务而不履行

此处所谓扶养义务,包括法定扶养义务和约定扶养义务。所谓不履行,是指受赠人有履行扶养义务的资力而拒绝履行、不能履行等情形。如果受赠人穷困潦倒,自顾不暇,一旦履行扶养义务则不能维持自己生活的,除受扶养权利人为直系血亲尊亲属或配偶以外,不宜强行令受赠人履行扶养义务,即不允许赠与人行使撤销权。[①]

[①] 刘春堂:《民法债编各论》(上),三民书局2008年版,第208页。

[探讨]

赠与人没有明示拒绝履行,而是采取了迟延履行的表现形式,可否构成法定撤销权的行使?一是看受赠人请求赠与人实际履行甚至请求赠与人承担迟延责任时,赠与人是否以法定撤销权的行使为抗辩,若是,则应作肯定的回答,若否,则不认定为行使法定撤销权,因为于此场合难以认定赠与人在行使抗辩权。

在赠与合同明确约定了赠与物的质量、数量的情况下,赠与人交付的赠与物不符合约定的质量或数量的,一般不宜认定赠与人在行使法定撤销权,因为从其履行行为难以推断出赠与人行使法定撤销权的意思。不过,在受赠人请求赠与人承担不完全履行的违约责任时,赠与人援用《民法典》第663条第1款的规定,主张法定撤销的,一般应予承认,除非如此处理违反诚信原则、赠与人的行为构成了权利滥用。

3. 受赠人不履行赠与合同约定的义务

赠与合同附有义务的,如果受赠人不履行该义务,赠与人可以撤销赠与。

此外,在赠与目的不能实现时,赠与人也应当享有撤销赠与合同的权利。《民法典》就此未设明文,当属法律漏洞。①

赠与人的撤销权,自知道或应当知道撤销原因之日起1年内行使(《民法典》第663条第2款)。该1年期间为除斥期间。赠与人只能在该期间内行使撤销权,否则,不发生撤销赠与合同的效果。

撤销权的行使,使赠与合同溯及既往地消灭,受赠人受领的赠与物丧失法律依据,有义务返还,赠与人有权请求返还(《民法典》第665条)。

(三) 赠与人的继承人或监护人的撤销

因受赠人的违法行为致使赠与人死亡或丧失民事行为能力的,其继承人或其法定代理人可以撤销赠与。其构成条件是:(1) 赠与人死亡或丧失民事行为能力。(2) 赠与人的死亡或丧失民事行为能力是由于受赠人的不法行为所致。赠与人死亡的,撤销权由其继承人行使,有多个继承人的,由继承人共同行使;赠与人丧失民事行为能力的,由其法定代理人行使撤销权(《民法典》第664条第1款)。

赠与人的继承人或法定代理人的撤销权,自知道或应当知道撤销原因之日起6个月内行使(《民法典》第664条第2款)。该6个月期间同样为除斥期间。

撤销权的行使,使赠与合同溯及既往地消灭,受赠人对其受领的赠与物有义务返还,赠与人有权请求返还(《民法典》第665条)。

三、不再履行赠与义务

(一) 界定

所谓不再履行赠与义务,有的叫作赠与履行之拒绝,是指赠与合同成立之后,赠与人因其经济状况显著恶化,严重影响其生产经营或家庭生活的,可以拒绝履行赠与义务的现象(《民法典》第666条)。不再履行赠与义务的权利,有学说称为穷困抗辩权,或拒绝履行抗

---

① 例如,赠与的目的是为救助贫困学生上学,但受赠学生将此款挥霍浪费,应当允许赠与人撤销赠与合同。再如赠与的目的是为某人治病,在该病人死亡时还剩有部分赠款,应当允许赠与人主张目的落空,部分撤销赠与合同,要求返还剩余款。

辩权。①

(二) 构成

1. 须赠与人的经济状况显著恶化。赠与人一般都是在其经济状况允许的情况下为赠与。赠与人为赠与表示之后,若突遭巨变,以至于经济状况急转直下,无力继续履行赠与义务,或履行后将加剧经济状况的恶化,此时仍要求赠与人继续履行赠与义务,无异于雪上加霜,与济危扶困的道德传统多有不合。因此,在赠与人的经济状况显著恶化,严重影响其生产经营或家庭生活时,应该允许赠与人不再履行赠与义务。

至于导致经济状况显著恶化的原因,究竟是因赠与人自我酿成,还是因其他情事所致,均在所不问。不过,假如是出于赠与人的恶意,则不产生不再履行赠与义务的权利。②

2. 赠与人经济状况的恶化,须已严重影响其生产经营或家庭生活。只有在赠与人的经济状况恶化到已经严重影响生产经营或家庭生活时,才可以拒绝履行赠与义务。

3. 须在赠与物财产权移转之前,发生了上述情形。不再履行赠与义务,性质上为抗辩权的行使。众所周知,抗辩权于相对人请求履行时行使,所以,不再履行赠与义务这种抗辩权必须在赠与物财产权移转之前、受赠人请求履行时行使;赠与物财产权若已移转至受赠人,表明合同履行已经完毕,已无履行请求,自然谈不上不再履行赠与义务这种抗辩权的行使。还有,赠与物财产权虽未移转,但受赠人没有请求赠与人移转赠与物的财产权时,赠与人亦无必要行使不再履行赠与义务这种抗辩权。③

(三) 行使及效力

不再履行赠与义务的权利,属于抗辩权,只有在赠与人主张时才发生效力,法院不得依职权援用。这是由其抗辩权的性质决定的。关于行使的方法,法无限制,在裁判上或裁判外,均应允许。该抗辩权为延期的抗辩权,并非灭却的抗辩权,所以,一经行使,只发生暂时不履行赠与义务而延期给付的效力,赠与合同依然存续,一旦赠与人的经济状况日后好转,受赠人仍可请求赠与人履行。④

---

① 刘春堂:《民法债编各论》(上),三民书局 2008 年版,第 204 页。
② 同上书,第 205—206 页。
③ 同上书,第 205 页。
④ 同上书,第 206 页。

第十八章

借 款 合 同

第一节 借款合同概述

一、借款合同的界定

借款合同,是指借款人向贷款人借款,到期返还借款并支付利息的合同(《民法典》第667条)。其中向对方借款的一方称为借款人,出借钱款的一方称为贷款人。

二、借款合同的法律性质

(一) 借款合同的标的物为金钱

借款合同的标的物为金钱。此处的金钱,又叫货币,应指现行通用的货币,假如是已不通用的货币,只可作为古币而买卖,不得作为借款合同的标的物。还有,黄金虽不失为"金",但并非此处所说的金钱,所以不得作为借款合同的标的物,可成立借用等合同。[①] 金钱是可消耗物,即消费物,同时,金钱又是特殊的种类物,不易特定。借款合同的目的在于使借款人获得对该借款的消费,该金钱在交付于借款人并经其消费后,一般都不能原物返还。因此合同期限届满时,借款人只要以同样数量的金钱偿还即可。

(二) 借款合同为转移标的物所有权的合同

在借款合同关系中,贷款人要将货币交付给借款人,借款人取得钱款的占有,同时意味着取得了所有权,享有使用、收益、处分诸项权能。即使合同约定不得随意处分所借金钱,而只能用于特定目的,也只是对该所有权设置的限制,并不否定借款人对所借金钱的所有权。

(三) 借款合同为返还同种类同数量金钱的合同

借款人处分了所借金钱,到期难以再返还原金钱,只好返还同种类同数量的金钱,有偿借款合同场合尚需支付利息。

(四) 自然人之间的借款合同为实践合同,其他的借款合同为诺成合同

某些立法例及其理论将所借金钱的交付作为合同的成立要件,使消费借贷合同成为要物合同(实践合同)。中国《民法典》仅将自然人之间的借款合同作为实践合同(第679条),除此而外的借款合同则为诺成合同。当然,当事人双方约定以交付所借金钱作为借款合同

[①] 郑玉波:《金钱借贷》,正中书局1976年版,第3页;刘春堂:《民法债编各论》(上),三民书局2008年版,第447页。

的成立要件的,按照意思自治原则,应予允许。

(五) 借款合同一般为有偿合同

借款合同约定有利息的,为有偿合同;若未约定利息的,为无偿合同(《民法典》第667条以下)。借款合同对支付利息没有约定的,视为没有利息(《民法典》第680条第2款)。借款合同对支付利息约定不明确,自然人之间借款的,视为没有利息(《民法典》第680条第3款后段)。

在相当长的时期,法律和政策不允许企业之间拆借资金,如今对此已经有所修正,《民间借贷规定》第13条规定,只有具有下列情形之一的,人民法院才认定民间借贷合同无效:(1)套取金融机构贷款转贷的;(2)以向其他营利法人借贷、向本单位职工集资,或者以向公众非法吸收存款等方式取得的资金转贷的;(3)未依法取得放贷资格的出借人,以营利为目的向社会不特定对象提供借款的;(4)出借人事先知道或者应当知道借款人借款用于违法犯罪活动仍然提供借款的;(5)违反法律、行政法规强制性规定的;(6)违背社会公序良俗的。

(六) 借款合同作为诺成合同时属于双务合同

在自然人之间的借款合同中,贷款人把标的物提供给借款人系借款合同的成立要件,合同项下的(主给付)义务仅有借款人还本付息,故此类合同属于单务合同。除此而外的借款合同,特别是金融机构作为贷款人的借款合同,因为贷款人将约定的借款交付给借款人,属于借款合同项下的给付义务;借款人到期偿还所借之款,甚至附加利息,亦为借款合同项下的给付义务,所以,借款合同属于双务合同。

(七) 借款合同一般为要式合同

借款合同以书面形式为原则。对于非自然人之间的借款合同应当采用书面形式;对于自然人之间的借款合同,除非当事人另有约定,也应当采用书面形式(《民法典》第668条第1款)。

三、借款合同的种类

借款合同,也有人叫作金钱借贷,分为附利息的金钱借贷和未附利息的金钱借贷,附担保的金钱借贷和未附担保的金钱借贷,有期限的金钱借贷和无期限的金钱借贷。

这些类别的借款合同在中国的实务中也存在,但《民法典》及有关法律、法规将借款合同主要分为金融借款合同和民间借贷合同。金融借款合同,又称为贷款合同或信贷合同,是银行等金融机构作为贷款人,将金钱出借给借款人使用,在合同期满后借款人返还借款并支付利息的合同。民间借贷合同(《民法典》所谓自然人之间的借款合同仅为其中的一种),是当事人尤其是贷款人为自然人的借款合同。《民法典》及有关法律、法规将金融借款合同作为规制的重点,本书对借款合同的介绍也限于银行借款合同,除非另有说明。

四、借款合同订立过程中的借款人义务

(一) 借款人提供与借款有关的真实情况的义务

贷款人将金钱借与借款人,建立在借款人能够按期返还借款及其利息的合理预期之上,而借款人能否按期返还借款及其利息,与其现有的业务活动及财务状况有着密切的关系。因而,《民法典》第669条规定,借款人应当按照贷款人的要求提供与借款有关的业务活动和财务状况的真实情况,以保护贷款人的合法权益。如果借款人故意隐瞒上述真实情况或捏

造虚假情况,按照《民法典》关于欺诈的规定处理。

(二)借款人按照贷款人的要求提供担保的义务

在订立借款合同的时候,贷款人为了确保借款人能够按时返还借款,可以要求借款人提供相应的担保。贷款人要求提供担保的,借款人应该提供。

由于是否需要担保取决于贷款人的要求,贷款人不予要求,则无需提供担保,表明借款人提供担保不再是必须履行的法定义务。这与高度集权型的计划经济时代必须提供担保的制度不同。

第二节　借款合同的效力

一、贷款人的义务

(一)依约提供借款的义务

借款合同生效后,贷款人应当依约按时、按量提供借款,如果贷款人违约,造成借款人损失的,应当赔偿损失(《民法典》第671条第1款)。借款的利息不得预先在本金中扣除。利息预先在本金中扣除的,借款人得按照实际借款数额返还借款并计算利息(《民法典》第670条)。

(二)保密义务

贷款人对于基于借款合同所掌握的借款人的各项商业秘密,应尽到保密义务。

二、借款人的义务

(一)借款人按期收取借款的义务

借款人应当按照合同约定的日期、数额收取借款,如果借款人没有按照约定收取借款,仍有义务按照约定的日期和数额支付利息(《民法典》第671条第2款)。

(二)借款人接受贷款人检查、监督的义务

根据合同约定,借款人应就贷款的使用情况接受贷款人的检查和监督。基于配合贷款人的检查、监督的需要,借款人应当按照约定向贷款人定期提供有关财务会计报表或者其他资料(《民法典》第672条)。

(三)借款人按照约定的用途使用借款的义务

借款人应当按照合同约定的用途使用借款。借款人未按照约定的借款用途使用借款的,贷款人可以停止发放借款、提前收回借款或解除合同(《民法典》第673条)。

(四)借款人按期返还借款及利息的义务

借款人负有到期返还借款的义务(《民法典》第667条、第675条前段)。对借款期限没有约定或约定不明确,依据《民法典》第510条关于当事人"可以协议补充;不能达成补充协议的,按照合同相关条款或者交易习惯确定"的规定仍不能确定的,借款人可以随时返还;贷款人可以催告借款人在合理期限内返还(《民法典》第675条后段)。

借款人可以在还款期限届满之前向贷款人申请展期。贷款人同意的,可以展期(《民法典》第678条)。借款人也可以提前返还借款。借款人提前返还借款的,除当事人另有约定外,应当按照实际借款的期间计算利息(《民法典》第677条)。

借款人应当按照约定的期限支付利息。对支付利息的期限没有约定或者约定不明确,依据《民法典》第510条关于当事人"可以协议补充;不能达成补充协议的,按照合同相关条款或者交易习惯确定"的规定仍不能确定,借款期间不满1年的,应当在返还借款时一并支付;借款期间1年以上的,应当在每届满1年时支付,剩余期间不满1年的,应当在返还借款时一并支付(《民法典》第674条)。"借款人未按照约定的期限返还借款的,应当按照约定或者国家有关规定支付逾期利息"(第676条)。

借款合同对支付利息约定不明确,当事人不能达成补充协议的,按照当地或者当事人的交易方式、交易习惯、市场利率等因素确定利息(《民法典》第680条第3款前段)。禁止高利放贷,借款的利率不得违反国家有关规定(《民法典》第680条第1款)。

在民间借贷合同的场合,《民间借贷规定》规定:出借人请求借款人按照合同约定利率支付利息的,人民法院应予支持,但是双方约定的利率超过合同成立时1年期贷款市场报价利率4倍的除外(第25条第1款)。此处所称"一年期贷款市场报价利率",是指中国人民银行授权全国银行间同业拆借中心自2019年8月20日起每月发布的1年期贷款市场报价利率(第25条第2款)。借贷双方对前期借款本息结算后将利息计入后期借款本金并重新出具债权凭证,如果前期利率没有超过合同成立时1年期贷款市场报价利率4倍,重新出具的债权凭证载明的金额可认定为后期借款本金。超过部分的利息,不应认定为后期借款本金(第27条第1款)。按前款计算,借款人在借款期间届满后应当支付的本息之和,超过以最初借款本金与以最初借款本金为基数、以合同成立时1年期贷款市场报价利率4倍计算的整个借款期间的利息之和的,人民法院不予支持(第27条第2款)。借贷双方对逾期利率有约定的,从其约定,但是以不超过合同成立时1年期贷款市场报价利率4倍为限(第28条第1款)。未约定逾期利率或者约定不明的,人民法院可以区分不同情况处理:(1)既未约定借期内利率,也未约定逾期利率,出借人主张借款人自逾期还款之日起承担逾期还款违约责任的,人民法院应予支持;(2)约定了借期内利率但是未约定逾期利率,出借人主张借款人自逾期还款之日起按照借期内利率支付资金占用期间利息的,人民法院应予支持(第28条第2款)。

出借人与借款人既约定了逾期利率,又约定了违约金或者其他费用,出借人可以选择主张逾期利息、违约金或其他费用,也可以一并主张,但是总计超过合同成立时1年期贷款市场报价利率4倍的部分,人民法院不予支持(《民间借贷规定》第29条)。

[探讨] 借款合同场合返还本息的条件

张某与甲公司签订《协议书》及《备忘录》,约定双方出资设立乙房地产开发有限责任公司,开发A宗建设用地50.09亩,注册资本5000万元人民币,张某占其中的49%,甲公司占其中的51%。张某向乙房地产开发有限责任公司投入资金9300万元人民币,除去550万元人民币作为注册资本金外,投资款结余8750万元人民币,作为张某向乙房地产开发有限责任公司的贷款债权。

其后,乙房地产开发有限责任公司缺乏资金,致使A宗建设用地的开发建设无法推进。

时隔6年,张某以甲公司与乙房地产开发有限责任公司恶意串通,拒不履行合同约定和公司章程规定的义务,损害张某的合法权益为由,向H法院起诉,请求返还8750万元人民币的投资本金及其利息3628.6万元人民币。

H法院认为,张某投入到乙房地产开发有限公司的8750万元人民币,形成债权,合法有效。因为返还该8750万元人民币的日期没有约定,所以,按照《合同法》第62条第4项(相当于《民法典》第511条第4项)的规定,张某有权给乙房地产开发有限责任公司一个合理的宽限期,请求其还本付息。判决乙房地产开发有限责任公司偿还张某本金人民币8750万元人民币,并支付相应的利息。

本书作者不赞同H法院的意见和判决,稍微展开如下:

(1)从一般理论方面讲,假如张某尚未满足乙房地产开发有限责任公司注册资本金的要求,却与乙房地产开发有限责任公司签订借款合同,出借8750万元人民币,则在注册资本金的数额范围内,认定名为借款实为出资。众所周知,出资人出资到目标公司中的财产是不允许索回的,除非公司终止清算,且有剩余财产。当然,在系争案件中,张某就乙房地产开发有限责任公司的第一期注册资本金已经完全履行了义务,不得将8750万元人民币的借款债权认定为第一期注册资本金。

(2)但是,张某所负第二期注册资本金1900万元人民币尚未履行,故其8750万元的借款债权中有1900万元人民币的注册资本金,应被认定为名为借款实为出资。张某无权请求该笔1900万元人民币的返还,除非乙房地产开发有限责任公司终止清算,且有剩余财产。

(3)在现代,公司的财产不限于注册资本金,除注册资本金以外,公司还有财产,包括出资人依约投资给目标公司的款项。这种注册资本之外的出资,同样构成公司的财产,出资人同样不得请求返还,除非公司终止清算,且有剩余财产。具体到系争案件,如果8750万元人民币中含有此类出资,张某也是无权请求乙房地产开发有限责任公司返还的,除非它终止清算,且有剩余财产。

(4)除上述几种类型的投资以外,张某出借给乙房地产开发有限责任公司的款项,的确构成借款债权。不过,此类借款债权虽为债权,具有债权的普通属性,但它毕竟是乙房地产开发有限责任公司正常经营所必需的,也构成对该公司的投资,带有特定的目的性,其还本付息负有条件,不同于普通的债权。只有在乙房地产开发有限责任公司拥有相当的盈利,或者该公司终止清算的情况下,债权人张某才有权请求返还。在乙房地产开发有限责任公司处于起步阶段、建设资金缺口较大的背景下,此类借款债权欠缺还本付息的效力,张某不得请求乙房地产开发有限责任公司还本付息。

第三节　借款合同的终止

借款合同可以因不同的原因而终止,主要有如下几种情况:

1. 借款合同因期限届满时双方履行合同而终止。借款合同期限届满,双方当事人未约定对合同继续展期的,则合同终止,借款人应依约定将借款及利息返还给贷款人,借款合同因此而消灭。

2. 借款合同因解除而终止。借款人未按照约定的借款用途使用借款的,贷款人可以解除合同。借款合同因贷款人的解除而终止。

此外,合同终止的其他原因也适用于借款合同。

第十九章

租 赁 合 同

第一节 租赁合同概述

一、租赁合同的界定

租赁合同,是出租人将租赁物交付承租人使用、收益,承租人支付租金的合同(《民法典》第703条)。其中,租赁物,又叫租赁财产,是租赁合同的标的物;租金,是承租人为使用、收益租赁物而支付的对价;将租赁物租出的一方称为出租人;使用租赁物并支付租金的一方称为承租人。

二、租赁合同的法律性质

(一) 租赁合同是转让财产使用权的合同

租赁合同以承租人使用、收益租赁物为直接目的,承租人所取得的、出租人所移转的,仅仅是对租赁物的使用权和部分收益权,而非租赁物的所有权。明确这一点,意义是多方面的。其一,显现出租赁合同与买卖合同的重大区别,因为买卖合同是出卖人转让标的物所有权,买受人支付对价的目的也是为了获得标的物的所有权。其二,既然仅仅转让租赁物的使用权和部分收益权,那么,能够作为出租人的,不一定非租赁物的所有权人不可[1],只要有权将租赁物的使用权、收益权转让给承租人之人,均可作为出租人。例如,土地使用权人可以作为出租人将其土地使用权出租与他人(《城镇国有土地使用权出让和转让暂行条例》第28条以下),承租人经出租人允许可以将租赁物转租给他人,都合法有效。其三,承租人的债权人不得将承租人所租之物作为自己债权的标的物,不得以该物清偿自己的债权;承租人陷于破产的,所租之物不得被列入破产财产之内。[2] 其四,在出租人将其合法占有的他人财产擅自出租于承租人的情况下,不视为欠缺标的物,避免了合同因无标的物而归于无效的危险,使承租人有机会追究出租人不能履行的违约责任。

[探讨]

有些在集体所有的土地上建造的商品房,按照中国现行法的规定,属于违法建筑物(《土

---

[1] 参见邱聪智:《新订债法各论》(上),姚志明校订,中国人民大学出版社2006年版,第226页。
[2] 参见崔建远主编:《合同法》(第5版),薛文成执笔,法律出版社2010年版,第422页。

地管理法》第63条的反面推论），建造者对该商品房不享有所有权（《民法典》第231条）；有些虽在依法取得的国有建设用地上建造商品房，但欠缺施工许可甚至规划许可等，亦不符合《民法典》第231条要求的合法建造，往往不承认建造者对该商品房享有所有权。实务中，建造者将这样的房屋出租给他人的情形不在少数。是否承认这些房屋租赁合同的有效性，看法不一，相当的人民法院都判决此类租赁合同无效。《城镇房屋租赁合同解释》规定："出租人就未取得建设工程规划许可证或者未按照建设工程规划许可证的规定建设的房屋，与承租人订立的租赁合同无效。但在一审法庭辩论终结前取得建设工程规划许可证或者经主管部门批准建设的，人民法院应当认定有效"（第2条）。"出租人就未经批准或者未按照批准内容建设的临时建筑，与承租人订立的租赁合同无效。但在一审法庭辩论终结前经主管部门批准建设的，人民法院应当认定有效"（第3条第1款）。"租赁期限超过临时建筑的使用期限，超过部分无效。但在一审法庭辩论终结前经主管部门批准延长使用期限的，人民法院应当认定延长使用期限内的租赁期间有效"（第3条第2款）。这些规定明确地总结、固定、宣示了上述思想。

不过，站在立法论的层面上，本书作者认为，鉴于租赁合同不要求转移租赁物的所有权，承租人已经实际占有、使用、收益了这些租赁房屋，应当支付租金，判决合同无效，反倒使关于租金的约定失去效力，采取何种租金的计算标准，难有坚强有力的理由，莫不如认定这些房屋租赁合同不因上述原因而无效，承租人依约定支付租金，问题的解决较为顺畅。为使这种意见被采纳的阻力相对小些，可将违法的建筑物视为动产，按照动产租赁对待。至于出租人违法，可施以行政处罚，来阻吓此类违法者。尤其是有规则及学说主张，上述违法建筑物在私法上亦应赋予所有权。据此思考，更应当采取合同有效的解决方案。

（二）租赁合同为双务、有偿的合同

出租人以其所有或占有之物交由承租人占有、使用和部分收益，承租人则对其占有、使用和部分收益租赁物付出租金，二者之间存在着对价关系，所以，租赁合同为双务、有偿的合同。此点使租赁合同与借用合同区别开来，因为借用合同虽然也重在对物的占有、使用和收益，但借用人并不因此付出任何代价，表现出无偿性。

（三）租赁合同为诺成合同

出租人和承租人双方的意思表示达成一致，租赁合同即成立，租赁物的交付不是合同的成立要件，所以，租赁合同为诺成合同。

（四）租赁合同在方式上具有特殊性

《民法典》第707条规定："租赁期限六个月以上的，应当采用书面形式。当事人未采用书面形式，无法确定租赁期限的，视为不定期租赁。"这表明不定期租赁合同、6个月以下租期的租赁合同为不要式合同，6个月以上租期的定期租赁合同为要式合同。

需要说明，6个月以上租期的租赁合同虽然没有采取书面形式，但有确凿的证据证明租赁合同存在的，如双方当事人都承认存有A房的租赁合同，法律没有必要以其违反《民法典》第707条的规定为由认定A房租赁合同不成立或无效。就是说，我们不应当把《民法典》第707条关于"租赁期限六个月以上的，应当采用书面形式"的规定解释为强制性规定，而应解释为倡导性规定。

（五）租赁合同为继续性合同

租赁合同双方当事人的义务并非一次给付即可完成，合同内容是在一段时期内继续地实现的,因而属于继续性合同。当事人之间的信赖关系,成为租赁合同的重要基础。一旦重大事由的出现造成了该信赖基础丧失,无法期待当事人继续维持其债之关系时,法律应允许当事人解除(终止)合同,使合同关系向将来消灭。① 值得注意的是,《民法典》仅明文规定不定期租赁可由当事人随时解除合同(第 730 条),至于定期租赁是否如此,则无明文,在解释上似应采取否定的见解,下文将对此详细分析。

(六) 租赁合同具有非永续性

承租人占有、使用和部分收益租赁物,期限若过长,可能使出租人的权利实际上被虚置,有悖于物尽其用的精神。有鉴于此,许多国家和地区的民法都对租赁期限有所限制,中国《民法典》亦然,于第 705 条规定:租赁期限不得超过 20 年。超过 20 年的,超过部分无效(第 1 款)。租赁期间届满,当事人可以续订租赁合同,但约定的租赁期限自续订之日起不得超过 20 年(第 2 款)。②

需要辨明,继续性所描述的是,债务的履行是持续不断的或反复进行的状态,非永久性意指租赁合同不宜永久存续,二者完全不同。

三、租赁合同的分类

(一) 动产租赁合同、不动产租赁合同与权利租赁合同

以租赁物的种类、性质为区分标准,租赁合同分为动产租赁合同、不动产租赁合同和权利租赁合同。以动产作为租赁物的租赁合同,叫作动产租赁合同,简称为动产租赁,包括一般的动产租赁、动物租赁、船舶租赁、汽车租赁等。以不动产作为租赁物的租赁合同,称为不动产租赁合同,简称为不动产租赁,在中国主要指房屋租赁,还存在国有土地租赁,以及其他不动产租赁。以权利作为租赁物的租赁合同,即为权利租赁合同,简称为权利租赁,如建设用地使用权租赁合同、土地承包经营权租赁合同。

这种分类的法律意义在于,法律、法规、部门规章等法律文件对不动产租赁一般有登记、备案等特殊的要求,而动产租赁一般没有这些要求。至于权利租赁合同,首先适用法律、法规、规章关于权利租赁的特别规定,没有规定的,可准用《民法典》关于租赁的规定。这也是有学说称权利租赁为准租赁的目的之一。

[拓展]

1. 登记、备案在租赁合同中的地位及作用

有观点认为,部门规章、地方规章等文件规定,租赁合同应当备案或登记的,租赁合同不经备案或登记不生效力。对此,《民法典》第 706 条规定:"当事人未依照法律、行政法规规定办理租赁合同登记备案手续的,不影响合同的效力。"此前,重庆市高级人民法院《关于当前民事审判若干法律问题的指导意见》(2007 年 11 月 22 日市高级人民法院审委会第 564 次会议通过)就认为,关于房屋租赁登记备案对租赁合同的影响,《城市房地产管理法》第 53 条规定的向有关部门登记备案,属于政府对房屋的一种管理行为。出租人没有办理房屋出租备案登记手续,不影响租赁合同的效力(第 40 条第 1 项)。沈阳市中级人民法院《关于审理房地产案件若干问题的处理意见(之一)》(经 2004 年 3 月 27 日院审判委员会讨论通过)同样

---

① 参见黄立主编:《民法债编各论》(上),中国政法大学出版社 2003 年版,第 194 页。
② 参见崔建远主编:《合同法》(第 5 版),薛文成执笔,法律出版社 2010 年版,第 423 页。

认为,中国法律对房屋租赁合同的生效不以登记备案为要件。因此,出租人在出租前是否办理了房屋租赁许可证,租赁合同是否办理了登记手续,不影响合同的效力。但双方当事人约定以办理房屋租赁许可证和登记备案手续为合同生效条件的,从其约定(第13条)。

2. 1988年《宪法修正案》第2条修正了1982年《宪法》第10条第4款的规定,不再禁止土地租赁,但仍设有若干限制。按照《规范国有土地租赁若干意见》的规定,国有土地租赁是国有土地有偿使用的一种形式,是出让方式的补充(第1条第2款中段)。对原有建设用地,法律规定可以划拨使用的仍维持划拨,不实行有偿使用,也不实行租赁。对因发生土地使用权转让、场地出租、企业改制和改变土地用途后依法应当有偿使用的,可以实行租赁。对于新增建设用地,重点仍应是推行和完善国有土地出让,租赁只作为出让方式的补充。对于经营性房地产开发用地,无论是利用原有建设用地,还是利用新增建设用地,都必须实行出让,不实行租赁(第1条第3款)。租赁物限于国有土地,出租人限于市、县土地行政主管部门(第5条)。缔约方式有招标、拍卖或双方协议的方式,有条件的,必须采取招标、拍卖方式。采用双方协议方式出租国有土地的租金,不得低于出租底价和按国家规定的最低地价折算的最低租金标准,协议出租结果要报上级土地行政主管部门备案,并向社会公开披露,接受上级土地行政主管部门和社会监督(第2条)。类型分为短期租赁和长期租赁,各有其用途:对短期使用或用于修建临时建筑物的土地,应实行短期租赁,短期租赁年限一般不超过5年;对需要进行地上建筑物、构筑物建设后长期使用的土地,应实行长期租赁,具体租赁期限由租赁合同约定,但最长租赁期限不得超过法律规定的同类用途土地出让最高年期(第4条)。

3. 实务中,有些政府发布行政命令,强制农村集体经济组织出租其土地给政府,用以修建高速公路、楼堂馆所或用作绿地等。这就是所谓行政租赁土地。尽管许多宪法、行政法的专家学者将之概括为行政法律关系,但本书作者则认为,它是行政法律关系和民事法律关系的结合体。其中,政府发布命令,赋予农村集体经济组织出租其土地的强制缔约义务,此阶段形成的关系为行政法律关系。政府以自己的名义,或指令国有独资公司作为承租人,与作为出租人的农村集体经济组织,成立具体的租赁集体土地的合同,则形成民事法律关系。政府在该租赁合同中不是作为行政机关出现的,而是以承租人的身份参与其中的,如同政府从商场里购买文房四宝时的地位一样。行政法律关系说至少存在着两大软肋:其一,当某公司接受政府的指令作为承租人与农村集体经济组织签订集体土地租赁合同时,根据什么认定它们之间的关系为行政法律关系?其二,在行政租赁土地合同被确认为无效或被解除的情况下,农村集体经济组织请求恢复原状,行政法能够提供此类救济方式吗?把此类集体土地租赁合同作为民事合同,上述问题迎刃而解。

行政租赁土地合同,至少相当部分的行政租赁,不应得到承认,因为它规避了现行法关于修建高速公路、建造商品房等应当以国有建设用地使用权作为正当根据的制度,如果拟选的用地归农村集体经济组织所有,必须通过征收的方式,变性为国有建设用地。

如今,《土地管理法》第63条已经有条件地允许在农村集体土地上建造商品房。当然,这些建设用地不是租赁形成的。

(二) 定期租赁合同与不定期租赁合同

以是否有固定期限为区分标准,租赁合同分为定期租赁合同和不定期租赁合同。定期租赁合同,简称为定期租赁,是指有明确租赁期限的租赁合同。不定期租赁合同,简称为不定期租赁,则是没有明确租赁期限的合同。当事人没有约定明确的租赁期限,固然为不定期租赁合同,当事人即使约定了明确的租赁期限,但未采取书面形式,只要是该期限在6个月以上的,仍为不定期租赁合同(《民法典》第707条)。还有,租赁期间届满,承租人继续使用租赁物,出租人没有提出异议的,原租赁合同继续有效,但为不定期租赁合同(《民法典》第734条第1款)。

这种分类的法律意义在于:(1)二者在成立方面存在不同,已如上述。(2)二者的法律效力有所区别,将在本章第二节"租赁合同的效力"中介绍。(3)二者的终止事由不同。对于不定期租赁合同,除非法律另有规定,任何一方当事人都可随时终止合同,只不过出租人应在合理期限之前通知承租人(《民法典》第730条后段)。

(三) 一般租赁合同与特殊租赁合同

《民法典》"第三编 合同"之"第二分编"所辖第14章规定的租赁合同,为常态的、典型的租赁合同,即所谓一般租赁合同,简称为一般租赁。除此而外的,特别法设有特殊规范的租赁合同,叫作特殊租赁合同,或称作特种租赁合同,也有人称之为特别法上的租赁合同,简称为特殊租赁。《民法典》"第三编 合同"之"第二分编"所辖第15章规定的融资租赁合同、《海商法》规定的航次租船合同(第92条以下)和船舶租用合同(第127条以下)、《农村土地承包法》规定的土地经营权租赁合同(第36条)、《城市房地产管理法》规定的房屋租赁合同(第54条以下)、《城镇国有土地使用权出让和转让暂行条例》规定的土地使用权租赁合同(第28条以下)等,均属特殊租赁合同。

这种分类的法律意义在于,特殊租赁合同,优先适用特别法关于特殊租赁合同的规定,没有规定的部分,才适用《民法典》"第三编 合同"之"第二分编"所辖第14章关于租赁合同的规定。

(四) 固有租赁合同与融资租赁合同

以租赁目的是否具有融资性作为区分标准,租赁合同可分为固有租赁合同和融资租赁合同。固有租赁合同,简称为固有租赁,就是上文所介绍的那些租赁合同。[①] 融资租赁合同,简称为融资租赁,是指出租人根据承租人对出卖人、租赁物的选择,向出卖人购买租赁物,提供给承租人使用,承租人支付租金的合同。《民法典》专设第15章对它详加规定,承认它为一种独立的有名合同,优先适用这些规定。本书也专设第20章讨论它,此处不赘。

(五) 非营业租赁合同与营业租赁合同

以租赁是否以营业为目的作为区分标准,租赁合同可分为非营业租赁合同和营业租赁合同。前者即《民法典》"第三编 合同"之"第二分编"所辖第14章规定的租赁合同,简称为非营业租赁,后者如企业的租赁经营合同,简称为营业租赁。[②]

这种分类的法律意义在于,非营业租赁合同,属于典型的民商合同,而营业租赁合同,则具有多种属性;在法律适用上,营业租赁合同优先适用特别法关于营业租赁的规定,没有规定的部分,才适用《民法典》"第三编 合同"之"第二分编"所辖第14章关于租赁合同的规定。

---

① 林诚二:《民法债编各论》(上),中国人民大学出版社2007年版,第240页。
② 1988年《全民所有制小型工业企业租赁经营暂行条例》(1990年修订)第3条规定:本条例所称租赁经营,是指在不改变企业的全民所有制性质的条件下,实行所有权与经营权的分离,国家授权单位为出租方将企业有期限地交给承租方经营,承租方向出租方交付租金并依照合同规定对企业实行自主经营的方式。

四、租赁的三种特性

相对于一般债的属性,租赁合同及租赁权具有独特的性质,主要有租赁的人格性、租赁权的物权化、租赁的社会化。

(一) 租赁的人格性

承租人较为长期地占有、使用和部分收益租赁物,其人格的良窳,直接关系着能否尽责地保管租赁物、符合性能地使用租赁物、届期是否返还租赁物。租赁的人格性,不仅本诸继续性关系的要求而来,更源自租赁本身的特性。(1) 在租赁的成立上,承租人的资格在交易上视为重要因素的,出租人对承租人的人格属性有斟酌之权。(2) 租赁债权具有人格性,出租人不得任意变更,所以,租赁权的让与、转租和转借的限制,成为租赁效力上的重要课题。①

(二) 租赁权的物权化

租赁权,有广狭二义。广义的租赁权,包括租赁物交付请求权和租赁物用益权。所谓租赁物交付请求权,是承租人基于租赁合同请求出租人将租赁物交付给自己的权利。其性质为一般的债权,民法关于债权的规定均有适用的余地。所谓租赁物用益权,是指对租赁物占有、使用和部分收益的权利。它就是人们通常所说的租赁权,也叫狭义的租赁权。以下所述租赁权,如未特别说明,即为此种狭义的租赁权。所谓租赁权的物权化,指的就是这种租赁权的物权化。②

关于租赁权的法律性质,见解不同,兹介绍如下:

1. 形成权说

形成权说认为,租赁权具有形成权的性质。由于租赁权为一种权利,而非权利的作用(权能),形成权说不可取。③

2. 纯粹的债权说

这一学说认为,承租人可对租赁物为使用、收益,并非直接支配租赁物的独立权利,而是从属于租赁权的权能,所以租赁权并非物权而是纯粹的债权,无对抗第三人的效力。这种学说与罗马法上的"买卖破租赁"的思想相一致,但将妨碍租赁权的安定性,对承租人的保护不尽周全,现在为被大多数国家立法所不采④,中国法亦不例外。

3. 物权说

这种观点认为,租赁权是依占有租赁物而为使用、收益的权利,是对租赁物的直接支配,且这种支配正是租赁权的本体,承租人请求出租人交付租赁物、修缮租赁物的权利,都不过是由此而生的效果。这符合物权的特质,而不同于请求他人为或不为一定行为的债权,虽然许多国家和地区的立法例都将租赁列入债编加以规定。⑤

本书不采此说,理由在于,对标的物占有、使用、收益,只是判断权利种类的指标之一,甚至是不太关键的因素。如今德国的通说赞同权利归属理论(Zuordnung),认为,法律将特定物归属于某权利主体,由其直接支配,享受利益,并排除他人对此支配领域的侵害或干预,此

---

① 邱聪智:《新订债法各论》(上),姚志明校订,中国人民大学出版社 2006 年版,第 228 页。
② 同上书,第 245 页。
③ 林诚二:《民法债编各论》(上),中国人民大学出版社 2007 年版,第 246 页。
④ 同上;崔建远主编:《合同法》(第 5 版),薛文成执笔,法律出版社 2010 年版,第 424 页。
⑤ 同上。

为物权本质的所在。① 从效力方面看,物权具有排他效力、优先效力、追及效力和物权请求权。租赁权至多具有对租赁物的受让人主张租赁权继续存在的效力,欠缺物权的许多效力,不具有物权的本质。此其一。权利主体对于特定物所享有的权利,若被称为物权,需要具备权利主体直接支配该物的事实。不过,这种事实关系是否上升为物权关系取决于立法政策。法律对于租赁权人直接支配租赁物的事实并未按照物权关系设计,而是将租赁权在总体上作为债权,在个别方面赋予物权的效力。其深层原因在于债权能够满足承租人的需要,为防止出租人出卖住房等可能损害承租人的生存权的情形,特设买卖不破租赁的原则也就足够了;为了防御第三人的不法侵害,使承租人能够行使占有人的自力救济权、物上请求权,亦能有效地解决问题。若将租赁权设计为物权,则意味着承租人获取了超出甚至远远地超出所付代价的利益,会阻碍出租人处分标的物,尤其在承租人利用租赁权融资的情况下,极有可能使出租人遭受重大的不利。此其二。

4. 租赁权的物权化说

租赁权若被法律赋予物权的全部效力,就成为地地道道的物权,而非物权化。但这样设计利少弊多,不可取。上文已述,不再重复。租赁权若被法律赋予物权的某些效力,就被物权化了。物权化有强有弱,租赁权被赋予的物权效力较多,其物权化就强,反之,则弱。较强的物权化,包括租赁权的对抗力、排除力、处分权和永续性。所谓租赁权的对抗力,是指在租赁关系存续期间,承租人对取得租赁物所有权或其他物权的人,可以主张其租赁权,对租赁物继续占有、使用和部分收益。所谓租赁权的排除力,是指对不法侵害租赁权的第三人,承租人可基于租赁权本身主张妨害排除请求权。所谓租赁权的处分权,是指租赁权人具有让与租赁权和转租的权能。所谓租赁权的永续性,是指租赁权没有存续期限或存续期限较长。《民法典》第725条关于"租赁物在承租人按照租赁合同占有期限内发生所有权变动的,不影响租赁合同的效力"的规定,赋予了租赁权对抗的效力。② 从《民法典》第716条第1款关于"承租人经出租人同意,可以将租赁物转租给第三人。承租人转租的,承租人与出租人之间的租赁合同继续有效;第三人造成租赁物损失的,承租人应当赔偿损失"的规定看,租赁权人无自由处分租赁权的权能。分析《民法典》第705条第1款关于"租赁期限不得超过二十年。超过二十年的,超过部分无效"的规定,可知租赁权的存续期限为20年,期满时当事人可以续租,也可以拒绝续租,表明租赁权不会永续存在。从《民法典》第723条第1款关于"因第三人主张权利,致使承租人不能对租赁物使用、收益的,承租人可以请求减少租金或者不支付租金"的规定看,租赁权无排除力。

[延伸]

《合同法》没有赋予租赁权排除力的结论,可由法意解释得到印证。受全国人民代表大会常务委员会法制工作委员会委托,由12个单位起草,由梁慧星教授及张广兴教授、傅静坤教授统稿完成的《中华人民共和国合同法建议草案》,在租赁合同中设有第224条[排除妨害]:"承租人受第三人侵害时,承租人可请求出租人排除妨害,也可代位行使出租人对第三人的妨害排除请求权,承租人占有租赁物的,可直接请求第三人排除妨害。"可以说,承认了

---

① Westermann, Sachenrecht, Bd. I. S. 8;王泽鉴:《民法物权》,北京大学出版社2009年增补版,第30页。
② 有学说将买卖不破租赁和租赁权的对抗力等同,本书从之。见[日]星野英一:《日本民法概论Ⅳ·契约》,姚荣涛译,刘玉中校订,五南图书出版有限公司1998年版,第199页。

租赁权的排除力。特别是,全国人民代表大会常务委员会法制工作委员会于1995年10月16日完成的《中华人民共和国合同法(试拟稿)》更为直接地无疑地赋予了租赁权排除力,于第243条规定:"承租权受到第三人侵害时,承租人可以请求出租人排除妨害,也可以直接请求第三人排除妨害。"不过,自1996年6月7日完成的《中华人民共和国合同法(试拟稿)》开始,各个草案都不见了排除力的规定。这表明立法者对于租赁权是有意识地不赋予排除力。

《民法典》第723条第1款系承继《合同法》第228条而来,故上述结论也适合于它。

需要指出,中国法虽然没有赋予租赁权排除力,但承租人可援用《民法典》关于占有保护的规定,行使占有的物上请求权。至于侵害租赁权成立损害赔偿请求权,至少多数说持肯定观点。还有,《民法典》第725条关于租赁期间发生租赁物所有权变化不影响租赁合同效力的规定,将动产租赁权也物权化了,影响了动产的正常流转,对承租人的保护过分,有失权衡。

(三) 租赁权的社会化

所谓租赁权的社会化,是指借合同正义抑制合同自由的滥用,以保护承租人的合法权益,实现出租人和承租人在租赁关系上的实质平等,表现为租金限制、担保限制、租赁合同终止的限制、承租人的优先购买权等。[①]

以上所述三种特性中,人格性系基于租赁合同目的而当然具有的人格斟酌的因素,至于物权化、社会化,则非租赁所当然具有的属性,而是社会发展需要的结果。此其一。租赁的人格性、物权化、社会化均系表征于承租人的层面,是观察承租人的权利内容所概括出的结论。至于保护对象,人格性侧重于出租人利益的保护,物权化和社会化则侧重于承租人利益的保护。此其二。这三种特性相抵触的,解释上以人格性为优先考虑,其次为物权化,再次为社会化。此其三。[②]

第二节 租赁合同的效力

租赁合同的效力体现为租赁合同当事人之间的权利和义务。本书拟从出租人的义务和承租人的权利义务、租赁物返还与押金返还或担保物返还之间的关系这几个方面予以介绍。

一、出租人的义务

(一) 交付租赁物并使租赁物适于使用、收益的义务

1. 依约定交付租赁物的义务

所谓依约定交付租赁物,是指出租人依照合同的约定,将租赁物转移给承租人占有,且符合约定的使用、收益的目的(《民法典》第708条)。租赁合同成立前,租赁物已由承租人直接占有的,合同成立之时即为交付之时(《民法典》第226条);承租人自此即可直接使用、收益租赁物。租赁合同成立时承租人尚未占有租赁物的,出租人应将租赁物的占有移转于承租人。租赁物有从物的,出租人在交付租赁物时,从物也应同时交付,除非当事人另有约

[①] 邱聪智:《新订债法各论》(上),姚志明校订,中国人民大学出版社2006年版,第229页。
[②] 同上书,第229—230页。

定或法律另有规定。出租人交付租赁物之后,在租赁存续期间不得任意收回。

出租人未按约定的时间交付租赁物,构成迟延履行,有时构成不能履行,应负违约责任,除非存在着免责事由。出租人虽然按时交付了租赁物,但所交付的租赁物不适合于约定的使用、收益的目的,承租人的目的无法实现,构成不完全履行,有时构成不能履行,出租人亦应承担违约责任或瑕疵担保责任,除非存在着免责事由。

在此特别提出来的是,《城镇房屋租赁合同解释》第 5 条规定:"出租人就同一房屋订立数份租赁合同,在合同均有效的情况下,承租人均主张履行合同的,人民法院按照下列顺序确定履行合同的承租人:(一) 已经合法占有租赁房屋的;(二) 已经办理登记备案手续的;(三) 合同成立在先的"(第 1 款)。"不能取得租赁房屋的承租人请求解除合同、赔偿损失的,依照民法典的有关规定处理"(第 2 款)。

2. 保持租赁物适合于约定的使用、收益的状态

租赁合同为继续性合同,承租人在租赁合同存续期间,继续地使用、收益租赁物,因此,出租人将适合于约定的使用、收益状态的租赁物交付于承租人之后,不仅必须消极地容忍和不妨碍承租人使用、收益,而且还必须积极地于租赁存续期间保持租赁物适合于承租人使用、收益的状态,使承租人对租赁物可以圆满地为使用、收益(《民法典》第 708 条等)。所谓保持其适合于约定的使用、收益的状态,包括在租赁关系存续期间,租赁物若被毁损,出租人应负责维修,以恢复承租人的使用、收益(《民法典》第 712 条、第 713 条等);租赁物若被第三人不法侵占、侵害、污染等,致使承租人无法正常地为使用、收益的,出租人负有排除妨害的义务(《民法典》第 236 条、第 462 条第 1 款)。①

[探讨]

第三人不法妨害承租人占有、使用、收益租赁物的,承租人固然得基于占有而请求该第三人除去该妨害(《民法典》第 462 条),但出租人除去该妨害的义务并不因此而得以免除。至于承租人将租赁物转租,次承租人在转租合同终止后不予返还租赁物的,出租人是否仍负有除去妨害的义务? 有观点持否定的见解,因为转租的结果,承租人应自负责任,请求次承租人返还租赁物,已经超出了排除妨害义务的范围,不应由出租人负担。② 这确有道理,值得重视。惟需要进一步斟酌的是,转租系经出租人同意的场合,尤其在承租人丧失对租赁物占有的情况下,出租人尚应承担排除妨害的义务。

承租人占有、使用、收益租赁物,为租赁的特征所在。承租人目的的实现,有赖于出租人依约交付租赁物,并随时保持其适合于约定的使用、收益状态。③ 这表明出租人的这项义务为主给付义务,与承租人支付租金的义务立于对价关系,同时履行抗辩权或先履行抗辩权有被应用的余地。④

---

① 刘春堂:《民法债编各论》(上),三民书局 2008 年版,第 242 页;崔建远主编:《合同法》(第 5 版),薛文成执笔,法律出版社 2010 年版,第 426 页;〔德〕迪特尔·梅迪库斯:《德国债法分论》,杜景林、卢谌译,法律出版社 2007 年版,第 169 页。
② 刘春堂:《民法债编各论》(上),三民书局 2008 年版,第 243 页。
③ 邱聪智:《新订债法各论》(上),姚志明校订,中国人民大学出版社 2006 年版,第 231 页。
④ 参见同上书,第 232 页;林诚二:《民法债编各论》(上),中国人民大学出版社 2007 年版,第 250 页;刘春堂:《民法债编各论》(上),三民书局 2008 年版,第 243 页。

[探讨]

当事人约定,出租人在租赁合同签订后30日内向承租人出示租赁房屋所有权的证明。出租人于此期间出示的是其法定代表人对该租赁房屋的所有权证,承租人不予认可,并援用《民法典》第526条规定的先履行抗辩权,拒付租金。本书作者认为,由于出租人对租赁房屋拥有所有权的义务,并非主给付义务,而是从给付义务,该项义务与承租人支付租金的义务之间的关系非对价关系,也不符合从给付与主给付义务之间可例外地成立先履行抗辩权或同时抗辩权的情形,所以,承租人的主张不应获得支持。

(二) 租赁物的维修义务

1. 概述

由上述出租人负有保持租赁物适于使用、收益状态的义务决定,在租赁物存有瑕疵或被损毁的情况下,出租人承担维修义务,乃当然的结论。只不过许多立法例于此尚不采取强制性规定的模式,而是允许当事人作出相反的约定或尊重交易习惯。中国《民法典》亦然,于第712条规定:"出租人应当履行租赁物的维修义务,但是当事人另有约定的除外。"

这里所说的维修义务,有些立法例上称作修缮义务,是指租赁物毁损,致不适合于约定的使用、收益的状态时,出租人应予修复的义务。①

2. 维修义务的性质

维修义务,是保持租赁物适合于使用收益状态的一种具体方式;从另一方面讲,也是出租人的一项权利。因为作为租赁物的所有权人或他物权人,当然有权利对其物加以保存。因此,承租人对出租人维修租赁物的行为,不得拒绝或妨碍,应予主动配合。例如,出租人为维修出租的房屋,需要进入承租人租住的卧室,搬动其家具,承租人不得拒绝。②

3. 维修义务的构成要件

(1) 限于租赁物本身的瑕疵

出租人仅对租赁物本身的瑕疵负有维修的义务,对承租人增添于租赁物的瑕疵自无维修之理。③ 这种见解符合自己责任的思想,中国法理论应予借鉴。

(2) 须租赁物有维修的必要

《民法典》第713条前段规定了维修义务以租赁物需要维修为要件。所谓租赁物需要维修,有学说称作租赁物有维修的必要,是指租赁物发生毁损等情事,如不维修,就不适合于约定的使用、收益的状态,致使承租人对租赁物不能为使用、收益或不能圆满地为使用、收益。例如,出租的房屋因时日长久,遇雨渗漏,承租人无法继续居住,或出租的自行车车闸损坏等均属此类。需要说明的是,并非一切租赁物与交付当初时的状态不同都导致租赁物不能依约使用、收益。换句话说,租赁物虽有瑕疵,但不妨碍使用、收益的,仍非有维修的必要。例如,供租赁居住的房屋内墙壁色泽陈旧,但并不影响承租人继续居住的,就不算有维修的必要。再者,是否有维修的必要,不得简单地依租赁物毁损的情形加以决定,尚需观察当事人约定的使用、收益的目的,按照社会上的一般观念而客观地斟酌确定。例如,租用房屋,注重

---

① 刘春堂:《民法债编各论》(上),三民书局2008年版,第243—244页。
② 邱聪智:《新订债法各论》(上),姚志明校订,中国人民大学出版社2006年版,第233页;刘春堂:《民法债编各论》(上),三民书局2008年版,第244页;崔建远主编:《合同法》(第5版),薛文成执笔,法律出版社2010年版,第426页。
③ 邱聪智:《新订债法各论》(上),姚志明校订,中国人民大学出版社2006年版,第235页;林诚二:《民法债编各论》(上),中国人民大学出版社2007年版,第251页。

门窗外观,借装修得美轮美奂来吸引顾客。一旦门窗的油漆略有脱落,便属有维修的必要。[①]

(3) 须租赁物有维修的可能

租赁物虽有维修的必要,然若已无维修的可能时,自不得强人所难。例如,租赁物为房屋而房屋被大火烧塌,除非重建,仅靠维修无法继续供人居住的,即为无维修的可能。于此场合,承租人不得请求出租人履行维修义务。所以,维修义务的成立应以可能维修为要件,尽管《民法典》对此未设明文。

维修是否可能,不能仅以物理上或技术上是否可能为判断标准,应以社会一般观念或经济上的意义加以决定。因此,如下情形,均可解释为维修不能:事实上不能维修;虽能维修,但维修已不能使租赁物恢复至适合于约定的使用、收益的状态;虽能维修,但维修本身耗费过巨,而其效果显然不足弥补维修费;维修无异于新造或重大改造;等等。[②]

租赁物毁损,已无维修可能的,承租人无权请求出租人履行维修义务,但可寻求其他救济之道。在非因可归责于承租人的事由导致租赁物部分或全部毁坏灭失、无维修可能的情况下,承租人可援用《民法典》第 729 条的规定,请求减少租金或不支付租金;因租赁物部分或全部毁损、灭失,致使不能实现合同目的的,可以解除合同。与此有别,在因可归责于承租人的事由导致租赁物部分或全部毁坏灭失、无维修可能的情况下,按照《民法典》第 711 条、第 714 条的规定,承租人应当向出租人承担损害赔偿责任,据此推论,承租人无权请求减少租金或不支付租金,亦无解除权。

(4) 当事人无相反的约定

当事人对租赁物毁损时承担维修义务的主体有相反约定的,应当依其约定(《民法典》第 712 条)。当事人约定在某些情况下由承租人负责维修租赁物,若不违反公平正义,也有益处。因为承租人直接占有租赁物,由其在力所能及的范围内维修租赁物,既可省去通知手续,节省时间,也会免去互相推诿的麻烦。

4. 维修义务的不履行及其后果

维修义务,在解释上为出租人所负给付义务的一环,出租人不履行此项义务,构成不完全履行,产生相应的法律后果,兹分析如下:

(1) 租赁物交付时或此前即不适合于约定的使用、收益的状态

由于出租人有义务保持租赁物适合于约定的使用、收益的状态,租赁物交付时或此前即不适合于约定的使用、收益的状态的,构成不完全履行。于此场合,承租人可予催告,确定合理的期限请求出租人维修(《民法典》第 713 条前段);出租人若于该期限届满仍未消除瑕疵的,同时构成迟延履行,按照《民法典》第 713 条中段和后段的规定,承租人可以自行维修,维修费用由出租人负担;因维修租赁物影响承租人使用的,应当相应减少租金或延长租期。在

---

① 邱聪智:《新订债法各论》(上),姚志明校订,中国人民大学出版社 2006 年版,第 233—234 页;刘春堂:《民法债编各论》(上),三民书局 2008 年版,第 244—245 页;崔建远主编:《合同法》(第 5 版),薛文成执笔,法律出版社 2010 年版,第 426 页。

② 史尚宽:《债法各论》(第 5 版),荣泰印书馆股份有限公司 1981 年版,第 158—159 页;郑玉波:《民法债编各论》(上册)(第 7 版),三民书局 1981 年版,第 190 页;王家福主编:《中国民法学·民法债权》,孙宪忠执笔,法律出版社 1991 年版,第 652 页;郭明瑞、王轶:《合同法新论·分则》,中国政法大学出版社 1997 年版,第 111 页;邱聪智:《新订债法各论》(上),姚志明校订,中国人民大学出版社 2006 年版,第 234 页;林诚二:《民法债编各论》(上),中国人民大学出版社 2007 年版,第 251 页;刘春堂:《民法债编各论》(上),三民书局 2008 年版,第 244—245 页;崔建远主编:《合同法》(第 5 版),薛文成执笔,法律出版社 2010 年版,第 428 页;〔德〕迪特尔·梅迪库斯:《德国债法分论》,杜景林、卢谌译,法律出版社 2007 年版,第 169 页。

这里,《民法典》虽未明定承租人请求损害赔偿、解除合同的权利,但按照特别法和普通法在适用方面的关系规则,承租人完全有权援用《民法典》第577条以下的规定请求出租人承担违约责任,同时有权援用第563条第1款第3项或第4项主张解除合同。

学说认为,租赁合同场合的交付,与买卖合同场合的交付具有相同的意义[①],承租人对于出租人交付的租赁物也有验收的权利和义务。承租人通过验收发现租赁物存在瑕疵,提出异议,主张权利,其法律后果已如上述。承租人若没有发现租赁物的瑕疵,其法律后果如何?一般地讲,在出租人不知其租赁物存有瑕疵的情况下,承租人怠于验收,或虽经验收却怠于提出异议的,均应承受不利的后果,即维修义务应视为尚未届期,出租人不承担债务不履行的后果。不过,应有例外,按照《民法典》第731条的规定,租赁物危及承租人的安全或健康的,承租人即使于订立合同时明知该租赁物质量不合格,也可随时解除合同。

(2) 租赁物交付后不履行维修义务

租赁物交付后,出租人不履行维修义务的,可发生如下效力:

Ⅰ. 承租人的通知、催告

租赁合同存续期间,租赁物需要维修时,承租人可以要求出租人在合理期限内维修(《民法典》第713条前段)。此处所谓要求,含有承租人通知出租人租赁物存有瑕疵,催告出租人在合理期限内维修之意。承租人不为通知,出租人难以知晓租赁物存有瑕疵,需要维修,所以,通知为承租人的义务。催告,既是承租人的权利(催告权),也是其义务。因为分析《民法典》第713条中段关于"出租人未履行维修义务的,承租人可以自行维修,维修费用由出租人负担"的规定,可知承租人如未催告,承租人的自行维修权尚不发生,因为出租人未履行维修义务,在出租人在催告约定的合理期限届满时没有维修的情形下才成立,承租人未予催告的,在许多情况下难谓合理期限届满,也就谈不上出租人未履行维修义务。由此决定,催告也有义务的属性。催告为意思通知,性质上为准法律行为,准用法律行为的有关规定。[②]

Ⅱ. 承租人的自行维修权、解除权

出租人在催告确定的合理期限内没有维修,构成不履行维修义务,承租人可以自行维修,维修费用由出租人负担(《民法典》第713条中段)。该自行维修权以出租人不履行维修义务为成立要件,承租人不得未经催告而径直维修租赁物,因为出租人对租赁物最为了解,其维修最符合租赁物的性能和用途,至少在理论上是这样假定的。

出租人不履行维修义务,任凭租赁物部分或全部毁损、灭失,致使承租人不能实现合同目的,承租人可援用《民法典》第729条后段的规定,解除租赁合同。出租人不履行维修义务,任凭租赁物危及承租人的安全或健康的,承租人可援用《民法典》第731条的规定,解除租赁合同。

Ⅲ. 承租人请求减少租金或延长租期

《民法典》第713条第1款后段规定:"因维修租赁物影响承租人使用的,应当相应减少租金或者延长租期。"举轻以明重,出租人不履行维修义务的,承租人更有权请求相应减少租金或延长租期。

Ⅳ. 承租人的先履行抗辩权

出租人修缮租赁物的义务与承租人支付租金的义务,似乎不处于对价关系之中,但是,

---

① 邱聪智:《新订债法各论》(上),姚志明校订,中国人民大学出版社2006年版,第232页。
② 参见同上书,第235页;刘春堂:《民法债编各论》(上),三民书局2008年版,第247页。

就租赁物使用收益的减少额而言,这种减少的给付与相应租金之间构成同时履行关系,出租人不履行维修义务,导致租赁物使用、收益的减少,承租人可以援用同时履行抗辩权,拒付租金。不过,租金先到期而未支付,出租人维修义务的履行期在后的,出租人可援用同时履行抗辩权。[①] 这种观点确有道理,值得中国民法及其学说借鉴,只是同时履行抗辩权大多需要改为先履行抗辩权。

(三) 瑕疵担保责任

租赁合同为双务、有偿的合同,所以原则上可准用《民法典》第612条、第613条、第620条至第624条关于买卖物的瑕疵担保责任的规定,当然也有自己的特殊性。

1. 权利瑕疵担保

此处所谓权利瑕疵担保,是指出租人应担保第三人就租赁物不得对承租人主张足以妨害使用、收益的权利。其应予注意的有如下几点:

(1) 第三人主张的权利,可有所有权、用益物权、担保物权。需要强调,第三人主张权利,必须是足以部分或全部妨害承租人使用、收益租赁物时,才成立权利瑕疵担保。例如,第三人就租赁物主张所有权,但该所有权若系在租赁合同成立后由该第三人取得的,按照《民法典》第725条的规定,排斥不了承租人的租赁权,不影响承租人对租赁物的使用、收益,便不成立权利瑕疵担保。与此不同,出租人擅自将第三人所有的房屋出租,该第三人主张其房屋所有权的,承租人就无权对抗,应当成立权利瑕疵担保。再如,第三人就租赁物主张用益物权,有学说认为,即使该用益物权成立于租赁合同之后,也会妨害承租人使用、收益租赁物[②],因此成立权利瑕疵担保。还如,第三人就租赁物而成立、行使担保物权,如质权、留置权,需要移转占有,显然妨害承租人使用、收益租赁物,应成立瑕疵担保责任。至于抵押权,其成立不需要移转占有,其行使的结果是受让人继受取得抵押物的所有权,按照《民法典》第725条关于买卖不破租赁的规定,第405条关于"抵押权设立前,抵押财产已经出租并转移占有的,原租赁关系不受该抵押权的影响"的规定,承租人使用、收益租赁物不会受到妨害,故不成立瑕疵担保责任。不过,抵押权设立后抵押财产出租的,根据《民法典》第214条、第403条的规定,该租赁关系不得对抗已登记的抵押权,承租人使用、收益租赁物受到妨害的,应成立权利瑕疵担保责任。

(2) 第三人就租赁物主张权利,妨害承租人使用、收益租赁物的,有的是全部不能使用、收益,有的是部分不能使用、收益,在法律后果上应予区分。全部不能的,承租人可不支付租金;部分不能的,承租人可少支付租金(《民法典》第723条第1款)。

(3) 第三人对租赁物的权利,发生于何时,存在着不同意见。多数说认为,第三人主张的权利必须发生于租赁物交付前,如于租赁物交付后才发生的,纵为所有权或其他权利,承

---

① 1915年12月11日大判(民录第2058页)(因洪水而致水车不能使用,判定其后可以拒付租金),1921年9月26日大判(民录第1627页判民135我妻案件)(租屋因遭水灾重创而不能使用,判定可以拒绝预付租金)。转引自〔日〕星野英一:《日本民法概论Ⅳ·契约》,姚荣涛译,刘玉中校订,五南图书出版有限公司1998年版,第40页。也可参见史尚宽:《债法各论》(第5版),荣泰印书馆股份有限公司1981年版,第160页;郑玉波:《民法债编各论》(上册)(第7版),三民书局1981年版,第192页;邱聪智:《新订债法各论》(上),姚志明校订,中国人民大学出版社2006年版,第236页;林诚二:《民法债编各论》(上),中国人民大学出版社2007年版,第254页;刘春堂:《民法债编各论》(上),三民书局2008年版,第248页。

② 〔德〕迪特尔·梅迪库斯:《德国债法分论》,杜景林、卢谌译,法律出版社2007年版,第170页。

租人可援用买卖不破租赁的规定,租赁权不受影响,无权利瑕疵担保的问题。① 少数说主张,第三人就租赁物主张的权利,发生于租赁关系存续期间的,也成立权利瑕疵担保责任。② 竞合说阐明,租赁合同成立后,租赁物如有权利瑕疵,而可归责于出租人的,出租人应负债务不履行责任(违约责任),于此场合,发生权利瑕疵担保责任和债务不履行责任(违约责任)的竞合。③ 本书作者认为,竞合说不违反《民法典》第 577 条、第 582 条、第 723 条的规定,在权利瑕疵担保和违约责任两项制度在成立要件和救济方式方面存在着差异的背景下,允许承租人选择行使,于其有利。所以,竞合说值得赞同。

(4)《民法典》第 613 条规定,买受人订立合同时知道或应当知道第三人对买卖标的物享有权利的,出卖人不承担权利瑕疵担保责任。《民法典》在租赁合同中未设相应的规定,亦无禁止或相反条文,应准用第 613 条的规定,承租人知道或应当知道第三人就租赁物享有所有权、用益物权或担保物权,将会影响其使用、收益租赁物,却依然订立租赁合同的,视为自愿承担第三人届时就租赁物主张权利的风险,出租人不承担权利瑕疵担保责任。

有学说提醒,在此需要注意,出租人不承担瑕疵担保责任,仅指出租人对因第三人主张权利给承租人造成的损失不负赔偿责任,并不等于合同不能终止或解除,更不等于说承租人必须支付租金。这是因为,第三人主张权利已使承租人不能继续使用、收益租赁物,成为履行不能,依然要求承租人支付租金,显然不公。④ 鉴于《民法典》设置的合同解除制度没有剥夺及限制知道或应当知道权利瑕疵者的解除权,继续性合同原则上可随时终止(解除),在不定期租赁中尤其如此(《民法典》第 563 条第 2 款),上述关于承租人可以解除租赁合同的观点成立。鉴于同时履行抗辩权、先履行抗辩权的成立,不受当事人是否知道或应当知道权利瑕疵的影响,承租人因第三人就租赁物主张权利而不能使用、收益租赁物的,援用先履行抗辩权或同时履行抗辩权,拒付相应的租金,不违反《民法典》第 525 条或第 526 条的规定。就是说,上述关于承租人可拒付相应租金的意见,可资赞同。

(5)第三人就租赁物主张权利的,承租人应当及时通知出租人(《民法典》第 723 条第 2 款),但出租人已经知晓的,不在此限。承租人需要就出租人知晓负证明责任。该通知义务为附随义务,承租人没有及时通知,致使出租人不能及时救济,遭受损失的,承租人应负赔偿责任,因为附随义务的违反可成立损害赔偿责任。不过,该项赔偿责任的范围,限于出租人未能及时就第三人主张权利而采取必要的救济措施而造成的损失,不得包括所谓承租人违反了租赁合同而依约产生的违约金。举例来说,某租赁合同约定,承租人故意或过失地损害租赁物、擅自转租、无理拒付租金的,须支付 100 万元人民币的违约金。在履行过程中,甲伪造自己为租赁物所有权人的证据,并剥夺了承租人对租赁物的占有。承租人没有及时将这种情况通知出租人,使出租人遭受了租赁物门窗损坏的损失。于此场合,出租人仅得请求承租人赔偿门窗损坏的损失,不得请求支付 100 万元的违约金。

---

① 史尚宽:《债法各论》(第 5 版),荣泰印书馆股份有限公司 1981 年版,第 163 页;郑玉波:《民法债编各论》(上册)(第 7 版),三民书局 1981 年版,第 193 页;林诚二:《民法债编各论》(上),中国人民大学出版社 2007 年版,第 255 页;刘春堂:《民法债编各论》(上),三民书局 2008 年版,第 249 页;郭明瑞、王轶:《合同法新论·分则》,中国政法大学出版社 1997 年版,第 108 页;柴振国、何秉群等:《合同法研究》,警官教育出版社 1999 年版,第 432—433 页;谢怀轼等:《合同法原理》,法律出版社 2000 年版,第 382 页。
② 梅仲协:《民法要义》(修订第 8 版),台湾 1963 年自版,第 271 页。
③ 邱聪智:《新订债法各论》(上),姚志明校订,中国人民大学出版社 2006 年版,第 237 页。
④ 郭明瑞、王轶:《合同法新论·分则》,中国政法大学出版社 1997 年版,第 109 页;谢怀轼等:《合同法原理》,法律出版社 2000 年版,第 382 页。

承租人没有及时通知,属于违反附随义务,原则上不产生解除权。不过,出租人因此而遭受重大损失或使出租目的落空时,仍可援用《民法典》第563条第1款第4项的规定,解除租赁合同。

(6) 法律关于权利瑕疵担保的规定,并非强制性规定,当事人可以通过约定加以排除。如果当事人约定免除或限制出租人的权利瑕疵担保责任,在出租人故意不告知权利瑕疵的情况下,该约定无效。① 出租人重大过失地未告知权利瑕疵时,该约定亦无效。② 这与《民法典》第612条的规定相一致,可资赞同。

(7) 关于权利瑕疵担保的效力,《民法典》第612条未作具体规定,第723条第1款虽有规定,但仅就其文义观察,尚不完整。从买卖合同、租赁合同、权利瑕疵担保制度的目的和功能看,首先应是请求出卖人/出租人除去第三人的权利主张。如果将《民法典》第723条第1款关于"因第三人主张权利,致使承租人不能对租赁物使用、收益的,承租人可以要求减少租金或者不支付租金"的规定,解释为是出租人无法除去第三人的权利主张,"承租人不能对租赁物使用、收益的"成为终局的状态,承租人才"可以要求减少租金或者不支付租金";如果出租人能够除去第三人的权利主张,承租人能够继续使用、收益租赁物,承租人就不得不支付租金,甚至不得减少租金,那么,可以说《民法典》第723条第1款就暗含着请求出租人除去第三人的权利主张。

虽经出租人请求第三人除去权利主张,但未能奏效,承租人终局地不能对租赁物使用、收益,若就租赁物的全部不能为约定的使用、收益的,承租人可以不支付租金;若就租赁物的部分不能为约定的使用、收益的,承租人可以减少租金(《民法典》第723条第1款)。

减少租金或不支付租金,承租人仍然有损失的,因出租人未能请求第三人除去权利主张,构成出租人违约,成立违约责任,承租人可以援用《民法典》第577条、第583条等规定,请求出租人赔偿损失;同时可援用《民法典》第563条第1款第4项的规定,解除租赁合同。

于此场合,租赁合同约定有违约金的,承租人可就违约金和损害赔偿选择其一而主张;若违约金为惩罚性的,承租人可一并请求出租人承担。

当然,承租人也可以不援用《民法典》第723条第1款的规定,不主张减少租金或支付租金,将因此所受损失作为出租人不能请求第三人除去权利主张肇致损失的一部分,一并请求出租人负责赔偿。不过,先行支付租金,再请求出租人承担损害赔偿责任,可能面临着出租人无力赔偿的风险。

2. 物的瑕疵担保

出租人所负的瑕疵担保,是指应担保所交付的租赁物能为承租人依约使用、收益,若不能为依约使用、收益,出租人得容忍承租人解除合同或减少租金或不支付租金。总的讲,它与出卖人所负物的瑕疵担保责任相当,同时也有特殊之处,兹介绍如下:

(1) 瑕疵发生时间的限制方面:买卖合同的场合,标的物的瑕疵须于风险转于买受人时业已存在,而风险转移以交付标的物时为准,除非法律另有规定或当事人另有约定(《民法典》第604条)。租赁合同的场合,租赁物交付后产生的瑕疵,也属于物的瑕疵担保范畴

---

① 史尚宽:《债法各论》(第5版),荣泰印书馆股份有限公司1981年版,第163页;郑玉波:《民法债编各论》(上册)(第7版),三民书局1981年版,第193页;林诚二:《民法债编各论》(上),中国人民大学出版社2007年版,第255页;刘春堂:《民法债编各论》(上),三民书局2008年版,第249页。

② 郭明瑞、王轶:《合同法新论·分则》,中国政法大学出版社1997年版,第109页;谢怀栻等:《合同法原理》,法律出版社2000年版,第382页。

(《民法典》第729条、第731条)。这是由租赁合同的继续性所决定的。

(2) 救济方式方面:买卖场合物的瑕疵担保,其救济方式有:① 修理、更换;② 减少价款;③ 退货;④ 赔偿损失(《民法典》第582条)。租赁场合物的瑕疵担保,其救济方式有① 减少租金或不支付租金;② 解除合同(《民法典》第729条),法律未规定更换,一般地说,也不应当有更换,因为租赁物基本上为不代替物,为代替物的罕见,以不代替物作为租赁物的场合,更换意味着成立了另外一个租赁合同。

(3) 买卖场合,物的瑕疵担保责任的成立,以买受人在检验期间内将标的物的数量或质量不符合约定的情形通知出卖人为要件(《民法典》第621条第1款),除非出卖人知道或应当知道提供的标的物不符合约定(《民法典》第621条第3款)。租赁场合物的瑕疵担保责任在成立上不作这样的要求。这与租赁合同具有继续性有关。

(4)《民法典》第731条规定,租赁物危及承租人的安全或健康的,即使承租人订立合同时明知该租赁物质量不合格,承租人仍然可以随时解除合同。学说称之为租赁的特别终止权(解除权),是法律综合考虑了租赁合同的继续性、承租目的和伦理等因素所特别赋予的。在买卖合同中,没有此类法律效果。因为标的物自交付时起转移风险,标的物为动产时所有权也随交付而转移,该物危及安全、健康的问题已经属于买受人自己的事务了。

(5) 租赁物有瑕疵的,出租人负有维修义务,承租人可以请求维修。此项维修请求权,与瑕疵担保责任而生的请求权并存,形成竞合。

(四) 费用偿还义务

这里所谓费用,是指承租人为维持租赁物、增加租赁物的价值而支出的金钱、实物,主要包括必要费用、有益费用和奢侈费用三种。这些费用由谁负担,《民法典》基本上未作规定,仅仅在承租人自行维修租赁物所生费用的问题上有所涉及。《城镇房屋租赁合同解释》虽设有较为详细的规定,但有些未必是"承租人为维持租赁物、增加租赁物的价值而支付的金钱、实物",很可能是为自己的舒适或审美观而实施的装饰装修,乃至扩建,有些内容放在此处说明不太合适。有鉴于此,需要借鉴境外的立法例及其学说,结合中国的实际情况,遵循惯常的理念,提出方案。

1. 奢侈费用原则上不予偿还

奢侈费用,显然不是为维持租赁物所必须支付的费用,即使是为增加租赁物的价值所做的支出,也超出了合理的范围。既然如此,除非已经约定由出租人偿还,且该约定出自出租人的内心,承租人无权请求出租人偿还奢侈费用。

2. 必要费用的偿还义务

所谓必要费用,是指为维持租赁物处于正常的使用、收益状态所不可或缺的费用。在个案中可表现为保管费、维修费、饲养费、清扫费、大楼的管理费等。其负担规则是,当事人有约定时,依其约定;没有约定的,按照习惯;习惯也没有的,应以下列标准确定:(1) 承租人支出的费用,系为保存租赁物所不可或缺的,本为出租人的利益,应由出租人负担,承租人有权请求其偿还。如租赁物的定期检验费、保管费的负担,即应如此。(2) 承租人支出的费用,系其使用、收益租赁物所必不可少的,乃专为承租人自己的利益,应自己负担,不得请求出租人偿还。例如,租赁汽车场合,承租人定时洗车、为停放于露天的汽车苫布等所需费用,租赁住房场合,承租人擦拭窗户等所需费用,由自己承受。(3) 承租人因使用、收益租赁物所支出的必要费用,同时兼有保存租赁物的必要费用的性质,根据情况决定负担人。例如,租赁物为动物场合,支出的饲养费,相当的立法例及其学说坚持由承租人负担。① 中国法亦应如此。而出租人经催告仍不履行维修义务的,承租人可自行维修,其费用则由出租人负担(《民法典》第713条中段)。

必要费用的偿还期间,当事人有约定的,从其约定;无约定的,按照交易习惯;均没有的,承租人可随时请求,但应当给出租人必要的准备时间。

3. 有益费用的偿还义务

所谓有益费用,是指非为保存租赁物所不可或缺的费用,但其支出增加了租赁物的价值的费用。在涉及有益费用的各项制度里,中国现行法均无明文规定其负担主体,只好借鉴境外的规则及学说,结合中国实际情况,发表意见。

有学说认为,承租人请求出租人偿还有益费用,必须具备如下要件:(1) 须为有益费用,通常为改良租赁物所支出的费用,如对租赁房屋所支出的粉刷、放热的费用。(2) 须因此增加了租赁物的价值。增值与否,在租赁合同终止时加以判断。(3) 须出租人知晓此情而不为反对的表示。此处所谓反对,属于意思通知,必须足以表明有反对支出有益费用的意思。沉默,不看作反对,而视为同意。② 这符合事理,值得赞同。

有益费用偿还的时间,为租赁合同终止时。偿还的数额,以租赁合同终止时现存的增值额为限。现存的增值额少于支出的费用额的,仅偿还现存的增值额即可;现存的增值额等于支出的费用额的,应偿还支出费用额的全部;现存的增值额多于支出的费用额的,也只偿还支出的费用额。③

有立法例及其学说认为,承租人所支出的有益费用,若系就租赁物增设工作物,如添置纱窗等,于下列情形,承租人可以取回该工作物:虽已具备上述偿还有益费用的要件,但不拟请求偿还;因欠缺上述要件,无从请求出租人偿还有益费用;虽已向出租人请求偿还有益费用,但未获得清偿。承租人行使该工作物取回权时,负恢复租赁物原状的义务。需要注意,在承租人不取回工作物就会妨碍租赁物的使用、收益的场合,取回工作物又成了承租人的义务。至于工作物取回权和有益费用偿还请求权,承租人可以择一而行使。④ 这确有道理,值得我们借鉴。

关于有益费用的偿还问题,同样应贯彻当事人有约定时依其约定的原则。

二、承租人的权利义务

(一) 使用、收益租赁物

1. 按照约定的方法或租赁物的性质使用租赁物

承租人应当按照约定的方法使用租赁物。对租赁物的使用方法没有约定或约定不明确

---

① 史尚宽:《债法各论》(第5版),荣泰印书馆股份有限公司1981年版,第167页;郑玉波:《民法债编各论》(上册)(第7版),三民书局1981年版,第197页;邱聪智:《新订债法各论》,姚志明校订,中国人民大学出版社2006年版,第243页;刘春堂:《民法债编各论》(上),三民书局2008年版,第254—255页。

② 史尚宽:《债法各论》(第5版),荣泰印书馆股份有限公司1981年版,第166页;郑玉波:《民法债编各论》(上册)(第7版),三民书局1981年版,第197—198页;邱聪智:《新订债法各论》,姚志明校订,中国人民大学出版社2006年版,第241页;林诚二:《民法债编各论》(上),中国人民大学出版社2007年版,第258页;刘春堂:《民法债编各论》(上),三民书局2008年版,第255—256页。

③ 史尚宽:《债法各论》(第5版),荣泰印书馆股份有限公司1981年版,第166页;郑玉波:《民法债编各论》(上册)(第7版),三民书局1981年版,第198页;邱聪智:《新订债法各论》,姚志明校订,中国人民大学出版社2006年版,第241—242页;林诚二:《民法债编各论》(上),中国人民大学出版社2007年版,第258—259页;刘春堂:《民法债编各论》(上),三民书局2008年版,第256—257页。

④ 刘春堂:《民法债编各论》(上),三民书局2008年版,第257—258页。

的,可以协议补充;不能达成补充协议的,按照合同有关条款或交易习惯确定;如此仍不能确定的,应当按照租赁物的性质使用(《民法典》第709条、第510条)。

2. 保持租赁物的原状

承租人使用、收益租赁物,应当尽量保持租赁物的原状,不得对租赁物进行改善或增设他物。当然,承租人经出租人同意的,自然可以(《民法典》第715条第1款)。承租人未经出租人同意,对租赁物进行改善或增设他物的,出租人可以要求承租人恢复原状或赔偿损失(《民法典》第715条第2款)。

3. 不当使用时的损害赔偿

承租人按照约定的方法或根据租赁物的性质使用租赁物,致使租赁物受到损耗的,不承担赔偿责任(《民法典》第710条)。承租人未按照约定的方法或未根据租赁物的性质使用租赁物,致使租赁物受到损失的,出租人可以解除合同并要求赔偿损失(《民法典》第711条)。

上文所说的承租人擅自改善租赁物或增设他物,应属严重的不当使用,更应使出租人享有解除合同并要求赔偿损失的权利。对此,《城镇房屋租赁合同解释》第6条予以明确:"承租人擅自变动房屋建筑主体和承重结构或者扩建,在出租人要求的合理期限内仍不予恢复原状,出租人请求解除合同并要求赔偿损失的,人民法院依照民法典第七百一十一条的规定处理。"

4. 承租人代负责任

在承租人共同生活的范围内,出租人有容忍第三人使用、收益租赁物的义务,尽管此类第三人与出租人没有合同关系。这就是所谓合同保护第三人的效力。这里所说的第三人,是与承租人有一定关系的人,包括承租人的同居人,以及承租人允许使用、收益的第三人。所谓同居人,是指与承租人有共同生活关系的人,以实际上有无共同生活为准,不以承租人的配偶、子女、父母、兄弟姐妹为限。所谓承租人允许使用、收益租赁物的第三人,除包括承租人明示同意其使用、收益租赁物之人以外,还包括社会观念上当然解释为承租人应允许使用、收益租赁物之人,如租赁房屋,非同居之友来访而住宿一、二日。但应注意,转租场合的次承租人,因法律设立的专门的制度,不作为此处的第三人对待。转借场合的借用人,也应与次承租人作同一解释。① 这符合实际和事理,应当如此处理。《民法典》第733条关于"租赁期限届满,承租人应当返还租赁物。返还的租赁物应当符合按照约定或者根据租赁物的性质使用后的状态"的规定,认可了这种制度。

上述第三人对租赁物同样应以善良管理人的注意承担保管义务,违反该项义务致使租赁物毁损灭失的,承担侵权责任。不过,由于此类第三人使用、收益租赁物系因承租人允许而来,承租人对此应当负责,承担违约责任。从出租人的角度观察,构成人的请求权竞合;对承租人而言,为不真正连带债务。其终局责任者,仍为毁损灭失租赁物的第三人。承租人就第三人毁损灭失租赁物而向出租人承担违约责任后,有权向该第三人追偿。② 这符合法理,

---

① 郑玉波:《民法债编各论》(上册)(第7版),三民书局1981年版,第216页;邱聪智:《新订债法各论》,姚志明校订,中国人民大学出版社2006年版,第259页;林诚二:《民法债编各论》(上),中国人民大学出版社2007年版,第276页;刘春堂:《民法债编各论》(上),三民书局2008年版,第281页;崔建远主编:《合同法》(第5版),薛文成执笔,法律出版社2010年版,第430页。

② 邱聪智:《新订债法各论》,姚志明校订,中国人民大学出版社2006年版,第259页;刘春堂:《民法债编各论》(上),三民书局2008年版,第281页;崔建远主编:《合同法》(第5版),薛文成执笔,法律出版社2010年版,第430页。

应予采纳。

5. 保管租赁物的附随义务

承租人负有保管义务,尚负从属于该项义务的通知义务和容忍义务。

(1) 通知义务

租赁期间,租赁物如有维修的必要,应由出租人负担的,或因防止危害而有必要安装设备的,或因第三人就租赁物主张权利的,承租人负有及时通知出租人的义务,除非出租人已经知晓(《民法典》第713条第1款前段、第723条第2款);租赁物如有维修的必要,应由出租人负担的,或因防止危害而有必要安装设备的,承租人同样负有及时通知出租人的义务。承租人违反该项义务的,构成违约,应当损害赔偿责任。

(2) 容忍义务

出租人为使租赁物处于适用状态而采取保存行为的,承租人不得拒绝。该项容忍义务与租赁物的维修制度密切相关,其构成、法律效果等问题,上文已经阐明,此处不再赘述。

6. 收益权

在租赁期间因占有、使用租赁物获得的收益,归承租人所有,除非当事人另有约定(《民法典》第720条)。

(二) 支付租金的义务

租金的支付是承租人应负担的主给付义务。关于租金的支付,有以下几点需要讨论:

1. 租金的债务人

租金的债务人,为承租人。一人单独承租的,该承租人负责支付全部租金。数人共同承租,租赁合同约定按份支付租金的,依其约定,约定连带的,亦依其约定;没有约定的,按照中国法的精神,承租人连带负责。需要注意,如果仅仅是数个承租人之间约定按份责任,则对出租人没有约束力,原因在于合同的相对性。

2. 租金的形态

租金一般表现为金钱,但不限于此,以租赁物的孳息,甚至是当事人同意的其他物品,作为租金,亦无不可,除非违反法律、行政法规的强制性规定,或违背公序良俗。

3. 租金的数额

租金的数额,由当事人任意约定,只是不得违反法律、行政法规的强制性规定,不得违背公序良俗原则。还有,假如租金的数额过高或过低显失公平,符合《民法典》第147条至第151条规定的原因的,当事人可以自其知道或应当知道撤销事由时起1年内请求变更租金数额,甚至撤销租赁合同。

租金的数额,由当事人约定,显然是以租赁合同有效为前提的,但许多法院在解决案件纠纷时,在租赁合同无效的情况下,只要当事人请求参照约定的租金标准确定,也时常予以准许,只不过在性质及名称上都不作为租金看待,而是作为房屋占有使用费。《城镇房屋租赁合同解释》对此予以承认,于第4条第1款规定:"房屋租赁合同无效,当事人请求参照合同约定的租金标准支付房屋占有使用费的,人民法院一般应予支持。"

4. 租金的支付方式与期限

租金的支付方式,可以分期支付,也可以一次全额支付。[①] 分期支付的可以视为定期支

[①] 一次全额支付的,时常被认定为名为租赁实为买卖。

付,每期租金请求权的消灭时效自该期租金的支付期届满之日起计算。①

承租人应当按照约定的期限支付租金。对支付期限没有约定或约定不明确,依照《民法典》第510条的规定仍不能确定,租赁期间不满1年的,应当在租赁期间届满时支付;租赁期间1年以上的,应当在每届满1年时支付,剩余期间不满1年的,应当在租赁期间届满时支付(《民法典》第721条)。

5. 未付、延付租金的法律后果

承租人无正当理由未支付或迟延支付租金的,出租人可以请求承租人在合理期限内支付。承租人逾期不支付的,出租人可以解除合同(《民法典》第722条)。

需要注意,承租人拖欠租金的,次承租人可以代承租人支付欠付的租金和违约金,但转租合同对出租人不具有法律约束力的除外(《民法典》第719条第1款)。

6. 租金的变动

出现下列情形之一的,应允许租金发生变动:

(1) 租赁物因不可归责于承租人的原因而毁损灭失引起的租金变动

因不可归责于承租人的事由,致使租赁物部分或全部毁损、灭失的,承租人可以要求减少租金或不支付租金;因租赁物部分或全部毁损、灭失,致使不能实现合同目的的,承租人可以解除合同(《民法典》第729条)。

(2) 因第三人就租赁物主张权利而引起的租金变动

因第三人主张权利,致使承租人不能对租赁物使用、收益的,承租人可以要求减少租金或不支付租金(《民法典》第723条第1款)。

(3) 因租赁物维修而引起的租金变动

因维修租赁物影响承租人使用的,应当相应减少租金或延长租期(《民法典》第713条后段)。

(4) 因情事变更而引起的租金变动

租赁合同为继续性合同,租赁期间,租赁物的价值可能出现变动,或租赁物的使用范围出现增减,若仍然维持原定租金,可能有失公平,应允许适用情事变更原则(《民法典》第533条、第563条第2款),予以调整。

(三) 承租人的优先购买权

所谓承租人的优先购买权,是指在租赁合同存续期间,出租人要出卖租赁物时,承租人在同等条件下享有优先购买的权利。法律赋予承租人优先购买权是为了简化法律关系,实现物尽其用。《民法典》第726条第1款正文认可了房屋租赁合同中承租人的优先购买权,规定出租人出卖租赁房屋的,应当在出卖之前的合理期限内通知承租人,承租人享有以同等条件优先购买的权利。

所谓同等条件,要综合考虑价格的多少、付款期限的长短、一次付清还是分期付款、有无担保等因素。

[思考]

在实际操作的层面,同等条件大多以出租人与第三人订立的租赁物买卖合同约定的价

---

① 有人把租金债务视为同一项债务,适用修正之前的《诉讼时效制度规定》第5条的规定,诉讼时效期间从最后一笔租金的支付期届满时起算。

格等内容为准。这是形式主义的同等条件,并且其为原则,不然,出租人与承租人之间就会因如何确定租赁物买卖的条款争执不休。不过,在某些情况下,出租人与第三人所约租赁物的价格等内容系双方各种利益关系权衡的结果,复杂交易安排中的一环,甚至是一种"结算"方式,带有"堤外损失堤内补"的意味,所约价格并非交易市场上的合理价格,或高或低。于此场合,确定同等条件不应拘泥于出租人与第三人之间订立的租赁物买卖合同的条款,而应采取实质主义,以公平合理的市场价格为准。其具体路径是,首先倡导出租人与行使优先购买权的承租人协商,若实在达不成一致意见,就由裁判者基于公平原则依职权衡定。

之所以把形式主义的同等条件作为原则,实质主义的同等条件作为例外,是因为如果每个案件都奉行实质主义同等条件,则会带来复杂的举证证明分配,容易陷入无休止的争议之中,成本高昂。①

通说认为,承租人的优先购买权为形成权。

[拓展]

实际上,关于优先购买权的性质,学说存有分歧。一为订立买卖合同的请求权说。该说认为,优先购买权为订立买卖合同的请求权,是权利人得请求出卖人与自己订立买卖合同的权利,应其请求,出卖人有承诺的义务。② 依该说,优先购买权人所作以同等条件购买的意思表示只是要约,如出卖人拒绝承诺,则合同自不成立。此时,优先购买权人如何获得保护,不无疑问。③ 二为债权的效力说。该说认为,优先承买权在性质上为请求权,仅具有债权的效力,如果买卖当事人之间已经办理了应有部分的移转登记,承租人即不得请求涂销该项登记。优先承买权的优先次序应在其他具有物权效力的优先购买权之后。④ 该说的主要问题在于没有就是否承认优先购买权为形成权作出表态,特别是在应当阻止恶意受让人取得租赁物的依据方面,显得无能为力。三为物权取得权说。该说认为,优先购买权具有排他的效力,故为物权,但优先购买权既非用益物权,又非担保物权,而是属于形成权的物权取得权。⑤ 该说一方面认为优先购买权为形成权,同时又承认它为物权,显然存在着冲突。⑥ 更为要害的是,优先购买权不符合物权为支配权的根本属性,其自身对权利人而言也不具有实质性利益。仅仅凭借优先购买权的行使,往往不能取得物权,只有在动产为交付、不动产为登记之后,才能发生物权变动的结果。四为具有物权性质的债权期待权说。⑦ 该说的不足如同前二种学说,为本书所不采。五为附有条件的形成权说,已如上述。

法律关于承租人优先购买权的规定,适用于房屋买卖合同的场合,应无疑义。需要注意的是,出租人与抵押权人协议折价、变卖租赁房屋偿还债务,应当在合理期限内通知承租人。

---

① 在2023年4月7日的"民法专题研究"的课堂上,江曼玲、陈道宽、陶宇恒三位博士生就承租人的优先购买权问题发表意见时涉及"同等条件"的含义。受其发言启发,方有这些认识。特别致谢江曼玲、陈道宽、陶宇恒三位博士生!
② 焦祖涵:《土地法释论》,三民书局1973年版,第586页以下。
③ 戴孟勇:《先买权:理论与立法》,载郭道晖主编:《岳麓法学评论》(第1卷),湖南大学出版社2000年版,第48页。
④ 谢在全:《民法物权论》(上)(修订2版),三民书局2003年版,第556页。
⑤ 史尚宽:《物权法论》(第5版),荣泰印书馆股份有限公司1979年版,第14—15页;孙宪忠:《德国当代物权法》,法律出版社1997年版,第169页。
⑥ 戴孟勇:《先买权:理论与立法》,载郭道晖主编:《岳麓法学评论》(第1卷),湖南大学出版社2000年版,第48页。
⑦ 黄松有主编:《〈中华人民共和国物权法〉条文理解与适用》,人民法院出版社2007年版,第316页。

承租人请求以同等条件优先购买房屋的,人民法院亦应予支持(《城镇房屋租赁合同解释》第15条)。具有下列情形之一,承租人主张优先购买房屋的,人民法院则不予支持:(1)房屋共有人行使优先购买权的(《民法典》第305条);(2)出租人将房屋出卖给近亲属(《民法典》第726条第1款但书),包括配偶、父母、子女、兄弟姐妹、祖父母、外祖父母、孙子女、外孙子女的;(3)出租人履行通知义务后,承租人在15日内未明确表示购买的(《民法典》第726条第2款);(4)第三人善意购买租赁房屋并已经办理登记手续的(《民法典》第311条)。

承租部分房屋的承租人在出租人整体出卖房屋时是否享有优先购买权的问题,目前,法律和司法解释对此尚无明确规定。最高人民法院经研究认为:目前处理此类案件,可以从以下两个方面综合考虑:第一,从房屋的使用功能上看,如果承租人承租的部分房屋与房屋的其他部分是可分的、使用功能可相对独立的,则承租人的优先购买权应仅及于其承租的部分房屋;如果承租人承租的部分房屋与房屋的其他部分是不可分的、使用功能整体性较明显的,则其对出租人所卖全部房屋享有优先购买权。第二,从承租人承租的部分房屋占全部房屋的比例看,承租人承租的部分房屋占出租人出卖的全部房屋一半以上的,则其对出租人出卖的全部房屋享有优先购买权;反之则不宜认定其对全部房屋享有优先购买权(《最高人民法院关于承租部分房屋的承租人在出租人整体出卖房屋时是否享有优先购买权的复函》)。

承租人优先购买权的行使,发生如下法律后果:(1)承租人行使优先购买权,按照《民法典》第728条但书的规定,出租人和第三人之间的租赁物买卖合同的效力不受影响。(2)一种观点认为,承租人一经行使优先购买权,就在承租人和出租人之间立即成立买卖租赁物的合同,其条件相同于出租人和第三人之间租赁物买卖合同中的条件,无需再经过要约——承诺的磋商过程。但有反对意见,如重庆市高级人民法院《关于当前民事审判若干法律问题的指导意见》认为,出租人出卖租赁房屋,侵犯承租人优先购买权的,应依照现行法律、法规及司法解释的规定处理,不能判令出卖人直接按照与第三人约定的同等条件与承租人签订买卖合同(第40条第1款第2项)。

《民法典》第727条规定:"出租人委托拍卖人拍卖租赁房屋的,应当在拍卖五日前通知承租人。承租人未参加拍卖的,视为放弃优先购买权。"

(四)租赁物的返还义务

1. 租赁物返还的原因

租赁期间届满,承租人应当返还租赁物。返还的租赁物应当符合按照约定或租赁物的性质使用后的状态(《民法典》第733条)。租赁合同因种种原因而解除时,承租人亦应将租赁物返还给出租人(《民法典》第566条第1款)。

2. 租赁物返还的界定

所谓返还,是指将租赁物的占有移转给出租人,如将房屋腾出等。在房屋租赁中,如承租人一时之间难以搬出的,应该如何处理?境外的立法例及其学说一般认为,依诚实信用原则考虑,对于承租人无过失迟延搬迁的,出租人应给以宽容期间。[①]《城镇房屋租赁合同解释》第13条对此有所涉及:"房屋租赁合同无效、履行期限届满或者解除,出租人请求负有腾房义务的次承租人支付逾期腾房占有使用费的,人民法院应予支持。"

承租人在返还租赁物时应返还原物。这里所谓原物,不是指与租赁合同开始时的租赁物保持完全相同的状态的原物,而只是符合按照约定或根据租赁物的性质使用后的状态

[①] 崔建远主编:《合同法》(第5版),薛文成执笔,法律出版社2010年版,第432页。

(《民法典》第 733 条),或曰保持其于正常使用、收益后的自然状态的原物。如存在于正常使用、收益过程中造成正常的磨损等,仍属保持其原状。①

3. 租赁物返还与恢复原状

承租人对租赁物进行改善或增设他物的,若未经出租人同意或追认,则在租赁物返还时应恢复原状,除去增设的他物;若已经出租人同意或追认的,承租人则不负恢复原状的义务(《民法典》第 715 条)。

对上述现象从权利的角度观察,无论承租人对租赁物进行改善或增设他物是否获得了出租人的同意或追认,承租人都享有取回增设之物的权利。当然,承租人行使取回权,必须不得损坏租赁物。例如,增设之物为独立的物,且未与租赁物附合,自然允许承租人取回该物;反之,增添之物已经与租赁物附合,非独立之物,取回它会损及租赁物或根本无法取回,承租人则不享有取回权,也不承担恢复原状的义务,由损害赔偿请求权、费用偿还请求权诸制度解决。

与此相同或相关的是,《城镇房屋租赁合同解释》第 7 条至第 11 条就租赁房屋的装饰装修及其法律后果作了较为详细的规定,很有特色,兹介绍并评论、反思如下:

(1)《城镇房屋租赁合同解释》第 7 条至第 11 条确立了处理装饰装修物的何种规则?

双方当事人对已形成附合的装饰装修物的处理无约定的,应遵循《城镇房屋租赁合同解释》第 7 条至第 11 条确立的规则。最高人民法院民一庭负责人对这些规定是这样理解和说明的:"装饰装修的处理涉及债权和物权两大领域,关涉添附制度、不当得利等民法理论,该类案件的处理在理论界及审判实务界均引起高度关注。《解释》在吸收各级人民法院和学术界意见基础上,确立了处理此类纠纷的规则:承租人擅自进行装饰装修,构成侵权,承担侵权责任;承租人经同意装饰装修,区分情况适用不同的处理原则,一是对附合和未形成附合的装饰装修物分别适用不同的处理规则。未形成附合的装饰装修物,承租人作为所有权人享有处分权;已形成附合的装饰装修物区分合同无效、合同有效解除、合同履行期限届满情形,适用不同的处理规则。二是出租人是否对承租人的装饰装修进行补偿,如何补偿,要区分不同情况。合同无效时,出租人同意利用的装饰装修,基于不当得利对承租人进行补偿;不同意利用的,装饰装修的现值损失作为无效合同的损失,由双方按照过错承担;合同解除,由导致合同解除的违约方承担装饰装修残值损失。在双方均无过错情形下,由双方依照公平原则分担装饰装修残值损失;需要注意的是,合同解除时,如果出租人同意利用承租人装饰装修的,仍需基于不当得利对承租人予以补偿;合同履行期间届满,出租人取得附合装饰装修物无需补偿。"②

[反思]

既然附合了,装饰装修物成为房屋的组成部分,其所有权由房屋的所有权人取得。另外,房屋所有权人就此获得的利益,构成不当得利,应返还给承租人。假如《城镇房屋租赁合同解释》第 7 条第 2 款后段、第 8 条至第 11 条的规定,以及最高人民法院民一庭负责人的理解和说明,的确符合不当得利制度的精神、构成和法律效果的话,应予赞同。问题是,《城镇

---

① 崔建远主编:《合同法》(第 5 版),薛文成执笔,法律出版社 2010 年版,第 432 页。
② 《妥处房屋租赁纠纷 促进市场健康发展——最高人民法院民一庭负责人就〈关于审理城镇房屋租赁合同纠纷案件具体应用法律若干问题的解释〉答记者问》,载《人民法院报》2009 年 9 月 1 日,第 4 版。

房屋租赁合同解释》第 7 条第 2 款后段、第 8 条至第 11 条的规定,未见不当得利制度的踪影,反倒遍布着损害赔偿的规则,个别地方则为风险负担;最高人民法院民一庭负责人的理解和说明也只是提到了不当得利四个字,但其思路亦与不当得利制度相去甚远,同样充满着损害赔偿的思想。如此断定的根据如下:

第一,"不当得利请求权曾艰辛地借助于衡平思想,成为一项法律制度。业经制度化的不当得利,已臻成熟,有其一定之构成要件及法律效果,正义与公平应该功成身退。"①可是《城镇房屋租赁合同解释》第 9 条第 4 项的规定,以及最高人民法院民一庭负责人的理解和说明,却强调"按照公平原则分担""剩余租赁期内的装饰装修残值损失",不合上述公平原则应当功成身退的要求。

第二,不当得利返还请求权,就其功能而言,在于剥夺受益人无法律上原因的全部利益,一方当事人获得利益,不以他方当事人财产上受到损失为必要。②可是《城镇房屋租赁合同解释》第 9 条第 1 项、第 2 项和第 4 项,第 10 条和第 11 条的规定,以及最高人民法院民一庭负责人的理解和说明,都是以损失为准来规定赔偿或补偿的。而损害赔偿在这里是违约损害赔偿,或缔约过失责任,或侵权损害赔偿,或风险负担,并非不当得利的返还。

第三,不当得利的成立无需过错这个要件,就是不当得利的返还范围,也是受恶意、善意的影响,不宜说取决于过错。可是《城镇房屋租赁合同解释》第 7 条第 2 款后段、第 8 条、第 9 条第 3 项的规定,以及最高人民法院民一庭负责人的理解和说明,都是以过错来决定损害的赔偿、补偿及其范围的。众所周知,以过错确定损害赔偿是否成立及赔偿范围,正是民事责任制度精神及规则的体现。

第四,不当得利是与违约责任、缔约过失责任、侵权责任、风险负担诸项制度相并列的独立制度,尤其在抛弃不当得利返还请求权辅助性理论的今天,不当得利返还请求权更是与违约损害赔偿请求权等请求权竞合并存,由当事人选择行使的请求权。③可是《城镇房屋租赁合同解释》第 9 条第 1 项的规定以违约损害赔偿覆盖了不当得利;第 9 条第 2 项前段的规定将违约损害赔偿与不当得利返还对立,并排斥了不当得利,且设置了过错者自食苦果的规则;第 9 条第 2 项后段使用了"出租人同意利用的,应在利用价值范围内适当补偿"的表述,极不利于作不当得利返还的解释;第 9 条第 3 项的规定用违约损害赔偿及过失相抵取代了不当得利;第 9 条第 4 项的规定以风险负担取代了不当得利。《城镇房屋租赁合同解释》第 11 条后段关于"出租人请求承租人恢复原状或者赔偿损失的,人民法院应予支持"的规定将侵权责任与不当得利对立,并以侵权责任吞没了不当得利。

至于《城镇房屋租赁合同解释》第 7 条的规定,单就其第 2 款前段规定的"已形成附合的装饰装修物""可折价归出租人所有"看,可解释为包括附合规则和不当得利规则。不过,若将"出租人同意利用的"这个状语考虑进来,就又与不当得利不太吻合,因为装饰装修租赁房屋构成附合的场合,除强迫得利场合因利益不存在以外,必然成立不当得利,不依"出租人同意利用"与否为转移。

《城镇房屋租赁合同解释》第 7 条第 1 款、第 2 款后段规定的则不属于不当得利制度。

---

① Wilburg, Die Lehre von der ungerechtfertigten Bereicherung nach osterreichischem und deutschem Recht, 1934, S. 18. 转引自王泽鉴:《不当得利》(第 2 版),北京大学出版社 2023 年版,第 31 页。
② Koppensteiner-Kramer, S. 160. 转引自同上书,第 335 页。
③ 参见 Koppensteiner-Kramer, S. 213; Schmidt, Die Subsidiarität der Bereicherungsausprüche, 1969. 转引自同上书,第 385 页。

（2）承租人经出租人同意装饰装修，租赁期间届满或合同解除时，除当事人另有约定外，未形成附合的装饰装修物，可由承租人拆除。因拆除造成房屋毁损的，承租人应当恢复原状（《城镇房屋租赁合同解释》第8条）。

[评论]

由于未形成附合，装饰装修物不属于房屋这个租赁物的组成部分，而是独立之物。于此场合不适用添附规则。该装饰装修物为动产的，在其归属于谁没有约定的情况下，应当归属于出资之人，即承租人。如此，在租赁期间届满或合同解除时，承租人应予除去。在这个意义上，《城镇房屋租赁合同解释》第8条的规定值得赞同。不过，该装饰装修物为不动产的，在逻辑上应按《民法典》第352条正文的规定处理，即归属于租赁房屋基地的建设用地使用权人，一般来说，也就是归属于房屋所有权人。仅就此而论，《城镇房屋租赁合同解释》第8条的规定便有缺陷。应当明白，这种使《城镇房屋租赁合同解释》第8条的规定具有缺陷的解释，并非上策，应尽可能地加以避免。其避免的方法是，不把该装饰装修物作为不动产，而是一律作为动产。

应当指出，不宜把《城镇房屋租赁合同解释》第8条前段的规定作为解决承租人经出租人同意装饰装修并形成附合问题的法律依据，不然，就会出现如下不合理的结局：合同解除一定是合同提前消灭，装饰装修物不会折旧为零，出租人因附合而获取的利益依然存在，本应于其获取利益的范围返还不当得利，《城镇房屋租赁合同解释》第8条前段规定所暗含的意思，却是不再返还。这显然有失权衡。为了避免这种结局，理想的解释是，对于承租人经出租人同意装饰装修，构成附合的，在合同解除时如何处理装饰装修物，《城镇房屋租赁合同解释》第8条并未涉及，而是交由《城镇房屋租赁合同解释》第9条规制。

《城镇房屋租赁合同解释》第8条后段关于"因拆除造成房屋毁损的，承租人应当恢复原状"的规定，没有涉及恢复原状的费用由谁负担，就其表述进展的逻辑推测，似乎是承租人独自负担。假如是这样，则存在不足：一是忽略了当事人双方的约定，二是利益平衡不当。

本书作者认为，经出租人同意为实施的装饰装修租赁房屋，不构成对租赁房屋的不法侵害，租赁期满、租赁合同解除时拆除装饰装修物，亦非侵权行为。在这种背景下，对拆除装饰装修物损毁租赁房屋的恢复原状费用，当事人双方约定了负担规则的话，人民法院等裁判部门没有理由不尊重当事人双方的意思表示。如此，应理解为《城镇房屋租赁合同解释》第8条所谓"除当事人另有约定外"，也是"因拆除造成房屋毁损的，承租人应当恢复原状"的状语，修饰、限制着"因拆除造成房屋毁损的，承租人应当恢复原状"。只是由于《城镇房屋租赁合同解释》第8条"因拆除造成房屋毁损的"一语前不当地使用了句号，才导致了这种解释，并进而出现不适当的局面。只要将该句号改为分号，就会消除这种解释及局面。此其一。其二，在当事人双方确实没有约定的情况下，合理的设计应是，一方面对承租人加以恢复租赁房屋原状的义务，另一方面由双方合理分担恢复原状的费用。其理由在于，既然出租人同意承租人装饰装修租赁房屋，就应当预见到该行为对租赁房屋结构等方面的影响，只要没有就此明确表示处理方案，便应认为自担部分恢复原状的费用，何况装饰装修增加了租赁房屋的价值。

（3）承租人经出租人同意装饰装修，合同解除时，双方对已形成附合的装饰装修物的处理没有约定的，人民法院按照下列情形分别处理：A. 因出租人违约导致合同解除，承租人请求出租人赔偿剩余租赁期内装饰装修残值损失的,应予支持。B. 因承租人违约导致合同解除,承租人请求出租人赔偿剩余租赁期内装饰装修残值损失的,不予支持。但出租人同意利用的,应在利用价值范围内予以适当补偿。C. 因双方违约导致合同解除,剩余租赁期内的装饰装修残值损失,由双方根据各自的过错承担相应的责任。D. 因不可归责于双方的事由导致合同解除的,剩余租赁期内的装饰装修残值损失,由双方按照公平原则分担。法律另有规定的,适用其规定(《城镇房屋租赁合同解释》第9条)。

[评论与反思]

双方当事人对已形成附合的装饰装修物的处理有约定的,从其约定。《城镇房屋租赁合同解释》第9条的该项规定值得赞同。但其他规定则值得商榷。

装饰装修物与租赁房屋附合,成为房屋的组成部分场合,房屋所有权人因此而获得的利益,构成不当得利,应返还给承租人。可惜的是,《城镇房屋租售合同解释》第9条没有选择这条路径,而是类型化为违约损害赔偿(第1项)、承租人过错时自食苦果(第2项)、过失相抵(第3项)、公平分担风险(第4项)诸种模式。第1项规定的违约损害赔偿的模式,是把承租人失去的装饰装修物的价值,作为出租人违约给他(它)造成损失的一部分,承租人可请求出租人负责赔偿。第2项规定承租人过失时自食苦果的模式,一是将违约损害赔偿与不当得利返还对立,并排斥了不当得利;二是在出租人没有违约,而是承租人违约的场合,由承租人自己承受装饰装修的费用。第3项规定的过失相抵的模式,是双方违约时依过错程度负担装饰装修的费用。第4项规定的公平分担风险的模式,是在不可归责于当事人双方的事由导致合同解除的情况下,按照公平原则由双方各分担一部分装饰装修的费用。在本书作者看来,这些模式均有不足,兹分析如下:

第一,《城镇房屋租赁合同解释》第9条第1项规定的模式,其不足至少表现在以下几个方面:A. 它可能误导承租人,使其忘记选择不当得利返还请求权的路径,甚至使人觉得它排除了不当得利规定的适用。由此也导致了如下不足:B. 不当得利的构成要件,没有行为人的故意或过失,亦不强求不法行为。单就这些方面而言,有些承租人装饰装修费用的返还,依不当得利制度,十分容易地成立,承租人可有法律依据请求出租人返还。可按照违约损害赔偿制度处理,却很可能因出租人没有过错而使承租人难以获得因装饰装修而支出费用的补偿。这显然是不妥当的。C. 不当得利返还关注的是出租人获益及其数额,而违约损害赔偿着眼的是承租人的损失及其数额,二者时常不同。《城镇房屋租赁合同解释》第9条第1项规定的模式却使人们将其目光凝视在承租人因装饰装修所受损失及其数额上,在出租人因此获益大于承租人的损失时,不利于守约的承租人,反倒有利于违约的出租人。是非颠倒,有失权衡。

第二,《城镇房屋租赁合同解释》第9条第2项前段规定的自食苦果的模式,将不当得利与违约责任两项制度对立,最终以违约责任排斥了不当得利,令违约方自负其装饰装修的支出。其不足之一表现在,承租人违约未给出租人造成损失,或造成的损失小于剩余租赁期内装饰装修残值的,责令承租人单方面地承受该笔支出,没有法理依据,颇有一错则百错、一招不慎就全盘皆输的意味;其不足之二表现在,租赁合同为承租人约定了违约金的场合,使得承租人既要支付违约金,又请求不到不当得利返还,似乎使该违约金变成了惩罚性违约金,可能违反当事人的本意,背离法律设置违约金制度的立法计划及立法目的。

《城镇房屋租赁合同解释》第9条第2项后段关于"出租人同意利用的,应在利用价值范围内予以适当补偿"的表述,不利于作不当得利返还的解释。其理由有二:A. 装饰装修租赁房屋构成附合的场合,除强迫得利场合因利益不存在以外,必然成立不当得利,不依"出租人同意利用"与否为转移。B. "适当补偿"不属于不当得利制度的范畴。

《城镇房屋租赁合同解释》第9条第2项后段的规定,就其文义来看,似乎是将装饰装修租赁房屋所增加的价值按照一定比例在双方当事人之间分配,并由此项规则取代了承租人的违约责任。在本书作者看来,这种设计存在着若干弊端:A. 于此场合本应成立不当得利,按照装饰装修使租赁房屋增加的价值数额确定返还的范围,清晰明确,消除出租人获得的不当得利,实现双方当事人之间的利益平衡。可是《城镇房屋租赁合同解释》第9条第2项后段确立的"在利用价值范围内予以适当补偿"规则,在补偿的数额上是模糊的,全靠主审法官的自由裁量,个案的结果反倒可能不公正。B. 如果按照不当得利处理,则由于不当得利的成立及其返还,不排斥违约责任的成立,承租人违约若给出租人造成损失,就令承租人承担损害赔偿责任,也满足交易的内在要求。在承租人违约给出租人造成的损失数额高于装饰装修使租赁房屋增加的价值数额场合,分别适用这两项制度,更有利于守约的出租人。可是《城镇房屋租赁合同解释》第9条第2项后段的规定(前段亦然),至少使人难以看出这种思想和路径。C. 违约责任制度和不当得利制度分别适用,承租人向出租人支付损害赔偿金或违约金,出租人向承租人返还不当得利,由于它们均为金钱债务,可运用抵销规则,减少周折。这样处理,既清晰明确,又利益衡平,应为上策。从《城镇房屋租赁合同解释》第9条第2项后段的规定中难以发现这些优点。

第三,《城镇房屋租赁合同解释》第9条第3项的规定,在总体上是过失相抵的规则,但在相抵后果的减轻责任方面,却未以损失为准,而是立足于出租人的获益。之所以说"却未以损失为准,而是立足于出租人的获益",乃因其所谓"残值损失"是指合同解除时,装饰装修的剩余"价值"。① 而该剩余价值显然是租赁房屋增值的部分,归属于出租人。这种模式的缺陷较多:A. 它将不当得利所立足的获益硬揉进过失相抵规则之中,有些不伦不类。B. 它促生了疑问,如装饰装修费用是谁的违约行为造成的损失?这在承租人的违约更为严重的情况下凸显出来。C. 按照近因理论,与违约行为较为远隔的损失,不予赔偿。出租人的违约行为,导致了合同解除;合同解除致使装饰装修费用成为损失,因为合同不予解除而是寿终正寝的话,装饰装修费用正好折旧为零,不算损失。可见,违约行为与装饰装修费用之间并无直接的因果关系。D. 它增加了违约损失计算上的难度,如装饰装修费用的百分之几是出租人违约造成的? E. 最为严重的是,按照通说,于此场合,从承租人方面讲,应是违约责任及过失相抵与不当得利竞合并存,由承租人视情况而主张,或是一并请求出租人承担违约责任与返还不当得利,或是仅主张其中一种请求权;在出租人一侧,可请求承租人承担违约责任;兼顾当事人双方,可有抵销制度的适用。可是,从《城镇房屋租赁合同解释》第9条第3项的规定中,难以看出这些内容。

第四,按照传统的民法理论,因不可归责于双方的事由导致合同消灭的,出租人承受未来租金的风险,承租人承受不再使用、收益租赁物的后果,剩余租赁期内的装饰装修的残值,应由出租人返还给承租人。这才是较为适当的利益分配。损失,由双方按照公平原则分担。法律另有规定的,适用其规定。《城镇房屋租赁合同解释》第9条第4项规定的这种公平分

---

① 《妥处房屋租赁纠纷 促进市场健康发展——最高人民法院民一庭负责人就〈关于审理城镇房屋租赁合同纠纷案件具体应用法律若干问题的解释〉答记者问》,载《人民法院报》2009年9月1日,第4版。

担风险的模式,却将承租人本应获得的剩余租赁期内的装饰装修的残值部分地留给了出租人,难谓公平。

面对《城镇房屋租赁合同解释》第9条如此严重的缺陷,如何适用法律以妥当解决租赁房屋的装饰装修物的问题,亟待提出对策性方案。本书作者认为,《民法典》明确规定了不当得利制度(第985条以下)、侵权责任(第1165条以下)、违约责任(第577条以下)、缔约过失责任(第500条、第501条、第157条)及过失相抵(与有过失)规则(第592条第2款),《民法典》的位阶高于《城镇房屋租赁合同解释》;加上中国民法通说从未接受不当得利返还请求权辅助性理论,而是将不当得利、违约责任、缔约过失责任、侵权责任、风险负担作为各自独立的制度,不当得利与过失相抵之间的关系亦然,没有把不当得利作为上述各项制度的补充,因此,在装饰装修物的归属和利益返还问题上,当事人有权援用《民法典》关于不当得利、侵权责任的规定,人民法院等裁判部门不得以《城镇房屋租赁合同解释》已有规定为由,不支持当事人关于不当得利返还的请求。

(4) 承租人经出租人同意装饰装修,租赁期间届满时,承租人请求出租人补偿附合装饰装修费用的,不予支持。但当事人另有约定的除外(《城镇房屋租赁合同解释》第10条)。

[评论]

形成附合的装饰装修物,其所有权归属于房屋的所有权人,租赁期满,视为折旧为零,从不当得利制度的角度看,即利益不存在,自无不当得利返还可言。《城镇房屋租赁合同解释》第10条正文的规定,就是这种思想的体现。其优点是,免去了精确计算装饰装修残值的巨大麻烦,便于纠纷的及时且顺利解决,可资赞同。该项规定的后段,体现了意思自治原则,亦应赞同。

(5) 承租人未经出租人同意装饰装修或扩建发生的费用,由承租人负担。出租人请求承租人恢复原状或赔偿损失的,人民法院应予支持(《城镇房屋租赁合同解释》第11条)。

[评论]

"承租人未经出租人同意装饰装修或扩建发生的费用,由承租人负担。"这符合维修费用的负担规则,符合自己责任原则,值得肯定。

不过,《城镇房屋租赁合同解释》第11条后段关于"出租人请求承租人恢复原状或赔偿损失的,人民法院应予支持"的规定将侵权责任与不当得利对立,并以侵权责任吞没了不当得利。其实,贯彻不当得利请求权独立性的理论,承认侵权责任与不当得利的竞合并存,由出租人选择行使,有时甚至可同时主张,更有利于保护无辜的出租人的合法权益。此其一。退一步说,即使在侵权责任的语境下思考,《城镇房屋租赁合同解释》第11条后段的规定也有不足,因为"出租人请求承租人……赔偿损失的,人民法院应予支持",虽然合情合理,但"出租人请求承租人恢复原状……的,人民法院应予支持",没有例外,则有时不符合效益原则,对承租人有些苛刻。比较合理的是,在技术上无法恢复原状、恢复原状所需费用过高的情况下,人民法院不应支持出租人关于恢复原状的请求。此其二。

(6) 承租人经出租人同意扩建,但双方对扩建费用的处理没有约定的,人民法院按照下列情形分别处理:A. 办理合法建设手续的,扩建造价费用由出租人负担;B. 未办理合法建设手续的,扩建造价费用由双方按照过错分担(《城镇房屋租赁合同解释》第12条)。

[评论]

关于扩建费用的负担,当事人双方有约定的,从其约定。《城镇房屋租赁合同解释》第12条的规定中含有该项内容,值得赞同。

此处所谓"扩建造价费用",若指承租人为扩建而支出的钱款,而非与租赁房屋附合的扩建物,那么,《城镇房屋租赁合同解释》第12条第1项规定的"办理合法建设手续的,扩建造价费用由出租人负担",值得赞同。因为扩建物的所有权基于附合规则已归出租人所有,出租人负担扩建造价费用,属于获得利益者承担费用,类似于获得利益者承担风险的公平理念;同时符合或基本符合租赁合同中的费用偿还规则。当然,也可以采取另外的路径,即适用不当得利规则,由出租人向承租人返还因扩建物附合于租赁房屋而形成的不当得利。至少在理论上可以如此。

至于《城镇房屋租赁合同解释》第12条第2项规定的"未办理合法建设手续的,扩建造价费用由双方按照过错分担",则将违反行政法规、规章的行为和行政处罚作为扩建造价费用负担的依据,对扩建物因附合已归出租人所有这种现象有所忽视,有简单化之嫌,有时路径有误,有时结果不尽合理。在本书作者看来,不如区分类型而设置相应的规则:(1)在扩建物最终合法,并因附合而归属于出租人的情况下,可以按照租赁合同中的费用偿还规则处理,即扩建造价费用由出租人返还给承租人;也可以采取不当得利返还的模式,由出租人向承租人返还因扩建物附合于租赁房屋而形成的不当得利。此时,承租人不得再主张扩建造价费用的返还,以免形成新的不当得利。(2)扩建物最终亦未合法,但不会导致扩建物被拆除,如拥有建设用地使用权,取得了规划许可,但没有施工许可等。在这种情况下,扩建物不会责令拆除,经过补办手续,出租人会取得扩建物的所有权。于此场合,处理规则宜与上述"(1)"中的规则相同。(3)在扩建物最终亦未合法化,按照行政处罚决定,扩建物被拆除的情况下,出租人没有取得扩建物的所有权,或者说没有获益。于此场合,双方都是遭受损失的当事人(受害人),且都有过错,《城镇房屋租赁合同解释》第12条第2项关于"未办理合法建设手续的,扩建造价费用由双方按照过错分担"的规定,可资赞同。

(7)承租人经出租人同意装饰装修,租赁合同无效时,未形成附合的装饰装修物,出租人同意利用的,可折价归出租人所有;不同意利用的,可由承租人拆除。因拆除造成房屋毁损的,承租人应当恢复原状(《城镇房屋租赁合同解释》第7条第1款)。已形成附合的装饰装修物,出租人同意利用的,可折价归出租人所有;不同意利用的,由双方各自按照导致合同无效的过错分担现值损失(《城镇房屋租赁合同解释》第7条第2款)。

[评论]

《城镇房屋租赁合同解释》第7条第1款规定的内容,与《城镇房屋租赁合同解释》第8条规定的大体相当,因此,本书作者对其评论相同于对《城镇房屋租赁合同解释》第8条规定的评论,不再赘言。

《城镇房屋租赁合同解释》第7条第2款前段的规定,单就"已形成附合的装饰装修物""可折价归出租人所有"的内容看,可解释为包括附合规则和不当得利规则。之所以说含有附合规则,是因为它明确规定了装饰装修物已与租赁房屋附合,所有权归属于租赁房屋的所有权人。之所以说含有不当得利规则,是因为装饰装修物"折价",不符合损害赔偿着眼于出租人遭受的损失而非获益的特质,而是以装饰装修物本身的价值为准,亦即以出租人因装饰装修而获取的利益为准,且要出租人将该"折价"的利益数额返还给承租人。这些正是不当得利所要求的。不过,若将"出租人同意利用的"这个状语考虑进来,就又与不当得利不太吻合,因为装饰装修租赁房屋构成附合的场合,除强迫得利场合因利益不存在以外,必然成立不当得利,不依"出租人同意利用"与否为转移。

《城镇房屋租赁合同解释》第7条第2款后段的规定,在总体框架上体现的是缔约过失责任及过失相抵的思想及规则,但同时却立足于出租人的获益,而非承租人因装饰装修所遭受的损失。之所以断言它立足于出租人的获益,乃因为其所谓"现值损失"是指合同被认定为无效时,装饰装修的现存价值。① 在本书作者看来,尽管是以出租人的获益为基准在双方当事人之间分配损失的负担,但仍不得称该规定确立了不当得利规则。其道理在于:第一,装饰装修租赁房屋构成附合的场合,除强迫得利场合因利益不存在以外,必然成立不当得利,不会因"出租人不同意利用的"而改变。第二,若按不当得利规则处理此处的问题,是出租人将该装饰装修物的"现值"全部返还给承租人,而非"由双方各自按照导致合同无效的过错分担现值损失"。第三,最高人民法院民一庭负责人在解释、说明《城镇房屋租赁合同解释》第7条后段的规定时,也明确指出:"在合同无效场合,承租人通常已经占用使用租赁房屋一段时间,其在此期间享有的装饰装修利益,不应再列入合同无效的损失范围。"既然是"合同无效的损失范围",既然是"承租人通常已经占用使用租赁房屋一段时间,其在此期间享有的装饰装修利益"不得再请求出租人偿付,贯彻的是损益相抵的思想及规则,全然是损害赔偿的思路及规则,没有不当得利制度立足的余地。假如一定理解为体现有不当得利的精神,那就是将缔约过失责任及过失相抵和不当得利杂糅在一起,形成一项变形的制度。而这种变形的制度显然不如通说所坚持的制度优越。其道理在于,按照通说,在承租人方面,同时承认缔约过失责任和不当得利两项制度,允许承租人视情况而主张,有时甚至可同时请求出租人返还不当得利和赔偿损失;在出租人方面,允许主张缔约过失责任;在双方当事人方面,可适用抵销制度。

4. 租赁物返还与押金返还、担保物返还之间的关系

在承租人为出租人的债权而设立押金、质权等担保的场合,或就放置于出租人处的承租人的动产依法成立留置权的场合,租赁合同终止,押金、质权或留置权等担保关系随之消灭,作为担保权人的出租人负有向承租人返还押金、质物或留置物的义务。该项义务与承租人所负返还租赁物的义务,是否构成同时履行关系或先履行关系?观点不同,需要讨论。

有学说认为,承租人应先返还租赁物,而后出租人才有义务返还押金,承租人不得主张同时履行抗辩权,即不得以出租人未返还押金为由拒绝返还租赁物。② 不同意见则主张,二者应立于同时履行的关系,可行使同时履行抗辩权。③ 在日本,租赁合同终止时,押金返还与租赁物返还之间是否构成同时履行关系,亦有争论。虽然近来的判决对此持否定态度④,但

---

① 《妥处房屋租赁纠纷 促进市场健康发展——最高人民法院民一庭负责人就〈关于审理城镇房屋租赁合同纠纷案件具体应用法律若干问题的解释〉答记者问》,载《人民法院报》2009年9月1日,第4版。

② 史尚宽:《债法各论》(第5版),荣泰印书馆股份有限公司1981年版,第207页;林诚二:《民法债编各论》(上),中国人民大学出版社2007年版,第290页。

③ 郑玉波:《民法债编各论》(上册)(第7版),三民书局1981年版,第227页;刘春堂:《民法债编各论》(上),三民书局2008年版,第302页。

④ 《最判》1974年9月2日"民集"第1152页百选Ⅱ3,65水本件(206页)。转引自〔日〕星野英一:《日本民法概论Ⅳ·契约》,姚荣涛译,刘玉中校订,五南图书出版有限公司1998年版,第41页。

有学者认为肯定其同时履行关系更为妥当①。本书作者认为，首先需要明确，押金返还与租赁物返还分属两项合同及其终止所产生的义务，即使存在着抗辩权，也不属于同时履行抗辩权或先履行抗辩权制度的领域。不过，考虑到实际情况，讨论两者之间的相互关系也有其必要。众所周知，租赁合同场合的押金，其数额相较于租赁物的价值额明显偏低，如果囿于同时履行抗辩权或先履行抗辩权仅仅应用于对待给付关系的观点，押金返还与租赁物返还之间就不能准用同时履行抗辩权或先履行抗辩权的制度。但考虑到承租人抗衡出租人的手段极其有限，出租人返还押金一般来说不是件特别困难的事情，即使存在着困难，也不可归责于承租人，于此场合赋予承租人"同时履行抗辩权"或"先履行抗辩权"，有助于问题的早日解决，相对合理。②

质物、留置物的返还，与租赁物的返还，并非基于同一合同关系而生的两项债务，不符合《民法典》第525条、第526条规定的同时履行抗辩权、先履行抗辩权的成立要件，因此，出租人不得以承租人未返还租赁物为由拒不返还质物或留置物，承租人也不得以承租人未返还质物或留置物为由拒不返还租赁物。但是，如果出租人不返还质物或留置物就会使承租人遭受重大损失，承租人缺乏理想的救济措施，不妨允许承租人准用同时履行抗辩权或先履行抗辩权，更为公平合理。同理，如果承租人不返还租赁物就会使出租人遭受重大损失，出租人也欠缺有效的救济手段，也不妨允许出租人准用同时履行抗辩权或先履行抗辩权，以求平衡。

第三节　租赁合同中的风险负担

因不可归责于双方当事人的事由，致使租赁物部分或全部毁损、灭失的，租赁物毁损、灭失的损失由谁承受？承租人是否还要支付租金？这属于租赁合同中的风险负担问题。《民法典》第729条关于"因不可归责于承租人的事由，致使租赁物部分或者全部毁损、灭失的，承租人可以请求减少租金或者不支付租金；因租赁物部分或者全部毁损、灭失，致使不能实现合同目的的，承租人可以解除合同"的规定，含有部分规则，只是角度"倾斜"，意思不很清晰，需要明确和完善。

首先，因不可归责于双方当事人的事由，致使租赁物部分或全部毁损灭失的，按照天灾归物权人负担的法律思想，应由出租人承受该项风险，即出租人不得请求承租人向出租人赔偿租赁物毁损灭失的损失，除非法律另有规定，或当事人之间另有约定。自罗马法以来，一直如此，这就是由物的所有人负担风险的规则。③

如果租赁物的一部毁损、灭失系由不可归责于双方当事人事由所致，另一部毁损、灭失却由承租人的过错所致，那么，"一部毁损、灭失"的领域仍适用风险负担规则，承租人在这个范围内免负租金义务；而"另一部毁损、灭失"则不适用风险负担规则，而是由承租人承担损害赔偿责任，究竟是属于违约责任还是基于侵权责任，应视具体情况而定。于此场合，既不可把风险负担规则与损害赔偿责任混为一谈，又不可令二者相互取代。

其次，因不可归责于双方当事人的事由，致使租赁物部分或全部毁损灭失，从而引致租

---

① 〔日〕星野英一：《日本民法概论Ⅳ·契约》，姚荣涛译，刘玉中校订，五南图书出版有限公司1998年版，第41页。
② 崔建远：《履行抗辩权探微》，载《法学研究》2007年第3期。
③ 崔建远：《关于制定合同法的若干建议》，载《法学前沿》（第2辑），法律出版社1998年版，第47页。

赁合同部分或全部不能履行时,承租人是否应向出租人继续支付租金?若支付,是支付全部还是一部?这是租赁合同中风险负担的另一侧面的问题。从《民法典》第729条的规定观察,若解除合同的同时不再支付全部或部分租金,则表明风险由出租人负担。①

租赁合同的解除与风险负担之间的关系应为:在租赁物全部或部分毁损、灭失且不可归责于双方当事人的事由的场合,合同解除与风险负担并存;即使当事人未行使解除权,租赁合同暂未解除,风险负担规则照样适用。此其一。在租赁物全部或部分毁损、灭失且不可归责于承租人的事由的场合,同样如此。此其二。租赁物虽未毁损、灭失,但客观上不能使用、收益且不可归责于承租人的,仍应适用风险负担规则,即承租人不付租金。此其三。

再次,租赁物因不可归责于承租人的事由致部分毁损、灭失的,承租人有权不解除租赁合同,而是请求出租人修缮。在修缮完成,租赁物适合于租赁目的的情况下,承租人仍有权请求减少租赁物修缮期间的租金。② 该租金的减少属于适用风险负担规则的结果。

最后,承租人装修租赁物,形成添附,在租赁合同解除时对其添附形成的增值,本为不当得利及其返还的问题。但《城镇房屋租赁合同解释》第9条第4项关于"因不可归责于双方的事由导致合同解除的,剩余租赁期内的装饰装修残值损失,由双方按照公平原则分担。法律另有规定的,适用其规定"的规定却以风险负担取代了不当得利,实属不当,应予修正。

第四节 租赁合同的变更

一、出租人的变更

(一) 概述

所谓出租人的变更,是指在租赁关系存续期间,租赁合同关系不改变同一性,出租人因特定事由发生而有所更易的情形。至于出租人更易的原因,包括:出租人经承租人同意将其地位让与第三人,该第三人成为出租人;抑或出租人死亡时,其地位由其继承人继承,该继承人成为出租人;或者是基于法律的特别规定,如租赁物所有权的转移,受让人成为出租人;等等。

(二) 买卖不破租赁

关于租赁物所有权移转而导致出租人变更,《民法典》第725条规定:"租赁物在承租人按照租赁合同占有期限内发生所有权变动的,不影响租赁合同的效力。"这就是人们常说的买卖不破租赁。

买卖不破租赁的成立要件包括:(1) 须出租人将租赁物的所有权转让给第三人,至于转让的原因(如买卖、互易、赠与、合伙、公司的出资等)如何,在非所问。(2) 须其转让发生在租赁物交付后承租人占有中,因为租赁物在交付于承租人前,租赁权欠缺公示方法,第三人难以知晓租赁权是否存在,故不宜赋予租赁权对抗力。(3) 须租赁合同原属有效。③

需要注意,租赁房屋具有下列情形之一的,不适用《民法典》第725条关于买卖不破租赁的规定:(1) 房屋在出租前已设立抵押权,因抵押权人实现抵押权发生所有权变动的;(2) 房

---

① 王利明、房绍坤、王轶:《合同法》,中国人民大学出版社1997年版,第388—389页;崔建远主编:《合同法》(第5版),薛文成执笔,法律出版社2010年版,第434页。
② 参见邱聪智:《新订债法各论》(上),姚志明校订,中国人民大学出版社2006年版,第257—258页。
③ 参见刘春堂:《民法债编各论》(上),三民书局2008年版,第304—311页。

屋在出租前已被人民法院依法查封的(参考《城镇房屋租赁合同解释》第14条但书)。

《民法典》第725条关于买卖不破租赁的规定,并非强制性规定,当事人可以约定排除,至少在房屋租赁领域是这样。

[探讨]

(1) 买卖不破租赁是否限于继受取得的领域?

买卖不破租赁,承租人可以对继受取得租赁物所有权的受让人主张租赁权,似无人反对,可否对原始取得租赁物所有权的受让人主张租赁权?有观点认为,应视其事由是否以占有为前提,区分情况而定。受让人原始取得租赁物所有权系基于占有租赁物为要件的,就不适用买卖不破租赁的规定,即承租人不得对该受让人主张租赁权,因为承租人未占有租赁物时不受买卖不破租赁原则的保护。反之,受让人原始取得租赁物所有权,非以占有为要件的,则仍有买卖不破租赁原则的运用,即承租人可以对受让人主张租赁合同继续存在。① 对此,举例明示如下:A. 若租赁物为不动产,其所有权人已向登记部门表示放弃所有权,而由国家取得该租赁物所有权的,虽无所有权的转让行为,承租人也可援用买卖不破租赁的规定,向国家主张租赁合同继续存在。② 然若租赁物为动产,其所有权人抛弃其所有权,因该动产在承租人占有之中,承租人可以先占取得该动产的所有权③,与买卖不破租赁无关;若承租人并未占有该租赁物,而由第三人依占有而取得时,仍然不适用买卖不破租赁的规定。④ B. 出租人非租赁物的所有权人,却将该租赁物出卖于他人,且构成善意取得时,有学者主张,不动产租赁场合可适用买卖不破租赁的规定,动产租赁场合则否。⑤ 中国法对于租赁、善意取得均未区分动产和不动产而异其效力,似应采取这样的见解:租赁物为房屋、动产等场合,出租人非租赁物的所有权人,却出卖租赁物,构成出卖他人之物,应适用《民法典》第597条第1款和第311条第1款的规定,确定是否发生善意取得;在受让人善意取得租赁物所有权的场合,适用《民法典》第725条规定的买卖不破租赁的规定,承租人可对善意取得人主张租赁权。C. 在征收租赁物场合,不适用买卖不破租赁的规定,因为征收的目的就在于被征收物的完全使用,租赁合同继续存在显然与之相悖。⑥ 这确有道理,值得借鉴。

(2) 租赁物为土地承包经营权、土地经营权、建设用地使用权的,租赁物转让是否适用买卖不破租赁的规定?

出租人虽非租赁物的所有权人,但为土地承包经营权人、土地经营权人、或建设用地使用权人的场合,土地承包经营权人流转其土地承包经营权,或建设用地使用权人转让其建设用地使用权,相当于有体物的买卖,可以准用《民法典》第725条关于买卖不破租赁的规定,即承租人可以对受让人主张租赁合同继续存在。

(3) 租赁物的所有权人不是出租人的场合,所有权人将标的物所有权转让给第三人,是

---

① 邱聪智:《新订债法各论》,姚志明校订,中国人民大学出版社2006年版,第284页;刘春堂:《民法债编各论》(上),三民书局2008年版,第306页。
② 史尚宽:《债法各论》(第5版),荣泰印书馆股份有限公司1981年版,第210页。
③ 中国现行法上尚无先占制度,但可依占有制度或习惯解决——本书作者注。
④ 郑玉波:《民法债编各论》(上册)(第7版),三民书局1981年版,第235页;刘春堂:《民法债编各论》(上),三民书局2008年版,第307页。
⑤ 同上。
⑥ 薛祀光:《民法债编各论》,第75页,转引自郑玉波:《民法债编各论》(上册)(第7版),三民书局1981年版,第235页。

否贯彻买卖不破租赁？

对此，需要区别对待：A. 出租人虽非租赁物的所有权人，但系得到了所有权人的同意而为出租的，在所有权人将该租赁物出卖于他人的场合，应理解为承租人可以类推适用《民法典》第725条关于买卖不破租赁的规定。① B. 出租人擅自将他人的财产出租于承租人的场合，租赁物的所有权人将该租赁物出卖于第三人。在这种情况下，租赁物所有权的受让人并未取得出租人的地位，租赁合同关系继续存在于原当事人之间，只是由此导致出租人没有合法权源将租赁物出租给承租人的结果，承租人可以追究出租人的违约责任。

买卖不破租赁的法律效果表现为：(1) 承租人和第三人（受让人）之间当然发生租赁合同关系，无需再经过要约—承诺的程序签订租赁合同。A. 租赁的期限的有无及其长短，均如原来的租赁合同。原为不定期租赁的，转让之后，仍为不定期租赁；原为定期租赁的，转让之后，依然为定期租赁，且其租期长短亦不改变。B. 租金的数额、支付时间和支付方法，亦一如原来的租赁合同，惟租金的履行地点可能发生变更。C. 原出租人所负的维修义务，在租赁物所有权转让给受让人后，由受让人负担。D. 由于原出租人因承租人逾期支付租金而已经发生的或将来可能发生的终止权（解除权），不能离开出租人的地位而独立存在，没有因出租人地位的移转而归于消灭的理由，应随同出租人地位的移转而移转给受让人，除非原出租人于租赁物所有权转让前已将该终止权（解除权）抛弃。(2) 若有押金担保，且兼有租金作用的，即以押金的利息抵充租金，或以押金抵充租金的，在出租人地位移转的情况下，原出租人应将已经收取的押金交付给受让人，原出租人若尚未收取押金的，受让人可请求承租人交付。② (3) 若有押金担保，在租赁合同终止时，承租人向受让人（新所有权人或现出租人）还是向原出租人请求返还押金，存在不同意见，在下文"[探讨]"中介绍。

[探讨]

若有押金担保，在租赁合同终止时，承租人向受让人（新所有权人或现出租人）还是向原出租人请求返还押金，意见不一。由受让人（现出租人）返还说认为，押金为租赁债务的担保，押金合同为从合同，属于租赁合同内容的一部，被担保的租赁关系既已移转，押金关系当然随之移转，而由受让人（新所有权人或现出租人）承继，租赁合同终止时，应由受让人负返还押金的义务，即使受让人对于让与人（原收取押金之人）已收取押金并不知情，或该押金实际上并未由让与人转交受让人，亦然。③ 与此不同，由原出租人返还说主张，押金合同为要物（实践）合同，押金交付为成立要件，押金关系的移转也需要交付押金才发生效力，受让人（新所有权人或现出租人）并不当然承继押金合同，应视让与人（原出租人）是否已将押金转交受让人而确定。从而，让与人如未将押金转交受让人时，该押金合同并不移转给受让人。受让人既然没有收取押金，对于承租人自不负返还义务。反之，如让与人已将押金转交受让人，则该押金合同随即移转给受让人。受让人既然已经收取押金，则对承租人应负返还义务。④ 赞同后一解释的论证道，租赁合同并不以交付押金为其内容，押金合同存在与否，并无明显的表征可供判断，受让人往往无从得知存有押金合同，自不能说押金返还义务也当然地

---

① 刘春堂：《民法债编各论》（上），三民书局2008年版，第306页。
② 同上书，第312—316页。
③ 同上书，第316—317页。
④ 同上书，第318页。

转移给受让人。鉴于押金合同为独立于租赁合同的另一合同,以受让人实际已由让与人移交押金为限负返还义务,在法理上较为通畅,在事理上较为公平。况且,押金合同既未由受让人承受,则押金已失去担保对象,不待租赁合同终了,承租人即可向原出租人请求返还押金,对于承租人并无不利可言。① 刘春堂教授认为,押金的目的固在担保承租人租赁债务的履行,只是在租赁合同终了时,承租人无租赁债务不履行的事实的,可以请求返还押金。这是承租人的权利。受让人在受让租赁物所有权时,既因承租人占有租赁物而得知有租赁合同的存在,对于有无押金自不难查知,故其请求让与人(原出租人)转交押金,一方面固为权利,另一方面亦为对承租人所负担的附随义务。因为于此场合仅受让人有机会和能力可请求让与人转交押金,故其未请求让与人转交押金的,应自行承担风险。② 以上各说,均有所据,但本书作者认为,采取由实际收取押金的受让人负返还义务的观点,理由更充分些。因为押金非租赁合同成立的要件,受让人难以确定其受让的租赁关系是否附有押金担保,问询让与人,也可能得到虚假的信息。

(三) 就租赁物设立物权

所谓出租人就租赁物设立物权,是指出租人为第三人在租赁物上设立建设用地使用权、地役权、抵押权、质权等定限物权。由此影响承租人使用、收益租赁物的,承租人可主张租赁合同及其租赁权继续存在。

应当看到,租赁合同继续存在,究竟发生什么效力,意见不一。有人主张,设立的物权在租赁合同期满前原则上不发生效力。③ 有人认为,设立的物权仍依法发生效力,而由物权人依法继受出租人的地位。④ 有人视设立物权的种类而分别效力,物权人能承受出租人地位的,则使所设立的物权发生效力,物权人不能承受出租人地位的,则使所设立的物权在租赁合同期满前不发生效力。⑤ 第三种观点较为合理。具体分析如下:

在租赁物上设立的物权为地役权的,该地役权当然发生效力,只是租赁合同关系不必移转,即不发生出租人变更的问题,承租人可以其租赁权对抗该地役权人,租赁权的行使不受影响,地役权人只能在不妨害承租人使用、收益租赁物的范围内,行使地役权。⑥

在租赁物上设立的物权为抵押权的,该抵押权成立,只是租赁合同关系不必移转,即不发生出租人变更的问题,承租人可以租赁权对抗抵押权人,租赁权的行使不受影响(《民法典》第405条)。从而,抵押权人行使抵押权时无权请求除去租赁权,也不得妨害承租人使用、收益租赁物。

在租赁物上设立的物权为动产质权的,由于动产质权的设立需要移转质物,在租赁物由承租人占有时,出租人只能按照指示交付的方法为第三人设立质权。于此场合,动产质权的设立发生效力,惟租赁合同关系不必移转,即不发生出租人变更的问题,承租人可以其租赁权对抗质权人,租赁权的行使不受影响。⑦

---

① 钱国成:《民法判解研究》,台湾1966年再版,第46页。转引自刘春堂:《民法债编各论》(上),三民书局2008年版,第319页。
② 刘春堂:《民法债编各论》(上),三民书局2008年版,第319—320页。
③ 戴修瓒:《民法债编各论》,三民书局1964年版,第123页。
④ 薛祀光:《民法债编各论》,三民书局1968年版,第76页。
⑤ 史尚宽:《债法各论》(第5版),荣泰印书馆股份有限公司1981年版,第213页;郑玉波:《民法债编各论》(上册)(第7版),三民书局1981年版,第241页。
⑥ 刘春堂:《民法债编各论》(上),三民书局2008年版,第323页。
⑦ 同上书,第323—324页。

[探讨]

租赁物上设立了建设用地使用权等,在租赁合同及租赁权没有公示,建设用地使用权人取得用益物权时不知也不应知标的物上存在着租赁权时,租赁权自然不得对抗建设用地使用权,贯彻物权优先于债权的原则,似乎容易理解。但在建设用地使用权人知晓标的物上存在着租赁权的情况下,是继续贯彻物权优先于债权的原则,还是租赁权继续存在,且能对抗这些用益物权人?一种观点采取绝对的物权优先于债权原则,主张于建设用地使用权设立之日,租赁权便不复存在。相反的意见则是依然贯彻买卖不破租赁的思想,建设用地使用权可以设立,但租赁权继续存在,且由承租人继续占有、使用、收益标的物,一直到租赁权消失,建设用地使用权人才有权占有、使用、收益标的物。本身作者赞同前者,其理由在于,物权优先债权是一般原则,而买卖不破租赁是例外,限于法律设有明文的情形。《民法典》第725条的文义十分清楚,租赁物所有权于租赁期间发生变化的,不影响租赁合同的效力。它没有扩及用益物权于租赁期间发生变化的不影响租赁合同的效力的情形。既然未设限制物权优先于债权的明文,就应认为未设例外,应当贯彻物权优先于债权的原则。所以,建设用地使用权设立之日,原存在于该宗建设用地上的租赁权应当归于消灭。

二、承租人的变更

承租人的变更有三种情形:一是租赁权的法定让与;二是租赁权的转让;三是转租。

1. 租赁权的法定让与。《民法典》第732条规定:"承租人在房屋租赁期限内死亡的,与其生前共同居住的人或者共同经营人可以按照原租赁合同租赁该房屋。"这属于租赁权的法定让与。

2. 租赁权的转让。除非租赁合同对此另有约定,承租人转让租赁权应取得出租人的同意。

3. 转租。转租,是指在承租人不脱离原租赁关系的情况下,将租赁物又出租给次承租人的情形。它与租赁权转让的区别在于,后者场合承租人脱离了原租赁关系,前者场合承租人依然留在原租赁关系中。在转租关系中,原出租人仍为出租人,承租人则被称作转租人。转租合同的标的物,既可为原租赁物的全部,也可为原租赁物的一部。由于租赁合同较注重当事人之间的信用关系,次承租人对租赁物如何使用、收益,会直接影响到出租人的利益。所以,许多国家立法对转租都有限制。《民法典》第716条规定:"承租人经出租人同意,可以将租赁物转租给第三人。承租人转租的,承租人与出租人之间的租赁合同继续有效;第三人造成租赁物损失的,承租人应当赔偿损失"(第1款)。"承租人未经出租人同意转租的,出租人可以解除合同"(第2款)。由此可见,《民法典》上的转租,以出租人的同意为必要。出租人的同意不必明示,在事后不表示反对的也可视为同意。《民法典》第718条规定:出租人知道或应当知道承租人转租,但在6个月内未提出异议的,视为出租人同意转租。

转租房屋合同的存续期限,应当等于或短于承租人剩余的租赁期限,如果转租期限超过承租人剩余租赁期限,超过部分的约定对出租人不具有法律约束力。除非出租人与承租人另有约定(《民法典》第717条)。

结合程序考虑,因房屋租赁合同产生的纠纷案件,人民法院可以通知次承租人作为第三人参加诉讼。

在此,需要注意国有土地租赁及转租、转让的特殊性。《规范国有土地租赁若干意见》第6条规定:国有土地租赁,承租人取得承租土地使用权。承租人在按规定支付土地租金并完成开发建设后,经土地行政主管部门同意或根据租赁合同约定,可将承租土地使用权转租、转让或抵押。承租土地使用权转租、转让或抵押,必须依法登记(第1款)。承租人将承租土地转租或分租给第三人的,承租土地使用权仍由原承租人持有,承租人与第三人建立了附加租赁关系,第三人取得土地的他项权利(第2款)。承租人转让土地租赁合同的,租赁合同约定的权利义务随之转给第三人,承租土地使用权由第三人取得,租赁合同经更名后继续有效(第3款)。地上房屋等建筑物、构筑物依法抵押的,承租土地使用权可随之抵押,但承租土地使用权只能按合同租金与市场租金的差值及租期估价,抵押权实现时土地租赁合同同时转让(第4款)。在使用年期内,承租人有优先受让权,租赁土地在办理出让手续后,终止租赁关系(第5款)。

最后需要指出的是,次承租人代承租人向出租人支付的租金和违约金,可以充抵次承租人应当向承租人支付的租金;超出其应付的租金数额的,可以向承租人追偿(《民法典》第719条第2款)。

第五节 租赁合同的终止

一、租赁合同终止的事由

(一) 租赁合同期限届满

租赁期满,租赁合同应予终止。但应注意的是,《民法典》第734条第1款规定:"租赁期限届满,承租人继续使用租赁物,出租人没有提出异议的,原租赁合同继续有效,但是租赁期限为不定期。"

(二) 租赁物灭失

租赁物灭失,租赁权失去标的物,失去存续的积极意义,失去目的,租赁合同应予终止。

(三) 租赁合同因当事人的解除而消灭

租赁合同期限虽未届满,但出现了法律规定的解除条件的,如《民法典》第711条规定的承租人不当使用租赁物,第715条第2款规定的擅自转租,第722条规定的承租人经催告仍不支付租金,第724条规定的租赁物被司法机关或者行政机关依法查封、扣押致使承租人无法使用租赁物,或租赁物权属有争议致使承租人无法使用租赁物,或租赁物具有违反法律、行政法规关于使用条件的强制性规定情形,第729条规定的租赁物毁损灭失致使合同目的落空,第730条规定的不定期租赁可随时解除,第731条规定的租赁物危及承租人的安全或健康等情形,租赁合同因解除权人行使解除权而解除,从而归于终止。

租赁合同也可以经双方协商一致而解除(《民法典》第562条第1款),或因当事人约定的解除条件成就,解除权人行使解除权而解除(《民法典》第562条第2款),从而归于终止。

[探讨]

《民法典》第730条规定,对于不定期租赁,当事人可以随时解除合同,但出租人解除合同应当在合理期限之前通知承租人。疑问随之产生,定期租赁合同可否随时解除? 可有两种解释。

解释一:《民法典》第 730 条明确规定当事人可随时解除不定期租赁合同,却没有规定当事人可随时解除定期租赁合同,表明立法者有意排除了当事人对于定期租赁合同的任意解除权。该结论可以得到法意解释的支持。

《民法典》第 730 条系复制《合同法》第 232 条而来,《合同法》第 232 条形成的背景如下:全国人民代表大会常务委员会法制工作委员会于 1994 年 1 月 7 日主持制定的《〈中华人民共和国合同法〉立法方案》,设置了"第六章 合同的解除与终止",共三节:"第一节 合同的约定解除","第二节 合同的法定解除","第三节 合同的终止"。据此立法方案,由法制工作委员会委托的 12 个单位草拟的,由梁慧星教授及张广兴教授、傅静坤教授统稿完成的,于 1995 年 1 月提交给法制工作委员会的《中华人民共和国合同法(建议草案)》,将之具体化、条文化,在"第三节 合同的终止"中草拟了三个条文,为第 107 条、第 108 条和第 109 条。其中第 107 条规定:"继续性合同中,依法律规定或合同约定,当事人一方有终止权时,可以终止合同。终止权的一般事由以及行使,准用合同解除的规定。"第 108 条规定:"如果合同中未规定继续性义务的持续期间,双方当事人均可在任何时间终止合同,但应当给相对人以寻求替代安排的合理时间。"第 109 条规定了终止的效力。

法制工作委员会于 1995 年 10 月 16 日完成的《中华人民共和国合同法(试拟稿)》取消了上述"合同的终止"的一般规定,改为在具体的继续性合同中视情况而赋予终止权的模式。例如,仅在保管合同(第 18 章)中规定了"寄存人可以随时请求保管人返还保管物"(第 271 条),在雇用合同(第 23 章)中规定了当事人可随时终止未定期限的雇用合同(第 360 条),在委托合同(第 26 章)中规定了"委托人或受托人可以随时终止委托合同"(第 414 条第 1 项),但在租赁合同(第 16 章)中未设任意终止权。1996 年 6 月 7 日完成的《中华人民共和国合同法(试拟稿)》、1997 年 5 月 14 日完成的《中华人民共和国合同法(征求意见稿)》都沿袭了这种模式,没有在租赁合同中设置任意终止权。1997 年 9 月 20 日完成的《中华人民共和国合同法(征求意见稿)》仅有总则,同样未见继续性合同可随时终止的一般规定。

1998 年 8 月 20 日完成的、提交全国人大常委会审议的《中华人民共和国合同法(草案)》至少有三点需要指出:其一,把"合同的终止"在"合同的消灭"的意义上使用,合同解除作为合同终止(合同消灭)的原因之一,将继续性合同可随时终止改叫合同解除。由此体现出与德国、日本的民法模式的差别。其二,总则中仍未设置继续性合同可随时解除(终止)的一般规定。其三,在租赁合同中增设了一个条文:"当事人对租赁期限没有约定或者约定不明确,依照本法第六十二条的规定仍不能确定的,视为不定期租赁。当事人可以随时解除合同,但出租人解除合同应当在合理期限之前通知承租人"(第 227 条),体现了不定期租赁可随时解除(终止)的精神。1998 年 12 月 21 日完成的《中华人民共和国合同法(草案)》亦然。这种模式最终由《中华人民共和国合同法》确定下来。

综上所述,中国合同法是立法者有意识地仅仅承认不定期租赁合同可随时解除,不规定定期租赁合同可随时解除。

解释二:《合同法》第 232 条仅仅规定当事人可随时解除不定期租赁合同,没有规定可随时解除定期租赁合同,构成法律漏洞。

之所以如此解释,是因为继续性合同以当事人间的相互信赖为基础,只要该基础不复存在,就应当允许当事人解除合同。《合同法》第 232 条没有如此设计,违反了继续性合同的特性要求,显然不当,应予改变。改变的具体路径是采取整体性类推的方法,填补这一法律漏洞。具体些说,《合同法》在承揽合同中规定了定作人可随时解除承揽合同(第 268 条),在保管合同中规定寄存人可随时领取保管物(第376条第1款),对保管期限没有约定或约定不明确的,保管人可以随时要求寄存人领取保管物(第376条第2款前段),在仓储合同中规定,对储存期间没有约定或约定不明确的,存货人或仓单持有人可随时提取仓储物,保管人也可以随时要求存货人或仓单持有人提取仓储物(第391条),在委托合同中规定当事人可随时解除合同(第410条)。从这些规定中可发现继续性合同可随时解除,租赁合同也是继续性合同,那么,也可由当事人随时解除,不应仅限于不定期租赁合同。

本书作者比较倾向于上述"解释一",因为除了法意解释的依据外,还有《合同法》在保管合同、仓储合同中也是仅仅在没有约定期限或约定不明确的情况下才赋予当事人任意解除权的。这表明解释二中的整体类推在"整体归纳"上以偏概全了。如此,应认为《民法典》第730条的规定仅仅适用于不定期租赁合同的场合。

至于仅限于不定期租赁可随时解除合同的深层原因,可能在于此类租赁合同暗含着允许当事人随时解除的意思,如同没有规定履行期的合同允许债务人可随时履行、债权人可随时请求履行(《民法典》第511条第4项)一样。

二、租赁合同终止的效力

租赁合同为继续性合同,在合同存续期间,承租人以支付租金为对价而对租赁物使用收益。合同消灭之后,租金虽有返还可能,承租人之使用、收益却不可能返还。因此租赁合同的消灭只能向将来发生,而不能溯及既往;其消灭之效果只能自产生终止原因之时起,向将来发生。

租赁合同终止,承租人负有返还租赁物的义务。逾期返还的,承租人应负租赁物占有使用费。在转租场合,房屋租赁合同因履行期限届满或者解除而终止,出租人请求负有腾房义务的次承租人支付逾期腾房占有使用费的,人民法院应予支持(《城镇房屋租赁合同解释》第13条)。

第二十章

融资租赁合同

第一节 融资租赁合同概述

一、融资租赁合同的界定

所谓融资租赁合同,是指出租人根据承租人对出卖人、租赁物的选择,向出卖人购买租赁物,提供给承租人使用,承租人支付租金的合同(《民法典》第 735 条)。这是人们常说的融资租赁合同,且为广义的融资租赁合同,反映着出租人、承租人和出卖人之间的三角关系。有时,人们也将出租人与承租人之间的租赁合同叫作融资租赁合同,即狭义的融资租赁合同。

合同仅约定以权利作为租赁物,或者约定的租金过分高于租赁物价值的,不认定为融资租赁法律关系,而按其实际法律关系处理。

二、融资租赁合同的沿革

融资租赁合同是融资租赁交易的产物。融资租赁交易是融金融、贸易和租赁为一体的新型交易方式。融资租赁最早出现于美国。20 世纪 50 年代,因生产技术的进步,企业规模逐渐扩大。当时美国政府为防止经济过热,采取金融紧缩政策,使企业的资金需求无法充分满足。[1] 在这种背景下,融资租赁作为一种新型的信贷方式应运而生。这种通过租赁进行的融资活动,颇受当事人各方的青睐:就承租人而言,可以经由融资租赁,用较少的资金解决生产所需;就出租人而言,既可获取丰厚的利润,又有较为可靠的债权保障。正是由于融资租赁这种交易方式,既灵活又方便,能够适应企业界各种实际需要,提供一般中长期贷款方式所不能提供的独特的融资便利,因而,融资租赁交易不仅在美国,而且在世界范围内,尤其是在经济发达的国家和地区,获得了飞速的发展。[2] 1962 年传入德国,1963 年导入日本。[3] 此外,融资租赁交易的盛行,还有税法上的因素。企业如果以购买方式取得机器设备,只能以折旧扣减税金;但通过融资租赁方式使用机器设备,其按月支付的租金都可作为费用扣减税金。这种税法上的利益,使得融资租赁交易较其他类型的融资更具吸引力。[4]

---

[1] 杨淑文:《新型契约与消费者保护法》,中国政法大学出版社 2002 年版,第 242—243 页。
[2] 梁慧星:《民法学说判例与立法研究》,中国政法大学出版社 1993 年版,第 180 页。
[3] 曾隆兴:《现代非典型契约论》,三民书局 1988 年版,第 93 页。
[4] 杨淑文:《新型契约与消费者保护法》,中国政法大学出版社 2002 年版,第 246 页。

中国融资租赁业的发展,起步较晚。1981年成立的中日合资企业——中国东方租赁公司,是中国第一家从事融资租赁的企业。但中国的融资租赁业发展迅速,已然成为中国利用和引进外资的一条重要途径。①

当然,融资租赁交易也有其缺点,即承租人常需支付比向银行贷款较高利率的租金,且在租赁期间,即使租赁标的物毁损,承租人也不得终止合同而免付租金。②

三、融资租赁合同的法律性质

1. 融资租赁合同关系是由物品供应商(出卖人)、租赁公司(出租人/买受人)和承租人结合而成的三角关系

融资性租赁交易,系先由承租人与供应商(出卖人)选定交易对象的物品,并决定其价款,继而以该价款为基础,由承租人与租赁公司(出租人的身份)协商,决定租赁期限和租金,然后租赁公司(买受人的身份)与供应商(出卖人)再行合意,由供应商(出卖人)将物品直接交付给承租人。受领物品的承租人于检查所受领的物品后,认为符合合同约定时,应通知租赁公司(出租人的身份),由租赁公司(买受人的身份)将价款支付给供应商(出卖人),而由承租人使用、收益物品,并支付租金给租赁公司(出租人的身份)。租赁期满,承租人享有选择权:或将物品返还租赁公司(出租人的身份)而终止租赁合同,或继续使用、收益物品(继续承租,或签订买卖合同,取得租赁物的所有权)。③

2. 融资租赁合同关系是买卖合同、租赁合同项下权利义务有所交错的新型独立合同

在融资租赁合同关系中,标的物由承租人与供应商(出卖人)决定,由供应商直接交付给承租人,并由承租人检查、受领。租赁公司并不直接干预供应商的选定,也不决定物品的品质、性能,亦不交付或受领、检查物品。④ 在出卖人不履行买卖合同中的义务时,承租人得在一定前提下,向出卖人主张赔偿损失;买卖合同的双方当事人不得随意变更买卖合同中与租赁合同的承租人有关的合同内容等。⑤ 这显然不同于单纯的买卖合同关系中各方的权利义务对应关系,也不同于单纯的租赁合同关系中各方的权利义务对应关系,而是买卖合同、租赁合同项下权利义务有所交错的新型独立合同关系;有时突破合同的相对性,有时又遵守合同的相对性。

3. 融资租赁合同是以融资为目的、以融物为手段的合同

这是融资租赁合同不同于传统租赁合同的重要特征,也是融资租赁合同与借款等合同的区别之一。

租赁合同的交易目的,在于盘活闲置资产,在租赁合同中,出租人出租的租赁物,并非是出于承租人的需要和根据承租人的要求购买的,而是依自己的需要并按自己的要求购买的,出租人购置物件,尽管也可服务于出租的目的,但其购置行为与租赁合同并无直接的关联。融资租赁合同的交易目的在于融通资金,因此在融资租赁合同中,出租人不但要按照承租人的要求购买标的物,而且在多数情况下,还只能向承租人指定的出卖人购买,出租人购置物

---

① 顾昂然:《中华人民共和国合同法讲话》,法律出版社1999年版,第74页。
② 曾隆兴:《现代非典型契约论》,三民书局1988年版,第99页。
③ 同上书,第96页。
④ 同上。
⑤ 崔建远主编:《合同法》(第5版),王轶执笔,法律出版社2010年版,第438页。

件的行为是与其出租物件的行为密切联系在一起的,它们共同构成融资租赁关系的内容。①

融资租赁合同的承租人通过出租人购买并将标的物出租,达到融资的目的,以解决自己一次性购买标的物所需资金的不足。从这点上看,承租人等于是向出租人借贷,但由于承租人此时并不是从出租人处取得租赁物或货币的所有权,而仅是通过租赁的形式取得标的物的使用权,以租金的形式偿还出租人为购买租赁物所付出的对价和费用,与借款合同显然不同。②

4. 融资租赁合同中的出租人为从事融资租赁业务的租赁公司

融资租赁合同的出租人,只能是从事融资租赁业务的租赁公司,而不能是一般的自然人、法人或其他组织。这是融资租赁合同主体上的特征。在中国,考虑到融资租赁交易具有融资性,因而只有经金融管理部门批准许可经营的公司,才有从事融资租赁交易、订立融资租赁合同的资格。③

5. 融资租赁合同为诺成合同、要式合同、多务合同和有偿合同

融资租赁合同的成立,不以当事人交付标的物为要件,故融资租赁合同为诺成合同。按照《民法典》第736条第2款的规定,融资租赁合同应当采用书面形式,表现出要式性。融资租赁合同关系牵涉三方当事人,各自承担相应的义务,体现出多务性。承租人使用、收益租赁物,须向租赁公司支付租金,租赁公司须向供应商支付价款,故融资租赁合同为有偿合同。

四、融资租赁合同与一般租赁合同

融资租赁合同的场合,承租人占有、使用、收益租赁物,向出租人支付租金。这与一般租赁合同相同。不过,两种合同存在如下不同:(1)一般租赁合同的场合,承租人占有、使用、收益租赁物,即使租赁期满,租赁物也大多保持充分的利用价值。此时,将租赁物返还出租人仍有价值。而融资租赁合同的场合,租赁期限与租赁物的耐用年限时常大体相同。若相同,则租赁物返还出租人价值不大。(2)一般租赁合同场合,租赁物的修缮义务归出租人;租赁物存在隐蔽瑕疵时,出租人负担保责任。而融资租赁合同的场合,出租人仅负容忍承租人从供应商处取得租赁物的义务,不负修缮义务和瑕疵担保责任。(3)一般租赁合同的场合,租赁物因不可归责于双方当事人的原因而毁损、灭失,致使承租人不能使用、收益时,承租人免负支付租金的义务。而融资租赁合同的场合,租金乃出租人为回收及承租人的方便而提供融资为目的,并无承租人使用、收益租赁物的对价的性质,所以,出租人不问承租人是否使用、收益租赁物,均有请求支付租金的合理权利。从而承租人固不得于租赁期间中途终止合同而免除支付租金,且租赁物因不可归责于双方当事人的原因而毁损、灭失时,支付租金的义务也不免除。④

五、融资租赁合同与分期付款买卖合同

融资租赁合同的场合,租赁物通常是在其耐用年限内由承租人使用、收益,类似于承租

---

① 崔建远主编:《合同法》(第5版),王轶执笔,法律出版社2010年版,第438页。
② 同上。
③ 同上。
④ 曾隆兴:《现代非典型契约论》,三民书局1988年版,第101—102页。

人买入标的物;且租金系以租赁物的买卖价款和利息为基准而计算。如此,就承租人方面而言,可谓类似分期付款买卖。此其一。在保留所有权的分期付款买卖合同中,出卖人之所以保留买卖物所有权,是为了于买受人不履行分期付款的义务时优先于一般债权人而取回买卖物,以避免损失。与此类似,融资租赁合同的场合,承租人不支付租金时,出租人同样有权取回归其所有的租赁物。此其二。不过,融资租赁合同与分期付款买卖合同存在根本区别:(1)分期付款买卖合同场合,全部价款付清,买卖物所有权归属于买受人,该买卖物仍具客观的价值。而融资租赁合同场合,租赁期满时,租赁物所有权虽可归属于承租人,但租赁物因其耐用年限已经届满而没有多少价值。① (2)在分期付款买卖合同的场合,典型交易目的系买卖物、价款的所有权移转。而在融资租赁合同中,典型交易目的则为租赁物使用权的移转。(3)保留所有权的分期付款合同场合,买受人取得买卖物所有权的期待乃该合同本身的应有之义,而融资租赁合同本身并不含有承租人取得租赁物所有权的期待。承租人是否取得租赁物的所有权,须看另订合同的约定。

六、融资租赁合同的无效

判断融资租赁合同无效,需要适用《民法典》第144条、第146条第1款、第153条和第154条等条款的规定,这无疑问。需要特别指出的,还有如下几点:

1. 当事人以虚构租赁物方式订立的融资租赁合同无效(《民法典》第737条)。这符合标的(物)为合同的构成要件的思想,与《民法典》第146条的规定相呼应,有利于符合客观实际地处理"名为融资租赁实为民间借贷"案件,有利于避免虚构的债权被转让、出质,损害第三人的合法权益,也遏制制造虚假繁荣,有利于基于客观实际制定宏观决策。在本书作者看来,这比《民法典》第597条第1款奉行的无标的的合同依然有效的理念及模式优越得多。

2. 出租人不具有在中国境内从事融资租赁经营资格却签订融资租赁合同,以基础设施收费权、股权等权利或者仅以软件、商标权等无形资产作为租赁物的,融资租赁合同应为无效。

3. 在融资租赁合同关系中,出租人实质上是为承租人购买租赁物而提供资金,真正的经营使用者是承租人。故法律、法规限制租赁物的经营使用活动自然针对的是承租人的行为,行政许可针对的也应是承租人及其经营使用活动。如此,法律对融资租赁的规制,只要要求承租人依法取得行政许可,即可达监管的目的及效果,不必要求出租人这个不实际经营使用租赁物之人也取得对租赁物经营使用的行政许可,只要求出租人拥有从事融资租赁业务的资质就足够了。换个角度说,法律、法规关于租赁物经营使用须取得行政许可的规定,不处于融资租赁合同关系之内,而是实际履行合同之后的事情。正因如此,《民法典》第738条规定:"依照法律、行政法规的规定,对于租赁物的经营使用应当取得行政许可的,出租人未取得行政许可不影响融资租赁合同的效力。"

4. 承租人将其自有物出卖给出租人、再从出租人处租回,系实务中常见的融资并附加担保的模式,应被承认,不应仅以承租人和出卖人系同一人为由认定融资租赁合同无效。

---

① 曾隆兴:《现代非典型契约论》,三民书局1988年版,第102—103页。

第二节 融资租赁合同的效力

融资租赁合同的效力,是指生效融资租赁合同所具有的法律约束力。它主要是通过融资租赁合同的各方当事人所享有的权益和所负担的义务来具体体现。考虑到融资租赁合同是由两个合同、三方当事人结合在一起构成的新型独立合同,对于融资租赁合同效力的考察,将结合这一特点展开。

一、供应商(出卖人)的权利义务

1. 供应商(出卖人)负有按照约定向承租人(而非作为买受人的出租人)直接交付标的物的义务(《民法典》第739条)。

2. 如果标的物严重不符合约定,或者供应商未按照约定交付标的物,经承租人或出租人催告后在合理期限内仍未交付的,承租人可以拒绝受领出卖人向其交付的标的物,当然,应当及时通知出租人(《民法典》第740条)。

3. 如果出租人、出卖人、承租人约定,供应商(出卖人)不履行买卖合同义务时,由承租人行使索赔的权利,那么,承租人有权向不履行买卖合同义务的供应商(出卖人)请求索赔(《民法典》第740条、第741条前段)。承租人享有此种索赔权,不违背合同的相对性,因该权源自出租人、出卖人、承租人之间的约定。

4. 供应商(出卖人)享有请求租赁公司(出租人)支付价款的权利(《民法典》第742条前段)。

二、租赁公司(出租人)的权利义务

1. 租赁公司(出租人)负有向供应商(出卖人)支付价款的义务(《民法典》第742条前段)。

2. 出租人根据承租人对出卖人、租赁物的选择订立的买卖合同,出卖人应当按照约定向承租人交付标的物,承租人享有与受领标的物有关的买受人的权利(《民法典》第739条)。

3. 在供应商(出卖人)不履行合同义务时,租赁公司(出租人)协助承租人行使索赔权(《民法典》第741条后段)。

4. 在承租人依赖出租人的技能确定租赁物或租赁公司(出租人)干预选择租赁物的情况下,租赁物不符合约定或不符合使用目的的,租赁公司(出租人)承担瑕疵担保责任(《民法典》第747条但书)。上述承租人依赖出租人的技能确定租赁物或出租人干预选择租赁物的事实,由承租人负举证责任。

5. 租赁公司(出租人)应当保证承租人对租赁物的占有、使用(《民法典》第748条第1款)。

6. 租赁公司(出租人)享有请求承租人支付租金的权利(《民法典》第752条前段),并且,即使承租人对出卖人享有并行使索赔权,也不影响其履行支付租金的义务(《民法典》第742条正文)。

7. 承租人逾期支付租金的,应当承担违约责任。融资租赁合同约定承租人应当支付逾期利息或一定数额违约金的,从其约定。融资租赁合同既约定逾期利息又约定逾期付款违

约金的,裁判机构应当告知当事人选择适用逾期利息或违约金条款。逾期利息或违约金低于或过分高于出租人的损失,当事人请求调整的,裁判机构有权依照《民法典》第585条第2款的规定处理。

在承租人逾期支付租金的情形下,融资租赁合同对款项的偿还顺序有约定的,从其约定;未约定的,应当按照未付逾期利息或违约金、损害赔偿金、其他应付款项、租金的顺序偿还。

8. 承租人不支付租金,经催告后在合理期限内仍不支付的,出租人有权请求承租人支付全部租金,也有权解除合同,收回租赁物(《民法典》第752条)。出租人既要求承租人支付全部租金又要求解除合同的,裁判机构应当告知其作出选择。出租人拒绝选择的,裁判机构可以判决解除融资租赁合同。

9. 出租人不得与供应商(出卖人)变更买卖租赁物合同中与承租人有关的内容,除非经过了承租人的同意(《民法典》第744条)。

10. 出租人和承租人可以约定租赁期限届满租赁物的归属;对租赁物的归属没有约定或约定不明确,依据《民法典》第510条关于"可以协议补充;不能达成补充协议的,按照合同相关条款或者交易习惯确定"的规定仍不能确定的,租赁物的所有权归出租人(《民法典》第757条)。

11. 租赁公司(出租人)对租赁物享有所有权,但是,未经登记,不得对抗善意第三人(《民法典》第745条)。已经登记的所有权可以对抗破产清算关系中债权人按比例分享该财产的权利,出租人破产的场合,租赁物不属于破产财产。

12. 当事人约定租赁期限届满租赁物归出租人所有,因租赁物毁损、灭失或附合、混合于他物致使承租人不能返还的,出租人有权请求承租人给予合理补偿(《民法典》第758条第2款)。

13. 融资租赁合同无效,当事人就该情形下租赁物的归属有约定的,按照其约定;没有约定或约定不明确的,租赁物应当返还出租人。但是,因承租人原因致使合同无效,出租人不请求返还或返还后会显著降低租赁物效用的,租赁物的所有权归承租人,由承租人给予出租人合理补偿(《民法典》第760条)。

三、承租人的权利义务

1. 租金的支付及其相关问题。支付租金是承租人所负担的最主要义务(《民法典》第752条)。融资租赁合同中出租人所收取的租金,既不同于一般租赁合同的租金,又不同于买卖合同中的价金,应当根据购买租赁物的大部分或全部成本以及出租人的合理利润确定,除非当事人另有约定(《民法典》第746条)。有观点认为,出租人所收取的租金一方面应收回其为购买租赁物所支出的全部或部分费用,另一方面要获取一定的营业利润。就第一项构成,在实践中,主要根据出租人和承租人是如何在租赁合同中约定租赁期间届满时租赁物的归属而定,如果双方当事人约定,租赁期间届满时,租赁物的所有权即转归承租人所有,那么出租人所收取的租金应包括购买租赁物的全部费用;如果双方当事人约定,在租赁期间届满时,出租人有权收回租赁物或约定承租人在租赁期限届满时再支付一部分价金即可取得租赁物的所有权,那么出租人应收取的租金的构成就只应包括购买租赁物的部分价金。当然,当事人另有约定的,依其约定。①

承租人不按照约定支付租金时,出租人得定合理期限要求承租人支付。承租人经催告后在合理期限内仍不支付租金的,出租人可以请求支付全部租金(《民法典》第752条前段)。这是因为对于已经违约的承租人法律已无必要再周到地保护其期限利益,故赋权出租人可以请求承租人支付未到期的全部租金。出租人也可以不请求承租人付清全部租金,而选择解除合同,收回租赁物(《民法典》第752条后段)。

承租人依赖出租人的技能确定租赁物或出租人干预选择租赁物的,承租人可以请求减免相应租金(《民法典》第742条但书)。

承租人占有租赁物期间,租赁物毁损、灭失的,出租人有权请求承租人继续支付租金,除非法律另有规定或当事人另有约定(《民法典》第751条)。

2. 享有买受人受领买卖物的某些权利。在供应商(出卖人)向承租人交付将作为租赁物的标的物时,承租人享有与受领标的物有关的买受人的权利(《民法典》第739条后段)。这些权利包括如下类型:(1) 拒绝受领租赁物的权利。此类权利在下述场合产生:租赁物严重不符合约定的;出卖人未在约定的交付期间或合理期间内交付租赁物,经承租人或出租人催告,在催告期满后仍未交付的。(2) 对供应商的索赔权。该项权利在下述场合产生:承租人依法拒绝受领租赁物场合受有损失;受领后发现租赁物存在质量瑕疵;因供应商的其他违约行为产生损失。

3. 承租人依法拒绝受领租赁物的,应当及时通知出租人(《民法典》第740条第2款)。承租人迟延通知或无正当理由拒绝受领租赁物给出租人造成损失的,出租人有权请求承租人予以损害赔偿。

4. 如果出租人明知租赁物有质量瑕疵而不告知承租人,或是在承租人向租赁物的出卖人行使索赔权利时,出租人未及时提供必要协助,致使承租人对出卖人行使索赔权利失败的,那么,承租人有权请求出租人承担相应的责任(《民法典》第743条)。

5. 妥善保管、使用租赁物的义务(《民法典》第750条第1款)。承租人应当履行占有租赁物期间的维修义务(《民法典》第750条第2款),这是因为融资租赁合同不同于一般租赁合同,它具有较强的融资性,故在占有租赁物期间由承租人而非出租人承担维修租赁物的义务。

6. 占有、使用、收益租赁物的权利。在融资租赁合同有效期间,占有、使用、收益租赁物,是承租人最为主要的权利。如果出租人无正当理由取回租赁物,或无正当理由妨碍、干扰承租人对租赁物的占有和使用,或因出租人的原因致使第三人对租赁物主张权利,或有不当影响承租人对租赁物占有和使用的其他情形,那么,承租人有权请求出租人赔偿其损失(《民法典》第748条)。

7. 承租人未经出租人同意,将租赁物转让、抵押、质押、投资入股或以其他方式处分的,出租人可以解除融资租赁合同(《民法典》第753条)。

8. 如果出租人与出卖人订立的买卖合同解除、被确认无效或被撤销,且未能重新订立买卖合同,或者租赁物因不可归责于当事人的原因毁损、灭失,且不能修复或确定替代物,或者因出卖人的原因致使融资租赁合同的目的不能实现的,那么,出租人或者承租人可以解除融资租赁合同(《民法典》第754条)。

---

① 崔建远主编:《合同法》(第5版),王轶执笔,法律出版社2010年版,第441页。

9. 融资租赁合同因买卖合同解除、被确认无效或被撤销而解除,出卖人、租赁物系由承租人选择的,出租人有权请求承租人赔偿相应损失;除非因出租人原因致使买卖合同解除、被确认无效或被撤销(《民法典》第755条第1款)。不过,出租人的损失已经在买卖合同解除、被确认无效或被撤销时获得赔偿的,承租人不再承担相应的赔偿责任(《民法典》第755条第2款)。

10. 当事人约定租赁期间届满租赁物归承租人所有,承租人已经支付大部分租金,但无力支付剩余租金,出租人因此解除合同收回租赁物,收回的租赁物的价值超过承租人欠付的租金以及其他费用的,承租人可以请求部分返还(《民法典》第758条第1款)。

11. 承租人占有租赁物期间,租赁物造成第三人的人身伤害或财产损害的,出租人不承担责任(《民法典》第749条)。

12. 当事人约定租赁期限届满,承租人仅需向出租人支付象征性价款的,视为约定的租金义务履行完毕后租赁物的所有权归承租人(《民法典》第759条)。

[思考]

总的说来,《民法典》对于非典型担保的态度是复杂的:完全确立之,社会效果如何?是否带来负面结果?心里没有底;明确否定它,是否没有满足社会生活的实际需要,甚至阻碍了社会向前发展?也有此担忧。下了决心的是"扩大担保合同的范围,明确融资租赁、保理、所有权保留等非典型担保合同的担保功能"。① 尽管如此,《民法典》设计的融资租赁合同条款仍未凸显担保规则。有鉴于此,《担保制度解释》在落实《民法典》第735—760条规定的融资租赁合同规则的前提下,强调或补充规定:"在融资租赁合同中,承租人未按照约定支付租金,经催告后在合理期限内仍不支付,出租人请求承租人支付全部剩余租金,并以拍卖、变卖租赁物所得的价款受偿的,人民法院应予支持;当事人请求参照民事诉讼法'实现担保物权案件'的有关规定,以拍卖、变卖租赁物所得价款支付租金的,人民法院应予准许"(第65条第1款)。理解该条款,应首先确定其规范的案型。第一种案型是,承租人违约,但出租人只请求承租人承担违约责任,没有解除合同。第二种案型是,承租人违约,出租人同时请求出租人承担违约责任并主张解除合同。其次,在第一种案型中,《担保制度解释》第65条第1款所谓"承租人未按照约定支付租金,经催告后在合理期限内仍不支付",属于担保权实行的条件成就;所谓"当事人请求参照民事诉讼法'实现担保物权案件'的有关规定,以拍卖、变卖租赁物所得价款支付租金的,人民法院应予准许",意味着最高人民法院承认出租人于此场合享有担保权,并认可和保护出租人行使该权。最后,在第二种案型中,在法律适用的顺序上,万不可把《担保制度解释》第65条第1款的规定置于非常优先的位置,它无排斥《民法典》第745条前段关于"出租人对租赁物享有的所有权"的规定和第752条后段关于"可以解除合同,收回租赁物"的规定之效,换句话说,出租人援用《民法典》第745条前段和第752条后段的规定时,承租人无权援用《担保制度解释》第65条第1款的规定对抗出租人的请求。如此把握的根据在于:在出租人对租赁物享有所有权的情况下,只要融资租赁合同被解除,租赁物的所有权就归属于出租人,出租人收回租赁物系所有权效力和行使的体现,法律没有理由不予支持,不应强制"参照民事诉讼法'实现担保物权案件'的有关规定,以拍卖、

---

① 王晨:《关于〈中华人民共和国民法典(草案)〉的说明》,http://paper.people.com.cn/rmrb/html/2020-05/23/nw.D110000renmrb_20200523_1-07.htm。2020年5月31日最后访问。

变卖租赁物所得价款支付租金"。最佳的方案是赋权出租人可以选择：或是"收回租赁物"，或是"参照民事诉讼法'实现担保物权案件'的有关规定，以拍卖、变卖租赁物所得价款支付租金"。

《担保制度解释》第65条第2款的规定，体现了效益原则、意思自治原则和公平合理的精神。该条款把本诉和反诉合并处理，是有前提的，即单纯地收回租赁物意味着出租人不当地占有了承租人已付租金的利益，有失权衡；将该利益归还承租人才会使双方的利益平衡。此其一。至于承租人不提反诉而是单纯地予以抗辩，是否支持承租人关于出租人应归还多取得利益的主张，在较长的时期意见不一。《担保制度解释》第65条第2款前段采纳肯定说，有利有弊，可继续观察和思考。此其二。当事人对租赁物的价值有争议，在另一个层面就是出租人于取回租赁物时到底占有承租人的利益没有，如何解决？《担保制度解释》第65条第2款后段第1项首取意思自治原则，"融资租赁合同有约定的，按照其约定"。由于如此不涉及公序良俗，该规定应被赞同。此其三。"融资租赁合同未约定或者约定不明的，根据约定的租赁物折旧以及合同到期后租赁物的残值来确定"，该规定符合事物的本来面貌，财会制度等均遵循此律，《担保制度解释》第65条第2款后段第2项从之，有其道理。此其四。《担保制度解释》第65条第2款后段第3项关于"根据前两项规定的方法仍然难以确定，……根据当事人的申请委托有资质的机构评估"的规定，应为上策，由中立的第三人"有资质的机构"依其专业知识和技能评估租赁物的价值，容易被当事人接受，符合众人的理念。此其五。《担保制度解释》第65条第2款后段第3项关于"……当事人认为根据前两项规定的方法确定的价值严重偏离租赁物实际价值的，根据当事人的申请委托有资质的机构评估"的规定，有利有弊。其利在于：这可矫正利益失衡。其弊表现在：出租人和承租人本来已经于融资租赁合同中约定了出租人取回租赁物时平衡双方利益的规则和方法，本应遵循之，可却出尔反尔，这违反了合同严守原则和诚信原则，应受责难，可《担保制度解释》第65条第2款后段第3项对此却予以肯定和支持，缺乏正当性。再说，即使当事人双方原来的约定不符合租赁物的客观价值，有失公平，也应适用《民法典》第151条、第152条等条款的规定，在除斥期间内行使撤销权，《担保制度解释》第65条第2款后段第3项置这些于不顾，难谓妥当。此其六。

第二十一章

保 理 合 同

第一节 保理合同概述

一、保理的界定

保理(Factoring),全称保付代理,又称托收保付,是一个金融术语,指出卖人将其现在或将来的基于其与买受人订立的货物销售/服务合同所产生的应收账款转让给保理人(提供保理服务的金融机构),由保理人向其提供资金融通、买受人资信评估、销售账户管理、信用风险担保、账款催收等一系列服务的综合金融服务方式;或曰保理人(factor)受让市场主体交易过程中订立的货物买卖或服务贸易合同所产生的应收账款,由其提供贸易融资、销售分户账管理、应收账款催收、信用风险控制与坏账担保等综合性金融服务。作为一种贸易融资结算方式的保理,是在不断扬弃传统贸易结算方式和商业代理模式的过程中产生的。Factor,一译为保理人,此外尚有保理商、应收账款受让人、财务(物)代理人、应收账款承购商、代理人等不同译法。[①]

二、保理合同的界定

保理合同是应收账款债权人将现有的或将有的应收账款转让给保理人,保理人提供资金融通、应收账款管理或催收、应收账款债务人付款担保等服务的合同。这是《民法典》第761条对于保理合同的描述。之所以说是描述,是因为它不符合"属概念加种差"的定义规则,而属于类型,是受让应收账款的保理人提供有关服务,诸如提供资金融通、应收账款管理或催收、应收账款债务人付款担保等。

所谓资金融通,是指保理人应债权人的申请,在受让债权人的应收账款后,为债权人提供的资金融通,包括贷款和应收账款转让预付款。应收账款管理,又叫作销售分户账管理,是指保理人根据债务人的要求,定期或不定期向其提供关于应收账款的回收情况、逾期账款情况、对账单等财务和统计报表,协助其进行应收账款管理。应收账款催收,是指保理人根据应收账款期,主动或应债权人的要求,采取电话、函件、上门等方式,直至运用法律手段等对债务人进行催收。付款担保,是指保理人在与债权人签订保理合同后,为债务人核定信用额度,并在核准额度内,对债权人无商业纠纷的应收账款,提供约定的付款担保。除了这些

[①] 黄和新:《保理合同:混合合同的首个立法样本》,载《清华法学》2020年第3期。

服务,保理人提供的服务通常还包括资信调查与评估、信用风险控制等其他可被认定为保理性质的金融服务。①

应收账款,就其字面意思看,似为一笔款项,在基础法律关系中,它是债权人请求债务人所为给付的标的物,债权人所享有的权利便是应收账款债权,相应地,债务人所负义务即是给付应收账款的债务。其实,在许多场合人们所谓应收账款实际上是指应收账款债权,也可以说是应收账款债务,特别是在债权人将其应收账款转让给保理人的场合,更是如此。《民法典》第761条等条款所用应收账款字样肯定是指应收账款债权/应收账款债务。

三、保理合同的法律性质

(一) 保理合同涉及几种法律关系

保理合同引发保理法律关系,包括保理人和债权人之间的关系、保理人和债务人之间的关系,债权人和债务人之间的基础法律关系。当然,第一种法律关系系保理合同关系的核心。尽管如此,债权人和债务人之间的基础法律关系也不是可有可无,因为它为保理合同提供标的物,如果说没有应收账款债权的转让就不能构成保理合同之论是正确的,那么,没有基础法律关系也难以建立起保理的大厦之说即可成立。

(二) 法律关系的复合性

保理合同形成复合法律关系,表现为应收账款债权转让,加上应收账款管理或催收;或是应收账款债权转让,加上保理人提供资金融通;或是应收账款债权转让,加上应收账款债务人付款担保的服务;或是应收账款债权转让和几种服务叠加。既然不是单一的债权转让关系,而是两种以上的法律关系,就是复合的法律关系。

这种复合性显示出保理合同关系有异于普通的债权转让关系:(1) 如果说后者如同一台电脑的买卖关系,价款系该电脑的物有所值的等价,纯为钱货交换关系,那么,前者场合的对价不但有价款,而且伴有服务,即使此"价款",也并非受让应收账款债权的等价,只是被保理人扣除服务佣金之后的款额,不是受让应收账款债权的等价,在无追索权保理中,还有分配保理风险的考量和决策体现在其中。(2) 在普通的债权转让关系中,基础法律关系中的债务人满足债权受让人的清偿请求,问题就全部解决,债务人有些履行辅助人的意味;但在无追偿权保理关系、为债务人提供融资的保理关系中,债务人至少是"主角"之一,保理人与债权人洽商、成立保理时十分重视债务人的信用。(3) 在普通的债权转让关系中,钱货两清后买卖双方便分道扬镳,关系相对单纯;与此不同,保理关系具有一定的持续性,保理人要负责较多的服务事务。(4) 所有这些以及其他因素决定了:相对于普通的债权转让制度而言,保理规则极具特殊性,机械地套用普通的债权转让规则解决保理问题,会导致不适当的后果,应优先适用保理规则以满足特殊情形的需要,只有在保理规则有欠缺时才适用普通的债权转让规则。

(三) 标的的复合性

在保理合同中,应收账款债权转让行为是一面,保理人提供金融服务等行为系另一面。有人说得好:"无应收账款转让的,不构成保理合同;但是,仅仅只是规定应收账款转让的,同

---

① 王轶、高圣平、石佳友、朱虎、熊丙万、王叶刚:《中国民法典释评·合同编·典型合同》(下卷),朱虎执笔,中国人民大学出版社2020年版,第4页。

样不构成保理合同。"① "事实上,应收账款转让只是叙做保理的基础,而非保理的功能;仅有应收账款转让,不提供相应的金融服务,便不成其为保理。"② 正是这种"应收账款转让+"的标的使保理合同与其他典型合同区别开来,因为传统的典型合同仅有一个标的,如买卖合同的标的是买卖物的转移。

(四) 受基础法律关系的影响相对微弱

保理合同的标的物系应收账款债权,《民法典》第 761 条等条款所称"现有的应收账款",属于现实基础法律关系中的应收账款债权;所谓"将有的应收账款",包括肯定变成现实的基础法律关系中的应收账款债权和肯定不会变成现实的基础法律关系中的应收账款债权。在本书作者的视野里,所谓"将有的应收账款",可能是债权人和债务人虚构的标的物及其债权债务。虚构的,也可以说是子虚乌有的,这在罗马法③、英国法(1979 年《货物买卖法》第 6 条)④和《意大利民法典》(第 1325 条、第 1346 条、第 1347 条)上是合同不成立。合同不成立,谈不上合同有效,在一定意义上可以叫作合同无效。这种理念及规则在中国法上也有体现,不要说《合同编通则解释》第 3 条第 1 款正文明确地把标的作为合同的成立要件之一,就是《民法典》第 737 条也规定"当事人以虚构租赁物方式订立的融资租赁合同无效"。不过,《民法典》在保理合同领域却不沿用此种理念及逻辑,不令保理合同因应收账款纯属虚构而不成立、无效,而是于第 763 条正文规定:"应收账款债权人与债务人虚构应收账款作为转让标的,与保理人订立保理合同的,应收账款债务人不得以应收账款不存在为由对抗保理人。"

所谓"应收账款债务人不得以应收账款不存在为由对抗保理人",从权利义务的角度说,就是法律直接肯认本不存在的应收账款债权为债权,置债权人和债务人的真实意思于不顾,出现了法定债权;从保理合同的效力层面看,就是保理合同不因虚构应收账款债权在实际上(逻辑上)欠缺标的物而归于无效,保理人可以基于此种保理合同而请求债务人清偿本为虚构但法律拟制存在的应收账款债权。

之所以如此,是优惠保护无辜的保理人的立法政策使然,而非标的之于合同成立的逻辑必然。至于明知虚构应收账款的保理人,则不享受此等优惠保护(《民法典》第 763 条但书),债务人有权以应收账款债权不存在为由对抗保理人的清偿请求。由此看出,所谓基础交易合同的效力不影响保理合同的效力之说,是不成立的,至少是不周延的。

四、保理的分类

(一) 国际保理与国内保理

所谓国际保理,又叫国际付款保理或保付代理,是指保理商通过收购债权而向出口商提供信用保险或坏账担保、应收账款的代收或管理、贸易融资中至少两种业务的综合性金融服务业务,其核心内容是通过收购债权方式提供出口融资。与国际保理不同的是,国内保理的

---

① 王轶、高圣平、石佳友、朱虎、熊丙万、王叶刚:《中国民法典释评·合同编·典型合同》(下卷),朱虎执笔,中国人民大学出版社 2020 年版,第 5 页。
② 黄和新:《保理合同:混合合同的首个立法样本》,载《清华法学》2020 年第 3 期。
③ 〔罗马〕杰尔苏:《学说汇纂》第 8 编,转引自桑德罗·斯契巴尼 选编:《契约之债与准契约之债》,丁玫译,中国政法大学出版社 1998 年版,第 393 页;〔罗马〕保罗:《论萨宾》第 5 编,转引自桑德罗·斯契巴尼选编:《契约之债与准契约之债》,丁玫译,中国政法大学出版社 1998 年版,第 393 页。
④ (1856),5 H. L. C. 673. 转引自杨桢:《英美契约法论》(第 4 版),北京大学出版社 2007 年版,第 204—205 页;董安生等编译:《英国商法》,法律出版社 1991 年版,第 99—100 页。

保理商、保理申请人、商务合同买方均为国内机构。

(二) 公开型保理与隐蔽型保理

所谓公开型保理,又叫明保,是指将应收账款债权转让的事实通知债务人。通知方式包括但不限于向债务人提交规定格式的通知书、在发票上加注规定格式的转让条款。[①]

所谓隐蔽型保理,又称暗保,是指保理合同签订后的合理期限内,未将应收账款债权转让的事实通知债务人。于此类型中,即使保理人已经预付融资款,在正常情况下,也仍由债权人或以债权人的名义继续实现债权,融资款项仅仅在债权人和保理人之间清算;再由债权人将相关账款转付保理人,另以保理人控制收款账户等方式确保保理人对应收账款收益的控制,以为债权人设立违约责任方式阻遏债权人另行收取债权。此种方式固然存在债务人另行向债权人给付的风险,但同时具有便于应收账款管理和催收、利于维系债权人和债务人的合作关系等优势,故在实务中常被应用。[②]

(三) 单保理与双保理

所谓单保理,是指仅涉及一方保理人,而非买受人和出卖人均有保理人的保理方式。在这种方式中,只有保理人与出卖人签订保理协议,并对出卖人的应收账款承作保理业务。单保理方式适合于出卖人所在国没有保理人的国家和地区。当买受人、出卖人双方经过协商谈判决定采用保付代理结算方式后,出卖人即向买受人所在国的保理人提出申请,签订保付代理协议,并将需确定信用额度的买受人名单提交给保理人;进口国的保理人对买受人进行资信调查评估;将确定的买受人信用额度通知出卖人,并承担买受人信用额度内100%的收取货款风险担保;出卖人依据由保理人确定的买受人信用额度决定签约;在信用额度内签约发货后,将发票和货运单据直接寄交买受人;将发票副本送进口国的保理人,进口国的保理人负责催收账款;如果出卖人在发货后、收款前有融资要求,保理人将在收到发票副本后以预付款方式提供不超过发票金额80%的无追索权短期货款融资;买受人在付款到期时将全部货款付给进口国的保理人,保理人再将全部货款扣除相关费用及预付货款后转入出卖人的银行账户。

如果买受人和出卖人均有保理人,则此类保理为双保理方式。这种方式适合于出卖人和买受人双方所在国都有保理人的国家和地区。出卖人与本国的出口保理人签订保付代理合同;然后与买受人协商谈判买卖合同并约定采用保付代理结算方式;在签约前,出卖人向出口保理人提出确定买受人信用额度申请;出口保理人再从进口国的保理人中挑出进口保理人,同时将需要核定信用额度的买受人名单提交给进口保理人;进口保理人对买受人进行信用调查评估,将确定的买受人信用额度通知出口保理人,出口保理人将买受人信用额度通知出卖人,并承担买受人信用额度内100%的收取货款风险担保;出卖人依据由保理人确定的买受人信用额度决定是否签约;在信用额度内签约发货后,将发票和货运单据直接寄交买受人;将发票副本送出口保理人,出口保理人负责催收账款管理;如果出卖人在发货后、收到货款前有融资要求,出口保理人将在收到发票副本后以预付款方式提供不超过发票金额80%的无追索权短期货款融资;出口保理人同时将应收账款清单提交给进口保理人,委托其协助催收货款;买受人在付款到期时将全部货款付给进口保理人,如果买受人在发票到期日

[①] 王轶、高圣平、石佳友、朱虎、熊丙万、王叶刚:《中国民法典释评·合同编·典型合同》(下卷),朱虎执笔,中国人民大学出版社2020年版,第6页。

[②] 同上。

90 天后仍未付款,进口保理人充任担保付款;进口保理人收款后,立即将全部款项转给出口保理人;出口保理人在扣除相关费用及预付货款后转入出卖人的银行账户。只要买受人按原定合同及时付清了货款,这单保理业务就告完成。买受人的信用额度在保理合同约定的期限内可循环使用。

(四) 融资保理与非融资保理

所谓融资保理,是指保理人以应收账款转让为前提,提供贸易融资的保理。它分为预付保理和到期保理。所谓预付保理,是指保理人在受让债权人转让的应收账款债权时,立即以预付款方式向出卖人提供不超过应收账款 80% 的融资,剩余 20% 的应收账款待保理人向买受人收取全部货款后,再行清算。这是比较典型的保理方式。所谓到期保理,又称定期保理,是指保理人在受让债权人转让的应收账款时,不向债权人提供融资,而是在按期收到债务人付款后,向债权人支付账款,或者由于债务人发生信用风险,保理人在一定期限内作出担保付款的保理,即无融资功能的无追索权保理。换个表述,到期保理是一种到期承购应收账款业务,出卖人将应收账款单据转让给保理人,保理人确认在票据到期时无追索地向出卖人支付票据金额,而不在出卖人提交票据时立即向出卖人支付现金。这也是比较典型的保理方式。非融资保理,是指保理人不向债权人提供贸易融资,只提供销售分户账管理、客户资信调查与评估、应收账款管理与催收、信用风险担保等服务的保理。

(五) 有追索权保理与无追索权保理

所谓有追索权保理,又叫回购型保理,是指出卖人将应收账款的债权转让给保理人,出卖人在得到款项之后,如果买受人拒绝付款或无力付款,保理人有权向出卖人进行追索,要求偿还预付的货币资金。银行(保理人)出于谨慎性原则考虑,为了减少日后可能发生的损失,通常情况下会为客户提供有追索权的保理。在这种类型的保理中,保理人不承担为债务人核定信用额度和提供坏账担保的义务,仅提供包括融资在内的其他金融服务,在应收账款债权到期无法从债务人之处收回时,保理人可以向债权人反转让应收账款债权,或者要求债权人回购应收账款债权、归还融资。《民法典》第 766 条规定了这种类型的保理。[1]

所谓无追索权保理,又称买断型保理,是指由保理人独自承担买受人拒绝付款或无力付款的风险的保理。在这种类型的保理中,保理人根据债权人提供的债务人核准信用额度,在信用额度内承购债权人对债务人的应收账款并提供坏账担保,在债务人因发生信用风险未按基础合同约定按时足额支付应收账款时,保理人不能向债权人追索。《民法典》第 767 条规定了这种类型的保理。[2]

五、保理合同的内容和形式

(一) 保理合同的内容

《民法典》第 762 条第 1 款列举了保理合同的内容,包括如下几项:(1) 业务类型,例如,究为单保理还是双保理,是公开型保理抑或隐蔽型保理,是融资保理还是非融资保理,是其中一项还是数项,等等;(2) 服务范围,例如,提供资金融通、应收账款管理或催收或者应收账款债务人付款担保等;(3) 服务期限,首先是保理人履行保理义务的期限,也时常是保理合同的存续期限;(4) 基础交易合同情况,如合同的效力状况,以及债权人和债务人的情况,

---

[1] 王轶、高圣平、石佳友、朱虎、熊丙万、王叶刚:《中国民法典释评·合同编·典型合同》(下卷),朱虎执笔,中国人民大学出版社 2020 年版,第 6 页。

[2] 同上。

特别是债务人的信用等;(5)应收账款信息,如应收账款债权的数额、履行期限、有无担保等负担,特别是有无虚构应收账款的情形;(6)保理融资款,如款项的数额、支付和返还的时间点等;(7)服务报酬的数额及其支付方式、时间点;(8)其他条款,如抵销及其限制、有关抗辩等条款。

《民法典》第762条第2款明确保理合同应当采取书面形式。这有助于举证证明保理合同的存在以及具体约定,保理人这类专家也注意采取书面形式,但不宜将之作为保理合同不可或缺的要件,只要当事人能够举证证明保理合同的存在,如当事人一方已经履行了主要义务、对方予以接受,即使当事人没有采取书面形式,也应认定保理合同的存在。

六、《民法典》设置保理合同的必要性

普通的贸易形式,无论是先交货后付款还是先付款后交货,都形同由一方向另一方提供无息短期贷款,又要冒不能收取"本金"的风险。保理这种贸易架构则在买卖双方间加入了第三方,即保理人,一方面对出卖人提供现金,另一方面不致影响买受人享有原先的信用付款等权利,使贸易更安全、结算更迅速、资金融通更便捷、保理人的业务空间更广阔。商家们知晓了保理的优点,加上政策的肯认,保理业务在中国自2012年试点以来发展迅猛,但也存在着虚构应收账款、伪造应收账款通知、保理融资预扣利息等问题,亟待法律规制。[①] 虽有《商业银行保理业务管理暂行办法》《中国银行业保理业务规范》等法律文件,但尚不敷使用,且法律位阶较低,《民法典》新设保理合同一章确有必要。

第二节 保理合同的效力

一、保理人的权利

1. 保理人受让应收账款债权的权利

不论是哪种类型的保理关系,保理人均享有自债权人处受让应收账款债权的权利,不然,就无所谓保理。

2. 保理人请求债务人清偿应收账款债务的权利

保理人自债权人处受让应收账款债权后,成为债权人,在适当履行通知义务之后,于应收账款债务的履行期限届至时,有权请求债务人予以清偿(《民法典》第766条、第767条及第764条)。

3. 保理人享有追索权及其表现

在有追索权保理中,保理人享有追索权,可表现为于债务人拒绝保理人的给付请求或无力满足此种请求时,请求债权人返还保理融资款本息;也可以表现为请求债权人回购应收账款债权(《民法典》第766条)。

4. 保理人在应收账款债权重复转让的场合享有清偿顺序权

应收账款债权人就同一应收账款订立多个保理合同,致使多个保理人主张权利的,已经登记的先于未登记的取得应收账款;均已经登记的,按照登记时间的先后顺序取得应收账款;均未登记的,由最先到达应收账款债务人的转让通知中载明的保理人取得应收账款;既未

---

① 参见黄和新:《保理合同:混合合同的首个立法样本》,载《清华法学》2020年第3期。

登记也未通知的,按照保理融资款或服务报酬的比例取得应收账款(《民法典》第768条)。①

5. 保理人不受基础交易合同被协商变更、终止的不利影响

债权人和债务人协商变更基础交易合同,致使应收账款债权的数额降低、负担增加、清偿期限延长或抵销应收账款债权、抛弃应收账款债权等,保理人受偿此类债务的清偿甚至干脆受偿不到,会遭受不利。债权人和债务人协商终止基础交易合同,如协议解除,就更不利于保理人。按照合同的相对性,此种变化不应约束债权人,除非债权人同意此类变化。《民法典》第765条对此予以宣明,同时设置了保理人不受此种不利影响的条件:(1)债权人和债务人协商变更或终止基础交易合同不得发生在债务人已经收到应收账款债权转让的通知之后。其实,只要保理合同生效,债权人就不再享有处分应收账款债权的权利,即使未将应收账款债权转让的事实通知债务人,债权人也无权与债务人协商变更或终止基础交易合同。就此说来,特别是应将合同的相对性贯彻到底,《民法典》第765条设置的该项条件过于宽松了。(2)债权人和债务人有正当理由协商变更、终止基础交易合同的,保理人应承受其后果。此处所谓正当理由,例如,按照法律规定,基础交易合同应当变更或终止,债务人享有法定解除权,基础交易合同约定的变更事由、终止事由出现,保理人同意等。法律规定变更、终止的,至少在理论上推定保理人知晓且应受其约束,故保理人订立保理合同应承受此类后果。基础交易合同约定的变更、终止事由,这属于保理合同条款中的组成部分,保理人也应承受此类后果。

《民法典》第765条所谓上述变更、终止"对保理人产生不利影响的,对保理人不发生效力",符合合同的相对性,把决定权赋予保理人也机动灵活:保理人有权不认可基础交易合同的变更、终止,基于受让时的应收账款状态请求债务人为清偿,债务人不得以基础交易合同已经变更或终止为由予以抗辩,至于由此遭受的损失,随后向债权人主张权利;保理人也有权放弃《民法典》第765条的赋权,转向债权人主张权利,视个案情况,或是援用《民法典》第582条及第621条的规定请求债权人承担物的瑕疵担保责任,或是在保理合同约定债权人不得擅自变更、终止基础交易合同的场合援用《民法典》第577条等条款的规定请求债权人承担一般的违约责任,或是援用《民法典》第1165条的规定请求债权人承担侵权责任,甚至援用《民法典》第1168条的规定请求债权人和债务人承担共同侵权责任。

二、保理人的义务

1. 通知义务

债务人向债权人为清偿,该债权人应为基础交易合同中的债权人,除非有确凿的证据证明债权人已经转换成保理人。如此,保理人是否为应收账款债权的受让人,便成为非常重要的问题。债权人通知债务人,称应收账款债权已经让与保理人,债务人不再向债权人为清偿,转向保理人为清偿,发生债务消灭的结果(《民法典》第546条第1款),这对债务人最为有利。即使债权人编造债权转让的事实,也没有关系,法律仍然支持债务人向保理人为清偿便消灭其债务的主张,这符合法律不保护恶意之人的信条。接下来的问题由债权人和保理人去处理,即可。

---

① 对此种规则的批评剖析,参见崔建远:《保理合同探微》,载《法律适用》2021年第4期;崔建远:《关于债权让与的争论及其评论》,载《广东社会科学》2024年第1期。

作为应收账款债权受让人的保理人可否向债务人发出债权转让通知?《民法典》第764条作出肯定回答,这也符合实务操作的惯例。但要求"保理人向应收账款债务人发出应收账款转让通知的,应当表明保理人身份并附有必要凭证"。之所以要求"应当表明保理人身份并附有必要凭证",是因为必须有充分、确凿的证据证明保理人确为应收账款的债权人,避免债务人非债清偿,带来麻烦,造成浪费。此处所谓"必要凭证",仅有书面的保理合同或债权转让合同或债权人签字、盖章的书面转让通知,是不足够的,因为目前伪造凭证的现象并非鲜见,需要结合其他具体因素加以判断,债务人审核上述凭证的真伪所需要的时间和技术手段尚难达到目的。有观点认为,保理人提交经过公证的保理合同或债权转让合同或转让通知等,因公证书的证据力较强,债务人信赖之,无需进行其他方面的审核。[①]

2. 注意义务

《民法典》第762条第1款明示保理合同的条款包括"基础交易合同情况",第768条规定重复让与场合保理人取得应收账款债权的顺序,第445条设置的应收账款债权出质的规则,都显现出保理人应当适度地调查应收账款债权及其处分的状况,即保理人负有一定的注意义务。

3. 提供服务的义务

保理人提供服务系保理合同的构成要素之一,是保理人的主要义务。至于提供服务的种类,究为提供资金融通还是管理或催收应收账款抑或为应收账款债务人的付款提供担保,甚至兼而有之,须看保理合同的约定(《民法典》第761条等)。享有这些服务的债权人是基础交易合同的债权人。其实,也不排除享有保理人提供服务的债权人为基础交易合同的债务人。例如,基础交易合同的债务人需要资金以支付基础交易合同项下的对价,由保理人支付之,基础交易合同中的债权人转移应收账款债权以作让与担保。

4. 退还余额的义务

在有追索权保理中,保理人向应收账款债务人主张应收账款债权,在扣除保理融资款本息和相关费用后有剩余的,剩余部分应当返还给应收账款债权人(《民法典》第766条后段)。不过,在无追索权保理中,保理人取得超过保理融资款本息和相关费用的部分,无需向应收账款债权人返还(《民法典》第767条)。

三、债权人的义务

1. 向保理人转移应收账款债权的义务

应收账款债权转让系保理合同的核心要素,债权人将其于基础交易合同项下的应收账款债权转移给保理人为其主要义务。

2. 诚实守信义务

诚信义务遍及于民法的各项制度及规则之中,《民法典》在保理合同领域更加强调:债权人和债务人不得虚构应收账款(第763条),否则,成立民事责任。

3. 不得擅自变更、终止基础交易合同的义务

按照《民法典》第765条的规定,应收账款债务人接到应收账款转让通知后,应收账款债

[①] 王轶、高圣平、石佳友、朱虎、熊丙万、王叶刚:《中国民法典释评·合同编·典型合同》(下卷),朱虎执笔,中国人民大学出版社2020年版,第15页。

权人与债人无正当理由不得协商变更或终止基础交易合同,除非保理人同意。本书作者在赞同这一规定的同时,认为应将状语"应收账款债务人接到应收账款转让通知后"改为"保理合同成立后"。

4. 协助义务

保理人基于保理合同向基础交易合同的债务人请求清偿应收账款,需要债权人协助的,如提供债务人的有关信息、确认应收账款债权已经转移,债权人应予协助。在有追索权保理中,计算应收账款债权在扣除保理融资款本息和相关费用后有无剩余时需要债权人协助的,债权人亦应予以协助。

四、债权人的权利

1. 享受保理人提供保理服务的权利

债权人基于保理合同享受保理人提供资金融通或其他类型的保理服务,系债权人的主要权利。具体的服务范围取决于保理合同的约定(《民法典》第761条)。

2. 与债务人协商变更、终止基础交易合同的权利

在有正当理由时,债权人有权与债务人协商变更、终止基础交易合同(《民法典》第765条)。

3. 余额返还请求权

在有追索权保理中,保理人向应收账款债务人主张应收账款债权,在扣除保理融资款本息和相关费用后有剩余的,债权人有请求保理人返还余额的权利(《民法典》第766条后段)。

五、债务人的义务

1. 向保理人清偿债务的义务

在保理人基于保理合同请求基础交易合同的债务人清偿应收账款债务时,已经接收债权转让通知的债务人有义务满足保理人的该项请求(《民法典》第766条前段、第509条)。

2. 诚实守信义务

诚信义务遍及于民法的各项制度及规则之中,《民法典》在保理合同领域更加强调:债权人和债务人不得虚构应收账款,倘若虚构了,应收账款债务人不得以应收账款不存在为由对抗保理人,除非保理人明知虚构(第763条)。

3. 不得擅自协商变更、终止基础交易合同的义务

不得擅自协商变更或终止基础交易合同,不但是债权人的义务,也是债务人的义务(《民法典》第765条)。

六、债务人的权利

1. 与债权人协商变更、终止基础交易合同的权利

在有正当理由时,债务人有权与债权人协商变更、终止基础交易合同(《民法典》第765条)。

2. 对抗保理人请求的权利

在有证据证明保理人明知应收账款系虚构的却未异议的前提下,保理人请求债务人清

偿应收账款债务时,债务人有权以该应收账款债务不存在为由拒绝保理人的清偿请求(《民法典》第763条但书)。

3. 抵销权

有下列情形之一,符合抵销的构成要件时,债务人有权向保理人主张抵销:债务人接到债权转让通知时,债务人对债权人享有债权,且债务人的债权先于转让的应收账款债权到期或同时到期;债务人的债权与转让的应收账款债权是基于同一基础交易合同产生(《民法典》第549条)。

第二十二章

承 揽 合 同

第一节 承揽合同概述

一、承揽合同的概念

（一）承揽合同的界定

承揽合同，是指承揽人按照定作人的要求完成一定的工作，交付工作成果，定作人给付报酬的合同（《民法典》第770条）。其中，完成工作并将工作成果交付给对方的一方当事人，叫作承揽人；接受工作成果并向对方给付报酬的一方当事人，称为定作人；完成一定的工作并交付工作成果，为承揽合同的标的。

此处所谓工作成果，包括有形的和无形的。有形的工作成果称谓较多，如产品、成品、工作物、制作物、完成物等。无形的成果也不在少数，如宣传、演唱、看护、鉴定等。《民法典》常用工作成果的名称，本书从之，但视场合的不同而有所变化。

（二）承揽合同的法律性质

1. 承揽合同以完成一定工作并交付工作成果为目的

承揽合同中，承揽人应当按照与定作人约定的标准和要求完成一定的工作，并交付工作成果，但工作成果为无形的除外；定作人的主要目的是取得承揽人完成的该项工作成果。换言之，定作人订立合同的目的，并非仅仅是为了获得承揽人提供劳务的过程本身，而是为了获得承揽人所完成的工作成果。所以，承揽人尽管努力工作了，但未形成符合约定的工作成果，或工作成果虽然产生了但不符合约定的标准，就均为违反合同，成立违约责任，除非具备其他的免责事由。这是承揽合同不同于劳动合同、雇用合同、运输合同、技术开发合同之处。因为后四种合同不强调交付工作成果。

至于工作及其成果的种类，法律并无限制，只要不违反法律、行政法规的强制性规定，不违背公序良俗，其成果为有形的（如装修、加工、修表等）、无形的（如宣传、演戏、评估、看护、设计等），有财产价格的（如定做西装）、无财产价格的（如宣传），均无不可。其项目繁多，涉及人们生活的方方面面，但不作为不得为承揽合同的标的。①

---

① 参见郑玉波：《民法债编各论》（下册）（第6版），三民书局1981年版，第347页；刘春堂：《民法债编各论》（中），三民书局2007年版，第22页；邱聪智：《新订债法各论》（中），姚志明校订，中国人民大学出版社2006年版，第29页；林诚二：《民法债编各论》（中），中国人民大学出版社2007年版，第38页；〔德〕迪特尔·梅迪库斯：《德国债法分论》，杜景林、卢谌译，法律出版社2007年版，第283—284页。

[辨析]

所谓完成一定工作，或曰工作完成，在德国、日本等国家和地区的民法及其理论上，于无需交付工作物的场合，是指单纯完成工作，于必须交付工作物的场合，是指将工作物制作完成并交付给定作人的整个过程。但在中国现行法上则有所不同。由于《民法典》的表述方式常常是"完成工作，交付工作成果"(第770条、第780条等)，不宜说"完成工作"包含着"交付工作成果"，只好称"交付工作成果"是"完成工作"之外的现象和过程，只不过在无需交付的场合，只有"完成工作"，而无"交付工作成果"的阶段。

2. 承揽合同是定作人在承揽人完成一定的工作并交付工作成果时支付报酬的合同

此处所谓报酬，是指承揽人完成工作并交付工作成果的对价，承揽合同必须约定报酬。故承揽合同为有偿合同。假如仅仅是承揽人完成工作并交付工作成果，定作人不需支付报酬，则合同不是承揽合同，而属于无偿委托合同[①]，也有学者认为属于以劳务为内容的赠与合同[②]。本书作者认为，在由承揽人提供材料的承揽中，赠与合同说较为合理；在由定作人提供材料的承揽中，无偿委托合同说较为可取。

报酬的支付时间，必须在完成一定工作并交付工作成果后承揽人才有权请求，即所谓"后付原则"。承揽人既有先为履行的义务，故不完成工作便无权请求定作人支付报酬，无权以定作人不支付报酬为由援用同时履行抗辩权，但在符合构成要件的情况下可行使不安抗辩权。[③] 定作人可以承揽人未完成工作为由主张先履行抗辩权。

报酬的种类，大多为货币，也可以是货币以外的物，或物的使用，或劳务的提供。[④] 报酬的数额，当事人有约定的，从其约定；没有约定的，按照《民法典》第511条第2项的规定确定。

3. 承揽合同为双务合同

承揽人负有完成工作并将工作成果交付定作人的义务，定作人负有向承揽人支付报酬的义务，且这两项义务立于对价关系，因此承揽合同是双务合同。

4. 承揽合同为诺成、不要式的合同

承揽合同，因双方当事人意思表示一致即可成立，故为诺成合同。承揽合同无需采用特定形式，因此为不要式合同。

二、承揽合同与类似概念的比较

承揽、雇用、悬赏广告、委托、旅游、保管、出版、运输等合同，均属劳务合同。其中，旅游、保管、出版、运输等虽然具有承揽的性质，但它们毕竟都具有特殊的劳务目的，与承揽合同不同，相对而言容易发现，此处不赘。承揽与委托虽然共性较多，不易区分，需要辨析，但安排在本书"第二十八章 委托合同"中，此处不论。以下专就承揽合同与雇用合同、悬赏广告、买卖等法律行为加以比较，进一步认识承揽合同的法律性质。[⑤]

[①] 刘春堂：《民法债编各论》(中)，三民书局2007年版，第22页。
[②] 崔建远主编：《合同法》(第5版)，薛文成执笔，法律出版社2010年版，第443页。
[③] 林诚二：《民法债编各论》(中)，中国人民大学出版社2007年版，第38页。
[④] 郑玉波：《民法债编各论》(下册)(第6版)，三民书局1981年版，第343页；刘春堂：《民法债编各论》(中)，三民书局2007年版，第23页。
[⑤] 刘春堂：《民法债编各论》(中)，三民书局2007年版，第30页。

(一) 承揽合同与雇用合同的异同

承揽合同和雇用合同同属劳务供给合同,合同目的的实现均有赖劳务的供给,且其性质均属承诺、不要式、双务、有偿的合同。这些共性不能抹杀两者的如下区别:(1) 承揽合同关注完成一定工作并交付工作成果,而不在乎劳务的本体,完成一定工作并交付工作成果(劳务的结果,但在该结果无形时则不为交付)为合同的标的,服劳务仅为一种手段或过程;雇用合同只关注服劳务,服劳务本身即为合同的标的。(2) 承揽人提供劳务,须有结果(工作成果)才有权请求工作人支付报酬,仅有服劳务的事实尚不得请求报酬;与此不同,受雇人只要依约服劳务了,即可请求支付报酬,劳务有无结果不影响报酬请求权。这个差别使得承揽人负担的风险要大于受雇人负担的风险。(3) 承揽人提供劳务原则上不受定作人的指挥监督,具有独立性,故其从事承揽事项时侵害他人的权益的,定作人原则上不负损害赔偿责任;与此有别,受雇人服劳务原则上须受雇用人的指挥监督,不具有独立性,故其执行职务时侵害了第三人的权益的,用人单位承担侵权责任(《民法典》第1191条),在个人之间形成劳务关系的场合,是由接受劳务的一方承担侵权责任(《民法典》第1192条)。(4) 法律尽管规定承揽人原则上应亲自完成主要工作,但终究有条件地允许第三人代为完成辅助工作甚至主要工作(《民法典》第772条、第773条);与之不同,受雇人服劳务以亲自实施为必要,专属性很强。

附带提及,劳动合同是从雇用合同发展演变而来的,在服劳务的专属性、组织纪律性等方面强于雇用合同,已经脱离民法而成为劳动法的组成部分了,与承揽合同的不同更是显而易见。

[探讨]

在实务中,某些合同究竟是承揽合同还是雇用合同,并不鲜见,却不易区分,亟待研究解决。例如,甲请乙每周为其擦拭门窗玻璃,为其支付报酬若干元;或甲请乙将其在A地的汽车20辆,驾驶到B地,为其支付报酬若干元。上例中的乙在擦拭玻璃或驾驶汽车的过程中致第三人丙损害,若为承揽关系,则一般是由乙(承揽人)负责赔偿;与之不同,若为雇用关系,却由甲(雇主)赔偿第三人丙的损害,差异很大。如何定位,值得重视和深思。①

本书作者认为,首先看当事人的约定。此处所谓约定,不仅仅是关于合同名称的约定,更重要的是关于合同内容的约定。如果当事人明确将合同定性和定位在承揽合同或雇用合同,依其约定。即使当事人没有明确合同的名称,但合同项下的权利义务为承揽合同内容的或为雇用合同内容的,也应当将合同定位为承揽合同或雇用合同。更有甚者,当事人双方虽将合同的名称定为承揽合同,但合同条款所确定的权利义务属于雇用合同的,应当将之定性和定位为雇用合同。反之,当事人双方虽将合同的名称确定为雇用合同,但合同条款所确定的权利义务属于承揽合同的,应当将其作为承揽合同。

其次,当事人当时虽未约定,但事后就系争合同的性质和种类达成了一致意见的,依其商定。

再次,当事人在系争合同中欠缺约定,事后又达不成一致意见的,或虽有约定但约定因违反法律、行政法规的强制性规定或公序良俗而无效,若有交易习惯的,按照交易习惯确定。

---

① 这是烟台大学教授郭明瑞博士在全国人大常委会法工委召开的"中华人民共和国侵权责任法草案修改研讨会"期间(2009年8月24—26日)向本书作者提出的讨论问题,特此致谢!

最后,上述方法有可能均不能用于系争案件来确定合同的性质和种类,或者说,无论是将合同定性和定位在承揽合同还是雇用合同,都不能谓其错误。这常发生在当事人双方约定的条款不全、中性,尤其是没有约定由谁向第三人承担损害赔偿责任等场合。在这种情况下,由于承揽合同为有名合同,《民法典》设置了较为齐备的规定,而雇用合同为无名合同,中国现行法欠缺具体规定,应将系争合同作为承揽合同来处理。

(二) 承揽合同与悬赏广告

承揽合同和悬赏广告的共性表现在,二者同属提供劳务的法律行为,目的的实现均有赖于劳务的提供,都以一定结果的发生(完成一定工作或一定行为)为请求支付报酬的条件。承揽合同和悬赏广告之间的差异表现在:(1) 悬赏广告在学说上存在着合同说和单独行为说的分歧。若采单独行为说,悬赏广告与承揽合同的区别不言自明;若采合同说,两者有无差异则须辨别。从《民法典》规定了悬赏广告(第499条、第317条第2款)观察,似乎采纳了合同说。本书从之,进而找出如下四方面的不同点。(2) 承揽合同为不要式合同,悬赏广告必须采取广告形式,属于要式行为。(3) 承揽合同为诺成合同,当事人双方协商一致,合同即告成立;与此有别,悬赏合同必须待悬赏广告指定的行为完成始告成立,属于实践合同。[①] (4) 承揽合同为双务合同,而悬赏合同为单务合同,因为行为人完成悬赏广告指定行为是合同的成立要件,故只有悬赏广告人负担支付报酬的义务,行为人不负任何义务。[②] (5) 承揽合同场合,需要确定材料、工作成果的所有权归属于谁,且较为复杂,还涉及定作人对承揽工作的监督等问题;而悬赏广告则不存在此类问题。

(三) 承揽合同与买卖合同

本来,买卖合同和承揽合同之间的差异巨大,无需比较。只是在承揽人提供材料的承揽合同场合,是否适用法律关于买卖合同的规定方面存在着争议,且应解决,所以特意提出,以引起读者的注意。这将在下文"承揽合同的分类"中介绍和讨论。

三、承揽合同的立法沿革

罗马法将承揽作为租赁借贷合同的一种,作为劳力的租赁,被规定为承揽租赁借贷。《法国民法典》基本上沿用罗马法的规定,将承揽作为租赁的一种,其第1708条规定,租赁契约可分为物的租赁契约和劳动力的雇用契约;第1704条规定,为完成一定的工程而支付一定报酬的包工、承包合同,由工程定作人供给材料的,视为租赁。《德国民法典》改变了传统的做法,将承揽与租赁并列为独立的有名合同,其第631条规定,因承揽契约,承揽人负有完成约定工作的义务,定作人负有支付约定报酬的义务。承揽合同的标的,可为制作或变更一物件或者通过劳动或劳务给付而产生的成果。《日本民法典》沿袭《德国民法典》的体例,把承揽与租赁、借贷、雇用等并列为独立的合同,承揽被规定在债编第二章"契约"的第九节。《韩国民法典》也在第664条以下规定了承揽合同。中国原《经济合同法》设置的是加工承揽合同(第19条),在《合同法》制定过程中,几经变化。例如,1995年1月的《中华人民共和国合同法(建议草案)》设加工承揽合同一章(第18章),包括加工承揽合同(第287条以下)

[①] 郑玉波:《民法债编各论》(下册)(第6版),三民书局1981年版,第352页;刘春堂:《民法债编各论》(中),三民书局2007年版,第31—32页;邱聪智:《新订债法各论》(中),姚志明校订,中国人民大学出版社2006年版,第38页;林诚二:《民法债编各论》(中),中国人民大学出版社2007年版,第50页。

[②] 林诚二:《民法债编各论》(中),中国人民大学出版社2007年版,第50页。

和建设工程承包合同(第 302 条以下)两节。1995 年 10 月 16 日的《中华人民共和国合同法(试拟稿)》改为承揽合同(第 11 章,第 129 条以下)和工程建设合同(第 12 章,第 150 条以下),各为一章。1996 年 6 月 7 日的《中华人民共和国合同法(试拟稿)》承继了这种体例,于第 10 章规定承揽合同(第 124 条以下),第 11 章规定工程建设合同(第 140 条以下)。1997 年 5 月 14 日的《中华人民共和国合同法(征求意见稿)》亦然,只是条文数字有所变化。1998 年 8 月 20 日的《中华人民共和国合同法(草案)》、1998 年 12 月 21 日的《中华人民共和国合同法(草案)》(第三次审议稿)把承揽合同在顺序上改为第 14 章,将工程建设合同更名为建设工程合同,顺序上改为第 15 章,条文数字均有变化。《合同法》采纳了承揽合同(第 15 章,第 251 条以下)和建设工程合同(第 16 章,第 269 条以下)各为一章的模式。《民法典》承继了《合同法》的体例安排,分设承揽合同("第三编 合同"之"第二分编 典型合同"之第 17 章,第 770 条以下)和建设工程合同("第三编 合同"之"第二分编 典型合同"之第 18 章,第 788 条以下)。

四、承揽合同的种类与分类

(一) 承揽合同的种类

依承揽工作的具体内容的不同,承揽合同可分为各种具体的合同种类,兹按照《民法典》第 770 条第 2 款的规定,简介如下[①]:

1. 加工合同。加工合同是承揽合同中很常见的一种,用于企业之间时常叫来料加工,是指定作人向承揽人提供材料,承揽人以自己的技能、设备和劳力,为定作人进行加工,并将符合定作人要求的成品交付给定作人,定作人接受该成品并向承揽人支付报酬的合同。加工合同场合,材料必须由定作人提供,而不得由承揽人自备。

2. 定作合同。定作合同,也有学说称之为制作物供给合同,俗称包工包料,是指依合同约定,由承揽人自己准备材料,并以自己的技术、设备和劳力对该材料进行加工,按定作人的要求制成特定产品,将该产品交付给定作人,定作人接受该产品并向承揽人支付报酬的合同。定作合同与加工合同的区别,首先在于材料的提供人不同,随之而来的是法律适用上有无类推适用关于买卖合同的规定。

3. 修理合同。修理合同是指定作人将损坏的物品交给承揽人修理,承揽人以自己的设备、技术和劳力将之修好后归还给定作人,定作人接受该工作成果并向承揽人支付报酬的合同。

4. 复制合同。复制合同是指承揽人依定作人的要求,将定作人提供的样品重新依样制作成若干份,定作人接受该复制品并向承揽人支付报酬的合同。承揽人依照定作人的不同要求可以采取不同的方式进行复制,如对文稿的复印、对画稿的临摹、对雕像的模仿塑造等。

5. 测试合同。测试合同是指承揽人依定作人的要求,以自己的技术、仪器设备以及自己的工作,对定作人指定的项目进行测试,并将测试结果交付给定作人,定作人接受其成果并向承揽人支付报酬的合同。

6. 检验合同。检验合同是指承揽人按照定作人的要求,对定作人提出需要检验的内容,以自己的设备、仪器、技术等进行检验,并向定作人提出关于该检验内容相关问题的结论,定作人接受这一结论并向承揽人支付报酬的合同。

[①] 崔建远主编:《合同法》(第 5 版),薛文成执笔,法律出版社 2010 年版,第 444 页。

(二) 承揽合同的分类

1. 一般承揽合同

一般承揽合同,简称为一般承揽,是指单纯由承揽人完成一定工作并交付工作成果,定作人支付报酬的合同。

2. 特殊承揽合同

特殊承揽合同,简称为特殊承揽,是指不单纯由承揽人完成工作并支付工作成果,尚有特殊情况的承揽合同。它包括下列各种合同:

(1) 次承揽合同

次承揽合同,简称为次承揽,也叫再承揽,是指承揽人自任为定作人,复使他人承揽其工作的全部或一部,支付报酬的承揽合同。相对于次承揽合同而言,承揽人与定作人签订的承揽合同叫作原承揽合同。

由于《民法典》第772条第1款规定:"承揽人应当以自己的设备、技术和劳力,完成主要工作,但是当事人另有约定的除外",因而,只有在当事人约定可由第三人完成承揽工作的情况下,才允许承揽人与他人订立次承揽合同。即使允许,按照《民法典》第772条第2款的规定,承揽人也应就次承揽人完成的工作成果向定作人负责。

次承揽合同与原承揽合同各为独立的承揽合同,次承揽合同的成立、生效乃至效力如何,与原承揽合同无关。如次承揽合同不成立或无效,不影响原承揽合同的效力。次承揽人与原定作人之间不发生权利义务关系,原定作人对次承揽人无完成工作并交付工作成果的请求权,次承揽人对原定作人无报酬请求权。[①] 除当事人有禁止约定或承揽标的有专属性的以外,定作人不得对次承揽人主张解除或终止承揽合同。[②] 对于次承揽人完成工作的必要行为,定作人不得任意阻止,其工作的完成需要定作人协助的,定作人仍有协助义务。[③] 惟原承揽人就次承揽人的故意或过失,应与自己的故意或过失负同一责任。[④]《民法典》规定为原承揽人应当就次承揽人完成的工作成果向定作人负责(第772条第2款)。原承揽合同无效或解除时,应理解为次承揽合同因失去其标的而无效[⑤],但也有主张次承揽合同的效力不受影响的[⑥]。比较而言,前一种观点更符合逻辑。

(2) 不规则承揽合同

不规则承揽合同,简称为不规则承揽,是指由定作人提供材料,约明承揽人可以同种类、品质、数量的材料代替为一定工作并交付工作成果的承揽合同。例如,以面粉交面条店制作面条,约明面条店可以同种类、品质、数量的面粉代替,制作面条,即属此类。[⑦] 一般承揽,承

---

① 郑玉波:《民法债编各论》(下册)(第6版),三民书局1981年版,第349页;邱聪智:《新订债法各论》(中),姚志明校订,中国人民大学出版社2006年版,第32页;林诚二:《民法债编各论》(中),中国人民大学出版社2007年版,第42页;刘春堂:《民法债编各论》(中),三民书局2007年版,第25页。
② 史尚宽:《债法各论》(第5版),荣泰印书馆股份有限公司1981年版,第308页;郑玉波:《民法债编各论》(下册)(第6版),三民书局1981年版,第349页。
③ 邱聪智:《新订债法各论》(中),姚志明校订,中国人民大学出版社2006年版,第33页。
④ 林诚二:《民法债编各论》(中),中国人民大学出版社2007年版,第42页;刘春堂:《民法债编各论》(中),三民书局2007年版,第25页。
⑤ 刘春堂:《民法债编各论》(中),三民书局2007年版,第25页。
⑥ 郑玉波:《民法债编各论》(下册)(第6版),三民书局1981年版,第350页。
⑦ 同上书,第351页;邱聪智:《新订债法各论》(中),姚志明校订,中国人民大学出版社2006年版,第33页;林诚二:《民法债编各论》(中),中国人民大学出版社2007年版,第43页;刘春堂:《民法债编各论》(中),三民书局2007年版,第26页。

揽人不得以定作人提供材料以外的材料完成工作,亦即承揽人无材料变更权;反之,不规则承揽,承揽人有材料变更权。由此决定,不规则承揽的成立,须其材料为代替物的,始有适用。①

《民法典》第775条第2款关于"承揽人不得擅自更换定作人提供的材料,不得更换不需要修理的零部件"的规定,并非否定不规则承揽,只是宣示中国现行法以一般承揽为原则,仅在当事人约明或定作人同意的情况下才承认不规则承揽。因为从该条款的文义可知,只要承揽人不是擅自地,而是经定作人同意或因双方的约定,更换定作人提供的材料,就受到法律的保护。

[引申]

A. 材料所有权移转的时间点

不规则承揽场合,承揽人既有材料变更权,则其材料的所有权何时移转为承揽人享有,显然重要,但观点不一,自有探究的必要。a. 交付说认为,定作人交付的材料,自交付时,亦即承揽人受领时起,其所有权移转于承揽人。b. 代替说认为,定作人交付的材料,其所有权并不当然移转于承揽人,必须在承揽人以他种材料代替时,或就材料加以处分时,所有权才移转于承揽人。c. 工作完成说主张,定作人交付的材料,必须在承揽人完成工作并将工作成果交付给定作人时,其所有权才发生移转。交付说为通说,因为动产所有权的移转,一般系以交付为准;况且,此处所涉及的,系材料本身的所有权于何时移转的问题,解释上似不宜与工作完成混为一谈。② 这与《民法典》第224条关于动产物权变动的规定相一致,值得我们采纳。

B. 材料的风险负担

不规则承揽场合,因承揽人就定作人提供的材料有变更权,且该材料自交付时起由承揽人控制,其风险负担应移转给承揽人。由于该材料自交付时归承揽人所有,按照天灾归所有权人负担的理论,也能得出风险由承揽人负担的结论。这样,也与《民法典》第604条正文关于买卖物的风险自交付时起移转给买受人的规定一致。

C. 不规则承揽的性质

关于不规则承揽的性质,观点不一。a. 承揽和互易混合说认为,不规则承揽,于完成工作的部分固为承揽,但于材料代替部分,则为互易。二者混为单一的合同形态,应为混合合同。b. 单纯承揽说认为,不规则承揽,仍重在工作的完成,并无以材料互易的意思,尚不宜因材料可以代替而否认承揽的本质。民法也没有将之作为混合合同。③

D. 工作物所有权的归属

有观点认为,材料的所有权既已移转于承揽人,则承揽人所完成的工作物,其所有权自

---

① 郑玉波:《民法债编各论》(下册)(第6版),三民书局1981年版,第351页;邱聪智:《新订债法各论》(中),姚志明校订,中国人民大学出版社2006年版,第33页;林诚二:《民法债编各论》(中),中国人民大学出版社2007年版,第43页;刘春堂:《民法债编各论》(中),三民书局2007年版,第26页。

② 同上。

③ 戴修瓒:《民法债编各论》(上)(第6版),三民书局1964年版,第165页;郑玉波:《民法债编各论》(下册)(第6版),三民书局1981年版,第351页;邱聪智:《新订债法各论》(中),姚志明校订,中国人民大学出版社2006年版,第33页;林诚二:《民法债编各论》(中),中国人民大学出版社2007年版,第43—44页;刘春堂:《民法债编各论》(中),三民书局2007年版,第27页。

应先归承揽人(原始取得),然后再由承揽人移转给定作人(继受取得)。① 新说则主张,承揽的特色在于工作的完成,材料的提供仅系完成工作的部分过程,其间更为重要的,毋宁为精神和智慧展现所实现的结果。倘若认为材料所有权变更,则工作成果的所有权先归承揽人取得,不仅法律价值判断上有轻重颠倒之嫌,而且与不规则承揽为单纯承揽的见解亦不尽一致。有鉴于此,宜认为工作物所有权由定作人原始取得。②

[讨论]

罗马法、德国普通法及其学说基于材料由谁提供而区分一般承揽和制作物供给合同,即材料由定作人提供的,为一般承揽;材料由承揽人提供的,叫作制作物供给合同。中国《民法典》称为定作合同(第770条第2款)。所谓制作物供给合同,又叫承揽供给合同,或工作物供给合同,是指当事人双方约定,一方以其材料制作物品,供给相对人,相对人支付报酬的合同。例如,服装店以其布料为他人包做西装,餐厅以其材料为他人包办酒席。

制作物供给合同的性质如何,观点不一。A. 罗马法、德国普通法以材料提供人为区分标准,将承揽人提供材料、由承揽人完成工作的合同作为买卖合同,把定作人提供材料、由承揽人完成工作的合同作为一般承揽合同。B. 奥地利民法以当事人的意思为区分标准,规定当事人的意思在于承揽的,为承揽合同;当事人的意思在于买卖的,则为买卖合同(第1158条)。意大利民法亦然。日本民法的宗旨本来倾向于以当事人的意思决定。③ C. 德国旧承揽法以材料的提供人和制作物的性质为区分标准,规定材料由工作人提供的,当然为承揽合同;材料由承揽人提供的,则视以该材料完成的工作物是否为代替物而定,为代替物的,为买卖合同,为不代替物的,则分别适用法律关于承揽合同、买卖合同的规定,主要适用关于承揽的规定(第651条)。④ 日本民法受德国旧买卖法和旧承揽法及其学说的影响,许多人也改采此说。尽管众说纷纭,将以房屋等建筑物的建造为标的的合同作为承揽合同,则无不同意见。⑤ 值得注意的是,德国债法现代化法将买受人和承揽人的瑕疵担保请求权纳入一般的违约法,买卖合同法和承揽合同法强烈趋同,此后以同样的原则调整这两种合同的法律规定的顺序及其内部划分,旧民法关于严格区分买卖合同和承揽合同的做法将无甚意义。⑥

对此,学者见解不一。A. 当事人的意思说认为,制作物供给合同应以当事人的意思确定为买卖合同或承揽合同,即当事人的意思重在制作物财产权移转的,为买卖合同;当事人的意思重在制作物的完成的,则为承揽;若当事人的意思无所偏重或其意思不明(难以解释)时,则为承揽买卖的混合合同——关于制作物的完成,适用承揽的规定,关于制作物财产权的移转,适用买卖的规定。该说为通说,且为法院实务所采纳。⑦ B. 制作物所有权是否原始归属承揽人说认为,合同所定制作物,制作人自身不取得其所有权,而由相对人原始取得所

---

① 戴修瓒:《民法债编各论》(上),三民书局1964年版,第165页;史尚宽:《债法各论》(第5版),荣泰印书馆股份有限公司1981年版,第310页;郑玉波:《民法债编各论》(下册)(第6版),三民书局1981年版,第352页。
② 邱聪智:《新订债法各论》(中),姚志明校订,中国人民大学出版社2006年版,第34页;刘春堂:《民法债编各论》(中),三民书局2007年版,第27页。
③ 〔日〕星野英一:《日本民法概论Ⅳ·契约》,姚荣涛译,刘玉中校订,五南图书出版有限公司1998年版,第236页。
④ 刘春堂:《民法债编各论》(中),三民书局2007年版,第28页。
⑤ 〔日〕星野英一:《日本民法概论Ⅳ·契约》,姚荣涛译,刘玉中校订,五南图书出版有限公司1998年版,第236页。
⑥ 朱岩:《德国新债法:条文及官方解释》,法律出版社2003年版,第81页。
⑦ 戴修瓒:《民法债编各论》(上),三民书局1964年版,第163—164页;郑玉波:《民法债编各论》(下册)(第6版),三民书局1981年版,第351页;王和雄:《承揽供给契约之性质及其工作物所有权之归属》,载郑玉波主编:《民法论文选辑》(下),五南图书出版有限公司1984年版,第1120页以下。

有权的,为承揽合同;制作人虽负有为相对人(定作人)制作的义务,但制作物的所有权应先由制作人取得,然后移转于相对人(定作人)的,则为承揽和买卖合同的混合合同。① C. 材料是否另行计价说认为,如其材料供给部分包含于报酬之内,而未另行计价的,宜认为单纯的承揽;反之,材料供给于报酬之外,约定另行计价支付的,具有买卖性质,应认为混合合同。但于后者,其买卖的适用仅及于材料的部分,至于工作完成部分则仍具有承揽性质而适用承揽的规定。② D. 混合合同说认为,由于制作物供给合同,其完成的制作物如为代替物,在类型上较接近买卖,惟因当事人有完成工作的合意,故兼含有承揽的要素;反之,其完成的制作物如为不代替物,在类型上较接近承揽,惟因其既属有偿合同,在性质许可的范围内,类推适用有关买卖的规定,亦无不妥。因此,将制作物供给合同解释为一种混合合同,可依其情形及事由,分别类推适用有关承揽和买卖的规定,较为妥当。③

《民法典》根据承揽工作的性质和种类,将承揽合同分为加工合同、定作合同、修理合同、复制合同、测试合同、检验合同等(第770条第2款),其中的定作合同就是境外所说的制作物供给合同。并且,从《民法典》第774条和第775条的规定观察,定作合同(制作物供给合同)在权利义务方面与加工合同等一般承揽合同有所不同。诚然,《民法典》就承揽人提供材料的情形,尤其在当事人有意识重在移转工作成果(工作物)所有权的场合,的确没有明文规定类推适用关于买卖合同的规定。单就此点而论,似乎采取的是单纯承揽合同说。但绝对如此,在工作成果所有权的归属、风险负担等问题的处理上,不但粗糙,而且可能有时不尽妥当。可见,对定作合同(制作物供给合同)仍有进一步补充解释的空间,吸收上述各说的合理成分,应为明智的方案。

第二节　承揽合同的效力

一、对于承揽人的效力

(一) 受领、妥善保管和合理利用定作人提供材料的义务

承揽合同的典型形态,即一般承揽,是由定作人提供材料。此类承揽合同又叫加工合同。围绕着定作人提供的材料,承揽人负有如下义务:

1. 受领定作人提供材料的义务

合同约定由定作人提供材料的,应依约定向承揽人交付材料。承揽人对该材料应及时检验,对合格的,应当及时受领(《民法典》第775条第1款)。

2. 妥善保管的义务

受领定作人提供的材料之后,承揽人负有妥善保管的义务(《民法典》第784条)。

3. 不得擅自更换材料的义务

承揽人不得擅自更换定作人提供的材料,不得更换不需要修理的零部件(《民法典》第775条第2款),但不规则承揽合同的场合除外。承揽人违反此类义务,构成违约,应负损害赔偿等违约责任。

---

① 史尚宽:《债法各论》(第5版),荣泰印书馆股份有限公司1981年版,第305页。
② 邱聪智:《新订债法各论》(中),姚志明校订,中国人民大学出版社2006年版,第37页。
③ 刘春堂:《民法债编各论》(中),三民书局2007年版,第29—30页。

4. 合理利用材料的义务

承揽人应当合理使用定作人提供的材料,若使用不当导致该材料浪费的,应负损害赔偿责任。

(二) 通知义务

对于定作人提供的材料,经检验发现不符合约定的,承揽人应当及时通知定作人更换、补齐或采取其他补救措施(《民法典》第775条第1款后段)。否则,造成合同履行迟延的,承揽人要承担责任。检验定作人提供的材料,未发现不符合合同约定情况的,承揽人应接收并着手工作。

对于定作人提供的图纸或技术要求,承揽人发现不合理的,应当及时通知定作人(《民法典》第776条前段)。

(三) 承揽人自己提供材料的义务

有些承揽合同约定承揽人自己提供材料。此类承揽合同称作定作合同。定作合同中承揽人提供的材料亦应符合合同的约定。定作人有权检验承揽人提供的材料是否符合合同的约定。合同对材料的标准没有约定的,可以按照定作物的性质和定作的目的来决定,承揽人不能以次充好。定作人检验后认为承揽人提供的材料不符合约定的,可以要求承揽人提供合格的材料,并在以后承揽人工作的过程中检查和监督承揽人的工作。承揽人提供不符合约定的材料致使定作物存在质量缺陷的,承揽人应对此承担责任。定作人也有权要求承揽人重作、修理、减少报酬或解除合同。如果依定作物的性质应当由定作人对材料进行检验,而定作人未在合理时期内对承揽人提供的材料进行检验的,则视为定作人不对材料的质量提出异议。

(四) 依法和依约完成承揽工作的义务

按照合同的约定,以自己的设备、技术和劳力完成所承揽的主要工作(《民法典》第772条第1款正文),是承揽人的主要义务。它表现在如下几个方面:

1. 承揽人应在合理期限内完成承揽工作

承揽合同成立后,承揽人一般即应开始着手工作,不得拖延。合同对于开始期限另有约定的,可以从约定时间届至着手工作。在承揽合同中,奉行"后付原则",承揽人应先履行承揽工作,以其工作取得成果并交付给定作人之后,才可向定作人请求支付报酬。因此,承揽人不得以定作人未支付报酬为由而主张同时履行抗辩,若想取得报酬,必须先履行承揽工作,除非双方当事人约定了先行支付报酬或与开展承揽工作同时支付报酬。当然,如果当事人约定由定作人先预付一部分报酬,承揽人就可以该预付款未交付为由主张先履行抗辩权,暂时不开展相应的承揽工作。再者,如果合同约定由定作人首先提供材料而定作人并未按时提供,或提供的材料不符合约定,经承揽人及时通知定作人未按要求更换、补齐或采取其他补救措施,以致承揽人不能按时着手工作的,不得认定承揽人违约(《民法典》第775条第1款的反面推论)。还有,承揽人着手工作前,发现定作人提供的图纸或技术要求不合理并及时通知定作人修改(《民法典》第776条前段),若因定作人修改而导致延期着手工作的,不成立违约责任。当然,承揽人因自己的原因而未按时着手开始工作的,定作人有权请求其立即着手工作。[①]

[①] 参见史尚宽:《债法各论》(第5版),荣泰印书馆股份有限公司1981年版,第306—307页;崔建远主编:《合同法》(第5版),薛文成执笔,法律出版社2010年版,第445页。

对开展和完成工作的期限有约定的,承揽人应当在约定的期限内完成工作。当事人对期限没有约定的,可由当事人双方协议补充,达不成补充协议的,按照交易习惯确定(《民法典》第 510 条),没有交易习惯可以遵循的,定作人可请求承揽人即时开展工作,当然,要给承揽人必要的准备时间,所要求交付工作成果的时间也要合理(《民法典》第 511 条第 4 项)。

2. 承揽人应以自己的设备、技术和劳力完成承揽工作

相对于买卖合同而言,承揽合同重视承揽人的设备、技术和劳力,就此来说,承揽人似应以其设备、技术和劳力,亲自完成承揽的工作,使其精神、智慧、特长物化在工作成果之中,使定作人取得心仪的具有个性的物品。相对于雇用合同、劳动合同而言,承揽合同较为关注工作成果,而相对地忽视工作过程,就此来说,承揽人将承揽工作交由第三人完成,只要工作成果符合约定,也无可厚非。比较、权衡,取其中间,作为原则,承揽人应当以自己的设备、技术、劳力完成工作,不得将其承揽的工作交由他人完成(《民法典》第 772 条第 1 款正文)。但绝对如此,有把承揽合同的本质属性僵化之嫌,有些矫枉过正,不如承认若干例外:(1) 当事人约定可由第三人完成承揽工作的,应依其约定(《民法典》第 772 条第 1 款但书)。(2) 对于承揽人将其承揽工作交由第三人完成,定作人事后同意的,承认其合法性。当然,承揽人应就该第三人完成的工作成果向定作人负责(《民法典》第 772 条第 2 款)。(3) 承揽人可以将其承揽的辅助工作交由第三人完成,但应当就该第三人完成的工作成果向定作人负责(《民法典》第 773 条)。(4) 承揽人将其承揽的主要工作交由第三人完成,定作人不知或同意与否未表态,但未解除承揽合同的,应认可此种状态。当然,承揽人应就该第三人完成的工作成果向定作人负责(《民法典》第 772 条第 2 款)。

上述所谓主要工作,是在个案中才能较为准确界定的概念,一般地说,是指在承揽工作中起关键性、决定性作用的工作。它有时指承揽工作的核心部分,如定作一辆汽车场合,制造发动机为主要工作;有时指承揽工作中完成难度较大的部分,如定作电脑场合,制作主板为主要工作;有时指承揽工作的大部分数量,如定作一批信封,印刷大部分信封为主要工作。所谓辅助工作,系相对于主要工作而存在的概念,是指在承揽工作中不起关键性、决定性作用的工作。例如,定作西装,承揽人将缝制西装纽扣的工作交由第三人,该缝制纽扣的工作即为辅助性工作。

[知识]

罗马法以来,立法例及其学说基本坚持,承揽人原则上无需自为承揽工作,不妨以第三人的劳务充之,因为承揽合同不是有显著个性差异的劳务,而是以工作的完成为标的,所以原则上让他人完成也没有关系。[①] 不过,当事人立有特约使承揽人本人服务,或承揽人的个人技能成为承揽合同的要素等场合,则承揽人负有亲自完成工作的义务。[②]

3. 承揽人完成的工作成果应当符合约定

承揽人应当严格遵守承揽合同的约定完成工作,形成工作成果(《民法典》第 781 条的推论)。承揽人只是开展了承揽工作,没有形成工作成果的,不算适当地履行了合同义务,时常

---

① 〔日〕星野英一:《日本民法概论Ⅳ·契约》,姚荣涛译,刘玉中校订,五南图书出版有限公司 1998 年版,第 239 页。

② 参见陈朝璧:《罗马法原理》,法律出版社 2006 年版,第 221 页;史尚宽:《债法各论》(第 5 版),荣泰印书馆股份有限公司 1981 年版,第 308 页;邱聪智:《新订债法各论》(中),姚志明校订,中国人民大学出版社 2006 年版,第 42 页;刘春堂:《民法债编各论》(中),三民书局 2007 年版,第 33 页。

要承担违约责任。

(五) 接受定作人检验、监督的义务

承揽人完成工作期间,定作人可以对承揽人的工作进行检验和监督,承揽人不得拒绝其检验和监督,并且在不妨碍正常工作的情况下,应如实地向定作人反映工作进展的情况,不得隐瞒工作中存在的问题(《民法典》第779条)。定作人在检验、监督承揽人工作中,对于承揽人工作中存在的不符合合同约定的行为,可以要求承揽人及时修正,承揽人不得拒绝。

(六) 交付工作成果及必要的技术资料、质量证明的义务

1. 法律依据及目的性限缩

《民法典》第780条前段规定:"承揽人完成工作的,应当向定作人交付工作成果,并提交必要的技术资料和有关质量证明。"在肯定该条规定的同时需要指出,该条文义涵盖过宽,应予限缩,因为有的承揽无需交付工作成果。一般地说,工作成果为有形的,需要交付;为无形的,原则上无需交付,但在个别情况下,如学术上的创作,仍须交付。工作成果无需交付的,承揽人完成了工作,即为适当履行了合同。①

需要指出,交付的形态并不整齐划一。移转工作成果的占有,固为交付的表现形态;有的即使没有移转占有,亦为交付;还有,有的交付,可以看作移转了工作成果的占有,也可以解释为没有移转占有,不妨笼统地说无需特别的交付。例如,承揽人在定作人的场所为实施承揽工作,诸如在定作人家中为其制作家具,或为定作人粉刷其住所的墙壁等,就无需特别的交付。于此场合,承揽工作完成之日即视为交付之日。②

2. 交付工作成果的地点和方式

关于工作成果的交付地点和方式,当事人有约定的,从其约定。当事人可以约定由承揽人将工作成果直接送交给定作人,也可以约定由定作人至承揽人处自行提货,还可以约定通过邮政部门或运送人代为运送的方式交给定作人。在由承揽人送交的情况下,交付的地点为定作人指定的地点;如定作人未为指定的,一般为依合同目的可预测到的地点;如无法预测的则送至定作人的住所地。定作人收到的日期为承揽人交付的实际日期。如约定由定作人自行提货的,一般交付地为承揽人完成工作的地点。承揽人通知定作人以后的合理日期为交付日期。如约定由其他人代送的,一般以送货人接收工作成果地为交货地,以其接受工作成果日期为实际交付日期。③

3. 工作成果所有权的归属和移转

工作成果为有体物的,存在着该工作成果(工作物、制作物或完成物)的所有权归属于谁以及是否需要移转的问题。《民法典》对此未设明文,需要考察交易惯例,借鉴境内外的理论,解释《民法典》的有关规定,区分情况而作判定。

(1) 无论承揽合同为何种类型,只要当事人明确约定了工作成果所有权的归属,就依其约定。④ 在约定工作成果归承揽人所有的情况下,承揽人负有将该工作成果的所有权移转给定作人的义务。在当事人没有约定,或约定无效的情况下,应按以下规则处理:

---

① 郑玉波:《民法债编各论》(下册)(第6版),三民书局1981年版,第354—355页;邱聪智:《新订债法各论》(中),姚志明校订,中国人民大学出版社2006年版,第42页;刘春堂:《民法债编各论》(中),三民书局2007年版,第33页。

② 参见崔建远主编:《合同法》(第5版),法律出版社2010年版,第447页。

③ 同上。

④ 刘春堂:《民法债编各论》(中),三民书局2007年版,第34页。

(2) 在一般承揽合同的情况下,有学说认为,工作物的所有权归属于定作人(原始取得),承揽人无移转工作物所有权的义务。①《民法典》第 783 条关于"定作人未向承揽人支付报酬或者材料费等价款的,承揽人对完成的工作成果享有留置权或者有权拒绝交付,但是当事人另有约定的除外"的规定,以及第 784 条关于"承揽人应当妥善保管定作人提供的材料以及完成的工作成果,因保管不善造成毁损、灭失的,应当承担赔偿责任"的规定,也暗含着工作物的所有权归属于定作人的思想。其道理在于:A. 按照《民法典》第 447 条以下的规定,留置权的成立须以占有债务人或第三人的动产为要件,如此,《民法典》第 783 条赋予承揽人对工作成果的留置权,其成立自然以该工作成果不归承揽人所有为前提,限于承揽关系的特定语境,该工作成果只能归定作人所有。B. 假如工作成果不归定作人所有,而归属于承揽人,那么,承揽人对该工作成果保管不善,造成毁损、灭失的,应自担风险,由风险负担规则解决,谈不上对定作人承担损害赔偿责任。只有将该工作成果所有权确定归属于定作人,《民法典》第 784 条规定的损害赔偿责任才顺理成章。

这个结论的可靠性,在承揽人为定作人维修机械设备、修缮建筑物、平整建设用地等承揽合同场合,至为明显。

(3) 在不规则承揽的情况下,工作成果的所有权归属于谁,与材料所有权是否移转给承揽人有关。如果采取通说,则工作成果(工作物)的所有权自应先归承揽人(原始取得),然后再由承揽人移转给定作人(继受取得)。② 如果采取新说,则工作成果(工作物)的所有权由定作人原始取得。③《民法典》关于承揽合同的规定,没有一个条文含有工作成果归承揽人所有的意思,与新说在结论上相一致。

(4) 在定作合同(制作物供给合同)的场合,工作成果(工作物)所有权的归属和移转也要区分情况而定。

A. 工作成果(工作物)为动产,定作人提供承揽工作所附基础的场合,该工作成果的所有权归定作人。

所谓承揽工作所附基础,简称为工作基底(Subtract),例如家具的重大维修,该待修的旧家具就是承揽工作所附基础。由于该基础(如上例中的旧家具)归定作人所有,承揽人提供的材料因承揽工作而被附合于该基础,加上该基础被视为主物,定作人便取得合成物的所有权。④ 还有,承揽合同的本旨,系承揽人为定作人完成一定的工作,定作人使承揽人为其完成该工作,其目的当然在于直接取得工作物的所有权,因而,关于承揽人所完成的工作物,按照承揽合同的理论,解释为由定作人原始取得其所有权,也符合当事人的意思。⑤ 这些论证具有说服力,值得我们借鉴。

---

① 邱聪智:《新订债法各论》(中),姚志明校订,中国人民大学出版社 2006 年版,第 43 页;刘春堂:《民法债编各论》(中),三民书局 2007 年版,第 34 页。
② 戴修瓒:《民法债编各论》(上),三民书局 1964 年版,第 165 页;史尚宽:《债法各论》(第 5 版),荣泰印书馆股份有限公司 1981 年版,第 310 页;郑玉波:《民法债编各论》(下册)(第 6 版),三民书局 1981 年版,第 352 页。
③ 邱聪智:《新订债法各论》(中),姚志明校订,中国人民大学出版社 2006 年版,第 34 页;刘春堂:《民法债编各论》(中),三民书局 2007 年版,第 27 页。
④ 郑玉波:《民法债编各论》(下册)(第 6 版),三民书局 1981 年版,第 358 页;刘春堂:《民法债编各论》(中),三民书局 2007 年版,第 36—37 页。
⑤ 邱聪智:《新订债法各论》(中),姚志明校订,中国人民大学出版社 2006 年版,第 43 页;刘春堂:《民法债编各论》(中),三民书局 2007 年版,第 37 页。

B. 工作成果(工作物)为动产,定作人未提供承揽工作所附基础,仅由承揽人以自己的材料,进行工作而完成工作成果。例如,西装店提供布料供顾客选择,而为顾客量身制作西装。通说认为,此类工作成果应先归承揽人原始取得,然后再由承揽人按照买卖的规定,移转其所有权归定作人。① 不过,如今的趋向是定作人原始取得该工作成果的所有权。其理由在于,工作完成的义务既在承揽人,材料提供尚无变更当事人合同目的的作用,解释由定作人原始取得所有权,较为妥当。② 承揽合同的本旨,系承揽人为定作人完成一定的工作,定作人使承揽人为其完成该工作,其目的当然在于直接取得工作物的所有权,况且承揽合同约定的报酬通常包含有材料的价款在内,可谓实质上系由定作人提供材料,因而,关于承揽人所完成的工作物,按照承揽合同的理论,解释为由定作人原始取得其所有权,才符合当事人的意思。③ 新说为有力说,本书从之。

C. 工作成果为不动产,定作人提供承揽工作所附基础,而由承揽人提供自己的材料实施承揽工作,例如,承揽人用自己的油漆粉刷定作人的房屋,于此场合,按照附合规则,该工作成果的所有权由定作人原始取得。④ 从承揽合同的理论入手,也能得出这一结论。⑤

D. 工作成果为动产,定作人和承揽人共同提供材料时,工作成果所有权的归属,应区分情况而定。a. 材料的主要部分由定作人提供的,工作成果的所有权归属于定作人,其道理与上文关于材料由定作人提供的情况相同,不再赘述。b. 材料的主要部分由承揽人提供的,按照通说,工作成果的所有权应先归承揽人取得,然后移转给定作人。如果采取新说,则工作成果(工作物)的所有权由定作人原始取得。⑥《民法典》关于承揽合同的规定,没有一个条文含有工作成果归承揽人所有的意思,与新说在结论上相一致。c. 材料由定作人和承揽人提供而不能区别主要部分时,除当事人另有约定的以外,工作物所有权的原始取得,应依加工的规则确定。由于承揽合同的本旨,系承揽人为定作人完成一定的工作,定作人使承揽人为其完成该工作,其目的当然在于直接取得工作物的所有权,况且承揽合同约定的报酬通常包含有材料的价款在内,可谓实质上系由定作人提供材料,因而,纵令由承揽人提供主要部分材料,关于承揽人所完成的工作物,按照承揽合同的理论,解释为由定作人原始取得其所有权,才符合当事人的意思。⑦

E. 工作成果为动产,材料属于第三人的,因该第三人和定作人或承揽人之间并无承揽合同关系,所以应按照附合或加工的规则确定工作成果所有权的归属。⑧ 该第三人如因附合或加工而丧失工作成果所有权时,可主张侵权损害赔偿或不当得利返还。

---

① 史尚宽:《债法各论》(第5版),荣泰印书馆股份有限公司1981年版,第310页;郑玉波:《民法债编各论》(下册)(第6版),三民书局1981年版,第358页;黄立:《民法债编各论》(下),杨芳贤执笔,元照出版公司2007年版,第584页;刘春堂:《民法债编各论》(中),三民书局2007年版,第33页。

② 邱聪智:《新订债法各论》(中),姚志明校订,中国人民大学出版社2006年版,第43页。

③ 刘春堂:《民法债编各论》(中),三民书局2007年版,第37—38页。

④ 由于中国《民法典》将建设工程合同从承揽合同中分离出来而成为独立的合同,加上确立建筑物的所有权归建设用地使用权人的规则(第352条正文),"承揽人"用自己的资金或其他材料为业主建造建筑物,该建筑物的所有权必定归该业主(建设用地使用权人),不会归"承揽人"。这与一些国家和地区的民法及其学说所持立场不同。

⑤ 刘春堂:《民法债编各论》(中),三民书局2007年版,第38页。

⑥ 邱聪智:《新订债法各论》(中),姚志明校订,中国人民大学出版社2006年版,第34页;刘春堂:《民法债编各论》(中),三民书局2007年版,第27页。

⑦ 刘春堂:《民法债编各论》(中),三民书局2007年版,第40—41页。

⑧ 同上书,第41页。

4. 交付必要的技术资料和质量证明的义务

承揽人向定作人交付工作成果时,还应当交付该工作成果的必要的技术资料和质量证明(《民法典》第 780 条前段)。承揽人未向定作人提交必要的技术资料和有关质量证明的,违反从给付义务,成立违约责任。定作人可以据此拒收工作成果,并得请求承揽人予以补齐。

(七) 剩余材料的返还义务

定作人提供给承揽人材料的场合,承揽人完成工作后剩余材料的,应予返还。定作人对该剩余材料享有返还请求权,其请求权基础,为《民法典》第 235 条规定的物的返还请求权。承揽人不返还的,虽不影响承揽合同的效力及工作成果交付的效果,但构成对定作人所有物的不法侵占,定作人可以追究承揽人的侵权责任。

(八) 保密义务

承揽人应当按照定作人的要求保守保密,未经定作人许可,不得留存复制品或技术资料(《民法典》第 785 条)。否则,应承担违约责任。

(九) 物的瑕疵担保责任

承揽人交付的工作成果不符合质量要求的,定作人可以要求承揽人承担修理、重作、减少报酬、赔偿损失等违约责任(《民法典》第 781 条)。

该物的瑕疵担保责任的构成要件包括:(1) 必须是工作成果存在瑕疵。(2) 在工作成果无需交付的情况下,瑕疵必须在工作完成时存在;在工作成果必须交付的情况下,瑕疵必须在交付前存在。(3) 必须是非因定作人指示或其所提供材料而生的瑕疵,换句话说,必须是因承揽人的工作方法不当而生的瑕疵。如果定作人提供的材料品质不良或其指示的方法不当,承揽人的工作方法也有不当,两者同为造成瑕疵的原因,则承揽人仍应负瑕疵担保责任,只是可以类推适用与有过失的规则罢了。还有,承揽人明知定作人提供的材料或其所为指示不当,而不告知定作人的,仍应负瑕疵担保责任。[①]

瑕疵担保的救济方式,包括修理、重作、减少报酬、损害赔偿、解除合同等,兹简介如下:

修理,日本民法称为瑕疵修补,作为瑕疵担保责任的救济方式之一,从权利的角度观察,是修理请求权,或瑕疵修补请求权,为定作人在合理的期限内请求承揽人消除工作成果的瑕疵的权利。该权在性质上属于请求权,不因定作人的请求而自动修理,交易上应当给承揽人以合理的期限。合理与否,宜斟酌个案情况,依交易习惯确定。该合理期限届满,承揽人未完成修理的,构成迟延履行,除非修理在技术上不能或修理所需费用过高。[②]

承揽人拒不修理的,定作人可自行修理,并可向承揽人请求偿还修理的必要费用。这就是自行修理权及修理费用偿还请求权。不过,修理在技术上不能或修理所需费用过高的,承揽人有权拒绝修理,定作人不得自行修理而请求承揽人偿还费用,只得选取重作等救济方式。需要注意,在修理所需费用过高的场合,承揽人固然可拒绝修理,但并不能免责,定作人

---

① 参见邱聪智:《新订债法各论》(中),姚志明校订,中国人民大学出版社 2006 年版,第 55—56 页;刘春堂:《民法债编各论》(中),三民书局 2007 年版,第 44 页;[日]星野英一:《日本民法概论Ⅳ·契约》,姚荣涛译,刘玉中校订,五南图书出版有限公司 1998 年版,第 243 页。

② 参见史尚宽:《债法各论》(第 5 版),荣泰印书馆股份有限公司 1981 年版,第 319 页;郑玉波:《民法债编各论》(下册)(第 6 版),三民书局 1981 年版,第 366 页;邱聪智:《新订债法各论》(中),姚志明校订,中国人民大学出版社 2006 年版,第 55—57 页;刘春堂:《民法债编各论》(中),三民书局 2007 年版,第 46—47 页;[日]星野英一:《日本民法概论Ⅳ·契约》,姚荣涛译,刘玉中校订,五南图书出版有限公司 1998 年版,第 243 页。

有权解除合同,或请求减少报酬或损害赔偿等。①

重作,是指承揽人交付的工作成果不合格,在技术上不能修理或修理所需费用过高,由债务人重新制作工作成果的救济方式。在合同法理论上,重作又叫另行给付。②

减少报酬,既是一个事实,也是一项法律制度。这两者既有联系又有区别。作为事实的减少价款,有时属于赔偿损失的一种表现形式,有时则否。就法律将其作为瑕疵救济方式的初衷观察,乃着眼于物有所值、按质论价、给付与对待给付间的均衡的产物,而非填补违约行为给买受人造成的损害的制度。在这种意义上,减少价款不属于违约损害赔偿的方式。还应指出,从填补买受人的损失角度观察,将减少价款视为损害赔偿,在大多数情况下不会出现问题,但也应当注意到,减少价款毕竟是按照物有所值的规则行事,不受与有过失、损益同销等规则的限制,可以与违约金并罚,即使该违约金系赔偿性违约金,也不存在着障碍。③

减少报酬,从权利的角度观察,为减少报酬请求权。其发生原因有三:(1) 承揽人未在定作人所定合理期限届满时修理完毕(消除瑕疵)的;(2) 承揽人因修理所需费用过高而拒绝修理的;(3) 工作成果的瑕疵在技术上不能修理的。④

减少报酬请求权,在性质上为一种形成权,其行使应采取定作人向承揽人为意思表示的方式,属于有相对人的单独行为,一经行使,就发生减少报酬的效果,不必诉请法院为形成判决,也无需承揽人同意,惟承揽人关于其减少数额的多少有争议的,可诉请法院予以确认。⑤

合同解除,在采取债务不履行说而非法定责任说的背景下,是将违约造成的损失降到最低程度的救济措施,大多没有填补违约行为所致损害的功能。合同解除是既有交易的反动。⑥

[论争]

1. 关于瑕疵担保责任是否被统合到违约责任的争论,本书在"违约责任"一章已经详细分析过,此处不赘。

2. 承揽合同中有无权利瑕疵担保责任?有肯定说⑦与否定说的争论。本书作者认为否定说的下述阐释确有道理:承揽合同中工作成果的所有权,在承揽工作完成时即由定作人原始取得,在理论上和实务交易上,均无从于承揽合同成立时或以前,存在权利的瑕疵,自不发生权利瑕疵担保责任的问题。⑧

---

① 参见史尚宽:《债法各论》(第5版),荣泰印书馆股份有限公司1981年版,第319页;郑玉波:《民法债编各论》(下册)(第6版),三民书局1981年版,第367页;邱聪智:《新订债法各论》(中),姚志明校订,中国人民大学出版社2006年版,第57页;刘春堂:《民法债编各论》(中),三民书局2007年版,第49—50页;〔日〕星野英一:《日本民法概论Ⅳ·契约》,姚荣涛译,刘玉中校订,五南图书出版有限公司1998年版,第243页。
② 崔建远:《合同责任研究》,吉林大学出版社1992年版,第180—181页。
③ 崔建远:《物的瑕疵担保责任的定性与定位》,载《中国法学》2006年第6期。
④ 参见邱聪智:《新订债法各论》(中),姚志明校订,中国人民大学出版社2006年版,第58页。
⑤ 邱聪智:《新订债法各论》(中),姚志明校订,中国人民大学出版社2006年版,第58页;刘春堂:《民法债编各论》(中),三民书局2007年版,第52页。
⑥ 崔建远:《物的瑕疵担保责任的定性与定位》,载《中国法学》2006年第6期。
⑦ 史尚宽:《债法各论》(第5版),荣泰印书馆股份有限公司1981年版,第317页;郑玉波:《民法债编各论》(下册)(第6版),三民书局1981年版,第364页。
⑧ 邱聪智:《新订债法各论》(中),姚志明校订,中国人民大学出版社2006年版,第53页;刘春堂:《民法债编各论》(中),三民书局2007年版,第27页。

(十) 迟延责任与不完全履行责任

承揽人未能在约定的期限届满时完成承揽工作,包括未能按期交付工作成果的,构成迟延履行,定作人有权请求其承担迟延履行的违约责任,如支付约定的违约金,或请求损害赔偿。

承揽人完成的工作不符合要求,交付的工作成果有瑕疵的,按照瑕疵担保责任独立于违约责任、二者呈竞合关系的观点[①],定作人也可以请求承揽人承担不完全履行的违约责任。

(十一) 共同承揽人的连带责任

《民法典》第786条规定:"共同承揽人对定作人承担连带责任,但是当事人另有约定的除外。"此处所称"共同承揽人",应解释为对同一承揽事务负共同完成工作义务的多数人,即多数承揽人共同承揽同一工作且彼此之间无次承揽关系的情形。依《民法典》第772条、第773条的规定,在一般情况下,承揽人不得将承揽合同的主要工作转由第三人完成,仅得将合同的辅助工作交由第三人完成,且承揽人应就该第三人完成的工作向定作人负责。此种负责应为直接责任无疑,在次承揽的情形中不存在承揽人和次承揽人承担连带责任问题,故而第786条所称"共同承揽人"的范围应不包括次承揽关系中的承揽人和次承揽人,而仅指对定作人均负直接完成承揽工作义务的多数承揽人。第786条所称"当事人另有约定的除外"中的"当事人",也应限于承揽人和定作人,而不包括承揽人为多数时其内部协议约定责任划分份额时各承揽人互为当事人的情形。共同承揽人关于责任划分的协议仅为其内部约定,不得对抗定作人,除非定作人参与制定并同意各承揽人的约定对自己有约束力。

(十二) 承揽人的留置权

定作人未向承揽人支付报酬或材料费等价款的,承揽人对完成的工作成果享有留置权,但当事人另有约定的除外(《民法典》第783条)。

二、对于定作人的效力

(一) 定作人向承揽人支付报酬的义务

1. 概说

定作人获得承揽人的工作成果,应当及时向承揽人支付报酬。这里所说的"报酬",包括承揽人的工作报酬、承揽人提供材料时的材料费、定作人提供材料时或其迟延接收时承揽人的保管费用等。这是定作人最主要的合同义务。

2. 报酬的支付期限

关于报酬的支付期限,当事人双方有约定的,从其约定。没有约定或约定不明确的,双方可以协议补充。达不成补充协议的,按照交易习惯确定。也没有交易习惯的,定作人应当在承揽人交付工作成果时支付;工作成果部分支付的,定作人应当相应支付(《民法典》第782条、第510条、第511条)。无需交付工作成果的,待承揽工作完成,即应支付报酬。学说称之为报酬后付主义。

必须交付工作成果的承揽合同场合,承揽人尚未交付工作成果时,以及无需交付工作成果的承揽合同场合,尚未完成工作时,无权请求定作人支付报酬,除非当事人双方存在相反的约定;承揽人若请求支付报酬,定作人可以援用《民法典》第525条或第526条的规定予以抗辩。

---

① 崔建远:《物的瑕疵担保责任的定性与定位》,载《中国法学》2006年第6期。

3. 报酬的数额

关于报酬的数额,当事人双方有约定的,从其约定。没有约定或约定不明确的,双方可以协议补充。达不成补充协议的,按照交易习惯确定(《民法典》第 510 条)。

所谓交易习惯,是以该工作成果交付时当地同种类工作的一般报酬为准。如承揽人的工作缺少可资参考的标准的,则以其过去同类工作的报酬为标准。

报酬不以货币为限,只要当事人同意,以其他物代替亦无不可。

4. 迟延支付或不支付报酬的后果

定作人迟延支付报酬的,应向承揽人支付迟延期间的利息。定作人拒不支付报酬的,承揽人对工作成果可以行使留置权,通过留置担保其报酬请求权的实现。

(二) 定作人的协助义务

《民法典》第 778 条前段规定:"承揽工作需要定作人协助的,定作人有协助的义务。"这是诚信及协作履行诸原则的当然体现,具体表现在如下几个方面:

1. 依合同性质应由定作人提供材料的,定作人应当及时提供(《民法典》第 775 条第 1 款)。如标的物为不动产的,定作人应使该不动产处于可供工作的状态。

2. 定作人自己提供设计图纸、技术要求或技术资料的,或定作人提供样品的,定作人均应及时、合理提供(《民法典》第 776 条的推论)。

3. 依承揽人的通知,定作人应履行的某些协助义务。例如,及时更换、补齐有瑕疵的材料或技术资料、图表设计等。此外,如定作人给承揽人提供生活条件、工作环境等。

4. 定作人不履行协助义务的,构成违约行为,承揽人可以确定合理期限催促其履行。该期限届满仍未履行的,承揽人可以解除合同(《民法典》第 778 条后段)。由于该解除合同系基于定作人的违约行为而为,是合法的,而非不法,承揽人不承担因此而造成承揽工作无法完成的责任。

(三) 受领工作成果的义务

定作人是否有受领承揽人所完成的工作成果的义务,有不同的观点。瑞士民法规定定作人对承揽人已完成的工作部分,有受领及支付其价值的义务。《德国民法典》第 640 条规定定作人有受领义务。中国学者则多认为定作人有受领义务。[①]

定作人在受领工作成果的同时,有义务对工作成果进行验收。但是验收本身并不能作为承揽人免除承担责任的理由。如工作成果依其性质在短期内难以发现瑕疵,或是工作成果存在隐蔽瑕疵的,定作人仍可于验收后的相当期限内请求承揽人承担责任。受领不能被认为是对责任追究的放弃。

(四) 定作人的赔偿责任

1. 定作人中途变更承揽工作的要求,造成承揽人损失的,应当赔偿损失(《民法典》第 777 条)。

2. 定作人如无正当理由受领迟延的,承揽人可请求其受领并支付相应的报酬和费用,包括违约金、保管费用等。定作人并应承担因其受领迟延而发生的工作成果的风险。

---

① 王家福主编:《中国民法学·民法债权》,法律出版社 1991 年版,第 700 页。

第三节 承揽合同中的风险负担

承揽合同中的风险负担,是一个需要在利益衡量的基础上,作出价值判断的问题。下面予以简要的介绍。

一、材料的风险负担

所谓材料的风险负担是指承揽合同中,定作人或承揽人所提供的材料一旦由于不可归责于双方当事人的事由毁损、灭失,所造成的损失由谁来承受。定作人提供材料,该材料的所有权不因交付给承揽人而移转,承揽人对该材料仅仅承担保管义务,因不可归责于双方当事人的事由致材料毁损、灭失,并非承揽人违反保管义务的结果,故于此场合不成立违约责任,只产生风险负担问题。按照天灾归物的所有权人负担的传统,应由定作人负担材料毁损、灭失的风险,除非当事人另有约定。这一点得到了很多国家和地区民事立法的确认。例如,《德国民法典》第644条第1项第3款规定:"承揽人对定作人所供给材料的意外灭失或意外毁损,不负其责任。"这值得我们借鉴。

在不规则承揽合同的场合,材料的风险负担应移转给承揽人。对此上文已述,不再赘言。

定作合同因其接近买卖合同,故风险负担原则上与买卖合同中的相同。

二、工作成果的风险负担

所谓工作成果的风险负担,是指承揽人业已完成的工作成果一旦由于不可归责于双方当事人的事由毁损、灭失,工作成果本身所遭受的损失由谁来承受。对此问题,应首先区分承揽合同的类型。在承揽合同中,前已提及,有一种类型是定作人自始即可取得工作成果的所有权,因此在当事人之间不需进行财产所有权的转移;另一种类型是承揽人首先取得工作成果的所有权,在当事人之间须进行财产所有权的转移。就第一种类型,由于不存在物权变动问题,因此应遵循民法上标的物毁损、灭失风险负担的一般规则,即由工作成果的所有人,也即定作人负担工作成果毁损、灭失的风险,当事人另有约定的除外。就第二种类型,由于存在物权变动问题,应参照适用买卖合同标的物毁损、灭失风险负担的有关规定,工作成果的风险在交付以前由承揽人承担,在交付以后由定作人承担,当事人另有约定或法律另有规定的除外。[①]

工作成果毁损场合是否完全套用工作成果灭失的规则? 意见不一。否定论主张,工作成果毁损无异于承揽工作有瑕疵,定作人有权请求承揽人修理、重作等。定作人主张承揽人修理、重作的,承揽人有义务满足该项请求,不适用风险负担规则;定作人不请求修理、重作的,于此部分的对价利益,其风险由承揽人负担,亦即承揽人不得请求该部分应得的报酬。不过,这种思路及观点又与减少报酬请求权的路径重复,理论上或无多大实益。[②] 如何处理,颇费思量,本书作者提出如下三点建议:(1)毁损而修理不能的,适用一部不能的规定,为单

---

① 王利明、房绍坤、王轶:《合同法》,中国人民大学出版社2004年版,第416—417页。
② 邱聪智:《新订债法各论》(上),姚志明校订,中国人民大学出版社2006年版,第84页。

纯的风险负担问题,承揽人的修理、重作义务被免除。(2) 毁损而修理可能的,若定作人不请求修理,原则上适用风险负担规则,承揽人无修理、重作义务,同时不可请求报酬。但是,重作于定作人有利的,应依诚信原则,赋予承揽人主张重作的权利,定作人不得拒绝。(3) 对毁损能够修理的,若定作人请求修理,承揽人负有修理义务,适用物的瑕疵担保规则。①

工作成果的风险负担的移转时间点,原则上以受领工作成果之时为准。此处所谓受领,就是交付的相对,指定作人对工作成果交付的接受。在需要交付工作成果的承揽合同中,交付与受领几乎同在一线之间,亦为一般交易的常态。这与买卖合同中的受领同其意义。不过,无需交付工作成果的承揽合同是否仍有受领现象?如其答案为肯定的,则何时为受领?为避免相持不下的争论,可以承认这样的规则:承揽工作完成时为受领之时,在完成前,风险由承揽人负担,在完成后由定作人负担。②

三、报酬的风险负担

所谓报酬的风险负担,实际上就是传统民法上所谓债务履行不能的风险负担,它主要是指承揽人业已完成的工作成果一旦由于不可归责于双方当事人的事由毁损、灭失,致使承揽人无法交付工作成果或者无法转移工作成果的所有权于定作人,定作人应否向承揽人支付约定的报酬。对此问题应区别而论,同时应注意,它与工作成果的风险负担有时是一个问题的两面,存在重复之处。

1. 在承揽人完成工作成果时,即由定作人自始取得工作成果所有权的,此时在承揽人业已完成的工作成果因不可归责于双方当事人的事由毁损、灭失的情况下,承揽人不能履行的是交付工作成果的债务,考虑到毁损、灭失的工作成果中,一般既包括定作人提供材料所形成的价值,也包括承揽人提供劳务所形成的价值,报酬的风险应依据这两部分价值之间的比例关系,由定作人和承揽人合理负担。承揽人只能依照定作人承担风险的比例主张报酬的支付。③

2. 在承揽人完成工作成果时,由承揽人首先取得工作成果所有权的,此时在承揽人业已完成的工作成果因不可归责于双方当事人的事由毁损、灭失的情况下,承揽人不能履行的是交付工作成果并转移工作成果的所有权于定作人的债务,应由承揽人负担报酬的风险,承揽人不得向定作人主张报酬的支付。当事人另有约定的,依照其约定。

第四节　承揽合同的终止

一、承揽合同因协议而终止

当事人可以约定承揽合同的期限,期限届至时合同当然终止。当事人双方也可以协议解除合同,合同因当事人达成协议而解除。

---

① 邱聪智:《新订债法各论》(上),姚志明校订,中国人民大学出版社 2006 年版,第 84 页。
② 同上书,第 88 页。
③ 王利明、房绍坤、王轶:《合同法》,中国人民大学出版社 2004 年版,第 416—417 页。

二、承揽合同因行使解除权而终止

（一）定作人的随时解除合同权

《民法典》第787条规定："定作人在承揽人完成工作前可以随时解除合同,造成承揽人损失的,应当赔偿损失。"这种合同解除权的规定,对于定作人于合同成立后因各种原因不再需要承揽人继续完成工作的,允许定作人及时以赔偿承揽人的损失为代价而解除合同,可以避免更多浪费。

（二）承揽合同因当事人一方严重违约而解除

这种情况主要包括：(1) 承揽人未依约按时完成合同工作义务而使其工作于定作人已无意义的；(2) 承揽人未经定作人同意将承揽合同的主要工作转由第三人完成的；(3) 定作人在检验监督中发现承揽人工作中存在问题,经向承揽人提出,而承揽人拒不更改的；(4) 定作人未尽到协助义务,经承揽人通知仍不履行的；等等。以上各种情况出现时,当事人均可行使合同解除权,有损害存在的并可同时请求损害赔偿。

第二十三章

建设工程合同

第一节 建设工程合同概述

一、建设工程合同的概念

建设工程合同,是指承包人进行工程建设,发包人支付价款的合同(《民法典》第788条第1款)。它包括勘察合同、设计合同和施工合同。

建设工程合同脱胎于一般承揽合同,因而具有一般承揽合同的法律性质。不过,它之所以独立,是因为具有一般承揽合同所不具有的法律性质,继续归属于一般承揽合同会限制其发展,给法律规制和适用带来不适当的后果。

1. 建设工程合同的标的物仅限于基本建设工程

建设工程合同的标的物主要是作为基本建设工程的各类建筑物、地下设施附属设施的建筑,以及对线路、管道、设备进行的安装建设。正是因为建设工程合同规制的是基本建设工程,而基本建设工程对国家和社会有特殊的意义,工程建设对合同双方当事人有特殊的要求,这才使建设工程合同成为与一般承揽合同不同的一类合同。

2. 建设工程合同的主体存在有限制

建设工程合同的主体受有限制,发包人一般为建设工程的建设单位(甲方),即投资建设该项工程的单位;承包人只能是具有从事勘察、设计、建筑、安装资格的法人。并且,承包人按其拥有的注册资本、专业技术人员、技术装备和完成的建筑业绩等资质条件,分为不同的资质等级,只有取得相应的资质等级,才能在其资质等级许可的范围内承包相应的工程。根据《建设工程施工合同解释(一)》的规定,承包人未取得建筑施工企业资质或超越资质等级的,或者没有资质的实际施工人借用有资质的建筑施工企业名义的,建设工程施工合同无效(第1条第1款第1项、第2项)。当然,承包人超越资质等级许可的业务范围签订建设工程施工合同,在建设工程竣工前取得相应资质等级,当事人请求按照无效合同处理的,人民法院不予支持(第4条)。

[探讨]

建设工程施工合同的实务中,有些合同的缔约人,不是具有法人资格的建筑公司,而是建筑公司的"××公司××工程部"或"××公司××海外工程部"以自己的名义在合同文本上签字、盖章。此类建设工程施工合同因此而无效,还是不因此而影响法律效力?观点不一。按照《民法典》的立法本意,合同的当事人必须是法人或非法人组织或自然人,少数情况下是会议、设立过程中的法人等,法人的分公司、分支机构(含××公司××工程部、××公司××海外工程部)不得作为当事人,否则,合同不生法律效力。但鉴于目前有相当数量的"××公司××工程部"或"××公司××海外工程部"以自己的名义在合同文本上签字、盖章这个客观现实,以及当事人不因此主张合同无效的事实,审判和仲裁实务大多承认此类合同的效力不因此而受影响。

3. 建设工程合同具有较强的国家管理性

由于建设工程的标的物为不动产,工程建设对国家和社会生活的方方面面影响较大,在建设工程合同的订立和履行上,建设工程合同具有强烈的国家干预的色彩。因此,《民法典》第 792 条规定:"国家重大建设工程合同,应当按照国家规定的程序和国家批准的投资计划、可行性研究报告等文件订立。"

4. 建设工程合同具有程序性

因为基本建设工程建设周期长、质量要求高、涉及的方面广,各阶段的工作之间有一定的严密程序,尤其是采取 FIDIC 条件(土木工程施工合同条件)的建设工程合同,通知、签收、异议等更是必不可少,且有严格程序要求,所以,建设工程合同具有程序性的特点。

5. 建设工程合同具有要式性

法律要求建设工程合同采取书面形式(《民法典》第 789 条)。这是国家对基本建设实行监督管理的需要,也是建设工程合同的签订大多经过招标投标程序、履行经常需要发包人派驻工地代表、监理工程师和承包人会签文件等特点所要求的。

二、建设工程合同的分类

(一) 勘察合同、设计合同与施工合同

按照工程建设的基本阶段划分,建设工程合同分为勘察合同、设计合同与施工合同。

1. 勘察合同

勘察合同,是指发包人与勘察人为完成建设工程地理、地质等情况的调查研究工作而达成的协议。因为勘察工作是一项专业性很强的工作,所以筹建单位一般都要把勘察工作委托给专门的地质工程单位完成。勘察合同就是反映并调整筹建单位与受托地质工程单位之间关系的依据。中国法律对受托从事地质勘察工作的地质工作单位有着明确、严格的要求。有权从事地质勘察工作的,必须是经过国家或省、自治区、直辖市一级主管机关批准,发给"勘察许可证",具有法人资格的勘察企业或事业单位。[①]《民法典》在总结实践经验的基础上,根据勘察设计的具体特点,将勘察合同的主要内容概括为如下几项:第一,提交有关基础资料和概预算等文件的期限;第二,勘察的质量要求;第三,勘察费用;第四,其他协作条件(第 794 条)。

2. 设计合同

建设工程设计合同一般包括两种合同,一种是初步设计合同,即在建设项目立项阶段设计人为项目决策提供可行性资料的设计而与筹建单位签订的初步设计合同;另一种是在国家计划机关批准立项之后,设计人与筹建单位就具体施工设计达成的施工设计合同。这两

---

① 谢怀栻等:《合同法原理》,法律出版社 2000 年版,第 460 页。

种设计合同虽然内容有所差别,但法律关系的本质具有共性。①

3. 施工合同

施工合同,是指发包人(建设单位)和承包人(施工单位)为完成商定的建设施工工程,明确相互间的权利、义务的协议。依照施工合同,施工单位应完成建设单位交给的施工任务,建设单位应按照规定提供必要条件并支付工程价款。

(二) 总合同、年度合同、总包合同、分包合同与独立的建设工程合同

按照建设工程合同联系的结构划分,建设工程合同分为总合同、年度合同、总包合同、分包合同与独立的建设工程合同。

1. 总合同与年度合同

总合同与年度合同主要用于建设单位和施工单位发生长期联系的大中型工程项目的场合。所谓总合同,是指建设单位(发包人)与施工单位(承包人)根据批准的计划、初步设计和总概算或预算,签订的总协议。双方当事人可以根据总合同进行施工准备工作。所谓年度合同,是建设单位(发包人)和施工单位(承包人)每年依据批准的年度基本建设计划,以及所列工程的概算或预算,签订的年度施工分合同或单项工程分合同。施工单位(承包人)根据年度合同进行施工。②

总合同和年度合同的当事人是一致的,但其订立依据和作用有所不同。总合同确定了双方当事人在整个工程施工期内的相互关系,保证着双方关系的稳定性和建设工程的连续性。总合同是年度合同的基础,年度合同是总合同的具体化,明确了双方在当年完成的工程任务或单项工程上的具体权利义务。③

2. 总包合同与分包合同

分包合同,有两种意义和类型。第一种意义和类型的分包合同,简称为分包,是指发包人将一项或数项建设工程发包给几家承包人,由这几家承包人分别承包相应的工程(《民法典》第791条第1款前段)。其中所谓"几家承包人"就是分包人。第二种意义和类型的分包合同,虽然也简称为分包,却是指工程的总承包人或勘察人、设计人、施工人等承包人与第三人签订的勘察、设计、施工的承包合同(《民法典》第791条第1款中段)。当一项工程由几家设计单位参加设计,如委托其中一家设计单位总承包时,也可以签订设计总承包合同和设计分承包合同。其中所谓"承包人",又叫"总承包人",简称为"总包人";所谓"第三人",称作分包人。

与第二种意义和类型的分包合同相对应的是总包合同。所谓总包合同,简称为总包,是指发包人将整个建设工程交由一家具备相应资质条件的总承包人,由其对整个建设工程负责(《民法典》第791条第1款前段)。

在总包合同和(第二种意义和类型)分包合同的架构下,各分包人分别就建设工程的勘察、设计、建筑、安装阶段的质量、工期、工程造价等与总发包人产生债的关系。

在第二种意义和类型的分包中,按照《民法典》及《建筑法》的规定,总承包人(或是承包人,或是勘察人,或是设计人,或是施工人)与分包人签订分包合同,必须具备以下条件:

(1) 工程分包须经过发包人的同意。发包人对分包的同意方式一般有两种:一是在建

---

① 谢怀栻等:《合同法原理》,法律出版社2000年版,第460页。
② 同上书,第460—461页。
③ 同上书,第461页。

设工程总承包合同中明确约定了分包的内容,即在合同中事先约定了分包事项,承包人的分包征得了发包人的同意并写入承包合同;二是在总承包合同中没有规定分包的,在合同签订后,如任务工程的勘察、设计、建筑或安装等部分需要分包给其他单位完成的,需取得发包人的认可。(2) 被分包的工程只能是承包人、勘察人、设计人、施工人承包的部分工作。换言之,承包人、勘察人、设计人、施工人须自行承担其承包工程的部分工作。总承包人或勘察、设计、施工承包人经发包人同意,可以将自己承包的部分工作交由第三人完成。第三人就其完成的工作成果与总承包人或者勘察、设计、施工承包人向发包人承担连带责任。承包人不得将其承包的全部建设工程转包给第三人或者将其承包的全部建设工程支解以后以分包的名义分别转包给第三人(《民法典》第 791 条第 2 款)。(3) 禁止承包人将工程分包给不具备相应资质条件的单位。禁止分包单位将其承包的工程再分包(《民法典》第 791 条第 3 款)。

需要注意,建设工程的分包和转包是两个既有密切联系、又有明显区别的概念。第一种意义和类型的分包,与转包完全不同,即根本不存在总承包人,只有发包人与分包人。于此场合,需要注意的是,发包人不得将应当由一个承包人完成的建设工程支解成若干部分发包给几个承包人(《民法典》第 791 条第 1 款后段)。需要特别注意的是,第二种意义和类型的分包与转包的区别:第二种意义和类型的分包,是指工程的(总)承包人经发包人同意后,依法将其承包的非主体工程部分地交给第三人完成的行为。转包则是指承包人以营利为目的,将承包的工程整体地交由其他施工单位建造,或将主体工程交由其他施工单位建造,自己收取管理费的现象。《建设工程施工合同解释(一)》规定,承包人非法转包建设工程的行为无效(第 1 条第 2 款)。

对于因分包工程对发包人承担的侵权责任和违约责任,发包人既可以请求承包人、勘察人、设计人、施工人和分包的第三人共同予以赔偿,也可以单独向承包人、勘察人、设计人、施工人请求赔偿,还可以直接向分包人请求赔偿,承包人、勘察人、设计人、施工人进行赔偿后,有权利根据建设工程分包合同的约定,对不属于自己的赔偿责任向第三人追偿。这种连带责任的法律设计,突破了分包的第三人只按分包合同对承包人、勘察人、设计人、施工人负责的内容,增加了分包单位直接对发包人的赔偿责任,这有利于分包单位正确适当地履行合同,促进建设工程的现场管理,也强化了对发包人利益的保护。①

3. 建设工程分包合同与劳务分包合同

与上述建设工程分包合同不同的有劳务分包合同。所谓劳务分包合同,是指建设工程的承包人将其所包工程的劳务作业发包给劳务作业的单位,即劳务承包人,该劳务承包人对承包人负责的合同。稍微详细些说:(1) 劳务承包人对劳务分包范围内的工程质量向工程承包人负责,未经工程承包人的许可或授权,不得擅自与发包人及有关部门建立工作联系。换句话说,相对于发包人而言,劳务承包人并非合同主体。(2) 劳务承包人必须依法、依约完成所包劳务作业;不然,劳务承包人向工程承包人承担责任,而非直接向发包人承担责任。(3) 劳务承包人必须服从工程承包人转发的发包人及工程师的指令。

具有劳务作业法定资质的承包人与总承包人、分包人签订的劳务分包合同,当事人以转包建设工程违反法律规定为由请求确认无效的,人民法院不予支持[《建设工程施工合同解释(一)》第 5 条]。没有劳务作业法定资质的单位与工程承包人签订劳务分包合同的,该合

---

① 崔建远主编:《合同法》(第 5 版),杨明刚执笔,法律出版社 2010 年版,第 454—455 页。

同不具有法律效力。

4. 独立的建设工程承包合同

独立的建设工程承包合同的联系结构是，发包人就工程项目的勘察设计或施工工作分别签订建设工程合同。这种情况发生在同一项工程由一家或几家勘察设计单位或施工单位参加勘察设计或施工的场合。在这种结构中，各个承包人之间不发生合同联系，各自仅就其承担的工作分别向发包人负责。①

(三) 国内建设工程合同与国际建设工程合同

按照合同是否涉及国外当事人的标准划分，建设工程合同可分为国内建设工程合同与国际建设工程合同。国际建设工程合同，是指一国的建设工程发包人和另一国的承包人之间为承包建设工程项目，就双方的权利义务达成的协议。国际建设工程合同包含以下几种类型：(1) 工程咨询合同；(2) 施工合同，往往采取 FIDIC 条款(《FIDIC 土木工程施工合同条件》)的形式；(3) 工程服务合同；(4) 提供设备和安装合同。

第二节 建设工程合同的订立

一、建设工程合同的订立概述

建设工程合同的订立，当事人虽可洽商，但必须遵守国家规定的程序。例如，一个工程项目的确定，首先要立项，即由有关业务主管部门和建设单位提出项目建议书，报经有关计划机关批准。立项后进行可行性研究，编制计划任务书，选定工程地址。只有在计划任务书批准后，才可根据计划任务书签订勘察、设计的合同。只有在勘察、设计合同履行后，才能根据批准的初步设计、技术设计、施工图和总概算等签订施工合同。②

各种建设工程合同由于当事人之间的权利、义务关系复杂，建设质量、建设周期、工程价款等可变因素较多，为减少和防止国有资产的流失，法律提倡该类合同的签订采用招标、投标形式进行。《招标投标法》第 3 条第 1 款规定，在中华人民共和国境内进行下列工程建设项目包括项目的勘察、设计、施工、监理以及与工程建设有关的重要设备、材料等的采购，必须进行招标：(1) 大型基础设施、公用事业等关系社会公共利益、公众安全的项目；(2) 全部或部分使用国有资金投资或国家融资的项目；(3) 使用国际组织或外国政府贷款、援助资金的项目。

建设工程的招标有以下几种形式：一是全过程招标，即从项目建议书开始，包括设计任务书、勘察设计、设备材料询价与采购、工程施工、生产准备、投料试车，直至竣工投产、交付使用，实行全面招标；二是勘察设计招标；三是工程施工招标，施工招标可实行全部工程招标、单项工程招标、分部工程招标、专业工程招标等形式；四是安装工程招标。在通过招标、投标方式订立合同时，通常要经过招标、投标、决标等阶段。招标可以采取公开招标和邀请招标等方式进行。

对国家确定的重大建设工程，如基本建设中的大型建设项目，由于建设工程涉及面广，内外协作环节多，必须有计划、有步骤、有秩序地进行，才能达到预期效果。这类建设工程合

---

① 谢怀栻等：《合同法原理》，法律出版社 2000 年版，第 463 页。
② 同上书，第 471 页。

同的订立,需受严格的国家计划约束,要按国家计划和相关批准文件方能有效成立。国家重大建设工程,在履行了批准程序后,当事人方可按照国家投资计划和可行性研究报告订立建设工程合同,否则,其擅自订立的合同,因违反法律强制性规定而归于无效(《民法典》第792条、第153条)。另外,对一些特别重大的工程,国家还要进行长期论证,并采取特别的审批程序。

二、当事人的资格

建设工程合同的当事人,必须是法人,自然人、合伙、个体工商户及其他非法人组织不得成为发包人和承包人。对于承包人的资格,法律要求得更为严格。《建筑法》第12条规定,从事建筑活动的建筑施工企业、勘察单位、设计单位和工程监理单位,应当具备下列条件:(1)有符合国家规定的注册资本;(2)有与其从事的建筑活动相适应的具有法定执业资格的专业技术人员;(3)有从事相关建筑活动所应有的技术装备;(4)法律、行政法规规定的其他条件。

三、建设工程合同的条款

按照《民法典》第794条的规定,勘察、设计合同的内容一般包括提交有关基础资料和概预算等文件的期限、质量要求、费用以及其他协作条件等条款。

对于施工合同的主要条款,《民法典》第795条借鉴了中国在建筑、安装合同方面的原有立法,并根据施工合同的实践发展,将该类合同的主要内容概括为以下几项:(1)工程范围。对一项施工合同,必须明确约定具体的施工工程范围,一般应附上工程项目一览表及其工程量,主要包括工程名称及地点,建筑物的栋数、结构、层数、面积,等等。(2)建设工期。建设工期是施工人完成施工工程的时间或期限。建设工期的长短,直接影响着当事人双方的权利、义务,是双方应明确约定的重要条款。(3)中间交工工程的开工和竣工时间。一项整体的建设工程,往往由许多的中间工程组成,中间工程的完工时间,影响着后续工程的开工,制约着整个工程的顺利完成,在施工合同中需对中间工程的开工和竣工时间作明确约定。(4)工程质量。对建筑、安装工程的质量标准,国家制定了一系列的质量标准,并制定了专门的《技术工程质量监督管理规定》,由建设主管部门对工程质量进行监督。建设工程合同对此应予遵循。(5)工程造价。工程造价因采用不同的定额计算方法,会产生巨大的价款差额。在以招标、投标方式签订的合同中,应以中标时确定的金额为准;如按初步设计总概算投资包干时,应以经审批的概算投资中与承包内容相应部分的投资(包括相应的不可预见费)为工程价款。如按施工图预算包干,则应以审查后的施工图总预算或综合预算为准。在建筑、安装合同中,能准确确定工程价款的,需予定明。如在合同签订时尚不能准确计算出工程价款的,尤其是按施工图预算加现场签证和按时结算的工程,在合同中需明确规定工程价款的计算原则,具体约定执行的定额、计算标准,以及工程价款的审定方式等。(6)技术资料交付时间。工程的技术资料,如勘察、设计资料等,是进行建筑施工的依据和基础,发包人必须将工程的有关技术资料全面、客观、及时地交付给施工人,才能保证工程的顺利进行。(7)材料和设备的供应责任。(8)拨款和结算。施工合同中,工程价款的结算方式和付款方式因采用不同的合同形式而有所不同。在一项建筑安装合同中,采用何种方式进行结算,需双方根据具体情况进行协商,并在合同中明确约定。对于工程款的拨付,需根据付款内容由当事人双方确定,具体有如下四项:A.预付款。在建筑安装合同中,因承包人在开工前需要组织转移施工队伍、机械设备、进行备料及做其他准备工作,按照惯例,发包人需向承包人支付一定数量的预付款。B. 工程进度款。即工程开工后,发包人根据承包人上报的工程价款结算账单、已完结工程月报表及工程日志,按合同固定予以工程计量并确认签证后按月(季度)支付部分合同价款。C. 竣工结算款。即在工程竣工后,发包人依据竣工合格证书和已批准的结算报告,在扣除保修扣留金后,将其余工程价款全部付清。D. 保修扣留金。在保修期内,承包人履行了保修义务,保修期满后,发包人应将剩余保修金和按合同条款约定利率计算的利息一并支付给承包人。(9) 竣工验收。对建设工程的验收方法、程序和标准,国家制定了相应的行政法规予以规范。(10) 质量保修范围和质量保证期。施工工程在办理移交验收手续后,在规定的期限内,因施工、材料等原因造成的工程质量缺陷,要由施工单位负责维修、更换。国家对建筑工程的质量保证期限一般都有明确要求。(11) 相互协作。施工合同的顺利实施不仅需要当事人各自积极履行义务,还需要当事人相互协作,协助相对方履行义务,如在施工过程中及时提交相关技术资料、通报工程情况,在完工时及时检查验收等,可见相互协作条款的重要性。

第三节 建设工程合同的无效及其后果

一、建设工程合同无效的原因

建设工程合同,作为合同的一种,自然适用《民法典》第 146 条第 1 款、第 153 条、第 154 条等条款关于合同无效的规定。除此而外,建设工程合同还有一些特殊的无效原因,《建设工程施工合同解释(一)》第 1 条至第 3 条等条款在这方面设有若干规定,梳理起来,计有如下无效的原因:

1. 承包人未取得建筑施工企业资质或超越资质等级

为保障建设工程质量,中国现行法对于承包人实行资质管理制度,承包人未取得建筑施工企业资质或超越资质等级,却签订建设工程合同的,该合同无效[《建设工程施工合同解释(一)》第 1 条第 1 款第 1 项]。不过,承包人超越资质等级许可的业务范围签订建设工程施工合同,在建设工程竣工前取得相应资质等级,当事人请求按照无效合同处理的,人民法院不予支持[《建设工程施工合同解释(一)》第 4 条]。

2. 没有资质的实际施工人借用有资质的建筑施工企业名义

没有资质的实际施工人借用有资质的建筑施工企业名义的,使得中国现行法实行承包人资质制度的目的落空,建设工程质量没有保障,后果不堪设想。为防止、杜绝没有资质的实际施工人借用有资质的建筑施工企业名义的现象,《建设工程施工合同解释(一)》第 1 条第 1 款第 2 项特设规定,没有资质的实际施工人借用有资质的建筑施工企业名义,与发包人签订建设工程合同的,合同无效。

3. 建设工程必须进行招标而未招标或中标无效的

《招标投标法》第 3 条第 1 款规定:"在中华人民共和国境内进行下列工程建设项目包括项目的勘察、设计、施工、监理以及与工程建设有关的重要设备、材料等的采购,必须进行招标:(一) 大型基础设施、公用事业等关系社会公共利益、公众安全的项目;(二) 全部或者部分使用国有资金投资或者国家融资的项目;(三) 使用国际组织或者外国政府贷款、援助资金的项目。"这些规定属于效力性的强制性规定,按照《民法典》第 153 条第 1 款的规定,建设工程合同无效。为了贯彻落实这些法律规定及其精神,《建设工程施工合同解释(一)》第1条第1款第3项规定,建设工程必须进行招标而未招标或者中标无效的,合同无效。值得提及的是,近些年来,对于发包人使用自己资金(非国有资金)建造商品房的建设工程施工合同,虽未经过招标、投标的程序,但越来越多的判决、裁决并不以此类合同违反《招标投标法》第3条的规定为由裁判无效。

4. 承包人转包、违法分包建设工程的

承包人转包、违法分包建设工程,会使工程款被层层"剥皮",致使实际施工人偷工减料,形成"豆腐渣"工程;也可能是建设工程被没有资质或资质等级较低的实际施工人施工建造,导致工程质量瑕疵。为防止、杜绝此类现象,《建设工程施工合同解释(一)》第1条第2款规定,承包人转包、违法分包建设工程的,建设工程合同无效。不过,具有劳务作业法定资质的承包人与总承包人、分包人签订的劳务分包合同,当事人以转包建设工程违反法律规定为由请求确认无效的,不予支持[《建设工程施工合同解释(一)》第5条]。

5. 发包人未取得建设工程规划许可证等规划审批手续

发包人未取得建设工程规划许可证等规划审批手续,却订立建设工程施工合同,此种合同应当无效,除非发包人在起诉前取得建设工程规划许可证等规划审批手续(《建设工程施工合同解释(一)》第3条第1款)。发包人能够办理审批手续而未办理,并以未办理审批手续为由请求确认建设工程施工合同无效的,人民法院不予支持[《建设工程施工合同解释(一)》第3条第2款]。

6. 与备案的中标合同不同的合同

所谓备案的中标合同,俗称"阳"合同,或"白"合同,是指按照《招标投标法》及有关招标投标的法规、规章的规定,遵循招标投标的程序,依法签订的建设工程合同。所谓与备案的中标合同不同的合同,俗称"阴"合同,或"黑"合同,是指当事人双方私自签订的不同于中标合同的建设工程合同。此类"阴"合同,或"黑"合同,一般都变更了中标的合同价款,或改变了其他条款,违反了《招标投标法》的规定及其精神,不以此为据确定权利义务[《建设工程施工合同解释(一)》第2条第1款]。在这个意义上,也可以说此类合同无效。此其一。招标人和中标人在中标合同之外就明显高于市场价格购买承建房产、无偿建设住房配套设施、让利、向建设单位捐赠财物等另行签订合同,变相降低工程价款,一方当事人以该合同背离中标合同实质性内容为由请求确认无效的,人民法院应予支持[建设工程施工合同解释(一)》第2条第2款]。此其二。其实,有些备案的中标合同并非当事人双方的真实意思表示,且未予实际履行;未备案合同才是当事人双方的真实意思表示,且予实际执行。按照《民法典》第146条的规定,备案的招标合同应当无效。① 此其三。

此外,多数说认为,当事人双方在招标、投标程序运作前签订"阴"合同,而后将经过招标、投标的建设工程施工合同备案,但不予实际执行之,此种情况下的"阴"合同和"阳"合同均应无效。

二、建设工程合同无效的处理

(一) 关于工程款的结算依据

当事人就同一建设工程另行订立的建设工程施工合同与经过备案的中标合同实质性内

---

① 崔建远:《先签合同与后续合同的关系及其解释》,载《法学研究》2018年第4期。

容不一致的,即所谓"阴"合同,应当以备案的中标合同作为结算工程价款的根据[《建设工程施工合同解释(一)》第2条第1款、第22条]。当事人签订的建设工程施工合同与招标文件、投标文件、中标通知书载明的工程范围、建设工期、工程质量、工程价款不一致,一方当事人请求将招标文件、投标文件、中标通知书作为结算工程价款的依据的,人民法院应予支持[《建设工程施工合同解释(一)》第22条]。

发包人将依法不属于必须招标的建设工程进行招标后,与承包人另行订立的建设工程施工合同背离中标合同的实质性内容,当事人请求以中标合同作为结算建设工程价款依据的,人民法院应予支持,但发包人与承包人因客观情况发生了在招标投标时难以预见的变化而另行订立建设工程施工合同的除外[《建设工程施工合同解释(一)》第23条]。

(二) 关于工程款、有关费用的支付

建设工程施工合同无效,但建设工程经竣工验收合格,承包人请求参照合同约定支付工程价款的,应予支持[《民法典》第793条第1款、《建设工程施工合同解释(一)》第24条第1款]。

建设工程施工合同无效,且建设工程经竣工验收不合格的,按照以下情形分别处理:(1)修复后的建设工程经竣工验收合格的,发包人可以请求承包人承担修复费用;(2)修复后的建设工程经验收不合格的,承包人无权请求参照合同关于工程价款的约定折价补偿(《民法典》第793条第2款)。因建设工程不合格造成的损失,发包人有过错的,也应承担相应的民事责任(《民法典》第793条第3款)。

(三) 关于垫资及其利息的计算与返还

当事人对垫资没有约定的,按照工程欠款处理[《建设工程施工合同解释(一)》第25条第2款]。当事人对垫资和垫资利息有约定,承包人请求按照约定返还垫资及其利息的,人民法院应予支持,但是约定的利息计算标准高于垫资时的同类贷款利率或者同期贷款市场报价利率的部分除外[《建设工程施工合同解释(一)》第25条第1款]。建设工程合同无效的场合,对于垫资利息的计算与返还,也应当如此处理。当事人对垫资利息没有约定,承包人请求支付利息的,人民法院不予支持[《建设工程施工合同解释(一)》第25条第3款]。

第四节 建设工程合同的效力

建设工程合同属于承揽合同的特殊存在形式,应适用承揽合同的一般规定。本节仅介绍建设工程合同在效力上不同于承揽合同效力的一些相关内容。

一、承包人、发包人的义务

(一) 承包人的义务

1. 承包人的容忍义务

承包人的容忍义务,是指承包人接受发包人检查监督的义务。承包人有义务接受发包人在不妨碍承包人正常作业的情况下对工程进度和工程质量进行的必要监督,对发包人的检查,承包人应予以支持和协助(《民法典》第797条)。

发包人检查的内容主要包括两项:一是对工程进度进行检查。二是对工程质量进行检查。即发包人代表或监理工程师享有随时检查工程施工行为、工程材料与设备质量的检查权。在检查中发现承包工程质量与合同约定或法律法规的规定不符的,发包人代表或监理工程师有权提出纠正意见,要求承包人进行补修或返工,承包人应接收发包人指令,及时改正,以保证工程质量。[①]

同时,法律对发包人的检查权的行使作了限制性规定。发包人不能滥用检查权,不能因发包人的检查影响工程的正常作业。如果发包人的检查影响到工程的正常作业,承包人有权在说明理由的基础上予以拒绝。

2. 承包人在工程隐蔽前的通知义务及发包人怠于检查的责任

在一个整体的建设工程中,有许多中间工程,特别是有一些需要隐蔽的工程,如为一项整体工程而铺设的自来水、煤气等地下管线工程。对这些隐蔽工程的检查验收一般要先于主体工程,如果在覆盖隐蔽后再与主体工程一道检查验收,则需要重新开挖,揭去隐蔽工程上的泥土等覆盖物,必然增加不必要的费用。《民法典》第 798 条在衡平发包人和承包人利益的基础上,确定了如下规则:

(1)承包人的通知义务。即在隐蔽工程隐蔽前,承包人应及时通知发包人进行检查,以确定工程质量是否符合合同约定和法律法规规定的要求。怠于通知或未及时通知造成的损失,由承包人承担。

(2)对隐蔽工程在隐蔽以前的检查,既是发包人的权利,也是发包人的义务。对于发包人没有及时检查的情况,《民法典》第 798 条规定,即使发包人没有及时对隐蔽工程进行检查,承包人也不能自行检查后将工程隐蔽。同时,法律规定承包人可以顺延工程日期,并享有请求赔偿停工、窝工损失的权利来对承包人予以救济。这样规定,一方面保护了承包人的利益,另一方面,其主要目的在于尽可能地保证隐蔽工程的质量,防止因发包人未对工程进行检查即予隐蔽带来工程隐患。

3. 承包人的保修义务

承包人对其承包工程负有保修义务,并且在保证金返还的情况下,依照合同约定、法律规定产生的保修义务也继续存在[《建设工程施工合同解释(一)》第 17 条第 2 款]。

(二)发包人的义务

1. 对工程的验收义务

首先,验收的依据是《民法典》第 799 条,计有以下三项:(1)施工图纸及说明书。在一项工程中,一般都需经过勘察、设计、建筑安装诸阶段,建筑安装的施工通常以设计的图纸为依据,但在施工过程中,往往会对设计图纸予以更改,因此,如果设计图纸与施工图纸不一致的,验收时就以施工图纸为准。施工图纸及说明书是承发包合同的有机组成部分,是对承包人施工条款的具体化,对工程的验收自应将其作为重要依据。(2)国家颁发的施工验收规范。(3)国家颁发的建设工程质量检验标准。

其次,关于建设工程验收的主体,根据国务院《建设工程质量管理条例》第 16 条的规定,建设工程完工后,施工单位应当向建设单位提交竣工验收报告,申请对建设工程进行竣工验收。建设单位收到工程竣工报告后,组织设计单位、施工单位和监理单位等相关责任单位共同对竣工的工程进行验收并出具竣工验收报告。

复次,当事人对建设工程实际竣工日期有争议的,按照以下情形分别处理:(1)建设工程经竣工验收合格的,以竣工验收合格之日为竣工日期;(2)承包人已经提交竣工验收报告,发包人拖延验收的,以承包人提交验收报告之日为竣工日期;(3)建设工程未经竣工验

---

① 崔建远主编:《合同法》(第 5 版),杨明刚执笔,法律出版社 2010 年版,第 458 页。

收,发包人擅自使用的,以转移占有建设工程之日为竣工日期[《建设工程施工合同解释(一)》第9条]。

最后,当事人约定,发包人收到竣工结算文件后,在约定期限内不予答复,视为认可竣工结算文件的,按照约定处理。承包人请求按照竣工结算文件结算工程价款的,应予支持[《建设工程施工合同解释(一)》第21条]。

2. 支付价款及其利息的义务

发包人在对建设工程验收合格后,应按合同的约定,扣除一定的保证金后,将剩余工程的价款按约定方式支付给承包人。但须注意,因承包人的过错造成建设工程质量不符合约定,承包人拒绝修理、返工或改建,发包人有权请求减少支付工程价款[《建设工程施工合同解释(一)》第12条、第13条]。

即使建设工程合同解除,已经完成的建设工程质量合格的,发包人应当按照约定支付相应的工程价款;已经完成的建设工程质量不合格的,参照《民法典》第793条第2款关于"(一)修复后的建设工程经验收合格的,发包人可以请求承包人承担修复费用;(二)修复后的建设工程经验收不合格的,承包人无权请求参照合同关于工程价款的约定折价补偿"的规定处理(《民法典》第806条第3款)。

当事人对建设工程的计价标准或计价方法有约定的,按照约定结算工程价款[《建设工程施工合同解释(一)》第19条第1款]。当事人约定按照固定价结算工程价款,一方当事人请求对建设工程造价进行鉴定的,人民法院不予支持[《建设工程施工合同解释(一)》第28条]。当事人在诉讼前已经对建设工程价款结算达成协议,诉讼中一方当事人申请对工程造价进行鉴定的,人民法院不予准许[《建设工程施工合同解释(一)》第29条]。因设计变更导致建设工程的工程量或质量标准发生变化,当事人对该部分工程价款不能协商一致的,可以参照签订建设工程施工合同时当地建设行政主管部门发布的计价方法或计价标准结算工程价款[《建设工程施工合同解释(一)》第19条第2款]。建设工程施工合同有效,但建设工程经竣工验收不合格的,工程价款结算依照《民法典》第577条关于违约责任的规定处理[《建设工程施工合同解释(一)》第19条第3款]。

关于支付工程款的日期,合同有约定,依其约定;当事人对付款时间没有约定或约定不明的,下列时间视为应付款时间:(1)建设工程已实际交付的,为交付之日;(2)建设工程没有交付的,为提交竣工结算文件之日;(3)建设工程未交付,工程价款也未结算的,为当事人起诉之日[《建设工程施工合同解释(一)》第27条后段]。

[探讨]

(1)承包人虚夸已完工程量时如何处理?

建设工程施工合同的实务中,结算工程款时常遇到承包人虚夸已完工程量、水分过大的问题。妥当地解决此类问题,一是援用《建设工程施工合同解释(一)》第20条关于"当事人对工程量有争议的,按照施工过程中形成的签证等书面文件确认。承包人能够证明发包人同意其施工,但未能提供签证文件证明工程量发生的,可以按照当事人提供的其他证据确认实际发生的工程量"的规定;二是需要发包人聘请经验丰富的工程专家,查找出承包人所报工程量失实之所在;三是确立承包人虚夸已完工程量一经查实,要承担较重的法律责任的规则。例如,一经查实承包人虚夸了已完工程量,对承包人某些真实的证据也不予采信,迫使承包人不敢虚夸已完工程量。

(2) 承包人包料时材料款的计算及确认

建设工程施工合同约定,承包人包料的,对于承包人所购建筑材料的材料款如何确认?发包人经常主张,承包人所购建筑材料,未经其派驻工地代表的签字确认,便不承担支付材料款的义务。而承包人则坚持,只要监理工程师已经签字确认,发包人就应当支付材料款。建设工程方面的专家认为,监理工程师在 FIDIC 条款模式中就是发包人一侧之人,故而他在材料款的单据上签字确认,就意味着发包人签字确认,对发包人发生法律效力,发包人有义务支付材料款;即便在中国,虽然没有沿袭 FIDIC 条款模式中监理工程师与发包人一体的观点,但承认监理工程师系发包人的代理人。基于代理制度及其原理,发包人对监理工程师业已签字确认的材料款应负支付义务。对此结论,本书作者表示赞同。当然,若当事人双方出于真意,明确约定只有发包人派驻工地代表和监理工程师共同在材料款单据上签字确认,才有义务支付材料款,则依其约定。

(3) 合同约定固定价格、包死价时,如何处理?

有些建设工程施工合同约定,合同价格为固定价格,或包死价。于此场合,承包人可否对超出约定价格部分主张工程款、材料款? 意见不一。本书作者认为,既然合同已经明确约定了固定价格、包死价,该约定又出于当事人的真意,就应当尊重当事人的意思,不应支持承包人关于超出固定价、包死价部分的工程款、材料款。不过,若同一份合同设有但书,或在其他条款中载有"酌情确定合同价格"之类的字样,就应适当考虑超出固定价、包死价部分的工程款、材料款。再就是,市场价格变动太大,严格固守固定价格、包死价的约定,对于承包人过于苛刻,显失公平。于此场合,若符合情事变更原则适用的条件,就应当允许承包人援用情事变更原则,主张适当增加合同价格,乃至主张解除合同。

3. 接收建设工程的义务

发包人应与承包人办理移交手续,正式接收该项建设工程,发包人可按自己的意图使用此建筑物,承包合同的主要条款即告履行完毕,对该工程的诸多风险,自接收之日起,即由承包人转移到发包人。

4. 返还保证金的义务

在下述情况下,发包人有义务返还保证金:(1) 当事人约定的工程质量保证金返还期限届满;(2) 当事人未约定工程质量保证金返还期限的,自建设工程通过竣工验收之日起满 2 年;(3) 因发包人原因建设工程未按约定期限进行竣工验收的,自承包人提交工程竣工验收报告 90 日后当事人约定的工程质量保证金返还期限届满;当事人未约定工程质量保证金返还期限的,自承包人提交工程竣工验收报告 90 日后起满 2 年[《建设工程施工合同解释(一)》第 17 条第 1 款]。

二、发包人、承包人的责任

(一) 发包人的责任

1. 发包人未按约定时间和要求提供原材料、设备、场地、资金、技术资料情况下的责任

建筑工程合同中,对材料和设备的供应方式往往有明确规定。除法律、法规规定必须由发包人供应的外,均可由双方自行约定物资供应方式,即发包人、承包人既可采用包工不包料的方式,也可采用包工全包料或包工半包料的方式。如果按照发包人、承包人的约定或国家法律、法规的规定,承包人对建筑工程采取包工不包料或包工半包料的方式,则发包人应

负责材料和设备的全部或部分供应。发包人未按照约定的时间和要求提供原材料、设备、场地、资金、技术资料的,承包人可以顺延工程日期,并有权请求赔偿停工、窝工等损失(《民法典》第803条)。

所谓发包人提供场地,是指发包人负责办理正式工程和临时设施所需土地使用权的征用、民房的拆迁、施工用地和障碍物拆除等许可证。发包人应按期完成这些工作,为承包人提供符合合同要求的施工场地;否则,构成违约。

发包人需按照合同的约定,在开工前或施工过程中提供建设资金,如果不按照约定时间和支付方式提供工程价款的,需承担相应责任。

技术资料是建设工程顺利进行的技术保障。发包人应当按照合同的要求,及时全面地提供相关的技术资料,不得无故拖延或隐匿;否则,应承担违约责任。

2. 因发包人的原因致使工程停建、缓建的责任

因发包人的原因致使工程中途停建、缓建的,发包人应当采取措施弥补或减少损失,赔偿承包人因此造成的停工、窝工、倒运、机械设备调迁、材料和构件积压等损失和实际费用(《民法典》第804条)。

3. 发包人对勘察人、设计人的责任

发包人将一项工程的勘察、设计委托给勘察人、设计人后,勘察人、设计人即按合同约定开展勘察、设计工作。发包人则应严守合同的规定,不得随意更改勘察、设计内容,并应按合同约定,全面、准确、及时地提供勘察、设计所需的资料、工作条件等。如果因发包人变更计划,提供的资料不准确,或者未按照期限提供必需的勘察、设计工作条件而造成勘察、设计的返工、停工或修改设计,发包人应当按照勘察人、设计人实际消耗的工作量增付费用(《民法典》第805条)。

4. 发包人未按约付款时的后果

发包人未按约定支付价款的,可类推适用《民法典》第676条的规定,应承担逾期付款的违约责任。当事人对欠付工程价款利息计付标准有约定的,按照约定处理。没有约定的,按照同期同类贷款利率或同期贷款市场报价利率计息[《建设工程施工合同解释(一)》第26条]。利息从应付工程价款之日开始计付[《建设工程施工合同解释(一)》第27条前段]。此外,发包人未按照约定支付价款的,承包人可以催告发包人在合理期限内支付价款。发包人逾期不支付的,除根据建设工程的性质不宜折价、拍卖外,承包人可以与发包人协议将该工程折价,也可以请求人民法院将该工程依法拍卖。建设工程的价款就该工程折价或拍卖的价款优先受偿(《民法典》第807条)。该项制度,确实强化了对承包人利益的保护,较为妥当地平衡了一般抵押权人和建筑承包人之间的利益和风险,为立法上的一大进步。[①]

对此种建设工程价款优先受偿权,《建设工程施工合同解释(一)》予以细化:(1)该权适合于建设工程质量合格,包括已经竣工的和未竣工的工程(第38条、第39条)。(2)该权须于合理期限内行使,所谓合理期限最长不得超过18个月,自发包人应当给付建设工程价款之日起算(第41条)。(3)建设工程价款优先受偿的范围依照国务院有关行政主管部门关于建设工程价款范围的规定确定,但不包括发包人逾期支付建设工程价款的利息、违约金、损害赔偿金等费用(第40条)。(4)该权优于抵押权和其他债权(第36条)。(5)装饰装修工程具备折价或拍卖条件的,也有工程价款优先受偿权规则的适用(第37条)。(6)发

---

① 较为详细的论述,请见崔建远:《论建设工程价款优先受偿权》,载《法商研究》2022年第6期。

包人与承包人约定放弃或限制建设工程价款优先受偿权,损害建筑工人利益,发包人根据该约定主张承包人不享有建设工程价款优先受偿权的,人民法院不予支持(第42条)。

[思考]

发包人与承包人就工程协议折价,冲抵工程款债权,在它们双方之间可以有效,但于此场合仍须遵循合同相对性原则,在该工程已经成为抵押物的情况下,发包人和承包人之间的折价协议不得对抗该抵押权,在折价过低时尤其如此。

[探讨]

(1) 建设工程施工合同无效场合,《民法典》第807条的规定是否适用?

观察《民法典》第807条关于优先受偿权的表述,可知该条系关于承包人工程款优先受偿权的规定,而工程款债权产生于建设工程施工合同有效的场合。单就这点看来,《民法典》第807条关于优先受偿权的规定适用于建设工程施工合同有效的场合。可是,探究该条的规范意旨,则可知该条系"为了切实解决拖欠工程款的问题,保障承包人价款债权的实现"[1]而特别设置的。承包人将其技术、劳务甚至资金物化到所包工程之中了,在这个意义上说,所建工程也是承包人的劳动果实,赋权其优先受偿,也是公平合理的。建设工程承包合同有效时如此,无效时也同样存在这个道理。所以,笔者认为,建设工程承包合同无效场合,也应准用《民法典》第807条的规定。

(2) 建设工程施工合同为装饰装修合同时,《民法典》第807条的规定在适用时有无限制?

如果发包人就是被装饰装修物的业主,那么,《民法典》第807条的规定适用于此毫无障碍。但是,如果发包人是承租人,而被装饰装修物属于出租人所有,那么,《民法典》第807条的规定仍旧不加限制地适用,就会严重损害被装饰装修物所有权人(出租人)的权益,而这种损害缺乏正当性依据。在发包人恶意、发包人和承包人恶意串通损害被装饰装修物所有权人(出租人)合法权益的情况下,更是如此。于此场合,不应适用《民法典》第807条的规定。不过,如果被装饰装修物所有权人(出租人)已经承诺承包人享有《民法典》第807条规定的优先受偿权,则另当别论。进而,被装饰装修物所有权人(出租人)虽无此类承诺,但同意出租人与第三人签订有装饰装修合同,且未排除《民法典》第807条适用的,笔者也倾向于《民法典》第807条有适用的余地。

[思考]

《民法典》第807条的规定是否适用于以物抵债合同的场合?

甲房地产公司作为发包人与乙建筑公司作为承包人签订A楼《建设工程施工合同》,乙公司完工并通过竣工验收后,甲公司仍然欠付工程款。此时,甲公司和乙公司签订《以A楼抵付工程款协议》,约定将由乙公司施工完成的A楼抵偿所欠乙公司的工程款。在A楼尚未交付给乙公司亦未过户登记在乙公司的名下的情况下,甲公司的债权人丙申请强制执行A楼。乙公司以将A楼抵偿工程款系在行使《民法典》第807条规定的优先受偿权为由,予以抗辩,可否?笔者持否定态度,理由如下:

---

[1] 黄薇主编:《中华人民共和国民法典合同编释义》,法律出版社2020年版,第693页。

(1) 从文义解释和目的解释看：《民法典》第807条规定的优先受偿权，是赋权承包人就其工程款债权优先受偿，而非就建筑物本身优先受偿，具体实施方法是要将该建筑物拍卖或变卖，承包人的工程款债权就所得价款优先受偿。既然如此，如果认定以建筑物抵偿工程款债权是在行使《民法典》第807条规定的优先受偿权，就背离了该条的立法目的及文义。所以，乙公司以将A楼抵偿工程款债权系在行使《民法典》第807条规定的优先受偿权为由，予以抗辩，是没有法律依据的。

(2) 从利益衡量的角度看：行使《民法典》第807条规定的优先受偿权，要贯彻清算规则，即建筑物的变价多于工程款数额的，承包人须将剩余的变价款留给发包人；建筑物的变价低于工程款数额的，发包人尚需用其他的责任财产清偿工程款债权尚未满足的部分。在这样的前提下，假如承认发包人和承包人签订以建筑物抵偿工程款债权合同，以承包人所建工程抵偿工程款债权，属于行使《民法典》第807条规定的优先受偿权，就可有如下结果：A. 若抵债时低价确定抵债的建筑物的价值，则不但损害了发包人的利益，在发包人的责任财产不足以清偿数个并存的债权时，也侵害了发包人的其他债权人的利益。B. 低价确定抵债的建筑物的价值，在抵债后发包人再无其他用以清偿的责任财产时，也损害了发包人的债权人/抵押权人的利益。C. 即使合理确定建筑物的价格，也因以承包人完工的建筑物抵偿工程款债权意味着使承包人的债权优先受偿，使得预购该建筑物一部（区分所有的商品房）的消费者无法取得商品房，至少使用价值的实际享受方面遭受损失，更遑论发包人进入破产清算程序时预购人所遭受的损失了。

5. 关于使用未经验收或验收不合格的工程的责任问题

建设工程必须经过验收后由发包人正式接收方可投入使用。工程的验收是发包人对承包人所承建工程的质量符合合同约定和法律规定的标准的确认。《民法典》对使用未经验收或验收不合格工程的责任问题增加了相应的规制内容："建设工程竣工经验收合格后，方可交付使用；未经验收或者验收不合格的，不得交付使用"（第799条第2款）。这既包括了承包人不得将未经验收或验收不合格工程交付使用的内容，也包括了发包人不得自己使用或转让给他人使用未经验收或验收不合格的工程的内容。换言之，交付使用未经验收或验收不合格工程既可能有发包人的责任，也可能有承包人的责任，对这类工程在使用过程中出现质量问题的，承包人并不能当然免责，并且，如果发包人将质量工程转让给第三人使用的，其转让合同应为无效。在这方面，《建设工程施工合同解释（一）》第14条的态度是："建设工程未经竣工验收，发包人擅自使用后，又以使用部分质量不符合约定为由主张权利的，人民法院不予支持；但是承包人应当在建设工程的合理使用寿命内对地基基础工程和主体结构质量承担民事责任。"

（二）承包人的责任

1. 勘察人、设计人的违约责任

勘察、设计的质量不符合要求或未按照期限提交勘察、设计文件拖延工期，造成发包人损失的，勘察人、设计人应当继续完善勘察、设计，减收或免收勘察、设计费并赔偿损失（《民法典》第800条）。

2. 建筑工程施工人的违约责任

因施工人的原因致使建设工程质量不符合约定的，发包人有权请求施工人在合理期限内无偿修理或返工、改建。经过修理或返工、改建后，造成逾期交付的，施工人应当承担违约责任(《民法典》第 801 条)。

3. 承包人违反保修义务时的责任

因保修人未及时履行保修义务,导致建筑物毁损或者造成人身损害、财产损失的,保修人应当承担赔偿责任[《建设工程施工合同解释(一)》第 18 条第 1 款]。当然,保修人与建筑物所有人或发包人对建筑物毁损均有过错的,各自承担相应的责任[《建设工程施工合同解释(一)》第 18 条第 2 款]。

4. 承包人的侵权责任

因承包人的原因导致建设工程在合理使用期限内造成人身损害和财产损失的,承包人应当承担赔偿责任(《民法典》第 802 条)。

对建筑工程来说,《产品质量法》第 2 条第 3 款正文规定,"建筑工程不适用本法规定"。因此,不能根据该法确定承包人的侵权责任。而《民法典》第 802 条则对承包人侵权责任的确认提供了法律上的依据。

因承包人的原因导致建设工程在合理使用期限内造成人身、财产损害的,有时会出现承包人既违反了合同,应承担违约责任,同时也符合了侵权责任的构成要件,应承担侵权责任的情形,这就产生了民事责任的竞合及法律的选择适用问题。

按照民法通说的责任竞合处理规则,发包人有权选择有利于自己的诉因提起诉讼,即他既可以根据建设工程承包合同关系请求损害赔偿,也可按侵权关系请求赔偿。

三、建设工程合同的解除

(一) 概述

建设工程合同作为合同的一种,其解除应当适用《民法典》第 562 条、第 563 条等条款关于合同解除的规定。此外,《民法典》第 806 条以及《建设工程施工合同解释(一)》就建设工程合同的解除规定得更加明确、具体,兹予以介绍和讨论。

(二) 解除权及其原因

承包人将建设工程转包、违法分包的,发包人可以解除合同(《民法典》第 806 条第 1 款)。

发包人提供的主要建筑材料、建筑构配件和设备不符合强制性标准或不履行协助义务,致使承包人无法施工,经催告后在合理期限内仍未履行相应义务的,承包人可以解除合同(《民法典》第 806 条第 2 款)。

(三) 建设工程合同解除的后果

建设工程施工合同因一方违约而解除的,适用《民法典》第 566 条第 2 款正文关于违约方仍须承担违约责任的规定。建设工程施工合同因当事人双方协商一致而解除的,有无赔偿责任取决于当事人双方的约定。

第二十四章

运 输 合 同

第一节 运输合同概述

一、运输合同的概念

运输合同,又称运送合同,是指承运人将旅客或货物从起运地点运输到约定地点,旅客、托运人或收货人支付票款或运输费用的合同(《民法典》第 809 条)。其中,承运人是以运输旅客或物品为营业,而收取运费的当事人;旅客、物品为运输的对象。运输合同的法律性质如下:

1. 运输合同以运输行为为标的

所谓运输,又称运送,是指利用交通工具,将旅客或物品运至一定目的地的事实行为。这是从行为的角度观察所得出的界定。若从营业的方面看,运输营业,也叫运输业,是指以运送旅客或物品为目的,而收取运费的营业。① 从合同的层面界定,运输合同是以运输行为为标的的合同。

2. 运输合同原则上为双务、有偿的合同

在运输合同中,承运人负有将旅客或货物运送到约定地点的义务(《民法典》第 811 条、第 812 条),旅客、托运人或收货人负有按规定支付票款或运费的义务(《民法典》第 813 条),两种义务互为对价关系,故运输合同属于双务、有偿的合同。但作为例外情形,运输合同也有无偿的情况,如运送救济品或运送身高未达一定高度的小孩,即属免费运输。②

3. 运输合同一般为诺成合同

双方当事人意思表示一致,运输合同即告成立,不以交付标的物为要件,显示出诺成性。至于货运合同场合,托运单、提单的填发,以及客运合同场合,车票、船票或机票的发行,均非运输合同的成立要件,不是运输合同为实践合同的证据。

不过,需要注意的是,中国法曾在相当长的时期将货物运输合同作为实践合同,时至今日,民间某些货物运输依当地的交易习惯或当事人明确约定为实践合同的话,应尊重其习惯、约定。

---

① 刘春堂:《民法债编各论》(中),三民书局 2007 年版,第 407 页。
② 崔建远主编:《合同法》(第 5 版),杨明刚执笔,法律出版社 2010 年版,第 464 页。

4. 运输合同多为格式合同

运输合同多为由承运人提供的、为了重复使用而预先拟定的格式条款,旅客或托运人在订立合同时只有同意或不同意的权利,而无讨价还价的余地。客票、货运单、提单等均为依照专门法规统一印制,运费一般也是执行统一的规定。当然,这并不排除有的运输合同不采用格式合同的形式,而由双方协商订立。

5. 运输合同具有社会性、公益性

运输合同为人们的生活、生产所必需,特别是公共运输,面向社会公众,承运人的运输行为除了商业性,更有公益性,还有垄断性。有鉴于此,《民法典》第810条规定:"从事公共运输的承运人不得拒绝旅客、托运人通常、合理的运输要求。"这承认了强制缔约。

二、运输合同的分类

运输合同范围广泛,种类繁多,采用不同的标准,可有不同的分类:(1) 以运输的对象为标准,可将运输合同分为旅客运输合同和货物运输合同;(2) 以运输工具为标准,运输合同可分为铁路运输合同、公路运输合同、航空运输合同、水上运输合同、海上运输合同及管道运输合同等;(3) 以承运人的多少为标准,运输合同可分为单一运输合同和联合运输合同。

第二节 客运合同

一、客运合同概述

客运合同,即旅客运输合同,是承运人与旅客关于承运人将旅客及其行李安全运输到目的地,旅客为此支付运费的协议。客运合同除具备运输合同的一般法律性质以外,还具有如下法律特征:

1. 客运合同的标的为运输旅客的行为

客运合同是旅客与承运人关于运输旅客的协议,客运合同的目的是承运人按时将旅客安全送达目的地,因此,客运合同的标的即为运输旅客的行为。

2. 客运合同为格式合同

客运合同通常采用票证形式,其表现形式为车票、船票、机票,合同的价款、运输时间、运输路线都由承运人事先拟定,旅客只能在购票或不购票之间进行选择,一般没有讨价还价的余地。

3. 客运合同包括运送旅客行李的内容

承运人运输旅客的同时,必须按照公告的规定,随同运输旅客一定数量的行李;对于超过规定数量的旅客的行李,旅客得凭客票办理托运。[①]

二、客运合同的成立

旅客运输合同自承运人向旅客出具客票时成立,但在一些特殊情况下,运输合同按照当事人约定或交易习惯确定合同成立时间(《民法典》第814条)。例如,在旅客先乘上运输工具、再补票的情况下,承运人向旅客交付客票的行为,不再是合同成立的标志。旅客欲乘运

---

① 魏振瀛主编:《民法》(第4版),郭明瑞执笔,北京大学出版社、高等教育出版社2010年版,第522页。

输工具是要约,承运人准其乘上运输工具是承诺。因此,自旅客乘上运输工具之时起,合同即告成立,只不过此时当事人之间的旅客运输合同非为书面形式。而其后旅客的补票行为,不再是合同成立要件,只不过是将已成立的非书面合同书面化而已。[①]

三、客运合同的效力

(一) 旅客的义务

1. 支付票款的义务

票款是承运人承运的对价,支付票款是旅客的主要义务(《民法典》第 809 条、第 814 条)。

2. 持有效客票乘坐的义务

客票为表示承运人有运送其持有人义务的书面凭证,是收到旅客承运费用的收据。客票并非旅客运输合同的书面形式,但从法律意义上说,它却是证明旅客运输合同的唯一凭证,也是旅客乘运的唯一凭证。因此,无论采用哪一种运输方式,旅客均须凭有效客票才能乘坐(《民法典》第 815 条第 1 款前段),除特别情形外,不能无票乘坐。

旅客无票乘坐、超程乘坐、越级乘坐或持失效客票乘坐的,应当补交票款,承运人可以按照规定加收票款。旅客不交付票款的,承运人可以拒绝运输(《民法典》第 815 条第 1 款后段)。遗失车票的旅客补交票款后,举证成功其确实购票并付清了票款的,有权请求承运人退还补交的票款。

3. 按客票记载的时间乘坐的义务

旅客应当按照客票记载的时间乘坐。旅客因自己的原因不能按照客票记载的时间乘坐的,应当在约定的时间内办理退票或变更手续。逾期办理的,承运人可以不退票款,并不再承担运输义务(《民法典》第 816 条)。

4. 遵守承运人告知的安全事项,限量携带行李的义务

旅客运输合同不仅约定将旅客送达目的地,而且要约定将旅客行李随同旅客送达的内容。旅客随身携带行李应当符合约定的限量和品类要求;超过限量或者违反品类要求携带行李的,应当办理托运手续(《民法典》第 817 条)。行李票是托运行李的货物运输合同的表现形式,但其与旅客运输合同有着密切联系,不同于不凭客票单独办理的零担货物运输合同。

5. 不随身携带或在行李中夹带违禁物品的义务

《民法典》第 818 条第 1 款规定:"旅客不得随身携带或者在行李中夹带易燃、易爆、有毒、有腐蚀性、有放射性以及可能危及运输工具上人身和财产安全的危险物品或者违禁物品。"这是为了保证运输安全,法律赋予旅客应遵守的特定义务。

危险物品,又称化学危险物品,是易燃、易爆、有毒、有腐蚀性、有放射性危险物品的通称。所谓有可能危及运输工具上人身和财产安全的危险物品或其他违禁物品,是指除上述所列危险物品以外、性质与其类似的危险物品或其他违禁物品,如管制刀具、枪支等。不同的运输工具,对禁止旅客携带的物品种类和范围有不同的要求和规定。

旅客违反关于不得随身携带或在行李中夹带违禁物品的规定的,承运人可以将危险物品或者违禁物品卸下、销毁或者送交有关部门。旅客坚持携带或者夹带危险物品或者违禁

[①] 崔建远主编:《合同法》(第 5 版),杨明刚执笔,法律出版社 2010 年版,第 467 页。

物品的,承运人应当拒绝运输(《民法典》第818条第2款)。另外,旅客随身携带或在行李中夹带违禁品的,还应承担相应的行政责任,情节严重的,还需承担刑事责任。

(二) 承运人的义务

1. 重要事项的告知义务

根据《民法典》第819条的规定,承运人应当严格履行安全运输义务,及时告知旅客安全运输应当注意的事项。旅客对承运人为安全运输所作的合理安排应当积极协助和配合。

所谓有关不能正常运输的重要事项,是指因承运人的原因或天气等原因使运输时间迟延,或运输合同所约定的车次、航班取消等影响旅客按约定时间到达目的地的事项。所谓安全运输应当注意的事项,是指在运输中为保障旅客的人身、财产安全,需要提醒旅客注意的事项。

2. 按照客票运输的义务

客票是证明旅客运输合同有效成立的书面凭证,客票上所载明的时间、班次和座位号是经承运人和旅客双方当事人意思表示一致,从而成为合同内容的重要组成部分,承运人只有按客票载明的时间、班次和座位号运输,才属于全面、适当地履行了合同。对于承运人未按客票载明的时间、班次和座位号进行运输的,旅客有权要求安排改乘其他班次或退票(《民法典》第820条)。

此外,运输路线是承运人承担运输业务所需经过的路线。在作为旅客运输合同的票证上,一般对运输路线没有明确约定。但是,在铁路、公路、航空、水运等领域,运输主管部门和运输企业为了运输安全、便利和快捷,对运输路线往往都有统筹的计划和安排。运输路线的选择,影响着运输时间,故承运人应当按照约定的或通常的运输路线将旅客运输到约定地点(《民法典》第812条)。

3. 依法确定票价的义务

承运人对各种客票的价款应予公告,运输合同应当执行统一规定的票价和运费。承运人不得违反国家的规定收取票款或运费。

4. 保障旅客人身安全的义务

运输合同生效后,承运人负有将旅客安全送达目的地的义务,即在运输中承运人应保证旅客的人身安全。

5. 尽力救助的义务

《民法典》第822条关于"承运人在运输过程中,应当尽力救助患有急病、分娩、遇险的旅客"的规定,明确肯定了承运人所负有救助的附随义务,加重了承运人的责任,强化了对旅客的保护,如果承运人对患有急病、分娩、遇险的旅客不予救助,因其不作为即可被要求承担民事责任。

(三) 承运人的赔偿责任

1. 承运人对运输过程中旅客伤亡的赔偿责任

因为承运人负有将旅客安全送达目的地的义务,所以,承运人应当对运输过程中旅客的伤亡承担赔偿责任,但伤亡是旅客自身健康原因造成的或承运人证明伤亡是旅客故意、重大过失造成的除外(《民法典》第823条第1款)。

上述规则也适用于按照规定免票、持优待票或经承运人许可搭乘的无票旅客(《民法典》第823条第2款)。除上述旅客外,对于无票乘车又未经承运人许可的人员的伤亡,因没有合法有效的合同关系存在,承运人不承担赔偿责任。

需要指出,《民法典》对承运人赔偿的限额未作出规定,一方面反映出立法者试图用完全赔偿原则来指导旅客运输合同中承运人的赔偿责任,以周全保护旅客;另一方面也反映出立法者考虑到承运人作为公用事业单位的特殊性,在承运人和旅客的利益衡平上难以作出明确选择的两难境地。这还有待于以后的法律、法规和司法解释予以进一步阐释,在没有新的立法出台前,各承运人通过合法途径制定的关于赔偿数额限制的规定仍将在实践中适用。①

2. 承运人对运输过程中旅客行李毁损、灭失的赔偿责任

由于承运人负有安全运输义务,在运输过程中,旅客自带行李毁损、灭失的,承运人应当承担损害赔偿责任(《民法典》第 824 条第 1 款)。承运人承担此种赔偿责任的根据在于其负有安全运输义务和过错归责。所谓旅客自带行李,是指旅客在运输中按照约定的限量携带的行李(《民法典》第 817 条)。

旅客用托运的方式运输行李与其他货物运输,在运输方式、当事人的权利义务上完全相同,故法律规定旅客托运的行李毁损、灭失的适用货物运输的有关规定(《民法典》第 824 条第 2 款)。

(四) 客运合同的变更和解除

1. 因旅客自身原因导致的变更或解除

旅客因自己的原因不能按照客票记载的时间乘坐的,应当在约定的期限内办理退票或变更手续(《民法典》第 816 条前段)。此处所谓退票,就是解除客运合同;所谓变更,就是变更客运合同,更换车次。于此场合,承运人除按规定收取一定比例的手续费外,应按旅客的要求变更客运合同的内容,或将剩余票款退还给旅客,承运人不得拒绝变更或解除。② 旅客逾期办理退票或变更手续的,承运人可以不退票款,并不再承担运输义务(《民法典》第 816 条后段)。

旅客运输合同中,旅客能否变更合同,与其乘坐的运输工具及所购票的种类有较大关系。例如,在旅客航空运输合同中,如果旅客购买的是全价机票,在一定时间内,可在机场免费签转其他航班,即变更了原来的运输合同;如果购买的是打折机票,则按民航运输的有关规定,不得签转,旅客如提前到达机场,或延误了航班,要改乘其他航班,只能重新购买机票。

2. 因承运人的原因导致的变更或解除

承运人迟延运输的,应当根据旅客的要求安排改乘其他班次或退票(《民法典》第 820 条中段)。所谓改乘其他班次,就是变更运输合同。所谓退票,就是解除运输合同。在退票时应当返还旅客已付的票款,不得另外收取手续费。

在客运合同中,采用何种运输工具进行旅客运输是合同的主要内容之一,运输工具往往标示着承运人向旅客提供的运输服务的质量和水平,旅客有权接受运输合同所载明的运输工具相对等的服务。在客运合同订立后,承运人单方变更运输工具的,应视为一种违约行为。为了周到、妥当地保护旅客的权益,在承运人擅自改变运输工具的情况下,《民法典》第 821 条规定:"承运人擅自降低服务标准的,应当根据旅客的请求退票或者减收票款;提高服务标准的,不得加收票款。"③

---

① 崔建远主编:《合同法》(第 5 版),杨明刚执笔,法律出版社 2010 年版,第 469 页。
② 同上。
③ 参见同上。

第三节 货运合同

一、货运合同概述

货运合同是指承运人将托运人交付运输的货物运送到约定地点,托运人支付运费的合同。其中,承运人是以运输货物为营业而收取运费的当事人。托运人为以自己名义与承运人签订运输合同,委托其运输的当事人。在通常情况下,托运人为托运货物的所有权人,个别场合(如承揽运输)也可能不是所有权人。收货人则为于货物运输到达目的地时,托运人所指定应向之交付托运货物的当事人。收货人大多为托运人和承运人以外的第三人,有时则为托运人自己。

货运合同为运输合同的一种,除具有运输合同的一般法律性质以外,还具有如下重要特征:

1. 货运合同往往涉及第三人

货运合同由托运人与承运人双方订立,托运人与承运人为合同的当事人,但托运人既可以为自己的利益托运货物,也可以为第三人的利益托运货物。托运人既可自己为收货人,也可以指定第三人为收货人。在第三人为收货人的情况下,收货人虽不是订立合同的当事人,但却是合同的利害关系人,且享有对托运人的直接请求权。在此情况下的货运合同即属于为第三人利益订立的合同。

2. 货运合同以将货物交付给收货人为履行完毕

货运合同与客运合同一样,均是以承运人的运输行为为标的。但是,客运合同中承运人将旅客运输到目的地义务即履行完毕;而货运合同中,承运人将货物运输到目的地,其义务并不能完结,只有将货物交付给收货人后,其义务才告履行完毕。

二、货运合同的订立

货运合同一般以托运人提出运输货物的请求为要约,承运人同意运输为承诺,双方就主要条件达成一致,合同即告成立。

从事公共运输的承运人,为了广揽货源,扩大经营,常将其经营的运输路线和始发及抵达的具体时间以时刻表(如船期表)的形式,张贴于营业场所或在报纸等媒体上发布。托运人根据需要向承运人或其代理人提出托运申请,按照《民法典》第 825 条第 1 款关于"托运人办理货物运输,应当向承运人准确表明收货人的姓名、名称或者凭指示的收货人,货物的名称、性质、重量、数量,收货地点等有关货物运输的必要情况"的规定,将这些信息填入托运单,承运人根据托运内容,结合运输路线、舱位等情况决定是否托运。如接受托运即在托运单上盖章或签字(海上货物运输还要注明船名),合同就此成立。①

三、货运合同的效力

(一) 托运人的权利

托运人有权要求承运人按照合同约定安全、准时地运输货物;在承运人将货物交付收货

---

① 谢怀栻等:《合同法原理》,法律出版社 2000 年版,第 502—503 页。

人之前,有权请求承运人中止运输、退还货物、变更到达地或将货物交给其他收货人(《民法典》第829条);在收货人拒绝受领货物时,有权获得承运人的通知并在合理期限内有权对货物的处理作出适当的指示;对因承运人的原因造成的托运货物的毁损、灭失有权请求损害赔偿(《民法典》第832条前段)。

(二) 托运人的义务

1. 如实申报的义务

托运人办理货物运输,应当向承运人准确表明收货人的姓名、名称或凭指示的收货人,货物的名称、性质、重量、数量,收货地点等有关货物运输的必要情况(《民法典》第825条第1款)。所谓有关货物运输的必要情况,包括货物在运输过程中是否需要特殊照顾等情况。托运人若不如实填报托运单,不仅会给以后的运输工作增添麻烦,而且往往会使承运人遭受损失。有鉴于此,《民法典》第825条第2款规定:"因托运人申报不实或者遗漏重要情况,造成承运人损失的,托运人应当承担赔偿责任。"

2. 依约交运货物的义务

托运人依约交运货物,系承运人展开承运工作的前提,因此,托运人自然须负依约提供拟托运货物的义务。

3. 按规定向承运人提交审批、检验等文件的义务

在货物运输中,根据运输货物的种类、性质及国家的计划安排等,有的货物的运输需要得到有关部门的批准,有的货物需要先经过有关机关的检验方可进行运输。因此,《民法典》第826条明确要求托运人对需要办理审批、检验手续的货物运输,应将办完有关手续的文件提交承运人。

4. 妥善包装的义务

托运人应当按照约定的方式包装货物。对包装方式没有约定或约定不明确的,应当首先由当事人双方签订补充协议;若协商不成,则按照合同有关条款或交易习惯确定;依照上述规则仍不能确定包装方式的,就应当按照通用的方式包装,所谓按照通用的方式包装,主要是指按照某种运输工具运输某种货物的惯常方式包装;没有通用的包装方式的,应当采取足以保护货物的包装方式。所谓足以保护货物的包装方式,主要是指足以保证货物在运输过程中不致发生损坏、散失、渗漏等情形的包装方式(《民法典》第827条第1款)。

托运人违反其妥善包装义务的,承运人有权拒绝运输(《民法典》第827条第2款)。

5. 托运危险物品时的特殊义务

危险品运输的安全要求不同于一般货物的安全要求,为使承运人对危险品的承运能够针对性地采取安全措施,《民法典》第828条规定:"托运人托运易燃、易爆、有毒、有腐蚀性、有放射性等危险物品的,应当按照国家有关危险物品运输的规定对危险物品妥善包装,做出危险物品标志和标签,并将有关危险物品的名称、性质和防范措施的书面材料提交承运人"(第1款)。"托运人违反前款规定的,承运人可以拒绝运输,也可以采取相应措施以避免损失的发生,因此产生的费用由托运人负担"(第2款)。

6. 支付运费的义务

支付运费及有关费用,为托运人的主要义务,应当及时履行。

(三) 承运人的权利

1. 收取运费及有关费用的权利

收取运费及有关费用,系承运人的主要权利。所谓有关费用,包括保管费、修缮包装费

用、处置费用、拍卖费用等。① 至于运费及有关费用由谁支付、以何种方式支付等事宜,遵从托运人和承运人在货运合同中的约定。如为预付运费,即使货物在运输过程中毁损、灭失,承运人也不负退还的责任。② 但是,依《民法典》第 835 条的规定,货物在运输过程中因不可抗力灭失,未收取运费的,承运人不得要求支付运费;已收取运费的,托运人可以要求返还。

2. 在托运人或收货人不支付运输费用时享有留置权

托运人或收货人不支付运费、保管费以及其他运输费用的,承运人对相应的运输货物享有留置权,但当事人另有约定的除外(《民法典》第 836 条)。所谓当事人之间另有约定,如约定承运人先交付货物,托运人或收货人后支付费用等,承运人应先履行交付货物的义务,交付后承运人即不再占有货物,也就无从产生留置权。

3. 危险品的处理权

按照《民法典》第 828 条第 1 款的规定,托运人负有对危险品妥善包装、作出危险品的标志和标签等项义务。托运人违反此类义务的,依《民法典》第 828 条第 2 款的规定,承运人可以拒绝托运,也可以采取相应措施,以避免损失的发生,因此产生的费用由托运人承担。所谓相应措施,包括卸下、出售乃至销毁危险品等。

4. 货物提存权

根据《民法典》第 837 条的规定,在货物运输合同履行中,承运人提存货物的法定事由有两项:一是收货人不明。这主要包括无人主张自己是收货人,通过现有证据,主要是货物运输合同,也无法确认谁是收货人;以及虽有人主张自己是收货人,但根据现有证据,包括货物运输合同及主张人提供的证据,无法认定其即是收货人等情形。二是收货人无正当理由拒绝受领货物,主要是指虽有明确的收货人,但其对货物质量、品种、数量、运到期限等存有异议或由于其他原因,与承运人未达成一致意见,而拒绝受领货物。

承运人提存运输的货物后,运输合同关系即告消灭,该货物毁损、灭失的风险由收货人承担。提存期间,货物的孳息归收货人所有,提存所生费用也均由收货人承担。

(四) 承运人的义务

1. 提供适合运输的运输工具的义务

所谓适合运输的运输工具,包含两层意义:一是运输工具具有抵御运输途中通常出现的或能合理预见的自然风险的能力,包括具体负责(操作)运输的人员(如列车长、机长、船长等)具有相应的任职资格;二是运输工具适合装载合同约定的货物,如水上运输合同约定装运石油,承运人就不得提供一般货船。③

2. 装卸货物的义务

按照合同约定或有关规定,由承运人负责装卸的,承运人应严格遵守作业规范,保证装卸质量。④

3. 安全运输的义务

所谓安全运输,主要是指承运人在运输途中应注意运输安全,防止事故发生。对于需要照料的货物,应予适当的照料等。⑤

---

① 刘春堂:《民法债编各论》(中),三民书局 2007 年版,第 460 页。
② 谢怀栻等:《合同法原理》,法律出版社 2000 年版,第 503 页。
③ 同上书,第 504—505 页。
④ 同上书,第 505 页。
⑤ 同上。

4. 通知提货的义务

货物运输到达后,承运人负有及时通知收货人的义务。在货物运输中,对运输期限虽有约定,但因装运时间和在途时间往往不能准确确定,合同中大多以期间的方式约定,收货人一般不能准确知道到货时间。因此,《民法典》第830条赋予承运人及时通知收货人的义务。①

当然,承运人只有在知道或应当知道收货人的通信地址或联系方式的情况下,方负有上述通知义务,如果因为托运人或收货人的原因,如托运人在运单上填写的收货人名称、地址不准确,或收货人更换了填写地址或联系方式而未告知承运人的,承运人免除上述通知义务。②

5. 交付货物的义务

收货人接到提货通知之后,向承运人出示提货凭证的,承运人应当交付货物。

6. 损害赔偿的义务

在货物交付承运人后,承运人基于运输合同关系对承运的货物毁损、灭失负赔偿责任为一般原则,并且《民法典》第833条对此种损失的赔偿数额的确定还作了具体规定:"货物的毁损、灭失的赔偿额,当事人有约定的,按照其约定;没有约定或者约定不明确,依据本法第五百一十条的规定仍不能确定的,按照交付或者应当交付时货物到达地的市场价格计算。法律、行政法规对赔偿额的计算方法和赔偿限额另有规定的,依照其规定。"

需要注意,在货物运输过程中,货物的所有权仍属于托运人或收货人,按照权利与风险对等的原则,为衡平承运人和托运人、收货人的利益关系,法律对承运人赔偿责任的承担规定了例外情形,即确定了承运人赔偿责任的免责事由。《民法典》第832条规定:"承运人对运输过程中货物的毁损、灭失承担赔偿责任。但是,承运人证明货物的毁损、灭失是因不可抗力、货物本身的自然性质或者合理损耗以及托运人、收货人的过错造成的,不承担赔偿责任。"

(五) 收货人的权利

1. 提取货物的权利

在货运合同约定由收货人提货的场合,收货人享有提取货物的权利。当然,收货人于行使该项权利时必须出示有关证件。

2. 检验货物的权利

收货人提货时应当按照约定的期限检验货物。对检验货物的期限没有约定或约定不明确,依照《民法典》第510条的规定仍不能确定的,应当在合理期限内检验货物。收货人在约定的期限或合理期限内对货物的数量、毁损等未提出异议的,视为承运人已经按照运输单证的记载交付的初步证据(《民法典》第831条)。

3. 请求损害赔偿的权利

运输过程中货物毁损、灭失的,收货人对承运人享有损害赔偿请求权,但承运人证明货物的毁损、灭失是因不可抗力、货物本身的自然性质或合理损耗以及托运人、收货人的过错造成的,不承担损害赔偿责任(《民法典》第832条)。

(六) 收货人的义务

1. 及时提货及支付逾期提货费用的义务

收货人应当及时提货,收货人逾期提货的,应当向承运人支付保管费等费用(《民法典》

---

① 崔建远主编:《合同法》(第5版),杨明刚执笔,法律出版社2010年版,第473页。
② 同上。

第 830 条)。此外,收货人超过承运人通知领取货物的期限的,应负逾期提货的违约责任。

2. 支付托运人未付或少付的运费以及其他费用

一般情况下,运费由托运人在发站向承运人支付,但如果合同约定由收货人在到站支付或托运人未支付的,收货人应支付。在运输中发生的其他费用,应由收货人支付的,收货人也必须支付。①

3. 验收货物的义务

《民法典》第 831 条关于收货人验收货物的规定,既表明收货人享有权利,也显示收货人负有义务。收货人不及时验收货物或虽然验收了但没有及时提出异议的,要承受不利后果。

第四节 联 运 合 同

一、联运合同的概念

联运合同,全称为联合运输合同,是指托运人和两个以上的承运人通过衔接运送,用同一凭证将货物运送到指定地点,承运人对全程运输承担责任,托运人支付各承运人运输费用而订立的协议(《民法典》第 834 条、第 838 条)。

联运合同具有以下法律性质:(1) 联运合同的承运人一方为两人以上,若为一人,则不发生联运。承运人虽为两人以上,但只存在一个运输合同关系,而非数个运输合同的组合。(2) 联运合同的各承运人以相互衔接的运送手段承运。(3) 托运人或旅客一次交费并使用同一运输凭证。联运合同虽涉及数个承运人,但合同的签订者是多式联运经营人和托运人或旅客。托运人或旅客只需交一次费用并使用同一运输凭证。② (4) 承运人对全程运输承担责任。

二、单式联运合同

所谓单式联运合同,全称为单式联合运输合同,是指托运人与两个以上承运人以同一种运输方式就货物运输所订立的合同。对于单式联运中各承运人的责任如何负担,《民法典》明确规定:两个以上承运人以同一运输方式联运的,与托运人订立合同的承运人应当对全程运输承担责任。损失发生在某一运输区段的,与托运人订立合同的承运人和该区段的承运人承担连带责任(第 834 条)。

三、多式联运合同

(一) 多式联运合同的概念

多式联运是与单一运输及单式联运相对而言的一种运输方式,合同法中的多式联运合同是指多式联运经营人与托运人订立的,约定以两种或两种以上的不同运输方式,采用同一运输凭证将货物运输至约定地点的合同。

多式联运合同的一方当事人为多式联运的经营人,另一方当事人为托运人。托运人与其他承担各区段运送任务的各区段承运人不发生直接的合同关系,尽管多式联运各承运人

---

① 谢怀栻等:《合同法原理》,法律出版社 2000 年版,第 508 页;崔建远主编:《合同法》(第 5 版),杨明刚执笔,法律出版社 2010 年版,第 474 页。
② 谢怀栻等:《合同法原理》,法律出版社 2000 年版,第 509 页。

之间存在着合同型的联营关系。

多式联运是近几十年来迅速发展起来的,实行"一次托运、一次收费、一票到底、一次保险、全程负责"的"一条龙"服务的综合性运输,有独特的优越性。实行联运可以使交通工具得到综合利用,使各个运输环节有机地衔接,紧密合作,从而发挥运输设备的能力,有效地完成各项运输任务。所以说,联运的意义,不仅仅是简化运输手续,而且更重要的是充分发挥运输能力,加速承运货物的周转,节省运输费用,以便最大限度地满足国民经济生产和人民生活的需要。[1]

（二）多式联运单据

1. 多式联运单据的意义

多式联运单据是多式联运合同的证明,也是多式联运经营人接受和交付货物的凭证。

2. 多式联运单据的签发

多式联运的托运人在办理多式联运手续时,在交付货物、支付运费的同时,还应填写相关联运单据,多式联运单据是确认当事人权利、义务的重要依据,也是确定当事人联运合同关系的凭证,并且对于多式联运的全程运输具有指示作用。因此,托运人在填写时,经营人在签发时均应持谨慎、认真的态度。

3. 多式联运单据的种类

多式联运单据是用以证明联运合同成立和货物已经由承运人接收或装车、装船或装机,以及经营人保证据以交付货物的一种凭证。《民法典》第840条规定:"多式联运经营人收到托运人交付的货物时,应当签发多式联运单据。按照托运人的要求,多式联运单据可以是可转让单据,也可以是不可转让单据。"因此,多式联运单据分为可转让单据和不可转让单据。单据是否可转让,经营人应根据托运人的要求签发,即托运人对此享有选择权。[2]

（三）多式联运合同的效力

1. 多式联运合同经营人的一般权利和义务

《民法典》第838条规定:"多式联运经营人负责履行或者组织履行多式联运合同,对全程运输享有承运人的权利,承担承运人的义务。"所谓经营人享有全程运输的权利,包括收取运输费用、在托运人违约时请求赔偿等。所谓承担承运人的义务,包括经营人向托运人履行全部义务和承担全部责任。在各实际承运人在运送中造成迟延或货物的损害时,由经营人负责赔偿。

在多式联运合同中,托运人只需一次付费给多式联运的经营人,在运输过程中,只使用同一运输凭证,而经营人用两种或者两种以上互相衔接的运输工具将货物运送到约定地点。

2. 多式联运的经营人与参加多式联运的各区段承运人之间的责任承担

在多式联运的情形下,只有多式联运的经营人和托运人签订了一份运输合同,签约的一方是多式联运的经营人,他一般是多式联运的第一承运人,其他承运人不参加合同的签订,不成为联运合同的当事人。对托运人而言,只有多式联运的经营人而非其他实际承运人对全程运输享有承运人的权利,承担承运人的义务。但因多式联运的各区段承运人之间一般都存在通过共同合作从事联合运输的内部协议,各承运人之间存在一种事实上的合同型的联营关系,多式联运经营人的签约行为事实上代理其他承运人和托运人之间形成了运输合

---

[1] 崔建远主编:《合同法》(第5版),杨明刚执笔,法律出版社2010年版,第475页。
[2] 同上书,第476页。

同关系,只不过这是一种间接的合同关系而已。因此,多式联运经营人可以与参加多式联运的各区段承运人就多式联运合同的各区段运输约定相互之间的责任,但该约定不影响多式联运的经营人对全程运输承担的义务(《民法典》第839条)。

此外,从运输实际来讲,多式联运合同的主要内容与联运合同并无根本区别,它们的主要区别在于多式联运合同涉及多个区段承运人和中途换装地点。这也要求参加多式联运的各承运人明确彼此之间的责任,以便发生纠纷时,有便利的解决途径。[①]

3. 多式联运经营人对货损的赔偿责任和责任限额

在多式联运过程中,货物的毁损、灭失多发生在由某种运输工具承运的某一特定运输区段,除了合同法对运输合同损害赔偿规定了一般的赔偿规则外,各个运输领域往往还有专门的法律、法规对承运人的赔偿责任及其责任限额作出具体的规定,而且不同运输领域法律、法规规定的赔偿责任和责任限额还存在明显差异。针对此种情况,《民法典》第842条规定:"货物的毁损、灭失发生于多式联运的某一运输区段的,多式联运经营人的赔偿责任和责任限额,适用调整该区段运输方式的有关法律规定;货物毁损、灭失发生的运输区段不能确定的,依照本章规定承担赔偿责任。"因此,对在特定运输区段某种运输工具造成的货物毁损、灭失,联运合同的经营人应按该领域法律、法规规定的赔偿责任和责任限额,确定适当的赔偿数额。[②]

4. 托运人的赔偿责任

《民法典》第841条规定:"因托运人托运货物时的过错造成多式联运经营人损失的,即使托运人已经转让多式联运单据,托运人仍然应当承担赔偿责任。"如此规定的理由在于,因托运人的过错造成经营人损失的,在联运单据没有转让之前,托运人为联运合同当事人,对其过错依约承担责任,应无疑义。但在托运人已转让多式联运单据后,按照合同法理论,此时托运人已不再是运输合同的当事人,受让人已取代了托运人的地位,成为运输合同的当事人,承受了托运人的权利、义务,为什么还让托运人负责?这是因为,如果将因托运人的过错造成多式联运经营人损害的赔偿责任一并转移给受让人,则对受让人显然不公平,也不合理地免除了托运人应对其过错所负的责任。为了平衡托运人和受让人之间的利益,故有该条的规定。[③]

[①] 崔建远主编:《合同法》(第5版),杨明刚执笔,法律出版社2010年版,第475页。
[②] 同上书,第477页。
[③] 同上。

第二十五章

技 术 合 同

第一节 技术合同概述

一、技术合同的概念

技术合同不是单一类型的合同,而是当事人之间就技术开发、技术转让、技术许可、技术咨询或技术服务所订立的确立相互之间权利和义务的合同的总称(《民法典》第843条)。

所谓技术,是指根据生产实践经验和科学原理所形成的,作用于自然界一切物质设备的操作方法与技能。技术产生于人类制造工具的实践,它进入交换领域,是市场经济发展的必然结果。在中国尚未建立技术市场时,技术是商品的观念未能得到普遍接受,科技成果为国家所有,以行政手段无偿推广科技成果的做法仍占统治地位。1981年颁行的《经济合同法》使这一局面有所改观,但由于其中仅设有关于科技协作合同的笼统规定,并未建立起中国的技术合同制度。1985年3月,《中共中央关于科学技术体制改革的决定》作出了加速技术成果商品化、开拓技术市场的重要决策,从而有力地推动了中国技术市场的形成和发展。1987年6月,中国颁布了《技术合同法》,共7章55条,对技术开发合同、技术转让合同、技术咨询合同和技术服务合同设有明确规定。它与同年1月1日起施行的《民法通则》一起,建构起了中国的技术合同法律制度。[①]《合同法》吸纳了《技术合同法》关于技术合同规范的精华,也有所前进,在立法技术上是可行的,在立法体例上是科学的。《民法典》承继了《合同法》的模式,值得赞同。

一般说来,技术合同具有如下法律性质:

1. 技术合同的标的物是技术成果

技术合同不同于其他合同的重要之点是,其标的物不是一般的商品或劳务,而是一种特殊的商品——技术成果。技术成果是凝聚着人类智慧的创造性劳动成果。[②] 根据《技术合同解释》第1条的规定,所谓技术成果,是指利用科学技术知识、信息和经验作出的涉及产品、工艺、材料及其改进等的技术方案,包括专利、专利申请、技术秘密、计算机软件、集成电路布图设计、植物新品种等。所谓技术秘密,是指不为公众所知悉、具有商业价值并经权利人采取保密措施的技术信息。

---

① 崔建远主编:《合同法》(第5版),王轶执笔,法律出版社2010年版,第478页;崔建远、赵晓光:《技术转让合同刍议》,载《政治与法律》1986年第1期。

② 同上。

2. 技术合同的一方当事人具有技术能力

技术合同当事人,通常至少一方必须具有技术能力。所谓技术能力,是具有利用自己的技术力量从事技术开发、技术转让、技术服务或咨询的能力,在技术开发合同中表现为技术开发的能力,在技术转让合同中表现为拥有成熟定型的技术,在技术咨询、技术服务合同中表现为握有技术知识和技能。

3. 技术合同是双务、有偿的合同

在技术合同中,当事人双方互负立于对价关系的义务,故为双务合同。技术合同当事人一方从对方取得利益的,须向对方支付相应的对价,因此技术合同为有偿合同。

4. 技术合同的法律调整具有多样性

技术合同反映着技术成果在研发、交换领域的债权关系,首先,应当遵循民法关于债及合同的一般规范,以及具体规定。其次,技术合同因其为基于技术的开发、转让、服务或咨询而产生的合同关系,故在许多方面,尤其是技术成果所有权方面,要受知识产权法的调整。[①]最后,技术开发需要遵循自然科学技术的规律,技术标准的确定亦有科学技术方面的要求,说明技术合同也离不开科技法。

在订立技术合同的基本原则方面,《民法典》第844条确认:"订立技术合同,应当有利于知识产权的保护和科学技术的进步,促进科学技术成果的研发、转化、应用和推广。"在科学技术为第一生产力,已经成为现代经济发展主要动力的背景下,《民法典》明确这些基本原则,目的在于鼓励和引导当事人正确地运用技术合同这一法律形式,在科研与生产之间架起一座"桥梁"。

二、技术合同的内容

技术合同的内容,也有两方面的含义:一是基于技术合同产生的权利义务,二是技术合同的条款。这两者具有密切的联系,技术合同的条款承载着、表现着技术合同项下的权利义务,没有技术合同的条款,技术合同项下的权利义务无从体现。技术合同的特殊性也正是通过技术合同条款的特殊性来表现的。

技术合同一般应包括以下内容:项目的名称,标的的内容、范围和要求,履行的计划、地点和方式,技术信息和资料的保密,技术成果的归属和收益的分配办法,验收标准和方法,名词和术语的解释等条款(《民法典》第845条第1款)。

与履行合同有关的技术背景资料、可行性论证和技术评价报告、项目任务书和计划书、技术标准、技术规范、原始设计和工艺文件,以及其他技术文档,按照当事人的约定可以作为合同的组成部分(《民法典》第845条第2款)。当事人若就此没有约定时,以上内容仅能成为履行合同的参考。

技术合同涉及专利的,应当注明发明创造的名称、专利申请人和专利权人、申请日期、申请号、专利号以及专利权的有效期限(《民法典》第845条第3款)。其主要目的是便于受让人向有关机关查询以及专利管理机关的管理,防止假冒专利的欺骗活动。

[①] 崔建远主编:《合同法》(第5版),王轶执笔,法律出版社2010年版,第479页。

三、技术合同的价款、报酬和使用费及其支付①

对技术合同的价款、报酬和使用费，当事人没有约定或约定不明确的，《技术合同解释》第14条确认，人民法院可以按照以下原则处理：对于技术开发合同、技术转让合同以及技术许可合同，根据有关技术成果的研究开发成本、先进性、实施转化和应用的程度，当事人享有的权益和承担的责任，以及技术成果的经济效益等合理确定；对于技术咨询合同和技术服务合同，根据有关咨询服务工作的技术含量、质量和数量，以及已经产生和预期产生的经济效益等合理确定。技术合同价款、报酬、使用费中包含非技术性款项的，应当分项计算。

技术合同的价款、报酬和使用费的支付方式多样，得由当事人自由约定。《民法典》第846条明确认可了技术合同的当事人经常采用的如下支付方式：

1. 一次总算、一次总付，或一次总算、分期支付

一次总算、一次总付，或一次总算、分期支付，又被称为定额支付。它与实物形态商品交易的支付方式基本类似，即在当事人签订合同时，将所有合同价款一次算清，在合同中明确地规定出总的金额，该合同价款中除了技术商品自身的价格外，通常还包含技术指导、人员培训等技术服务报酬。

一次总算，并不意味着一次总付，在实践中，定额支付可以分为一次总付或分期支付。以技术转让合同为例，一次总付的支付方式，其付款通常是在技术转让方的技术资料交付完毕，经受让方核对验收后进行。分期支付的支付方式就是把技术合同的价款总额按照合同履行的先后顺序分期分批地支付给转让方。支付的原则是要使合同价款与转让方完成的工作量挂起钩来，基本上形成"按劳付酬"的合同对价关系。即转让方履行了多少合同义务，受让方就支付多少合同价款，每次付款的金额根据具体的合同而定。通常，就技术转让合同而言，定额支付的方法只适用于合同金额小，执行期间短，被转让的技术不太复杂的场合。②

2. 提成支付

约定提成支付的，可以按照产品价格、实施专利和使用技术秘密后新增的产值、利润或者产品销售额的一定比例提成，也可以按照约定的其他方式计算。提成支付的比例可以采取固定比例、逐年递增比例或者逐年递减比例（《民法典》第846条第2款前段）。

对此，以技术转让合同为例加以说明。所谓提成支付，是指将技术实施以后所产生的经济效益按一定的比例和期限支付给转让方，作为对转让方出让技术的经济补偿。提成支付的总额最终由受让方在实施技术中获得的实际经济效益的多少来决定。这种按照技术转让的实际效果进行分成的方法，已被国内外普遍采用。提成支付可以分为单纯提成和"入门费加提成"两种支付方式。③

（1）单纯提成支付

所谓单纯提成支付，是指全部提成费仅在受让方的产品正式销售之后才向转让方支付，在此之前，受让方不需向对方进行任何支付。这种支付方式对受让方来说风险较小，而且该支付发生在受让方获得收益之后，没有预先支付而带来的资金负担。在国内外技术贸易活动中，单纯提成的支付方式并不常用，其主要适用于合同履行期限短、技术比较成熟、市场前

---

① 这部分内容来自崔建远主编：《合同法》（第5版），王轶执笔，法律出版社2010年版，第479—480页。
② 周大伟：《技术合同法导论》，中国人民大学出版社1988年版，第195—196页。
③ 同上书，第197页。

景稳定的技术交易项目。①

（2）"入门费"+提成的支付方式

这种支付方式是把合同价款分为固定价款和提成价款两部分。固定价款部分的支付方法与一次总算的支付方法相同，即在合同生效后的一段时间内一次或者分期付清。通常人们把这部分固定价款称为"入门费"或初付费。其主要内容包括：复制图纸和准备资料的工本费；针对受让方的具体需要的改进设计、改进描图、改进资料的工本费；转让方人员前往受让方进行考察的差旅费；转让方提供的产品样本费；技术培训费；在该技术交易中，转让方支付的咨询费、谈判费、律师费、行政管理费等。②

提成部分的价款也称为非固定价款或浮动价款，支付的方法与一般的提成支付相同，即在项目投产后，根据合同产品的销售情况提成支付。"入门费"+提成的支付方式，使合同双方共担风险，共享收益，有利于加强双方的密切合作以及技术商品价值的尽快实现。由于这种支付方式以实际产生的费用为基础，比较合理，易于为合同当事人双方所接受，因此它是目前国内技术交易活动中应用得最普遍的一种计价办法。③

无论采取何种提成方法，就提成支付的比例，当事人可以约定采取固定比例、逐年递增比例或逐年递减比例（《民法典》第 846 条第 2 款后段）。

为克服信息不对称可能给合同当事人利益带来的不利影响，当技术合同的双方当事人约定采用提成支付方式时，转让方、开发方或提供服务、咨询的一方（一般情况下是转让方），有权查阅有关会计账目，对其办法可由当事人双方约定（《民法典》第 846 条第 3 款）。

四、技术成果相关权利的归属④

《民法典》将技术成果分为两类：一是执行法人或非法人组织的任务或主要是利用法人或非法人组织的物质技术条件所完成的职务技术成果；二是职务技术成果以外的其他技术成果，或称之为非职务技术成果（第 847 条第 2 款）。该分类方式与《专利法》的有关规定是基本一致的。

依照《民法典》第 847 条第 2 款的规定，职务技术成果主要包括以下两类：

（1）执行法人或非法人组织的工作任务所完成的技术成果。所谓"执行法人或非法人组织的工作任务"，既包括工作人员从事他的本职工作，也包括履行法人或非法人组织交付的本职工作以外的任务。《技术合同解释》第 2 条确认，执行法人或非法人组织的工作任务包括：履行法人或非法人组织的岗位职责或承担其交付的其他技术开发任务；离职后 1 年内继续从事与其原所在法人或非法人组织的岗位职责或交付的任务有关的技术开发工作，但法律、行政法规另有规定的除外。当然，法人或非法人组织与其职工就职工在职期间或离职以后所完成的技术成果的权益有约定的，人民法院应当依约定确认。

（2）主要是利用法人或非法人组织的物质技术条件完成的技术成果。《技术合同解释》第 4 条确认，所谓主要利用法人或非法人组织的物质技术条件，包括职工在技术成果的研究开发过程中，全部或大部分利用了法人或非法人组织的资金、设备、器材或原材料等物质条件，并且这些物质条件对形成该技术成果具有实质性的影响；还包括该技术成果实质性内容

---

① 周大伟：《技术合同法导论》，中国人民大学出版社 1988 年版，第 197 页。
② 同上书，第 198 页。
③ 同上书，第 198—199 页。
④ 参见崔建远主编：《合同法》（第 5 版），王轶执笔，法律出版社 2010 年版，第 481—482 页页。

是在法人或非法人组织尚未公开的技术成果、阶段性技术成果基础上完成的情形。但下列情况除外:对利用法人或非法人组织提供的物质技术条件,约定返还资金或交纳使用费的;在技术成果完成后利用法人或非法人组织的物质技术条件对技术方案进行验证、测试的。

《技术合同解释》第5条确认,个人完成的技术成果,属于执行原所在法人或非法人组织的工作任务,又主要利用了现所在法人或非法人组织的物质技术条件的,应当按照该自然人原所在和现所在法人或非法人组织达成的协议确认权益。不能达成协议的,根据对完成该项技术成果的贡献大小由双方合理分享。

《民法典》所确认的属职务技术成果以外的技术成果,都属于非职务技术成果。

为了合理兼顾职务技术成果所涉及的法人或非法人组织以及完成成果人的利益,鼓励科技发明和技术创新,调动各方的积极性,《民法典》一方面确认职务技术成果的使用权、转让权属于法人或非法人组织;另一方面又规定法人或非法人组织订立技术合同转让职务技术成果时,职务技术成果的完成人享有以同等条件优先受让的权利(第847条第1款前段)。该项优先受让权属形成权,它限制了转让方的合同自由。

至于非职务技术成果,其使用权和转让权属技术成果的完成人,该完成人可以就该项非职务技术成果订立相应的技术合同(《民法典》第848条)。

五、完成技术成果人的署名权和取得荣誉权

完成技术成果的个人享有在有关技术成果文件上写明自己是技术成果完成者的权利和取得荣誉证书、奖励的权利(《民法典》第849条)。如此规定,有利于鼓励创新。

六、技术合同的无效

(一) 技术合同无效的原因

技术合同的无效,当然要依据《民法典》第144条、第146条第1款、第153条、第154条等条款的规定加以确认。除此而外,《民法典》第850条还就技术合同的无效规定了特别的原因:非法垄断技术或侵害他人技术成果。

这里所谓非法垄断技术,依据《技术合同解释》第10条的规定,包括如下情形:(1) 限制当事人一方在合同标的技术基础上进行新的研究开发或限制其使用所改进的技术,或双方交换改进技术的条件不对等,包括要求一方将其自行改进的技术无偿提供给对方、非互惠性转让给对方、无偿独占或共享该改进技术的知识产权;(2) 限制当事人一方从其他来源获得与技术提供方类似技术或与其竞争的技术;(3) 阻碍当事人一方根据市场需求,按照合理方式充分实施合同标的技术,包括明显不合理地限制技术接受方实施合同标的技术生产产品或提供服务的数量、品种、价格、销售渠道和出口市场;(4) 要求技术接受方接受并非实施技术必不可少的附带条件,包括购买非必需的技术、原材料、产品、设备、服务以及接收非必需的人员等;(5) 不合理地限制技术接受方购买原材料、零部件、产品或设备等的渠道或来源;(6) 禁止技术接受方对合同标的技术知识产权的有效性提出异议或对提出异议附加条件。

现行法一方面采取必要的措施保障技术合同当事人在合法的范围内行使自己的权利,另一方面又不允许当事人滥用这种权利来损害国家利益和社会公共利益。为了防止当事人滥用技术合同来达到自己非法垄断和控制市场的目的,应认定上述技术合同为无效合同。

(二) 技术合同无效的后果

技术合同无效的法律后果,自然要按照《民法典》第157条的规定加以确定。此外,《技

术合同解释》还针对技术合同及其无效后果的特殊性,作出了如下特别规定:

1. 技术合同无效,技术开发合同研究开发人、技术转让合同让与人、技术许可合同许可人、技术咨询合同和技术服务合同的受托人已经履行或部分履行了约定的义务,并且造成合同无效的过错在对方的,对其已履行部分应当收取的研究开发经费、技术使用费、提供咨询服务的报酬,人民法院可以认定为因对方原因导致合同无效给其造成的损失。技术合同无效,因履行合同所完成新的技术成果或在他人技术成果基础上完成后续改进技术成果的权利归属和利益分享,当事人不能重新协议确定的,人民法院可以判决由完成技术成果的一方享有(《技术合同解释》第11条)。

2. 根据《民法典》第850条的规定,侵害他人技术秘密的技术合同被确认无效后,除法律、行政法规另有规定的以外,善意取得该技术秘密的一方当事人可以在其取得时的范围内继续使用该技术秘密,但应当向权利人支付合理的使用费并承担保密义务。当事人双方恶意串通,或者一方知道或应当知道另一方侵权仍与其订立或履行合同的,属于共同侵权,人民法院应当判令侵权人承担连带赔偿责任和保密义务,因此取得技术秘密的当事人不得继续使用该技术秘密(《技术合同解释》第12条)。

3. 人民法院在确定使用费时,可以根据权利人通常对外许可该技术秘密的使用费或使用人取得该技术秘密所支付的使用费,并考虑该技术秘密的研究开发成本、成果转化和应用程度以及使用人的使用规模、经济效益等因素合理确定。不论使用人是否继续使用技术秘密,人民法院均应当判令其向权利人支付已使用期间的使用费。使用人已向无效合同的让与人或许可人支付的使用费应当由让与人或许可人负责返还(《技术合同解释》第13条第2款、第3款)。

第二节　技术开发合同

一、技术开发合同概述

(一) 技术开发合同的界定

技术开发合同,是指当事人之间就新技术、新产品、新工艺、新品种或新材料及其系统的研究开发所订立的合同(《民法典》第851条第1款)。

依据《技术合同解释》第17条的规定,这里所说的新技术、新产品、新工艺、新品种或新材料及其系统,包括当事人在订立技术合同时尚未掌握的产品、工艺、材料及其系统等技术方案,但对技术上没有创新的现有产品的改型、工艺变更、材料配方调整以及对技术成果的验证、测试和使用除外。

所谓技术开发,依其本质而言,是指将科学研究成果或既有的技术知识应用于生产实践的创造性劳动;就其过程来说,是指从研究或试制开始直至新产品投入批量生产的全过程。广义的技术开发,指的是科学上的发现和技术上的发明转化为社会生产力的全过程。其中包括与科学技术发展相联系的定向基础研究、应用研究和发展研究。狭义的技术开发,指的是利用基础研究的成果,经过技术发明创新、完善和产品商业化三大步骤,使技术"软件"变成物质"硬件"的过程。它仅由应用研究和开发研究组成,不包括基础研究和生产过程在内。①

(二) 技术开发合同的类型

技术开发合同区分为委托开发合同与合作开发合同两种。委托开发合同,是指当事人一方即委托人委托另一方即研究开发人进行技术研究开发的合同。《技术合同解释》第19条第2款确认,技术开发合同当事人一方仅提供资金、设备、材料等物质条件或承担辅助协作事项,另一方进行研究开发工作的,属于委托开发合同。合作开发合同,是指当事人各方就共同进行技术研究开发所达成的合同。两种合同具有如下不同点:(1) 合同的种类不同。委托开发合同属于传统民法上所说的"契约",合作开发合同则属于"共同行为"。由此导致其他差别。(2) 进行研究开发的方式不同。后者采取当事人共同研究开发的方式,前者则采取委托人投资、研究开发人研究开发的方式。因此,合作开发合同大多产生于专门从事研究开发工作的科研单位(如研究所、高等院校等)之间,个别情况下成立于研究所、高等院校与具有研究机构的大公司之间;而委托开发合同通常发生在生产部门与科研单位之间。②(3) 研究开发成果分享的原则不同。委托开发完成的发明创造,除法律另有规定、当事人另有约定的以外,申请专利的权利属于研究开发人。研究开发取得专利权的,委托人可以免费实施该专利。研究开发人转让专利申请权的,委托人享有以同等条件优先受让的权利(《民法典》第859条)。合作开发完成的发明创造,申请专利的权利属于合作开发的当事人共有;当事人一方转让其共有的专利申请权的,其他各方享有以同等条件优先受让的权利,但是,当事人另有约定的除外。合作开发的当事人一方声明放弃其共有的专利申请权的,除当事人另有约定外,可以由另一方单独申请或由其他各方共同申请。申请人取得专利权的,放弃专利申请权的一方可以免费实施该专利。合作开发的当事人一方不同意申请专利的,另一方或其他各方不得申请专利(《民法典》第860条)。

当事人之间就具有实用价值的科技成果实施转化订立的合同,参照适用技术开发合同的规定(《民法典》第851条第4款)。依据《技术合同解释》第18条的规定,这里所谓"当事人之间就具有实用价值的科技成果实施转化订立的"技术转化合同,是指当事人之间就具有实用价值但尚未实现工业化应用的科技成果包括阶段性技术成果,以实现该科技成果工业化应用为目标,约定后续试验、开发和应用等内容的合同。

(三) 技术开发合同的法律性质

1. 技术开发合同的标的是研发具有创造性的技术成果

技术开发合同的标的是研发具有创造性的技术成果——新技术、新产品、新工艺、新品种、新材料及其系统。这种创造性的技术成果在当事人订立合同时尚不存在,更谈不上具有应用价值,只有经过研究开发人的创造性科技活动才有可能取得,也有可能在合同约定的期间内无法研发成功,甚至于在宽限期届满时也未能研发出来。技术开发合同的目的,不在于转让技术,而是通过一定的权利义务关系保证创造、发明新技术、新产品、新工艺、新品种、新材料及其系统,为了追求将它们现实化,或使之成熟、完善,使之具有应用价值。③ 这是技术开发合同不同于技术转让、技术许可、技术咨询、技术服务诸合同的重要之点,也是区别于承揽合同之处。

---

① 周大为:《技术合同法导论》,中国人民大学出版社1988年版,第220页。
② 同上书,第252页。
③ 崔建远、赵晓光:《技术转让合同刍议》,载《政治与法律》1986年第1期。

当然，由于技术保密和专利制度等原因，有一些技术项目虽然在他国已经研究成功了，但对中国来说来却属于尚未解决的课题。[①] 因此，作为技术开发合同追求的新技术、新产品、新工艺、新品种、新材料及其系统，其"新"具有相对的意义。

"新"的相对性还表现在，作为技术开发合同追求的新技术、新产品、新工艺、新品种、新材料及其系统，不仅在创新或改进的程度上可以有较大的差别，而且在不同的时间、地点也可能有不同的含义。[②]

2. 技术开发合同的一方当事人必须具有研发能力

技术开发合同的标的是研发创造性的技术成果，决定了技术开发方必须具有研发能力，否则，合同的目的就要落空，给双方当事人都会带来不必要的损失。

在这里，需要探讨的问题是，研究开发人具有研发能力是否为技术开发合同的有效要件之一。在相当长的时期内，中国合同法的理论和实务强调主体资格，如同医疗服务合同的一方当事人必须是具有资质的医院及其大夫、建设工程合同中的承包人必须是具有相应资质的建筑公司一样，技术开发合同中的研究开发人也必须具备研究开发能力。研究开发人在签订技术开发合同时不具备研究开发能力的，技术开发合同因此而无效。近年来则有所改变，认为技术开发合同仅仅在双方当事人之间产生负担，研究开发人不具备研究开发能力，无法依约完成研发工作，承担违约责任即可，无需令技术开发合同无效。《民法典》第850条规定的技术开发合同无效原因，仅有非法垄断技术或侵害他人技术成果两项，未列研究开发人无研发能力，可能反映了这种意见。

3. 技术开发合同的当事人共担风险

技术开发合同中的风险，是指在履行技术开发合同过程中，由于不可归责于当事人双方的原因，遭遇人类目前尚无法克服的技术难关，导致开发工作全部或部分失败，由此造成的损失。由于技术开发合同的标的是研发创造性的技术成果，难度较大，蕴藏着开发失败的危险。研究开发人即使尽了最大的努力，如投入了最佳的设备、最有能力和尽职的管理者和最优秀的研究开发人员，且兢兢业业，也难免未能取得合同约定的预期成果。由此决定，其风险由研究开发人单方负担，明显不公，不如分散给双方当事人，更为合理。[③]《民法典》采纳了这种理念，于第858条第1款规定：对于风险负担，当事人双方有约定的，依其约定；没有约定或约定不明确的，依照第510条规定的确定规则解决；由此仍不能确定的，由当事人双方合理分担风险。

4. 技术开发合同是双务、有偿、诺成、非要式的合同

技术开发合同当事人双方互负立于对价关系的义务，故为双务、有偿的合同。技术开发合同自双方当事人意思表示一致时起即可成立，并不以一方当事人义务的实际履行作为合同的成立要件，故为诺成合同。由于技术开发合同事关技术成果的研究开发，履行时间长，当事人之间的权利义务关系较复杂，需要详加规定，以免扯皮，《民法典》第851条第3款要求它应当采用书面形式。不过，该项规定并非强制性规定，技术开发合同即便没有采取书面形式，只要当事人双方对此承认或有其他确凿的证据予以证明，也应认定它业已成立且有效。

[①] 周大为：《技术合同法导论》，中国人民大学出版社1988年版，第225页。

[②] 同上。

[③] 崔建远：《关于制定合同法的若干建议》，载《法学前沿》（第2辑），法律出版社1998年版，第47—48页；崔建远主编：《合同法》（第5版），王轶执笔，法律出版社2010年版，第484—485页。

二、委托开发合同的效力

（一）委托人的义务与责任

按照《民法典》第852条等条款的规定，委托开发合同中委托人主要有以下义务和相应的责任：

1. 按照合同约定支付研究开发费用和报酬

研究开发费用，是指完成研究开发工作所必需的成本。除合同另有约定外，委托人应当提供全部研究开发费用。研究开发费用一般是在合同订立后，研究开发工作进行前支付，也可以根据情况分期支付。当事人在合同中约定研究开发费用按照实际需要支付的，委托人支付的研究开发费用不足时，应当补充支付；研究开发费用剩余时，由研究开发人如数返还。如合同中约定研究开发费用包干使用或没约定结算办法的，对不足的费用委托人无补充的义务；对结余的费用委托人也无权要求返还。研究开发报酬是指研究开发成果的使用费和研究开发人员的科研补贴。委托人应按合同约定按时支付报酬。[1]

委托人迟延支付研究开发经费，造成研究工作停滞、延误的，研究开发人不承担迟延责任（《民法典》第854条）。经催告委托人于合理期限内仍不支付研究开发费用或报酬的，研究开发人有权解除合同，请求委托人返还技术资料、补交应付的报酬、赔偿由此所造成的损失（《民法典》第563条第1款第3项、第4项，第566条第1款、第2款）。

2. 按照约定提供技术资料、原始数据

委托人应依合同的约定，向研究开发人提供研究开发所需要的技术资料、原始数据（《民法典》第852条）。在研究开发中，应研究开发人的要求，委托人应补充必要的背景材料和数据，但只以研究开发人为履行合同所必需的范围为限。委托人不依合同的约定及时提供技术资料、原始数据，或所提供的技术资料、原始数据或协作事项有重大缺陷，导致研究开发工作停滞、延误、失败的，委托人应当承担责任；委托人逾期经催告于合理的期限内仍不提供技术资料、原始数据的，研究开发人有权解除合同，并请求损害赔偿（《民法典》第563条第1款第3项、第4项，第566条第1款、第2款）。[2]

3. 完成协作事项

委托人的协作事项，因具体的委托开发合同而有所不同。例如，委托人依约提供开发技术的样品、模具，根据应用目的和工艺可能提出明确的技术经济指标，对样品进行加工、测试，以及组织成果技术鉴定等。[3] 再如，有关克隆等涉及人伦等方面的技术开发，需要委托人协助取得主管部门的研发许可；涉及国防机密的技术开发，需要委托人协助安排有关部门的领导及某些专家的指导；委托人负有必要的安全保卫任务等。委托人没有依约完成协作事项的，属于违反附随义务，应当承担违约责任。

4. 接受研究开发成果

委托人应当按期接受研究开发人完成的研究开发成果。委托人不及时接受的，至少构成不真正义务的违反，研究开发人有权根据《民法典》第570条第1款第1项的规定，予以提存，保管费用由委托人负担。

---

[1] 崔建远主编：《合同法》（第5版），王轶执笔，法律出版社2010年版，第485页。
[2] 同上书，第469页。
[3] 周大为：《技术合同法导论》，中国人民大学出版社1988年版，第229页。

[**探讨**]

委托人接受研究开发成果的义务,究竟是不真正义务,还是真正义务,《民法典》在技术合同一章未设明文,颇费思量。对此,可联系《民法典》在有关合同类型中关于受领义务的规定,加以分析。

(1)《民法典》第605条关于"因买受人的原因致使标的物未按照约定的期限交付的,买受人应当自违反约定时起承担标的物毁损、灭失的风险"的规定,可有几种解读。其一,因买受人的原因致使标的物不能按照约定的期限交付的,视为标的物已经交付,标的物为动产的,其所有权已经转移给买受人。在这种情况下,买受人承担标的物毁损、灭失的风险,是买受人对其财产的意外损失承受后果,并未向出卖人给付合同约定以外的负担(如未支付违约金或赔偿金),属于典型意义上的风险负担,而非违约责任。其二,因买受人的原因致使标的物不能按照约定的期限交付的,仍按未交付对待,标的物所有权依然留归出卖人享有。于此场合,买受人若已经付清了价款,无权请求返还,若尚未付清价款,有义务继续支付。这种继续支付价款的现象,在德国法系仍属于履行原债务,不以债务不履行责任论;在中国民法上,若于履行期限内所为,与德国法系的相同,若在履行期届满后所为,则属于违约责任中的强制履行范畴。尤其在当事人约定了违约金的情况下,买受人继续付清价款和支付违约金并罚,属违约责任无疑。可见,将《民法典》第605条规定的"风险负担"一律作为违约责任①,或完全排除于违约责任②,都有些绝对化。

这也告诉我们,违约责任和风险负担在出发点、着眼点、目的及功能方面的确不同,应分属两项法律制度。不过,在当事人一方有过错、风险转移于他(它)的情况下,某些"风险负担"却蜕变为"违约责任的承担",表明风险负担和违约责任之间并非永存天然的鸿沟。

(2)《民法典》第608条关于"出卖人按照约定或者依据本法第六百零三条第二款第二项的规定将标的物置于交付地点,买受人违反约定没有收取的,标的物毁损、灭失的风险自违反约定时起由买受人承担"的规定,属于上述"其一"所分析的情形,属于典型的风险负担,而非违约责任。③

(3)《民法典》第830条后段关于"收货人逾期提货的,应当向承运人支付保管费等费用"的规定,亦有几种解读。其一,货运合同的存续期限尚未届满,承运人负担保管所承运货物的义务。此时的合同,属于货运合同(典型合同)附保管所承运货物的义务(附他种给付)。此时的履行状态,属于承运人已经履行完毕货运合同项下的义务,保管所承运货物的义务这种"他种给付"因收货人的原因尚在履行状态之中。由于保管所承运货物不是无偿的,收货人向承运人支付保管费,属于履行合同义务,而非承担违约责任。这样,《民法典》第830条后段规定的向承运人支付保管费,不属于违约责任。如果该货物不适宜由承运人继续保管,需要交由仓储业者或保管业者保管,或应当及时处分,承运人委托他人保管(仓储)或变卖该货物的,需要支出费用。无论是由收货人直接向保管人或拍卖人付清该费用,还是先由承运人垫付,后由收货人向承运人偿付,《民法典》第830条后段规定的向承运人支付"费用",亦非违约责任。其二,货运合同已经终止,承运人所负的保管承运货物(他种给付)

---

① 王利明:《合同法研究》(第2卷),中国人民大学出版社2003年版,第522页。
② 刘佳:《论给付受领》,清华大学法学院硕士学位论文(2009),第39页。
③ 刘佳硕士的结论与此相同,只是分析的路径不同。参见同上。

的合同义务亦随之结束,但出于保护收货人利益的需要,承运人负有保管所承运货物的法定义务。无论将该法定义务解释为无因管理义务,还是法定委托义务,抑或其他类型的法定义务,都属于原给付义务。与此相对应的收货人支付保管费的义务,亦应为原给付义务,而非违反原给付义务所产生的第二性义务,即不是民事责任。其三,如果《民法典》第830条后段规定的"向承运人支付……等费用",指的是收货人逾期提货致使承运人保管该货物所应支付的违约金等,则为民事责任。不过,这种情况不多见。

(4)《民法典》第916条规定,在仓储合同中,存货人或仓单持有人逾期提货的,构成提存。提存不是违约责任,未见有人对此持有异议。由于《民法典》第916条没有就逾期提货规定其他的法律后果,仓储合同中存货人或仓单持有人提货(受领给付),是不真正义务。

(5)《民法典》第957条规定,在行纪合同中,委托人拒绝受领或取回委托物的,成立提存。按照上文(4)分析的思路,结论也应为委托人的受领义务是不真正义务。

既然多数的受领义务为不真正义务,个别的受领义务为真正义务,尚不宜径直按照整体类推规则,将技术开发合同中委托人接受研究开发成果解释为不真正义务或真正义务。需要结合个案,具体分析,再作定论。

当然,当事人双方在委托开发合同中约定接受研究开发成果为真正义务的,应依其约定。

委托人没有全部或部分支付经费、报酬的场合,亦未及时接受研究开发成果时,研究开发人有权援用《民法典》第447条以下的规定,将该研究开发成果留置,乃至依法将该项成果转让,从所得收益中扣除约定的报酬和保管费。

(二) 研究开发人的义务与责任

按照《民法典》第853条的规定,研究开发人主要应负担以下合同义务和相应的责任:

1. 依约亲自制订和实施研究开发计划

研究开发计划的制订是开展研究开发工作的前提条件、必要步骤。委托开发合同对于研究开发计划制订的时间和内容有约定的,研究开发人应依约进行;无此约定的,研究开发人应于合同订立并生效后尽快制订。否则,委托人有权请求研究开发人承担相应的违约责任,同时有权依据《民法典》第525条、第526条规定的履行抗辩权,暂时拒付相应的费用。

基于委托开发合同的标的是开发具有创造性的技术成果,鉴于每个研究开发人所具有的研发能力的差异,以及委托人之所以签订委托开发合同,也正是着眼于研究开发人的研究开发能力,研究开发人应当亲自实施研究开发计划。如果研究开发人未经委托人的同意,擅自将技术研究开发工作的全部或主要部分交由第三人完成,就违背了委托人的信赖,也很可能因第三人的科研实力有限而影响研究开发工作的完成或质量,给委托人造成严重的损失,甚至使合同目的完全落空。为了防止及减少此类违约行为的发生,保护委托人的合法权益,研究开发人不亲自履行研究开发义务的,委托人有权援用《民法典》第577条、第582条等规定,请求研究开发人改正(继续履行)。研究开发人仍不改正的,委托人有权援用《民法典》第563条第1款第3项或第4项的规定,或当事人双方约定,解除委托开发合同,并请求返还研究开发经费和赔偿损失。

当然,在研究开发中对于研究开发工作的辅助部分,有的技术难度较小,或其本身属于已被普遍掌握的技术,即使未经委托人的同意,研究开发人也可以将其转由第三人完成。但于此种情形下,研究开发人也应对该第三人完成的工作负责。①

2. 合理使用研究开发费用

研究开发人在完成研究开发工作中应当依合同的约定合理使用研究开发费用。所谓合理使用,包括专款专用、落到实处、杜绝浪费、分项合理等内容。例如,双方当事人基于自己和他人的经验教训,总结出效益最大化的经费使用方法,在委托开发合同中约定,购买仪器设备、奖励提成的比例及限额等。②研究开发人违反约定和法定,明显不合理地使用经费,甚至擅自将研究开发费用挪用于履行合同以外的目的和用途的,委托人有权制止,并要求其用于研究开发工作。③研究开发人的上述行为造成研究开发工作停滞、延误或失败的,委托人有权援用《民法典》第577条以下的规定,请求研究开发人赔偿损失;经委托人的催告,研究开发人仍不改正的,委托人有权援用《民法典》第563条第1款第3项或第4项、第566条第1款、第2款的规定,解除合同,并请求损害赔偿。

3. 按期完成研究开发工作并交付成果

研究开发人应当按照合同约定的条件按期完成研究开发工作,及时组织验收并将工作成果交付委托人。当然,研究开发人尽了最大努力仍未能研发成功的则免负该项义务。

研究开发人未尽应有的努力致使研究开发停滞、失败或迟延交付研究开发成果的,应承担违约责任(《民法典》第854条)。

研究开发人在完成研究开发工作中不得擅自变更标的内容、形式和要求。研究开发人因其过错,致使研究开发成果不符合合同约定条件的,应当赔偿委托人的损失;致使研究开发工作失败的,应当返还部分或全部研究开发费用并赔偿损失(《民法典》第854条等)。④

4. 研究开发人的后续义务

研究开发人依照合同约定完成研究开发工作并交付工作成果时,还应当提供有关的技术资料,并给予必要的技术指导,对委托人员进行技术培训,帮助委托人掌握该项技术成果。研究开发人不得向第三人泄露技术开发成果的技术秘密,不得向第三人提供该项技术成果(《民法典》第558条等),但当事人另有约定或法律另有规定的除外。⑤

根据诚信原则,当事人双方除应履行上述各自主要义务外,还应共同在合同的订立和履行过程中承担相互不断地通报合同履行情况的义务。尤其是那些对合同的订立或履行有妨碍的情况,如遇到情报交流上的障碍、技术风险以及研究开发经费超支或盈余等(《民法典》第509条第2款)。⑥

三、合作开发合同的效力

按照《民法典》第855条的规定,合作开发合同的双方当事人应负担以下义务和责任:

1. 合作各方应当依照合同约定投资。合作开发合同当事人各方应依合同的约定投资(《民法典》第855条前段)。所谓投资,是指当事人以资金、设备、材料、场地、试验条件、技

---

① 崔建远主编:《合同法》(第5版),王轶执笔,法律出版社2010年版,第486页。
② 周大为:《技术合同法导论》,中国人民大学出版社1988年版,第229页。
③ 崔建远主编:《合同法》(第5版),王轶执笔,法律出版社2010年版,第486页。
④ 参见同上书,第486—487页。
⑤ 同上。
⑥ 郭明瑞、王轶:《合同法新论·分则》,中国政法大学出版社1997年版,第406—407页。

术情报资料、专利权、非专利技术成果等方式对研究开发项目所作的投入。以资金以外的形式投资的,应当折算成相应的金额,明确当事人在投资中所占的比例。①

2. 合作各方应依合同约定的分工参与研究开发工作。合作开发合同的各方有共同进行研究开发工作的权利和义务。合作开发合同的当事人可以由双方代表组成的指导机构,对研究开发工作中的重大问题进行决策,协调和组织研究开发工作。当事人各方均应按照合同中约定的分工参与研究开发工作(《民法典》第855条中段)。所谓分工参与研究开发工作,包括当事人按照约定的计划和分工,共同或分别承担设计、工艺、试验、试制等不同阶段或不同部分的研究开发工作(《技术合同解释》第19条第1款)。一方当事人若仅仅是提供资金、设备、材料等物质条件,或承担辅助协作事项,不能成为合作开发合同的当事人,但可成为委托开发合同的委托人(《技术合同解释》第19条第2款)。

3. 合作各方应协作配合研究开发工作。合作各方按照合同约定协作配合的好坏,在很大程度上影响着合作研究开发的成败,因此合作各方应当严格履行协作配合研究开发工作的义务。该项义务通常表现为各自做好前期的准备工作,为他方当事人的研究开发提供必要的服务等。

4. 合作各方应保守研究开发的秘密。合作开发合同的当事人各方应保守技术情报、资料和技术成果的秘密。

5. 合作各方所承担的违约责任。《民法典》第856条规定,合作开发合同中,任何一方违反合同,造成研究开发工作停滞、延误或失败的,应当承担违约责任。合作开发合同当事人的违约行为主要表现为:(1) 不按照合同约定进行投资(包括以技术进行投资);(2) 不按照合同约定的分工参与研究开发工作;(3) 不按照合同约定与其他各方完成协作配合任务。

合作开发合同当事人在约定的期限内不履行义务的,另一方或其他各方有权解除合同。当事人一方应当赔偿因违约而给另一方或其他各方所造成的损失。

四、技术开发合同中的风险负担

技术开发合同中的风险,是指非因不可归责于双方当事人的原因(如出现无法克服的技术困难,或法律禁止继续研究开发等)而致使研究开发失败,由此所产生的损失。风险负担,即指上述损失应由哪一方当事人承受。对此,《民法典》规定,首先尊重当事人的约定;其次,当事人没有约定或约定不明确的,依照《民法典》第510条的规定确定;再次,依照《民法典》第510条的规定仍不能确定的,风险由当事人合理分担(第858条第1款)。

在技术开发合同履行过程中,因出现无法克服的技术困难,可能导致研究开发失败或部分失败的,一方当事人应当及时通知另一方并采取适当措施减少损失,如向委托人提供咨询报告和意见,建议改变研究开发内容或全部放弃研究开发工作等。与此同时,研究开发人亦有权主动停止研究开发工作。如果当事人一方没有及时通知另一方并采取适当措施,致使损失扩大的,应当就扩大的损失承担责任(《民法典》第858条第2款,第591条)。

---

① 周大为:《技术合同法导论》,中国人民大学出版社1988年版,第256页;崔建远主编:《合同法》(第5版),王轶执笔,法律出版社2010年版,第487页。

五、技术开发合同中技术成果权益的归属①

确定技术开发合同中技术成果权益的归属,应遵循以下规则:

1. 就委托开发所完成的技术成果,如属得申请专利的,则申请专利的权利在一般情况下归研究开发人。但当事人约定申请专利的权利归委托人或由双方当事人共同行使的,从其约定(《民法典》第859条第1款)。就委托开发所完成的技术成果,如属不可申请专利或虽可申请专利,但当事人不欲申请专利的,对于此项技术秘密成果,一般情况下当事人各方都有使用、转让和收益的权利。当事人就此另有约定的,从其约定。

2. 就合作开发所完成的技术成果,如属于可以申请专利的,申请专利的权利属于合作开发的当事人共有。当事人约定归其中一方或几方所有的,从其约定(《民法典》第860条第1款)。就合作开发所完成的技术成果,如属不可申请专利或虽可申请专利,但当事人不欲申请专利的,对于此项技术秘密成果,合作开发的各方当事人均有使用、转让、收益的权利。当事人就此另有约定的,从其约定。依据《技术合同解释》第20条的规定,就技术秘密,技术开发合同的当事人均有使用和转让的权利,包括当事人均有不经对方同意而自己使用或以普通使用许可的方式许可他人使用技术秘密,并独占由此所获利益的权利。当事人一方将技术秘密成果的转让权让与他人,或者以独占或排他使用许可的方式许可他人使用技术秘密,未经对方当事人同意或追认的,应当认定该让与或许可行为无效。

就技术成果权益的分配,还应注意如下几点:(1)为鼓励风险投资,推动技术进步,《民法典》第859条规定,委托开发合同中,研究开发人取得专利权的,委托人可以依法实施该项专利。研究开发人转让专利申请权的,委托人有优先受让权,当然,此项优先受让权的享有和行使以同等条件为前提。对于履行委托开发合同所取得的技术秘密成果,委托开发的研究开发人不得在向委托人交付研究开发成果之前,将研究开发成果转让给第三人。违反此项义务的,应承担相应的违约责任。(2)合作开发完成的发明创造,当事人一方转让其共有的专利申请权的,其他各方当事人在同等条件下享有优先受让权(《民法典》第860条第1款)。此项优先受让权在本质上属于共有人的优先购买权的一种,其法律适用得参照优先购买权的一般规则。(3)合作开发的当事人一方声明放弃其共有的专利申请权的,该专利由另一方单独申请或由其他各方共同申请。经申请取得专利权的,放弃专利申请权的一方可以免费实施该专利(《民法典》第860条第2款)。(4)合作开发的当事人一方不同意申请专利的,另一方或其他各方不得申请专利(《民法典》第860条第3款)。

六、技术开发合同终止的特别事由

作为技术开发合同标的的技术已经由他人公开,致使技术开发合同的履行没有意义的,当事人可以解除合同(《民法典》第857条)。在实践中,作为技术开发合同标的的技术被他人公开,致使技术开发合同的履行没有意义,主要包括两种情形:其一,他人业已开发出此项技术,并已申请专利;其二,他人已开发出此项技术,虽未申请专利,但人们已普遍掌握了此项技术。这两种情形属于不可归责于双方当事人的事由,系技术开发合同中的固有风险,对其负担,当事人有约定的,依其约定;没有约定的,各方合理分担。

---

① 参见崔建远主编:《合同法》(第5版),王轶执笔,法律出版社2010年版,第488—489页。

第三节　技术转让合同和技术许可合同

一、概述

(一) 技术转让合同的界定与法律性质

广义的技术转让合同,是指当事人就专利权转让、专利申请权转让、技术秘密转让和专利实施许可所订立的合同。狭义的技术转让合同不包括专利实施许可合同。《民法典》就技术转让合同的范围采狭义的理解(第862条第1款、第863条第1款)。另据《技术合同解释》第22条第2款、第3款的规定,技术转让合同中关于让与人向受让人提供实施技术的专用设备、原材料或提供有关的技术咨询、技术服务的约定,属于技术转让合同的组成部分。因此发生的纠纷,按照技术转让合同处理。当事人以技术入股方式订立联营合同,但技术入股人不参与联营体的经营管理,并且以保底条款形式约定联营体或联营对方支付其技术价款或使用费的,视为技术转让合同或技术许可合同。[①] 技术转让合同的法律性质如下:(1) 技术转让合同的标的物是现有的技术成果,且为成型的技术成果。技术转让合同的标的,是移转该技术成果。这与技术开发合同的标的物是尚不存在的、可能研发不出来的技术成果明显不同,也与技术咨询合同、技术服务合同没有标的物相异。如果说技术开发合同场合,因无法克服的技术困难使研究开发失败,不足为奇,且不产生违约责任,那么,技术转让合同所涉及的技术能够转让给受让人,除非新法禁止转让、合同被解除。(2) 技术转让合同所确立的法律关系具有多样性,可能是专利权转让法律关系、专利申请权转让法律关系,也可能是技术秘密转让法律关系。套用物权法和买卖法的术语来描述,专利权转让法律关系、技术秘密转让法律关系相当于货物买卖合同关系,相当于有体物所有权移转法律关系。[②] (3) 在技术转让合同中,让与人须转让其技术成果、技术成果的专利权或秘密权,受让人须向让与人支付价金,故其为有偿合同。当事人双方互负立于对价关系的义务,故为双务合同。技术转让合同并不以技术成果的实际交付为成立要件,而是自当事人意思表示一致时起即成立,故为诺成合同。技术转让合同应当以书面形式作成,有的还要求具备特定手续,故为要式合同。(4) 技术转让合同中关于提供实施技术的专用设备、原材料或提供有关的技术咨询、技术服务的约定,属于技术转让合同的组成部分。这不是技术转让合同的天然要求,而是《民法典》权衡利弊后的立法政策使然(第862条第3款)。

(二) 技术许可合同的界定与法律性质

技术许可合同是合法拥有技术的权利人,将现有特定的专利、技术秘密的相关权利许可他人实施、使用所订立的合同(《民法典》第862条第2款),包括专利实施许可、技术秘密使用许可等合同(《民法典》第863条第2款)。其法律性质如下:(1) 技术许可合同的标的物是现有的技术成果,且为成型的技术成果,在这一点上与技术转让合同没有区别。(2) 在技术许可合同中,相当于物权的技术专利权、技术秘密权不转移,被许可人取得债权性质的使用权。套用物权法和买卖法的术语来描述,技术许可合同关系相当于有体物使用权移转法律关系。(3) 技术许可合同为有偿、双务、诺成和要式的合同,这一点与技术转让合同相同,

---

[①] 崔建远主编:《合同法》(第5版),王轶执笔,法律出版社2010年版,第489页。
[②] 崔建远、赵晓光:《技术转让合同刍议》,载《政治与法律》1986年第1期。

不再赘述。（4）技术许可合同中关于提供实施技术的专用设备、原材料或者提供有关的技术咨询、技术服务的约定，属于技术许可合同的组成部分。这不是技术许可合同的天然要求，而是《民法典》权衡利弊后的立法政策使然（第862条第3款）。

（三）技术转让合同、技术许可合同中的"使用范围"条款

《民法典》第864条规定，技术转让合同可以约定让与人和受让人实施专利或使用技术秘密的范围，但不得限制技术竞争和技术发展。这就是关于技术转让合同中所谓"使用范围"条款。此处所称的"范围"，是指技术让与人和受让人在合同中约定的对实施专利技术或使用技术秘密的合理限制，亦即受让人使用所受让专利技术或技术秘密的合法边界，同时也是让与人可否使用该项专利技术或技术秘密的准则。① 按照《技术合同解释》第28条的规定，该"范围"包括实施专利或使用技术秘密的期限、地域、方式以及接触技术秘密的人员等（第1款）。当事人对实施专利或使用技术秘密的期限没有约定或约定不明确的，受让人、被许可人实施专利或使用技术秘密不受期限限制（第2款）。

受让人可在多大范围内使用专利技术，让与人可否使用该项专利技术，若可以，其范围和程度如何？需要探讨。原来，受让人在多大程度上取得专利技术带来的利益，一方面，取决于专利技术应用的程度、效果，另一方面，也是很重要的方面，取决于该种技术在社会上普遍化的程度，或者说推广的程度。受让人若处于某专利技术第一家受让人的地位，就要考虑是否取得该专利技术的独占利益。独占利益是由对专利技术的垄断来保证的，因为仅仅掌握了转让的专利技术，尚未将之变为完全排他的权利。要做到排他地享有，必须借助对让与人的限制。这种限制就是使让与人承担不再将该项专利技术允许他人使用的义务，让与人不再处分该项专利技术。② 对这些问题的解决，法律、理论和实务采取了区分专利实施许可合同的办法，一般将专利实施许可合同分为普通专利实施许可合同、排他专利实施许可合同和独占专利实施许可合同三种类型。所谓普通专利实施许可，是指在规定的范围内允许受让人对专利技术享有使用权，同时让与人自己仍保有使用的权利，并有权把该范围内的专利技术允许另外的人使用。所谓排他专利实施许可，是指让与人允许受让人在一定范围内享有使用权，但不得把该范围内的专利技术再许可给他人使用，不过，让与人自己可以使用。所谓独占专利实施许可，是指允许受让人享有排他地使用合同指明的专利技术，包括让与人在内的任何他人均不得同时在该范围内使用该项专利技术。当事人对专利实施许可方式没有约定或者约定不明确的，认定为普通实施许可。专利实施许可合同约定受让人可以再许可他人实施专利的，认定该再许可为普通实施许可，但当事人另有约定的除外（《技术合同解释》第25条第1款、第2款）。技术秘密的许可使用方式，参照前述规则确定（《技术合同解释》第25条第3款）。排他实施许可合同让与人不具备独立实施其专利的条件，以一个普通许可的方式许可他人实施专利的，人民法院可以认定为让与人自己实施专利，但当事人另有约定的除外（《技术合同解释》第27条）。

（四）实施专利技术和使用技术秘密的其他限制

1. 期间范围。专利实施许可合同仅在该专利权的存续期限内有效。专利权有效期限届满或专利权被宣告无效的，专利权人不得就该专利与他人订立专利实施许可合同（《民法典》第865条）。

---

① 崔建远主编：《合同法》（第5版），王轶执笔，法律出版社2010年版，第490页。
② 崔建远、赵晓光：《技术转让合同刍议》，载《政治与法律》1986年第1期。

2. 使用地区范围。在专利实施许可合同中存在的地域限制条款,并不等同于专利权本身的地域限制特征,即专利仅仅在批准它的国家境内有效,作为一条法定的原则,无需以合同条款加以赘述。这里的地域限制,一般指的是受让人有权依专利实施许可合同中许可使用的技术去从事产品制造或销售等活动的地域范围,它包括本国的不同地区或跨国的不同地区。①

3. 实施方式的范围。当合同标的的实施表现为某种特定的工艺技术(方法),并且该技术可以用于多种用途和目的时,让与人可以在合同中规定受让人只能将其用于一种或几种目的和用途。②

二、技术转让合同的效力

(一) 让与人的义务与责任

1. 让与人向受让人转让专利权或技术秘密

让与人有义务依约向受让人转让专利权或技术秘密(《民法典》第862条第1款)。让与人应当保证自己是所提供的技术的合法拥有者,并保证所提供的技术完整、无误、有效,能够达到约定的目标(《民法典》第870条)。这是技术转让合同中让与人的权利瑕疵担保义务和物的瑕疵担保义务的具体体现。

2. 向受让人提供实施专利有关的技术资料的义务

技术秘密转让合同的让与人应当按照约定提供技术资料,进行技术指导,保证技术的实用性、可靠性,承担保密义务(《民法典》第868条第1款)。这里所说的技术资料,包括实施专利技术所必需的情报、图表、设计文件及其他技术资料。这些技术资料若涉及其他受让人实施专利技术所必需的技术秘密时,双方当事人还可以另外签订非专利技术转让合同,亦可订立专利技术和非专利技术的混合转让合同。③ 让与人违反此项义务的,应当向受让人承担违约责任。

3. 向受让人提供必要的技术指导

让与人有义务提供必要的技术指导(《民法典》第868条第1款)。这是指让与人应依合同约定协助受让人实施专利技术或技术秘密,帮助受让人解决实施专利技术或技术秘密过程中出现的问题,为受让人培训人员,协助安装、调试设备等。④ 让与人违反此项义务的,应当向受让人承担违约责任。

4. 保证和承诺

让与人应当保证和承诺:受让人依合同约定使用所受让的技术不会损害第三人的权利。若合同中约定专利实施许可为排他实施许可,则让与人不得在已经许可受让人实施专利的范围内,就同一专利与第三人订立专利实施许可合同;若合同中约定专利实施许可为独占实施许可的,让与人和任何第三人都不得在已经许可受让人实施专利的范围内实施该专利。⑤ 让与人违反此项义务的,应当向受让人承担违约责任。

---

① 参见崔建远主编:《合同法》(第5版),王轶执笔,法律出版社2010年版,第490页。
② 同上。
③ 参见周大为:《技术合同法导论》,中国人民大学出版社1988年版,第297页。
④ 同上。
⑤ 崔建远主编:《合同法》(第5版),王轶执笔,法律出版社2010年版,第492页。

5. 保密义务

受让人对所受让的技术应负保密义务,显而易见,让与人不得将其转让的技术泄露给第三人,以免缩减受让人利用所受让的技术生产的产品占有市场的份额,或使受让人在受让技术的基础上率先进一步研究开发成功,同样重要。有鉴于此,《民法典》第868条第1款规定:技术秘密转让合同的让与人应当按照约定提供技术资料,进行技术指导,保证技术的实用性、可靠性,承担保密义务;第871条规定:技术转让合同的受让人应当按照约定的范围和期限,对让与人提供的技术中尚未公开的秘密部分,承担保密义务;第872条第2款规定:违反约定的保密义务的,应当承担违约责任。

当然,技术秘密转让合同的让与人承担保密义务具有一定的限度,依照《民法典》第868条第2款的规定,这不限制让与人申请专利,除非当事人另有约定。

(二) 受让人的义务与责任

1. 按照约定实施专利技术或技术秘密

受让人应当按照技术转让合同的约定实施专利技术或技术秘密,不得许可约定以外的第三人实施该技术(《民法典》第869条、第864条正文)。

在实务中,让与人往往要求受让人承担实施专利的义务。尤其是在合同价款采取提成支付的情况下,通过受让人履行实施专利的义务,可以使让与人获得受让人实施其专利的最大利润。此时,受让人的实施义务包括:在一定时间内将专利产品投入生产;行使合同所约定的权利;在一定范围内生产专利产品并做相应的推销工作。让与人如果想使受让人承担实施义务,应当与受让人在合同中达成明确的协议。[①]

受让人实施专利或使用技术秘密超越约定范围的,未经让与人同意擅自许可第三人实施该专利或使用该技术秘密的,应当停止违约行为,承担违约责任(《民法典》第872条第1款中段、后段)。

2. 支付使用费

受让人应当依约支付使用费(《民法典》第867条、第869条)。受让人未按照约定支付使用费的,让与人有权请求受让人补交使用费并按照约定支付违约金。受让人拒绝的,应当停止实施专利或使用技术秘密,交还技术资料,承担违约责任(类推适用《民法典》第873条前段)。

3. 保密义务

在所有的技术转让合同中,都有可能存在保密问题,受让人对于受让的技术负有保密义务。对让与人提供的技术中尚未公开的秘密部分,被许可人更须按照约定的范围和期限承担保密义务(《民法典》第869条、第871条)。在技术转让合同中,需要保密的那部分技术通常是最有价值的,受让人违反保密义务的,承担违约责任(《民法典》第872条第1款后段)。

(三) 后续改进技术成果的权益分配

所谓后续改进,是指在技术转让合同的有效期内,一方或双方对作为合同标的物的专利或技术秘密所作的革新和改良。在科学技术迅猛发展的今天,多数技术转让合同所包含的技术是双方都有可能进行新的改进和发展的。对于这种超出原有转让技术的新的改进和发展如何分享,当事人应在合同中明确约定,没有约定或约定不明确的,依照《民法典》第510条的规定确定,仍不能确定的,一方后续改进的技术成果,其他各方无权分享(《民法典》第

[①] 周大为:《技术合同法导论》,中国人民大学出版社1988年版,第305页。

875 条)。

三、技术许可合同的效力

(一) 许可人的义务与责任

1. 向被许可人授权实施专利技术或技术秘密

许可人有义务依约向被许可人授权实施专利技术或技术秘密(《民法典》第 862 条第 2 款)。让与人应当保证自己是所提供的技术的合法拥有者,并保证所提供的技术完整、无误、有效,能够达到约定的目标(《民法典》第 870 条)。这是技术转让合同中让与人的权利瑕疵担保义务和物的瑕疵担保义务的具体体现。

许可人违反约定擅自许可第三人实施该项专利或者使用该项技术秘密的,应当停止违约行为,承担违约责任;违反约定的保密义务的,应当承担违约责任(《民法典》第 872 条)。

2. 向被许可人提供实施专利有关的技术资料

技术秘密使用许可人应当按照约定提供技术资料,保证技术的实用性、可靠性,承担保密义务(《民法典》第 866 条、第 868 条第 1 款)。这里所说的技术资料,包括实施专利技术所必需的情报、图表、设计文件及其他技术资料。这些技术资料若涉及其他被许可人实施专利技术所必需的技术秘密时,双方当事人还可以另外签订非专利技术许可合同,亦可订立专利技术和非专利技术的混合许可合同。当事人违反此项义务的,应当承担违约责任。

3. 向被许可人提供必要的技术指导

许可人有义务提供必要的技术指导(《民法典》第 866 条、第 868 条第 1 款)。这是指许可人应依合同约定协助受让人实施专利技术或技术秘密,帮助被许可人解决实施专利技术或技术秘密过程中出现的问题,为被许可人培训人员,协助安装、调试设备等。当事人违反此项义务的,应当承担违约责任。

4. 保证和承诺

许可人应当保证和承诺:被许可人依合同约定使用有关技术不会损害第三人的权利。若合同中约定专利实施许可为排他实施许可,则许可人不得在约定许可实施专利的范围内,就同一专利与第三人订立专利实施许可合同;若合同中约定专利实施许可为独占实施许可,则许可人和任何第三人都不得在约定许可实施专利的范围内实施该专利。许可人违反此项义务的,应当向被许可人承担违约责任。

5. 保密义务

许可人对被允许实施的技术应负保密义务,违反约定的,成立违约责任(《民法典》第 872 条第 1 款后段),其道理相同于技术转让合同关系中,不再赘述。当然,保密义务的承担也具有一定的限度,《民法典》第 868 条第 2 款规定,这不限制许可人申请专利,除非当事人另有约定。

(二) 被许可人的义务与责任

1. 按照约定实施专利技术或技术秘密

被许可人应当按照技术许可合同的约定实施专利技术或技术秘密,不得许可约定以外的第三人实施该技术(《民法典》第 867 条);被许可人实施专利或使用技术秘密超越约定的范围的,违反约定擅自许可第三人实施该项专利或使用该项技术秘密的,应当停止违约行为,承担违约责任(《民法典》第 873 条第 1 款中段)。

2. 支付使用费

被许可人应当依约支付使用费(《民法典》第867条、第869条)。被许可人未按照约定支付使用费的,许可人有权请求被许可人补交使用费并按照约定支付违约金。被许可人拒绝的,应当停止实施专利或使用技术秘密,交还技术资料,承担违约责任(《民法典》第873条前段)。

3. 保密义务

在所有的技术转让合同中,都有可能存在保密问题,被许可人对于被允许实施的技术负有保密义务。对许可人提供的技术中尚未公开的秘密部分,被许可人更应按照约定的范围和期限承担保密义务(《民法典》第869条、第871条)。在技术许可合同中,需要保密的那部分技术通常是最有价值的,被许可人违反保密义务的,承担违约责任(《民法典》第872条第1款后段)。

(三) 技术实施过程中使技术成果增值的权益分配

被许可人实施技术使技术成果增值,其权益分配,技术许可合同有约定的,依其约定;无约定或约定不明确的,依照《民法典》第510条的规定仍不能确定的,《民法典》第875条后段规定由被许可人享有。不过,本书作者更赞同由许可人和被许可人分享的方案。

第四节 技术咨询合同

一、技术咨询合同概述

技术咨询合同不是单一合同的概念,而是一组合同的总称,包括就特定技术项目提供可行性论证、技术预测、专题技术调查、分析评价报告以及其他属于技术咨询内容所订立的合同(《民法典》第878条第1款)。这里所说的特定技术项目,包括有关科学技术与经济社会协调发展的软科学研究项目,促进科技进步和管理现代化、提高经济效益和社会效益等运用科学知识和技术手段进行调查、分析、论证、评价、预测的专业性技术项目(《技术合同解释》第30条)。技术咨询合同具有如下法律性质:

1. 技术咨询合同在技术交易领域内具有自己特定的范围,即受托人接受委托而从事并完成某技术项目的可行性论证、技术预测、专题技术调查等软科学研究活动。[1]

软科学一词是借用电子计算机软件的名称而来的。它综合运用系统理论、系统方法、决策科学与计算机技术等现代科学技术的知识和手段,对各种复杂的社会问题和自然现象,从政治、经济、科学、技术、教育等各个社会环节之间的内在联系中,研究其客观规律,寻求解决问题的途径和方案,为有关发展战略、目标规划、政策制定及组织管理等提供科学的决策依据。软科学的研究对象是社会实践系统,即由各种相关部分综合而成的社会活动系统,而且必然是一种"人—事—物"的综合系统运动规律以及对系统整体进行优化领导和管理的理论、原理、原则与方法的综合科学。[2] 作为技术咨询合同内容的软科学研究活动,仅仅是上述活动的一部分,包括如下范围:(1) 可行性研究,即对某种技术项目的先进性和合理性进行综合分析和研究的活动。它可以是对一个完整的工程项目的系统咨询服务,也可以是对某

---

[1] 周大为:《技术合同法导论》,中国人民大学出版社1988年版,第336页。
[2] http://baike.baidu.com/view/2277.htm,2012年5月28日最后访问。

一具体的技术开发项目的咨询服务。(2) 技术经济论证,即在开发新技术、新产品、新工艺、新材料或兴建工程项目投资决策之后对决策效果进行经济技术论述和证明的科学分析活动。它与可行性研究的区别在于,前者是"先决策后会审论证",后者是"先分析后决策"。(3) 专题项目预测。(4) 对国家的经济、科技、社会发展战略提供宏观决策咨询。(5) 企业管理咨询,即为企业改善经营管理、提高经济效益进行的诊断活动。(6) 技术评估,即根据一定的价值标准,以预测的方式,分析某一技术的发明、革新对环境和社会的影响。(7) 为引进境外先进技术提供决策咨询。(8) 进行科技成果的评价、鉴定和专利申请的审查。[①]

不难发现,就合同内容而言,技术咨询合同明显不同于技术开发合同、技术转让合同,因为技术开发合同的重心是探索未知的技术,技术转让合同是移转既有的专利技术或技术秘密。

2. 履行技术咨询合同的目的在于:受托人为委托人进行科学研究、技术开发、成果推广、技术改造、工程建设、科技管理等项目提出建议、意见和方案,供委托人在决策时参考,从而使科学技术的决策和选择真正建立在民主化和科学化的基础之上。因此,技术咨询合同的履行结果,并不是某些立竿见影的科技成果,而是供委托人选择的咨询报告。[②]

3. 受托人拥有进行软科学研究的能力,具有作为委托人将要开展经济技术项目的顾问、"参谋"的地位。这与技术咨询合同重在咨询的属性相一致。与此不同,技术开发合同中,开发人是技术开发的生力军,而非顾问、"参谋";技术转让合同中,转让人为技术的享有者,亦非顾问、"参谋"。

二、技术咨询合同的效力

(一) 委托人的义务与责任

1. 按照约定阐明咨询的问题,向受托人提供技术背景材料及有关技术资料(《民法典》第879条前段)。必要时还应当依合同的约定为受托人做现场调查、测试、分析等工作提供方便。[③]

委托人未按照约定提供必要的资料,影响工作进度和质量的,支付的报酬不得追回,未支付的报酬应当支付(《民法典》第881条第1款)。不过,受托人发现委托人提供的资料、数据等有明显错误或缺陷,未在合理期限内通知委托人的,视为其对委托人提供的技术资料、数据等予以认可。委托人在接到受托人的补正通知后未在合理期限内答复并予补正的,发生的损失由委托人承担(《技术合同解释》第32条)。

至于委托人逾期不提供或不补充有关技术资料和数据、工作条件,导致受托人无法开展工作的,受托方有无权利解除技术咨询合同,法无明文,应作肯定的回答,因为这符合《民法典》第563条第1款第4项规定的解除条件。

2. 接受技术咨询的工作成果

在技术咨询的工作成果符合约定的标准场合,委托人应当及时接受(《民法典》第879条后段)。委托人不接受或逾期接受工作成果的,支付的报酬不得追回,未支付的报酬应当支付(《民法典》第881条第1款),同时,受托人有权依据《民法典》第570条第1款的规定提

[①] 周大为:《技术合同法导论》,中国人民大学出版社1988年版,第337—341页。
[②] 同上书,第336页。
[③] 同上书,第342页。

存该成果。在技术咨询的工作成果不符合约定的标准场合,委托人有权请求受托人承担违约责任。

3. 按约定支付报酬

不言自明,在受托人完成的技术咨询的工作成果符合约定的情况下,委托人有义务支付报酬(《民法典》第879条后段、第881条第1款后段)。委托人迟延支付报酬的,受托人有权援用《民法典》第525条或第526条规定的履行抗辩权,暂时拒绝交付该项工作成果,同时有权请求委托人承担违约责任。

4. 保密义务

技术咨询合同对受托人提出的咨询报告和意见,约定了保密义务的,委托人必须遵守,否则,依法承担违约责任;未约定保密义务,委托人引用、发表或向第三人提供的,不认定为违约行为,但侵害受托人对此享有的合法权益的,应当依法承担民事责任(《技术合同解释》第31条)。

(二) 受托人的义务与责任

1. 按照合同约定的期限完成咨询报告或解答委托人提出的问题(《民法典》第880条前段)。受托人未按期提出咨询报告的,应当承担减收或免收报酬等违约责任(《民法典》第881条第2款)。

2. 提出的咨询报告应当达到约定的要求(《民法典》第880条后段)。咨询报告或解答委托人所提问题不符合约定的,应当减收或免收报酬,委托人还有损失的,应当承担赔偿责任(《民法典》第881条第2款)。受托人不提交咨询报告的,应当返还报酬,赔偿损失。

3. 技术咨询合同对受托人进行调查研究、分析论证、试验测定等所需费用的负担没有约定或约定不明确的,由受托人承担。

4. 保密义务。技术咨询合同对委托人提供的技术资料和数据,约定了保密义务的,受托人必须遵守,否则,依法承担违约责任;未约定保密义务,受托人引用、发表或向第三人提供的,不认定为违约行为,但侵害委托人对此享有的合法权益的,应当依法承担民事责任(《技术合同解释》第31条)。

5. 技术服务合同对受托人正常开展工作所需费用的负担没有约定或者约定不明确的,由受托人负担(《民法典》第886条)。

(三) 新技术成果的归属

在技术咨询合同的履行过程中,受托人利用委托人提供的技术资料和工作条件完成的新的技术成果,属于受托人。委托人利用受托人的工作成果完成的新的技术成果,属于委托人。当事人另有约定的,按照其约定(《民法典》第885条正文)。所谓当事人另外的约定,例如,当事人约定上述新的技术成果归各方共有,或归一方当事人享有,但另一方有权免费使用等。[①]

(四) 风险负担

委托人按照受托人提供的符合约定要求的咨询报告和意见作出决策所造成的损失,由委托人承担,但当事人另有约定的除外(《民法典》第881条第3款)。根据诚信原则,受托人恶意提供错误的咨询报告和意见的,只要证据确凿,应当承担该项损失。

[①] 周大为:《技术合同法导论》,中国人民大学出版社1988年版,第345页。

第五节 技术服务合同

一、技术服务合同概述

(一) 技术服务合同的界定

技术服务合同,是指当事人一方以技术知识为另一方解决特定技术问题所订立的合同,不包括建设工程合同和承揽合同(《民法典》第878条第2款)。这里所说的特定技术问题,包括需要运用专业技术知识、经验和信息解决的有关改进产品结构、改良工艺流程、提高产品质量、降低产品成本、节约资源能耗、保护资源环境、实现安全操作、提高经济效益和社会效益等专业技术问题(《技术合同解释》第33条)。

(二) 技术服务合同的类型

1. 技术辅助服务合同[①]

技术辅助服务合同不是单一合同的称谓,而是一组合同的总称,包括产品设计合同、工艺编制合同、测试分析合同、计算机程序编制合同、工程计量合同等。

产品设计合同中的产品设计,并不具有研究开发的性质,不同于技术开发合同中的新产品研发,主要指专业技术人员运用既有的设计方法对已有产品进行非实质性的改进而完成的工作,以解决有关改进产品的结构和工艺流程、提高产品质量、降低产品成本、节约资源能耗、保护环境资源、实现安全操作、提高经济效益和社会效益等技术问题。

工艺编制合同中的工艺编制工作,是指为新产品的试制和生产、为保护新产品的质量而进行的一系列生产技术工作。其作用在于实现从图纸到产品这一最为重要的过程。它是利用现有的知识、经验,并按长期积累形成的套路和标准进行的一类非创新性的技术活动,不同于技术开发合同中的新工艺研发,因为后者具有探索性和创新性。

测试分析合同中的测试分析,大多由专门的测试分析中心承担。测试中心是以大型精密仪器为主并在仪器构成上合理配套,形成特色的专门技术服务机构。这些机构以少量的高、中级科研人员为骨干,配备相应的技术人员、试验人员和必需的仪器维修人员组成团队,从而胜任测试分析合同约定的工作。

计算机程序编制合同中,由软件公司等专门技术服务机构作为受托人,为委托人编制不同类型的常用软件,如为某机关编制职工工资管理系统软件、有关文献资料检索系统的软件等,并获得报酬。

大型工程的工程量在计算上较为复杂,由专门的服务机构操作相对容易,也比较客观、公正,事半功倍。

2. 技术中介合同

所谓技术中介合同,又称技术中介服务合同,是指当事人一方以知识、技术、经验和信息为另一方与第三人订立技术合同进行联系、介绍以及对履行合同提供专门服务所订立的合同(《技术合同解释》第38条)。

3. 技术培训合同

技术培训合同,是指当事人一方委托另一方对指定的学员进行特定项目的专业技术训

[①] 这部分内容来自周大为:《技术合同法导论》,中国人民大学出版社1988年版,第370—374页。

练和技术指导所订立的合同,不包括职业培训、文化学习和按照行业、法人或非法人组织的计划进行的职工业余教育(《技术合同解释》第 36 条)。

4. 名为技术转让实为技术服务的合同

《技术合同解释》第 34 条规定:当事人一方以技术转让的名义提供已进入公有领域的技术,或在技术转让合同履行过程中合同标的技术进入公有领域,但是技术提供方进行技术指导、传授技术知识,为对方解决特定技术问题符合约定条件的,按照技术服务合同处理,约定的技术转让费可以视为提供技术服务的报酬和费用,但是法律、行政法规另有规定的除外。

从严格的意义上讲,名为技术转让实为技术服务的合同,并非与技术培训合同、技术中介合同、技术辅助服务合同相并列的一种合同,《技术合同解释》第 34 条的规定,反映的是一种准用的法律适用技术。

(三) 技术服务合同的法律性质

1. 技术服务合同与技术开发合同的区别

技术服务合同不同于技术开发合同较为明显:后者的标的为研究开发未知技术,前者的标的则为受托人在其熟悉的专业范围内运用既有知识、技术、经验和掌握的信息解决特定的技术问题;后者场合存在着研究开发失败的风险,故不强求研究开发人必须提供约定的技术成果,而前者场合受托人必须完成约定的技术服务任务,因为只要受托人勤勉工作就能完成任务。[①]

2. 技术服务合同与技术转让合同的区别

技术转让合同转移的是专利技术、技术秘密,技术服务合同转移的是专利技术和技术秘密以外的公有技术。提供技术服务,在技术服务合同中是主要内容,而在技术转让合同中仅仅处于附属地位,甚至无从体现。至于许多技术转让合同的履行过程中附带有一系列的技术服务工作,如为受让人进行人员培训、设备调试、安装指导产品测试、鉴定等,有的作为技术转让合同的组成部分,有的则另外签订技术服务合同。[②] 技术转让合同成立之时,作为标的物的技术通常都已经存在;技术服务合同适当履行之后,作为标的物(工作成果)的技术结晶才会出现。技术转让合同接近买卖合同,技术服务合同接近承揽合同。

3. 技术服务合同与技术咨询合同的区别

技术咨询也是受托人为委托人提供技术方面的服务,单就这点而言,技术服务合同与技术咨询合同难以区别。但两者的"服务"内容和侧重点不同,因而还是有所区别。

(1) 技术服务合同的标的较为具体,且限于特定技术的服务。《民法典》第 878 条第 2 款关于技术服务合同不包括建设工程合同和承揽合同的界定十分清楚地揭示了这一点;而技术咨询合同的标的则较为广泛,按照《民法典》第 878 条第 1 款的规定,技术咨询合同的标的包括就特定技术项目提供可行性论证、技术预测、专题技术调查、分析评价报告等。其中的就特定技术项目提供可行性论证、技术预测、专题技术调查、分析评价报告,可以是承揽合同项下的因素,分析评价等活动也可以是建设工程合同项下的标的。

如此区分技术服务合同与技术咨询合同,明确技术服务合同的该种法律性质,对于判断受托人是否适当地履行了义务,是否违约,具有决定性的作用。例如,判断受托人是否适当地履行了义务,违约与否,考察受托人是否依约解决了委托人所要解决的特定技术问题,就

[①] 周大为:《技术合同法导论》,中国人民大学出版社 1988 年版,第 357—358 页。

[②] 同上书,第 360 页。

足够了,无需顾及技术项目所在地的发展规划、发展水平、城市布局等宏观因素。所依据的具体的判断标准,当事人双方有约定的,依其约定,没有约定或约定不明确的,可以协议补充;不能达成补充协议的,按照合同有关条款或交易习惯确定(《民法典》第510条)。如果如此操作仍不能确定的,那么,按照国家标准、行业标准予以判断;没有国家标准、行业标准的,按照通常标准或符合合同目的的特定标准加以判断(《民法典》第511条第1项)。与此有别,在技术咨询合同的场合,其标的若为就特定技术项目提供可行性论证、分析评价报告,而且该特定技术项目时常受制于项目所在地的发展规划、发展水平的要求,那么,判断受托人是否适当地履行了义务,可能不会局限于受托人为委托人选定的技术项目本身是否产生较高的个体效益,而是更要看该技术项目是否符合所在地的发展规划、发展水平、城市布局的要求。如果不符合,即使该技术项目能产生极高的个体效益,也不宜认定受托人适当地履行了义务。

(2) 与此相联系,技术服务合同的标的物相对具体、特定,而且此类特定技术是成熟的或相对成熟的;换句话说,技术服务合同的标的是受托人以其技术知识为受托人解决特定技术问题的服务行为;而技术咨询合同的标的大多较为抽象、宏观,可能是"务虚的"泛泛而论,可能是远景展望,当然,也不排除较为具体、特定的专题技术调查、分析、评价。

明确技术服务合同的该种法律性质,对于判断受托人是否适当地履行了义务,是否违约,同样具有重要的意义。由于技术服务合同的标的物相对具体、特定,而且是成熟的或相对成熟的特定技术,判断受托人是否适当地履行了义务,是否构成违约,主要看受托人是否解决了合同约定的技术问题。如果没有依约解决特定的技术问题,那么,即使受托人再努力工作,尽到了勤勉的注意,也难以认定其适当履行了合同,一般应以受托人违约论处。与此有别,在技术咨询合同的场合,标的若为技术预测,而且该种技术是将要或正在研发的,那么,只要受托人组织了优秀的研发人员,尽到了勤勉的注意,使用了合格的甚至是最好的设备,投入了足够的资金,就应当认定其为适当地履行了义务,不构成违约。即使预测的技术最终未能成功研发出来,未能形成工业生产能力,也不宜认定受托人违约。

(3) 技术咨询合同中的受托人只是一个为委托人进行决策提供参谋性意见和方案的"顾问",不具体地从事技术项目中的科技工作;技术服务合同中的受托人则要依约实施具体的专业科技工作,不仅要向委托人传授技术知识和经验,还要时常运用上述知识和经验解决某个特定的技术问题。

(4) 技术咨询合同中的受托人只负责向委托人提交约定的咨询报告,不承担决策的风险;技术服务合同中的受托人提供的是一种现成的合同履行结果,该工作成果是唯一的,对委托人来说不存在选择的余地。[①]

(5) 技术服务合同区别于技术咨询合同的重要之点在于,后者场合更类似于"运筹帷幄""决胜千里",受托人一般不直接"干预"委托人的生产经营活动,一般不深入委托人的工作场所,不渗透于委托人的工作环节之中;而技术服务合同场合,受托人亲临委托人之所,亲自动手解决委托人所面临的技术问题,或者手把手地教会委托人一方的工作人员,以解决其技术问题。

由上述决定,技术服务合同的场合,委托人大多负有为受托人一方的技术服务人员提供适当场所、保障人身安全的义务。

[①] 周大为:《技术合同法导论》,中国人民大学出版社1988年版,第361页。

二、技术服务合同的效力

(一) 委托人的义务与责任

1. 按照约定提供工作条件,完成配合事项(《民法典》第 882 条前段)。此处所说的工作条件,包括受托人完成技术服务工作所必需的资料、数据、样品、材料、场地等条件。当事人对技术培训必需的场地、设施和试验条件等工作条件的提供和管理责任没有约定或约定不明确的,由委托人负责提供和管理(《技术合同解释》第 37 条第 1 款)。

应予注意,受托人发现委托人提供的资料、数据、样品、材料、场地等工作条件不符合约定,未在合理期限内通知委托人的,视为其对委托人提供的工作条件予以认可。委托人在接到受托人的补正通知后未在合理期限内答复并予补正的,发生的损失由委托人承担(《技术合同解释》第 35 条)。

2. 接受工作成果(《民法典》第 882 条后段)。工作成果及其接受,在技术培训合同和技术中介合同中可能不存在,在技术辅助服务合同中较为突出。只要合同约定了工作成果及其交付,委托人就应当按期接受。在验收工作成果时,如发现工作成果不符合合同规定的技术指标和要求,应当在约定的期限内及时通知对方返工或改进。委托人迟延接受工作成果的,受托人有权采取提存的措施。

3. 按照约定和法定给付报酬。受托人按照合同的约定履行了义务,委托人就应当付清报酬(《民法典》第 882 条后段)。否则,成立违约责任。

技术培训合同中的报酬及其给付,《技术合同解释》第 37 条规定了如下规则:委托人派出的学员不符合约定条件,影响培训质量的,由委托人按照约定支付报酬(第 2 款)。受托人配备的教员不符合约定条件,影响培训质量,或受托人未按照计划和项目进行培训,导致不能实现约定培训目标的,应当减收或免收报酬(第 3 款)。受托人发现学员不符合约定条件或委托人发现教员不符合约定条件,未在合理期限内通知对方,或接到通知的一方未在合理期限内按约定改派的,应当由负有履行义务的当事人承担相应的民事责任(第 4 款)。

技术中介合同中的报酬及其给付,《技术合同解释》第 39 条规定了如下规则:中介人的报酬,是指中介人为委托人与第三人订立技术合同以及对履行该合同提供服务应当得到的收益(第 1 款后段)。当事人对中介人的报酬数额没有约定或约定不明确的,应当根据中介人所进行的劳务合理确定,并由委托人承担。仅在委托人与第三人订立的技术合同中约定中介条款,但未约定给付中介人报酬或约定不明确的,应当支付的报酬由委托人和第三人平均承担(第 3 款)。中介人未促成委托人与第三人之间的技术合同成立的,其要求支付报酬的请求,人民法院不予支持;其要求委托人支付其从事中介活动必要费用的请求,应当予以支持,但当事人另有约定的除外(第 40 条第 1 款)。中介人隐瞒与订立技术合同有关的重要事实或者提供虚假情况,侵害委托人利益的,应当根据情况免收报酬并承担赔偿责任(第 40 条第 2 款)。中介人对造成委托人与第三人之间的技术合同的无效或被撤销没有过错,并且该技术合同的无效或被撤销不影响有关中介条款或技术中介合同继续有效,中介人要求按照约定或《技术合同解释》的有关规定给付从事中介活动的报酬的,人民法院应当予以支持(第 41 条第 1 款)。中介人收取从事中介活动的报酬不应被视为委托人与第三人之间的技术合同纠纷中一方当事人的损失(第 41 条第 2 款)。

在名为技术转让实为技术服务的合同场合,技术转让费视为提供技术服务的报酬和费用明显不合理的,人民法院可以根据当事人的请求合理确定(《技术合同解释》第 34 条第 2

款)。

委托人不履行合同义务或履行合同义务不符合约定,影响工作进度和质量,不接受或逾期接受工作成果的,支付的报酬不得追回,未支付的报酬应当支付(《民法典》第884条第1款)。受托人未按照合同约定完成服务工作的,应当承担免收报酬等违约责任(《民法典》第884条第2款)。

4. 技术服务合同约定了费用负担的,依其约定;没有约定或约定不明确的,委托人不予负担(《民法典》第886条的反面推论)。

5. 技术服务合同中的保密义务,远较技术开发合同、技术转让合同中的为轻。不过,当事人约定了保密义务的,自然依其约定;当事人没有约定,按照具体合同的内容和性质应当适用《民法典》第509条第2款规定的,当事人也负有保密义务。

(二) 受托人的义务与责任

1. 按照合同约定完成服务项目,解决技术问题

技术服务合同的目的及功能决定,受托人按照合同约定完成服务项目,解决技术问题,为其主给付义务,必须适当履行(《民法典》第883条)。否则,成立承担违约责任,产生履行抗辩权。

受托人完成的技术项目是否合格,在短期内难以发现的,当事人各方可在合同中约定质量保证期。在质量保证期内发现存在缺陷的,受托人有义务采取补救措施。在该期间届满时受托人仍未消除缺陷的,委托人有权解除合同,并请求受托人承担损害赔偿责任。

2. 保证工作质量

受托人保证工作质量,是其适当履行的表现,同样为主给付义务(《民法典》第883条)。该项义务在技术培训、技术中介等合同中更为重要。受托人违反该项义务,同样须承担违约责任,产生履行抗辩权。

3. 传授解决技术问题的知识

传授解决技术问题的知识(《民法典》第883条),在技术辅助服务合同中是受托人的附随义务,在技术培训等合同场合时常为主给付义务。受托人违反该项义务,都成立违约责任,只不过在作为附随义务时不轻易产生解除权。

4. 保管委托人交给的技术资料、样品、材料

基于技术服务合同正常履行的需要,按照当事人的约定,委托人提供给受托人有关的技术资料、样品、材料等,受托人负有依善良管理人的注意保管它们的义务。受托人违反该项义务,应当承担违约责任;是否成立履行抗辩权,须视具体情况,看是否符合构成要件,予以确定。

受托人发现委托人提供的资料、数据、样品、材料等需要特别保管的,应在合理期限内通知委托人。否则,受托人应承担保管不善的责任。委托人在接到受托人的上述通知后未在合理期限内答复并采取必要措施的,发生的损失由委托人承担(《技术合同解释》第35条之参照)。

5. 保密义务

按照技术服务合同的性质,当事人约定,受托人对某些技术及其数据、资料等负有保密义务的,受托人必须遵守。否则,成立违约责任。

6. 费用负担义务

技术服务合同对受托人正常开展工作所需费用的负担没有约定或者约定不明确的,由

受托人负担(《民法典》第886条)。

(三) 新技术成果权益的归属

技术服务合同的履行过程中,受托人利用委托人提供的技术资料和工作条件所完成的新的技术成果,除合同另有约定外,属于受托人;委托人利用受托人的工作成果所完成的新的技术成果,除合同另有约定外,属于委托人(《民法典》第885条)。

(四) 技术中介合同与技术培训合同的法律适用

技术中介合同和技术培训合同属于技术服务合同的两个具体类别。

技术中介合同是指双方当事人约定中介人依据委托人的要求,为委托人与第三人订立技术合同提供机会或促成技术合同订立,由委托人向中介人给付约定报酬的合同。可见,技术中介合同,其实就是技术居间合同。《民法典》关于中介合同的规定对其有适用余地。此外,国家为规范技术中介市场,有一系列的规定出台,其中属法律或行政法规的,对技术中介合同也有适用余地。[①]

技术培训合同是指双方当事人约定,受托方为委托人的指定人员进行特定技术培养和训练的合同。技术培训合同是国际上公认的技术服务合同形式。就技术培训,其他法律、行政法规设有规定的,适用其规定。[②]

[①] 参见崔建远主编:《合同法》(第5版),王轶执笔,法律出版社2010年版,第496页。
[②] 同上。

第二十六章

保 管 合 同

第一节 保管合同概述

一、保管合同的界定

保管合同,又称寄托合同,或寄存合同,是指双方当事人约定一方当事人保管另一方当事人交付的物品,并返还该物的合同。寄存人到保管人处从事购物、就餐、住宿等活动,将物品存放在指定场所的,视为保管,除非当事人另有约定(《民法典》第888条)。其中保管物品的一方当事人叫作保管人,或称受寄托人,简称为受寄人,其保管的物品称为保管物,交付物品保管的一方当事人称作寄存人,或称寄托人。

二、保管合同制度的沿革

保管合同制度发端于罗马法,但名叫寄托,包括一般寄托和特殊寄托。一般寄托须为无偿,标的物仅限于动产,且受寄人只能持有标的物,而不能取得标的物的占有,更不能取得标的物的所有,学者称之为空虚交付。特殊寄托包括必要寄托、变例寄托和争讼寄托三种。必要寄托是指在急迫危险中所成立的寄托;变例寄托是指以代替物为寄托的标的物的,受寄人得消费该物,并以同种类、同品质、同数量的物返还之;争讼寄托是指诉讼未决前,对多数人相互争执的物件,受寄人应保管至诉讼终了时,将该物交付给因判决或和解而取得该物所有权的人。法国民法上的保管合同制度基本上沿袭了罗马法的规定,分为通常寄托与争讼寄托。通常寄托须为无偿,标的物为动产,寄托为要物行为。通常寄托又可分为任意寄托和急迫寄托。争讼寄托包括合意的争讼寄托和裁判上的强制寄托。德国法则与罗马法的规定不同,规定了一般寄托和不规则寄托,并就旅客在旅游中携带的物品,规定了旅店主人的责任,即法定寄托。瑞士债务法上规定了一般寄托、诉争寄托、代替物寄托和旅店主人与马厩营业人责任。瑞士法上的一般寄托与法国、德国的立法有相似之处,但认可寄托为诺成合同,并规定受寄人为多数时,应负连带责任。由于瑞士采取民商合一的立法体例,在债务法中还规定了仓库寄托。日本民法中规定了一般寄托和消费寄托,一般寄托的标的物包括动产和不动产,这是日本法的一个特点。商事寄托由日本商法另行规定。中国学界一向将寄托合同称为保管合同,区分为一般保管合同和仓储保管合同,但在《经济合同法》等当时的法律中仅仅规定了仓储保管合同,欠缺一般保管合同的规范。《合同法》由于采民商合一的立法体例,同时规定了仓储合同和保管合同,保管合同因而成为独立的有名合同。①《民法典》承继了《合同法》的理念和基本规则。

三、保管合同的法律性质

(一) 保管合同为实践合同

保管合同的成立,须有当事人双方的意思表示一致,加上寄存人将保管物交付于保管人(《民法典》第888条第1款),即寄存人交付保管物是保管合同成立的要件(《民法典》第890条正文),表明保管合同为实践合同,而非诺成合同。不过,当事人约定保管合同为诺成的,依其约定(《民法典》第890条但书)。

[探讨]

这里的交付,不限于现实交付,也包括简易交付,不过,质权人不可与出质人订立保管合同,使出质人为保管人。至于保管合同中的交付是否包括占有改定和指示交付,学说存在着分歧。

主张保管合同不得因占有改定而成立的观点认为:(1) 在出卖人和买受人约定,嗣后为买受人保管标的物的场合,这种类型的占有改定,仅为出卖人使买受人因此而取得间接占有,以代交付,而履行出卖人交付买卖物的义务而已,至于买受人和出卖人再成立保管合同,实际上是依据简易交付的方法而进行的,系同时发生,不易辨别。所以,不宜赞同保管合同因占有改定而成立的观点。(2) 在甲拟委托乙代为保管汽车,但同时又与乙约定,仍由自己占有该车,而使乙因此取得该车的间接占有的场合,始为真正依占有改定而成立保管合同。② 只是该保管合同的成立,纯属无意义的多余举动,因为寄托人既然自己占有保管物,又何必与保管人成立保管合同,而使保管人取得间接占有? 有鉴于此,保管合同不得因占有改定而成立,较为妥当。

主张保管合同不得因指示交付而成立的观点认为,因保管合同为实践合同,保管人须现实地占有保管物,且原则上不得由第三人代为保管,因而依指示交付原则上不能成立保管合同,除非经寄托人同意,使第三人代为继续保管。③ 从《民法典》第894条第1款正文关于保管人不得将保管物转交第三人保管的规定看,此说值得赞同。

(二) 保管合同以物品的保管为直接目的

所谓保管,是指占有保管物,提供劳务加以照管保护,而维持其原状。它不同于管理,仅指保存行为,而管理包括保存行为、改良行为和利用行为。既然保管限于保存行为,而非管理,则保管人不得对保管物进行改良、利用,更不得处分。在这点上保管合同与租赁、借用等合同区别开来,因为保管合同系以物的保管为直接目的,不含有物的使用,而租赁合同和借用合同则于物的保管外,并以物的使用为直接目的。④

---

① 郭明瑞、王轶:《合同法新论·分则》,中国政法大学出版社1997年版,第327—328页;崔建远主编:《合同法》(第5版),王轶执笔,法律出版社2010年版,第497页。
② 郑玉波:《民法债编各论》(下册)(第6版),三民书局1981年版,第516页。
③ 史尚宽:《债法各论》(第5版),荣泰印书馆股份有限公司1981年版,第488页;郑玉波:《民法债编各论》(下册)(第6版),三民书局1981年版,第516页;刘春堂:《民法债编各论》(中),三民书局2007年版,第311页;邱聪智:《新订债法各论》(中),姚志明校订,中国人民大学出版社2006年版,第270页。
④ 史尚宽:《债法各论》(第5版),荣泰印书馆股份有限公司1981年版,第489页;郑玉波:《民法债编各论》(下册)(第6版),三民书局1981年版,第517页;刘春堂:《民法债编各论》(中),三民书局2007年版,第311—312页。

保管合同以保管为直接目的,而雇用合同以提供劳务为直接目的,承揽合同以完成一定工作(并交付其成果)为直接目的,委托合同以处理事务为直接目的,可见保管合同这种提供劳务的合同不同于雇用、承揽、委托等提供劳务的合同。①

[拓展]

以物的保管为合同内容的一部,存在于若干类型的合同中。例如,买受人保管买卖物,承租人保管租赁物,借用人保管借用物,承揽人保管工作物,行纪人保管买入或卖出之物,质权人保管质物,留置权人保管留置物等。由于这些类型的保管仅仅构成相应合同关系或法律关系的一部,或只是附随义务,而非相应合同关系或法律关系的主要目的,非主给付义务,不像保管合同那样以保管为直接目的,可见它们与保管合同的差异。还有,这些类型的保管义务产生于相应的合同或法律关系,而非借助于另行成立的保管合同,也不与保管合同联立,更非与保管合同结合而成立的混合合同,所以不适用于保管合同规范,而适用于相应合同关系或法律关系的规范,如承揽人保管工作物适用承揽合同规范。②

(三) 保管合同不发生保管物所有权的移转

保管合同场合移转保管物的占有,仅为实践合同的属性使然,并不以保管人获得保管物的所有权或使用权为目的,不发生保管物所有权或使用权的转移。③ 不过,消费保管合同场合则发生保管物所有权的移转。

(四) 保管合同可以为无偿合同,也可以为有偿合同

在车站、码头等场所开设的寄存店的情况下,保管合同大多为有偿,当然,需要依据约定。其他场合,保管合同多为社会成员相互提供帮助或服务部门为人们提供服务的一种形式,表现出无偿性。判断保管合同有偿还是无偿,首先看当事人双方的约定;没有约定,能够达成补充协议确定的,依该补充协议;达不成补充协议的,按照交易习惯确定(《民法典》第510条)。如此仍不能确定的,保管合同为无偿合同(《民法典》第889条第2款)。

(五) 保管合同可以为单务合同,也可以为双务合同

保管合同为无偿的场合,同时为单务合同;保管合同为有偿的场合,同时为双务合同。

(六) 保管合同为不要式合同

保管合同并不要求当事人采取特定形式,故为不要式合同。

(七) 保管合同为继续性合同

保管人必须在一定或不定的期限内持续地提供劳务,照顾保护保管物,而维持其原状。表明保管合同为继续性合同。

四、保管合同的类型

(一) 概述

保管合同有一般保管合同和特殊保管合同之分。所谓一般保管合同,望文生义,即一般

---

① 史尚宽:《债法各论》(第5版),荣泰印书馆股份有限公司1981年版,第489页;郑玉波:《民法债编各论》(下册)(第6版),三民书局1981年版,第517页;刘春堂:《民法债编各论》(中),三民书局2007年版,第311—312页。

② 郑玉波:《民法债编各论》(下册)(第6版),三民书局1981年版,第517页;邱聪智:《新订债法各论》(中),姚志明校订,中国人民大学出版社2006年版,第271—272页;刘春堂:《民法债编各论》(中),三民书局2007年版,第312—313页。

③ 此种交付,在罗马法上称为"空虚引渡"。

性的保管合同,《民法典》第 888 条至第 903 条规定的保管合同属于此类。所谓特殊保管合同,是指相对于一般保管合同而言另具特殊情况的保管合同,分为消费保管合同、法定保管合同和仓储合同。

(二) 消费保管合同

所谓消费保管合同,也叫不规则保管合同,是指以代替物为保管物,约定将保管物的所有权移转于保管人,而将来由保管人以种类、品质、数量相同之物返还的保管合同。其特点在于,以代替物作为保管物,且移转保管物的所有权。①

以金钱为保管物的,只要将金钱交给保管人,就推定成立消费保管合同。不过,当事人可举证推翻,即证明成立一般保管合同而非消费保管合同,如包封金钱(封金)的保管,约定保管人必须返还原包封的金钱(原物),则所成立的是一般保管合同。《民法典》第 898 条、第 901 条规定了此类消费保管合同。以金钱以外的代替物作为保管物的,消费保管合同的成立应当具备以下要件:(1) 须将保管物交付于保管人;(2) 须约定将保管物的所有权移转于保管人,并由保管人以种类、品质、数量相同的物返还。②

消费保管合同和消费借贷合同具有共性,如均以代替物作为标的物,均须移转标的物的所有权,都约定返还种类、品质、数量相同的物。但也有区别:前者以保管为目的,后者以借用人对于借用物的利用或消费为目的;前者虽兼有为保管人的利益,但主要为寄存人的利益,而后者则为借用人的利益。③

(三) 法定保管合同

所谓法定保管合同,是指具备法定要件时,当然成立的保管合同。其特点在于,保管合同的成立并非基于当事人的意思表示,而是依据法律的直接规定。

(四) 仓储合同

《民法典》第 904 条至第 918 条规定了仓储合同,属于一种独立的有名合同,将在本书"第二十七章 仓储合同"中专门讨论。

第二节 保管合同的效力

一、保管人的义务及责任

(一) 给付保管凭证的义务

根据《民法典》第 891 条的规定,除非另有交易习惯,寄存人向保管人交付保管物的,保管人应当给付保管凭证。

保管凭证的给付,并非保管合同的成立要件,亦非保管合同的书面形式,仅是证明保管合同关系存在的凭证。④

---

① 郑玉波:《民法债编各论》(下册)(第 6 版),三民书局 1981 年版,第 539—540 页;邱聪智:《新订债法各论》(中),姚志明校订,中国人民大学出版社 2006 年版,第 271—272 页;刘春堂:《民法债编各论》(中),三民书局 2007 年版,第 314—315、342 页以下。
② 参见郑玉波:《民法债编各论》(下册)(第 6 版),三民书局 1981 年版,第 539 页以下;邱聪智:《新订债法各论》(中),姚志明校订,中国人民大学出版社 2006 年版,第 295 页以下;刘春堂:《民法债编各论》(中),三民书局 2007 年版,第 342 页以下。
③ 同上。
④ 崔建远主编:《合同法》(第 5 版),王轶执笔,法律出版社 2010 年版,第 499 页。

(二) 保管保管物的义务

1. 妥善保管保管物的义务

妥善保管保管物是保管人依保管合同应负的主要义务(《民法典》第 892 条第 1 款)。此处所谓妥善保管,究竟是保管人以善良管理人的注意保管,还是保管人应以处理自己事务的注意保管,仅从《民法典》第 892 条第 1 款的规定看,尚不清楚,但观察《民法典》第 897 条关于"保管期内,因保管人保管不善造成保管物毁损、灭失的,保管人应当承担赔偿责任。但是,无偿保管人证明自己没有故意或者重大过失的,不承担赔偿责任"的规定,可知对保管人注意程度的要求未尽一致,法律后果不同。在本书作者看来,它似乎体现了这样的思想:妥善保管,在无偿保管合同的场合,是指保管人以处理自己事务的注意进行保管,在有偿保管合同的场合,是指保管人以善良管理人的注意保管。

为充分保护消费者的利益,应注意到特定场合下的保管合同所具有的间接的有偿性,商业经营场所对顾客寄存的物品的保管即属此类。于此场合,不论其保管是有偿还是无偿,保管人都应尽善良管理人的注意。[1]

2. 自己保管保管物的义务

保管人应当自己保管保管物,不得将保管物转交第三人保管,除非当事人另有约定(《民法典》第 894 条第 1 款)。

所谓自己保管,不以保管人亲自保管为限,利用履行辅助人辅助保管,亦无不可。但履行辅助人在保管过程中有故意或过失,致保管物发生损害的,保管人应当向寄存人负责赔偿。[2]

保管人依约定或经寄存人同意,可以将保管物转交第三人保管(《民法典》第 894 条但书及其准用)。由此形成的保管叫作合法转保管。原保管和合法转保管系各自独立的法律关系,因而原寄存人和原保管人之间的权利义务,以及原保管人(转保管人)和次保管人之间的权利义务,亦各自独立,原寄存人和次保管人之间不发生保管合同项下的权利义务。[3] 但也有学者主张,原寄存人对次保管人享有保管直接请求权。[4] 鉴于转保管和转委托(复委任)有类似性,在转委托(复委任)的场合,委托人对次受托人享有直接请求权,不妨承认原寄存人对次保管人享有保管直接请求权。

在合法转保管的场合,保管人应就对第三人(次保管人)的选任和对该第三人(转保管人)所为的指示,承担过失责任。保管人若能证明自己在对第三人的选任和指示上没有过失的,则不承担责任。显然,这里的举证责任在保管人一方。[5]

保管人擅自将保管物转交第三人代为保管的,构成违法的转保管。对于保管物因此而发生的损害,保管人应负损害赔偿责任(《民法典》第 894 条第 2 款)。即使保管物系因不可

---

[1] 郭明瑞、王轶:《合同法新论·分则》,中国政法大学出版社 1997 年版,第 340 页。
[2] 史尚宽:《债法各论》(第 5 版),荣泰印书馆股份有限公司 1981 年版,第 496 页;郑玉波:《民法债编各论》(下册)(第 6 版),三民书局 1981 年版,第 529 页;刘春堂:《民法债编各论》(中),三民书局 2007 年版,第 322 页;崔建远主编:《合同法》(第 5 版),王轶执笔,法律出版社 2010 年版,第 500 页。
[3] 刘春堂:《民法债编各论》(中),三民书局 2007 年版,第 323 页。
[4] 邱聪智:《新订债法各论》(中),姚志明校订,中国人民大学出版社 2006 年版,第 281 页。
[5] 史尚宽:《债法各论》(第 5 版),荣泰印书馆股份有限公司 1981 年版,第 496 页;郑玉波:《民法债编各论》(下册)(第 6 版),三民书局 1981 年版,第 530—531 页;邱聪智:《新订债法各论》(中),姚志明校订,中国人民大学出版社 2006 年版,第 281 页;刘春堂:《民法债编各论》(中),三民书局 2007 年版,第 323 页;崔建远主编:《合同法》(第 5 版),王轶执笔,法律出版社 2010 年版,第 500 页。

抗力等客观原因而毁损、灭失，也是如此。换言之，保管人于此场合承担无过错责任。不过，保管人若能够证明即使不让第三人代为保管仍不可避免损害发生的，则可不负责任。①

[拓展]

德国民法学说认为，由于转保管合同为负担行为，转保管纵为违法，转保管人(保管人)和次保管人之间的转保管合同仍能有效成立。再者，违法的转保管并不能使寄存人和保管人之间的原保管合同当然无效，只是因转保管合同足以破坏保管人和寄存人之间的人格信赖关系，寄存人对原保管合同应当享有解除权(终止权)。还有，次保管人实施保管行为过程中致保管物发生损害的，因其和寄存人之间没有合同关系，不构成债务不履行及其责任，寄存人只得依据侵权行为法请求次保管人承担损害赔偿责任。② 中国现行法虽然没有采纳物权行为理论，但不会排斥上述理论，因为不区分物权行为和债权行为的法制及其理论，也是如此分析和处理的。需要强调的是，这里所说的违法，在含义上有所限制，是指未依约定或未经寄存人同意而将保管物转交第三人保管，不包括第三人保管保管物本身违反了禁止性规定。如保管人将国家一级文物转交外国人在中国境外保管等，违反了禁止性规定，转保管合同当然无效。

3. 不得使用保管物的义务

保管合同的目的在于保管。使用保管物，足以减损其价值，危害寄存人的利益，所以，保管人非经寄存人同意，不得使用保管物，也不得许可第三人使用保管物(《民法典》第895条正文)。

应当指出，虽然未经寄存人同意，但在保管物的保管上，需要加以利用，始能善尽保管之能事的，则保管物的使用等于保管方法的一部分时，保管人仍可在保管方法必要的范围内使用保管物。例如，保管汽车，需要每隔三五日发动引擎，短距离驾驶一次，以免机械生锈或发生故障。因而，保管人可以在这个范围内驾驶运转该汽车，以维护汽车的正常功能。③《民法典》对此虽无明文，显然应作这样的解释。

保管人使用或许可第三人使用保管物，未经寄存人同意，也不为保管保管物方法的一部分的，构成违法使用保管物，产生两方面的法律后果：其一，保管人应向寄存人给付相当的代价，以资补偿，因为保管人使用保管物，保管物本身必有相当损耗，保管人常获得相当利益，该损耗或利益即为保管人应向寄存人给付的相当代价。相当与否，原则上按照客观情况，具体地斟酌确定；不能或难以斟酌确定的，可以比照租金加以计算。在实际操作上，保管人只要违法使用了保管物，就应向寄存人给付代价，有无过错，在所不问，实际上是否获得利益，亦不考察。其给付方法，一般都折付金钱，若使用的保管物为金钱，应自使用之日起支付法定利息。其二，保管人应向寄存人承担损害赔偿责任。使用保管物，寄存人受到损失，有时不以保管物的通常损耗或保管人获得利益为限。例如，保管人驾驶所保管的汽车游山玩水，该车被他人撞毁，寄存人所受损失大于前述通常损耗或利益，保管人承担损害赔偿责任显然必要。这里所说的损失，是指保管物本身所受的损失，常见的如保管物毁损、灭失，但不包括

---

① 郑玉波：《民法债编各论》(下册)(第6版)，三民书局1981年版，第530页；邱聪智：《新订债法各论》(中)，姚志明校订，中国人民大学出版社2006年版，第282页；刘春堂：《民法债编各论》(中)，三民书局2007年版，第325页；崔建远主编：《合同法》(第5版)，王轶执笔，法律出版社2010年版，第500页。

② 刘春堂：《民法债编各论》(中)，三民书局2007年版，第324页。

③ 同上书，第318页。

使用而产生的通常损耗。①

4. 遵守指示的义务

对保管物的方法和场所,当事人有约定的,应从其约定。除紧急情况或为维护寄存人的利益外,保管人不得擅自改变保管的场所或方法(《民法典》第 892 条第 2 款)。

[引申]

仅从《民法典》第 892 条第 2 款的文义看,紧急情况和为了维护寄存人的利益二者为并列且选择的关系,其实不宜如此解释。在本书作者看来,紧急情况需要改变保管的场所、方法,属于为了维护寄存人的利益而改变保管的场所、方法,情况虽然紧急,保管人也不得悖于寄存人的利益而改变保管的场所、方法。例如,甲乙双方约定将乙的打印纸由甲保管于四川映秀镇的 A 楼二层的仓库里,保管人甲收到将要发生大地震的预报后,将这些打印纸放置于露天,且不加苫盖,致使全被雨淋作废。而当时甲完全有机会和条件将它们转移至地下室里,而地下室不易遭受地震的破坏。甲的行为虽然属于因紧急情况而改变保管场所、方法,但不属于为了维护寄存人的利益而改变保管场所、方法。由此看来,保管人单方面改变保管的场所、方法,而不承担违约责任,应一律以为了维护寄存人的利益为条件,至于紧急情况,只是认定保管人单方面改变保管的场所、方法有无过错时应考虑的因素,换言之,保管人在紧急情况下改变保管的场所、方法,其注意的程度在要求上应当有所降低。

所谓为了维护寄存人的利益,保管人可改变保管场所、方法,如保管鲜肉,原约定采取冷藏的方法,但因热浪突袭,以冷藏方法保管鲜肉无济于事,非改为冷冻方式不可,保管人即可采取冷冻方式保管该鲜肉。学说认为,这种改变仍以来不及通知寄存人而取得其同意为前提,若能通知寄存人或能俟其指示,保管人仍应为通知并俟其指示。②《民法典》没有附加通知并俟其指示的义务,但从寄存人最清楚如何保管其物的推定理论着眼,应作相同的解释。

[探讨]

1. 保管人单方面改变保管的场所、方法,是否为了维护寄存人的利益,其判断应采用理性人的标准,即,保管人在当时所选择的场所、方法较为适合保管物的种类、性质、价值等方面的要求的,就为适当,不成立违约责任,否则,就为不适当,产生违约责任。

2. 当事人双方约定的保管场所、方法实际上并不符合客观规律,在实质上不利于寄存人的,保管人嗣后认识到了,应当及时告知寄存人,并请求允许改变。若因种种原因来不及告知、请求寄存人,保管人有权单方面改变,并不承担违约责任。当然,于此场合,保管人应负举证责任。

(三) 危险通知义务

这里所谓危险,是指保管物罹于诉讼的情形③,如第三人就保管物对保管人提起诉讼或对保管物申请扣押。所谓危险通知,是指第三人就保管物对保管人提起诉讼或对保管物申请扣押的,保管人应当及时通知寄存人(《民法典》第 896 条第 2 款)。

---

① 邱聪智:《新订债法各论》(中),姚志明校订,中国人民大学出版社 2006 年版,第 277—278 页;刘春堂:《民法债编各论》(中),三民书局 2007 年版,第 319—320 页。

② 刘春堂:《民法债编各论》(中),三民书局 2007 年版,第 326—327 页。

③ 邱聪智:《新订债法各论》(中),姚志明校订,中国人民大学出版社 2006 年版,第 284 页。

关于危险通知义务的成立,《民法典》第896条第2款使用的措辞是第三人对保管人提起诉讼。实际上,并非第三人对保管人提起诉讼都产生危险通知义务,如第三人就保管人诋毁其名誉而提起诉讼,就不成立危险通知义务。有鉴于此,需要明确危险通知义务的成立要件。

有学说认为,危险通知义务的成立要件包括如下几项:(1)须第三人就保管物主张权利。此处所谓权利,有学者认为系指所有权或其他物权①,有学者主张,不以第三人主张其为物的权利人为限,如第三人为实现其对于保管人的金钱债权,主张保管物为保管人所有而查封拍卖的,也成立危险通知义务。②（2）须第三人就保管物对保管人提起诉讼或对保管物申请扣押。这里所谓提起诉讼,应作广义理解,包括申请发支付令、申请调解、告知诉讼、开始执行行为或申请强制执行、申请仲裁等。所谓扣押,即第三人申请查封保管物。③

违反危险通知义务,给寄存人造成损失的,保管人应负损害赔偿责任。《民法典》对此虽未直接规定,但依附随义务的法理应当如此解释。

(四) 返还保管物的义务

1. 界定

所谓返还保管物的义务,是指在法定或约定的事由出现,保管人丧失了继续占有保管物的权源时,应当将保管物返还给寄存人的义务。

2. 事由

对于保管人返还保管物的事由,《民法典》规定了保管合同期限届满(第900条)、寄存人提前领取保管物(第900条)和寄存人随时领取保管物(第899条)三种。

(1)保管合同期限届满时,保管合同终止(消灭),保管人占有保管物的权源消失,成立无权占有,产生保管物的返还义务。

(2)寄存人提前领取保管物,实质上是寄存人行使任意解除权,将保管合同这种继续性合同解除(终止),保管人丧失继续占有保管物的权源,承担返还保管物的义务。它适用于当事人对保管期限有明确约定(定期保管)的场合。法律之所以如此设计,是因为无偿保管合同系为寄存人的利益而设,返还期限(清偿期)是为寄存人(债权人)的利益而存在,即期限利益系存在于寄存人(债权人);寄存人(债权人)放弃期限利益,提前领取保管物(终止保管合同),免除保管人无偿保管的义务,理应允许。④ 正因该期限利益系为寄存人而设,保管人便不得请求寄存人提前领取保管物,除非有特别事由(《民法典》第899条第2款后段)。此处所谓特别事由,在日本民法上叫作不得已之事由,是指发生非可归责于保管人而无法继续保管保管物的情事,例如,保管人结束营业、罹患疾病、出使国外、参军服役、外出旅行等。⑤

需要指出,上述规则及其理论,用于规范和说明无偿保管合同的情形较为贴切,对于有

---

① 郑玉波:《民法债编各论》(下册)(第6版),三民书局1981年版,第532页;刘春堂:《民法债编各论》(中),三民书局2007年版,第328页。
② 史尚宽:《债法各论》(第5版),荣泰印书馆股份有限公司1981年版,第498页;邱聪智:《新订债法各论》(中),姚志明校订,中国人民大学出版社2006年版,第284页。
③ 刘春堂:《民法债编各论》(中),三民书局2007年版,第329页。
④ 参见邱聪智:《新订债法各论》(中),姚志明校订,中国人民大学出版社2006年版,第285—286页;刘春堂:《民法债编各论》(中),三民书局2007年版,第330—331页。
⑤ 郑玉波:《民法债编各论》(下册)(第6版),三民书局1981年版,第534页;邱聪智:《新订债法各论》(中),姚志明校订,中国人民大学出版社2006年版,第286页;刘春堂:《民法债编各论》(中),三民书局2007年版,第331页。

偿保管合同则并非总能说得通。其原因在于,在有偿保管合同场合,返还期限(清偿期)未必纯为寄存人的利益而设,在保管费的数额取决于保管时间长短的情况下就是如此。权衡得失,法律在赋予寄存人提前领取保管物的权利的同时,令其承担损害赔偿责任,较为衡平,当然,保管人得负举证证明自己因此而受损失的责任。

(3)寄存人随时领取保管物,同样是寄存人行使任意解除权,将保管合同解除(终止),产生恢复原状的效果。于此场合,保管人丧失继续占有保管物的权源,产生返还保管物的义务,从寄存人角度描述,即有权请求保管人返还保管物。它适用于当事人对保管期限没有约定或约定不明(未定期保管)的场合。其理由在于,保管合同定有期限的,尚且允许寄存人提前领取保管物,未定期限的,更不待言。①

3. 返还的标的

保管人应返还保管物及其孳息(《民法典》第900条)。在消费保管合同的场合,保管物为货币的,保管人可以返还相同种类、数量的货币;保管物为其他替代物的,可以按照约定返还相同种类、品质、数量的物品(《民法典》第901条)。货币为封金的,应当返还原封金。不能返还封金的,应当返还相同种类、数量的货币。如此不能弥补寄存人损失的,保管人应承担损害赔偿责任。

4. 返还的场所

保管物的返还场所,从维护寄存人的利益方面考虑,原则上为保管地。所谓保管地,是指应为保管之地。保管物为不动产的,保管地应为该不动产所在地②;为动产的,其应为保管之地,当事人有约定的依其约定,没有约定的,应由保管人按照保管物的种类、性质、价值等情况,酌定适当的场所。③

在合法转保管,或保管人因急迫情况而改变保管场所的情况下,为了减轻保管人的负担,避免无谓的劳务及其费用,保管人可以在保管物的现在地予以返还。④

5. 返还的相对人

基于合同的相对性原理,保管人返还保管物义务的履行应向保管合同的另一方当事人——寄存人为之。在第三人对保管物主张权利时,除非有关机关已经对保管物采取了保全或执行措施,保管人仍应向寄存人履行返还保管物的义务。⑤

(五)损害赔偿责任

保管期间,因保管人保管不善造成保管物毁损、灭失的,保管人应当承担损害赔偿责任,但保管是无偿的,保管人证明自己没有故意或重大过失的,不承担损害赔偿责任(《民法典》第897条)。这反映出无偿合同场合适当地减轻保管人的责任的立法政策。

这里所谓保管不善,还包括这样的情形:寄存人交付的保管物有瑕疵或按照保管物的性

---

① 郑玉波:《民法债编各论》(下册)(第6版),三民书局1981年版,第534页;邱聪智:《新订债法各论》(中),姚志明校订,中国人民大学出版社2006年版,第286页;刘春堂:《民法债编各论》(中),三民书局2007年版,第331页。

② 《民法典》对保管物究为动产或不动产未设明文,从其第903条关于保管人享有留置权和第447条关于留置权的标的物限于动产的规定看,似应得出保管物限于动产的结论。但如此解释,不利于社会生活,会给某些当事人带来不便,不如承认不动产亦可作保管物更为灵活、实用。

③ 邱聪智:《新订债法各论》(中),姚志明校订,中国人民大学出版社2006年版,第286页;刘春堂:《民法债编各论》(中),三民书局2007年版,第332页。

④ 邱聪智:《新订债法各论》(中),姚志明校订,中国人民大学出版社2006年版,第287页;刘春堂:《民法债编各论》(中),三民书局2007年版,第332页。

⑤ 崔建远主编:《合同法》(第5版),王轶执笔,法律出版社2010年版,第500页。

质需要采取特殊保管措施的,寄存人已经将有关情况告知了保管人,保管人却未予注意,仍按照无瑕疵之物或无特殊性质之物实施管理。因此给寄存人造成损失的,保管人应当负责赔偿。寄存人未告知导致保管物受损失的,保管人不承担损害赔偿责任,除非保管人知道或应当知道保管物有瑕疵或性质特殊并且未采取补救措施(《民法典》第 893 条)。

保管人的损害赔偿责任有时在范围上受到限制。例如,寄存人寄存货币、有价证券或其他贵重物品的,应当向保管人声明,否则,该物品毁损、灭失后,保管人可以按照一般物品予以赔偿(《民法典》第 898 条)。

二、保管人的权利

(一) 费用偿还请求权

保管合同系为寄存人的利益而设,因保管所生费用理应由寄存人负担。这里所谓费用,有立法例及其学说限定为必要费用,是指保管人为履行保管义务,以维持保管物的原状,客观上所不可缺少的一切费用。例如,保管物的税费、保险费、清洁费、其为动物的饲养费、其为生鲜物品的冷藏费、其为保管保管物而设置或购置的必要设备费等,均属此类。[①] 必要费用,系为寄存人的利益而设,保管人应自支付时起请求寄存人返还,并可请求自支付时起所产生的法定利息。至于是逐笔请求,还是总括请求,均无不可。[②] 当事人双方有约定的,依其约定。

(二) 保管费(报酬)请求权

《民法典》第 902 条第 1 款规定,有偿的保管合同,寄存人应当按照约定向保管人支付保管费。此处所谓保管费,不同于前述"因保管所生费用",是指保管人因保管保管物所应获得的报酬。其发生的前提为存在着有偿合同。其种类依当事人的约定加以确定,若无此约定,通常以给付金钱为报酬。其数额更应依当事人的约定加以确定;若无此约定,应按价目表所定给付;若无价目表,按照交易习惯确定。[③]

[探讨]

有偿的保管合同提前终止,若系不可归责于保管人的原因,则保管人可就已经保管的部分,请求寄存人支付保管费(报酬),除非当事人另有约定;若系可归责于保管人的原因,则保管人不得请求寄存人支付保管费(报酬),其业已受领保管费的,寄存人可依不当得利制度请求返还。

保管费的支付期,当事人有约定的,依其约定;没有约定或约定不明确的,双方当事人可通过签订补充协议加以确定,达不成补充协议的,按照交易习惯确定(《民法典》第 510 条);依据这些方法仍不能确定的,寄存人有义务在领取保管物的同时支付(《民法典》第 902 条第 2 款)。从权利的角度观察,保管人享有先履行抗辩权。

保管合同中的保管费(报酬)支付,采取了保管费(报酬)后付原则,因此,保管人不得就保管费(报酬)的未付与保管物的保管,主张同时履行抗辩权,但可就保管费(报酬)的支付

---

① 邱聪智:《新订债法各论》(中),姚志明校订,中国人民大学出版社 2006 年版,第 287 页;刘春堂:《民法债编各论》(中),三民书局 2007 年版,第 333 页。
② 同上。
③ 邱聪智:《新订债法各论》(中),姚志明校订,中国人民大学出版社 2006 年版,第 291 页;刘春堂:《民法债编各论》(中),三民书局 2007 年版,第 336—337 页。

与保管物的返还主张先履行抗辩权。①

（三）损害赔偿请求权

保管人履行保管义务，系为寄存人的利益而为，由此所受损失，在合理的情况下，寄存人应当适当赔偿。《民法典》第893条后段对此予以承认，但设有限制，也可以说规定了构成要件。概括起来，有如下几项：(1) 保管人因保管物的性质或瑕疵受到损失。所谓保管物的性质，是指保管物具有爆炸性、腐蚀性或放射性等属性。所谓保管人因保管物的性质受到损失，是指保管人因保管物的爆炸、腐蚀或放射等受到伤害，或其物品因此毁损、灭失。所谓保管物的瑕疵，是指保管物的品质、效用或价值存在缺陷的情形。所谓保管人因保管物的瑕疵受到损失，例如，保管的衣物为被污染之物，导致保管人患病。② (2) 保管人不知道也不应当知道保管物有瑕疵或按照保管物的性质需要采取特殊保管措施，至于是否可得而知，也就是保管人对其不知保管物有瑕疵或保管物的性质需要采取特殊保管措施，有无过错，在所不问。保管人若知道或应当知道保管物有瑕疵，仍愿意保管，情形上犹如自甘冒险，法律没有特别保护的必要，不必责令寄存人承担损害赔偿责任。(3) 保管人于履行保管义务中遭受损失，须非可归责于自己的原因。保管人若因自己的过错而遭受损失，无权请求寄存人予以赔偿。例如，保管人已知保管物的性质特殊，由此决定必须采取特殊保管措施，却不采取，肇致自己受到损害，应是咎由自取，法律也没有特别保护的必要，不必责令寄存人承担损害赔偿责任。

（四）对保管物的留置权

寄存人未按照约定支付保管费以及其他费用的，保管人对保管物享有留置权，除非当事人另有约定(《民法典》第903条)。

第三节　保管合同的终止

一、保管合同终止的原因

保管合同作为合同，在终止方面自然适用《民法典》"第三编 合同"之"第一分编 通则"之"第七章 合同的权利义务终止"的规定，同时也有其特殊的终止原因。

（一）保管物的返还

保管合同以保管保管物为直接目的，保管人将保管物返还于寄存人时，合同目的即便没有完成，也无从实现，不如使保管合同终止。有鉴于此，保管物的返还应为保管合同终止的原因。③

（二）合同解除

保管人和寄存人协商一致，将保管合同解除(《民法典》第562条第1款)，保管合同因此而终止。

保管合同为继续性合同，具有人格信赖性，任何一方行使解除权(终止权)，可使保管合

---

① 崔建远主编：《合同法》(第5版)，王轶执笔，法律出版社2010年版，第501页。
② 参见邱聪智：《新订债法各论》(中)，姚志明校订，中国人民大学出版社2006年版，第289页；刘春堂：《民法债编各论》(中)，三民书局2007年版，第334页。
③ 邱聪智：《新订债法各论》(中)，姚志明校订，中国人民大学出版社2006年版，第293页；刘春堂：《民法债编各论》(中)，三民书局2007年版，第339页。

同终止。但须注意,在任意解除权的赋予上,《民法典》区分了寄存人和保管人,同时也区分了约定期限的保管合同和没有约定期限的保管合同,而分别对待。(1) 其第 899 条第 1 款关于寄存人可随时领取保管物的规定,表明不论保管期限是否约定及是否明确,寄存人均可随时解除保管合同。(2) 其第 899 条第 2 款前段关于当事人对保管期限没有约定或约定不明确的,保管人可以随时请求寄存人领取保管物的规定,表明在保管期限明确的场合保管人无任意解除权。

任何一方当事人违约,符合《民法典》第 563 条第 1 款第 2 项至第 4 项规定的条件之一的,对方当事人有权解除保管合同。

(三) 保管物的承受

保管物的所有权由保管人受让,无论是概括承受(如因继承而承受保管物的所有权),还是特定承受(如因买卖、赠与而受让保管物的所有权),保管人既已取得保管物的所有权,保管合同原则上即归消灭。[①] 不过,寄存人本来不是所有权人,但对于保管物享有定限物权或其他占有权源的,则尚不终止,作为例外。例如,承租人将租赁物交由保管人保管,即使保管人日后取得该租赁物的所有权,保管合同也例外地不终止。[②]

二、保管合同终止的效力

保管合同因保管物的返还、承受而终止的,不存在保管物的返还效力问题。其他原因导致的保管合同终止,保管人须负保管物返还的义务,寄存人享有保管物返还请求权。[③]

该请求权的定性和定位,首先为保管合同终止时产生的保管物返还请求权,源于合同法,寄存人凭其身份和保管合同的终止就足以享有此权,对保管物有无物权,在所不问。

当然,保管合同的终止使保管人对保管物的占有变成无权占有,寄存人若为保管物的物权人,也可基于物的返还请求权要求保管人返还保管物。

当事人双方协议一致解除保管合同的场合,当事人之间约定了损害赔偿的,依其约定;没有约定的,不成立损害赔偿责任。

当事人一方违约,对方当事人解除保管合同的场合,违约方仍负违约责任。

[①] 史尚宽:《债法各论》(第 5 版),荣泰印书馆股份有限公司 1981 年版,第 506 页;郑玉波:《民法债编各论》(下册)(第 6 版),三民书局 1981 年版,第 538 页;邱聪智:《新订债法各论》(中),姚志明校订,中国人民大学出版社 2006 年版,第 293—294 页;刘春堂:《民法债编各论》(中),三民书局 2007 年版,第 340 页。

[②] 邱聪智:《新订债法各论》(中),姚志明校订,中国人民大学出版社 2006 年版,第 294 页;刘春堂:《民法债编各论》(中),三民书局 2007 年版,第 340 页。

[③] 刘春堂:《民法债编各论》(中),三民书局 2007 年版,第 341 页。

第二十七章

仓储合同

第一节 仓储合同概述

一、仓储合同的界定

仓储合同,原是指保管人储存存货人交付的仓储物,存货人支付仓储费的合同(《民法典》第904条)。其中,仓储物是仓储合同的标的物,由保管人堆藏和保管的对象;存货人,相当于保管合同中的寄存人,是将仓储物交由保管人储存的人,对仓储物享有所有权或他物权或其他有财产利益;保管人,是接收仓储物并予以堆藏和保管的人;仓储费,是保管人为存货人储存仓储物而获得的对价,也叫报酬。仓储合同属于商事合同。

二、仓储合同制度的沿革

仓储营业是一种专为他人储藏、保管货物的商业营业活动。它发端于中世纪西方的一些沿海城市,随着国际和地区贸易的不断发展,仓库营业的作用日渐重要。在现代,仓库营业已经成为社会化大生产和国际、国内商品流转中一个不可或缺的环节。在中国社会主义市场经济条件下,商品的储存、运输、原材料的采购、中转等几乎都离不开仓库营业服务,仓储业务对于加速物资流通,减少仓储保管的货物的损耗,节省仓库基建投资,提高仓库的利用率,增强经济效益,无不具有重要意义。[1]

关于仓库营业和仓储合同的立法例,大致有以下三种:其一为规定在商法典中,大陆法系采民商分立立法体例的国家,如日本、德国采之。其二为规定在民法典中,大陆法系采民商合一立法体例的国家,如瑞士采之。其三为制定有关单行法规,英美法系国家采之。中国民事立法系采民商合一立法体例,因此在归属于民事一般法的《合同法》中规定仓储合同。[2]《民法典》亦然。

三、仓储合同的法律性质

(一) 保管人须为有仓储设备并专事仓储业务的商人

仓储合同的保管人可以是法人,也可以是个体工商户、合伙或非法人组织,但必须具有仓储设备,专门从事仓储业务。就是说,仓储合同中的保管人必须是仓储营业之人。这与保

---

[1] 郭明瑞、王轶:《合同法新论·分则》,中国政法大学出版社1997年版,第347页。
[2] 同上书,第348页。

管合同中的保管人可以是普通的自然人、法人不同。

所谓仓储，是指堆藏和保管一定的物品。这里所说的物品，叫作仓储物。此处所谓堆藏，即堆置和储藏，是指置放存储并加以照顾保管（服务），以维持其原状。堆藏和保管两项要素，须同时存在。假如仅将仓储设备的全部或一部，提供给他人置放存储物品，自己不负保管之责；或对置放存储之物虽负保管责任，但未提供仓储设备，均不成立仓储合同，有可能是租赁合同，或保管合同等。①

所谓仓储设备，是指能够满足储藏和保管仓储物需要的设施，既包括有房屋、有锁之门等外在表征的设备，也包括可供堆放木材、石料等原材料的地面。假如没有任何设备，在特定场所为他人堆放物品，并予以保管，纵使以之为业，也只能成立保管合同，而非仓储合同。所谓专事仓储业务，是指经过仓储营业登记专营或兼营仓储业务。②

（二）仓储物为动产

堆置和储藏的仓储方式，决定了仓储合同的标的物即仓储物限于动产，不动产无法为堆藏和保管，故不得作为仓储合同的标的物。这与保管合同的标的物可以为不动产不同。这里的动产，不以商品为限，也不问其价值几何，有无生命，均无碍仓储合同的成立。③

（三）仓储合同为诺成合同

仓储合同究为实践合同或诺成合同，《民法典》未设明文。有持诺成合同说的，认为仓储合同为商事合同，其保管人是专门从事仓储业务的商人，其营业目的就是从仓储营业中牟利。正因为保管人的专业性和营利性，在保管的物品入库前，保管人必然会做出一定的履行合同的准备，支出一定的费用。若认定仓储合同为实践合同，就意味着一旦存货人在交付仓储物前改变交易的意愿，不向保管人交存仓储物，保管人就其所受到的损失只能依缔约过失责任向存货人主张损害赔偿。这对保管人极为不利。因此，承认仓储合同为诺成合同，可使保管人于前述情况下，得基于违约责任主张损害赔偿责任。同理，在仓储合同中存货人一般也为营利性法人，若认仓储合同为实践合同，在存货人交存仓储物前合同不成立，那么在其交存仓储物时若保管人拒绝储存，存货人也不能依违约责任请求损害赔偿，这对存货人也是不利的。④ 鉴于《合同法》没有明定仓储合同为实践合同，制定《合同法》时重点参考的《经济合同法》未将仓储保管合同作为实践合同，古往今来合同类型演变的趋势为诺成化，诺成合同更加符合合意主义的要求，从利益衡量的层面观察诺成说也占据优势，有鉴于此，本书作者对《民法典》设置的仓储合同按照诺成合同的理念予以解释。

（四）仓储合同为双务、有偿的合同

仓储合同的当事人双方于合同成立后互负给付义务：保管人须提供仓储服务，存货人须给付报酬和其他费用，双方的义务具有对应性和对价性，所以，仓储合同为双务、有偿的

---

① 邱聪智：《新订债法各论》（中），姚志明校订，中国人民大学出版社2006年版，第317页；刘春堂：《民法债编各论》（中），三民书局2007年版，第376页。

② 邱聪智：《新订债法各论》（中），姚志明校订，中国人民大学出版社2006年版，第317页；崔建远主编：《合同法》（第5版），王轶执笔，法律出版社2010年版，第502页。

③ 邱聪智：《新订债法各论》（中），姚志明校订，中国人民大学出版社2006年版，第317页；刘春堂：《民法债编各论》（中），三民书局2007年版，第375—376页。

④ 崔建远主编：《合同法》（第5版），王轶执笔，法律出版社2010年版，第503页。

合同。①

（五）仓储合同为不要式合同

《民法典》没有规定仓储合同应当采取书面等特定形式。至于仓储合同的保管人于接受仓储之物时应存货人的请求而填发并交付仓单或其他凭证，实为仓储合同成立之后保管人所承担的义务（《民法典》第908条），并非仓储合同的书面形式。所以，仓储合同应为不要式合同。②

（六）仓储合同为继续性合同

保管人必须对所仓储之物持续不断地提供照顾保护，以维持仓储之物的原状，所以仓储合同为继续性合同。

第二节　仓储合同的效力

一、保管人的义务

（一）给付仓单的义务

1. 给付仓单义务的依据

存货人交付仓储物的，保管人应当出具仓单、入库单等凭证，为一项合同义务（《民法典》第908条）。

2. 仓单的界定与作用

仓单是保管人应存货人的请求而签发的用以表彰、处分和受领仓储物或保管物的一种有价证券。其作用有三：（1）仓储合同存在的证明。仓储合同为不要式合同，证明其存在显得重要。仓单虽非仓储合同书，但可作为仓储合同已经成立的证明。（2）保管人已经接收了仓储物的证明。保管人一经填发仓单，就表明已经接收了仓储物。（3）仓储物所有权及其交付请求权的表彰。仓单为物权证券，表彰所载物品的所有权；持有仓单，意味着享有请求保管人交付仓储物的权利。③

3. 仓单的份数

关于仓单发放的份数，立法模式主要有两单主义、一单主义和并用主义三种。所谓两单主义，是指保管人同时填发两仓单，一为提取仓单，一为出质仓单。前者用来提取寄存物，可以转让；后者用来出质，可作为债权担保。其理由为，寄托人（存货人）可以先以出质仓单来出质，以便筹措现款，然后以提取仓单待价而沽，所以出质和转让并行不悖。如果只有一单，则出质后无法转让。④ 法国、比利时和意大利等国的立法例采取此项主义。所谓一单主义，是指保管人仅填发一份仓单，可同时作为转让和出质之用。其理由为，如果采用两单主义，两单分别流通时，则提取仓单持有人常担心出质仓单所担保的债权未获清偿致使仓储物或

---

① 史尚宽：《债法各论》（第5版），荣泰印书馆股份有限公司1981年版，第524—525页；郑玉波：《民法债编各论》（下册）（第6版），三民书局1981年版，第556页；邱聪智：《新订债法各论》（中），姚志明校订，中国人民大学出版社2006年版，第320页；林诚二：《民法债编各论》（中），中国人民大学出版社2007年版，第283—284页；刘春堂：《民法债编各论》（中），三民书局2007年版，第381页；崔建远主编：《合同法》（第5版），王轶执笔，法律出版社2010年版，第503页。

② 郭明瑞、王轶：《合同法新论·分则》，中国政法大学出版社1997年版，第350页；林诚二：《民法债编各论》（中），中国人民大学出版社2007年版，第284页；刘春堂：《民法债编各论》（中），三民书局2007年版，第380页。

③ 刘春堂：《民法债编各论》（中），三民书局2007年版，第382页。

④ 郑玉波：《论仓单》，载郑玉波：《民商法问题研究》（第1册），台湾1988年自版，第321页。

保管物有被拍卖的危险;而出质仓单持有人也担心两单所载数额不符,难免不安。还有,在两单主义下,虽然先质后卖,但出质后一般都不易再卖,所以实际上两单等同于一单。《德国商法典》采取一单主义(第424条)。所谓并用主义,是指根据存货人的选择,请求填发两单或一单。《日本商法典》采取此种模式(第627条)。① 这种制度叠床架屋,徒滋纷扰,并无实益。所以,在实务中采取的是一单主义。② 中国法采取的是一单主义,即保管人应存货人的请求仅填发一仓单,而不需填发两个仓单。该仓单作为提取保管物的凭证,既可以转让也可以出质。③

4. 仓单的法律性质

(1) 仓单是以表彰一定的物品为标的的,故为物品证券。此处所谓表彰物品,实质上是表彰物品的所有权,故仓单又称物权证券。持有仓单者,享有该仓单所载明的物品的所有权,交付该仓单等于交付该物品,发生该物品所有权的移转,从另一方面描述,仓单所载物品所有权的转移,必须移转仓单,才发生该物品所有权转移的效力,故仓单又称为处分证券或交付证券。④

(2) 仓单必须记载法定事项,包括存货人的名称或姓名及住所;仓储物的品种、数量、质量、包装、件数和标记;仓储物的损耗标准;储存场所;储存期间;仓储费;仓储物已经办理保险的,其保险金额、期间以及保险人的名称;仓单的填发人、填发地以及填发年、月、日。此外,保管人还应当在仓单上签字或盖章(《民法典》第909条)。所有这些,都表明仓单为要式证券。

(3)《民法典》第909条第1项规定,仓单上应载有存货人的名称或姓名和住所,故仓单为记名证券。

(4) 仓单所产生的权利义务,完全依据仓单上所载文义来确定,纵其记载与当事人的真实意思不符,也不得于文义之外,另行补充或变更而为主张,更不得以未记载的文义对抗善意第三人。所以,仓单为文义证券。⑤

(5) 仓单填发流通后,是否会因其原因债权不存在而影响其效力,意见不一。要因证券论者认为,仓单的填发,系以仓储合同有效成立为前提,而且在保管人自存货人处接收仓储物后为之,即仓单以仓储合同的存在和仓储物的接收为原因关系,若仓单填发后遇有存货人未交付仓储物或仓储合同无效的,仓单随之无效。⑥ 不要因证券论者辩驳道,如果仅仅强调和贯彻仓单的要因性,显然不足以保护善意的仓单持有人,有害仓单的流通性和交易安全,而且保管人填发的仓单仅在决定其与存货人以外第三人之间的关系,至于其与存货人之间

---

① 胡开忠:《权利质权制度研究》,中国政法大学出版社2004年版,第166—167页。
② 〔日〕西原宽一:《商行为法》,日本有斐阁1972年版,第364页。
③ 郭明瑞、王轶:《合同法新论·分则》,中国政法大学出版社1997年版,第351页。
④ 郑玉波:《民法债编各论》(下册)(第6版),三民书局1981年版,第560页;史尚宽:《债法各论》(第5版),荣泰印书馆股份有限公司1981年版,第531页;邱聪智:《新订债法各论》(中),姚志明校订,中国人民大学出版社2006年版,第326页;林诚二:《民法债编各论》(中),中国人民大学出版社2007年版,第285页;刘春堂:《民法债编各论》(中),三民书局2007年版,第387页;崔建远主编:《合同法》(第5版),王轶执笔,法律出版社2010年版,第504页。
⑤ 郑玉波:《民法债编各论》(下册)(第6版),三民书局1981年版,第560页;史尚宽:《债法各论》(第5版),荣泰印书馆股份有限公司1981年版,第535—536页;邱聪智:《新订债法各论》(中),姚志明校订,中国人民大学出版社2006年版,第326—327页;林诚二:《民法债编各论》(中),中国人民大学出版社2007年版,第286页;刘春堂:《民法债编各论》(中),三民书局2007年版,第388—389页;崔建远主编:《合同法》(第5版),王轶执笔,法律出版社2010年版,第504页。
⑥ 史尚宽:《债法各论》(第5版),荣泰印书馆股份有限公司1981年版,第537页;黄立:《民法债编各论》(下),元照出版公司2007年版,第263页。

的权利义务关系本应由仓储合同决定,无待仓单之填发。而仓单系一种有价证券,具有文义性,因此在仓单文义性效力所及的范围内,自应将仓单理解为不要因证券,不发生要因性的问题。① 这具有说服力,加上《票据法》没有完全否定票据的无因性,最高人民法院出台的《票据纠纷规定》坚持了票据的无因性(第13条等),《海商法》第77条等规定了提单的无因性,本书作者赞同仓单为不要因证券的观点。

(6) 仓单由保管人自己填发,并由自己负担给付义务,故为自付证券。②

(7) 仓单持有人请求保管人交付仓储物时,应将仓单缴还,以避免保管人为多重给付,确保交易安全,故仓单为缴还证券或缴回证券。③

5. 仓单的法律效力

(1) 物权的效力

仓单为物权证券,表彰着其记载物品的所有权,仓单为仓储物的化身,持有仓单者,享有该仓储物的所有权。而且,一经填发仓单,仓储物所有权的移转,须经存货人或仓单持有人在仓单上背书并经保管人签字或盖章(《民法典》第910条)。仓储物的所有权人不得依指示交付的方式将仓储物的所有权转让给他人。所有这些,都表明仓单具有物权的效力。

[探讨]

有观点认为,权利质权的设立应当遵循权利让与的规则,所以,以仓单出质的,除当事人之间的出质合意、背书和交付外,还需要以保管人的签字或盖章为必要条件。④

本书作者认为,从交易安全、有价证券流通的通例等方面考虑,这种意见确有道理,但依据物权制度及其理论,却难获赞同。其原因在于:(1) 权利标的主义而非权利让与主义为今日通说,如此,仓单转让和仓单出质存在着区别,仓单出质并非仓单(权利)的转让。因而,仓单出质并非当然地适用《民法典》第910条的规定。(2)《民法典》第441条为仓单质权设立要件的权威性条文,未把背书、保管人的签字或盖章作为仓单质权设立的必要条件。上述观点违反了《民法典》的强制性规定。当然,在仓单上记载"质押"字样,作为质权设立的生效要件,较为可取,《民法典》第388条第1款但书认可了此种理念。

不过,应当注意,《民法典》第441条的规定没有区分无记名证券、记名证券和指示证券,一律以交付有价证券为质权设立的生效要件,不尽合理。仓单出质,背书为妥。

(2) 债权的效力

仓单填发后,保管人和存货人之间存在着两种法律关系,一是仓储合同关系,二是仓单的证券债权关系。没有前者固然难有后者,但仓单一经填发,后者就与前者分离(仓单的无因性)。同理,仓储合同关系也不因仓单的填发而受影响。仓单移转后,仓单持有人对保管人而言系仓储物的所有权人,可依仓单请求交付仓储物(物权请求权),但无仓储物返还请求

---

① 刘春堂:《民法债编各论》(中),三民书局2007年版,第390—391页。另参见郑玉波:《民法债编各论》(下册)(第6版),三民书局1981年版,第560页;邱聪智:《新订债法各论》(中),姚志明校订,中国人民大学出版社2006年版,第327页;林诚二:《民法债编各论》(中),中国人民大学出版社2007年版,第286页。

② 邱聪智:《新订债法各论》(中),姚志明校订,中国人民大学出版社2006年版,第327页;林诚二:《民法债编各论》(中),中国人民大学出版社2007年版,第287页;刘春堂:《民法债编各论》(中),三民书局2007年版,第390—392页。

③ 同上。

④ 黄松有主编:《〈中华人民共和国物权法〉条文理解与适用》,人民法院出版社2007年版,第661页。

权(债权请求权),亦无支付报酬的义务。在这个意义上说,仓单不具有债权的效力。①

保管人填发仓单之后,故意或过失地毁损、灭失了仓单所记录的仓储物的,对仓单持有人应负不完全履行或不能履行的责任。该种债务不履行责任,本于仓单的证券债务而发生,并非直接源于仓储合同。当然,仓单持有人也可基于侵权行为请求保管人承担损害赔偿责任,存在着请求权竞合的情况。②

6. 仓单的分割

仓单的持有人,可以请求保管人将保管的仓储物分割为数部分,分别填发各个部分的仓单。这是因为仓单是供表彰、处分和受领仓储物之用的,仓单持有人享有仓单所载物品的所有权,为方便仓单持有人灵活地处分仓储物,本于所有权的作用,赋予仓单持有人(所有权人)分割请求权。分割后必须填发各部分的仓单。只是原仓单并不因此而失效,仍有流通的可能,保管人有重复给付的危险。为保障交易安全和保管人的权利,仓单持有人须交还原仓单。原仓单的交还和新仓单的交付,可有同时履行抗辩权的运用。此外,仓单的分割,系因仓单持有人的事由所致,所以,分割和填发新仓单所支出的费用,应由仓单持有人负担,方为公平。③

7. 仓单的转让

在《民法典》上,仓单为记名仓单(第909条第1项),其转让需要存货人或仓单持有人在仓单上背书,并经保管人签字或盖章(第910条后段)。

[反思]

学说认为,这种模式对保管人保护固属周到,但其结果反较一般债权让与严格,不仅对交易迅速有所阻碍,与有价证券的原理也有悖理,不如仿照票据法、提单的规定,不以保管人的签字或盖章为要件,仅背书交付就发生转让的效果,但可赋予保管人记载禁止背书转让的权利。④

8. 仓单的丧失

仓单如有遗失、被盗或灭失,存货人或仓单持有人可类推适用《民事诉讼法》第229条以下的规定,寻求救济。救济的方式之一是,类推适用《民事诉讼法》第229条、第230条、第231条的规定,存货人或仓单持有人向仓储所在地的人民法院申请公示催告,人民法院决定受理申请,应当同时通知保管人停止给付仓储物,并在3日内发出公告,催促利害关系人申报权利。公示催告的期间,由人民法院根据情况决定,但不得少于60日。保管人收到人民法院停止支付的通知,应当停止支付,至公示催告程序终结。公示催告期间,转让仓单的行为无效。救济的方式之二是,类推适用《民事诉讼法》第230条、第233条的规定,申请公示

---

① 邱聪智:《新订债法各论》(中),姚志明校订,中国人民大学出版社2006年版,第328页;林诚二:《民法债编各论》(中),中国人民大学出版社2007年版,第289页。

② 邱聪智:《新订债法各论》(中),姚志明校订,中国人民大学出版社2006年版,第329页;林诚二:《民法债编各论》(中),中国人民大学出版社2007年版,第289页;刘春堂:《民法债编各论》(中),三民书局2007年版,第393页。

③ 郑玉波:《民法债编各论》(下册)(第6版),三民书局1981年版,第563—564页;邱聪智:《新订债法各论》(中),姚志明校订,中国人民大学出版社2006年版,第329页;林诚二:《民法债编各论》(中),中国人民大学出版社2007年版,第289页;刘春堂:《民法债编各论》(中),三民书局2007年版,第395—396页。

④ 郑玉波:《民法债编各论》(下册)(第6版),三民书局1981年版,第564页;邱聪智:《新订债法各论》(中),姚志明校订,中国人民大学出版社2006年版,第329—330页;林诚二:《民法债编各论》(中),中国人民大学出版社2007年版,第290页;刘春堂:《民法债编各论》(中),三民书局2007年版,第394页。

催告,进行除权判决。人民法院应当根据保管人的申请,作出判决,宣告仓单无效。该判决应当公告,并通知保管人。自判决公告之日起,存货人或仓单持有人有权向保管人请求给付仓储物。救济的方式之三是,类推适用《民事诉讼法》第229条,以及有关法律的规定,存货人或仓单持有人向保管人提供相当的担保,请求保管人换发新仓单。

(二) 验收仓储物的义务

保管人在接受存货人交存仓储物入库时,应当按照合同的约定对入库仓储物进行验收(《民法典》第907条前段)。保管人验收时发现入库仓储物与约定不符合的,应当及时通知存货人(《民法典》第907条中段)。怠于通知的,由保管人承担风险(类推适用《民法典》第907条后段的规定)。

验收包括实物验查和样本验查。保管物有包装的,验收时应以外包装或仓储物标记为准;无标记的,以存货人提供的验收资料为准。保管人未按规定的项目、方法、期限验收或验收不准确的,应负责承受由此造成的实际损失。在双方交接仓储物中发现问题的,保管人应妥善暂存,并在有效验收期间内通知存货人处理,暂存期间所发生的一切损失和费用由存货人负担。①

仓储物验收时保管人未提出异议的,视为存货人交付的仓储物符合合同约定的条件。保管人验收后,发生仓储物的品种、数量、质量不符合约定的,保管人应当承担赔偿责任(《民法典》第907条后段)。

(三) 亲自保管义务

仓储合同的场合,保管人为仓储营业人,应当亲自堆藏和保管仓储物。只有在存货人同意或另有交易习惯或有不得已的事由的情况下,才可以使第三人代为保管。保管人违反亲自保管义务的,对于仓储物因此遭受的损失,应负损害赔偿责任。有学说认为,保管人能证明纵不使第三人代为保管,仍不免发生损失的,可不负责任。② 这确有道理,值得借鉴。

(四) 妥善保管义务

妥善保管义务,不但是保管合同中的保管人所负的主要义务,也是仓储合同中的保管人应负的主要义务(《民法典》第892条第1款)。二者有所区别的是,仓储合同中的妥善保管,一律是保管人以善良管理人的注意保管仓储物,注意的程度较高,这是由仓储合同为有偿合同、保管人为专事仓储的商人决定的。

保管人储存易燃、易爆、有毒、有腐蚀性、有放射性等危险物品的,应当具备相应的堆藏和保管条件,应当按照国家标准或合同规定的要求操作和储存;在堆藏和保管过程中不得损坏货物的包装物。如因保管或操作不当使包装发生毁损的,保管人应当负责修复或按价赔偿。③

保管人对仓储物负有较一般保管合同的保管人更重的保管责任。凡因保管人保管不善而非因不可抗力、自然因素或货物(包括包装)本身的自然性质而发生储存的货物灭失、短少、变质、损坏、污染的,保管人均应承担损害赔偿责任。因仓储物本身的自然性质、包装不

---

① 郭明瑞、王轶:《合同法新论·分则》,中国政法大学出版社1997年版,第352页。
② 郑玉波:《民法债编各论》(下册)(第6版),三民书局1981年版,第565—566页;史尚宽:《债法各论》(第5版),荣泰印书馆股份有限公司1981年版,第538—539页;邱聪智:《新订债法各论》(中),姚志明校订,中国人民大学出版社2006年版,第331页;林诚二:《民法债编各论》(中),中国人民大学出版社2007年版,第291—292页;刘春堂:《民法债编各论》(中),三民书局2007年版,第397页。
③ 郭明瑞、王轶:《合同法新论·分则》,中国政法大学出版社1997年版,第353页。

符合约定或超过有效储存期造成仓储物变质、损坏的,保管人不承担赔偿责任(《民法典》第917条)。当然,这是以保管人已经履行了通知、必要处置催告等项义务为前提的。

(五) 危险通知义务

此处的危险,其范围较保管合同中的为广,相应地,危险通知义务的内容也随之增加,包括以下三种情形。正因如此,本书将它们从妥善保管义务部分分离出来,专门加以介绍。

保管人发现入库仓储物有变质或有其他损坏的,应当及时通知存货人或仓单持有人(《民法典》第912条)。所谓仓储物有变质或有其他损坏,例如,仓储物出现异状,仓储物的数量减少或价值降低。

保管人对入库仓储物发现有变质或其他损坏,危及其他仓储物的安全和正常保管的,应当催告存货人或仓单持有人作出必要的处置。因情况紧急,保管人可以作出必要的处置,但事后应当将该情况及时通知存货人或仓单持有人(《民法典》第913条)。此处所谓必要的处置,既是保管人的义务,也是其权利。

遇有第三人就仓储物对保管人提起诉讼或对仓储物申请扣押的,保管人也应及时通知存货人或仓单持有人(《民法典》第896条第2款)。

(六) 不得自己使用的义务

如同在保管合同中一样,在仓储合同中保管人对仓储物也不得自己使用或允许第三人使用,除非存货人同意或为堆藏和保管所必需。

(七) 容忍义务

保管人根据存货人或仓单持有人的要求,应当同意其检查仓储物或提取样品(《民法典》第911条)。从保管人的角度看,这是其容忍义务或容许义务,因存货人或仓单持有人的请求而发生,其内容包括容许检点仓储物、容许提取样品、容许为必要的保存行为三项内容。《民法典》虽未明文规定必要的保存行为,但从事理上讲,不应理解为禁止该项行为。

所谓容许检点仓储物,是指容许存货人或仓单持有人检查、清点仓储物,如检查仓储物有无变质、数量有无短少等。为此,存货人或仓单持有人有权进入仓储场所,在就仓储物与他人签订买卖合同、设立质权等情况下,该他人也有权随之入仓。所谓容许提取样品,是指容许存货人或仓单持有人提取仓储物的样本,如抽取油样、剪取布样或提取米样等。所谓容许必要的保存行为,是指容许存货人或仓单持有人对仓储物进行必要的保存行为,如对仓储物采取必要的防霉、防腐的措施,但为出卖仓储物而改装、加工的行为不包括在内。保管人违反上述容忍义务的,存货人或仓单持有人可以请求保管人承担损害赔偿责任,还可独立诉请保管人允许检点仓储物、提取样品或为必要的保存行为。[1]

存货人或仓单持有人应于保管人营业的时间实施上述行为,实施方法、程度和范围不应超出确认和了解仓储物的现状并维持仓储物原状的目的,且应斟酌仓库的状况,符合交易习惯和诚信原则。[2] 保管人对于检点仓储物、提取样品、为必要的保存行为没有积极的协助义务[3],因而,因检点仓储物、提取样品、为必要的保存行为所产生的费用,应由存货人或仓单持有人负担;检点仓储物、提取样品、为必要的保存行为造成的损失,也应由存货人或仓单持有

---

[1] 史尚宽:《债法各论》(第5版),荣泰印书馆股份有限公司1981年版,第541—542页;刘春堂:《民法债编各论》(中),三民书局2007年版,第400—401页。

[2] 刘春堂:《民法债编各论》(中),三民书局2007年版,第401页。

[3] 郑玉波:《民法债编各论》(下册)(第6版),三民书局1981年版,第567页;邱聪智:《新订债法各论》(中),姚志明校订,中国人民大学出版社2006年版,第332页;刘春堂:《民法债编各论》(中),三民书局2007年版,第401页。

人负责赔偿。①

存货人或仓单持有人请求样品的提取时,保管人可以请求其交付证明书或请求相当的担保。在存货人或仓单持有人请求对仓储物为一定的保存行为时,保管人除非有正当理由,应予允许。②

(八) 满足提取仓储物请求的义务

储存期间不明的场合,只要存货人或仓单持有人请求提取仓储物,保管人就有义务满足(《民法典》第914条)。储存期间明确且已届满的场合,保管人同样有义务满足存货人或仓单持有人提取仓储物的请求(《民法典》第915条前段)。

二、保管人的权利

(一) 报酬请求权

存储合同为有偿合同,保管人为从事仓储业务的商人,对存货人或仓单持有人享有报酬请求权(《民法典》第904条、第915条)。关于报酬的种类和数量,当事人之间有约定且不违法的,依其约定;没有约定或约定不明确的,可协议补充,达不成补充协议的,按照交易习惯确定(《民法典》第510条);依法应当执行政府定价或政府指导价的,按照规定执行(《民法典》第511条第2项后段)。

在正常情况下,保管人有权请求存货人或仓单持有人付清报酬的全额。存货人或仓单持有人因其原因而逾期提取仓储物的,应当加收仓储费;提前提取仓储物的,不减收仓储费(《民法典》第915条后段)。

关于报酬的支付期间,当事人之间有约定的,依其约定;没有约定或约定不明确的,当事人之间可签订补充协议予以确定;达不成补充协议的,按照交易习惯确定。

[探讨]

关于报酬支付的期间,在当事人没有约定或约定不明确,又无交易习惯可循的情况下,是否适用《民法典》第511条第4项的规定,使保管人可随时请求存货人或仓单持有人支付?应持否定的态度,因为仓储合同采取"报酬后付原则",保管人应先为仓储物的堆藏和保管,存货人或仓单持有人嗣后支付报酬,所以,仓储合同终止时保管人才可以行使报酬请求权,若分期确定报酬的,则于每期届满时才可请求存货人或仓单持有人支付报酬。③

(二) 免损费用偿付请求权

首先需要说明的是,保管人因堆藏和保管仓储物所产生的必要费用,原则上包含于报酬之中,不得请求偿还,除非当事人另有约定。④ 因此,此处所谓免损费用偿付请求权,原则上不包括必要费用的偿付请求权,而是指下述权利。

储存易燃、易爆、有毒、有腐蚀性、有放射性等危险物品或易变质物品的,存货人应当向保管人说明该物品的性质和预防危险、腐烂的方法,提供有关的保管、运输等技术资料(《民法典》第906条第1款)。这是存货人的说明义务。存货人违反该项义务的,保管人有权拒

---

① 刘春堂:《民法债编各论》(中),三民书局2007年版,第402页。
② 崔建远主编:《合同法》(第5版),王轶执笔,法律出版社2010年版,第505—506页。
③ 参见刘春堂:《民法债编各论》(中),三民书局2007年版,第403页。
④ 邱聪智:《新订债法各论》(中),姚志明校订,中国人民大学出版社2006年版,第334页。

收该物品,也可以接收该货物并采取相应措施以避免损失发生。保管人采取相应措施以避免损失发生而产生的费用,存货人有义务承担(《民法典》第 906 条第 2 款)。保管人请求存货人偿付该项避免损失发生的费用的权利,就是免损费用偿付请求权。

[探讨]

入库后,保管人发现仓储物有变质或其他损坏,危及其他仓储物的安全和正常保管,及时催告了存货人或仓单持有人,存货人或仓单持有人怠于作必要的处置,保管人代其为之,或因情况紧急,保管人向存货人或仓单持有人发出通知的同时即作出了必要的处置的,由此产生的费用由谁负担?《民法典》第 913 条并未规定,本书作者认为,保管人所为的必要处置,若仍属于一个善良管理人所应履行的义务范畴,则由此产生的费用,属于保管仓储物所需要支出的必要费用,应由保管人承受;若超出了这个范围和程度,则属于加重了一个善良管理人的负担,应由存货人或仓单持有人承担,向保管人偿付。

(三) 请求存货人或仓单持有人提取仓储物的权利

保管人请求存货人或仓单持有人提取仓储物的权利,包括如下类型:(1) 当事人对储存期间没有约定或约定不明确的,存货人或仓单持有人可以随时提取仓储物,保管人也可以随时请求存货人或仓单持有人提取仓储物,但应当给予必要的准备时间(《民法典》第 914 条)。(2) 仓储合同约定有储存期间,且已届满时,存货人或仓单持有人应当凭仓单、入库单等提取仓储物(《民法典》第 915 条前段),这既是权利也是义务;不提取的,保管人可以催告其在合理的期限内提取(《民法典》第 916 条前段),即享有请求存货人或仓单持有人提取仓储物的权利。

[拓展]

储存期间届满前,保管人不得要求存货人或仓单持有人取回仓储物,但存货人或仓单持有人要求返还的,保管人不得拒绝,只是有权不减收仓储费(《民法典》第 915 条后段)。

(四) 先履行抗辩权

由"报酬后付原则"决定,保管人不得就报酬的支付与仓储物的保管,主张同时履行抗辩权。不过,在存货人或仓单持有人未付清报酬却请求返还仓储物的情况下,保管人可留置仓储物(《民法典》第 903 条正文),并可以存货人或仓单持有人未支付报酬为由,主张先履行抗辩权(《民法典》第 902 条第 2 款、第 526 条)。

(五) 提存仓储物的权利

储存期间届满,经催告存货人或仓单持有人仍不提取仓储物的,保管人可以提存仓储物(《民法典》第 916 条后段)。

(六) 留置仓储物的权利

存货人或仓单持有人不支付报酬或有关费用的,保管人可留置仓储物,除非当事人另有约定(《民法典》第 903 条)。

(七) 仓单缴还请求权

存货人或仓单持有人提取仓储物,必须出示仓单并缴还仓单,相应地,保管人享有要求存货人或仓单持有人出示并缴还仓单的权利。

(八) 损害赔偿请求权

保管人对存货人或仓单持有人的损害赔偿请求权,有如下类型:(1) 储存易燃、易爆、有毒、有腐蚀性、有放射性等危险物品或易变质物品,存货人没有说明,保管人以善良管理人的注意也发现不了,保管人的人身、财产因此而受损害的,有权请求存货人负责赔偿。(2) 保管人依法催告存货人或仓单持有人,请求及时处置危及其他仓储物的安全和正常保管的问题仓储物,而存货人或仓单持有人怠于或拒绝及时和适当处置,保管人的人身、财产因此而受损害的,有权请求损害赔偿。(3) 存货人或仓单持有人有义务提取仓储物却不提取,保管人因此受有损失的,有权请求损害赔偿。(4) 存货人或仓单持有人没有理由地不支付报酬或有关费用的,保管人有权请求损害赔偿。

三、关于仓储合同法律适用的特别规定

仓储合同系由一般的保管合同发展、演变而来,法律对仓储合同有特别规定的,自然适用该特别规定,若未设特别规定的,就应适用法律关于一般保管合同的规定(《民法典》第918条)。

第三节　仓储合同的终止

一、储存期间届满

储存期间届满,仓储合同终止,存货人或仓单持有人有权请求保管人返还仓储物,保管人也有权请求他(它)们提取仓储物。

需要注意的是,保管人不因储存期满即时免除仓储物的保管义务,在存货人或仓单持有人拒不或无法提取仓储物的情况下,保管人可予催告,定合理期限,请求存货人或仓单持有人提取仓储物;存货人或仓单持有人逾期不提取的,保管人可以提存仓储物。

二、仓储物灭失

仓储物灭失,仓储合同失去标的物,失去存续的意义,应当归于终止。保管人对此没有过错的,不负赔偿责任,有过错的,承担损害赔偿责任。

三、仓储合同解除

当事人双方协商一致,解除合同的,应予允许,仓储合同因此而终止。约定了损害赔偿的,依其约定,没有约定的,不成立损害赔偿责任。

《民法典》第914条赋予了各方当事人任意解除权(终止权),仓储合同因任意解除权的行使而归于终止。存货人或仓单持有人行使任意解除权的,不减收仓储费(《民法典》第915条后段)。

需要注意的是,该项任意解除权在仓储期间明确的仓储合同场合并不存在。

当事人一方违约,符合《民法典》第563条第2项至第4项规定的条件之一的,对方当事人可行使解除权,仓储合同因此而终止。于此场合,违约方仍负违约责任。

第二十八章

委托合同

第一节 委托合同概述

一、委托合同的概念及其沿革

委托合同,又称委任合同,是指一方委托他方处理事务,他方允诺处理事务的合同。委托他方处理事务的,为委托人,允诺为他方处理事务的,为受托人(《民法典》第919条)。日本等国家和地区的立法例及其学说将委托合同称作委任合同,把受托人叫作受任人,将委托人称作委任人。

委托合同是一种比较古老的合同类型。在古巴伦《汉谟拉比法典》中,就对委托合同有所规定。在早期罗马法中,由于不承认家子的法律人格,加上对法律行为采用复杂繁琐的程式,委托、代理关系不发达。至帝政时期出现了委托、代理的法律规定,但并不区分委托和代理的关系,而将两者汇为一体,认为委托合同必含有代理权的授予。《法国民法典》承袭了这一理论。但自《德国民法典》以后,各国立法都严格区分委托合同和代理,一般在总则中专门规定代理制度,而在债编中规定委托合同。[①]

中国《民法通则》第四章对代理设专节加以规定,且在《合同法》第四次审议稿以前的分则规定中,也是将代理与委托合同分别规定的。《合同法》的第四次审议稿在委托合同中加入了所谓隐名代理的规定,从而变更了原有的立法体例,形成了目前的立法模式:一方面在《民法通则》中承认了直接代理制度,另一方面在《合同法》关于委托合同的规定中承认了隐名代理制度,但仍然区分委托合同和代理关系,有委托合同,未必一定产生代理关系。[②]《民法典》承继了《合同法》的设计,略有完善。

二、委托合同的法律性质

(一)委托合同是以为他人处理事务为目的的合同

委托合同是一种典型的以受托人特定的社会技能提供劳务以完成一定任务的合同,属于一种劳务合同。委托的目的,在于处理委托事务。这是委托合同与他种劳务合同的主要区别所在。

[①] 崔建远主编:《合同法》(第5版),王轶执笔,法律出版社2010年版,第507页。
[②] 同上。

需要注意，处理事务的劳务合同多种多样，民法及其他法律就具体特殊类型事务的处理，设有特别规范，如《民法典》就行纪、中介、保管、仓储、物业服务等合同专门设置规则，属于特殊委托规范，应当优先适用，《民法典》关于委托合同的规定不得越俎代庖。还有，《民法典》就委托仅规定为"处理事务"，相对于其他类型的劳务合同，可谓是最一般、抽象和概括的规定，委托的概念因而具有相当的开放性和包容性，所有的为他人处理事务的合同，都可视为委托合同，所以，委托合同为处理事务类型的劳务合同的一般类型。因此，无名的劳务合同，如旅游、雇用、培训、诉讼代理等合同，可适用《民法典》关于委托合同的规定。不仅如此，《民法典》对行纪、中介、保管、仓储等合同的某些事项未设规定的，明确规定适用委托合同的相关规定，如第960条规定，行纪一章没有规定的，参照适用委托合同的有关规定。①

所谓事务，是指一切与我们的生活有关的事项，与无因管理制度中的事务含义相同。无论它为事实行为还是法律行为，为财产上的行为抑或非财产上的行为，委托人自己的事务还是第三人的事务，只要该事项不违反法律、行政法规的禁止性规定，不违背公序良俗，委托人都可以委托他人处理。不过，如果仅为受托人自己的事务，如约定使受托人整理自己的房屋，原则上不得成立委托合同，仅为一种忠告或建议。②

但要注意，由于需要处理的事务以积极作为为内容，不作为不是委托合同所称的事务；由于委托事务涉及不法的，不发生委托合同的效果，违法的事务亦非委托合同所说的事务；由于事务的性质决定必须由委托人亲自处理的，也不得作为委托合同中的事务。③

所谓处理，是指处分管理，与无因管理所称的管理，在行为层面，意义上大致相同，使用、收益、修缮、改良，乃至处分，均无不可。不过，单纯的保管行为，不属于此处所说的处理，因为它属于法律设置的保管合同(寄存合同)、仓储合同的范畴。④

处理事务，必须给付一定的劳务，只是该劳务仅为处理事务的手段，并非目的。它着重于过程，且必须尊重受托人的知识、技能、经验上的意见，不以一定结果的产生为必要。所以，受托人有报告事务进程状况及其本末的义务。这点把委托合同和雇用合同、劳动合同区别开来。⑤

还有，处理事务，受托人应亲自进行。这不意味着受托人限于自然人。随着服务业的发达，法人因受托而处理一定事务的交易形态越来越普遍，工程顾问公司、技术服务公司、投资顾问公司都是法人充任受托人的例证。⑥

所谓委托，是指委托人信任受托人，委以事务，托其处理，并使其有一定的独立的裁量权的现象。所以，受托人处理事务时，固然必须遵循委托人的要求，但仍有相当的自由裁量权。这点与雇用合同的受雇人、劳动合同的职工完全听命于雇用人的指示而从事劳务，有所不同。⑦

---

① 参见邱聪智：《新订债法各论》(中)，中国人民大学出版社2006年版，第139—140页；刘春堂：《民法债编各论》(中)，三民书局2007年版，第140页；崔建远主编：《合同法》(第5版)，王轶执笔，法律出版社2010年版，第507—508页。
② 郑玉波：《民法债编各论》(下册)(第6版)，三民书局1981年版，第414页；刘春堂：《民法债编各论》(中)，三民书局2007年版，第135页；邱聪智：《新订债法各论》(中)，姚志明校订，中国人民大学出版社2006年版，第139页。
③ 邱聪智：《新订债法各论》(中)，姚志明校订，中国人民大学出版社2006年版，第138页；刘春堂：《民法债编各论》(中)，三民书局2007年版，第135页。
④ 邱聪智：《新订债法各论》(中)，姚志明校订，中国人民大学出版社2006年版，第138页。
⑤ 刘春堂：《民法债编各论》(中)，三民书局2007年版，第136页；邱聪智：《新订债法各论》(中)，姚志明校订，中国人民大学出版社2006年版，第138页。
⑥ 邱聪智：《新订债法各论》(中)，姚志明校订，中国人民大学出版社2006年版，第139页。
⑦ 刘春堂：《民法债编各论》(中)，三民书局2007年版，第136页。

（二）委托合同的订立以委托人和受托人之间的相互信任为前提

委托人之所以选定某人作为受托人为其处理事务，是以他对受托人的办事能力和信誉的了解、相信受托人能够处理好委托的事宜为基本出发点的。而受托人之所以接受委托，也是出于愿意为委托人服务，能够完成受托事务的自信，基于对委托人的了解和信任。没有相互的信任和了解，委托合同难以成立。即使建立了委托关系，也难以巩固。因而，在委托合同关系成立并生效后，如果一方对另一方产生了不信任，可随时终止委托合同（《民法典》第933条）。①

（三）委托合同是诺成、不要式的合同

当事人双方意思表示一致，委托合同即告成立，无需以物之交付或当事人的义务履行作为合同成立的要件。因此，委托合同为诺成合同，而非实践合同。

《民法典》等现行法对于委托合同的方式未加要求，按照合同自由原则，当事人有权根据实际情况选择适当的形式，表明委托合同为不要式合同。

（四）委托合同为无偿合同或有偿合同

与罗马法、德国民法将委托合同定性为无偿合同不同，中国《民法典》第929条第1款明确地承认了有偿的委托合同和无偿的委托合同。在个案中，究为何者，取决于当事人双方的约定或习惯或委托事务的性质。

有观点认为委托合同为有偿合同。不错，仅凭《民法典》第928条的文义，可以得出有偿为原则、无偿为例外的结论。但如此一来，只要委托合同没有约定有偿无偿，就得将具体的委托合同认定为有偿合同，可这有时不符合当事人的真意，因为相当数量的自然人签订委托合同的本意就是没有报酬。

委托合同一律为有偿合同的观点存在着不足：（1）它不符合《民法典》第929条第1款后段关于"无偿的委托合同，因受托人的故意或者重大过失造成委托人损失的，委托人可以请求赔偿损失"的明确规定。（2）它有时不符合当事人的真意，因为相当数量的自然人签订委托合同的本意就是没有报酬。（3）它未明白"原则"的意义与妙用。须知，有偿为原则，不同于全部是有偿的委托合同，意味着承认无偿的委托合同。从这方面来说，将委托合同一律作为有偿合同，有欠妥当。（4）它人为地增加了解决问题的困难，因为在委托合同没有约定报酬的情况下，依有偿合同的观点，仍得出该委托合同应为有偿、应对所欠缺的报酬条款予以补充的结论。可是，依据何种标准确定报酬？非常棘手。

欲妥当地处理委托合同为无偿还是有偿的理论和实务的问题，区分商事的委托合同和民事的委托合同，显得确有必要。商事的，以有偿为原则，承认当事人关于无偿的约定；民事的，以无偿为原则，亦承认当事人关于有偿的约定。这样，也与将《民法典》第933条的任意解除权分别为有偿合同和无偿合同的思路及方法相一致。

（五）委托合同为单务合同或双务合同

委托合同若为无偿，仅有受托人负有处理委托事务的义务，委托人不负对价义务，表现出单务合同的性质。委托合同若为有偿，不仅受托人负有处理委托事务的义务，委托人也负有给付报酬的义务，且两种债务具有对价关系，表现出双务合同的属性。②

---

① 崔建远主编：《合同法》（第5版），王轶执笔，法律出版社2010年版，第508页。
② 刘春堂：《民法债编各论》（中），三民书局2007年版，第141页。

二、特别委托合同与概括委托合同

以受托人权限的范围为区分标准,委托合同可分为特别委托合同和概括委托合同。委托人一项或数项事务特别(具体指定特种事项)委托受托人处理的合同,叫作特别委托合同。委托律师就双方和解全权决定,属于此类。委托人一切事务总括地(未具体列明委托事项)委托受托人处理的合同,称作概括委托合同(《民法典》第920条)。委托会计师处理营业上的一切事务,为其例证。[①]

区分特别委托合同和概括委托合同的实际益处在于:(1)受托人处理事务的权限范围不同,处理事务的结果是否归属于委托人不同。概括委托合同中受托人的权限最为广泛。(2)对委托人的权益影响特别重大的事项,如诉讼代理律师代当事人和解的权限,必须经由特别委托授权。概括委托场合受托人无权处理此类事项,若已经处理,可准用《民法典》第171条关于狭义的无权代理的规定。

三、委托合同与类似概念的辨析

(一)委托合同与委托代理

委托代理,是指代理人在代理权限内以被代理人或自己的名义实施法律行为,被代理人对代理人的代理行为直接或间接承担民事责任的制度。委托代理是由代理人代本人为意思表示或受意思表示的,与委托合同中受托人为委托人处理事务一样,都是为他人服务的,这是二者的相似之处。还有,处理委托事务须对外为法律行为时,一般都有代理权的授予,可产生委托代理。于此场合,委托合同成为代理的基础关系,显现出委托合同和委托代理之间的密切联系。不过,也有无关联的情形:(1)有委托合同而无委托代理,如委托会计师核查账簿而不发生对外关系;(2)有委托代理而无委托合同,如给与雇用或承揽而授予受雇人或承揽人以代理权。至于法定代理、指定代理,更与委托合同无关。[②]

委托合同和委托代理之间的区别表现在如下方面:(1)代理人的代理行为不能包括事实行为,而受托人受托处理的事务可以包括事实行为。(2)代理属于对外关系,存在于本人与代理人以外的第三人之间,不对外也就无所谓代理;而委托是一种对内关系,存在于委托人和受托人之间。(3)代理关系的成立,被代理人授予代理人代理权属于单独行为;而委托合同为双方行为,若受托人不允诺,则委托合同不能成立。委托合同引发债的关系,而代理权授予本身在被代理人和代理人之间不发生债的关系。[③]

(二)委托合同与雇用合同

雇用合同和委托合同都是一方当事人向对方当事人提供劳务的合同,但两者是不同的。其区别表现在:(1)雇用合同的订立目的是由受雇人向雇用人提供劳务;而委托合同订立的目的在于由受托人为委托人处理事务,受托人提供劳务无非是达到目的的手段而已。(2)受雇人依据雇用合同提供劳务,必须服从雇用人的指示,自己一般不享有独立的酌情裁量的权利;而委托合同中的受托人虽然依委托人指示处理事务,但一般却享有一定的独立裁量的权利。(3)雇用合同必为有偿合同,而委托合同则既有无偿的,也有有偿的。若为无

---

① 参见刘春堂:《民法债编各论》(中),三民书局2007年版,第143页。
② 同上书,第144—145页。
③ 同上书,第144页;崔建远主编:《合同法》(第5版),王轶执笔,法律出版社2010年版,第509页。

偿,就定为委托合同。① 诚然,"为他人处理事务"和"为他人服务"在概念上不易明确区分,在实务上,给付劳务的合同究竟是委托合同还是雇用合同,有时很难分辨,在日本,一般把服从使用者指挥命令的定为雇用合同,将或多或少由劳务人酌情决定如何工作的、实际上是提供所谓知识型高级劳务的定为委托合同。② 如果连这样的表象也难以察觉,就应当认定为委托合同,因为委托合同为典型的劳务合同。③

（三）委托合同与承揽合同

委托合同中的受托人为委托人处理事务,需要给付劳务;承揽合同中的承揽人为定作人完成一定工作,也要给付劳务,两者均属劳务合同。还有,委托合同中的处理事务须有一定目的,这与承揽合同中必须完成一定工作有相似之处。不过,两者仍有不同:(1)委托合同中的处理事务,注重过程,只要受托人勤勉工作了,即使未能形成结果也不产生责任;而承揽合同要求完成工作,提交成果(《民法典》第770条、第781条等)。(2)委托合同场合,人格信赖关系较强,所以,受托人应当亲自处理事务,原则上不得由第三人代为处理(转委托)(《民法典》第923条);承揽则注重工作成果,当事人之间的人格信赖关系较弱,对于第三人完成工作持相对宽松的态度(《民法典》第772条)。(3)委托合同有无偿的和有偿的两类,承揽合同均为有偿。(4)委托合同因人格信赖关系较强而于当事人一方死亡时大多归于终止(《民法典》第934条);承揽合同因人格信赖关系较弱基本上不会随着当事人一方的死亡而终止,除非承揽人的个人技能成为合同的要素。④

（四）委托合同与委托背书

委托背书是持票人以委托取款的目的所为的背书,取款不失为为他人处理事务,具有委托的性质。不过,委托合同和委托背书仍有不同:(1)民法上的委托合同属于多方法律行为;票据法上的委托背书,属于背书的一种,系单独法律行为。(2)委托合同引发委托人和受托人之间的对内关系;委托背书系以取款为目的,必须对外,等于代理权的授予。(3)委托合同场合,受托人应自己处理事务,原则上不允许"转委托";委托背书场合,背书人可以同一目的再为背书,次背书人亦然,所以委托背书可以为"转委托"。⑤

第二节　委托合同的效力

一、受托人的义务与责任

（一）事务处理权

所谓事务处理权,是指受托人可以处理委托人的事务的权限。该项事务处理权来自委托人的授权,或特别的授权,或概括的授权(《民法典》第920条)。受托人享有该权,处理事务才不违法,否则,就是不法干涉他人事务。

事务处理权和代理权之间的关系,见解不同。处理权说认为两者各自独立,事务处理权

---

① 〔德〕迪特尔·梅迪库斯:《德国债法分论》,杜景林、卢谌译,法律出版社2007年版,第286页。
② 〔日〕星野英一:《日本民法概论Ⅳ·契约》,姚荣涛译,刘玉中校订,五南图书出版有限公司1998年版,第217页。
③ 刘春堂:《民法债编各论》(中),三民书局2007年版,第145—146页;崔建远主编:《合同法》(第5版),王轶执笔,法律出版社2010年版,第509页。
④ 参见刘春堂:《民法债编各论》(中),三民书局2007年版,第146页。
⑤ 同上书,第146—147页。

专指受托人处理委托人的事务的权限,不包含受托人以代理人的身份与相对人实施代理行为的权限。受托人若实施代理行为,需要委托人另外授予代理权。① 代理权说主张事务处理权即为代理权。② 处理权兼含代理权说认为,在委托合同和授予代理权一并实施时,处理权兼指内部处理权和对外代理权,但在仅仅委托处理事务而不授予代理权时,处理权仅指内部处理权。③ 鉴于委托合同必须授予处理权,受托人才能处理委托事务,但不一定授予代理权,仅于委托事务为法律行为的处理,且欲以委托人的名义进行,使所生法律效果直接归于委托人时,才必须授予代理权;加之处理权的授予为内部关系,代理权的授予为外部关系,两者的概念不同,处理权和代理权为各自独立之权,理由更充分。④ 当然,在实务上,委托人时常同时授予处理权和代理权,二权处于浑然不分的状态。⑤

(二) 依委托人的指示处理委托事务的义务

1. 义务的法律依据

在委托合同中,受托人的基本义务是依委托人的指示处理委托事务(《民法典》第922条正文)。有学说称之为遵守指示义务。

2. 指示的含义和类型

所谓指示,是指委托人就事务处理的方法、形式、时间、地点或过程等,对于受托人所为的表示。其性质为意思通知,而非意思表示。委托人的指示分为命令性指示、指导性指示和任意性指示三种。对于命令性指示,受托人有绝对遵守的义务,不得依其判断和决定加以变更。对于指导性指示,受托人原则上亦应遵守,但在关系变化或发出指示时真相未明而俟后需要对指示加以变更时,受托人得酌情予以变更。对于任意性指示,受托人享有独立裁量的权利,对受托的事务处理得因势而定。⑥

3. 指示的变更

《民法典》第922条后段规定了两种受托人可以变更委托人指示的情形:(1) 委托人同意受托人变更其指示。这可看成委托人变更其授权,亦可视为双方变更了委托合同,且符合理性人对其事务的处理最有发言权的理念,法律没有禁止的理由。此类变更指示及其条件,适用于命令性指示、指导性指示和任意性指示。(2) 受托人在处理委托事务时,情事发生了订立委托合同时没有预料到的变化,且情况紧急,受托人难以和委托人取得联系的,可以变更委托人的指示,妥善处理委托事务。任意性指示因其性质决定,变更不必符合上述条件,至于命令性指示和委托人指示,则有不同意见。一种观点认为,受托人有绝对遵守命令性指示的义务,绝对不得予以变更,因而即便具备了上述条件,受托人也不得变更命令性指示。⑦ 相反的意见则主张,法律关于受托人变更委托人的指示及所需要的条件的规定,是为保护委托人的利益而设,性质上也是受托人的义务;而事务处理应否变更,非委托人事先所能完全

---

① 梅仲协:《民法要义》,台湾1963年自版,第299页;郑玉波:《民法债编各论》(下册)(第6版),三民书局1981年版,第426页。
② 戴修瓒:《民法债编各论》(下),三民书局1964年版,第11页。
③ 史尚宽:《债法各论》(第5版),荣泰印书馆股份有限公司1981年版,第364页。
④ 刘春堂:《民法债编各论》(中),三民书局2007年版,第154—155页。
⑤ 邱聪智:《新订债法各论》(中),姚志明校订,中国人民大学出版社2006年版,第150页。
⑥ 同上书,第160页;刘春堂:《民法债编各论》(中),三民书局2007年版,第158页;崔建远主编:《合同法》(第5版),王轶执笔,法律出版社2010年版,第510页。
⑦ 史尚宽:《债法各论》(第5版),荣泰印书馆股份有限公司1981年版,第370页;郑玉波:《民法债编各论》(下册)(第6版),三民书局1981年版,第431页。

预见,亦非其尽可抑制,其必要与否,并不因指导性命令或命令性指示而有差异。加之,变更指示的条件相当严格,如限于"情况紧急""难以和委托人取得联系"的场合,赋予受托人在具备条件时变更命令性指示的权利,同时课以"妥善处理委托事务"的义务,无流弊可言,因此,法律关于变更指示及所需条件的规定对命令性指示和指导性指示均有适用的余地。①

4. 妥善处理事务的义务

即使"情况紧急""难以和委托人取得联系",受托人变更委托人的指示处理事务,也需要"妥善"(《民法典》第922条后段),不得漫不经心。

5. 报告义务

鉴于委托人对其事务如何处理可能有自己的考虑甚至偏好,受托人即使以理性人的理念及标准处理委托事务,也不见得符合委托人的要求,而受托人在情况紧急时变更委托人的指示,恰恰是依理性人的理念及标准推断委托人遇有此类情况也会如此变更的,《民法典》要求受托人在变更指示后,应当将该情况及时报告委托人(第922条后段、第924条)。

6. 损害赔偿责任

受托人变更委托人的指示不当或怠于将变更指示的情况报告委托人,给委托人造成损失的,受托人应负赔偿责任。但须注意,委托合同若为无偿,受托人仅在故意或重大过失的情况下才负赔偿责任(《合同法》第929条、第922条)。

(三) 亲自处理委托事务的义务

《民法典》第923条前段规定受托人应亲自处理委托事务。所谓亲自处理,是指受托人独立负责执行事务,自主决定并掌控处理事务的必要方法、过程或措施,至于为处理事务所进行的个别具体事项或行为,则可使用履行辅助人(如助理或受雇人)实施。② 法律之所以如此要求,是因为委托人信赖受托人有能力、责任心强地代其处理委托事务,未必信赖或未必愿意另外之人承担此项工作;受托人擅自转委托第三人代为处理委托事务,可能给委托人带来不利。

(四) 使第三人代为委托事务(转委托)

1. 概述

所谓使第三人代为处理委托事务,是指受托人将其受托处理事务的全部或一部,与第三人成立委托或其他关系(如承揽或好意施惠关系),使第三人代替受托人独立负责执行事务,自主决定并掌控执行事务的必要方法、过程或措施的现象。鉴于受托人未必是处理委托事务的最佳人选,或虽为理想人选但情况紧急难以亲自处理事务,固守亲自处理的信条反倒有违委托人的利益,法律应当允许受托人在一定条件下转委托。

所谓转委托,又称复委托,是指经委托人同意,受托人将委托事务的部分或全部转由第三人处理,法律后果仍归委托人承受的现象。转委托场合,除少数情况以外,通常均为受托人和第三人成立委托合同,约定第三人处理事务的范围等事项,合同标的必须是处理委托事务。于此场合,受托人和委托人之间的委托合同关系,一般称为原委托;相对于原委托,受托人和第三人之间的委托合同关系,一般称作转委托,或复委托。这里的第三人叫作次受托人。

---

① 邱聪智:《新订债法各论》(中),姚志明校订,中国人民大学出版社2006年版,第161页;刘春堂:《民法债编各论》(中),三民书局2007年版,第159页。

② 刘春堂:《民法债编各论》(中),三民书局2007年版,第160页。

需要注意，转委托关系中，受托人并未脱离原委托合同关系，其事务处理权也没有转让给次受托人，换个角度说，次受托人没有成为原委托合同关系的受托人。

《民法典》贯彻了上述精神，于第923条中段规定："转委托经同意或者追认的，委托人可以就委托事务直接指示转委托的第三人，受托人仅就第三人的选任及其对第三人的指示承担责任。"于第923条后段规定："转委托未经同意或者追认的，受托人应当对转委托的第三人的行为承担责任；但是，在紧急情况下受托人为了维护委托人的利益需要转委托第三人的除外。"这承认了两种转委托，兹分析如下。

2. 经委托人同意的转委托

经委托人同意，受托人可以转委托。这里的同意，包括允许（事前同意）和承认（事后同意），为单独行为，由委托人向受托人以意思表示为之，明示或默示，在委托合同成立时表示或其后表示，均无不可。

经委托人同意的转委托场合，法律效果如下：(1) 在受托人和委托人之间的法律关系方面，双方的权利义务原则上不变，即原委托合同关系不受转委托合同关系的影响。当然，也可以说也有增加的内容——受托人对次受托人的选任及指示承担责任（《民法典》第923条中段）。这里的承担责任，是指受托人选择次受托人不当、对次受托人发布指示有误，给委托人造成损失的，应当承担损害赔偿责任。如果受托人对次受托人的选任及指示没有过失，次受托人处理委托事务致使委托人受到损害的，委托人只能请求次受托人承担责任，无权请求受托人负责。当然，受托人须就次受托人的选任或所为指示无过错负举证责任。还有，受托人对次受托人的选任及指示承担责任，是以次受托人应对委托人承担侵权责任等民事责任为前提的，次受托人对委托人若无责任，如次受托人处理委托事务时纠正了受托人的不当指示，受托人即便选任次受托人失当或所为指示有误，也不向委托人实际承担责任。(2) 在委托人和次受托人之间的关系方面，双方原则上不直接发生关系，但委托人可以就委托事务直接向次受托人发布指示（《民法典》第923条中段）。至于次受托人处理委托事务的结果，委托人有无直接请求权，次受托人就其处理委托事务所支出的费用、所遭受的损失等能否直接请求委托人负责，《民法典》未设明文，需要探讨。有学说认为，委托人对于次受托人关于委托事务的履行有直接请求权，其理由在于，若固守顺序，使委托人向受托人请求，再由受托人向次受托人请求，辗转曲折，耗时费力，并无实际益处，为谋便利而资保护委托人，故使委托人对于次受托人有直接请求履行关于委托事务之权，而直接发生法律关系。① 该直接请求权的适用对象，为委托事务本身之履行，固属无疑，但是否及于不履行的损害赔偿责任，解释上不无争议。纯就逻辑而言，似以否定说为当，惟为求委托人利益之周延，则以肯定说为宜。② 其道理充分，值得中国民法及其理论借鉴。关于次受托人就其处理委托事务所支出的费用、所遭受的损失等能否直接请求委托人负责，回答是否定的，因为直接请求权系赋予委托人的特殊权利，委托人并不因之与次受托人发生其他法律关系，更不因之成立委托合同。如此，次受托人对委托人并无任何直接的权利，而且，对委托人的请求，亦不得以受托人（次委托人）的事由拒绝给付。③ 这同样值得中国民法及其理论借鉴。

---

① 刘春堂：《民法债编各论》(中)，三民书局2007年版，第165页。
② 史尚宽：《债法各论》(第5版)，荣泰印书馆股份有限公司1981年版，第372—373页；邱聪智：《新订债法各论》(中)，姚志明校订，中国人民大学出版社2006年版，第165页。
③ 邱聪智：《新订债法各论》(中)，姚志明校订，中国人民大学出版社2006年版，第165页；刘春堂：《民法债编各论》(中)，三民书局2007年版，第165页。

委托人直接请求权创设的结果,在事务处理请求的债的关系上,发生同一事务的履行(同一给付),委托人既可对次受托人为全部的请求,受托人亦可对次受托人为全部的请求,遂形成一种类似连带债权的关系,委托人和受托人成为次受托人的连带债权人,于是次受托人可向其中任何一人为全部给付。[1] 但须注意,连带债权通常有内部分享关系,可委托人和受托人对于次受托人的连带债权,则无内部分享关系可言。[2]

3. 紧急情况下成立的转委托

虽然未经委托人同意,但情况紧急,受托人为了委托人的利益亦可转委托(《民法典》第923条后段)。所谓紧急情况,有立法例及其学说称之为不得已的事由,是指受托人亲自处理委托事务受到阻碍,委托人将会因该委托事务处理的中断而受损害,且时机急迫,来不及或无法通知委托人的情况。[3] 例如,受托人突然患重病、应征入伍、职务变动而迁移他地等,致使无法亲自处理委托事务。至于受托人事务繁忙,则非此处所说的紧急情况。[4] 这种转委托,与委托人同意的转委托应当发生相同的法律效果。

4. 违法的转委托

既无紧急情况发生,也未经委托人同意,受托人擅自成立转委托的,受托人对次受托人的行为承担责任(《民法典》第923条后段)。对此,应细化为如下几点:

受托人和次受托人之间存在着委托合同的,该合同有效。受托人处于委托人的地位,有权对次受托人请求处理事务,也就是说,法律关于委托合同的规定完全适用于受托人和次受托人之间的合同关系。[5]

受托人和委托人之间的关系是,受托人违反了亲自处理委托事务的义务,构成违约行为,委托人有权解除他和受托人之间的委托合同。一旦解除,次受托人即不得再行处理委托事务。但在解除之前,委托人无权阻止次受托人处理事务。[6]

受托人对次受托人的行为,有代负责任的义务。这里所说的代负责任,解释上不论受托人有无过失,只要次受托人应负责任(通常为侵权责任),受托人亦应负同一责任。受托人的责任,宜解释为违约责任。至于二者之间的竞合关系,宜解释为不真正连带债务,受托人因代负责任而赔偿委托人的,可请求委托人让与其对于次受托人的损害赔偿。[7]

(五) 报告义务

受托人应当按照委托人的要求,随时或定期报告委托事务的处理情况。委托事务终了或委托合同终止时,受托人应当将处理委托事务的始末经过和处理结果报告给委托人(《民法典》第924条),并提交必要的证明文件,如各种账目、收支计算情况等。法律之所以给受托人施加这种义务,是为了委托人得以稽查或接收,方便其主张或行使有关委托合同的各种

---

[1] 郑玉波:《民法债编各论》(下册)(第6版),三民书局1981年版,第434页;邱聪智:《新订债法各论》(中),姚志明校订,中国人民大学出版社2006年版,第165—166页;刘春堂:《民法债编各论》(中),三民书局2007年版,第166页。
[2] 邱聪智:《新订债法各论》(中),姚志明校订,中国人民大学出版社2006年版,第166页。
[3] 崔建远主编:《合同法》(第5版),王轶执笔,法律出版社2007年版,第510页。
[4] 邱聪智:《新订债法各论》(中),姚志明校订,中国人民大学出版社2006年版,第163页;刘春堂:《民法债编各论》(中),三民书局2007年版,第161页。
[5] 邱聪智:《新订债法各论》(中),姚志明校订,中国人民大学出版社2006年版,第164页;刘春堂:《民法债编各论》(中),三民书局2007年版,第162页。
[6] 同上。
[7] 邱聪智:《新订债法各论》(中),姚志明校订,中国人民大学出版社2006年版,第164页;刘春堂:《民法债编各论》(中),三民书局2007年版,第164页。

权利。①

在委托事务的处理过程中,如果委托人要求受托人履行报告义务,告知事务处理的状况,受托人应当报告。委托人没有要求他汇报,但有报告的必要时,如事务处理有障碍、情事已经变更等,受托人亦应随时汇报。因受托人怠于报告所致损害,委托人有权请求其赔偿。受托人此项义务的具体内容一般不是由法律直接规定,而是由当事人约定。受托人作有关汇报,不以有委托人的请求为前提,事务终了的报告尤其如此。②

(六) 财产转交义务

受托人因处理委托事务所取得的财产,应当转交给委托人(《民法典》第 927 条)。这里的财产,包括金钱、物品(包括不动产和动产)及其孳息(包括天然孳息和法定孳息)、权利(包括物权、其他支配性权利、基于此类权利产生的损害赔偿请求权,不包括债权)等。

1. 物的交还

金钱、物品及其孳息,不论受托人是以委托人名义取得的,还是以自己名义取得的,也不论是受托人在处理事务过程中直接取得的,抑或系由第三人交付或移转取得的,受托人均应将其交还给委托人。

交还的时间,《民法典》未设明文,应依如下规则确定:(1) 当事人有约定的,依其约定;(2) 法律有规定的,依其规定;(3) 无约定和规定,恰至委托合同终止的,合同终止的时间点即为交还的时间;(4) 除此而外,交还物的义务均属于未定期限的债务,应按照《民法典》第 511 条第 4 项的规定,委托人可以随时请求受托人交还,但须给受托人必要的准备时间。

交还的时间届满,受托人仍未交还的,构成迟延,应负违约责任。

受托人擅自使用应予交还的物品、金钱,所获得利益应按照不当得利规则返还给委托人。

2. 权利的移转

受托人享有代理权的,其代理行为的效力直接及于委托人,事务处理过程中取得的有关权利直接归属于委托人,不存在受托人移转权利于委托人的问题。

在委托人没有将代理权授予受托人的情况下,受托人处理委托事务过程中取得的物权和其他支配性权利,以及基于这些权利产生的损害赔偿请求权,需要移转给委托人。此类权利的移转,除同时涉及当事人地位移转及债务承担的以外,无需得到该权利的他方同意,一经受托人将它们移转于委托人,就发生效力,委托人可以依法行使此类权利(委托人仍不因之成为合同当事人,仍不得根据合同而为请求)。委托人受让此类权利移转之前,不得基于此类权利向他方主张。不过,此类权利的他方相对人,可以其对抗受托人的事由,对抗委托人。至于受托人就其已经以自己名义取得的权利,因可归责于自己的事由而怠于移转给委托人或不能移转给委托人的,应承担违约责任。还有,受托人在将此类权利移转给委托人之前,怠于行使该权利的,或怠于从他方取得此类权利并移转给委托人的,应解释为委托人有权代位行使此类权利。③

---

① 刘春堂:《民法债编各论》(中),三民书局 2007 年版,第 167 页。
② 崔建远主编:《合同法》(第 5 版),王轶执笔,法律出版社 2010 年版,第 511 页。
③ 参见王泽鉴:《委任人得否代位行使受任人以自己名义为委任人取得之权利》,载《法学丛刊》1988 年第 3 期(第 33 卷);詹森林:《受任人移转权利之义务与委任人之代位权》,载詹森林:《民事法理与判决研究》,台湾 1998 年自版,第 151 页以下;邱聪智:《新订债法各论》(中),姚志明校订,中国人民大学出版社 2006 年版,第 168—169 页;刘春堂:《民法债编各论》(中),三民书局 2007 年版,第 169—171 页。

(七) 受托人因过错致委托人以损害应负赔偿责任

在有偿的委托合同里，受托人处理事务有过错，致使委托人遭受损害，应负赔偿责任(《民法典》第 929 条第 1 款前段)。

在无偿的委托合同里，受托人仅就故意或重大过失而给委托人带来的损失负责任(《民法典》第 929 条第 1 款后段)。

(八) 受托人因越权所负的损害赔偿责任

受托人在处理委托事务时，有一定的权限范围。当受托人超越该权限而处理事务时，若给委托人造成损失，则不论有无过错，均应对委托人负损害赔偿责任(《民法典》第 929 条第 2 款)。

(九) 受托人的连带责任

在委托合同关系中，委托人委托两个或两个以上的受托人共同处理委托事务，若其中一个或数个受托人违反了受托人的义务，给委托人带来损失的，委托人可以向所有受托人或其中任何一个要求赔偿，即受托人为数个时，相互之间负连带责任(《民法典》第 932 条)。但如其中的一人或数人未与其他受托人协商而实施行为，损害了委托人利益的，无过错的受托人可以在承担连带责任后向实施行为的受托人行使追偿权。负连带责任的受托人必须是委托人所委托的共同处理委托事务的人，若委托人分别委托不同受托人处理不同事务，则各受托人就各自处理事务向委托人负责，并不发生负连带责任的问题。①

二、委托人的义务与责任

(一) 支付费用的义务

不论委托合同是否有偿，委托人都有可能负担支付费用的义务。委托人履行支付费用的义务有两种方式：一是预付费用，二是偿还费用。

1. 费用的预付

委托人应当向受托人预付处理委托事务的费用(《民法典》第 921 条前段)。委托人应预付费用的多少以及预付的时间、地点、方式等，应依据委托事务的性质和处理的具体情况而定。例如，处理事务所需的交通费、邮电费，因病就诊所需医药费，委托代理人为保护权利提起诉讼所需诉讼费等预付费用系为委托人利益而使用，与委托事务的处理并不成立对价关系，因此二者之间不存在适用同时履行抗辩权的问题。非经约定，受托人并无垫付费用的义务。因此如果经受托人请求，委托人不预付费用的，受托人因此不履行处理受托事务的义务，也不负履行迟延或拒绝履行的责任。同时，正因为预付费用是为了委托人的利益，所以，受托人并无申请法院强制委托人预付费用的权利。但在委托合同为有偿合同的场合，因委托人拒付费用以致影响受托人基于该合同的收益或给受托人造成损失时，受托人有权请求赔偿。②

2. 垫付费用的偿还

受托人并无为委托人垫付费用的义务，一旦垫付，有请求委托人偿还的权利，与此相应，委托人也就负有偿还费用的义务(《民法典》第 921 条后段)。委托人偿还的费用一般应限

---

① 参见崔建远主编：《合同法》(第 5 版)，王轶执笔，法律出版社 2010 年版，第 512 页。
② 参见邱聪智：《新订债法各论》(中)，姚志明校订，中国人民大学出版社 2006 年版，第 175—176 页；刘春堂：《民法债编各论》(中)，三民书局 2007 年版，第 177—178 页；崔建远主编：《合同法》(第 5 版)，王轶执笔，法律出版社 2010 年版，第 513 页。

于受托人为处理事务所支出的必要费用及其利息。所谓必要费用,是指处理受托事务不可缺少的费用,如交通费、住宿费、手续费等。当事人就必要费用的范围发生争议时,委托人应对其认为不必要的部分举证,以免使提前垫付费用的受托人处于不利地位,维系委托人和受托人之间利益的均衡。在确定必要费用的范围时,应充分考虑委托事务的性质、受托人的注意义务及支出费用的具体情况,实事求是地确定。在支付当时为必要的,即使其后为无必要,也为必要费用;相反,在支付当时为不必要的,即使其后为必要的,也不是必要费用。只要费用为必要,不论处理事务是否得到预期的效果,委托人均应如数偿还。委托人偿还费用时,应加付利息,利息从垫付之日起计算。双方关于利息有约定的从约定;没有约定的应以当时的法定存款利率计算。①

对于受托人在处理受托事务时所支出的有益费用,双方当事人没有约定或约定不明确时,应根据无因管理或不当得利的规定,向委托人请求偿还。②

(二) 支付报酬的义务

委托合同的当事人之间约定了报酬,或虽无约定但依习惯或委托的性质应当由委托人支付报酬的,于受托人完成委托事务时,委托人应当支付报酬,受托人享有给付报酬请求权。即使因不可归责于受托人以及委托人的事由,导致委托合同解除或委托事务不能完成的,委托人也应当向受托人支付相应的报酬。当然,当事人另有约定的,依其约定(《民法典》第928条)。

这里的习惯,一般指地方习惯。此处所说的委托的性质,例如委托律师事务所的律师进行诉讼,或委托会计师从事查账,性质上应为有偿,除非当事人有相反的约定。③

因可归责于受托人的事由而致委托合同解除或委托事务不能完成的,受托人无报酬请求权。若报酬是分期给付的,对于受托人债务不履行前已支付的报酬,受托人无需返还。报酬的数额,由双方当事人自行约定,无约定的,依《民法典》第510条、第511条的相关规定确定。报酬的标的,限于金钱,也可包括有价证券或其他给付,但当事人无约定的,应给付金钱报酬。④

对于支付报酬的时间,许多立法例及其学说大都采取"后付主义",即除当事人另有约定事先付报酬的外,非于委托关系终止及受托人明确报告始末后,受托人不得请求给付。因此,受托人不得以委托人未付报酬为由,就受托事务的处理行使同时履行抗辩权或先履行抗辩权。⑤

委托合同重在事务处理的本身,不以发生预期效果或已告成功为内容,所以,受托人只要将委托事务处理完毕,并明确报告始末后,就有权请求委托人给付报酬。委托人不得以事务处理未达预期效果为由拒付报酬。例如,委托人不得以诉讼败诉为由而拒付代理费,除非

---

① 邱聪智:《新订债法各论》(中),姚志明校订,中国人民大学出版社2006年版,第176—177页;刘春堂:《民法债编各论》(中),三民书局2007年版,第178—179页;崔建远主编:《合同法》(第5版),王轶执笔,法律出版社2010年版,第513页。
② 郭明瑞、王轶:《合同法新论·分则》,中国政法大学出版社1997年版,第309—310页。
③ 邱聪智:《新订债法各论》(中),姚志明校订,中国人民大学出版社2006年版,第180页;刘春堂:《民法债编各论》(中),三民书局2007年版,第182—183页。
④ 参见崔建远主编:《合同法》(第5版),王轶执笔,法律出版社2010年版,第514页。
⑤ 邱聪智:《新订债法各论》(中),姚志明校订,中国人民大学出版社2006年版,第180页;刘春堂:《民法债编各论》(中),三民书局2007年版,第183页;崔建远主编:《合同法》(第5版),王轶执笔,法律出版社2010年版,第514页。

当事人双方约定的是风险代理。①

（三）代偿债务

受托人因处理委托事务而对第三人负担必要债务的,在隐名代理中较为常见。例如,甲委托乙从丙处购买奔驰车 5 辆,买受人栏填写的是乙,对出卖人丙承担付清车款义务的为乙。于此场合,乙可请求甲代其向丙付清车款,因为甲是真正的买受人,如此处理可免去复杂的求偿程序。如果未经受托人请求委托人便主动向丙付清车款,更应允许,但应及时将清偿情况通知受托人,以免受托人非债清偿,增加成本。

（四）赔偿责任

1. 委托人应对其指示不当或其他过错致使受托人遭受的损失负责赔偿。其性质为典型的违约责任。

2. 受托人在处理事务的过程中,因不可归责于自己的事由受到损失的,委托人即使没有过错,也应负责赔偿（《民法典》第 930 条）。这里的所谓损失,包括财产损失和非财产损失,且不以处理事务之当时所发生,及缔结合同时所预见者为限。② 这种责任,连同无因管理中本人对管理人实施管理事务时所受损失的赔偿责任,都是基于利益衡量而特别设立的责任,不是通常意义的违约责任,因为不存在义务被违反的事实,委托人亦非行为人,受托人所受损失与委托人的行为之间也没有因果关系。

这种责任可有如下类型:受托人在事务处理过程中所受的损失系由第三人的加害行为造成的,固然可向该第三人请求赔偿,也可请求委托人负责赔偿。委托人而后有权向该第三人代位求偿。委托人的这种责任,在该第三人不明或其无资力或其无过失时,对于受托人特别有利。

3. 委托合同以当事人双方之间的信任关系为基础,强调受托人亲自处理委托事务,受托人原则上不得擅自转委托第三人,同理,委托人也不得擅自再委托第三人处理委托事务。否则,因此给受托人造成损失时,委托人必须承担赔偿责任。不仅如此,委托人委托第三人处理委托事务,即使经过了受托人的同意,对因此给受托人造成的损失仍须负责赔偿（《民法典》第 931 条）。这体现了对受托人的优惠保护。

第三节　隐名代理制度

一、概说

代理有显名代理与隐名代理之分。所谓显名代理,也叫直接代理,即代理人必须是以被代理人的名义为民事行为,而不能以自己的名义与第三人进行民事行为。所谓隐名代理,是指受托人以自己名义与相对人订立合同,在缔约时相对人知道受托人和委托人之间的代理关系的,合同直接约束委托人与相对人;在缔约时相对人不知道受托人与委托人之间的代理关系的,经委托人介入,合同约束委托人和受托人。隐名代理不等于间接代理。所谓间接代理,本为大陆法系的概念和制度,指虽为本人的计算(on the account of Principal,为了本人的利益并最终应将权益移转给本人)而以自己名义实施法律行为的代理。其典型形态是行纪,

---

① 邱聪智:《新订债法各论》(中),姚志明校订,中国人民大学出版社 2006 年版,第 180—181 页;刘春堂:《民法债编各论》(中),三民书局 2007 年版,第 183 页。

② 欧阳经宇:《民法债编各论》,汉林出版社 1977 年版,第 146 页。

这从其将间接代理径直称为行纪人（Kommissionär, Commissionaire）即可看出。① 当然，大陆法系上的间接代理还包括批发商、买卖中介人、代办货运等类型。

中国原有的民商立法及民法学说上，仅承认所谓直接代理制度，并不认同隐名代理。但外贸经营活动中，却长期存在外贸代理制度，该项制度中，作为代理人的外贸进出口公司，得以自己的名义，而非被代理人的名义进行代理行为，与直接代理明显不同。《合同法》的制定，即以这种类型的外贸代理为实践基础，又借鉴了《国际货物销售代理公约》第12条、第13条的规定，正式承认了隐名代理制度。《民法典》亦然。

但须注意，《国际货物销售代理公约》第12条、第13条虽然也注意到了大陆法系上的行纪等规则，但更多的是吸收了英美法上的"代理人代订合同时向第三人公开了代理关系但未公开本人的姓名""代理人在缔约时根本未公开有代理关系的代理"两种类型的代理规则。这使得主要借鉴了《国际货物销售代理公约》第12条、第13条而形成的中国《民法典》第925条、第926条规定的外贸代理虽然名曰间接代理，实则与行纪、批发商、买卖中介人、代办货运等形式的名副其实的间接代理距离较远，与英美法上的"代理人代订合同时向第三人公开了代理关系但未公开本人的姓名""代理人在缔约时根本未公开有代理关系的代理"两种类型的代理更近。在这种背景下，为了区别于行纪、批发商、买卖中介人、代办货运等形式的间接代理，本书把《民法典》第925条、第926条规定的外贸代理称作隐名代理。

二、委托人的自动介入

受托人以自己的名义，在委托人的授权范围内与第三人订立的合同，第三人在订立合同时知道受托人与委托人之间有隐名代理关系的，该合同直接约束委托人和第三人（《民法典》第925条正文）。此时，委托人即自动介入到受托人与第三人所订立的合同中，取代了受托人的合同地位。之所以如此，理由在于，(1) 从文义解释的角度考察，《民法典》第925条正文后段确认"该合同直接约束委托人和第三人"，并未使用"该合同也约束委托人和第三人"的表述，更未排除委托人承受隐名代理所生权利义务；相反，倒是旨在令委托人承受该权利义务，除非"有确切证据证明该合同只约束受托人和第三人"。(2) 这也是由代理制度的本质特征所决定的，即代理行为产生的权利义务最终由被代理人承受，而非由受托人/代理人（包括隐名代理人）承受。② 所谓在对合同进行解释时，针对具有多重含义的表述，有疑义时，应以最接近合同性质和合同标的的方式为之。……原则上应按合同类型进行解释。③ (3) 从体系解释的角度考察，委托人一旦依据《民法典》第926条的规定行使介入权，即取代受托人的合同地位。④ 在委托人自动介入场合，即适用《民法典》第925条规定时，亦应持同样的立场。⑤ (4) 从比较法的角度看，《国际货物销售代理公约》第12条规定："代理人于其权限范围内代理本人实施行为，而且第三人知道或理应知道代理人是以代理身份实施行为时，代理人的行为直接约束本人与第三人，但代理人实施该行为只对自己发生拘束力时（例

---

① 沈达明、冯大同、赵宏勋编：《国际商法》（上册），对外贸易出版社1982年版，第301页。
② 关于被代理人/委托人可以基于隐名代理合同直接取得买卖物所有权的详细阐释，请见崔建远：《论被代理人直接取得买卖物的所有权》，载《现代法学》2024年第2期。
③ 〔德〕维尔纳·弗卢梅：《法律行为论》，迟颖译，法律出版社2013年版，第368—369页。
④ 本书作者认为，应当有条件地限缩《民法典》第926条第1款关于"受托人因第三人的原因对委托人不履行义务"这项前置条件的适用范围，承认具有清偿能力的借名人甲于B房屋买卖合同订立伊始就有权介入合同关系。其详细阐释，请见崔建远：《论代理人直接取得买卖物的所有权》，载《现代法学》2024年第2期。
⑤ 崔建远主编：《合同法》（第5版），王轶执笔，法律出版社2010年版，第515页。

如所涉及的是行纪合同),不在此限。"英美法上有"代理人代订合同时向第三人公开了代理关系但未公开本人的姓名"的代理类型,于此场合,该合同仍认为是本人与第三人之间的合同,由本人而非代理人承受该合同项下的权利义务。①《民法典》第 925 条的设计借鉴了《国际货物销售代理公约》第 12 条的规定,以及英美法上的这种类型的代理,法律人解释《民法典》第 925 条的法律效力时有必要考虑英美法上的因素。

[论争]

"受托人地位保留说"则认为,即使第三人在订立合同时知道受托人与委托人之间有隐名代理关系的,并且该合同直接约束委托人和第三人,也没有理由将受托人排除于该间接代理合同关系之外,受托人依然要负担该隐名代理合同项下的债务。其理由有二:其一,《合同法》第 402 条的文义没有规定受托人不承担该隐名代理合同项下的义务;其二,从原对外经济贸易部于 1991 年颁行的《关于外贸代理制的暂行规定》第 11 条关于"因委托人不按委托协议履行其义务导致进出口合同不能履行、不能完全履行、迟延履行或履行不符合约定条件的,委托人应偿付受托人为其垫付的费用、税金及利息,支付约定的手续费和违约金,并承担受托人因此对外承担的一切责任"的规定,以及第 20 条关于"因外商不履行其合同义务导致进出口合同不能履行、不能完全履行、迟延履行或履行不符合约定条件的,受托人应按进出口合同及委托协议的有关规定及时对外索赔,或采取其他补救措施"的规定看,受托人应当承受外贸代理合同项下的权利义务。

本书作者赞同"受托人地位取代说",因为原对外经济贸易部出台的《关于外贸代理制的暂行规定》颁行于《合同法》制定之前,加之它为部门规章,位阶较低,其规定与《合同法》的规定相冲突的,自然不得适用。此其一。对《合同法》第 402 条规定的解释,"受托人地位取代说"的理由更为充分。此其二。此外,按照合同相对性原则,受托人以自己名义与第三人签订合同,应由他自己而非委托人承受该合同项下的权利义务。循此逻辑,若令受托人承受该合同项下的权利义务,《合同法》无需就此再设特别条文,依据合同法总则、典型的委托合同条文及其原理,就可十分容易地解决问题。但事实是,《合同法》特设第 402 条,正面规定受托人(外贸代理人/隐名代理人)所签"合同直接约束委托人和第三人",而未规定"受托人承受合同项下的权利义务",显然是不符合合同相对性原则的。也正因为《合同法》于隐名代理(外贸代理)领域不想遵循合同相对性原则,而是运用代理制度,让委托人承受受托人所签合同项下的权利义务,才有必要特设第 402 条的规定。该项结论的可取性,从《合同法》第 402 条的但书仅仅是"但有确切证据证明该合同只约束受托人和第三人的除外",而未言明"不得与合同相对性原则相抵触",也可看出。简言之,《合同法》第 402 条的规定,属于代理制度的范畴,应尽可能地依代理制度及其原理予以解释,而不宜囿于合同相对性原则。所以,"受托人地位保留说"不合《合同法》第 402 条的立法计划和立法目的,不合法解释论的规则。此其三。

《民法典》第 925 条系承继《合同法》第 402 条而来,应依上述思路和观点来解释之。

如果有确切证据证明该合同只约束受托人和第三人的,不发生委托人的自动介入。

---

① 〔英〕《英国商法》,董安生等编译,法律出版社 1991 年版,第 194—195 页;沈达明、冯大同、赵宏勋编:《国际商法》(上册),对外贸易出版社 1982 年版,第 301 页。

委托人自动介入后,受托人在一般情况下即无需再承担任何合同义务。但合同另有约定或有特殊交易惯例时除外。

在委托人介入到受托人与第三人所订立的合同之后,受托人仍有权要求委托人按约定支付报酬。

三、委托人的介入权

当受托人因第三人的原因对委托人不履行义务时,受托人应当向委托人披露第三人,委托人因此可以行使受托人对第三人的权利。这就是委托人的介入权。此权利在性质上为形成权。

如果第三人知道该委托人,就不会与受托人订立合同的,不产生委托人的介入权。

委托人的介入权与委托人的自动介入不同,其区别体现在[1]:(1)介入权的发生以自动介入的不发生为前提;(2)自动介入以第三人知道受托人与委托人之间的隐名代理关系为适用前提;介入权则以受托人因第三人的原因对委托人不履行合同义务为前提;(3)介入权须经由委托人权利的行使;自动介入则不存在权利的行使问题,系当然发生;(4)介入权产生的阻却事由为:一旦第三人于订立合同时知道该委托人就不会与受托人订立合同;自动介入的阻却事由为:有确切证据证明该合同只约束受托人和第三人。

在委托人行使介入权,从而得以行使受托人对第三人的权利时,第三人可以向其主张对受托人的抗辩。

四、第三人的选择权[2]

代理制度的核心是委托人与第三人的关系。《民法典》为衡平委托人与第三人之间的利益,在承认了委托人的介入权的同时,也承认了第三人的选择权。

当受托人因委托人的原因对第三人不履行义务时,受托人应当向第三人披露委托人,第三人因此可以选择受托人或者委托人作为相对人主张其权利。此即为第三人的选择权。第三人一旦行使了选择权,即无权变更选定的相对人。

在第三人选择向委托人主张权利时,委托人可以向第三人主张其对受托人的抗辩以及受托人对第三人的抗辩。

五、受托人的披露义务

在受托人与第三人订立合同时,第三人不知道受托人与委托人之间的隐名代理关系的情况下,当受托人因第三人的原因不履行合同义务时,受托人应负担披露义务,向委托人披露第三人,从而使委托人得以行使介入权,对第三人主张受托人的权利。此其一。在受托人因委托人的原因对第三人不履行合同义务时,为便利第三人选择权的行使,受托人也应负担披露义务,向第三人披露委托人。此其二。

---

[1] 崔建远主编:《合同法》(第5版),王轶执笔,法律出版社2010年版,第516页。
[2] 这部分内容来自同上书,第517页。

第四节 委托合同的终止

一、委托合同因解除而终止

（一）概述

委托合同可因当事人一方行使解除权或双方协商一致而终止。当事人协商一致解除委托合同的，适用《民法典》第562条第1款的规定。当事人一方行使解除权，终止委托合同的，需要具备解除权产生的条件，还需有解除权的实际行使。解除权产生的条件，例如，委托事务处理完毕，委托合同履行已不可能，任何一方违约达到了《民法典》第563条第1款第2项以下所要求的程度，合同约定的解除条件成就，等等。这些解除权产生的条件，有的一目了然，有的在本书有关章节讨论，此处不赘。需要特别研讨的是任意解除权。

（二）任意解除权

在委托合同中，当事人双方均享有任意解除权，可任意解除合同。该权存在的理由在于，委托合同以当事人之间的信任关系为前提，而信任关系具有一定的主观任意性，在当事人对对方当事人的信任有所动摇时，就应不问有无确凿的理由，均允许其随时解除合同。否则，即使勉强维持双方之间的关系，也必然招致不良后果，影响委托合同订立目的的实现。① 因此，《民法典》第933条规定了任意解除权。

[探讨]

需要注意，《合同法》第410条的规定在实务中暴露出了问题，当事人一方为了私利而恶意"解除"合同，已经不止一例两例。例如，委托事务接近完成，甚至于受托人为履行委托事务而专门设立了公司，从事委托合同约定的业务，受托人即将据此而取得可观的合同利益，恰在此时，委托人援用该条规定而主张解除合同，有的以其解除存在着不可归责于己的事由作为根据，拒绝承担损害赔偿责任；有的虽然寻觅不出不可归责于己的事由，从而得承担损害赔偿责任，但因赔偿范围受到因果关系等因素的制约，赔偿数额远远低于委托合同继续有效并实际履行给受托人带来的利益。② 有鉴于此，《民法典》第933条修正了《合同法》第410条的规定。

二、委托合同的当然终止

（一）概述

委托合同可以不经当事人行使解除权或协商一致而当然终止。属于此类终止的原因，例如，委托合同约定的合同存续期限届满，所附解除条件成就。本书有关章节对此亦有交代，此处不赘。这里重点讨论的是，当事人一方死亡、丧失行为能力或破产，导致委托合同当然终止。

---

① 邱聪智：《新订债法各论》（中），姚志明校订，中国人民大学出版社2006年版，第182页；刘春堂：《民法债编各论》（中），三民书局2007年版，第187页；郭明瑞、王轶：《合同法新论·分则》，中国政法大学出版社1997年版，第314页。
② 详细论述，见崔建远、龙俊：《委托合同的任意解除权及其限制——"上海盘起诉盘起工业案"判决的评释》，载《法学研究》2008年第6期。

（二）委托人死亡、终止或受托人死亡、丧失行为能力或终止，导致委托合同当然终止

《民法典》第934条正文规定，委托人死亡、终止或受托人死亡、丧失行为能力或终止时，委托合同当然终止，无需经过当事人行使解除权。

死亡，包括自然人的自然死亡和宣告死亡。无论委托人死亡还是受托人死亡，或二者同时死亡，委托合同均归终止，没有继承问题，事务处理权和事务处理义务，都不得作为继承的标的。至于当事人为法人时，则其解散视同自然人死亡，不必等待清算完结，委托合同即告终止。因为法人如经解散，其人格信赖基础即告动摇或破坏，且清算中的法人的人格存续仅在清算的必要范围内有其意义。①

在委托人、受托人为法人、非法人组织的情况下，其终止就是民事主体资格不复存在，委托合同应当终止。作为法人终止原因之一的法人破产，其信用丧失，当事人之间的信用关系或信用基础因而动摇或破坏，委托合同不宜存续。②

丧失行为能力，是指完全丧失行为能力。丧失者为委托人时，则其委托受托人处理的事务应归其法定代理人处理，一般地说，无需再由受托人为之；丧失行为能力人为受托人时，其本身的事务尚需其法定代理人处理，自顾不暇，难以再为他人处理事务。所以，委托合同不宜存续。

因受托人可以为限制行为能力人，故当事人一方成为限制行为能力人时，委托合同不妨继续存在；至于委托人成为限制行为能力人，更不影响委托合同的存续。③

（三）委托合同当然终止的例外

委托合同因当事人一方死亡、丧失行为能力或破产而当然终止，不利于保护当事人的合法权益时，需要矫正。《民法典》设有例外，于第934条但书规定，双方当事人另有约定，或依委托事务的性质不宜终止的，委托合同不因当事人一方死亡、丧失行为能力或破产而当然终止。

所谓双方当事人另有约定，例如约定委托人死亡时，由其继承人继承事务处理权，承受委托合同引发的法律后果，或委托人丧失行为能力时，由其监护人承受委托合同项下的权利义务。只要委托人基于委托合同所享有的权利和所负担的义务不具有较强的人身性，法律应承认此类约定有效。

所谓依委托事务的性质不宜终止，例如，受托代收租金3年，约定抵偿受托人对委托人的债权场合，只要尚未收到3年的租金，即使委托人或受托人死亡、破产或丧失行为能力，委托合同也不因此终止。④

受托人死亡、丧失行为能力或被宣告破产、解散，致使委托合同终止的，受托人的继承人、遗产管理人、法定代理人或清算组织应当及时通知委托人（《民法典》第936条前段）。

三、受托人继续处理事务的义务

《民法典》第935条规定，当委托人死亡或被宣告破产、解散之后，在委托人的继承人、遗

---

① 史尚宽：《债法各论》（第5版），荣泰印书馆股份有限公司1981年版，第389页；郑玉波：《民法债编各论》（下册）（第6版），三民书局1981年版，第451页；邱聪智：《新订债法各论》（中），姚志明校订，中国人民大学出版社2006年版，第184页；刘春堂：《民法债编各论》（中），三民书局2007年版，第192页。
② 刘春堂：《民法债编各论》（中），三民书局2008年版，第192—193页。
③ 郑玉波：《民法债编各论》（下册）（第6版），三民书局1981年版，第450—451页。
④ 同上书，第451页；邱聪智：《新订债法各论》（中），姚志明校订，中国人民大学出版社2006年版，第186页；刘春堂：《民法债编各论》（中），三民书局2007年版，第194页。

产管理人或清算人承受委托事务之前,受托人有继续处理受托事务的义务。

该继续处理事务义务的成立需要具备如下要件:(1)须委托人死亡或被宣告破产、清算;(2)须委托人的继承人、遗产管理人或清算人尚未承受委托事务;(3)须受托人不继续处理事务就有害于委托人。

关于继续处理事务义务的性质,有委托合同延长说和无因管理说之别。前说认为,受托人既然有继续处理事务的义务,也得享有委托合同项下的权利,所以,他与委托人方面之间的关系,为委托合同的延长。于是,委托合同为有偿合同的,受托人仍有报酬请求权。后说主张,此时委托合同关系已经消灭,受托人继续处理事务属于无因管理,只能请求委托人偿还费用,而不得请求报酬。由于受托人方面的继续处理事务的义务为法律上的义务,并非无义务而管理他人的事务,所以,委托合同延长说更为可取。[①]

继续处理事务的始期,应当是委托人死亡或被宣告破产、解散之时,终期为委托人的继承人、遗产管理人或清算人承受委托事务之时,期限短暂。

四、受托人的继承人、法定代理人或清算组织在委托关系终止时采取必要措施的义务

受托人死亡、丧失行为能力或被宣告破产、解散,致使委托合同终止,将损害委托人利益的,在委托人作出善后处理之前,受托人的继承人、遗产管理人或清算人应当采取必要措施(《民法典》第936条后段)。对于所谓"必要措施"应作广义理解,既包括消极的保存行为,也包括对委托事务的积极处理行为。

[①] 史尚宽:《债法各论》(第5版),荣泰印书馆股份有限公司1981年版,第391页;郑玉波:《民法债编各论》(下册)(第6版),三民书局1981年版,第455页;邱聪智:《新订债法各论》(中),姚志明校订,中国人民大学出版社2006年版,第187页;刘春堂:《民法债编各论》(中),三民书局2007年版,第197页。

第二十九章

物业服务合同

第一节 物业服务合同概述

一、物业服务合同的界定

物业服务合同是物业服务人在物业服务区域内,为业主提供建筑物及其附属设施的维修养护、环境卫生和相关秩序的管理维护等物业服务,业主支付物业费的合同(《民法典》第937条第1款)。物业服务人包括物业服务企业和其他管理人(《民法典》第937条第2款)。

二、物业服务合同的法律性质

1. 服务类合同

物业服务合同的标的是物业服务人向业主提供有关服务。专就提供服务而言,它与技术咨询、技术服务、美容美发、住宿、餐饮等合同属于一个大的类别。这决定了它在债务履行的形态、权利义务的确定和违约与否的判断上不同于买卖等合同。

2. 特殊的委托合同

物业服务合同是物业服务人受全体业主(实际操作多为业主委员会出面,下同)的委托而提供服务的合同,系基于社会发展及法律调整特殊化的需要而从传统的委托合同中分化出来的合同。由此决定,在《民法典》及单行法关于物业服务合同的规定有漏洞时应当适用《民法典》关于委托合同的规定。

3. 特殊的承揽合同

物业服务合同系物业服务人根据全体业主的要求而完成物业服务工作的合同,这与传统的承揽合同相似。但物业服务合同更加关涉社会秩序、社会稳定,"承揽"业务系综合性的,包括建筑物及其附属设施的维修养护、环境卫生和相关秩序的管理维护等物业服务(《民法典》第937条第1款),如同建设工程施工合同从传统的承揽合同中分化出来一样,它被设计为独立于承揽合同的合同,使法律调整更加到位和准确。

4. 继续性合同

物业服务合同关系的权利义务随着时间的推移而发生变化,这符合继续性合同的特质。

5. 诺成合同、有偿合同、双务合同、要式合同

物业服务合同不以交付特定之物为合同的成立要件,故其为诺成合同。服务人员提供物业服务是有对价的,故其为有偿合同。物业服务人既享有权利又负担义务,全体业主也一

样,故其为双务合同。《民法典》规定物业服务合同应当采用书面形式,故其为要式合同。

三、物业服务合同的分类

(一) 前期物业服务合同与普通物业服务合同

物业服务合同以物业服务提供的所在阶段、委托人的不同,可以分为前期物业服务合同和普通物业服务合同。前者是指在物业销售前,由建设单位与其选聘的物业服务人签订的合同(《民法典》第939条),后者是指在建设单位销售并交付的物业达到一定数量时,依法成立业主委员会,由业主委员会或业主与新物业服务人订立的物业服务合同(《民法典》第940条等条款)。

由于接受物业服务的是全体业主,全体业主作为委托人更符合其意志,也更能使合同内容贴近业主的需求,这决定了全体业主应有权废止建设单位与物业服务企业订立的前期物业服务合同。《民法典》规定:前期物业服务合同在业主委员会与物业服务企业签订的物业服务合同生效时终止。前期物业服务合同约定的服务期限届满前,业主委员会或者业主与新物业服务人订立的物业服务合同生效的,前期物业服务合同终止(第940条)。

(二) 居住性物业服务合同与经营性物业服务合同

物业服务合同以所提供物业服务的性质和种类的不同,可以分为居住性物业服务合同和经营性物业服务合同。前者是指物业服务的内容属于业主居住需要方面的物业服务合同。后者是指物业服务的内容属于商场、餐饮甚至生产等经营性方面的物业服务合同。

(三) 定期物业服务合同与不定期物业服务合同

如果物业服务合同具有确切的存续期限,则此类合同为定期物业服务合同。如果物业服务合同未约定明确的存续期限,则此类合同为不定期物业服务合同。这种分类的重要意义在于,前者场合无任意解除权,而后者场合存在任意解除权(《民法典》第948条第2款等)。

第二节　物业服务合同的效力

一、物业服务人的义务

(一) 依约、依法提供物业服务

物业服务人应为业主提供建筑物及其附属设施的维修养护、环境卫生和相关秩序的管理维护等物业服务(《民法典》第937条第1款);应当按照约定和物业的使用性质,妥善维修、养护、清洁、绿化和经营管理物业服务区域内的业主共有部分,维护物业服务区域内的基本秩序,采取合理措施保护业主的人身、财产安全(《民法典》第942条第1款);对物业服务区域内违反有关治安、环保、消防等法律法规的行为,物业服务人应当及时采取合理措施制止(《民法典》第942条第2款)。

(二) 报告义务

物业服务人应当定期将服务的事项、负责人员、质量要求、收费项目、收费标准、履行情况,以及维修资金使用情况、业主共有部分的经营与收益情况等以合理方式向业主公开并向业主大会、业主委员会报告(《民法典》第943条)。此其一。对物业服务区域内违反有关治安、环保、消防等法律法规的行为,物业服务人应当及时向有关行政主管部门报告并协助处理(《民法典》第942条第2款)。此其二。

(三) 遵循城市规划的义务

物业管理区域内按照规划建设的公共建筑和共用设施,不得改变用途。物业服务企业确需改变公共建筑和共用设施用途的,应当提请业主大会讨论决定同意后,由业主依法办理有关手续(《物业管理条例》第49条)。此其一。物业服务企业不得擅自占用、挖掘物业管理区域内的道路、场地,损害业主的共同利益。物业服务企业确需临时占用、挖掘道路、场地的,应当征得业主委员会的同意。物业服务企业应当将临时占用、挖掘的道路、场地,在约定期限内恢复原状(《物业管理条例》第50条)。此其二。未经业主大会同意,物业服务企业不得改变物业管理用房的用途(《物业管理条例》第37条后段)。此其三。

(四) 尊重本属业主的资金的义务

因业主共有财产取得的收入,归属于业主共有。如果物业服务人先为收取、保管,则应适时移交业主委员会。此其一。专项维修资金属于业主所有,专项用于物业保修期满后物业共用部位、共用设施设备的维修和更新、改造,不得挪作他用(《物业管理条例》第53条第2款)。此其二。

(五) 移交、交接义务

物业服务合同终止时,原物业服务人应当将物业服务用房和下述资料交还给业主委员会:竣工总平面图,单体建筑、结构、设备竣工图,配套设施、地下管网工程竣工图等竣工验收资料;设施设备的安装、使用和维护保养等技术资料;物业质量保修文件和物业使用说明文件;物业管理所必需的其他资料(《民法典》第949条第1款,《物业管理条例》第29条、第38条第1款)。物业服务合同终止时,业主大会选聘了新的物业服务企业的,物业服务人之间应当做好交接工作(《物业管理条例》第38条第2款)。

(六) 亲自管理物业的义务

物业服务人不得将物业服务区域内的全部物业服务转委托给第三人(《民法典》第941条第2款,《物业管理条例》第39条但书)。

(七) 通知义务

物业服务期限届满前,物业服务人不同意续聘的,应当在合同期限届满前90日书面通知业主或业主委员会,除非合同对通知期限另有约定(《民法典》第947条第2款)。此其一。物业服务人可以解除不定期物业服务合同,但是应当提前60日书面通知对方(《民法典》第948条第2款)。此其二。

(八) 合同期满后的必要服务

物业服务期限届满后,业主没有依法作出续聘或另聘物业服务人的决定的,物业服务人继续提供物业服务(《民法典》第948条第1款)。此其一。物业服务合同终止后,在业主或业主大会选聘的新物业服务人或决定自行管理的业主接管之前,原物业服务人应当继续处理物业服务事项(《民法典》第950条)。该项义务属于后合同义务。此其二。

(九) 承担民事责任的义务

物业服务企业未能履行物业服务合同的约定,导致业主人身、财产安全受到损害的,应当依法承担相应的法律责任(《物业管理条例》第35条第2款)。

二、物业服务人的权利

(一) 收取物业费的权利

物业服务人收取物业费系其最主要的权利(《民法典》第937条第1款、第944条第2

款、第950条)。

(二)部分专项服务项目转委托权

物业服务人将物业服务区域内的部分专项服务事项委托给专业性服务组织或者其他第三人的,应当就该部分专项服务事项向业主负责(《民法典》第941条第1款)。

(三)有关设施、资料的移交请求权

基于物业服务的需要,物业服务人有权依约、依法请求业主委员会、业主移交有关设施(如物业服务用房)、有关资料(竣工总平面图,单体建筑、结构、设备竣工图,配套设施、地下管网工程竣工图等竣工验收资料;设施设备的安装、使用和维护保养等技术资料;物业质量保修文件和物业使用说明文件;物业管理所必需的其他资料)(《民法典》第949条第1款之反面推论,《物业管理条例》第29条第1款、第36条)。

(四)请求业主委员会、业主采取安保措施的权利

物业必需的安保措施,物业服务人有权依约、依法请求业主委员会、业主及时实施(《物业管理条例》第7条第1款第2项、第20条、第46条第1款)。

(五)续聘请求权

物业服务期限届满前,物业服务人有权请求业主委员会、业主续签物业服务合同(《民法典》第947条第1款等)。

(六)解除权

物业服务人有权随时解除不定期物业服务合同,但是应当提前60日书面通知对方(《民法典》第948条第2款)。

(七)损害赔偿请求权

业主、业主委员会违反物业服务合同的约定,如擅自解除合同、违反服务费交纳义务、侵占物业服务人的财产等,物业服务人有权获得赔偿(《民法典》第944条第2款、第946条第2款等)。

三、业主、业主委员会的权利

(一)请求物业服务人提供物业服务的权利

依约、依法请求物业服务人提供物业服务,这是业主、业主委员会最为主要的权利(《民法典》第937条等)。

(二)终止前期物业服务合同的权利

前期物业服务合同非业主、业主委员会所订立,不见得有利于业主、业主委员会,故法律赋权业主委员会或业主与新物业服务人订立物业服务合同,终止前期物业服务合同(《民法典》第940条)。

(三)禁止物业服务人转委托全部物业服务的权利

业主、业主委员会禁止物业服务人将其应当提供的全部物业服务转委托给第三人,或者将全部物业服务支解后分别转委托给第三人(《民法典》第941条第2款)。

(四)有关物业服务状况的知情权

业主大会、业主委员会有权依约、依法了解物业服务人提供物业服务的情形(《民法典》第943条)。

(五)解除权

在不定期物业服务合同的场合,业主委员会有权代业主随时主张解除物业服务合同

(《民法典》第948条第2款)。在定期物业服务合同的场合,在物业服务人违约时,业主委员会有权代业主依约、依法请求解除物业服务合同(《民法典》第946条第1款)。

(六) 损害赔偿请求权

物业服务人违约、侵权时,业主、业主委员会有权请求其承担损害赔偿责任(《物业管理条例》第35条第2款等)。

(七) 有关设施、资料交还请求权

在物业服务合同终止时,业主委员会有权依约代业主请求物业服务人交还有关设施、资料(《民法典》第949条)。

四、业主、业主委员会的义务

(一) 交纳服务费的义务

向物业服务人及时、如数交纳服务费,这是业主、业主委员会最为主要的义务。并且,物业服务人已经按照约定和有关规定提供服务的,业主不得以未接受或者无需接受相关物业服务为由拒绝支付物业费(《民法典》第937条第1款、第944条第1款)。

(二) 受前期物业服务合同约束的义务

在物业服务合同订立之前,建设单位依法与物业服务人订立的前期物业服务合同,以及业主委员会与业主大会依法选聘的物业服务人订立的物业服务合同,对业主具有法律约束力(《民法典》第939条)。

(三) 接受物业服务人依约、依法要求的义务

物业服务人提供物业服务,适当限制业主、业主委员会的有关行为,如设施安全、环境清洁、垃圾分类等,业主、业主委员会都有义务遵守。

(四) 提供必要协助的义务

物业服务所需的设施、资料等,业主委员会有义务代业主、业主大会提供给物业服务人(《物业管理条例》第36条第2款等)。

(五) 相关情况告知义务

物业服务所必需的有关信息,如业主转让、出租物业专有部分、设立居住权或依法改变共有部分用途等,业主有义务将之及时告知物业服务人(《民法典》第945条第2款等)。

第三节 物业服务合同的终止

物业服务合同可因期满、解除等事由而终止。合同终止后,各方当事人有义务恢复原状,如交还有关设施、资料等(《民法典》第949条等)。

第三十章

行 纪 合 同

第一节 行纪合同概述

一、行纪合同的界定与沿革

民法上所称的行纪,有双重含义,一是指行纪业,一是指行纪合同。所谓行纪,中国向来称作牙行,也有叫作经纪行或委托行的,是指以自己的名义为他人的利益考虑,为动产的买卖或其他商业上的交易,而接受报酬的营业。称行纪者,必为一种营业,行纪业,假如不是一种营业,不算行纪,只能适用关于委托合同的规定。所谓行纪合同,是指一方根据他方的委托,以自己的名义为他方从事贸易活动,并收取报酬的合同。其中以自己名义为他方从事贸易活动的人,为行纪人;委托行纪人从事贸易活动并支付报酬的人,为委托人(《民法典》第951条)。

行纪制度,在罗马法时代尚未产生,罗马法上所谓行纪契约,只是委托的一种,而非后来真正意义上的行纪合同。行纪合同是随着信托业务的发展,出现了独立从事行纪业务的行纪组织而产生的。在欧洲中世纪,由于国际贸易的兴起,出现了专门从事受他人的委托办理商品购入、贩卖或其他交易事务并收取一定佣金的经纪人,行纪制度已较为发达。因为当时商人委派代理人前往国外经营商业时,代理人往往滥用其信用,使商人处于遭受损害的危险状态中。而且不管业务的繁简,商人都需要委派代理人,费用太高,因而行纪制度就有了蓬勃发展的可能。现代各国大都有关于行纪合同的规定。当然,在对行纪合同的认识上略有不同,如《瑞士债务关系法》认为承揽运送合同是行纪合同的一种,而法国和德国商法典则认为承揽运送合同和行纪合同是两种不同的合同类型。[①]

在中国,自汉代以来就已出现经营行纪业务的行栈,或称牙行。在民国时期的民法典中曾设专章对行纪加以规定。中华人民共和国成立后,国家为稳定市场,活跃物资交流,便利人民生活,曾相继在许多城市成立了国营信托公司和贸易货栈,经营行纪业务。但很快行纪业就日趋衰微,一些行纪组织被撤销。直至改革开放以后,行纪业才又兴盛起来,时至今日,已成规模。然而,在中国20世纪80年代所颁布实施的三个合同法中并无关于行纪合同的规定,因而行纪合同也只能作为一种无名合同存在。法律规定的欠缺使行纪业在现实生活中缺乏必要的法律指引和规范,从而使行纪业在中国的发展受到了一定局限。为改变这种

---

① 崔建远主编:《合同法》(第5版),王轶执笔,法律出版社2010年版,第518页。

局面,《民法典》在分则部分设专章对行纪合同加以规定,使行纪人和委托人都有法可循,有章可依。①

二、行纪合同的法律性质

(一) 行纪合同主体的限定性

在中国,行纪合同的委托人可以是自然人,也可以是法人或非法人组织,并无太多限制。但行纪人只能是经批准经营行纪业务的法人、自然人或非法人组织,未经法定手续批准或核准经营行纪业务的法人、自然人或非法人组织不得经营行纪业务,不能成为行纪合同的行纪人。这表明行纪人的主体资格要受到限制。

行纪业的类别繁多,行纪人和他人就动产交易的委托而成立的合同,是否尽为行纪合同,不宜一概而论。虽为行纪业,但与他人订立的合同属于营业范围之外的动产交易,应定位在委托合同,而非行纪合同。例如,委托珠宝业出售汽车,就不以行纪论。②

(二) 行纪人以自己的名义为委托人从事贸易活动

行纪人在为委托人从事贸易活动时,须以自己的名义。行纪人在与第三人实施法律行为时,自己即为行为主体,由该法律行为所产生的权利、义务均直接由行纪人自己承受(《民法典》第958条第1款)。委托人并非该法律行为的当事人,就该法律行为既不享有权利,又不负担义务。如此,行纪人为委托人所购买的物品,或取得的价金,其所有权先由行纪人取得,再移转给委托人。

由此决定,行纪人无披露委托人是谁的义务,相对人无请求行纪人告知委托人为谁的权利,行纪人也不得任意告知相对人为谁。如其任意告知,致委托人以损害的,成立违约责任。③

(三) 行纪人为委托人的利益从事贸易活动

行纪合同的行纪人虽与第三人直接发生法律关系,且直接承受该法律关系中的权利、义务,但是,从终极的意义上讲,这些法律后果要转归委托人承受。因此,在行纪人与第三人为法律行为时,应充分考虑到委托人的利益,并将其结果转归委托人。

(四) 行纪合同的标的是行纪人为委托人成立一定的法律行为

行纪合同中行纪人为委托人从事贸易活动,与第三人为法律行为,或为买卖,或为租赁,或为保险,等等。该法律行为的成立并实施是委托人与行纪人订立行纪合同的目的所在。

尽管如此,行纪人和相对人订立的买卖等合同,与行纪人和委托人成立的行纪合同,仍为各自独立的合同,应当分别适用相应的法律规定。从而,行纪人和委托人之间的行纪合同是否存在着瑕疵,对于行纪人和相对人之间成立的买卖等法律行为,不发生影响。另一方面,行纪人和相对人之间成立的买卖等法律行为,是否有效,有无因欺诈、胁迫或重大误解等因素,应就行纪人和相对人决定之,委托人的情事不必加以考虑。不过,行纪人所订立的具体的买卖等合同,若是按照委托人的指示所为,则委托人的恶意应视为行纪人的恶意。④

---

① 崔建远主编:《合同法》(第5版),王轶执笔,法律出版社2010年版,第518页。
② 邱聪智:《新订债法各论》(中),姚志明校订,中国人民大学出版社2006年版,第243—244页;刘春堂:《民法债编各论》(中),三民书局2007年版,第274页。
③ 同上。
④ 刘春堂:《民法债编各论》(中),三民书局2007年版,第278—279页。

（五）行纪合同是双务、有偿合同、诺成合同和不要式合同

行纪人负有为委托人买卖或从事贸易活动的义务，而委托人负有给付报酬的义务，双方当事人的义务相互对应；同时，行纪人完成所从事贸易活动须收取报酬，为有偿服务而非无偿奉献，双方当事人之间的利益关系为对价关系，故行纪合同为双务、有偿的合同。行纪合同只需双方当事人之间的意思表示一致即告成立，无需一方当事人义务的实际履行，也无需具备特别的形式，因而为诺成、不要式的合同。①

三、行纪合同与相关法律制度的关系

（一）行纪合同与英美法的信托制度

英美法的信托制度，源于英国中世纪的用益物权制度。其所称信托实质上是一种管理财产的法律关系。在此项关系中，一人拥有财产所有权，同时负有为另一方利益使用该财产的义务，该财产称信托财产。成立信托有财产授予人（信托人）、受托人和信托受益人三方主体。

行纪合同与英美法的信托制度的区别在于：(1) 前者为单一的合同关系，后者为复合的财产管理的法律关系。(2) 前者有行纪人与委托人双方当事人；后者有信托人、受托人和信托受益人三方当事人。(3) 前者中不以财产交付为成立要件，而且通过办理业务所获得的财产首先归于行纪人名下，再移转归委托人享有；后者以财产交付给受托人为成立要件，且取得财产所生利益的是受益人而非财产授予人。(4) 二者的法律责任不同。违反行纪合同，应承担违约责任；而在英美法的信托制度中则有完全不同于合同责任的信托责任。②

（二）行纪合同与委托合同

行纪合同与委托合同的区别在于：(1) 前者中所指的事务是特定的，仅限于买卖等贸易活动，一般为法律行为；而后者中所指的事务既可以有法律行为，也可以是事实行为。(2) 前者中，行纪人只能以自己名义进行活动，行纪人与第三人之间所为的法律行为并不能直接对委托人发生效力；而委托合同的受托人处理委托事务，可以自己的名义，也可以委托人的名义，所以受托人与第三人间订立的合同有时可对委托人直接发生效力。(3) 前者为有偿合同；后者则或为无偿，或为有偿。③

行纪合同和委托合同尽管存在着上述不同，但二者均以当事人双方的相互信任为前提，都是提供服务的合同，委托人都委托他人处理一定事务等，因此，许多国家和地区的立法例都明确规定：行纪合同未作规定的，适用委托合同的有关规定。中国《合同法》（第 423 条）、《民法典》（第 960 条）亦然。

如何理解《合同法》第 423 条、《民法典》第 960 条所谓"本章没有规定的，参照适用委托合同的有关规定"？本书作者认为，不宜笼统地断言行纪合同适用《合同法》第 402 条和第 403 条的规定。

(1) 行纪合同在本质上至少须有两个法律关系并且有所连接，才会将第三人履行行纪合同的结果转归委托人，不会是委托人直接向该第三人主张行纪合同项下的权利，除非法律另有规定或当事人另有约定。如果承认行纪合同的这种质的规定性，那么，由于《合同法》第 402 条规定的是委托人直接承受受托人与第三人所签合同项下的权利义务，没有"将第三人

---

① 刘春堂：《民法债编各论》（中），三民书局 2007 年版，第 277—278 页；崔建远主编：《合同法》（第 5 版），王轶执笔，法律出版社 2010 年版，第 519 页。

② 王家福等：《合同法》，中国社会科学出版社 1986 年版，第 301 页。

③ 崔建远主编：《合同法》（第 5 版），王轶执笔，法律出版社 2007 年版，第 520 页。

履行行纪合同的结果转归委托人"这种迂回曲折的程序和法律关系的连接,换言之,《合同法》第402条天然地不合于行纪合同,因而它不应适用于行纪合同。

(2)《合同法》第403条的规定可否适用于行纪合同,取决于如何界定和把握行纪合同。第一种思路是按照《中华人民共和国合同法(草案)》关于行纪合同的设计,第二种路径是遵从公认的行纪合同的本质属性及规格。按照第一种思路,《合同法》第403条的规定适用于行纪合同,因为它在《中华人民共和国合同法(草案)》中本属于"行纪合同"一章中的内容,是行纪合同的有机组成部分,《合同法》把它移入"委托合同"一章,行纪合同中欠缺了相应的条文,所以行纪合同应当适用该条规定。尽管如此,但本书作者仍然赞同第二种路径,因为《中华人民共和国合同法(草案)》设计的行纪合同,不是依据行纪合同的本质属性和规格设置所有的条文,而是为了满足当时的对外贸易经济合作部关于合同法务必规定外贸代理的强烈、迫切的要求,参与《中华人民共和国合同法(草案)》研讨的专家、学者经过多次的、激烈的辩论,最后达成妥协:《合同法》应该规定外贸代理,但设计的方案不得违反委托合同与代理权授与相区分的原则,不得破坏《民法通则》创设的代理制度及其精神,结论和实施方案是,在"行纪合同"一章规定外贸代理,并充分借鉴《国际货物销售代理公约》第12条和第13条的规定及其精神,借鉴英美法上的未指出本人姓名、未公开代理关系两种类型的代理及其精神。如此,于"行纪合同"一章出现了行纪人的披露义务、委托人的介入权、第三人的选择权,而这些内容在大陆法系上的行纪合同制度中是没有的。时至今日,如果仍需逻辑地界分包括委托、行纪、货物运输等合同之间的界限,则不宜根本性地改变行纪合同的质的规定性及规格,至于外贸代理之类的实际需要,采取其他方案解决问题。

(3)后来成为《合同法》第402条、第403条、第421条类似的规定,在《中华人民共和国合同法(草案)》之中都是并列的,显示出后来成为《合同法》第421条的规定在《中华人民共和国合同法(草案)》之中时为"一般规则",后来成为《合同法》第402条、第403条的规定在《中华人民共和国合同法(草案)》之中时为"例外规定",即这些条文之间的关系为"一般规则"与"例外规定"之间的关系;而非呈现"一般法"与"特别法"的关系。对此,以1998年9月4日面向全国人民征求意见的《中华人民共和国合同法(草案)》的设计为例加以说明。该草案第422条规定:"行纪人与第三人订立合同的,行纪人对该合同直接享有权利、承担义务。第三人不履行义务致使委托人受到损害的,行纪人应当承担损害赔偿责任。当事人另有约定的,按照其约定。"第423条规定:"行纪人与第三人订立合同时,第三人知道委托人的,委托人可以介入行纪人与第三人订立的合同,以自己的名义对该合同直接享有权利、承担义务,但行纪人与第三人另有约定的除外。"第424条规定:"行纪人与第三人订立的合同,第三人知道委托人的,可以选择委托人或者行纪人作为该合同的相对人,但行纪人与第三人另有约定的除外"(第1款)。"第三人依照前款规定选定相对人的,不得变更"(第2款)。第425条规定:"行纪人和委托人共同与第三人订立合同,第三人知道其委托关系的,应当由委托人对该合同享有权利、承担义务,但当事人另有约定的除外。第三人不知道其委托关系的,应当由行纪人和委托人共同对该合同享有权利、承担义务。"上述草案第422条最终演化成《合同法》第421条的规定:"行纪人与第三人订立合同的,行纪人对该合同直接享有权利、承担义务。"上述草案第423条和第425条前段经过改造最终演化成《合同法》第402条的规定:"受托人以自己的名义,在委托人的授权范围内与第三人订立的合同,第三人在订立合同时知道受托人与委托人之间的代理关系的,该合同直接约束委托人和第三人,但有确切证据证明该合同只约束受托人和第三人的除外。"上述草案第424条经过改造最终演化成《合同法》第403条之一部:"受托人以自己的名义与第三人订立合同时,第三人不知道受托人与委托人之间的代理关系的,受托人因第三人的原因对委托人不履行义务,受托人应当向委托人披露第三人,委托人因此可以行使受托人对第三人的权利,但第三人与受托人订立合同时如果知道该委托人就不会订立合同的除外";"受托人因委托人的原因对第三人不履行义务,受托人应当向第三人披露委托人,第三人因此可以选择受托人或者委托人作为相对人主张其权利,但第三人不得变更选定的相对人"。该项结论告诉我们,适用《合同法》,不得用《合同法》第402条、第403条的规定完全取代,更不得否定第421条的规定,第421条作为行纪合同项下法律后果及其由谁承受的"一般规则",第402条、第403条作为第421条的"例外规定"而适用。

（4）以上结论的妥当性具有如下理由的支持:大陆法系承认的行纪合同,仍以合同的相对性为其原则,基本上属于行纪人与委托人之间的关系,而非委托人与第三人之间的关系。即便是一般合同类型所没有的行纪人的介入权,也仍为、其实更是行纪人与委托人之间的关系。与此不同,《合同法》第402条和第403条的规范内容,突破了委托合同的相对性,更多的是关于第三人与委托人之间的权利义务,就是说,委托代理的意味浓厚。在严格区分委托合同与代理权授与的法制上,委托合同与直接代理分属于两项不同的法律制度,不许混淆。行纪合同作为委托合同的一种特殊形式,自然应当奉行严格区分行纪合同与直接代理权授与的原则,行纪合同与直接代理也应分属于两项不同的法律制度。如果这是正确的,那么,假如允许行纪合同适用《合同法》第402条、第403条的规定,就混淆了委托合同与直接代理,混淆了行纪合同与直接代理,意味着允许突破了合同相对性原则的直接代理重新插入遵循合同相对性原则的行纪合同领域,来横冲直撞,搞乱合同秩序。

《民法典》第925条、第926条系承继《合同法》第402条、第403条而来,对《民法典》第960条的解释应与以上所述相同。

（三）行纪合同与承揽合同

这两种合同都属于一方当事人为另一方当事人处理一定事务的合同。但在承揽合同中,承揽人只是完成一定工作并交付成果,承揽人完成一定工作的行为的性质是事实行为而非法律行为;而在行纪合同,行纪行为属于法律行为,并且是动产和有价证券买卖等商事行为。[①]

（四）行纪合同与直接代理、隐名代理

行纪合同与直接代理都是发生于三方当事人之间的关系,并且都为他人活动,这是两者的相似之处。但在行纪合同中,行纪人以自己名义活动,其与第三人订立的合同,直接对自己发生效力,委托人并无直接权利、义务关系;而在直接代理中,代理人以被代理人名义活动,其与第三人订立的合同,由被代理人直接承受权利、义务关系,自己却不能承受。

行纪合同与隐名代理(《民法典》第925条、第926条规定的代理)的区别体现在:(1) 行纪人与第三人之间订立的合同,行纪人对该合同直接享有权利、承担义务;隐名代理制度中,代理人与第三人订立的合同,有时可以直接对被代理人产生合同效力,由被代理人即委托人享有权利、承担义务。(2) 行纪合同关系中,第三人不履行义务致使委托人受到损害的,除非有特约,由行纪人承担损害赔偿责任;隐名代理制度中,类似情形,经由隐名代理人即受托人披露义务的履行,被代理人即委托人有介入权,可基于介入权的行使,直接要求第三人承担损害赔偿责任,突破了合同的相对性原则。(3) 在行纪合同关系中,委托人不履行义务致

---

① 郭明瑞、王轶:《合同法新论·分则》,中国政法大学出版社1997年版,第320页。

使第三人受到损害的,除非有特约,由行纪人对第三人承担损害赔偿责任;在隐名代理制度中,经由隐名代理中的受托人披露义务的履行,第三人有权选择被代理人,即委托人来主张损害的赔偿,也突破了合同的相对性原则。①

第二节　行纪合同的效力

一、行纪人的义务与介入权

(一) 直接履行义务

行纪人而非委托人是与相对人从事贸易活动的主体,是所成立的法律行为的当事人,直接取得该法律行为所产生的权利,负担该法律行为所产生的义务,并直接履行该义务(《民法典》第951条、第952条、第958条等)。所以,相对人向行纪人而非委托人履行该法律行为所生债务,相对人不履行该债务时,由行纪人而非委托人对该相对人主张权利;相应地,相对人也只能向行纪人而非委托人主张该法律行为所生的权利,请求行纪人对其不履行该法律行为所生债务的行为承担违约责任。还有,行纪人不得以其对委托人的债权,与其对相对人因该法律行为产生的债务,主张抵销;同理,相对人也不得以其对委托人的债权,与其对行纪人所负债务,主张抵销。②

需要讨论的是,因行纪人是为委托人的利益而从事贸易活动,而取得对相对人的债权,可否从经济上的实质层面,将该债权直接视为委托人的债权?《德国商法典》作了肯定的回答,于第392条规定:"本于行纪人所订立之交易所生之债权,委托人于受让与后,始得主张之。前项债权,虽未经让与,但于委托人与行纪人间及委托人与行纪人之债权人间之关系,视为委托人之债权。"这种超越形式逻辑而注重便捷、经济的设计,虽不乏反对的意见,主要是出于交易安全的考虑,行纪人于破产时该债权仍应被纳入破产财产中③,但仍可作为一种模式④。

还需注意的有,行纪人在相对人不履行基于贸易活动而产生的债务时,应否对委托人承担强制履行的责任或不履行的责任?意见不一。《民法典》基本上持肯定的态度,于第958条第2款规定:"第三人不履行义务致使委托人受到损害的,行纪人应当承担赔偿责任,但是行纪人与委托人另有约定的除外。"

(二) 负担行纪费用的义务

行纪费用,是指行纪人在处理委托事务时所支出的费用。在中国,行纪费用以行纪人负担为原则,但当事人另有约定的除外(《民法典》第952条)。之所以采用该原则,是因为在行纪业的实务中,双方当事人多把费用包含于报酬之内,不单独计算行纪费用。

---

① 崔建远主编:《合同法》(第5版),王轶执笔,法律出版社2010年版,第520页。
② 邱聪智:《新订债法各论》(中),姚志明校订,中国人民大学出版社2006年版,第249页;刘春堂:《民法债编各论》(中),三民书局2007年版,第280—281页。
③ 梅仲协:《民法要义》,台湾1963年自版,第313—314页;邱聪智:《新订债法各论》(中),姚志明校订,中国人民大学出版社2006年版,第250页;黄立:《民法债编各论》(下),元照出版公司2002年版,第188页。
④ 薛祀光:《民法债编各论》,正中书局1968年版,第223页;史尚宽:《债法各论》(第5版),荣泰印书馆股份有限公司1981年版,第461—462页;郑玉波:《民法债编各论》(下册)(第6版),三民书局1981年版,第506页;林诚二:《民法债编各论》(中),中国人民大学出版社2007年版,第230页;刘春堂:《民法债编各论》(中),三民书局2007年版,第281—282页。

对行纪费用的确定,有人认为,仅限于必要费用,也有人认为不应该仅限于必要费用,还应包括有益费用。本书同意后种观点。其中,寄存费、运送费等均属必要费用;代缴的税费,也为必要费用。其他为委托人的利益而支出的费用,应视为有益费用,例如改换包装费、保险费等。①

（三）妥善保管委托物的义务

行纪人占有委托物的,应当妥善保管委托物(《民法典》第953条)。行纪人为委托人利益的考虑而占有为其出售的委托物的,该物的所有权仍归委托人,行纪人负有保管义务,其性质与保管合同中的保管义务相同。反之,行纪人为委托人利益的考虑而为其购入之物,该物的所有权则归行纪人,法律规定行纪人对该物负保管义务,旨在体现为了委托人的利益,与债的一般原理(特定物之债,债务人就给付物负有为债权人保管的义务)相符。②

所谓妥善保管委托物,是指行纪合同为有偿合同的,行纪人应尽善良管理人的注意。当然,除非委托人另有指示,行纪人并无为保管的委托物办理保险的义务,因此,对于物的意外灭失,只要行纪人已尽到善良管理人的注意,可不负责任。若委托人已指示行纪人为保管委托物办理保险,行纪人却未予办理时,属于违反委托人的指示,行纪人应对此种情况下的保管物的毁损、灭失负损害赔偿责任。若委托人并未为投保的指示,但行纪人自动投保的,投保费用归为行纪费用。③

（四）合理处分委托物的义务

委托物交付给行纪人时有瑕疵或容易腐烂、变质的,经委托人同意,行纪人可以处分该物;和委托人不能及时取得联系的,行纪人可以合理处分(《民法典》第954条)。

处分委托物,仅指处分委出售之物,除非万不得已,不包括处分购入之物,以达到委托人签订行纪合同的目的。

这里所说的瑕疵,应与买卖合同、承揽合同中的物的瑕疵作同一解释。并且,该瑕疵应在委托物交付给行纪人时已经存在,假如此时不存在,而是其后才产生的,则属于行纪人承担违约责任的问题,而非此处合理处分委托物的范畴。④

所谓合理处分,主要是为了委托人的利益而处分,处分的时机要恰当,价格也要较为适当,等等。

行纪人违反对委托物的合理处分义务的,应承担违约责任,并赔偿给委托人造成的损害。

（五）价格遵守义务

为了委托人的利益考虑,行纪人应当遵从委托人的指示从事贸易活动,包括在价格上尽可能地按照委托人的指定确定。

1.《民法典》第955条第1款规定:"行纪人低于委托人指定的价格卖出或者高于委托人指定的价格买入的,应当经委托人同意;未经委托人同意,行纪人补偿其差额的,该买卖对委托人发生效力。"该款规定包含以下内容:（1）须有委托人所指定的价格。是否有价格的

---

① 欧阳经宇:《民法债编各论》,汉林出版社1977年版,第180页。
② 邱聪智:《新订债法各论》(中),姚志明校订,中国人民大学出版社2006年版,第252页;刘春堂:《民法债编各论》(中),三民书局2007年版,第288页。
③ 崔建远主编:《合同法》(第5版),王轶执笔,法律出版社2010年版,第521页。
④ 邱聪智:《新订债法各论》(中),姚志明校订,中国人民大学出版社2006年版,第253页;刘春堂:《民法债编各论》(中),三民书局2007年版,第290页。

指定,应依具体的情形来确定。必须有可以认为委托人表示的低于指定价格不卖出委托物或高于指定价格不买入委托物的事实,才能认为委托人指定了价格。委托人仅有希望性的指定,不能认为是此款中所谓"指定价格"。即此时的指示只能是训示性的,不得是严格性的和希望性的。(2)必须超越了指定价格而卖出或买入。对出卖委托物而言,"超越"是指实际卖出价格低于指定价格。对买进委托物而言,"超越"是指实际买入价格高于指定价格。(3)必须经委托人同意或行纪人同意补偿其差额。若行纪人以低于委托人的指定价格卖出或高于委托人的指定价格买进委托物,委托人事先或事后表示同意的,则该买卖自然对委托人发生效力;未经委托人同意,行纪人又未补偿其差额的,则该买卖对委托人不生效力,由行纪人承担相应的责任;虽未经委托人同意,但行纪人同意补偿其差额的,该买卖对委托人发生效力。①

2.《民法典》第955条第2款规定:"行纪人高于委托人指定的价格卖出或者低于委托人指定的价格买入的,可以按照约定增加报酬;没有约定或者约定不明确,依据本法第五百一十条的规定仍不能确定的,该利益属于委托人。"对此条款可从以下几个方面理解:(1)委托人指定了委托物的卖出价格或买进价格。这种指定,只能是训示性的指示。(2)行纪人以对委托人更有利的价格卖出或买入委托物。(3)行纪人可以按照约定增加报酬。如果行纪人和委托人约定的报酬是按委托物卖出或买进的价金的比例计算的,则行纪人因自己所为的有利于委托人的买卖而使自己增加的报酬数额就很容易计算出来。如果事先就增加报酬并无约定的,所增加的利益应归于委托人享有。

3.《民法典》第955条第3款规定:"委托人对价格有特别指示的,行纪人不得违背该指示卖出或者买入。"

(六)介入权

行纪人卖出或买入具有市场定价的商品,除委托人有相反的意思表示以外,行纪人自己可以作为买受人或出卖人(《民法典》第956条第1款)。行纪人的这种权利,叫作介入权,或称行纪人的自约权。

所谓介入,是指行纪人自己为出卖人或买受人,而不另与第三人成立买卖合同的现象。例如,委托人委托行纪人购买一辆奔驰车,行纪人未与第三人订立买卖合同,向其购买奔驰车,而是自己作为出卖人向自己购买。这形成了自己和自己订立买卖奔驰车的合同,与自己代理在外观上相似,但实质上有所不同。因为自己代理场合存在着双方当事人,而介入场合没有双方当事人。② 由于合同必须有双方当事人,行纪人行使介入权场合,应当解释为行纪人和委托人之间直接成立买卖奔驰车的合同,在该关系中,行纪人不再以行纪人的身份,而是以出卖人的身份,与委托人订立买卖奔驰车的合同。③ 该合同在成立方面具有特殊性,即行纪人行使介入权的结果,就在委托人和行纪人(实际上为出卖人)之间当然地成立了奔驰车买卖合同,并非经过了行纪人和委托人之间要约、承诺的程序。由此可见,介入权属于形

---

① 崔建远主编:《合同法》(第5版),王轶执笔,法律出版社2010年版,第522页。
② 刘春堂:《民法债编各论》(中),三民书局2007年版,第301—302页。
③ 史尚宽:《债法各论》(第5版),荣泰印书馆股份有限公司1981年版,第481页;郑玉波:《民法债编各论》(下册)(第6版),三民书局1981年版,第511页;邱聪智:《新订债法各论》(中),姚志明校订,中国人民大学出版社2006年版,第264页;林诚二:《民法债编各论》(中),中国人民大学出版社2007年版,第240页。

成权。①

介入权的成立,需要具备如下要件:(1) 委托出卖或买入的物品须为有市场定价的有价证券或其他商品。行纪人受托出租或承租的,可类推适用《民法典》第 956 条的规定。(2) 委托人未作出反对行纪人介入的意思表示。假如存在反对行纪人介入的意思表示,则不问系存在于行纪合同中,还是存在于其他合同中,抑或是委托人单独行为中;也不问明示还是默示。(3) 行纪人尚未实行委托的贸易活动,如果行纪人已经与第三人完成交易行为(如订立买卖合同),卖出或买入委托出卖或买入的物品,则因基于该交易行为所发生的权利义务,行纪人负有移转于委托人的义务,且其经济上的损益效果,已经归属于委托人,为防止权益冲突及纠纷,当无再行使介入权的道理和余地。②

介入权为形成权,其行使需要行纪人一方向委托人发出意思表示,明示或默示,均无不可。

介入权一经行使,在委托人和行纪人之间立即而直接地成立了买卖合同。该买卖合同适用《民法典》关于买卖的规定。此其一。于此场合,行纪合同并不消灭,因而,一方面,行纪人仍须妥善处理事务,另一方面,行纪人仍有权依据行纪合同关于报酬的约定,请求委托人付清报酬(《民法典》第 956 条第 2 款)。此其二。当然,报酬的给付时间应在买卖实行之后,换句话说,由行纪人所介入的买卖实行是委托人给付报酬的前提,因委托人方面的原因而使买卖合同不能履行的除外。此其三。报酬标准,未经委托人和行纪人协商,可按委托人指示行纪人为出卖或买入时的市场价格确定。委托人仅仅指示出卖或买入而未指示出卖或买入的特定时间时,应以介入权行使日的市场价格为准。此其四。

介入权不是在任何情况下都可行使,委托交易的标的物,性质上不得行使介入权的,如市场未定有市价的物品,行纪人强行行使介入权,则买卖合同无效;法律禁止介入权的,行纪人强行行使介入权,其结果亦然;当事人约定禁止行使介入权的,其结果同样如此。③

二、委托人的义务

(一) 支付报酬的义务

行纪人完成或部分完成委托事务的,委托人应当向其支付报酬(《民法典》第 959 条正文)。所谓报酬,系行纪人为行纪行为的对价,其数额应由双方当事人约定。习惯上行纪人的报酬,多以其所为交易的价额依一定的比率提取,这在证券交易中尤为常见。

一般认为,行纪行为的实行,为委托人支付报酬的条件。④ 行纪人仅仅与第三人订立了合同的,尚无权请求报酬。行纪人因其过失致使不能向委托人交付委托卖出物的价金或买进的物品的,丧失报酬请求权。如果行纪人和第三人间订立的合同因有瑕疵或其他法定原因,如受欺诈、胁迫、乘人之危等,而导致该合同被撤销的,相当于行纪人未履行行纪行为,自然不得请求报酬。但第三人违约且对其债务不履行予以了损害赔偿,或委托人同意用其他

---

① 戴修瓒:《民法债编各论》,三民书局 1964 年版,第 91 页;史尚宽:《债法各论》(第 5 版),荣泰印书馆股份有限公司 1981 年版,第 478 页;郑玉波:《民法债编各论》(下册)(第 6 版),三民书局 1981 年版,第 511—512 页;邱聪智:《新订债法各论》(中),姚志明校订,中国人民大学出版社 2006 年版,第 264 页;刘春堂:《民法债编各论》(中),三民书局 2007 年版,第 302 页。
② 史尚宽:《债法各论》(第 5 版),荣泰印书馆股份有限公司 1981 年版,第 481 页;刘春堂:《民法债编各论》(中),三民书局 2007 年版,第 300—301 页。
③ 邱聪智:《新订债法各论》(中),姚志明校订,中国人民大学出版社 2006 年版,第 265 页。
④ 史尚宽:《债法各论》(第 5 版),荣泰印书馆股份有限公司 1981 年版,第 499 页。

物替代履行的,产生履行后果,行纪人可将行纪行为的结果转交委托人,并得以请求报酬。[①]

行纪人因不可归责于自己的事由致使不能完成行纪行为的,如果已作了部分履行,且该部分履行相对于全部委托事务来说是可以独立存在的,则有权就委托事务完成的部分请求委托人支付报酬。若虽然仅完成了部分委托事务,但委托人的经济目的已完全达到的,行纪人有权请求全部报酬的支付。如果委托事务的不完成或不能全部完成,是委托人自己所造成的,行纪人仍得请求委托人支付报酬。[②] 行纪人和委托人对行纪报酬另有约定的,依其约定。

行纪人全部完成或部分完成委托事务,委托人应当支付报酬却逾期不支付的,行纪人享有留置委托物,并依照法律规定以委托物折价或从拍卖、变卖该财产所得的价款中优先受偿的权利,除非当事人另有约定(《民法典》第959条但书)。

(二) 及时受领的义务

行纪人按照行纪合同的约定为委托人买回委托物的,委托人应当及时受领。若经过行纪人催告,委托人无正当理由拒绝受领的,行纪人可以提存委托物(《民法典》第957条第1款、第570条)。仅就这点而论,委托人的受领义务属于不真正义务。

(三) 及时取回或处分的义务

委托物不能卖出或委托人撤回出卖时,委托人应该将委托出卖物取回或处分。若经行纪人催告后仍不取回或不处分的,行纪人有权就该委托出卖物提存(《民法典》第957条第2款)。

所谓取回,是指委托人受领委托物,使该物脱离行纪人占有的现象。这大多发生在行纪人不能卖出委托物的场合。至于委托人是否将该物携带回家,在所不问。所谓处分,包括事实上的处分和法律上的处分,所以,委托人将该物赠与他人或予以毁损,均无不可,但必须将之脱离行纪人的占有。[③]

所谓卖出,是指行纪人以出卖人的地位,以该委托出卖之物为标的物,与第三人订立买卖合同的现象。至于该物是否交付及移转所有权,则在所不问。所谓不能卖出,是指行纪人已经尽到了善良管理人的注意,努力推销该委托出卖物,但未能在约定的或依习惯可确定的期限内,与第三人订立买卖合同,将该物出卖的现象。至于不能卖出的原因,则在所不问。假如不能卖出是因行纪人未尽善良管理人的注意所致,行纪人不享有将该物提存的权利。[④]

所谓撤回出卖,是指委托人不再委托行纪人出卖该物的意思表示。其本质属于任意撤销。[⑤]

委托人取回或处分委托物,应当在合理的期间为之。合理与否,应视具体情况而定。

---

① 崔建远主编:《合同法》(第5版),王轶执笔,法律出版社2010年版,第523页。
② 同上。
③ 邱聪智:《新订债法各论》(中),姚志明校订,中国人民大学出版社2006年版,第260页。
④ 刘春堂:《民法债编各论》(中),三民书局2007年版,第298页。
⑤ 同上。

第三十一章

中介合同

第一节 中介合同概述

一、中介合同的界定

中介合同是中介人向委托人报告订立合同的机会或者提供订立合同的媒介服务,委托人支付报酬的合同(《民法典》第961条)。

需要注意,中介人与经济活动中的"经纪人"表面相似,但实质有别。所谓经纪人,有时是居间人,有时是行纪人,有时为代理人。观察《民法典》第961条至第965条的规定,可知其所谓中介合同实指居间合同,故本章以下所论仍以居间合同的思路及观点述之。

二、居间制度的沿革

居间合同的居间人是促进交易双方成交并从中取得报酬的中间人。居间是一种古老的商业现象,在古希腊时代即已出现。当时无论何人,都可以自由地从事居间活动。及至中世纪,居间人有所变化,非为居间人团体的成员,不得从事居间活动,于是居间便带有了公职的性质。其后居间活动都带有"官营性质",对于不经允许私自从事居间者,要处以严罚,加以禁止。德国旧商法也以居间人为一种官吏,其他为私居间人。但其新商法则采自由营业主义。其他国家如日本、比利时等国现大都采自由营业主义。[①]

中国古代,居间人被称为"互郎",是促进双方成交而从中取酬的中间人。在古汉语中,"互"写作"乐",后讹传为"牙",因此民间将居间人称为"牙行"或"牙纪"。民国时期民法对居间也采用自由营业主义。[②]

居间业务根据居间人所受委托内容的不同,可分为报告居间和媒介居间,前者指居间人仅为委托人报告订约机会的居间,后者指居间人作为委托人为订约媒介的居间。无论何种居间,居间人都只是居于交易双方当事人之间起介绍、协助作用的中间人。在大陆法系,采民商分立的国家,一般有以商法调整媒介居间、以民法调整报告居间的区分。中国为民商合一国家,《合同法》就媒介居间和报告居间一并调整。[③]《民法典》原则上承继了《合同法》的体例,只不过改称中介合同。

[①] 崔建远主编:《合同法》(第5版),王轶执笔,法律出版社2010年版,第525页。
[②] 同上。
[③] 同上。

三、中介合同的法律性质

（一）中介合同是一方当事人为他方报告订约机会或为订约媒介的合同

在中介合同中，中介人为委托人提供服务，这种服务表现为报告订约的机会或为订约的媒介。所谓报告订约机会，是指受委托人的委托，寻觅及提供可与委托人订立合同的相对人，从而为委托人订约提供机会。所谓为订约媒介，是指介绍双方当事人订立合同，中介人斡旋于双方当事人之间，促使双方达成交易。两相比较，在报告中介中，中介人的任务简单、相对较轻，仅为向委托人报告订约的机会，无需说合、协调委托人与其相对人达成交易；在媒介中介的场合，中介人的任务较重，需要说合、协调委托人与其相对人达成交易。

（二）中介合同为有偿合同

中介合同中的委托人需向中介人给付一定报酬，作为对中介人活动的报偿。中介人以收取报酬的中介活动为常业。

（三）中介合同为诺成合同和不要式合同

中介合同只要双方当事人意思表示一致就可成立，为诺成合同。其成立也不需采用特定的形式，故为不要式合同。

（四）中介合同的主体具有特殊性

中介活动有着二重性，它既可以促进交易，繁荣市场，有利于社会主义市场经济的发展，但如果处理不当，也可能会干扰正常经济秩序，造成社会经济秩序混乱，社会风气败坏。因而，法律应当对中介人的资格作出规定，只有具备从事中介活动条件的法人、自然人或其他组织才可以为中介人。可以考虑作如下规定：(1) 中介人须具有相应的知识、能力和从业条件，从事商事中介的须进行工商登记；(2) 规定机关法人、国家公务员等有特殊职权的人不得从事中介活动，以避免他们利用手中权力和社会关系，从中牟取暴利，严重危害社会经济秩序。[1]

四、中介合同与类似合同的辨析

（一）中介合同与委托合同

中介合同和委托合同存在着如下不同之点：(1) 中介限于报告缔约机会或提供缔约的媒介，其服务范围和劳务的提供受有限制，且不涉及法律行为；而委托则系为他人处理事务，至于处理事务的种类如何，民法未设限制，故可提供各种劳务，当然，基本上为法律行为。(2) 中介合同是有偿合同；委托合同可以是有偿合同，也可以是无偿合同。[2] (3) 中介人通常不参与委托人与第三人的关系，不对委托人与第三人关系的内容作出决定；而委托合同受托人则可以参与委托人与第三人的关系，可以对委托人与第三人关系的内容作出决定。(4) 中介人不能以委托人的名义从事中介活动，受托人可以委托人的名义处理委托事务。

中介合同与委托合同固然有所不同，但它们均系基于双方当事人的信任而成立的、提供服务的合同，中介人或受托人都是为了委托人的利益而办理事务，故《民法典》就中介合同无规定的事项，可以参照适用关于委托合同的规定（《民法典》第966条）。

---

[1] 郭明瑞、王轶：《合同法新论·分则》，中国政法大学出版社1997年版，第330—331页。
[2] 刘春堂：《民法债编各论》(中)，三民书局2007年版，第249—250页。

(二) 中介合同与行纪合同

中介合同和行纪合同的相同之处在于,二者均系基于双方当事人的信任而成立的、提供服务的合同,中介人或行纪人都是为了委托人的利益而办理事务,二者均属有偿合同。它们也有如下不同点:(1) 中介人提供的服务仅限于提供缔约机会或提供缔约的媒介,且不涉及法律行为;而行纪人可以为委托人从事各种贸易活动,可以自己的名义为法律行为。(2) 中介人通常不对委托人与第三人关系的内容作出决定,不参与委托人与第三人的关系;而行纪人在履行合同时则可以与第三人建立法律关系,可以为委托人的利益对自己与第三人合同关系的内容作出决定。(3) 中介人从事中介活动的费用,在中介人促成合同成立场合,由中介人负担,在未促成合同成立场合,则可要求委托人支付必要的中介费用(《民法典》第963条、第964条);行纪人处理委托事务支出的费用,则由行纪人负担,除非当事人之间另有约定。①

(三) 中介合同与雇用合同

中介合同和雇用合同均属为他人服务的合同,有类似性,但仍有如下区别:(1) 委托人和中介人之间不存在严格意义的选任、监督关系,中介人不一定遵照委托人的指示行事;而雇用人和受雇人之间则存在着严格意义的选任、监督关系,受雇人原则上必须遵照雇用人的指示工作。(2) 中介合同的场合,委托人系对于劳务的结果支付报酬,即,中介人虽已向委托人报告缔约机会或提供缔约的媒介服务,但委托人如未因之与他人订立合同,中介人仍无报酬请求权;而雇用合同的场合,雇用人系对于受雇人提供劳务本身给付报酬,即受雇人只要提供劳务,纵令未达成雇用人的目的或其所期望的结果,雇用人仍应承担支付报酬的义务。②

(四) 中介合同与承揽合同

中介合同和承揽合同的相同之处在于,二者同属为他人服务的合同,均强调只有一定的结果产生(中介的场合是委托人因中介人的行为而与他人缔约,承揽的场合是承揽人完成一定的工作)才可以请求报酬。二者的不同点在于:(1) 中介限于向委托人报告缔约机会或提供缔约的媒介服务,其服务的范围和劳务的提供受有限制;而承揽则系为他人完成一定工作,至于工作的种类如何,则原则不问。(2) 中介人对于因其报告或媒介而订立的合同,享有报酬请求权,并无注意义务和瑕疵担保责任可言;而承揽人对其所完成的工作,则负有注意义务和瑕疵担保责任。③

第二节 中介合同的效力

一、中介人的义务

(一) 报告订约机会或媒介订约的义务

报告订约机会或媒介订约是中介人的主要义务。在报告中介中,中介人对于订约事项,应就其所知,据实报告给委托人(《民法典》第962条)。中介人对于相对人而言,并不负有报告委托人有关情况的义务。在媒介中介中,中介人应将有关订约的事项据实报告给各方

---

① 陈甦:《委托合同·行纪合同·居间合同》,法律出版社1999年版,第181—182页。
② 刘春堂:《民法债编各论》(中),三民书局2007年版,第250页。
③ 同上书,第250—251页。

当事人。无论中介人是同时接受合同当事人双方的委托,还是仅接受委托人一方委托的,中介人都负有向双方报告的义务。①

(二) 忠实义务

中介合同的中介人就自己所为的中介活动,有忠实义务,包括如实报告义务、媒介妥适相对人义务和调查义务。

关于如实报告义务,《民法典》第962条规定:"中介人应当就有关订立合同的事项向委托人如实报告"(第1款)。"中介人故意隐瞒与订立合同有关的重要事实或者提供虚假情况,损害委托人利益的,不得请求支付报酬并应当承担赔偿责任"(第2款)。

媒介妥适相对人义务,要求中介人不得将明显没有履行能力的人、无缔约能力的人媒介给委托人。

调查义务发生在以中介为营业者的场合,其他类型的中介学说认为无此义务。② 以中介为营业者对于缔约事项、相对人的履行能力及缔约能力,应尽善良管理人的注意义务,以使委托人知悉有关的缔约事项、当事人的履行能力或缔约能力。

(三) 保密义务

对于所提供的信息、成交机会以及后来的订约情况,中介人负有向其他人保密的义务。

对于委托人要求中介人保密的其他信息,诸如不得将自己的商号告知相对人等,中介人同样负有保密义务。

(四) 尽力义务

所谓尽力义务,是指中介人在从事中介活动的过程中,应像善良管理人那样尽力而为。判断中介人是否有尽力义务及其范围如何,应依照诚信原则来解释。报告中介人的任务在于报告订约机会给委托人,媒介中介人的任务除向委托人报告订约信息外,应尽力促使将来可能订约的当事人双方达成合意,排除双方所持的不同意见,并依照约定准备合同,对于相对人与委托人之间所存障碍,加以说合和克服。③

(五) 负担中介活动费用的义务

中介人促成合同成立的,中介活动的费用,由中介人负担(《民法典》第963条第2款)。中介人作为中介合同的一方主体,若欲为委托方了解相关的订约信息、商业信息及有关人的资信状况、信誉度、知名度等情况,必定会有一定的费用支出。对于此费用的支出,若委托方和中介人事先没有明确约定由哪一方负担,那么应当由中介人承担。这是因为在一般情形下,中介人支出的中介活动的费用都已计算在中介报酬内。④

二、委托人的义务

(一) 支付报酬的义务⑤

在中介合同中,委托人的主要义务是支付报酬。就报酬的支付方式,从比较法的角度来看,各个国家和地区主要采约定报酬制。约定报酬制,是指报酬额的多少,原则上依委托人与中介人的合同约定。这是各个国家和地区立法上所确立的关于中介人报酬的基本制度。

---

① 崔建远主编:《合同法》(第5版),王轶执笔,法律出版社2010年版,第526—527页。
② 刘春堂:《民法债编各论》(中),三民书局2007年版,第257—259页。
③ 同上书,第257页。
④ 参见崔建远主编:《合同法》(第5版),王轶执笔,法律出版社2010年版,第527页。
⑤ 同上书,第527—528页。

中介报酬完全由当事人自由约定,会产生诸如有失公平、触犯公认的伦理价值等一系列的社会问题。为了克服约定报酬制可能存在的弊端,其他国家和地区的立法上一般创设以下三种制度作为纠正机制:

1. 约定报酬酌减制度。当约定报酬额大大超过中介人所提供劳务的价值致显失公平时,法院可以根据委托人的申请酌情降低报酬额。

2. 婚姻中介约定报酬无效制度。根据《德国民法典》和《瑞士债务法》的规定,当事人就婚姻中介约定报酬的,约定无效。

3. 法定报酬制。其他国家和地区立法极少就中介报酬规定法定报酬标准,但有时为了贯彻某项社会政策,也偶尔用之。

结合《民法典》关于中介报酬的规定以及中介实践,就中介报酬的给付,应注意以下问题:

第一,关于中介报酬支付的一般规定。从《民法典》第963条第1款的规定看,中国立法对中介报酬的确定主要采"约定报酬制度",即中介人从事中介活动收取报酬的多少,主要依中介人和委托人的约定,在中介人促成合同有效成立后,委托人就应按约定支付报酬。

第二,报酬权利人的确定。中介人有请求报酬的权利。那么,当数个中介人受同一委托人就同种事务的委托时:(1)若属报告中介,先向委托人报告订约信息并促成其订立合同者,享有收取中介报酬的权利。(2)若为媒介中介,如果委托人与相对人之间所成立的合同可归功于某个中介人时,此中介人享有收取中介报酬的权利,其他中介人无此项权利;如果是数中介人同心协力,致使不能确定其中哪个中介人为委托人与相对人交易的达成起了决定性作用时,如何确定中介报酬的权利人,要视情况而定:① 如果委托人以数中介人为一整体,只给予一次报酬,那么最简单的方法就是各中介人平均分配该报酬;② 如果委托人对各中介人分别委托同一事项,中介人也独立地开展产生中介结果的活动时,中介人各得就其中介结果请求相应的报酬;③ 如果各中介人就同一事项分别受同一委托人的委托,但在为中介行为时,各中介人相互结合,为共同的媒介,那么各中介人只能共同地享受一次报酬。(3)若交易双方各自委托中介人,双方委托的这两个中介人又共同协力促成委托人和交易相对人订立合同,则委托人和交易相对人分别对自己所委托的中介人支付相应的中介报酬。

[探讨]

"跳单"及其法律后果

所谓"跳单",顾名思义,就是"跳过"了中介人的"账单",其通常含义是指委托人与中介人订立中介合同后,就中介人报告的标的物,绕开中介人,而径直与交易对方达成买卖合同,或另行委托他人提供中介服务的行为。委托人显然违背了诚信原则,应当承受不利后果,其表现之一是承认中介人有权援用《民法典》第159条的规定,视为委托人支付报酬义务的条件成就,中介人有权请求委托人支付报酬[①],不宜机械地解读《民法典》第964条关于"中介人未促成合同成立的,不得请求支付报酬;但是,可以按照约定请求委托人支付从事中介活动支出的必要费用"的规定,仅仅允许中介人请求委托人支付从事中介活动支出的必要费用。因为这种解读忽视了诚信原则及《民法典》第159条的规定,忽视了中介人的实际损失并应得到赔偿的客观实际,过于优待了背信的委托人。

---

① 参见最高人民法院指导案例1号;刘春堂:《民法债编各论》(中),三民书局2007年版,第263—264页。

当然,中介合同就"跳单"约定有违约金条款或损害赔偿的计算方法,且此类救济途径确保中介人获得的赔偿数额不低于行使报酬请求权的结果时,应当允许中介人请求委托人承担违约金责任或损害赔偿责任,而不行使报酬请求权。

至于中介人为防止委托人"跳单"而约定禁止"跳单"条款,则应首先区分禁止"跳单"条款系格式条款抑或个别商议条款,而分别适用不同的规则。其次,不宜夸大禁止"跳单"条款的危害,对于个别商议的禁止"跳单"条款更应如此对待,因为从实质上看,禁止"跳单"条款并未不合理地限制委托人另觅其他中介人的自由,亦未限制委托人与交易相对人缔约的自由,而是违反诺言的委托人应就其允诺负责的反映,是对中介人已完成工作及其辐射效果应予报偿的法律措施。有鉴于此,不宜全盘否定禁止"跳单"条款的效力,最多是酌情减轻委托人"跳单"时依禁止"跳单"条款所承担的法律责任。最后,禁止"跳单"条款即使采取了格式条款的形式,也必须结合《民法典》第496条第2款后段关于提请注意的规定来适用《民法典》第497条关于格式条款无效的规定,绝不可以一律依《民法典》第497条的字面意思对待禁止"跳单"条款。

第三,中介报酬义务人的确定。在报告中介中,中介报酬由委托人负担;在媒介中介中,中介报酬由达成交易的双方当事人平均负担,即由委托人和交易相对人平均负担。但合同另有约定或另有习惯的除外。

(二) 支付必要中介费用的义务

中介人进行中介活动所支出的费用,为中介费用。中介费用一般包含于报酬之中。在中介成功时,即中介人促成合同成立的,中介费用未经约定不得请求委托人偿还,由中介人自己负担(《民法典》第963条第2款)。即使中介人已尽了报告或媒介义务,但仍不能使合同成立,达不到委托人的预期目的的,其他国家和地区的立法都认为此时的中介费用不得请求委托人偿还。《民法典》第964条则规定在中介人未促成合同成立时,可以请求委托人支付从事中介活动支出的必要费用。

第三十二章

合 伙 合 同

第一节 合伙合同概述

一、合伙合同的界定

合伙合同是两个以上合伙人为了共同的事业目的,订立的共享利益、共担风险的协议(《民法典》第967条)。

二、合伙合同的法律性质

(一)合伙合同系当事人缔约目的及意思表示的方向一致的合同

如果说买卖合同等旧时所谓"契约"是当事人的缔约目的及意思表示的方向相反相成的合同,每一方当事人基于合同各取所需,那么,合伙合同等以往所谓"共同行为"则是当事人的缔约目的及意思表示的方向一致的合同,全体合伙人具有共同的事业目的,各个合伙人于合同关系中"共损共荣",对外连带负责。

(二)合伙合同多为多方法律行为

如果说买卖合同等"契约"是典型的双方法律行为,那么,合伙合同大多是二位以上的合伙人充任当事人。由此决定,如果说买卖合同等"契约"于履行中协助仅仅为服务于出卖人或买受人的合同利益而存在,处于辅助的地位,难有共同决议(若有,要么是变更合同,要么是终止合同,要么表现在清算方面),不得采取多数决的规则,那么,合伙合同等"共同行为"于履行中配合则居于主导地位,可以根据合伙合同的约定实行多数决而形成决议。

(三)合伙合同于缔结时基于相互信赖、于存续中具有人合性和团体性

由共同的事业目的、共损共荣、对外连带的本质属性决定,没有相互信赖的主体难有合伙合同的缔结,缺乏同舟共济的理念和运作难有合同关系的存续,所以,人合性为合伙合同等"共同行为"的显著特性。

"共同行为"持续使全体合伙人显现出组织性,这种状态达到极致时成立合伙企业,以非法人组织形态的民事主体的身份活跃于市场之中。

(四)合伙合同属于继续性合同

买卖等合同为一时性合同,当事人的权利义务原则上不因时间的长短而变化,但合伙合同则不然,合伙事业持续才是合伙人追求的目标,特别是每个合伙人对盈亏的承受可能因时间推移而变化,这些表明合伙合同属于继续性合同。

(五) 合伙合同是不要式合同

《民法典》没有要求合伙合同必须采取何种方式,故合伙合同属于不要式合同。

第二节 合伙合同的效力

一、合伙人的义务

(一) 依约出资的义务

合伙人应当按照约定的出资方式、数额和缴付期限,履行出资义务(《民法典》第968条)。出资,依约或依决议,可以是一次到位的,也可以是分期分批的,还可以是追加的。

(二) 保全合伙财产的义务

合伙人的出资和因合伙事务依法取得的收益和其他财产构成合伙财产(《民法典》第969条第1款)。合伙财产是合伙事业运营的物质基础,是对外负责的责任财产,也是合伙维系的要素,故合伙人有义务保全合伙财产,不得请求分割之,除非合伙合同终止(《民法典》第969条第2款)。此其一。合伙人不得向合伙人以外的人转让其全部或部分财产份额,除非其他合伙人一致同意或合伙合同另有约定(《民法典》第974条)。此其二。合伙人发生与合伙企业无关的债务,合伙人的债权人不得代位行使合伙人在合伙合同中的权利(《民法典》第975条正文),从而保全合伙财产。此其三。

(三) 依约或依决议参与表决的义务

合伙事务如何进行,取决于合伙合同的约定或合伙决议。于后者场合,合伙人有义务参与表决(《民法典》第970条第1款),以免形不成合伙决议,影响合伙事务的执行。

(四) 执行合伙事务的义务

除隐名合伙人之外,合伙人有义务依约、依合伙决议执行合伙事务,至于是作为合伙事务的唯一执行人还是分别执行人,取决于合伙合同的约定、合伙决议(《民法典》第970条第2款、第3款)。其实,出名营业人执行合伙事务固然为共同经营的表现,隐名合伙人非经其他合伙人同意不得执行合伙事务,也是共同经营的一种表现形式。

执行合伙事务,表现在对外方面时,合伙事务执行人或是作为代理人或是作为履行辅助人或是作为占有辅助人处理有关业务;表现在对内方面时,是组织、指挥和亲自进行合伙运作。

(五) 勤勉尽责的义务

执行合伙事务勤勉尽责,效果才好,故合伙人执行合伙事务时应当勤勉尽责。

(六) 容忍义务(某些抗辩权受到限制)

在买卖等合同中,债务人不履行义务的,对方有权援用同时履行抗辩权或先履行抗辩权,暂时拒绝履行自己的相应义务。与此有别,在合伙合同中,一个或数个合伙人不履行出资义务的,其他合伙人不得因此而拒绝出资(《民法典》第968条),即不得行使履行抗辩权。此其一。如果合伙合同约定或经合伙决议,某个或某几个合伙人不可执行合伙事务,就有义务遵守之(《民法典》第970条第2款后段)。此其二。执行事务合伙人执行合伙事务受其他执行事务合伙人质疑的,该合伙人有义务暂停该项事务的执行(《民法典》第970条第3款)。此其三。

(七) 报告义务

由一个或数个合伙人执行合伙事务的,执行事务合伙人应当定期向合伙人报告事务执行情况以及合伙企业的经营和财产状况(《合伙企业法》第 28 条第 1 款)。

(八) 遵守竞业禁止的义务

合伙人不得自营或同他人合伙经营与本合伙企业相竞争的业务。除合伙合同另有约定或经全体合伙人一致同意外,合伙人不得同本合伙企业进行交易(《合伙企业法》第 32 条第 1 款)。

(九) 保密义务

合伙事业存在商业秘密的,合伙人有义务保守之。

(十) 承担违约责任、侵权责任的义务

合伙人拒不出资或出资不到位或违反合伙合同约定的其他义务的,该合伙人应当承担违约责任。合伙人不法损毁、侵吞合伙财产的,应当承担侵权责任。

(十一) 承担亏损的义务

合伙经营亏损,合伙人有义务分担,其具体规则为:按照合伙合同的约定办理;合伙合同没有约定或者约定不明确的,由合伙人协商决定;协商不成的,由合伙人按照实缴出资比例分配、分担;无法确定出资比例的,由合伙人平均分配、分担(《民法典》第 972 条)。

(十二) 对外负连带责任的义务

合伙人对合伙债务承担连带责任(《民法典》第 973 条前段),普通合伙人负无限连带责任(《合伙企业法》第 2 条第 2 款前段),有限合伙人以其认缴的出资额为限对合伙企业债务承担责任(《合伙企业法》第 2 条第 3 款后段)。

二、合伙人的权利

(一) 享有选举权和被选举权

合伙人有权依约或依合伙决议选举合伙事务执行人,也有权作为合伙事务执行人的候选人,参与选举(《民法典》第 870 条第 2 款之反面推论)。

(二) 合伙决议表决权

合伙事业系全体合伙人的事业,合伙人有义务也有权利表达意见,依约或依合伙决议就合伙事项进行表决(《民法典》第 970 条第 1 款、第 2 款)。

(三) 合伙事务执行权

合伙有较强的人合性,相互合作、共同经营乃合伙的本性,故依合伙合同约定或依合伙决议,合伙人对执行合伙事务享有同等的权利(《民法典》第 970 条第 1 款)。

(四) 监督权

不具体管理合伙事务的合伙人对其他合伙人执行合伙事务有权监督(《民法典》第 970 条第 2 款后段)。这其实也是合伙人共同管理合伙事务的表现之一。

(五) 异议权

合伙人分别执行合伙事务的,执行事务合伙人有权对其他合伙人执行的事务提出异议(《民法典》第 970 条第 3 款)。这同样是合伙人共同管理合伙事务的表现之一。

(六) 份额转让权

由合伙本性决定,合伙人一般不得转让其所占合伙财产的份额,但经其他合伙人一致同意且不违反合伙合同约定的,合伙人有权转让其所占合伙财产的份额(《民法典》第 974 条)。

有必要提及,在有限合伙中,对有限合伙人的限制不像对普通合伙人那样严格,合伙合同可以约定:有限合伙人可以向合伙人以外的人转让其在有限合伙企业中的财产份额,不必经其他合伙人一致同意。

（七）报酬请求权

一般地说,合伙人不得因执行合伙事务而请求支付报酬。但是,合伙合同约定可以取得报酬的,则合伙事务执行人有权请求报酬(《民法典》第971条)。

（八）盈余分配请求权

合伙的利润分配,按照合伙合同的约定办理;合伙合同没有约定或约定不明确的,由合伙人协商决定;协商不成的,由合伙人按照实缴出资比例分配;无法确定出资比例的,由合伙人平均分配(《民法典》第972条)。

（九）追偿权

清偿合伙债务超过自己应当承担份额的合伙人,有权向其他合伙人追偿(《民法典》第973条后段)。

（十）变更权

合伙人一致同意接纳新的合伙人的,实质上是变更了合伙合同。在这个意义上,合伙人享有合伙合同的变更权。

（十一）解除权

一般地说,合伙人不得解除合伙合同,但是,合伙人可以随时解除不定期合伙合同(《民法典》第976条第3款正文),全体合伙人一致同意解散合伙关系的,也可以理解为合伙人解除合伙合同。

（十二）退伙权

即使定期合伙合同,合伙人也有权退出合伙关系,其依据或是合伙的人合性或是意思自治。

第三节　合伙合同的终止

一、合伙合同终止的事由

按照《民法典》的规定,合伙合同可因合伙人死亡、丧失民事行为能力或终止而终止,除非合伙合同另有约定或根据合伙事务的性质不宜终止(《民法典》第977条)。所谓合伙人死亡,包括合伙人自然死亡和宣告死亡。所谓根据合伙事务的性质不宜终止,例如,合伙事业需要较为长久的经营,一旦终止合伙合同将会产生较为严重的损失。[①] 于此场合,即使合伙人丧失民事行为能力,也不宜令合伙合同终止。此外,经全体合伙人决议,合伙合同可以终止。

二、合伙合同终止的后果

合伙合同终止,应当开始清算。在清算期间合伙视为存续,合伙的活动限于与清算有关的事务,不得开展与清算无关的经营活动。

清算结束,清算人应当编制清算报告,经全体合伙人签名、盖章。如果合伙企业因合伙合同终止,还要向企业登记机关报送清算报告,申请办理企业注销登记。

---

① 王轶、高圣平、石佳友、朱虎、熊丙万、王叶刚:《中国民法典释评·合同编·典型合同》(下卷),朱虎执笔,中国人民大学出版社2020年版,第653页。